Robert N. Bellah

Der Ursprung der Religion

Vom Paläolithikum bis zur Achsenzeit

Herausgegeben und
mit einer Einführung
von Hans Joas

Aus dem Englischen
von Christine Pries

HERDER

FREIBURG · BASEL · WIEN

Die englische Originalausgabe „Religion in Human Evolution.
From the Paleolithic to the Axial Age“
ist bei Harvard University Press erschienen.

Neuausgabe 2021

www.herder.de

Umschlaggestaltung: Verlag Herder
Umschlagmotiv: Göttin Astarte, Ton-Figurine, Nordsyrien, ca. 1900 v. Chr.,
National Museum, Aleppo, Syrien. © akg-images/Erich Lessing
Satz: SatzWeise, Bad Wünnenberg
Herstellung: PBtisk a. s., Příbram

Printed in the Czech Republic

ISBN 978-3-451-39072-2

In Erinnerung an Melanie Bellah
und für unsere
sowie deren Enkel …

Inhalt

Hans Joas

Einführung

Der Verfasser des vorliegenden Buches, Robert N. Bellah, verstorben im Jahr 2013, war einer der bedeutendsten Religionssoziologen der Welt und einer der wichtigsten Zeitdiagnostiker der USA. Von ihm stammt ein Werk, das wie kein anderes den Grundstein für eine wahrhaft globalhistorische Religionstheorie gelegt hat. Um dieses zu verstehen, soll zunächst ein Blick auf seine Biographie geworfen werden. Dann geht es um eine Kennzeichnung der wichtigsten Züge seines Spätwerks.

Geboren 1927 in einer Kleinstadt in Oklahoma, entstammt Bellah einer presbyterianischen Familie schottischer Herkunft; sein Vater war Herausgeber der örtlichen Tageszeitung. Nach dessen frühem Tod wuchs Bellah in Los Angeles auf und kam dadurch weit über den südstaatlichen Protestantismus hinaus mit der progressiven Orientierung des „Social Gospel" und mit einer Vielzahl religiöser Kulturen und Subkulturen in Berührung. Nach dem College-Besuch an der Harvard University und anderthalb Jahren Wehrdienst erwarb er 1950 seinen ersten akademischen Abschluss (B.A.) in Sozialanthropologie. Die Abschlussarbeit über die Verwandtschaftsstrukturen der Apachen wurde preisgekrönt und als Buch 1952 veröffentlicht.[1] An der Harvard University kam Bellah unter den bestimmenden Einfluss von Talcott Parsons, dem zu dieser Zeit unbestritten führenden Theoretiker der Soziologie, und der sich um diesen herum bildenden interdisziplinären Gruppe von Sozial- und Geisteswissenschaftlern.

Bellahs frühes ausgeprägtes Interesse an der Kultur der „native Americans" zeigt sich im Rückblick als einer seiner Versuche, gegenüber der immer stärker als problematisch empfundenen Kultur der USA in der Zeit nach dem Zweiten Weltkrieg auf Distanz zu gehen. Zwei weitere biographische Entwicklungen Bellahs ergaben sich aus diesem Erfahrungshintergrund und aus der Wahrnehmung einer starken Spannung zwischen amerikanischen Werten und amerikanischer Gesellschaft. Als College-Student schloss sich Bellah kurze Zeit einer kommunistischen Organisation an und wurde Marxist. Dies führte in der Zeit des McCarthyismus zu beträchtlichen Karriereschwierigkeiten. Als Parsons ihm eine Stelle am Department

[1] Robert N. Bellah, *Apache Kinship Systems. Harvard Phi Beta Kappa Prize Essay for 1950*, Cambridge, Mass. 1952.

anbot, machte die Universität die Denunziation anderer Kommunisten zur Bedingung für den Stellenantritt. Bellah entschied sich gegen die Erfüllung dieser Bedingung und verließ Harvard, um an die McGill University nach Montreal zu wechseln.[2]

Während die marxistische Phase Bellahs selbst sehr kurz war, blieb eine dritte kulturelle Suchbewegung lebensbestimmend. Bellah begann als Student, Japanisch und Chinesisch zu lernen und sich mit der Geschichte Ostasiens zu beschäftigen. In seiner Doktorarbeit (veröffentlicht 1957) verfolgte er das ehrgeizige Ziel, Max Webers Vorgehensweise in den vergleichenden Studien zur Wirtschaftsethik der Weltreligionen auf Japan anzuwenden. Dieses Buch, *Tokugawa Religion*, gilt als eines der wichtigsten jemals über Japan verfassten Bücher und als repräsentativ für die Leistungen der Modernisierungstheorie der 1950er Jahre.[3] Es stellte in erster Linie eine bahnbrechende historische Untersuchung zu bestimmten Wertmustern in Japan dar, die es ermöglicht haben, dass sich dieses asiatische Land schon Ende des neunzehnten Jahrhunderts auf einem erfolgreichen Aufholweg gegenüber dem Westen befand. Bellah suchte in Japan, also außerhalb des europäisch-amerikanischen Kulturkreises, nach funktionalen Äquivalenten zur protestantischen Ethik mit ihren dynamischen, angeblich für den Aufstieg des Kapitalismus in Nordwesteuropa ausschlaggebenden Konsequenzen. Seine Studie war aber noch aus einem weiteren Grund bedeutsam. Sie zeigte nämlich, dass die in Japan abgelaufenen Industrialisierungsprozesse einen völlig andersartigen Charakter hatten als etwa in den USA. Während in der US-amerikanischen Industriegesellschaft der Primat der ökonomischen Werte galt, schien dies in der japanischen Modernisierung gerade nicht der Fall gewesen zu sein. Hier spielte die Politik eine entscheidende Rolle, und die ökonomischen Werte wurden kontinuierlich den politischen untergeordnet. Konkret hieß dies, dass der Industrialisierungs- und Modernisierungsprozess durch politische Eliten durchgesetzt wurde, und zwar auf eine Art und Weise, die den westlichen Betrachtern, insbesondere den angelsächsischen, fremd erscheinen musste: Der japanische Aufbruch in die Moderne fand statt auf der Basis einer engen par-

[2] Biographische Informationen finden sich in der Einleitung des Autors zu: Robert N. Bellah, *Beyond Belief. Essays on Religion in a Post-Traditional World*, New York 1970, S. XI–XXI. Eine umfassende Biographie Bellahs wird demnächst Matteo Bortolini (Padua) vorlegen.

[3] Robert N. Bellah, *Tokugawa Religion. The Values of Pre-Industrial Japan*, Glencoe 1957. In der folgenden und einer weiteren Passage (zur Zeitdiagnose) greife ich auf Formulierungen zurück aus: Hans Joas, Wolfgang Knöbl, *Sozialtheorie. Zwanzig einführende Vorlesungen. Aktualisierte Ausgabe*, Frankfurt/M. 2011, S. 462f. bzw. S. 676ff.

tikularistischen Bindung aller gesellschaftlichen Eliten an die Kaiserfamilie sowie effizienzorientierter militaristischer Werte, die gerade im neunzehnten Jahrhundert eine starke gesellschaftliche Verbreitung erfahren hatten. Mit dieser Feststellung hinterfragte Bellah die Annahme fast aller Modernisierungstheoretiker, „traditionale“ und „moderne“ Werte seien säuberlich zu unterscheiden. Partikularistische Wertorientierungen lassen sich – wie dieses Beispiel zeigt – nicht ohne Weiteres nur der Tradition zuschlagen. Damit war gleichzeitig die These einer kulturunabhängigen, eindeutigen Richtung des Modernisierungsprozesses problematisch geworden. Modernisierung – so Bellah – führe nicht einfach zu einer unumstrittenen Dominanz rationaler oder säkularer Werte. Das heiße auch, dass beispielsweise Religion im Modernisierungsprozess nicht einfach verschwindet, sondern neue Formen und neue Orte finden könne. Bellah vertrat also von Anfang an keine einfache Säkularisierungsthese wie viele Modernisierungstheoretiker. Auch sein Lehrer Parsons hielt Distanz zu solchen Vorstellungen, aber schon der junge Bellah ging im Versuch einer Theorie der „religiösen Evolution“ über diesen hinaus.

Während seiner ganzen Karriere hat Bellah die Arbeit an einer soziologischen Analyse Japans fortgesetzt; seine Publikationen und seine Lehrtätigkeit in Japan lösten dort intensive Kontroversen aus. In dem Buch *Imagining Japan* aus dem Jahr 2003 blickt Bellah auf diese Auseinandersetzungen zurück und verknüpft meisterhaft die Analyse der institutionellen mit der der intellektuellen Spezifika der japanischen Geschichte.[4]

Biographische Entwicklungen verhinderten es aber, dass Bellah sich ausschließlich auf Ostasien konzentrieren konnte. Das Stipendium der kanadischen McGill University, das ihm die Fortsetzung seiner Karriere trotz der bedrückenden Erfahrung in Harvard ermöglichte, kam nämlich vom Institute for Islamic Studies, und dort begann Bellah zusätzlich mit dem Studium des Arabischen und des Korans. Seine sprachlichen Grundlagen für eine global umfassende, vergleichende Religions- und Kultursoziologie wurden dadurch weiter verbessert. Nach dem Ende der McCarthy-Zeit konnte Bellah seine akademische Karriere in den USA fortsetzen, zuerst in Harvard, dann ab 1967 bis zu seiner Emeritierung in Berkeley, wo er in der Soziologie, in den Japanese and Korean Studies und in der Theologie aktiv war.

In den 1960er Jahren entstanden die Arbeiten Bellahs, die zu den am häufigsten zitierten Artikeln der Soziologie überhaupt gehören. Auf seine Überlegungen, die er in seinem wichtigen Artikel „Religious Evolution“ anstellt, werde ich weiter unten eingehen. Zunächst stellten der Aufsatz

---

4 Robert N. Bellah, *Imagining Japan. The Japanese Tradition and Its Modern Interpretation*, Berkeley 2003.

„Civil Religion in America" und das Echo darauf die Weichen für seine weitere Entwicklung.[5] Dieser Text enthält einen Versuch, Émile Durkheims These, dass stabile soziale Ordnung in gemeinsam empfundenen Vorstellungen von Heiligkeit ihre Grundlage habe, auf die USA anzuwenden. Bellah behauptet, dass dort ein theistisches, aber keiner bestimmten Konfession zuzuordnendes Verständnis von Sakralität leitend sei, und demonstriert dies anhand von Ansprachen amerikanischer Präsidenten bei ihrem Amtsantritt. In den hitzigen politischen Auseinandersetzungen der späten 1960er Jahre wurde dieser Gedankengang oft missverstanden: als Verteidigung eines Kults der eigenen Nation und ihrer „manifesten Bestimmung" („manifest destiny"), während Bellah in prophetischer Weise an die universalistische und kritische Dimension der amerikanischen Zivilreligion hatte erinnern wollen.[6]

Mit diesem Aufsatz und den heftigen Auseinandersetzungen, die er hervorrief, wurde Bellah zum „public intellectual" und stark beachteten Zeitdiagnostiker. Seine brillanten rhetorischen und schriftstellerischen Fähigkeiten halfen mit, ihm diesen Weg zu bahnen. Stark beachtet wurde zunächst das Buch *The Broken Covenant* aus dem Jahr 1975, in dem Bellah weit mehr als eine Jeremiade über die Korruption der amerikanischen Zivilreligion in der Zeit des Vietnamkriegs lieferte.[7] Das Buch stellt nämlich auch einen methodologisch innovativen Versuch dar, die inneren Spannungen kultureller Mythen zu analysieren. Während Bellahs Lehrer Talcott Parsons sich zwar einen Kulturdeterministen nannte, aber nie wirklich tiefgehende Analysen einer bestimmten Kultur vorlegte, diese vielmehr meist auf abstrakte Begriffe wie Norm und Wert hin reduzierte, zeigte sich Bellah von Anfang an viel sensibler für den Charakter von Symbolen und für die Dynamik von Symbolisierungsprozessen. Ausschlaggebend für diesen Schritt waren neben der frühen Beschäftigung mit der

---

[5] Robert N. Bellah, „Civil Religion in America", in: *Daedalus* 96 (1967), S. 1–21. Nach dieser Erstveröffentlichung an zahlreichen Orten nachgedruckt. Eine deutsche Übersetzung ist erschienen in: Heinz Kleger, Alois Müller (Hg.), *Zivilreligion in Amerika und Europa*, München 1986, S. 19–41.

[6] Bellah schildert rückblickend, wie ihn die Erfolge der Bürgerrechtsbewegung mit der politischen Ordnung versöhnten, der Vietnamkrieg ihn aber wieder entfremdete: Robert N. Bellah, „God, Nation, and Self in America. Some Tensions between Parsons and Bellah", in: Renée C. Fox, Victor M. Lidz, Harold J. Bershady (Hg.), *After Parsons. A Theory of Social Action for the Twenty-First Century*, New York 2005, S. 137–147, hier S. 137. In Deutschland nahm die Auseinandersetzung mit Bellah in dieser Hinsicht auf: Rolf Schieder, *Civil Religion. Die religiöse Dimension politischer Kultur*, Gütersloh 1987.

[7] Robert N. Bellah, *The Broken Covenant. American Civil Religion in Time of Trial*, New York 1975.

Kulturanthropologie die theologischen Schriften des deutschen Emigranten Paul Tillich, mit dem Bellah in Harvard durch von ihm besuchte Lehrveranstaltungen auch in persönlichen Kontakt gekommen war. Tillich hatte in seiner Theologie der Kultur zwischen „Symbolen“ und „Zeichen“ unterschieden. Für ihn können Zeichen arbiträr und konventionell sein; es ist sinnvoll, zwischen ihnen und der bezeichneten Wirklichkeit zu unterscheiden. Anders verhält es sich aber bei Symbolen; sie haben Anteil an der Bedeutung und der Kraft dessen, was sie symbolisieren. Sie entstehen oder vergehen – können aber nicht erfunden werden. Sie werden als adäquate Artikulationen des Sinns außeralltäglicher Erfahrungen erlebt, obgleich dieses Gefühl der Angemessenheit von der Einsicht begleitet sein kann, dass das zu Artikulierende notwendig über das Artikulierbare hinausgeht. Gott kann durch keine Rede von Gott ausgeschöpft werden; er transzendiert seinen eigenen Namen. Tillichs Programm war dementsprechend nicht das einer „Entmythologisierung“ (Rudolf Bultmann), sondern einer „Deliteralisierung“, einer Zurückweisung der Versuche, Mythen auf die Ebene wissenschaftlicher Aussagen und technischer Weltbewältigung zu reduzieren, das heißt „symbolische“ Artikulationen des Glaubens im Sinn quasikognitiver Sätze und Lehren aufzufassen. Tillichs Theologie, die dieser selbst meist „gläubigen Realismus“ nannte, führte Bellah zu seiner Position, die er als „symbolischen Realismus“ bezeichnete.[8] Früher als der berühmte Kulturanthropologe Clifford Geertz und von großem Einfluss auf das Werk seines Schülers, des Kultursoziologen Jeffrey Alexander, entwickelte Bellah damit die Grundzüge einer Analyse mythischer Strukturen, bei der Mythen nicht als einheitlich behandelt werden, sondern als „komplexe und feingewobene mythische Strukturen voller innerer Spannungen“.[9]

In den 1970er Jahren unternahm Bellah mehrere Projekte, deren Ziel es war, die religiöse Dimension der kulturellen Umwälzungen der sechziger Jahre zu untersuchen.[10] Die neue „counter culture“ deutete er als Folge der Unfähigkeit des utilitaristischen Individualismus, das heißt einer Kultur, in der die Mehrung des individuellen Nutzens zum Leitwert aufstieg, der persönlichen und gesellschaftlichen Existenz Sinn zu verleihen. Auch Parsons hatte schon interessante Ideen über die kulturellen Umwälzungen der

[8] In Bellahs Aufsatzband *Beyond Belief* sind die Spuren von Tillich in Bellahs Denken nicht zu übersehen.

[9] Bellah, *The Broken Covenant*, S. 4. Zur Diskussion der Bedeutung Bellahs für die Kultursoziologie: Jeffrey Alexander, Steven Sherwood, „‚Mythic Gestures‘. Robert N. Bellah and Cultural Sociology“, in: Richard Madsen u. a. (Hg.), *Meaning and Modernity. Religion, Polity, and Self*, Berkeley 2002, S. 1–14.

[10] Robert N. Bellah, Charles Glock (Hg.), *The New Religious Consciousness*, Berkeley 1976.

1960er Jahre als eine Revolution des expressiven Individualismus und als mögliche Geburtsstunde einer neuen Religion vorgetragen.[11] In dieser Hinsicht besteht ein starker Unterschied zwischen Europa und den USA. Während die kulturellen Umwälzungen dieser Zeit in Europa einen rapiden Säkularisierungsschub auslösten und die Rede von einer religiösen Dimension des Protests meist Teil konservativer Pathologisierungsversuche war, waren die Säkularisierungseffekte in den USA viel geringer. Dort kann man eher von verstärkter religiöser Individualisierung und einer neuen Welle der Rezeption asiatischer Spiritualität, etwa des Zen-Buddhismus, sprechen.

Robert Bellahs wissenschaftliche Leistungen und seine spektakulären Beiträge zu den öffentlichen Debatten in den USA brachten ihm 1973 das Angebot einer der begehrtesten und angesehensten Positionen im amerikanischen akademischen System ein: das einer Stelle als Permanent Fellow am Institute for Advanced Study in Princeton. Dieses Angebot wurde zum Auslöser der sogenannten „Bellah-Affäre". Aus einer Reihe von Gründen leisteten einige Naturwissenschaftler und Historiker massiven Widerstand gegen seine Ernennung. Dabei spielte gewiss ein Ressentiment gegenüber dem Fach Soziologie eine Rolle; wichtiger noch aber war der Widerwille gegen Bellahs offenkundig religiöse, also christliche Überzeugungen und seine Weigerung, seine Persönlichkeit in einen rein wissenschaftlichen und einen nur privat religiösen Teil aufzuspalten. Natürlich war dies nicht im Sinn einer ideologischen Verzerrung empirischer oder theoretischer Forschungsarbeit zu verstehen, wohl aber im Sinn eines Widerstands gegen implizite säkularistische Annahmen des Wissenschaftsbetriebs.[12]

So blieb Bellah in Berkeley, wo er eine Gruppe exzellenter jüngerer Wissenschaftler (Richard Madsen, William Sullivan, Ann Swidler, Steven Tipton) um sich scharte.[13] Mit diesen verfasste er einen der größten Bestseller in der Geschichte der Soziologie: *Habits of the Heart.*[14]

---

[11] Z. B. in Talcott Parsons, Gerard Platt, *The American University*, Cambridge, Mass. 1974. Dazu Hans Joas, „Universität und Rationalität. Über Talcott Parsons' Beitrag zur Soziologie der Universität", in: Gerhard Grohs u. a. (Hg.), *Kulturelle Identität im Wandel*, Stuttgart 1980, S. 236–250.

[12] Vgl. die Darstellung von Matteo Bortolini, „The ‚Bellah Affair' at Princeton. Scholarly Excellence and Academic Freedom in America in the 1970s", in: *The American Sociologist* 42 (2011), 1, S. 3–33.

[13] Weitere wichtige soziologische Schüler Bellahs sind (in alphabetischer Reihenfolge) Jeffrey Alexander, John Coleman S.J., Nina Eliasoph, Philip Gorski, Paul Lichterman und (teilweise) Robert Wuthnow.

[14] Robert N. Bellah u. a., *Habits of the Heart. Individualism and Commitment in American Life*, Berkeley 1985; dt.: Robert N. Bellah u. a., *Gewohnheiten des Herzens. Individualismus und Gemeinsinn in der amerikanischen Gesellschaft*, Düsseldorf 1987.

Gemeinschaft und Demokratie

Ausgangspunkt des Buches ist eine berühmte These von Alexis de Tocqueville, die dieser 1835 in seiner Schrift *Über die Demokratie in Amerika* formuliert hatte, nämlich die These, dass für das Überleben freier Institutionen eine intensive Beziehung zwischen privatem und öffentlichem Leben maßgeblich sei: Die Demokratie könne nur dann lebendig sein und bleiben, wenn die Bürger bereit seien, den unmittelbaren privaten Kontext (Familie und Verwandtschaft) zu überschreiten und sich als Personen in der Öffentlichkeit zu artikulieren, in Freundschaftszirkeln, in Vereinen, in Parteien usw. Der Rückzug ins Private beschwöre nur die Gefahr der Entstehung eines allmächtigen und alles regelnden Staates herauf und damit langfristig den Tod einer freien und demokratischen Gesellschaft.

Diese These machten sich Bellah und seine Mitarbeiter zu eigen und nutzten sie als Folie für ihre Zeitdiagnose und Gegenwartskritik. Dazu interviewten sie etwa 200 Erwachsene aus der weißen amerikanischen Mittelschicht, um sie sowohl nach bestimmten Aspekten ihres Privatlebens (nach dem Verhältnis dieser Personen zu Ehe, Liebe und Therapie) als auch ihres „öffentlichen" Lebens (nach ihrer Beteiligung an Vereinen und Verbänden oder an der Kommunalpolitik) zu befragen. Die Ergebnisse bestätigten in gewisser Weise die Krisendiagnose anderer sogenannter Kommunitaristen und führten darüber hinaus zu neuen Einsichten hinsichtlich der höchst unterschiedlichen Formen des modernen Individualismus.

Während sich etwa der deutsche Soziologe Ulrich Beck in seinen zahlreichen Schriften zur Individualisierungsthese kaum die Mühe machte, verschiedene Formen des Individualismus zu unterscheiden, sahen Bellah und seine Mitarbeiter genau darin eine erste vordringliche Aufgabe. In ihren Interviews, aber auch in historischen Rückblicken zu geistesgeschichtlich bedeutsamen Figuren des amerikanischen Lebens konnten sie insgesamt vier Typen des Individualismus ausfindig machen: eine auf die religiös motivierte Besiedlungsphase Amerikas zurückgehende „biblische" Tradition, eine auf die Revolutionszeit zurückgehende und am griechisch-römischen Politikverständnis orientierte republikanische Tradition und schließlich eine Tradition, bei der man zwei Unterströmungen auseinanderzuhalten hat, wie ich gleich erläutern werde, nämlich einen utilitaristischen und einen expressivistischen Individualismus.

Die Auswertung der Interviews allein freilich ergab eher ein Bild kultureller Verarmung. Während noch Tocqueville bei seiner Untersuchung in den 1830er Jahren überwiegend den religiösen und den republikanischen Individualismus beobachten konnte und seiner Auffassung nach gerade diese Formen des Individualismus die Stärke und Vitalität des amerikanischen Gemeinwesens und der Demokratie begründet hatten, ist davon bei den für Bellahs Projekt Interviewten kaum mehr etwas zu spüren. Die zum Beispiel bei John Winthrop (1588–1649), dem „ersten Puritaner“ auf amerikanischem Boden, zu findende Vorstellung, wonach die Freiheit des Menschen ein Gut sei, das ihn zur Ehrfurcht gegenüber Gott und seinen Geboten verpflichte, hat inzwischen ebenso an Einfluss eingebüßt wie die Individualitätsvorstellung Thomas Jeffersons (1743–1826), der als Mitverfasser der amerikanischen Unabhängigkeitserklärung eine rein formale Freiheit für ungenügend erachtete und in Anlehnung an antike Politiktraditionen nur ein Gemeinwesen für achtenswert hielt, in dem die Bürger tatsächlich mitbestimmen und aktiv am politischen Geschehen teilnehmen. Den meisten der Interviewten stand die moralische Sprache eines Winthrop oder Jefferson überhaupt nicht mehr zur Verfügung, um die von diesen gemeinten Sachverhalte auszudrücken. Denn der Individualismus – so Bellah und seine Mitautoren – sei in seinen neueren Formen entweder utilitaristisch, das heißt überwiegend auf die Erfüllung kurzfristiger und zumeist materiell definierter Nutzenerwägungen ausgerichtet, oder expressivistisch, das heißt an der Befriedigung emotionaler Bedürfnisse und an der Kultivierung der eigenen Person orientiert. Nach Bellah lassen sich diesen beiden Typen des modernen Individualismus zwei Sozialcharaktere zuordnen, die auch die amerikanische moderne Kultur, aber nicht nur diese, stark dominieren: der Manager und der Therapeut. Sie verkörperten geradezu den dominant gewordenen utilitaristischen beziehungsweise expressivistischen Individualismus, und dadurch sei es schwer geworden, sich sogar im Fall einer Orientierung an den biblischen und republikanischen Formen in der Öffentlichkeit verständlich zu machen.

Bemerkenswert an diesen beiden radikal zu nennenden Formen des Individualismus ist laut Bellah nun Folgendes: Derart individualistisch handelnden Menschen fehle zumeist schlicht die Fähigkeit, Vorstellungen darüber auszubilden, wie sich ihre Interessen mit denen von anderen Menschen verbinden ließen. Sie litten häufig an Bindungs- und Beziehungslosigkeit und seien zudem nicht einmal in der Lage zu definieren, was sie unter einem „guten“ Leben verstehen. Die Interviewten artikulierten (bewusst oder unbewusst) ein Unbehagen an ihrem eigenen bindungslosen Leben, äußerten häufig sogar ihr Missfallen gegenüber der gesellschaftlichen Hegemonie der „Manager“ und „Therapeuten“, waren aber gleichzeitig nicht in der Lage, dieses Unbehagen und dieses Missfallen in einer moralischen Sprache zu formulieren, die diesen utilitaristischen und expressivistischen Individualismus überschritten hätte. Es gilt deshalb laut Bellah auch, „eine moralische Sprache zu finden, die den radikalen Individualismus überwinden hilft".[15] Dies sei umso dringlicher, weil ganz offensichtlich weder die Verwirklichung im Beruf, wie es für die utilitaristischen Individualisten so typisch ist, noch die rein private Kultivierung persönlicher Vorlieben, wie dies die expressiven Individualisten kennzeichnet, echte Zufriedenheit verleiht, zumal sich in beiden Fällen für diese Personen das Problem einer fehlenden Tiefe und Dauerhaftigkeit sozialer Kontakte stellt.

Bellahs These lautet, dass diese Schwierigkeiten nur behoben werden können, wenn dieser radikale Individualismus ersetzt oder zumindest ergänzt wird durch kulturelle Orientierungen, die in der amerikanischen Geschichte ehemals eine große Rolle gespielt haben, aber auch heute noch nicht ganz verschwunden sind, und die eine Identifikation mit Gemeinschaften und lebendigen Traditionen ermöglichten. Nur eine Anknüpfung an die in den USA immer noch vorfindbaren biblischen und/oder republikanischen Traditionen – so Bellah – ermögliche auf Dauer eine Vitalisierung der amerikanischen Demokratie:

> Wenn wir nicht vollständig eine Masse austauschbarer Bruchstücke in einer Gesamtheit sind, wenn wir in Teilen qualitativ verschiedene Mitglieder eines Ganzen sind, so deshalb, weil noch Traditionen – mit welchen Hindernissen auch immer – auf uns wirken, Traditionen, die uns über die Natur der Welt, über die Natur unserer Gesellschaft und darüber Auskunft geben, wer wir als Volk sind. In erster Linie sind, wie wir gesehen haben, die biblischen und republikanischen Traditionen für viele Amerikaner bedeutsam, bis zu einem gewissen Grad für fast alle. Familien, Kirchen, vielfältige kulturelle Vereinigungen und – wenn auch nur in gesellschaftlichen Nischen – Schulen und Universitäten vermitteln eine Lebensform, eine Paideia, die die einzelnen in einer moralisch und intellektuell verständlichen Welt aufwachsen läßt.[16]

Nur dadurch würde verhindert, dass sich das (amerikanische) Gemeinwesen in ein Konglomerat atomisierter Individuen auflöst oder zu einer Ansammlung von „Lebensstil-Enklaven" wird, von denen jede einzelne nur mehr aus Gleichgesinnten besteht (die Gemeinschaft der Schwulen, diejenigen der weißen Mittelschicht, diejenige der New-Age-Begeisterten usw.) und die genau deshalb gar nicht mehr in der Lage sind, mit anderen Gemeinschaften zu kommunizieren, geschweige denn gemeinsam politisch zu handeln. Es bedarf eben – so wie dies Tocqueville gesehen hat – eines vernünftigen Ausgleichs zwischen dem privaten und dem öffentlichen Leben, um die Lebendigkeit und Stabilität der Demokratie zu sichern.[17]

---

[15] Bellah u. a., *Gewohnheiten des Herzens*, S. 44.

[16] Ebd., S. 319f.

[17] In einer Reihe von Arbeiten habe ich mich darum bemüht, die Übertragbarkeit der Einsichten Bellahs auf Deutschland empirisch zu überprüfen. Vgl. Hans Joas, Frank

Bellahs Forderung nach einer gehaltvollen und an Traditionen reichen Gesellschaft ist nicht als ein reaktionärer Rückgriff auf längst vergangene Lebensformen zu verstehen. Ganz im Gegenteil: Er wünscht geradezu soziale Bewegungen herbei, die den kulturellen Wandel hin zu einer lebendigen demokratischen Kultur anleiten könnten, Bewegungen, die etwa an die Ideale der Bürgerrechtsbewegung der 1950er und 1960er Jahre anknüpfen. Diese hatte ja auch keine utilitaristische Interessenverfolgung oder die Befriedigung emotionaler Bedürfnisse zum Ziel, sondern die Schaffung einer wahrhaft demokratischen politischen Kultur, auf deren Basis Schwarze und Weiße in einem politischen Gemeinwesen miteinander um die beste Gestalt dieser Gemeinschaft ringen sollten.

Die von Bellah und seinen Koautoren in *Habits of the Heart* geäußerte Kritik am Zustand der amerikanischen Gesellschaft und die diesbezügliche Zeitdiagnose wurden in einem weiteren Buch unter dem Titel *The Good Society*, erschienen 1991, in konkrete Vorschläge zur Revitalisierung des amerikanischen Gemeinwesens übersetzt. Diese reichen von der Forderung eines Abbaus militaristischer Staatsstrukturen[18] bis hin zur Demokratisierung von Arbeitsplätzen.[19] Der Hinweis auf derartige Programmatiken erscheint deshalb wichtig, weil die Gemeinschaftsrhetorik von Bellah und den Kommunitaristen in Deutschland häufig auf Widerstand stößt und als konservativ bis reaktionär eingestuft wird – zum Teil verständlich aufgrund des Missbrauchs des Begriffs der Gemeinschaft im Nationalsozialismus („Volksgemeinschaft"!). Es soll dabei nicht bestritten werden, dass es auch konservative Kommunitaristen gibt. Aber der Gemeinschaftsbegriff hat in der amerikanischen Geistesgeschichte einen völlig anderen Stellenwert als in der deutschen,[20] weshalb ihn sich auch amerikanische Progressive oder Linke problemlos zu eigen machen können, wie dies anhand der konkreten politischen Forderungen von Bellah und seinen Mitautoren deutlich wird.

Adloff, „Milieuwandel und Gemeinsinn", in: Herfried Münkler, Harald Bluhm (Hg.), *Gemeinwohl und Gemeinsinn. Zwischen Normativität und Faktizität*, Bd. IV, Berlin 2002, S. 153–186, sowie (eher essayistisch) Hans Joas, „Was hält die Bundesrepublik zusammen? Alte und neue Formen sozialer Integration", in: Friedhelm Hengsbach, Matthias Möhring-Hesse (Hg.), *Eure Armut kotzt uns an. Solidarität in der Krise*, Frankfurt/M. 1995, S. 69–82.

18 Robert N. Bellah u. a., *The Good Society*, New York 1991, S. 78.

19 Ebd., S. 101.

20 Dazu Hans Joas, „Gemeinschaft und Demokratie in den USA. Die vergessene Vorgeschichte der Kommunitarismus-Diskussion", in: Micha Brumlik, Hauke Brunkhorst (Hg.), *Gemeinschaft und Gerechtigkeit*, Frankfurt/M. 1993, S. 49–62.

Die ingeniöse Verknüpfung von soziologischer Forschung und Orientierung auf breite öffentliche Diskussion nennt Bellah „Sozialwissenschaft als öffentliche Philosophie". Es wäre aber ganz falsch, die beiden Bücher *Habits of the Heart* und *The Good Society* als Schritte Bellahs weg von der professionellen Sozialwissenschaft in Richtung Publizistik zu deuten. Vielmehr hat Bellah in den letzten anderthalb Jahrzehnten seines Lebens an einem voluminösen Werk gearbeitet, das man als eine soziologisch inspirierte Weltgeschichte der Religion bezeichnen könnte. Dabei handelt es sich um die komplette Revision und umfangreiche Ausarbeitung des bereits erwähnten frühen Artikels, mit dem schon der junge Bellah Spuren in der Wissenschaftsgeschichte hinterließ: „Religious Evolution".[21]

Globalgeschichte der Religion

Theoretischer Ausgangspunkt dieser Arbeit war ebenfalls das Werk von Talcott Parsons, aber nicht im Sinne einer funktionalistischen Religionssoziologie, bei der Religion einfach auf die Funktionen bezogen wird, die sie (angeblich) für das soziale System erfüllt.[22] Bellahs Interesse richtete sich vielmehr im selben Maß auf die Zusammenhänge der Religion mit Kultur, Körperlichkeit und Persönlichkeitsstruktur. Er ging hinter Parsons auf die soziologischen Klassiker Max Weber und Émile Durkheim zurück. Dabei las er auch Durkheim nicht einfach als Funktionalisten, sondern als einen Denker der religiösen „Erfahrung", für den insbesondere kollektive Erfahrungen der Selbsttranszendenz („kollektive Efferveszenz") eine konstitutive Rolle für Religion spielten.

Der frühe Aufsatz skizziert Stufen der Religionsgeschichte der Menschheit, nicht aber einfach im Sinne Hegels und anderer Denker des neunzehnten Jahrhunderts, so als strebe die Religionsgeschichte hin zu ihrer Krönung im Christentum als der absoluten Religion. Schon in dieser skizzenhaften Darstellung wird vielmehr deutlich, dass Bellah die Stufen der Religionsgeschichte mit den Stufen der politischen Geschichte, das heißt der Geschichte der kollektiven Selbstorganisation der Menschheit, nicht nur parallelisiert, sondern zu integrieren versucht. Sein frühes Ent-

---

21 Robert N. Bellah, „Religious Evolution", in: *American Sociological Review* 29 (1964), 3, S. 358–374.

22 Eine interessante frühe soziologische Auseinandersetzung in Deutschland bei: Rainer Döbert, *Systemtheorie und die Entwicklung religiöser Deutungssysteme. Zur Logik des sozialwissenschaftlichen Funktionalismus*, Frankfurt/M. 1973, S. 73–154. Auch Schieder, *Civil Religion*, S. 83–215, geht weit über sein unmittelbares theologisches Thema hinaus umfassend auf Bellahs Entwicklung ein.

wicklungsschema hat entsprechend fünf Stufen: primitive Religion, archaische Religion, historische Religion, frühmoderne und moderne Religion. Die Terminologie klingt heute gewiss veraltet, und auch die genaueren Bestimmungen der Religion auf diesen Stufen hätte Bellah später nicht durchgehend verteidigt. So ist der Ausdruck „primitiv" aus guten Gründen außer Gebrauch gekommen. Bellah ersetzt ihn in seinen späteren Schriften durch die Bezeichnung „tribal" (also stammesgesellschaftlich), wobei er sich durchaus bewusst ist, dass auch gegen diese Begriffswahl Einwände möglich sind. Gemeint sind mit diesem Begriff vorstaatliche politische Organisationsformen, die man auch nichtstaatlich oder sogar antistaatlich nennen kann, wenn man den leisesten Anklang an ein Schema notwendiger Entwicklung hin zum Staat vermeiden oder auf Widerstand gegen Staatsbildung verweisen will. Unter „archaisch" werden die großen, meist imperialen Staaten der Antike verstanden. Im Übergang zum Staat wird damit ein fundamentales Datum der Religionsgeschichte gesehen, ein Übergang, wie ich sagen würde, von der Selbstsakralisierung eines Kollektivs zur Sakralisierung eines Herrschers. Irritierend klingt die Bezeichnung „historisch" für den Bruch mit den zentralen Symbolsystemen der archaischen Ordnungen. Das Kriterium, das für Bellah die einen von den anderen zu unterscheiden erlaubt, ist die Entstehung und Verfügbarkeit von Transzendenzvorstellungen. Es geht damit um die Epoche des Wandels, die Karl Jaspers als „Achsenzeit" bezeichnet hat.[23] Wenn ein Jenseits gedacht wird, das nicht einfach eine Fortsetzung des Diesseits darstellt, sondern einen Inbegriff des Wahren und Guten, dann ist die irdische Wirklichkeit einem durchgehenden Bewertungsmaßstab ganz anders unterworfen als zuvor. Dann kann die irdische Wirklichkeit zum Gegenstand fundamentaler Ablehnung oder von Verbesserungsbemühungen werden. Damit aber kommt die Veränderung auch der politischen und sozialen Verhältnisse in den Blick, und zwar nicht nur ihre Wandelbarkeit, sondern ihre Gestaltbarkeit und insofern Geschichtlichkeit in einem radikalen Sinn.[24] Die frühmoderne Religion wird von Bellah zu dieser Zeit noch mit der der Reformationszeit identifiziert, einer Wende zum innerweltlichen, aber transzendenz-

---

[23] Karl Jaspers, *Vom Ursprung und Ziel der Geschichte*, München 1949. Zum Überblick über den Forschungsstand zu dieser These: Hans Joas, *Was ist die Achsenzeit? Eine wissenschaftliche Debatte als Diskurs über Transzendenz*, Basel 2014.

[24] Unverkennbar ist hier der Einfluss Voegelins. Vgl. dessen Monumentalwerk: Eric Voegelin, *Ordnung und Geschichte* (1956–87), 10 Bde., München 2001–2005. Zum Verhältnis Bellahs zu Voegelin jetzt: Peter Brickey LeQuire, „Friends in History. Eric Voegelin and Robert Bellah", in: Matteo Bortolini (Hg.), *The Anthem Companion to Robert Bellah*, London 2019, S. 165–190.

bezogenen individualistischen Aktivismus. Als „modern" wird schließlich die unmittelbare Gegenwart – die Zeit der Abfassung von Bellahs Aufsatz – interpretiert. Diese sei von der frühmodernen Religion nur insofern zu unterscheiden, als die Tendenzen der Individualisierung und religiösen Pluralisierung, die schon seit der Reformation angelegt waren, immer mehr die Oberhand gewonnen hätten.

Es ist nicht nötig, diesen Aufsatz im Detail zu erörtern, da er ja nur eine Skizze für das spätere Großwerk darstellt. Ein Leben lang trug Bellah sich mit dem Plan, diese Skizze in ein wirklich ausgereiftes historisch-soziologisches Werk zur globalen Religionsgeschichte zu transformieren. Durch Lehre und Forschung fügte er in den vorbereiteten Rahmen immer mehr positives Wissen ein; durch theoretische Reflexion arbeitete er gleichzeitig, angestoßen von diesen Forschungen, den begrifflichen Rahmen immer weiter um. Als Bellah 1997 siebzigjährig in den Ruhestand trat, nahm er sich vor, die Ausarbeitung endlich zu leisten. Ein Inhaltsverzeichnis aus dem Sommer 1998, das mir vorliegt, zeigt noch eine starke Kontinuität mit dem ursprünglichen Aufsatz. Auch der Titel war noch derselbe. Auf ein einleitendes Kapitel zum Religionsverständnis sollten zwei Kapitel zur „social evolution" folgen, eines vom Paläolithikum zur „historic society", eines von dieser zur Gegenwart. Tribale und archaische Religion sollten in einem gemeinsamen Kapitel behandelt werden. Für die „historischen Religionen" waren zwei Kapitel geplant, das erste über das Zeitalter der Entstehung von Transzendenzvorstellungen im antiken Judentum und in Griechenland („classical mediterranean"), in Indien und China und (mit einem Fragezeichen wegen der ungesicherten Quellenlage) im Iran Zarathustras. Ein zweites Kapitel sollte dann der Tatsache Rechnung tragen, dass die beiden größten Weltreligionen, nämlich Christentum und Islam, ja nicht in derselben Zeit, in der der Durchbruch zur Transzendenz erstmals stattfand, ihren Ursprung haben. Sie sind allerdings auch nicht ohne die „achsenzeitlichen" Entwicklungen im antiken Judentum und in Griechenland vorstellbar. Deshalb spricht Bellah wie andere vor ihm im Schrifttum zur Staatsentstehung hier, bei leichter Bedeutungsverschiebung, von „sekundären Formationen". Als Überschrift für dieses Kapitel aber wählte er den Begriff „organische Sozialethik". Dieser Begriff geht auf Max Weber und Ernst Troeltsch zurück, bei Weber vor allem auf die Analyse des Hinduismus bezogen, bei Troeltsch auf die des mittelalterlichen Christentums. Gemeint ist damit nicht einfach die Übertragung von Organismusmetaphern auf die soziale und politische Ordnung, sondern die Verknüpfung von universaler Zugänglichkeit des Heils mit einer (ständischen) Ordnung starker sozialer Ungleichheit. In diesem Kapitel sollten also offensichtlich diese Verknüpfungen im Christentum und im Islam, in Indien und in

Ostasien behandelt werden. Dann war ein großes Kapitel über Religion und Moderne geplant mit Unterkapiteln zu Reformation, Aufklärung und Wissenschaft und der globalen Verbreitung dieser Neuerungen. Im Schlusskapitel sollte die Frage nach einem möglichen Jenseits der Moderne aufgeworfen werden, eine Frage, die im Zeichen der Postmoderne-Diskussionen damals von großer Aktualität war.

Im Jahr 2011 erschien schließlich ein erster Band, der den ursprünglichen Titel in bedeutsamer Weise modifizierte. Nicht mehr *Religious Evolution*, sondern *Religion in Human Evolution* hieß das bedeutende Werk nun.[25] Damit sollte endgültig das Missverständnis ausgeschlossen werden, es gehe um die Behauptung einer religionsimmanenten Stufenfolge. Es geht allerdings sehr wohl um eine Verknüpfung der Religionsgeschichte mit einer Theorie sozialen Wandels; und diese Theorie sozialen Wandels bedarf selbst einer Grundlegung in der kosmologischen und biologischen Evolution, die nun zu Beginn geliefert wird. Der vorgelegte Band endet mit dem ursprünglich geplanten fünften Kapitel. Die tribalen und die archaischen Religionen wurden nicht, wie anfangs geplant, in einem Kapitel behandelt, sondern in dreien, je eines zu den beiden großen Typen „tribal" beziehungsweise „archaisch" und eines zum Übergang zwischen ihnen. Jedem dieser Kapitel wurde auch eine systematische Fragestellung zugeordnet. Im Falle der Stammesreligionen betrifft dies die Entstehung von Sinn, beim Übergang zum archaischen Staat stehen die Wechselwirkungen der Konstitution von Sinn und von Macht, bei den archaischen Religionen die ineinander verwobenen Prozesse der Entwicklung von Gottes- und Herrscherkonzepten im sakralen Königtum im Zentrum. Von den ursprünglich geplanten fünf Fällen der Achsenzeit wurde der iranische, der von vornherein als fraglich galt, nicht behandelt. Ein Schluss fasst die Überlegungen zusammen. Angesichts des Lebensalters, das Bellah beim Erscheinen des Buches erreicht hatte, konnte er die Tatsache nicht verdrängen, dass die Zeit für eine ähnlich gründliche Ausarbeitung der restlichen Konzeption nicht reichen würde. Bellah beschloss deshalb, die gesamte Religionsgeschichte von der Achsenzeit zur Gegenwart nicht in einem ähnlich gelehrten Werk zu behandeln, sondern in einem kürzeren und mit weniger Belegen arbeitenden Buch. Er wollte auch den globalhistorischen Anspruch seines Werkes auf eine bloße Kontrastierung zwischen dem „Westen" und China reduzieren. Von diesem Fortsetzungsband liegt ein

---

[25] Robert N. Bellah, *Religion in Human Evolution. From the Paleolithic to the Axial Age*, Cambridge, Mass. 2011. In der vorliegenden deutschen Übersetzung wurde der Titel verändert.

Fragment von etwa 100 Seiten vor.[26] Der plötzliche Tod Bellahs im Sommer 2013 brach die Arbeit abrupt ab.

An dieser Stelle kann keine ins Einzelne gehende Darstellung des überaus reichen vorliegenden Bandes geboten werden, ebenso wenig eine der Anknüpfungen durch andere und der zahlreichen Auseinandersetzungen mit ihm.[27] Ich beschränke mich auf drei kurze Charakterisierungen der Spezifik von Bellahs Konzeption:

(1) Schon an einem frühen Punkt der Darstellung von Bellahs Entwicklung habe ich darauf hingewiesen, dass er über Parsons' schematische Kultursoziologie mittels der Symboltheorie Tillichs hinausging. Entsprechend war schon der Aufsatz „Religious Evolution" so aufgebaut, dass auf jeder Stufe der Geschichte der Herrschaftsordnungen Affinitäten zu bestimmten Symbolisierungen angedeutet wurden. Dies blieb damals noch etwas vage. Für sein großes Werk aber konnte sich Bellah auf einen ganz anderen Entwicklungsstand der evolutionären Kultur- und Kognitionspsychologie stützen, als er in den 1960er Jahren verfügbar gewesen war. Als wichtigste Inspiration fungiert dabei das Werk von Merlin Donald.[28] Durch die Einbeziehung dieser Forschungen war gleichzeitig die Brücke zwischen menschlicher Geschichte und Evolution der Primaten geschlagen. Donald grundiert seine Unterscheidung dreier Stufen kognitiver Evolution durch eine Darstellung des „episodischen Geistes" und der „episodischen Kultur" von Primaten, also der Verhaftetheit von Wahrnehmung und Gedächtnis an Gegenwartssituationen von relativ kurzer Dauer. Die drei Kulturstufen werden dann durch die Begriffe „Mimesis", „Mythos" und „Theorie" gekennzeichnet. „Mimesis" zielt auf körpernahe Ausdrucksformen, die Repräsentation von Sachverhalten in gestischer Kommunikation. Der Begriff „Mythos" bezieht sich auf die Rolle des Erzählens, das auf ein stärker situationsunabhängiges Medium angewiesen ist als die „mimische" Repräsentation, nämlich auf die Sprache. Der Begriff „Theorie" schließlich entstammt derjenigen Handlungssituation von Menschen, in der nach der Wahrheit überlieferter Erzählungen gefragt werden kann. Diese Frage setzt die Fähigkeit zur Distanznahme gegenüber tradierten Erzählungen voraus; ihre Beantwortung erfordert ein noch stärker situa-

---

26 Der Schülerkreis Bellahs unter Federführung von Richard Madsen (San Diego) plant jetzt eine Veröffentlichung.

27 Zu Anknüpfungen: Robert N. Bellah, Hans Joas (Hg.), *The Axial Age and Its Consequences*, Cambridge, Mass. 2012. Eine Auflistung der meisten wichtigen Rezensionen findet sich bei: Michael Stausberg, „Bellah's ‚Religion in Human Evolution'. A Post-Review", in: *Numen* 61 (2014), S. 281–299.

28 Merlin Donald, *Origins of the Modern Mind. Three Stages in the Evolution of Culture and Cognition*, Cambridge, Mass. 1991.

tionsunabhängiges Medium als die mündliche Sprache, nämlich die Schrift. Durch die Schrift wird ein Rückgriff auf frühere Tatsachen und Darstellungen, wird die kritische Konfrontation von Vergangenheit und Gegenwart möglich.

(2) Bellah überträgt diese Theorie der Evolution von Kognition und Zeichengebrauch nun auf die Religionsgeschichte.[29] Auch hier sollen die Einzelheiten der daraus entstehenden Theorie von religiösen Ritualen, Mythen und Doktrinen am Rande bleiben. Ganz wichtig aber ist, dass Bellah zwar ein Evolutionstheoretiker, aber kein Evolutionist ist; er unterstellt nicht, dass die nächsthöhere Stufe der Entwicklung die frühere entwertet oder gar überflüssig macht. Ein Leitmotiv seines Buches ist vielmehr die Formel „Nichts geht jemals verloren" („nothing is ever lost"). Dies soll selbstverständlich nicht bedeuten, dass religionsgeschichtlich alles in Erinnerung oder gar lebenskräftig bleibe. Das ist ja ganz offensichtlich nicht der Fall. Die Formel will aber besagen, dass keine der Evolutionsstufen jemals völlig verschwindet. Auch mit der Ausbildung sprachlicher Kommunikation und an Sprache gebundener Gedächtnisleistungen verschwindet die Mimesis nicht, bleiben Gestenkommunikation und spielerische Darstellung von Bedeutung. Auch mit der Ausbildung kritischer und reflexiver Fähigkeiten verschwindet die Bedeutung des Erzählens für individuelle und kollektive Sinngebung nicht. Religionen existieren auf allen diesen Ebenen. Es kann in sie zwar eine stärker positive oder negative Einstellung zum Rituellen oder zum Mythischen eingebaut sein, doch wird sich keine Religion von diesen Ebenen völlig ablösen können. Religionen sind deshalb nie auf der Ebene ihrer „theoretischen" Doktrinen und theologischen Systematisierungen ganz zu durchdringen. Für Bellah gilt selbst von säkularen Wertsystemen, dass sie diesem Sachverhalt nicht entrinnen. Auch sie haben bei aller theoretischen Rationalität eine Basis in Erfahrungen, deren ritueller Verkörperung und mythischer Narration.

(3) Auch die Dimension von politischer Herrschaft beziehungsweise machtdurchsetzter Kooperation wird von Bellah in seinem Opus magnum auf den heutigen Kenntnisstand gebracht. Weit davon entfernt, einen ursprünglichen Egalitarismus von Stammesgesellschaften zu idyllisieren, geht er der Frage nach, wie deren relative Egalität aus den strikt hierarchischen Sozialordnungen der Primaten hervorgegangen sein kann und

[29] Donald hat darauf wiederum selbst konstruktiv reagiert. Vgl. Merlin Donald, „An Evolutionary Approach to Culture. Implications for the Study of the Axial Age", in: Bellah, Joas (Hg.), *The Axial Age and Its Consequences*, S. 47–76. Vgl. im selben Band auch die originelle Weiterführung durch: Matthias Jung, „Embodiment, Transcendence, and Contingency. Anthropological Features of the Axial Age", S. 77–101.

über welche Mechanismen sie aufrechterhalten wird.[30] Im Zentrum der folgenden Darstellungen steht dann, wie dieser relative, keineswegs idyllische, aber doch ausgeprägte Egalitarismus der Stammesgesellschaften in die extreme Hierarchisierung der archaischen Imperien mit ihrer Monopolisierung der Macht und Sakralisierung von Herrschern übergehen konnte. Mit den achsenzeitlichen Innovationen tritt dann nicht nur eine ethische Relativierung dieser Herrschaftsordnungen neu auf, sondern es kommt auch zu einer Wiederbelebung und Universalisierung des Egalitarismus zumindest in religiöser Hinsicht. Menschen sind dann nicht mehr nur Untertanen eines Herrschers, sondern stehen in einer eigenen individuellen Beziehung zum Göttlichen, und ihre moralischen Verpflichtungen gelten dann nicht nur gegenüber den Angehörigen des eigenen Volkes oder Staates, sondern gegenüber allen Menschen. Bellah weiß genau, dass die so entstehenden religiösen Vorstellungen von der universalen Menschheit und vom individuellen Bezug zu Gott, Göttern oder einem sakralen Kosmos dennoch immer wieder Teil der politischen Legitimationsstrategien von Staaten und Imperien werden konnten und auch wurden.

Die Entwicklung dieser globalhistorischen Religionstheorie ist eine der großen schöpferischen Leistungen eines Gelehrten in unserer Zeit. Sie hatte für Bellah selbst auch ganz offensichtlich und, wie er selbst gesagt hätte, unvermeidlich eine religiöse Dimension. Schon in einem Aufsatz über Liturgie und Erfahrung von 1973 interpretierte der Protestant Bellah die Sakramente im katholischen Sinn als intensive spirituelle Erfahrungen.[31] Im Lauf seines Lebens wurde er immer kritischer gegenüber dem, was er als die „Fehler im protestantischen Code" („flaws in the Protestant code") empfand.[32] Er versuchte immer mehr, die Radikalität prophetischer Kritik, die der Protestantismus stets wieder hervorgebracht hat, mit der klassischen katholischen Tradition sakramentaler Erfahrung zusammenzuführen. Wie Tillich schien ihm eine freischwebende Prophetie ohne sakramental-institutionelles Gegengewicht auf die Dauer unmöglich. Durch seine

---

[30] Zu meiner eigenen, von meiner Zusammenarbeit mit Bellah beeinflussten Darstellung der Geschichte von Sakralität und Macht in dieser Hinsicht vgl. die Skizze in: Hans Joas, *Die Macht des Heiligen. Eine Alternative zur Geschichte von der Entzauberung*, Berlin 2017, S. 446–485.

[31] Robert N. Bellah, „Liturgy and Experience", in: James D. Shaughnessy (Hg.), *The Roots of Ritual*, Grand Rapids 1973, S. 217–234.

[32] Robert N. Bellah, „Flaws in the Protestant Code. Some Religious Sources of America's Troubles", in: *Ethical Perspectives* 7 (2000), S. 288–299. Er ging gelegentlich so weit, die Reformation als einen Fehler zu bezeichnen: „[…] a necessary mistake, to be sure – but one that needs to be rectified if we are to solve the crises of modernity" (Bellah, „God, Nation, and Self", S. 146).

Studien zum japanischen Militarismus und durch die Erfahrung mit Faschismus und Nationalsozialismus war er sich zudem der Gefahr eines Transzendenzverlusts in der Moderne mit seinen möglichen Folgen für die Lebbarkeit des moralischen Universalismus bewusst. Seine Untersuchungen der amerikanischen Kultur zielten eben darauf, die gegenwärtigen Chancen dieses moralischen Universalismus im Verhältnis zum utilitaristischen und expressiven Individualismus und in der Verwiesenheit auf die Partikularität von Gemeinschaftsbindungen zu eruieren. Nimmt man diese Motive zusammen in den Blick, lässt sich Robert Bellahs Lebenswerk als die gelungene Synthese von Talcott Parsons und Paul Tillich definieren.[33]

[33] Ein vollständiges Verzeichnis der Schriften von Robert Bellah bis einschließlich 2005 ist enthalten in: Robert N. Bellah, Steven M. Tipton (Hg.), *The Robert Bellah Reader*, Durham 2006, S. 523–542.

Vorwort

Tief ist der Brunnen der Vergangenheit.

THOMAS MANN, *Joseph und seine Brüder*

Die Momente, die der Geist hinter sich zu haben scheint, hat er auch in seiner gegenwärtigen Tiefe. Wie er in der Geschichte seine Momente durchlaufen hat, so hat er sie in der Gegenwart durchlaufen.

HEGEL, *Die Vernunft in der Geschichte*

Der beste Mann auf Erden steigt empor in seinen Gedanken zu den Männern des Altertums, er rezitiert ihre Lieder, er liest ihre Schriften. Weiß er nicht, ob solch ein Mann des Altertums würdig ist, so beschäftigt er sich mit der Geschichte seiner Zeit. Das heißt emporsteigen mit seiner Freundschaft.

MENGZI, 5B:8

Dies ist ein ausladendes Buch über ein ausladendes Thema. Deshalb bin ich dem Leser nicht nur eine Erklärung schuldig, warum es so lang ist (es hätte noch sehr viel länger werden können), sondern auch eine Orientierungshilfe und eine Antwort auf bestimmte Einwände, die manchen Lesern in den Sinn kommen mögen. Zunächst werde ich anhand der obigen drei Mottos eine Vorstellung von dem vermitteln, was ich vorhabe.

Die Metapher von der Vergangenheit als einem Brunnen im Eröffnungssatz seines Buches ergänzt Mann umgehend um einen zweiten Satz: „Sollte man ihn nicht unergründlich nennen?“ In der langen Vorrede, die mit diesen Sätzen beginnt, wird deutlich, dass Mann fürchtet, immer weiter in der Vergangenheit zu versinken, wenn er eine Geschichte in Angriff nimmt, die bis ins zweite Jahrtausend v. u. Z. zurückreicht, und an jeder Stufe, nach der er greift, um seinen Sturz aufzuhalten, weiter an Halt zu verlieren und immer tiefer in dem unterzugehen, was unergründlich zu sein scheint. Unter anderem schaudert ihm bei dem Gedanken, hinter das Menschliche überhaupt in die tiefe Schlucht der biologischen Evolution zurückzufallen. Und zum Ende der Vorrede hin treibt ihn noch eine andere Sorge um: Er fürchtet, dass die Vergangenheit tot sei und dass sterbe, wer in ihr versinke. Ganz am Ende der Vorrede gelangt er dann aber zu der Einsicht, die sein Vorhaben leitet: Er bedenkt den Zeitfaktor. „[D]ie Vergangenheit des Lebens, die gewesene, die verstorbene Welt“ sei zwar der Tod, doch in seiner ewigen Gegenwärtigkeit sei der Tod das Leben, weshalb Mann über das Vergangene schreibt: „Denn es ist, ist immer, möge des Volkes Redeweise auch lauten: Es war."[1] Gewappnet durch den Gedanken, dass das Vergangene *ist* und deshalb lebt, obwohl es tot zu sein scheint, ist er bereit, sein 16 Jahre währendes Schreibprojekt eines Buches in Angriff zu nehmen, das sogar in der einbändigen Ausgabe mehr als 1200 Seiten umfasst.

Hegel, so könnte man sagen, greift Manns Metapher vom Brunnen auf und nutzt sie auf andere Weise als Mann: Der Brunnen ist für ihn ein Lebensquell, der uns mit Wasser versorgt, ohne das wir sterben würden. Hegel ist unser moderner Aristoteles, der sich der Mühe unterzogen hat, über alles nachzudenken und es in seiner zeitlichen und historischen Entwicklung einzuordnen. In Hegels Augen können wir über den objektiven Geist – über das, was wir Kultur im eigentlichen Sinne nennen würden – nichts wissen, wenn wir nichts über seine Geschichte wissen, auch wenn wir fälschlicherweise der Ansicht sind, wir seien ihr entwachsen. Wenn wir nicht alle Momente der Geistesgeschichte in unserer Gegenwart durchlaufen, werden wir nicht wissen, wer wir sind, und uns des subjektiven Geistes – das heißt unserer gegenwärtigen kulturellen Möglichkeiten – nicht bewusst werden.

Mengzi schließlich legt nahe, dass wir in der Geschichte Freunde finden können, die uns, wenn wir uns die Mühe machen, sie zu verstehen, weiterzubringen vermögen.[2] Der Stelle mit dem Motto geht der Gedanke voraus, dass ein „Edler" – mit diesem Begriff wird gemeinhin der altchinesische Begriff *junzi* für einen sozial höhergestellten Mann wiedergegeben, den Konfuzius in einen Begriff für einen ethisch höherstehenden Mann verwandelt hatte – danach streben würde, sich in seinem Dorf oder Land, ja sogar im ganzen Reich, aber auch in der Geschichte selbst mit anderen Edlen anzufreunden. Mengzi erinnert uns daran, dass wir bis in die tiefste Vergangenheit Freunde finden können, von denen wir zu lernen vermögen.

Eric Hobsbawm hat behauptet, die Beschleunigung des kulturellen Wandels in unserer jüngsten Vergangenheit laufe Gefahr, unsere Verbindung zur Geschichte im Ganzen zu kappen, weil sie die „Bindeglieder zwischen den Generationen, zwischen Vergangenheit und Gegenwart also", zum „Zerbersten" bringe.[3] Dies würde das gesamte Projekt gefährden, zu

---

[1] Thomas Mann, *Joseph und seine Brüder*, Bd. 1, Frankfurt: Fischer, 2018 [1933], lvii.

[2] Obwohl ich meinte, Mengzi gut zu kennen, merkte ich erst, als Yang Xiao mich auf diese Textstelle aufmerksam machte, dass sie in den Kontext der ersten beiden Mottos gehörte, die ich schon lange im Sinn gehabt hatte. Siehe Yang Xiao, „How Confucius Does Things with Words: Two Hermeneutic Paradigms in the *Analects* and Its Exegeses", *Journal of Asian Studies* 66, 2007, 513.

[3] Eric Hobsbawm, *Das Zeitalter der Extreme: Weltgeschichte des 20. Jahrhunderts*,

dem Mann, Hegel und Mengzi einen Beitrag leisten, wie ich gerade gezeigt habe, und in Frage stellen, wer wir als Menschen sind bzw. in welche Richtung wir uns entwickeln wollen. Keine Vergangenheit, keine Zukunft, so einfach ist das. Und auch keine Gegenwart, könnte man sagen. Ein kulturelles Vakuum, das nicht sehr wahrscheinlich ist, aber selbst die Gefahr von etwas Derartigem muss man ernst nehmen und in letzter Zeit ist ihr mit dem Ruf nach einer Deep History, also einer Tiefenhistorie, bzw. einer Big History, also einer Großgeschichtsschreibung, begegnet worden. David Christians *Maps of Time: An Introduction to Big History* und Daniel Lord Smails *On Deep History and the Brain* lassen sich diesbezüglich als Zeichen der Zeit betrachten.[4] Christian und Smail stellen wieder eine Verbindung zwischen uns und der Geschichte unserer Spezies als einer Spezies unter vielen her, die alle mit uns verwandt sind – bis zurück zu den einzelligen Organismen vor 3,5 Milliarden Jahren. Christian geht sogar noch weiter zurück: Er beginnt mit dem Big Bang vor 13,5 Milliarden Jahren und endet mit einem Universum, das in Milliarden von Jahren in den Zustand eines „gesichtslosen Gleichgewichts" zerfallen sein wird. Christian und Smail sind Historiker und sie geben beide zu, innerhalb ihrer Profession mit ziemlich starken Tabus zu brechen, wenn sie die etablierte Sichtweise zurückweisen, dass die Geschichte mit Texten beginnt und deshalb erst etwa 5000 Jahre alt ist, sodass alles, was davor liegt, Biologen und Anthropologen überlassen werden sollte. Ich knüpfe an sie an, wobei ich meine bescheidenen Bemühungen auf einen Themenbereich, nämlich auf die Religion – die allerdings in vormodernen Gesellschaften ziemlich viel beinhaltete –, und auf unsere eigene Spezies mit bloß einem flüchtigen Blick auf unsere biologische Abstammung beschränke und nicht mit der Gegenwart ende, sondern mit dem ersten Jahrtausend v. u. Z., warum, werde ich später erklären.

Sowohl Smail als auch Christian gehen selbstverständlich davon aus, und ich stimme dem in vollem Umfang zu, dass die Geschichte unendlich weit zurückreicht und jegliche Unterscheidung zwischen Geschichte und Vorgeschichte willkürlich ist. Das heißt, dass die biologische Geschichte – also die Evolution – von Anfang an Teil der Menschheitsgeschichte gewesen ist, auch wenn sie vor ziemlich langer Zeit zur Entstehung der Kul-

---

übers. v. Yvonne Badal, München: dtv, 2007 [1994], 31. Zitiert in: David Christian, *Maps of Time: An Introduction to Big History*, Berkeley: University of California Press, 2004.

[4] Christian, *Maps of Time*; Daniel Lord Smail, *On Deep History and the Brain*, Berkeley: University of California Press, 2008.

tur führte und sich seither koevolutionär mit ihr entwickelt hat.[5] Dies wird unweigerlich Fragen aufwerfen, mit denen ich mich ausführlich erst in Kapitel 2 befassen kann, das der Religion im Rahmen der Evolution des Menschen gewidmet ist, die ich aber gleich zu Beginn kurz ansprechen muss. In seiner Vorrede zu *Joseph und seine Brüder* befürchtet Mann vor allem, in den „unergründlichen" Brunnen des vormenschlichen Strudels der Evolution hineingerissen zu werden. Das wäre nicht nötig gewesen. Auch wenn er jenes Buch zwischen 1926 und 1942, also vor den großen Fortschritten der Evolutionstheorie geschrieben hat, die sich ab Mitte des 20. Jahrhunderts einstellten, hätte ihm, wenn er sich die Zeit genommen hätte, bereits genügend Material zur Verfügung gestanden, aus dem hervorging, dass er unter den nichtmenschlichen Organismen viele Freunde hatte. So war zum Beispiel damals bekannt, dass die Erdatmosphäre mit ihrem reichlichen Sauerstoffvorrat in der Anfangszeit unseres Sonnensystems noch nicht vorhanden war und sich nur entwickelte, weil einzellige Organismen im Urmeer entdeckt hatten, wie sie die Photosynthese für ihre Ernährung nutzen konnten, und dadurch einen Sauerstoffüberschuss erzeugten, aus dem im Verlauf von etwa einer Milliarde Jahren eine Atmosphäre entstand, in der mehrzellige Lebewesen – unter anderem Pflanzen und Tiere – erstmals die Landmassen bewohnen konnten, die bis dahin kahle Felsen gewesen waren. Ein paar Dankesworte an diese mikroskopisch kleinen Geschöpfe, ohne die nichts von dem existieren würde, was es gegenwärtig auf dem Festland gibt, hätten also bedenkenlos entboten werden können.

Am meisten Sorgen bereitet vielen, die ein Verschmelzen von Evolution und Geschichte fürchten, die Annahme, dass sie auf zwei unvereinbaren Methodologien beruhen: Als streng deterministisch und reduktionistisch sei die Evolution Sache der Naturwissenschaft, sie lasse weder Freiheit noch Kreativität zu, wohingegen die Geschichte eine Humanwissenschaft darstelle, in deren Zentrum die Freiheit sowohl in ihrer sagenhaften Kreativität als auch in ihrer erschreckenden Gewalttätigkeit stehe. In einigen Formen des Neodarwinismus, die ich fundamentalistisch nennen würde, fehlt es nicht an erbittertem Determinismus: Gegenstand der Evolution sind hier die Gene, noch dazu egoistische Gene, und die Organismen stellen lediglich Vehikel dar, die den blinden Kräften der Selektion, über die

[5] Ein schlagendes Argument für eine solche Koevolution hat Clifford Geertz schon früh vorgelegt: Clifford Geertz, „The Growth of Culture and the Evolution of Mind", in: ders., *The Interpretation of Cultures*, New York: Basic Books, 1973 [1962], 55–83. Es ist bedauerlich, dass die Biologen, die sich zur biologisch-kulturellen Koevolution äußern und sich dabei auf neuere Forschungen stützen, allesamt diesen wichtigen Aufsatz außer Acht lassen.

sich die Gene gnadenlos weiterverbreiten, auf Gedeih und Verderb ausgeliefert sind. Vor allem durch sein weithin bekanntes Buch *Das egoistische Gen* ist Richard Dawkins der bekannteste Verfechter dieser Sichtweise. In jenem Buch schreibt er: „Wir sind Überlebensmaschinen – Roboter, blind programmiert zur Erhaltung der selbstsüchtigen Moleküle, die Gene genannt werden. […] Ich würde argumentieren, daß eine vorherrschende Eigenschaft, die wir bei einem erfolgreichen Gen erwarten müssen, ein skrupelloser Egoismus ist. Dieser Egoismus des Gens wird außergewöhnlich egoistisches Verhalten des Individuums hervorrufen."[6] Nach dem Erscheinen von *Das egoistische Gen* zogen Dawkins' Ansichten die Aufmerksamkeit auf breiter Front auf sich, doch seither haben konkurrierende Sichtweisen an Boden gutgemacht.[7]

Im Gegensatz zu Dawkins glauben die meisten Evolutionsforscher weiterhin, dass nicht nur die Gene sich evolutionär entwickeln, sondern auch die Organismen.[8] So hebt Mary Jane West-Eberhard die Rolle hervor, die der Organismus (Phänotyp) für seine eigene Evolution spielt: „Bei der evolutionären Anpassung betrachte ich die Gene als Mitläufer, nicht als Anführer."[9] In ihrem bedeutenden Buch *Die Lösung von Darwins Dilemma* entwickeln Marc Kirschner und John Gerhart eine Konzeption der organismischen Steuerung von Variation: „Auf der Seite der Schaffung phänotypischer Variation glauben wir, dass der Organismus tatsächlich zu seiner eigenen Evolution beiträgt, und zwar mit einer Stoßrichtung, die auf seine

---

[6] Richard Dawkins, *Das egoistische Gen*, übers. v. Karin de Sousa Ferreira, Heidelberg: Spektrum Akademischer Verlag, 2010 [1976], 30 und 37.

[7] Siehe z. B. Stephen Jay Gould, *The Structure of Evolutionary Theory*, Cambridge, Mass.: Harvard University Press, 2002, 618–619 und 638–641. Mary Midgley wendet in ihrem Buch *Evolution as a Religion*, New York: Routledge, 2006 [1985], ein, dass die Verwendung eines ethischen Begriffs wie „egoistisch" zur Beschreibung biologischer Entitäten wie Genen ein Kategorienfehler erster Güte sei. Siehe auch Joan Roughgarden, *The Genial Gene: Deconstructing Darwinian Selfishness*, Berkeley: University of California Press, 2009.

[8] Tatsächlich merkt Dawkins selbst in seinem Buch *Der erweiterte Phänotyp: Der lange Arm der Gene*, übers. v. Wolfgang Mayer, Heidelberg: Spektrum Akademischer Verlag, 2010 [1982], das er nach dem *Egoistischen Gen* schrieb, an, dass es eine Frage der Interpretation und nicht der Tatsachen sei, ob man Gene oder Organismen als grundlegende Einheit der Evolution begreife, weil sie für sich genommen beide stichhaltig seien.

[9] Mary Jane West-Eberhard, „Developmental Plasticity and the Origin of Species Differences", *Proceedings of the National Academy of Sciences USA* 102, Suppl. 1 (2005), 6547. Siehe auch Eva Jablonka und Marion J. Lamb, *Evolution in vier Dimensionen: Wie Genetik, Epigenetik, Verhalten und Symbole die Geschichte des Lebens prägen*, übers. v. Martin Battran und Sabine Grauer, Stuttgart: Hirzel, 2017 [2005].

lange Variations- und Selektionsgeschichte bezogen ist."[10] Von besonderer Bedeutung sind die verhaltensbezogenen und symbolischen Aspekte der Evolution, die auf genetischen Veranlagungen beruhen, selbst aber nicht genetisch gesteuert sind, weil wir wahrscheinlich an dieser Stelle die meisten Quellen für Religiosität finden werden – kulturelle Weiterentwicklungen biologischer Anfänge.[11] Der Evolutionslinguist Derek Bickerton deutet an, wie weit wir tatsächlich zurückgehen müssen, um auf diese Anfänge zu stoßen. Über Sprache, aber implizit auch über Kultur schreibt er: „Das Problem mit fast allen vorherigen Versuchen, die Ursprünge in den Blick zu bekommen, besteht darin, dass sie nicht weit genug zurückgehen. Wenn wir alle Voraussetzungen von Sprache vollständig verstehen sollen, müssen wir wahrscheinlich bis zur Geburt der niedersten belebten Geschöpfe zurückgehen, denn Sprache hängt wesentlich von einer Matrix aus Willensbildung und primitivem Bewusstsein ab, die vor Hunderten von Millionen Jahren erstmals festgeschrieben worden sein muss."[12]

Ausgesprochen anregende Ausführungen über den Grad, in dem Organismen durch wichtige verhaltensbezogene Entwicklungsschritte zu ihrer eigenen Evolution beitragen, wurden von John Odling-Smee und seinen Kollegen in ihrem Buch *Niche Construction: The Neglected Process in Evolution* vorgelegt. Odling-Smee et al. behaupten, dass wir die Evolution nicht verstehen können, wenn wir nicht zur Kenntnis nehmen, wie die Organismen aktiv an der Schaffung der Bedingungen ihrer eigenen Evolution beteiligt sind. Die natürliche Selektion ist zwar tatsächlich blind, führt aber paradoxerweise zu zweckgerichtetem Handeln: „Wenn die natürliche Selektion *blind*, die Nischenkonstruktion aber *semantisch geprägt* und *zielgerichtet* ist, muss die Evolution in einem völlig *zweckfreien* Prozess bestehen, nämlich der natürlichen Selektion, in deren Verlauf *zweckgerichtete* Organismen, nämlich Nischen konstruierende Organismen selegiert werden. Dies muss zumindest insofern stimmen, als die bei der natürlichen

[10] Marc Kirschner und John Gerhart, *Die Lösung von Darwins Dilemma: Wie die Evolution komplexes Leben schafft*, übers. v. Monika Niehaus, Reinbek: Rowohlt, 2007 [2005], 342.

[11] Eine Denkrichtung innerhalb der Evolutionspsychologie geht davon aus, dass mehrere Merkmale der Religion genetisch bedingt sind, einschließlich gewisser „Module" für Erscheinungen wie „übernatürliche Wesen". Aber viele Forscher, die über die psychologische und kulturelle Evolution arbeiten, finden das nicht überzeugend. Die Existenz eines „Religionsgens" oder „Gottesgens" ist höchst unwahrscheinlich.

[12] Derek Bickerton, *Roots of Language*, Ann Arbor: Karoma, 1981, 216. Was eine ausführlichere Ausarbeitung dieses Gedankens anbelangt, siehe Bickertons *Language and Species*, Chicago: Chicago University Press, 1990, v.a. Kap. 4, „The Origins of Representational Systems".

Selektion selegierten, Nischen konstruierenden Organismen *so* funktionieren, *dass* sie überleben und sich reproduzieren."[13] Deshalb geht Dawkins' Argument, dass Gene die Einheit der biologischen Selektion und Organismen „Wegwerf-Überlebensmaschinen" seien, grundsätzlich in die Irre. Wenn Organismen lernen können und dieses Lernen ihre Umwelt und damit die Überlebenschancen ihrer Nachkommen verändern kann, dann sind die Organismen, in denen Gene selbstredend enthalten sind (und die Odling-Smee et al. als Phänogenotypen bezeichnen), die „Zentraleinheit" der Evolution.[14]

Es gibt eine Reihe von Kontinuitäten zwischen menschlichen und nichtmenschlichen Säugetieren und Vögeln, von denen einige genetisch eng verwandt sind und andere ziemlich weit auseinander liegen – in Kapitel 2 werde ich sie näher erörtern. Zu ihnen gehören Empathie, gelegentlich sogar Empathie mit Angehörigen anderer Arten, ein Sinn für Gerechtigkeit und die Fähigkeit zu vielerlei Formen der Kooperation.[15] Das möglicherweise mit einigen Ausnahmen nur bei Säugetieren und Vögeln vorkommende Spiel stellt ein besonders signifikantes evolutionäres Erbe dar, wie wir sehen werden. Nicht alles ist rosig: Auch Aggressivität und Gewalttätigkeit entwickeln sich evolutionär und haben die besonders unangenehme Folge, dass Menschen und unsere nächsten Verwandten unter den Primaten, die Schimpansen, vorsätzlich Angehörige ihrer eigenen Art töten.

Was die Evolution im Ganzen bedeutet, verstrickt uns in weitreichende Fragen, die fast unweigerlich zu Fragen nach dem letzten Sinn werden, die sich mit Fragen der Religion überlappen. Manche Wissenschaftler haben gegenüber dem unermesslichen, sich über Milliarden von Jahren erstreckenden Evolutionsprozess „Ehrfurcht" zum Ausdruck gebracht. Ob diese Ehrfurcht uns in ein ganz anderes Gebiet als die Wissenschaft versetzt,

---

[13] F. John Odling-Smee, Keven N. Laland und Marcus W. Feldman, *Niche Construction: The Neglected Process in Evolution*, Princeton: Princeton University Press, 2003, 186; siehe auch 176, Tabelle 4.1. In diesem Buch wird natürliche Selektion mit Nischenkonstruktion verglichen. Terrence W. Deacon hebt in seinem Buch *Incomplete Nature: How Mind Emerged from Matter*, New York: Norton, 2011, die Unvermeidbarkeit teleologischen Denkens hervor, wenn es um Organismen geht.

[14] Odling-Smee, Laland und Feldman, *Niche Construction*, 365–366, siehe auch 21 und 243.

[15] Eine allgemein verständliche Erörterung dieser Fähigkeiten findet sich bei Marc Bekoff und Jessica Pierce, *Wild Justice: The Moral Lives of Animals*, Chicago: University of Chicago Press, 2009. Siehe auch Frans de Waal, *Das Prinzip Empathie: Was wir von der Natur für eine bessere Gesellschaft lernen können*, übers. v. Hainer Kober, Darmstadt: WBG, 2011 [2009].

müssen wir später überlegen. Selbst wenn die Evolution für bedeutungslos erklärt wird – wenn zum Beispiel Dawkins schreibt: „Das Universum, das wir beobachten, hat genau die Eigenschaften, mit denen man rechnet, wenn dahinter kein Plan, keine Absicht, kein Gut oder Böse steht, nichts außer blinder, erbarmungsloser Gleichgültigkeit“[16] –, ist das eine Art religiöse Haltung: Der letzte Sinn des Lebens besteht dann darin, dass es keine Bedeutung hat. Vielleicht hat auch Dawkins sich in eine andere Sphäre begeben.

Ich habe versucht anzudeuten, dass die Evolution erheblich komplexer ist, als manche Biologen und viele Humanisten denken, dass in ihr sehr wohl Platz für Sinn und Zwecke ist und dass Sinn und Zwecke sich tatsächlich evolutionär entwickeln. Mich interessiert an der Evolution besonders die Entwicklung von Fähigkeiten, die einen bemerkenswerten Anteil am Gesamtgeschehen hatten: die Entwicklung der Fähigkeit, Sauerstoff zu erzeugen; der Fähigkeit, umfassende, komplexe Organismen zu bilden, nachdem es einige Milliarden Jahre lang nur einzellige Organismen gegeben hatte; der Fähigkeit zur Endothermie als dem Vermögen von Vögeln und Säugetieren, eine gleichbleibende Körpertemperatur zu bewahren, was ihr Überleben bei extrem heißen oder kalten Temperaturen erlaubt; der Fähigkeit, Tage oder Wochen im Fall vieler Säugetiere und Vögel, Jahre im Fall von Schimpansen und anderen Menschenaffen oder Jahrzehnte im Fall von Menschen mit der Aufzucht von hilflosen Säuglingen und Kindern zuzubringen, die auf sich allein gestellt nicht zu überleben vermöchten; der Fähigkeit, Atombomben zu bauen. Die Evolution gibt uns keine Garantie, dass wir diese neuen Fähigkeiten sinnvoll oder richtig nutzen. Diese Art von Fähigkeiten können uns eine Hilfe sein oder uns zerstören, je nachdem, was wir mit ihnen anfangen.

Ich hoffe, dass dies eine gewisse Vorstellung davon vermittelt, was ich unter Evolution verstehe und warum ich sie für wichtig halte, wenn wir verstehen sollen, wer wir sind und in welche Richtung wir uns entwickeln wollen. Doch was verstehe ich unter Religion und worin besteht die Evo-

---

[16] Richard Dawkins, *Und es entsprang ein Fluß in Eden: Das Uhrwerk der Evolution*, übers. v. Sebastian Vogel, München: Bertelsmann, 1996 [1995], 151. Ich fand dieses und eines der obigen Zitate aus *Das egoistische Gen* in Roughgarden, *The Genial Gene*, aber ohne Seitenangaben. Ich besorgte mir die Bücher (und einige andere von Dawkins, auf die sie verweist), um die Seitenzahlen zu finden, und las sie am Ende vollständig. Ich entwickelte beträchtlichen Respekt für Dawkins, gewann aber auch den Eindruck, dass seine Rhetorik allzu oft mit ihm durchgeht. Außerdem habe ich gelernt, dass Biologie ein umstrittenes Feld ist – den Sozialwissenschaften ähnlicher als ich gedacht hatte – und dass Dawkins' Ansichten nicht als repräsentativ für den gegenwärtigen Diskussionsstand in diesem Fach angesehen werden können.

lution von Religion? Auch wenn ich einen Großteil der ersten beiden Kapitel mit dem Versuch zubringen werde, sie zu definieren, ist Religion ein komplexes Phänomen, das sich nicht leicht definieren lässt. Für den Anfang möchte ich auf Clifford Geertz' bekannte Definition zurückgreifen.[17] Mit Geertz gesagt, ist Religion ein Symbolsystem, das bei seinem Nachvollzug [*enactment*] durch Menschen starke, durchdringende und lang anhaltende Stimmungslagen und Motivationen erzeugt, die in Bezug auf die Vorstellung einer allgemeinen Seinsordnung Sinn ergeben.[18] Bemerkenswert ist, was Geertz weglässt. Der „Glaube an übernatürliche Wesen" oder der „Glaube an Götter (Gott)", den viele gängige Definitionen als wesentlich voraussetzen, findet keine Erwähnung. Das soll nicht heißen, dass Geertz oder ich meinen, solche Glaubensvorstellungen gäbe es in der Religion nicht – auch wenn dies in manchen Fällen zutreffen mag –, sondern lediglich, dass sie für die Definition nicht ausschlaggebend sind.

Ich stimme mit Geertz darin überein, dass Symbole grundlegend für Religion sind (wie für viele andere Bereiche menschlichen Handelns auch, einschließlich der Wissenschaft); das heißt, dass Religion erst durch die Entstehung von Sprache möglich wird.[19] Die Idee einer vorsprachlichen

---

[17] Vor allem in Bezug auf seinen Aufsatz über die Religion als kulturelles System schwebt Clifford Geertz über dem Rest dieses Vorworts in einer Art und Weise, die ich nicht erwartet hatte, bevor ich seinen Aufsatz zur Vorbereitung dieses Vorworts noch einmal las. Ich finde es einfach unverzeihlich von Cliff, dass er im Alter von 80 Jahren gestorben ist und deshalb das, was ich geschrieben habe, nicht lesen und nicht darauf antworten kann.

[18] Geertz' vollständige Definition lautet wie folgt: „Eine Religion ist (1) ein Symbolsystem, das darauf zielt, (2) starke, umfassende und dauerhafte Stimmungen und Motivationen in den Menschen zu schaffen, (3) indem es Vorstellungen einer allgemeinen Seinsordnung formuliert und (4) diese Vorstellungen mit einer solchen Aura von Faktizität umgibt, daß (5) die Stimmungen und Motivationen völlig der Wirklichkeit zu entsprechen scheinen." Clifford Geertz, „Religion als kulturelles System", in: ders., *Dichte Beschreibung: Beiträge zum Verstehen kultureller Systeme*, übers. v. Brigitte Luchesi und Rolf Bindemann, Frankfurt: Suhrkamp, 2007 [1966], 48.

[19] Ursprünglich hatte ich geplant, über Talal Asads Aufsatz über Geertz und sein Religionsverständnis Stillschweigen zu bewahren und mein Schweigen für sich selbst sprechen zu lassen. Asads Aufsatz wurde zuerst veröffentlicht unter dem Titel „Anthropological Conceptions of Religion: Reflections on Geertz", *Man*, o. A., 18 (1983), 237–259, und in überarbeiteter und etwas abgeschwächter Form nachgedruckt in seinem Buch *Genealogies of Religion: Discipline and Reason of Power in Christianity and Islam*, Baltimore: Johns Hopkins University Press, 1993, 27–54. Doch erste Leser dieses Vorworts haben mich darauf hingewiesen, dass Asads Aufsatz die Ansichten einer ganzen Generation über Geertz geprägt hat. Obwohl ich Asads Aufsatz sorgfältig und mehr als einmal gelesen habe, kann ich mir hier nicht die Zeit nehmen, seine Behauptungen im Einzelnen zu widerlegen. Ernsthaft interessierten Lesern kann ich

Religion, wie in der Vorstellung, dass Schimpansen über „Spiritualität" verfügen, ist in meinen Augen nicht plausibel, obwohl sich bei einigen nichtmenschlichen Tieren Entwicklungen beobachten lassen, welche Mittel bereitstellen, die zu dem beitragen könnten, was bei den Menschen Religion werden sollte. Es besteht sogar die Möglichkeit, dass so etwas wie Religion sich unter früheren Arten der Gattung *Homo* entwickelt haben könnte, insbesondere beim *Homo erectus*, der über eine gewisse Form von Ursprache, aber nicht über eine syntaktisch voll ausgebildete Sprache im modernen Sinne verfügt haben könnte.

In seinem Aufsatz „Religion als kulturelles System" hat Geertz versucht, näher zu bestimmen, was Religion im Verhältnis zu einer Reihe von anderen, durch andere Symbolsysteme strukturierten Lebensbereichen ist. Im Anschluss an Alfred Schütz stellt er diese verschiedenen kulturellen Sphären der Alltagswelt gegenüber, die für Schütz die „ausgezeichnete Wirklichkeit" des Lebens ausmachte. Geertz hat das folgendermaßen ausgedrückt:

> „Die – wie Schütz sagt – ausgezeichnete Wirklichkeit der menschlichen Erfahrung – ausgezeichnet in dem Sinne, daß sie die Welt ist, in der wir am festesten verwurzelt sind, deren eigentümliche Tatsächlichkeit wir kaum in Frage stellen können (wenn wir auch bestimmte Teile davon in Frage stellen mögen) und deren Zwängen und Erfordernissen wir nur schwer entkommen können –, ist die Alltagswelt der *Common sense*-Gegenstände und der praktischen Handlungen."[20]

> „Der *Common sense* als Weise des ‚Sehens' ist, wie Schütz gezeigt hat, dadurch gekennzeichnet, daß sie die Welt, deren Gegenstände und Prozesse einfach als das nimmt, was sie zu sein scheinen – was bisweilen als naiv realistisch bezeichnet wird –, sowie durch ein pragmatisches Motiv, nämlich den Wunsch, diese Welt entsprechend den eigenen praktischen Zielsetzungen zu gestalten, sie sich untertan zu machen oder, falls das nicht geht, sich ihr anzupassen."[21]

Für Schütz ist die Alltagswelt durch Streben, Wirken und Sorge gekennzeichnet. In dieser Welt geht es vorrangig ums Funktionieren, Anpassen

---

nur empfehlen, Geertz selbst zu lesen, um sich ein Bild davon zu machen, ob Asads Vorwürfe zutreffen. In Bezug auf den Unterschied zwischen Saids Sichtweise und Asads dürfte sich außerdem ein Blick auf die Bezugnahmen auf Geertz in Edward Saids *Orientalismus*, übers. v. Hans Günter Holl, Frankfurt: Fischer, 2009 [1978], lohnen.

[20] Geertz, *Dichte Beschreibung*, 86, zitiert Alfred Schütz, „Über die mannigfaltigen Wirklichkeiten", in: ders., *Gesammelte Aufsätze 1: Das Problem der sozialen Wirklichkeit*, übers. v. Benita Luckmann und Richard Grathoff, Den Haag: Nijhoff, 1971 [1967], 260–263.

[21] Geertz, *Dichte Beschreibung*, 76, zitiert Schütz, „Über die mannigfaltigen Wirklichkeiten", 238–239.

und Überleben, und manche Biologen und Historiker meinen, dies sei alles. Unter sprachverwendenden Menschen ist die Alltagswelt jedoch niemals alles, und die anderen Wirklichkeiten, welche die menschliche Kultur hervorbringt, überlappen sich zwangsläufig mit der Alltagswelt, deren unerbittlicher Utilitarismus nie ohne Einschränkungen bleiben wird.

Wir können jetzt also zwei weitere Dinge sagen, wobei wir uns eine ausführlichere Auseinandersetzung mit der Alltagswelt für später aufheben. Trotz ihrer „eigentümlichen Tatsächlichkeit" ist die Alltagswelt eine kulturell und symbolisch konstruierte Welt und nicht die tatsächliche Welt. Als solche ist sie räumlichen und zeitlichen Schwankungen unterworfen und hat mit vielen Dingen in der historischen und kulturellen Landschaft große Gemeinsamkeiten, weist aber gelegentlich deutliche Unterschiede auf. Doch weil die Alltagswelt „natürlich" wirkt, geht sie mit der Aufhebung des Zweifels an der Welt, wie sie erscheint, einher. In der von Schütz so genannten „natürlichen Einstellung" wird der „Zweifel daran, daß die Welt und ihre Gegenstände anders sein könnten, als sie [...] erscheinen", „‚in Klammern [ge]setzt'".[22]

Wesentlich dabei ist, dass in den verschiedenen anderen Welten – kulturellen Sphären, Symbolsystemen –, für die Geertz sich sein ganzes Leben lang interessiert hat, die Klammern, mit denen die Alltagswelt des Common Sense den Gedanken versieht, dass alles anders sein könnte, als es erscheint, weggefallen sind. In diesen anderen Welten sind Selbstverständlichkeitsunterstellungen nicht mehr maßgeblich. Neben der des Common Sense vergleicht Geertz die religiöse Perspektive in „Religion als kulturelles System" noch mit zwei weiteren Perspektiven, denen zufolge die Welt konstruiert sein kann: mit der wissenschaftlichen und mit der ästhetischen.[23] Aus wissenschaftlicher Perspektive, sagt Geertz, gehe die Gegebenheit der Alltagswelt verloren: „Wohlerwogener Zweifel und systematische Überprüfung, der Verzicht auf das pragmatische Motiv zugunsten objektiver Beobachtung, der Versuch, die Welt methodisch zu analysieren, wobei die Beziehung zu den informellen *Common sense*-Vorstellungen immer problematischer wird – all dies sind Merkmale des Bemühens, die Welt wis-

---

[22] Schütz, „Über die mannigfaltigen Wirklichkeiten", 263.

[23] Stephen Jay Gould wollte vermutlich auf etwas Ähnliches wie Geertz' Vorstellung von kulturellen Sphären hinaus, wenn er von Wissenschaft und Religion als „nichtüberlappenden Gebieten" sprach, nicht-überlappend, weil sie sich mit verschiedenen Dingen beschäftigen, das eine mit Fakten und deren Erklärung, das andere mit letzten Sinnfragen und moralischen Werten. Siehe Gould, *Rocks of Ages: Science and Religion in the Fullness of Life*, New York: Ballantine Books, 2002. Ob es sein kann, dass kulturelle Sphären sich überhaupt nicht überlappen, wenn sie in die Alltagswelt eindringen, sei dahingestellt.

senschaftlich zu fassen."[24] Anstatt hier Geertz' in meinen Augen etwas verstiegener Sichtweise der ästhetischen Perspektive nachzugehen, werde ich gegen Ende dieses Vorworts noch einmal kurz auf ihre Besonderheiten zurückkommen.

Im Rahmen seiner Auseinandersetzung mit Ritualen führt Geertz uns am direktesten vor, was typisch für die Religion als kulturelles System ist und sie von anderen Lebensbereichen unterscheidet, denn Rituale sind nicht bloß religiöse Glaubensvorstellungen, sondern religiöses Handeln. Was ein Ritual ist, fasst Geertz auf eine Weise zusammen, wie ich es nicht besser könnte: „Im Ritual sind gelebte und vorgestellte Welt ein und dasselbe, sie sind in einem einzigen System symbolischer Formen verschmolzen und bewirken daher bei den Menschen jene eigentümliche Veränderung in der Wahrnehmung der Wirklichkeit, von der Santayana im eingangs angeführten Zitat spricht. [...] [Es ist] die Befolgung religiöser Vorschriften in Gestalt konkreter Handlungen, die auf der menschlichen Ebene die religiösen Überzeugungen in Erscheinung treten läßt. [...] Die Menschen kommen in solchen schöpferischen Schaustellungen zu ihrem Glauben, während sie ihn darstellen."[25] Der Teil des eingangs von ihm angeführten Zitats, auf den er sich bezieht, lautet: „Die Ausblicke, die sie eröffnet, wie auch die Rätsel, die sie aufgibt, bilden eine andere, bewohnbare Welt. Und eine solche andere, bewohnbare Welt meinen wir, wenn wir uns als religiös bezeichnen – unabhängig davon, ob wir nun daran glauben, einmal vollständig in sie einzugehen oder nicht." (George Santayana, *Reason in Religion*).

Wie es er immer tat, führt Geertz Beispiele dafür an, wie Rituale Welten erschaffen, um das anschaulich zu machen, worauf er hinauswill. Sein ausführlichstes Beispiel stammt aus Bali: Es handelt sich um den rituellen Kampf zwischen der bösen, furchterregenden Hexenkönigin Rangda, der Angst an sich, und Barong, einer Art lächerlichem hirtenhundähnlichem Drachen, der in einem unvermeidlich mit einem Patt endenden Ritual versucht, die Dorfbewohner gegen Rangda zu verteidigen. Im Laufe seiner Ausführungen beschreibt Geertz die vielen verschiedenen Weisen, wie der Kampf zwischen Rangda und Barong zum Sinnbild für die zentralen Anliegen der balinesischen Kultur wird, aber er schließt:

> „Der Dorfbewohner lernt sie erst in der unmittelbaren Begegnung anläßlich der jeweiligen Aufführung als tatsächliche Realitäten kennen. Sie sind daher nicht irgendwelche Repräsentationen, sondern etwas gegenwärtig Präsentes. Und wenn die Dorfbewohner in Trance fallen, werden sie – *nadi* – Teil jenes Bereichs,

[24] Geertz, *Dichte Beschreibung*, 76.

[25] Ebd., 78–80; das Santayana-Zitat ist dem Aufsatz als Motto vorangestellt, 44.

> in dem diese Erscheinungen existieren. Jemanden, der einmal Rangda *war*, zu fragen, ob es sie real gebe (wie ich es einmal tat), bringt einen leicht in den Verdacht, nicht ganz richtig im Kopf zu sein."[26]

Doch dann erinnert Geertz uns daran, dass unabhängig davon, wie wirklich die Welt der religiösen Symbole auch für diejenigen sein mag, die an ihr teilhaben, niemand, nicht einmal ein Heiliger, ununterbrochen in einer Welt religiöser Symbole lebt und dass die meisten von uns nur gelegentlich darin leben. Wenn das Ritual zu Ende ist, müssen Felder bestellt und Kinder versorgt werden. Die Alltagswelt mit ihren womöglich verbogenen, aber nicht komplett fehlenden Klammern kehrt zurück. Wenn aber genug Leute in jene andere Welt eingetaucht sind, dann ist die Alltagswelt, in die sie zurückkehren, nie wieder ganz dieselbe. Deshalb schreibt Geertz: „Religion ist nicht etwa deswegen soziologisch interessant, weil sie [...] die soziale Ordnung wiedergibt [...], sondern deshalb, weil die soziale Ordnung von ihr [...] geprägt wird."[27]

Wie Religion jene anderen Welten erschafft und wie jene Welten mit der Alltagswelt interagieren, ist Thema dieses Buches. Genauso wie Geertz kann ich mir nicht vorstellen, Argumente über symbolische Formen und ihren Nachvollzug [*enactment*] anzuführen, ohne sie zu veranschaulichen. Wenn es ausschließlich auf Argumente ankäme, könnte schon dieses Vorwort reichen, zumindest beinahe. Doch wenn man religiöse Symbolsysteme in ihrer Vielfältigkeit und Entwicklung verstehen möchte, darf das Anschauungsmaterial nicht zu knapp ausfallen. Schon in meinen ersten beiden allgemeinen Kapiteln finden sich viele kurze Veranschaulichungen, aber ab Kapitel 3 über Stammesreligion werde ich ausgiebigere Beschreibungen liefern, die zunehmend länger werden, wenn ich mich mit Religion in den vornehmlich archaischen und in den Gesellschaften der Achsenzeit beschäftige. Trotzdem kratzen die langen Kapitel über die vier Beispielfälle der Achsenzeit genauso wie die vorherigen nur ein wenig an der Oberfläche. Hoffentlich sind sie gerade aussagekräftig genug, um dazu beizutragen, dass der Leser wenigstens einen Moment lang tatsächlich erfährt, wie das Leben in jenen Welten gewesen sein mag.

Ich kann mir vorstellen, dass es Leser geben wird, welche die Beispielfälle mögen, meine Argumentation aber in den Wind schlagen. Mir ist das recht, und ich denke sogar, dass Cliff Geertz mein Buch möglicherweise auf

---

[26] Ebd., 85. Mary Midgley fasst Geertz' Standpunkt bündig zusammen – ohne seinen Namen zu erwähnen –, wenn sie sagt, dass eine Religion „die Macht [hat], einer bedrohlichen und chaotischen Welt Sinn zu verleihen, indem sie sie dramatisiert". Midgley, *Evolution as a Religion*, 18.

[27] Geertz, *Dichte Beschreibung*, 87.

diese Weise gelesen hätte. Ohne das Anschauungsmaterial könnte ich die Argumente aber nicht anführen, die ich anführen will. Deshalb ist das Buch ziemlich lang geworden. Andererseits ist es nicht lang genug: Es lässt die letzten 2000 Jahre außer Acht. Doch wenn ich versuchen würde, den wichtigsten religiösen Entwicklungen der letzten 2000 Jahre denselben Grad an Aufmerksamkeit zu schenken wie den vorherigen Religionen, so unangemessen das auch sein mag, würden die zu bewältigenden Details mich überfordern. Ich würde ein weiteres Leben oder eine Phalanx an Mitarbeitern benötigen. Allerhöchstens kann ich hoffen, noch ein weiteres, nicht besonders umfangreiches Buch zu schreiben, in dem ich versuchen werde, einige Verbindungen zwischen Achsenzeit und Moderne vorzuführen und dabei nur mitunter tiefer in die Einzelheiten einzutauchen. Warten wir es ab.

Nachdem ich eine wenn auch vorläufige und unangemessene Vorstellung davon vermittelt habe, was ich unter Evolution und was ich unter Religion verstehe, werde ich jetzt, möglicherweise auf noch kryptischere Weise, kurz versuchen zu sagen, was beides miteinander verbindet. Mit dem Eröffnungssatz von Geertz' Santayana-Zitat bin ich einverstanden: „Der Versuch zu sprechen, ohne eine konkrete Sprache zu sprechen, ist ebenso zum Scheitern verurteilt wie der Versuch, ohne Bezug auf eine bestimmte Religion religiös zu sein." Meine Versuche, eine Vielzahl von Religionen in ihrer jeweiligen Bestimmtheit sorgfältig zu beschreiben, sollten dieses Einverständnis deutlich machen, aber davon abgesehen glaube ich, dass es verschiedene Arten von Religion gibt und man diese Arten nicht im Sinne von besser oder schlechter, sondern in Bezug auf die Fähigkeiten, auf die sie sich stützen, in eine evolutionäre Ordnung bringen kann.

Bei meinem Beschreibungsversuch einer solchen evolutionären Ordnung fand ich Merlin Donalds Abriss der kulturellen Evolution bzw. Entwicklung besonders überzeugend. Donald führt vor, wie sich im Rahmen der Koevolution von Biologie und Kultur während der letzten ein bis zwei Millionen Jahre drei Stadien menschlicher Kultur entwickelt haben: das mimetische, das mythische und das theoretische Stadium.[28] Der Evolutionsprozess nimmt seinen Ausgang von der episodischen Kultur, die wir mit anderen höheren Säugetieren teilen, das heißt von der Fähigkeit zu erkennen, in welcher Situation sich jeder Einzelne befindet, was vorher in

[28] Merlin Donald, *Origins of the Modern Mind: Three Stages in the Evolution of Culture and Cognition*, Cambridge, Mass.: Harvard University Press, 1991. In seinem Buch *Triumph des Bewusstseins: Die Evolution des menschlichen Geistes*, übers. v. Christoph Trunk, Stuttgart: Klett-Cotta, 2008 [1999], hat er diese These weiter ausgeführt.

ähnlichen Situationen geschah und Aufschluss darüber geben könnte, wie jetzt zu handeln sei, auch wenn ein im eigentlichen Sinne autobiographisches Gedächtnis, das die Situationen zu einer umfassenderen Geschichte aufreiht, nicht vorhanden ist. Daraufhin schreiten wir möglicherweise vor mehr als zwei Millionen Jahren mit Arten wie dem *Homo erectus* zur mimetischen Kultur voran, in der wir unsere Körper für den Nachvollzug [*enactment*] vergangener und zukünftiger Ereignisse sowie Gesten für die Verständigung nutzen. Obwohl die mimetische Kultur vornehmlich aus Gesten bestand, war sie keineswegs stumm. Aller Wahrscheinlichkeit nach ging sie sowohl mit Musik als auch mit ersten, wenn auch sehr einfachen Ansätzen von Sprachvermögen einher. Tanzen könnte eine der frühesten Ausdrucksformen einer solchen mimetischen Kultur gewesen sein, und Tanzen bildet die Ritualgrundlage in fast allen Stammesgesellschaften, sodass in jener Frühzeit durchaus eine Art von Religion ihren Anfang genommen haben könnte, auch wenn wir lediglich vermuten können, wie sie ausgesehen haben mag. Auf keinen Fall vergessen werden sollte in Bezug auf Donalds Abriss, dass er zwar von Stadien spricht, frühere Stadien aber nicht verlorengehen, sondern lediglich auf neue Bedingungen ausgerichtet werden. Deshalb bleibt sogar in unserer höchst verbalen und einigermaßen abstrakten Kultur die Verständigung durch Gesten nicht nur für das Intimleben grundlegend, was unübersehbar ist, sondern auch in der Öffentlichkeit, etwa bei großen Sportveranstaltungen oder politischen Spektakeln.

Irgendwann vor 250.000 bis 100.000 Jahren macht die Entwicklung einer voll ausgebildeten grammatischen Sprache komplexe Narrative möglich. Vielleicht ist ein voll entwickeltes autobiographisches Gedächtnis auf grammatische Sprache und Narrative angewiesen und entstand deshalb erst dann, vielleicht deutete es sich bereits im mimetischen Stadium an. Donald nennt das neue Stadium mythisch. Der Mythos erweitert die Möglichkeiten des mimetischen Rituals in Bezug auf das, was darin nachvollzogen [*enact*] werden kann, beträchtlich, aber er ersetzt es nicht. In allen uns bekannten Kulturen sind narrative Kultur und mimetische Kultur miteinander verflochten. Meinen Veranschaulichungsversuch vornehmlich mimetischer und mythischer Religionen habe ich unter der Rubrik Stammesreligion unternommen, wobei ich mir vollständig bewusst bin, wie irreführend das Wort „Stamm" ist. Aber selbst wenn Religionen sich weiterentwickeln und eine theoretische Dimension einbeziehen, bleibt eine auf neue Weise formulierte mimetische und mythische Kultur weiter zentral; ohne sie wären Menschen nicht funktionsfähig.

Als die Gesellschaften komplexer wurden, taten die Religionen es ihnen gleich, indem sie auf ihre Weise die gewaltigen Unterschiede zwischen den sozialen Schichten erklärten, die an die Stelle des grundlegenden

Egalitarismus der Jäger-und-Sammler-Stämme getreten waren. Häuptlingstümer und im Anschluss daran archaische Königtümer machten neue Formen von Symbolisierung und rituellem Nachvollzug [*enactment*] erforderlich, um der zunehmenden hierarchischen Unterteilung der sozialen Klassen nach Wohlstand und Macht Sinn zu verleihen. Im ersten Jahrtausend v. u. Z. entstand an mehreren Orten in der alten Welt die theoretische Kultur. Im Zuge der Neuausrichtung der alten Narrative und ihrer mimetischen Grundlagen hinterfragt sie diese; im Zuge der Schaffung neuer Rituale und Mythen verwirft sie Rituale und Mythen; und im Namen eines ethischen und geistigen Universalismus stellt sie die alten Hierarchien in Frage. Die kulturelle Efferveszenz dieser Epoche führte zu neuen Entwicklungen in Religion und Ethik, aber auch in Bezug auf das Verständnis der natürlichen Welt, zu den Ursprüngen der Wissenschaft. Aus diesem Grund nennen wir diese Epoche Achsenzeit.[29]

In einer Hinsicht hält dieses knappe Bild der Evolution religiöser Symbolsysteme – dessen konkrete Ausgestaltung das ganze Buch in Anspruch nehmen wird – ein Trostpflaster dafür bereit, dass ich aufhöre, wo ich aufhöre. Ich ende mit der Achsenzeit, mit dem Entstehen der theoretischen Kultur und der Neuausrichtung des Verhältnisses der mimetischen, mythischen und theoretischen Elemente, die dafür erforderlich war. Die letzten 2000 Jahre haben eine gewaltige Weiterentwicklung aller Quellen mit sich gebracht, auf die Religion sich stützt. Dabei zeigt sich auch, wie das Theoretische sich – teilweise, nicht vollständig – vom Mimetischen und Mythischen löste. Die Geschichte dieser Loslösung kann ich zwar nicht erzählen und auch nicht die Errungenschaften und Zwangslagen betrachten, zu denen sie geführt hat, aber ich werde zumindest eine Vorstellung davon vermittelt haben, um welche Dimensionen es dabei ging. Es ist nahegelegt worden, dass wir uns mitten in einer zweiten Achsenzeit befinden, aber wenn das stimmt, müsste eine neue Form von Kultur entstanden sein. Vielleicht bin ich blind, aber ich sehe keine. Meiner Meinung nach erleben wir eine Krise aufgrund von Inkohärenz und müssen die Dimensionen, über die wir seit der Achsenzeit verfügen, auf neue Weisen integrieren. Ich werde im Schlusskapitel auf diese Frage zurückkommen.

Durch die Abfolge der evolutionären Entwicklungen, die zur Entstehung der theoretischen Kultur geführt haben, gewannen die verschiedenen Welten – die „kulturellen Systeme", von denen Geertz spricht – klarere Konturen. Im Anschluss an seine Überlegungen können wir aber nach dem Verhältnis dieser neuen Entwicklungen und dieser neuen Fähigkeiten

[29] Der Begriff stammt von Karl Jaspers, *Vom Ursprung und Ziel der Geschichte*, Basel: Schwabe, 2017 [1949], und wird am Anfang von Kapitel 6 näher erörtert.

zur Alltagswelt fragen. Wenn wir die Alltagswelt als Welt darwinistischen Überlebens betrachten – wozu wir teilweise gezwungen sind –, stellt sich nämlich die Frage, wie die Menschen angesichts von Hunger und Gefahren um sie herum sowie der Notwendigkeit, sich fortzupflanzen, damit ihre Stammeslinie überlebt, sich den Luxus „leisten" konnten, ihre Zeit mit alternativen Welten, mit Tanz und Mythen, ja sogar mit Theorie zu verbringen.

Damit deutlich wird, auf welche Art von Luxus ich mich hier beziehe: Wie haben Menschen die ästhetische Sphäre, also die nichtutilitaristische Sphäre schlechthin schaffen können? Um das anschaulich zu machen, worauf ich hinauswill, möchte ich eine Textstelle aus einem Aufsatz des Dichters und Kritikers Mark Strand zitieren:

> „Etwas jenseits des Wissens nötigt uns Interesse und das Vermögen ab, uns von einem Gedicht bewegen zu lassen [...] Das Gedicht ist an ein Schema gebunden, das abseits steht von dem, was die Wissenschaft als wahr bezeichnet, und dennoch wahr ist [...] Ein Gedicht ist ein Ort, an dem die Bedingungen von Jenseitigkeit und Innerlichkeit spürbar werden und sich in der Imagination ein Gefühl dafür einstellt, was es heißt zu sein. Es erlaubt uns das Leben, das uns verwehrt wird, weil wir zu beschäftigt mit dem Leben sind. Noch paradoxer gesagt, erlaubt uns ein Gedicht ein Leben in uns, als ob wir uns selbst gerade nicht erreichen könnten."[30]

Weil wir zu beschäftigt mit dem Leben sind? Genau. Wie ist uns jenes Leben möglich? Anscheinend gibt es eine Vielzahl von Weisen, auf welche die Evolution zugelassen hat, dass Lebewesen die darwinistischen Zwänge überlisten und doch noch über ein „Leben" im eben genannten Sinne verfügen. Zumindest vielleicht. Wie wir sehen werden, kann jeder Versuch, der darwinistischen Selektion zu entgehen, vereinnahmt werden; alle Bemühungen, Funktionalität und Adaptation zu vermeiden, werden, wenn sie überhaupt erfolgreich sind, von dem zurückerobert, dem sie zu entkommen versuchten, wenn es gestattet ist, auf eine solch anthropomorphe Weise über großflächige evolutionäre Tendenzen zu sprechen. Doch vielleicht nicht vollständig. Es könnte sich sogar herausstellen, dass es „funktional" ist, über Lebensbereiche zu verfügen, die nicht funktional sind.

Als ich eine Reihe neuerer Veröffentlichungen von Biologen las, die über mich interessierende Dinge arbeiten, fand ich es interessant, dass sie die Computersprache von „online" und „offline" verwendeten. Online ist die Alltagswelt, die mit ihren mächtigen darwinistischen Zwängen un-

---

[30] Mark Strand, „On Becoming a Poet", in: *The Making of a Poem: A Norton Anthology of Poetic Forms*, hrsg. v. Mark Strand und Eaven Boland, New York: Norton, 2000, xxii, xxiii, xxiv.

mittelbar vor uns liegt. Online ist die Welt der Nahrungssuche, des Kampfes, der Flucht, der Fortpflanzung und der anderen Dinge, die alle Geschöpfe tun müssen, um zu überleben. Offline ist dann, wenn diese Zwänge wegfallen und andere Dinge geschehen. Ich habe häufig festgestellt, dass Aufsätze oder Bücher über Offline-Dinge wie Schlafen oder Spielen mit einschränkenden Äußerungen beginnen wie „Über das Schlafen wissen wir wenig" oder „Über das Spielen wissen wir wenig, manche Leute behaupten sogar, es gäbe es nicht". Niemand fängt eine Auseinandersetzung mit Nahrungsbeschaffungstechniken mit einem solchen Vorbehalt an. Wenn es dann um Einzelthemen geht, ist die Rede, dass man wenig über etwas weiß, natürlich sogar in der Welt erbitterten Überlebens weit verbreitet, was mich beruhigt. Doch wo ganze Forschungsfelder gemeint sind, werden überwiegend die Offline-Gebiete so beschrieben.

Nehmen wir zum Beispiel den Schlaf. Er scheint bei allen Organismen nahezu universell zu sein. In Organismen ohne Gehirn lassen sich keine Hirnströme finden, die auf Schlaf hindeuten, aber es lässt sich ein stilles Zurückziehen beobachten. Wir scheinen ihn also alle zu brauchen. Anscheinend ist er für das Überleben erforderlich: Ich habe gelesen, dass Ratten, die durchgehend wachgehalten werden, nach ungefähr zwei Wochen sterben. Doch was dabei genau vor sich geht, ist unklar. Außerdem ist Schlafen mit einem hohen Aufwand verbunden. Schlafende Tiere sind eine leichtere Beute für Raubtiere als hellwache Tiere. Während wir schlafen, können wir keine Nahrung suchen, keine Kinder versorgen oder zeugen. Trotzdem müssen wir schlafen und tun es auch.

Dann gibt es noch das Problem des erst in den 1950er Jahren entdeckten REM (Rapid Eye Movement)-Schlafs, welcher der Teil des Schlafs zu sein scheint, in dem wir träumen. Menschenbabys brauchen sehr viel davon. Etwa 80 Prozent ihres Schlafs ist REM-Schlaf, wohingegen dieser bei erwachsenen Menschen nur etwa 20 Prozent ausmacht. Doch worum geht es beim Träumen? Obwohl Träume in einer großen Zahl von Kulturen sehr ernst genommen werden und in manchen Fällen erheblichen Einfluss auf das Alltagsleben nehmen, habe ich darüber keine übereinstimmenden Angaben gefunden. REM-Schlaf scheint mit dem Lernen zusammenhängen; mit dem Festigen von Erinnerungen; mit dem Herausfiltern wichtiger und dem Löschen flüchtiger Erinnerungen; oder mit Kreativität. Er hat also durchaus Funktionen, aber welche Funktionen genau, ist nicht so klar. Schlafen ist ein Luxus, der sich als Notwendigkeit erweist, auch wenn wir immer noch relativ wenig über ihn wissen.

Und wie verhält es sich mit dem Spielen? Spielen ist der größtmögliche Luxus. Keine Alltagssorgen zugelassen. Man kann spielerisch kämpfen, aber wenn man es zu hart angeht, ist das Spiel zu Ende. Man kann beim

Geschlechtsakt (mit dem eigenen oder dem anderen Geschlecht) spielen, aber wenn man ihn tatsächlich vollziehen will, ist das Spiel zu Ende. Spielen ist nichts Universelles: Bei Säugetieren und Vögeln, zumal bei intelligenten und sozialen Säugetieren und Vögeln, ist es besonders weit entwickelt, es kommt aber auch bei Fischen sowie einigen Reptilien vor, und sogar Insekten verfügen über etwas, das als Spielen betrachtet werden könnte. Spielen ist zu weiten Teilen, aber nicht ausschließlich eine Aktivität der Jungen. Am verbreitetsten ist es bei Arten, die ihre Kinder über lange Zeit versorgen, sodass die Jungen der betreffenden Art nicht direkt in den Überlebenskampf einbezogen sind: Sie werden gefüttert und beschützt, sodass sie genug Energie besitzen, um es sich gut gehen zu lassen, zumindest wirkt es in unseren Augen so.

Natürlich ist das Spielen mit einem hohen Aufwand verbunden. Es macht die spielenden Tiere zu leichter Beute für Raubtiere und hält sie davon ab, bei der Nahrungssuche zu helfen. Über die Funktion des Spielens gibt es deshalb viele Theorien – besteht sie im Trainieren der Muskeln, im Erlernen von Geselligkeit, darin, die anderen Spieler zu überlisten, und so weiter? –, doch kaum ein Betrachter zweifelt daran, dass es ein Element reiner Freude enthält, das sich bei anderen Dingen, die Tiere tun, nur selten beobachten lässt. Johan Huizinga hat ein berühmtes Buch über den *Homo Ludens*, den „spielenden Menschen" geschrieben, aus dem wir immer noch viel lernen können.[31] Seiner Ansicht nach ist das Spielen sogar am Ursprung der Kultur beteiligt.

Ein letztes Beispiel: Der Evolutionslinguist Derek Bickerton hat behauptet, der Ursprung der Sprache sei offline erfolgt.[32] Die Schreie der anderen Primaten sind keine Wörter; sie sind eindringliche vokale Gesten, die man mit „Achtung! Raubtier!" oder „Komm her! Nahrung!" übersetzen kann, doch es gibt keine Wörter für Achtung, Raubtier oder Nahrung.

---

[31] Johan Huizinga, *Homo Ludens: Vom Ursprung der Kultur im Spiel*, in engster Zusammenarbeit mit dem Verfasser aus dem Niederländischen übertragen von Hans Nachod, hrsg. v. Burghard König, Reinbek: Rowohlt, 1997 [1938]. Der englische Untertitel „A Study of the Play-Element in Culture" benutzt eine Formulierung, mit der Huizinga selbst nicht einverstanden war. Nach eigenem Bekunden war er gegen jeden Versuch, „The Play Element of Culture" durch „The Play Element in Culture" zu ersetzen, weil „es sich für mich nicht darum [handelte], welchen Platz das Spielen mitten unter den übrigen Kulturerscheinungen einnimmt, sondern inwieweit die Kultur selbst Spielcharakter hat", 7. Kann man Huizinga so interpretieren, dass er behauptet, „Kultur" sei sozusagen *offline*? Jedes ernstzunehmende Buch über die Biologie des Spielens, das ich zu Rate zog, zitierte Huizinga mit großem Respekt und betrachtete seine These als evolutionär.

[32] Derek Bickerton, *Adam's Tongue: How Humans Made Language, How Language Made Humans*, New York: Hill and Wang, 2009, 194.

Es ist kein anderer semantischer Gehalt vorhanden als ein Schreckensschrei auf der einen Seite oder ein Freudenschrei auf der anderen, keine Wörter, die man dazu benutzen könnte, um die Wahrscheinlichkeit, dass ein Raubtier auftaucht, oder die Aussicht auf Nahrung zu erörtern, wenn sich gerade kein Raubtier nähert oder keine Nahrungsquelle auftut, also sozusagen offline. Wie konnten wir jeweils offline genug für die Erfindung einer Sprache werden, mit der *über* Dinge gesprochen und nicht – zumindest nicht zwangsläufig – unmittelbar in die Welt eingegriffen wird? Bickerton hat eine Antwort auf diese Frage parat, aber fürs Erste übersteigt schon der Gedanke, dass so etwas „Funktionales" und „Anpassungsfähiges" wie die Sprache seinen Ursprung sozusagen offline genommen hat, unser Vorstellungsvermögen.

Was ich damit andeuten möchte, ist, dass die Fähigkeit, auf verschiedene Weisen offline zu gehen, die sogar bei einfachen Organismen, aber sehr viel ausgiebiger bei komplexen Organismen und besonders bei Menschen vorhanden ist, eine unserer allergrößten Fähigkeiten sein könnte und dass Religion gemeinsam mit Wissenschaft und Kunst eine Folge dieser Fähigkeit, offline zu gehen, sein könnte. Funktionalität und Anpassungsfähigkeit leugne ich nicht. Der Verhaltensforscher Gordon Burghardt vertritt die Theorie, dass es ein primäres Spielen gibt, das bloßes Spiel ist, und dass es darüber hinaus ein sekundäres Spielen gibt, das auf vielerlei Weisen die Anpassungsfähigkeit erhöht hat.[33] Vielleicht kann eine ähnliche Unterscheidung auch in anderen Lebensbereichen vorgenommen werden.

Für die Religion bedeutet all dies, dass in diesem Buch nicht nach den Hinsichten gesucht wird, in denen Religion anpassungsfähig und damit etwas Gutes ist, oder unangepasst und damit etwas Schlechtes oder auch nur etwas ist, das sich in einem Spandrel, also einer Art von leerem evolutionärem Raum entwickelt hat und sich in Bezug auf die Adaptation neutral verhält. Ich möchte verstehen, was Religion ist und tut, und mir dann Gedanken über ihre Folgen für die Alltagswelt machen. Die Folgen sind enorm wichtig, und der Frage, ob sie die Anpassungsfähigkeit erhöhen oder nicht, kann man letztendlich nicht aus dem Weg gehen. Aber Adaptationen können bei fast allen Phänomenen auftreten – Biologen nennen sie Genau-so-Geschichten. Sie sind kein guter Ausgangspunkt; ich möchte bei der religiösen Lebenswirklichkeit beginnen.

Es gibt noch einen weiteren Punkt, den ich zum Schluss hervorheben sollte, obwohl ich ihn weiter oben schon kurz angeschnitten habe: Religiöse Evolution bedeutet kein Fortschreiten vom Schlechteren zum Besseren.

---

33 Gordon M. Burghardt, *The Genesis of Animal Play: Testing the Limits*, Cambridge, Mass.: MIT Press, 2005, 118–121.

Wir haben uns nicht von der „primitiven Religion" der Volksstämme zu den „höheren Religionen" für Menschen wie uns vorwärtsbewegt. Ich glaube, dieses Problem hat Cliff Geertz bei meinem Vortrag über religiöse Evolution Sorgen bereitet, weil der Gedanke religiöser Evolution früher so häufig auf diese Weise formuliert wurde.[34] Durch die religiöse Evolution entstehen zwar neue Fähigkeiten, doch sie sagt nichts darüber aus, wie wir diese Fähigkeit nutzen werden. Nicht in Vergessenheit geraten sollte dabei Stephen J. Goulds Hinweis, dass Komplexität nicht das einzige Gut sei.[35] Auch Einfachheit hat ihre Vorzüge. Einige relativ einfache Organismen haben über Hunderte Millionen von Jahren in mehr oder weniger derselben Form überlebt. Je komplexer die Art, desto kürzer ihr Leben. In manchen Fällen liegt das daran, dass Arten noch komplexere Formen angenommen haben, es ist aber auch eine große Masse ausgestorben. Einst hat es mehrere Arten der Gattung *Homo* gegeben; heute gibt es nur noch eine. Die eine verbliebende Art mag teilweise für das Aussterben ihres letzten verbliebenden Verwandten, nämlich der Neandertaler, verantwortlich sein. Je komplexer, desto anfälliger. Komplexität läuft dem zweiten Hauptsatz der Thermodynamik zuwider, dem zufolge alle komplexen Entitäten ihrer Auflösung zustreben und komplexe Systeme zum Funktionieren immer mehr Energie benötigen. Über all dies werde ich in Kapitel 2 mehr sagen können.

Der genetische Wandel verläuft langsam, der kulturelle Wandel schnell, zumindest nach der biologischen Zeit. Mittlerweile ist deutlich geworden, dass der kulturelle Wandel in jeder Art von Zeit schnell verlaufen kann. Sind die wissenschaftlichen Offline-Errungenschaften erst einmal technisch umgesetzt worden, ist der Teufel los, wie es so schön heißt. Die Technik greift die wissenschaftlichen Möglichkeiten auf und mit dramatischen Folgen sowohl für die Menschheit als auch für die Biosphäre

---

[34] Als ich das erste Mal an der University of Chicago mündlich das vortrug, woraus sich dann mein im Jahre 1964 veröffentlichter Aufsatz „Religious Evolution" entwickelte, saß Geertz im Publikum. Nachdem ich meine Ausführungen beendet hatte, kam er zu mir und sagte: „Ihr Vortrag hat mir gut gefallen, obwohl ich ihm komplett widersprechen muss." Der Vortrag erschien als Robert N. Bellah, „Religious Evolution", *American Sociological Review* 29, 1964, 358–374, und wurde erst kürzlich wieder abgedruckt in *The Robert Bellah Reader*, hrsg. v. Robert N. Bellah und Steven M. Tipton, Durham, N.C.: Duke University Press, 2006, 23–50. Auf Deutsch ist dieser Aufsatz unter dem Titel „Religiöse Evolution" erschienen, in: *Seminar: Religion und gesellschaftliche Entwicklung: Studien zur Protestantismus-Kapitalismus-These Max Webers*, hrsg. v. Constans Seyfarth und Walter M. Sprondel, übers. v. Maya Luckmann, Frankfurt: Suhrkamp, 1973, 267–302.

[35] Stephen Jay Gould, *Illusion Fortschritt: Die vielfältigen Wege der Evolution*, übers. v. Sebastian Vogel, Frankfurt: Fischer, 1998 [1996].

verschafft sie ihnen in der Alltagswelt Geltung. Zum Beispiel hat das schlagartige Anwachsen der Weltbevölkerung, das nur aufgrund von Technik möglich war, zu meinen Lebzeiten den Bevölkerungszuwachs in der gesamten bisherigen Geschichte – von der angenommenen Bevölkerung des „genetischen Flaschenhalses“ von vielleicht 10.000 Menschen am Ende der letzten Eiszeit bis zu den gut sechs Milliarden heute und zwölf Milliarden, bevor wir uns versehen – beinahe übertroffen. Der enorme, lange Zeit durch die Photosynthese direkt von der Sonne gelieferte, scheinbar unerschöpfliche Energiebedarf hat uns dazu veranlasst, die in den fossilen Brennstoffen gespeicherten, gewaltigen, aber begrenzten und nicht erneuerbaren Energiequellen der Sonne schon allein deshalb anzuzapfen, um unsere sich ständig erhöhende Komplexität aufrechtzuerhalten.

Was die Anpassung anbelangt, haben wir uns als enorm erfolgreich erwiesen. Wir sind mittlerweile so anpassungsfähig, dass wir kaum noch in der Lage sind, uns an unsere eigenen Adaptationen anzupassen. Unser technischer Fortschritt verläuft geometrisch, immer steil nach oben. Aber es fällt schwer, Argumente dafür zu finden, dass unser moralischer Fortschritt sich auch nur arithmetisch in Zahlen ausdrücken ließe. Als jemand, der 80 Jahre lang ein erschreckendes Jahrzehnt nach dem anderen erlebt hat, muss ich gestehen, dass ich nicht viel in Richtung eines moralischen Fortschreitens zu erkennen vermag. Darin liegt eine gewisse Ironie, denn das moralische Feingefühl ist in den letzten 100 Jahren beständig gewachsen. Wir sind sehr viel sensibler für die Bedürfnisse ganzer Volksgruppen geworden, die früher verachtet und unterdrückt wurden. Doch unser wachsendes moralisches Feingefühl hat sich anscheinend in einer Welt weit verbreiteter und ungeschmälerter moralischer Gräuel eingestellt. Natürlich sind daran die Bösewichte schuld, und Hitler, Stalin, Mao und so weiter waren tatsächlich böse. Aber nicht sie haben die Atombombe erfunden und eingesetzt, die Hunderttausende Zivilisten tötete, die meisten davon Frauen und Kinder. Wenn wir die Weltgeschichte der jüngeren Zeit ernsthaft unter die Lupe nehmen, kann niemand seine Hände in Unschuld waschen.

Die Religion ist ein Teil dieses Gesamtbildes, ein sehr komplexer Teil, der zuweilen zu großartigen moralischen Fortschritten geführt hat und zuweilen zu tiefem moralischem Versagen. Doch kaum etwas wäre weiter von der Wahrheit entfernt als die Behauptung, dass die religiöse Evolution bloß in der Vorwärts- und Aufwärtsbewegung von immer mitfühlenderen, redlicheren und aufgeklärteren Religionen bestehe. Kein ernsthafter Leser dieses Buches kann den Eindruck gewinnen, es sei ein Lobgesang auf irgendeine Art von religiösem Triumphalismus. Oder einem wie auch immer gearteten anderen Triumphalismus. In Verbindung mit der moralischen

Blindheit, was wir den Gesellschaften der Welt und der Biosphäre antun, ist der hochtourige technische Fortschritt ein Rezept für rasches Aussterben. Die Beweislast liegt bei allen, die behaupten, dies sei nicht der Fall. Wir können darauf hoffen und daran arbeiten, dass unser Kurs eine andere Richtung nimmt, aber selbstzufrieden dürfen wir nicht sein.

Dieses Buch fragt danach, was unsere ferne Vergangenheit uns über die Art von Leben zu sagen vermag, das die Menschheit sich als lebenswert ausgemalt hat. Es unternimmt den Versuch, jene in unserer gegenwärtigen Tiefe zu uns gehörenden Momente noch einmal zu durchleben, Leben spendendes Wasser aus dem Brunnen der Vergangenheit zu schöpfen, in der Geschichte Freunde zu finden, die uns dabei helfen zu begreifen, wo wir stehen. Es geht in diesem Buch nicht um die Moderne. Doch ganz sicher steht die Moderne vor Gericht, wie Leszek Kolakowski es wortgewandt ausgedrückt hat.[36] Das Gerichtsverfahren gegen sie kann ich in diesem Buch nicht wiedergeben. Ich kann lediglich einige sehr wichtige Zeugen aufrufen.

---

36 Leszek Kolakowski, *Modernity on Endless Trial*, Chicago: University of Chicago Press, 1997.

Kapitel 1

Religion und Wirklichkeit

Viele Gelehrte fragen sich, ob nicht schon das Wort „Religion“ zu kulturgebunden für seine Verwendung in heutigen historischen und kulturübergreifenden Vergleichen sei. Ich komme um diese Frage nicht herum, aber aus praktischen Gründen werde ich den Begriff trotzdem verwenden, weil die Idee der Religion für die philosophischen und soziologischen Traditionen zentral gewesen ist, auf die sich dieses Buch stützt. Ob sich seine Verwendung rechtfertigen lässt, hängt mehr von der Überzeugungskraft dieses Buches im Ganzen ab als von einer Definition. Für den Anfang sind Definitionen trotzdem hilfreich. Im Vorwort habe ich eine vereinfachte Version von Geertz' Definition zur Diskussion gestellt; hier werde ich nun mit einer Vereinfachung von Durkheims Definition beginnen, die nicht unvereinbar mit der von Geertz ist, aber etwas andere Dimensionen erschließt: Religion ist ein System sich auf das Heilige beziehender Überzeugungen und Praktiken, die alle diejenigen, die ihnen anhängen, zu einer moralischen Gemeinschaft vereint.[1] Sogar diese einfache Definition wirft unmittelbar eine zweite Definitionsfrage auf: Was ist das Heilige?

Durkheim hat das Heilige als etwas Abgesondertes bzw. Verbotenes definiert. Seine Definition ließe sich ausweiten zur Definition des Heiligen als eines Bereichs nicht-alltäglicher Wirklichkeit. Obwohl die Vorstellung einer nicht-alltäglichen Wirklichkeit unter einer Vielzahl von Völkern weit verbreitet ist, scheint sie für das moderne Bewusstsein nicht in Betracht zu kommen. Schließlich glauben wir, dass es keine nicht-alltägliche Wirklichkeit, sondern ausschließlich die alltägliche Wirklichkeit gibt. Wenn das so ist, lassen sich dann nicht sowohl das Heilige als auch die Religion in die historische Vergangenheit der falschen Überzeugungen früherer Kulturen verbannen? Wir können aber auch Alfred Schütz' Analyse mannigfaltiger Wirklichkeiten heranziehen und die im Vorwort angerissene Skizze weiter ausarbeiten, um darauf aufmerksam zu machen, dass wir heute ständig mit

---

[1] Siehe Émile Durkheim, *Die elementaren Formen des religiösen Lebens*, übers. v. Ludwig Schmidts, Frankfurt: Suhrkamp, 1998 [1912], 75. Durkheims vollständige Definition lautet folgendermaßen: „Eine Religion ist ein solidarisches System von Überzeugungen und Praktiken, die sich auf heilige, d. h. abgesonderte und verbotene Dinge, Überzeugungen und Praktiken beziehen, die in einer und derselben moralischen Gemeinschaft, die man Kirche nennt, alle vereinen, die ihr angehören.“ Im Original ist die gesamte Definition kursiviert.

einer Abfolge von nicht-alltäglichen Wirklichkeiten und mit der alltäglichen Wirklichkeit operieren.[2]

Mannigfaltige Wirklichkeiten

Schütz behauptet, methodisch gesprochen sei die ausgezeichnete Wirklichkeit, in der wir leben, die Alltagswelt, die Max Weber das Alltägliche genannt hat.[3] Wir gehen davon aus, dass die Alltagswelt die natürliche Welt ist. Schütz charakterisiert die Alltagswelt als die Welt *hellwacher*, *erwachsener* Menschen. Wir treten dieser Welt mit *praktischem* bzw. *pragmatischem* Interesse entgegen. Die primäre Tätigkeit in der Alltagswelt besteht darin, „den entworfenen Tatbestand durch Körperbewegungen hervorzubringen", was Schütz *Wirken* nennt. Die Welt des Wirkens gehorcht dem Mittel-Zweck-Schema, man könnte sie auch als Welt des *Strebens* definieren. Die Alltagswelt bedient sich der *Standardzeit* und des *Standardraums*.

Des Weiteren beruht die Alltagswelt Schütz zufolge auf einer *grundlegenden Sorge*, die letztlich, aber nicht unbedingt bewusst dem Wissen um den und der Angst vor dem Tod entspringt. Und schließlich ist die Alltagswelt laut Schütz mit etwas verbunden, das er als Epoché der natürlichen Einstellung bezeichnet, nämlich die Aussetzung des Zweifels an der Welt, wie sie erscheint. In der „natürlichen Einstellung" wird der „Zweifel daran, daß die Welt und ihre Gegenstände anders sein könnten, als sie [...] erscheinen", „‚in Klammern [ge]setzt'."[4]

In diesem Punkt besteht ein scharfer Gegensatz zwischen der Alltagswelt und der Welt der Religion, für die der Zweifel an der Welt, wie sie erscheint, häufig grundlegend ist. So hat zum Beispiel der daoistische Lehrer Zhuangzi über sich selbst geschrieben:

---

[2] Alfred Schütz, „Über die mannigfaltigen Wirklichkeiten", in: ders. *Gesammelte Aufsätze 1: Das Problem der sozialen Wirklichkeit*, übers. v. Benita Luckmann und Richard Grathoff, Den Haag: Nijhoff, 1971 [1945], 237–298.

[3] Weber hat das Außergewöhnliche dem Alltäglichen gegenübergestellt und für eine besondere Beziehung zwischen dem Außergewöhnlichen und dem „Charisma" plädiert, einem Schlüsselbegriff seiner Soziologie, vor allem seiner Religionssoziologie. Webers Version dieser Gegenüberstellung – der wir in diesem Kapitel wiederholt begegnen werden – war einflussreich. Siehe Weber, „Die charismatische Herrschaft und ihre Umbildung", in: ders., *Wirtschaft und Gesellschaft* 2, 5., rev. Aufl., mit textkritischen Erläuterungen hrsg. v. Johannes Winckelmann, Tübingen: Mohr, 1976 [1921], 654–655.

[4] Schütz, „Über die mannigfaltigen Wirklichkeiten", 243 und 263.

> „Einst träumte Zhuang Zhou, er sei ein Schmetterling, ein Schmetterling, der umherflatterte, mit sich selbst zufrieden, alle Wünsche erfüllt. Er wusste nichts von Zhou. Als er plötzlich erwachte, war er Zhou, der erschrocken umherblickte. Er wusste nicht, ob Zhou zuvor geträumt hatte, ein Schmetterling gewesen zu sein, oder ob der Schmetterling jetzt träumte, Zhou zu sein.“[5]

Doch wir müssen unsere Phantasie gar nicht so weit schweifen lassen, um zu erkennen, dass wir auch in der modernen Welt nicht all unsere Zeit in der Alltagswelt verbringen.

So verbringen zum Beispiel die meisten von uns bis zu einem Drittel ihres Lebens oder mehr mit Schlafen. Der Schlaf unterbricht nicht nur unsere Teilhabe an der Alltagswelt auf ziemlich dramatische Weise, er ist auch die Zeit, in der wir träumen, und Träume sind eindeutig nicht der Alltagslogik unterworfen.[6] So laufen Träume zum Beispiel nicht nach der Standardzeit und im Standardraum ab: In ihnen können Personen aus verschiedenen Zeiten und Orten zu einer einzigen Interaktion zusammenkommen.

Wir sind häufig mit Tätigkeiten beschäftigt, bei denen die Bedingungen der Alltagswelt gezielt verändert werden. In manchen Fällen werden dabei einige ihrer Merkmale betont und andere außer Acht gelassen. Durch Spiele wie etwa Football wird künstlich eine eigene Wirklichkeit geschaffen. Football wird nicht nach der Standardzeit und im Standardraum gespielt, sondern nach der auf das Spiel beschränkten Zeit und in dem an das Spiel gebundenen Raum. Footballspiele finden nur auf dem Footballfeld statt. Wenn beispielsweise ein Pass außerhalb des Spielfelds gefangen wird, zählt das nicht als Fang, weil dieser nicht innerhalb des Spielfeldraums erfolgte. Die Spielzeit beträgt eine Stunde, aber sie wird aus einer Vielzahl von Gründen unterbrochen und dauert in der Regel nach der Standardzeit ungefähr drei Stunden. Besonders zentral ist, dass Football mit den Sorgen der Welt des Wirkens und mit dem Streben nach pragmatischen Vorteilen spielt. Anders als in der Alltagswelt hat die einstündige Spielzeit ein klares Ergebnis: Einer gewinnt, einer verliert und gelegentlich kommt es zu einem Unentschieden. Wir können im Alltagsleben eine Metapher aus dem Bereich des Footballs verwenden, wenn wir

---

[5] *Das Buch Zhuangzi – Die inneren Kapitel*, übers. v. Oliver Aumann, Freiburg/München: Alber, 2018, [im Folgenden zitiert als *Zhuangzi*], 49.

[6] Auf diesen Unterschied hat schon Freud hingewiesen. Er war der Meinung, dass Träume über – von ihm so genannte – Primärvorgänge ablaufen, die sich von den Sekundärvorgängen erheblich unterscheiden, die unsere Alltagswelt beherrschen. Siehe Freud, *Die Traumdeutung* (Studienausgabe, Band II), Frankfurt: Fischer, 1972 [1900], Kap. VII-E, „Der Primär- und der Sekundärvorgang – Die Verdrängung“, 559–577.

zum Beispiel in ökonomischen oder politischen Zusammenhängen von einem „Spielplan“ oder einem „siegreichen Quarterback“ sprechen. Für hochbezahlte Footballprofis *ist* die Welt des Spiels durchaus die Alltagswelt, aber für uns Übrige ist sie „bloß eine Metapher“.

Was für Football gilt, trifft auch auf viele andere Alltagserfahrungen zu. Wenn wir fernsehen, uns einen Film oder ein Theaterstück anschauen oder Musik hören, gehen wir in den Tätigkeiten, die wir sehen oder hören, auf. Sie lenken uns von der Alltagswelt ab, und das ist ein wichtiger Grund dafür, dass wir so viel Zeit mit diesen Tätigkeiten verbringen. In unseren Gesellschaften gelten diese Tätigkeiten allerdings tendenziell als „weniger wirklich“ als die Alltagswelt, als fiktional und letztendlich als weniger wichtig als die Welt des Wirkens. Man kann sie abschalten wie einen Fernseher und ist dann zurück in der „wirklichen Welt“, also der Alltagswelt. Doch eines der ersten Dinge, die an der Alltagswelt auffallen, ist, dass *niemand es aushält, ohne Unterbrechung in ihr zu leben.* Manche Menschen halten es überhaupt nicht aus, in ihr zu leben – früher wurden sie in psychiatrische Anstalten eingewiesen, aber heute kann man ihnen in den US-amerikanischen Städten auf der Straße begegnen. Wir alle verlassen die Alltagswelt ziemlich häufig – nicht nur wenn wir schlafen und träumen (Träume und Welt des Wirkens weisen eine nahezu uneingeschränkt gegensätzliche Struktur auf), sondern auch wenn wir Tagträumen nachhängen, reisen, ein Konzert besuchen, den Fernseher anschalten. Oftmals tun wir diese Dinge rein aus dem Vergnügen, die Alltagswelt hinter uns zu lassen – auch wenn wir uns möglicherweise schuldig fühlen, dass wir uns vor unseren Pflichten in der wirklichen Welt drücken.

Folgt man der Analyse von Alfred Schütz, ist jedoch die Vorstellung, dass allein die Alltagswelt wirklich ist, selbst eine Fiktion, die sich nur mühsam aufrechterhalten lässt. Wie alle anderen mannigfaltigen Wirklichkeiten ist auch die Alltagswelt sozial konstruiert. Jede Kultur und jede Epoche konstruiert ihre eigene, nie ganz mit den anderen übereinstimmende Alltagswelt. Sogar die Bedeutung von „Standardzeit“ und „Standardraum“ unterschiedet sich leicht von einer Kultur zur anderen, und grundlegende Auffassungen zur Person, Familie und Nation können je nach Kultur variieren. Damit meine ich nicht, dass die Alltagswelt zumal in ihrer kulturellen Variabilität nicht wirklich ist – natürlich ist sie wirklich. Doch ihr fehlt die einzigartige ontologische Wirklichkeit, der Anspruch, völlig natürlich zu sein, den sie sicherzustellen sucht, wenn sie den Zweifel, dass sie anders sein könnte, in Klammern setzt. Eine Funktion von anderen Wirklichkeiten besteht darin, uns daran zu erinnern, dass dieses Einklammern letzten Endes nicht abgesichert und ohne Gewähr ist. Mitunter wird ein Kunstwerk die so errichteten Schranken durchbrechen und uns tief erschüttern, ja sogar von uns verlangen, „du musst dein Leben ändern" – das heißt, es wird nicht eine untergeordnete Wirklichkeit, sondern eine höhere Wirklichkeit als die Alltagswelt für sich beanspruchen.

Doch die Alltagswelt wird noch von einer sehr viel nüchterneren anderen Wirklichkeit herausgefordert, als die Kunst sie darstellt, nämlich von der Wissenschaft. So nah die Wissenschaft den Merkmalen der Alltagswelt auch zu kommen scheint, gibt es doch einen grundlegenden Unterschied: Die Wissenschaft akzeptiert die Alltagswelt nicht so, wie sie erscheint; Wissenschaft beruht auf der ständigen Aufhebung der Epoché der natürlichen Haltung. In seiner originellen Auseinandersetzung mit mannigfaltigen Wirklichkeiten hat William James darauf hingewiesen, dass in der Physik Hitze nicht als „gefühlte Wärme" verstanden wird, sondern als „Molekülschwingung", die körperliche Wärme verursacht und der wahre Grund für ihr Auftreten ist.[7]

Dem frontalsten Angriff ist die Welt des Wirkens jedoch traditionell von Seiten der Religion ausgesetzt. Zhuang Zi hat das folgendermaßen formuliert:

> „Die im Traum Wein trinken, weinen am Morgen. Die im Traum weinen, gehen am Morgen zur Jagd. Beim Träumen weiß man nicht, dass es ein Traum ist. Wer im Traum noch seinen Traum deutet, weiß erst nach dem Erwachen, dass er geträumt hat. Ebenso gibt es ein großes Erwachen, wonach man [das bisherige Leben als] einen großen Traum erkennt. Aber die Törichten halten sich für erwacht und behaupten zu wissen, wer Herrscher und wer Viehhirte ist. Wie starrsinnig!"[8]

Buddha hat verkündet, dass die Welt eine Lüge sei, ein brennendes Haus, dem wir entfliehen müssen. Die frühen Christen glaubten, dass Sünde und Tod die Welt im Griff haben, die bald ihr Ende erreichen und durch einen neuen Himmel und eine neue Erde ersetzt werden würde. Zhuang Zis Metapher vom Erwachen, als ob die Alltagswelt in Wirklichkeit ein Traum sei, begegnet man in vielen Traditionen, auch im Buddhismus und im Christentum.

---

[7] William James, *The Principles of Psychology*, Cambridge, Mass.: Harvard University Press, 1983 [1890], 929. Diese Angabe bezieht sich auf Kapitel 21, „The Perception of Reality", in dem James unterschiedslos von mannigfaltigen „Wirklichkeiten" und „Welten" spricht. Am Anfang seines berühmten Aufsatzes „Über die mannigfaltigen Wirklichkeiten" nennt Schütz James als Quelle für seine Terminologie. James sieht Wirklichkeiten allerdings als subjektiv an, während sie in Schütz' phänomenologischem Ansatz intersubjektiv sind. James befasst sich mit mentalen Wirklichkeiten, Schütz mit solchen, die darüber hinaus kulturell sind. Insgesamt war James' Beharren auf „Pluralismus" jedoch in gleichem Maße ontologisch, wie es psychologisch war.

[8] *Zhuangzi*, 47.

Religiöse Wirklichkeit

Wodurch ist die religiöse Wirklichkeit gekennzeichnet, die die Alltagswelt in Frage stellt? Die religiösen Welten variieren zwar genauso wie die Alltagswelten, und im Laufe dieses Buches wird es Gelegenheiten genug geben, zu dieser Variabilität Stellung zu beziehen, aber einen ersten Versuch, die religiöse Erfahrung der Wirklichkeit zu charakterisieren, werde ich von dem Psychologen Abraham Maslow übernehmen. In seiner *Psychologie des Seins* und anderen Werken hat Maslow zwischen dem von ihm so genannten Erkennen des Seins (oder S-Erkennen) und dem Erkennen des Defizits (bzw. D-Erkennen) unterschieden.[9] Seine Charakterisierung des D-Erkennens weist bemerkenswerte Parallelen zu Schütz' Vorstellung von Alltagswelt auf, denn durch das D-Erkennen wird begriffen, was fehlt und durch Streben wieder wettgemacht werden muss. Das D-Erkennen ist durch eine grundlegende Sorge motiviert, die uns zum praktischen und pragmatischen Handeln in der Welt des Wirkens antreibt. Wenn D-Motive uns leiten, agieren wir nach dem Mittel-Zweck-Schema, wir haben ein klares Gespür für den Unterschied zwischen Subjekt und Objekt sowie eine manipulative Einstellung gegenüber Objekten (sogar gegenüber menschlichen Objekten). Wir konzentrieren uns auf die Teilaspekte der Wirklichkeit, die am relevantesten für unsere Bedürfnisse sind, und lassen die übrigen außer Acht, die sowohl uns selbst als auch die Welt betreffen, aber wir agieren unter genauester Beachtung der Vorgaben von Standardzeit und Standardraum.

Das Erkennen des Seins ist in jeder Hinsicht als scharfer Gegensatz zum Erkennen des Defizits definiert. Wenn uns S-Motive antreiben, besteht unsere Beziehung zur Welt in Partizipation, nicht in Manipulation; wir erleben eine Einswerdung [*union*] von Subjekt und Objekt, eine Ganzheit, die alle Einseitigkeiten überwindet. Das S-Erkennen ist ein Zweck an sich, kein Mittel zu irgendetwas anderem, und der Tendenz nach überschreitet es unsere alltägliche Erfahrung von Raum und Zeit. Maslow setzt S-Erfahrungen nicht nur mit Religion gleich – sie können auch in der Natur, im Zusammenhang mit Kunst, in intensiven interpersonalen Beziehungen, sogar im Sport auftreten.[10] Doch weil in der religiösen Literatur so

---

[9] Abraham Maslow, *Psychologie des Seins: Ein Entwurf*, übers. v. Paul Kruntorad, München: Kindler, 1981 [1962], 83–86. Maslow ist vor allem an, wie er es nennt, „Gipfelerfahrungen" [„*peak experiences*"] interessiert, die explizit religiös sein können, aber nicht müssen.

[10] Michael Murphy, *Der Quanten-Mensch*, übers. v. Manfred Miethe, Wessobrunn: Integral, 1994 [1993], 467–468, schreibt, dass in der Tat im Sport „die Konzentration einen Geisteszustand hervorrufen [kann], der sich durch außergewöhnliche Klarheit

häufig über S-Erfahrungen berichtet wird, könnten sie eine erste Einstiegsmöglichkeit in die eigentümliche Art und Weise bieten, wie Menschen die Welt religiös erfahren, auch wenn es sich dabei sicherlich nicht um die einzige Weise handelt und wir unsere phänomenologische Beschreibung der religiösen Welten erweitern müssen, wenn wir zu den jeweiligen Religionen und ihren Einzelheiten vorstoßen.

Im Anschluss an Autoren wie Charles Peirce und Friedrich Schleiermacher beschreibt Herbert Richardson etwas Ähnliches wie Maslows S-Erkennen, wenn er auf den kognitiven Aspekt von Gefühlen hinweist. Gefühle, behauptet er, „werden durch Partizipation empfunden. Genauso wie Gefühle die Empfindung eines Ganzen sind, wird bei der Partizipation ein Ganzes empfunden."[11] Richardson zufolge ist mit dem ästhetischen Wissen und mit einigen anderen Wissensarten das Gefühl eines endlichen Ganzen verbunden, während religiöses Wissen mit dem Gefühl einer unendlichen Ganzheit einhergeht. Als Beispiel für unsere „affektuelle Kommunion" mit einem endlichen Ganzen nennt er das Gefühl der „Grenzenlosigkeit des Ozeans" oder „der Gegenwart eines anderen". Und Richardson zitiert Jonathan Edwards, der das Gefühl einer unendlichen Ganzheit folgendermaßen beschreibt:

> „Da stellt sich in meiner Seele ein Gefühl für die Herrlichkeit des Göttlichen Wesens ein und ergoss sich sozusagen in ihr; ein neues Gefühl, das ganz anders war als alles, was ich bis dahin erlebt hatte […] Ich dachte bei mir, was für ein vortreffliches Wesen dies sei und wie glücklich ich mich schätzen konnte, mich an

---

und Fokussierung auszeichnet. Der britische Golfer Tony Jacklin sagte zum Beispiel: ‚Wenn ich mich in diesem Zustand befinde, in diesem Kokon von Konzentration, bin ich völlig im gegenwärtigen Augenblick, bewege mich nicht aus ihm heraus. Ich bin mir jedes Zentimeters meines Schwungs bewusst […] Ich bin völlig vertieft in das, was ich in jedem Augenblick tue. Das ist wichtig. Dieser Zustand ist schwer zu erreichen. Er kommt und geht, und allein die Tatsache, daß man bei einem Wettbewerb zum ersten *Tee* geht und sich sagt: Heute muß ich mich konzentrieren, reicht nicht aus. Er muß bereits da sein.' Viele Sportler haben ‚die Zone' beschrieben, einen Zustand jenseits der gewöhnlichen Fähigkeiten. Der Quarterback John Brodie beschrieb mir gegenüber einen solchen Zustand: ‚Oft verbessert sich in der Hitze und Aufregung eines Spiels die Wahrnehmung und Koordination eines Spielers ganz dramatisch. Zeitweise – und mittlerweile immer häufiger – erlebe ich eine Klarheit, die in keiner Geschichte über Football angemessen beschrieben wurde.' Wenn Sportler versuchen, derartige Erfahrungen zu schildern, beginnen sie manchmal Metaphern zu gebrauchen, die Formulierungen aus religiösen Schriften ähneln. Solche Schilderungen haben mich zu der Überzeugung geführt, daß sportliche Leistungen das kontemplative Erleben von Gnade widerspiegeln können."

[11] Herbert Richardson, *Toward an American Theology*, New York: Harper and Row, 1967, 57.

> diesem Gott zu erfreuen und voller Andacht zu ihm in den Himmel aufzufahren, als ob er mich auf ewig verschlungen habe!“[12]

Edwards’ Gefühl einer Einswerdung mit der unendlichen Ganzheit, das er als Partizipation am Leben Gottes erlebt, ging mit zwei anderen Gefühlen einher, die, wie sowohl Richardson als auch Maslow behaupten, solche Erfahrungen häufig begleiten: die allgemeine Richtigkeit der Dinge und persönliches Wohlergehen.

In seinen Briefen aus dem Gefängnis beschreibt Václav Havel eine solche Erfahrung ohne eine Spur von Theismus:

> „Wieder stelle ich mir jenen lang vergangenen Augenblick in Heřmanice vor, als ich an einem heißen, wolkenlosen Sommertag [im Gefängnis] auf einem Haufen rostigen Eisens saß und in die Krone eines mächtigen Baumes blickte, der in erhabener Ruhe alle Zäune, Drähte, Gitter und Wachtürme überragte, die mich von ihm trennten. Ich betrachtete das unmerkliche Beben seiner Blätter auf dem Hintergrund des unendlichen Himmels, und allmählich beherrschte mich völlig ein schwer zu beschreibendes Gefühl. Mir schien, daß ich mich auf einmal hoch über alle Koordinaten meines momentanen Daseins auf der Welt erhoben hatte in eine Art ‚Über-Zeit‘ der totalen Gegenwart alles Schönen, das ich je gesehen und erlebt hatte. Eine versöhnte, ja fast zärtliche Zustimmung zu dem unausweichlichen Lauf der Dinge, wie sie mir dieser Standpunkt eröffnete, verband sich in mir mit der sorglosen Entschlossenheit, bis zum Ende all dem entgegenzutreten, dem man entgegentreten muß. Das tiefe Staunen über die Souveränität des Seins verwandelte sich in den Taumel unendlichen Fallens in den Abgrund seines Geheimnisses. Die uferlose Freude daran, daß ich lebe, daß mir gegeben war, all das zu durchleben, was ich durchlebt habe, und daß dies alles offenbar irgendeinen tiefen Sinn hat, verband sich in mir seltsam mit dem unbestimmten Schrecken vor der Unfaßbarkeit und Unerreichbarkeit all dessen, an das ich gerade in diesem Moment, am ‚Ende der Endlichkeit‘ selbst angelangt, so dicht herantrete. Ich war durchflutet von einer Art höchst glücklichem Einklang mit der Welt und mir selbst, mit diesem Augenblick, mit allen Augenblicken, die er mir vergegenwärtigt, auch mit all dem Unsichtbaren, das hinter ihm ist und Bedeutung trägt. Ich würde sogar sagen, daß darin auch ein ‚Schlag der Liebe‘ war – ich weiß nicht genau, zu wem oder zu was.“[13]

Hier haben wir Erfahrungen der Partizipation, der Richtigkeit der Dinge und des persönlichen Wohlergehens, die dem ähneln, worauf wir bei Edwards gestoßen sind. Wallace Stevens hat solche Erfahrungen mehrfach in poetischer Form ausgedrückt. Das Folgende erinnert besonders an Havel,

---

[12] Ebd., 60, zitiert Edwards, „Memoirs“, in: *The Works of Jonathan Edwards*, Bd. 1, New York, 1881, 16.

[13] Václav Havel, *Briefe an Olga: Identität und Existenz. Betrachtungen aus dem Gefängnis*, 133. Brief, übers. v. Joachim Bruss, für die dt. Ausg. bearb. v. Jiří Gruša, Reinbek: Rowohlt, 1984, 265–266.

auch wenn es den in religiösen Schriften verbreiteten, aber explizit weder bei Edwards noch bei Havel vorkommenden Gedanken des Erwachens ins Spiel bringt:

> „Perhaps
> The truth depends on a walk around a lake,
>
> A composing as the body tires, a stop
> To see hepatica, a stop to watch
> A definition growing certain and
>
> A wait within that certainty, a rest
> In the swags of pine-trees bordering the lake.
> Perhaps there are times of inherent excellence,
>
> As when the cock crows on the left and all
> Is well, incalculable balances,
> At which a kind of Swiss perfection comes
>
> And a familiar music of the machine
> Sets up its Schwärmerei, not balances
> That we achieve but balances that happen,
>
> As a man and woman meet and love forthwith.
> Perhaps there are moments of awakening,
> Extreme, fortuitous, personal, in which
>
> We more than awaken, sit on the edge of sleep,
> As on an elevation and behold
> The academies like structures in a mist."[14]

In der ekstatischen Sprache der Poesie weckt Stevens ein Gespür für Partizipation, anstatt sie zu beschreiben, wie Edwards und Havel es versuchen. Auf jeden Fall werden die Aspekte der Richtigkeit der Dinge und des persönlichen Wohlergehens besonders deutlich.

---

[14] Wallace Stevens, aus „Notes toward a Supreme Fiction", in: *The Collected Poems of Wallace Stevens*, New York: Knopf, 1988 [1984], 331–332.

Sich überlappende Wirklichkeiten

Bis hierher habe ich die mannigfaltigen Wirklichkeiten weitgehend als Abfolge behandelt: eine Zeitlang schläft man, eine Zeitlang arbeitet man, eine Zeitlang sieht man fern, eine Zeitlang verbringt man in Gesellschaft, eine Zeitlang ist man in Gedanken versunken und so weiter. Doch es ist trotzdem nicht zu übersehen, dass die verschiedenen Wirklichkeitsbereiche gleichzeitig vonstattengehen und sich mitunter überschneiden. Objekte der Alltagswelt können mehr als nur eine Bedeutung haben, und möglicherweise sind wir uns nicht aller Bedeutungen bewusst. In der Welt des Wirkens im Sinne der Arbeitswelt können wir uns gegenüber unserem Chef unter Umständen unbewusst so verhalten, als sei er unser Vater. Psychotherapeuten wissen, dass sich durch einen solchen Bedeutungsgehalt unser Verhalten so verzerren kann, dass wir unsere Funktionstüchtigkeit in der Arbeitssituation verlieren. Zumindest potenziell haben viele Objekte, denen wir im Alltag begegnen, religiöse Bedeutungen. Der im Sonnenlicht schimmernde Baum, den Havel beobachtet hat, wäre vor dem Hintergrund des täglichen Hofgangs im Gefängnis möglicherweise kaum zur Kenntnis genommen worden, doch aus welchen Gründen auch immer erfüllte er in diesem besonderen Moment den Zweck, den Alltag zu durchbrechen: Der Baum stand für die Welt und in seiner schimmernden Gegenwart verdichtete sich der ganze Sinn des Kosmos.

Es ist mit anderen Worten immer möglich, dass ein Objekt, eine Person oder ein Ereignis der Alltagswelt in einer anderen Wirklichkeit eine Bedeutung haben kann, die über die Welt des Wirkens hinausgeht. Wenn dem so ist, können wir dieses Objekt, diese Person oder dieses Ereignis im Anschluss an Alfred Schütz' Begriffsverständnis als „Symbol" bezeichnen.[15] Über Symbole werden wir noch sehr viel mehr sagen müssen, doch an dieser Stelle reicht die bloße Feststellung, dass wir ständig von Symbolen bzw. potenziellen Symbolen umgeben sind. Bäume, Wasser, die Sonne stellen multivalente Symbole dar, aber auch Zimmer, Türen, Bücher, Lehrer und Schüler können Symbole sein. Im Alltag agieren wir die meiste Zeit über mit einem verengten pragmatischen Bewusstsein, mit dem, was Maslow D-Erkennen nennt, und sehen deshalb keine Symbole, zumindest nicht bewusst. Manchmal können wir jedoch sogar mitten im Alltag die Erfahrung einer S-Erkenntnis machen, wenn etwas Alltägliches außeralltäglich, symbolisch, wird.

[15] Alfred Schütz, „Symbol, Wirklichkeit und Gesellschaft" [1955], in: ders., *Gesammelte Aufsätze 1*, 331–411.

Abraham Maslow hat einmal in meiner Gegenwart von einer solchen S-Erkenntnis erzählt. Er hatte das Amt des Vorsitzenden des Psychologie-Departments der Brandeis-University inne und als solcher wurde von ihm erwartet, in vollem Ornat an der akademischen Abschlussfeier teilzunehmen. Bis dahin hatte er solche Veranstaltungen immer gemieden, weil er sie für alberne Rituale hielt. Doch, sagte er, als der Festzug sich in Bewegung setzte, „sah" er in ihm auf einmal eine endlose Menschenkette. Weit weit vorne, ganz am Anfang des Festzugs ging Sokrates. Ein ganzes Stück weiter hinten, aber immer noch weit vor Maslow, ging Spinoza. Und kurz vor Maslow ging Freud, dem Maslows Lehrer und seine Wenigkeit folgten. Hinter ihm erstreckte sich die unendliche Reihe seiner Studenten und deren Studenten, Generation um noch gar nicht geborene Generation. Maslow versicherte uns, sein Erlebnis sei keine Halluzination gewesen: eher eine besondere Art von Einsicht, ein Beispiel für eine S-Erkenntnis. Ich würde sagen, es war auch die Wahrnehmung des akademischen Festzugs als eines Symbols, das für die wahre Universität als einer sozusagen sakralen Lerngemeinschaft steht, die über Zeit und Raum hinausgeht. In gewisser Weise nahm er die „wirkliche" Basis aller heutigen Universitäten wahr. Wenn wir keinen Blick auf dieses geistige Fundament mehr erhaschen können, ist davon auszugehen, dass die heutigen Universitäten auseinanderfallen. Denn die wirkliche Universität ist weder ein gesichtsloses Wissens-Outlet für die Konsumgesellschaft noch ein Instrument des Klassenkampfs, obwohl die heutigen Universitäten etwas von beidem haben. Doch wenn die Universität keinen grundlegenden symbolischen Bezugspunkt besitzt, der die pragmatischen Erwägungen der Welt des Wirkens überschreitet und in ein Spannungsverhältnis zu diesen Erwägungen tritt, dann hat sie ihre Daseinsberechtigung verloren.

Ohne die Fähigkeit zur symbolischen Überschreitung, das heißt ohne die Fähigkeit, den Bereich des Alltagslebens *in Bezug auf* einen Bereich zu betrachten, der jenseits von ihm liegt, mithin ohne die Fähigkeit zum „beyonding", wie Kenneth Burke es ausgedrückt hat, wäre man in einer Welt gefangen, in der das regiert, was fürchterliche Immanenz genannt worden ist.[16] Denn wenn die Alltagswelt ausschließlich als eine Welt rationaler Reaktionen auf Sorgen und Bedürfnisse angesehen wird, ist sie eine Welt me-

---

[16] Kenneth Burke, *Language as Symbolic Action*, Berkeley: University of California Press, 1966, 298–299. Burke schlägt ein neues englisches Verb vor, „to beyond", was so viel bedeutet wie „etwas in Bezug auf auf etwas darüber Hinausgehendes sehen". Burke vertritt die These, dass Aristoteles' Tragödientheorie insofern eine Art „beyonding" enthält, als die Katharsis über Mitleid und Furcht hinausgeht. Als Beispiel nennt er Sophokles' *Ödipus auf Kolonos*: „Wir fühlen Mitleid und Furcht bei seinem [Oedipus'] Tod genau dann, wenn er das Elend dieser Welt überwindet, d. h., er *geht*

chanischer Notwendigkeit und nicht radikaler Autonomie. Durch ihr Hindeuten auf andere Wirklichkeiten, das heißt ihr „beyonding“, durchbrechen Religion und Poesie und auf ihre eigene Weise auch die Wissenschaft das fürchterliche Verhängnis dieser Welt der Erscheinungen.

Es beginnt deutlich zu werden, warum es gefährlich ist, der Alltagswelt ausgezeichnete Wirklichkeit zuzusprechen, falls es dabei um mehr geht als um eine methodologische Annahme. Wie wir festgestellt haben, hält es niemand aus, ohne Unterbrechung in der Alltagswelt zu leben. Die sie beherrschende Sorge rührt von zweien ihrer Merkmale her: dass sie eine Welt des Mangels, der D-Motive ist, die behoben werden müssen; und dass die Manipulationen, mit denen sie beschäftigt ist, keine Erfolgsgarantie besitzen – am Versuch, ein Defizit zu überwinden, könnten sie auch scheitern. Deshalb muss die Alltagswelt durch Phasen unterbrochen werden, die an sich befriedigender sind: Schlaf, gemeinsame Mahlzeiten, Tätigkeiten, die kein Mittel zu irgendeinem Zweck darstellen. Für Tätigkeiten, deren Nutzen in ihnen selbst liegt, hat Alasdair MacIntyre den Begriff „Praxis“ verwendet.[17] Die Art von S-Erkenntnis, die wir zur Charakterisierung der religiösen Erfahrung herangezogen haben, ist keine solche Praxis, weil sie, mit Stevens gesprochen, nichts ist, was wir erreichen [*achieve*], sondern etwas, das geschieht [*happen*]. Rituale sind dagegen eine Form der Praxis, die mehr beinhaltet als Religion, für die Religion aber wichtige Beispiele liefert. Regelmäßig wiederkehrende Tätigkeiten wie Mahlzeiten, Sportveranstaltungen, Konzerte können die Qualität eines Rituals annehmen. Die Vorstellung vom Sabbat als dem Ruhetag ist eng mit Ritualen verknüpft, weil er traditionell die Teilnahme an religiösen Ritualen, am Gottesdienst einschloss. Die Vorstellung, dass der Sabbat sich von den anderen sechs Tagen der Woche unterscheidet, setzt jedenfalls voraus, dass es sich zumindest teilweise um eine vom Alltag abgesonderte Zeit handelt, um eine Zeit, in der sich die Sorgen der Alltagswelt vorübergehend zerstreuen, um eine Auszeit. Wenn heute viele Menschen jene Sorgen mit Hilfe von Sport oder anderen Freizeitbeschäftigungen anstelle des oder zusätzlich zum Gottesdienst zerstreuen, ändert das nichts an der Bedeutsamkeit einer Zeit, die den Rhythmus der Alltagswelt durchbricht.

Dass die Alltagswelt nicht unser ganzes Leben aufzehren darf, ist jedoch nicht der einzige Grund, warum wir womöglich zögern, sie als ausgezeichnete Wirklichkeit zu charakterisieren. Denn sie ist nicht immer

---

über sie hinaus [*going beyond*] und wird eine *Schutzgottheit*“ (Kursivierungen von Burke), 299.

[17] Alasdair MacIntyre, *Der Verlust der Tugend: Zur moralischen Krise der Gegenwart*, übers. v. Wolfgang Riehl, Frankfurt: Campus, 1987 [1981], 250–263.

Herr im eigenen Haus. Als Welt der Manipulation von Objekten zur Befriedigung von Bedürfnissen reicht die Welt des Wirkens nicht einmal für ein angemessenes Verständnis der Welt des Wirkens aus. Als Welt des Grenznutzens verfügt die Welt des Wirkens über keine kulturspezifische subjektive Bedeutung. Als Weber die Zweckrationalität beschrieben hat, der er tatsächlich eine Art von ausgezeichneter Wirklichkeit zusprach, spürte er, dass der Beobachter sie rein objektiven Beobachtungen ablesen konnte. Angesichts der äußeren Bedürfnislage wäre die Bedeutung des zweckrationalen Handelns dann offenkundig. Es bestände keine Notwendigkeit, seine subjektive Bedeutung zu verstehen.

Und doch glaube ich, dass es sogar mitten in der Welt des Wirkens eine Tendenz gibt, das Wirken nicht als Mittel zum Zweck, sondern als intrinsisch bedeutsame und wertvolle Praxis zu verstehen. Der Psychologe Mihaly Csikszentmihalyi hat beschrieben, dass das Phänomen des von ihm so genannten Flows, einer Art von Maximalerfahrung des vollständigen Sicheinlassens auf die Welt und der vollständigen Realisierung des eigenen Potenzials, unter gewöhnlichen Amerikanern häufig bei der Arbeit auftritt.[18] Der Ethnologe Victor Turner hat den Begriff des Flows zum Verstehen von Ritualen genutzt, und möglicherweise ist der Vorschlag nicht zu weit hergeholt, dass Arbeit sich in dem Moment einem Flow nähert, wo sie (im positiven Sinne) zu einem Ritual wird.[19]

Nehmen wir zum Beispiel die zenbuddhistische Auffassung von Praxis, die zunächst einmal Meditation bedeutet, vorzugsweise im Lotussitz, in bestimmten Zeitabständen, in einer Meditationshalle mit anderen, die sich dem Zen verschrieben haben. Danach wird die Zen-Auffassung von Praxis auf alle Tätigkeiten übertragen, sodass Fegen zu einer Praxis wird, Abspülen zu einer Praxis wird und jede andere Art von Arbeit auch. Was vom Zen-Standpunkt aus Arbeit zu einer Praxis macht, wäre die Haltung der Achtsamkeit als einer besonderen Form religiöser Aufmerksamkeit. Achtsamkeit heißt nicht Rücksichtnahme auf die Folgen, sondern Offenheit für die Wirklichkeit dessen, was tatsächlich geschieht, eine Art S-Erkenntnis. Vielleicht darf ich nahelegen, dass möglicherweise Rituale in dem weiten Sinne, den ich ihnen gegeben habe, als ausgezeichnete Wirklichkeit mit der

---

[18] Mihaly Csikszentmihalyi, *Flow: Das Geheimnis des Glücks*, übers. v. Annette Charpentier, Stuttgart: Klett-Cotta, 1992 [1990], Kap. 7.

[19] Victor Turner, „Liminal to Liminoid in Play, Flow, and Ritual: An Essay in Comparative Symbology", *Rice University Studies* 60, Nr. 3 (1974), 53–92. Ritual im pejorativen Sinn, wie zum Beispiel in Robert Mertons Auffassung von Ritualismus, meint bedeutungslose oder zwanghafte Wiederholung. Siehe Robert K. Merton, *Soziologische Theorie und soziale Struktur*, hrsg. v. Volker Meja, übers. v. Hella Beister, Berlin: de Gruyter, 1995 [1957], 145 und 176.

Alltagswelt konkurrieren. Eine solche Annahme beruht auf der weithin geteilten religiösen Vorstellung, dass die Alltagswelt eine Scheinwelt ist.

Religiöse Repräsentationsmodi

Die religiöse Wirklichkeit ist Teil des Erfahrungsbereichs, aber sie ist auch Teil des Repräsentations- oder Vorstellungsbereichs. Erfahrung und Repräsentation gehören nämlich unabdingbar zusammen. George Lindbeck hat die maßgeblichen religionstheoretischen Alternativen der Gegenwart auf eine Weise beschrieben, die sich für meine Ausführungen als hilfreich erweisen wird.[20] Die erste Religionstheorie, die er beschreibt, bezeichnet er als propositional. Aus ihrer Sicht besteht Religion aus einer Reihe begrifflich vorgegebener, propositionaler Wahrheitsansprüche. Über Begriffe werde ich unten mehr sagen müssen, da sie für den religiösen Diskurs von großer Bedeutung sind, aber ich glaube, dass Lindbeck mit seiner Behauptung recht hat, dass die propositionale Religionstheorie als Hauptansatz für die Religion ungeeignet ist und von den heutigen Gelehrten weitgehend aufgegeben wurde. Religion mit einer Reihe von Aussagen gleichzusetzen, deren Wahrheit behauptet werden kann, würde aus ihr etwas machen, das zutreffender als Philosophie bezeichnet werden müsste. Religion und Philosophie sind eng miteinander verwandt, wie wir in späteren Kapiteln in Erfahrung bringen werden, aber sie sind nicht identisch.

Bei Lindbecks zweiter Religionstheorie handelt es sich um den ungemein einflussreichen erfahrungsgesättigt-expressiven Ansatz. Diese Sichtweise geht davon aus, dass es eine allgemeine menschliche Fähigkeit zur religiösen Erfahrung gibt, die in den verschiedenen religiösen Traditionen unterschiedlich aktualisiert wird. Die erfahrungsgesättigt-expressive Sichtweise in ihrer modernen Form wird von Lindbeck bis zu Friedrich Schleiermacher zurückverfolgt und wurde in jüngerer Zeit umfassend von Paul Tillich vertreten. Die bis hierher erörterte Betonung der S-Erkenntnis und des gefühlten Ganzen fällt zu weiten Teilen in die Kategorie der erfahrungsgesättigt-expressiven Religionstheorie. Einer ihrer Auffassungen zufolge ist die Tiefenstruktur der religiösen Erfahrung gattungsspezifisch in der menschlichen Psyche vorhanden. Die einzelnen Religionen sind die Oberflächenmanifestationen dieses panhumanen Erfahrungspotenzials.

Für am vielversprechendsten hält Lindbeck jedoch eine dritte Theorie, die er als sprachlich-kulturelle Theorie bezeichnet. Die sprachlich-kulturel-

---

[20] George Lindbeck, *The Nature of Doctrine*, Philadelphia: Westminster, 1984, 16 und 31–41.

le Theorie, die auf die Kulturanthropologie und besonders auf Clifford Geertz zurückgeht, hält die symbolischen Formen für grundlegend, die in ihren Augen nicht so sehr Ausdrucksformen tiefsitzender religiöser Empfindungen sind, sondern ihrerseits die religiösen Erfahrungen und Empfindungen prägen. Ich stimme zu, dass der sprachlich-kulturelle Ansatz ein wertvolles Korrektiv zum erfahrungsgesättigt-expressiven Ansatz darstellt, aber ich meine nicht, dass wir zwischen beiden wählen müssen. Mir scheint, man kann sie als zwei gleichrangige Ansätze betrachten, zwischen denen wir uns hin und her bewegen müssen, um das Phänomen der Religion zu verstehen. Wenn ich also sich stark unterscheidende Ausdrucksformen als Beispiele für Seins-Erkenntnis bezeichne, will ich damit nicht behaupten, dass es eine wirklich existierende Seinserfahrung gibt, die sich lediglich bei verschiedenen Gelegenheiten in verschiedenen Formen äußert. Ich erkenne vielmehr an, dass es einige gemeinsame menschliche Erfahrungspotenziale gibt, die erkennbare Ähnlichkeiten aufweisen, aber so lange unausgereift sind, bis eine symbolische Form ihnen Gestalt verleiht. Haben sie erst einmal diese Gestalt angenommen, sind ihre Ähnlichkeiten immer bedingt: Ihre Unterschiede können entscheidend sein. Außerdem stimme ich Lindbeck voll und ganz zu, dass kulturelle Traditionen emotionale Erfahrungen nicht nur prägen, sondern sogar hervorrufen. Kurz gesagt, können wir unverstellte Erfahrung und kulturelle Form nicht klar voneinander trennen. Aber so wie bei der aristotelischen Vorstellung von Stoff und Form können wir sie trotzdem als in gleicher Weise wesentlich ansehen und müssen wir uns nicht für die Vorrangigkeit eines Ansatzes entscheiden.

Als Beispiel, warum wir beide theoretischen Ansätze benötigen, kann die Erfahrung des gefühlten Ganzen gelten. Es stimmt, dass viele, die eine solche Erfahrung gemacht haben, diesbezüglich von Unaussprechlichkeit reden, vom Unvermögen, diese Erfahrung in Worten auszudrücken, und so weiter. Als radikale Form von Maslows Seins-Erkenntnis stellt die Erfahrung des gefühlten Ganzen einen keineswegs wertlosen (und längst nicht den einzigen) Einstiegspunkt in den Bereich der religiösen Wirklichkeit bereit, aber im Hinblick auf eine Analyse religiöser Repräsentationen, die ein zentrales Anliegen des sprachlich-kulturellen Ansatzes darstellt, ist sie problematisch. Für das, was man am ehesten Einswerdungserfahrung nennen kann, muss jede Repräsentation unangemessen sein. Repräsentationen setzen eine Dualität von repräsentierender Form und der Wirklichkeit voraus, die diese repräsentiert, und genau über diese Dualität geht die Einswerdungserfahrung hinaus. Möglicherweise ist es sogar riskant, von einer Einswerdungs*erfahrung* zu sprechen, weil nach den kulturellen Kategorien der abendländischen Moderne Erfahrung Subjektivität oder Innerlichkeit im Gegensatz zu Objektivität voraussetzt, wodurch sich wieder ein falscher Dualismus aufdrängt. In Anbetracht dieser Erwägungen sollte man vielleicht besser sowohl von Einswerdungsereignissen als auch von Einswerdungserfahrungen sprechen.

Wenn wir sie nicht selbst erleben, würden wir außer durch Repräsentationen nichts über Einswerdungsereignisse wissen. Das Einswerdungsereignis stellt dann im Hinblick auf religiöse Repräsentationen eine Art Ground Zero im Sinne eines Bodennullpunkts dar. Es überschreitet sie, und doch benötigt es sie, wenn es überhaupt kommunizierbar sein soll. Die christliche negative Theologie und die buddhistische Lehre von der Leerheit *(sunyata)* versuchen, dies auf paradoxe Weise zum Ausdruck zu bringen, indem sie vom Nichts sprechen, von Leere, Stille oder Leerheit. Doch schon diese negativen Ausdrücke sind ihrerseits symbolische Formen, Repräsentationen, und bringen deshalb ein dualistisches Moment in das Einswerdungsereignis hinein, obwohl sie versuchen, den Dualismus der Repräsentation zu überwinden. Dies ist kein Paradox, das gelöst, sondern eines, auf das bei unserem Überblick über eine Auswahl von Ausdrucksformen des Einswerdungsereignisses in den Weltreligionen hingewiesen werden muss.

Wenn wir eine Typologie religiöser Repräsentationen entwickeln wollen, müssen wir also am kategorialen Nullpunkt mit der Repräsentation der Einswerdung beginnen, das heißt mit Repräsentationen, die versuchen, auf das Einswerdungsereignis oder auf die Einswerdungserfahrung zu verweisen. Für meine Entwicklung der Typologie in den folgenden Abschnitten werde ich die Erfahrungs- und Repräsentationsmodi auf ihre frühesten Formen bei Kindern und auf Wahrnehmungsweisen der Wirklichkeit stützen, die allgemeiner sind als Religion, an die religiöse Repräsentationsmodi aber anknüpfen. Mein Interesse, die Repräsentationsmodi auf die frühesten Wirklichkeitserfahrungen zu stützen, ist nicht bloß psychologischer Natur. Ich möchte diese Repräsentationsmodi nicht auf die Ebene des Kindesalters verkürzen. Sie könnten jedoch etwas enthalten, das Psychoanalytiker „Regression im Dienste des Ich" nennen. Wenn dem so ist, enthalten sie auch eine Regression im Dienste der Welt, in deren frühesten Wahrnehmungen.

Weil ich die religiösen Repräsentationsmodi in Stadien der kognitiven Entwicklung des Kindes verorten werde, sei darauf hingewiesen, dass zwischen der Einswerdungserfahrung und dem, was Piaget im Anschluss an J. M. Baldwin „Adualismus" des Kindes nennt, eine gewisse Affinität besteht. Im Rahmen dieses Adualismus der ersten Lebensmonate, sagt Piaget, „gibt es [...] noch kein Ich-Bewusstsein, also keinerlei Grenze zwischen der inneren oder erlebten Welt und der Gesamtheit der äußeren Wirklichkeiten. Später hat Freud von Narzißmus gesprochen, ohne sich aber genügend Rechenschaft zu geben, daß es sich um einen Narzißmus ohne Narziß handelte."[21] Damit will ich nicht unterstellen, dass Einswerdungserfahrungen einfach eine Art von „Rückkehr" zu frühkindlichen Erfahrungen darstellen, doch es könnte sein, dass die in dieser Zeit bestehenden Möglichkeiten wie andere Arten von frühen Erfahrungen nie verloren gehen, sondern später in sehr viel komplexerer Form eine Wiederaneignung erfahren können. Wie wir sehen werden, kann die Auffassung, dass „nichts jemals verloren geht", auch für die Religionsgeschichte geltend gemacht werden.

Der zweite religiöse Repräsentationsmodus besteht in dem, was ich in Weiterführung dessen, was Jerome Bruner als früheste Form echter Repräsentation beim Kind betrachtet, als enaktive Repräsentation bezeichnen werde.[22] Enaktive Repräsentation in Bezug auf die Religion ist das körperliche Ausagieren von religiöser Bedeutung, wie beim Sichverneigen, Nie-

---

[21] Jean Piaget und Bärbel Inhelder, *Die Psychologie des Kindes*, übers. v. Lorenz Häfliger, München: Klett-Cotta im Dt. Taschenbuch-Verl., 2009 [1969], 31. Auf der Grundlage neuester Forschungen sollte Piagets Adualismus-Begriff nur eingeschränkt angewendet werden, vielleicht sogar nur auf die Phase vor der Geburt. George Butterworth hat eingewandt, dass „es in der Wahrnehmung des Säuglings zwischen ihm und der Welt dergestalt eine Grenze gibt, sodass der absolute Adualismus, der von Piaget angenommen wird, sich nicht halten lässt". Er fügt aber hinzu: „Andererseits ist es klar, dass der sehr junge Säugling keine objektive, reflexive Ich-Wahrnehmung besitzt." George Butterworth, „Some Benefits of Egocentrism", in: *Making Sense: The Child's Construction of the World*, hrsg. v. Jerome Bruner und Helen Haste, London: Methuen, 1987, 70–71.

[22] Jerome Bruner, Rose R. Olver und Patricia M. Greenfield, *Studien zur kognitiven Entwicklung: Eine kooperative Untersuchung am „Center for Cognitive Studies" der Harvard-Universität*, übers. v. Gertrud Juzi und Hans Aebli, Stuttgart: Klett, 1971 [1966], 33–44. Obwohl „enaktiv" im Sinne von „handlungsmäßig" der einzige Begriff ist, den ich direkt von Bruner übernommen habe, ist seine Repräsentationstypologie im Einstiegskapitel „Über kognitive Entwicklung" die Quelle meiner drei Hauptmodi der religiösen Repräsentation. Während Bruner seinen zweiten Typ ikonisch, also bildhaft, und seinen dritten symbolisch nennt, bezeichne ich den zweiten Typ als symbolisch (wobei ikonisch ein Untertyp von symbolisch ist) und den dritten als begrifflich. Unübersehbar verdankt Bruners Typologie Piaget viel. Die klarste Darlegung von Piagets drei Kategorien, die mit Bruners und somit auch mit meiner verwandt sind, ist zu finden in Jean Piaget, *Nachahmung, Spiel und Traum: Die Entwicklung der Symbolfunktion beim Kinde*, übers. v. Leo Montada, Stuttgart: Klett, 1969 [1945]. Dort spricht Piaget von „sensomotorischer Aktivität", „egozentrischer repräsentativer Aktivität" und „operatorischer Aktivität". Er benutzt den Begriff „Symbol", um die von ihm so genannte „egozentrische repräsentative Aktivität" zu charakterisieren, aus Gründen, die weiter unten erklärt werden. Meine Verwendung des Begriffs „symbolische Repräsentation" ist folglich Piagets ursprünglichem Gebrauch näher. Weil es in diesem Feld keine terminologischen Festlegungen gibt, kann man nur

derknien, Essen, Tanzen. Dass die Repräsentationsmodi keine hieb- und stichfesten Kategorien sind, sondern sich ständig überkreuzen, deutet sich darin an, dass das Einswerdungsereignis in hohem Maße enaktiv ist. Es ist ein Ereignis, bei dem der ganze Körper mitsamt Psyche und Geist wiederum ohne ein Gefühl von Gespaltenheit beteiligt ist. Doch der enaktive Modus muss nicht so radikal ausfallen wie beim Einswerdungsereignis. Er kann in einer simplen, beinahe unbewussten Geste bestehen, so wie das Bekreuzigen für diejenigen, für die diese Geste zur zweiten Natur geworden ist. Eine solche Geste kann jemanden nur ein wenig und beiläufig auf die religiöse Wirklichkeit einstimmen und radikale Implikationen können ihr völlig abgehen. Trotzdem wirft auch sie die Frage der Angemessenheit solcher Begriffe wie Repräsentation oder Bedeutung auf. Die Geste *ist* die Bedeutung – sie vollzieht [*enact*] sie in der Handlung –, sie verweist nicht bzw. verweist nicht notwendig auf etwas anderes. Sogar seine Partialität teilt der enaktive Modus deshalb mit der Einswerdung.

Das Wort „Symbol" ist mindestens so riskant wie die Wörter „Bedeutung" und „Repräsentation", und zwar nicht zuletzt wegen seiner zahlreichen, oftmals widersprüchlichen Verwendungsweisen, und doch ist seine Verwendung unumgänglich, wenn von religiösen Repräsentationsmodi die Rede ist. Bei Symbolen im Sinne von materiellen oder verbalen Repräsentationen wird deutlicher, dass sie „für" etwas anderes „stehen" als bei Einswerdungsereignissen oder körperlichen Gesten, obwohl Einswerdungsereignisse oder körperliche Gesten sowohl symbolisch sein als auch symbolisiert werden können. Symbole können bewusst oder unbewusst mitten im Bewusstseinsstrom der Alltagswelt als solche wahrgenommen werden, wie wir anhand der Beispiele des Baums, des Wassers oder einer Tür bereits gesehen haben. Doch Symbole können auch bewusst geschaffen werden durch Zeichnungen, Statuen, Gebäude, Töne und natürlich Wörter. Wenn Symbole in erster Linie visuell wirken, können wir von ikonischen, also bildhaften Symbolisierungen sprechen; wenn sie Töne enthalten, sind sie oder laufen sie auf musikalische Symbolisierungen hinaus; wenn sie mit Wörtern verbunden sind, können wir von poetischen Symbolisierungen sprechen. Ein besonders wichtiger verbaler Symbolisierungsmodus ist Narrativität, also Erzählung oder Mythos (nicht vergessen werden darf, dass *mythos* schlicht und einfach das griechische Wort für „Erzählung" ist), die für fast alle Arten von Religion wichtig ist. Um noch einmal deutlich zu machen, wie die verschiedenen Repräsentationsmodi sich überlappen, können wir auf die dramatische Repräsentation verwei-

versuchen, so deutlich wie möglich zu machen, was man mit bestimmten Begriffen meint.

sen, in der Narrative oftmals in Begleitung von visuellen Symbolen, wie etwa Masken, sowie von Vokal- und/oder Instrumentalmusik körperlich nachvollzogen [*enact*] werden.

Und schließlich kann vom begrifflichen Repräsentationsmodus die Rede sein, einer Form der abstrakten, verbalen Reflexion und Argumentation, die auf die ursprünglichen religiösen Handlungen und Repräsentationen folgt und sie kritisiert. Bis zu einem gewissen Grad ist begriffliche Reflexion in allen Religionen vorhanden, aber besonders bedeutsam wird sie für die Religionen der Achsenzeit, in denen die Theorie bis zu einem gewissen Grad wurzellos geworden ist, obwohl sie sich weiterhin auf Rituale und Narrative bezieht. Insofern es mitten im Einswerdungsereignis ein kognitives Moment, ein Wissen, gibt, können wir sagen, dass sogar in ihm ansatzweise eine begriffliche Repräsentation vorhanden ist und alle symbolischen Repräsentationen der begrifflichen Reflexion Nahrung geben. Aber auch wenn begriffliche Repräsentation ein untilgbarer Bestandteil der religiösen Wirklichkeit ist, definiert sie sie nicht, wie wir dargelegt haben.

Repräsentation der Einswerdung

Obwohl Repräsentationen der Einswerdung in Reinform einen kategorialen Nullpunkt darstellen, sind Einswerdungsereignisse von so großer Bedeutung für die Religion, dass wir näher untersuchen müssen, wie sie mit Hilfe von Handlungen und Symbolen repräsentiert werden. Die Beispielfälle, die wir bisher erörtert haben – die Schilderungen von Edwards, Stevens und Havel –, stammen alle aus dem modernen Abendland und könnten mit zu viel erfahrungsgesättigt-expressivem Ballast belastet sein. Ich möchte mich deshalb mit mehreren, ziemlich andersartigen Beispielen befassen, in denen der subjektive Bestandteil entweder nicht vorhanden ist oder nicht so deutlich ausfällt, wie wir Modernen es normalerweise erwarten würden.

Ciceros *Somnium Scipionis*, „Scipios Traum", ist eine in doppelter Hinsicht zurückgenommene Schilderung eines Einswerdungsereignisses.[23] Cicero behauptet nicht, dass er das Erlebnis selber hatte, und Scipio, dem Cicero es zuschreibt, gibt es so wieder, als habe es in einem Traum stattgefunden. Trotzdem weist der „Traum" vielsagende Attribute auf, die viele

---

[23] Das *Somnium Scipionis* findet sich in Buch 6 von Ciceros *De Re Republica*, in: Cicero, *Der Staat – De Re Publica, Lateinisch – Deutsch*, übers. v. Rainer Nickel, Berlin: de Gruyter, 2014 [2010], 291–295.

derartige Schilderungen teilen. Scipio sagt, er habe in seinem Traum seinen Vater und Großvater im Höchsten Himmel getroffen, wo sie sich jetzt aufhielten:

> „Als ich von diesem Standort aus alles betrachtete, schien mir großartig und wunderbar zu sein, was es sonst noch zu sehen gab. Da waren aber die Sterne, die so waren, wie wir sie noch nie von der Erde aus sahen, und die alle so groß waren, wie wir es niemals vermutet hätten. [...] Die Kugeln der Sterne aber übertrafen leicht die Größe der Erde; jetzt schien mir die Erde selbst so klein zu sein, dass ich mich für unser Reich, mit dem wir gewissermaßen nur einen Punkt der Erde berühren, schämte." (6.16)

In Scipios Traumbild wird das Reich relativiert, für das er im wirklichen Leben große politische und militärische Verantwortung trug. In seinem Traum fragt er seinen Vater, ob er sich ihm in diesem schönen Himmelsreich unmittelbar anschließen dürfe, aber der Vater teilt ihm mit, der einzige Weg, dorthin zu kommen, bestehe in der Erfüllung seiner irdischen Pflichten, ohne dabei freilich den Anblick des Himmels aus dem Sinn zu verlieren, damit er niemals die relative Bedeutung der Dinge vergesse. Zwischen den anderen Dingen sieht Scipio: „etwa in der Mitte der sieben Sphären die Sonne, die Herrin, die führende Macht und Lenkerin aller übrigen Lichtquellen, der Geist und die ordnende Kraft der Welt, und zwar mit solcher Stärke, dass sie alles mit ihrem Licht erleuchtet und erfüllt." (6.17). Doch Scipio sieht nicht nur, er hört auch „ein[en] starke[n] und angenehme[n] Ton", bei dem es sich um Sphärenmusik handelt, wie sein Vater ihm versichert (6.18).

Cicero betont in erster Linie die Erhabenheit des Ewigen und die relative Bedeutungslosigkeit des Vergänglichen, auch wenn er den Zusammenhang zwischen moralischem Handeln auf Erden und dem Schicksal in der Ewigkeit nicht aus dem Blick verliert. Scipios subjektive Reaktionen sind kaum von Bedeutung. Wo es darum geht, uns die Kraft seines Traumbilds zu übermitteln, das die Wirklichkeit aus der richtigen Perspektive betrachtet, haben Scipios Gefühle als solche weniger Gewicht als sein Sinn für die Schönheit der himmlischen Sphären und seine Scham angesichts der Bedeutungslosigkeit der Erde, ja mehr noch des Reichs. Gefühle sind zwar durchaus vorhanden, aber das Einswerdungsereignis wird stärker durch das Traumbild repräsentiert als durch Gefühle. Es ist kaum erforderlich, gesondert auf die Symbole des Himmels, der Sonne und des Lichts, „das alles erfüllt", hinzuweisen, die in solchen Schilderungen so häufig vorkommen.

Auch die nächste Schilderung, die ich ausgewählt habe, ist indirekt. Sie berichtet von drei Zeugen eines Einswerdungsereignisses, das sie ihrerseits als Einswerdungsereignis erleben. Obwohl wir davon ausgehen können, dass die Schilderung von einem oder mehreren der Zeugen stammt, erfolgt sie in der dritten Person. Es handelt sich um die Geschichte der Verklärung Christi, die sich in allen drei Evangelien findet (Matthäus 17,1–8; Markus 9,2–8; Lukas 9,28–36). Nach der Schilderung von Matthäus führte Jesus Petrus, Jakobus und Johannes „allein auf einen hohen Berg". Dort „ward" Jesus „verklärt vor ihnen, und sein Angesicht leuchtete wie die Sonne, und seine Kleider wurden weiß wie das Licht". Die Jünger sehen, wie Jesus mit Moses und Elias spricht, und dann „überschattete sie eine lichte Wolke. Und [...] eine Stimme aus der Wolke sprach: ‚Dies ist mein lieber Sohn, an welchem ich Wohlgefallen habe; den sollt ihr hören!'" Voller Ehrfurcht fielen die Jünger auf ihr Angesicht, doch Jesus sagte zu ihnen, „Stehet auf und fürchtet Euch nicht!", und da sahen sie Jesus, niemanden außer Jesus allein.

Zu den Symbolen der Sonne und des Lichts kommt hier noch die Höhe hinzu, in diesem Fall ein hoher Berg, nicht der eigentliche Himmel, wie bei Scipio, oder die Erhebung, von der Stevens spricht, sondern eine Variation desselben Themas. Ich möchte die unverhohlene Objektivität der Schilderung hervorheben. Das einzige Gefühl, das Erwähnung findet, ist die von den Jüngern empfundene Ehrfurcht. Am erstaunlichsten ist, dass die Evangelien keinerlei Interesse an Jesus' subjektiver Erfahrung in diesem bemerkenswerten Moment haben. Heute wüssten wir nur allzu gern, wie Jesus sich gefühlt hat. Man kann sich einen Interviewer im Fernsehen vorstellen, der ihn fragt: „Was ging Ihnen da oben auf dem Berg durch den Kopf?" Doch in den Evangelien geht es um die Offenbarung der Wahrheit durch das Einswerdungsereignis und nicht darum, was irgendjemand dabei gefühlt hat.

In meinem nächsten Beispiel wird das Problem der Subjektivität bewusst zu einem Thema. Unter der Anleitung eines Zen-Mönchs hat der japanische Religionsgelehrte Ishida Baigu im 18. Jahrhundert lange Zeit Meditation praktiziert. Während er im Alter von etwa 40 seine Mutter pflegte, „öffnete er eine Tür und plötzlich verflogen die Zweifel früherer Jahre. [...] Fische schwimmen im Wasser und Vögel fliegen am Himmel. Oben und unten liegt der Weg klar vor ihm. Das Wissen, dass die Natur der Ursprung von Himmel und Erde sowie aller Dinge ist, erfüllte ihn mit großer Freude." Baigan ging zu seinem Lehrer, um von seinem Erlebnis zu berichten, aber der Lehrer war nicht völlig zufrieden. Er erkannte, dass Baigan etwas Wirkliches gesehen hatte: „Du hast gesehen, was wir darüber wissen können, wie die Dinge sein sollten." Es gäbe aber noch ein weiteres Stadium: „Das Auge, mit dem du unsere Natur als Ursprung von Himmel und Erde sowie aller Dinge gesehen hast, ist geblieben. Es muss die Natur ohne das Auge geben. Du musst jetzt das Auge verlieren."

Über ein Jahr lang nahm Baigan Tag und Nacht die Praxis des Meditierens wieder auf:

> „Eines Nachts legte er sich spät hin und war so erschöpft, dass er den Tagesanbruch nicht bemerkte. Er hörte den Ruf eines Sperlings in den Wäldern hinter seiner Ruhestätte. Dann breitete sich in seinem Körper so etwas wie die Klarheit eines großen Meeres oder eines wolkenlosen Himmels aus. In der Klarheit eines großen Meeres empfand er den Ruf jenes Sperlings wie einen Kormoran, vor dem sich das Wasser teilt, in das er eintaucht. Danach gab er die bewusste Beobachtung der eigenen Natur auf."[24]

In das symbolische Repertoire wird hier eine Reihe von Elementen eingeführt, die mit dem, was wir bis hierher festgestellt haben, verwandt sind, sich aber ein Stück weit davon unterscheiden: der wolkenlose Himmel, das große Meer, der Kormoran. Das Erlebnis des Öffnens einer Tür oder des Hörens des Rufs eines Sperlings führt hier ein Einswerdungsereignis herbei. Besonders interessant ist aber, dass es in dieser Schilderung, die viel mehr subjektive Erfahrungen enthält als die von Cicero oder der Evangelien, ausdrücklich darum geht, das Ich aus der Erfahrung herauszuhalten, „das Auge zu verlieren", wie Baigans Lehrer es ausdrückt. So steht wiederum die objektive Wirklichkeit und nicht die subjektive „Bedeutung" im Vordergrund, auch wenn es sich um eine Welt handelt, die sehr viel sensibler auf Subjektivität reagiert als die beiden anderen Schilderungen in diesem Abschnitt.

Zum Schluss möchte ich mich gerne noch mit einer ganz anderen Art von Einswerdungsereignis befassen. Bis hierher standen bei allen unseren Beispielen einzelne Individuen im Mittelpunkt. Nur in der Verklärungsgeschichte hatten wir es mit einer Gruppe zu tun, aber sogar dort liegt der Fokus in gleichem Maße oder stärker auf Jesus als auf den drei Jüngern. Doch es gibt keinen Grund, warum das Einswerdungsereignis nicht innerhalb einer Gruppe als Gruppenerfahrung auftreten sollte. Laut Émile Durkheim waren solche Ereignisse vorzugsweise und ursprünglich kollektiv. Er spricht von „kollektiver Efferveszenz" oder auch „allgemeiner Erregung" als dem Zustand, in dem Menschen eine andere, tiefere Wirklichkeit erleben. Durkheims Beschreibung der Rituale der australischen Aborigines lautet: „Seit Nachtbeginn hatten alle möglichen Arten von Prozessionen, Tänzen und Gesängen bei Fackelschein stattgefunden. Die allgemeine Erregung nahm ständig zu". An die Beschreibung des rituellen Geschehens schließt sich folgende Analyse an:

[24] Robert N. Bellah, *Tokugawa Religion*, New York: Free Press, 1957, 201–202.

> „Man kann sich leicht vorstellen, daß sich der Mensch bei dieser Erregung nicht mehr kennt. Er fühlt sich beherrscht und hingerissen von einer Art äußeren Macht, die ihn zwingt, anders als gewöhnlich zu denken und zu handeln. Ganz natürlich hat er das Gefühl, nicht mehr er selbst zu sein [weiter unten beschreibt Durkheim die Erfahrung des Ekstatisch-Seins, was wörtlich, abgeleitet von (griechisch) *ekstasis,* „Außer-sich-Sein" bedeutet]. Er glaubt sogar, ein neues Wesen geworden zu sein. Die Verkleidungen, die Masken, mit denen er sein Gesicht verdeckt, drücken wirklich diese innere Verwandlung aus, mehr noch: sie tragen dazu bei, sie hervorzurufen. Da sich aber zur gleichen Zeit auch seine Genossen auf die gleiche Weise verwandelt fühlen und ihr Gefühl durch ihre Schreie, ihre Gesten und ihre Haltung ausdrücken, so geschieht es, daß er sich wirklich in eine fremde, völlig andere Welt versetzt glaubt als die Welt, in der er gewöhnlich lebt, in eine Umwelt voller intensiver Kräfte, die ihn überfluten und verwandeln."[25]

Durkheim will darauf hinaus, dass die Welt des Rituals ganz anders ist als die, in der „er träge sein tägliches Leben dahin[schleppt]". Dabei handelt es sich um die Welt des Heiligen im Gegensatz zum profanen Alltag. Und in Durkheims Augen ist die tiefreichende, schöpferische und transformative Kraft der Gesellschaft selbst die Wirklichkeit, die im Ritual wahrgenommen wird. Vorerst ist es nicht erforderlich, Durkheims Theorie und seiner begrifflichen Interpretation der religiösen Wirklichkeit mehr als vorläufige Anerkennung zu zollen. Wir werden auf sie zurückkommen. Wichtig an dieser Stelle ist Durkheims durchaus berechtigtes Beharren darauf, dass das, was ich als Einswerdungsereignis bezeichne, kollektiv sein kann und oftmals auch ist.

Enaktive Repräsentation

In seinen *Studien zur kognitiven Entwicklung* hat Jerome Bruner eine Typologie der bei der kognitiven Entwicklung kleiner Kinder auftretenden Repräsentationsmodi entwickelt, an die ich, wie bereits erwähnt, bei der Entwicklung meiner eigenen Typologie angeknüpft habe. Bei Bruner gibt es keine Repräsentation der Einswerdung, vielmehr handelt es sich bei seinem ersten Modus um die von ihm handlungsmäßig bzw. enaktiv genannte Repräsentation. Bruner behauptet, das Kind werde zwar mit einer Fähigkeit zur visuellen Wahrnehmung geboren und die ursprüngliche „Form des Tuns" sei „das ‚Ansehen'", aber „die Handlungen des Greifens, des Zum-Munde-Führens, des Haltens usw." würden „die Züge der Umwelt" „[s]päter objektivieren und korrelieren."[26] Kinder verstehen Objekte zu-

[25] Durkheim, *Die elementaren Formen des religiösen Lebens*, 299–300.

[26] Bruner, *Studien zur kognitiven Entwicklung*, 38. Bruner hebt den Vorrang des

nächst als Verlängerungen des eigenen Körpers. Ein Stift oder Ball wird unter Bezugnahme darauf verstanden, wie er sich körperlich manipulieren lässt. In diesem frühen Lernstadium werden die Dinge „eher ‚gelebt als gedacht'", wie Bruner Piagets Worte zitiert.[27] Wie Piaget festgestellt hat, ist das Kind erst mit der Zeit fähig, „ein Bild des Dinges im Gedächtnis zu behalten", ohne es in der Hand zu halten. Bruner behauptet, die Idee zur enaktiven *Repräsentation* (anstatt einfach zu handeln) gehe auf das Vorhandensein von enaktiven Gewohnheiten zurück, die das Kind dazu nutzen kann, beim Organisieren seiner Handlungen über bloße Reflexhaftigkeit hinauszugelangen. Denn, wie er es ausdrückt, „die hauptsächliche Verwendung der handlungsmäßigen Darstellung [...] besteht [darin], die Handlung selbst zu steuern".[28]

Bruner weist darauf hin, dass Repräsentationen auf zwei Weisen gedacht werden können: als Repräsentationen *von* etwas oder als Repräsentationen *für* etwas.[29] In der modernen westlichen Kultur neigen wir zu der Annahme, dass Repräsentationen – Symbole im weitesten Sinne – etwas sind, das wir als eine Art Bild *von* äußerlichen Dingen in unseren Köpfen haben. Doch Repräsentationen als Handlungsanleitungen, also als Repräsentationen *für* etwas, können sogar im Fall von Sprache grundlegend sein. Bruner zitiert Lurias Betonung der „pragmatischen Funktion" des Sprechens, wenn etwa ein Kind sagt: „Ein Loch ist zum Graben."[30] Etwas an

„Sehverhaltens" gegenüber der sensomotorischen Manipulation beim frühkindlichen Lernen hervor, was eine Modifikation von Piagets Sichtweise darstellt, wobei Bruner Piagets Einsichten trotzdem bestätigt. Dazu, wie viel das Kleinkind allein durch Zusehen „wissen" kann, siehe Michael Tomasello, *Die kulturelle Entwicklung des menschlichen Denkens: Zur Evolution der Kognition*, übers. v. Jürgen Schröder, Frankfurt: Suhrkamp, 2002 [1999], 72–73.

27 Bruner, *Studien zur kognitiven Entwicklung*, 39, zitiert aus Jean Piaget, *Der Aufbau der Wirklichkeit beim Kinde*, übers. v. Johann-Ulrich Sandberger, Christiane Thirion und Hanne-Lore Wunberg, Stuttgart: Klett, 1974 [1937].

28 Bruner, *Studien zur kognitiven Entwicklung*, 32. Bruner merkt an, in einem persönlichen Gespräch habe Piaget „bezweifelt, ob das, was wir handlungsmäßige Darstellung [*enactive representation*] nennen, überhaupt Darstellung genannt werden solle, denn es sei fraglich, ob eine Handlung an die Stelle von etwas treten könne, ob sie es, mit andern Worten, zu repräsentieren vermöge" (31).

29 Ebd., 27–29. Bruners Unterscheidung ähnelt Clifford Geertz' Unterscheidung zwischen Modellen von und Modellen für in seinem Aufsatz „Religion als kulturelles System" [1966], in: ders., *Dichte Beschreibung: Beiträge zum Verstehen kultureller Systeme*, übers. v. Brigitte Luchesi und Rolf Bindemann, Frankfurt: Suhrkamp, 2007, 52–53.

30 Bruner, *Studien zur kognitiven Entwicklung*, 29. Dies bezieht sich auf A. R. Luria, *The Role of Speech in the Regulation of Normal and Abnormal Behavior*, New York: Pergamon, 1961.

diesem „Repräsentativ-für-etwas-Sein" von enaktiven Repräsentationen ist typisch für alle Repräsentationsmodi, was möglicherweise damit zusammenhängt, dass eine enaktive Repräsentation zumindest unterschwellig auch in symbolischen und begrifflichen Formen der Repräsentation präsent bleibt. So sagt Bruner: „Der Grad, in dem das Kind sogar nach einer weitgehenden Entwicklung von handlungsfreien Vorstellungsbildern weiterhin von gewissen Formen der handlungsmäßigen Darstellung abhängt, ist auffällig."[31] Die Vorstellungsbilder lassen sich niemals vollständig von der Welt des Handelns trennen.[32]

Die Vorstellung von enaktiver Repräsentation als einer Handlungsanleitung lässt sich anhand des Knotenbindens oder Fahrradfahrens veranschaulichen. Man kann verbal oder mit Hilfe eines Schaubilds darin unterwiesen werden, wie man einen Knoten bindet, aber man *weiß* nicht, *wie* man einen Knoten bindet, bis man das Knotenbinden geübt und in der Praxis einen Knoten gebunden hat, das heißt bis der Körper als sensomotorisches System den Knoten *gelernt* hat. Beim Fahrradfahren wird das sogar noch deutlicher, weil verbale oder graphische Anweisungen dabei nahezu sinnlos sind. Man lernt Fahrradfahren buchstäblich durchs Fahrradfahren; doch dadurch wird die sensomotorische Gewohnheit des Knotenbindens oder Fahrradfahrens zu so etwas wie einer Repräsentation: zu einer Anleitung für eine bestimmte Art des Handelns, wenn ein derartiges Handeln erforderlich ist.

Eine Reihe solcher Gewohnheiten – saugen, greifen und ähnliches – sind beim sehr jungen Kind angeboren bzw. werden erlernt, noch bevor das Kind überhaupt ein von Mutter-Kind- (oder Elternteil-Kind-)Ganzheit unabhängiges Ichgefühl entwickelt hat. Das Sehen und Hören, das sich später auf ikonische, sprachliche und andere Repräsentationsmodi spezialisiert, ist noch Teil einer sensorischen Gesamtmatrix, für die Berühren, Schmecken, Beißen, Urinieren, den Darm entleeren und Weinen wesentlich sind. Die Fähigkeit des Kindes, ein Gesichtsschema zu erkennen, ist an die Tätigkeiten des Haltens, Fütterns, Wärmens und Tröstens gebunden, die gewöhnlich mit diesem Gesicht einhergehen. Diese durch und durch körperliche Beziehung zur Wirklichkeit geht, wie gesagt, niemals verloren. Andere – symbolische, begriffliche – Repräsentationsmodi, die für bestimmte Zwecke Vorrang vor den enaktiven Repräsentationen haben, entwickeln sich später. Doch weil menschliche Wesen leibhaft bleiben, verändert jede Form von Repräsentation die körperliche Verfassung partiell und wird zu einer Geste. Signifikante Abstraktionen haben *greifbare* Fol-

[31] Bruner, *Studien zur kognitiven Entwicklung*, 42.
[32] Ebd., 43.

gen. Durch das, was George Herbert Mead als Verständigung durch Gebärden bezeichnet hat, können enaktive Repräsentationen symbolisch werden.[33] Der Körper wird selbst zu einem Bild und einem Symbol und dies eröffnet neue Repräsentationsmöglichkeiten.

Obwohl die enaktive Repräsentation in den meisten Situationen auf komplexe Weise zusammen mit anderen Repräsentationsmodi auftritt, möchte ich mich fürs Erste ausdrücklich auf die enaktive Repräsentation konzentrieren. Insgesamt ist Religion tief mit dem Körper verwoben; für ein Ritual ist seine Verkörperung auf eine Weise maßgeblich, die wir nicht unberücksichtigt lassen dürfen. In ganz verschiedenartigen Religionen besteht eine enge Verbindung zum Heilen. Gesundheit ist ein zentrales religiöses Anliegen und eine Metapher für das Seelenheil. Geburt und Tod sind wiederkehrende religiöse Anliegen, und die religiöse Neugeburt, die bei den australischen Aborigines rituell dadurch symbolisiert wird, dass heranwachsende Knaben durch die Beine von erwachsenen Männern schreiten, ist ein weit verbreitetes Phänomen. Essen und Trinken, Schlemmen und Fasten sind oftmals Bestandteile religiöser Rituale.

Zu den intrinsischen Merkmalen von Ritualen gehören ganz unterschiedliche Formen von körperlicher Gestik. Einige Formen der christlichen Liturgie sehen Bewegungsabfolgen vor, wie das Knien, Sitzen, Stehen und Gehen zum Altar, um das Abendmahl zu empfangen. Unter anderem das muslimische Gebet und das buddhistische Ritual sind mit Formen des Niederwerfens verbunden. Im Tanz als einem häufigen Ritualbestandteil, der in vielen Traditionen gebräuchlich ist, wird die körperliche Gestik weiter verfeinert. Grundlegend für den Tanz ist die rhythmische Bewegung, und der Rhythmus steht in Verbindung mit physiologischen Gesetzmäßigkeiten wie dem Herzschlag und dem Atmen. Bei der buddhistischen Meditation liegt der Fokus auf dem Atmen selbst: Die ungeteilte Aufmerksamkeit für das Atmen, die Innen und Außen zusammenführt, kann zu einer Einswerdungserfahrung werden. Der japanische Zen-Meister Dogen betrachtete die Meditationshaltung in Gestalt des Lotussitzes von Buddha als Erleuchtung. Diejenigen, die sich zur Zen-Meditation niedersetzten, seien bereits erleuchtet; mehr könne man nicht erwarten.[34]

---

[33] George Herbert Mead, *Geist, Identität und Gesellschaft aus der Sicht des Sozialbehaviorismus*, übers. v. Ulf Pacher, Nachdruck d. 1. Aufl., Frankfurt: Suhrkamp, 1998 [1934], 81–82. Siehe auch „Soziales Bewußtsein und das Bewußtsein von Bedeutungen" [1910], in: Mead, *Gesammelte Aufsätze*, Bd. 1, hrsg. v. Hans Joas, übers. v. Klaus Laermann, Frankfurt: Suhrkamp, 1980, 210–211.

[34] Im „Bendowa"-Abschnitt des *Shobogenzo* heißt es bei Dogen (1200–1253): „Es ist die Ansicht der Ungläubigen, daß Übung [*zazen*, *zen* sitzen] und Erleuchtung nicht eins sind. Doch die Übung selbst ist die Erleuchtung, und sogar der erste Entschluß,

R. R. Marett hat über die Stammesreligion gesagt, sie sei etwas, das „eher auf Tanzbewegungen als auf Denkprozessen beruht".[35] Aber das Enaktive steht nicht nur bei den „Wilden" im Vordergrund. Sechs Tage vor seinem Tod schrieb William Butler Yeats: „Ich bin mir sicher, dass mir nicht mehr viel Zeit bleibt [...] Ich bin glücklich und fühle mich voller Energie, auf die ich die Hoffnung bereits aufgegeben hatte. Mir scheint, ich habe gefunden, was ich wollte. Wenn ich alles in einem Satz zusammenfassen soll, würde ich sagen, ‚Die Menschheit kann die Wahrheit verkörpern, sie aber nicht erkennen.' Ich muss sie in der Vollendung meines Lebens verkörpern."[36] Wie wir sehen werden, ist Wahrheit eine problematische Vorstellung und wird nicht jeder Yeats darin zustimmen, dass sie verkörpert werden muss. Und doch stützt eine der historischen Religionen ihren Wahrheitsanspruch auf die Inkarnation.

Symbolische Repräsentation

Zu Beginn unserer Auseinandersetzung mit dem komplexen Thema des Symbolismus sollten wir uns dem Phänomen des Spielens widmen, weil auch Piaget die Anfänge der Symbolbildung beim Kind mit etwas in Verbindung bringt, das er als „symbolisches Spiel" bezeichnet. Piaget zufolge „assimilieren" Symbole die Wirklichkeit an die Bedürfnisse, Wünsche und Begierden des Kindes.[37] Für die assimilative Funktion des symbolischen

---

den Weg zu suchen, enthält bereits schon die vollständige und perfekte Erleuchtung. Es gibt keine Erleuchtung außerhalb der Übung. Dies zu erkennen ist sehr wichtig. Da die Übung die Erleuchtung ist, hat die Erleuchtung kein Ende und die Übung keinen Anfang." Dogen Zenji, *Shōbōgenzō: Die Schatzkammer der Erkenntnis des wahren Dharma*, Bd. 1, aus dem Englischen übers. v. Manfred Eckstein, Zürich: Theseus, 1989, 176–177.

[35] R. R. Marett, *The Threshold of Religion*, 2. Aufl., London: Methuen, 1914, xxxi. Maretts Gegenüberstellung ist insofern unzutreffend, als die enaktive Repräsentation auch eine Art des Denkens ist, nämlich des Denkens mit dem Körper. Wie Piaget sagt, „reicht die Sprache nicht aus, um das Denken zu erklären, denn die Strukturen, die dieses kennzeichnen, wurzeln in der Aktion und in tiefer als das Linguistische reichenden sensomotorischen Mechanismen". Jean Piaget, *Theorien und Methoden der modernen Erziehung*, übers. v. Wolfgang Teuschl, Frankfurt: Fischer, 1974 [1964], 228. Falls Marett allerdings sagen will, dass Religion nicht bloß eine Frage der begrifflichen Überzeugung ist, wie viele seiner Zeitgenossen glaubten, ist an seiner vielzitierten Äußerung doch etwas dran.

[36] Richard Ellmann, *Yeats: The Man and the Masks*, New York: Macmillan, 1948, 285.

[37] Piaget und Inhelder, *Die Psychologie des Kindes*, 66–70. In Piagets theoretischem Vokabular wird bei der Assimilation die Wirklichkeit so verändert, dass sie zu den

Spiels nennt Piaget folgendes Beispiel: „Ein kleines Mädchen, das in den Ferien vor dem alten Glockenturm der Dorfkirche verschiedene Fragen über den Mechanismus der Glocken gestellt hatte, bleibt reglos neben dem Tisch seines Vaters stehen und vollführt einen ohrenbetäubenden Lärm: ‚Du störst mich ein wenig, weißt du, du siehst doch, daß ich arbeite.' – ‚Sprich nicht mit mir', antwortet die Kleine, ‚ich bin eine Kirche'." Auch das kleine Mädchen, ist man geneigt zu sagen, „arbeitet": Es versucht, einer möglicherweise einschüchternden Erfahrung Sinn abzugewinnen. Anhand dieses Falls wird deutlich, wie ähnlich Symbolisches und Enaktives sich sind. Dass das Kind den Glockenturm nachspielen [*enact*] kann, hat nicht seine motorische, sondern erst seine visuelle und akustische Erfahrung des Glockenturms möglich gemacht. Insofern das Kind über ein Bild der Kirche verfügt, geht es dabei um mehr als in dem, was Piaget als „Übungs-Spiel" bezeichnet und was beim Kind die erste, rein sensomotorische Form des Spiels darstellt.[38] In diesem Fall sorgt das Symbol für die Integration von Innen und Außen, Erfahrung und Gefühl, Ich und Welt.

Bei kleinen Kindern, sagt Piaget, ist die Wahrnehmung „auf das Ich zentriert", doch damit meint er, dass Ich und Welt noch undifferenzierte Teile eines Ganzen sind. An einer Stelle berichtet Piaget von einem Jungen, der an einem sonnigen Tag im Auto von Basel nach Genf reist. Als er bei der Ankunft aus dem Auto steigt und aufblickt, sagt er: „Oh, die Sonne ist auch mitgekommen." Man könnte sagen, das Kind habe sich und die Sonne noch nicht in dem verortet, was Schütz als Standardraum und -zeit bezeichnet. Die Welt des Kindes hat etwas Dynamisches, das Piaget dazu veranlasst, vom „Animismus" des Kindes zu sprechen.[39]

Piagets Beispiele für das symbolische Spiel beziehen sich weitgehend auf eine Person, etwa wenn ein kleines Mädchen mit seinen Puppen eine unangenehme Szene beim Mittagessen „durcharbeitet", bei dem es sich geweigert hatte, seine Suppe aufzuessen. In der nachgespielten [*reenacted*] Szene zeigt das kleine Mädchen mehr Verständnis für den Widerwillen der Puppe gegenüber der Suppe, als seine Mutter es in Wirklichkeit an den Tag

---

bereits existierenden Schemata des Kindes passt. Akkommodation umfasst im Gegensatz dazu die Änderung dieser Schemata, um sich der Realität anzupassen. Folglich hat die Assimilation auch etwas „Subjektives".

[38] Zum Übungs-Spiel gehört zum Beispiel Schlagen. Wenn das Kind schlagen lernt, wird es aus reinem Vergnügen an der Ausübung dieser neuen Fähigkeit mit jedem und auf jeden Gegenstand in seiner Reichweite schlagen, einfach nur aus schierer Lust am Ausüben dieser neuen Fähigkeit. Ebd., 67.

[39] Piaget, *Das Weltbild des Kindes*, übers. v. Luc Bernard, München: dtv, 1997 [1926], 157–225. Die Vorbehalte gegenüber Piagets Ansichten zum Adualismus gelten auch für seine Vorstellung von Egozentrizität.

gelegt hatte.[40] Bruner nennt ein Beispiel für symbolisches Spielen, für das intrinsisch sowohl ein Erwachsener als auch ein Kind erforderlich sind. Dabei handelt es sich um das weitverbreitete „Kuckuck"-Spiel, dessen „Tiefenstruktur" im „kontrollierte[n] Verschwinden und Wiedererscheinen eines Gegenstandes oder einer Person" besteht, bei dem die Oberflächenstruktur aber fast unbegrenzt in Bezug darauf variiert werden kann, wer oder was verschwindet (eine Puppe, ein Teddybär, das Gesicht der Mutter oder sogar das Gesicht des Kindes), wohinter sich der verschwundene Gegenstand versteckt, wie lange er verschwunden bleibt und so weiter.[41] Interessant ist, wie faszinierend dieses Spiel für die von Bruner beobachteten Kinder war, mit dem in den vorsprachlichen ersten Monaten des ersten Lebensjahrs begonnen und das bis weit nach dem frühen Spracherwerb fortgesetzt wurde. Daran sind mehrere Dinge interessant. Wenn ein Fremder versucht, dieses Spiel mit einem sehr kleinen Kind zu spielen, wird das höchstwahrscheinlich Tränen zur Folge haben. Wenn die Mutter mitspielt, führt es häufig zu Gelächter. „Kuckuck" spielt mit einer der tiefsten Ängste des Kindes: der Furcht, dass die Mutter oder die Bezugsperson es verlassen könnte. Das Spiel scheint ein Beleg für das zu sein, was Bruner an anderer Stelle als „abgrundtiefes Erschrecken des Nachwuchses" bezeichnet und was ein normaler Bestandteil des elterlichen Spiels mit Kindern ist.[42] Das Kind hat ein beinahe rituell zu nennendes Vergnügen an der unaufhörlichen Wiederholung eines Spiels, das Angst macht und diese dann wieder zerstreut. Möglicherweise kann das „Kuckuck"-Spiel als Bewältigung des elementaren Problems des von Freud in „Trauer und Melancholie" so genannten verlorenen Objekts betrachtet werden.[43]

Bevor wir uns daran machen, die verschiedenen Unterarten der symbolischen Repräsentation näher zu betrachten, möchte ich wegen einer vortrefflichen Erklärung, warum es sich lohnt, den Blick auf die psychischen Ursprünge des religiösen Symbolismus im Leben von Kindern zu richten, auf Paul Ricœur aufmerksam machen:

> „[D]as ‚Heilige' *am* ‚Kosmos' oder *in* der ‚Psyche' zu manifestieren ist ein und dasselbe.

---

[40] Piaget und Inhelder, *Die Psychologie des Kindes*, 68.

[41] Jerome Bruner, *Wie das Kind sprechen lernt*, übers. v. Urs Aeschbacher, Bern: Huber, 2002 [1983], 39.

[42] Jerome S. Bruner, „Nature and Uses of Immaturity", in: *The Growth of Competence*, hrsg. v. Kevin Connolly und Jerome Bruner, London: Academic Press, 1974, 32.

[43] Sigmund Freud, „Trauer und Melancholie", in: Studienausgabe. Bd. III: Psychologie des Unbewußten, Frankfurt: Fischer, 1975, 193–212.

Vielleicht lassen wir uns nicht einmal auf die Wahl ein zwischen der Interpretation, die aus diesen Symbolen den verkleideten Ausdruck des infantilen und instinktuellen Teils des Psychismus macht, und der anderen, die in ihnen den Vorgriff auf unsere Entwicklungs- und Reifungsmöglichkeiten erblickt; wir werden später eine Interpretation zu erproben haben, nach welcher die ‚Regression' der Umweg der ‚Progression' und der Erkundung unserer Potentialitäten ist; [...] Das Zurücktauchen in *unseren* Archaismus ist sicherlich der Umweg, über den wir uns in den Archaismus der Menschheit versenken, und diese doppelte ‚Regression' ist ihrerseits der mögliche Weg einer Entdeckung, einer Bodenforschung, einer Prophetie unser selbst.

Diese Funktion des Symbols als Richtpunkt und Leitfaden des ‚Selbstwerdens' darf der ‚kosmischen' Symbolfunktion nicht entgegengesetzt, sondern muß an sie zurückgebunden werden, so wie sich diese in den von der Religionsphänomenologie beschriebenen Hierophanien ausdrückt. Kosmos und Psyche sind die beiden Pole derselben ‚Expressivität'; ich drücke mich aus, indem ich die Welt ausdrücke; ich erforsche meine eigene Sakralität, indem ich die der Welt entziffre."[44]

Ikonische Symbolisierung

Wie am Fall des kleinen Mädchens, das eine Kirche war, schon deutlich wurde, besteht eine enge Beziehung zwischen ikonischer, also bildhafter und enaktiver Repräsentation. I. A. Richards hat zu Bruner gesagt, Bilder seien „voll von Muskeln".[45] Tatsächlich sind – immer noch in erster Linie enaktive – Kritzeleien das erste, was zwei Jahre alte Kinder kreieren, wenn sie entdecken, was man mit einem Buntstift machen kann.[46] Der Buntstift stellt eine Verlängerung des kindlichen Körpers dar, das Vergnügen liegt in der Bewegung. Das Kind „macht" kein Bild, und schon gar kein Bild *von* etwas. Das Kind *ist* das Bild. Von jedem Bestandteil der kindlichen Ausdrucksform können wir uns leicht raffinierte Erwachsenenversionen vor-

---

[44] Paul Ricœur, *Symbolik des Bösen*, übers. v. Maria Otto, Freiburg/München: Alber, 1971 [1960], 19–20. Wo er über Hierophanien spricht, greift Ricœur auf die Arbeit von Mircea Eliade, *Die Religionen und das Heilige: Elemente der Religionsgeschichte*, übers. v. Mohammed Rassem und Ingeborg Köck, Salzburg: Müller, 1954 [1949], zurück.

[45] Bruner, *Studien zur kognitiven Entwicklung*, 19. Gerade weil Bilder oder Symbole „Muskeln haben", muss zu Paul Ricœurs Aussage, dass „das Symbol zu denken gibt", noch die Vorstellung hinzukommen, dass das Symbol auch zum Handeln veranlasst. Ricœur, *Symbolik des Bösen*, 395–406.

[46] Rhoda Kellogg und Scott O'Dell, *The Psychology of Children's Art*, New York: CRM–Random House, 1967, 19–25. Das Schöne an diesem Buch ist die Wiedergabe von Kinderbildern, die besonders lebendig sind, bevor die Kinder Lesen und Schreiben lernen.

stellen. Dabei kommt einem nicht nur das äußere Erscheinungsbild von Jackson Pollocks Gemälden in den Sinn, sondern auch die Tatsache, dass er sie als Action Paintings bezeichnete und damit etwas erfasst hat, was Bruners Vorstellung von enaktiver Repräsentation nahekommt.

Nicht lange nach Beginn der Kritzeleien entdeckt das Kind Gebilde. Die frühesten Gebilde sind wirbelnde Bögen, die ziellosem Gekritzel nicht völlig unähnlich sind, aber ansatzweise nach etwas Rundem aussehen.[47] Natürlich ist das Kind nicht zu etwas in der Lage, das an einen perfekten Kreis herankommt, es treten aber erstmals mehr oder weniger kreisförmige Gebilde auf. Zwischen drei und vier Jahren entwickeln die Gebilde sich zu Gestalten, die kreisförmig oder viereckig sein können.[48] Das Kind scheint mit Formen zu spielen. Doch Formen von was? Aufgrund ihres ausgeprägten Sinns für den Unterschied zwischen Ich und Welt möchten die Erwachsenen, dass eine Form die Form *von* etwas ist. Doch in dem, was das Kind mit den Kreisen, Quadraten, den sie zerteilenden Kreuzzeichen und den Zacken macht, die aus ihnen herauskommen, kommt genauso der dem Kind eigene Sinn für begrenzte Formen in einem im Entstehen begriffenen Ich wie auch etwas in der Welt zum Ausdruck. Und doch wird das Kind einen Kreis, aus dem Zacken kommen, vermutlich nicht nur den Erwachsenen zuliebe als Sonne oder Blume bezeichnen, denn das Kind verleiht dadurch sowohl der Welt als auch dem Ich einen Sinn, weil es in beiden symmetrische Formen sieht. In ihrem wundervollen Buch über die Psychologie der Kunstwerke von Kindern übertreiben Kellogg und O'Dell wahrscheinlich nicht, wenn sie die durchgestrichenen Kreise und ähnliche Formen, die in den Bildern von 3- bis 5-jährigen Kindern in Hülle und Fülle vorkommen, als Mandalas interpretieren.[49] Mandalas (der Begriff ist buddhistisch) sind mitunter hochkomplexe und bemerkenswert raffinierte, auf ein Zentrum hin ausgerichtete Zeichnungen, auf die man nicht nur in Indien, Südostasien und Ostasien, sondern auch in den Sandbildern der Navajo-Indianer, in mittelalterlichen Fensterrosen in Europa, modernen Skulpturen und so weiter stößt. Was immer sie sonst sein mögen, sind Mandalas Ausdrucksformen einer kohärenten Ordnung als einem zutiefst menschlichen Anliegen, und deshalb ist es nicht überraschend, dass sie

[47] Ebd., 27–34.

[48] Ebd., 35–41.

[49] Ebd., 53–63. Siehe auch José und Miriam Argüelles, *Das große Mandala-Buch: Mandala in Aktion*, 3. Aufl., übers. v. Sylvia Luetjohann, Freiburg i. Br.: Aurum, 1984 [1972]; und Carl Gustav Jung et al., *Der Mensch und seine Symbole*, 19. Auflage, Ostfildern: Patmos, 2015. Jung behandelt Mandalas in erster Linie als Ausdrucksformen der „Selbstwerdung" und psychologisiert sie dadurch möglicherweise über Gebühr.

spontan sowohl auf Bildern von Kleinkindern als auch in einer Vielzahl hochkultureller Ausdrucksformen auftauchen.

Im Alter von vier bis fünf Jahren verändern sich die Zeichnungen der Kinder unter anderem dahingehend, dass sie Formen hervorbringen, die sich, wenn auch „abstrakt“, als Menschen identifizieren lassen. Eine runde Form mit Zacken, also eine „Sonne“, bekommt einen Stiel und wird zu einer „Blume“ und danach bekommt sie ein Gesicht und wird möglicherweise nicht bloß zu einer Person, sondern zu „mir“. Die Kunstwerke von Kindern kommen Piagets symbolischem Spiel nahe, aber möglicherweise ist symbolisches Spiel auch ein Bestandteil aller Kunst. Obwohl die Kunst von Kindern häufig komisch ist, sollten wir nicht vergessen, dass Psychologen mit einem Ausdruck, der sich, wie wir in späteren Kapiteln sehen werden, genauso für hohe Kunst wie für Rituale verwenden lässt, von „ernsthaftem Spiel“ sprechen.

Musikalische Symbolisierung

Obwohl Bilder „voll von Muskeln“ sein können, ist Musik noch offensichtlicher kinästhetisch. Bei der Betrachtung der enaktiven Repräsentation hatten wir bereits Gelegenheit festzustellen, dass Rhythmus das körperliche Leben kennzeichnet und schon früh musikalisch und beim Tanz zum Ausdruck gebracht wird. Musik erreicht den Körper sozusagen direkt, und tatsächlich fällt es schwer, sich Musik vorzustellen, die keine körperliche Reaktion hervorruft. Ich bin immer wieder erstaunt über die Stille eines teilnahmslosen Publikums, das Bach oder Vivaldi anhört und dabei nur gelegentlich den Kopf bewegt. Wenn man einen Blick auf die Musiker wirft, die gerade nicht spielen, lassen sich gewöhnlich leichte körperliche Bewegungen oder ein lautloses Klopfen mit dem Fuß ausmachen. Ich erinnere mich, wie es mir auf die Nerven ging, als ich als Jugendlicher bei einem Bach-Konzert einmal zufällig neben Otto Klemperer saß, dass er während des gesamten Konzerts mit seinem Finger peinlich genau den Takt der Musik auf seinem Knie trommelte. Bei klassischen Musikkonzerten ist es nur dem Dirigenten (Stokowski, Bernstein) gestattet, zur Musik zu „tanzen“, auch wenn wir uns stellvertretend (und zu Hause über die Stereoanlage nicht ganz so stellvertretend) daran erfreuen können. Auch Singen ist unweigerlich enaktiv. Bei manchen protestantischen Gottesdiensten ist das Singen der einzige Moment, an dem körperliches Handeln in Gestalt des Benutzens der Stimmbänder aus voller Kehle angebracht ist, und selbst dann muss man beim Singen noch ziemlich ruhig bleiben.

Das soll nicht heißen, dass eine von der körperlichen Bewegung (zumindest beim Zuhörer – nie beim Interpreten) abgelöste Musik nicht zu kommunizieren vermag. Offenkundig kann sie das. Wenn es nicht so wäre, könnte nicht die Rede davon sein, dass der musikalische Symbolismus in irgendeiner Form über die enaktive Repräsentation hinausginge. Und doch hat der musikalische Symbolismus etwas Rätselhaftes im Vergleich zum ikonischen oder poetischen Symbolismus. Was symbolisiert der musikalische Symbolismus? Die gängigste und soweit angemessene moderne Antwort lautet, dass Musik Gefühle symbolisiert. Susanne K. Langer gibt dieser Sichtweise eine raffinierte Wendung:

> „Die der Musik respondierende Imagination ist persönlich, assoziativ und logisch, gefärbt mit Affekten, durchdrungen vom Rhythmus des Körpers und von Träumen; aber für die Fülle ihres wortlosen Wissens, ihres Wissens um emotionale und organische Erfahrung, Lebensimpulse, Gleichgewicht und Widerstreit, um das Wie des Lebens, Sterbens und Fühlens steht ihr eine Fülle möglicher Formen zu Gebote. [...] Wie die erste Wirkung, welche die Sprache auf die geistige Entwicklung ausübt, so besteht die bleibende Wirkung der Musik darin, daß Dinge begreifbar, nicht daß Aussagen gespeichert werden. Nicht zur Kommunikation, sondern zur Einsicht verhilft uns die Musik, zum Wissen darum, was es, schlicht gesagt, ‚mit den Gefühlen auf sich hat'."[50]

Alfred Schütz stimmt zwar Langer darin zu, dass musikalische Bedeutung sich weder verbal noch begrifflich paraphrasieren lässt, ist aber insofern anderer Meinung als sie, als er Musik für durch und durch kommunikativ hält:

> „Wir haben daher die folgende Situation: Zwei Ereignisreihen in der inneren Zeit, deren eine zum Bewußtseinsstrom des Komponisten gehört, die andere zum Bewußtseinsstrom des Zuhörers, werden gleichzeitig durchlebt, welche Gleichzeitigkeit erst durch den fließenden Verlauf des Musikprozesses geschaffen wird. Es ist die These dieses Aufsatzes, daß sich jene [...] Beziehung des Wechselseitig-sich-aufeinander-Einstimmens, die Erfahrung des ‚wir', die Teilhabe am Erlebnis des anderen in der inneren Zeit, im Durchleben einer gemeinsamen lebendigen Gegenwart konstituiert; dies ist das Fundament aller möglichen Kommunikation. Die Besonderheit des musikalischen Kommunikationsprozesses besteht wesentlich im polythetischen Charakter des Kommunikationsinhaltes, d. h. in der Tatsache, daß der Fluß der musikalischen Ereignisse und die Tätigkeiten, durch die sie kommuniziert werden, in die Dimension der inneren Zeit gehören."[51]

---

[50] Susanne K. Langer, *Philosophie auf neuem Wege: Das Symbol im Denken, im Ritus und in der Kunst*, übers. v. Ada Löwith, Frankfurt: Fischer, 1984 [1942], 239. Kapitel 8, „Vom Sinngehalt der Musik", gibt einen ausgezeichneten Überblick über die ältere neuzeitliche Literatur zum Symbolismus in der Musik.

[51] Alfred Schütz, „Gemeinsam Musizieren" [1950], in *Gesammelte Aufsätze 2: Studien zur soziologischen Theorie*, Den Haag: Nijhoff, 1972, 144–145.

Obwohl Schütz größtmöglichen Nachdruck auf die Kommunikation legt, ist das, was kommuniziert wird, das „Erlebnis [...] der inneren Zeit" zunächst des Komponisten, der aber durch die Darbietung eins wird mit den Interpreten und den Zuhörern. Bei einer musikalischen Darbietung werden, wie Schütz es ausdrückt, Komponist, Interpreten und Zuhörer „miteinander älter" – sie haben also gemeinsam Teil an der inneren Zeit (selbst wenn der Komponist und bei einer Schallplattenaufnahme auch die Interpreten zum Hörzeitpunkt schon gestorben sein können).[52]

Die meisten modernen Deutungen nehmen zu weiten Teilen nicht zur Kenntnis, wovon ihre vormodernen Vorläufer in vielen Traditionen ausgehen: dass Musik nicht nur mit der inneren Wirklichkeit, sondern auch mit der kosmischen und sozialen Wirklichkeit in Verbindung steht. An der bereits zitierten Stelle aus „Scipios Traum" von Cicero wird geschildert, dass Scipio „Sphärenmusik" hört. In der klassischen Welt des Mittelmeers geht dieser Gedanke mindestens bis auf Pythagoras zurück: „Pythagoras, der im sechsten Jahrhundert v. Chr. die Geordnetheit der Tonleiter entdeckt hatte, überhöhte diese Ordnung bis in den Himmel. So wie die sieben Noten der Oktave bewegten sich die sieben Planeten in harmonischer Abfolge und erzeugten so eine ‚Musik', die Pythagoras der Überlieferung nach bei mehreren Gelegenheiten gehört zu haben behauptete."[53] In der Spätantike wurden die Eingeweihten dazu aufgerufen, in „einem sowohl menschlichen als auch göttlichen Gesang" „mit ihren Körpern und ihren Stimmen den gesamten kosmischen Plan nachzuvollziehen [*enact*]."[54] Hier wird die innere Zeit der Interpreten eins mit der inneren Zeit des Kosmos. In raffinierter Form lassen sich ähnliche Vorstellungen in der hinduistischen, buddhistischen sowie sufistischen Frömmigkeit und in allgemeinerer Form beinahe überall in der vormodernen Welt ausfindig machen.

Für manche vormodernen Menschen – und diese Vorstellung ist nie ganz ausgestorben – hat Musik nicht nur persönliche und kosmische Bedeutung, sondern auch soziale Bedeutung. Dabei handelt es sich um die Vorstellung, dass Musik soziale Harmonie hervorbringt, bzw. umgekehrt, dass die falsche Art von Musik soziale Verwerfungen nach sich ziehen kann. Letzteres hat Allan Bloom in seinem in gewisser Weise perversen Buch *Der Niedergang des amerikanischen Geistes* über die (Rock-)Musik, welche die College-Studenten heute hören, behauptet.[55] Da Bloom Plato-

[52] Ebd., 146.

[53] Patricia Cox Miller, „In Praise of Nonsense", in: *Classical Mediterranean Spirituality*, hrsg. v. A. H. Armstrong, New York: Crossroad, 1989, 498.

[54] Ebd., 499.

[55] Allan Bloom, *Der Niedergang des amerikanischen Geistes: Ein Plädoyer für die*

niker war, hat er diesen Gedanken möglicherweise von seinem Lehrmeister übernommen. In Buch 3 der *Politeia* strebt Platon die Reglementierung der musikalischen Formen in seinem Idealstaat an. Die psychologische Bedeutung von Musik kommt dabei nicht zu kurz, sie ist sogar zentral. Musik schafft Ordnung (oder Unordnung) in der Seele und stimmt so das Individuum auf die soziale und kosmische Ordnung ein oder nicht.

Diese Vorstellung von Musik wird von Konfuzius geteilt, der Musik an die Riten als den bedeutendsten Möglichkeiten koppelte, die persönliche, soziale und kosmische Ordnung zusammenzuführen. In der vorherigen chinesischen Tradition konnte das Potenzial von Musik nämlich sehr drastisch sein. Arthur Waley berichtet:

> „Nach Auffassung nicht nur der primitiven, sondern nahezu aller nichteuropäischen Völker übt Musik eine magische Kraft nicht nur auf das menschliche Herz (wie wir in Europa zu einem gewissen Grade einräumen würden), sondern auch auf die Naturgewalten aus. Jeder, der mit frühchinesischen Büchern vertraut ist, kennt die in unzähligen Varianten existierende Geschichte des Herzogs P'ing von Chin und der unheilvollen Musik – wie acht, vom Zauber einer bösen Weise angelockte riesige schwarze Vögel vom Süden herabschossen und auf seiner Terrasse tanzten, schwarze Wolken den Himmel verdunkelten, ein Sturm die Fundamente seines Palastes zerstörte, die Ritualgefäße zerbrach, die Ziegeln vom Dach fegte; und der König erkrankte und drei Jahre lang wuchs kein Grashalm mehr in Chin und kein Baum trug mehr Früchte."[56]

Konfuzius' Auffassung von Musik war erheblich maßvoller. Wie bei Platon spielt Musik seiner Ansicht nach eine zentrale Rolle für die Erziehung der Jugend. Wie Platon war er sich der unterschiedlichen Beschaffenheit

---

Erneuerung der westlichen Kultur, übers. v. Richard Giese, Hamburg: Hoffmann und Campe, 1988 [1987]. Bloom schreibt: „Meine Sorge gilt nicht den sittlichen Auswirkungen dieser Musik – ob sie nun zu Sex, Gewalt oder Drogen führt. Das Problem ist vielmehr die Wirkung auf die Bildung; denn ich glaube, sie zerstört die Phantasie und Vorstellungskraft junger Menschen und macht es ihnen schwer, eine leidenschaftliche Beziehung zur Kunst und zum Denken zu entwickeln, die die Substanz jeder geisteswissenschaftlichen Erziehung sind. Die ersten sinnlichen Erfahrungen sind entscheidend für den Geschmack des ganzen Lebens, und sie sind das Bindeglied zwischen dem Animalischen und dem Geistigen in uns. Die Zeit der erwachenden Sinnlichkeit ist immer für Sublimierung genutzt worden, im Sinne von Veredelung und Vergeistigung, um die Neigungen und Sehnsüchte der Jugendlichen auf Musik, Malerei und Literatur zu lenken, die die Übergangsphase zur menschlichen Pflichterfüllung und zum Genuß menschlicher Freuden bestimmen. [...] Popmusik provoziert die Triebe und liefert Vorbilder, die weder eine Beziehung zum Leben junger Studenten noch zu dem haben, was sie bewundern, wenn sie geisteswissenschaftliche Studien betreiben. Ohne Mitwirkung der Empfindungen bleibt alles, mit Ausnahme der technischen Ausbildung, totes Buchstabenwissen" (98–99).

[56] Arthur Waley, *The Analects of Confucius*, London: Allen and Unwin, 1938, 68.

der musikalischen Formen und Melodien und der Wichtigkeit bewusst, die ihrer Reglementierung um einer erfolgreichen Regierung willen zukam. In den *Gesprächen*, 15.10 heißt es:

> „Yen Yüan fragte nach (den Grundsätzen für die) Regierung eines Landes. Der Meister sprach: ‚In der Zeiteinteilung der Hiadynastie folgen, im Staatswagen der Yindynastie fahren, die Kopfbedeckung der Dschoudynastie tragen. Was die Musik anlangt, so nehme man die Schaumusik mit ihren rhythmischen Bewegungen. Den Klang der Dschong(musik) verbieten und beredte Menschen fernhalten; denn der Klang der Dschong(musik) ist ausschweifend, und beredte Menschen sind gefährlich.'"[57]

Darauf, dass Konfuzius selbst sehr empfänglich für die richtige Art von Musik war, deutet eine andere Stelle hin (7.13):

> „Als der Meister in Tsi sich mit der Schaumusik beschäftigte, da vergaß er drei Monate lang den Geschmack des Fleisches. Er sprach: ‚Ich hätte nicht gedacht, daß die Musik eine solche Höhe erreichen könne.'"[58]

Der *Nomos*, was sowohl ethische Norm als auch musikalisches Taktmaß bedeutet, bildete das Herzstück von Platons Philosophie. Eric Voegelin beschreibt Platons letzte Stunden folgendermaßen: „Platon starb im Alter von 81 Jahren. Am Abend seines Todes ließ er sich von einem thrakischen Mädchen auf der Flöte vorspielen. Das Mädchen konnte den Takt des *nomos* nicht finden. Mit einer Bewegung seines Fingers wies ihr Platon das ‚Maß'."[59]

Unabhängig davon, ob Musik in unseren Augen Gefühle repräsentiert oder die Ordnung (und Unordnung) von Seele, Gesellschaft und Kosmos, hat sie eine Eigenschaft, die allen Symbolisierungsformen gemeinsam ist: Sie ist ein Teil von dem, was sie repräsentiert. Wenn Musik überhaupt eine Bedeutung hat, dann eine intrinsische, keine willkürliche, durch das, was sie ist, und nicht nur durch das, auf was sie verweist.

Poetische Symbolisierung

An dieser Stelle soll die Rede von symbolischer Sprache bzw. sprachlicher Symbolisierung sein. Ich verwende den Begriff „poetisch" im weiten Sinne,

---

[57] *Lun Yü – Gespräche*, übers. v. Richard Wilhelm, in: *Die Lehren des Konfuzius. Die vier konfuzianischen Bücher. Chinesisch und Deutsch*, Frankfurt: Zweitausendeins, 2008, 476–477.

[58] Ebd., 228–229.

[59] Eric Voegelin, *Ordnung und Geschichte, Bd. VI: Platon*, hrsg. v. Dietmar Herz, übers. v. Veronika Weinberger, München: Fink, 2002 [1957], 316.

um nicht-diskursive Verwendungen von Sprache einzubeziehen, so wie Susanne Langer zwischen diskursiven und präsentativen Formen unterscheidet.[60] Obwohl wir meinen, dass ikonische Symbole auf irgendeine Weise instrinsisch mit dem verbunden sind, was sie symbolisieren, betrachten wir für gewöhnlich die Verbindung von Wörtern zu dem, was sie symbolisieren, als vollkommen willkürlich: Sind nicht „Hund" und *chien* zwei gleichermaßen korrekte und gleichermaßen willkürliche Weisen, sich auf dasselbe zu beziehen? Und doch wissen wir, dass es alles andere als leicht ist, ein englisches Gedicht über einen Hund ins Französische zu übertragen, und dass die französische Übersetzung nur dann gelungen ist, wenn das englische Gedicht den Anreiz zu einem neuen, genuin französischen Gedicht gegeben hat. Kleinen Kindern ist es keineswegs klar, dass die Verbindung zwischen Wörtern und Dingen willkürlich ist. Piaget gibt folgenden Dialog zwischen einem Erwachsenen und einem Kleinkind wieder:

> „Und wie haben wir erfahren, daß die Sonne ‚Sonne' heißt? – *Weil sie am Himmel ist. Sie ist nicht auf der Erde. Sie gibt uns hell am Himmel.* – Ja, aber woher kennen wir den Namen? – *Weil das eine große Kugel ist. Sie hat Strahlen. Man hat gewußt, daß sie ‚Sonne' heißt.* – Woher weiß man, daß man sie ‚Sonne' nennen muß? Man hätte sie anders nennen können! – *Weil sie uns hell gibt.* – Woher haben die ersten Menschen gewußt, daß sie, und nicht etwas anderes, Sonne heißt? – *Weil es in der großen Kugel gelb ist, und die Strahlen sind gelb … und dann haben sie so gesagt, daß sei die Sonne, und dann war es die Sonne.* […] – Und die ersten Menschen, wie haben die denn gewußt, daß man sie Sonne nennen müsse? – *Weil sie in die Luft geht. Sie geht in die Höhe.* – […] Woher haben die ersten Menschen den Namen der Sonne gekannt? – *Weil sie sie gesehen hatten, die Sonne.*"

Auf der Grundlage vieler derartiger Antworten bietet Piaget folgende Erklärung an:

> „Diese Antworten sind sehr einleuchtend, denn obwohl sie den Realismus der Namen auf den Höhepunkt treiben, haben sie nichts Absurdes an sich. Wenn nämlich diese Kinder nur die Dinge ansehen müssen, um ihren Namen zu erfahren, so darf man deshalb noch nicht meinen, der Name sei für sie irgendwie auf dem Ding eingeschrieben. Man muß vielmehr sagen, daß für diese Kinder der Name zum Wesen des Dings gehört: […] der Name Sonne [impliziert] eine gelbe und leuchtende Kugel, Strahlen usw. Man muß aber zugleich auch hinzufügen, daß für diese Kinder das Wesen der Dinge kein Begriff, sondern das Ding selbst ist."[61]

---

[60] Langer, *Philosophie auf neuem Wege*, Kap. 4, „Diskursive und präsentative Formen".

[61] Piaget, *Das Weltbild des Kindes*, 73–74.

In einem späten Gedicht bringt Wallace Stevens das Verständnis der Kinder noch einmal anders zum Ausdruck, wenn er sagt,

„The poem is the cry of its occasion,
Part of the res and not about it."[62]

Schütz verdeutlicht die Unterscheidung zwischen Begriff und „Ding an sich" in der Poesie, die eher Teil des Dings an sich ist, als über es zu sein, folgendermaßen:

„Ein Gedicht kann z. B. *auch* einen begrifflichen Inhalt haben, und der ist natürlich monothetisch zu erfassen. Mit ein oder zwei Sätzen kann ich die Geschichte des ‚Ancient Mariner' erzählen, und dies geschieht tatsächlich im Glossar des Autors. Insofern aber der poetische Sinn von Coleridges Gedicht die begriffliche Bedeutung übersteigt, d. h. als Poesie, kann ich ihn mir nur dadurch zu Bewußtsein bringen, daß ich es lese oder rezitiere."[63]

Auf poetische Weise will Archibald MacLeish auf dasselbe hinaus, wenn er in „Ars poetica" sagt, ein Gedicht müsse „stumm", „dumm" und „reglos" sein, also nicht *über* etwas sprechen. Vielmehr,

„A poem should not mean
But be".

Susanne Langers Erklärung lautet:

„Künstlerische Symbole sind [...] unübersetzbar [...] und [können] durch keine Interpretation expliziert werden. Das gilt auch für die Dichtung; denn obwohl das *Material* der Dichtung verbal ist, ist ihr Gehalt doch nicht die buchstäbliche, in den Worten gemachte Aussage, sondern *die Weise, wie diese Aussage gemacht wird*; und diese schließt ein den Klang, das Tempo, die Aura der Wortassoziationen, die langen oder kurzen Ideenfolgen, den Reichtum oder die Armut der vorübergleitenden Bilderwelt, in der die Ideen inkorporiert erscheinen, ferner das plötzliche Anhalten des Phantasiestroms durch rein Tatsächliches oder einer vertrauten Tatsächlichkeit durch einen plötzlichen Phantasieausbruch, das Zurückhalten des wörtlichen Sinnes durch lange zurückgehaltene Vieldeutigkeit, die endlich in einem lange erwarteten Schlüsselwort zur Entscheidung kommt, und die einende, alles umfassende Kunst des Rhythmus."[64]

Doch es geht nicht nur darum, dass die poetische Symbolisierung wie alle Symbolisierungen ein Teil von dem ist, was sie symbolisiert. Poesie ist viel-

---

[62] Aus „An Ordinary Evening in New Haven", in: *Collected Poems*, 473. Oder noch einmal aus „Man Carrying Thing" (1947), in: *Collected Poems*, 350: „The poem must resist the intelligence / Almost successfully."

[63] Schütz, „Gemeinsam Musizieren", 144.

[64] Langer, *Philosophie auf neuem Wege*, 255. [Kursivierung entsprechend der englischen Ausgabe hinzugefügt.]

mehr eine Form des Handelns, eine Art und Weise des „doing things with words".[65] „Poesie ist Macht", wie Mandelstam gesagt hat, eine „Metapher kann die Welt verändern", drückt Rimbaud es aus. Etwas zurückhaltender hat Helen Vendler auf den „performativen" Charakter eines Großteils der lyrischen Dichtung hingewiesen. Ihre Auseinandersetzung mit Shakespeares Sonetten legt nahe, dass sogar die Sonette, die nicht eindeutig „dramatisch" in dem Sinne sind, dass sie sich nicht lobend, fordernd oder fragend an jemand anders wenden, häufig implizit eine Zurückweisung von oder Verteidigung gegenüber Vorwürfen oder etwas Ähnlichem enthalten, und wenn solche „Sprechakte" unentdeckt bleiben, würde man das Gedicht möglicherweise ernsthaft missverstehen.[66]

Genauso wie Bilder und Klänge kann gehobene (oder „verdichtete", wie wir gleich sehen werden) Sprache „den Körper direkt erreichen". In einer Doktorarbeit wird dafür ein beeindruckendes Beispiel genannt. Der Autor war Pastor in einer städtischen Gemeinde in Kalifornien:

> „Die Mutter einer Frau war dem Tode nahe, sie hatte aber keine kirchliche Heimat. Sie fragte ihre Nachbarin, die Mitglied in der Gemeinde war, in der ich Dienst tat, ob sie einer Kirche angehöre. Die Nachbarin gab ihr meinen Namen und ich suchte sie auf. Als sie mir die Tür öffnete, entspann sich etwa folgendes Gespräch: ‚Ich weiß nicht, warum ich sie gerufen habe, aber meine Mutter ist dem Tode nahe und ich dachte, dass wir vielleicht jemanden von der Kirche hierhaben sollten.' [...] Sie ließ mich herein und wir sprachen über ihre Mutter. Ich fand heraus, dass Mutter und Tochter vor vielen Jahren mit einer Kirche in Verbindung gestanden hatten. Dann schlug ich vor, zu ihrer Mutter ins Zimmer zu gehen, um zu beten. Die Frau schlug vor, im Wohnzimmer zu beten, weil ihre Mutter schon viele Tage im Koma liege und nicht mitbeten könne. Aber ich drängte darauf, trotzdem ins Zimmer der Mutter zu gehen. Ich sprach ein Gebet, fragte sie, ob sie das ‚Vaterunser' kenne, und forderte sie auf, es mit mir gemeinsam zu sprechen. Kaum hatten wir ‚Vater unser, der Du bist im Himmel' gesagt, fiel ihre Mutter bis zum Schluss in unser Gebet ein. Sie erwachte für einige Tage aus ihrem Koma, bevor sie starb, und Mutter und Tochter führten noch wichtige Gespräche."[67]

In diesem Fall erreichen wirkmächtige Worte den Körper der Mutter direkt und lassen sie zumindest für einige Tage wieder zu Bewusstsein kommen.

---

65 John L. Austin, *Zur Theorie der Sprechakte*, 2. Aufl., übers. v. Eike von Savigny, Stuttgart: Reclam, 1979 [1962; der englische Titel lautet *How to do things with words*, A. d. Ü.].

66 Helen Vendler, „Shakespeare's Sonnets: Reading for Difference", *Bulletin of the American Academy of Arts and Sciences* 47, 1994, 37–41.

67 Mons Teig, „Liturgy as Fusion of Horizons: A Hermeneutical Approach Based on Hans-Georg Gadamer's Theory of Application", Ph.D. Diss., Graduate Theological Union, Berkeley, California, 1991, 295–296.

Beim Kleinkind besteht eine enge Verbindung zwischen Sprache und Handeln in dem Sinne, was der Körper tut. Bruner sagt dazu Folgendes:

> „Die ursprüngliche Struktur der Sprache und sogar die allgemeine Struktur ihrer Syntax sind erweiterte Handlungsstrukturen. Die Syntax ist nicht willkürlich; in ihren Fällen spiegeln sich die erforderlichen Handlungssignale und Handlungsrepräsentationen: Agens, Handlung, Objekt, Ort, Zuschreibung und Richtung gehören zu diesen Fällen. Um welche Sprache es sich auch handelt, ist die Agens-Handlung-Objekt-Struktur die Form, die von jungen Sprechern früh umgesetzt wird. [...] Denn das Kind selbst zeigt uns, dass die ursprüngliche Sprachentwicklung auf die Entwicklung seiner Handlungs- und Denkfähigkeit folgt und ihr nicht vorausgeht."

Obwohl die Sprache sich später (teilweise) vom Handlungskontext löst, „muss man" laut Bruner „verstehen, was das Baby tut, wenn man begreifen will, was das Baby sagt."[68]

Das Kind lernt, die Sprache in Kontexten zu verwenden, die nach Bruners Beschreibung „in konventionelle Formen überführt und als Formate geregelt" werden. Unter Format versteht er „eine routinemäßig wiederholte Interaktion, in welcher ein Erwachsener und ein Kind miteinander gewisse Dinge *tun*." „Kuckuck"-Spielen ist dafür ein gutes Beispiel. Doch auch ein Großteil der Erwachsenen-Sprache ist vom Kontext abhängig und folgt konventionellen Formaten. Bruner pocht darauf, dass viele sprachliche Äußerungen in gewissem Sinne „eingegrenzt" [„*constrained*"] sein müssen, damit sie „kognitiv zu bewältigen" sind.[69]

Bruners Rede von „Kontexten", die „eingegrenzt" sind und zu „Formaten" führen, lässt an die Arbeit von Basil Bernstein denken, obwohl Bruner diesen Zusammenhang nicht herstellt. Wie allgemein bekannt ist, hat Bernstein zwei Arten von Sprachcodes unterschieden: zum einen den „restringierten Code", der in den konkreten sozialen Beziehungen der Menschen wurzelt, die ihn verwenden, und zum anderen den „elaborierten Code", der weitgehend kontextunabhängig für Menschen zugänglich ist, die kein vertrautes oder spezifisches Verhältnis zueinander haben.[70] „Restringierter Code" ist möglicherweise eine unglückliche Wortwahl, denn eine solche Sprache kann sehr reich an Untertönen und Andeutungen sein und in der Anwendung eine beträchtliche Kunstfertigkeit erfordern. Ich würde dem Ausdruck „verdichtet" den Vorzug vor „restringiert" geben, und Mary Douglas, bei deren Buch *Ritual, Tabu und Körpersymbolik* es sich nach

---

[68] Bruner, „Immaturity", 34–35.

[69] Bruner, *Wie das Kind sprechen lernt*, 111–114.

[70] Basil Bernstein, *Beiträge zu einer Theorie des pädagogischen Prozesses*, übers. v. Rolf Wiggershaus, Frankfurt: Suhrkamp, 1977 [1971].

eigenem Bekunden um „den Versuch [handelt], Bernsteins Ansatz in einer Analyse des Rituals durchzuführen“, spricht von „verdichtete[n]“ im Vergleich zu „diffuse[n] Symbolen“, die zumindest teilweise eine Analogie zu Bernsteins Sprachgebrauch darstellen würden.[71] Für verdichtete Sprache, zu der ich die vertraute Sprache von Eltern und Kind sowie von Liebespaaren ebenso zählen würde wie die der Poesie, ist eine gemeinsame Erfahrungswelt erforderlich, die von den Wörtern vorausgesetzt wird und jeder Äußerung einen Bedeutungsüberschuss verleiht. Poesie, die man auswendig gelernt hat und die man sich im Laufe eines Lebens in verschiedenen Situationen immer wieder ins Gedächtnis ruft, hat mit Sicherheit mehr Bedeutung als ein Gedicht, auf das ein einsamer Leser zum ersten Mal in einem Buch stößt. Doch selbst dann hat das Gedicht höchstwahrscheinlich nur deshalb überhaupt eine Bedeutung, weil der Leser etwas über die Poesietradition weiß, aus der das betreffende Gedicht stammt und auf die es unweigerlich anspielen wird.

Verdichtete Sprache sorgt in vertrauten Kontexten wie etwa Familien für Identitätsbildung, sie zeigt aber auch auf der Ebene nationaler Identität Wirkung, wie Benedict Anderson hervorhebt: So

> „gibt es eine besondere Art zeitgenössischer Gemeinschaft, die allein in der Sprache gründet – vor allem als Dichtung und Gesang. Betrachten wir als Beispiel die Nationalhymnen, wie sie an staatlichen Feiertagen gesungen werden. Wie banal der Text und mittelmäßig die Melodie auch sein mag – in diesem Singen ist eine Erfahrung gleichzeitiger Gemeinsamkeit begründet. In diesen Augenblicken singen einander völlig Unbekannte dieselben Strophen zur selben Melodie. Das Singen von Marseillaise, Waltzing Mathilda und Indonesia Raya bietet eine Gelegenheit für Einstimmigkeit, für eine greifbare Realisierung der vorgestellten Gemeinschaft im Widerhall der Stimmen.“

Als Hinweis darauf, wie intensiv die Erfahrung der „Muttersprache“ sein kann, behauptet Anderson mit einem Zitat von Thomas Browne, dass zwar die Worte bis zu einem gewissen Punkt übersetzbar seien, aber „der Schauder höchstwahrscheinlich aus[bleibt]“.[72]

Religiöse Sprache ist häufig verdichtet, poetisch und aufgrund ihrer Einbindung in Rituale performativ. Genauso wenig wie alle anderen Arten der Poesie lässt sie sich begrifflich paraphrasieren, ohne signifikant an Bedeutung zu verlieren. Sogar ein Dichter, der die Religion vordergründig

---

[71] Mary Douglas, *Ritual, Tabu und Körpersymbolik: Sozialanthropologische Studien in Industriegesellschaft und Stammeskultur*, übers. v. Eberhard Bubser, Frankfurt: Fischer, 1974 [1970], 23–24 und 38.

[72] Benedict Anderson, *Die Erfindung der Nation: Zur Karriere eines folgenreichen Konzepts*, erw. Ausg., übers. v. Benedikt Burkard und Christoph Münz, Berlin: Ullstein, 1998 [1983], 126, 169 und 128.

hinter sich gelassen hat, kann die Intensität religiöser Sprache einfangen, zum Beispiel wenn Stevens, nachdem er festgestellt hat, dass „There was a heaven once“ [dass es einst einen Himmel gegeben habe], fortfährt:

„There, too, he saw, since he must see, the domes
Of Azure round an upper dome, brightest
Because it rose above them all, stippled
By waverings of stars, the joy of day
And its immaculate fire, the middle dome,
the temple of the altar where each man
Beheld the truth and knew it to be true.“[73]

Oder als er im vorgerückten Alter, nachdem er im Einklang mit der romantischen Lehre angemerkt hat, „God and the imagination are one“ [dass Gott und die Einbildungskraft eins seien], schreibt, „How high that highest candle lights the dark“ [wie stark die höchste Kerze die Dunkelheit erhelle], und damit zum Symbolismus des Lichts und der Sonne zurückkehrt, der in allen seinen Gedichten herumgeistert.[74]

Narrativität

Einerseits sind Narrative ein bloßer Teil von dem, was ich poetische Symbolisierung genannt habe. Sie besitzen aber auch Aspekte, durch die sie in meine dritte Kategorie von Repräsentation, die begriffliche Repräsentation, übergehen. Begriffliche Repräsentation ist immer sprachlich (oder quasi-sprachlich wie die Mathematik), aber nicht jede Sprache ist begrifflich, wie ich am Fall der Lyrik und verwandter Formen verdichteter Sprache gezeigt habe. Mit begrifflich meine ich so etwas Ähnliches wie Susanne Langer mit diskursiv, was sie folgendermaßen erklärt: „Sprache im stren-

---

[73] Wallace Stevens, aus „Owl's Clover“ (1936), in: *Opus Posthumous*, New York: Knopf, 1989 [1936], 85. Adelaide Kirby Morris hat in ihrem Buch *Wallace Stevens: Imagination and Faith*, Princeton: Princeton University Press, 1974, den Hintergrund und die Implikationen von Stevens' Verhältnis zur Religion erkundet und untersucht, in welchem Sinne die Einbildungskraft Stevens zufolge das Individuelle transzendiert (114–115).

[74] Wallace Stevens, aus „Final Soliloquy of the Interior Paramour“, in: *Collected Poems*, 524. 1955 schrieb Stevens in einem Brief: „Trotz seines feierlichen Ernsts ist Ostern das strahlendste aller Feste, da es *nicht nur die Sonne* zurückbringt, *sondern auch alle Schöpfungen der Sonne*, einschließlich jener Schöpfungen des Geistes, die man spezifische Frühlings-Schöpfungen nennen könnte: die neuerliche Kraft der Sehnsucht zu leben und Teil des Lebens zu sein.“ *Letters of Wallace Stevens*, hrsg. v. Holly Stevens, New York: Knopf, 1966, 879, Kursivierungen durch Robert Bellah.

gen Sinne ist ihrem Wesen nach diskursiv; sie besitzt permanente Bedeutungseinheiten, die zu größeren Einheiten verbunden werden können; sie hat festgelegte Äquivalenzen, die Definition und Übersetzung möglich machen; ihre Konnotationen sind allgemein, so daß nichtverbale Akte, wie Zeigen, Blicken oder betontes Verändern der Stimme nötig sind, um ihren Ausdrücken spezifische Denotationen zuzuweisen."[75] Man kann sich Narrative vorstellen, die diskursiv im Sinne Langers sind – nämlich Tatsachenberichte über etwas, das wirklich geschehen ist. Doch eigentlich gehorchen viele narrative Formen (darunter auch einige, die behaupten, bloß wiederzugeben, was wirklich geschehen ist) symbolischen Organisationsmodi. Wie Herbert Richardson über den Mythos als einer für unsere Zwecke maßgeblichen narrativen Form anmerkt, „entspringt die mythische Rede der Ebene der Gesamtgeschichte, das heißt der komplexesten Ebene der sprachlichen Äußerung. Die dem Mythos angemessene sprachliche Einheit ist nicht das einzelne Wort, ja noch nicht einmal der Satz, sondern die Geschichte."[76] Deshalb liegt die Wahrheit eines so verstandenen Narrativs nicht in der „Übereinstimmung" seiner Worte oder Sätze mit der „Wirklichkeit", sondern in der Kohärenz der Geschichte als ganzer. Genauso wenig wie ein Gedicht können solche Narrative ohne nicht wieder aufzuwiegende Verluste begrifflich paraphrasiert werden.

Dass die „Gesamtgeschichte" für den Mythos die maßgebliche Form darstellt, verleiht ihm eine präsentative Qualität im Sinne Langers, die das zeitliche Nacheinander seiner Diskursivität überwindet. Das arbeitet Lévi-Strauss schön heraus, indem er eine Verbindung zwischen Mythos und Musik herstellt:

> „Mythos und […] musikalische[s] Werk [sind Sprachen], die jede auf ihre Weise die Ebene der artikulierten Sprache transzendiert und dennoch wie diese und im Gegensatz zur Malerei eine zeitliche Dimension erheischt, um sich zu offenbaren. Aber dieser Zeitbezug ist besonderer Art: alles geht so vor sich, als hätten Musik

[75] Langer, *Philosophie auf neuem Wege*, 103.

[76] Richardson, *Toward an American Theology*, 66. In *Sinn, Kultur und Ich-Identität*, übers. v. Wolfram Karl Köck, Heidelberg: Auer, 1997 [1990], 128–129, sagt Jerome Bruner das Gleiche über die „spontane[n] Autobiographien", die er gesammelt hat: „Als Geschichten einer Entwicklung wurden diese ‚spontanen Autobiographien' durch kleinere Geschichten (von Ereignissen, Geschehnissen, Projekten) konstituiert, deren jede ihre besondere Bedeutung dadurch gewann, daß sie Teil eines ‚Lebens' im größeren Maßstab war. In dieser Hinsicht teilten sie alle ein universales Merkmal des Erzählens schlechthin. Die großen umfassenden Erzählungen zeigten leicht erkennbare Gattungsmerkmale, etwa die von Opfergeschichten, Bildungsromanen, Antiromanen, Wanderungsgeschichten, schwarzen Komödien usw. Die vergeschichteten Ereignisse bekamen ihren Sinn nur durch das größere Bild."

> und Mythologie die Zeit nur deshalb nötig, um sie zu verleugnen. Tatsächlich ist die eine wie die andere ein Apparat zur Beseitigung der Zeit. [...] Das Hören des musikalischen Werkes hat also, aufgrund von dessen innerer Organisation, die vergehende Zeit zum Stillstand gebracht; es hat sie eingeholt und aufgebrochen, wie ein vom Wind zerstreutes Nebelfeld. So daß wir, wenn wir Musik hören und während wir sie hören, eine Art Unsterblichkeit erlangen.
>
> Man erkennt bereits, wie sehr die Musik dem Mythos ähnelt, der ebenfalls die Antinomie zwischen einer historischen und vergangenen Zeit und einer permanenten Struktur überwindet."[77]

Andere Merkmale der Narration sorgen für ihre Verankerung im symbolischen oder sogar enaktiven Repräsentationsmodus. Geschichten können ausagiert werden, und in Theaterstücken, Filmen, im Fernsehen und im Ritual werden sie das häufig auch. Selbst wenn der Zuschauer dabei ein reiner Beobachter bleibt, kommt es zu so etwas Ähnlichem wie der körperlichen Reaktion auf Musik. Unübersehbar ist das beim Sehen von Abenteuerfilmen, wo wir bei jeder neuen Wendung, die die Handlung nimmt, zusammenzucken, die Luft anhalten und so weiter, obwohl wir im Publikum sitzen und das Geschehen auf der Leinwand stattfindet. Doch sogar ein mündliches Narrativ kann dieselbe Wirkung haben. Man braucht nur ein Kleinkind auf dem Schoß zu haben und ihm die Geschichte von Rotkäppchen zu erzählen, dann wird man die körperliche Reaktion spüren.

Ein anderes Merkmal von Narrativen, das sie mit dem Symbolischen verknüpft, besteht darin, dass die Unterscheidung von Innen und Außen, Ich und Welt, nicht so eindeutig ist wie in der begrifflichen Rede. Wir *identifizieren* uns mit dem, was in Narrativen vor sich geht. Es ist schön und gut, ein Kind mit der Versicherung zu trösten, „es sei ja nur eine Geschichte", aber auf irgendeiner Ebene weiß das Kind, dass die Geschichte ihre eigene Wahrheit hat, die von solchen einschränkenden Bemerkungen unberührt bleibt. Wenn wir in der Zeitung lesen oder aus dem Fernsehen erfahren, dass jemand sein einziges Kind durch Schüsse aus einem vorbeifahrenden Auto verloren hat, werden wir unweigerlich, wenn auch nur kurz, den Schmerz empfinden und spüren, „das könnte ich sein". Dabei handelt es sich nicht um ein in die Irre gehendes, „primitives" oder „regressives" Denken, sondern um eine normale menschliche Reaktion.

Menschliche Wesen sind narrative Geschöpfe. Wie wir sehen werden, macht Narrativität den Kern unserer Identität aus. Eine Studie über Gespräche im häuslichen Rahmen zwischen Müttern und Kindern im Vorschulalter hat gezeigt, dass sich alle sieben Minuten narrative Formen be-

[77] Claude Lévi-Strauss, *Mythologica I: Das Rohe und das Gekochte*, übers. v. Eva Moldenhauer, Frankfurt: Suhrkamp, 1971 [1964], 31.

obachten lassen, die zu drei Vierteln von den Müttern geäußert werden.[78] Wenn man in einem öffentlichen Verkehrsmittel oder Wartezimmer nicht umhinkann, Gespräche mitanzuhören, wird man feststellen, dass sie zu weiten Teilen narrativ sind.

Wir erzählen nicht nur anderen Geschichten, sondern auch uns selbst, und das fängt bemerkenswert früh an. Bruner berichtet von einer Studie über Selbstgespräche, die im Gitterbett eines Kindes namens Emily aufgenommen wurden, als es zwischen 18 Monaten und drei Jahren alt war:

> „Das wiederholte Anhören der Bänder und Lesen der Transkriptionen machte die *konstitutive* Funktion ihres monologischen Erzählens sehr deutlich. Sie berichtete nicht einfach, sie versuchte, ihrem alltäglichen Leben Sinn zu geben. Sie schien nach einer Gesamtstruktur zu tasten, in die sie das, was sie *getan* hatte, zusammen mit dem, was sie *fühlte*, und dem, was sie *glaubte*, einordnen konnte."[79]

So wie Bruner es darstellt, ist aus dieser Allgegenwärtigkeit des Narrativen vor relativ kurzer Zeit die Vorstellung vom „Ich als Geschichtenerzähler" hervorgegangen. Diesbezüglich zitiert er den Psychoanalytiker Roy Schafer:

> „Wir erzählen ständig Geschichten über uns selbst. Wenn wir diese Ich-Geschichten *anderen* erzählen, dann tun wir meistens nichts anderes als schlicht narrative Handlungen auszuführen. Wenn wir sagen, daß wir diese Geschichten auch *uns selbst* erzählen, schließen wir allerdings eine Geschichte in eine andere ein. Und das ist die Geschichte, daß es da ein Ich gibt, dem man etwas erzählen kann, daß da jemand anderes als Publikum fungiert, der man selbst oder das eigene Ich ist. [...] Aus dieser Sicht ist das Ich ein Erzählen."

Psychoanalytiker haben entdeckt, was Romanschriftsteller schon immer wussten: dass die Geschichten, die wir über uns erzählen, neben Fakten auch „Deckerinnerungen", ja sogar Fiktionen enthalten, obwohl sie auf unserem Leben beruhen. Ihr Wahrheitsgehalt entspricht nicht der historischen Wahrheit, sondern *narrativer* Wahrheit, und die Aufgabe des Analytikers besteht nicht in einer archäologischen Wiedergewinnung dieser Wahrheit, sondern in der Unterstützung bei der Konstruktion eines neuen Narrativs, das dem Analysanden helfen wird, erfolgreicher mit der Störung bzw. Schwierigkeit umzugehen, wegen der er eine Analyse begonnen hat, und ihm dabei helfen wird, sein Leben neu zu beschreiben.[80]

---

78 Bruner, *Sinn, Kultur und Ich-Identität*, 95.

79 Ebd., 100. Von dieser Studie wird berichtet in *Narratives from the Crib*, hrsg. v. Katherine Nelson, Cambridge, Mass.: Harvard University Press, 1989.

80 Bruner, *Sinn, Kultur und Ich-Identität*, 120–122. Das Roy-Schafer-Zitat findet sich auf Seite 121. In *The Self in Transformation* vertritt Herbert Fingarette im Grunde denselben Standpunkt, besonders Kap. 1.

Das Ich ist ein Erzählen. Und unweigerlich ein Erzählen über andere ebenso wie über das Ich. Außer auf ideologische Weise lässt sich das Ich nämlich nicht von signifikanten Anderen trennen, was Bruner dazu veranlasst, einigermaßen unbeholfen von einem „distribuierten" Ich zu sprechen.[81] Ein distribuiertes Ich beruht auf den signifikanten Beziehungen, ‚Identifikationen', eines Lebens. In den verschiedenen Bereichen und Beziehungen, mit denen sich das distribuierte Ich auseinandersetzt, wird es sich unterschiedlich verhalten. Das distribuierte Ich passt zwar nicht besonders gut zum „tiefen Selbst" der modernen Weltanschauung, aber es ist auch kein bloßes Wechselspiel der Masken, nicht die „Selbstdarstellungen im Alltag", von denen Erving Goffman spricht.[82] Narrative Wahrheit ist nicht abgesicherter als andere Formen von Wahrheit, aber sie kann tragfähig, verlässlich, ja sogar tiefgründig sein.

Wenn die persönliche Identität im Erzählen ihren Sitz hat, trifft das auch auf die soziale Identität zu. Familien, Nationen, Religionen (aber auch Firmen, Universitäten, Soziologie-Institute) wissen aufgrund der Geschichten, die sie erzählen, wer sind. Die moderne Geschichtswissenschaft hängt eng mit der Entstehung des Nationalstaats zusammen. Für unsere Zwecke ist dies ein besonders interessantes Beispiel. Bei den Geschichten, die sie erzählen, haben sich Familien und Religionen nur selten um „wissenschaftliche Genauigkeit oder Akkuratheit" und diskursive Begrifflichkeit gekümmert. Die modernen Nationen haben Nationalgeschichten erforderlich gemacht, die im beanspruchten objektiven Sinne wahr sein sollen. Und ohne Frage sind eine Menge akkurater Fakten freigelegt worden. Aber die narrative Gestalt der Nationalgeschichten ist nicht wissenschaftlicher (bzw. weniger mythisch) als die narrative Gestalt anderer Identitätserzählungen, was festzustellen ihr keineswegs ihren Nimbus raubt. In *Die Erfindung der Nation* schildert Benedict Anderson sowohl die flächendeckende Einrichtung von Geschichtslehrstühlen in der auf die Französische Revolution folgenden Generation als auch die Entfesselung von deren nationalistischem Eifer und der seltsamen Mischung aus Erinnerung und Vergessen, die jene Geschichtsschreibung hervorbrachte (und die denen, die mit anderen Formen der Ich-Erzählung vertraut sind, gar nicht so seltsam vorkommt).[83]

---

[81] Bruner, *Sinn, Kultur und Ich-Identität*, 122.

[82] Erving Goffman, *Wir alle spielen Theater: Die Selbstdarstellung im Alltag*, 11. Aufl., übers. v. Peter Weber-Schäfer, München; Zürich: Piper, 2012 [1956].

[83] Anderson, *Die Erfindung der Nation*, 169–178. Eric Hobsbawm und Terence Ranger haben über diesen Prozess ein lohnenswertes Buch herausgegeben: *The Invention of Tradition*, Cambridge: Cambridge University Press, 1983.

Ich möchte noch ein weiteres Merkmal von Narrativität behandeln, bevor ich auf die Frage zurückkomme, inwiefern Narrative einen Übergang zur begrifflichen Repräsentation darstellen. Laut Bruner beschreibt Kenneth Burke in *A Grammar of Motives* eine Fünfergruppe von Bestandteilen, die sich in jeder Geschichte findet: ein Akteur, eine Handlung, ein Ziel, einen Schauplatz und ein Instrument – Bruner zufolge kommen noch Schwierigkeiten hinzu.[84] Schwierigkeiten entstehen, wenn es zwischen zwei oder mehr Bestandteilen zu Unstimmigkeiten kommt: Buddha weist das vorherbestimmte Ziel zurück, als er sich weigert zu heiraten und das Königreich seines Vaters zu erben, oder Jesus verkündet ein radikal neues Verständnis von Schauplatz: Das Reich Gottes liegt in greifbarer Nähe. Solche Unstimmigkeiten sind kein Zufall. Der Ordnung des menschlichen Lebens, der Tatsache, dass es sich dabei um eine normative Ordnung handelt, und der Art und Weise, wie die Dinge sein sollten, wohnt etwas inne, das eine Störung der Ordnung hervorruft oder verrät. Laut W. E. H. Stanners Deutung der Mythen der australischen Aborigines bringen sie diese „unvordenkliche Irregeleitetheit" des Lebens zum Ausdruck.[85] Buddha entdeckt auf diese Weise, was seine Eltern ihm verheimlichen wollen: dass Alter, Siechtum und Tod unweigerlich Teil des menschlichen Lebens sind. Und bis nach der Auferstehung sind die Jünger Jesu viel zu entsetzt, um hinzunehmen, dass Jesus gekreuzigt werden musste. Deshalb ist die Verneinung der Zeit im Rahmen einer Narration nur möglich, wenn die Zeit und die Schwierigkeiten, die sie mit sich bringt, an zentraler Stelle in das Narrativ selbst einbezogen werden. Die Aufgabe der Ich-Erzählung besteht darin, mit den Schwierigkeiten fertig zu werden, die im Zentrum eines jeden Lebens stehen, und eine Form zu finden, die es erlaubt, weiterzumachen anstatt zu leiden. Und Benedict Anderson weist darauf hin, dass „unsere eigenen" Toten für die Nationalgeschichten deshalb ein zentrales Anliegen darstellen, weil an sie erinnert werden muss, damit ‚sie nicht umsonst gestorben sind'.[86]

---

[84] Bruner, *Sinn, Kultur und Ich-Identität*, 67. Bruner bezieht sich dabei auf Kenneth Burke, *A Grammar of Motives*, New York: Prentice-Hall, 1945, allerdings mit einigen Änderungen in der Terminologie: Ziel statt Zweck, Instrument statt Agency. Obwohl „trouble" im Sinne von Schwierigkeiten ein Begriff ist, der zu Burke passt, konnte ich ihn in *A Grammar of Motives* nicht finden.

[85] W. E. H. Stanner, *On Aboriginal Religion*, Oceana Monograph 11, Sydney: University of Sydney, 1966 [1959–1963], 40. Narrativität bleibt selbst für die ausgeklügelsten Religionsdiskurse zentral. Siehe *Why Narrative? Readings in Narrative Theology*, hrsg. v. Stanley Hauerwas und L. Gregory Jones, Grand Rapids, Mich.: Eerdmans, 1989.

[86] Anderson, *Die Erfindung der Nation*, 177–178.

Wenn alles gut wäre und alle möglichen Dinge gut wären, warum bräuchten wir dann Narrative? Mit ihrem ausgeprägten Sinn für Ganzheit bringen Einswerdungsereignisse keine Narrative hervor. Sie können allenfalls den krönenden Abschluss eines Narrativs bilden, die Entdeckung einer neuen, aus einer Störung der Ordnung hervorgehenden Ordnung. Im Anschluss an Schütz hatten wir gesagt, dass die Alltagswelt durch einen Mangel, eine grundlegende Sorge gekennzeichnet ist. Wie alle Repräsentationsformen, die wir bisher behandelt haben, unterliegen Narrative nicht den Bedingungen der Alltagswelt, doch um die grundlegende Sorge kommen sie nicht herum. Vielmehr beziehen sie die grundlegende Sorge in die eigene Erzählung ein und führen diese Sorge – außer in postmodernen Narrativen, die uns sorgenvoller zurücklassen als zuvor – einer Art Lösung zu: nicht unbedingt einem „Happy End", aber möglicherweise einer tragischen Erkenntnis. Da die Menschen in der Regel mit Hilfe der Religion und religiöser Narrative mit der unvordenklichen Irregeleitetheit des Lebens fertig geworden sind, werden wir häufig auf diese Fragen zurückkommen.

Schließlich merkt Bruner an, „daß Kinder ja immerhin Geschichten erzählen und verstehen, daß sie durch Geschichten getröstet und erregt werden, lange bevor sie die nach Piaget grundlegendsten logischen Propositionen beherrschen, die sich sprachlich formulieren lassen. [Zudem wissen wir auch,] daß logische Propositionen von Kindern am leichtesten verstanden werden, wenn sie in das Erzählen einer Geschichte eingebettet sind. [... Darum] ist man versucht zu fragen, ob Erzählungen denn nicht als frühe Interpretanten für ‚logische' Propositionen dienen könnten, bevor das Kind noch die mentale Ausrüstung besitzt, sie mit Hilfe der von Erwachsenen beherrschten und sich erst später entwickelnden logischen Kalküle zu bearbeiten."[87]

Dass sogar die Narrative der frühen Kindheit durch in einem gewissen Sinne logische Beziehungen organisiert sind, bewahrt uns vor der Annahme, dass Narrative oder symbolische Repräsentationen im Allgemeinen „irrational" seien. Kunst, Musik, Poesie und Narrative stellen keine bloßen Gefühlsergüsse dar. Sie sind allesamt Denkformen und im Prinzip in einem ebenso hohen Maße rational wie Mathematik oder Physik. Genauso wie für Kinder ist es für Erwachsene (und sogar für theoretische Physiker) leichter, narrativ zu denken als begrifflich zu denken. Deshalb ist es nicht überraschend, dass logische Beziehungen häufig in narrativer Form ausgedrückt werden. Und wiederum ist Kenneth Burke hier hilfreich. In seinem Kommentar zu den ersten drei Kapiteln der Genesis weist er darauf hin, dass Narrative in Form von logischer Folgerichtigkeit neu

[87] Bruner, *Sinn, Kultur und Ich-Identität*, 92–93.

formuliert werden können: Ein über Befehlsgewalt verfügender Gott und zum Wählen fähige Menschen führen zur logischen Möglichkeit von Ungehorsam und Bestrafung. Was in Gestalt aufeinanderfolgender Ereignisse narrativ entfaltet wird, kann logisch als Folge der ursprünglichen Formulierung des Problems von Ordnung und Freiheit neu ausgedrückt werden.[88] Eine solche logische Neuformulierung ist einem Narrativ keineswegs völlig gleichwertig, aber sie hilft uns, das Narrativ unabhängig von seinem sonstigen Wesen nicht als unlogisch oder irrational anzusehen. Aufgrund ihrer Fähigkeit, unsere Körper direkt zu erreichen und unsere Identitäten individuell und sozial neu zu formulieren, bergen Narrative sozusagen in ihrem Schoß auch begriffliche Möglichkeiten. Doch das, was die begriffliche Repräsentation leistet, ist eine Errungenschaft für sich.

Begriffliche Repräsentation

Möglicherweise hat Jean Piaget mehr als jeder andere dazu beigetragen, dass gezeigt werden konnte, wie das Kind sich beim Versuch, der Welt Sinn abzugewinnen, von Symbolen auf Begriffe verlegt. Grob gesagt, findet der Übergang (Mitte des 20. Jahrhunderts in der Schweiz) zwischen dem 7. oder 8. und dem 11. oder 12. Lebensjahr statt. Das Kind geht von einer auf das Ich zentrierten (entsprechend den Einschränkungen, mit denen ich diese Ausdrucksweise versehen habe) Welt („Oh, die Sonne ist auch mitgekommen") zu einer dezentrierten Welt über. Es betrachtet das Ich und die Sonne jetzt als unabhängige Bestandteile einer der Standardzeit und dem Standardraum gehorchenden Welt. Allerdings schreibt das Kind sogar noch mit zehn bis zwölf Jahren einem Fluss oder der Sonne einen Willen und Absichten zu (und ich würde behaupten, in Träumen und bestimmten Stimmungen machen das auch Erwachsene jedes Alters).[89]

Es klingt etwas nach George Herbert Mead, wenn Piaget feststellt, dass der Wechsel im Zusammenhang mit sozialem Lernen erfolge: „Erst gegen Ende der egozentrischen Periode, wenn es gelernt hat, die Gesichtspunkte voneinander zu trennen, gelangt das Kind dahin, sich Rechenschaft über den eigenen Standpunkt zu geben (statt diesen mit allen möglichen anderen zu vermengen) und den Suggestionen anderer zu widerstehen."[90] Zu die-

[88] Kenneth Burke, *The Rhetoric of Religion*, Boston: Beacon Press, 1961, Kap. 3, „The First Three Chapters of Genesis", 172–272.

[89] Piaget, *Das Weltbild des Kindes*, 224–225.

[90] Piaget, *Nachahmung, Spiel und Traum*, 362. In *Die kulturelle Entwicklung des menschlichen Denkens* wendet Tomasello auf der Basis einer ganzen Reihe von neuen

sem Zeitpunkt eignet sich das Kind auch das an, was Piaget „formale Operationen“ nennt, nämlich logisches Denken und Mathematik.

Die „dezentrierte“ Welt der späten Kindheit kommt dem nahe, was wir als Alltagswelt bezeichnet haben. Diese Welt wird zwar nicht vollständig durch das gesteuert, was ich gleich als begriffliche Repräsentation beschreiben werde, denn bestimmte Narrative – realistische, tatsachengetreue Erzählungen – und Dialoge sind unverzichtbare Ressourcen für die Alltagswelt. Doch tatsachengetreue Erzählungen sind schon auf halbem Wege zur begrifflichen Repräsentation, denn sie setzen feststehende Termini voraus, die der tatsächlich existierenden Wirklichkeit mehr oder weniger akkurat entsprechen. Begriffe beruhen auf klaren Definitionen und akkuraten Beobachtungen, sodass es sich um Begriffe *von* etwas Bestimmtem handelt. Wenn Logik und Beobachtung methodisch miteinander kombiniert werden, liefern sie Wissen, *episteme*, wie die griechischen Philosophen es genannt haben, im Gegensatz zur *doxa*, also der Meinung. Wissen beruht auf Beweisführung, Narrative nehmen keine Beweisführung vor. Die Rhetorik kann überreden, aber keine Beweisführung vornehmen. Normalerweise besteht die Alltagswelt aus sehr viel mehr Meinung, Narrativität und Rhetorik als aus Beweisführungen. Tatsächlich stellt die Welt strikter Beweisführungen, das heißt die Welt der Wissenschaft (griechisch *episteme* kann auch mit „Wissenschaft“ übersetzt werden), im Verhältnis zur Alltagswelt genauso eine alternative Wirklichkeit dar wie Musik oder Religion.

Ein gewisser Grad an praktischer Beweisführung ist gleichwohl ein unverzichtbarer Bestandteil der Alltagswelt. Wenn die Alltagswelt gleichzeitig die Welt des Wirkens, also die Arbeitswelt ist, gehört zu ihr sicherlich auch die akkurate Verknüpfung von Mitteln und Zwecken. Dieses Merkmal der Alltagswelt wird häufig als Rationalität bezeichnet, wie etwa in der Rational-Choice- oder rationalen Entscheidungstheorie, doch in diesem Fall wird der Terminus im engeren Sinne von instrumenteller Vernunft verwendet, die zwar wichtig ist, den Begriff aber nicht ausschöpft. Genauso unglücklich ist die Bezeichnung von zum Beispiel Musik oder Religion als irrational oder der Versuch, sie dadurch zu erklären, dass sie „eigentlich“ Formen instrumenteller Vernunft seien. Musik und Religion besitzen ihre eigene, nicht-instrumentelle Rationalität.

Eine bestimmte Befähigung zur Verwendung begrifflicher Repräsentationen ist charakteristisch für die späte Kindheit in allen Kulturen. Begriff-

---

Studien ein, dass Kinder viel früher lernen, die Absichten von anderen zu verstehen, als Piaget glaubte (167–172). Nichtsdestoweniger braucht es möglicherweise einige Zeit, bis dieses Verständnis vollständig zum Tragen kommt.

liche Repräsentationen machen eine von den Subjekten unabhängige Objektwelt möglich, eine „kontextunabhängige“ Welt. Dies gehört zur enormen Kraft der begrifflichen Repräsentation: Durch sie lassen sich Objekte manipulieren, ohne dass subjektive Impulse, Wünsche oder Marotten dabei stören würden. Doch in der Unabhängigkeit der Objektwelt ist auch die Beschränktheit des begrifflichen Bewusstseins begründet. Alles wird dadurch zum Objekt, sogar das eigene Ich und mit Sicherheit andere Iche. Einerseits ist die Entstehung der mit der Fähigkeit zum klaren Nachdenken über die objektive Wirklichkeit verbundenen bewussten Reflexion (erstmals beim vollentwickelten Ich, weshalb es problematisch ist, für kleine Kinder den Ausdruck „egozentrisch“ zu verwenden) ein Triumph. Andererseits kann es zu ernsthaften Verzerrungen kommen, wenn die begriffliche Repräsentation nicht wieder in die anderen Repräsentationsformen eingebunden wird. In der Alltagswelt, in der sich die begriffliche Repräsentation nur vorübergehend und bruchstückhaft bemerkbar macht, ist das gewöhnlich kein Problem. In den Kulturen jedoch, in denen die begriffliche Repräsentation in maßgeblichen Bereichen die Vorherrschaft erlangt hat, können wirklich Schwierigkeiten entstehen.

Die Entdeckung des Begriffs im antiken Griechenland durch Sokrates und Platon hatte weitreichende Folgen. Platon benutzte Begriffe zur Kritik des Mythos, aber dann band er sie wieder in Dialoge, Narrative (das Leben und Sterben des Sokrates) und sogar Mythen (gegen Ende mehrerer wichtiger Dialoge) ein. Jahrhunderte lang konnte die griechische Philosophie auf fruchtbare Weise – wenn auch nicht ganz spannungsfrei – in die christliche Religion eingebunden werden. Erst im frühneuzeitlichen Europa nahm die Befreiung, die der Begriff bedeutete, eine radikalere Wendung. In Verbindung mit dem Aufstieg der modernen Wissenschaft kam es zur expliziten Ablehnung von Metapher, Symbol und Mythos. So hat zum Beispiel Hobbes an einer Stelle gesagt, die man als Widerlegung von Yeats oben erwähnter Vorstellung einer verkörperten Wahrheit interpretieren könnte: „Die Worte *wahr, Wahrheit, wahrer Satz* bedeuten dasselbe. Gesprochenes nämlich allein, nicht die Dinge selbst können wahr sein; denn mag bisweilen auch *das Wahre* dem *Erscheinenden* oder *Erdichteten* gegenübergestellt werden, so hat es auch dann auf die Wahrheit im Satze Bezug.“[91] Im *Leviathan* übernimmt Hobbes die Rolle des Sprachpolizisten. Im Rahmen seiner Auflistung der Missbräuche der Sprache schreibt er: „Zweitens, wenn sie Worte metaphorisch benutzen, das heißt in ande-

[91] Thomas Hobbes, *Vom Körper*, 2., mit Literaturhinweisen u. Reg. vers. Aufl., übers. v. Max Frischeisen-Köhler, Hamburg: Meiner, 1967, 31–32, Hervorhebungen durch Robert Bellah.

rem Sinne als dem vorgesehenen, und dadurch andere täuschen." Er verurteilt die Rede von der Transsubstantiation als eine Art „Widersinnigkeit", die „mit Recht zu den vielen Arten des Wahnsinns zähl[t]". Und er teilt uns mit, dass es so etwas wie ein „*finis ultimus, d.h.* letztes Ziel, oder *summum bonum, d.h.* höchstes Gut, von welchen in den Schriften der alten Moralphilosophen die Rede ist", nicht gäbe.[92] Die Wirklichkeit sei bewegte Materie und unsere Sprache müsse sich danach richten. Deshalb belegt Hobbes die Sprache der Poesie, Theologie und die traditionelle Moralphilosophie mit einem Bannspruch.

Ebenso wie Hobbes war auch Descartes darauf bedacht, die Spuren des vorbegrifflichen Denkens zu tilgen. Rosenstock-Huessy schreibt:

> „In seinem Büchlein über die Methode hat [Descartes] sich ernsthaft ohne eine Spur von Humor darüber beklagt, dass der Mensch Eindrücke habe, bevor die Logik in seinem Geist ihre volle Kraft entfaltet. Zwanzig Jahre lang, lautet seine Klage, sei er den Eindrücken verworrener Objekte ausgeliefert gewesen, die er nicht in der Lage war zu verstehen. Anstatt dass sein Gehirn mit 20 eine leere Schiefertafel gewesen sei, habe er darauf unzählige falsche Gedanken eingemeißelt gefunden. Was für ein Jammer, dass der Mensch nicht vom Tage seiner Geburt an klar zu denken vermöge oder über Erinnerungen verfügen solle, die seiner Mündigkeit vorausgehen."

Rosenstock-Huessy weist darauf hin, dass Descartes' begrifflicher Asketismus zwar für seine mathematischen und naturwissenschaftlichen Studien hilfreich gewesen sein mag, aber „in Wahrheit hat der große Cartesius alle außernaturwissenschaftlichen sozialen Wahrnehmungen in sich selbst verkümmern lassen, als er die Eindrücke des Kindes René auslöschte."[93]

---

[92] Thomas Hobbes, *Leviathan*, übers. v. Jutta Schlösser, Hamburg: Meiner, 1996, 25, 67 und 80.

[93] Eugen Rosenstock-Huessy, *Out of Revolution*, Windsor, Vt.: Argo, 1969, 754 und 756. Rosenstock-Huessy bezieht sich auf folgende Textstelle bei Descartes: „Außerdem dachte ich auch, daß, weil wir alle Kinder waren, bevor wir erwachsene Menschen wurden, und wir uns lange Zeit von unseren Trieben und Erziehern regieren lassen mußten, die einander oft widersprachen, und von denen vielleicht keiner der beiden uns immer das Beste rieten, unsere Urteile wohl kaum so rein und zuverlässig sein können, wie sie es wären, wenn wir von Geburt an im Vollbesitz unserer Vernunft gewesen und wir immer nur allein von ihr geleitet worden wären." René Descartes, *Discours de la Méthode*, übers. v. Christian Wohlers, Französisch-Deutsch, Hamburg: Meiner, 2011 [1637], 23. Etwas davor im Zweiten Abschnitt spricht Descartes (metaphorisch!) von alten Städten, in denen sich mit der Zeit die Straßen krümmten und die Gebäude durcheinandergewürfelt erschienen, da sie im Hinblick auf Größe und Stil schlecht zusammenpassten. Er vergleicht diese abfällig mit Städten, in denen die Gebäude neuartig und rational in übereinstimmender Größe und harmonierendem Stil angelegt wurden. Die Bücher und Vorstellungen früherer Zeitalter seien wie die Stra-

Wie problematisch auch immer, ging in den Schriften der besten europäischen Köpfe des 17. Jahrhunderts etwas höchst Bedeutendes vor sich. Gegenüber früheren Denkformen trat ein radikaler Wandel ein. Ernest Gellner bezeichnet ihn als „Big Ditch“, als Großen Graben in der Geschichte der menschlichen Erkenntnis, weil er historisch das moderne Abendland (und mittlerweile einen Großteil der Welt) von allen anderen abgespalten hat.[94] Um auch nur eine Ahnung von der Größenordnung dieser Veränderung zu vermitteln, können wir uns an Lucien Febvre wenden, der darauf hingewiesen hat, dass die folgenden Termini im 16. Jahrhundert noch ungebräuchlich waren, was Stanley Tambiah folgendermaßen zusammenfasst:

> „Adjektive wie ‚absolut‘ oder ‚relativ‘; ‚abstrakt‘ oder ‚konkret‘; ‚intentional‘, ‚inhärent‘, ‚transzendental‘; Substantive wie ‚Kausalität‘ und ‚Regularität‘; ‚Konzept‘ und ‚Kriterium‘; ‚Analyse‘ und ‚Synthese‘; ‚Deduktion‘ und ‚Induktion‘, ‚Koordination‘ und ‚Klassifikation‘. Sogar das Wort ‚System‘ kam erst Mitte des 17. Jahrhunderts in Gebrauch. Selbst ‚Rationalismus‘ erhielt erst viel später, im 19. Jahrhundert, seinen Namen.“[95]

Doch der wissenschaftliche Entdeckungsprozess ist nie so unverfälscht abgelaufen, wie Descartes und Hobbes es sich gewünscht hätten. Michael

---

ßen und Gebäude dieser alten Städte: Es wäre besser, mit Vernunft allein neu zu beginnen. Doch auch Descartes gibt zu: „Freilich sehen wir keineswegs, daß man alle Häuser einer Stadt niederreißt allein in dem Plan, sie in anderer Weise wieder zu errichten.“ *Discours de la Méthode*, 21–25.

[94] Ernest Gellner, *Postmodernism, Reason and Religion*, London: Routledge, 1992, 51. Damit bekräftigt Gellner einen Begriff, den Clifford Geertz in „Anti-Antirelativismus“ [1984], übers. v. Claudia Brede-Konersmann, in: *Kulturphilosophie*, hrsg. v. Ralf Konersmann, Leipzig: Reclam, 1996, 253–291, kritisiert und den Gellner zuerst verwendete in *Spectacles and Predicaments*, Cambridge: Cambridge University Press, 1979, 146. Herbert Fingarette beschreibt in *The Self in Transformation*, 233–234, einige der Kosten, die wir dafür bezahlen, auf unserer Seite des Großen Grabens zu stehen: „Es ist bedauerlich, dass unsere Versklavung durch das physikalisch-kausale Denken so groß ist, dass viele Versuche, dem Menschen – den ‚dramatischen Gegebenheiten‘ – ein ‚ontologisches Primat‘ zuzuweisen, Vorwürfen der Mystifizierung, der obskuren Irrationalität und – ironischerweise – sogar des Antihumanismus ausgesetzt sind. Es ist ironisch, dass wir die direkt greifbare Welt, deren Menschen in dramatische Konflikte verstrickt sind, diese Welt, die der Menschheit seit ihrem Ursprung vertraut ist – all dies nun dunkel, ungebärdig, esoterisch, sogar dumm oder langweilig finden. Die *menschliche* Welt des Westens ist an den Rand gerückt und wirkt zwielichtig, eine Welt ‚im Untergrund‘.“

[95] Stanley Tambiah, *Magic, Science, Religion, and the Scope of Rationality*, New York: Cambridge University Press, 1990, 89, zitiert nach Lucien Febvre, *Das Problem des Unglaubens im 16. Jahrhundert: Die Religion des Rabelais*, übers. v. Gerda Kurz und Siglinde Summerer, Stuttgart: Klett-Cotta, 2002, [1958], 313–314.

Polanyi hat sich ausgiebig mit der „intellektuellen Leidenschaft“ befasst, die allen maßgeblichen wissenschaftlichen Entdeckungen zugrunde liegt.[96] Jerome Bruner prägte die allseits bekannte Unterscheidung von wissenschaftlicher Entdeckung einerseits, die in der Tat leidenschaftlich und in manchen Fällen chaotisch verläuft und häufig stärker von symbolischen Repräsentationen, Metaphern oder sogar Träumen beherrscht wird als von begrifflicher Vernunft, und dem Verifizierungs- oder Falsifizierungsprozess, wie Karl Popper sagt, andererseits, der wissenschaftlichen Methoden in ihrer ganzen Stringenz gehorcht.[97]

Die frühneuzeitliche Wissenschaft ist voller Beispiele, in denen die symbolische Repräsentation bei der begrifflichen Entdeckung die Rolle der Hebamme übernommen zu haben scheint. Kopernikus kann man nur im Zusammenhang mit dem neuplatonischen Mystizismus und dessen Beschäftigung mit den Himmelkörpern, insbesondere mit der Sonne, vollständig verstehen. In *De Revolutionibus* (*Das neue Weltbild*, 1543) hat er geschrieben: „Inmitten alles dessen aber thront die Sonne. Wer denn wollte in diesem wunderschönen Heiligtum diese Leuchte an einen anderen, besseren Ort setzen als den, von wo aus sie das Ganze gleichzeitig erhellen kann? [...] So wirklich, wie auf königlichem Thron sitzend, lenkt die Sonne die um sie herum tätige Sternenfamilie.“[98] Kepler, der die Theorie von Kopernikus um ein Modell der Umlaufbahnen der Planeten erweitert hat, schildert seine Entdeckung mit ekstatischen Worten:

---

[96] Michael Polanyi, *Personal Knowledge: Towards a Post-Critical Philosophy*, Chicago: University of Chicago Press, 1958, Kap. 6.

[97] Jerome Bruner, *Actual Minds, Possible Worlds*, Cambridge, Mass.: Harvard University Press, 1986. Bruner schreibt: „[Wissenschaft] schwimmt ab und zu auf wilden Metaphern [...]. Die Wissenschaftsgeschichte ist voll von ihnen. Sie sind Krücken, die uns helfen, den Berg der Abstraktion zu erklimmen. Oben angekommen, werfen wir sie weg (verstecken sie sogar) zugunsten einer formalen, logisch konsistenten Theorie, die (mit Glück) in mathematischen oder beinahe-mathematischen Begriffen ausgedrückt werden kann. Die formalen Modelle, die daraus entstehen, werden geteilt, sorgfältig vor Angriffen geschützt und schreiben ihren Nutzern Lebensformen vor. Die Metaphern, die diese Errungenschaften befördert haben, werden für gewöhnlich vergessen oder sie werden, falls der Aufstieg sich als wichtig erweist, nicht zu einem Teil der Wissenschaft, aber zu einem Teil der Wissenschaftsgeschichte gemacht“ (48). Zur Falsifizierung siehe Karl Popper, *Objektive Erkenntnis: Ein evolutionärer Entwurf*, dt. Fassung d. 4. verb. u. erg. Aufl., übers. v. Hermann Vetter, Hamburg: Hoffmann und Campe, 1993 [1979].

[98] Zitiert in Tambiah, *Magic, Science, Religion, and the Scope of Rationality*, 17. Hier zitiert nach Nicolaus Kopernikus, *Das neue Weltbild*. Lateinisch-Deutsch, übers. und hrsg. v. Hans Günter Zekl, Hamburg: Meiner, 1990, 137.

„[W]as mich veranlaßt hat, den besten Teil meines Lebens astronomischen Studien zu widmen, Tycho Brake aufzusuchen [...], das habe ich also [...] endlich ans Licht gebracht. In einem höhren Maße als ich je hoffen konnte [...]. Jetzt, nachdem vor achtzehn Monaten das erste Morgenlicht, vor drei Monaten der helle Tag, vor ganz wenigen Tagen aber die volle Sonne einer höchst wunderbaren Schau aufgegangen ist, hält mich nichts zurück. Jawohl, ich überlasse mich heiliger Raserei. Ich trotze höhnend den Sterblichen mit dem offenen Bekenntnis: Ich habe die goldenen Gefäße der Ägypter geraubt, um meinem Gott daraus eine heilige Hütte einzurichten weit ab von den Grenzen Ägyptens."

Keplers bedeutendes Werk, aus dessen fünftem Buch dieses Zitat entnommen ist, trug bezeichnenderweise den Titel *Harmonice Mundi*, „Weltharmonik" (1619). Kepler stellt Spekulationen an, dass „[i]n der Sonne [...] der einfache Intellekt [wohne], das Geistfeuer oder der Nus, die Quelle der Harmonie, wer immer dieser Geist sein mag". Wenn die Sonne selbst *nous* ist (Vernunft, die Platons Vorstellung vom Maß enthält, Gott), dann ist sie der eigentliche Urgrund der kosmischen Harmonie im Allgemeinen und der planetarischen Harmonie im Besonderen. Wie Polanyi berichtet, „ging Kepler sogar so weit, die Melodie jedes Planeten in Notenschrift zu Papier zu bringen".[99] Hätten Kopernikus und Kepler nicht die Grundlage für das moderne Verständnis des Kosmos geschaffen, würde all dies albern wirken. Dass der Mann, der die heliozentrische Theorie des Sonnensystems von Kopernikus bestätigte, tatsächlich Sphärenmusik „hörte", hat etwas Sagenhaftes.

Es ist nicht überraschend, dass Metaphern für wissenschaftliche Entdeckungen so wichtig sein sollen. Etwas „als" etwas anderes oder „in Bezug auf" etwas anderes und vielleicht sogar als etwas aus einem unerwartet anderen Bereich zu sehen, wie Kenneth Burke den metaphorischen Prozess erklärt hat, stellt die generative Idee bereit, die zu radikal neuen Hypothesen führen kann.[100] Doch neue Hypothesen müssen durch den sehr viel prosaischeren Prozess der von Thomas Kuhn so genannten „Normalwissenschaft" überprüft (bestätigt, falsifiziert) werden.[101] Und dieser Prozess läuft nach den von Descartes und Hobbes angeregten Vorgaben ab. An dieser Stelle nimmt der „positivistische" Prozess, theoretische Behauptungen anhand wirklicher Daten zu überprüfen, die Form einer Common-

---

[99] Polanyi, *Personal Knowledge*, 7, der auch zitiert aus Johannes Kepler, *Weltharmonik*, übers. v. Max Caspar, München: Oldenbourg, 2006, sechster unveränderter Nachdruck der Ausgabe von 1939, 279–280 und 355.

[100] Burke, *A Grammar of Motives*, 503–504.

[101] Thomas Kuhn, *Die Struktur wissenschaftlicher Revolutionen*, übers. v. Hermann Vetter, Frankfurt: Suhrkamp, 1973 [1962].

sense-Korrespondenztheorie der Wahrheit an, was auch immer die Philosophen davon halten mögen.

Doch wie Gellner uns erinnert hat, bringt es nichts, über einen solchen Prozess die Nase zu rümpfen.[102] Er hat gesichertes Wissen geliefert, Erkenntnisse, die den Menschen gestattet haben, die natürliche Welt zu verstehen und zu verändern – obwohl er aus Gründen, die durch die Argumentation dieses Kapitels deutlich geworden sein sollten, bisher unser Wissen über die menschliche Welt nicht auf vergleichbare Weise verändert hat und wahrscheinlich auch nie verändern wird, in der die jeweils geeigneten wissenschaftlichen Erkenntnisformen durch andere Erkenntnisarten ergänzt werden müssen, die wir Humanwissenschaften nennen. Und doch hat nicht die Wissenschaft als zweite Wirklichkeit die Welt verändert, sondern ihre Anwendung durch Technik als einer Form, in der sich wissenschaftliche Erkenntnis und die Belange der Alltagswelt verquicken. Wie die Alltagswelt ist die Technik stark mit dem Mangel und seiner ökonomischen, politischen und militärischen Überwindung beschäftigt. Die mit neuen wissenschaftlichen Erkenntnissen ausgerüstete instrumentelle Vernunft der Alltagswelt kann das Opfer von Hybris und Größenwahn werden. In der Medizin drängt alles darauf, den Tod als solchen zu bezwingen, aber in der Militärtechnologie drängt alles an den Rand der totalen Vernichtung. Angesichts des enormen Reichtums des menschlichen Bewusstseins und der menschlichen Kultur sowie der mannigfaltigen Wirklichkeiten, die durch die verschiedenen Repräsentationsformen abgerufen werden können, wirkt die Bandbreite der Technik eher schmal. Doch ihre Entdeckungen haben unkalkulierbare Folgen. Robinson Jeffers hat sich auf lakonische Weise zu diesen Folgen geäußert:

> „A little knowledge, a pebble from the shingle
> A drop from the oceans: who would have dreamed this
> Infiniteley little too much?“[103]

Damit dieses „bisschen Wissen“ nicht „zu viel“ wird, muss es wieder in die anderen Erkenntnisformen, die wir in diesem Kapitel betrachtet haben, und in die ethische Reflexion eingebunden werden, die ihrerseits begriffliches Denken mit Denkformen verbindet, die tiefer in der menschlichen Erfahrung verankert sind.

---

102 Gellner, *Postmodernism, Reason and Religion*, 58–60.

103 Aus „Science“ (1925), in Robinson Jeffers, *Selected Poems*, New York: Vintage, 1965, 39. Die deutsche Fassung von „Wissenschaft“ lautet: „Ein wenig Erkenntnis, ein Kiesel am Strand / Ein Tropfen aus den Ozeanen: Wer hätte sich träumen lassen dieses / unendliche Bißchen zu viel?“, in: Robinson Jeffers, *Ausgewählte Gedichte*, übers. v. Kai-Michael Gustmann, Leipzig: Regen-Buch, 1997, 10.

Auch die Wissenschaft selbst nimmt keine Rücksicht auf Nützlichkeit. Sie bemüht sich um reines Verstehen, wird aber wie jeder andere Bereich von profanen Dingen in Anspruch genommen. Der kontemplative Moment reinen Staunens beschränkt sich nicht auf Kopernikus und Kepler, sondern tritt auf, wo immer das Streben nach Wissen Früchte trägt. In der Würdigung reiner Formen kehrt das begriffliche Wissen auf seiner höchsten Ebene zum Symbolischen und Musikalischen zurück – und im Verspüren körperlichen Entzückens zum Enaktiven. Jemanden, der die *Metaphysik* von Aristoteles oder die *Logik* von Hegel versteht, kann deren Lektüre unterschwellig zum Tanzen bringen. Bertrand Russell hat geschrieben: „Dieses reinste Entzücken, diese Erhebung und das Gefühl, mehr als ein Sterblicher zu sein, Begleiterscheinungen, die den Prüfstein für höchste Vollendung darstellen, der Mathematik sind sie ebensowenig fremd wie der Poesie.“[104] Ein echtes wissenschaftliches Verständnis kann unserem Größenwahn einen Riegel vorschieben.

In diesem Kapitel haben wir die Bausteine, aus denen Rituale, Mythen und Theologie (und die reflexiven Denktraditionen der nichtchristlichen Religionen) entstehen werden, und die kulturellen Formen untersucht, in deren Umkreis Religion sich entwickelt. Sie werden neue Bedeutung gewinnen, wenn wir sie im Hinblick auf das Leben und die Geschichte tatsächlicher Gesellschaften betrachten.

[104] Zitiert in Polanyi, *Personal Knowledge*, 199. Die Stelle stammt aus Bertrand Russell, *Mystik und Logik: Philosophische Essays*, übers. v. Erwin Heinzel, Wien/Stuttgart: Humboldt, 1952 [1910], 63, Anm. 104.

Kapitel 2

Religion und Evolution

In Kapitel 1 ging es um Religion und Ontogenese. Es stellte nicht den Versuch dar, die Entwicklung von Religion im Lebensverlauf von Einzelpersonen zu verstehen, auch wenn das ein lohnendes Unterfangen gewesen wäre; sein Zweck bestand vielmehr darin, die menschliche Entwicklung als Erwerb einer Reihe von Fähigkeiten zu betrachten, die alle zur Religionsbildung beigetragen haben. In diesem Kapitel geht es um Religion und Phylogenese, um eine Tiefenhistorie der Religion. Wann entstand Religion? Angenommen, nur Menschen kennen Religion, gab es, womöglich sogar bei anderen Arten, frühere Entwicklungsstufen, die ihre Entstehung möglich gemacht haben und uns helfen könnten, Religion zu verstehen? Wenn wir auf der Grundlage meiner Definition im Vorwort und in Kapitel 1 davon ausgehen, dass Religion auf die Gattung *Homo* und vielleicht sogar auf die Art *Homo sapiens* beschränkt ist, welchen Stellenwert haben diese Gattung und diese Art innerhalb der so weit wie irgend möglich zurückverfolgten Gesamtgeschichte der Evolution? Und was verstehe ich unter einem Evolutionsprozess, der von einzelligen Organismen bis zur menschlichen Gesellschaft und Kultur der Gegenwart alles umfasst? Darum geht es in diesem Kapitel.

Geschichten

Wenn wir uns die Geschichte der menschlichen Kultur ansehen, stoßen wir auf Ursprungsmythen zuhauf, von denen ich einige in späteren Kapiteln ernsthaft behandeln werde. Eine Ursprungsgeschichte nimmt jedoch heute, zumindest in gebildeten Kreisen, so etwas wie eine Vorrangstellung ein, und zwar die Geschichte, welche die Wissenschaft in Gestalt der wissenschaftlichen Kosmologie über das Universum und in Gestalt der Evolutionstheorie über das Leben erzählt. Dabei handelt es sich um ungewöhnliche Geschichten, von denen wir einige rekapitulieren werden müssen. Doch halten wir fest, dass es sich um Geschichten, Narrative, und in gewissem Sinne sogar – weil ihnen diese Bedeutung verliehen worden ist – um Mythen handelt. Wenn wir also jetzt anfangen, diese Geschichten zu betrachten, müssen wir bedenken, um was für eine Art von Geschichten es sich handelt und wozu sie gedient haben und dienen.

Dies wirft ein Problem auf, und vor diesem Problem steht jeder, der die Geschichte der kosmischen Evolution als Metanarrativ gebildeter Kreise akzeptiert, weil sie das Metanarrativ der in der heutigen Welt überwältigendes Ansehen genießenden Wissenschaft ist; zumindest ich habe dieses Problem. Bei seinem Versuch, Wissenschaft als kulturelles Verfahren zu definieren, hat Geertz es so formuliert, dass Wissenschaft zumindest idealerweise „interesselose Beobachtung" verlange. Selbst wenn sie, wie es in den meisten Wissenschaften bisweilen der Fall ist, die Form eines Narrativs annimmt, stützt sich das jeweils aufgebotene Narrativ auf Beweise und Argumente. Angesichts von Kritik und Zweifel muss dabei jeder kritische Punkt belegt werden und angesichts neuer Beweise revidierbar sein. Das Problem, das ich oben meinte, besteht darin, dass die kulturelle Form der Narrativität uns bereits unvermeidlich über interesselose Beobachtungen und feststehende Tatsachen hinausführt. Narrativität ist eine prätheoretische Form, die in enger Verbindung mit dem Sinn sowohl für die eigene Identität als auch für die Identität anderer steht, wie wir im letzten Kapitel gesehen haben. Wir sind unsere Geschichte, und jede Gruppe, der wir angehören, ist ihre Geschichte.

Dieser Aspekt von Narrativität ist David Christian sehr wohl bewusst, wenn auch nicht ganz geheuer. Er meint, seine „Großgeschichte" sei eine Geschichte, ja sogar ein Schöpfungsmythos, und bei den Menschen, „für" die sie gedacht sei, handele es sich zweifellos um „moderne, über die wissenschaftlichen Traditionen der modernen Welt unterrichtete Menschen". Aber beiläufig merkt er an: „Eigenartigerweise bedeutet dies, dass die *narrative* Struktur des modernen Schöpfungsmythos wie alle Schöpfungsmythen trotz ihres eindeutig *post*kopernikanischen Gehalts präkopernikanisch wirken könnte."[1] Ganz genau. Wie wir gleich sehen werden, ruft dieser moderne Schöpfungsmythos sogar in den an der modernen Wissenschaft orientierten Menschen, die ihm am ehesten Glauben schenken und zu denen auch ich gehöre, unvermeidlich Gefühle und Gedanken hervor, die unverkennbar präkopernikanisch sind.

Mein ganzes Buch versinkt in einer Flut von Geschichten. Indem ich meinem Buch den Titel *Religion in Human Evolution* gab, habe ich den von David Christian beschriebenen modernen Schöpfungsmythos zu meinem vorrangigen Metanarrativ gewählt. Als Sozialwissenschaftler hatte ich dazu nicht wirklich eine Alternative, wenn ich meinem Beruf gerecht werden wollte, und in der Praxis ist es das einzige Metanarrativ, das mir gestattet, all die anderen Narrative und Metanarrative angemessen zu be-

---

[1] David Christian, *Maps of Time: An Introduction to Big History*, Berkeley: University of California Press, 2004, 6. Kursivierung im Original.

schreiben und zu vergleichen, aus denen sich die Menschheitsgeschichte zusammensetzt.

Das soll nicht heißen, dass es die einzige Geschichte ist. Während ich an diesem Buch schrieb, das eine aus Geschichten bestehende Geschichte erzählt, habe ich mich auf viele der Geschichten, die ich wiedergebe, so weit eingelassen, dass sie mich zumindest teilweise bekehrt haben. Im Rahmen der extensiven Arbeit, die ich in die vier Kapitel investiert habe, in denen es um die Achsenzeit geht – also die Kapitel über das alte Israel, Griechenland, China und Indien – und die – von den zwei Jahren für Indien abgesehen, bei dem ich am wenigstens wusste, wo ich beginnen sollte – jeweils ein Jahr in Anspruch genommen haben, stimmte die Beendigung der einzelnen Kapitel mich verdrießlich, weil ich mich in einer Welt eingerichtet hatte, die ich nur ungern wieder verließ, da ich noch mehr über sie erfahren wollte. Anders ausgedrückt, habe ich im jeweiligen Fall mehr über mich und über die Welt, in der ich lebe, gelernt; die Geschichten haben meine Weltsicht geprägt, wie Geschichten das im Grunde genommen immer tun.

Aber ehrlich gesagt, konnte ich selbst angesichts des wissenschaftlichen Metanarrativs nicht „interesselos“ und unbeteiligt bleiben, obwohl Unbeteiligtheit in diesem Fall eine unabdingbare methodologische Voraussetzung ist. Hierbei müssen wir der Tatsache ins Auge sehen, dass wir prinzipielle kategoriale Unterscheidungen vornehmen können, an denen wir in der Praxis nicht uneingeschränkt festhalten. Denn die Lebensbereiche, die Geertz im Anschluss an Schütz beschrieben hat, überlappen sich. Wo es darum geht, Großgeschichten über die Seinsordnung zu erzählen, werden diese Geschichten sogar dann religiöse Implikationen haben, wenn sie wissenschaftlich sind. Es ist besser, dieser Tatsache offen ins Auge zu sehen als zu versuchen, sie zu verleugnen. Ich habe nämlich festgestellt, dass einige meiner naturwissenschaftlichen Kollegen plötzlich Grenzen überschritten, obwohl sie das gar nicht beabsichtigt hatten. Der an der Tufts University Physik und Astronomie lehrende Autor des Buches *Cosmic Evolution*, Eric Chaisson, hat Folgendes über die Geschichte zu sagen, die er in seinem Buch erzählt:

> „Nicht zuletzt haben mich auch Vorstellungen über wissenschaftliche Schönheit und Symmetrie geleitet, die Suche nach Einfachheit und Eleganz, der Versuch, die größte Bandbreite von Phänomenen mit Hilfe möglichst weniger Prinzipien zu erklären […] Das sich daraus ergebende evolutionäre Epos geht über eine Ansammlung von vielen Einzelteilen hinaus, weil es einem ansonsten weltfremden Unterfangen potenziell Sinn und Vernünftigkeit verleiht. Intelligentes Leben ist ein roter Faden, mit dessen Hilfe das Universum sich kennenlernt […]
>
> Vielleicht ist jetzt der Zeitpunkt gekommen, die Suche nach Erkenntnis noch weiter auszudehnen, die geistigen Anstrengungen über die konventionelle Wis-

senschaft hinaus auszuweiten – all die umfangreicheren, nicht-naturwissenschaftlichen Communities unter anderem aus Philosophen und Theologen, bei denen das kosmisch-evolutionäre Thema häufig, und sei es unter anderem Namen, Anklang findet, für den ambitionierten Versuch zu gewinnen, ein tausendjähriges Bild der Welt zu entwerfen, das uns sagt, wer wir sind, woher wir kamen und wie wir uns als verständige ethische Menschen in den kosmischen Plan der Dinge einfügen.

Die Menschheit tritt ein in ein synthetisches Zeitalter, wie es über mehrere Generationen und möglicherweise sogar alle paar Jahrhunderte nur einmal vorkommt. Die kommenden Jahre werden mit Sicherheit aufregend sein, produktiv, vielleicht sogar zutiefst bedeutsam, und zwar weitgehend deshalb, weil das Szenario der kosmischen Evolution eine Gelegenheit bietet, die Wesensart unserer Existenz systematisch und synergetisch zu untersuchen – den gemeinsamen Versuch einer modernen Weltallgeschichte in die Wege zu leiten, die Menschen aus allen Kulturen ohne Weiteres verstehen und übernehmen können. Am Anfang des neuen Jahrtausends kann solch eine kohärente Geschichte unseres Daseins – als mächtiger und wahrer Mythos – als wirksames geistiges Werkzeug dienen, alle Kulturen zur Teilnahme am Aufbau eines völlig neuen Erbes und nicht bloß zum Zusehen einzuladen."[2]

Wenn er sagt, dass es Zeit sei, über die „konventionelle Wissenschaft" hinauszugehen, gibt Chaisson selber zu erkennen, dass er sich in eine andere Sphäre begibt, und die Anhaltspunkte, in welchen Bereich er sich begibt, machen sich folgendermaßen bemerkbar: Durch die Verwendung des Wortes „Epos" legt er nahe, dass er sich auf das Gebiet der Dichtung begibt, was mit Sicherheit teilweise stimmt, aber die meisten Anzeichen deuten darauf hin, dass er sich auf das Gebiet der Religion begibt. Dass er von einem „tausendjährige[n] Bild der Welt" spricht, verweist eindeutig auf einen zentralen Bestandteil der Religion bei Geertz, nämlich auf die Vorstellung einer „allgemeinen Seinsordnung". Wenn er im emphatischen Sinne von „Universum" spricht, spielt er auf einen Bestandteil des Heiligen an, auf den sich die Definition von Durkheim stützt; und wenn er am Ende der zitierten Stelle „alle Kulturen zur Teilnahme am Aufbau eines völlig neuen Erbes und nicht bloß zum Zusehen" aufruft, zieht er den weiteren Durkheim'schen Schluss, dass „Religion [...] ein [...] System von Überzeugungen und Praktiken [ist], die sich auf heilige [...] Dinge, Überzeugungen und Praktiken beziehen, *die in einer und derselben moralischen Gemeinschaft [...] alle vereinen, die ihr angehören*". Genau genommen, ruft er nach einer neuen Kirche, die zu seiner neuen Religion passt.

Ich habe mit Chaissons Unterfangen kein Problem – es ist mir sogar sehr sympathisch –, doch es würde mir besser gefallen, wenn er für das,

[2] Eric J. Chaisson, *Cosmic Evolution: The Rise of Complexity in Nature*, Cambridge, Mass.: Harvard University Press, 2001, 211–213.

was er tut, Verantwortung übernommen hätte, anstatt zu unterstellen, dass es sich bei all dem noch um Wissenschaft handelt, und sei es „über die konventionelle Wissenschaft hinaus". Und er geht in eine der Fallen aller Religionen, wenn er die Geschichte, die er erzählt, als „mächtige[n] und wahre[n] Mythos" bezeichnet, was impliziert, dass andere Mythen nicht wahr sind, weil Wahrheit eines der seine Religion auszeichnenden Merkmale ist. Dies kommt der Unterstellung gefährlich nahe, dass alle anderen Religionen falsch seien. Denn wie verhält es sich mit der überwiegenden Mehrheit der Menschheit, die seinen Mythos nicht versteht, geschweige denn an ihn glaubt?

Chaisson hätte diesen Irrtum vermieden, wenn er klargestellt hätte, dass Mythen keine Wissenschaft sind. Mythen können wahr sein, doch handelt es sich dabei um eine andere Art von Wahrheit als die wissenschaftliche Wahrheit, die nach anderen Kriterien beurteilt werden muss, und der Mythos, den er erzählt, bedient sich zwar der Wissenschaft, ist aber keine Wissenschaft und kann deshalb keinen Anspruch auf wissenschaftliche Wahrheit erheben. Ich würde dagegenhalten, dass die von den Propheten des alten Israels, von Sokrates, Platon und Aristoteles sowie von Konfuzius und Mengzi und von Buddha – um innerhalb des Geltungsbereichs dieses Buches zu bleiben – erzählten Mythen alle wahr sind. Sie überlappen sich untereinander und mit Chaissons Mythos, doch selbst wenn sie in zuweilen ernsthafte Konflikte miteinander geraten, sind sie alle glaubwürdig, und meiner Meinung nach ist es möglich, ziemlich tief, aber nicht ausschließlich an sie alle zu glauben.

Im Zuge ihrer Analyse der unvermeidlichen Überlappung von Wissenschaft und Religion im Zusammenhang mit der Evolutionstheorie, bei der es sich um die beste derartige Analyse handelt, die mir je untergekommen ist, merkt Mary Midgley an, dass es zwei Weisen gibt, wie die Evolutionstheorie religiös wird: kosmischen Optimismus und kosmischen Pessimismus.[3] Im Laufe ihrer sorgfältigen Lektüre von Darwin findet sie heraus, dass selbst er solche Anklänge nicht vermeiden konnte, dass er aber, weil er ausgewogener war als die meisten seiner Anhänger und die meisten seiner Gegner, an beiden Reaktionsmöglichkeiten festhält und je nach Kontext die eine oder die andere hervorhebt.[4] Eric Chaisson hat ein Beispiel für kosmischen Optimismus abgegeben. Midgley führt den französischen Biochemiker und Nobelpreisträger Jacques Monod als Beispiel für kosmischen Pessimismus an:

---

[3] Mary Midgley, *Evolution as a Religion*, New York: Routledge, 2006 [1985], 8.
[4] Ebd., 5.

„Es ist schon richtig, daß die Wissenschaft die Wertvorstellungen antastet. Nicht direkt zwar, denn sie gibt keine Urteile über sie ab und *soll* sie auch ignorieren; aber sie zerstört alle mythischen oder philosophischen Ontogenien, auf denen für die animistische Tradition – von den australischen Ureinwohnern bis zu den materialistischen Dialektikern – die Werte, die Moral, die Pflichten, Rechte und Verbote beruhen sollten.

Wenn er diese Botschaft in ihrer vollen Bedeutung aufnimmt, dann muß der Mensch endlich aus seinem tausendjährigen Traum erwachen und seine totale Verlassenheit, seine radikale Fremdheit erkennen. Er weiß nun, daß er seinen Platz wie ein Zigeuner am Rande des Universums hat, das für seine Musik taub ist und gleichgültig gegen seine Hoffnungen, Leiden oder Verbrechen.“[5]

Obwohl er ein angesehener Wissenschaftler und einer der Begründer der Molekularbiologie war, ist Monod im oben zitierten Abschnitt in die Welt metaphysischer Spekulationen vorgedrungen und stößt dort möglicherweise nicht ganz unerwartet auf das Gedankengut eines führenden französischen Existentialisten. Bei Midgley heißt es über ihn, er habe „ein Drama“ geschaffen, „in dem der Sartre'sche Mensch als einsamer Held auftritt und sich der Herausforderung eines fremdartigen und bedeutungslosen Universums stellt“. Wenn man bedenkt, dass Monod selbst ein ausgezeichneter Musiker war, ist es in meinen Augen besonders ergreifend, dass Monods erster Gedanke über das fremdartige Universum darin bestand, es sei „taub für seine Musik“. Mit allen gebotenen Einschränkungen glaube ich, dass wir auch auf Monod hören sollten, der ein sehr intelligenter Mann und meisterhafter Evolutionsbiologie war. Auch wenn Moral und Religion evolutionäre Hervorbringungen sind, wie heute weithin angenommen wird, kann uns die Evolution nicht sagen, welcher der beiden wir folgen sollen. Für diejenigen, die nur der Evolution einen Sinn abgewinnen können, dürfte das eine abschreckende, aber unbestreitbare Tatsache sein.

Um diese Überlegungen zur unvermeidlichen Schnittmenge von Evolution und Religion abzuschließen, möchte ich schließlich noch eine wunderbare Stelle bei Oliver Sacks zitieren, an welcher der überaus produktive Neurologe seine Bemerkungen innerhalb von Grenzen belässt, die Chaisson und Monod nicht beachten, aber gleichzeitig eine meiner Meinung nach ebenfalls unbestreitbare Tatsache deutlich macht, nämlich unsere Verwandtschaft mit allen Lebewesen:

„Das Leben auf unserem Planeten ist mehrere Milliarden Jahre alt, und wir verkörpern diese ungeheure Geschichte in unserer Anatomie, unseren Verhaltensweisen, unseren Instinkten, unseren Genen. Wir Menschen besitzen zum Beispiel

[5] Ebd., 2, mit einem Zitat aus Jacques Monod, *Zufall und Notwendigkeit: Philosophische Fragen der modernen Biologie*, übers. v. Friedrich Griese, München: Piper, 1996 [1970], 150–151.

immer noch die – stark veränderten – Überreste der Kiemenbögen unserer fischartigen Vorfahren und sogar die rudimentären Nervensysteme, die einst die Kiemenbewegungen steuerten. In der *Abstammung des Menschen* schrieb Darwin: Der Mensch trägt noch ‚in seinem Körper den unauslöschlichen Stempel eines niederen Ursprungs' [...]

1837 skizzierte Darwin im ersten der vielen Notizbücher, die er über das ‚Artenproblem' führte, einen Lebensbaum. In seiner archetypischen und mächtigen Form spiegelt sich das Gleichgewicht von Evolution und Extinktion. Darwin hat immer die Kontinuität des Lebens betont, die Tatsache, dass alle Lebewesen von einem gemeinsamen Vorfahren abstammen und dass wir in diesem Sinne alle miteinander verwandt sind. Daraus folgt, dass Menschen nicht nur mit Affen und anderen Tieren verwandt sind, sondern auch mit Pflanzen. (Wie wir wissen, haben Pflanzen und Tiere 70 Prozent ihrer DNA gemeinsam.) Und doch ist, dank des gewaltigen Mechanismus der natürlichen Selektion – und Variation – jede Art einzigartig und jedes Individuum ebenfalls einzigartig [...]

Ich genieße dieses Wissen um meine biologische Einzigartigkeit und um mein unendliches biologisches Alter und meine biologische Verwandtschaft mit allen anderen Lebensformen. Dieses Wissen verleiht mir Wurzeln, es erlaubt mir, mich in der natürlichen Welt zu Hause zu fühlen, es gibt mir ein Empfinden biologischer Sinnhaftigkeit, ganz unabhängig von meiner Rolle in der kulturellen, der menschlichen Welt."[6]

Sacks zufolge beantwortet die Biologie also nicht alle Fragen; er muss immer noch in der kulturellen, menschlichen Welt leben. Doch sich in der natürlichen Welt zu Hause zu fühlen, ist keine Kleinigkeit und erheblich erfreulicher, als wie ein Zigeuner am Rande eines fremdartigen Universums zu leben. Bevor ich mich jetzt an den Versuch mache, das moderne wissenschaftliche Metanarrativ in stark verdichteter Form wiederzugeben, möchte ich noch einmal meine Überzeugung bekräftigen, dass in allen Reaktionen auf dieses ungewöhnliche und verstörende Metanarrativ – zu denen auch die ziemlich unterschiedlichen Reaktionen dieser drei Wissenschaftler, aber auch die Reaktionen von vielen anderen Wissenschaftlern und Nichtwissenschaftlern gehören – unzweifelhaft etwas Wahres ist. Außerdem glaube ich, dass wir uns trotz unserer Differenzen nicht in Kulturkämpfe zu verstricken brauchen, in denen wir diejenigen anprangern und verfluchen, mit denen wir nicht einer Meinung sind. Unser Universum ist groß, es hat Platz für uns alle.

---

[6] Oliver Sacks, „Darwin und der Sinn der Blumen" [2008], in: ders., *Der Strom des Bewusstseins: Über Kreativität und Gehirn*, übers. v. Hainer Kober, Reinbek: Rowohlt, 2017, 11–35, hier 33–34.

Was auf den Big Bang folgte

Ich möchte jetzt kurz wiedergeben, was die moderne Kosmologie über den Ursprung und die Geschichte des Universums zu sagen hat. Aufgrund der Wesensart meiner Geschichte bin ich dabei mehr an Biologie als an Physik, mehr an Säugetieren als an anderen Organismen und mehr an Menschen als an anderen Tieren interessiert. Gleichwohl müssen wir uns als moderne Menschen, die versuchen, jene menschliche Praxis, die wir Religion nennen, zu verstehen, in einem breitestmöglichen Kontext situieren und bei der wissenschaftlichen Kosmologie anfangen. Mir ist besonders daran gelegen, dass wir die Frage des Maßstabs im Auge behalten. Wir brauchen nicht gleich in Monods Pessimismus zu verfallen, aber das Universum, in dem wir leben, ist unvorstellbar riesig und nahm vor unvorstellbar langer Zeit seinen Anfang.[7] Wohin dieses Universum sich entwickelt, können wir nicht mit Bestimmtheit wissen, aber die günstigsten Schätzungen heute haben nichts Beruhigendes an sich: die Auflösung alles Bestehenden in seine wahllos über ein dunkles und bitterkaltes, sich immer weiter ausdehnendes Universum verstreuten Bestandteile. Natürlich wird dies erst in Milliarden von Jahren in der Zukunft eintreten, sodass wir uns darüber keine Gedanken machen müssen. Und wir können darauf hoffen, dass die Wissenschaft andere, erfreulichere Zukunftsaussichten entdeckt. In einem können wir uns aber sicher sein: Eine endgültige Meinung bietet uns die Wissenschaft für gar nichts an. Ungefähr in jeder Generation gibt es eine revidierte Fassung der Bibel, aber die Bibel der kosmischen Evolution wird alle sechs Monate, ja möglicherweise sogar jeden Tag revidiert. Und doch müssen wir zugeben, dass jenes große Metanarrativ, auf dem unser Leben beruhen soll, im Ganzen betrachtet zumindest im Augenblick nicht sonderlich aufheiternd ist.[8]

---

[7] Mitunter wird angemerkt, dass hinduistische und buddhistische Zeiteinheiten noch umfangreicher sind als die der modernen Kosmologie. Die Kalpa hat zum Beispiel viele verschiedene Längen, von denen die längste, die große Kalpa oder Mahakalpa, 1,28 Billionen Jahre umfasst, wohingegen das Universum in der wissenschaftlichen Kosmologie bloß 13,5 Milliarden Jahre zählt. Allerdings besteht die große Kalpa aus kleineren Kalpas, diese wiederum aus noch kleineren Einheiten und so fort. Dabei hat jede Einheit besondere Merkmale, wie etwa einen Rückgang der Moral. In Wirklichkeit handelt es sich jedoch um einen Kreislauf der Welt, wie wir sie kennen, bis diese endet und ein neuer Kreislauf beginnt. Folglich sind die Zeiteinheiten zwar immens, aber dennoch in menschlichen Begriffen auf eine Weise fassbar, in der die wissenschaftliche Kosmologie nicht, oder zumindest nicht einfach, begreifbar ist.

[8] Ähnlich wie die Wissenschaftler, die ich zitiert habe, mische ich mich hier mit einer Aussage ein, die im Folgenden wieder relativiert werden muss.

Vor etwa 13,5 Milliarden Jahren (das genaue Datum ist nach wie vor fraglich, aber es herrscht allgemeines Einvernehmen über das ungefähre Datum) begann etwas unendlich Dichtes und unendlich Heißes sich dramatisch auszudehnen. Aus diesem Grund sprechen wir von Big-Bang-Kosmologie. Steven Weinberg beschreibt die erste hundertstel Sekunde als „einen Zustand von unendlicher Dichte *und* unendlicher Temperatur".[9] Unter den anfänglichen Bedingungen gab es keine Atome, nur subatomare Teilchen, und zwar ausschließlich in Gestalt von Elementarteilchen. Weinberg beschreibt die Lage am Ende der ersten hundertstel Sekunde folgendermaßen:

> „Man kann abschätzen, daß dieser Zustand bei einer Temperatur von etwa 100 Millionen Millionen Milliarden Milliarden Grad (10^{32} °K) erreicht wurde.[10]
> Vermutlich sind bei dieser Temperatur allerlei merkwürdige Dinge passiert. [...] wahrscheinlich hat es noch gar keinen Sinn, zu diesem Zeitpunkt überhaupt von ‚Teilchen' zu sprechen. [...] Jedes Teilchen muss also, lax ausgedrückt, ungefähr so groß sein wie das beobachtbare Universum!"[11]

Was Weinberg beschreibt, kann ich eigentlich nur so verstehen, dass der Maßstab der menschlichen Einbildungskraft dagegen vollständig verblasst. Immerhin vermag die Wissenschaft uns gleich ab jener ersten Sekunde eine ziemlich konkrete und detaillierte Beschreibung von dem zu geben, was geschehen ist, als dieses unendlich kleine Etwas sich zunächst schneller als die Lichtgeschwindigkeit ausdehnte, sodass es am Ende des ersten Augenblicks größer war als eine Galaxie.

Natürlich kann man sich die Frage stellen, was vor dem Big Bang geschah. Auf diese Frage hat die Wissenschaft nicht wirklich eine Antwort, aber vielleicht handelt es sich auch um überhaupt keine sinnvolle Frage. Vielleicht gibt es gar kein „Vorher", nach dem gefragt werden könnte. Als dieses unendlich dichte, unendlich heiße Etwas sich ausdehnte, erschuf es die Zeitlichkeit und Räumlichkeit, in der es sich ausdehnte. Eine andere mögliche Erklärung wäre, dass ein vorangegangenes Universum, nachdem es sich Milliarden von Jahre lang ausgedehnt hatte, sich wieder so verdichtete, dass es zu jenem sehr kleinen, sehr dichten, sehr heißen Ding wurde, das explodierte, um unser Universum zu bilden. Doch in Wahrheit lassen sich über alles, was vor der ersten hundertstel Sekunde liegt, nichts weiter

---

[9] Steven Weinberg, *Die ersten drei Minuten: Der Ursprung des Universums*, übers. v. Friedrich Griese, München: Piper, 1977, 195.

[10] „K" steht für Kelvin, eine Temperaturskala, die nicht wie Celsius auf dem Schmelzpunkt von Eis basiert, sondern auf dem absoluten Nullpunkt – also auf überhaupt keiner Temperatur.

[11] Weinberg, *Die ersten drei Minuten*, 202.

als Vermutungen anstellen. Wenn die traditionellen Ursprungsmythen mehr Fragen aufwerfen, als sie beantworten, sollte es uns nicht überraschen, dass ein wissenschaftlicher Ursprungsmythos dasselbe tut. Wissenschaft ist nichts anderes als das unablässige Stellen neuer Fragen.[12]

Bevor ich mit der schematischen Darstellung der frühen Entwicklung des Universums beginne, sollten wir versuchen, ein Gefühl dafür zu bekommen, was 13,5 Milliarden Jahre bedeuten könnten. (Was eine Temperatur von 10^{32} °K bedeuten soll, kann ich mir nicht einmal ansatzweise vorstellen.) Zu diesem Zweck werde ich auf David Christians geniale Idee zurückgreifen, die Geschichte des Universums um den Faktor eine Milliarde zu kürzen, sodass sich eine Milliarde Jahre auf ein Jahr verringern und solchen gewaltigen Zeitspannen ein menschliches Maß verliehen wird. Dementsprechend begann der Big Bang, mit dem das Universum seinen Anfang nahm, vor 13,5 Jahren; die Sonne und das Sonnensystem vor 4,5 Jahren; die ersten lebenden – einzelligen – Organismen auf der Erde vor 3,5 bis vier Jahren; mehrzellige Organismen vor sieben Monaten; *Homo sapiens* vor ungefähr 50 Minuten; Ackerbau vor fünf Minuten; und die große wissenschaftlich-technische Explosion, in deren Rahmen wir leben, in der letzten Sekunde.[13] Von den 13,5 Lebens„jahren" des Universums haben sich die Historiker den letzten drei Minuten und überwiegend der letzten Minute oder einer noch kürzeren Zeitspanne als dieser Minute gewidmet. Dieses Buch ist fast vollständig auf Historiker angewiesen, aber wenn wir die Menschheitsgeschichte in den Kontext des modernen wissenschaftlichen Metanarrativs stellen wollen, müssen wir mindestens einige „Monate" und ein paar „Jahre" zurückblicken, und sei es kurz.

Wie wir bereits festgestellt haben, begann das Universum mit etwas unendlich Kleinem, das möglicherweise kleiner war als ein Atom, in jedem Fall ein Atom, das viele Billionen Grad heiß war und sich mit einer höheren Geschwindigkeit als Lichtgeschwindigkeit ausdehnte, sodass es sich sozusagen im Nu auf die Größe einer Galaxie ausgedehnt hatte.[14] Die außer-

---

[12] Steven Weinberg zitiert am Anfang von *Die ersten drei Minuten* einen nordischen Schöpfungsmythos, um zu zeigen, wie viele Fragen dieser unbeantwortet lässt. Dabei ist er sich offensichtlich der Ironie nicht bewusst, dass sein eigenes Narrativ genauso viele noch nicht beantwortete Fragen aufwirft, wie es in der Wissenschaft immer der Fall ist. Das heißt nicht, dass es keine Verbesserung gegenüber der nordischen Erzählung darstellen würde, insofern wir diesen Mythos als quasi-wissenschaftliche Erklärung verstehen.

[13] Christian, *Maps of Time*, 502–503.

[14] Was die Geschichte des Kosmos anbelangt, stütze ich mich hauptsächlich auf Weinberg: *Die ersten drei Minuten*, Christian: *Maps of Time* und Chaisson: *Cosmic Evolution*. Ich habe außerdem auf ein paar Webseiten nachgeprüft, ob diese Bücher in-

gewöhnliche Schnelligkeit dieser Ausdehnung sorgt dafür, dass ein Großteil des Universums sich von der Erde aus nie beobachten lassen wird, weil das Licht, das von ihm ausgeht, zu weit entfernt ist, um uns zu erreichen. Während seiner Ausdehnung begann das Universum sich abzukühlen. Die der Physik vertrauten Entitäten und Kräfte traten erstmals in Erscheinung. Nach etwa 300.000 Jahren fingen Wasserstoff- und in geringem Umfang Heliumatome an sich zu bilden. Als erste Wasserstoff- und Heliumwolken auftraten, begann die Schwerkraft, sie zu Formen zu modellieren. Etwa eine Million Jahre nach dem Big Bang erreichten diese Formen neue Komplexitätsstufen, sodass Sterne entstanden – und Galaxien, die aus Sternen und kosmischem Staub bestanden und die Form von flachen, sich drehenden Scheiben annahmen, aus deren sehr heißen Zentren Materiebögen strömten. Die Schwerkraft presste die Wasserstoff- und Heliumwolken zusammen und erhitzte sie, sodass die Sterne ungeheuer heiß brannten, wofür die Atome, aus denen sie bestanden, als Brennstoff dienten. Durch die starke Hitze innerhalb der Sterne bildeten sich alle anderen Elemente außer Wasserstoff und Helium: Die Sterne sind Grundlage der Chemie. Sehr große Sterne verbrannten schnell (nach kosmischer Zeit) und explodierten zu für unsere Astronomen sichtbaren Supernoven, die bei ihrem Zerbersten eine ganze Reihe chemischer Elemente ausspien. Unter Umständen als Folge einer explodierenden Supernova entstanden vor ungefähr 4,5 Milliarden Jahren unsere Sonne und unser Sonnensystem, die möglicherweise aus Trümmern dieser Explosion bestehen.

David Christian betont, dass wir nicht ernst genug genommen haben, was die Beschreibung der Sonne und des Sonnensystems, zu dem auch unser Planet gehört, im Rahmen dieser modernen Kosmologie bedeutet. Angeblich hat Kopernikus das Selbstbewusstsein des Menschen durch den Nachweis erschüttert, dass die Erde nicht das Zentrum des Universums bildet, sondern sich um die Sonne dreht. Inzwischen hat sich ziemlich deutlich herausgestellt, dass auch die Sonne nicht im Zentrum von irgendetwas steht. Christian drückt das folgendermaßen aus: „Unsere Sonne liegt anscheinend in einem gesichtslosen Außenbezirk [der Milchstraße] einer zweitrangigen Galaxie (die Andromedagalaxie ist die größte Galaxie in unserer lokalen Gruppe) innerhalb einer Gruppe von Galaxien, die eher

zwischen überholt sind. Der größte Teil der kosmischen Geschichte ist in Bezug auf die Zeit, Größe, Geschwindigkeit und Temperatur so schwindelerregend, dass er meine Vorstellungskraft überstrapaziert. Ich kann also nur wiedergeben, was ich selbst kaum verstanden habe.

am Rande des Virgo-Superhaufens liegt, der viele Tausend andere Galaxien enthält."[15] Wie weit kann die „Dezentrierung" gehen?

Unsere Erde war bloß einer von mehreren Planeten, die sich in dem Sonnensystem bildeten, das jenen neuen Stern, die Sonne, umkreiste. In der Frühgeschichte des Sonnensystems – und unseres Planeten – kam es ständig zu Zusammenstößen zwischen den vielen verschiedenartigen Stoffen, aus denen das Sonnensystem bestand. Wie Christian lebendig beschreibt, „müssen wir uns die frühe Erde als eine Mischung aus Gesteinsbrocken, Metallen, Gaseinschlüssen vorstellen, die ständig unter Beschuss von kleineren Planetesimalen stand und über keine nennenswerte Atmosphäre verfügte. Tatsächlich wäre die frühe Erde Menschen wie ein Ort in der Hölle vorgekommen."[16] Als die Erde aufgrund der kosmischen Materie, welche die Schwerkraft anzog, größer wurde, erhitzte sie sich, sodass ihr Inneres flüssig wurde. Schwermetalle wie Eisen und Nickel bildeten einen Kern und schufen das für die Erde typische Magnetfeld, das die Erde von den Hochenergieteilchen abschirmte, die, wenn sie in der Lage gewesen wären, die Erdoberfläche zu erreichen, möglicherweise den chemischen Prozess unterbrochen hätten, der irgendwann zum Leben führte. Als die Metalle in den Kern absanken, brodelten Gase in Richtung Erdoberfläche und machten aus der Erde ein „gewaltiges Vulkanfeld". Beim Abkühlen der Erde wurden aus dem Wasserdampf, der sich in der Atmosphäre gesammelt hatte, „sintflutartige Regenfälle, die Millionen von Jahre lang anhielten". So entstanden die Ozeane, in denen das erste Leben auftrat.[17] Vermutlich gibt es schon in unserer eigenen Galaxie Millionen von anderen Sonnensystemen, doch darüber, ob es wahrscheinlich ist, dass sie über erdähnliche Planeten verfügen, wird gestritten.

So viel zu einer sehr kurzen und unzulänglichen Beschreibung der Frühgeschichte des Universums und schlussendlich unseres Planeten. Ob Eric Chaisson zu Recht von „kosmischer Evolution" spricht, übersteigt meine Kompetenz. Er glaubt, dass zwischen den an der Entstehung von Galaxien, Sternen und Planetensystemen beteiligten zunehmenden Komplexitätsstufen und den zunehmenden Komplexitätsstufen der Evolution des Lebens eine Kontinuität besteht. Einige Biologen meinen, dass zunehmende Komplexität bloß ein Charakterzug der biologischen Evolution ist, und zwar nicht unbedingt der wichtigste. Jedenfalls lohnt es sich, unseren alten Freund (oder Feind), den zweiten Hauptsatz der Thermodynamik, nicht zu vergessen. Zunehmende Komplexität hat ihren kosmischen oder

[15] Christian, *Maps of Time*, 40.
[16] Ebd., 62.
[17] Ebd., 63.

biologischen Preis: Für die Aufrechterhaltung größerer Komplexität muss mehr Energie aufgewendet werden. Irgendwann werden alle Sterne verbrennen, sogar ein mittelgroßer Stern wie unsere Sonne, der länger Bestand haben wird als die riesigen Sterne, die lichterloh brannten und in die Luft flogen, als sie ihren Brennstoff (relativ) schnell verbraucht hatten, aber dasselbe Schicksal erwartet letztendlich alle Sterne, unabhängig von ihrer Größe.

Die Geschichte, die ich gleich erzählen werde, das heißt die Geschichte des Lebens, ist mit Sicherheit für Menschen leichter verständlich als die Geschichte, deren grobe Züge ich gerade umrissen habe. Schließlich leben wir auf der Erde und sehen überall um uns herum Leben. Dass es eine lange Geschichte hat, ist nicht besonders schwer vorstellbar. Der Gedanke, dass die Erde während eines großen Teils ihrer 4,5 Milliarden Jahre währenden Geschichte völlig anders war als das, was wir kennen, fällt bereits nicht ganz so leicht – er bringt uns nahe an die Grenze unseres Vorstellungsvermögens. Die Geschichte des Universums aber, in dem wir immer noch leben und aus dem unsere Erde stammt, schüchtert uns ein. Sie scheint sogar einen Nobelpreisträger und Physiker wie Steven Weinberg einzuschüchtern. Nachdem er einige konkurrierende kosmologische Modelle geschildert hat, schreibt er:

> „Doch wie auch immer all diese Probleme gelöst werden mögen und welches kosmologische Modell sich auch immer als zutreffend erweisen mag – für uns wird es nicht besonders tröstlich sein. Der Vorstellung, daß wir ein besonderes Verhältnis zum Universum haben, daß unser Dasein nicht bloß eine Farce ist, die sich aus einer mit den ersten drei Minuten beginnenden Kette von Zufällen ergab, sondern daß wir irgendwie von Anfang an vorgesehen waren – dieser Vorstellung mögen wir Menschen uns kaum zu entziehen. […] Man begreift kaum, daß dies alles nur ein winziger Bruchteil eines überwiegend feindlichen Universums ist. Noch weniger begreift man, daß dieses gegenwärtige Universum sich aus einem Anfangszustand entwickelt hat, der sich jeder Beschreibung entzieht und seiner Auslöschung durch unendliche Kälte oder unerträgliche Hitze entgegengeht. Je begreiflicher uns das Universum wird, umso sinnloser erscheint es auch.“ [18]

An dieser Stelle werden die Gefahren deutlich, welche die Erzählung für den Erzähler birgt. Weinbergs Geschichte weckt auch in ihm eine Sehnsucht nach Sinn, der er sich „kaum zu entziehen“ vermag. Wenn, wie Mary Midgley schreibt, „Sinn Zusammenhang ist“, dann ist die Sehnsucht nach Sinn vollkommen normal, denn es besteht, auch wenn das nur schwer zu verstehen ist, mit Sicherheit ein Zusammenhang zwischen uns und dem Universum, von dem wir ein Teil sind. Unser Bedürfnis, in ihm einen Sinn

---

[18] Weinberg, *Die ersten drei Minuten*, 212.

zu finden, ist Teil unseres „Hungers nach Sinn", der „wesentlich für unser Leben ist", wie Midgley es ausdrückt. „Darin besteht das umfassendere Motiv, von dem unsere theoretische Neugier nur ein Teil ist. Unsere Vorstellungskraft verspürt den Impuls, die Welt im Hinblick auf ihre Verstehbarkeit und Kontemplation zu ordnen – was geschehen muss, bevor mit der Theoriebildung auch nur angefangen werden kann", schreibt sie.[19] Indem er verkündet, das Universum sei „überwiegend feindlich" und letztendlich „sinnlos", möchte Weinberg einen solchen Hunger nach Sinn als kindisch abtun. Doch es könnte sein, dass Weinberg selber kindisch ist, dass er sich ärgert, weil er erwartet hatte, das Universum stehe uns freundlich gegenüber und habe einen Sinn, und es ihn enttäuscht, dass dem nicht so ist, fast so, als fände er heraus, dass Gott, an den er erklärtermaßen nicht glaubt, ihn im Stich gelassen habe.[20] Doch kann sich Weinberg der Sinnsuche genauso wenig entziehen wie wir Übrigen auch. Wie Jacques Monod hat Weinberg sich für den kosmischen Pessimismus als seinen Sinn entschieden.

Allerdings nicht ganz. Denn er findet Trost: „Doch wenn die Früchte unserer Forschung uns keinen Trost spenden, finden wir zumindest eine gewisse Ermutigung in der Forschung selbst. [...] Das Bestreben, das Universum zu verstehen, hebt das menschliche Leben ein wenig über eine Farce hinaus und verleiht ihm einen Hauch von tragischer Würde."[21] Tatsächlich ist Weinberg in diesen abschließenden Bemerkungen seines Buches *Die*

---

[19] Midgley, *Evolution*, 96, 157.

[20] Was Weinbergs Atheismus anbelangt, siehe seinen Artikel „Without God", *New York Review of Books*, 25. September 2008, 73–76. In diesem Artikel erörtert er mehrere Merkmale von Religion, die seiner Meinung nach zum Rückgang und möglichen Verschwinden religiöser Überzeugungen führen. Damals schrieb ich einen Brief an die *NYRB*, in dem ich zu verstehen gab, dass Weinberg in religiösen Fragen genauso sattelfest sei wie ich in theoretischer Physik. Sie entschieden sich, meinen Brief nicht zu veröffentlichen. Nachdem ich Weinbergs Artikel zur Vorbereitung dieses Kapitels noch einmal gelesen habe, muss ich ihnen recht geben. Der Artikel ist eine persönliche Erinnerung, keine wissenschaftliche Abhandlung und bei einem so angesehenen Mann der *NYRB* angemessen. Was das Universum angeht, war seine Sichtweise 2008 annähernd dieselbe wie 1977. Er schreibt: „Das wissenschaftliche Weltbild ist ziemlich schaurig", weil wir keinen „Sinn im Leben finden, der in der Natur selbst angelegt ist". Folglich lebe er sein Leben „auf Messers Schneide, zwischen Wunschdenken auf der einen Seite und Verzweiflung auf der anderen". Doch finde er Trost nicht nur in der Freude über seine Arbeit als Physiker, sondern auch in der Frühlingslandschaft New Englands und der Dichtkunst Shakespeares. Dennoch schließt er mit einer Art unnachgiebigem Stoizismus: „Es liegt eine gewisse Ehre – oder vielleicht auch nur eine makabre Befriedigung – darin, unserer Lage ohne Verzweiflung und ohne Wunschdenken ins Gesicht zu sehen – mit guter Laune, aber ohne Gott" (76).

[21] Weinberg, *Die ersten drei Minuten*, 212–213.

ersten drei Minuten (Wissenschaftler erlauben sich in ihren Schlussbemerkungen häufig rhetorische Ausrutscher, die höchst aufschlussreich sind) von der Wissenschaft als kulturellem System zur Religion als kulturellem System übergegangen und hat er die wissenschaftliche Praxis zu seiner Religion erklärt. Dagegen wäre nichts einzuwenden, wenn es nicht so herablassend gegenüber uns Übrigen wäre, die auf der Ebene der Farce verbleiben. Aber natürlich schließen Religionen häufig andere aus.[22]

Die Geschichte des Kosmos mag sehr viel einschüchternder sein als die Geschichte des Lebens, aber wäre es nicht möglich, gegenüber den kosmischen Pessimisten eine Position einzunehmen, die der Einstellung von Oliver Sacks zur biologischen Evolution nahekommt? Schließlich bestehen unsere Körper ausschließlich aus Entitäten, die auf die Elementarteilchen zurückgehen, die in der ersten hundertstel Sekunde nach dem Big Bang auftraten. Wir sind durchaus im wörtlichen Sinne Teil des Universums. Um dafür dankbar zu sein, dass das Universum immerhin zu uns geführt hat und dass wir über das Ganze nachdenken können, von dem wir ein Teil sind, ist der Gedanke nicht erforderlich, dass es einen intelligenten Designer gegeben hat, der uns im Sinn hatte. Dabei rede ich natürlich von einer „Weltanschauung" und nicht von Wissenschaft, aber ich glaube nicht, dass es so etwas wie eine „wissenschaftliche Weltanschauung" gibt, weil Wissenschaft keine weltanschaulich kulturelle Sphäre ist, auch wenn sie viele Weltanschauungen hervorbringt.

Frühes Leben auf der Erde

Wenn man erst einmal anfängt zu verstehen, wie das Universum aussah, in dem erstmals Leben auf der Erde entstand und das zu diesem Zeitpunkt bereits fast zehn Milliarden Jahre alt war, dann ist es nicht weiter verwun-

22 Midgley zitiert Marc Aurel, um ein etwas reiferes Verhältnis zum Universum zum Ausdruck zu bringen: „Mag die Welt ein Gewirr von Atomen oder ein geordnetes Ganzes sein, mein erster Grundsatz sei: Ich bin ein Teil des Ganzen und stehe unter der Herrschaft der Natur. […] Eingedenk des ersten Grundsatzes werde ich nicht unzufrieden sein, was mir auch für Anteil am Ganzen zugedacht ist. […] Darum nutze das Heute so wie du sollst, dann scheidet sich's leicht: wie die Olive, wenn sie reif geworden abfällt – preisend den Zweig, an dem sie hing, dankend dem Baum, der sie hervorgebracht!" *Des Kaisers Marcus Aurelius Antonius Selbstbetrachtungen*, 10.6 und 4.48, übers. v. Albert Wittstock, Leipzig: Reclam, 1949. Zitiert in Midgley, *Evolution*, 106. Dabei ist zu beachten, dass Marc Aurels Stoizismus von der Vorstellung ausging, die Welt bestehe aus Kreisläufen, die in Feuerstürmen enden, bevor sie wieder beginnen. Ich sollte vielleicht auch erwähnen, dass Marc Aurels Aussagen meine vorherige Bemerkung über die Freudlosigkeit des kosmischen Metanarrativs Lügen strafen.

derlich, dass wir den Ursprung des Lebens noch nicht vollständig verstehen. Die bloße Möglichkeit, über diese zu uns führende Geschichte nachzudenken, besteht erst seit etwas mehr als 150 Jahren, und diese Geschichte ist seither fast täglich ununterbrochen ergänzt worden, obwohl das Problem des Ursprungs des Lebens immer noch weit von seiner Lösung entfernt ist. Dieses und andere ungelöste Probleme führen diejenigen in Versuchung, die dazu neigen, das Eingreifen eines Schöpfers oder intelligenten Designers ins Feld zu führen, doch solche Hypothesen tragen lediglich dazu bei, die Zahl der Probleme, die erklärt werden müssen, um ein Vielfaches zu erhöhen.

Bevor wir freilich über wundersame Eingriffe nachzudenken beginnen, sollte dieses relativ neue Wissen uns sowohl erkennen lassen, dass wir Teil einer gigantischen kosmischen Geschichte sind, als auch, was für winzige und beschränkte Geschöpfe wir ihr gegenüber darstellen. Richard Dawkins, der wenn er nicht gerade Religions-Bashing betreibt, ein begnadeter Wissenschaftsautor ist, hat darauf hingewiesen, dass wir die Welt durch einen kleinen Spalt im elektromagnetischen Spektrum betrachten, dessen übriger Teil für uns im Dunkeln liegt und das von Funkwellen am langen Ende bis zu Gammastrahlen am kurzen Ende reicht. Andere Arten verfügen über etwas andere Fähigkeiten: Im Unterschied zu uns können einige Insekten zum Beispiel UV-Wellen sehen, sodass sie in einem „ultravioletten Garten“ leben, der für uns nicht sichtbar ist. Doch dies ist lediglich ein Indikator für unsere tiefgreifenden Beschränkungen:

> „Die Metapher des schmalen Lichtbandes, das sich zu einem ungeheuer breiten Spektrum erweitert, ist auch in anderen Bereichen der Naturwissenschaft nützlich. Wir leben ungefähr in der Mitte eines labyrinthartigen Museums der Größenordnung und sehen die Welt mit Sinnesorganen und einem Nervensystem, die so ausgelegt sind, dass wir nur einen kleinen, mittleren Größenbereich wahrnehmen und verstehen, und auch das nur, wenn die betreffenden Objekte sich mit mittlerer Geschwindigkeit bewegen. Wir sind vertraut mit Gegenständen in der Größenordnung zwischen einigen Kilometern (der Blick von einem Berggipfel) und einem Zehntelmillimeter (die Spitze einer Stecknadel). Außerhalb dieses Bereichs ist sogar unsere Fantasie mangelhaft: Wir müssen Instrumente oder die Mathematik zu Hilfe nehmen, deren Anwendung wir glücklicherweise erlernen können. Der Bereich von Größen, Entfernungen und Geschwindigkeiten, mit denen unsere Fantasie gut zurechtkommt, ist nur ein winziger Ausschnitt inmitten eines gewaltigen Spektrums der Möglichkeiten, von den quantenmechanischen Seltsamkeiten am unteren Ende bis zur Einstein'schen Kosmologie am oberen.“[23]

---

[23] Richard Dawkins, *Der Gotteswahn*, 6. Aufl., übers. v. Sebastian Vogel, Berlin: Ullstein, 2007 [2006], 504.

Dawkins zitiert J. B. S. Haldane, der Mitte des 20. Jahrhunderts ein großer Evolutionsbiologe war, mit den Worten: „Ich selbst habe nun den Verdacht, dass das Universum nicht nur seltsamer ist, als wir annehmen, sondern seltsamer, als wir überhaupt annehmen können. [...] Ich vermute, dass es mehr Dinge im Himmel und auf Erden gibt, als sich irgendeine Schulweisheit erträumt oder überhaupt erträumen kann."[24] Wenn Haldane recht damit hat, dass wir in einem sehr merkwürdigen Universum leben, sollte es uns nicht überraschen, dass sehr merkwürdige Dinge geschehen, ohne dass wir gleich eine Einmischung von außen vermuten müssen.

Eine besondere Merkwürdigkeit unseres Universums besteht darin, dass wir in ihm vorkommen. Eine Möglichkeit, auf planetarischer Ebene darüber nachzudenken, wird anthropisches Prinzip genannt. Es setzt bei dem einfachen, vom größeren Plan der Dinge aus aber erstaunlichen Umstand an, dass wir „uns hier auf der Erde [...] befinden".[25] Es gibt auf unserer Erde sehr viele Dinge, die diese unsere Existenz möglich machen, wie etwa das Vorhandensein von lebenswichtigem flüssigem Wasser, doch wenn die Umlaufbahn der Erde der Sonne näher wäre, würde dieses Wasser kochen, oder wenn sie weiter entfernt wäre, gefrieren. Außerdem musste die Umlaufbahn der Erde beinahe kreisförmig und nicht etwa stark elliptisch sein, denn sonst wäre unser Klima in manchen Jahreszeiten zu heiß zum Leben gewesen und in anderen Jahreszeiten zu kalt. Und wenn wir, wie Dawkins (gegen Monod und Weinberg) anführt, auf einem „freundlichen" Planeten leben, der für das Leben förderlich ist, dann leben wir auch in einem „freundlichen" Kosmos: „Die Physiker haben es genau berechnet: Wären die physikalischen Gesetze und Konstanten auch nur geringfügig anders, hätte sich das Universum so entwickelt, dass Leben nicht möglich gewesen wäre."[26] Doch selbst in Anbetracht eines Kosmos und eines Planeten, die dem Leben in einem tiefen Sinne „freundlich" gegenüberstehen, ist die Entstehung des Lebens als solchem noch außerordentlich merkwürdig. Um noch einmal Dawkins zu zitieren: „Die Entstehung des Lebens musste sich nur einmal ereignen. Deshalb können wir den Gedanken zulassen, dass es ein sehr unwahrscheinliches Ereignis war – [...] sogar um mehrere Größenordnungen unwahrscheinlicher, als den meisten Menschen klar ist."[27]

---

[24] Ebd., 505.
[25] Ebd., 189.
[26] Ebd., 199.
[27] Ebd., 188–189.

Sicher ist, dass das warme Meer vor 3,5 Milliarden Jahren eine Art von „chemischer Ursuppe" war, in der viele der Moleküle bereits vorkamen, aus denen sich Teile der einzelligen Organismen bilden konnten. Es gibt eine ganze Reihe von Theorien über das, was sich ereignen musste, bevor selbstreplizierende Organismen entstanden, und viele von ihnen sind plausibel. Bisher ist es in Laborexperimenten, die den Bedingungen nachempfunden wurden, aus denen das Leben in der Urzeit hervorging, nicht gelungen, Leben zu schaffen, was angesichts der Tatsache wenig verwunderlich ist, dass wir nicht genau wissen, woraus die chemische Ursuppe bestand und welche Bedingungen zu jener Zeit genau auf der Erde herrschten. Es gibt im Grunde zwei Möglichkeiten, das Problem des Ursprungs des Lebens zu formulieren. Eine hängt mit der statistischen Wahrscheinlichkeit zusammen, die ich bereits erwähnt habe. Unser Gespür für Wahrscheinlichkeit beruht auf einer Lebensdauer von weniger als einem Jahrhundert, und zwangsläufig denken wir innerhalb dieses Rahmens auf sinnvolle Weise über Wahrscheinlichkeiten nach. Doch wenn das Leben ungefähr eine halbe Milliarde Jahre, nachdem unser Planet sich gebildet hat, von sich aus in Erscheinung trat, ergibt sich eine völlig andere Wahrscheinlichkeitsspanne, sodass etwas, das sich extrem selten ereignet, trotzdem geschehen kann. Bei dieser Annäherungsweise an das Problem beruht die Erzeugung von Leben auf einem rein zufälligen Zusammentreffen genau der richtigen Variablen.

Ein anderer Ansatz wendet ein, dass völlig ungeplante Zufälligkeit als Erklärung für den Ursprung des Lebens selbst auf der höchsten kosmischen Ebene von Zufallswahrscheinlichkeit nur schwer vorstellbar ist. Dieser alternative Ansatz greift auf das Phänomen der Emergenz zurück, bei dem scheinbar chaotische Erscheinungen – wiederum unter genau den richtigen Umständen – die Möglichkeit von Selbstorganisation vorführen, wobei diese Umstände wahrscheinlicher sind als der reine Zufall. Eine Reihe von Menschen haben die Idee der Emergenz auf recht unterschiedliche Weise weiterverfolgt. Zum jetzigen Zeitpunkt ist noch kein Urteil gefallen, wie der Ursprung des Lebens zu erklären ist, aber sowohl die theoretische als auch die experimentelle Arbeit schreitet schnell voran, sodass wir sicherlich in Kürze mehr wissen werden. In jedem Fall ist die Emergenz von radikal Neuem ein wiederkehrendes Thema in der Evolutionstheorie und wir werden im Folgenden darauf zurückkommen.[28]

[28] Auch wenn ich nicht in der Lage bin, darüber zu urteilen, erscheint mir die Idee der Emergenz im Gegensatz zum reinen Zufall sehr attraktiv. Zu denen, welche die Idee der Emergenz weiterverfolgt haben, gehören Stuart Kauffman, *Der Öltropfen im Wasser: Chaos, Komplexität, Selbstorganisation in Natur und Gesellschaft*, übers. v.

Die älteste überlebende Lebensform auf der Erde, auch wenn ihr möglicherweise einfachere Formen vorangingen, sind die einzelligen Organismen, die man Prokaryoten nennt. Ihre DNA bewegt sich frei innerhalb der Zelle, nach Maßgabe der Befehle der DNA sammeln sich in den Ribosomen Proteine. Prokaryoten vermehren sich durch Zellteilung. Über eine Milliarde Jahre lang waren sie die einzigen Organismen, die es gab, bis ziemlich plötzlich vor 2,5 Milliarden Jahren Eukaryoten die Bühne betraten, die zwar immer noch Einzeller, aber wesentlich größer als Prokaryoten waren. Sie verfügen über einen Kern für die DNA und über eine Reihe von anderen komplexen Eigenschaften, zu denen auch neue Vermehrungsweisen gehören. Sowohl Prokaryoten als auch Eukaryoten hatten oftmals Schwänze, die sie beweglich machten. Die Unterteilung von Prokaryoten und Eukaryoten ist die Grundunterteilung aller Lebensformen, denn aus den Eukaryoten entwickelten sich mehrzellige Organismen. Alle mehrzelligen Organismen bestehen aus Zusammensetzungen von Eukaryoten und sind in einem nicht unwichtigen Sinne Eukaryoten, die sich in geringem Umfang und vor relativ kurzer Zeit von den sehr viel zahlreicheren, einzelligen Prokaryoten abgezweigt haben.

Kommen wir auf die Prokaryoten zurück, die häufig Bakterien genannt werden und als einzellige Mikroorganismen bisher die erfolgreichste Lebensform gewesen sind. Sie haben einen unschätzbaren Beitrag zu anderen Lebensformen geleistet: Nicht nur haben sie durch Photosynthese eine sauerstoffreiche Atmosphäre geschaffen, sie sind auch unverzichtbar für die Wiederverwertung von Nährstoffen, weil viele Schritte im Nährstoffkreislauf auf ihnen beruhen, für die Bindung des Stickstoffs aus der Atmosphäre und für Zersetzungsprozesse. Da die meisten von ihnen mikroskopisch klein sind, leben sie sowohl in Tieren und Pflanzen als auch selbstständig, und obwohl einige von ihnen Krankheiten verursachen können, spielen sie auch eine wichtige positive Rolle, wie bei der Förderung der menschlichen Verdauung. Dass einige von ihnen Krankheiten ver-

---

Thorsten Schmidt, München: Piper, 1996 [1995]; Harold J. Morowitz, *The Emergence of Everything: How the World Became Complex*, New York: Oxford University Press, 2002; und Terrence Deacon, „Emergence: The Hole at the Wheel's Hub", in: *The Re-Emergence of Emergence*, hrsg. v. Philip Clayton und Paul Davies, New York: Oxford University Press, 2006, 111–150. Ein weiteres Buch von Deacon entwickelt diese Idee weiter; siehe Terrence W. Deacon, *Incomplete Nature: How Mind Emerged from Matter*, New York; London: Norton, 2012. Zu einem früheren Zeitpunkt, als Emergenz als Thema gerade aufkam, wurde sie von George Herbert Mead, einem der Gründer der Soziologie, stark verteidigt. Siehe Mead, *Gesammelte Aufsätze*, Band 1 und 2, hrsg. v. Hans Joas, übers. v. Klaus Laermann, Hans Günter Holl, Frankfurt: Suhrkamp, 1980 und 1983 [1964], v. a. Band 1, 310 und Band 2, 337.

ursachen, hat den Bakterien einen schlechten Ruf eingetragen und denn auch in mehrzelligen Organismen, wie wir selbst es sind, zur Entwicklung von Immunsystemen geführt, die ihnen entgegenwirken. Diesbezüglich hat so etwas wie ein Wettrüsten eingesetzt, da sowohl Bakterien als auch Immunsysteme sich weiterentwickelten, um einander zu bekämpfen. Bekanntlich sind auch die Antibiotika, die unseren Körpern bei der Bekämpfung von Bakterien helfen, Teil eines solchen Wettrüstens. So wichtig all dies auch sein mag, sollte es uns nicht von dem Versuch abhalten, das bemerkenswerte Phänomen zu verstehen, das Bakterien darstellen.

Wir gefallen uns darin, uns als Menschen für die erfolgreichste biologische Spezies, unser Zeitalter für das „Zeitalter der Menschheit" oder zumindest für das „Zeitalter der Säugetiere" zu halten, obwohl wir tatsächlich, wie alle Lebewesen, seit vier Milliarden Jahren im „Zeitalter der Bakterien" leben, wie Stephen J. Gould es ausgedrückt hat. Bakterien sind „die Organismen, die nach allen evolutionären Standardkriterien in Bezug auf die biochemische Diversität, das Spektrum der Lebensräume, die Abwehr der Extinktion und möglicherweise sogar die Biomasse am Anfang, heute und wahrscheinlich immerdar (bis der Sonne der Brennstoff ausgeht) die vorherrschenden Geschöpfe auf der Erde waren, sind und sein werden." Und dann fährt Gould fort: „Im Grunde ist der Baum des Lebens ein Bakterienbusch. Zwei der drei Domänen [Bakterien und Archaeen] sind ausschließlich den Prokaryoten vorbehalten, während die drei Reiche der mehrzelligen Eukaryoten (Pflanzen, Tiere und Pilze) wie drei Abzweigungen am Terminus der dritten Domäne wirken."[29]

Wir müssen also nicht nur erfahren, dass unsere Sonne ein unbedeutender Stern in einer nicht besonders interessanten Galaxie ist, die kein Zentrum von irgendetwas bildet, sondern dass unsere Spezies, auf die wir zu Recht so stolz sind, auch keineswegs im Zentrum des biologischen Universums steht, dafür aber eine beträchtliche Gefahr für das Überleben eines Großteils dieses Universums darstellt – wohingegen Bakterien relativ sicher vor unseren verheerenden Raubzügen sind. Gould hat viel Mühe auf die Argumentation verwendet, dass der Trend der biologischen Evolution

---

[29] Stephen Jay Gould, *The Structure of Evolutionary Theory*, Cambridge, Mass.: Harvard University Press, 2002, 898; siehe die Grafik mit den drei Domänen, mit den drei kleinen Zweigen ganz rechts, 899. Archaeen sind die dritte Art einzelliger Organismen, die erst vor relativ kurzer Zeit entdeckt wurden und die für meine Zwecke ohne Probleme vernachlässigt werden können. Was eine vollständigere Behandlung der bemerkenswerten Eigenschaften von Bakterien und die Frage anbelangt, warum wir immer noch im „Zeitalter der Bakterien" leben, siehe Stephen Jay Gould, *Illusion Fortschritt: Die vielfältigen Wege der Evolution*, 2. Aufl., übers. v. Sebastian Vogel, Frankfurt: Fischer, 1998 [1996], v.a. 205–265.

eher in Richtung Diversität und Varietät geht als in die Richtung größerer Komplexität, die mit Blick auf das Leben im Ganzen lediglich eine randständige, unbedeutende Entwicklung sei.[30] Und es hat tatsächlich massive evolutionäre Entwicklungen in Richtung abnehmender Komplexität gegeben, etwa bei der großen Zahl von Parasitenarten, die normalerweise weniger komplex sind als ihre Vorfahren, nachdem sie Funktionen auf ihre Wirte übertragen haben. Gould wandelt Darwins Bild vom Lebensbaum häufig in einen Busch des Lebens ab, weil die weitverzweigten Äste eines Busches geringere Direktionalität aufweisen. Ich gestehe Gould gerne zu, unserem natürlichen Anthropozentrismus einen weiteren Schlag zu versetzen, aber ich glaube nicht – wie Gould im Übrigen auch nicht –, dass es sich nicht lohnt, unsere bloße Existenz und unsere Komplexität so sorgfältig wie möglich zu untersuchen. Wie weit draußen wir als Spezies auf dem rechten Außenfeld auch stehen mögen (Gould war ein großer Baseballfan), sind wir nun einmal die Spezies, die wir sind, und kommen wohl deshalb um den Versuch nicht herum, uns zu verstehen. Doch wie ich schon im Vorwort angemerkt habe, sind Dankesworte an die Bakterien durchaus angebracht: „Das Zeitalter der Bakterien verwandelte die Erde von einem mondähnlichen Kratergebiet aus amorphem Vulkangestein in einen fruchtbaren Planeten, auf dem wir zuhause sind."[31] Und damit wir diese winzigen, mit bloßem Auge nicht erkennbaren Organismen nicht unterschätzen, dürfen wir die außerordentlichen Fähigkeiten nicht vergessen, die sie besitzen.

Obwohl wir weiterhin von Bakterien umgeben sind und viele von ihnen in uns tragen (Schätzungen zufolge haben wir mehr Bakterien als eigene Zellen in uns, deren Zahl bei mindestens einer Billion und vielleicht noch sehr viel höher liegt), sollten wir auf die einzigen etwas komplexeren Organismen zurückkommen, aus denen wir letzten Endes bestehen: die Eukaryoten. Es stimmt zwar, dass Bakterien Kolonien bilden können, die man als Biofilm oder in der Umgangssprache auch als Schleim bezeichnet, und dass sie sich in Bezug auf ihre Zellstruktur in ihrem kollektiven Stadium leicht von ihrem Stadium als selbstständige Organismen unterscheiden, doch die meisten mehrzelligen Körper, und zwar auch die komplexeren, stammen von den Eukaryoten ab. Eukaryoten sind im Durchschnitt 100 bis 1000 Mal größer als Bakterien, sodass die größten von ihnen mit bloßem Auge gerade erkennbar sind. Im Vergleich zu den Prokaryoten

[30] Gould, *Illusion Fortschritt.*

[31] Christian, *Maps of Time*, 113, zitiert Lynn Margulis und Dorion Sagan, *Microcosmos: Four Billion Years of Microbial Evolution*, New York: Summit Books, 1986, 114.

stehen sie für eine beträchtliche Zunahme nicht nur der Größe, sondern auch der Komplexität: Sie haben einen Binnenkern, der die DNA enthält und das Ergebnis einer Art von Zellsymbiose ist. Da die äußere Oberfläche der Prokaryoten fest ist, war ihr Zusammenschluss zu einer neuen Form eine beachtliche Leistung. Es dauerte möglicherweise eine halbe Milliarde Jahre, bis aus den Meeren auf der frühen Erde Leben hervorging, aber es dauerte weitere 1,5 Milliarden Jahre, bevor die Eukaryoten entstanden.

Auch wenn wir Goulds strenge Ansichten über die Vorherrschaft der Prokaryoten und Eukaryoten und die Tatsache nicht aus den Augen verlieren, dass die sich aus sich ausdifferenzierenden Eukaryoten bildenden mehrzelligen Organismen nichts weiter als Zweige am Busch des Lebens sind, können wir trotzdem den bemerkenswerten Pfad, den diese Zweige eingeschlagen haben, und die Tatsache betrachten, dass einer von ihnen irgendwann zu uns führte. In ihrem Buch *Evolution: Prozesse, Mechanismen, Modelle* schildern John Maynard Smith und Eörs Szathmáry die oben erwähnte Entwicklung einzelliger Organismen; das Aufkommen geschlechtlicher Fortpflanzung bei den Eukaryoten; das Aufkommen mehrzelliger eukaryotischer Organismen, das die Differenzierung der Zellen nach sich zieht und zu den drei Hauptunterteilungen in Pilze, Pflanzen und Tiere führt; die Entwicklung von Mehrzellerkolonien, die bei einigen Insektengruppen nicht-reproduktive Kasten nach sich zieht; die Entwicklung von Primaten- und dann menschlichen Gesellschaften; und schließlich die Entwicklung der menschlichen Sprache.[32] Smith und Szathmáry erklären alle diese Wandlungen mit Hilfe der klassisch darwinistischen natürlichen Selektion.

Konservierte Kernprozesse

In ihrem Buch *Die Lösung von Darwins Dilemma* entwickeln Marc Kirschner und John Gerhart eine Auffassung der organismischen Steuerung der Variation, welche die klassische Sichtweise der natürlichen Selektion nicht bestreitet, sondern erweitert.[33] Weil ihr Fokus auf den Tieren liegt, werden sie uns der menschlichen Evolution als Hintergrund für das Verstehen von Religion näherbringen. Pilze und Pflanzen sind ungeheuer

---

[32] John Maynard Smith und Eörs Szathmáry, *Evolution: Prozesse, Mechanismen, Modelle*, übers. v. Ina Raschke, Heidelberg: Spektrum, 1996 [1995].
[33] Marc W. Kirschner und John C. Gerhart, *Die Lösung von Darwins Dilemma: Wie die Evolution komplexes Leben schafft*, übers. v. Monika Niehaus, Reinbek: Rowohlt, 2007 [2005].

erfolgreiche und in sich höchst interessante mehrzellige Lebensformen, aber nicht wesentlich für die Zwecke meiner Geschichte. Mein Versuch, Kirschners und Gerharts hochkomplexe Argumentation für die Zwecke dieses Buches zu übersetzen, wird notgedrungen zu starke Vereinfachungen vornehmen, deshalb würde ich dem Leser dringend empfehlen, dieses wichtige Buch zu Rate zu ziehen, anstatt sich auf meine Zusammenfassung zu verlassen.

Der Schlüssel zu Kirschners und Gerharts Argumentation ist die Idee der erleichterten Variation, die auf Seiten der Organismen eine sehr viel höhere Selektivität nach sich zieht, als die gewöhnliche Vorstellung von zufälliger Mutation nahelegt. Doch die erleichterte Variation ergibt nur Sinn im Zusammenhang mit dem anderen Schlüsselkonzept der Autoren: den konservierten Kernprozessen. Kirschner und Gerhart heben hervor, dass Mutationen nur in Organismen auftreten können, die bereits über Strukturen verfügen – bereits über Kernprozesse verfügen, die über lange Zeiträume in der Evolutionsgeschichte Bestand hatten –, und dass die unweigerlich zufälligen Mutationen abhängig davon übernommen oder verworfen werden, wie sie sich auf die konservierten Kernprozesse beziehen. Der vorrangige Beitrag des Buches besteht in der Verdeutlichung, wie konservierte Kernprozesse die Variation, soll heißen: die „erleichterte Variation", auf eine Weise fördern, dass es bei den Phänotypen zu neuen Entwicklungen kommt, ohne die Kontinuität der Kernprozesse zu untergraben. Dieser Auffassung zufolge verstärken Stabilität und Wandel einander, anstatt sich zu widersprechen.

Obwohl der Hauptbeitrag des Buches in der Ausbuchstabierung der erleichterten Variation auf zellbiologischer Ebene liegt, beruht seine Argumentation auf dem Begriff der konservierten Kernprozesse, deren Ursprung vollständig erklärt zu haben die Autoren keinen Anspruch erheben. Alles Leben ist eine Weiterentwicklung des ersten Kernprozesses, das heißt der Prokaryotenzelle. „Derjenige Kernprozess, dessen Ursprung am tiefsten im Dunkeln liegt, ist die Entstehung der ersten prokaryotischen Zelle. Die Neuartigkeit und Komplexität der Zelle geht so weit über alles Unbelebte in unserer heutigen Welt hinaus, dass wir ratlos vor der Frage stehen, wie so etwas möglich war."[34] Doch wie bei allen Kernprozessen hatte die Entstehung der Prokaryoten Folgen, die nach wie vor in allen lebendigen Organismen wirksam sind:

> „Die Chemie dieser Prozesse hat sich vor mindestens drei Milliarden Jahren entwickelt; die Komponenten und ihre Aktivitäten sind bis in unsere Tage unverändert bewahrt und von diesem Urahn an all seine Nachkommen weitergegeben

[34] Ebd., 347.

> worden. Das ist ein erstaunliches Niveau der Konservierung. Nach diesen Jahrmilliarden der Evolution sind viele Stoffwechselenzyme des Bakteriums *Escherichia coli* in ihrer Aminosäuresequenz noch immer zu mehr als 50 Prozent identisch mit den entsprechenden menschlichen Enzymen. So ist beispielsweise von 548 Stoffwechselenzymen, die man bei *Escherichia coli* findet, die Hälfte bei allen Lebensformen nachweisbar, während nur 13 Prozent für das Bakterium allein spezifisch ist.“[35]

Später auftretende Kernprozesse haben bestimmte Eigenschaften gemeinsam: Sie treten relativ plötzlich auf, sie gehen mit maßgeblichen Innovationen einher und bestehen nicht aus stückweisen Ablagerungen, sondern ziehen eine ganze Kaskade von Änderungen nach sich.[36] Nachdem sie einige Merkmale der Prokaryoten beschrieben haben, die in den Eukaryoten neu geordnet werden, schreiben Kirschner und Gerhart über das Auftreten des zweiten großen konservierten Kernprozesses, nämlich dem der einzelligen Eukaryoten vor 1,5 bis zwei Milliarden Jahren:

> „Diese Beispiele sprechen dafür, dass die großen Neuerfindungen bei Kernprozessen keine magischen Momente der Schöpfung waren, sondern Perioden intensiver Modifikation von Proteinstruktur und -funktion. Die Veränderungen wurden nicht durch erleichterte Variation der regulatorischen Art erreicht, die wir in diesem Buch beschrieben haben. Vielmehr veränderten bereits existierende Komponenten von Prokaryoten im Verlauf großer Innovationswellen ihre Proteinstruktur und -funktion in grundlegender Weise und erzeugten so die Komponenten neuer Kernprozesse der eukaryotischen Zelle.“[37]

Kirschner und Gerhart beschreiben „eine Zeitspanne rascher Remodulierung“, die gewaltige Innovationen mit sich brachte, die nicht „magisch“ sind, sondern ganz einfach nicht der Logik der erleichterten Variation folgen, die im Mittelpunkt ihres Buches steht. Und wie bei den Prokaryoten bestehen die neuen Kernprozesse, die aus diesem Wandel hervorgehen, wiederum mit bemerkenswerter Stabilität in allen nachfolgenden, auch in den mehrzelligen Eukaryoten weiter, das heißt in Pilzen, Pflanzen und Tieren – und natürlich uns. Ihre Beschreibung der Abfolge der Merkmale, die sie in Anführungszeichen als „Erfindung“ der eukaryotischen Zellen bezeichnen, lautet wie folgt: „Das erstaunlichste Merkmal eukaryotischer Zellen ist ihre Größe und Komplexität. Sie sind hundert- oder gar tausendmal größer als Bakterienzellen und besitzen zahlreiche innere Membranen, die kleine Kompartimente oder Organellen (‚kleine Organe‘) abteilen, welche spezielle Aufgaben übernehmen.“[38]

---

[35] Ebd., 75.
[36] Ebd., 348–349.
[37] Ebd., 345.
[38] Ebd., 79–80 und 346.

Die nächsten „Hinweise auf echte Neuheit“ stammen aus der Zeit vor vielleicht einer Milliarde Jahren, als „erstmals vielzellige Eukaryoten einschließlich der Tiere aufkamen“. Auch hier erleben wir wieder das Auftreten neuer konservierter Kernprozesse: „Ein kontrolliertes Flüssigkeitsmilieu innerhalb eines vielzelligen epithelialen Organismus war eine Neuheit, die die Kommunikation zwischen den Zellen mittels abgesonderter und empfangener Signale verbesserte.“ Dies lief bei Pilzen, Pflanzen und Tieren jeweils anders ab, aber schon allein in Bezug auf die Tiere schreiben sie: „Das kontrollierte innere Milieu der Tiere muss jedoch den Rahmen für die Ausarbeitung eines stark erweiterten Satzes von Signalen und Rezeptoren geliefert haben und Tiere haben in der Tat viele Formen von Zell-Zell-Signalgebung entwickelt.“ Diese Fähigkeit zur Signalgebung führt zur Entwicklung differenzierter Zelltypen, wie etwa die für Blut, Muskeln und Nerven. „Die Evolution differenzierter Zellen war eine regulatorische Errungenschaft, bei der neue Platzierungen und erhöhte Mengen an alten Komponenten eine Rolle spielten. Einmal entstanden, wurden viele dieser Zelltypen in der [tierischen] Metazoenevolution konserviert, von der Qualle bis zum Menschen.“[39]

Der nächste und letzte Satz konservierter Kernprozesse in Kirschners und Gerharts Analyse hat mit der Entstehung der Körperbaupläne von Tieren zu tun: „Vor 600 Millionen Jahren gab es wahrscheinlich bereits recht komplexe Tiere: verzweigte Schwämme, radiärsymmetrische Tiere wie die Quallen und die ersten kleinen bilateralsymmetrischen Tiere (die wie wir eine rechte und eine spiegelbildliche linke Seite aufweisen), vermutlich recht wurmartige Formen, die versteinerte Spuren ihrer Bauten im schlammigen Meeresboden hinterließen. [...] Dieses wurmähnliche Tier war möglicherweise der Vorfahr aller modernen bilateralen Tiere (Bilateria).“ Doch dann tauchten vor rund 500 Millionen Jahren

> „ziemlich plötzlich diverse makroskopische anatomische Baupläne auf der kambrischen Bühne auf. Fossilfunden zufolge (vor allem im Burgess-Schiefer in Kanada und in der Chengjiang-Formation in China) waren – von einer Ausnahme abgesehen – Vertreter sämtlicher dreißig modernen Tierstämme präsent. [...] Das abrupte Auftauchen so vieler komplexer Baupläne könnte eine Folge besonderer Fossilisierungsumstände zu jener Zeit sein oder irgendeiner Umweltbedingung, die große und komplexere Tiere begünstigte, oder sie könnte das Ergebnis eines Durchbruchs bei der regulatorischen Kontrolle auf zellulärer Ebene sein. Wieder einmal tauchte eine neue Folge von zellulären und multizellulären Funktionen ziemlich rasch auf und wurde bis in die Gegenwart konserviert.“[40]

[39] Ebd., 83–86.
[40] Ebd., 86–87.

Es ist nicht nötig, die tierischen Körperbaupläne in ihren Einzelheiten zu beschreiben. Die meisten von ihnen haben bestimmte Merkmale gemeinsam, wie etwa einen Mund vorn und einen Anus hinten, dazwischen eine Art Verdauungstrakt, eine Art Herz-Kreislauf-System, zumindest Ansätze von Nervenbahnen und so weiter. Aber es ist bemerkenswert, dass ein Stamm, der Merkmale mit unserem eigenen Stamm der Wirbeltiere teilt, wie Köpfe, häufig auch Augen und so weiter, auch wenn einige dieser Merkmale sich unabhängig voneinander entwickelt haben, besonders erfolgreich gewesen ist, nämlich die Gliederfüßer. Damit wir nicht versucht sind, unsere eigene Wirbeltierklasse im Unterstamm der Wirbeltiere zu hoch einzuschätzen, erinnert Stephen Gould uns daran, dass „Säugetiere nur eine kleine Gruppe mit 4000 Arten sind, während insgesamt fast eine Million vielzelliger Tiere einen offiziellen biologischen Namen tragen. Da es sich bei über 80 Prozent dieser Million um Gliederfüßer handelt und da die allermeisten Gliederfüßer Insekten sind, bezeichnen dieselben aufgeklärten Leute die Jetztzeit auch gern als ‚Zeitalter der Gliederfüßer'."[41] Und der Wikipedia-Artikel über „Krebstiere" macht darauf aufmerksam, dass die Krebstiere zu den erfolgreichsten Tieren gehören und in den Meeren genauso zahlreich vertreten seien wie die Insekten an Land. Nach den enorm erfolgreichen einzelligen Organismen haben sich so die Gliederfüßer bei den mehrzelligen Organismen in einer unübersehbaren Vielfalt von Arten am erfolgreichsten verbreitet, deren Biomasse bedeutend höher ist als bei den Säugetieren.

Über die Körperbaupläne, die eine außergewöhnliche Langlebigkeit und Kreativität bei der Hervorbringung von Variationen aufweisen, schreiben Kirschner und Gerhart: „Auch wenn der Körperbauplan eine anatomische Struktur ist, spielt er eine zentrale Rolle bei der Entwicklung und sollte ebenfalls als konservierter Kernprozess bezeichnet werden. Er verbindet konservierte Prozesse wie Stoffwechsel (Metabolismus) sowie andere biochemische Mechanismen, eukaryotische Zellprozesse und die multizellulären Entwicklungsvorgänge, um die Palette konservierter Prozesse der Bilateria zu schaffen."[42] Und zusammenfassend schreiben sie:

> „Wenn wir den Weg vom bakterienähnlichen Vorfahren in Richtung Mensch verfolgen, finden wir wiederholt Episoden, in denen bedeutende Neuerungen auftreten. In jeder Episode entstanden neue Gene und Proteine. Anschließend richteten sich die Komponenten und Prozesse in einer langen Konservierungsphase ein. Die Existenz einer ‚phylogenetisch alten Konservierung' ist eine Überraschung. Für einige Biologen steht dieses Phänomen im Widerspruch zu der Annahme, Orga-

[41] Gould, *Illusion Fortschritt*, 215.

[42] Kirschner und Gerhart, *Die Lösung von Darwins Dilemma*, 92.

> nismen könnten aus zufälliger Mutation zufällige phänotypische Variationen erzeugen. Im Lichte der zügellosen Diversifikation von Anatomie und Physiologie in der evolutionären Geschichte der Tiere betrachtet, grenzt diese Konservierung für einige gar schon ans Paradoxe."[43]

Doch Kirschner und Gerhart wollen ja gerade darauf hinaus, dass zufällige Mutationen zwar für die Hervorbringung von Variationen unverzichtbar sind, aber keinesfalls allein durch die Erzeugung von genetischen Veränderungen wirksam werden. Entgegen der landläufigen, von einigen Wissenschaftsautoren bestärkten Meinung sind die Gene keine kleinen Homunkuli, die als „Replikatoren" ihren Sitz in den Chromosomen haben und die als „schwerfällige Roboter" betrachteten Organismen „durch Fernsteuerung [...] manipulieren".[44] Vielmehr erfolgen die Mutationen in Phänotypen, die von konservierten Kernprozessen organisiert werden, welche in der Lage sind, ohne merkliche Brüche wirkungsvolle und häufig ziemlich beachtliche Veränderungen hervorzubringen.

Organismen sind keine schwerfälligen Roboter, sondern spielen eine aktive Rolle im evolutionären Prozess, ja sogar bei der Evolution der Evoluierbarkeit im Sinne von Entwicklungsfähigkeit. Kirschner und Gerhart fassen zusammen:

> „Auf der Seite der Schaffung phänotypischer Variation glauben wir, dass der Organismus tatsächlich an seiner eigenen Evolution beteiligt ist und dies mit einer Ausrichtung, die mit seiner langen Geschichte von Variation und Selektion in Beziehung steht. Zusammen mit unserem bereits recht weit fortgeschrittenen Verständnis von natürlicher Selektion und Vererbung vervollständigt erleichterte Variation das Bild, das wir uns von allgemeinen Evolutionsprozessen machen; vor allem gilt dies für die Vielzahl der Metazoen."[45]

---

[43] Ebd., 99.

[44] Richard Dawkins, *Das egoistische Gen*, übers. v. Karin de Sousa Ferreira, Heidelberg: Spektrum Akademischer Verlag, 2007 [1989], 63.

[45] Kirschner und Gerhart, *Die Lösung von Darwins Dilemma*, 342. Die Arbeit einer anderen Evolutionsbiologin, Mary Jane West-Eberhard, ergänzt jene von Kirschner und Gerhart. Wie diese betont sie die Rolle des Organismus (Phänotyps) bei seiner eigenen Evolution: „Innerhalb der adaptiven Evolution betrachte ich Gene als Mitläufer, nicht als Anführer. Zahlreiche Nachweise zeigen, dass phänotypische Novitäten größtenteils das Produkt einer Neuorganisation sind und nicht von innovativen Genen. Selbst wenn diese Neuorganisation durch eine Mutation, also durch ein sich stark auf die Regulation auswirkendes Gen initiiert wurde, würde die Selektion zu einer genetischen Anpassung führen, d. h. zu einem genetischen Wandel, der auf den neu organisierten Zustand des Phänotyps folgt und von diesem gelenkt wird. Manche Autoren haben dieses Muster bezeichnet als ‚Phänotyp geht vor Genotyp'." West-Eberhard, „Developmental Plasticity and the Origin of Species Differences", in: *Proceedings of the National Academy of Sciences USA* 102, Suppl. 1 (2005), 6547. Siehe

Gegen Ende ihres Buches werfen Kirschner und Gerhart die Frage auf, ob sich ihre Analyse über die Biologie hinaus verallgemeinern lässt. Auch wenn sie die Gefahren früherer biologischer Analogien sehen, schlagen sie doch einen Weg vor, wie ihre Analyse auch für das vorliegende Buch über religiöse Evolution von Nutzen sein könnte:

> „Zumindest ruft eine Analyse der Evoluierbarkeit durch erleichterte Variation andere Metaphern hervor, als es der Sozialdarwinismus tut, der nicht Variation, sondern die selektiven Bedingungen betont. Geschichte ist nicht nur ein Produkt der Selektion, bestimmt durch äußere Umwelt oder Konkurrenz; darin geht es auch um die grundlegende Struktur und Entwicklung der Gesellschaften. Sie schließt deren Organisationen, deren Fähigkeit, sich anzupassen und zu erneuern, und vielleicht sogar deren Fähigkeit, verborgene Variation und Vielfalt zu beherbergen, ein.“[46]

Laut Merlin Donalds Entwurf von kultureller Evolution, den ich im Vorwort erwähnt habe und auf den ich weiter unten näher eingehen werde, zieht diese sukzessive die Entstehung von mimetischer, mythischer und theoretischer Kultur nach sich.[47] Möglicherweise ist jede von ihnen ein „konservierter Kernprozess“, der nicht verlorengeht, obwohl er im Lichte neuer Kernprozesse neu organisiert wird, die jeweils die adaptive und innovative Variation vorantreiben, aber alle für die kulturelle Integrität unverzichtbar sind. Diese Aussage kommt dem zentralen Argument dieses Buches sehr nahe.

Nebenher sei angemerkt, dass sogar Kirschner und Gerhart in ihrer neuartigen und anspruchsvollen Analyse von Konservierung und Variation nicht an der Frage der Religion vorbeikommen. Am Anfang ihres Buches beziehen sie sich sogar auf William Paleys *Natürliche Theologie* von 1809, in der dieser die Analogie vom Finden einer Uhr auf der Heide und dem Wissen entwickelt, dass ein so komplizierter Mechanismus einen Schöpfer haben muss – was den Beweis erbringt, dass der Regenwurm und die Lerche ebenfalls einen Schöpfer gehabt haben müssen, und später Kreationismus genannt werden wird. Unsere Autoren weisen darauf hin, dass die Uhren-Analogie hinkt: Uhren können von einem Schöpfer „gemacht“, in ihre Teile zerlegt und wieder zusammengesetzt werden, aber Organismen wachsen und sie sterben, wenn man sie zerlegt. Als er den Gedanken entwickelte, dass alles Leben aus demselben Anfang stammt und sich durch

---

auch ihre Monographie *Developmental Plasticity and Evolution*, New York: Oxford University Press, 2003.

[46] Kirschner und Gerhart, *Die Lösung von Darwins Dilemma*, 357.

[47] Merlin Donald, *Origins of the Modern Mind: Three Stages in the Evolution of Culture and Cognition*, Cambridge, Mass.: Harvard University Press, 1991.

natürliche Selektion wandelt, hatte Darwin Paley im Sinn.[48] Doch am Ende ihres Buches kommen die Autoren „auf die Heide zurück“ und stellen sich eine Nachfahrin Paleys vor, die in moderner Biologie ausgebildet ist und die, wenn sie in der Lage wären, sich zu unterhalten, ihrem Vorfahr erklären könnte, warum die Uhren-Analogie nicht funktioniert und wie wir die Evolution von Organismen für sich genommen verstehen können, ohne auf externe Einmischung zurückgreifen zu müssen. Doch die Autoren möchten die Frage des Glaubens gar nicht ausklammern; sie möchten nur, dass ihre junge Nachfahrin ihrem Vorfahr erklärt, dass wir mittlerweile „diese Linie zwischen Glauben und Wissenschaft [...] an einer anderen Stelle [ziehen müssen], einer Stelle, die im Lichte des modernen Verständnisses besser zu verteidigen ist“.[49] Auch wo ich es gar nicht erwartet hatte, taucht das Verhältnis von Wissenschaft und Religion anscheinend wieder und wieder in den Schriften der Wissenschaftler auf, die ich untersucht habe. In einem späteren Teil dieses Kapitels werde ich zusammenfassen, was ich mehr oder weniger unfreiwillig im Hinblick auf die vielen verschiedenen Weisen herausgefunden habe, wie Wissenschaftler in letzter Zeit im Zusammenhang mit ihrer eigenen Arbeit über Religion nachgedacht haben.

Die Evolution neuer Fähigkeiten

Wo Maynard Smith und Szathmáry „Übergänge“ beschreiben und Kirschner und Gerhart „konservierte Kernprozesse“, ist in beiden Fällen die Rede vom Erwerb neuer Fähigkeiten. Aufgrund seiner Gegnerschaft gegen den Fortschrittsgedanken in der Evolutionsgeschichte und seiner Unzufriedenheit mit der Rede von höheren und niedereren Lebensformen zitiert Stephen Jay Gould aus ganz ähnlichen Gründen Darwin. Dabei hebt er hervor, dass Darwin das Wort „Evolution“ lange Zeit vermieden und es vorgezogen habe, stattdessen von „natürlicher Selektion“ zu sprechen, weil „Evolution“ automatisch die Bedeutung von Fortschritt habe, wie am Fall von Herbert Spencer so deutlich erkennbar sei. In *Die Entstehung der Arten* nennt Darwin den fortschrittlichen Wandel eine vage und schlecht definierte „allgemeine Annahme“ unter Paläontologen.[50] Er lässt

---

[48] Kirschner und Gerhard, *Die Lösung von Darwins Dilemma*, 367–368.

[49] Ebd., 369–370.

[50] Charles Darwin, *Die Entstehung der Arten*, kommentierte und illustrierte Ausgabe, hrsg. v. Paul Wrede, übers. v. Julius Carus, Weinheim: Wiley-VCH, 2013 [1859], 289. Der einschlägige Satz lautet: „Die Bewohner der Erde aus einer jeden

den Fortschrittsgedanken nur in dem Sinne gelten, dass Nachkommen aufgrund der allmählichen Häufung vieler kleiner Verbesserungen besser an ihre Umwelt angepasst und deshalb überlebensfähiger seien als ihre Vorfahren, obwohl auch sie aller Wahrscheinlichkeit nach aussterben würden. Anscheinend hat Darwin der Gedanke beunruhigt, dass irgendeine andere Kraft als das langsame Wirken der natürlichen Selektion für Fortschritt sorgen könnte.[51] Doch vielleicht ist es möglich, vom Erwerb neuer Fähigkeiten – obwohl sie erworben worden sind – als einer einfachen evolutionsgeschichtlichen Tatsache zu sprechen, ohne eine metaphysische Richtung zu unterstellen und ohne zu verkennen, dass das Übergewicht der Bakterien in der heutigen Welt nicht nur ihre Angepasstheit [*fitness*], sondern ihre eigene Art von Fortschritt, nämlich ihre Fähigkeit unter Beweis stellt, sich einer ganz erstaunlichen Bandbreite von Umgebungen anzupassen. Sie haben die Fähigkeiten, über die sie verfügen, hervorragend genutzt und hatten keinen Bedarf für die sich später entwickelnden Fähigkeiten.

Wenn wir an dem Punkt von Kirschners und Gerharts letztem konservierten Kernprozess anknüpfen, also bei den Körperbauplänen von Tieren als Zweigen am Busch des Lebens, für die wir nun einmal großes Interesse hegen, dann stellen wir fest, dass die Körperbaupläne von Reptilien und Säugetieren sich in der Frühgeschichte anscheinend sehr ähnlich waren. Die frühesten Jahre der Reptilien und Säugetiere vor ungefähr 320 Millionen Jahren sind nicht ganz eindeutig. In einigen Klassifizierungen werden die Säugetiere als frühe Nachfahren der Reptilien eingestuft, wohingegen andere sowohl Reptilien als auch Säugetiere als mehr oder weniger gleichzeitige Abzweigungen von den Amnioten betrachten. In jedem Fall zeigt die Frühgeschichte der Reptilien und Säugetiere eine klare Vorherrschaft der Reptilien. Große Reptilien überwogen im Zeitalter des Perm (vor 290–250 Millionen Jahren), wurden aber während des größten bekannten massenhaften Aussterbens, der sogenannten Perm-Trias-Grenze, fast vollständig ausgerottet. Doch die Reptilien erlebten ein Comeback: Wie jedes Schulkind weiß, folgte das „Zeitalter der Dinosaurier" auf dem Fuße. Bis die Kreide-Tertiär-Grenze sie mit Ausnahme ihrer Nachfahren, der Vögel, allesamt auslöschte, waren die Dinosaurier von der späten Trias (vor etwa

---

der aufeinanderfolgenden Perioden ihrer Geschichte haben ihre Vorgänger im Kampf ums Dasein besiegt und stehen insofern auf einer höheren Vollkommenheitsstufe als diese, und ihr Körperbau ist im Allgemeinen mehr spezialisiert worden; dies kann die allgemeine Annahme so vieler Paläontologen erklären, dass die Organisation im Ganzen fortgeschritten sei."

[51] Gould setzt sich mit Darwins mehrdeutigem, ambivalentem Standpunkt gegenüber dem Fortschritt am ausführlichsten auseinander in *The Structure of Evolutionary Theory*, 475–479.

230 Millionen Jahren) bis zum Ende der Kreidezeit (vor etwa 65 Millionen Jahren) die dominanten Landtiere.

In seinem beherzten Kampf gegen den Anthropozentrismus hat Stephen Jay Gould die Frage aufgeworfen, warum die Säugetiere, wenn sie den Reptilien so überlegen waren, wie vielfach behauptet wird, vom Perm bis zum Ende der Kreidezeit kleine, nagetierartige Geschöpfe geblieben sind, während die Reptilien eine ungeheure Vielfalt ausbildeten, zu der die größten Geschöpfe gehörten, die je auf der Erde gelebt haben. Selbst wenn Säugetiere Warmblüter und deshalb wahrscheinlich schneller als Reptilien waren und im Vergleich zur Körpermasse über ein erheblich größeres Gehirn verfügten als Reptilien, hatten sie dafür anscheinend lange Zeit nicht besonders viel vorzuweisen. Wenn das Aussterben an der Kreide-Tertiär-Grenze vor etwa 65 Millionen Jahren nicht gewesen wäre, schreibt Gould, würden wir (weil wir Säugetiere sind, sprechen wir von unseren Vorfahren als „wir“) wahrscheinlich bis heute mit sehr viel größeren Reptilien koexistieren oder besser gesagt: um ihre Füße herumwuseln, oder es würde uns gar nicht geben, wenn wir das „Wir“ auf menschliche Wesen beschränken.[52] Erst als die wirklich großen Reptilien (Dinosaurier) ausgelöscht wurden, kamen die Säugetiere zu ihrem Recht und bildeten sie die Megafauna der jüngeren Vergangenheit.

An dieser Stelle könnte ein Warnhinweis angebracht sein. Größe mag neue Fähigkeiten ermöglichen, aber Größe macht auch schutzlos. Die Säugetiere (und Vögel) waren klein und genauso wie kleine Reptilien wie zum Beispiel Schlangen, Eidechsen und Schildkröten erwiesen sie sich als funktionsfähig genug, um die Kreide-Tertiär-Grenze zu überleben, was natürlich auch für die einzelligen Organismen gilt. Für gewöhnlich zählen wir die Menschen nicht zur Megafauna, aber wenn man das Leben als Ganzes betrachtet, gehören wir gleichwohl zu den größeren Lebewesen und sind deshalb mit Sicherheit im Fall einer eintretenden Katastrophe vom Aussterben bedroht. Megafauna wird unterschiedlich definiert, doch häufig findet der Ausdruck Verwendung für Tiere, die mehr als 100 Pfund wiegen, und er wird weithin für Tiere benutzt, die größer sind als Menschen. Das tut weh!

---

[52] Gould weist darauf hin, dass während des massenhaften Aussterbens an der Kreide-Tertiär-Grenze „mehrere Tiergruppen ohne selbst verschuldete Anpassungsfehler ausstarben, wohingegen Geschöpfe sich aufgrund zufälliger Exaptation als erfolgreich erwiesen, die während der langen Herrschaft der Dinosaurier gelebt und zu dieser Zeit niemals Anstalten gemacht hatten, eine der erfolgreichsten Wirbeltiergruppen innerhalb der Geschichte des Lebens zu verdrängen oder auch nur die Herrschaft mit ihr zu teilen.“ Ebd., 1332.

Obwohl wir uns hier in erster Linie mit der Entwicklung der Säugetiere vor allem seit der Kreide-Tertiär-Grenze vor 65 Millionen Jahren beschäftigen werden, müssen wir kurz auf die Vögel eingehen, weil die Vögel teilweise ganz unabhängig von den Säugetieren dieselben Fähigkeiten entwickelt haben wie sie. Die Vögel spalteten sich im Jurazeitalter, also schätzungsweise vor 200 bis 150 Millionen Jahren von den Dinosauriern ab. Von ihren Erbanlagen her könnte man sie weiterhin Dinosaurier nennen – die einzigen Dinosaurier, die das Aussterben an der Kreide-Tertiär-Grenze überlebt haben. Sie stellen eine überaus erfolgreiche Tierklasse dar, die aus ungefähr 10.000 auf allen Kontinenten und in allen Regionen des Globus lebenden Arten besteht. Wie Säugetiere sind sie Warmblüter mit einem schnellen Stoffwechsel; um ihre Körpertemperatur und ihre Lebensgeister aufrechtzuerhalten, müssen sie große Mengen an Nahrung zu sich nehmen. Im Verhältnis zu ihrer Körpergröße haben sie große Gehirne, und einige von ihnen sind ziemlich intelligent – manche Krähen basteln sogar Werkzeuge. Wie ein Großteil der Säugetiere sorgen die meisten von ihnen für ihre Jungen, indem sie vor dem Eierlegen Nester bauen, mit Hilfe der eigenen Körpertemperatur die Eier warmhalten und ihre häufig hilflosen Küken füttern, bis sie sich selbst versorgen können. Die meisten Vogelarten leben sozial monogam, häufig, möglicherweise sogar häufiger als bei den Säugetieren, kümmern sich die Eltern gemeinsam um die Eier und die Küken. Sie verfügen über stimmliche Fähigkeiten, die von nur ganz wenigen anderen Arten übertroffen werden, und sie verwenden komplexe optische und akustische Signale. Obwohl die Untersuchung der Emotionen von Tieren schwierig und umstritten ist, scheinen Vögel wie nur wenige andere Arten die Fähigkeit zu Emotionen mit den Säugetieren zu teilen.

Anders als Reptilien, aber genauso wie Vögel sind Säugetiere Warmblüter, was heißt, dass sie Regionen bewohnen können, die so kalt sind, dass Reptilien in ihnen nicht überleben würden. Die meisten Säugetiere haben außerdem Haare oder Fell, was ihr Überleben in kalten Klimazonen möglich macht. Das englische Wort für Säugetier, *mammal*, geht auf *mammary glands*, also auf die Milchdrüsen zurück, die allem Anschein nach spezifisch für Säugetiere sind. Bei den Weibchen der jeweiligen Art erzeugen diese Drüsen Milch für die Jungen, die lebend zur Welt kommen. Sogar die Überlebenden einer sehr frühen Säugetierlinie, die Kloakentiere, die sich durch das Legen von Eiern fortpflanzen, haben Milchdrüsen, deren Zweck nicht geklärt ist. Beuteltiere bringen lebende Junge zur Welt, aber diese werden im Beutel ihrer Mutter untergebracht, bis sie alleine zurechtkommen. Man nennt die große Mehrheit der Säugetiere plazentar, weil die Embryos sich im Körper der Mutter mit Hilfe einer Plazenta entwickeln. Alle plazentaren Neugeborenen müssen von ihrer Mutter oder einem anderen Weibchen gesäugt werden, wenn sie überleben sollen, aber es besteht ein Unterschied zwischen Nestflüchtern, bei denen die Jungen zum Zeitpunkt ihrer Geburt relativ reif und beweglich sind, und Nesthockern, bei denen die Jungen hilflos geboren werden. Derselbe Unterschied lässt sich bei den Vögeln beobachten: Es gibt einige Vogelarten, bei denen die Küken sich ihren Weg aus dem Ei freipicken und auf eigenen Füßen stehen können, doch bei den meisten ist ein gewisser Grad an Fürsorge erforderlich, die sich in manchen Fällen ziemlich lange hinziehen kann.

Ich möchte mein Augenmerk auf die Brutpflege als einer Fähigkeit richten, die mit mehreren anderen, über ein enormes Potenzial verfügenden Entwicklungsschritten korreliert, wie Sarah Hrdy dargelegt hat. Um nur einige zu nennen: wachsende Intelligenz, Geselligkeit und das Vermögen, die Gefühle der anderen zu verstehen.[53] Im Zusammenhang mit diesem Komplex steht das, was Frans de Waal „Ko-Emergenz-Hypothese" nennt. Bezeichnet wird damit die an einem bestimmten Zeitpunkt der menschlichen Kindheit erstmals auftretende Fähigkeit, sich selbst in einem Spiegel wiederzuerkennen und so im selben Moment über ein Gefühl für die eigene „Stellung in der Welt" zu verfügen, wie das Kind fähig wird zu verstehen, dass die anderen, obwohl sie vom eigenen Ich getrennt sind, dieselbe Art von Empfindungen haben wie man selbst, sodass man auf der Empfindungsebene auf sie reagieren kann, was de Waal „höher entwickelte Empathie" nennt.[54] Doch damit will de Waal nicht sagen, dass diese miteinander zusammenhängenden Fähigkeiten notwendig zum selben Zeitpunkt in der Evolutionsgeschichte entstanden sind oder sich auf Menschen beschränken:

> „Wir gehören einer kleinen zerebralen Elite an, die sich auf einer höheren geistigen Ebene befindet als die große Mehrheit der Tiere. Angehörige dieser Elite haben ein klareres Verständnis für ihre Stellung in der Welt und ein genaueres Urteil über das Leben anderer in ihrer Umgebung. Doch so schlüssig die Geschichte sein mag, ich bin grundsätzlich skeptisch gegenüber scharfen Trennungslinien. Ebenso wie ich nicht an eine geistige Kluft zwischen Menschen und Menschenaffen glaube, kann ich mir nicht vorstellen, dass beispielsweise Tieraffen und Hunde keine, absolut keine der oben erörterten Fähigkeiten besitzen sollen. Es ist einfach nicht denkbar, dass sich Perspektivenübernahmen und Selbstwahrnehmung mit einem einzigen Sprung bei einigen wenigen Arten entwickelt haben, ohne dass es Vorstufen bei anderen Tieren gab."[55]

---

[53] Sarah Blaffer Hrdy, *Mütter und Andere: Wie die Evolution uns zu sozialen Wesen gemacht hat*, übers. v. Thorsten Schmidt, Berlin: Berlin Verl., 2010 [2009].

[54] Frans de Waal, *Das Prinzip Empathie: Was wir von der Natur für eine bessere Gesellschaft lernen können*, übers. v. Hainer Kober, Darmstadt: wbg, 2011 [2009], 163.

[55] Ebd., 183.

Um de Waals Ko-Emergenz-Hypothese auf die Brutpflege zurückzuführen, sollte man sich ansehen, was er zum Ursprung von Empathie zu sagen hat:

> „[...] dass sie [Empathie] weit in die Stammesgeschichte zurückreicht, weiter als die Ursprünge unserer Art. Es begann wahrscheinlich mit der Entstehung der Brutpflege. In 200 Millionen Jahren Säugetierevolution hatten Weibchen, die sensibel auf ihre Nachkommen eingingen, größeren Reproduktionserfolg als Weibchen, die kalt und distanziert waren. Wenn Welpen, Jungfüchse, Kälber oder Babys unterkühlt, hungrig oder in Gefahr sind, müssen ihr Mütter augenblicklich reagieren. Auf dieser Sensibilität dürfte ein enormer Selektionsdruck gelegen haben: Weibchen, die nicht reagierten, konnten ihre Gene nicht weitergeben.“[56]

Sarah Hrdy merkt an, dass ein gewisser Grad an gewöhnlich von den Müttern, aber gelegentlich auch von Vätern ausgeübter Brutpflege auch bei Fischen, Tintenfischen, Krokodilen und Klapperschlangen vorkommen kann. Dazu schreibt sie: „Wo immer sich elterliche Jungenfürsorge entwickelte, markierte sie einen Wendepunkt in der Art und Weise, wie Tiere andere Individuen wahrnahmen. Bei Wirbeltieren hatte die mütterliche Jungenfürsorge weitreichende Folgen für die Hirnstruktur.“ Doch dann kommt sie auf die Sonderentwicklung der Brutpflege bei den Säugetieren zu sprechen:

> „Nirgends waren diese kognitiven und neurologischen Veränderungen tiefgreifender als bei Säugetieren. Säugetiermütter bilden eine Klasse für sich. Man muss sich nur an eine Hundemutter erinnern, die wieder und wieder zu ihrem Wurf zurückkehrt, jeden Welpen beschnüffelt, sehr aufmerksam auf Anzeichen von Schmerzen achtet, die Bedürfnisse der Jungen erspürt, sie säugt und sie warm hält. Die menschliche Mutter, die nach der Geburt alle 15 Minuten bei ihrem Kind nachsieht, ob es noch atmet, steht in dieser altehrwürdigen Tradition einer geradezu zwanghaften Besorgtheit um die Jungen. Die ältesten Beispiele für laktierende Mütter finden sich am Ende der Trias, vor etwa 220 Millionen Jahren. Damals wurden erstmals Junge geboren, die so hilflos waren, dass Mütter auf den Geruch, die Lautäußerungen und die geringsten Beeinträchtigungen des Zustands ihrer verletzlichen Jungen, die es warm zu halten und zu ernähren galt, empfindlich reagieren mussten. Da jedes Neugeborene in der Nähe mit hoher Wahrscheinlichkeit von ihnen stammte, brachte es Müttern einen Anpassungsvorteil, alle Neugeborenen als attraktiv wahrzunehmen.“[57]

Die Fähigkeiten, die sich aus dem Aufkommen der Brutpflege entwickelten, sind absolut grundlegend für die ganze Geschichte, die ich von hier an erzählen möchte; sie sind grundlegend für die Entwicklung von Empathie und Sittlichkeit sogar bei vielen Tierarten und schließlich von Religion bei den Menschen. Es ist jedoch wichtig, dabei nicht zu vergessen, dass sich

---

56 Ebd., 93.

57 Hrdy, *Mütter und Andere*, 63–64.

auch viele andere Dinge entwickelten. Aggressivität kommt bei fast allen Tierarten vor (Bonobos mögen die große Ausnahme sein, aber sogar sie können ziemlich unangenehm werden), und auch wenn ein großer Teil dieser Aggressivität als Anpassungsleistung interpretiert werden kann, scheint sie doch vielfach ziemlich sinnlos zu sein: ein Selbstzweck, der außer Kontrolle geraten ist. Im Versuch, sich gegen den Eindruck zu verteidigen, dass er die dunkle Seite der Evolution nicht zur Kenntnis nehme, schreibt de Waal: „Selbstherrlichkeit, Konkurrenzkampf, Neid und Gehässigkeit gehören zum Alltag der Tierwelt. Macht und hierarchische Gliederung sind derart wichtige Elemente jeder Primatengesellschaft, dass Konflikte ständig ausbrechen können." Doch gerade weil andere diese dunkle Seite in den Vordergrund gestellt haben, „Natur, rot in Zähnen und Klauen", beharrt de Waal darauf, dass wir auch erkennen, dass dies niemals alles ist. Und er betont: „Paradoxerweise kommt es zu den auffälligsten Manifestationen von Kooperation bei Streitigkeiten – wenn Primaten einander verteidigen oder die Opfer anschließend getröstet werden."[58]

Um einige weiterreichende Implikationen der Brutpflege zu erörtern, die in jüngerer Zeit von Gelehrten wie Hrdy und de Waal ausführlicher ausbuchstabiert worden sind, möchte ich mich jetzt dem Werk eines älteren Ethologen, nämlich Irenäus Eibl-Eibesfeldts zuwenden. Wie schon der Titel eines seiner bekanntesten Bücher, *Liebe und Haß*, signalisiert, spielt Eibl-Eibesfeldt die Bedeutung von Aggressivität für die Verhaltensentwicklung keineswegs herunter. Im Anschluss unter anderem an Konrad Lorenz merkt er an, dass Aggression älter ist als Liebe und im Unterschied zur Liebe zum Beispiel auch bei Reptilien vorkommt.[59] Außerdem betrachtet er Aggressivität als eine Stelle, an der sich merkwürdigerweise sogar bei Reptilien eine sittliche Haltung entwickeln kann, wie wir gleich feststellen werden. Den Ursprung der Liebe findet er nun aber in der Brutpflege: Sie „bindet die Eltern ans Kind und eignet sich offenbar ausgezeichnet dazu, das Band zwischen Erwachsenen zu festigen. Wir weisen darauf hin, daß nur brutpflegende Tiere exklusive Verbände bilden. Nur sie konnten über die Aggressionsbarriere hinweg ein Band stiften. Und sie tun es alle mit Verhaltensweisen der Betreuung, die dem Brutpflegebereich entstammen, und unter Nützung kindlicher Signale, die solche aktivieren."[60]

---

[58] De Waal, *Das Prinzip Empathie*, 173.

[59] Gordon Burghardt deutet an, dass diese weit verbreitete Sichtweise über Reptilien falsch ist und dass auch Reptilien „Beziehungen knüpfen können, beträchtliche Brutpflege vornehmen, langfristige Partner besitzen, in erweiterten Familienverbänden leben und so weiter". Persönliches Gespräch.

[60] Irenäus Eibl-Eibesfeldt, *Liebe und Hass: Zur Naturgeschichte elementarer Verhaltensweisen*, 4. Aufl., München: Piper, 1971, 148.

Eibl-Eibesfeldt betrachtet die Brutpflege als Grundlage nicht nur für Gruppenbindung, sondern für individuelle Freundschaft: „Man kann ferner feststellen, daß es zwar keine Freundschaft ohne Aggression gibt, aber, von seltenen Ausnahmen mal abgesehen, auch keine Freundschaft ohne Brutpflege."[61] Er betont, dass Freundschaften ihren Ausgang in Verhaltensweisen nehmen, die auf das Repertoire der Brutpflege zurückgreifen, wie es auch das Balzverhalten sogar auf noch deutlichere Weise tut. Das Aneinanderreiben der Schnauzen, tatsächliches oder gespieltes Füttern, Schnäbeln: All dies ist dem Repertoire der Brutpflege entnommen.[62] Anscheinend betrachtet Eibl-Eibesfeldt Sexualität und Brutpflege als eigenständige Quellen der Bindung, wobei die letztgenannte stärker ist als die erstgenannte, aber schon oberflächliche Freud-Kenntnisse machen deutlich, dass diese Motive eng miteinander verquickt sein können, wenn auch keineswegs immer.[63]

Eibl-Eibesfeldts reichhaltiger Naturgeschichte ließen sich noch viel mehr Beispiele für die Art und Weise entnehmen, wie fast jede Form von Liebe ihre Substanz aus dem Repertoire der Brutpflege bezieht. Außerdem weist er darauf hin, dass das, was er Fluchttrieb nennt, also die natürliche Reaktion eines aufgeschreckten Tiers, Zuflucht bei einem Artgenossen, vor allem beim stärksten verfügbaren Artgenossen zu suchen, seine Wurzeln darin hat, dass ein Kind beim ersten Anzeichen von etwas Ungewöhnlichem zu seiner Mutter rennt.[64]

Doch trotzdem sollte die Ubiquität von Aggressivität nicht in Vergessenheit geraten. Dafür wäre es von Vorteil, einen Blick auf Eibl-Eibesfeldts oben angedeutete, sich auf sie beziehende Argumentation zu werfen, in der er Aggressivität mit Normen in Verbindung bringt, die eher auf Selbsterhaltung als auf Liebe zurückgehen. Was er Ritualisierung der Aggression nennt, kommt bei vielen Tieren vor, auch bei Reptilien: „[W]ehrhafte Tiere [haben] sehr oft komplizierte Turnierregeln entwickelt [...], die es erlauben, auf unblutige Weise zu kämpfen." Als Beispiel führt er die Meerechsen auf den Galápagos-Inseln an: „Das unblutige Turnier wird durch ein Imponiergehabe eröffnet: Der Revierinhaber richtet seinen Nacken- und

---

[61] Ebd., 146.

[62] Ebd., 129.

[63] Aufgrund seines weiten Verständnisses von Sexualität würde Freud Brutpflege an sich als sexuell betrachten, wie die Bedeutung der Milchdrüsen deutlich macht. Doch während sexuelle Reproduktion bis zu den Eukaryoten zurückgeht, ist Brutpflege ein weit jüngeres Phänomen. Beides überschneidet sich, aber weil sie so verschiedene Ursprünge haben, sind Konflikte zwischen Sexualität und Liebe bei den Menschen offenkundig ein wiederkehrendes Problem.

[64] Eibl-Eibesfeldt, *Liebe und Hass*, 139–140.

Rückenkamm auf und zeigt dem Gegner seine Breitseite." Er richtet sich auf, damit er größer wirkt, tut so, als ob er beißt und bewegt den Kopf hin und her. Wenn der Eindringling nicht zurückweicht, rennt der Verteidiger auf ihn zu, bis ihre Köpfe gegeneinanderprallen, und beide versuchen, den anderen beiseitezuschieben. Der „Kampf" ist zu Ende, wenn es einem gelungen ist, den anderen wegzustoßen, oder wenn einer seine Niederlage einbekennt, indem er sich in einer Demutsgeste auf den Bauch legt. Obwohl sie über große, scharfe Zähne und kräftige Kieferknochen verfügen, ist kein Blut geflossen. „Klapperschlangen beißen einander nie, die Rivalen ringen nach festen Regeln", schreibt Eibl-Eibesfeldt. (Und bei diesen Regelbefolgern handelt es sich um Reptilien!) Ähnliche ritualisierte Kämpfe treten bei Vögeln, Fischen und Säugetieren auf. Wir werden uns weiter unten mit dieser Art von normativem Verhalten befassen müssen. Eibl-Eibesfeldt verweist auf die offenkundige Erklärung durch Anpassung: Ein Kampf auf Leben und Tod würde die fruchtbaren jungen Männchen der Population rasch eliminieren und zu einem frühen Aussterben führen.[65]

Was Eibl-Eibesfeldt in den frühesten und einfachsten Beispielen für Brutpflege so charmant „betreuende" Verhaltensweisen nennt, hat mit Sicherheit auch zur Anpassung beigetragen, wie de Waal und Hrdy oben festgestellt haben. Doch dass Liebe in diesem rudimentären Sinne „funktional" ist, heißt nicht, dass die folgenden außergewöhnlichen Entwicklungsschritte als reine Funktionen an deren Ursprung gebunden sind. Hrdy schreibt: „Die natürliche Selektion kann mögliche Nutzeneffekte nicht vorhersehen. Zukünftige Gewinne sind keine Erklärung für den anfänglichen Anstoß".[66] Dass Brutpflege zu sozialer Bindung, zur Möglichkeit individueller Freundschaft und schließlich sogar zu Ehe und Familie führen würde, war völlig unvorhersehbar, und obwohl alle diese Dinge der Anpassung dienen, haben sie Bedeutungen angenommen, die über die Adaptation hinausgehen. Die Feststellung, dass Liebe ihren Ursprung in der Adaptation der frühesten Säugetiere und Vögel hat, reduziert sie nicht auf diesen Ursprung, sondern macht uns staunen, wie der Lauf der Natur zu etwas für unsere Leben so Zentralem führen konnte. Was die Menschen aus der Praxis und dem Ideal der Liebe gemacht haben, sollte uns trotzdem auf gar keinen Fall die ganze Evolutionsgeschichte aus den Augen verlieren

[65] Ebd., 79. Es sei daran erinnert, dass menschliche Kriegsführung in der Vormoderne durch ritualisierte Regeln eingehegt wurde, obwohl sie durchaus zu vielen Todesfällen führte. Ein Beispiel aus dem frühen China: Es wäre nicht fair, eine eindringende Armee anzugreifen, während sie einen Fluss überquert, weil sie zu verwundbar ist. „Totaler Krieg" ist eine moderne Erfindung.

[66] Hrdy, *Mütter und Andere*, 49.

oder andere Arten dafür herunterputzen lassen, dass sie einige unserer eigenen Fortschritte nicht vollständig erreicht haben. Frans de Waal macht geltend, dass wir uns selbst nicht wirklich verstehen können, wenn wir uns ausschließlich mit unserer eigenen Entwicklungslinie befassen, selbst wenn wir zwei Millionen Jahre bis zur zunehmenden Größe unserer Frontallappen zurückgehen: „Ich denke, dass die Empathie zu einem Erbe gehört, das so alt wie die Abstammungslinie der Säugetiere ist. Die Empathie nutzt Hirnareale, die mehr als 100 Millionen Jahre alt sind. Die Fähigkeit entstand vor langer Zeit mit motorischer Nachahmung und Gefühlsansteckung, woraufhin die Evolution Schicht um Schicht hinzufügte, bis unsere Vorfahren nicht nur fühlten, was andere fühlten, sondern auch verstanden, was sie möglicherweise wünschten oder brauchten."[67]

Wie de Waal andeutet, wenn er von „motorischer Mimikry" spricht, ist Empathie sowohl in den Körpern als auch in den Köpfen angesiedelt. Im Körper „beginnen Sympathie und Empathie – nicht in den höheren Regionen der Vorstellungskraft oder der Fähigkeit, bewusst zu rekonstruieren, wie wir uns fühlen würden, wenn wir uns in der Lage eines anderen befänden. Es begann viel einfacher – mit der Synchronisierung von Körpern: laufen, wenn andere laufen, lachen, wenn andere lachen, weinen, wenn andere weinen, oder gähnen, wenn andere gähnen."[68] Und wenn die Empathie den Punkt der Liebe zwischen Menschen erreicht, ist sie zwar tatsächlich in unseren Köpfen angesiedelt, zu weiten Teilen aber weiterhin in unseren Körpern. De Waal drückt das folgendermaßen aus: „Erst kommt die körperliche Verbundenheit – dann folgt das Verständnis."[69] Unter Verwendung der Begriffe aus Kapitel 1 ist Liebe immer teilweise enaktiv.

De Waals Ansatz hilft ihm, eine Unterscheidung zu überwinden, die für viele biologische Theoriegebäude grundlegend geworden ist, obwohl sie in philosophischen Spekulationen ihren Ausgang nahm: die Unterscheidung von Egoismus und Altruismus. Als Beispiel nennt er eine durch die weithin vernehmbaren Klagen ihres Jungen gereizte Tiermutter, die es säugt oder wärmt, damit es still ist. In einem solchen Fall „können [wir] Empathie nicht unbedingt ‚egoistisch' nennen, weil eine vollkommene egoistische Haltung von den Gefühlen anderer einfach keine Notiz nehmen würde. Andererseits scheint es aber auch nicht zulässig zu sein, Empathie ‚selbstlos' zu nennen, wenn man durch den eigenen Gefühlszustand zum Handeln gebracht wird. Die egoistisch-selbstlos-Dichotomie könnte eine falsche Fährte sein. Warum sollten wir das Selbst gewaltsam vom anderen

---

[67] De Waal, *Das Prinzip Empathie*, 269.
[68] Ebd., 69–70.
[69] Ebd., S. 101.

zu trennen versuchen oder den anderen vom Selbst, wenn die Verschmelzung beider das Geheimnis unserer kooperativen Natur ist?“[70]

Den „Verschmelzungs“-Aspekt der Empathie buchstabiert er dann weiter aus: „Wir können nicht fühlen, was außerhalb von uns vorgeht, doch durch die unbewusste Verschmelzung von Selbst und anderem klingen die Erfahrungen des anderen in uns nach. Wir empfinden sie, als wären sie die unseren. Eine solche Identifikation [...] lässt sich nicht auf irgendwelche anderen Fähigkeiten zurückführen – etwa Lernen, Assoziation oder Denken. Empathie bietet einen direkten Zugang ‚zum fremden Ich‘.“[71] Und die Fähigkeit zu einer derartigen Identifikation kann die Artgrenzen überschreiten: „Es gibt nur einen einzigen Grund, warum Menschen ihre Behausungen mit pelzigen Fleischfressern teilen und nicht etwa mit Leguanen oder Schildkröten, die viel leichter zu halten sind: Sie bekommen von ihren warmblütigen Hausgenossen emotionale Reaktionen – zu denen kein Reptil fähig ist. Hunde und Katzen haben keine Schwierigkeiten, unsere Stimmungen zu erkennen, und wir können die ihren deuten.“[72]

In Anbetracht der Tatsache, dass in unserer wahnsinnig individualistischen amerikanischen Gesellschaft viele an der Möglichkeit einer solchen Empathie zweifeln würden, sollte stärker zur Kenntnis genommen werden, dass Empathie nicht nur grundlegend für das Menschsein ist, sondern über hundert Millionen Jahre lang auch zwischen anderen Tieren bestanden hat. „Altruismus“ ist ein Ausdruck, der mit zwiespältigem Erfolg von der

---

[70] Ebd., 104. Obwohl Michael Tomasello im Großen und Ganzen dafür eintritt, dass die Fähigkeiten des Menschen im Verhältnis zu den eng mit ihm verwandten Primaten einzigartig sind – im Gegensatz zu de Waal, der starke Ähnlichkeiten sieht (wahrscheinlich hat jeder aus seiner eigenen Perspektive recht) –, teilt er interessanterweise die Skepsis de Waals in Bezug auf den Altruismus, indem er von „Mutualismus“ spricht, was an de Waals „Verschmelzung“ erinnert. Er schreibt: „Ich werde die Frage nach der Evolution des Altruismus an dieser Stelle ganz sicher nicht vollständig beantworten können. Aber das ist auch nicht so wichtig, weil ich die Entwicklung des Altruismus nicht für den zentralen Prozeß halte. Ich glaube nicht, daß Altruismus die Grundlage für die Fähigkeit und Tendenz der Menschen ist, gemeinsam zu leben und in institutionell definierten kulturellen Gruppen zu funktionieren. Der Altruismus spielt hierbei nur eine Nebenrolle. Viel entscheidender ist der Mutualismus, durch den wir alle von unseren gemeinsamen Handlungen profitieren.“ (Michael Tomasello, *Warum wir kooperieren*, übers. v. Henriette Zeidler, Berlin: Suhrkamp, 2010 [2009], 49–50.)

[71] De Waal, *Das Prinzip Empathie*, 91.

[72] Ebd., 102. Gordon Burghardt macht deutlich, dass zum Beispiel Reptilien, Schlangen und Leguane sehr stark auf das menschliche Verhalten reagieren und dass Schlangenhalter, die selbstbewusst und friedlich mit ihren Tieren umgehen, selten gebissen werden. Persönliches Gespräch.

Philosophie aus in die Biologie eingedrungen ist; genauso verhält es sich mit der neueren philosophischen Vorstellung einer *theory of mind* oder „Theorie des Geistes", das heißt der Fähigkeit zu erkennen, was andere erkennen. De Waal nennt sie „unbeteiligte Perspektivenübernahme", weil sie sich auf das konzentriert, was ein anderes Individuum erkennt oder sieht, und nicht auf das, was der andere will, braucht oder fühlt. Trotz all seiner Sorge, keine scharfe Trennungslinie zwischen Menschen und anderen Tieren bzw. zwischen verschiedenen Tierarten zu ziehen, und ungeachtet der Tatsache, dass neueste Studien tatsächlich zeigen, dass Menschenaffen in manchen Situationen in der Lage sind, den Gemütszustand anderer zu erfassen, ist er bereit zuzugestehen, dass „die höchste Form des Wissens um das Wissen anderer [...] möglicherweise allein unserer Spezies vorbehalten [ist]". Doch er spürt, dass dies im Vergleich zur Fähigkeit, die Situation und Emotionen von anderen zu teilen, ein „begrenzte[s] Phänomen" sei.[73] Empathie bleibt mit anderen Worten für soziale Tiere wie uns eine grundlegende Ressource, obwohl wir noch über ausgefeiltere Formen des Wissens verfügen.[74]

Außer der so zentralen Fähigkeit zur Empathie gibt es noch viele weitere Verhaltensmerkmale, welche die Menschen mit anderen Tieren und ganz besonders mit den Menschenaffen teilen. Frans de Waal hat vermutlich mehr als jeder andere dafür getan, diese faszinierenden Kontinuitätslinien in einer Reihe von Büchern zu beschreiben.[75] Doch angesichts des begrenzten Raums und der Notwendigkeit, zur Gattung *Homo* und zur Spezies *Homo sapiens* zu gelangen, werde ich mich auf bloß einen weiteren Bereich beschränken, den wir zu weiten Teilen mit anderen Tieren gemeinsam haben und den ich für ein Verständnis des Ursprungs von Religion als ganz besonders wichtig erachte, nämlich das Spiel.

---

[73] Ebd., 135. Die „unbeteiligte Perspektivenübernahme" hat wahrscheinlich ihre Grenzen, ist aber für viele Tätigkeiten des Menschen unverzichtbar – zum Beispiel für die Wissenschaft.

[74] Ebd.

[75] Um nur einige Bücher von Frans de Waal zu nennen: *Unsere haarigen Vettern: Neueste Erfahrungen mit Schimpansen* (München: Harnack, 1983 [1982]); *Der gute Affe: Der Ursprung von Recht und Unrecht bei Menschen und anderen Tieren* (München: Hanser, 1997 [1996]); *Primaten und Philosophen: Wie die Evolution die Moral hervorbrachte* (München: Hanser, 2008 [2006]).

Spiel

Wenn es zutrifft, dass im Anschluss an de Waal Empathie oder im Anschluss an Eibl-Eibesfeldt Liebe die Grundlage aller sozialen Bindungen bildet, dann muss das Spiel als etwas verstanden werden, das mit irgendeiner Art von Bindung einhergeht. Doch wie wir sehen werden, ist Spielen eine Art von Ereignis, eine Tätigkeit mit einem Anfang und einem Ende, und es findet im Kontext des Alltagslebens statt, von dem es sich bis zu einem gewissen Grad abhebt. Wenn Säugetiere, wie es der Fall gewesen zu sein scheint, schon in der fernen Vergangenheit häufig „sozial" waren, wenn auch in unterschiedlichen Graden, welche Art von Gesellschaft charakterisiert dann das Alltagsleben, von dem das Spiel sich absetzt?

Die offensichtlichste Form sozialer Bindung geht aus eben der Praxis hervor, die sie möglich macht: Brutpflege. Obwohl das von Spezies zu Spezies unterschiedlich ist, bleibt zwischen Mutter und Kind sowie seltener zwischen Vater und Kind eine Beziehung bestehen, nachdem der Nachwuchs selbstständig geworden ist. Geschwister, die von derselben Mutter umsorgt werden, können sogar in Arten mit geringer sozialer Komplexität Rivalen darstellen: Zwei Junge könnten an derselben Brust saugen wollen. Doch anscheinend besteht häufig zwischen Geschwistern ein Grad an Vertrauen, der möglicherweise in anderen Beziehungen geringer ist. So etwas wie Urverwandtschaft lässt sich kurz gesagt auf der Linie der Säugetiere weit zurückverfolgen und kommt auch bei Reptilien und Fischen vor.[76] Ohne Sprache kann es natürlich keine Bezeichnung für Verwandtschaft geben, aber die Anerkennung von Verwandtschaft ist häufig vorhanden. Obwohl zum Beispiel auch alle anderen Tiere die Rolle von Spielkameraden übernehmen können, ist die Wahrscheinlichkeit bei Geschwistern besonders hoch; und das Spiel von Mutter und Kind scheint schon ganz früh zur „Betreuung" zu gehören.

Doch in den meisten Säugetier- oder auch Vogelgesellschaften bildet Verwandtschaft nicht die einzige Grundlage der sozialen Ordnung, so es sich überhaupt um Gesellschaften handelt. Denn je sozialer eine Art ist, desto wahrscheinlicher ist es, dass sie außerdem in Form einer Dominanzhierarchie organisiert ist. Auch wenn die allseits bekannte Hackordnung in einer Hühnergruppe – in welcher der Rang jedes einzelnen Huhns nach seiner Dominanz im Hinblick auf jedes andere Huhn ermittelt wird – selten ist, gibt es gewöhnlich eine Art Rangfolge, die vom dominanten Männchen (es handelt sich fast immer um ein Männchen) über Gruppenangehörige mittleren Rangs bis in die untersten Ränge reicht, deren Mitglieder an

[76] Gordon Burghardt, persönliches Gespräch.

der Grenze zur Exklusion stehen können. Der Ausdruck „Dominanztrieb" wurde in den 1930er Jahren von Abraham Maslow geprägt, der schon früh mit Rhesusaffen und Schimpansen arbeitete, und auch wenn er nicht der Meinung war, dass es einen Unterwerfungstrieb gibt, weil allen der Dominanztrieb gemeinsam sei, behauptete er, dass Demutsgesten mit Sicherheit eine wichtige Rolle spielen, um das dominante Männchen durch das Eingeständnis von Unterlegenheit zu beschwichtigen.[77]

Dominanz und der Versuch, sie zu erlangen, wenn man sie nicht hat, scheint Aggressionen hervorzurufen, keine Empathie. Und weil in fast allen Säugetiergesellschaften mit Dominanzhierarchien die Männchen an der Spitze stehen bzw. darum kämpfen, an der Spitze zu stehen, wäre es vorstellbar, dass es zwei geschlechtlich ausdifferenzierte moralische Grundsätze gibt: einen weiblichen in Form von Empathie und einen männlichen in Form von Dominanz. Dies wäre besonders bei den Primaten der Fall, bei denen männliche Dominanzhierarchien stark ausgeprägt sind und Brutpflege fast ausschließlich in die Zuständigkeit der Mutter fällt. Doch sind die Dinge selten so einfach. De Waal stellt fest, dass dominante Männchen bei den jungen Gruppenmitgliedern dadurch Gehorsam gegenüber den Gruppenregeln durchsetzen, dass sie bei Übertretungen mitunter strenge Strafe verhängen, doch dazu nimmt er folgendermaßen Stellung:

> „Allerdings gibt es niemanden, von dem Kleinkinder und Jungtiere aggressiver behandelt werden als von ihrer Mutter. Natürlich meistens, ohne ernstlich Schaden zu nehmen, aber es kommt durchaus zu Bissen und sogar zu Verletzungen. Der bekannte amerikanische Primatologe Irwin Bernstein interpretiert dies als *Sozialisation*, in deren Verlauf die Mütter ihren Sprößlingen beibringen, bestimmte Verhaltensweisen zu unterdrücken, die sie in Schwierigkeiten bringen könnten. Obwohl mütterliche Aggression vielleicht nicht unmittelbar dem Vorteil der Jungtiere dient, fördert sie doch die Vorsicht und Verhaltenskontrolle, die Voraussetzungen für ein Überleben in einer hierarchisch gegliederten sozialen Umwelt sind."[78]

Obwohl Männchen häufiger miteinander kämpfen, sind sie außerdem, kontraintuitiverweise oder vielleicht auch nicht, besser als Weibchen, wenn es um das einvernehmliche Lösen von Konflikten geht.[79] Dominante Männchen achten zwar auf sich selbst: Sie essen als erste und am meisten, wenn es nur wenig gibt; fast immer ohne durchschlagenden Erfolg versuchen sie, die Paarung mit den Weibchen zu monopolisieren. Aber dass

---

[77] Ich habe von der frühen Arbeit von Maslow durch Frans de Waals *Der gute Affe* (1997, 126) erfahren.

[78] Ebd., 143.

[79] Ebd., 130.

sie die Kämpfe zwischen ihnen untergebenen Gruppenmitgliedern eindämmen, manchmal beim Jagen die Führung übernehmen und Ressourcen verteilen, zu denen auch soziale Akzeptanz gehört, kommt genauso der Gruppe wie ihnen selbst zugute. (Wie üblich haben wir es mit einem Sowohl-als-auch und nicht mit einem Entweder-oder zu tun.) De Waal fasst deshalb zusammen:

> „Angesichts dieser integrativen Funktion überrascht es nicht, daß formalisierte Hierarchien in den kooperativsten Spezies am höchsten entwickelt sind. Die von einem heulenden Rudel Wölfe oder einer johlenden und trommelnden Schimpansengemeinschaft nach außen demonstrierte Harmonie gründet auf einer Rangdifferenzierung innerhalb der Gruppe. Wölfe verlassen sich bei der Jagd aufeinander, und Schimpansen (zumindest die Männchen, das weit hierarchischere Geschlecht) zählen bei der Verteidigung gegen feindliche Nachbarn auf die anderen Mitglieder der Gemeinschaft. Die Hierarchie reguliert den internen Wettbewerb, so daß eine gemeinsame Front möglich ist.“[80]

De Waal stellt fest, dass Dominanzhierarchien besonders bei Primaten in ihrem Despotismusgrad variieren. Rhesusaffen sind zum Beispiel despotisch und jede Herausforderung von unten wird streng bestraft. Doch Schimpansen sind ganz anders: „Zwar können wir nicht soweit gehen, die Schimpansen als egalitär zu bezeichnen, aber mit Sicherheit hat sich die Spezies weit von einer Despotie in Richtung auf eine soziale Gliederung entwickelt, die Raum für Teilen, Toleranz und Koalitionen von unten bietet. Obwohl hochstehende Individuen unverhältnismäßig viele Vorrechte genießen und über großen Einfluß verfügen, hängt Dominanz bis zu einem gewissen Grad auch von einer Akzeptanz von unten her ab.“[81] Wenn sie sich zusammenschließen, ist es sogar möglich, dass Weibchen sich gegen ein zu brutal agierendes Alpha-Männchen zur Wehr setzen, und weil andere Männchen ihre eigenen Gründe haben, ihm nicht zu Hilfe zu kommen, und die Weibchen groß und stark genug sind, dass mehrere von ihnen zusammen ein einzelnes Männchen überwältigen können, bleibt dem Alpha-Männchen kaum etwas anderes übrig als einzulenken.[82]

Nach diesem kurzen Blick auf die soziale Struktur des Alltagslebens von höchst sozialen Säugetieren, insbesondere Primaten, sollten wir uns jetzt das Spiel als eine Tätigkeit ansehen, die schon qua Definition *nicht* Teil des Alltagslebens ist. Ich möchte den Akzent auf das Spiel legen, weil es abgesehen von der Alltagswelt meiner Meinung nach in der Evolutions-

---

80 Ebd., 131.

81 Ebd., 165. Was den Hintergrund meiner Erörterung von Dominanzhierarchien anbelangt, siehe ebd., Kapitel 3, „Rang und Ordnung“, 114–167.

82 Ebd., 165.

geschichte das erste Beispiel für mannigfaltige Wirklichkeiten im Sinne von Schütz ist. Dem Buch *Homo ludens* von Johan Huizinga zufolge ist das Spiel die ultimative Quelle schlechterdings aller kulturellen Systeme des Menschen: Mythos und Ritual, Recht, Dichtung, Weisheit und Wissenschaft.[83] Kulturelle Systeme in dem Sinne, wie Geertz diesen Ausdruck versteht, sind mannigfaltige Wirklichkeiten auf der Ebene menschlicher Kulturen.

Für eine angemessen komplexe Definition des Spielens – komplex aufgrund der vielen Dimensionen, die in Studien über das Spielen von Tieren festgestellt worden sind – werde ich mich jetzt Gordon Burghardt zuwenden, dessen großartiges Buch *The Genesis of Animal Play* die beste neueste Behandlung des Themas bietet. Zusammenfassend gibt Burghardt fünf Dinge an, die auf irgendeine Weise immer vorliegen müssen, bevor wir bei Tieren etwas als Spiel bezeichnen können:

1. Einschränkung der unmittelbaren Funktionalität
2. Endogene Komponente
3. Strukturelle oder zeitliche Differenz
4. Wiederholter Vollzug
5. Zwangloses Umfeld[84]

Das erste Kriterium gibt an, dass das Spiel „in dem Kontext, in dem es erfolgt, nicht rein funktional ist", also „nicht unmittelbar zum Überleben beiträgt".[85] Wenn die Evolution Darwin zufolge als „Kampf ums Dasein" und Spencer zufolge als „survival of the fittest" charakterisiert werden kann, dann ist Spielen evolutionsgeschichtlich etwas anderes als die „ausgezeichnete Wirklichkeit" der Alltagswelt, und dieses andere Etwas ist die erste alternative Wirklichkeit.[86]

---

[83] Johan Huizinga, *Homo ludens: Vom Ursprung der Kultur im Spiel*, übers. v. Hans Nachod, Reinbek: Rowohlt, 1987 [1938].

[84] Gordon M. Burghardt, *The Genesis of Animal Play: Testing the Limits* (Cambridge, Mass.: MIT Press, 2005), 81. Ebenfalls hilfreich fand ich Robert Fagans Buch *Animal Play Behaviour* (New York: Oxford University Press, 1981). Da Burkhardt die Forschung seit 1981 mit einbezieht, schien es mir am besten, hauptsächlich ihn zu zitieren. Außerdem hat es mich gefreut, dass die Arbeit an seinem Buch sich „mehr als 15 Jahre" hingezogen hat (xvi), was noch länger ist, als ich für mein Buch gebraucht habe – allerdings nicht *viel* länger.

[85] Burghardt, *Genesis of Animal Play*, 71. Huizinga meint, dass „Spiel […] nicht das ‚gewöhnliche' oder das ‚eigentliche' Leben [ist]". *Homo ludens*, 16.

[86] Darwin übernahm die Formulierung des „Kampfes ums Dasein" von Thomas Malthus und verwendete sie als Titel für das dritte Kapitel von *On the Origin of Species* [1859; erste deutsche Übersetzung 1860: *Über die Entstehung der Arten*]. Herbert Spencer prägte die Formulierung „survival of the fittest" und verwendete sie erstmalig in seinem Buch *Principles of Biology* (o. O., 1864), 444 [*Die Prinzipien der Biologie*,

Das zweite Kriterium lautet, dass Spielen etwas ist, „das man um seiner selbst willen tut“, das in sich vergnüglich, spontan und freiwillig ist; es ist kein Mittel zu einem Zweck.[87] Das meint Burghardt, wenn er von der „endogenen Komponente“ des Spielens spricht. Das dritte Kriterium, „Strukturelle oder zeitliche Differenz“, gibt an, dass beim Spielen zwar Verhaltensweisen aus dem Alltagsleben wie Kämpfen, Verfolgungsjagden, Ringkämpfe verwendet werden können, aber ohne das Ziel, das diese Verhaltensweisen gewöhnlich haben würden. Bestandteile des Alltagslebens werden „spielerisch“, um ihrer selbst willen und nicht zur Erlangung des Ziels verwendet, das sie im Alltagsleben haben. Dies ist einer der Gründe, warum das Spiel als nicht „ernsthaft“ betrachtet wird, obwohl diese Frage zusätzliche Überlegungen erforderlich macht. Burghardt unterstreicht, dass dieses Kriterium nicht bedeutet, dass das Spiel „vollkommen unstrukturiert und regellos“ sei und demzufolge rein „kreativ“. Denn er meint, dass wir, „wenn diese Behauptung wahr wäre, [...] kein Verhalten je als Spiel erkennen würden“.[88] Das vierte Kriterium lautet, dass das Spielverhalten „wiederholt in einer ähnlichen, aber nicht streng stereotypen Form verrichtet wird“. Deshalb ist es „etwas, das wiederholt, häufig in Runden, im Laufe eines berechenbaren Zeitraums im Leben des Tieres verrichtet wird (was in manchen Fällen faktisch ein Leben lang sein kann).“[89]

Das fünfte und letzte Kriterium hängt mit dem ersten zusammen: Spielverhalten „setzt dann ein, wenn ein Tier ausreichend ernährt und gesund ist und keinen Stress hat (z.B. durch Raubtiere, Gefahren, raues Mikroklima, soziale Instabilität) bzw. wenn keine stark konkurrierenden Systeme auftreten (z.B. Fressen, Paaren, Raubtiervermeidung). Das Tier befindet sich mit anderen Worten in einem ‚zwanglosen Umfeld‘.“[90] Dieses

1876]. In der dritten Auflage von *Origin* (1869) übernahm dann Darwin diese Formulierung. Über den „Kampf ums Dasein“ schrieb er: „Doch ist der von Herbert Spencer oft gebrauchte Ausdruck ‚Überleben des Passendsten‘ zutreffender und zuweilen gleich bequem.“ Darwin war der Meinung, dass sich beide Formulierungen auf die Fitness im Hinblick auf die Reproduktion bezögen, wobei der Kampf sowohl mit der Umwelt als auch mit anderen Organismen erfolgen könne. Doch Darwin verwendet häufig genug Formulierungen, die auf die populäre Bedeutung schließen lassen, wie etwa dass eine Spezies seine Konkurrenten „schlägt“ oder „einen Sieg erringt“. Heute wird in der Biologie keine dieser Formulierungen mehr verwendet, sondern nur noch von natürlicher Selektion gesprochen.

[87] Gordon M. Burghardt, *The Genesis of Animal Play,* 73. Huizinga schreibt: „Alles Spiel ist zunächst und vor allem *ein freies Handeln.* Befohlenes Spiel ist kein Spiel mehr“ (*Homo ludens*, 16).

[88] Burghardt, *The Genesis of Animal Play,* 74.

[89] Ebd., 75.

[90] Ebd., 77–78.

Kriterium ist wichtig, weil es uns hilft, den Ursprung des Spiels und den Grund zu verstehen, warum es sich zu weiten Teilen, aber nicht absolut ausschließlich auf Säugetiere und Vögel beschränkt, und warum es sich darüber hinaus so häufig auf die Jungen beschränkt, obwohl es sich bei manchen Arten ein Leben lang fortsetzt. Es sind eine ganze Reihe von Bedingungen denkbar, die ein zwangloses Umfeld – analog dazu könnte man fast von zwangsloser im Sinne von gelockerter Selektion sprechen – erzeugen, doch Brutpflege gehört offensichtlich dazu. Am ehesten spielen junge Tiere, um deren Grundbedürfnisse sich andere kümmern, die gefüttert werden und in Sicherheit sind. Außerdem kann eine hierarchische Sozialstruktur, die für eine Entlastung im Hinblick auf die Aggressionen innerhalb der Gruppe und einen besseren Schutz vor äußeren Gefahren sorgt, Bedingungen bieten, die zum Spielen nicht nur der Jungen, sondern auch der Erwachsenen ermutigen. Dies mag besonders auf eine Hierarchiestruktur wie bei den Schimpansen zutreffen, die sich vom Despotismus ab- und etwas zugewandt hat, das erste Eindrücke einer „konstitutionellen Monarchie" erweckt. Die Vorstellung eines „zwanglosen Umfelds" erklärt nicht, warum Tiere spielen, aber sie ist ein Anfang.

In Studien über das Spielen von Tieren sind drei maßgebliche Spielformen unterschieden worden: Bewegungsspiele, Objektspiele und soziale Spiele. Burghardt spricht von Rotations-Bewegungsspielen, da sie nicht nur mit Bewegungen von einem Ort zum anderen verbunden sein können, sondern auch mit Bewegungen auf der Stelle, bei denen verschiedene Arten von Drehungen vollführt werden. Dies ist gewöhnlich die früheste Spielform im Leben des Tieres, und sie wird häufig allein gespielt. Als Beispiel nennt Burghardt „das Herumtollen von Fohlen, wenn sie vom Stall auf die Weide gelassen werden".[91] Objektspiele werden ebenfalls häufig allein gespielt, wobei ein Tier zu keinem anderen Zweck als dem Spiel mit einem Objekt interagiert. Jeder der schon einmal eine Katze hatte, weiß, was Objektspiele sind, aber wie Kleinkinder mit ihren Spielsachen interagieren, ist ein anderes auf der Hand liegendes Beispiel. An sozialen Spielen sind mindestens zwei Tiere beteiligt, manchmal auch mehr. Laut Burghardt „können soziale Spiele viele Formen annehmen, aber am verbreitetsten sind quasi-aggressive Verhaltensmuster, wie etwa Verfolgungsjagden, Ringkämpfe, Scharren mit den Hufen und das Zwicken mit den Zähnen." Was den Stellenwert sozialer Spiele anbelangt, hält er fest, „dass es interessant ist, ihnen zuzusehen, dass sie viele, oftmals komplexe und häufig ballettartige Bewegungen einschließen und dass sich in ihnen anzudeuten scheint, wie diese Verhaltensmuster im Rahmen der ernsthafteren Ver-

[91] Ebd., 84.

haltensweise von Erwachsenen zum Einsatz kommen."[92] Soziale Spiele eröffnen die meisten Möglichkeiten zur Weiterentwicklung und wir werden sie unten weiter erörtern, doch zuerst müssen wir uns mit einer weiteren Klassifikation des Spielens durch Burghardt befassen, die entwicklungsorientiert ist.

Einen großen Teil der früheren Arbeiten über das Spielen von Tieren ordnet Burghardt dadurch ein, dass er von primären, sekundären und tertiären Spielprozessen spricht, die alle den fünf Definitionskriterien des Spiels genügen müssen. Als Primärprozess sei das Spielen kein direktes Ergebnis der natürlichen Selektion und habe es möglicherweise auch keine Folgen für die Selektion: Dies sei die früheste Form des Spiels. Spiele dieser Art haben wahrscheinlich keine Auswirkung auf das spätere Verhalten oder „können als ‚Präadaption' oder ‚Exaptation' dienen, die selektierbare Variationen liefern". Ich interpretiere Burghardt so, dass das Spielen das Ergebnis von so etwas wie einer „zwanglosen im Sinne von gelockerten Selektion" zu sein scheint, wie Brutpflege sie gewährleisten würde, und dass gerade in Situationen gelockerter Selektion bereits bestehende genetische Möglichkeiten – denn darauf deuten „Präadaptionen" und „Exaptationen" hin –, die bis dahin aufgrund ihrer Nichtangepasstheit nicht zum Zuge kamen, in das Verhalten Eingang finden. Ist das Spielverhalten erst einmal in Gang gekommen, kann es verschiedenen Funktionen dienen, was die sekundären und tertiären Spielprozesse beschreiben, aber bis zu einem gewissen Grad überleben die primären Spielprozesse in Arten, die sich gleichzeitig erheblich weiterentwickelt haben.

Als Sekundärprozess deckt das Spielen viele der Funktionen ab, die als Erklärung für die Evolution des Spielens angeboten worden sind. Als Sekundärprozess sei Spielen „ein Verhalten, das, wenn es auftritt, evolutionär für die Aufrechterhaltung oder Verbesserung der normalen Entwicklung physiologischer und verhaltensbezogener Fähigkeiten eine, wenn auch nicht unbedingt die allein ausschlaggebende oder auch nur hauptsächliche Rolle übernimmt. Mit Hilfe des Spielens kann die Präzision der räuberischen, defensiven und sozialen Kompetenz, der neuronalen Verarbeitung und der physiologischen Fähigkeiten aufrechterhalten werden."

Als Tertiärprozess sei das Spielen ein „Spielverhalten, das für die Abwandlung und Verbesserung geschickter Verhaltensweisen und der Fitness eine maßgebliche, wenn nicht gar entscheidende Rolle erlangt hat, wozu auch die Entwicklung von Innovationsgeist und Kreativität gehört". Auch wenn sekundäre und tertiäre Prozesse sich nicht scharf voneinander ab-

---

92 Ebd., 87. Auf den Seiten 83–89 erörtert er die verschiedenen Spielarten.

grenzen lassen, sondern eher fließend ineinander übergehen, ist das Spiel als Tertiärprozess auf die reichen Entwicklungsmöglichkeiten des Spielens von Menschen hin ausgerichtet, bei denen durch die Kultur eine ganze Reihe von weiteren Entfaltungsmöglichkeiten hinzukommt.[93]

Wie wir gesehen haben, scheint Brutpflege eine wichtige Vorbedingung für die Entwicklung des Spiels zu sein. Im Hinblick auf das Verhältnis, in dem die Arten der Brutpflege zum Entwicklungsgrad des Spiels stehen, nimmt Burghardt einige Verallgemeinerungen vor. Den Unterschied zwischen Nestflüchtern, bei denen die Jungen quasi lebensfähig geboren werden, und Nesthockern, bei denen die Jungen hilflos zur Welt kommen, haben wir oben bereits festgestellt. Bei einigen Nestflüchtern, wie etwa Rindern und Pferden, gebiert die Mutter gewöhnlich nur ein Junges, und der Nachwuchs bleibt möglicherweise länger bei seinen Eltern als die Brut mancher Nesthocker, bei denen eine große Zahl hilfloser Neugeborener schnell selbstständig wird. Deshalb „muss das System der Brutpflege als Ganzes betrachtet werden. Trotzdem kann Nesthockertum ein sinnvoller Marker für die Identifizierung von Tieren sein, bei denen das Spielen deutlich hervorsticht, weil Arten, deren Junge Nesthocker sind, häufig sogar mehr oder auf komplexere Weise spielen als enge Verwandte von ihnen, die eher zu den Nestflüchtern gehören."[94]

Burghardt betont die Komplexität des Spiels und die höchst uneinheitliche Entwicklung der Forschung über Schlüsselaspekte des Spielens, die es schwierig machen, den Ursprung des Spielens von Tieren zu erfassen. Er bietet aber trotzdem versuchsweise einen Hypothesenkatalog an, den er „Überschüssige-Ressourcen-Theorie des Spielens" nennt.[95] Ein Aspekt dieser Theorie besteht darin, dass der Nachwuchs, je länger die Brutpflege sich hinzieht, desto wahrscheinlicher so viel Energie und häufig auch Intelligenz besitzt, dass er Ausdrucksformen benötigt, die das verhindern, was wir Langeweile nennen.[96] In Reaktion auf diese sich mehr oder weniger lang hinziehende Lockerung des Selektionsdrucks ergibt sich das Spielen als Primärprozess. Als Primärprozess ist Spielen eine Reaktion eher auf das Fehlen eines spezifischen Drucks als auf einen solchen Druck an sich. Trotzdem bedeutet fehlender Selektionsdruck, dass hochspezifische instinktive Fähigkeiten, mit der Umgebung fertigzuwerden – Raubtier-Beute-

---

93 Alle Zitate in den letzten drei Absätzen stammen aus ebd., 119.

94 Ebd., 129.

95 Ebd., 172.

96 Ebd., 151–156, wo mehrere Theorien über den Zusammenhang zwischen Energie und Spiel erörtert werden und Burghardt anmahnt, dass ihr Zusammenhang komplex und vielschichtig ist. Meine Erörterung nimmt zwangsläufig Vereinfachungen vor.

Beziehung, Flucht, Paarung –, die normalerweise bei Tieren, die keine Brutpflege erfahren, von Geburt an vorhanden sind, in ihren frühesten Erscheinungsformen bei Tieren mit ausgedehnter Brutpflege durch Nichtgebrauch allmählich verkümmern, das heißt genetisch werden sie der Tendenz nach nicht selektiert. An die Stelle der nicht selektierten Instinkte mit gewöhnlich ziemlich präzisen verhaltensbezogenen Implikationen tritt ein allgemeineres Spielverhalten, das nun aber seinerseits als sekundärer Spielprozess für die Selektion abrufbar ist – also ein Spielverhalten wie Ringkämpfe, Rennen, Verfolgungsjagden und so weiter und ein Spielprozess, der auf allgemeine Weise dazu beitragen könnte, Kompetenzen zu verbessern, die sich in der „wirklichen Welt" als nützlich erweisen, sobald die Jungen auf sich allein gestellt sind. Burghardt lässt keinen Zweifel daran, dass das Spiel nicht entstand, um diese Funktionen bereitzustellen, sondern dass solche Funktionen sich aus dem Spielverhalten als einer Tätigkeit entwickeln können, deren Nutzen ursprünglich in keinerlei Hinsicht funktional war. Sobald der sekundäre Spielprozess eingesetzt hat, besteht die Möglichkeit, dass das Spiel zu neuen Aktivitäten führt, die bis dahin nicht zum Repertoire der betreffenden Spezies gehörten. Das Spiel ist mit anderen Worten eine neuartige Fähigkeit, die ein großes Potenzial zur Entwicklung weiterer Fähigkeiten besitzt, welche Burghardt als tertiäre Spielprozesse bezeichnet und von denen einige recht außergewöhnlich sind.

Um erkennen zu können, wie einige dieser neuen Fähigkeiten entstanden sein könnten, müssen wir uns jetzt einige Merkmale von sozialen Spielen bei nichtmenschlichen Tieren ansehen. Unsere Beispiele werden in der Hauptsache aus dem Bereich der Caniden und Primaten, insbesondere der Hunde und Schimpansen stammen, weil sie am besten untersucht worden sind. Bei Tieren mit mehr oder weniger hierarchischer Sozialstruktur ist die Gleichheit am beeindruckendsten, die ihr Spiel kennzeichnet. Marc Bekoff und Jessica Pierce haben das eindringlich formuliert:

> „Wir wollen noch einmal betonen, dass soziales Spiel auf Fairness als sicherem Fundament beruht. Spiel findet auch nur dann statt, wenn die Individuen wirklich nur Spiel und nichts anderes im Kopf haben. Sie denken nicht über irgendwelche Ungleichgewichte bei der physischen Größe oder beim sozialen Status nach. Große und kleine Tiere können zusammen spielen, ebenso Individuen mit einem hohen und einem niedrigen Status, aber keiner wird den andern deswegen übervorteilen.
>
> Spiel ist wirklich eine einzigartige Kategorie von Verhalten, bei der Asymmetrien deutlich häufiger toleriert werden als in anderen sozialen Zusammenhängen. Die Tiere geben sich wirklich Mühe, ungleiche Bedingungen bei Größe, Körperkraft oder sozialem Status auszugleichen. [...] Spiel ist einzigartig gleichmachend. Und wenn wir Gerechtigkeit als eine Ansammlung von sozialen Regeln und Erwartungen definieren, die Unterschiede zwischen Individuen neutralisieren

und darüber die Gruppenharmonie verbessern sollen, dann ist es genau das, was wir bei spielenden Tieren finden."[97]

Burghardt hält einige besondere Weisen fest, inwiefern das Spielen von Tieren egalitär ist. Eine gängige Weise ist der Rollentausch: „Ein Tier jagt hinter einem anderen her; wenn es dieses eingeholt hat, kann es sein, dass der Gejagte plötzlich kehrt macht und anfängt, den Verfolger auf Bäume hinauf, um Büsche und Felsen herum zu jagen, und so weiter. Bei gespielten Ringkämpfen kann ein Tier oben sein und dann unten wieder auftauchen."[98] In diesem Beispiel kommt es innerhalb einer Spielrunde zum Rollentausch, aber der Tausch kann auch über mehrere Runden hinweg stattfinden: „Das heißt, an einem Tag verfolgt ein Tier das andere und am nächsten wird es selbst verfolgt."[99]

Das Verhalten von älteren, stärkeren oder höherstehenden Tieren, die mit einem jüngeren, schwächeren oder niedriger stehenden Tier spielen, nennt Burghardt „Selbstbehinderung", und er merkt an, dass „Selbstbehinderung in Teilaspekten sozialer Spiele von Tieren eine Art wechselseitige Intentionalität impliziert".[100] Zu Rhesusaffen, die vorübergehende Beeinträchtigungen ihrer Spielpartner nicht sofort zu bemerken scheinen, die Beeinträchtigung aber, wenn sie länger anhält als ein paar Wochen, berücksichtigen und sich dem beeinträchtigten Tier so wie gegenüber jüngeren Tieren anpassen, nimmt de Waal folgendermaßen Stellung: „Stets bewundere ich, wie sehr erwachsene Männchen sich beim Spielen unter Kontrolle haben: mit ihren furchteinflößenden Eckzähnen knabbern sie an den Jungen und ringen mit ihnen, ohne ihnen auch nur im geringsten weh zu tun."[101] De Waal behauptet, dass Zurückhaltung beim Spielen wahrscheinlich durch Konditionierung hervorgerufen wird, „*erlernte Anpassung*" sei. „Von klein auf lernen Affen: Der Spaß hört auf, wenn sie mit einem jüngeren Spielgefährten zu grob umgehen [...]."[102] So gesehen, wäre das Spiel ein Ausdruck der Plastizität und der Offenheit fürs Lernen, die sich einstellt, wenn aufgrund der Brutpflege eine geringere Notwendigkeit zur frühen instinktiven Selbsterhaltung besteht.

Wie lernen Tiere, wie man sich während der Spielrunden verhält? Dies ist keineswegs vollkommen klar, doch es gibt Belege für eine Vielzahl von

---

97 Marc Bekoff und Jessica Pierce, *Sind Tiere die besseren Menschen? Fairness & Empathie im Tierreich,* übers. v. Barbara Schöning, Stuttgart: Kosmos, 2017, 175–176.
98 Burghardt, *Genesis of Animal Play*, 89.
99 Ebd., 90.
100 Ebd.
101 De Waal, *Der gute Affe*, 65.
102 Ebd.

Formen, wie Verhalten signalisiert wird, angefangen mit der Aufforderung zum Spielen, bei der es sich im Fall von Hunden bekanntermaßen um eine gespielte Verbeugung handelt: Mit seinen Vorderbeinen kauert der Hund auf dem Boden und verbeugt sich, während die Hinterbeine gerade bleiben. Dies bedeutet offenkundig „Ich will spielen“ und wird durch eine gespielte Verbeugung des möglichen Spielpartners erwidert.[103] Gregory Bateson hat eine solche Verhaltensweise als „Metakommunikation“ bezeichnet, weil sie nicht nur die Bereitschaft zum Spielen signalisiert, sondern auch die Art von Verhalten angibt, die daraus hervorgeht, nämlich nicht wirkliche Kämpfe und dergleichen, sondern gespielte Kämpfe.[104] Die gespielte Hundeverbeugung kann im Laufe einer Spielrunde wiederholt werden, was womöglich bedeutet „Ich will immer noch spielen“. Primaten verfügen über eine Vielzahl von Gebärden, die eine Bereitschaft zum Spielen und zum Einhalten der Spielregeln anzeigen. Bei den Schimpansen ist ein erhobener Arm weit verbreitet, welcher der gespielten Verbeugung bei Hunden entspricht, aber es gibt unter Schimpansen noch mehrere andere Gesten, die eine Bereitschaft zum Spielen anzeigen können.[105] Im Spielverlauf macht vielleicht ein Aufjaulen oder Zwicken dem Spielpartner deutlich, dass er zu grob geworden ist und damit aufhören soll. Wenn einer der Partner fortwährend zu grob ist, findet das Spiel ein jähes Ende oder schlägt in einen wirklichen Kampf um.

Ein Grund, warum das Spielen von Tieren als Forschungsgebiet Probleme aufwirft und manche Forscher sogar an der Möglichkeit zweifeln, es überhaupt zu untersuchen, oder anderen Forschern anthropozentrische Interpretationen vorwerfen, liegt darin, dass wir nur allzu gut wissen (oder zu wissen meinen), worum es geht. Denn wenn sich ein Hund spielerisch vor uns verbeugt, können wir anfangen, mit dem Hund zu spielen. Die sozialen Spiele von sehr kleinen Kindern sind den sozialen Spielen von

---

103 Burghardt, *Genesis of Animal Play*, 90–98.

104 In seinem Aufsatz „Theorie des Spiels und der Fantasie,“ in *Ökologie des Geistes: Anthropologische, psychologische, biologische und epistemologische Perspektiven*, übers. v. Hans Günter Holl, Frankfurt: Suhrkamp, 1985 [1972], schreibt Gregory Bateson: „Das oben Gesagte erweckt den Anschein, als sei Spiel ein Phänomen, bei dem Handlungen des ‚Spielens‘ auf andere Handlungen des ‚Nicht-Spielens‘ bezogen sind oder diese bezeichnen. Wir begegnen daher beim Spiel einem Beispiel von Signalen, die für andere Ereignisse stehen, und es scheint deshalb, als könne die Entwicklung des Spiels ein wichtiger Schritt in der Entwicklung der Kommunikation gewesen sein“, 245. Den Austausch von Signalen, die „Dies ist ein Spiel“ bedeuten, bezeichnet er als „Metakommunikation“, 244.

105 Eine Liste von Schimpansen-Gesten, von denen mehrere als Einladung zum Spielen dienen, findet sich bei Michael Tomasello, *Die Ursprünge der menschlichen Kommunikation*, übers. v. Jürgen Schröder, Frankfurt: Suhrkamp, 2011 [2008], 35–36.

Tieren auffallend ähnlich. Beim Akt des Spielens können wir an Tieren genau diejenigen Dinge beobachten, von denen vielfach behauptet wurde, dass nur Menschen über sie verfügen, und die den Tieren abgesprochen wurden: ein Gefühl fürs eigene Ich, ein Verständnis davon, was im Kopf von jemand anders vor sich geht, eine sehr fein und ganz genau aufeinander abgestimmte Kooperationsfähigkeit, und falls diese Charakterisierungen übertrieben wirken sollten, dann bestimmt zumindest gemeinsame Intentionen und geteilte Aufmerksamkeit.

Wie ich weiter unten im Rückgriff auf Martin Buber erörtern werde, hat Wissenschaft einige ausgesprochen unmissverständliche Regeln, die eine Ich-Es-Beziehung zwischen dem Wissenschaftler und dem Untersuchungsobjekt voraussetzen. Der Wissenschaftler muss strenge Objektivität wahren, was aus dem Objekt zwangsläufig ein Ding macht. Beim Beobachten des Spielens und deutlicher noch beim tatsächlichen Spielen mit Tieren ist es fast unmöglich, eine Ich-Du-Beziehung zu vermeiden, was den Verdacht weckt, dass man nicht wirklich wissenschaftlich vorgeht.[106] Wie de Waal an mehreren Stellen angedeutet hat, kann so etwas wie eine Ich-Du-Beziehung auf der anderen Seite aber eine wertvolle Informationsquelle sein und verstellt es uns möglicherweise die Sicht auf das, was wirklich vor sich geht, wenn wir Tiere wie rein mechanische Wesen behandeln. Man könnte dies als utilitaristische Nutzung eines Ich-Du-Verhältnisses betrachten, die dessen wirkliche Bedeutung untergräbt, doch wenn man de Waal und einige andere Autoren liest, die das Spielen von Tieren untersucht haben, spürt man sowohl ihren aufrichtigen Respekt vor der Andersheit, dem Du-Sein, der untersuchten Tiere als auch, dass sie sorgfältige objektive Forschung betreiben. Schließlich sind die mannigfaltigen Wirklichkeiten, für die Ich-Es- und Ich-Du-Beziehungen Beispiele abgeben, einander gegenüber nie ganz abgeschlossen, sondern überlappen sich häufig. Wenn etwa eine Metapher bei einem Wissenschaftler zu einem theoretischen Durchbruch führt, wie wir in Kapitel 1 gesehen haben, kann ein solches Überlappen Quelle von Kreativität sein.

Es ist viel Energie darauf verwandt worden zu zeigen, wie sehr Menschen sich von allen anderen Tieren unterscheiden, und was Sprache sowie Kultur – zumindest nicht im rudimentären Sinne – anbelangt, sind die Menschen auch wirklich anders. Ich habe jedoch erhebliche Anstrengungen unternommen, um unsere tiefgehende Prägung durch eine sehr lange biologische Geschichte zu zeigen. In der einen oder anderen Form reichen Sex und Aggressivität ganz weit zurück und bestimmt stellen sie für die Menschen noch heute starke Antriebskräfte dar. Als früheste Verhaltens-

---

[106] Martin Buber, *Ich und Du*. Heidelberg: Lambert Schneider, 1977 [1923].

weise, die wir Liebe nennen können, reicht die Fürsorge in Form von Brutpflege mehr als 200 Millionen Jahre bis zu den frühen Säugetieren zurück. Dominanzhierarchie ist wahrscheinlich genauso alt wie Säugetiergesellschaften. Wir wissen nicht, vor wie langer Zeit, aber möglicherweise sind vor Millionen von Jahren bei in Bezug auf ihr Verhalten komplexen Säugetieren, mit Sicherheit aber bei Schimpansen Verhaltensmuster aufgetreten, die einen deutlichen sittlichen und politischen Einschlag haben. Und das Spielen von Säugetieren, das die Saat für spätere Fähigkeiten legt, reicht wahrscheinlich mindestens genauso weit zurück.

Wir kamen nicht aus dem Nichts. Wir wurzeln tief in einer biologischen und kosmologischen Geschichte. Diese Geschichte bestimmt uns nicht, weil die Organismen von Anfang an und mit jeder neuen Fähigkeit in zunehmendem Maße Einfluss auf ihr eigenes Schicksal genommen haben.[107] Doch unsere bemerkenswerte Freiheit, zu der ich mich gerne bekenne, wurzelt in einer kosmologischen und biologischen Matrix, die alles beeinflusst, was wir tun. Dass wir bzw. von uns geschaffene Maschinen einfach aus dieser Geschichte heraus in die reine Selbstbestimmtheit springen können, ist Science-Fiction-Phantasterei. Wir leben in einer Welt, in die unser Geist und unsere Körper eingebunden sind, und wir müssen die Welt respektieren, in der wir leben. Wenn wir alle diese Dinge im Gedächtnis behalten, können wir uns jetzt damit befassen, wodurch wir uns nun wirklich von allen anderen Geschöpfen unterscheiden.

Homo sapiens

Vor etwa fünf Millionen Jahren (oder mehr) spalteten sich die Abstammungslinien, die zum modernen Menschen, dem *Homo sapiens*, führten, von den Linien ab, die zu den Schimpansen führten. Es gibt keinen Grund zu der Annahme, dass die Angehörigen der Abstammungslinie der Schimpansen vor fünf Millionen Jahren mit den heutigen Schimpansen identisch waren. Nicht anders als wir haben sie sich in dem betreffenden Zeitraum weiterentwickelt. Trotz dieser Phase erheblicher Divergenz haben wir vieles mit den Schimpansen gemeinsam – mehr als mit jeder anderen Spezies –, aber vieles teilen wir auch nicht. Wir hätten gerne ein klares Bild davon, was mit den mittlerweile seit langer Zeit ausgestorbenen Abstam-

---

107 Darwin selbst schrieb über Insekten, die fast vollständig instinktgesteuert sind: „Eine kleine Dosis von Verstand oder Urteil, wie Pierre Huber es ausdrückt, kommt oft ins Spiel, selbst bei Tieren, welche sehr tief auf der Stufenleiter der Natur stehen" (*Die Entstehung der Arten*, 201).

mungslinien geschah, aus denen nach der Abspaltung von den zu Schimpansen und Gorillas führenden Linien unsere Gattung hervorging, und was vor etwa zwei Millionen Jahren oder mehr mit den ersten Angehörigen der Gattung *Homo* – nämlich *Homo habilis* und etwas später *Homo erectus* – passierte, die ebenfalls ausgestorben sind, allerdings vor jüngerer Zeit. Doch das Beweismaterial, über das wir verfügen und das fast ausschließlich aus fossilen Knochen und Steinwerkzeugen besteht, beantwortet nur einige wenige unserer vielen Fragen. Erste reichhaltigere archäologische Zeugnisse stammen aus einer Zeit, von der wir annehmen, dass die Speziation des *Homo sapiens* in ihr bereits eingesetzt hatte – also vor etwa 250.000 Jahren. Nach genealogischer Zeitrechnung war das sehr spät, worauf schon James Costa hingewiesen hat: „In einem anderen Ansatz wird die geologische Zeitskala auf ein Kalenderjahr komprimiert: Wenn man den Ursprung der Erde [in Echtzeit vor 4,5 Milliarden Jahren] auf den 1. Januar um Mitternacht veranschlagt, zeigt eine einfache Rechnung, dass die gesamte menschliche Existenz vom frühesten Auftreten des *Homo sapiens* an erst spät am 31. Dezember, nämlich etwa um 23 Uhr 49 beginnt.“[108]

Wegen seiner anatomischen Ähnlichkeiten mit dem modernen Menschen sind über den *Homo erectus* viele Spekulationen angestellt worden. Ursprünglich hatte der *H. erectus* ein kleineres Gehirn, doch es wuchs mit der Zeit. Man neigt dazu, sie als so etwas wie moderne Jäger und Sammler zu betrachten, allerdings mit einer simpleren Technik und einer Sprache – wenn sie überhaupt eine Sprache hatten –, die grammatikalisch sehr viel simpler war als alle bekannten menschlichen Sprachen.[109] Handfeste Beweise gibt es allerdings kaum, weshalb ich ab hier hauptsächlich über unsere eigene Art sprechen werde, deren Frühgeschichte fast genauso undurchsichtig ist wie die Geschichte unserer früheren Abstammungslinien.

---

[108] Anmerkung von James T. Costa in der von ihm annotierten Ausgabe von Darwins *On the Origin of Species* (Cambridge, Mass.: Belknap Press of Harvard University Press, 2009 [1859], 488). Wann es in einem graduell verlaufenden Speziationsprozess tatsächlich zum „frühesten Auftreten“ des *Homo sapiens* kam, ist bei weitem nicht geklärt.

[109] In *Adam's Tongue: How Humans Made Language, How Language Made Humans*. New York: Hill and Wang, 2009, tritt Derek Bickerton für eine Ursprache beim *Homo erectus* ein. Richard Wrangham behauptet in *Feuer fangen: Wie uns das Kochen zum Menschen machte – eine neue Theorie der menschlichen Evolution*, übers. v. Udo Rennert, München: DVA, 2009, dass das Kochen mit dem *Homo erectus* seinen Anfang nahm, was beträchtliche Auswirkungen auf die menschliche Physiologie und Verhaltensweise hatte.

Auf frühere Angehörige unserer Gattung werde ich sozusagen nur über die Schulter zurückblicken.

Obwohl die Sprache und die kulturelle Entwicklung, zu der die Sprache beigetragen hat, uns am deutlichsten von unseren nächsten Verwandten unter den Primaten unterscheiden, ist der Ursprung der Sprache immer noch ein ungelöstes Problem. Wie Peter Richerson und Robert Boyd geschrieben haben, „muss ein nicht unerhebliches wissenschaftliches Theoriegebäude in Anschlag gebracht werden, um uns davon zu überzeugen, dass die Existenz der menschlichen Kultur ein tiefes revolutionäres Rätsel ist, das auf einer Stufe mit dem Ursprung des Lebens selbst steht."[110] Betrachtungen über Kultur und Sprache würde ich gerne so lange aufschieben, bis ich einen Blick auf einige unserer physischen Unterschiede zu anderen Primaten geworfen habe, obwohl es immer möglich ist, dass auch manche dieser Unterschiede sich teilweise der Kultur verdanken.

Menschen sind Nesthocker, das heißt dass ihre Jungen im Unterschied zu den Säugetieren, die Nestflüchter sind, hilflos und gewissermaßen „unfertig" geboren werden, weil bestimmte Entwicklungsschritte nicht im Mutterleib stattfinden, sondern erst nach der Geburt in einem Stadium erfolgen, das ständige Brutpflege erforderlich macht.[111] Zudem werden Menschen besonders unfertig geboren. Infolge der Zweifüßigkeit – ihre auf das Gehen und Laufen spezialisierten Beine sind ein weiteres Merkmal, das den Hominiden vorbehalten ist – ist das Becken der Mutter enger als bei unseren vierbeinigen Vorfahren, was heißt, dass der Kopf des Babys klein genug sein muss, um durch den Geburtskanal zu passen, ohne dass sich die Mutter bei der Geburt ernsthaft verletzt. Dies ist einer von mehreren Konstruktionsfehlern des Menschen, der im Laufe unserer Geschichte häufig dazu geführt hat, dass Mütter bei der Geburt den Tod fanden.

Wie andere Primatenbabys ist dieses sehr unfertige Baby bei der Geburt nackt, doch anders als unsere Primatenvettern, deren Körper sich bald mit Fell bedecken, bleiben Menschen mit Ausnahme des Haares auf ihrem Kopf und um ihre Genitalien herum ihr ganzes Leben lang nackt. Darin besteht ein Merkmal der sogenannten Neotenie, das heißt der Beibehaltung von Wesenszügen, die sich vorher nur an den ganz Jungen beobachtet ließen, bis ins Erwachsenenalter. Die Gesichter von Schimpansenjungen

---

110 Peter J. Richerson and Robert Boyd, *Not by Genes Alone: How Culture Transformed Human Evolution.* Chicago: Chicago University Press, 2005, 126.

111 Gordon Burghardt betont, dass es auch Arten gibt, deren Nesthockertum noch ausgeprägter ist als beim Menschen. „Sie werden ohne Haare oder Federn, ohne vollständig entwickelte Sinne, vorzugsweise blind geboren (Mäuse, Ratten, Katzen, Hunde, Bären etc. können nach der Geburt nichts sehen)." Persönliches Gespräch.

und Menschenbabys sind bei der Geburt ziemlich ähnlich, doch die Menschen behalten das flache Gesicht und die hohe Stirn der Jugend, während Schimpansen ausladende Kiefer, große Zähne und eine fliehende Stirn entwickeln. Einige Forscher haben spekuliert, ein weiteres Merkmal der Neotenie bestehe darin, dass die hohe Lernfähigkeit der Jugend bei Menschen ihr ganzes Leben lang erhalten bleibe. Andere weisen den „Mythos von der Juvenilisierung", wie die Neotenie auch genannt wird, zurück und behaupten stattdessen, dass die menschliche Entwicklung eine „Adultifikation" kennzeichne, das heißt eine sehr viel kontinuierlichere Entwicklung als bei vergleichbaren Arten.[112] Unter Verweis darauf, dass beide Prozesse schon lange im Gange seien, pochen wiederum andere darauf, dass die menschliche Entwicklung ein „Mosaik" aus Juvenilisierung und Adultifikation darstelle. Zum Beispiel: „Im Vergleich zu den Affen haben wir hypererwachsene Gehirne und Schädel, aber jugendliche Kiefer."[113]

Ausgedehnte Brutpflege ist charakteristisch für Menschenaffen, besonders für Schimpansen: Gerade im Vergleich mit anderen Affen reifen Schimpansen langsam heran und bleiben 16 bis 24 Wochen in Körperkontakt mit ihren Müttern – gegenüber etwa vier Wochen bei Pavianen. Sie werden bis zum Alter von vier oder fünf gestillt und sind von ihren Müttern abhängig, bis sie acht Jahre alt sind, auch wenn sie sich nach der Entwöhnung ihr Futter selbst suchen.[114] Bei den Menschenaffen liegen die Geburten sechs bis acht Jahre auseinander, damit die Mutter, die sich dagegen sträubt, dass andere für ihren Nachwuchs sorgen, ihn bis ins Erwachsenenalter begleiten kann. Menschliche Kleinkinder könnten so lange gestillt werden, gewöhnlich werden sie es aber nicht, weil zwischen den Geburten durchschnittlich drei Jahre liegen. Bei Jägern und Sammlern, die ständig unterwegs sind, fällt der Mutter schon die Sorge um ein Baby schwer, sodass andere in die Kinderbetreuung einbezogen werden mussten. Kooperative Aufzucht – das heißt geteilte Brutpflege – ist bei Vögeln weit verbreitet und über eine Reihe von Wirbeltieren bekannt, zu denen auch einige Primaten gehören, kommt aber, wie gesagt, bei Menschenaffen nicht vor.

Sarah Hrdy hat argumentiert, in unserer Gattung sei das Aufkommen von kooperativer Aufzucht vor wahrscheinlich mehreren Hunderttausend

---

[112] In ihrem Buch *Origins of Animal Intelligence*, Baltimore: Johns Hopkins University Press, 1999, 336–355, bringen Sue Taylor Parker und Michael L. McKinney heftige Einwände gegen Neotenie und Juvenilisierung vor.

[113] Melvin Konner, *The Evolution of Childhood: Relationships, Emotion, Mind*, Cambridge, Mass.: Harvard University Press, 2010, 139.

[114] John E. Pfeiffer, *The Emergence of Man*, 3. Aufl., New York: Harper and Row, 1978, 254–255.

Jahren ein grundlegender Wandel mit erheblichen Auswirkungen gewesen. Sie bringt die kooperative Aufzucht bei den Hominiden lange vor dem Auftauchen des *Homo sapiens* mit dem Aufkommen moderner *Emotionalität*, das heißt mit der Fähigkeit menschlicher Kleinkinder in Verbindung, durch etwas eine Beziehung zu anderen herzustellen, das de Waal, wie wir oben gesehen haben, „ein klareres Verständnis für ihre Stellung in der Welt und ein genaueres Urteil über das Leben anderer in ihrer Umgebung" nennt. Vor allem in ihren ersten Lebenswochen verfügen Menschenaffenbabys, die ausschließlich von ihren Müttern betreut werden, über die Fähigkeit, zu ihren Müttern eine direkte emotionale Beziehung aufzubauen. Sie lernen allerdings nie, diese Fähigkeit auf andere auszuweiten, und verlieren sie sogar schon früh gegenüber ihren eigenen Müttern. Menschenbabys, die von Anfang an nicht nur von ihren Müttern, sondern auch von deren Müttern, von Tanten, älteren Schwestern und möglicherweise sogar nicht von Familienmitgliedern betreut werden, verlieren die Fähigkeit zur engen emotionalen Synchronisierung mit anderen nicht, sondern entwickeln sie weiter und weiten sie auf andere aus. Diese Entwicklung, behauptet Hrdy, begann bei den Hominiden und ging der Entwicklung von großen Gehirnen um einiges voraus, durch die *anatomisch* die Entstehung der modernen Spezies des *Homo sapiens* und *verhaltensbezogen* die Entwicklung von Sprache und Kultur beim modernen Menschen gekennzeichnet sind.[115]

Hrdy bringt das Aufkommen der kooperativen Aufzucht und der modernen Emotionalität mit dem bemerkenswerten Egalitarismus in Verbindung, der im Vergleich mit anderen Menschenaffen auf der einen und mit Ackerbau treibenden menschlichen Gesellschaften auf der anderen Seite bei den Jägern und Sammlern anzutreffen ist und den wir in Kapitel 4 ausführlicher analysieren werden.[116] Doch wenn Hrdy recht hat, entpuppen sich unsere Hinwendung zu einer stärkeren Einbeziehung der ganzen Gesellschaft in die Brutpflege und die damit verbundenen emotionalen Entwicklungen als der entscheidende Vorteil der Abwandlungsreihen, die dazu geführt haben, dass Menschen zu etwas radikal Neuem wurden –

[115] Hrdy, *Mütter und Andere*, 386. In *Die kulturelle Entwicklung des menschlichen Denkens: Zur Evolution der Kognition*, übers. v. Jürgen Schröder, Frankfurt: Suhrkamp, 2003 [1999], argumentiert Michael Tomasello, dass die moderne Emotionalität, wie Hrdy sie nennt, also die Fähigkeit, die Intentionen von Anderen zu verstehen und nachzuempfinden, wahrscheinlich mit dem *Homo sapiens* im Pleistozän entstand, was etwa 250.000 Jahre her ist, während Hrdy meint, dass sie bereits bei früheren Angehörigen der Gattung *Homo* auftrat, also bereits vor zwei Millionen Jahren. Die ganze Datierungsfrage ist umstritten.

[116] Hrdy, *Mütter und Andere*, 281–284.

worauf Terrence Deacon hinaus wollte, als er schrieb, dass „wir biologisch gesehen bloß ein weiterer Affe, in geistiger Hinsicht aber ein ganz neuer Organismusstamm sind“.[117]

Die strukturellen Veränderungen des Schimpansenkopfes und -gesichts haben zweifellos mit den für Ernährung und Kampf erforderlichen Adaptationen zu tun. Dass der Kopf und das Gesicht des Menschen sich von der Kindheit bis ins Erwachsenenalter strukturell gleichen, ist nur eines von vielen Anzeichen dafür, dass die physische Spezialisierung vieler anderer Arten bei den Menschen fehlt. Andere Tiere können schneller rennen als wir und würden uns mit Hilfe ihrer Klauen und Zähne sowie ihrer reinen Muskelkraft im Kampf bezwingen, wenn wir ihnen ohne Waffen gegenüberträten. Deshalb heißt es mitunter, Menschen seien aufs Generalistentum und natürlich aufs Intelligentsein spezialisiert. Trotzdem sollten wir einige bemerkenswerte körperliche Fähigkeiten des Menschen festhalten, die sich zusammen mit unseren wachsenden kognitiven Fähigkeiten entwickelt haben. Anderen Affen fehlen zwei Fertigkeiten, die für Menschen wichtig sind: das Vermögen, treffsicher zu werfen, das zweifellos beim Jagen mit Waffen hilfreich ist, und das Vermögen, sich im selben Takt zu bewegen, ohne das es keine Tanzkunst gäbe. Kathleen Gibson hat das folgendermaßen formuliert:

> „Menschen werden zwar von anderen Tieren an Stärke und Geschwindigkeit übertroffen und in Bezug auf ihre Beweglichkeit auf Bäumen und die Behändigkeit ihrer Füße bleiben sie hinter den meisten Affen zurück. Es ist jedoch fraglich, ob irgendein Tier den Menschen im Hinblick auf das Vermögen übertrifft, neuartige Körperhaltungen einzunehmen und sich eine schnelle, fließend ineinander übergehende Abfolge neuartiger Haltungen auszudenken, wie sie etwa beim Tanzen, Schwimmen, Turnen oder bei einigen komplizierten Versuchen, Werkzeuge herzustellen und einzusetzen, sowie in mimischen und gestischen Zeichensprachen verwendet werden.“[118]

Wie Gibson nahelegt, geht die Fähigkeit zu schnellen, flexiblen und neuartigen Körperbewegungen mit der Entwicklung von kommunikativen Fertigkeiten einher, auch wenn diese Fertigkeiten vorsprachlich sein mögen. Obwohl die fehlende physische Spezialisierung des Menschen als Fol-

---

[117] Terrence Deacon, *The Symbolic Species: The Co-evolution of Language and the Brain*, New York: Norton, 1997, 23. Selbstverständlich bezog sich Deacon dabei auf die Sprache, die es in vereinfachter Form schon vor dem *Homo sapiens* gegeben haben könnte.

[118] Kathleen R. Gibson, „Putting It All Together: A Constructionist Approach to the Evolution of Human Mental Capacities“, in: *Rethinking the Human Revolution*, hrsg. v. Paul Mellars et al., Cambridge: McDonald Institute for Archaeological Research, 2007, 70.

ge der mit der Neotenie verbundenen biologischen Degeneration interpretiert werden kann, erinnert Gibson uns daran, dass solche Einbußen durch die Entwicklung bemerkenswerter, noch nie dagewesener, aber allgemeiner und flexibler körperlicher Fertigkeiten wieder wettgemacht werden.

Einige Parallelen zwischen den Auswirkungen der Domestizierung von Tieren und Merkmalen wie der Neotenie bei Menschen sind den Biologen schon früh aufgefallen. So hat Terrence Deacon geschrieben: „In vielerlei Hinsichten sind wir eine Spezies, die sich selbst domestiziert hat. Wäre es eine zu große Demütigung, uns als einen genetisch etwas degenerierten, neurologisch dedifferenzierten Affen zu betrachten? Die Neudeutung des Menschseins unter dem Aspekt biologischer Degeneration soll nicht leugnen, dass wir in vielerlei Hinsichten sowohl neurologisch als auch in Bezug auf das Verhalten komplexer sind als andere Affenarten.“[119] Hinter dieser Äußerung steht eine Argumentation, die zu komplex ist, als dass ich hier auf sie eingehen könnte, aber sie beruht auf der Anerkennung von Entwicklungsprozessen, die, auch wenn sie der allgemeinen Steuerung durch das Erbgut unterliegen, sogar noch dann ziemlich flexibel und unter bestimmten Umständen kreativ ablaufen, wenn ihre Aufgabe in der Abpufferung der Auswirkungen von Mutationen auf das besteht, was Kirschner und Gerhart „konservierte Kernprozesse“ genannt haben. Bis tief in die evolutionäre Vergangenheit besteht ein Gleichgewicht bzw. eine Dialektik zwischen konservierten Strukturen und innovativen Variationen. Unter Bedingungen „gelockerter Selektion“, wenn sich unter dem Druck der natürlichen Selektion die genetische Steuerung lockert, kann sich diese Dialektik allerdings verstärken. Dann werden jene „formgebenden Eigenschaften“ freigesetzt, die „eher von den sich selbstorganisierenden Bestrebungen molekularer und zellularer Wechselwirkungen herrühren als vom jeweiligen Verhältnis zu den Umweltbedingungen. Paradoxerweise legt dies nahe, dass die Selektion die evolutionäre ‚Erkundung‘ alternativer funktionaler Synergien möglicherweise sogar behindert und dass die Lockerung der Selektion bei der Entwicklung höherer funktionaler Komplexität eine große Rolle spielen könnte.“[120]

Ich hatte behauptet, dass die Brutpflege bei Säugetieren von Anfang an für eine Art gelockerte Selektion gesorgt hat, insofern sie Neugeborene vom direkten Selektionsdruck abschirmte, und dass das Spielen von Tieren mitsamt seines Innovationspotenzials eine Reaktion auf die gelockerte Se-

---

[119] Terrence Deacon, „Relaxed Selection and the Role of Epigenesis in the Evolution of Language“, in: *Handbook of Developmental Behavioral Neuroscience*, hrsg. v. M. Blumberg et al., New York: Oxford University Press, 2009, 750.
[120] Ebd., 731.

lektion darstellt.[121] Doch wenn Menschen Wesen sind, die „sich selbst domestiziert" haben, lassen sich Ansätze zu so etwas wie Selbstdomestizierung schon beobachten, als die ersten Nesthocker-Säugetiere die Bühne betraten. Wenn diese Interpretation korrekt ist, dann ist wahrscheinlich die Annahme übertrieben, dass man zwischen den Menschen und allen anderen Tieren eine radikale Trennung vornehmen muss, weil sie nicht an die Instinktsteuerung gebunden und auf erlernte Verhaltensweisen angewiesen sind, die bei anderen Tieren biologisch gesteuert werden.[122] Nicht nur verfügen andere Tiere bzw. zumindest einige Säugetierarten über einen erheblichen Grad an Freiheit im Hinblick auf die Instinktsteuerung, sondern biologische Antriebe (um einen weniger belasteten Ausdruck als „Instinkt" zu verwenden) sind auch bei den Menschen noch stark: Sex und Aggressivität, Fürsorge und Dominanz lassen sich kulturell beeinflussen, aber nie ganz abstellen. Wie es scheint, gehen Kontinuität und Innovation in der Evolution Hand und Hand, ja verstärken sich sogar gegenseitig.

Wenn die Selbstdomestizierung von Säugetieren zu einer Kindheit führt, die so frei ist, dass aufwändige und innovative Spielformen entstehen, sollte das Spielen für unsere eigene Spezies, die in einem nicht unerheblichen Sinne die Kindheit nie hinter sich lässt, tatsächlich einen bedeutenden Stellenwert besitzen. Deshalb möchte ich jetzt einen Blick auf die frühesten Belege dafür werfen, wozu der *Homo sapiens* in der Lage war. Obwohl einfache Steinwerkzeuge gefunden wurden, die mehr als zwei Millionen Jahre alt sind, geht die acheulische Steinwirtschaft mit ziemlich raffinierten, gemeinhin als Faustkeile geltenden Abschlägen wahrscheinlich bis zum *Homo erectus* vor beinahe zwei Millionen Jahren zurück. Danach setzt sich die Herstellung von Steinwerkzeugen, die immer raffinierter werden, aber ihre Form nicht signifikant ändern, direkt bis zum frühen *Homo sapiens* fort, der solche Werkzeuge vor der relativ kurzen Zeit von

---

[121] Deacon hat mir erklärt, dass das „zwanglose Umfeld", das für Burghardt ein Bestandteil der Definition des Spiels von Tieren ist, sich analog zu dem verhält, was er unter „gelockerter Selektion" versteht, aber nicht mit ihr identisch ist. Persönliches Gespräch.

[122] Dieses Argument wurzelt im 19. Jahrhundert, wurde aber in der Mitte des 20. Jahrhunderts mit Nachdruck von Arnold Gehlen vertreten. Siehe sein Buch *Der Mensch: Seine Natur und seine Stellung in der Welt*. Berlin: Junker und Dünnhaupt, 1940. Während ich Gehlens radikale Dichotomie zwischen Menschen und Tieren so nicht akzeptieren kann, habe ich viele wertvolle Gedanken in seinem Buch entdeckt. Es war Lenny Moss, der mich auf Gehlens Werk aufmerksam gemacht hat. Was Moss' Weiterentwicklung einiger dieser Gedanken anbelangt, siehe seinen Aufsatz „Detachment, Genomics and the Nature of Being Human", in: *New Visions of Nature*, hrsg. v. M. Drenthen et al., New York: Springer, 2009, 103–115.

100.000 Jahren benutzt haben könnte. Obwohl die Größe des menschlichen Gehirns in diesem Zeitraum merklich zunahm und eine große Zahl von kulturellen und sozialen Innovationen eingetreten sein dürften, die keine physischen Spuren hinterlassen haben, lässt uns die weitgehende Beständigkeit der Werkzeugproduktion ohne handfeste Belege für einen signifikanten kulturellen Wandel zurück.

Bis vor relativ kurzer Zeit neigte man zu der Annahme, dass diese Beständigkeit vor etwa 40.000 bis 50.000 Jahren durch die so genannte „Revolution des Menschen" ein Ende fand, für die an europäischen Fundstellen eher unvermittelt ganz verschiedene Beweisstücke zu Tage gefördert wurden. Doch ab den späten 1990er Jahren hat man aufgrund einer Reihe von Funden bei Ausgrabungen in Afrika entweder das Datum der „Revolution" in die Zeit vor 60.000 bis 80.000 Jahren zurückverlegt oder den ganzen Revolutionsgedanken durch die Behauptung einer allmählichen Entwicklung raffinierter physischer Belege vor etwa 250.000 bis 200.000 Jahren ersetzt, als die Speziation des *Homo sapiens* bereits voll eingesetzt hatte.[123]

Sally McBrearty, die sich als Verfechterin einer längeren und langsameren Entwicklung „moderner" physischer Belege besonders hervorgetan hat, ist der Meinung, dass der bisherige Revolutionsgedanke eurozentrisch war und die afrikanischen Beweisstücke außer Acht gelassen hat.[124] Aus unserem Blickwinkel besonders interessant ist, dass McBrearty weit über 100.000 Jahre alte Belege für Roten Ocker und Muschelperlen anführt. Natürlich können wir nicht mit Sicherheit wissen, wofür sie benutzt wurden, aber ethnographische Zeugnisse legen nahe, dass sie als Körperfarbe und Perlenschmuck höchstwahrscheinlich zur persönlichen Verschönerung dienten. Archäologen haben geltend gemacht, dass beide Verschönerungsarten vermutlich Gruppenzugehörigkeit signalisierten. Solche Signale gewannen an Bedeutung, als Gruppenzugehörigkeit über reine Face-to-Face-Gruppen hinausging und es von Bedeutung sein konnte, den Unterschied zwischen Angehörigen der Eigengruppe und Fremden zu erkennen. Doch die ethnographischen Zeugnisse können auch darauf hindeuten, dass solche Verschönerungen bei kollektiven Feiern oder Ritualen zum Einsatz gekommen sein könnten, weil die Teilnehmer an solchen Er-

---

[123] Dieses Argument wurde in vielen Kapiteln von *Rethinking the Human Revolution*, hrsg. v. Paul Mellars et al., ausführlich erörtert.

[124] Siehe Sally McBrearty, „Down with the Revolution", in: ebd., 133–151, sowie ihre ausgiebige Erörterung der Belege in Sally McBrearty und Alison S. Brooks: „The Revolution That Wasn't: A New Interpretation of Modern Human Behavior", in: *Journal of Human Evolution* 39 (2000), 453–563.

eignissen sich gewöhnlich „schick machen". Könnten sich solche Feiern oder Rituale aus der tief in unserem biologischen Erbe verankerten Fähigkeit zum Spielen entwickelt haben, die sich allerdings durch die Erlangung der Sprache und damit verwandter kultureller Entwicklungen enorm verbessert haben dürfte?

Wir wissen nicht, wann sich die moderne grammatikalische Sprache entwickelt hat, aber wir wissen, dass sie erst beim *Homo sapiens* irgendwann während seiner allmählichen Speziation entstand. Die Untersuchung heutiger Kleinkinder zeigt jedenfalls, dass die im Vergleich zu anderen Tieren bemerkenswerte Entfaltung des Spielverhaltens vor dem Spracherwerb einsetzt, aber gleich danach viele neue Formen entwickelt.

Weil das Spiel für meine Auseinandersetzung mit der Religionsentwicklung zentral ist, muss ich mich unter Heranziehung besonders von Alisons Gopniks Buch *Kleine Philosophen* mit der Verbreitung des Spielens unter heutigen Menschenkindern befassen und anschließend über die Entwicklung des Spielens vor allem nach der Sprachentstehung Spekulationen anstellen.[125] Im Vorwort habe ich mich gefragt, ob es funktional sein könnte, über Lebensbereiche zu verfügen, die nicht funktional sind. In ihrer Zusammenfassung und Weiterentwicklung einer großen Zahl jüngerer Arbeiten über das Geistes- und Gefühlsleben von Babys legt Gopnik dasselbe nahe, wenn sie von „nützlicher Nutzlosigkeit" spricht:

> „Erwachsene und Babys [...] verbringen [...] ihre Tage [...] sehr verschieden: Wir arbeiten, Babys spielen. Spiel ist das Erkennungszeichen der Kindheit. Es ist die lebendige und sichtbare Manifestation von Phantasie und Lernen. Außerdem ist es das sichtbarste Anzeichen für die paradoxerweise nützliche Nutzlosigkeit der Unreife. [...] Und doch sind diese nutzlosen Aktivitäten – und die entsprechenden Betätigungen, die wir als Erwachsene in unseren Arbeitstag einschieben – spezifisch menschlich und äußerst wertvoll. Theaterstücke sind Spiel, genauso wie Romane, Malerei und Musik."[126]

Sie erinnert uns daran, und wir sollten das niemals vergessen, dass es einer besonderen Art von Liebe bedarf, damit diese nützliche Nutzlosigkeit möglich wird: „Alle diese Prozesse – Veränderung, Vorstellungskraft und Lernfähigkeit – sind letztlich auf Liebe angewiesen. [...] Wir können von den Entdeckungen vorangegangener Generationen nur deshalb lernen,

---

[125] Alison Gopnik, *Kleine Philosophen: Was wir von unseren Kindern über Liebe, Wahrheit und den Sinn des Lebens lernen können*, übers. v. Hainer Kober, Berlin: Ullstein, 2010 [2009].

[126] Ebd., 22–23. In *Geist, Identität und Gesellschaft aus der Sicht des Sozialbehaviorismus*, übers. v. Ulf Pacher, Frankfurt: Suhrkamp, 1998 [1934], hat George Herbert Mead die Bedeutung des Spiels für die Entwicklung des Kindes betont.

weil diese liebevollen Bezugspersonen in unsere Lehre investieren. Ohne diese Betreuung würde es den Menschen nicht nur an Fürsorge, Wärme und emotionaler Sicherheit fehlen, sondern auch an Kultur, Geschichte, Moral, Wissenschaft und Literatur."[127]

Ein besonders wichtiges Merkmal der „So-tun-als-ob-Spiele", mit denen Kinder sich beschäftigen, noch bevor sie sprechen können, besteht darin, dass sie ein ganzes Spektrum „möglicher Welten" erschaffen. Diesen Ausdruck verwendet Gopnik im Titel ihres dritten Kapitels. Sie beginnt dieses Kapitel mit den Worten: „Menschen leben nicht in der realen Welt." Deutlich wird, dass sie damit nicht meint, wir täten dies die ganze Zeit; vielmehr möchte sie sagen, dass wenn wir die Bedeutung von „Träumen, Plänen, Fiktionen und Hypothesen" bedenken, die „das Ergebnis von Hoffnung und Phantasie" seien, sogar Erwachsene viel Zeit in möglichen Welten verbringen, die nicht im naheliegenden Sinne „real" sind.[128] Doch wenn schon Erwachsene viel Zeit in möglichen Welten zubringen, verleben Kinder dort noch mehr Zeit:

> „Aus Erwachsenensicht sind fiktionale Welten ein Luxus. Was hier zählt, das sind die Voraussagen über die Zukunft, die harten und ernsten Fakten des Lebens. Für kleine Kinder scheinen die imaginären Welten jedoch genauso wichtig und attraktiv zu sein wie die wirklichen. Das liegt nicht daran, wie Wissenschaftler in der Vergangenheit annahmen, dass Kinder nicht zwischen wirklicher und erfundener Welt unterscheiden könnten. [...] Vielmehr sehen Kinder keinen besonderen Grund, dem Leben in der realen Welt den Vorrang zu geben."[129]

Vielleicht ist dies eine gute Gelegenheit, auf einen Punkt hinzuweisen, den Huizinga in seinem Buch *Homo ludens* besonders hervorgehoben hat, dass nämlich nicht „Ernst" das Gegenteil von „Spiel" ist. Denn Spielen kann sehr ernst sein. Auch wenn wir sagen, „Oh, es ist ihm nicht ernst, er spielt nur", fehlt dem Wort „Ernst" der substanzielle Anklang des Worts „Spiel".[130] Der richtige Gegenbegriff – obwohl auch er nicht unproblematisch ist, wie wir sehen werden – ist nicht „Ernst", sondern „Arbeit", wie Gopnik in dem ersten, oben von mir angeführten Zitat andeutet. Wie Burghardt sogar in Bezug auf das Spielen von Tieren behauptet hat, ist

---

127 Gopnik, *Kleine Philosophen*, 24.

128 Ebd., 94.

129 Ebd., 151.

130 Huizinga macht geltend, dass der Terminus „Spiel" über eine elementare Kraft verfügt, die allen Ausdrücken für „Nichtspiel" fehlt. „Der Bedeutungsinhalt von Spiel dagegen ist mit Nichternst keineswegs definiert oder erschöpft: *Spiel* ist etwas Eigenes. Der Begriff *Spiel* als solcher ist höherer Ordnung als der des *Ernstes*. Denn *Ernst* sucht *Spiel* auszuschließen, *Spiel* jedoch kann sehr wohl den Ernst in sich einbeschließen." *Homo ludens*, 56.

Spielen nicht die Alltagswelt, also das, was Alfred Schütz „Welt des Wirkens“ genannt hat. Gopnik weist darauf hin, dass es mit „de[n] grundlegenden evolutionären Ziele[n] wie Paarung, Jagd, Flucht oder Kampf“ nichts zu tun hat.[131] Manche Formen des Spiels sind zwar komisch und unterhaltsam, aber andere, zu denen auch die von Gopnik erwähnten abgeleiteten Spielformen sowie die So-tun-als-ob-Kinderspiele gehören, sind wirklich ernst.

Freud hat das erkannt, dafür aber aus meiner Sicht einen anderen Fehler gemacht, als er schrieb: „Jedes spielende Kind benimmt sich wie ein Dichter, indem es sich eine eigene Welt erschafft oder, richtiger gesagt, die Dinge seiner Welt in eine neue, ihm gefällige Ordnung versetzt. Es wäre dann unrecht zu meinen, es nähme diese Welt nicht ernst; im Gegenteil, es nimmt sein Spiel sehr ernst, es verwendet große Affektbeträge darauf. Der Gegensatz zu Spiel ist nicht Ernst, sondern – Wirklichkeit.“[132] Denn wenn das Kind ein Dichter ist, heißt das, Dichtung sei nicht wirklich? Ist König Lear nicht wirklich? Weitaus wirklicher als der bedauerliche Zerfall einer Familie, über den die Tageszeitungen berichten? Deshalb möchte ich mit James und Schütz die „Wirklichkeit“ der „mannigfaltigen Wirklichkeiten“ bekräftigen. Wenn wir aus methodologischen Gründen von der „ausgezeichneten Wirklichkeit“ der Alltagswelt ausgehen müssen, heißt das nicht, dass die anderen möglichen Welten nicht über eigene Wirklichkeit verfügen. Mögliche Welten und mannigfaltige Wirklichkeiten haben Folgen, ohne die wir nicht leben könnten.

Spiel und Ritual

Wenn wir uns jetzt der Frage der tief in der menschlichen Evolution wurzelnden Ursprünge des ernsten Spiels zuwenden, sei an bestimmte Spielmerkmale erinnert. Das Spielen ist zeitlich und räumlich begrenzt; Burghardt spricht von „Spielrunden“, die einen Anfang und ein Ende haben, und er hält fest, dass sie häufig in sozialen Kernbereichen stattfinden, wo der Schutz vor Raubtieren am größten ist. Ungeachtet der Auseinandersetzung zwischen Frans de Waal und Michael Tomasello, wie authentisch und

[131] Gopnik, *Kleine Philosophen*, 23.

[132] Zitiert in Burghardt, *Genesis of Animal Play*, xiv. Sigmund Freud, „Der Dichter und das Phantasieren“, in: ders., *Studienausgabe,* Bd. X: *Bildende Kunst und Literatur*, Frankfurt: Fischer, 1982, 171. Im Hinblick auf die Frage nach Freuds Verständnis von „Wirklichkeit“ sollten wir möglicherweise über die ihm zugeschriebene, ausgesprochen mehrdeutige Äußerung nachdenken: „Es gibt nur einen Gott – und wir glauben nicht an ihn!“

verbreitet echte Kooperation bei Tieren, ja sogar bei unseren engsten Verwandten unter den Primaten ist, gäbe es ohne Kooperation kein Spiel unter Tieren. Tomasello meint, dass „geteilte Intentionalität" grundlegend für die menschliche Kooperation sei. Doch sogar bei nichtmenschlichen Tieren ist Spielen ohne geteilte Intentionalität nicht möglich. Bei sozialen Spielen müssen beide Parteien sich durch eine gespielte Verbeugung, eine gespielte Armbewegung oder auf irgendeine andere Weise darin einig sein, dass sie im Begriff sind, mit einem Spiel zu beginnen und nicht mit einem Kampf oder etwas anderem. Und wenn jemand bei sozialen Kinderspielen nicht mitspielen möchte oder das Spiel nicht „ernst" nimmt, das heißt die Spielabsicht nicht teilt, sollte diese Person einfach aufhören zu spielen, sonst wird sie zur „Spielverderberin" und macht den ganzen Spaß zunichte.

Neben geteilter Intention ist auch geteilte Aufmerksamkeit eine Grundvoraussetzung für soziale Spiele. Bei den unbändigen Lauf- und Versteckspielen, die manche Tiere und fast alle Kinder spielen, ist es unerlässlich, dass man dem sich rasch wandelnden und unvorhersehbaren Verhalten der Spielgefährten Beachtung schenkt, weil man sonst nicht in der Lage ist, schnell und angemessen darauf zu reagieren. Ein anderes Merkmal von Spielen bei Tieren und Menschen ist das Vorhandensein von Normen – Spielregeln bei den komplexeren menschlichen Spielen –, die nur unter den raumzeitlichen Bedingungen des Spiels gelten, in diesem Rahmen aber verbindlich sind. Obwohl Spiele mehr Merkmale gemeinsam haben, als wir erwähnen können, sei ein letztes, allerdings sehr wichtiges Merkmal genannt: Spielen ist eine Praxis in dem Sinne, wie Alasdair MacIntyre diesen Begriff verwendet, wenn er sagt, dass der Nutzen einer Praxis in der Praxis selbst liege und mit ihr kein äußerer Zweck verfolgt werde.[133] Dass dies sogar beim Spielen von Tieren der Fall ist, haben wir bereits gesehen.

---

[133] Alasdair MacIntyre definiert eine Praxis in *Der Verlust der Tugend: Zur moralischen Krise der Gegenwart,* übers. v. Wolfgang Riehl, Frankfurt: Campus, 2006 [1981], 251–252, folgendermaßen: „Mit ‚Praxis' meine ich jede kohärente und komplexe Form sozial begründeter, kooperativer menschlicher Tätigkeit, durch die dieser Form von Tätigkeit inhärenten Güter im Verlauf des Versuchs verwirklicht werden, jene Maßstäbe der Vortrefflichkeit zu erreichen, die dieser Form von Tätigkeit angemessen und zum Teil durch sie definiert sind, mit dem Ergebnis, daß menschliche Kräfte zur Erlangung der Vortrefflichkeit und menschliche Vorstellung der involvierten Ziele und Güter systematisch erweitert werden". Football führt er als Beispiel an und Schach dient ihm zur Verdeutlichung, was er meint. Demnach bezieht er Spiele mit ein, doch er bezieht auch Kunst, Wissenschaft und Politik im Aristotelischen Sinne mit ein, aber keine Rituale. Es ist jedoch nur schwer von der Hand zu weisen, dass Rituale eigentlich den Kriterien entsprechen würden. MacIntyre zählt einige Formen des Spiels zu den Praktiken, betrachtet das Spiel aber anders als ich nicht als deren primäre Quelle, doch er versucht ja auch nicht, den Ursprung der Praktiken zu erklären.

Auf ziemlich vorhersehbare Weise steuert all dies in diesem Buch darauf zu, dass Rituale meiner Meinung nach in der Evolutionsgeschichte des Menschen die urtümliche Form ernsten Spiels darstellen – Rituale, weil sie eine klar abgegrenzte Praxis sind, die den im vorigen Absatz beschriebenen Bestimmungen entspricht, und nicht vielmehr Religion, die etwas ist, das in ganz verschiedenen Hinsichten eine Folgeerscheinung des Rituals ist, es aber nie ganz hinter sich lässt.

Es ist nicht leicht, an Belege für die Frühgeschichte von Ritualen heranzukommen. Wie bereits erwähnt, waren Roter Ocker zur Körperbemalung und Muschelperlen als Körperschmuck möglicherweise für rituelle Anlässe gedacht. In sehr viel jüngerer Zeit, vielleicht vor 40.000 Jahren, stößt man auf einfache Flöten. Musik ist eine allgegenwärtige Begleiterscheinung von Ritualen und geht fast immer mit Tänzen und Gesang einher. Trotzdem stellen solche archäologischen Überreste keine große Stütze dar, weil sie viele Bedeutungen haben könnten. Von dem Zeitpunkt an, als sich unserer Meinung nach Sprache, wie wir sie kennen, entwickelte, können wir uns Rituale nach dem Muster der vielen Rituale vorstellen, die sich bei den Jägern und Sammlern beobachten lassen, so problematisch ein solcher Rückschluss auch sein mag. Doch es gibt Grund zu der Annahme, dass in dem langen Zeitraum, als die Angehörigen der Gattung *Homo* Bewusstseins- und Verhaltensformen entwickelten, die komplexer waren als die der Menschenaffen, aber nicht so komplex wie die von modernen Sprechern der menschlichen Sprache, wahrscheinlich irgendeine Art von Ritualen entstand.

Über die nichtsprachliche Kommunikation von Kindern, bevor sie sprechen lernen, und sogar von Erwachsenen, die durchaus zur Sprachverwendung fähig, aber nicht in der Lage sind, sie zu benutzen – zum Beispiel, wenn sie sich in einem fremden Land aufhalten, dessen Sprache sie nicht sprechen, oder wenn der Lärmpegel so hoch ist, dass man kein Wort verstehen kann, oder wenn man sich aufgrund der Gefahr, dass jemand mithört, unter Freunden lieber diskret auf nonverbale Weise verständigt –, kann man viel von Michael Tomasello erfahren. Er nennt diese Art von Kommunikation „gestisch“.[134] Wie wir in Kapitel 3 ausführlicher sehen werden, hat Merlin Donald den Begriff einer vor der Sprache gebräuchlichen mimetischen Kultur entwickelt, die Gesten, aber auch verschiedene Arten der Vokalisierung umfasst: Gesang und möglicherweise erste simple Sprachansätze.

---

[134] Michael Tomasello, *Die kulturelle Entwicklung des menschlichen Denkens*, 46–48, 84–89; und Tomasello, *Die Ursprünge der menschlichen Kommunikation*, 31–46, 71–83.

Bei nichthumanen Tieren sind Ritualisierungen weit verbreitet und gehen meistens mit genetisch festgelegten Verhaltenssequenzen einher, die gewöhnlich in sexuellen oder aggressiven Situationen, wie etwa beim Kampf der Leguane auf den Galápagos-Inseln, Intentionen kommunizieren. Doch die Art von Ritual, deren Hervorgehen aus dem Spiel ich zu verstehen versuche, ist gerade durch das Fehlen der genetischen Festlegung und die relativ freie Form und Kreativität gekennzeichnet, die Merkmale des Spiels von Säugetieren sind. Bevor wir uns also den Leguanen als einem Beispiel für nichtmenschliches Verhalten zuwenden, das wie ein Ritual im Anfangsstadium aussieht, sollten wir lieber einen weiteren Blick auf unsere vertrauten Vettern, die Schimpansen, werfen. Frans de Waal hat Vorkommnisse bei Schimpansen beobachtet, die er bereit ist, „Feiern“ zu nennen:

> „Wenn die Schimpansen sehen, wie in der Ferne ein Pfleger mit zwei riesigen Bündeln aus Zweigen von Brombeerstauden, Storaxbäumen, Buchen und Tulpenbäumen auftaucht, brechen sie in lautes Gejohle aus. Es entsteht ein regelrechter Tumult, und voller Aufregung umarmen und küssen sie sich. Freundlicher Körperkontakt nimmt um das Hundertfache, der Austausch von Statussignalen um das Fünfundsiebzigfache zu. Untergeordnete nähern sich Dominanten, vor allem dem Alphamann, und begrüßen sie mit Verbeugungen und keuchenden Grunzlauten. Paradoxerweise bekräftigen die Menschenaffen die Hierarchie, kurz bevor sie sie aufheben, und zwar in jeder Hinsicht.
>
> Ich bezeichne diese Reaktion als *Feiern*. Sie bezeichnet den Übergang zu einer Art von Interaktion, die von Toleranz und Wechselseitigkeit geprägt ist. Feiern dient der Beseitigung sozialer Spannungen und ebnet so den Weg für eine entspannte Freßsitzung. Bei Spezies, die nicht teilen, gibt es nichts, was dem auch nur entfernt ähnlich wäre.“ [135]

Auch wenn die Tiere diese Art des Feierns nicht geplant haben, sondern sie durch die Ankunft einer überreichen Nahrungsmenge hervorgerufen wird, enthält sie Elemente von spielerischem Verhalten. Ein Spielgeschehen ist häufig fröhlich und kann tumultartige Formen annehmen, obwohl es, wie de Waal an diesem Fall klarmacht, aus sinnhaften Interaktionen besteht. Äußerst signifikant ist, dass das Geschehen einen normativen Aspekt hat: Dieser führt zu einer Situation, in der die Hierarchie (vorübergehend) au-

[135] De Waal, *Der gute Affe*, 188–189, Hervorhebung im Original; siehe auch 216, 218 und 250. De Waal erwähnt weder Durkheim noch Victor Turner, obwohl seine Beschreibung an sie erinnert. Es ist allerdings interessant, dass de Waals „Feiern“ Turners Ritualabfolge umzukehren scheint, insofern in der Phase des Überschwangs „Struktur“ zum Ausdruck kommt, darauf jedoch etwas folgt, das wie eine „Communitas“ wirkt. Siehe Victor W. Turner, *Das Ritual: Struktur und Anti-Struktur*, übers. v. Sylvia M. Schomburg-Scherff, Frankfurt: Campus, 2005.

ßer Kraft gesetzt und durch eine „Art von Interaktion, die von Toleranz und Wechselseitigkeit geprägt ist", ersetzt wird, was charakteristisch für das Spielen von sonst häufig auf Dominanz bedachten Tieren ist.

Lässt sich bei vorsprachlichen, aber mimetisch kommunizierenden Hominiden die Entstehung einer wohlüberlegten, dieser Schimpansen-Feier ähnlichen Form von ernstem Spiel – ernst in seiner Bedeutung, wenn auch nicht ohne dass Emotionen spielerisch zum Ausdruck kommen – feststellen? Wie wir wissen – und wie in Kapitel 3 ausführlicher geschildert wird –, hat die Gruppengröße im Laufe der hominiden Evolution zugenommen. Bei den Menschenaffen sorgte die Verwandtschaft für einen großen Teil der Gruppensolidarität. Dominanzhierarchien hielten die Ordnung aufrecht, obwohl sie im Hinblick auf den Wettstreit um die Dominanz auch zu Störungen der Ordnung führten. Die hominiden Gruppen waren nun aber zu groß, als dass Verwandtschaft allein für Solidarität hätte sorgen können, und wahrscheinlich hatten sie auch schon angefangen, sich von den Dominanzhierarchien weg- und auf eine egalitärere Solidarität zwischen beiden Geschlechtern hinzubewegen, sodass Rituale genau die Innovation gewesen sein könnten, die für die erforderliche, anders nicht gewährleistete Solidarität sorgte.

Die spielerischen Merkmale solcher Rituale würden dann durch die Tatsache belegt, dass sie eigenständige Ereignisse darstellen, die einen Anfang und ein Ende haben, zu bestimmten Zeiten – möglicherweise wenn reichlich Nahrung vorhanden wäre – und an bestimmten Orten – die vielleicht für die Gruppe signifikante Bedeutung hatten – stattfinden. Die für das dyadische Spielen so wesentlichen Normen des Spiels, die „fair" sein müssen, würden im Fall des Rituals wie bei der Schimpansen-Feier auf die ganze Gruppe ausgeweitet. Wie im Fall des dyadischen Spiels verlangen Rituale geteilte Intention und geteilte Aufmerksamkeit, deren Entwicklung die Fähigkeiten der Menschenaffen weit übersteigen, wie sowohl Tomasello als auch Donald betonen.[136] Die Intention würde darin bestehen, die Gruppensolidarität zu feiern und dabei den Gefühlen aller ihrer Mitglieder Beachtung zu schenken sowie möglicherweise die dieser Gruppe im Gegen-

[136] Geteilte Intention ist in allen oben angeführten Büchern zentral für Tomasellos Argumentation, aber er befasst sich auch mit geteilter Aufmerksamkeit. Er betrachtet „Aufmerksamkeit" sogar „als eine […] Art von intentionaler Wahrnehmung" (*Die kulturelle Entwicklung des menschlichen Denkens*, 93). Auf was man achtet oder aufmerksam ist, bestimmt zum Teil die eigene Intention. Auch Merlin Donald diskutiert Aufmerksamkeit und Intention; in *Origins of the Modern Mind* konzentriert er sich auf die Aufmerksamkeit, aber in *Triumph des Bewusstseins: Die Evolution des menschlichen Geistes* (Stuttgart: Klett-Cotta, 2008 [2001]) sowohl auf Aufmerksamkeit als auch auf Intention.

satz zu anderen Gruppen eigene Gruppenidentität kenntlich zu machen. Solidarität mit der eigenen Gruppe und Feindseligkeit gegenüber der Fremdgruppe sind menschliche Verhaltensweisen, die auf jeder Ebene wiederkehren: von Jägern und Sammlern über Schulkinder bis zu Nationalstaaten.

Die Intensität der bei einem solchen Ritual geweckten Gefühle ließ Durkheim von einem Sinn fürs Heilige sprechen. Vorsprachlich dürfte dies allerdings nur sehr vage der Fall gewesen sein, wenn überhaupt davon die Rede sein kann. Jedenfalls war ein solches Ritual keine „Gottesanbetung", die sich erst sehr viel später in sehr viel komplexeren Gesellschaften entwickelte, und bestand auch nicht in einer Anbetung der Gesellschaft, sondern allerhöchstens in dem Gefühl, dass es mit der versammelten Gruppe etwas Besonderes auf sich hatte, das beim Ritual das hervorrief, was Durkheim „kollektive Efferveszenz" genannt hat.

Im Rahmen seiner Erörterung der urtümlichen Bedeutung des Rituals drängt Huizinga darauf, nicht zu vergessen, dass es zuerst und in gewissem Grade immer ein Spiel war:

> „Die archaische Gemeinschaft spielt so, wie das Kind spielt und wie die Tiere spielen. Dies Spiel ist von Anfang an erfüllt von den Elementen, die dem Spiel eigen sind: es ist voll von Ordnung, Spannung, Bewegung, Feierlichkeit und Begeisterung. Erst in einer späteren Phase der Gesellschaft verbindet sich mit dem Spiel die Vorstellung, daß in ihm etwas ausgedrückt wird: eine Vorstellung vom Leben. Was einmal wortloses Spiel war, nimmt nun dichterische Form an. In der Form und in der Funktion des Spiels, das eine selbständige Qualität ist, findet das Gefühl des Eingebettetseins des Menschen im Kosmos seinen ersten, höchsten und heiligsten Ausdruck. Nach und nach dringt die Bedeutung einer heiligen Handlung in das Spiel ein. Der Kult pfropft sich auf das Spiel auf, das Spiel an sich aber war das Primäre."[137]

Huizinga leitet Mythen und Rituale vom Spiel ab und von ihnen dann eine ganze Reihe anderer Dinge: „In Mythus und Kult aber haben die großen Triebkräfte des Kulturlebens ihren Ursprung: Recht und Ordnung, Verkehr, Erwerb, Handwerk und Kunst, Dichtung, Gelehrsamkeit und Wissenschaft. Auch diese wurzeln somit sämtlich im Boden des spielerischen Handelns."[138]

Meiner Meinung nach ist es erwähnenswert, dass Huizinga Rituale in ihren Frühformen nie als etwas betrachtet, was der Sorge um „übernatürliche Wesen" gewidmet ist, die so häufig als grundlegende Definition von Religion herhalten muss. Er spricht von einem „Gefühl des Eingebettet-

---

[137] Huizinga, *Homo ludens*, 27.
[138] Ebd., 13.

seins des Menschen im Kosmos", aber bei einem nichtverbalen Ritual fällt die Vorstellung schwer, dass diese Ordnung personalisiert gewesen sein soll. Besonders nachdem die Entstehung einer vollentwickelten syntaktischen Sprache Narrative möglich gemacht hatte, mussten die mythischen Figuren, die in Ritualen nachgespielt wurden, allerdings nicht unbedingt menschliche Wesen sein. Tiere, die sprechen können, kommen in Mythen und Volksmärchen auf der ganzen Welt vor. Und auch was mitunter „mächtige Wesen" genannt wird, tritt häufig in Mythen auf, aber es ist problematisch, diese Wesen als „übernatürlich" zu bezeichnen, besonders in Kulturen, die keinen Begriff von Natur haben, auf den sich die Übernatürlichkeit beziehen könnte.[139] Aufgrund der Bedeutungsschwere dieses Ausdrucks in einer tief von der biblischen Religion geprägten Kultur ist es besonders riskant, mächtige Wesen „Götter" zu nennen. Mächtige Wesen sind keinesfalls allmächtig oder allwissend – sie können sich sogar verletzen oder getötet werden. Sie verfügen über Kräfte, die Menschen nicht haben, sind aber sonst nicht signifikant anders. Einer häufigen Vorstellung nach handelt es sich um Vorfahren, die nach ihrem Tod weiter in Erscheinung treten, dabei aber allein mit den Problemen der Nachkommen ihrer eigenen Familie beschäftigt sind.[140]

Wie ähnlich mächtige Wesen den Menschen sein können, wird ausgerechnet in der berühmten Geschichte in *Genesis*, 32 anschaulich, in der Jakob die ganze Nacht mit einem Mann ringt, der sich als Gott herausstellt. Und als Jakob kurz davor ist zu gewinnen, berührt Gott ihn am Hüftgelenk und renkt es aus. Trotzdem will Jakob nicht von ihm ablassen, bis Gott ihn segnet, was er tut, wobei er Jakob mitteilt, dass er einen neuen Namen habe, Israel, was möglicherweise „Gott herrscht" heißt. Dann fragt Jakob Gott nach seinem Namen, doch der weigert sich, ihn zu nen-

---

139 Die Vorstellung, dass wir in unseren Gehirnen ein „Modul für übernatürliche Wesen" haben, ist meiner Ansicht nach eine der größten Absurditäten einer bestimmten Form von Evolutionspsychologie.

140 Barbara Herrnstein Smith schreibt in *Natural Reflections: Human Cognition at the Nexus of Science and Religion* (New Haven: Yale University Press, 2009): „Der Anthropologe Maurice Bloch erwähnt, dass sich die Einstellung vieler Menschen gegenüber angeblichen übernatürlichen Vorfahren nicht besonders stark von ihren Einstellungen und Verhaltensweisen gegenüber lebendigen Älteren unterscheidet: ‚Die Motivationen, Emotionen gegenüber sowie das Verständnis für die Älteren und Vorfahren scheinen dieselben zu sein. Es ist bloß schwieriger, mit Vorfahren zu kommunizieren. Auf dem Land, im alltäglichen Kontext, sprechen die Madagassen deshalb lauter, wenn sie von ihren Vorfahren gehört werden möchten. Dies tun sie auch, wenn sie möchten, dass die Älteren sie verstehen, denn schließlich sind diese häufig schwerhörig [...] Die Vorfahren sind nicht so fassbar wie lebendige Eltern oder Großeltern, aber sie sind dennoch nicht völlig abwesend'" (91–92).

nen, und segnet Jakob, der ihn loslässt. In Kapitel 6 werden wir feststellen, dass „El“ das allgemeine semitische Wort für Gott ist, sodass sich die Überlieferung, auf der diese Geschichte beruht, höchstwahrscheinlich nicht auf Jahwe bezog, der seinen Namen nicht vor seinem Treffen mit Moses sehr viel später in der biblischen Geschichte nannte. Doch El und Jahwe verschmolzen, und die spätere Überlieferung betrachtet sie als Namen für den einen und einzigen wahren Gott. Dass die priesterschriftlichen Bearbeiter der *Genesis* diese Geschichte nicht strichen, ist bemerkenswert, weil sie mit Bestimmtheit zeigt, dass Gott als mächtiges Wesen nur geringfügig stärker ist als der sehr starke Mann, als der Jakob bekannt war. Kurz gesagt, war die Idee von Göttlichkeit eines der vielen Dinge, die sich im Laufe der Religionsgeschichte entwickelten, und die Vorstellung von „übernatürlichen Wesen“ fehlte in deren frühen Phasen. Selbst in der späteren Geschichte wurde oftmals nicht klar zwischen ihnen unterschieden.

Da Kapitel 3 sich mit der Entwicklung von Ritualen befasst und ausführliche Beschreibungen der Rituale von drei Stammesvölkern vornimmt, ist es nicht erforderlich, sie an dieser Stelle noch weiter zu erörtern. Aber ich möchte Huizingas Gedanken weiterverfolgen, dass Spielen eine grundlegende Lebensform darstellt, die ich mit dem Begriff der mannigfaltigen Wirklichkeiten bei James und Schütz, der kulturellen Systeme, so wie Geertz den Ausdruck verstand, und mit dem von Praktiken in Verbindung gebracht habe, wie MacIntyre ihn definiert.[141] Als solches stellt es ein Modell dar, aus dem sich viele andere Lebensformen entwickeln. Rituale und die mit ihnen verbundenen Praktiken, die wir Religion nennen, spielen eine Art Vermittlungsrolle, die das Muster liefert, wie sich das Spiel auf andere Gebiete übertragen lässt.

Nach Geertz’ Definition liefert Religion ein Modell für „eine allgemeine Seinsordnung“, was nicht weit von Huizingas „Eingebettetsein des Menschen im Kosmos“ entfernt ist, und vor allem mit Kunst, Wissenschaft und Philosophie haben sich mehrere andere kulturelle Systeme im Laufe der Evolution aus dieser ursprünglich pauschalen und undifferenzierten Denkweise entwickelt, die sich alle auf ihre je verschiedene Weise mit der allgemeinen Seinsordnung beschäftigen und sich möglicherweise deshalb im Wettstreit untereinander und mit der Religion befinden. Historisch hat sich besonders die Frage nach dem relativen Stellenwert der Wahrheiten über die allgemeine Seinsordnung gestellt, auf deren Entdeckung diese Gebiete jeweils Anspruch erheben. Es ist schwer, dieses Problem abstrakt zu

---

141 Man könnte zwei parallele Beispiele hinzufügen: das, was Wittgenstein als „Sprachspiele“ bezeichnet hat, obwohl diese der Sprache als kultureller Form vorausgehen, sowie das, was Pierre Bourdieu „Feld“ genannt hat.

behandeln, weil die Beziehung dieser Gebiete zueinander sich im Laufe der Zeit so stark verändert hat. Kunst war in ihren Anfängen fast immer eine religiöse Ausdrucksform, und im Abendland blieb das von den Höhlenmalereien des Pleistozäns bis in die frühe Neuzeit so. Seit Kunst sich in der jüngeren Zeit von der Religion emanzipiert hat, sind ihre Wahrheitsansprüche abenteuerlich geworden. Einerseits ist die Literatur ganz froh, dass sie als „Fiktion" betrachtet wird, womit keine Wahrheitsansprüche einherzugehen scheinen, doch dann stellt sich die Frage, wann die Fiktion Wahrheit ist oder die Wahrheit Fiktion, und wir sind mit diesem Problem noch nicht recht weitergekommen.[142]

In ihren frühen Formen war Philosophie – zum Beispiel im antiken Griechenland oder im alten China – in vielerlei Hinsichten eine Art von Religion. Wie Pierre Hadot auf überzeugende Weise dargelegt hat, war Philosophie in ihren klassischen Anfängen (und zwar sowohl in China als auch im Westen, wie ich behaupten würde) nicht bloß eine Denk-, sondern eine „Lebensweise", die sich mit allen religiösen Problemen auseinandersetzte und für ihre gewöhnlich aus der gebildeten Elite stammenden Anhänger tatsächlich eine Form von Religion darstellte.[143] Sogar einige Aufklärungsphilosophen – wenn es gestattet ist, Kant und Hegel als Beispiele heranzuziehen – haben sich genauso mit Lebens- wie mit Denkweisen beschäftigt. Die jüngere Philosophie hat sich fast ausschließlich auf Denkweisen bezogen, welche die Tatsache nahezu, aber nie ganz außer Acht lassen, dass etwa Ethik und Politik nicht bloß Denkformen, sondern Lebenspraktiken sind. Bis vor relativ kurzer Zeit, möglicherweise sogar bis ins 19. Jahrhundert, war die Wissenschaft bloß ein philosophisches Gebiet, auf dem nur selten gewagt wurde, Entwürfe einer „allgemeinen Seinsordnung" vorzulegen, bis die wissenschaftliche Kosmologie und besonders Darwins Evolutionsbiologie die Bühne betraten.[144] Obwohl schon die

---

[142] Graham Greene denkt im letzten Kapitel von *Monsignore Quijote* (übers. v. Gertie Polak und Hans W. Polak, Hamburg/Wien: Zsolnay, 1982 [1982]) über die Unterscheidung zwischen Fakt und Fiktion nach – eine Unterscheidung, die dem Trappisten-Mönch, Vater Leopoldo, schwerfällt, die jedoch der amerikanische Professor Pilbeam nicht in Zweifel zieht. Das Thema spitzt sich zu, als Monsignore Quijote in einem traumartigen Zustand, kurz vor seinem Tod, eine lateinische Messe zelebriert. Quixote legt seinem Freund Sancho eine unsichtbare Oblate in den Mund, die Vater Leopoldo für „wirklich" da hält, während Professor Pilbeam vom genauen Gegenteil überzeugt ist. Tatsächlich geht es in dem ganzen Roman darum, wie problematisch diese Unterscheidung ist.

[143] Pierre Hadot, *Philosophie als Lebensform*, übers. v. Ilsetraut Hadot und Christiane Marsch, Frankfurt: Fischer, 2002 [1987].

[144] Die Bezeichnung „Wissenschaftler" gibt es erst seit dem frühen 19. Jahrhundert. Im 17. Jahrhundert wurden diejenigen, die wir Wissenschaftler nennen, als „Natur-

„Naturphilosophen" die antiken Formen des Mythos kritisierten, ist der Krieg zwischen Wissenschaft und Religion ein in hohem Maße modernes Phänomen.

Religiöser Naturalismus

Wie ich schon am Anfang dieses Kapitels gesagt habe, war ich überrascht, wie viele herausragende Wissenschaftler der Gegenwart sich immer noch mit Religion beschäftigen und das Bedürfnis verspüren, zu ihr Stellung zu beziehen. Noch mehr beeindrucken mich allerdings diejenigen, die allem Anschein nach den Krieg zwischen Wissenschaft und Religion zu einem friedlichen Abschluss oder zumindest einvernehmlichen Waffenstillstand bringen möchten. Im Vorwort haben wir Stephen Jay Goulds Unterscheidung von Religion und Wissenschaft als zwei sich nicht überlappende Gebiete zur Kenntnis genommen,[145] und in diesem Kapitel, dass Kirschner und Gerhart „diese Linie zwischen Glauben und Wissenschaft [...] an einer anderen Stelle [ziehen], einer Stelle, die im Lichte des modernen Verständnisses besser zu verteidigen ist"[146], was Goulds Absichten sehr nahezukommen scheint. In meinen Augen ist es richtig zu versuchen, Wissenschaft und Religion als zwei verschiedene „kulturelle Systeme" zu beschreiben, die auf verschiedene Weisen auf verschiedene Ziele hinarbeiten, aber es ist nicht leicht, sich den Unterschied und die Hinsichten klarzumachen, in denen sie sich überlappen und in denen sie sich nicht überlappen (weil alle kulturellen Systeme sich überlappen und sie alle Auswirkungen auf das Alltagsleben haben).

Im Anschluss an Mary Midgley habe ich gleich zu Beginn angemerkt, dass sich das große wissenschaftliche Metanarrativ der kosmischen und biologischen Evolution mit der Brille des kosmischen Optimismus (Chaisson) bzw. des kosmischen Pessimismus (Monod, Weinberg) betrachten lässt oder indem man schlicht irgendwie akzeptiert, dass dies die einzige Welt ist, die wir haben (Marc Aurel, Oliver Sacks). Ich muss noch von einer anderen Auffassung berichten, die ich gefunden habe und die in gewisser Weise der von Chaisson ähnelt, auch wenn sie erheblich darüber hinausgeht. Diese Auffassung akzeptiert die Geschichte, welche die Wis-

---

philosophen" bezeichnet, und Philosophen – Descartes und Leibniz zum Beispiel – waren auch Wissenschaftler und Mathematiker.

145 Stephen Jay Gould, *Rocks of Ages: Science and Religion in the Fullness of Life*, New York: Ballantine Books, 2002.

146 Kirschner und Gerhart, *Die Lösung von Darwins Dilemma*, 369–370.

senschaft erzählt, als alles, was es gibt, und distanziert sich ausdrücklich vom Übernatürlichen, betrachtet die Natur aber aus einer religiösen Perspektive und räumt damit Religion einen Grad von Autonomie ein, zu dem sich noch nicht einmal der forscheste kosmische Optimismus hinreißen lässt. In Anerkennung der Tatsache, dass sie etwas Religiöses an sich hat, aber nichts beinhaltet, was über die Natur hinausgeht, wird diese Version mitunter religiöser Naturalismus genannt.

Einige dieser Auffassungen benutzen sogar das Wort „Gott“, geben ihm aber eine neue Bedeutung. Der Biologe Harold Morowitz bietet eine klare, aber ziemlich verblüffende Sichtweise an. Zunächst einmal lässt er so etwas wie spinozistischen Pantheismus gelten, doch die Immanenz des Pantheismus möchte er in Richtung einer Art von Transzendenz überschreiten. Als mit der biologischen Emergenz vertrauter Wissenschaftler ist er zu der Behauptung bereit, dass die Emergenz von Bewusstsein eine Art von Transzendenz darstellt: „Wir, *Homo sapiens*, sind die Transzendenz des immanenten Gottes [...] Wir sind Gott.“[147] Und sein Buch schließt mit dem folgenden Absatz:

> „In den Augen derjenigen, die glauben, dass wir der Geist, der Wille und die Transzendenz des immanenten Gottes sind, stehen wir vor einer gewaltigen Aufgabe: Wir müssen eine Ethik schaffen, die das menschliche Leben optimiert und sich dem Spirituellen nähert, und ihr entsprechend leben. Zu diesem Zweck müssen wir unsere Wissenschaft, unsere Kenntnisse über den Geist des immanenten Gottes nutzen. Mich erinnert das an die Worte des Talmudisten: ‚Du brauchst die Aufgabe nicht zu vollenden, aber es steht dir auch nicht frei, dich ihr zu entziehen.‘“[148]

Worauf ich mit diesem Beispiel hinaus will, ist, dass Morowitz, indem er das Universum als immanenten Gott und die Menschen als transzendenten Gott bezeichnet, die wissenschaftliche Sprache klar hinter sich gelassen und eine eindeutig religiöse Sprache gebraucht hat, auch wenn er gar keinen Gott jenseits der Natur postuliert. Insofern kann seine Auffassung religiöser Naturalismus genannt werden, was in seinem Fall im Wesentlichen heißt, dass für die Bezugnahme auf Aspekte der natürlichen Welt eine religiöse Sprache verwendet wird.

---

147 Morowitz, *The Emergence of Everything*, 196.

148 Ebd., 200. Einige Christen sagen, wenn sie das Brot segnen, das sie mit den Obdachlosen teilen: „Christus hat auf der Erde keinen Körper mehr außer den unseren; keine Hände, außer den unseren, keine Füße, außer den unseren. Unsere Hände sind es, durch die die ganze Erde gesegnet wird.“ Ich denke jedoch nicht, dass sie auch Gottes Geist für sich beanspruchen würden, obwohl Meister Eckhart dem auf die ihm eigene Weise sehr nahe kam.

Eine andere Spielart des religiösen Naturalismus ist in ihren Ansprüchen nicht ganz so radikal, geht aber ebenfalls über den kosmischen Optimismus hinaus. Der Biologe Stuart Kauffman, der sich in seinem Buch *Der Öltropfen im Wasser* – dessen Originaltitel *At Home in the Universe* bereits einen optimistischen Einschlag aufweist – ausgiebig mit der Komplexitätstheorie beschäftigt hat, legt im letzten Abschnitt des Buches, der im englischen Original den Titel „Reinventing the Sacred", also die Neuerfindung des Heiligen (in der deutschen Übersetzung: „Die Rückbesinnung auf das Heilige") trägt, etwas Weitreichenderes nahe.[149] Ein religiöser Begriff, „das Heilige", wird hier auf eine Weise verwendet, dass die meisten religiösen Menschen ihn nicht wiedererkennen würden, weil sie der Ansicht sind, das Heilige sei nichts, was erfunden oder neu erfunden werden könne. Im Jahr 2008 machte Kauffman den Titel des letzten Abschnittes seines Buches *Der Öltropfen im Wasser* von 1995 zum Titel eines neuen Buches, das seine Auffassung von Wissenschaft und Religion detailliert ausbuchstabiert: *Reinventing the Sacred: A New View of Science, Reason, and Religion*.[150] Darin spricht Kauffman nicht nur vom Heiligen, sondern von Gott, dem er allerdings eine neue Bedeutung verleiht: „Als durch und durch natürlicher Gott stellt Gott die eigentliche Kreativität des Universums dar."[151]

Kauffman geht so weit er nur kann, um die Befürchtungen gläubiger Menschen zu lindern, dass Wissenschaft alles auf Atome reduziere. In einem Kapitel mit dem Titel „Breaking the Galilean Spell", von dem ich in meiner Unwissenheit dachte, es würde auf eine Kritik an Jesus hinauslaufen, kritisiert Kauffman in Wirklichkeit Galileo und seine bis heute zahlreichen Anhänger, die ausnahmslos danach streben, das Komplexe auf das Einfache zu reduzieren. Als Vertreter der Emergenztheorie glaubt Kauffman nicht daran, dass emergente Formen in der kosmischen und biologischen Evolution sich auf die Entitäten reduzieren oder sogar vollständig durch sie erklären lassen, aus denen sie sich zusammensetzen: Neue Organisationsformen führen zu wirklich neuen, irreduktiblen komplexen Systemen. Ein wesentlicher Aspekt der Emergenz neuer Organisationsformen ist ihre Kreativität, denn sie sind nicht vorhersehbar – in gewisser Hinsicht könnte man sogar sagen, sie übersteigen die Vernunft,

---

149 Stuart Kauffman, *Der Öltropfen im Wasser: Chaos, Komplexität, Selbstorganisation in Natur und Gesellschaft*, übers. v. Thorsten Schmidt, München: Piper, 1996 [1995], 443–447.

150 Stuart Kauffman, *Reinventing the Sacred: A New View of Science, Reason, and Religion*, New York: Basic Books, 2008.

151 Ebd., 6.

obwohl sie völlig natürlich sind. Nachdem er die Möglichkeit in Betracht gezogen hat, dass religiöse Menschen an einer rein natürlichen Definition von Gott Anstoß nehmen könnten, versichert Kauffman, dass sein Vorhaben aufrichtig religiös gemeint sei: „Da wir im Leben nach vorne blicken müssen und dafür Vertrauen und Mut brauchen, weil unser Wissen uns nur teilweise hilft, kann dieser Gott uns begegnen, wenn wir auf unbekanntes Terrain vordringen. Die lange Geschichte des Lebens hat uns mit Werkzeugen versorgt, die uns ein Leben gestatten, das dem Unbekannten ins Auge sieht: Werkzeuge, von denen wir nur teilweise wissen, dass wir sie haben, Gaben im Sinne einer Kreativität, die wir nunmehr Gott nennen können."[152] Wie die meisten religiösen Naturalisten bietet Kauffman uns im Grunde eine Theorie an – eine Theorie über das, was der Begriff „Gott" in einer durch und durch natürlichen Welt bedeuten könnte. Er lässt keinen Zweifel daran, dass sein Gott grundlegend anders ist als der sozusagen von außen in die Natur eingreifende Schöpfergott und dass er deshalb keine Person sein kann.

Denjenigen, die Religion nicht in erster Linie für eine Theorie, sondern für eine Praxis halten, dürfte es allerdings leichte Schwierigkeiten bereiten zu verstehen, warum man die Kreativität des Universums anbeten soll und wie sie, mit Hadot ausgedrückt, zur Grundlage für eine Lebensweise werden soll. Doch an der letzten oben zitierten Stelle spricht Kauffman davon, dass sein Gott uns „begegnet" und uns „Gaben" schenkt. Wenn man sich die religiöse Sprache in dem Maße angeeignet hat wie Kauffman, scheint es fast unmöglich zu sein, eine Personalisierung zu vermeiden, auch wenn er sich nicht um die Implikationen seiner Annahmen kümmert. Wie Chaisson ist er jedoch der Meinung, dass es praktische Auswirkungen hätte, wenn sein Vorschlag weitgehend akzeptiert werden würde: Es würde „den Riss zwischen Vernunft und Glauben kitten" und die Grundlage für eine „neue globale Ethik" liefern.[153]

Die meisten Autoren, die so etwas wie einen religiösen Naturalismus vorschlagen, um dem Bedürfnis nach Sinn in einer Welt nachzukommen, in der die Wissenschaft als unvereinbar mit den historischen Religionen gilt, kümmern sich nicht um eine Erklärung für die Evolution der Religion, wohingegen die meisten Arbeiten über das Problem der Evolution der Religion sich nicht um das Problem des religiösen Naturalismus gekümmert haben. Den Lesern mag auffallen, dass ich die vielen Arbeiten über religiöse Evolution, die in den letzten ein bis zwei Jahrzehnten erschienen sind, nicht zitiert habe. Das liegt zu weiten Teilen daran, dass mein Anliegen,

152 Ebd., 285–286.
153 Ebd., 288 und 273.

wie ich im Vorwort gesagt habe, zuallererst darin besteht zu verstehen, was Religion ist, und erst dann die Frage zu untersuchen, ob sie in evolutionärer Hinsicht anpassungsfähig, unangepasst oder in Bezug auf die Anpassung neutral ist. Die meisten Arbeiten auf diesem Gebiet waren in erster Linie auf letztere Belange ausgerichtet und deshalb für mein Projekt nicht besonders hilfreich. Einige waren überhaupt nicht hilfreich, vor allem diejenigen nicht, die aus einer bestimmten Strömung der evolutionären Psychologie hervorgingen.[154] Von einigen Autoren, die ihr Augenmerk auf die Anpassungsmöglichkeiten von Religion gerichtet haben, wie etwa Robert Wright in *The Evolution of God* und Nicholas Wade in *The Faith Instinct*, habe ich viel gelernt, doch in ethnographischer Hinsicht war ihr Fokus mir zu eng; sie waren zu stark mit Judentum, Christentum und Islam beschäftigt und nahmen nur beiläufig auf andere Religionsarten Bezug, und selbst dabei fehlte es ihnen an Hintergrundwissen über ihren Gegenstand. Das Buch, das die Anpassungsfähigkeit von Religion am besten herausarbeitet, indem es sich auf häufig erhellende Einzelfälle konzentriert, ist David Sloan Wilsons *Darwin's Cathedral*.[155]

Es gibt jedoch einen Evolutionsbiologen, der sowohl über die Evolution der Religion als auch über den religiösen Naturalismus geschrieben hat und den ich besonders hilfreich fand. An früheren Stellen in diesem Kapitel habe ich ihn in anderen Zusammenhängen zitiert, aber jetzt möchte ich gerne kurz erörtern, was er über Religion zu sagen hat. Der Gelehrte, an den ich dabei denke, ist der Evolutionsanthropologe und Neurowissenschaftler Terrence Deacon. Er ist religiöser Naturalist und hat auch über die Evolution der Religion geschrieben. Wie sein Titel deutlich macht, bringt der Text über religiösen Naturalismus, den er gemeinsam mit Ursula

---

[154] Besonders wenig hilfreich fand ich diejenigen, die meinen, der Geist bestehe aus Modulen und Religion sei durch ein Modul für übernatürliche Wesen zu erklären. Repräsentativ für diese Art von Arbeiten sind Pascal Boyer, *Und Mensch schuf Gott*, übers. v. Ulrich Enderwitz, Monika Noll und Rolf Schubert, Stuttgart: Klett-Cotta, 2011; und Scott Atran, *In Gods We Trust: The Evolutionary Landscape of Religion*, New York: Oxford University Press, 2002. Obwohl seine Lektüre dieser Bücher ein Verständnis für sie aufbringt, das mir schwergefallen wäre, hat B. H. Smith in *Natural Reflections* ausführlich beschrieben, dass sie zu spekulativen Theorien neigen und es ihnen an Einsicht in die Lebenswirklichkeit von Religion fehlt. Doch der Leser wird merken, dass ich mich stärker auf andere Arten evolutionärer Psychologie verlasse, für die Gelehrte wie Merlin Donald und Michael Tomasello stehen, obgleich sich ihre Arbeit, wenn überhaupt, nur beiläufig mit Religion auseinandersetzt.

[155] Robert Wright, *The Evolution of God*, Boston: Little, Brown, 2009; Nicholas Wade, *The Faith Instinct: How Religion Evolves and Why It Endures*, New York: Penguin, 2009; David Sloan Wilson, *Darwin's Cathedral: Evolution, Religion, and the Nature of Society*, Chicago: University of Chicago Press, 2003.

Goodenough verfasst hat – „The Sacred Emergence of Nature“ –, eine emergentistische Auffassung zum Ausdruck. Er beginnt mit einer scharfen Kritik am Reduktionismus und tritt für die Irreduzibilität emergenter Formen ein. Wie die oben behandelten Emergenztheoretiker Morowitz und Kauffman sind Deacon und Goodenough kosmische Optimisten, wohingegen Reduktionisten wie Monod und Weinberg kosmische Pessimisten sind, was, auch wenn meine Stichprobe klein und nicht zufällig ist, eine Korrelation zwischen Emergenztheorie und Optimismus sowie zwischen Reduktionismus und Pessimismus nahelegt. Deacon und Goodenough stellen jedoch moderatere Behauptungen auf als Morowitz und Kauffman: Sie sprechen als „religiöse Nontheisten“ und vermeiden den Gebrach des Begriffs „Gott“.[156] Außerdem sind sie sich in stärkerem Maße als ihre emergenztheoretischen Mitstreiter darüber im Klaren bzw. bringen es zumindest deutlicher zum Ausdruck, dass Religion nicht nur häufig anpassungsfähig ist, sondern oftmals auch sehr negative Folgen haben kann und dass sogar kurze Irrwege langfristige Auswirkungen haben können. Wie sein Titel anzeigt, besteht der Hauptpunkt des Aufsatzes in einer Beschreibung, wie Emergenz funktioniert, und im Anschluss daran, welchen Sinn es hat, sie zu preisen. Deacon und Goodenough schreiben: „Den Menschen als emergentes Resultat der Naturgeschichte zu verstehen, erlaubt uns aufregende neue Verständnisweisen, wer wir sind.“ Und dann zitieren sie aus einem früheren Aufsatz von Deacon:

> „Das menschliche Bewusstsein ist nicht nur ein emergentes Phänomen, es verkörpert die Logik der Emergenz in reinster Form. Denn der tief mit der symbolischen Kultur verwobene menschliche Geist geht ursächlich auf einen Ort zurück, der sich über Kontinente und Jahrtausende erstreckt und sich aus der Erfahrung unzähliger Individuen entwickelt. Bewusstsein entsteht als unaufhörliche Schöpfung von etwas aus dem Nichts in einem Prozess, der sich fortwährend selbst transzendiert. Ein Mensch zu sein heißt, das Gefühl zu kennen, sich ereignende Evolution zu sein.“[157]

---

156 Ursula Goodenough und Terrence W. Deacon, „The Sacred Emergence of Nature“, in: *The Oxford Handbook of Religion and Science*, hg. von Philip Clayton, New York: Oxford University Press, 2006, 865. Als ich auf dieses sehr umfangreiche Buch mit Beiträgen von vielen angesehenen Denkern stieß, hoffte ich, dass es mir mit meinem Projekt helfen würde. Ich wurde beinah ausnahmslos enttäuscht. Weil sie Wissenschaft und Religion in erster Linie als Theorien und nicht als Praktiken ansahen, fingen sie irgendwann an, Äpfel mit Birnen zu vergleichen – interessant als Beispiel dafür, wie gebildete Menschen heutzutage denken, doch nicht hilfreich, wenn es darum geht, die verschiedenen Arten und Weisen zu verstehen, wie Wissenschaft und Religion funktionieren.

157 Goodenough und Deacon, „Sacred Emergence“, 867.

Deacon und Goodenough halten zwar eine Reihe von geistigen und moralischen Reaktionsmöglichkeiten auf diese Auffassung fest, doch in einen expliziteren evolutionären Kontext stellt Deacon diese erst in einem weiteren Aufsatz, den er gemeinsam mit Tyrone Cashman verfasst hat: „The Role of Symbolic Capacity in the Origin of Religion".[158] Nachdem sie hervorgehoben haben, dass Religion in keiner anderen Spezies als der unseren anzutreffen ist, bringen sie sie mit der Entwicklung symbolischer Fähigkeiten in Verbindung. Sie halten drei Weisen fest, wie unser symbolisches Vermögen uns über die kognitive und emotionale Reichweite anderer Primaten hinausgelangen lässt. Ihr erster Punkt ist, dass nur Menschen die Fähigkeit besitzen, Narrative zu erschaffen bzw. tatsächlich über ein Gedächtnis verfügen, das manchmal autobiographisches Gedächtnis genannt wird und das Leben als eine Reihe zusammenhängender Ereignisse in Erinnerung behält. Andere intelligente Säugetiere haben ein sogenanntes episodisches Gedächtnis: Das heißt, sie können sich an bestimmte Ereignisse erinnern, wenn sie sich in einer Situation befinden, die in ihnen die Erinnerung an sie wachruft, und sie können auf der Grundlage dessen, was sie in ähnlichen Situationen in der Vergangenheit gelernt haben, in der Gegenwart handeln. Wie Gopnik gezeigt hat, können Tiere und Kleinkinder nun aber episodische Erinnerungen nur dann zurückgewinnen, wenn irgendein aktuelles Vorkommnis sie wieder ins Gedächtnis ruft, und sind diese Erinnerungen in keinerlei Abfolge miteinander verbunden.[159] Unsere tierischen Verwandten haben eine andere Art von Gedächtnis, nämlich ein prozedurales Gedächtnis, das auf wiederholtes Üben und die Entwicklung praktischer Fertigkeiten zurückgeht. Fahrradfahren oder Tennisspielen lernen sind bei uns Menschen Beispiele fürs prozedurale Gedächtnis. Diese Praktiken sitzen so tief in unseren Körpern, dass wir sie nur klar erklären können, wenn wir sie vorspielen. Zudem bestehen sie eher aus längeren Sequenzen als die situationsbezogenen Einzelerinnerungen des episodischen Gedächtnisses. Bei den frühen Menschen wäre das Lernen, wie man einen acheulischen Faustkeil herstellt – was eine ziemliche komplexe Fertigkeit ist, deren Beherrschen bei modernen Menschen viel Zeit in Anspruch nimmt –, ein Beispiel fürs prozedurale Gedächtnis.

---

[158] Terrence Deacon und Tyrone Cashman, „The Role of Symbolic Capacity in the Origin of Religion", in: *Journal for the Study of Religion, Nature and Culture* 2 (2009), 490–517. Hier nähern sich Deacon und Cashman der Erklärung von Religion als Praxis auf eine Weise an, wie sie und die meisten anderen es in den älteren Aufsätzen im *Oxford Handbook of Religion and Science* nicht taten.

[159] Gopnik, *Kleine Philosophen*, 65–67.

Deacon und Cashman behaupten, das Erlernen einer Sprache erfordere ein prozedurales Gedächtnis – das heißt viel Auswendiglernen und Üben, bis das Vermögen, Sätze zu äußern, beinahe automatisch einsetzt, wie beim Fahrradfahren. Sätze bestehen jedoch aus inhaltsreichen Wörtern, die unweigerlich und unaufhörlich das episodische Gedächtnis auf den Plan rufen. Deshalb führt Sprache, für die eine Art Verschmelzung des episodischen und des prozeduralen Gedächtnisses erforderlich ist, unweigerlich zu Narrativität. Die Entstehung der auf Sprache und deren Fähigkeit zu einem synergetischen Zusammenschluss der beiden anfänglichen Gedächtnisformen beruhenden Narrativität ist zentral für Religion: Wie wir in Kapitel 1 gesehen haben, ist Narrativität die Grundlage persönlicher und sozialer Identität, und mehr als alles andere ist Religion ein Weg, der Welt Sinn abzugewinnen und im Verhältnis zur Welt eine Identität auszubilden. Bis zu diesem Punkt sind Deacon und Cashman sehr hilfreich, doch was die Rolle der Narrativität in der Religion anbelangt, so müssen wir sie als tief in der Praxis verwurzelt betrachten, vor allem im Ritual, und dieses Thema werden wir in Kapitel 3 ausführlich erörtern.

Über den narrativen Beitrag zur Fähigkeit, mit Hilfe der Religion dem Dasein einen Sinn abzugewinnen, hinaus legen Deacon und Cashman nahe, dass die Beschaffenheit der Narrativität als solche zu der Vorstellung geführt haben könnte, das Leben sei mit dem Tod nicht zu Ende: „Bei der Neigung, an ein Leben nach dem Tode zu glauben, könnte es sich um ein natürliches Beiprodukt der Neigung zur Narrativität handeln.“[160] Das ist ein interessanter Vorschlag, den zu akzeptieren ich allerdings nicht uneingeschränkt bereit bin, besonders wenn man an die frühen Menschen denkt. Das Leben nach dem Tod kann in den archaischen Gesellschaften zur Obsession werden – man denke etwa ans alte Ägypten, das ich in Kapitel 5 beschreiben werde –, und auf die eine oder andere Weise ist es für die meisten historischen Religionen von Bedeutung. Aber die Jäger und Sammler haben sich nicht unbedingt für dieses Thema interessiert, genauso wenig wie zum Beispiel die Navajo. Und selbst einige, die sich dafür interessieren, gehen wie die australischen Aborigines bloß von einer Wiedergeburt aus. Der Geist von Onkel X oder Großmutter Y, der nach ihrem Tod in einem lokalen Wasserloch Unterschlupf gefunden hat, kann in den Leib einer werdenden Mutter eindringen und in ihrem neugeborenen Kind wiederauferstehen. Für die Australier hat dieser ganz natürliche Glaube an den Fortbestand des Lebens nichts Übernatürliches an sich. In seiner Arbeit über das Karma als wesentlichem Bestandteil von Hinduismus und Buddhismus hat Gananath Obeyesekere ausführlich dargelegt, wie ver-

[160] Deacon und Cashman, „The Role of Symbolic Capacity“, 9.

breitet noch viel simplere Vorstellungen von Wiedergeburt bei den Volksstämmen aller Kontinente sind.[161] Ich würde sogar die gängige Interpretation in Frage stellen, dass die manchmal mit aufwändigen Grabbeigaben versehenen Gräber der frühen Menschen auf „einen Glauben an ein Leben nach dem Tode“ hindeuten. Solche Gräber können ganz einfach ein Ausdruck von Trauer und des Erinnerungsbedürfnisses gewesen sein. Starke Trauergefühle sind unter intelligenten Tieren weit verbreitet, die mit an Sicherheit grenzender Wahrscheinlichkeit nicht an ein Leben nach dem Tode glauben. Dass solch einer Trauer physisch Ausdruck verliehen wird, sollte ohne gute Belege nicht überinterpretiert werden.

Deacon und Cashman machen noch einen zweiten Vorschlag, nämlich dass der Symbolismus zum Bewusstsein einer Differenz zwischen „der sichtbaren Welt der wirklichen Objekte und Lebewesen“ und „einer Welt der Symbole“ zu führen vermag, „die durch sinnhafte Assoziationen miteinander verknüpft werden und durch die grammatikalischen ‚Regeln‘ eine Einschränkung erfahren.“[162] Der Dualismus von Ding und Wort, legen sie nahe, könne die metaphysischen Dualismen zur Folge haben, die in vielen Stammes- sowie historischen Kulturen anzutreffen sind. Doch müssen solche Dualismen nicht metaphysisch sein: Sie kommen häufig genug in der Alltagswelt vor und verursachen dort viele unserer gewöhnlichen Probleme beim Verstehen von anderen. Außerdem ist ein solcher Dualismus grundlegend für die Wissenschaft, in der das, was man sieht, nicht dasselbe wie das ist, was die Wissenschaft als Wahrheit erkannt hat: dass die Erde sich um die Sonne dreht und nicht die Sonne um die Erde, wie es dem bloßen Auge erscheint. Sogar in Kulturen, in denen „jeder“ weiß, dass die Erde sich um die Sonne dreht, gibt es nur sehr wenige Menschen, die dies auch beweisen könnten: Es handelt sich um einen auf dem Vertrauen in die Wissenschaft beruhenden Glauben, obwohl er dem Sinneseindruck widerspricht. Zudem beruhen wissenschaftliche Erklärungen in hohem Maße auf zumindest für das bloße Auge unsichtbaren, wenn auch natürlichen Entitäten wie etwa den Genen. Ist deshalb der Common Sense wirklich und die Wissenschaft imaginär?

Als Beispiel führen Deacon und Cashman die Vorstellung der australischen Aborigines von einer „Traumzeit“ an, die wir ausführlicher in Kapitel 3 erörtern werden, insofern diese mit einer „ihnen verborgenen Wirklichkeit“ verbunden sei, „die wirklicher ist als die sichtbare Welt“. Ich

---

161 Gananath Obeyesekere, *Imagining Karma: Ethical Transformation in Amerindian, Buddhist, and Greek Rebirth*, Berkeley: University of California Press, 2002, 19–71.

162 Deacon und Cashman, „The Role of Symbolic Capacity“, 10.

würde allerdings sagen, dass sie wirklicher ist, weil sie eine Verdichtung erfährt und stärker zur Geltung kommt als in der Alltagssprache, doch dass sie eben dadurch Aufschluss über die Wirklichkeit der sichtbaren Welt erteilt, so wie die Wissenschaft dies auf andere Weise tut. Es handelt sich nicht um eine Ausdrucksform trügerischer, die Menschen von der „wirklichen Welt“ ablenkender Einbildungen. Wie einer der scharfsinnigsten Gelehrten es ausdrückt, der sich mit ihnen beschäftigt hat, gestattet die Traumzeit den australischen Aborigines „eine von keinem Zweifel angekränkelte Bejahung des Lebens, so wie es ist“. Wie für mehrere andere kulturelle Systeme, zu denen auf unterschiedliche Weisen auch Wissenschaft und Literatur gehören, ist auf sprachlicher Ebene die Verwendung von Metaphern und Analogien sehr wichtig für die Religion, doch können diese auch Strategien darstellen, die Wirklichkeit besser zu verstehen und sie nicht unbedingt zu vermeiden. Darüber hinaus sei angemerkt, dass Metaphern und Analogien zusammen mit anderen Sprachfiguren oftmals im Zusammenhang mit dem Spielen verwendet werden. Huizinga widmet der „Konzeption des Spielbegriffs und d[en] Ausdrücke[n] für ihn in der Sprache“ ein ganzes Kapitel.[163]

Der dritte Beitrag der symbolischen Fähigkeiten zur Evolution der Religion betrifft die Entwicklung von komplexeren Gefühlen wie „Frömmigkeit, Ehrfurcht, Gelassenheit, Selbsttranszendenz und spirituelle Erneuerung (um nur einige zu nennen)“ aus dem grundlegenden emotionalen Ausgangsmaterial, das wir mit anderen Primaten und auch mit anderen Säugetieren teilen.[164] Genauso wie moralische Intuitionen wie Mitleid mit dem Feind oder sogar Zuneigung zu ihm stehen diese komplexen, spirituellen Gefühle in keiner einfachen Kontinuität mit den Emotionen, die wir weiterhin mit anderen Tieren teilen, sondern treten im Zusammenhang mit kulturellen Neuanfängen in Erscheinung. Deacons Überlegungen zu diesen Gefühlen und ihrer Bedeutung für den Menschen sind anregend und meiner Meinung nach im Kern zutreffend, auch wenn ich hier nicht detailliert auf sie eingehen kann. Es lohnt sich jedoch festzuhalten, dass Goodenough und Deacon in dem älteren Aufsatz eben diese komplexen, spirituellen und moralischen Gefühle mit besonderer Entschiedenheit behaupten. Aufgrund ihres Stichs ins Übernatürliche lässt Religion sich nicht so leicht behaupten wie Spiritualität, die einen Trend darstellt, dessen Verbreitung im Denken der Gegenwart über den bloßen Kreis von Evolutionsbiologen hinausgeht.

---

[163] Huizinga, *Homo ludens*, 37–56.

[164] Deacon und Cashman, „The Role of Symbolic Capacity“, 13.

Warum ist Religion so häufig personenbezogen?

Meiner eigenen Auffassung von Religion als kulturellem System folgend, möchte ich jetzt kurz versuchen, das, was emergenztheoretisch orientierte Biologen bestätigen können (Spiritualität), mit dem zu verbinden, was sie nicht bestätigen können (Theismus). Ich habe besonderen Nachdruck darauf gelegt, dass die Vorstellung von Göttern und erst recht des einen Gottes ursprünglich nicht Teil der Evolution der Religion war. Doch wenn Mitglieder einer Gemeinschaft in ritueller Form Geschichten und Mythen nachvollziehen [*enact*], sind sie Schauspieler, die Menschen, Tiere oder mächtige Wesen darstellen (ob man diese Geister, Götter oder anders nennen sollte, hängt vom jeweiligen Fall ab). Mit Sicherheit geht es aber in den Ritualen und in den Narrativen, die sie nachvollziehen [*enact*], um Personen. Viele Evolutionsbiologen sind der Meinung, dass die menschliche Intelligenz nicht deshalb über die Intelligenz aller anderen Arten hinausgewachsen ist, weil wir technisch so findig waren, sondern weil wir hochkomplexe Gesellschaften und die Fähigkeit entwickelt haben, unsere Intentionen und unsere Aufmerksamkeit zu teilen, was einen völlig neuen Kooperationsgrad möglich machte. Deshalb ist es nicht überraschend, dass es in Ritualen und Mythen um sozial aufeinander bezogene „Personen" geht, um ihre Kalamitäten, Eigenheiten und Einsichten.[165]

Im Zusammenhang mit unserer Beziehung zu Tieren habe ich Martin Bubers Unterscheidung von Ich-Es-Beziehung und Ich-Du-Beziehung bereits erwähnt, wobei das Du unter bestimmten Umständen sogar auf Tiere ausgeweitet werden kann. Doch bei einer Spezies, die in erster Linie deshalb zu dem wurde, was sie ist, weil sie gesellig, ja sogar supergesellig ist, wie manche meinen, kann es nicht überraschen, dass die Ich-Du-Beziehung auf der höchsten Bedeutungsebene die Ich-Es-Beziehung aussticht. Unverblümt gesagt, hat der Mensch das tiefe Bedürfnis – das auf 200 Millionen Jahren für das Überleben unerlässlicher Brutpflege und mindesten 250.000 Jahren ausgiebigen Schutzes und sich lang hinziehender Betreuung von Kindern durch Erwachsene beruht, sodass jene Kinder unter anderem viel

[165] Huizinga behandelt die Personifizierung in *Homo ludens* in dem Kapitel „Die Funktion der poetischen Formgebung", in dem er über den Mythos schreibt: „Sobald die Wirkung einer Metapher darauf beruht, daß sie bei der Beschreibung eines Zustandes oder eines Geschehens Begriffe verwendet, die sich bewegendem Leben entnommen sind, ist man auf dem Weg zur Personifizierung. [...] Sie tritt ein, sobald sich das Bedürfnis regt, das, was man wahrgenommen hat, anderen mitzuteilen. Die Vorstellung wird als Verbildlichung geboren. Hat man das Recht, diese angeborene und durchaus unentbehrliche Neigung des Geistes, sich eine gedachte Welt von lebenden Wesen zu schaffen, ein Spiel des Geistes zu nennen?" (150)

Zeit mit Spielen verbringen können –, sich das Universum, das heißt die größtdenkbare Welt, als personenhaft vorzustellen.

Wie von selbst, ohne dass groß darüber nachgedacht würde, macht sich das sogar bei unseren Wissenschaftlern bemerkbar. Wenn Steven Weinberg sagt, dass die Erde „nur ein winziger Bruchteil eines überwiegend feindlichen Universums ist", oder Jacques Monod meint, der Mensch lebe „am Rande des Universums [...], das für seine Musik taub ist und gleichgültig gegen seine Hoffnungen, Leiden oder Verbrechen", darf man nicht vergessen, dass nur Personen feindlich oder taub und gleichgültig sein können. Auf der anderen Seite kann sogar jemand wie Richard Dawkins, der das Universum für grundlegend sinnlos hält, es trotzdem als „freundlich" bezeichnen, wenn er das anthropische Prinzip erörtert. Auch glauben unsere emergenztheoretischen Freunde an ein Universum, dessen höchste Emergenzform die Emergenz von Personen ist, und unsere am höchsten entwickelten Emotionen haben in ihren Augen mit dem Respekt vor der Würde anderer zu tun.

Für Buber wird die Ich-Du-Beziehung zum Schlüssel für das Wirklichkeitsverständnis. Er leugnet die Ich-Es-Welt nicht, im Gegenteil: Er bekennt sich zu ihr, aber er schreibt: „Und in allem Ernst der Wahrheit, du: ohne ein Es kann der Mensch nicht leben. Aber wer mit ihm allein lebt, ist nicht der Mensch."[166] Der Ausgangspunkt von Bubers Überlegungen zur Ich-Du-Beziehung ist die unmittelbare Gegenwart eines anderen: „Stehe ich einem Menschen als meinem Du gegenüber, spreche das Grundwort Ich-Du zu ihm, ist er kein Ding unter Dingen und nicht aus Dingen bestehend [...] nachbarnlos und fugenlos ist er Du und füllt den Himmelskreis. Nicht als ob nichts andres wäre als er: aber alles andre lebt in *seinem* Licht."[167]

Obwohl die Ich-Du-Beziehung zwischen Personen besteht, hat Buber das Gefühl, es könne sie auch in anderen Beziehungen geben, wie zum Beispiel zwischen Menschen und Tieren, ja sogar zwischen Menschen und Bäumen.[168] In einer 1957, also 34 Jahre nach der Originalveröffentlichung verfassten Antwort auf seine Kritiker verteidigt er seine Position. In Bezug auf Tiere schreibt er, dass manche Menschen „eine potentielle Partnerschaft zum Tier im Grunde ihres Wesens tragen, – vorwiegend übrigens nicht etwa ‚animalische', sondern eher naturhaft geistige Personen."[169] Ja sogar bei einem Baum hängt es vom Charakter der Begegnung ab, ob eine

---

166 Buber, *Ich und Du*, 44.
167 Ebd., 15.
168 Ebd., 148.
169 Ebd.

Ich-Es-Beziehung oder eine Ich-Du-Beziehung vorliegt: „Jene lebende Ganzheit und Einheit des Baums, die sich dem schärfsten Blick des nur Forschenden versagt und dem des Dusagenden erschließt, ist eben dann da, wenn *er* da ist, er gewährt es dem Baum, sie zu manifestieren, und nun manifestiert sie der seiende Baum.“[170]

Für Buber ist das Du, dem man in Menschen und in der Natur begegnen kann, im Grunde eine Weise, sich über die Welt der Dinge hinaus in die Welt äußerster Wirklichkeit zu begeben, die das ewige Du darstellt:

> „In jeder Sphäre, in jedem Beziehungsakt, durch jedes uns gegenwärtig Werdende blicken wir an den Saum des ewigen Du hin, aus jedem vernehmen wir ein Wehen von ihm, in jedem Du reden wir das ewige an, in jeder Sphäre nach ihrer Weise. Alle Sphären sind in ihm beschlossen, es in keiner.
>
> Durch alle strahlt die eine Gegenwart.“[171]

Buber spricht bewusst mit einer orakelhaften, poetischen Stimme. Sein englischer Übersetzer Walter Kaufmann hat darauf hingewiesen, dass Bubers an vielen Stellen bildungssprachliches Deutsch ausgesprochen sonderbar ist. Dies liegt daran, dass Buber es vermeiden möchte, zu leicht verstanden und zu leicht in vorab festgelegte Kategorien gezwängt zu werden. Für Buber ist der überwiegende Teil der Rede von Gott Ich-Es-Gerede: Gott wird darin zu einem Ding, dessen Beschaffenheit die Menschen zu verstehen behaupten und über das sie unentwegt reden können, bei dem es sich aber nicht um den relationalen Gott handelt, der in Bubers Augen der einzige Gott ist, den es gibt. Er schreibt: „Aber auch wer den Namen [Gottes] verabscheut und gottlos zu sein wähnt, wenn der mit seinem ganzen hingegebnen Wesen das Du seines Lebens anspricht, als das von keinem andern eingeschränkt zu werden vermag, spricht er Gott an.“[172] Buber sprach ganz ungeniert aus der jüdischen Tradition heraus, aber er wandte sich auch an die moderne Welt, in der in Bezug auf die religiöse Sphäre oder die Gott betreffende Sprache nichts als selbstverständlich gelten konnte. Wichtig für meine Argumentation ist sein Beharren darauf, dass Religion eine Lebensform sei, die im Gegensatz zu den in sich absolut berechtigten Teilen unseres Lebens, die sich Objekten und Dingen widmen, auf Beziehungen und auf Gegenwart beruht. Wer die zwei Bereiche durcheinanderbringt, verfehlt den Sinn von beiden.

Wennschon Buber die Beziehung zwischen Religion und Wissenschaft nicht erörtert, möchte ich einen anderen Zeugen aufrufen, der sich tief in

---

[170] Ebd., 149. Buber ist bereit, nicht nur Bäume, sondern auch „diese weite, von Steinen zu Sternen reichende Sphäre“ einzubeziehen.

[171] Ebd., 120–121.

[172] Ebd., 92.

die Wissenschaft versenkt hatte und Religion gar nicht anders denken konnte als im Verhältnis zur Wissenschaft. Er war gleichzeitig ein bedeutender Mathematiker, ein bedeutender Wissenschaftler, vor allem im Bereich der Physik, und ein bedeutender Theologe. Ich wüsste nicht, welches andere Beispiel es für jemanden geben sollte, der sich auf diesen drei Gebieten so ausgezeichnet hat. Sein Name ist Blaise Pascal und er lebte im 17. Jahrhundert von 1623 bis 1662, als die Wissenschaft, wie wir sie kennen, mit rapiden Schritten das Licht der Welt erblickte. Pascal war ein mathematisches Wunderkind und veröffentlichte mit erst 16 Jahren seine erste Abhandlung darüber, die Descartes neidisch machte. Gegen Descartes' Auffassung trug er zu dem Nachweis bei, dass es in der Natur zu einem Vakuum kommen könne. Er war auch ein Erfinder und in jungen Jahren am bekanntesten für seine mechanische Rechenmaschine, die er für seinen Vater erfand, als dieser als Steuerbeamter tätig war. Er korrespondierte mit den führenden Denkern seiner Zeit und wurde als einer von ihnen akzeptiert.

In den Abendstunden zwischen halb elf und halb eins wurde ihm am 23. November 1654 zuteil, was wir in Kapitel 1 ein Einswerdungsereignis genannt haben. Er nähte später ein Stück Pergament in seine Kleidung ein, auf das er eine Schilderung dieses Ereignisses geschrieben hatte – wenn man denn eine Reihe von Ausrufen eine Schilderung nennen kann. Vor den Ausrufen steht ein Wort am Anfang des Schriftstücks: „Feuer". Feuer ist ein zentrales religiöses Symbol in vielen Kulturen, aber als Wissenschaftler war Pascal sich auch seiner physikalischen Eigenschaften sehr wohl bewusst. Die Ausrufe beginnen folgendermaßen:

> „Der Gott Abrahams, der Gott Isaaks und der Gott Jakobs,
> nicht der Philosophen und der Gelehrten.
> Gewißheit, Gewißheit, Empfinden, Freude, Frieden.
> Der Gott Jesu Christi"[173]

und gehen in derselben Art noch etwa 21 Zeilen so weiter, die sich an keiner Stelle zu einem zusammenhängenden Narrativ fügen. Seit 1646 standen Pascal und seine Familie unter den Einfluss des Jansenismus, einer auf der Ordensgemeinschaft von Port Royal beruhenden streng katholischen Bewegung, und seine bis dahin konventionelle katholische Glaubenspraxis nahm ernstere Formen an. Der internationale Ruhm, den seine wissenschaftliche Arbeit ihm eintrug, und sein wachsender adliger Freun-

---

[173] Blaise Pascal, *Gedanken*, übers. v. Ulrich Kunzmann, Berlin: Suhrkamp, 2012 [1670], 212.

deskreis bereiteten ihm Sorgen – er fürchtete, der Sünde des Stolzes zu erliegen.

Nach seinem Bekehrungserlebnis gab er die Wissenschaft trotzdem nicht auf, er arbeitete vielmehr weiter an mathematischen Problemen, bis er zu krank wurde, um damit fortzufahren. Allerdings wandte er immer mehr Zeit für religiöse Fragen auf, als er in den *Briefen in die Provinz* die Ordensgemeinschaft von Port Royal gegen die Angriffe vornehmlich der Mitglieder des Jesuitenordens verteidigte. Schon als reine Literatur stehen diese Briefe in dem Ruf, die moderne französische Prosa geschaffen zu haben, aber inhaltlich nehmen sie darüber hinaus eine eindringliche Kritik an dem vor, was Pascal für verfehlte Ansichten der Glaubenslehre insbesondere der Jesuiten hielt. In seinen späteren Jahren widmete er sich den Notizen für eine geplante, an seine vornehmen skeptischen Freunde gerichtete *Apologie der christlichen Religion*, denen er vorführen wollte, was ihrem Leben fehlte. Diese Notizen wurde nie zu einer durchgängigen Abhandlung zusammengefügt, doch als sie nach Pascals Tod erschienen und zu diesem Zweck den Titel *Pensées*, also „Gedanken“, erhielten, wurden sie zu seinem bekanntesten und einflussreichsten Werk und zu einem anerkannten literarischen, philosophischen und theologischen Klassiker.

Die Frage, wie ein führender Wissenschaftler der Frühen Neuzeit in seinen späteren Jahren religiöse Angelegenheiten zu seinem vorrangigen (wenn auch nie ausschließlichen) Anliegen machen konnte, hat eine große Anzahl von Stellungnahmen nach sich gezogen. Ich möchte kurz und knapp festhalten, als was Pascal selbst das betrachtete, was er tat, und auf welche Weise er die verschiedenen Sphären seines Lebens unterschied. Der Schlüsselsatz in dieser Hinsicht lautet: *Le cœur a ses raisons que la raison ne connaît point*. Von den verschiedenen Übersetzungen die einfachste ist in meinen Augen: „Das Herz hat seine Vernunftgründe, welche die Vernunft nicht kennt; man erfährt es an tausend Dingen.“[174] Diesen Satz könnte man leicht antirationalistisch interpretieren, aber nur, wenn man nicht gewissenhaft genug versucht zu verstehen, was Pascal mit Herz und mit Vernunft gemeint hat. Pascals Vorstellungen zufolge gibt es nämlich drei Wissensordnungen, die man nicht durcheinanderbringen sollte, weil sie auf verschiedenen Ebenen operieren: die Ordnung des Körpers (die Sinne), die Ordnung des Geistes (Vernunft) und die Ordnung des Herzens,

---

[174] Ebd., 34. Die Nummerierungen der einzelnen Fragmente in den beiden maßgeblichen Ausgaben beziehen sich auf Blaise Pascal, *Pensées*, hrsg. v. Louis Lafuma, Paris: Editions du Soleil, 1962, 423 (hiernach als Lafuma zitiert); und Blaise Pascal, *Pensées et Opuscules*, hrsg. v. Leon Brunschvicg, Paris: Hachette, 1920, 277 (hiernach als Brunschvicg zitiert).

die wir versuchen müssen zu verstehen, weil sie nicht so naheliegend ist wie die beiden anderen. Zum einen war Pascal sich der Rolle des Herzens in der menschlichen Anatomie bewusst, sodass das Herz als Wissensquelle metaphorisch gemeint sein muss, aber andererseits ist religiöse Sprache gewöhnlich metaphorisch und war diese metaphorische Verwendung des „Herzens" zu Pascals Zeiten bereits althergebracht, da sie über eine stabile biblische Grundlage verfügte.

Pascal vertrat die These, dass jede Art des – von den Sinnen, von der Vernunft und vom Herzen kommenden – Wissens seine eigene Art von Gültigkeit besitzt, dass wir sie aber nicht durcheinanderbringen sollten. Über den Glauben, der von Herzen kommt, und die Sinne schrieb er: „Der Glaube teilt wohl etwas mit, was die Sinne nicht mitteilen, doch er sagt nicht das Gegenteil von dem, was sie wahrnehmen; er steht über ihnen und nicht gegen sie."[175] Das Herz ist die Quelle angeborenen Wissens, wie etwa Raum, Zeit, Bewegung und Zahl, bei denen die Vernunft ansetzt, die sie aber nicht hervorbringen kann. Es ist auch die Quelle der Liebe und mit Gottes Hilfe des Glaubens. Ein Glaube, der allein auf Vernunft beruht, ist „nur menschlich und unnütz für das Heil".[176] Infolgedessen war Pascal der Ansicht, dass metaphysische Beweise der Existenz Gottes unnütz seien.[177] Die Vernunft verrät uns dagegen eine Menge über die Welt:

> „Der Mensch soll also die ganze Natur in ihrer großen und vollkommenen Majestät betrachten, er soll seinen Blick von den niedrigeren Gegenständen abwenden, die ihn umgeben. Er beschaue jenes strahlende Licht, das wie eine Ewige Lampe aufgestellt ist, um das Universum zu erhellen, die Erde erscheine ihm wie ein Punkt im Vergleich zu der weiten Kreisbahn, die dieses Gestirn durchläuft, und er erstaune darüber, daß diese weite Kreisbahn selbst nur eine sehr schwache Andeutung ist im Verhältnis zu jener, der diese anderen Gestirne, die am Firmament dahinrollen, folgen."[178]

Die Vernunft kann uns nicht nur die Wahrheit in dem ihr eigenen Bereich offenbaren, so wie es die Sinne in ihrem tun, sondern die Vernunft stellt auch eine tiefe Quelle der menschlichen Würde dar. An einer berühmten Stelle schreibt Pascal:

> „Der Mensch ist nur ein Schilfrohr, das schwächste der Natur, aber er ist ein denkendes Schilfrohr. Das ganze Weltall braucht sich nicht zu waffnen, um ihn zu zermalmen; ein Dampf, ein Wassertropfen genügen, um ihn zu töten. Doch

---

[175] Ebd., 201. Lafuma 185, Brunschvicg 265.
[176] Ebd., 34. Lafuma 110, Brunschvicg 282. Der gesamte Abschnitt ist besonders hilfreich in Bezug auf Pascals Sichtweise des Herzens.
[177] Ebd., 391. Lafuma 190, Brunschvicg 543.
[178] Ebd., 14. Lafuma 199, Brunschvicg 72.

> wenn das Weltall ihn zermalmte, so wäre der Mensch nur noch viel edler als das, was ihn tötet, denn er weiß ja, daß er stirbt, und welche Überlegenheit ihm gegenüber das Weltall hat. Das Weltall weiß davon nichts."[179]

Pascal lebte zu einer Zeit, in der das Wissen über das Universum, in dem wir leben, enorm wuchs. Mit Hilfe der Vernunft erschlossen Teleskop und Mikroskop Gebiete, die den Menschen früher unbekannt gewesen waren. Pascal konnte über die Größe und Würde nur staunen, welche die Vernunft uns verleiht. Doch schlussendlich wissen wir durch die Vernunft auch um unsere Armseligkeit, um unsere Unfähigkeit, uns ohne fremde Hilfe zu erretten. Das ist die Aufgabe des Herzens, wenn es uns den Weg zur Gegenwart Gottes weist. Nur diese Gegenwart kann uns erretten, wie Pascal im November 1654 herausfand. Von meiner Argumentation aus betrachtet, gibt Pascal ein Beispiel dafür ab, wie ein großer Mathematiker und Wissenschaftler der Ansicht sein kann, das Wissen komme aus mehreren Sphären. Ohne die Größe und Würde der Vernunft auf irgendeine Weise zu leugnen, stellte er fest, dass der Glaube vom Herzen kommt – das seine Vernunftgründe hat, welche die Vernunft nicht kennt.

Und noch einmal: Religion als Spiel

Es ist nicht leicht, Pascals *Pensées* als Spiel, und sei es als ernstes Spiel zu betrachten. Das Buch ist voller Seelenqualen und er beschreibt sein Bekehrungserlebnis sogar als Feuer. Vielleicht war seine Mathematik, die ihn von jungen Jahren an nicht mehr losgelassen hat, für ihn eine Art Spiel. Viele ernsthafte Denker haben zugeben müssen, dass zutiefst ernsthafte Arbeit ein Spiel für sie war. Wir können dieses Kapitel abschließen, indem wir uns einem weiteren großen Denker zuwenden, Platon, dem wir einige der bemerkenswertesten Worte über das Spiel zu verdanken haben, die je geschrieben wurden. Mir war schon lange bewusst gewesen, dass das zweite Buch von Platons *Gesetzen* zu den strahlendsten und fröhlichsten Stellen in seinem ganzen Werk gehört, und ich konnte mich darüber nur umso mehr wundern, als mir wieder einfiel, dass sich weiter hinten in den *Gesetzen* einige der düstersten Stellen finden, die er je geschrieben hat. Huizingas großes Buch hat mich daran erinnert, dass es in einigen jener strahlenden Stellen um das Spielen geht. Im zweiten Buch erklärt Platon den Wert von Festen und bringt ihren Ursprung mit dem Spiel von Kindern in Verbindung:

---

[179] Ebd., 50. Lafuma 200, Brunschvicg 347.

> „Von dieser Regelung der Lust- und Schmerzgefühle, in der eben die [auf der richtigen Ordnung der Leidenschaften in der Kindheit beruhende] Erziehung besteht, weichen nun die Menschen vielfach ab und es geht im Leben so manches Gute verloren; die Götter aber erbarmten sich des von Natur mit Mühsal beladenen Geschlechtes der Menschen und bestimmten für sie zur Erholung von ihrer Drangsal die abwechslungsreiche Folge der Götterfeste und gaben ihnen die Musen und den Musenführer Apollon und den Dionysos zu Festgenossen, um sich wieder aufzurichten, und damit gewährten sie ihnen jene geistigen Anregungen, die aus Festen unter Beisein der Götter entspringen. Man muß also prüfen, ob es wahr und naturgemäß ist, was man jetzt überall sagen hört, oder wie es damit steht. Diese Rede aber lautet etwa so: es gebe kaum ein junges Geschöpf, das seinen Körper oder seine Stimme auch nur einen Augenblick in Ruhe zu lassen vermöge; vielmehr habe es den Trieb sich beständig zu bewegen und Töne vernehmen zu lassen, bald springend und hüpfend, gleichsam tanzend vor Freude und Spiellust, bald wieder alle möglichen Töne von sich gebend. Die anderen lebenden Wesen nun hätten kein Gefühl für jene Regelmäßigkeit und Unregelmäßigkeit in den Bewegungen, die man Rhythmus und Harmonie nennt. Für uns aber, denen, wie gesagt, die Götter zu Festgenossen gegeben sind, seien eben diese auch die Spender des lustanregenden Gefühles für Rhythmus und Harmonie, mittelst dessen sie unsere Bewegungen und Chorreigen leiten, indem sie durch Gesänge und Tänze uns zu Gruppen vereinigen; ihnen verdanke man auch den naturgemäßen Namen *Chor*reigen, der hergenommen sei von dem Worte Chara, d.i. Freude."[180]

Huizinga hat meine Aufmerksamkeit noch auf eine weitere, genauso wichtige, wenn nicht wichtigere Stelle gelenkt, und ich fand seine eigene Übersetzung am zufriedenstellendsten:

> „Man muß Ernst machen mit dem Ernsten [...] und es ist Gott, der sich alles seligen Ernstes wert ist, der Mensch aber ist dazu gemacht, ein Spielzeug Gottes zu sein, und das ist wirklich das Beste an ihm. So muß denn jedermann, ein Mann so gut wie eine Frau, dieser Weise folgend und die schönsten Spiele spielend das Leben leben, gerade umgekehrt gesinnt als jetzt. [...] Sie halten ja den Krieg [...] für ein ernsthaftes Ding [...] im Kriege aber gibt es weder nennenswertes Spiel noch nennenswerte Bildung, was wir doch das Ernsthafteste nennen. Das Friedensleben also muß ein jeder so gut wie möglich verbringen. Wie ist dann die rechte Weise? Spielend muß es gelebt werden, gewisse Spiele spielend, opfernd, singend und tanzend, um die Götter gnädig stimmen und die Feinde abwehren und im Kampfe besiegen zu können."[181]

---

[180] Platon, *Gesetze*, 654, in: *Sämtliche Dialoge*, Bd. 7, hrsg. und übers. v. Otto Apelt, Hamburg: Meiner, 1993, 41–42. Wir werden in Kapitel 3 sehen, dass Platon in Bezug auf Rhythmus und Harmonie recht hatte: Nur Menschen können sich „im selben Takt bewegen".

[181] Platon, *Gesetze*, VII 803cd und VII 796b, in: Huizinga, *Homo ludens*, 28.

Wenn in Platons Augen Apollon und Dionysos die Menschen beim Tanzen anführen und Gott in erster Linie zu wollen scheint, dass die Menschen spielen, wie steht es dann mit Platon selbst? Spielt er? Um wesentliche Teile seiner Lehren zum Ausdruck zu bringen, verwendet Platon häufig Mythen. Huizinga glaubt, Mythen seien Teil des „Spieltriebs des Geistes", der in Kindern anzutreffen ist: „Man stellt sich den Glauben des archaischen Menschen an die Mythen, die sein Geist schafft, unwillkürlich immer noch zu sehr nach den Maßstäben moderner wissenschaftlicher, philosophischer oder dogmatischer Überzeugung vor. Ein halb scherzendes Element ist vom echten Mythus nicht zu trennen."[182] Als Beispiel nennt er Platon. Auch wenn er häufig Mythen verwendet, um seine wichtigsten Argumente anzubringen, sagt nun aber Platon über eine Geschichte, dass sie insgesamt wahr, „ungefähr wahr" oder „wahrscheinlich" wahr sei, um deutlich zu machen, dass er einen Mythos verwendet, um einen Gedanken verständlich zu machen, keine in Stein gemeißelte Geschichte. Nachdem sie sich in einen besonders abstrusen Streit verstrickt haben, fragt zum Beispiel der Fremde (der in diesem Dialog für Sokrates steht) im *Politikos* seinen jungen Gesprächspartner, ob sie nicht auf „umfangreiche Sagen" zurückgreifen sollten, um – spielerisch – eine „Art Scherz [...] einzuflechten". Als der junge Mann grünes Licht gibt, entgegnet der Fremde: „Aber du mußt der Erzählung nun mit voller Aufmerksamkeit folgen wie die Kinder; du stehst ja doch auch den Kinderjahren noch ziemlich nahe."[183]

In den Augen von Huizinga ist der Mythos nie weit von der Welt des Spiels entfernt. Und wir können uns wiederum fragen, ob Platon sich jemals weit vom Spielen entfernt hat. Es heißt, dass er in jungen Jahren Tragödien – Schauspiele – schreiben wollte und dass er seine Tragödien sogar verbrannt habe, nachdem er anfing zu verstehen, was Sokrates meinte. Mit Ausnahme einiger Briefe, deren Echtheit zweifelhaft ist, haben allerdings alle seine Schriften eine dramatische Form: Es sind Dialoge. Von Huizinga erfahren wir, dass laut Aristoteles nicht die Tragödie die Quelle von Platons Dialogen sei, sondern die Farce; er behauptete, Platon sei „dem Mimendichter Sophron gefolgt [...], und Aristoteles nennt denn auch den Dialog eine Form des Mimus, der Posse, die selber wieder eine Form der Komödie ist".[184]

Man könnte einwenden, dass ein und derselbe „ernste Mythos" im Zentrum von Platons Gesamtwerk steht: das Leben und Sterben von So-

---

182 Huizinga, *Homo ludens*, 158.

183 Platon, *Politikos*, 268d, in: *Sämtliche Dialoge*, Bd. 6., hrsg. und übers. v. Otto Apelt, Hamburg: Meiner, 1993, 40.

184 Huizinga, *Homo ludens*, 165, zitiert Aristoteles, *Poetik* 1447b.

krates, und dass dieser Mythos eine Tragödie ist. Zweifellos haben die ausdrücklich der Verurteilung und dem Tod von Sokrates gewidmeten Dialoge viel von einer Tragödie. Doch Sokrates ist es an keiner Stelle so ernst wie seinen Freunden, als sie ihn anflehen, dem Todesurteil dadurch zu entgehen, dass er Athen verlässt, wie alle von ihm erwarten. Er sei 70 Jahre alt, erklärt dieser, er habe als Bürger von Athen gelebt und werde als Bürger von Athen sterben, er habe nicht die geringste Absicht zu fliehen. Außerdem stellt er klar, dass er keine Angst vor dem Tod habe. Das erinnert an die Diskussion über Tragödie und Komödie am Ende des *Symposions*, als Sokrates und Aristophanes darüber streiten, ob derselbe Mann Tragödien und Komödien schreiben könne. Aristophanes vertritt die These, dass ein Mann unmöglich beides schreiben könne, aber Sokrates hält dagegen, „ein und derselbe Mann müsse fähig sein eine Komödie und eine Tragödie zu schreiben und der kunstgerecht ausgebildete Tragödiendichter sei auch ein Komödiendichter."[185] Beschreibt er bloß sich selbst oder auch Platon?

Mit Platon bin ich nun also auf das zentrale Thema dieses Kapitels zurückgekommen: die Entstehung der Religion aus dem Spiel von Säugetieren. Ich bin tief in unsere evolutionäre Vergangenheit vorgedrungen, um den Ursprungspunkt von Brutpflege und Spiel im Hüpfen und Springen von „jungen Geschöpfen", wie Platon gesagt hat, vor vielen Millionen Jahren zu entdecken. Das Spiel ist so wichtig für mich, weil es im Laufe der Evolution der Säugetiere bereits lange vor dem *Homo sapiens* und möglicherweise lange vor den Primaten als eine Sphäre entstanden ist, die bis zu einem gewissen Grad vor dem Selektionsdruck geschützt war, und weil sein Zweck in seiner Praxis lag, als wie anpassungsfähig es sich in sekundärer und tertiärer Form auch erwiesen haben mag. Sprache und Kultur haben dem Spiel enorme kreative Entfaltungsmöglichkeiten verliehen und mit der fortgesetzten Hilfe von Johan Huizinga sowie den Platon-Stellen, auf die Huizinga hingewiesen hat, habe ich herausgefunden, dass Ritual und Religion aus dem Spiel hervorgehen. Auch bei ihnen haben wir es mit Praktiken zu tun, deren Nutzen zuallererst in sich selbst liegt, obwohl sie Folgen für die Angepasstheit oder Unangepasstheit haben mögen, weil sie auf die Alltagswelt zurückwirken. Doch so wie das Ritual aufs Spiel zurückzuführen ist, entwickeln sich viele andere Lebensbereiche aus dem Ritual und seinen kulturellen Implikationen. Oben habe ich anzudeuten versucht, was für ein komplexer historischer Prozess dies gewesen ist.

---

[185] Platon, *Symposion*, 223d, in: *Sämtliche Dialoge*, Bd. 3, hrsg. und übers. v. Otto Apelt, Hamburg: Meiner, 1993, 547.

In einer relativ späten Phase entstand an mehrere Stellen die Wissenschaft als eine der Sphären, deren Nutzen in ihnen selbst liegt, und auch sie hatte später enorme Folgen für die Anpassungsfähigkeit. In unserer theoriefreundlichen Kultur neigen wir dazu, uns diese Art von Sphären, insbesondere Religion und Wissenschaft, als kognitiv, das heißt vor allem als Wissensformen vorzustellen. Dagegen habe ich eingewandt, dass sie zu allererst Praktiken sind, keine Theorien, eher Lebensweisen als Wissensformen. Als ich dieses Kapitel noch einmal durchlas, haben mich Steven Weinbergs diesbezügliche Worte nachhaltig beeindruckt. Obwohl das Universum immer sinnloser wirke, je mehr er davon verstehe, habe die Tätigkeit des Nachforschens, die „Forschung selbst" und „der Versuch, das Universum zu verstehen", sogar dann, wenn das, was man verstehe, nicht tröstlich sei, einen Nutzen in sich selbst und sei an sich eine Quelle von Sinn. Im Rahmen meiner Lektüre für dieses Kapitel habe ich festgestellt, wie aufregend die naturwissenschaftliche Praxis ist, wie viel man von ihr lernen kann und wie viele überaus wichtige Sachverhalte noch strittig sind. Durch die Offenheit der Untersuchung – das Gefühl, dass sich schon bald eine neue Tür öffnen, sich eine neue Vorstellung ergeben wird, an die bisher noch niemand gedacht hat –, deren Urform Darwins Gedanke der natürlichen Selektion darstellt, entsteht unabhängig davon, wohin sie führen wird, eine existentielle Bindung an die Forschung selbst.

Ich habe an diesem Kapitel geschrieben, als der Kulturkampf zwischen Wissenschaft und Religion nach wie vor tobte, und erst als ich im Begriff stand, es abzuschließen, erschien Barbara Herrnstein Smiths vorzügliches Buch *Natural Reflections*. Von ihrer besonnenen, einfühlsamen Betrachtung wichtiger Gesichtspunkte dieses Kampfes konnte ich profitieren. Mir ist daran gelegen, mich auf beiden Seiten des bei weitem zu polarisierten Gegensatzes nicht nur von Wissenschaft und Religion, sondern methodologisch von wissenschaftlicher Erklärung und humanistischem Verstehen wiederzufinden.[186] Smith schlägt zwei Persönlichkeiten, die mich enorm beeinflusst haben, nämlich Émile Durkheim und Max Weber, der Seite der „naturalistischen Erklärung" zu, und damit hat sie sicherlich nicht unrecht, doch haben sich beide, Weber sogar ganz explizit, auch mit humanistischen Deutungen beschäftigt.[187] Weber nannte diese Methode Verstehen [i. O. dt.], was man grob mit *understanding* oder *interpretation*, also Begreifen und Deuten wiedergeben kann. Der Wikipedia-Artikel über das Verstehen [i. O. dt.] beschreibt es als nichtempirische, empathische oder partizipatorische Untersuchung sozialer Phänomene, aber eine em-

[186] Smith, *Natural Reflections,* 140–146.
[187] Ebd., 33.

pathische oder partizipatorische Untersuchung sozialer Phänomene hat nichts Nichtempirisches an sich. Eine solche Nachforschung geht mit dem Bemühen, sich an die Stelle der untersuchten Person oder Personen zu setzen, und dem Versuch einher, die Welt mit ihren Augen zu sehen. Das scheint mir ungemein empirisch zu sein, insofern es den berechtigten Versuch darstellt, einen ziemlich zentralen Gesichtspunkt dessen zu erfassen, was zwischen den Personen, die Gegenstand der Untersuchung sind, wirklich vor sich geht. Eine Möglichkeit, zwischen wissenschaftlicher und humanistischer Methode zu unterscheiden, lautet, dass wissenschaftliche Erklärungen sich mit den Ursachen und Funktionen der Aktivitäten, die Gegenstand der Studie sind, befassen, und das humanistische Verstehen mit deren Sinn. Mir scheint, dass beide Methodearten sowohl in den Natur- als auch in den Geisteswissenschaften erforderlich sind.

Ich habe mich sehr für die biologische Evolution der Brutpflege und für die „betreuenden" Verhaltensweisen interessiert, die sich von den Zeiten der frühesten Säugetiere an zwischen Mutter und Kind entwickelt haben. Natürlich könnte man ein Wort wie „Betreuung" vermeiden, obwohl ich es von einem Ethologen, Eibl-Eibesfeldt, habe und es einen wichtigen Teil dessen zu erfassen scheint, was vor sich geht. An irgendeiner Stelle sagt Frans de Waal, wenn manche Biologen darauf beständen, man könne zwar davon sprechen, dass Schimpansen „ihre Mundwinkel hochziehen", aber nicht davon, dass sie „lächeln", würden sie dadurch im Grunde der Möglichkeit vollständigen wissenschaftlichen Verstehens Schranken auferlegen.

Ein anderes Merkmal des Kulturkampfes und der methodischen Polarisierung, auf das B. H. Smith hingewiesen hat, besteht darin, dass dabei von einer massiven Homogenität der zwei Seiten einer radikalen Dichotomie ausgegangen wird, obgleich sie beide in Wirklichkeit ein so bunt gemischtes Spektrum von Tätigkeiten, Praktiken, Überzeugungen und Erkenntnisansprüchen abdecken, dass es ziemlich unmöglich ist, sie als einheitliches Ganzes zu betrachten. Sie wirken eher wie ein lose zusammenhängendes Sammelsurium.[188] Weil er eine solche Vielzahl verschiedener Dinge umfasst, bestreiten manche sogar, dass der Begriff „Religion" überhaupt sinnvoll ist, und B. H. Smith ist wiederum der Meinung, dass die Unterscheidung zwischen Wissenschaft und Technik sich auf den überwiegenden Teil der Geschichte nicht anwenden lässt, in der sie Aspekte eines Kontinuums darstellen, deren Differenzierung nicht leicht ist.[189]

Obwohl ich glaube, dass Definitionen zwar immer problematisch, aber trotzdem unvermeidlich sind, um das Forschungsfeld, wenn auch

---

188 Ebd., 27.
189 Ebd., 135.

grob, abzustecken, finden sich in diesem ganzen Buch ganz unterschiedliche Fälle versammelt. Jeder, der es bis zum Ende liest, wird lebhaft spüren, wie extrem wandlungsfähig im Grunde genommen das ist, was als „Religion" bezeichnet wird. Doch da es in der Religion um Fragen geht, die so zentral für die Identität des Menschen, für das eigene Selbst- und Weltbewusstsein sowie das Verhältnis zwischen ihnen sind, würde eine rein funktionale Kausalanalyse ihren wichtigsten Teil ausklammern. Meines Erachtens hängt diese Frage eng mit dem Unterschied zwischen Reduktionisten und Emergenztheoretikern auf dem Gebiet der Biologie zusammen. Der Reduktionist ist der Meinung, eine Erklärung sei vollständig, wenn sie die Bestandteile und Kräfte freigelegt hat, die zu dem fraglichen Phänomen geführt haben – wenn man eine Ebene tiefer gegangen ist, um zu sehen, woher etwas kam. Die Emergenztheoretiker sind der Meinung, dass viele Phänomene wirklich neue Eigenschaften besitzen, die sich nicht einfach aus den Eigenschaften ihrer Bestandteile extrapolieren lassen und ausschließlich auf ihrer eigenen Ebene verstanden werden können. Diesen Punkt hat Kant geltend gemacht, als er sagte, dass Maschinen auseinandergenommen und wieder zusammengesetzt werden können, Organismen aber zugrunde gehen, wenn man sie auseinandernimmt. Wenn Terrence Deacon von komplexen Gefühlen spricht, die sich bei Menschen nach dem Kultur- und Spracherwerb entwickeln, wie zum Beispiel Ehrfurcht, Gelassenheit, Selbsttranszendenz, und anmerkt, dass sie auf rudimentären Gefühlen, die wir weiterhin mit den Primaten teilen, wie etwa Angst und Freude, beruhen, sich aber nicht auf sie reduzieren lassen, ist das ein Schritt, der Humanisten vertraut sein dürfte.

Die verschiedenen Lebensbereiche, kulturellen Systeme und mannigfaltigen Wirklichkeiten sollten nicht nur nicht verdinglicht und nicht als homogener vorgestellt werden, als sie sind, sondern gegen Goulds Behauptung von sich nicht überlappenden Gebieten sollten wir auch zur Kenntnis nehmen, in welchem Maße sie sich nicht nur überlappen, sondern aneinander teilhaben. B. H. Smith erinnert uns daran, dass Religion und Wissenschaft nicht immer als gegenläufig galten, weil das, was es über Jahrhunderte an Wissenschaft gab, sich im Westen an Universitäten abspielte, die von geistlichen Orden oder anderen Instanzen der katholischen Kirche gegründet worden waren, und als Teil einer umfassenderen religiösen Kultur und nicht als ihr Gegner angesehen wurde.[190]

Als die Gesellschaften an Größe und Komplexität zunahmen, haben sich stärker ausdifferenziertere Sphären entwickelt, die sich aber weiterhin überkreuzten und wechselseitig beeinflussten. Auch sollten wir nicht ver-

---

190 Ebd., 132.

gessen, dass sie sich alle auf die Alltagswelt im Sinne von Schütz beziehen und unter deren Einfluss stehen. Der oben festgestellte bemerkenswerte (wenn auch relative) Egalitarismus der Jäger-und-Sammler-Kulturen spiegelt sich in Ritualen, an denen die ganze Gesellschaft teilnimmt, wobei in manchen Fällen Geschlechtergruppen die eigene Identität im Konflikt und in Abstimmung miteinander zum Ausdruck bringen, wie wir sehen werden. Als die menschlichen Gesellschaften zur Hierarchie zurückkehrten, wurden auch die Religionen hierarchischer, wodurch sich häufig eine ausgeprägtere männliche Dominanz verstärkte, als sie bei den Jägern und Sammlern anzutreffen ist. Niemand, der über Weber geforscht hat, dürfte übersehen haben, wie die umfangreicheren Gesellschaften besonders auf politischem und ökonomischem Gebiet Einfluss auf die religiösen Entwicklungen nehmen, dass aber gleichzeitig starke Einflüsse auch in die andere Richtung gehen.

Eben weil Religion häufig so eng mit personaler Identität und Gruppenidentität verwoben ist, hat das fehlende Verständnis oder der mangelnde Respekt für sie von Seiten entweder derjenigen, die sich nur mit dem beschäftigen, was sie für objektive Forschung halten, oder derjenigen, die der Meinung sind, alle Religion sei schädlich und sollte am besten mit der Wurzel ausgerissen werden, bei den Gläubigen zu großem Unmut geführt. Wissenschaftler haben ähnliche Attacken auf ihre eigene Identität durch diejenigen einstecken müssen, die bestimmte Forschungsarten aus der Wissenschaft ausschließen möchten (zahlenmäßig eher wenige), oder eine eigene Art von Wissenschaft vorlegen, die zusammen mit der „normalen Wissenschaft" gelehrt werden soll, wie etwa der Kreationismus (zahlenmäßig eher mehr). Ich erkenne die Gültigkeit der Wissenschaft als vorläufig zutreffende Beschreibung der „Natur" an und sehe nicht ein, warum man versuchen sollte, sie einzuschränken oder sich vorzustellen, dass nicht-natürliche Kräfte am Werk sind, die zusätzliche Erklärungen bieten könnten. Doch auch diesbezüglich hat B. H. Smith nicht nur darauf hingewiesen, dass ein großer Teil der Welt lange Zeit überhaupt keine Vorstellung von „Natur" hatte, sondern auch darauf, dass dort, wo dies nicht der Fall ist, deren Definitionen problematisch sind und eine Tendenz aufweisen, Natur zirkulär als Nicht-Übernatur und umgekehrt Übernatur als Nicht-Natur zu definieren, wobei beide Seiten sich auf eine alles andere als klare Definition der jeweils anderen stützen.[191]

Ich habe betont, dass die verschiedenen Lebensbereiche ihre eigenen Praktiken haben, deren Nutzen in der Praxis selbst liegt, so häufig sie auch von äußeren Kräften für andere Zwecke vereinnahmt werden mögen. Ich

---

[191] Ebd., 89–94.

habe außerdem behauptet, dass die Praxis dem Glauben vorangeht und dass man Glauben am besten als Ausdrucksform einer Praxis versteht. Wissenschaftliche Wahrheit, an der ich keinen Zweifel hege, ist mithin eine Ausdrucksform wissenschaftlicher Praxis und hat keinen metaphysischen Vorrang vor anderen Arten der Wahrheit. Wenn wir Buber über das ewige Du sprechen hören, das auf den Gesichtern anderer Menschen aufscheint, manchmal auch auf den Gesichtern von Tieren, ja mitunter sogar auf Bäumen, Felsen und Sternen, könnte man leicht nach einer wissenschaftlichen Erklärung suchen, warum er das behauptet. Doch eine solche Erklärung würde, selbst wenn sie wahr wäre, in keiner Weise die Wahrheit widerlegen, von der Buber spricht. Genauso besitzt Pascals Begegnung im November 1654 mit etwas, das er als „Feuer" bezeichnet hat, über jede evolutionspsychologische Erklärung hinaus Gültigkeit. Wissenschaft stellt einen extrem wertvollen Zugang zur Wahrheit dar, aber sie ist nicht der einzige. Die Behauptung, dass sie der einzige sei, ist zu Recht „Szientismus" genannt worden und reiht sich unter die vielen Fundamentalismen auf dieser Welt ein.[192]

Die Geschichte der kosmischen und biologischen Evolution, die ich in stark verdichteter Form versucht habe zu erzählen, ist meiner Meinung und der Meinung von vielen anderen nach wirkmächtig und überzeugend. Für viele Wissenschaftler führt sie zu etwas, das sie selber als Gefühl der Ehrfurcht beschreiben. Das ist eine vollkommen natürliche und legitime Reaktion, doch handelt es sich dabei um einen Fall – und an dieser Stelle würden die oben genannten religiösen Naturalisten mir zustimmen –, in dem die religiöse Sphäre und die wissenschaftliche Sphäre aufeinander zukommen und sich tatsächlich überlappen. Angesichts des Anspannungsgrads in den gegenwärtigen Diskussionen über diese Fragen erwarte ich keine Zustimmung und auch nicht unbedingt Verständnis. Ich versuche bloß deutlich zu machen, wo ich stehe.

In Kapitel 3 werde ich den Entwurf von kultureller und religiöser Evolution beschreiben, den ich am hilfreichsten fand, nämlich das Werk von Merlin Donald. Und dann werde ich anfangen, mich mit dem Hauptgegenstand dieses Buches zu beschäftigen: mit der Beschreibung bestimmter Formen von Religion und damit, wie sie eigentlich funktionieren.

---

[192] Ebd., 31–32.

Kapitel 3

Stammesreligion: Die Erzeugung von Sinn

Mit der Einswerdung, der enaktiven, der symbolischen und der begrifflichen Repräsentation habe ich in Kapitel 1 eine Typologie religiöser Repräsentationsweisen vorgeschlagen, um die Art und Weise zu beschreiben, wie die jeweiligen Religionen Wirklichkeit verstehen. Die Begriffe der enaktiven, symbolischen und begrifflichen Repräsentation habe ich Jerome Bruners Arbeit über kindliche Entwicklung entlehnt. Laut Bruner, der seine Kategorien wiederum Piaget entlehnt, lernt das Kind erstmals etwas über die Welt, wenn es aktiv auf sie einwirkt. Durch das Halten, Werfen und nach ihnen Greifen lernen Kinder die Objekte in ihrer Umgebung kennen. Beim frühen Spracherwerb verschmelzen Symbol und Objekt – zwischen der Sonne und dem Wort für Sonne wird nicht differenziert –, und am häufigsten wird die Sprache narrativ verwendet. Obwohl das Lernen von Begriffen schon im Alter von fünf bis sechs Jahren einsetzt, entwickelt es sich vollständig erst in der Adoleszenz. Ich habe behauptet, dass Religion an alle diese Repräsentationsformen anknüpft: So wie das Kind sogar dann noch enaktive und symbolische Repräsentationen verwendet, wenn seine Begrifflichkeit bereits hochentwickelt ist, verfährt auch die Religion. Mit dem Bewusstsein einer Einswerdung, zu dem es bei religiösen Erfahrungen in vielen Zeiten und an vielen Orten kommt, habe ich Bruners drei Entwicklungsstadien der Repräsentation ein Anfangsstadium vorangestellt, eine Art Stufe Null, weil sie sich nicht repräsentieren lässt.

In Kapitel 2 habe ich die Evolution der Religion in der Tiefenhistorie des Kosmos und des Lebens auf der Erde verortet und mich dabei auf jene Merkmale der Evolution der Säugetiere konzentriert, welche die Bedingungen für die Entstehung von Ritualen möglicherweise als Weiterentwicklung des Spielens von Tieren bereitgestellt haben. Auf die in Kapitel 1 beschriebenen Formen religiöser Repräsentation habe ich dabei allerdings nur indirekt angespielt. Jetzt ist es an der Zeit, sich zu überlegen, wie diese Verstehensweisen wohl in der Evolutionsgeschichte entstanden sein mögen, und einen genaueren Blick auf Ritual und Mythos sowie auf die Stammes- und die archaischen Religionen zu werfen, in denen sie so prominent vertreten waren.

Meine Aufgabe wird durch die Arbeit von Merlin Donald erheblich erleichtert, dessen Buch *Origins of the Modern Mind: Three Stages in the Evolution of Culture and Cognition*[1] ein Bild von der Entwicklung der menschlichen Kultur vorlegt, das phylogenetisch dem entspricht, was meine Typologie religiöser Repräsentationsweisen zu weiten Teilen ontogenetisch beschrieben hatte. Seine drei Stadien menschlicher Kultur – das mimetische, das mythische und das theoretische Stadium – entsprechen dem enaktiven, dem symbolischen und dem begrifflichen Typen religiöser Repräsentation bei mir, und in dem vormenschlichen, aber fortgeschrittenen Säugetierstadium, von dem er ausgeht, der episodischen Kultur, schwingt möglicherweise sogar etwas von meinem Typus der Einswerdung mit. In diesem Kapitel möchte ich mir in erster Linie seine Beschreibung der mimetischen und mythischen Kultur zunutze machen, um Ritual und Mythos in den Stammesgesellschaften besser zu verstehen. Darauf wird in den nächsten Kapiteln eine Erörterung von Ritual und Mythos in Häuptlingstümern und archaischen Gesellschaften folgen, und später im Buch werde ich mich dann Donalds Gedanken einer theoretischen Kultur zuwenden, die aus den früheren Stadien hervorgeht und sie einer erheblichen Kritik unterzieht, sie aber nie ganz hinter sich lässt.

Episodische Kultur

Zu Beginn werde ich einen kurzen Blick auf Donalds Ausgangsstadium, die episodische Kultur, werfen.

Wie weit man den Gedanken von Kultur nach hinten verlagern kann, ist eine offene Frage. Manche Forscher haben behauptet, dass alles erlernte, im Gegensatz zu genetisch determiniertem Verhalten, selbst wenn es von einem Einzelorganismus durch Trial and Error erlernt wurde, als Kultur betrachtet werden könne, obschon andere die Kultur einem Verhalten vorbehalten möchten, das durch Nachahmung, wenn nicht gar Unterricht von einem Tier zum anderen weitergegeben wird. Donalds Beschreibung der episodischen Kultur gilt für viele fortgeschrittene Säugetierarten, doch seine Beispiele bezieht er weitgehend von den nichtmenschlichen Primaten:

> „So komplex ihr [der Menschenaffen] Verhalten auch sein mag, es wirkt unreflektiert, konkret und situationsgebunden. Sogar ihre Gebärden und ihr soziales

[1] Merlin Donald, *Origins of the Modern Mind: Three Stages in the Evolution of Culture and Cognition*, Cambridge, Mass.: Harvard University Press, 1991. Donald hat seine Argumentation weiter ausgearbeitet in *Triumph des Bewusstseins: Die Evolution des menschlichen Geistes*, übers. v. Christoph Trunk, Stuttgart: Klett-Cotta, 2008 [2001].

Verhalten sind unmittelbare, kurzfristige Reaktionen auf die Umwelt. Genau genommen, ist das Wort, das die kognitive Kultur der Affen (und wahrscheinlich auch vieler anderer Säugetiere ...) am besten zu versinnbildlichen scheint, der Ausdruck *episodisch*. Sie leben voll und ganz in der Gegenwart als einer Reihe konkreter Begebenheiten, und der höchstentwickelte Bestandteil ihres Gedächtnissystems scheint auf der Ebene der Ereignisrepräsentation zu liegen. Wo Menschen über abstrakte symbolische Gedächtnisrepräsentationen verfügen, sind Affen an die konkrete Situation oder Begebenheit gebunden, und in ihrem sozialen Verhalten spiegelt sich diese situative Eingeschränktheit. Deswegen kann ihre Kultur als episodische Kultur klassifiziert werden."[2]

Das Kulturelle an der episodischen Kultur besteht darin, dass die Individuen aus der Erfahrung vorheriger Ereignisse lernen, mit welcher Art von Ereignis sie es zu tun haben und wie dessen Bestandteile einzuordnen sind, damit eine angemessene Reaktion möglich ist. Zum Beispiel muss ein Schimpanse, der von einem dominanteren Affen bedroht wird, entscheiden, ob er sich unterwürfig verhalten, fliehen oder nach möglichen Verbündeten Ausschau halten soll, um sich der Bedrohung zu erwehren. Nur ein gutes Gedächtnis, wie sich solche Situationen in der Vergangenheit lösen ließen, wird in der Gegenwart zu einer guten Entscheidung führen. Im Wesentlichen durch die Beobachtung des Verhaltens anderer Schimpansen fängt ein großer Teil des Lernens, wie man auf Ereignisse reagieren soll, schon in der frühen Kindheit an. Was eine Schimpansenhorde lernt, weil es (im Unterschied zum Sichaneignen von Geschicklichkeit) nicht genetisch kodiert ist, wird leicht von dem abweichen, was andere Schimpansen in anderen Horden lernen, und kann deshalb Kultur genannt werden.

In Kapitel 2 habe ich betont, dass Aufmerksamkeit und Intentionalität zwei entscheidende Merkmale sind, die Menschen mit höheren Säugetieren gemeinsam haben, und im Zusammenhang mit der episodischen Kultur tritt ihre Bedeutung noch deutlicher hervor. Affen müssen dem, was im Hier und Jetzt vor sich geht, volle Aufmerksamkeit schenken. Äußerste, durch Erinnerungen über vorherige ähnliche Ereignisse informierte Aufmerksamkeit für die gegenwärtige Situation gestattet ihnen, effektiv zu handeln, um ihren Intentionen gerecht zu werden – das heißt um die Ziele zu erreichen, auf die sich ihr Handeln richtet. Eine episodische oder ereignisorientierte Wahrnehmung ist auch für Menschen von Bedeutung – auch unser Weltverständnis beginnt mit episodischer Kultur. Obwohl die Fähigkeiten, Intentionen zu verfolgen und aufmerksam zu sein, sich im Ganzen gesehen wechselseitig verstärken, treten sie nicht unbedingt gleichzeitig auf: Wenn erforderlich, können sie Alternativen sein oder sich abwechseln.

[2] Donald, *Origins of the Modern Mind*, 149.

Die Fähigkeit zu intentionalem Verhalten ist zwar entscheidend für alle komplexen Jäger und Sammler, aber das ist die Aufmerksamkeitsfähigkeit auch. Ein Übermaß an zielorientierter Intentionalität kann dazu führen, dass die Aufmerksamkeit ausbleibt. Ein guter, ob nun menschlicher oder nichtmenschlicher Jäger und Sammler muss seine Aufmerksamkeitsfähigkeit ausbauen. John Crook weist darauf hin, dass in einer Jäger-und-Sammler-Ökonomie „Aufmerksamkeit für das Hier und Jetzt von hohem Wert ist, wenn ein Jäger, der mit gezückter Waffe durch die Landschaft schleicht, ein Geräusch hört. Sofort befindet er sich in einem vollständig auf das Hier und Jetzt konzentrierten Zustand, in dem die Aufmerksamkeit sich gegenüber noch der geringsten Situationsänderung weit öffnet, in der sich entweder das Auftauchen von Beute oder Gefahr ankündigen kann. Diese Offenheit ist ziemlich unreflektiert, denn die zweckgerichtete Intentionalität ist aus dem Bewusstsein verschwunden.“[3]

Die sehr viel komplexeren kulturellen Formen, die wir in den letzten zwei Millionen Jahren oder noch länger entwickelt haben, erlauben uns jedoch die Berücksichtigung eines erheblich breiteren Spektrums an Möglichkeiten, als es den stärker auf das Hier und Jetzt beschränkten Säugetieren zur Verfügung steht. Doch dieses ausladendere kulturelle Gepäck (wenn es erlaubt ist, dass ich vom Standpunkt der episodischen Kultur aus spreche) kann unserer unmittelbaren Wahrnehmung des Hier und Jetzt auch in die Quere kommen. Das unablässige Geplapper innerer Stimmen kann verhindern, dass wir sehen, was vor unseren Augen steht. So sind einige Formen religiöser Praxis, wie etwa die Meditation, dazu gedacht, komplexe, vor allem sprachliche Repräsentationen so weit wie möglich hinter sich zu lassen, um die „Einsgerichtetheit“ der unmittelbaren, sprachlosen Wahrnehmung des Hier und Jetzt zu erlangen, wie es in der Sprache des Zen heißt. Wenn eine solche unmittelbare Erfahrung total wird, können wir möglicherweise von einem Bewusstsein der Einswerdung sprechen, das zwar oftmals Sehen beinhaltet, aber immer sprachlos ist, und man kann mit Worten immer nur nachträglich auf es hinweisen.

Damit möchte ich lediglich die Möglichkeit andeuten, dass die tiefste Art religiöser Erfahrung in der elementarsten Form unserer Wahrnehmung als Säugetieren wurzelt. Ich bin mir bewusst, dass die Aufmerksamkeit von Säugetieren, so ausgefeilt und subtil sie auch sein mag, fast immer im Dienst utilitaristischer Zwecke steht. Sie ist darauf ausgelegt, dass Tiere

---

[3] John H. Crook, „The Experiential Context of Intelligence“, in: *Machiavellian Intelligence: Social Expertise and the Evolution of Intellect in Monkeys, Apes and Humans*, hrsg. v. Richard W. Byrne und Andrew Whiten, Oxford: Clarendon Press, 1988, 359–360.

im Hier und Jetzt vollständig präsent sind, sodass sie eine effektivere Beziehung zu den anderen Mitgliedern ihrer Gruppe herstellen, Nahrung und Gefährten finden, ihren Status in der Gruppe verbessern sowie sich gegen Angriffe verteidigen können. Höchste Aufmerksamkeit ist auch ein wertvoller Vorteil für Menschen, die ihren Intentionen gerecht zu werden versuchen, auch ihren moralischen Intentionen, die keineswegs bloß utilitaristisch sind.[4] Doch die konkrete Unmittelbarkeit eines im Hier und Jetzt vollständig präsenten Bewusstseins kann auch eine bedeutende Ressource im religiösen Leben darstellen.

Mimetische Kultur

Was Merlin Donald in ziemlich enger Entsprechung zur enaktiven Repräsentation unter mimetischer Kultur versteht, möchte ich etwas ausführlicher darstellen, weil es verständlich macht, was während einer langen Phase der Evolution des Menschen, höchstwahrscheinlich im Zeitraum zwischen dem In-Erscheinung-treten des *Homo erectus* vor 1,8 Millionen Jahren und der Entstehung unserer eigenen Art, des *Homo sapiens,* während der letzten 200.000 bis 300.000 Jahre geschah.[5] Was den Anfangspunkt anbelangt, also die Zeit der Abspaltung der hominiden Abstammungslinie von der Abstammungslinie, die zum modernen Schimpansen führt, so wissen wir abgesehen davon, dass Hominide zu Zweifüßern wurden und irgendwann vor zwei Millionen Jahren angefangen haben, einfache Steinwerkzeuge herzustellen, wenig darüber. Sie mögen den modernen Schimpansen ähnlicher gewesen sein, als wir es sind, aber wir können nicht wissen, wie viel Wahrheit darin liegt. Über die jüngere Vergangenheit erfahren wir mittlerweile viel durch Archäologie und Geschichtsschreibung. Aber darüber, wie die menschliche Kultur während eines überwiegenden Teils der letzten zwei Millionen Jahre ausgesehen hat, haben wir wenige direkte Belege und werden wir immer auf fundierte Spekulationen angewiesen sein. Sogar die frühe Entwicklung der Kultur unserer eigenen Spezies – also ungefähr vor 200.000 bis 50.000 Jahren – ist weiterhin von

[4] Das letzte Kapitel von Robert N. Bellah, Richard Madsen, William M. Sullivan, Ann Swidler und Steven M. Tipton, *The Good Society*, New York: Knopf, 1991, trägt den Titel „Democracy Means Paying Attention“ [Demokratie bedeutet aufmerksam sein].

[5] Unser Wissen über den *Homo habilis*, den Ersten unserer Gattung, der sich in dem Zeitraum von vor 2,3 Millionen Jahren bis zum Auftauchen des *Homo erectus* vor 1,8 Millionen Jahren entwickelte, ist zu bruchstückhaft, um Mutmaßungen über seine Fähigkeiten zu wagen.

Ungewissheit umgeben, obwohl wir Grund zu der Annahme haben, dass der moderne Sprachfluss mindestens 150.000 Jahre alt ist.[6]

Den Anfangspunkt könnte man in Zweifel ziehen: Schließlich haben sich auch die Schimpansen, so nah wir ihnen auch sein mögen, in den Millionen von Jahren evolutionär weiterentwickelt, seit unsere Abstammungslinie sich von ihrer abgezweigt hat. Wie können wir da sicher sein, dass unsere Vorfahren so waren wie die Schimpansen heute? Natürlich können wir nicht sicher sein, aber immerhin wissen wir, dass der Grad des evolutionären Wandels zwischen den Arten enorm schwankt und dass viele Arten sehr viel länger stabil bleiben als jene fünf bis sechs Millionen Jahre, die uns von den Schimpansen trennen. Hinzu kommt, dass die Schimpansen in Bezug auf ihren Lebensraum und ihr Verhalten den anderen Menschenaffen bemerkenswert ähnlich sind, die sich zu einem sehr viel früheren Zeitpunkt von unserer gemeinsamen Abstammungslinie abgezweigt haben, als die Trennung von Menschen und Schimpansen erfolgte.

Unsere große Nähe zu den Schimpansen (wie viele Male haben wir zu hören bekommen, dass „wir über 98 Prozent unserer Gene" mit ihnen teilen?) ist durch die Fortschritte in der Genforschung nur noch offensichtlicher geworden. Schon 1992 hat Jared Diamond behauptet, wir seien „der dritte Schimpanse" (neben den Schimpansen und den Bonobos, also den Zwergschimpansen), obwohl er der Ansicht war, dass der kleine genetische Unterschied zwischen uns und den beiden anderen enorme Folgen habe.[7] Forschungen, über die Derek E. Wildman und seine Kollegen 2002 berichteten, legen nahe, dass wir über 99 Prozent unserer Gene mit den Schimpansen teilen und dass „innerhalb der Scientific Community erste Schritte unternommen werden, die enge evolutionäre Verwandtschaft zwischen Menschen und Schimpansen dadurch anzuerkennen, dass sie derselben Gattung zugeordnet werden, bei der es sich nach den Regeln der zoologischen Nomenklatur um den *Homo* handeln müsse."[8] Ebenso wenig wie Diamond möchten diese Autoren den enormen Unterschied zwischen uns und den mit uns verwandten Schimpansen unterbewerten, doch sie schreiben diesen Unterschied eher dem raschen evolutionären Wandel der Regu-

[6] Johanna Nichols, „The Origin and Dispersal of Languages: Linguistic Evidence", in: *The Origin and Diversification of Language*, hrsg. v. Nina G. Jablonski und Leslie C. Aiello, San Francisco: California Academy of Sciences, 1998, 127–170.

[7] Jared M. Diamond, *Der dritte Schimpanse: Evolution und Zukunft des Menschen*, übers. v. Volker Englisch, Frankfurt: Fischer, 1994 [1992].

[8] Derek E. Wildman, Lawrence I. Grossman und Morris Goodman, „Functional DNA in Humans and Chimpanzees Shows They Are More Similar to Each Other than Either Is to Other Apes", in: *Probing Humans*, hrsg. v. Morris Goodman und Anne Simon Moffat, Cambridge, Mass.: American Academy of Arts and Sciences, 2002, 2.

lierungssequenzen, die den Ablauf und das Muster der Genaktivität steuern, sowie dem Wandel der in den Genen kodierten Proteinstrukturen zu, als allein dem nicht einmal einen Prozent unserer Gene, das wir nicht mit ihnen teilen.[9]

Worin bestanden zum Beispiel die Veränderungen, die aus der bei Schimpansen allerhöchstens rudimentär vorhandenen mimetischen Kultur bei den frühen Menschen ein elaboriertes und komplexes System machten? Bedeutende anatomische Veränderungen hatten mit Sicherheit daran teil. Die zweifüßige Fortbewegung reicht weit, ungefähr vier Millionen Jahre zurück und nahm ihren Anfang bei der frühesten hominiden Gattung, dem *Australopithecus*. Dies war offenkundig ein wichtiger Schritt, doch seine adaptive Funktion ist umstritten und braucht uns hier nicht weiter zu beschäftigen. In aller Vorsicht vertritt Ian Tattersall den Standpunkt, dass die *Australopithecina* von ihren kognitiven und anatomischen Eigenschaften her wahrscheinlich eher „zweifüßige Affen" waren, als dass sie uns besonders stark ähnelten.[10] Die Nachfahren der *Australopithecina* oder anderer, zur selben Zeit lebender hominider Arten – denn wir dürfen nicht vergessen, dass es wahrscheinlich nicht bloß eine Ahnenreihe gab, sondern mehrere Arten, von denen die meisten ausgestorben sind – begannen, sich in mehreren wichtigen Hinsichten zu verändern. Die Gehirngröße nahm zu, und weil für große Gehirne eine große Menge Energie erforderlich ist, entwickelte sich eine effizientere Nahrungszufuhr. Das heißt, als Hauptnahrungsmittel ersetzten Früchte und in zunehmendem Maße Fleisch die Blätter, was in der Folge einen kleineren, effizienteren Darm möglich machte und mehr Energie für ein immer weiter wachsendes Gehirn freisetzte. Als

[9] Ebd., 1.

[10] Ian Tattersall, *Becoming Human: Evolution and Human Uniqueness*, New York: Harcourt Brace, 1998, 121–122. Tattersall erlaubt sich selbst eine spekulative Überlegung: Bei vierfüßigen Affen ist das Neugeborene der Mutter zugewandt, wenn es aus dem Geburtskanal kommt, so dass sie es in den letzten Zügen der Geburt unterstützen kann. „Bei Menschen wiederum muss sich das Baby von der Mutter wegdrehen, die es deswegen aus Angst, dass sie das Rückgrat des Babys brechen könnte, nicht auf diese Art und Weise unterstützen kann. Außerdem kann sich die Mutter anders als bei den Affen nicht selbst darum kümmern, Nase und Mund des Babys von Schleim zu befreien, damit es atmen kann, oder die Nabelschnur von seinem Hals zu entfernen. All diese Hilfestellungen sind regelmäßig notwendig, weshalb in geradezu allen menschlichen Gesellschaften eine Form der Geburtshilfe anzutreffen ist. Es wird vermutet, dass die Beteiligung anderer Frauen als der Mutter am Geburtsvorgang sich direkt auf die Ursprünge der Zweifüßigkeit zurückführen lässt; wenn das der Fall ist, impliziert das ein Kooperations- und Koordinationsniveau bei frühen hominiden Weibchen, das sehr viel weitreichender ist als die gelegentliche Kinderbetreuung durch ‚Tanten', die sich bei anderen Primaten beobachten lässt."

das Gehirn größer wurde, mussten die hominiden Babys in einem früheren Stadium ihrer fötalen Entwicklung zur Welt gebracht werden; sonst wären ihre Köpfe zu groß geworden, um durch den Geburtskanal zu passen. Im Verhältnis zu den anderen Primaten kamen die hominiden Babys nun „unfertig“ auf die Welt, das heißt, sie mussten außerhalb des Mutterleibs Entwicklungsschritte machen, die bei den anderen Säugetieren vor der Geburt erfolgen. Die Hilflosigkeit dieser „unfertigen“ Säuglinge machte eine viel längere Fürsorge erforderlich, bevor sie auf sich selbst aufpassen konnten.

Diese Veränderungen unter anderem in Bezug auf die Nahrungsgewohnheiten und die wachsende Größe des Gehirns, die am deutlichsten beim *Homo erectus* zu Tage traten, trugen wahrscheinlich irgendwann vor ein bis zwei Millionen Jahren, aber möglicherweise auch beträchtlich eher im Vergleich zu den mit uns verwandten Primaten zu einem signifikanten Wandel der sozialen Organisation bei. Ein immer stärker auf Fleisch angewiesener Speiseplan und Kleinkinder, die immer länger betreut werden mussten, führten zur Bildung von relativ stabilen Kooperationsbeziehungen zwischen einem Männchen und einem Weibchen oder manchmal zwischen einem Männchen und mehreren Weibchen, welche die von einem Alpha-Männchen dominierte Primatenhorde ersetzten. Ein Anzeichen dafür, dass Paarbindungen die von einem einzigen Männchen dominierten Horden ersetzten, war der Rückgang des Geschlechtsdimorphismus, also der unterschiedlichen Größe und Stärke von Männchen und Weibchen. Robin Dunbar schreibt: „Ein derart auffälliger Geschlechtsdimorphismus [wie er bei den *Australopithecina* noch deutlich zu erkennen war] ist bei Säugetieren immer mit einem Harem-Fortpflanzungssystem verbunden, bei dem wenige dominierende Männchen alle Weibchen untereinander aufteilen. Der geringere Dimorphismus der späteren Hominiden, bei denen die Männchen nur zehn bis zwanzig Prozent mehr wogen als die Weibchen, legt die Vermutung nahe, daß die Weibchen gleichmäßiger auf die Männchen verteilt waren“.[11] Ein ausgeprägter Dimorphismus, zu dem auch sehr viel größere Eckzähne bei Männchen als bei Weibchen gehören, ist mit Bedingungen verbunden, unter denen es gruppenintern verstärkt zu Kämpfen zwischen den Männchen um den Zugriff auf die Weibchen kommt, sodass ein abnehmender Dimorphismus nahelegt, dass die gruppeninternen Anfeindungen zwischen den Männchen zurückgehen.

Doch weil kein Grund zu der Annahme besteht, dass der *Homo erectus* in voneinander abgeschotteten Kernfamilien organisiert war, und alles dafür spricht, dass bei ihm neben der Paarbindung von Männchen und Weib-

---

[11] Robin Dunbar, *Klatsch und Tratsch: Wie der Mensch zur Sprache fand*, übers. v. Sebastian Vogel, München: Bertelsmann, 1998 [1996], 167.

chen ein hoher Kooperationsgrad zwischen den Männchen (beim Jagen und bei der Abwehr von Raubtieren und anderen Menschenhorden) und ein hoher Kooperationsgrad zwischen den Weibchen (beim Gebären, bei der Versorgung der Kinder und beim Sammeln) erforderlich waren, wurde ein ganz neues soziales Organisationsniveau notwendig, das über all das hinausging, was sich bei nichtmenschlichen Primaten beobachten lässt. Dunbar hat eine starke Korrelation zwischen wachsendem Neokortex (als Bereich, der vorrangig für die zunehmende Gehirngröße der Hominiden verantwortlich ist) und Gruppengröße festgestellt – eine Korrelation, die nicht nur für Primaten, sondern auch für andere Säugetiere gilt. Er erklärt das nicht dadurch, dass die zunehmende Gehirngröße zu größeren Gruppen führt, sondern dass Mitglieder größerer Gruppen größere Gehirne benötigen, um mit den wachsenden Anforderungen des Gruppenlebens zurechtzukommen.[12] Wir müssen uns mit der Frage befassen, warum wachsende soziale Komplexität wachsende kulturelle Komplexität erforderlich macht, und für den Anfang können wir hierfür das zentrale Argument von Dunbars Buch *Klatsch und Tratsch* heranziehen.

Dunbar weist darauf hin, dass die größte bei den mit uns verwandten Affen typische Gruppengröße 50 bis 55 Mitglieder beträgt und für Schimpansen und Paviane charakteristisch ist. Bei der Übertragung der Korrelation von Neokortexgröße und Gruppengröße auf den *Homo sapiens* kommt er auf eine Anzahl von 150, was seiner Meinung nach nicht nur der durchschnittlichen Gruppengröße bei den Jägern und Sammlern ziemlich nahe kommt, sondern letztendlich auch eine Nähe zur Größe der grundlegenden Einheiten vieler komplexer Organisationsformen aufweist: zum Beispiel der Kompagnie als der kleinsten eigenständigen militärischen Einheit. Nachdem er herausgefunden hat, dass das sogenannte Grooming, also die von uns als Kraulen wahrgenommene Fellpflege, bei Primaten wohl das grundlegende Instrument zur Stiftung von Solidarität darstellt, wirft er die Frage auf, ob es denkbar ist, dass die Fellpflege angesichts der Tatsache, wie zeitaufwändig sie ist, auch in Gruppen mit weit mehr als 50 Mitgliedern Wirkung zeigt: „In den Primatengruppen scheint Kraulen das wichtigste Mittel des Zusammenhalts zu sein. Wie das im einzelnen funktioniert, können wir nicht genau feststellen. Aber wir wissen, daß es im großen und ganzen mit zunehmender Gruppengröße häufiger wird: In umfangreicheren Gruppen müssen die Tiere offenbar mehr Zeit auf die Pflege ihrer Beziehungen verwenden."[13] In Anbetracht der Gruppengröße von Menschen und wenn man das bei den Primaten festgestellte Muster auf

---

[12] Ebd., 82–89.
[13] Ebd., 102.

sie überträgt, müssten wir allerdings 40 Prozent unserer Zeit mit gegenseitiger Fellpflege zubringen, was herzlich wenig Zeit für alles andere ließe, wenn die Fellpflege bei uns die Hauptquelle gruppeninterner Solidarität wäre. Gibt es eine andere, effizientere Weise, wie Menschen dasselbe Ziel erreichen konnten? „Wie sie das geschafft haben, ist klar: durch die Sprache. Sie dient uns offensichtlich dazu, Beziehungen zu knüpfen und zu pflegen. Hat die Sprache sich möglicherweise als eine Art akustisches Kraulen entwickelt, so daß wir mit ihrer Hilfe größere Gruppen bilden konnten, als es mit dem herkömmlichen körperlichen Kraulen möglich gewesen wäre?“[14]

Das ist ein interessanter Gedanke, den wir weiter unten weiterverfolgen werden, doch wenn Dunbar mit Sprache den modernen Sprachfluss meint, der nur beim *Homo sapiens* anzutreffen ist (und wir werden sehen, dass er nicht allein das meint), dann bleibt immer noch eine riesige Lücke von mindestens zwei Millionen Jahren zwischen den ersten Mitgliedern unserer Gattung und uns selbst bestehen. In diesem Zeitraum hat sich, wenn Dunbars Hochrechnung richtig ist, die Gruppengröße allmählich von 50 auf 150 erhöht – bei gleichzeitigem Wachstum des Neokortex, das in dieser Zeit erfolgte, wie wir aufgrund fossiler Belege wissen.

Meiner Meinung nach ist die Behauptung vertretbar, dass das, was in diesen frühen Gruppen tatsächlich die Quelle von Solidarität darstellte, gleichzeitig mehr und weniger war als das, was Dunbar vorschlägt. Es war weniger als Sprache, insofern es sich, auch wenn es mit einer so komplexen und subtilen Vokalisierung einhergegangen sein mag, dass die Menschenaffen dazu nicht fähig waren, trotzdem nicht um den modernen Sprachfluss handelte. Manche Autoren haben von „Protosprache“ gesprochen, die eine Art Platzhalter darstellt, von dem allerhöchstens zögerlich die Rede sein kann. Nichtsdestotrotz ist die beträchtliche Zunahme der Komplexität vokaler Kommunikation eine so gut wie notwendige Annahme, wenn wir nicht vom plötzlichen Auftauchen eines „Sprachmoduls“ von außergewöhnlicher Komplexität im Rahmen einer einmaligen Mutation ausgehen wollen.[15]

Doch es sieht so aus, als sei das, was für Solidarität gesorgt hat, bevor die moderne Sprache die Bühne betrat, gleichzeitig auch mehr als Sprache

---

[14] Ebd., 103.

[15] Es übersteigt meine Kompetenz, dieses Problem zu lösen. Die Idee eines Sprachmoduls wurde von Anhängern von Noam Chomsky entwickelt; es wird ausführlich beschrieben von Stephen Pinker in *Der Sprachinstinkt: Wie der Geist Sprache bildet*, übers. v. Martina Wiese, München: Kindler. 1996 [1994]. Merlin Donald vertritt die – meiner Meinung nach überzeugende – These, dass es so etwas wie ein Sprachmodul nicht gibt. Siehe *Triumph des Bewusstseins*, v. a. 39–42.

gewesen. Donald verwendet die Metapher, dass die Sprache von der Kultur „huckepack" genommen worden sei, um anzudeuten, dass das In-Erscheinung-treten von Sprache die vorherige Entwicklung einer komplexen Kultur verlangte, in deren Rahmen die Hinwendung zur Sprache Sinn ergeben würde.[16] In Donalds Augen lieferte die sich über einen langen Zeitraum erstreckende Entwicklung der mimetischen Kultur deutlich mehr kognitive Ressourcen, zu denen auch die Solidarität gehörte, für die nicht länger die Fellpflege und noch nicht die Sprache sorgte.

Angesichts so vieler Mutmaßungen ist es womöglich klug, unsere Beschreibung der mimetischen Kultur mit dem mehr oder weniger einzigen hieb- und stichfesten Beweis zu beginnen (wenn das Wortspiel erlaubt ist), über den wir in Bezug auf sie verfügen, nämlich Steinwerkzeuge. Vor mehr als zwei Millionen Jahren stellte der *Homo habilis* einfache Steinwerkzeuge her, im Wesentlichen „mit Hilfe eines steinernen ‚Hammers' von kleineren Feldsteinen abgehauene scharfe Abschläge".[17] Wildlebende Schimpansen sind bei der opportunistischen Verwendung von „Werkzeugen" beobachtet worden, wie etwa eines Steins, um Nüsse zu knacken, oder eines Stocks, um Ameisen aus einem Ameisenhaufen herauszufischen, doch die vorsätzliche Herstellung eines und sei es relativ einfachen Steinwerkzeugs zur späteren Verwendung weist auf einen kognitiven Vorsprung noch vor dem schlauesten Schimpansen hin. Seine relativ einfachen Werkzeuge gestatteten es dem *Homo erectus* immerhin, ziemlich große Tiere, ja sogar Elefanten recht schnell zu schlachten. Sowohl die Geschicklichkeit der Hände als auch das Materialverständnis – dass man etwa die Steine genau im richtigen Winkel aufeinanderschlagen muss, damit ein scharfer Abschlag zustande kommt – lassen auf beträchtliche kognitive Raffinesse schließen. Aus der Perspektive der Kultur ist am wichtigsten, dass diese Fertigkeit erlernt werden musste, und dieses Erlernen war teilweise praktische Übung, weil es nicht leicht ist, es beim ersten Versuch richtig zu machen. Eine solche Fertigkeit war zwar einfach, aber trotzdem komplex genug, dass sie nicht auf die Schnelle erlernt werden konnte – sie konnte nicht im Bedarfsfall opportunistisch erlernt werden. Das Herstellen solcher Werkzeuge musste vor ihrer Nutzung geplant werden; es war nicht wahrscheinlich, dass das richtige Material zum Bedarfszeitpunkt zur Hand sein würde. Und die Fertigkeit war schwierig genug, um gelehrt werden zu müssen. Allerdings konnte sie mimetisch, ohne Sprache, gelehrt werden.[18]

---

[16] Donald, *Triumph des Bewusstseins*, 278–280.

[17] Tattersall, *Becoming Human*, 128.

[18] Siehe das Diagramm in Colin Renfrew, „The Origins of World Linguistic Diversity:

Donald beschreibt Mimesis als Zunahme der bewussten Handlungskontrolle, die mit vier dem Menschen vorbehaltenen Vermögen verbunden ist: Muster von Ganzkörperbewegungen, Imitation, Einübung von Fertigkeiten und Gestik.[19] Ein Muster von Ganzkörperbewegungen, sagt er, ist der phantasievolle Nachvollzug [*enactment*] eines Ereignisses. Obwohl Affen über ein rudimentäres mimisches Vermögen verfügen, gehen Muster von Ganzkörperbewegungen wie beim kindlichen Rollenspiel mit dem Ausagieren einer Ereignissequenz einher. Sie sind eine Handlungsform, die das konkrete Hier und Jetzt episodischen Handelns durchbricht.[20] Mit Hilfe der Muster von Ganzkörperbewegungen kann man auf einfallsreiche Weise etwas ausagieren, das in der Vergangenheit geschehen ist oder das man zu einem späteren Zeitpunkt tun möchte. Sie gestatten es, aus der Gegenwart auszubrechen, und sei es nur einen Spalt breit, das heißt sich bis zu einem bestimmten Grad aus der Unmittelbarkeit zu befreien. Bei der Imitation, wie Donald sie versteht, geht es um etwas sehr viel Präziseres als bei den Mustern von Ganzkörperbewegungen. Ein Kind kann „so tun, als ob" es ein Steinwerkzeug herstellt, weil es einem Erwachsenen bei dessen Herstellung zugesehen hat, obwohl es keine Ahnung hat, wie man das richtige Material auswählt oder genau die richtigen Bewegungen macht, damit der erforderliche Abschlag zustande kommt. Die Imitation eines tatsächlichen Vorgangs muss gewöhnlich gelehrt werden, und die erste Pädagogik entsteht im Rahmen der mimetischen Kultur. Einübung von Fertigkeiten im Sinne von Donald schließt Muster von Ganzkörperbewegungen und Imitation ein, geht aber über sie hinaus. Sie verlangt „Probedurchläufe, systematische Fortschritte und die hierarchische Verkettung von mimetischen Akten".[21] Donald verwendet das Beispiel des Tennisspielen-Lernens, auch wenn es nicht sehr wahrscheinlich ist, dass der *Homo habilis* Tennis gespielt hat! Aber Tennisspielen-Lernen ist zu weiten Teilen eine mimetische Einübung von Fertigkeiten, die freilich sehr komplex sein kann, wenn man lernt, gut zu spielen, und eine Reihe von einfachen Handlungsketten zu komplexen Sequenzen zusammengefügt werden. Ein geübter Tennisspieler scheint mühelos zu spielen und „instinktiv" zu wissen, wie er auf jeden Ball des Gegners reagieren muss, aber Fertigkeiten, die

---

An Archaeological Perspective", in: Jablonski und Aiello, *Origin and Diversification*, 178.

[19] Donald, *Triumph des Bewusstseins*, 273–275.

[20] Meine Zwillings-Enkelinnen haben leise gespielt, als eine von ihnen ziemlich laut „Mama" sagte. Als meine Tochter reagierte, wurde ihr gesagt: „Nicht du!" Gemeint war die andere Enkelin, die in ihrem Spiel gerade die Mama war.

[21] Merlin Donald, *A Mind So Rare: The Evolution of Human Consciousness*, New York: Norton, 2001, 264.

später automatisch abgerufen werden können, sind ursprünglich langsam und qualvoll dadurch erlernt worden, dass dem Lernprozess genaueste Aufmerksamkeit geschenkt wurde. Und als Gestik möchte Donald schließlich die Art und Weise beschreiben, wie Menschen die ersten drei Mimesisstufen in Anspruch nehmen können, um mit anderen zu kommunizieren. Als die Gruppengröße sich so erhöhte, dass die Fellpflege nicht mehr für Solidarität zu sorgen vermochte, lag die Quelle der Solidarität in erster Linie in der Gestik, die immer noch eine maßgebliche Rolle für die Gruppenbindung spielt, wie Donald behauptet.

Wenn wir noch kurz bei den Steinwerkzeugen bleiben können, ist es erwähnenswert, dass vor etwa 1,5 Millionen Jahren mit dem acheulischen Faustkeil und entsprechenden Werkzeugen, „die offenkundig nach einem standardisierten Muster hergestellt wurden, das der Werkzeugmacher im Kopf hatte, bevor er mit der Werkzeugherstellung begann",[22] eine deutliche Verbesserung eintrat. Diese neuen Werkzeuge stellten einen beträchtlichen Fortschritt gegenüber den einfachen Abschlägen von früher dar. Donald meint, sie „verlangten eine fachkundige Verarbeitung; Archäologen benötigen monatelange Übung und Praxis, bevor sie gute acheulische Werkzeuge hinbekommen."[23] Tattersall weist darauf hin, dass diese neuen, fortschrittlicheren Steinwerkzeuge zwar in Verbindung mit dem *Homo ergaster* aufkommen – dies aber erst 200.000 Jahre, nachdem *ergaster* die Bühne betreten hatte. Er nutzt das als Beispiel dafür, dass bei der Evolution des Menschen der anatomische Wandel in gewissem Grade unabhängig vom kulturellen Wandel erfolgt. Technische und andere kulturelle Veränderungen bleiben bestehen, obwohl die Arten sich wandeln, und sie folgen der physischen Entwicklung in manchen Fällen nach langen Zeiträumen, die vermutlich die notwendige, aber nicht die hinreichende Bedingung für sie war.[24] Die Datierung sowohl der Entstehung des modernen *Homo sapiens* als auch der Sprache ist umstritten, doch es gibt Stimmen, die meinen, dass Ersterer in Anbetracht der großen Hirnleistung und des ganzen Vokalisierungsrüstzeugs, die für eine vollentwickelte moderne Sprache erforderlich sind, trotzdem der modernen Sprache wohl um Zehntausende Jahre vorausging.

Es ist leicht, sich auf die wachsende technische Raffinesse als Schlüssel zum Verständnis menschlicher Evolution festzulegen – das passt nur allzu gut zu unserem Hang zum ökonomischen Determinismus in Bezug auf unser Geschichtsverständnis. Doch im Zuge der kognitiven Revolution in

---

22 Tattersall, *Becoming Human*, 138.
23 Donald, *Origins of the Modern Mind*, 179.
24 Tattersall, *Becoming Human*, 139.

der Psychologie während der letzten Jahrzehnte hat sich herausgestellt, dass Technik eher ein Anhaltspunkt für wachsende kognitive Fähigkeiten ist als ein primärer und eigenständiger Bestimmungsfaktor, weil kognitive Fähigkeiten der Schlüssel zum Verständnis menschlicher Evolution sind. Obwohl das Herstellen von Werkzeugen einen wichtigen Indikator für die Entstehung der mimetischen Kultur darstellt, müssen wir den ganzen Komplex sehr viel besser verstehen, von dem die Werkzeugherstellung ein erheblicher Teil ist.

Neben Genen und Umwelt spricht Donald von Enkulturation als drittem, für unsere Spezies einzigartigem Entwicklungsfaktor. In Absetzung von der oberflächlicheren Enkulturation, die bei vielen anderen Arten gang und gäbe ist, nennt er sie „tiefgreifende Enkulturation", weil sie tief „ins Herz der Kultur geleite[t]" – sie strukturiert mit anderen Worten unseren Geist.[25] Wie sich herausstellt, ist der Ansatzpunkt für die Enkulturation unsere alte Bekannte, die Aufmerksamkeit, von der wir gesehen haben, dass sie der Schlüssel zum episodischen Bewusstsein war. Die Weichenstellung für Kultur ist *geteilte* Aufmerksamkeit, und diese verzeichnet ihre allerersten Anfänge, wenn es dem menschlichen Kleinkind in seinen ersten Lebensmonaten gelingt, den Blick seiner Eltern zu erwidern, Augenkontakt herzustellen, worauf nicht viel später die Fähigkeit folgt, dorthin zu blicken, wohin der Elternteil blickt.[26] Donald beschreibt die entscheidende Bedeutung der geteilten Aufmerksamkeit für die frühe Kindheit folgendermaßen:

> „In der frühen Kindheit wirkt die Kultur vorwiegend über bestimmte Personen wie Mutter, Vater und andere Familienmitglieder auf uns ein. Sie beeinflussen die Aufmerksamkeit des Kindes und damit auch seine kognitiven Prozesse. Sie sind aber nicht nur die Objekte, an die seine Aufmerksamkeit sich vorwiegend heftet, sondern leiten es auch an, die Aufmerksamkeit gemeinsam mit ihnen auszurichten. Die Grundregeln dieser gemeinsamen Ausrichtung sind vielleicht das Wichtigste, was das Kind im ersten Lebensjahr lernt. Sobald es sie beherrscht, leisten sie ihm, als eine Art Lernbeschleuniger, in verschiedensten Situationen gute Dienste. Die gemeinsame Ausrichtung der Aufmerksamkeit wird zum Hauptinstrument der Einführung des Kindes in die Kultur. Mit ihrer Hilfe lernt es, sich an kulturellen Zeichen zu orientieren, die immer abstrakter werden, je mehr sein Horizont sich weitet."[27]

Dabei darf nicht vergessen werden, dass diese frühe, gemeinsame Ausrichtung der Aufmerksamkeit mimetisch ist und nicht sprachlich. Das trifft auf heutige Kleinkinder noch genauso zu wie vor einer Million Jahren.

[25] Donald, *Triumph des Bewusstseins*, 267.
[26] Ebd.
[27] Ebd., 222.

Donalds Beschreibung der mimetischen Fertigkeiten von Kindern deutet an, wie eine Phase der menschlichen Evolution ausgesehen haben mag, in der es nichts anderes gab als mimetische Kultur:

> „In seiner frühen Entwicklung schließt das Kind sich einem mimetischen sozialen Netzwerk an, in dem Bräuche, Konventionen und Rollenspiele im Vordergrund stehen. Die Familie ist ein kleines, kurze Stücke darbietendes Amphitheater, in denen jedes Familienmitglied verschiedene Rollen übernehmen muss. Kinder verstehen diese Theateraufführungen so gut und so schnell, dass sie innerhalb der Grenzen kindlicher Schauspielkunst jede Rolle zu übernehmen vermögen. Das zeigt sich in ihren Phantasiespielen, in denen sie den Vater, die Mutter, sich selbst, ja sogar den Hund oder das Familienauto verkörpern können. Lange bevor sie verbal beschreiben oder reflektieren können, was sie tun, werden Kinder zu hervorragenden Pantomimen und Schauspielern."[28]

Gestik ist die komplexeste Form, wie die mimetische Kultur geteilte Aufmerksamkeit herstellen kann. Gestikulieren hat viele Gestalten: Emotionen ausdrücken, um Hilfe bitten, vor Gefahr warnen und so weiter. Es ist einer Syntax so ähnlich, dass es wahrscheinlich direkt zur Sprache führt, insbesondere, wenn wir vokale Gesten miteinbeziehen, was wir müssen. Doch vorerst möchte ich mich auf eine elementare Form geteilter Gestik konzentrieren, die grundlegend für die Stiftung sozialer Solidarität ist, nämlich auf den Rhythmus. Wie bereits an den einfachen, auf Wechselseitigkeit beruhenden mimetischen Spielen deutlich wird, die Eltern mit ihren ganz kleinen Kindern spielen,[29] bildet Rhythmus die Grundlage von Gruppenritualen, welche die Gruppenidentität und die Rolle der einzelnen Gruppenmitglieder in der Gruppe mimetisch definieren können. Unsere Gattung ist die einzige, welche die Fähigkeit besitzt, „sich im gleichen Takt zu bewegen",[30] und diese biologische Fähigkeit ist wesentlich für die vollständige Entwicklung der mimetischen Kultur gewesen. Ob die vormodernen Angehörigen der Gattung *Homo* über die Fähigkeit verfügt haben, Tiere mimisch nachzuahmen und so nicht nur ihr soziales Umfeld, sondern

---

[28] Donald, *A Mind So Rare,* 266.

[29] Linguisten haben entdeckt, dass Eltern in allen Kulturen mit ihren Kindern etwas sprechen, das sie „Motherese", Baby- oder Ammensprache, nennen. Das ist eine Art vereinfachte, hochgradig repetitive, singsanghafte, zum Teil sinnfreie Sprache, die eher Gefühle als Informationen übermittelt. Zwar hat jede Sprache ihre eigene Version der Motherese, ihre grundlegenden Charakteristika scheinen aber ziemlich universell zu sein. Weil Motherese weitestgehend aus Singsang-Unsinns-Silben besteht, ist es leicht vorstellbar, dass sie vorsprachliche, mimetische Vorläufer hat. Zu Motherese, siehe Pinker, *Der Sprachinstinkt*, 46–47.

[30] Siehe William H. McNeill, *Keeping Together in Time: Dance and Drill in Human History*, Cambridge, Mass.: Harvard University Press, 1995.

auch wesentliche Aspekte ihrer natürlichen Umwelt zu repräsentieren, werden wir niemals wissen, historisch sind aber Jäger und Sammler bekannt, bei denen Tiermimikry verbreitet war.

Mimetisches Handeln ist damit verbunden, dass man seinen Körper benutzt, um sich und andere in einer Art Ereignis zu repräsentieren. Es geht dadurch über das episodische (ereignisorientierte) Bewusstsein von Säugetieren hinaus, dass es Ereignisse durch Körperbewegungen [*embodied action*] *repräsentiert,* sozusagen in einem Ereignis über ein Ereignis. Doch es besteht kein Grund zu der Annahme, dass das mimetische Handeln der vormodernen Angehörigen der Gattung *Homo* lautlos war, weil sie nicht über moderne Sprache verfügten (und wie das Wort „mimen“ insinuieren könnte), ganz im Gegenteil: Alles spricht dafür, dass die Entwicklung der Vokalisierung weit über die von den Menschenaffen ausgestoßenen einfachen Schreie hinausgegangen war. Donald behauptet, es sei eine Art vorsätzliche Stimmenmodulation – die er prosodische Stimmensteuerung nennt – erforderlich gewesen, um den Weg zur Sprachevolution einzuschlagen. Er schreibt: „Logisch gesehen, ist die prosodische Stimmensteuerung – das heißt die Regulierung der Lautstärke, der Tonhöhe und des Klangs der Stimme und der Betonung – grundlegender als die phonetische Steuerung und geht ihr voraus; sie kommt den Möglichkeiten von Affen sehr viel näher als Phonologie. Sie kommt dem nahe, was nach Darwins Meinung der Ursprung der sprachlichen Adaptation gewesen sein könnte: einer Art von rudimentärem Gesang.“[31]

Ich werde auf die Frage des Gesangs zurückkommen, möchte mich aber jetzt Leslie Aiellos interessanter Unterscheidung von Sprechen und Sprache und ihrem Vorschlag zuwenden, dass sie sich getrennt voneinander entwickelt haben: „Genauso wie einige kognitive Vorläufer der menschlichen Sprache gehen viele der einzigartigen anatomischen Merkmale, die an der Hervorbringung des menschlichen Sprechvermögens beteiligt sind, dem Aufkommen einer vollentwickelten, modernen menschlichen Sprache erheblich voraus, welche eine Syntax, symbolische Bezüge und unabhängiges Denken umfasst.“[32] Sogar Dunbar, der behauptet, dass die Sprache die Fellpflege als Grundlage sozialer Bindungen ersetzt hat, als die menschlichen Gruppen größer wurden, lässt durchblicken, dass „ein ständiger Strom von Geschnatter“, „dessen Inhalt [...] praktisch gleich null“ war, mit anderen Worten Sprechen ohne Sprache, eine Zwischenstufe zwischen den herkömmlichen Kontaktrufen fortgeschrittener Affen und

---

31 Donald, *Origins of the Modern Mind*, 182.

32 Leslie C. Aiello, „The Foundations of Human Language“, in: Jablonski und Aiello, *Origin and Diversification*, 23.

Menschenaffen in der Alten Welt und der eigentlichen Sprache gewesen sein könnte. Und wenn er sagt „null Inhalt", meint er null abstrakten symbolischen Inhalt und nicht null sozialen Inhalt, denn sogar „Primaten [sind] mit ihren Lautäußerungen in der Lage, eine Menge über andere mitzuteilen".[33]

Wenn es Sprechen vor der Sprache gegeben hat,[34] was unsere verschiedenen Experten übereinstimmend für wahrscheinlich halten, und wenn das nichtsprachliche Sprechen durch Prosodie – das heißt Lautstärke, Tonhöhe, Klang und Betonung – gekennzeichnet war, es sich aber nicht um „Gesang" handelte – und Dunbar nennt eine Vielzahl von Gründen, warum Gesang, wie wir ihn kennen, sich wahrscheinlich erst spät in der Evolutionsgeschichte entwickelt hat –, was war es dann?[35] Steven Brown bietet eine weitere interessante Erklärung an, die der Überprüfung standhalten könnte. Brown geht davon aus, dass Sprache und Musik sich zwar heute deutlich unterscheiden, insofern sie vorrangig in unterschiedlichen Hirnregionen zu verorten sind, dass sie sich aber trotzdem sogar hirnphysiologisch stark überlappen. Deshalb schlägt er vor, dass Sprache und Musik eher ein Kontinuum als eine absolute Dichotomie bilden, an dessen einem Ende Sprache im Sinne eines Tons mit referentieller Bedeutung und an dessen anderem Ende Musik im Sinne eines Tons mit emotiver Bedeutung stehe.[36] Auf der Grundlage dieses Kontinuums, der Merkmale ihrer sich physiologisch überlappenden Hirnregionen und der Spärlichkeit anderer Erklärungen behauptet Brown, dass Musik und Sprache sich eher nicht getrennt voneinander entwickelt haben bzw. nicht auseinander hervorgegangen sind, sondern die wahrscheinlichste Erklärung darin besteht, dass sich beide aus etwas entwickelt haben, das gleichzeitig Protosprache und Protomusik war und das er „musilanguage", also so etwas wie „Sprachmusik" nennt.[37] Wenn wir annehmen, dass auch eine solche Sprachmusik aufgeführt [*enacted*] wurde, das heißt mit sinnvollen Gesten und Tönen verbunden war, dann können wir das Ritual als erstes evolutio-

---

33 Dunbar, *Klatsch und Tratsch*, 149.

34 Obwohl wir, weil wir stark beeinflusst davon sind, ununterbrochen der geschriebenen Sprache ausgesetzt zu sein, dazu neigen, uns Sprache in Gestalt von abstrakten Bedeutungen vorzustellen, ist es gut, nicht zu vergessen, dass Sprache auch gestisch und körperlich vollzogen [*enact*] wird und, wie andere Formen von Gesten auch, mit unterschwelligem Muskeltraining verbunden ist.

35 Dunbar, *Klatsch und Tratsch*, 177–178.

36 Steven Brown, „The ‚Musilanguage' Model of Music Evolution", in: Nils L. Wallin, Björn Merker und Steven Brown, *The Origins of Music*, Cambridge, Mass.: MIT Press, 2000, 275.

37 Ebd., 277.

näres Beispiel für Sprachmusik betrachten und festhalten, dass Rituale noch heute zu einer Art von Sprachmusik in der Lage sind: Wie raffiniert ihre verbalen, musikalischen und gestischen Bestandteile auch geworden sein mögen, sind sie weiterhin zutiefst miteinander verwoben. Und im Sinne der Argumentation von Kapitel 2 können wir vermuten, dass viele dieser Merkmale sich beim Spielen entwickelt haben, weil es die Matrix bildet, aus der sich das Ritual entwickelt hat.

So sehr er sich auch auf die Idee festgelegt hat, die Sprache habe die Fellpflege ersetzt, und so skeptisch er dem Gedanken einer Sprachmusik auch gegenüberstehen mag, ist Dunbar bereit zuzugeben, dass Worte sogar nach der Entwicklung der modernen Sprache allein nicht ausreichen, um für die erforderliche Solidarität in Menschengruppen zu sorgen:

> „Die großen Gruppen von Menschen zusammenzuhalten, auf die die ersten Menschen zum Überleben angewiesen waren, muß eine anstrengende Tätigkeit gewesen sein. Noch heute ist es schwierig genug. Man stelle sich einmal vor, man hätte vor einer Viertelmillion Jahren das Leben von 150 Menschen in der afrikanischen Savanne koordinieren müssen. Worte allein reichen dazu nicht aus. Auf sorgfältig durchdachte Argumente achtet niemand. Was uns anspricht, sind die aufregenden Reden, die uns so in Wallung bringen, daß wir der Welt beim geringsten Anlaß die Stirn bieten, ohne an unseren persönlichen Tribut zu denken. Dabei spielen Gesang und Tanz eine wichtige Rolle: Sie stacheln die Gefühle an und sorgen mehr als alles andere für die Produktion der Opiate, die einen Zustand der gehobenen Stimmung und Euphorie erzeugen.“[38]

Eine mit mimetischen Ritualen ohne Sprache beschäftigte Gesellschaft wäre anscheinend der nahezu klassische Fall einer „elementaren Form“ im Sinne Durkheims, denn die mit dem Ritual beschäftigten Körper können nicht viel mehr repräsentieren als sich selbst und die Gesellschaft, die sie bilden. Möglicherweise verweisen die Stimmung und die Euphorie, die Dunbar erwähnt, über die Gesellschaft hinaus, doch falls sie das tun, dann nur sehr undeutlich, um es milde auszudrücken. Da für Durkheim Gesellschaft in der kollektiven Efferveszenz zum Ausdruck kommt, hätten wir hier anscheinend den klassischen Fall vorliegen: eine Gesellschaft, die sich selbst aufführt [*enact*]. Doch können wir sagen, dass die Gesellschaft Rituale hervorbringt, oder müssen wir sagen, dass Rituale die Gesellschaft hervorbringen? Mimetische Rituale scheinen konstitutiv für eben die Gesellschaft zu sein, die sie möglich machen.

Indem sie die Gesellschaft selbst sowie ihre konstitutiven Rollen abbildet, hat die mimetische Kultur die notwendigen Ressourcen bereitgestellt, um von der eher anarchischen Schimpansenhorde zu einer größeren Grup-

---

[38] Dunbar, *Klatsch und Tratsch*, 186.

pe zu gelangen, die in der Lage ist, Aggressivität innerhalb der Gruppe zu steuern, sodass in verschiedenen Kontexten Paarbindungen und gleichgeschlechtliche Solidarität entstehen konnten. Solidarität mit der eigenen Gruppe hieß nicht, dass diese sich auf mimetische Kultur stützenden Gesellschaften friedlich waren. Alles deutet darauf hin, dass sie das nicht waren, dass es zwischen den Gruppen zu endemischen Konflikten kam – fossile Funde lassen sogar auf Kannibalismus schließen – und dass die Aggressionen innerhalb der Gruppe wahrscheinlich nur verhältnismäßig erfolgreich im Zaun gehalten wurden.[39]

Die mimetische Kultur wies eindeutig Einschränkungen auf. Donald schreibt:

> „Von daher ist Mimesis eine sehr viel eingeschränktere Form der Repräsentation als symbolische Sprache; sie ist langsam, missverständlich und ihre Themen sind begrenzt. Das episodische Erfassen von Ereignissen dient in der mimetischen Kultur weiterhin als Rohmaterial für die höhere Kognition, doch steht es nicht an der Spitze der kognitiven Hierarchie, sondern spielt eher eine untergeordnete Rolle. Die höchste Verarbeitungsebene im mimetisch geübten Gehirn nimmt nicht mehr die analytische Aufschlüsselung wahrgenommener Ereignisse, sondern das Abbilden dieser Ereignisse in selbstständigen motorischen Akten ein. Im größeren Maßstab war die Folge davon eine Kultur, die ihre episodischen Vorläufer abzubilden vermochte."[40]

Man tut gut daran, nicht zu vergessen, dass wir Menschen uns nie besonders weit vom grundlegenden episodischen Bewusstsein der Säugetiere entfernt haben. Wie gesagt, ist mimetische Kultur ein Ereignis über ein Ereignis. Ein Narrativ, das den Kern der sprachlichen Kultur bildet, wie wir sehen werden, ist im Grunde genommen die Schilderung einer Kette von Ereignissen, die hierarchisch zu größeren Ereigniseinheiten geordnet werden. Doch der Moment, als unsere Vorfahren erstmals aus dem episodischen Bewusstsein herausgetreten sind, es und das, was ihm vorausging, was es umgab und was nach ihm kommen würde, betrachtet haben, war ein historischer Moment von größtmöglicher Bedeutung. Andere höhere Säugetiere mögen zwar gesellig sein, sind aber im eigenen Bewusstsein ge-

---

[39] Siehe Lawrence H. Keeley, *War before Civilisation: The Myth of the Peaceful Savage*, New York: Oxford University Press, 1996. Donald bringt es auf den Punkt: „Es ist sicher kein Zufall, dass bloß eine Unterart der gesamten hominiden Linie überlebt hat; die meisten anderen Säugetierarten haben jedenfalls mehrere koexistierende Unterarten, von denen jede eine spezielle Nische besetzt. Aber die Menschen nicht. Anscheinend kann nur ein Hominid die menschliche Nische längere Zeit in Anspruch nehmen." Donald, *Origins of the Modern Mind*, 209.

[40] Donald, *Origins of the Modern Mind*, 197–198.

fangen.[41] Donald nennt sie Solipsisten. Nachdem sich die mimetische Kultur herausgebildet hatte, konnten Menschen nun aber inhaltlich an der Denkweise anderer teilhaben, sie teilen. Wir konnten lernen, es konnte uns etwas gelehrt werden und wir mussten nicht fast alles auf uns allein gestellt entdecken. Die mimetische Kultur hatte Einschränkungen und war konservativ; ihr fehlte das Potenzial für das explosive Wachstum, das durch Sprache möglich werden würde. Doch sie war ein unverzichtbarer Schritt, ohne den Sprache sich nie entwickelt hätte.

Davon abgesehen ist Mimesis, obwohl sie in vielerlei Hinsichten nicht so leistungsfähig ist wie Sprache, für sich genommen unverzichtbar. Wie Donald schreibt, erfüllt Mimesis „verschiedene Funktionen und leistet sie für die Verbreitung bestimmter Wissensarten weiterhin mehr als die Sprache; zum Beispiel steht sie im Bereich der Abbildung sozialer Rollen, der Übermittlung von Gefühlen und der Weitergabe rudimentärer Fertigkeiten weiterhin an erster Stelle."[42] Vielleicht nicht bloß rudimentärer Fertigkeiten, denn Mimesis ist die Grundlage für das Lehren ziemlich komplexer Fertigkeiten auf Gebieten wie dem Sport, dem Tanz und möglicherweise noch weiterer Künste. Und schließlich bleibt die Mimesis unverzichtbar für „die kollektive Abbildung und damit auch Strukturierung" der menschlichen Gesellschaft selbst.[43]

Mythische Kultur

Wir sind von uns als Sprachbenutzern so fasziniert, dass wir meinen, die Entdeckung des Ursprungs der Sprache sei der Schlüssel zum Verständnis der menschlichen Evolution. Eine der großen Vorzüge von Merlin Donalds Arbeit besteht darin, dass er Kultur, das heißt das Vermögen, unseren Solipsismus zu überwinden und uns einem größeren, gemeinsamen Bewusstsein anzuschließen, als Schlüssel zu dem betrachtet, was uns einzigartig macht. In diesem Zusammenhang erweist sich sein Gedanke, dass Kultur die Sprache „huckepack" nimmt, als sinnvoll.[44] Individueller Spracherwerb ist sozial: Selbst wenn es so etwas wie ein Sprachmodul gäbe, könnte es nur in einem sozial geschaffenen, sprachlichen Zusammenhang wirk-

41 Seit dem Erscheinen von Donalds hier zusammengefassten Buch *Origins of the Modern Mind* im Jahr 1991 hat die in Kapitel 2 diskutierte Arbeit von Gelehrten wie de Waal und Tomasello ein erhebliches Maß gemeinsamen Bewusstseins bei Menschenaffen gezeigt.

42 Ebd., 198.

43 Ebd., 200.

44 Donald, *Triumph des Bewusstseins*, 39–42.

sam werden. Von sich aus lernen isolierte Kinder nicht sprechen. Wie Donald uns erinnert, hat Jerome Bruner überzeugend gezeigt, dass für das erfolgreiche Erlernen von Sprache ein externes Unterstützungssystem in Gestalt eines Sprachmilieus erforderlich ist.[45] Die Frage ist, welches das „externe Unterstützungssystem" war, das Sprache ursprünglich möglich gemacht hat.

In seinem Buch *The Symbolic Species*, das den Untertitel „The Coevolution of Language and the Brain", also die Koevolution von Sprache und Gehirn, trägt, versucht der Biologe, Anthropologe und Neurowissenschaftler Terrence Deacon, die Entstehung der Sprache beim *Homo erectus* zu verstehen, dessen Gehirn nicht für die Sprachverwendung eingerichtet war, obwohl unsere nächsten Verwandten unter den Primaten bekanntlich unter größten Anstrengungen und durch massive externe Schulung die Verwendung von Wörtern zumindest ansatzweise erlernen können. Doch waren, wie Deacon es formuliert, „die ersten Hominiden, die mit Hilfe von Symbolen kommunizierten, völlig auf sich allein gestellt. So etwas wie externe Unterstützung gab es kaum. Wie mag es ihnen also gelungen sein, mit ihren schimpansenhaften Hirnen ein so schwieriges Ziel zu erreichen? In einem Wort lautet die Antwort: durch Ritual."[46]

Seine Parallelisierung des Erlernens symbolischer Kommunikation durch Schimpansen und des Ursprungs der Sprache im Ritual begründet Deacon folgendermaßen:

> „Rituale sind in den modernen Gesellschaften tatsächlich immer noch ein zentraler Bestandteil der symbolischen ‚Erziehung', obwohl wir uns ihrer modernen Rolle aufgrund der unterschwelligen Weise, wie sie ins Gesellschaftsgefüge eingeflochten sind, nur selten gewahr werden. Die Schwierigkeit der symbolischen Entdeckung besteht in der Verlagerung der Aufmerksamkeit vom Konkreten zum Abstrakten; von einzelnen indexikalischen Verbindungen zwischen Zeichen und Objekten zu einem geordneten Beziehungsgeflecht zwischen Zeichen. Um die Beziehungslogik [von Zeichen] ins Blickfeld zu rücken, ist ein hoher Grad an Redundanz unerlässlich. Dies ist an den Experimenten mit Schimpansen deutlich geworden. [...] Es hat sich herausgestellt, dass es, wenn man sie dazu brachte, bei einer großen Zahl von Tests die Kombination von Lexigrammen fehlerfrei und auswendig zu wiederholen, sie dazu befähigte, von expliziten und konkreten Zeichen-Objekt-Zuordnungen zu impliziten Zeichen-Zeichen-Zuordnungen überzugehen. In modernen menschlichen Gesellschaften dient die gebetsmühlenartige Wiederholung derselben Handlungsabfolge mit Hilfe derselben Abfolge von Objekten bei der Darbietung [*performance*] eines Rituals häufig einem ähn-

---

45 Donald, *Origins of the Modern Mind*, 283, zitiert Jerome Bruner, *Actual Minds, Possible Worlds*, Cambridge, Mass.: Harvard University Press, 1986.

46 Terrence Deacon, *The Symbolic Species: The Co-evolution of Language and the Brain*, New York: Norton, 1997.

lichen Zweck. Die Wiederholung kann die verschiedenen Details einer Darbietung automatisieren und dem Bewusstsein fast ganz entziehen, während gleichzeitig die durch die Gruppenbeteiligung herbeigeführte emotionale Intensität dazu beitragen kann, dass die Aufmerksamkeit sich auf andere Aspekte der beteiligten Objekte und Handlungsvollzüge richtet. Rituelle Ekstase kann dazu anregen, alltägliche Tätigkeiten und Objekte in ganz anderem Licht zu sehen."[47]

Obwohl es so wirken könnte, als ob Deacon mit seiner Behauptung auf dem richtigen Weg sei, dass Rituale das „externe Unterstützungssystem" geliefert haben, das originär für das Erlernen von Sprache erforderlich ist, wird deutlich, dass seine Überlegungen erst im Kontext von Merlin Donalds Version des Sprachursprungs vollständig sinnvoll sind. Das Problem an Deacons Story ist, dass das „Ritual" aus dem Nichts zu kommen scheint, und wenn Sprache für „schimpansenhafte Hirne" schwierig ist, dann wären Rituale es auch. Donalds Vorstellung eines sehr langen Zeitraums, in dem sich die mimetische Kultur entwickelt und das menschliche Gehirn etwas sehr viel Größeres und Komplexeres erreicht hat als das Schimpansenhirn, liefert das, was Deacons Behauptung voraussetzt: dass Rituale ein externes Unterstützungssystem für Sprache sind.

Deacon hat sicherlich recht, dass der Schlüssel zur Sprache das Vermögen ist, Verbindungen zwischen Zeichen herzustellen, die von der unmittelbaren Verbindung von Zeichen und Objekt abstrahieren, aber Donald beharrt mit gleichem Recht darauf, wie tief Sprache nicht nur im mimetischen, sondern sogar im episodischen Bewusstsein verankert ist. Anlässlich seiner eigenen Deutung der Idee einer Universalgrammatik zeigt Donald, wie stark Ereigniswahrnehmung sich in der Sprache widerspiegelt:

„Wie anders lässt sich Raum repräsentieren als durch irgendwelche näheren Angaben darüber, wie er nach oben und unten verläuft, was neben ihm und über ihm liegt? Die Teile unserer Rede und die Regeln, denen sie gehorchen, scheinen sich auf natürliche Weise aus der fortschreitenden Differenzierung bzw. Analyse der Ereigniswahrnehmung zu ergeben. In diesem Fall können wir annehmen, dass Sprache dort anfängt, wo spezifische Aspekte einer episodischen Wahrnehmung mit einfachen Bezeichnungen versehen werden. Tatsächlich hat die letztere, die episodische Kognition als unser verkümmertes Säugetiererbe der Sprache diesen universellen Rahmen aufgezwungen."[48]

Donald zitiert George Lakoff und Mark Johnson, die für eine grundlegend metaphorische Beschaffenheit der Sprache eintreten: „Lakoff und Johnson haben vorgeschlagen, dass die metaphorische Ausdrucksweise eine kogni-

---

[47] Ebd., 402–403.

[48] Donald, *A Mind So Rare,* 282.

tive Ader anzapft, die sehr viel grundlegender ist als die Sprache selbst. Eine Metapher ist nämlich (metaphorisch gesprochen) ein todsicheres Anzeichen für die episodischen Wurzeln unserer Sprache.“[49] Donald schreibt:

> „Sprachuniversalien entspringen dem Kontext, in dem Sprachen in der wirklichen Welt erlernt werden und, wichtiger noch, in dem sie sich entwickelt haben. Wie alle anderen Konventionen werden sprachliche Konventionen durch die Situationen geprägt, in denen sie entstanden sind. Sie haben mimetische Ursprünge. Sowie wir ein anderes Paradigma wählen, ergeben sich daher die Merkmale einer Universalgrammatik nahtlos aus einer genauen Analyse der Gestik, mimischen Ganzkörperbewegungen und Imitation von Verhaltensweisen. Es gibt einen ‚Sprachinstinkt‘, aber er ist ein bereichsübergreifender Instinkt für Mimesis und Kollektivität, der von einem tiefsitzenden Drang zu begrifflicher Klärung angetrieben wird.“[50]

Doch woher kommt dieser Drang zu begrifflicher Klärung? Donald schlägt vor, dass eine kohärentere Repräsentation der Welt benötigt wurde, als durch Mimesis möglich war. „Deshalb“, schreibt er, „muss man die Möglichkeit ins Auge fassen, dass die ursprüngliche menschliche Adaptation nicht in Sprache *qua* Sprache bestand, sondern eher in integrativem, zunächst mythischem Denken. Die modernen Menschen entwickelten die Sprache in Reaktion auf die Dringlichkeit, ihren Begriffsapparat zu verbessern, nicht umgekehrt.“[51] Mythos ist ein zutiefst missverständliches Wort, weshalb es ratsam ist klarzustellen, was Donald darunter versteht:

> „Meinem Ansatz zufolge lässt sich mythisches Denken als einheitliches, kollektiv vertretenes System erklärender und regulativer Metaphern verstehen. Der Geist hat seine Reichweite über die episodische Wahrnehmung von Ereignissen und über die mimetische Rekonstruktion von Episoden hinaus auf eine flächendeckende Abbildung des gesamten menschlichen Universums hin ausgedehnt. Kausale Erklärung, Vorhersage, Kontrolle: Der Mythos versucht sich an allen dreien und dringt in alle Lebensbereiche vor.“[52]

Gewissermaßen aufgrund des Primats des Mythos vor der Sprache nennt Donald das Stadium nach der mimetischen Kultur mythische Kultur.

Insofern er die kognitive Rolle des Mythos unterstreicht, nähert sich Donald der Auffassung von Claude Lévi-Strauss, der mehr als jeder andere

---

49 Ebd., 283, bezieht sich auf George Lakoff und Mark Johnson, *Leben in Metaphern: Konstruktion und Gebrauch von Sprachbildern*, übers. v. Astrid Hildenbrand, Heidelberg: Carl-Auer, 1998 [1980]. Siehe auch Lakoff und Johnson, *Philosophy in the Flesh: The Embodied Mind and Its Challenges to Western Thought*, New York: Basic Books, 1999.

50 Donald, *A Mind So Rare,* 283–284.

51 Donald, *Origin of the Modern Mind*, 215.

52 Ebd., 214.

Anthropologe die intellektuelle Funktion des Mythos hervorgehoben hat. Gleichwohl hält Lévi-Strauss den Mythos nicht für eine Form von Wissenschaft oder für einen ihrer primitiven Vorläufer, er habe vielmehr eine andere kognitive Funktion:

> „Wenn man sagt, daß ein Denken [Mythos] uneigennützig oder vom Intellekt bestimmt sei, soll das keineswegs heißen, daß es dem wissenschaftlichen Denken gleich ist. [...] Es bleibt insofern anders, als es bestrebt ist, auf dem kürzesten Wege zu einem allgemeinen Verständnis des Universums zu gelangen, und zwar nicht nur zu einem allgemeinen, sondern auch zu einem *totalen*. Das heißt, es handelt sich um eine Art des Denkens, die beinhaltet, daß man, solange man nicht alles versteht, nichts erklären kann."[53]

Diese Auffassung des Mythos betrachtet ihn tatsächlich als „von einem tiefsitzenden Drang zu begrifflicher Klärung angetrieben", den wir weiter unten näher erkunden werden.

Obwohl Rituale für Donald zu den Quellen gehören, aus denen sich die mimetische Kultur speist, stellt er sie anders als Deacon nicht in den Mittelpunkt der Sprachentstehung. Doch meiner Meinung nach lässt sich an Donalds eigenem Ansatz deutlich machen, dass Deacon recht hat. Gerade wenn der Mythos über die komplexeste Form von Mimesis hinausgeht, sind Rituale dann nicht der wahrscheinlichste Kandidat für diese komplexeste Form? Mimetische Rituale bilden die Gesellschaft und möglicherweise sogar einen Teil von deren Umwelt, wie etwa Tiere, ab. Doch ist selbst im mimetischen Stadium nicht noch etwas Weitreichenderes vorstellbar? Schließlich sind Rituale kein bloßer Spiegel der Gesellschaft. Sie zeichnen ein Bild der Realität, wie sie sein sollte.[54] Mit Hilfe mimetischer Rituale überwindet die Gesellschaft all das unablässige Gezänk, die gruppeninternen Streitigkeiten und Verletzungen, die Wut und Missgunst, die endemisch in jeder Gesellschaft auftreten, und zeigt sich stattdessen als geeinte Gesellschaft. Selbst wenn die mimetischen Rituale komplex genug gewesen sein dürften, um neben der Ordnung auch Störungen der Ordnung vorzuführen, wie es alle bekannten (sprachgebundenen) Rituale tun, bestand die Botschaft des Rituals in der Bewältigung der Ordnungsstörungen.

Krankheit muss zu den größten Zerreißproben gehört haben, denen die paläolithische Gesellschaft ausgesetzt war, insbesondere wenn wir un-

---

[53] Claude Lévi-Strauss, *Mythos und Bedeutung: Vorträge*, übers. v. Brigitte Luchesi, Frankfurt: Suhrkamp, 1995 [1979], 29. Kursivierung im Original.

[54] Es ist lohnend, sich daran zu erinnern, dass Durkheim in seinen späteren Schriften „Gesellschaft" nicht mit ihrer bestehenden Realität identifizierte, sondern mit den Idealen, die ihr Kohärenz und einen Zweck verliehen.

ter Krankheit nicht nur somatische, sondern auch psychosomatische und soziosomatische Störungen verstehen. In solchen kleinen und zerbrechlichen Gesellschaften müssen Kinder besonders verwundbar gewesen sein, und der Verlust eines Erwachsenen durch Krankheit oder Tod stellte für die anderen Gruppenmitglieder eine große Belastung dar. Deshalb waren Heilungsrituale wahrscheinlich schon früh so belangvoll, wie sie bis heute geblieben sind. Ohne näher auf das Problem des Schamanismus eingehen zu wollen, das für manche in allen alten Kulturen endemisch ist und für andere ein Hirngespinst des abendländischen Denkens darstellt, war der früheste Ritualexperte wahrscheinlich der Heiler, der die heilenden Rituale kannte, die trotz der auftretenden Beschwerden die Erfahrung von Gesundheit wachzuhalten vermochten.[55]

Wenn nun aber die Vorstellung zutrifft, dass mimetische Rituale die Vorführung einer Idee von Gesellschaft nicht wie sie ist, sondern wie sie sein sollte, anstreben, dann erweist sich Donalds Gedanke, dass die Sprachentstehung aus dem Bemühen hervorgegangen sei, durch den Mythos ein umfassenderes Verständnis der Welt zu erlangen, als ausgesprochen sinnvoll. Jonathan Z. Smith charakterisiert (sprachbezogene) Rituale auf eine Weise, die uns vielleicht helfen könnte, den „Drang zu begrifflicher Klärung", der zum Mythos führte, zu verstehen:

> „Ich würde vorschlagen, dass *Rituale* unter anderem *die Schaffung einer kontrollierten Umwelt repräsentieren*, in der die Unwägbarkeiten des alltäglichen Lebens (z. B. Unfälle) *genau deshalb* verdrängt werden können, weil sie als so erdrückend präsent und mächtig empfunden werden. *Rituale sind ein Mittel, die Dinge in bewusster Spannung mit der Weise, wie sie sind, so wiederzugeben, wie sie sein sollten, und zwar dergestalt, dass dieser ritualisierte Idealzustand während des alltäglichen, unkontrollierten Gangs der Dinge in Erinnerung bleibt.*"[56]

Im gewöhnlichen Leben geraten die Dinge ständig aus den Fugen. Beim Ritual trifft das, was der mazatekische Indianerschamane gesagt hat – „Ich bin der, der zusammenfügt"[57] –, zweifellos nicht nur auf physische Heilung, sondern auf Heilung im Allgemeinen zu.

Der Streit darüber, was zuerst da war, Ritual oder Mythos, setzt sich

---

[55] In *Wondrous Healing: Shamanism, Human Evolution, and the Origin of Religion*, Dekalb: Northern Illinois University Press, 2002, plädiert James McClenon aus neodarwinistischen Gründen dafür, dass die schamanistische Heilung der „Ursprung" der Religion sei. Seine Argumentation ist zwar interessant, in meinen Augen aber viel zu einfach.

[56] Jonathan Z. Smith, *Imagining Religion: From Babylon to Jamestown*, Chicago: University of Chicago Press, 1982, 63. Kursivierung im Original.

[57] Morris Berman, *Wandering God: A Study in Nomadic Spirituality*, Albany: SUNY Press, 2000, 83.

seit über 100 Jahren ohne Lösung fort. Dabei handelt es sich um einen der Streitfälle, den man in den Augen vieler am besten ganz aufgeben sollte, weil er unlösbar ist. Wenn allerdings Gelehrte wie Donald und Deacon recht haben, ist der Streit nun endlich vorbei. Das Ritual geht dem Mythos eindeutig voraus. Doch auch wenn man bei mehreren Völkern Beispiele für Rituale ohne Mythos entdeckt hat, sind Rituale, wie wir sie kennen, tief im Mythos verwurzelt und gemeinhin ohne ihn unverständlich. Der Mythos ist dagegen, auch wenn er sich häufig vom Ritual gelöst hat, in vielen Fällen immer noch erkennbar liturgischen Ursprungs. Es könnte sinnvoll sein, einen Blick auf einige der Fälle zu werfen, in denen die Verbindung außergewöhnlich eng ist.

Wenn wir uns Ritual und Mythos in relativ kleinen Gesellschaften mit oraler Kultur ansehen, besteht eines der interessanten Dinge darin, dass die Rituale häufig bemerkenswert stabil sind, wohingegen der Mythos viele, nicht vollständig miteinander vereinbare Versionen hat. Das heißt nicht, dass Rituale sich nicht ändern – es gibt in keiner Gesellschaft etwas Unveränderliches –, sondern dass Rituale sich stärker gegen Veränderungen zu sträuben scheinen als der Mythos. Vielleicht können wir sie als die mimetischen Marker betrachten, vor denen die Sprache in Gestalt des Mythos sozusagen die Flucht ergriffen hat. Ich möchte mich jetzt Roy Rappaports *Ritual and Religion in the Making of Humanity* als dem ernsthaftesten Versuch, Überlegungen über Rituale anzustellen, zuwenden, der in den letzten Jahren erschienen ist, um mich mit seiner stark verdichteten Definition des Rituals zu befassen, nämlich dass es *„die Darbietung mehr oder weniger gleichbleibender Sequenzen formaler Akte und Äußerungen, die von den Darbietenden nicht vollständig kodiert worden sind*“, sei.[58]

Rappaports Betonung „gleichbleibender Sequenzen formaler Akte und Äußerungen“ bringt uns auf die Merkmale der Sprachmusik zurück, die nur einen Schritt vom Mythos entfernt für die Verwandlung von sinnlosen Tonsequenzen in stark verdichtete – im Sinne undifferenzierter –, aber trotzdem referentiell-emotiv sinnvolle Tonereignisse unverzichtbar gewesen sein könnte. Ein Schlüsselaspekt solcher Übergangsereignisse ist Redundanz, die beim Schritt von der indexikalischen zur symbolischen Bedeutung eine unverzichtbare Hilfe für den Menschen darstellt. Laut Bruce Richman wird musikalische Redundanz in drei Formen übermittelt:

[58] Roy A. Rappaport, *Ritual and Religion in the Making of Humanity*, Cambridge: Cambridge University Press, 1999, 24. Keith Hart beruft sich im Vorwort dieses posthum erschienenen Buchs auf *Die elementaren Formen des religiösen Lebens* von Émile Durkheim und meint, dass Rappaports Buch „von seiner Tragweite her mit dem Werk seines großen Vorgängers vergleichbar“ sei (xiv) – ein Urteil, dem ich zustimme.

(1) Wiederholung, (2) Formelhaftigkeit („der Schatz an vorgegebenen Formeln, Riffen, Motiven und Rhythmen") und (3) Erwartbarkeit „von genau dem, was als nächstes kommen und die aufkommende temporale Leerstelle füllen wird."[59] Der wichtigste Bestandteil der durch Erwartbarkeit geschaffenen Redundanz ist das Tempo, der Rhythmus, der durch Trommeln, stampfende Füße und weitere Mittel erzeugt wird. Das einzigartige menschliche Vermögen, „sich im gleichen Takt zu bewegen", hatten wir ja bereits festgestellt. Auf alle Fälle steht es in engem Zusammenhang mit den „mehr oder weniger gleichbleibenden Sequenzen formaler Akte und Äußerungen", die zentral für Rappaports Definition des Rituals sind. Diese Aspekte des Rituals möchte ich gleich am Beispiel der südamerikanischen Kalapalo veranschaulichen, bei denen Rituale ausschließlich aus Musik bestehen; der Mythos liefert dabei den Kontext, aber nicht den Inhalt.

Zur Verteidigung meiner Fallauswahl muss ich aber vorher noch eine kurze Nebenbemerkung machen. Ich möchte auf keinen Fall behaupten, dass die Gruppen, die ich beschreiben werde, den Menschengruppen vor 50.000 oder mehr Jahren exakt ähneln. Genauso wie Schimpansen sich in der gleichen Anzahl von Jahren entwickelt haben wie Menschen, haben sich diese Gruppen ebenso viele Jahre entwickelt wie alle anderen überlebenden Menschengruppen. Trotzdem scheint es mir abwegig zu sein, einige Gruppen von Jägern und Sammlern oder Gartenbauern nicht zu beachten, deren vollständig orale Kultur uns etwas über die früheren Stadien der menschlichen Evolution mitteilen könnte, und obwohl dies genau das ist, was Anthropologen tun, die den Gedanken einer kulturellen Evolution ablehnen, haben ihre Argumente die Archäologen oder anderen Gelehrten, in deren Augen die menschliche Evolution eine unleugbare Tatsache ist, nicht überzeugt. Schwieriger ist das Problem, welche Stammesgesellschaften wir auswählen sollen. Einige Gelehrte haben dazu geneigt, die straff organisierten, stark ritualisierten „durkheimianischen" Stammesgesellschaften als späte und die locker organisierten „individualistischen" Gruppen, denen in Bezug auf Ritual oder Mythos viel abgeht, als repräsentativ für die frühen Stadien der menschlichen Evolution zu betrachten.[60] Mary Douglas, die evolutionäre Sequenzen insgesamt ablehnt, behauptet, dass einige Stammesgesellschaften recht „säkular" seien, weil

[59] Bruce Richman, „How Music fixed ‚Nonsense' into Significant Formulas: On Rhythm, Repetition, and Meaning", in: Wallin, Merker und Brown, *The Origins of Music*, 304.

[60] Das ist die zentrale These, die Morris Berman in *Wandering God* vertritt. Berman ist der Meinung, dass „Religion" erst mit dem Ackerbau beginnt und ihre Anfänge deswegen noch nicht besonders lang in der menschlichen Evolution zurückliegen. In *The Evolution of Human Societies*, Stanford: Stanford University Press, 1987, plädie-

sie in Bezug auf Religion nur wenig aufzuweisen hätten. Sie nennt jedoch einen Grund dafür, warum einige Stämme streng ritualisiert und andere beinahe säkular sind. Auf ihre eigene, durkheimianische Weise koppelt sie den Religiositätsgrad an die Intensität der sozialen Organisation. Wo nach ihrem Ansatz Raster und Gruppen stark sind (um ihre Auffassung von sozialer Organisation müssen wir uns hier nicht kümmern), ist zu erwarten, dass Rituale besonders hervortreten; doch wo sie schwach sind, fehlen die Rituale weitestgehend.[61]

Wenn wir trotz Douglas' Einwänden gegen den Evolutionismus fragen, welcher Typus älter ist, ergibt sich das Problem, dass unsere Wahl offenkundig nicht zwangsläufig auf den lockerer organisierten Typus fällt. Es könnte sich herausstellen, dass locker organisierte Gesellschaften nicht repräsentativ für die Hauptlinie der Evolution sind. Der Rückschluss auf 150 als Gruppengröße beim *Homo sapiens*, den Dunbar im Rahmen seiner Argumentation vornimmt, würde eben das nahelegen. Greifen wir jetzt eines von Douglas' eigenen Beispielen für einen säkularen Stamm heraus, nämlich die von Fredrik Barth beschriebenen iranischen Basseri-Nomaden. Douglas schreibt: „Wäre es nicht einfacher, wenn man annähme, daß es sich bei einer Gesellschaft, die keine explizite symbolische Selbstdarstellung verwendet, um einen ganz besonderen Typ von Gesellschaft handelt? Und damit wären wir dann schon fast bei dem, was Barth selbst über die Autarkie des Basseri-Haushalts sagt, der zwar ‚ökonomische Beziehungen zu einem außerhalb liegenden Markt unterhält, sonst aber völlig abgeschlossen gegenüber all den übrigen Nomadenhaushalten existiert – ein ganz auffallendes und fundamentales Charakteristikum der sozialen Organisation der Basseri'."[62] Die Basseri-Gesellschaft kann jedoch nicht als exemplarisch für eine frühe menschliche Gesellschaft betrachtet werden. Schließlich ist der echte pastorale Nomadismus, für den die Basseri tatsächlich exemplarisch sind, ein spätes Phänomen, das erst nach der Entstehung der Ackerbau treibenden Gesellschaften möglich wurde und immer in Symbiose mit ihnen auftrat. In diesem Fall ist die Symbiose eindeutig, insofern der Markt den Basseri-Haushalten erlaubt, „völlig abgeschlossen gegenüber all den übrigen Nomadenhaushalten" zu leben.

Meiner Meinung nach wären die Basseri bzw. alle Gesellschaften mit

---

ren Allen Johnson und Timothy Earle für sehr kleine, „von Natur aus" individualistische frühmenschliche Gruppen.

61 Mary Douglas, *Ritual, Tabu und Körpersymbolik: Sozialanthropologische Studien in Industriegesellschaft und Stammeskultur*, übers. v. Eberhard Bubser, Frankfurt: Suhrkamp, 1981 [1970], 144–145.

62 Ebd., 35, zitiert Fredrik Barth, *Nomads of South Persia: The Basseri Tribe of the Khamseh Confederacy*, London: Allen and Unwin, 1941, 21.

völlig abgeschlossenen Haushalten nicht in der Lage gewesen, mythische Kultur zu erreichen; ich habe sogar Zweifel, dass sie auch nur mimetische Kultur erreicht haben würden. Gruppen wie Colin Turnbulls Mbuti-Pygmäen oder andere, in verschiedenen Teilen der Welt anzutreffende Pygmäengruppen, die extrem locker organisiert sind, gehen gemeinhin eine Symbiose mit ihren Ackerbau treibenden Nachbarn (Mbuti) ein oder sind Flüchtlinge, die von feindlichen Stämmen besiegt und in die Flucht geschlagen wurden. Sie müssen um ihre nackte Existenz kämpfen und können kein gutes Beispiel für die Evolution des frühen *Homo sapiens* abgeben.[63] Aus anderen Gründen gilt das auch für die Inuit oder andere kleine Gruppen, die in der Subarktis leben. Die Inuit sind als letzte in der Neuen Welt eingetroffen und können ihr Territorium allerhöchstens vor ein paar Tausend Jahren nach der Entwicklung etwa einer technisch hochaufwändigen Jagdausrüstung, Kleidung und Bootsausstattung besiedelt haben.

Mimetische wie mythische Kultur haben sich höchstwahrscheinlich in den reichsten Jagd- und Sammelrevieren entwickelt, die schon lange Zeit zuvor von Ackerbauern übernommen worden waren. Dabei handelt es sich genau um die Gegenden, die sich für die für kulturelle Innovation erforderliche Bevölkerungsdichte eigneten. Im überwiegenden Teil der Welt hat es die Jäger und Sammler in die Randgebiete verschlagen. Die Gegenden ursprünglicher kultureller Blüte bewohnen sie nicht mehr, aber es gibt eine bemerkenswerte Ausnahme: Australien. Mit Ausnahme einiger Übergriffe von Seiten der Europäer vor sehr kurzer Zeit sind die australischen Aborigines, allerdings nicht ganz ohne kulturelle Einflüsse von außen, 50.000 Jahre oder länger ihren eigenen Weg gegangen. Es ist oft darauf hingewiesen worden, dass sie keine „typischen" Jäger-und-Sammler-Gesellschaften sind, aber sie könnten unserem vorzeitlichen Erbe näher stehen als alle anderen derartigen Gesellschaften.[64] Die anderen möglichen

---

[63] In *War before Civilisation* plädiert Keeley dafür, dass es sich bei einem Großteil der wenigen Beispiele für kriegslose Gesellschaften tatsächlich um „besiegte Flüchtlinge" handelt, die zu traumatisiert und erschöpft sind, um einen Gegenangriff in die Wege zu leiten.

[64] Alan Barnard hat einen interessanten Vergleich zwischen den Bushmen und den australischen Varianten der Jäger-und-Sammler-Gesellschaften angestellt, aus dem er geschlossen hat, dass Erstere dem *Homo sapiens* wahrscheinlich ähnlicher sind als Letztere, und zwar aus zwei Gründen: (1) Australische Varianten sind ausschließlich in Australien zu finden, und (2) sind die australischen Varianten zu ausgefeilt, um die Grundlage früher Kulturen zu sein. Siehe Barnard, „Modern Hunter-Gatherers and Early Symbolic Culture", in: *The Evolution of Culture*, hrsg. v. Robin Dunbar et al., New Brunswick: Rutgers University Press, 1999, 50–68. Mit dem Problem kultureller Ausgefeiltheit habe ich mich schon beschäftigt. In *Life before Genesis: A Conclusion*, Toronto: Peter Lang, 1985, hat David H. Turner behauptet, dass es in Nordamerika

Kandidaten stammen aus der Neuen Welt, in der mesoamerikanische Zivilisationen die Jäger-und-Sammler- sowie Gartenbauergesellschaften an ihren Außengrenzen beeinflusst, aber möglicherweise nicht entscheidend transformiert haben.

Als Gedankenexperiment möchte ich einen Blick auf mehrere Beispielfälle werfen – einen aus Australien, einen aus Südamerika und einen aus Nordamerika –, um herauszufinden, wie eine von archaischen und erst recht von historischen Zivilisationen relativ unbeeinflusste mythische Kultur ausgesehen haben könnte.

Die Kalapalo

Mein erstes Beispiel ist eine Karibisch sprechende Gruppe im zentralbrasilianischen Oberen Rio Xingu (im Bundesstaat Mato Grosso): die Kalapalo, die Ellen Basso untersucht hat.[65] Als Basso von 1966 bis 1968 bei ihnen lebte, hatte das Dorf 110 Einwohner, allerdings war ihre Zahl durch eine Masern-Epidemie im Jahr 1954 massiv dezimiert worden. Als sie von 1978 bis 1980 zu ihnen zurückkehrte, um Feldforschungen für ihr zweites Buch zu betreiben, lag die Bevölkerungszahl bei etwa 200, sodass sie während des Gesamtzeitraums um Dunbars hypothetische Norm von 150 herumpendelte. Die Kalapalo bewohnen eines von acht Dörfern mit einer gemeinsamen Kultur, die durch nicht unerhebliche verwandtschaftliche und zeremonielle Bindungen miteinander verflochten sind, obwohl sie mehrere verschiedene und füreinander unverständliche Sprachen sprechen. Sie leben in einer so abgeschiedenen Gegend, dass sie seit der Vorkontaktzeit nur selten gestört worden sind. Heute leben sie im Nationalpark Xingu, in dem „die Ansiedlung von Nicht-Indios, missionarische Aktivitäten, die kommerzielle Ausbeutung der natürlichen Ressourcen und selbst gelegentlicher Tourismus verboten wurden". Laut Basso hatte diese Politik „die fortgesetzte kulturelle Vitalität einer im Kern gesunden Bevölkerung" zur Folge, „die in vielen wesentlichen Hinsichten seit der Zeit unverändert geblieben ist", in der die ersten Europäer sie 1884 entdeckt haben.[66] Als der Park eingerichtet wurde, mussten die Kalapalo

---

Tendenzen zum australischen Typus gäbe und dass der australische Typus überall eine logische Möglichkeit sei.

[65] Ellen B. Basso, *The Kalapalo Indians of Central Brazil*, New York: Holt, Rinehart and Winston, 1973; und Basso, *A Musical View of the Universe: Kalapalo Myth and Ritual Performances*, Philadelphia: University of Pennsylvania Press, 1985.

[66] Basso, *Kalapalo*, 1–3. Während der Zeit von Bassos zweitem Besuch (1978–1980) hielten die Kalapalo immer noch an ihrer traditionellen Kultur fest. Der durch den

allerdings an ihren heutigen Standort innerhalb der Parkgrenzen ziehen. Sie kehren immer noch an den etwa drei Tagesreisen entfernten Ort ihres alten Dorfes zurück, um dort Früchte von den Bäumen zu pflücken und mit großer emotionaler Anteilnahme Stätten wiederzusehen, die mit spezifischen Vorkommnissen im Kalapalo-Mythos in Verbindung gebracht werden.[67]

Die Kalapalo sind Gartenbauer, die vor allem Maniok ernten, einen beträchtlichen Teil ihrer Nahrung aber durch Fischfang und das Sammeln wilder Pflanzen gewinnen. Ihr Jahr ist in zwei Jahreszeiten unterteilt: Regenzeit und Trockenzeit. Während der Trockenzeit, also etwa zwischen Mai und September, finden mehrere rituelle Ereignisse statt, die Wochen, ja manchmal Monate dauern. In außerrituellen Kontexten ist die Kalapalo-Gesellschaft in Form von Haushalten und verwandtschaftlichen Netzwerken organisiert, doch zur Zeit der Rituale verlagert sich die soziale Organisation auf die Ebene einer noch umfassenderen Gemeinschaft, die über Verwandtschaft und Zugehörigkeit hinausgeht. Ökonomische Aktivitäten werden von den für die Rituale Verantwortlichen intensiver und produktiver organisiert als in nichtrituellen Kontexten, und die Produkte werden von der gesamten Gemeinschaft geteilt.

Besonders interessant ist, dass die Kalapalo-Rituale vorwiegend musikalisch sind; der Mythos fungiert eher als Kommentar denn als Szenario, auch wenn die Vorstellung von der Vorherrschaft der Musik wiederum im Mythos wurzelt. Die Kalapalo stufen die verschiedenen Wesen nach den Tönen ein, die sie von sich geben. Die „mächtigen Wesen", die „am Anfang" ständen, drücken sich durch „Musik" aus. Menschliche Wesen „sprechen". Andere belebte Wesen, darunter auch die Tiere, verfügen über „Rufe". Unbelebte Dinge machen „Geräusche".[68] Zu den mächtigen Wesen gehören Agouti, Taugi, Thunder, Jaguar und andere. „Agouti ist ein Kriecher und Spion, Taugi ein erfolgreicher Trickster, der Trugbilder vor-

Park gewährleistete Schutz „eröffnete die Möglichkeit ihres fortgesetzten Überlebens angesichts eines sich verschlimmernden demographischen, sozialen und ökonomischen Drucks, der die Integrität des Reservats mehrfach bedroht hat", was sie zwar beängstigend schwach, aber unter den Ureinwohnern Lateinamerikas quasi einzigartig mache. Basso, *Musical Views*, xi–xii.

[67] Ebd., 5.

[68] Basso, *Musical View*, 65. Es ist bemerkenswert, dass Basso in ihrem ersten Buch *Itseke* (mächtige Wesen) nur als „Monster" bezeichnet, weil sie von der mit diesen Wesen verbundenen Gefahr stärker beeindruckt war als von allem anderen. Basso, *Kalapalo*, 21–23. Durch Feldforschung für *Musical View*, die sich auf Mythologie und Rituale konzentrierte, hat sie ein sehr viel tiefergehendes Verständnis für mächtige Wesen erlangt.

gaukeln kann, Thunder das gefährlichste mächtige Wesen, Jaguar ein gewalttätiger Rüpel, der sich leicht täuschen lässt."[69] Einige mächtige Wesen tragen Tierzüge, wie an ihren Namen deutlich wird, sie geben „Rufe" von sich und sprechen, obwohl Musik ihre bevorzugte Ausdrucksform ist. Neben den mächtigen Wesen gibt es das sogenannte Dämmerungsvolk, die „Dawn People": menschliche Wesen, die zur Zeit der Dämmerung, also der „Dawn Time" gelebt und problemlos mit den mächtigen Wesen interagiert haben.

Der Kosmogonie der Kalapalo zufolge wurden die Menschen vom Trickster Taugi geschaffen, „der über sich auf täuschende Weise spricht", weshalb die menschliche Rede potenziell immer trügerisch ist und die Menschen darauf bedacht sind, ihre Aufrichtigkeit unter Beweis zu stellen, wozu häufig eine Ausdrucksweise gehört, die etwas Ähnliches bedeutet wie „das ist keine Lüge".[70] Die frühesten Menschen – die Dawn People – lebten eng mit den mächtigen Wesen zusammen und ähnelten ihnen in vielen Hinsichten. Die heutigen Menschen sind Nachfahren der Dawn People, doch weil sie nicht über deren Geschick verfügen, müssen sie vor den mächtigen Wesen mit ihrer gewaltigen schöpferischen, aber auch gefährlichen Energie auf der Hut sein.[71] Diese können in Träumen oder ungewöhnlichen Situationen auftauchen, normalerweise in Menschengestalt, aber manchmal auch in Tiergestalt, und solche Begegnungen machen häufig aufgrund ihrer Gefährlichkeit Schutzrituale erforderlich. Trotzdem stehen die mächtigen Wesen im Mittelpunkt des rituellen Lebens, und ihre Ausdrucksform, die Musik, macht beinahe den gesamten Inhalt der Rituale aus.

Basso zufolge war die Welt der mächtigen Wesen und der Dawn People mit Sprache, aber vor allem mit Musik verbunden:

> „Reproduziert wird diese Welt während ritueller Darbietungen [*performances*], in deren Rahmen die Kalapalo sich kollektiv den wirkmächtigen Kommunikationsmodus aneignen, mit dessen Hilfe sie die Einheit der kosmischen Kräfte erleben, die sich aus der Einheit des Klangs sich kreativ bewegender Töne entwickelt. Auch deren große Gegenwärtigkeit tritt ihnen bei den Ritualen am lebhaftesten vor Augen. Denn bei den kollektiven Musikdarbietungen [*perfor-*

---

[69] Basso, *Musical View*, 69.

[70] Ebd., 68.

[71] Basso weist darauf hin, dass die mächtigen Wesen lokalisiert werden können: „Besonders markante Orte – Bäume, Bereiche eines Flusses, Regionen eines besonders tiefen Waldes usw. – sollen die Heimat besonderer Monster [*itseke*] sein. Wenn man an diesen Orten vorbeikommt, wird erwartet, dass man leise ist, um die Kreaturen nicht anzulocken" (*Kalapalo*, 116). Wie wir sehen werden, schreibt Basso in *Musical View*, dass die mächtigen Wesen in einem „Himmelsdorf" leben.

ming music] folgen sie nicht nur dem Vorbild der mächtigen Wesen, sondern durch das Erleben der der menschlichen Musikalität innewohnenden transformativen Kräfte empfinden sie auch den Wert dieser Vorbilder."[72]

Zu den großen Festen, für die Wochen – in manchen Fällen sogar ein ganzes Jahr – lang Vorbereitungen getroffen und Proben abgehalten werden, gehören ausgefeilte Körperbemalungen, Blumenschmuck und manchmal auch Masken. Ein integraler Bestandteil der musikalischen Darbietung sind die sie begleitenden Körperbewegungen, die Basso eher als „Scharren" denn als Tanzen bezeichnet, und wenn die musikalische Linie sich verlagert, ändern auch die Reihen der Darbietenden ihre Richtung. Im Zuge der Verkörperung [*enact*] der mächtigen Wesen beschwören die Darbietenden sie auch, denn die Musik beruhigt und besänftigt sie und dämmt die Gefährlichkeit ihrer ansonsten uneingeschränkten Macht ein. Die mächtigen Wesen sind eindeutig keine „Götter" und das Ritual keine Gottesanbetung. Vielmehr werde, wie Basso es ausdrückt,

„Die musikalische Darbietung [*performance*] [...] mit den mächtigen Wesen in Verbindung gebracht und bietet eine Möglichkeit, mit ihnen zu kommunizieren, auch wenn sie nicht direkt an sie gerichtet ist. [...] Die Kommunikation erfolgt sozusagen nicht dadurch, dass den mächtigen Wesen etwas *vorgesungen* wird, sondern dadurch, dass sie durch den Gesang *zum Leben erweckt* werden. Mit Hilfe der Darbietung entstehen in den Köpfen der Darbietenden hochkonzentrierte geistige Bilder der mächtigen Wesen. [...] Infolgedessen verschmilzt das, was besungen wird, mit dem Ich; genauso wie im Mythos mächtige Wesen an der menschlichen Rede beteiligt sind, haben die Menschen beim Ritual an der Musikalität der *itseke* [mächtigen Wesen] teil. Dadurch erlangen sie vorübergehend einen Teil von deren transformativer Kraft. Beim öffentlichen Ritual ist das die Macht der Gemeinschaft. Von ihr geht aber weder Gefahr noch Zwiespältigkeit aus, sondern eher eine kollektive Solidarität, die sich aus einer performativen Erfahrung der sozialen Neustrukturierung und gemeinschaftlichen Anstrengung ergibt und eine transformative Kraft mit merklichen kreativen Auswirkungen darstellt, zu denen auch das Vermögen gehört, eine eigene soziale Organisation zu erschaffen und zur Heilung von Schwerkranken beizutragen."[73]

Basso behandelt die intensive „Communitas" – sie verwendet Victor Turners Ausdruck für die Ergriffenheit der Gemeinschaft beim Ritual –, die sie bei den Kalapalo feststellt, weniger als die Art von „Anti-Struktur", die Turner geltend gemacht hatte, sondern eher wie eine alternative Struktur. Rituale dauern zu lang und verlangen zu viele hochgradig organisierte ökonomische Anstrengungen, um sie als kurze Phasen zu betrachten, in denen die Ausdifferenzierungen des Alltagslebens überwunden werden.

---

72 Basso, *Musical View*, 243.

73 Ebd., 253. Kursivierung im Original.

Vielmehr führen sie die Menschen von ihrer üblichen nichtrituellen Einteilung in Haushalte und Abstammungslinien und all den Eifersüchteleien und Konflikten, die damit einhergehen, in eine Phase intensiver kollektiver Anstrengungen, in der sie sich als Kalapalo und nicht als Familienmitglieder verstehen. Die rituellen Tanzgruppen trennen Geschwister bewusst voneinander, auch Mann und Frau tanzen in verschiedenen Reihen. „Gemeinsame Humanität", auch wenn diese sich bloß über die Kalapalo und die verbündeten Stämme in ihrer Nachbarschaft erstrecken mag, tritt an die Stelle der Einteilungen des Alltagslebens. Deshalb ist die Kalapalo-Communitas, wenn auch vorübergehend, laut Basso eine „strukturierte Ordnung. [...] Die geeigneten Einstellungen, die der wirkungsvollen kollektiven Arbeit zugrunde liegen und sie erschaffen, werden durch wiederholte kollektive musikalische Darbietungsmuster übermittelt, in denen sich die Freude an der kollektiven Erfahrung bemerkbar macht. Ein solche kollektive musikalische Darbietung macht die ökonomischen Ereignisse erfolgreich, ja lässt sie überhaupt erst eintreten."

Diese neue Selbstidentität (zum Beispiel „Ich bin ein Kalapalo" statt „Ich bin die Schwiegertochter von Kambe") bringt ein Gefühl moralischer Gleichheit oder „Teilhabe an der Identität" mit sich.

> „Ökonomisch bedeutet das, dass jeder sich beteiligen muss, aber unabhängig von seinem Beitrag auch etwas erhält. Der grundlegendste Wert im Leben der Kalapalo, *Ifutisu* (der Vorstellungen wie Großzügigkeit, Bescheidenheit, Anpassungsfähigkeit und Gelassenheit angesichts sozialer Schwierigkeiten sowie Respekt für andere umfasst),[74] wird über den familiären Bereich hinaus auf alle Mitglieder der Gemeinschaft ausgeweitet."[75]

Die Welt dieser rein oralen Kultur erfährt ihre Organisation eindeutig durch Ritual und Mythos. Der Kosmos der Kalapalo ist in sich schlüssig: Am Anfang standen die mächtigen Wesen; sie erschufen die Dawn People, mit denen sie zunächst zusammenlebten; mittlerweile sind sie im „Himmelsdorf" in der Nähe des Sonnenaufgangs zu Hause, das nicht weit von der irdischen Heimstädte der heutigen Menschen entfernt liegt, die Nachfahren der Dawn People sind; nach ihrem Tod ziehen die Menschen ins Himmelsdorf und werden mächtige Wesen. Zeitlich und räumlich geht diese „kosmische Geschichte" nicht besonders tief.[76] Aber sogar dieser

---

[74] Wir werden Ähnliches bei anderen Stammesgesellschaften und archaischen Gesellschaften sehen.

[75] Basso, *Musical View*, 256–257.

[76] Jan Vansina merkt an, dass in oralen Kulturen Chronologie unvermeidbar oberflächlich ist: „Über eine bestimmte zeitliche Entfernung hinaus kann Chronologie nicht mehr gewahrt werden. Erzählungen verschmelzen und werden in die Ursprungs-

ziemlich eingeschränkte Sinn für zeitliche Entfaltung wird im Ritual überwunden, weil wir im Hier und Jetzt zu Mächtigen werden. Basso zitiert den Musikphilosophen Victor Zuckerkandl, um deutlich zu machen, wie Musik zu diesem Gefühl einer Einheit von Ich und Welt beiträgt. In Zuckerkandls Augen erzeugt „Musik ein Gefühl für ‚einen Raum ohne örtliche Unterscheidungen' und ‚eine Zeit, in der Vergangenheit und Zukunft in der Gegenwart koexistieren', das heißt für die Bewegung der Töne, welche die Musik als solche darstellt."[77]

Eben diese mythische Wiederkehr der Zeit nutzen die Kalapalo für ihr raffiniertes Wirklichkeitsverständnis. Was „am Anfang" geschah, kann jederzeit geschehen. Wenn jemand sich merkwürdig benimmt, kann das mit dem Handeln eines mächtigen Wesens im Mythos verglichen und mithin interpretiert werden. Eine Sonnen- oder Mondfinsternis ruft Geschichten in Erinnerung, in denen Sonne oder Mond „ausgelöscht" werden, stellt aber auch eine Rückversicherung dar, weil sie in den Geschichten nicht wirklich untergehen, sondern in ihren Normalzustand zurückkehren. Basso vertritt die These, dass der Mythos für die Kalapalo keine Art von „Charta" darstellt, wie Malinowski dachte, die ein Vorbild oder eine Regel bereitstellt, dem man folgen oder die man befolgen soll. Als ein Bezugsrahmen für das Verständnis der Welt schildere der Mythos stattdessen die Dinge, wie sie sind. Basso weist darauf hin, dass westliche Gelehrte, ja sogar Anthropologen Erklärungen gewohnt seien, die eine didaktische, logische oder beweiskräftige Form annehmen. Deshalb hielten sie mythische „Erklärungen" für irrational und nähmen sie nicht zur Kenntnis, wie raffiniert und komplex narratives Denken verwendet werden könne.[78] Wie wir sehen werden, ist diese herablassende Haltung gegenüber mythischen

---

zeit zurückgeworfen – meistens mit einem Kulturhelden – oder werden vergessen. Die kürzeste Zeitspanne, die mir hier bekannt ist, ist die der Aka der Lobaye-Region (Zentralafrikanische Republik), bei denen diese Spanne nicht über eine Generation von Erwachsenen hinausgeht. Geschichtliches Bewusstsein funktioniert nur für zwei Bereiche: Frühzeit und jüngste Vergangenheit. Weil das Empfinden dafür, wo die zeitlichen Grenzen dieser Bereiche liegen, sich mit den Generationen verschiebt, nenne ich die Lücke zwischen ihnen eine fließende Lücke." Vansina, *Oral Tradition as History*, Madison: University of Wisconsin Press, 1985, 24. Später merkt er an, wie eine historische Erinnerung nach einem bestimmten Zeitraum in einen Schöpfungsmythos umschlagen kann: „eine wichtige Persönlichkeit der Schöpfungsgeschichte in Lugbara (Kongo/Uganda) ist ein britischer Bezirksoffizier aus der Zeit der Jahrhundertwende" (177).

[77] Basso, *Musical View*, 254, zitiert Victor Zuckerkandl, *Man the Musician*, 2. Aufl., Princeton: Princeton University Press, 1976, 374.

[78] Basso, *Musical View*, 37–39.

Erklärungen typisch für eine theoretische Denkweise, die bei den Kalapalo allerhöchstens ansatzweise vorhanden ist.

Basso führt mehr als genug Belege dafür an, dass das Leben der Kalapalo ungeachtet der vermeintlichen Auswirkungen der Rituale keineswegs reibungslos verläuft. Wenn dem so wäre, würden Rituale wohl kaum erforderlich sein. Einige Rituale legen ihr Augenmerkt auf die Adoleszenz – Pubertätsriten sowohl für Jungen als auch Mädchen sind wichtig. Ihnen gehen Abschottungsphasen voraus, die mit asketischen Übungen und sportlichem Training verbunden sind. Wenn er oder sie die beschwerliche, sich lang hinziehende Abschottungsphase, die dem Pubertätsritus vorausgeht, erfolgreich absolviert, können der junge Mann oder die junge Frau sich in „ein angenehmes Ding" verwandeln,

> „das die bösen inneren Mächte neutralisiert und dadurch zu einer geschätzten und respektierten Person wird, die in Ritualen ein aktives Symbol des moralischen Werts einer Gemeinschaft abgibt. [...] Der oder die Kalapalo-Jugendliche kann so als ein besonders geeignetes Bild sowohl von Moral als auch von physischer Schönheit dienen. [...] Doch in den Mythen sind das genau die Menschen, die am häufigsten andere eifersüchtig oder ärgerlich werden lassen und die sich in Reaktion darauf aus der Gesellschaft zurückziehen oder in verschiedenen Hinsichten besonders empfänglich für die Einflüsterungen mächtiger Wesen sind, was für sie sowie für einige Mitglieder ihrer Familien eine Bewährungsprobe darstellt."[79]

Nähe zu den mächtigen Wesen ist zwiespältig. Durch Träume oder auf andere Weisen fühlen sich manche zum Schamanen berufen, und nach einer harten Ausbildungszeit und einem großen öffentlichen Ritus können sie ihrem Volk als Heiler und Wahrsager dienen, weil sie das Vermögen besitzen, das von den mächtigen Wesen bewohnte Himmelsdorf zu besuchen.[80] Doch die Macht der mächtigen Wesen ist zwiespältig. Sie kann sowohl für Böses als auch für Gutes verwendet werden, und die Kalapalo glauben, dass es Hexen gibt, die diese Macht zum Töten benutzen.[81] Todesfälle setzen langwierige Trauerrituale in Gang, in deren Verlauf Verdächtigungen in Bezug auf die möglicherweise für den Todesfall Verantwortlichen erhoben werden.[82] Es kommt durchaus zur Tötung von mutmaßlichen Hexen.

Eine Stelle, an der Konflikte in die eigentlichen Rituale einbezogen werden, sind die großen Riten, die jedes Geschlecht für sich vollzieht. Wie

---

79 Ebd., 170.

80 Basso, *Kalapalo*, 113–119; Basso, *Musical View*, 71 und 106–107.

81 Zur Hexerei, siehe Basso, *Kalapalo*, 124–131.

82 Basso, *Musical View*, 91–140.

Basso meint, „rufen die Symbole [diese Rituale] durch ihre Bezugnahme auf die gefährlichen Mächte, die der menschlichen Sexualität innewohnen, die Unterschiede und Gegensätze zwischen den Geschlechtern auf pointierte Weise in Erinnerung. Doch gleichzeitig führt die Musik in einer Situation kommunikativer Steuerung dieser gefährlichen Mächte zur Kommunikation zwischen den Darbietenden [*performers*] (des einen Geschlechts) und den Zuhörern (die dem anderen Geschlecht angehören)." Die Befürchtung, getäuscht zu werden, die endemisch in der Kommunikation der Kalapalo ist und häufig ein Merkmal des Mythos darstellt, geht in den rituellen Austausch ein. Die Darbietenden versuchen, die Zuhörer in eine Situation geteilter Gefühle zu versetzen, aber die Zuhörer hegen weiterhin Zweifel daran, ob sie den Darbietenden trauen können.

> „Doch der Zuhörer, der zu einem anderen Zeitpunkt auch Beteiligter ist, macht eine doppelte Erfahrung von Zuspruch und Zweifel. [...] Da Musik sich auf vielfache Weise interpretieren lässt, zeigt sie dann Wirkung, wenn zwischen Wesen Kommunikationsbedarf besteht, die zu einem kommunikativen Ereignis nicht dieselben Vorannahmen in Bezug auf die Wahrheit dessen mitbringen können oder wollen, was gesagt wird. Eine solche Interpretations- und Differenzierungsvielfalt zwischen Darbietendem und Zuhörer betont Grenzen, die auf Klassifizierungen und Gegensätze zurückgehen, während sie paradoxerweise gleichzeitig die sich so innerhalb ihrer Grenzen Gegenüberstehenden in einem performativen Diskurs zu einer Einheit verschmilzt – einem Diskurs, für dessen Geltung die Vorstellungen der Kalapalo über mächtige Wesen stehen."[83]

Ihre Interpretation von Ritual und Mythos bei den Kalapalo fasst Basso dahingehend zusammen, dass die rituelle Darbietung eine Rekapitulation der mythischen Beziehung zwischen mächtigen Wesen und Menschen darstellt. Letztendlich rührt das menschliche Leben von den mächtigen Wesen her, und beide Seiten verstehen den primären Kommunikationsmodus der jeweils anderen: Musik und Sprache.

> „Durch Musikdarbietungen erlangen die Menschen das Vermögen, die mächtigen Wesen zu rühren, weil diese dadurch am klarsten einen Teil von sich in der Menschheit erkennen. [...] In rituellen Darbietungen wird die Einheit von Personen durch musikalischen Ausdruck bewirkt, für die der Körper ein wichtiges Musikinstrument darstellt, das zur Schaffung eines Gefühls für die Bewegung der Töne im Raum und zum Verständnis eines besonderen Zeitempfindens sowie des intensivsten Ausdrucks des Lebens als solchem beiträgt, nämlich zur – allerdings vorübergehenden – Erfahrung, dass man tatsächlich ein mächtiges Wesen ist.
>
> Durch Klangsymbole werden Vorstellungen über Beziehungen, Aktivitäten, Kausalzusammenhänge, Prozesse, Ziele, Folgen und Gemütszustände erzeugt, repräsentiert und der Welt deutlich gemacht. Durch den Klang stellen die Kalapalo

[83] Ebd., 308–309.

> kosmische Entitäten dar und verhelfen ihnen zum Sein – nicht in der Art von Objekten, sondern als Wesen, die in einer echten musikalischen Ökologie des Geistes Ursache und Erfahrung des Handelns sind.“[84]

Das Beispiel der Kalapalo macht einen großen Teil der weiter oben in diesem Kapitel entwickelten, mimetische und mythische Kultur betreffenden Argumentation anschaulich. Durch die Bereitstellung eines Interpretationsrahmens verschafft der Mythos den Kalapalo zwar die „begriffliche Klarheit“, von der Donald gesprochen hat, aber die Rituale der Kalapalo bleibend überwiegend mimetisch, insofern sie eine eher gestische als sprachliche Musik verwenden, die ohne Worte auskommt. Ich habe die Kalapalo aufgrund des mimetischen Charakters ihrer Rituale als erstes Beispiel ausgewählt, doch sie sind nicht das einzige, wenn auch möglicherweise ein extremes Beispiel. Nicht nur Rituale sind stets per definitionem mimetisch, auch dem Mythos fehlt nur selten eine mimetische Dimension. In ihrer Beschreibung des außerrituellen, formalen Rezitierens von Mythen hebt Basso hervor, dass sie zwar nicht gesungen werden (nur gelegentlich dürfen Gesänge in die Rezitation eingestreut werden), aber einen starken rhetorischen (gestischen) Einschlag haben. Es handelt sich um rhythmische und poetische Darbietungen, die ein Publikum verlangen, das sachkundig genug für eine Beteiligung durch passende Rückmeldungen ist, manchmal in Gestalt einer Entsprechung zum „Amen“, mit dem eine evangelische Gemeinde auf eine Predigt antwortet, manchmal in Gestalt von Fragen, die den Rezitator zu einer noch eindringlicheren Ausdrucksweise anspornen.[85] So wie das Rezitieren von Mythen bei den Kalapalo, obwohl es sich sogar nach ihrer eigenen Klassifikation von Klängen eindeutig um „Rede“ und nicht um „Musik“ handelt, haben fast alle gesprochenen Sprachen und noch der trockenste akademische Vortrag weiterhin einen mimetischen Unterton.

Demnach liefern die Rituale der Kalapalo Anschauungsmaterial für Rappaports verdichtete Definition des Rituals, dass es nämlich mit „gleichbleibenden Sequenzen formaler Akte und Äußerungen“ einhergehe, doch darüber hinaus machen sie noch viele weiterführende Punkte seiner Analyse anschaulich. Für unsere Zwecke haben die wichtigsten dieser Punkte zu tun mit der Schaffung von sozialen Konventionen, einer moralischen Ordnung, eines Sinns für das Heilige und einer Beziehung zum Kosmos, wozu auch Vorstellungen darüber gehören, was hinter dem empirischen Kosmos liegt.[86] Wie die meisten anderen Autoren, die über Ri-

[84] Ebd., 310–311.

[85] Ebd., 11 ff.

[86] Rappaport, *Ritual and Religion*, 27.

tuale schreiben, ist Rappaport sich der großen Vielfalt von Handlungsvollzügen bewusst, die sich unter diesen Begriff fassen lässt. Ein entscheidendes Merkmal des Rituals ist für ihn die Performanz.[87] Er verwendet diesen potenziell mehrdeutigen Ausdruck im Sinne dessen, was in der Sprachphilosophie performativer Sprechakt genannt wird, das heißt etwas wird nicht bloß beschrieben oder symbolisiert, sondern getan, vollzogen oder verkörpert [*enact*]. Schon der bloße Akt der Teilnahme an ernsthaften Ritualen zieht eine Verpflichtung im Hinblick aufs zukünftige Handeln nach sich, zumindest eine Verpflichtung zur Solidarität mit den anderen Teilnehmern am Ritual. Rappaports Verwendung des Ausdrucks ist also ausdrücklich nicht dieselbe wie bei einer Teilnahme an einer dramatischen „Performance", wo der Akteur seine „Rolle" wieder ablegt, sobald die Darbietung [*performance*] vorüber ist, und das Publikum, auch wenn es bewegt ist, in dem Wissen nach Hause geht, dass es „nur ein Schauspiel" war.[88] Ernsthafte rituelle Darbietungen verfügen dagegen über die Fähigkeit, nicht nur die Rolle, sondern auch die Persönlichkeit der Teilnehmer zu transformieren, so wie in Übergangsriten.[89] In Rappaports Augen gehen die „im Ritual begründete Konvention" und der „Gesellschaftsvertrag und die ihm innewohnende Moral" auf den grundsätzlichen Zusammenhang zwischen Sagen und Tun zurück. Aus diesem Grund, behauptet er, könne man „das Ritual als grundlegenden sozialen Akt der Menschheit betrachten".[90]

Wenn man wortlose Rituale als Mimesis in ihrer komplexesten Gestalt ansehen kann, weil sie durch Gesten der narrativen Form nahekommen, kann man sich vorstellen, wie befreiend ein in vollem Umfang sprachliches Narrativ potenziell sein könnte. Variationen, Alternativen, Spekulationen werden möglich, wenn der Mythos einen Grad an sprachlicher Autonomie erreicht, der bei den „gleichbleibenden Formen" des nach wie vor von seiner Geburt aus der Mimesis geprägten Rituals so bei weitem nicht möglich gewesen wäre. Die opulente Weiterentwicklung des Mythos in Australien führt einige dieser Möglichkeiten vor Augen.

---

[87] Ebd., 37.

[88] Victor Turner hat sinnvollerweise den Zusammenhang zwischen ritueller und dramatischer Darbietung betont, und die Grenze zwischen ihnen ist tatsächlich schwammig. Das ist besonders gut ersichtlich im zweiten Teil seines Buches *On the Edge of the Bush: Anthropology as Experience*, Tucson: University of Arizona Press, 1985.

[89] Arnold van Gennep, *Übergangsriten*, übers. v. Klaus Schomburg und Sylvia M. Schomburg-Scherff, Frankfurt: Campus, 1986.

[90] Rappaport, *Ritual and Religion*, 107.

Die australischen Aborigines (Die Walbiri)

Einige Anthropologen haben darauf hingewiesen, dass es bei den australischen Aborigines viele Stämme, Clans und lokale Gruppen gäbe, und weil Partikularität ein signifikantes Merkmal ihrer Kultur sei, würde es die realen Gegebenheiten verzerren, wenn man sie alle über einen Kamm scherte. Trotzdem gäbe es innerhalb der Kultur der Aborigines gemeinsame Merkmale, die sie von anderen Jäger-und-Sammler-Kulturen abheben würden. Ich werde einen mittleren Weg gehen, indem ich bis zu einem gewissen Grad über die Kultur und Religion der Aborigines im Allgemeinen spreche, als Hauptbeispiel aber ein zentralaustralisches Wüstenvolk heranziehen werde: die Walbiri.[91] Ich habe mich aus zwei Gründen für die Walbiri entschieden. Obwohl keine australische Gruppe dem Trauma fremder Eindringlinge im selben Umfang entgangen ist wie die Kalapalo, gehörte die Kultur der Walbiri zu den unberührtesten der noch existierenden australischen Gruppen, als die beiden Ethnographen, auf die ich mich am stärksten stütze, M. J. Meggitt und Nancy D. Munn, sie in den 1950er Jahren untersucht haben.[92] Der zweite Grund lautet, dass die Völker der zentralen Wüste, zu denen die Walbiri gehören, dem näher stehen, was Tony Swain „trans-aboriginale ‚Architektonik'" genannt hat, als die Völker anderer Regionen, die früher einer Vielzahl von Außenkontakten ausgesetzt waren als die in der zentralen Wüste.[93] Damit möchte ich keineswegs behaupten, dass die Walbiri die alte, unveränderliche, „wahre" Tradition der Aborigines repräsentieren – alles, was wir über die Kultur der Aborigines wissen, deutet darauf hin, dass sie wie alle anderen Kulturen stets offen für einen kontinuierlichen Wandel war –, sondern eher, dass die Walbiri und andere Stämme in der zentralen Wüste uns möglicherweise am meisten darüber verraten, wie die sich über den ganzen Kontinent erstreckende Kultur der Aborigines vor 200 Jahren, kurz vor dem Erstkontakt, ausgesehen hat.

---

[91] Meine Hauptquellen, M. J. Meggitt und Nancy D. Munn, nennen diese Gruppe die Walbiri, und ich werde mich ihrem Sprachgebrauch anschließen, obwohl neuere Publikationen eine etwas andere Orthographie wählen und dieselbe Gruppe als Warlpiri bezeichnen.

[92] „Daraus, dass alle Außenstehenden aus landwirtschaftlichen Traditionen stammten und auf dem Seeweg in die Küstenregionen kamen, folgt, dass die Wüste im Landesinneren Australiens der letzte Ort gewesen sein dürfte, dessen alte Ordnung gestört wurde. (Deswegen können Studien über die zentralen und westlichen Wüsten aus der zweiten Hälfte dieses [des zwanzigsten] Jahrhunderts an manchen Stellen zu Recht behaupten, dass die Aborigines nur minimalen Kontakt zur nicht einheimischen Welt hatten.)" Tony Swain, *A Place for Strangers: Towards a History of Australian Aboriginal Being*, New York: Cambridge University Press, 1973, 7.

[93] Ebd., 277.

Anders als die Kalapalo, die in einem Dort lebten (auch wenn sie zwischen Sommer- und Winterdörfern hin und her zogen) und mit dem Jagen und Sammeln Gartenbau verknüpften, waren die australischen Aborigines seminomadische Jäger und Sammler, deren Gesellschaft in erster Linie nach Örtlichkeit und Verwandtschaft organisiert war. Da die starke Bindung an spezifische Orte zentral für die Kultur der Aborigines ist, müssen wir verstehen, was „seminomadisch" bedeutet. Wie Durkheim in den *Elementaren Formen* geschrieben hat, wechselte die Gesellschaft der Aborigines periodisch zwischen kleineren Gruppen von Jägern und Sammlern und größeren zeremoniellen Gruppen hin und her, in keinem Fall errichteten sie aber dauerhafte Dörfer. Sie bewegten sich auf ziemlich gleichbleibenden Strecken zwischen einer Reihe von Lagern hin und her, die gewöhnlich an Wasserstellen gekoppelt waren. Besonders heilige Stätten, die aufgrund von extremer Dürre den größten Teil des Jahres über unbewohnbar waren, konnten in den Jahreszeiten, in denen sie wasserreich und fruchtbar waren, zu Lagerstätten bei großen Zeremonien werden. Ihre Identität bezogen die Völker (das Wort „Stamm" ist in Australien besonders wenig hilfreich) aus ihrem Verhältnis zum „Land" – zu Orten, zu denen durch ihre Vorfahren eine besondere Zugehörigkeit bestand –, weil sie der Überzeugung waren, dass sie selbst aus diesem Land gekommen waren und nach ihrem Tod dorthin zurückkehren würden. Von daher ist es nicht möglich, die Gesellschaft der Aborigines zu verstehen, ohne mit einer Gedankenwelt in Berührung zu kommen, die wir als religiös bezeichnen würden.

Normalerweise bedingen sich Mythos und Ritual in Australien wechselseitig. W. E. H. Stanner hat zwar von ihm so genannte ritenlose Mythen und mythenlose Riten beschrieben, er ist aber der Meinung, dass sogar in diesen Fällen das jeweils fehlende Gegenstück mitgedacht wird.[94] Das Mythosverständnis der Aborigines äußert sich gemeinhin im Begriff „Traumzeit", obwohl dieses Wort mit Vorsicht zu gebrauchen ist. In manchen Gruppen aus der zentralen Wüste, zu denen auch die Walbiri gehören, wird ein und dasselbe Wort für Mythos und für Traum verwendet, in vielen anderen Gruppen ist das jedoch nicht der Fall. Und selbst dort, wo es sich um dasselbe Wort handelt, unterscheidet sich die Traumzeit, die einen in die Welt der Ahnenwesen versetzt, deutlich vom gewöhnlichen Träumen. Nancy Munn zufolge verwenden die Walbiri „den Ausdruck *djugurba*, der ebenfalls ‚Traum' und ‚Geschichte' bedeutet, um [...] die angestammten Bewohner des Landes und die Zeiten zu bezeichnen, in denen sie herumreisten und die Welt schufen, in der jetzt die heutigen Walbiri

[94] W. E. H. Stanner, *On Aboriginal Religion*, Oceania Monograph 11, Sydney: University of Sydney, 1966, Kapitel 4 und 5.

leben."[95] Der entgegengesetzte Begriff *yidjaru* bezeichnet die fortlaufende Gegenwart bzw. Ereignisse im lebendigen Gedächtnis. Er bezieht sich denn auch aufs „Wacherleben im Unterschied zum Träumen".[96] Wenn man die in Kapitel 1 dargelegten Begriffe von Schütz heranzieht, könnte man *yidjaru* als „alltägliche Wirklichkeit" und *djugurba* als „nicht-alltägliche Wirklichkeit" bezeichnen. Die Begriffe von Schütz sind hilfreich, um die Vorstellung auszuräumen, dass der Unterschied zwischen den beiden Bereichen vorrangig zeitlicher Art ist, weil sich *yidjaru* zwar auf die gewöhnliche Gegenwart bezieht, während des Vollzugs [*enactment*] von Ritualen oder sogar beim Erzählen der Mythen aber auch *djugurba* gegenwärtig wird. Tony Swain behauptet, dass die Aborigines sich ihre Welt weniger als sich entfaltende oder gar zyklische Zeit, sondern eher wie *„rhythmisierte Ereignisse"* vorstellen, und dass die Traumzeit als eine Ereigniskategorie, nämlich die der *„bleibenden Ereignisse"* betrachtet werden kann, also als nachhaltig prägende, formative Ereignisse, die der Wirklichkeit ohne Rücksicht auf die Zeit zugrunde liegen, aber immer an spezifische Orte gebunden sind.[97]

Swain behauptet weiter, das Seinsverständnis der Aborigines sei weniger auf Räume (undifferenzierte Weite, in deren Rahmen einzelne Dinge eintreten) als auf bestimmte Orte ausgerichtet, die als lebendige Spuren der Ahnenwesen über ein Bewusstsein verfügen und am Leben sind. Eine Ontologie rhythmischer, an bestimmten Orten auftretender bleibender Ereignisse macht es überflüssig, über Zeit und Geschichte nachdenken zu müssen. Damit macht sie alle Vorstellungen von Kosmogonie überflüssig: Die Ahnenwesen sind weniger die „Schöpfer" der Welt, wie Munn es ausgedrückt hat, als dass sie sie formen; denn den Gedanken eines Anfangs vor der Schöpfung, geschweige denn von Schöpfung gibt es nicht. Das Formen durch die Ahnenwesen ist genauso gegenwärtig wie vergangen. Swain erweckt ein altertümliches Wort zu neuem Leben, „Ubietät" im Sinne von Woheit bzw. „Dasein", um die Ontologie der Aborigines zu charakterisieren.[98] Die Ubietät löscht die Zeit auf eine Weise aus, dass in der Traumzeit zwischen Vergangenheit, Gegenwart und Zukunft nicht unterschieden wird: Wie Stanner treffend formuliert, gibt es nur eine „Allzeit" [*everywhen*].[99] Und sogar als gewöhnliche Existenz kann das Leben

---

[95] Nancy D. Munn, *Walbiri Iconography: Graphic Representations and Cultural Symbolism in a Central Australian Society*, Ithaca: Cornell University Press, 1973, 23–24.

[96] Ebd., 24.

[97] Swain, *A Place for Strangers*, 22. Kursivierungen von Swain.

[98] Ebd., 4 und 49.

[99] W. E. H. Stanner, „The Dreaming", in: *Cultures of the Pacifiy*, hrsg. v. Thomas G.

als Übergang von der Geburt aus der Traumzeit zum Tode als Rückkehr zu ihr verstanden werden.

Die Hervorhebung der Orte ist allerdings nicht monadisch gemeint. Die Vorstellung der Walbiri vom Land wird ikonographisch durch Kreise, die auf Wasserstellen und Lagerstätten verweisen, und durch Linien angezeigt, welche die Pfade zwischen ihnen angeben. Obwohl die Kreise in einer Hinsicht „Zentren" sind, werden sie nicht, wie in späteren archaischen Gesellschaften, als Zentren der Welt betrachtet. Munn formuliert das folgendermaßen:

> „Zu beachten ist, dass dieser Symbolismus des Zentrums sich anders als der Symbolismus kosmischer Modelle in einigen anderen Kulturen nicht auf das Zentrum der Welt *als Ganzer* bezieht, sondern nur auf einzelne Orte. Für die Walbiri besteht das Land aus vielen solchen Lebenszentren, die über Pfade miteinander verbunden sind. Es gibt nicht den einen Ort, auf den alle anderen ausgerichtet sind. Die Walbiri verleihen der Welt als Ganzer nicht wirklich begriffliche Gestalt im Sinne einer einzigen, zentralisierten Struktur, sondern stellen sie sich in Form von Ortsnetzwerken vor, die über Pfade verbunden sind." [100]

Fred Myers beschreibt eine ähnliche Geisteshaltung bei den Pintupi, einem Volk gleich südlich der Walbiri:

> „Es ist nicht möglich, eine ob nun historische, mythologische oder zeitgenössische Erzählung anzuhören, ohne dass ständig darauf Bezug genommen wird, wo sich diese Ereignisse abgespielt haben. Insofern stellt der Ort den Rahmen bereit, der die Ereignisse zusammenfügt, und die Orte dienen als Gedächtnisstütze für bedeutende Ereignisse. Beim Reisen durch das Land werden Erinnerungen wach an einen Kampf, der an einer Wasserstelle in der Nähe stattgefunden hat, oder an einen Todesfall in den Hügeln dahinter. Nicht der zeitliche Zusammenhang, sondern die Geografie setzt die Hauptakzente, wenn die Pintupi Geschichten erzählen […].
>
> Auf diese Weise sozialisieren die Pintupi die Welt, ohne dass sie einen räumlich zentrierten Kosmos domestizierter Kultur und wilder Natur erschaffen, wie es viele sesshaftere Völker getan haben. Ein gesellschaftliches Leben, das so stark in Bewegung ist, scheint eine solche Konstruktion auszuschließen. Stattdessen scheinen sie wahrhaft zu Hause zu sein, wenn sie voller Zuversicht durch den Busch streifen. Ein Lager kann beinahe überall in wenigen Minuten aufgeschla-

---

Harding und Ben J. Wallace, New York: Free Press, 1970 [1956], 305. Nicht vollständig in Bezug auf biblische Zeitvorstellungen akkulturierte christliche Aborigines nehmen an, dass Adam, Moses und Jesus Zeitgenossen und Teil der christlichen Traumzeit sind. Der Gedanke der *Heilsgeschichte* [i. O. dt.] ist noch nicht bis in ihre gewohnte Denkweise vorgedrungen.

[100] Nancy D. Munn, „The Spatial Presentation of Cosmic Order in Walbiri Iconography", in: *Primitive Art and Society*, hrsg. v. Anthony Forge, New York: Oxford University Press, 1973, 214–215.

gen, ein Windschutz errichtet, Feuer angezündet und womöglich ein Teekessel aufgesetzt werden. Unbefestigtes, wildes Land wird zu einem „Lager" *(ngurra)* mit heimischem Komfort. Die Denkweise, die ein Volk dazu befähigt, fast überall, wo es sich gerade aufhält, ohne ein besonderes Gefühl von Ortlosigkeit ein Lager aufzuschlagen, ist eine Denkweise, die um das mythologisierte Land herum ein Bedeutungsuniversum erschafft."[101]

Weil *djugurba* (Traumzeit) sowohl „Geschichte" als auch „Mythos" bedeutet (wie im griechischen Ursprung des englischen Ausdrucks „myth"), ist es nicht überraschend, dass die Geschichten nahe am Alltagsleben bleiben, obwohl Ahnenwesen darin eine Rolle spielen. Über die Geschichten, die Frauen sich häufig untereinander erzählen und mit Zeichnungen im Sand veranschaulichen, schreibt Munn:

> „Mitunter beziehen die Geschichten ungewöhnliches Gebaren ein, wie zum Beispiel die Verwandlung eines Mannes in eine Schlange, was nach Überzeugung der Walbiri heute nicht mehr vorkommt. Aber solche Vorfälle sind eine Ausnahme. Ein großer Teil des Geschichtsverlaufs besteht aus den einfachen Handlungsmustern alltäglichen Lebens: Nahrungsbeschaffung, Trauerrituale, verschiedene Arten von Zeremonien […].
>
> Obwohl alle diese Geschichten als traditionelle Schilderungen der Aktivitäten der Ahnen betrachtet werden, haben wir es hier offenkundig mit einer narrativen Projektion der Tag für Tag zyklisch wiederkehrenden Erfahrung von Alltagstrott und mit der Nacherzählung der Art von Begebenheiten und Verhaltensweisen zu tun, die zum größten Teil auch in der fortlaufenden Gegenwart des Alltagslebens der Walbiri möglich sind. Und faktisch fällt diese gebetsmühlenartige Alltagsexistenz unter die Bezeichnung *djugurba*, Lebensweise der Ahnen."[102]

Die Mythen, die das Szenario für die Rituale abgeben und von den Männern erzählt werden, die „im Besitz" dieser Rituale sind, stellen lediglich etwas ausgefeiltere Versionen der von den Frauen erzählten Geschichten dar. Derselbe Tagesablauf – Schlafen, Jagen, Essen – bildet die Grundstruktur der Mythen, allerdings konzentrieren sich diese auf die Taten und vor allem auf die Reisen namentlich genannter Ahnenwesen von einem spezifischen Ort zum anderen. Die komplexen Muster auf heiligen Steinen und Tafeln sowie die Körperbemalungen der rituellen Tänzer verwenden dieselben grundlegenden Schriftzeichen wie die Sandzeichnungen der Frauen, allerdings in ausgefeilterer Form. Die Linien, die für die Pfade von Lager zu Lager stehen, werden deutlicher hervorgehoben als in den Zeichnungen

---

101 Fred R. Myers, *Pintupi Country, Pintupi Self: Sentiment, Place, and Politics among Western Desert Aborigines*, Washington D.C.: Smithsonian Institution Press, 1986, 54.

102 Munn, *Walbiri Iconography*, 77–78.

der Frauen, die sich auf Kreise konzentrieren, welche auf die eigentlichen Lager verweisen. Die rituellen Mythen erzählen, wie die Ahnenwesen die Landschaft geformt haben – Flüsse, Hügel oder Wasserstellen – oder selbst zu bemerkenswerten Felsformationen oder anderen geografischen Besonderheiten wurden. Nancy Munn fasst das, was sie die „Welttheorie" der Aborigines nennt, als „Herauskommen" und „Eingehen" der Traumzeiten zusammen; Swain resümiert, dass „etwas aus der Erde kam, über sie hinweg zog und wieder in sie einging" und dabei die Welt formte.[103] Auch wenn die Aborigines zuweilen sagen, ein Ahnenwesen sei „gestorben", als es in die Erde einging (oder zu einer bemerkenswerten landschaftlichen Besonderheit wurde), bleibt es an allen Stätten seiner Wanderschaft weiter vollständig präsent. Swain zitiert T. G. H. Strehlows Äußerung, dass eine weitere Gruppe aus der zentralen Wüste, die Aranda, „an die gleichzeitige Präsenz eines Ahnen an jedem der vielen Schauplätze [glaubt], die einstmals Zeugen der Fülle seiner übernatürlichen Kräfte wurden".[104]

So wie die Ahnen in den Mythen als Formgeber der natürlichen Welt beschrieben werden, gelten sie auch als Formgeber der sozialen Welt; auf ihren Reisen durch die Landschaft legen sie Sitten und Rituale fest. Obwohl wir von „Ahnenwesen" sprechen, halten die Walbiri sich nicht für biologische Nachfahren dieser Wesen. Sie glauben eher, dass diese Wesen *guruwari* ausstreuten, Fruchtbarkeits- bzw. Zeugungskräfte, die sie auf ihren Reisen im Boden hinterließen. Von diesen Kräften werden die Frauen dann schwanger, sodass ihre Kinder den Geist der Ahnenwesen in sich tragen.[105] *Guruwari* bezeichnet auch das die Ahnen repräsentierende Muster und den damit verbundenen Gesang. Während der Initiationszeremonien berühren die Knaben Objekte mit diesem Muster und werden dadurch aus dem *guruwari* der Ahnen neugeboren. Durch ihre Beziehung zu diesen Wesen sind die Menschen also miteinander verbunden. Patrilinearitäten gehen auf ihre Verbindung zu den Ahnenwesen zurück, wobei Verwandtschaft nicht so grundlegend ist wie die Zuordnung zu einem Ort.[106]

Doch die Bindungen zwischen Menschen und Ahnenwesen prägen nicht nur die Gesellschaft, sondern auch die gesamte moralische Ordnung.

---

[103] Munn, „Spatial Presentation", 197; Swain, *A Place for Strangers*, 32.

[104] Swain, *A Place for Strangers*, 33.

[105] Swain beschreibt, wie in einer Gruppe von Aborigines „das Baby direkt in eine kleine mit Erde bedeckte Mulde gelegt wird, aus der heraus es dann ‚geboren' wird – ein Akt, mit dem sicherlich eindeutig bekundet werden soll, dass das Kind nicht von einer Mutter, sondern von einem Ort stammt." Ebd., 44.

[106] Siehe Nancy Munns Beschreibung in *Walbiri Iconography*, 27–31; außerdem Swains Auseinandersetzung mit Verwandtschaft und Ort in *A Place for Strangers*, 36–49.

Eine andere, sogar noch verbreitetere Weise, wie die Aborigines das bezeichnen, was ich Traumzeit genannt habe, ist das Gesetz bzw. das Gesetz der Ahnen.[107] Marcia Langton, die selbst eine australische Ureinwohnerin ist, beschreibt, was das Gesetz der Aborigines mit sich bringt:

> „Wenn unser Volk von seinem Gesetz spricht, meint es eine Kosmologie, eine Weltanschauung, die eine religiöse, philosophische, poetische und normative Erklärung dafür ist, wie der natürliche, der menschliche und der übernatürliche Bereich funktionieren. Das Gesetz der Aborigines bindet jeden Einzelnen an die Sippe, an das „Land" – konkrete Ländereien – und an Traumzeiten. Man wird mit den Verantwortlichkeiten und Verpflichtungen geboren, die diesem Erbe innewohnen. Es gibt viele lästige Pflichten, die einem nicht freigestellt sind. Wer diese Pflichten nicht beachtet, gilt als faul und nachlässig, und er genießt keinen Respekt, keine Autorität und keine Vorteile, wie zum Beispiel gute Heiratsarrangements oder Möglichkeiten für die eigenen Kinder. Wie viele aus unserem Volk feststellen, ist das Gesetz der Aborigines harte Arbeit."[108]

Das Gesetz bei den Walbiri beschreibt Meggitt folgendermaßen:

> „Es gibt explizite soziale Regeln, die im Großen und Ganzen jeder befolgt, und die Menschen charakterisieren das Verhalten der anderen uneingeschränkt danach, ob es regelkonform ist oder von den Regeln abweicht. Die Gesamtheit der Regeln bringt das Gesetz, *djugaruru*, zum Ausdruck – einen Begriff, den man mit ‚die Linie' oder ‚der geradlinige bzw. richtige Weg' übersetzten könnte.[109] Seine grundlegende Konnotation besteht in der Begründung einer moralisch richtigen Verhaltensordnung (ob nun von Planeten oder von Menschen), von der niemand abweichen sollte [...].
>
> Da das Gesetz aus der Traumzeit stammt, steht es jenseits einer kritischen Hinterfragung und eines bewussten Wandels. Der Totemismus stellt sicher, dass Menschen, Gesellschaft und Natur ineinandergreifende Bestandteile eines Systems sind, das der Traumzeit entspringt."[110]

So wie in den Traumzeiten die Formung des Kosmos geschildert wird, schildern die Traumzeiten auch, wie man sich in der Gesellschaft verhalten soll. In einer Geschichte aus der zentralen Wüste wird zum Beispiel erzählt,

---

[107] Sowohl „Dreaming" (dt.: Träumen, Traumzeit) als auch „Law" (dt.: Gesetz, Recht) sind englische Wörter, die mittlerweile weitgehend von Aborigines gebraucht werden. Es ist interessant, dass sie nicht das Wort „religion" (dt.: Religion) verwenden, wenn sie auf ihre tiefsten Überzeugungen Bezug nehmen.

[108] Zitiert in Frank Brennan, „Land Rights: The Religious Factor", in: *Religious Business: Essays on Australian Aboriginal Spirituality*, hrsg. v. Max Charlesworth, Cambridge: Cambridge University Press, 1998, 169.

[109] Wir werden der Metapher des Weges in vielen Kulturen mit ähnlichen Konnotationen wiederbegegnen.

[110] M. J. Meggitt, *Desert People: A Study of the Walbiri Aborigines of Central Australia*, Chicago: University of Chicago Press, 1962, 251–252.

wie ein Ahnenwesen sich von einer Frau aus der Verwandtschaft angezogen fühlte, die seine Schwiegermutter hätte werden können und deshalb für ihn sexuell tabu war. Sein Begehren überwältigte ihn, sodass er sie vergewaltigte, doch sie schloss ihre Beine so fest zusammen, dass ihre Vagina seinen Penis abtrennte. Die Aborigines können einem den Felsen zeigen, der ihre Vagina repräsentiert, in der immer noch der steinerne Penis steckt. Wie es scheint, waren die Ahnenwesen nicht besser als wir, aber was ihnen passierte, kann als Beispiel dafür dienen, wie das Gesetz funktioniert.

Auch wenn das Gesetz „harte Arbeit" mit sich bringen mag – und wir sollten nicht vergessen, dass das zeremonielle Leben der Aborigines, in dem das Gesetz nachgespielt [*reenact*] wird, tatsächlich eine ganze Menge harter Arbeit verlangt –, besteht sein Endzweck in neuer Lebenskraft. Die Walbiri verbinden Gefühle „des Glücks und des Wohlbefindens" mit dem Zeremoniell und glauben, dass nach einem sozialen Störfall der Vollzug [*performance*] eines Rituals die Menschen wieder „glücklich" machen werde.[111]

Eine bei den Walbiri besonders weit verbreitete Form des Rituals sind die *banba*, die Zeremonien der „Mehrung", die für die Tier- oder Pflanzenarten abgehalten werden, die „im Besitz" einer patrilinearen Gruppe oder zumindest der patrialinearen Erblinie sind, zu der die Gruppe gehört. Dabei handelt es sich zwar um „totemistische" Rituale, aber um die Bedeutung des „Totemismus" müssen wir uns an dieser Stelle weiter keine Gedanken machen.[112] Das Totem einer patrilinearen Gruppe ist einfach das Ahnenwesen in seiner tierischen Form an seinem geografischen Ort, mit dem sich die Gruppe identifiziert. Meggitt hat darauf hingewiesen, dass die Zeremonien weniger dazu gedacht sind, die fragliche Art zu „mehren", als ihre ganz gewöhnliche Erhaltung sicherzustellen, weshalb „kosmische Erhaltungsrituale" eine bessere Bezeichnung sein könnte als „Mehrungsrituale".[113]

Ein bestimmtes Totem „gehört" in der Tat einer bestimmten Gruppe, allerdings nur insofern eines von vielen Totems einer von vielen Gruppen gehört und alle Totems nötig sind, damit Kosmos und Menschen überleben.[114] Für die *banba*-Zeremonien sind nicht nur „Besitzer" erforderlich,

---

[111] Munn, *Walbiri Iconography*, 44.

[112] Die beste kurze Abhandlung über australischen Totemismus liefert W. E. H. Stanner, „Religion, Totemism and Symbolism", in: *Aboriginal Man in Australia*, hrsg. v. Ronald M. Berndt und Catherine H. Berndt, Sydney: Angus and Robertson, 1965, 207–237.

[113] Meggitt, *Desert People*, 221.

[114] T. G. H. Strehlow deutet die wahre Gestalt des „Totemismus" schon im Untertitel seines kurzen Buches an: *Central Religion: Personal Monototemism in a Polytotemic*

sondern auch „Arbeiter“ aus der anderen Erblinie, die tatsächlich einen Großteil der Vorbereitungsarbeit für die Zeremonie verrichten. Und die Lebenskraft der Art, die durch die Zeremonie erhöht werden soll, dient dem Wohl aller Menschen, nicht nur der „Besitzer“. Dass die Vorstellungen der Aborigines von Besitz nicht zum angelsächsischen Eigentumsrecht passen, hat zu vielen schmerzlichen Missverständnissen geführt. Eine Stätte zu „besitzen“, bedeutet nicht, dass man über das alleinige Recht zu deren ökonomischer Nutzung verfügt, ganz im Gegenteil: Es bedeutet, dass man verpflichtet ist, ihre Fruchtbarkeit für alle zu erhalten. Im Ritual erschaffen die Akteure die *guruwari,* die Schaffenskraft der Ahnenwesen, neu. Munn formuliert das folgendermaßen: „Im Zuge ihrer Darbietung [*performance*] verwirklichen die Gebieter [die ich „Besitzer“ genannt habe] das Zeugungspotenzial der Formen ihrer Vorfahren: Es ist, als würden sie Vorfahren in Nachkommen verwandeln und so den Fortbestand der Arten und Personen wahren.“[115]

Bei meiner Beschreibung der Kalapalo hatte ich mich auf Rituale und ihre zentrale Form, Musik, konzentriert. Bei meiner Behandlung der australischen Aborigines habe ich dem Narrativen größere Wichtigkeit beigemessen, aber das Narrative ist nur relativ zentraler als bei den Kalapalo, Rituale im Allgemeinen und Gesang im Besonderen stechen weiterhin deutlich hervor. Wie bereits erwähnt, ist jede *guruwari*, also Potenz der Ahnen, mit einem Gesang verbunden. An jedem Ort, den sie besuchen, hinterlassen die Ahnen Gesänge, und die Gesänge erinnern wiederum an das größere Narrativ, von dem sie ein Teil sind. Am Kap York wird von einem Ahnenwesen berichtet, das unter melanesischem Einfluss im Begriff ist, zu einem für einen Ureinwohner untypischen „Helden“ zu werden, doch durch seine Schwäche fürs Singen bleibt er an das Muster des Kontinents gebunden:

> „He go, he go, he go
> Come out in the river mouth
> Him say, ‚Well, I think I go now leave this place‘ […]
> He look back, ‚Oh, country there I leave him long way‘, he say, ‚right to south‘,
> He start make one sing there, make sing, then.
> He still go […]
> He never stop
> Em keep sing.“[116]

Community [„Personaler Monototemismus in einer polytotemistischen Gesellschaft“], Bedford Park, S.A.: Australian Association for the Study of Religion, 1978.

[115] Munn, *Walbiri Iconography*, 208.

[116] Swain, *A Place for Strangers*, 69.

Traumzeiten, würde Paul Ricœur sagen, sind Neubeschreibungen, die dem, was sie beschreiben, etwas hinzufügen, wie bei Fabelkompositionen.[117] Bemerkenswert am Narrativ der Aborigines zumindest in der zentralen Wüste ist, wie wenig es hinzufügt, obwohl dieses Wenige von entscheidender Bedeutung ist. Bleibende Ereignisse und gewöhnliche Ereignisse überlappen sich in bemerkenswertem Maße. In diesem Sinne ist das Leben für die Aborigines eine „alternativlose Sache", wie Stanner es nennt.[118] Seiner Meinung nach „kommen sich Ideales und Reales bei ihnen sehr nah".[119]

Das liegt nicht daran, dass den Aborigines „die metaphysische Gabe" fehlt, das Vermögen, wie Stanner es formuliert, „sich zu transzendieren, durch einen Akt der Einbildungskraft ‚aus' sich ‚heraus' zu treten oder ‚neben sich zu stehen' und das Universum, sich selbst sowie seine Mitmenschen zu Gegenständen der Kontemplation zu machen". Auch mangelt es ihnen nicht an Antrieb, „der Erfahrung der Menschen einen ‚Sinn abzugewinnen' und die Gesamtsituation der Menschheit ‚prinzipiell' zu betrachten".[120] Nichtsdestotrotz „ist ihre vorherrschende Gemütslage der Glaube und nicht Erkundungs- oder Widerspruchsgeist".[121] „Aus diesem Grunde passt ihr bejahendes Weltbild sich nahezu perfekt an die tatsächlichen Sitten an, wie eine zweite Haut oder ein Handschuh, und die Formen des sozialen Lebens, wie Kunst, Ritual und vieles andere mehr, befinden sich in einer wunderbaren Symmetrie."[122]

Doch Swain legt dar, dass diese Symmetrie, diese Nähe von Idealem und Realem, diese Betonung von Beständigkeit nur so lange anhält und anhalten kann, wie Ubietät herrscht. Sowie die Orte verloren oder auch nur bedroht sind, kommt es zum „Sündenfall", zum Absturz in die Zeit und in die Geschichte, der Handschuh passt nicht mehr und die Sehnsucht nach einer anderen Zeit und einem anderen Ort setzt ein. Er veranschaulicht diesen „Sündenfall" anhand von mehreren Beispielfällen bei den Aborigines, denen ich hier nicht ausführlich nachgehen kann, aber zwei von ihnen muss ich zumindest erwähnen.

Wegen der „Hochgötter" oder „Himmelsgötter", auf die man dort stößt, ist das Australien der Aborigines insbesondere von Mircea Eliade im Anschluss an Pater Wilhelm Schmidt als bedeutender Fall von Urmono-

---

117 Paul Ricœur, *Zeit und Erzählung*, Bd. 1, übersetzt von Rainer Rochlitz, München: Fink, 1988, 54–86.

118 Stanner, „The Dreaming", 307.

119 Ebd., 313.

120 Ebd., 309.

121 Ebd., 306.

122 Ebd., 313.

theismus [i. O. dt.] angeführt worden.[123] Doch bei den Völkern in der zentralen Wüste, auf die ich mich konzentriert habe, gibt es keine Hochgötter, ja eigentlich überhaupt keine Götter. Wie die mächtigen Wesen der Kalapalo werden die Ahnenwesen nicht angebetet, durch ihre rituelle Verkörperung [*enactment*] identifiziert man sich vielmehr mit ihnen. Dass es keine Götter, Gottesanbetungen, ja noch nicht einmal Gebete gab, führte auf Seiten der ersten Beobachter aus dem Westen zu der Feststellung, dass den Aborigines jede Form von Religion fehlte, sodass sie das ergiebige Netz aus Glaubensvorstellungen und -praktiken übersahen, das tatsächlich für das Leben der Aborigines charakteristisch ist. Wo befinden sich also jene Hochgötter und jener Urmonotheismus?

Eliade behauptet, es gebe solche Götter bei einer Gruppe aus der zentralen Wüste, den Aranda, aber Jonathan Z. Smith hat die Belege, die Eliade für diese Behauptung anführt, nahezu restlos entkräftet.[124] Hochgötter, ja sogar „Höchste Wesen" wurden hauptsächlich in Südostaustralien nachgewiesen, das, wie Tony Swain zeigt, die frühesten und verheerendsten Einfälle europäischer Kolonisatoren erlitten hat.[125] Das Aufkommen von Hochgöttern in Südostaustralien erfolgte in der Tat im Zusammenhang mit „Verheerungen, Tod und Enteignungen".[126] Nachdem sie das „Land" aufgeben musste, dem die Spuren der Ahnenwesen Leben verliehen hatten, übernahm die verbliebene Aboriginespopulation, die 80 oder noch mehr Prozent ihres Volkes durch Infektionskrankheiten, gegen die sie nicht immun waren, wenn nicht durch Massaker eingebüßt hatte, von ihren Eroberern eine Kosmologie, die anders war als ihre traditionelle. Ein oftmals als Baiami bezeichneter Schöpfergott (den ersten Bericht über diese Gottheit lieferte die Wellington Valley Mission in den 1830er Jahren) soll demnach die Erde verlassen und sich in den Himmel zurückgezogen haben. Weil die Erde verwüstet ist, befindet sich das Land der Fruchtbarkeit und Fülle jetzt im Himmel, in den die Aborigines nach ihrem Tod kommen können. Baiami ist der Allvater, der sich an keinem bestimmten Ort aufhält, ubiquitär, nicht ubietär, aber definitiv nicht auf dieser Erde. Die Aufspaltung von irdischem Ort und himmlischer Ubiquität spiegelt sich in einer anderen für die Ureinwohner höchst untypischen Spaltung: zwischen Gut und Böse. Doch weil sie damit keineswegs ihre Eroberer

---

[123] Mircea Eliade, *Australian Religions: An Introduction*, Ithaca: Cornell University Press, 1973, Kap. 1; Wilhelm Schmidt, *Ursprung der Gottesidee*, Bd. 1, 2. Aufl., Münster: Aschendorff, 1926.

[124] Jonathan Z. Smith, *To Take Place: Toward Theory of Ritual*, Chicago: University of Chicago Press, 1987, 10.

[125] Swain, *A Place for Strangers*, Kap. 3.

[126] Ebd., 119.

einfach nachahmen wollten, besteht diese Spaltung nicht zwischen denen, die Gutes tun, und denen, die Böses tun (schon die Idee des Bösen ist untypisch für die Ureinwohner), sondern zwischen Aborigines und Weißen: Nur die Aborigines kommen in den Himmel. Der Verlust der ortsbezogenen Grundlage führte zu einer neuen, für die Ureinwohner untypischen Sorge um die Zeit. Baiami war nicht nur ein Schöpfergott, es bestand auch die in der zentralen Wüste nicht vorgesehene Möglichkeit eines Zeitenendes, ja eines Millenniums, an dem alle Weißen ihre Schiffe besteigen und davonsegeln würden, sodass Australien von neuem der einheimischen Bevölkerung überlassen wäre. Swain behauptet nicht, dass diese neuen Glaubensvorstellungen „synkretistisch" waren, obwohl sie die Ontologie der Eroberer übernahmen, vielmehr stellten sie für die Aborigines einen durch katastrophale Bedingungen veranlassten, revolutionären Gedankensprung dar. Erst im späten 20. Jahrhundert glich sich der Glaube an Baiami an das Christentum an.[127] Obwohl Swain seine Behauptung nicht über eine vorsichtige Neubewertung des Materials über Südostaustralien hinaus verallgemeinert, halte ich es für nicht unwahrscheinlich, dass die weitverbreitete Ansicht über die Religion der nordamerikanischen Ureinwohner – dass sie nämlich an den Großen Geist und daran glauben, dass sie nach ihrem Tod in die Ewigen Jagdgründe im Himmel eingehen –, soweit sie überhaupt irgendwelche Glaubensvorstellungen der nordamerikanischen Ureinwohner repräsentiert, eine Folge katastrophaler Kontaktbedingungen ist.[128]

Der zweite Fall, der von den Völkern der zentralen Wüste abweicht, ist der Nordwesten, wo wie im Südosten durch den Einfall von Fremden Veränderungen hervorgerufen wurden, die etwa zur selben Zeit ins Land kamen wie die Weißen im Südosten, nämlich im späten 18. und frühen 19. Jahrhundert, in diesem Fall aber von der Insel Sulawesi im heutigen Indonesien.[129] Dieses Volk, das von den Aborigines „Makassaner" genannt wurde, möglicherweise aber mehrere ethnische Gruppen aus Sulawesi umfasste, mischte sich weit weniger ein als die Weißen im Südosten:

---

127 Ebd., 127–140.

128 Tocqueville nimmt zur „triebhaften Heimatliebe", welche die Indianer an ihr Land band, folgendermaßen Stellung: „‚Den Ort, wo die Asche unserer Väter ruht, verkaufen wir nicht', ist die erste Antwort, die sie dem stets erteilen, der ihnen ihr Land abkaufen möchte." Alexis de Tocqueville, *Über die Demokratie in Amerika*, übers. v. Hans Zbinden, Stuttgart: DVA, 1959 [1835/1840], 375; dieser Passus steht im ersten Band, im berühmten 10. Kapitel, „Einige Betrachtungen über den gegenwärtigen Zustand und die wahrscheinliche Zukunft der drei Rassen im Gebiet der Vereinigten Staaten".

129 Was diesen Punkt anbelangt, stütze ich mich auf Swain, *A Place for Strangers*, Kap. 4.

Sie kamen, weil sie auf der Suche nach Trepang waren, den im Handel mit China einträglichen Seegurken. Sie waren weniger darauf aus, den Aborigines ihr Land wegzunehmen, als darauf, an der Küste Enklaven für die Versorgung mit Proviant einzurichten. Während es den Aborigines zu ihrer eigenen Bestürzung gänzlich misslang, irgendeinen Zusammenhang zwischen den weißen Eindringlingen im Südosten und dem Gesetz herzustellen, wurden die Makassaner mit Unbehagen, aber erfolgreich in es einbezogen. Es kam sogar zu Eheschließungen zwischen den beiden Gruppen.

Der Kontakt mit den Makassanern führte nicht zu einem tiefen Verlustgefühl, sondern eher zu einem vagen Unbehagen, einem Gewahrwerden, dass die Welt größer ist als das für das Bewusstsein der Aborigines so wesentliche „Land". Und die rituelle Reaktion war zwar durchaus von Bedeutung, aber nicht so drastisch wie im Südosten. Im Gegensatz zum Allvater im Südosten nahm diese rituelle Reaktion die Form eines Kults um die Allmutter an. Die Allmutter war keine Himmelsgöttin und bestimmt kein Höchstes Wesen, sondern einfach ein Wesen, das von jenseits des Wassers an der Nordküste angekommen war (Swain deutet an, dass es sie um die kreative Anverwandlung einer sulawesischen Landwirtschaftsgöttin, einer „Reismutter", durch die Aborigines gehandelt haben könnte)[130] und jetzt wie die anderen Ahnenwesen von Ort zu Ort reiste. Doch wie der Kontakt mit den Makassanern wurde der Kult um sie „international", insofern er sich von Gruppe zu Gruppe ausbreitete und im späten 19. Jahrhundert sogar die zentrale Wüste erreichte, obwohl die zentrale Figur, als er bei den Walbiri ankam, interessanterweise männlich geworden war: Wie Maggitt schreibt, wurde das Gadjari-Ritual der Walbiri zu einem Mutterkult ohne Mutter.[131]

Die beste Beschreibung eines Mutterkults ist W. E. H. Stanners Schilderung des *Punj*-Initiationsrituals und des Mythos, der mit ihm bei den Murinbata verbunden ist – einem Volk, das nicht weit von der Nordwestküste entfernt lebt. In dem Mythos geht es um Mutjiga, die Alte Frau, die unerklärlicherweise Kinder verschlingt und die getötet werden muss, um die Kinder aus ihrem Schoß (nicht aus ihrem Magen) zu retten. Der Mythos hat einen traurigen Unterton, aus ihm spricht eine „traurige Unvermeidlichkeit", wie Stanner es formuliert, denn was er schildert, macht die „unvordenkliche Fehlgeleitetheit" menschlicher Belange anschaulich.[132] Die Aborigines haben keine Erklärung dafür, wie Mutjiga auf Abwege ge-

130 Ebd., 183–184.

131 M. J. Meggitt, *Gadjari among the Walbiri Aborigines of Central Australia*, Oceania Monographs 14, Sydney: University of Sydney, 1966.

132 Stanner, *On Aboriginal Religion*, 40–42 und 80.

riet: Sie sagen, „sie hätte lange währen sollen"; „das Volk wollte sie nicht töten"; „sie geriet von selbst auf Abwege"; und schließlich „es ist etwas, das wir nicht verstehen".[133] Die Murinbata, meint Stanner, „sind vor einer Auseinandersetzung mit den Lebensbedingungen zurückgeschreckt oder halten sich nicht mehr damit auf. Ihre Mythen besagen, dass sie eine fatale Verschlechterung empfunden und darüber nachgedacht haben, aber die Rituale besagen, dass sie das Problem auf positive Weise bewältigt haben."[134] Zusammenfassend sagt Stanner, dass die Rituale der Murinbata nicht nur Zeremonien, sondern Feste sind und dass sie ihnen „eine von keinem Zweifel angekränkelte Bejahung des Lebens, so wie es ist, erlauben".[135] Trotzdem deutet der traurige Unterton von Endgültigkeit, der mit der Transplatzierung des Mutterkults einhergeht, auf eine Abkehr vom heiteren und schlichten Leben in der Wüste hin, die sehr viel subtiler ist als die drastische symbolische Revolution im Südosten. Für die Murinbata mag das Leben zwar weiterhin eine alternativlose Sache gewesen sein, die Grundlage dafür war aber spärlicher geworden.

Eine Eigenheit des Lebens der Aborigines ist vielen ihrer besonders sorgfältigen Beobachter aufgefallen: das fast vollständige Fehlen imperialer Ambitionen. Auf dem ganzen Kontinent ist es kaum zu Kriegen aufgrund von Gebietserweiterungen gekommen. Das heißt keineswegs, dass die Aborigines nicht gewalttätig waren. Die Aussichten, in einer Ureinwohnergesellschaft ermordet zu werden, lagen wahrscheinlich höher als in den meisten anderen Gesellschaften der Zeit, aber bei den Tötungen ging es um Rache, angebliche Hexerei, sexuelle Untreue und so weiter, aber nicht um Land. Auch wenn es viele Sprachgruppen gab, hatten die „Stämme" nicht wirklich Grenzen. Die Ahnenwesen durchstreiften den ganzen Kontinent und ihre Pfade ließen sich über die Gebiete vieler Gruppen verfolgen. Die „Besitzer" der heiligen Stätten waren aber lediglich ihre Hüter, und die Fruchtbarkeit dieser Orte würde nicht jemandem zuteilwerden, dem die lokalen Rituale unbekannt waren, weshalb eine Gebietserweiterung schlicht keinen Sinn hatte.

Deshalb und aus anderen Gründen, von denen einige sogar in meiner kurzen Zusammenfassung deutlich geworden sein sollten, haben mehrere seriöse Gelehrte aus ihren Studien über die Kultur der Aborigines den Schluss gezogen, dass diese keineswegs „primitiv", sondern in gewisser Hinsicht unserer Kultur sogar überlegen ist. (Ich spreche nicht von „New Age"-Anhängern, die von der „Spiritualität" der Aborigines schwärmen,

---

[133] Ebd., 43.
[134] Ebd., 170.
[135] Ebd., 53.

diese aber nur selten verstehen und stattdessen ihre eigenen Vorurteile über „östliches" Denken in sie hineinlesen.) Einer dieser seriösen Gelehrten, David H. Turner, der seine Studien so ernst nahm, dass er sogar das Spielen eines schwierigen, von den Ureinwohnern verwendeten Musikinstruments erlernte, hat einen Aufsatz mit dem für sich sprechenden Titel „Australian Aboriginal Religion as ‚World Religion'" [„Die Religion der australischen Aborigines als ‚Weltreligion'"] veröffentlicht.[136] Turner hat eine Buchtrilogie geschrieben, in der er unter anderem auf die „komplementäre Opposition" hinauswill, die es den Australiern erlaubt, unsere Neigung zu immer weiterer und letztendlich selbstzerstörerischer Expansion zu vermeiden.[137] Eine weitere seriöse Gelehrte ist Deborah Bird Rose, die den äußersten Pluralismus der Aborigines gegen die westliche Tendenz zum imperialen Monismus verteidigt.[138] Tony Swain, der das Aufkommen von Himmelsgöttern als „Sündenfall" im Sinne eines Abfalls von der Ubietät deutet, ist nicht der Ansicht, dass ein solcher Abfall einen „Fortschritt" darstellt. Ich möchte mich diesen angesehenen Gelehrten anschließen und bekräftigen, dass die Welt immer noch viel von den Aborigines lernen könnte.

Da ich das Narrative in den Vordergrund stellen und es der besonderen Ontologie des Orts bei den Aborigines zuordnen wollte, habe ich viele Parallelen zwischen den Kalapalo und den Aborigines unerwähnt gelassen. Ein Beispiel wäre die Bedeutung von Krankheit und Heilung. In Australien gibt es Heiler, die manchmal „kluge Männer" oder „hochrangige Männer" genannt werden und auf Heilungsrituale spezialisiert sind.[139] Es gibt auch den Glauben an Hexerei und an Mittel, die feststellen, wer Hexerei betreibt, sowie Vergeltungsmaßnahmen entweder durch Gewalt oder durch Gegenzauber. Sogar auf Musik ohne Worte oder besser gesagt ohne Bedeutung stößt man bei den Aborigines, allerdings nicht so durchgängig wie bei den Kalapalo. Stanner schreibt: „Viele Gesänge haben keine Bedeutung [...,] aber sie werden nicht mit weniger Inbrunst gesungen",[140] und Munn weist darauf hin, dass die Wörter im Gesang der Walbiri häufig

---

[136] David H. Turner, „Australian Aboriginal Religion as ‚World Religion'", *Studies in Religion* 20, 1991.

[137] David H. Turner, *Life before Genesis*; Turner, *Return to Eden: A Journey through the Aboriginal Promised Landscape of Amagalyuagba*, Toronto: Peter Lang, 1996; und ders., *Afterlife before Genesis: An Introduction – Accessing the Eternal through Australian Aboriginal Music*, Toronto: Peter Lang, 1997.

[138] Deborah Bird Rose, *Dingo Makes Us Human: Life and Land in an Aboriginal Australian Culture*, Cambridge: Cambridge University Press, 1992.

[139] Siehe A. P. Elkin, *Aboriginal Men of High Degree*, New York: St. Martin's Press, 1978.

[140] Stanner, *On Aboriginal Religion*, 20.

„besondere Formen" annehmen oder „Fremdwörter" sind, die sich nur sehr schwer übersetzen lassen.[141] Es ist durchaus möglich, dass auch die Kalapalo, die unter Völkern leben, deren Sprache sie nicht verstehen, fremde Gesänge übernommen haben, die „wortlos" auf sie wirken. Eine andere Möglichkeit besteht darin, dass die rituelle Sprache, insbesondere in den Gesängen, so altertümlich geworden ist, dass die Zeitgenossen sie nicht mehr verstehen. In den großen Traditionen gibt es Spezialisten für die Deutung der altertümlichen liturgischen Sprache, bei den schriftlosen Völkern könnte deren Bedeutung einfach vergessen worden sein. Die Auslassung in meiner Beschreibung der Religion der Aborigines, die am meisten Bedeutung hat, ist das Initiationsritual, das mindestens genauso wichtig ist wie bei den Kalapalo, obwohl es bei den Walbiri und im überwiegenden Teil Australiens, wenn auch nicht überall, Knaben und nicht Mädchen sind, die eine Initiation erfahren.

Zudem drängt sich durch die Auseinandersetzung mit den Aborigines eine Neubewertung der Kalapalo auf. Basso deutet mehr als einmal an, dass die mächtigen Wesen sich an bestimmten Orten aufhalten und dass die Bindung der Kalapalo an den Ort stark ist. Die politische Notwendigkeit, das Dorf an einen anderen Ort zu verlegen, hat die Bindung der Kalapalo an ihren vormaligen Standort und seine bedeutenden Stätten nicht verringert. Zeitliche Abstände sind sowohl für die Kalapalo als auch für die Aborigines belanglos bis inexistent. In den Ritualen sind die mächtigen Wesen und die Dawn People Teil des Hier und Jetzt und man könnte sie eher für bleibende Ereignisse als für die „am Anfang" lebenden „Schöpfer" halten.

Überhaupt könnte sich „Ubietät" als weiter verbreitete religiöse Grundvoraussetzung erweisen, als das Beispiel der Aborigines allein nahelegt. Sogar dort, wo in den archaischen Gesellschaften Götter und Göttinnen im Unterschied zu den Wesen, mit denen die Kalapalo und die Aborigines sich identifizieren, unzweifelhaft existieren, verehrt und angebetet werden sowie Opfergaben erhalten, sind sie weiterhin zutiefst lokal verankert. In Mesopotamien, Ägypten und im antiken Mittelmeerraum sind die Götter zum Beispiel in der Regel zuallererst Stadtgötter, die ihrem Volk nahestehen und in ihm unentwegt aktiv sind. Die Vorstellung von „der einen Göttin", über die wir seit neuestem so viel hören (genauso natürlich wie jegliche Vorstellung von „dem einen Gott") bahnte sich bei den archaischen Völkern erst an. Es gab überwiegend spezielle Göttinnen und Götter, auch wenn es möglich war, in einem fremden Gott oder einer fremden Göttin die Entsprechung einer vertrauten Gottheit zu sehen. Im Zuge der

141 Munn, *Walbiri Iconography*, 16 und 147.

New-Age-Aneignung der Religion der Aborigines hat man sich im Namen der Wiedergewinnung der Vergangenheit einige signifikante Neuerungen ausgedacht. Obwohl Land im Sinne von Orten zentral für das Denken der Aborigines gewesen ist und Mütterkulte nicht völlig unbekannt waren, wie wir gesehen haben, gibt es „bis in die frühen 1980er Jahre", wie Swain es formuliert, „keine Belege dafür, dass sich die Aborigines auf ‚Mutter Erde' bezogen haben".[142] Nachdem sich ökofeministische Ansätze erst einmal die Spiritualität der Aborigines zu eigen gemacht und viele Aborigines zudem jeden Kontakt zu ihrem angestammten Ort verloren hatten, war es nicht verwunderlich, dass nun die Aborigines selbst einen Terminus aufgriffen, der auf emotionaler Ebene Sinn ergab, aber in keinem genuinen Zusammenhang mit ihrer Tradition stand. Ubietät deutet darauf hin, dass nicht nur die zeitlichen, sondern auch die räumlichen Kategorien fehlen (wie etwa eine generalisierte Vorstellung von Erde, geschweige denn von Mutter Erde), die wir für selbstverständlich halten, sodass der Gedanke der Ubietät für uns schwer zu begreifen ist, obwohl er für die Lebensweise der Stammesvölker und archaischen Völker zentral gewesen sein mag.

Eine andere Eigenheit, welche die Kalapalo und die Aborigines teilen und die sehr viel mehr Bedeutung gehabt haben könnte, ist das Fehlen von Malinowskis Idee des Mythos als einer „Charta", wie ich über die Kalapalo gesagt habe, das heißt einer Reihe von expliziten Regeln, die befolgt werden müssen. Es könnte so wirken, als sei das Gesetz bzw. Gesetz der Ahnen bei den Aborigines genau so eine Charta, doch dann würde man es vorschnell auf eine Weise verstehen, die uns vertraut ist. Studien über die Kultur der Aborigines geben uns Brief und Siegel, dass sie über kein übergreifendes mythisches „System" verfügt, das die vielen verschiedenen Geschichten zusammenführt. Es gibt auch keinen „Moralkodex", den alle Aborigines anerkennen. Es gibt Geschichten und Beispiele, wie man handeln und wie man nicht handeln soll, aber sie variieren von Gruppe zu Gruppe und ihr Abstraktionsniveau ist minimal. Dies habe ich nahezulegen versucht, als ich sagte, bleibende Ereignisse kämen den rhythmisierten Ereignissen des Alltagslebens nahe. Stanner weist darauf hin und deutet auch einige Gründe dafür an:

> „Viele, wenn auch nicht alle Mythen hatte eine homiletische Wirkung; möglicherweise zogen die Aborigines aus ihnen moralische Lehren; doch allem Anschein nach gab es womöglich aus demselben Grund, warum es kein religiöses Credo gab, keine explizite religiöse Ethik. Dafür fehlten drei unverzichtbare Voraussetzungen: eine Tradition geistiger Distanznahme, eine Gruppe von Interpreten, die

---

[142] Swain in: Tony Swain und Garry Trompf, *The Religions of Oceania*, New York: Routledge, 1995, 109.

das Vorrecht oder die Pflicht hatten, Prinzipien zu kodifizieren, und eine Infragestellung, die zwingend dazu geführt hätte, dass nach einem anatomischen Aufbau der Moral- und Glaubensvorstellungen Ausschau gehalten worden wäre."[143]

Ich mag keine Ex-negativo-Argumente, doch weil wir sehen werden, dass alle drei von Stanner erwähnten Voraussetzungen in den archaischen Zivilisationen allmählich Gestalt annehmen, und weil wir diese Vorbedingungen für so selbstverständlich halten, dass wir uns ihr Fehlen kaum vorzustellen vermögen, ist Stanners Punkt in diesem Fall hilfreich. Die Kalapalo und die Aborigines kennen den Unterschied zwischen richtig und falsch genauso gut wie wir, aber ihnen fehlt jede generalisierte Vorstellung von Gut und Böse, und deshalb fehlt beiden Gruppen jeglicher Begriff von Belohnung und Bestrafung im Jenseits, das auf jeden Fall seinerseits für sie eine reichlich vage Vorstellung ist.

Obwohl ich die meisten Punkte schon genannt habe, die ich für das Verständnis dessen für wesentlich halte, was ich mit ziemlichem Unbehagen als Stammesreligion bezeichne, möchte ich noch ein weiteres Beispiel hinzufügen – zum Teil um vorzuführen, dass ein anderer Teil der Welt demselben Grundmuster folgt, zum Teil aus persönlicheren Gründen: die Navajo im amerikanischen Südwesten. Wo die Kalapalo sich am südöstlichen Rand der archaischen Zivilisation in Südamerika befinden, liegen die Navajo am nordwestlichen Rand der archaischen Zivilisation in Nordamerika. In persönlicherer Hinsicht war einer der großen Navajo-Experten, Clyde Kluckhohn, einer meiner Lehrer in den ersten Studienjahren, und auch mein damaliger Tutor und Betreuer meiner Diplomarbeit, David Aberle, war Navajo-Spezialist. Unter Aberles Anleitung schrieb ich meine Diplomarbeit *Apache Kinship Systems.*[144] Die Navajo sind schlicht und einfach der größte der Südathabaskisch sprechenden Stämme im Südwesten, von denen alle übrigen in irgendeiner Form als Apachen bezeichnet werden, weshalb es in der Natur der Dinge liegt, auch die Navajo in die Benennung Apache mit einzubeziehen. Im Zuge der Recherchen für meine Diplomarbeit sowie in verschiedenen Anthropologie-Kursen habe ich die Navajo eingehend untersucht. Weil meine Universitätskarriere mit den Navajo begann, erscheint es mir passend, dass ich in dieser letzten großen Arbeit auf sie zurückkomme, weil sie wirklich interessant sind und aus Respekt gegenüber meinen Lehrern.

---

[143] Stanner, „Religion, Totemism and Symbolism", in: Berndt und Berndt, *Aboriginal Man in Australia*, 218.

[144] Robert N. Bellah, *Apache Kinship Systems*, Cambridge, Mass.: Harvard University Press, 1957.

Die Navajo

Wie die australischen Aborigines sind die Navajo ein Volk, das viele Male untersucht worden ist, und zwar zu Recht: Sie sind der größte Stamm amerikanischer Ureinwohner in den gesamten Vereinigten Staaten (der Volkszählung von 2000 zufolge ungefähr 300.000 Menschen) im weitaus größten Reservat, das sich über Teile von Arizona, New Mexico und Utah erstreckt. Obwohl ein großer Prozentsatz des Volks noch Navajo spricht, büßen viele Kinder diese Fähigkeit ein, sodass die Zukunft der Sprache nicht gesichert ist, auch wenn sie zunehmend in schriftlichen Publikationen wie Zeitschriften und auch Büchern Verwendung findet. Die Navajo haben zwar eine Unmenge von anderen Indianerstämmen, besonders von den Pueblo, aber auch von den Prärieindianern, sowie von den Spaniern, von den Mexikanern und von den Angloamerikanern übernommen, aber trotzdem haben ihre indigenen Traditionen, zu denen auch die religiösen Traditionen gehören, in beträchtlicher Frische überlebt. Sie nennen sich zu Recht Navajo-Nation.[145]

Für die Belange dieses Buches besonders interessant ist die Tatsache, dass die Navajo viele religiöse Motive der nordamerikanischen Ureinwohner auf sich vereinen. Zusammen mit den verschiedenen Apachen-Stämmen bilden sie die südathabaskische Sprachgruppe, die vor noch nicht allzu langer Zeit mit den zum Zeitpunkt des Erstkontakts großflächige Gebiete Alaskas und Nordwestkanadas bewohnenden Nordathabaskern und mit mehreren Athabaskisch sprechenden Gruppen an der nördlichen Pazifikküste Kaliforniens verwandt war. Anscheinend verließen die Südathabasker den subarktischen Raum des kanadischen Mackenzie-Beckens etwa um das Jahr 1000 u. Z. und zogen entweder über die High Plains oder durch die Gebiete des Plateaus und des Großen Beckens, oder beides, gen Süden. Den Südwesten erreichten sie um das Jahr 1500, nicht lange vor den Spaniern. Zu dieser Zeit begannen sie, sich in die verschiedenen Apachenstämme und die Navajo auseinanderzuentwickeln. Sie waren mit Sicherheit Jäger und Sammler, auch wenn sie sich in den High Plains rudimentären Gartenbau angeeignet haben könnten, und ihre Religion bestand wahrscheinlich in einer Version des unter den nordamerikanischen Jägern und Sammlern so weit verbreiteten allgemeinen Schamanismus, dessen Spuren bei den Apachen und weniger deutlich auch bei den Navajo

---

145 Marshall Tome, „The Navajo Nation Today“, in: *Handbook of North American Indians*, hrsg. v. Alfonso Ortiz, Washington D.C.: Smithsonian Institution, 1983, 679–683.

immer noch offenkundig sind. Doch die Navajo (und in geringerem Maße einige Apachengruppen) durchliefen eine lange Zeit der Akkulturation an die Kultur der Pueblo, die bereits das Land bewohnten, in das sie zogen. Im Zuge dieser Akkulturation machten sich die Navajo maßgebliche Elemente der Religion der Pueblo zu eigen, die wiederum die im äußersten Nordwesten angesiedelte Version einer auf Gartenbau und zwar besonders auf Mais ausgerichteten Religion war, deren Schwerpunkt in Mesoamerika lag. Nach meiner Auffassung sind die Pueblo-Indianer immer noch Stammesvölker, doch zum Teil unter dem Einfluss der archaischen Zivilisationen südlich von ihnen weisen sie ansatzweise archaische Merkmale auf. Soweit die Navajo „pueblotisiert" worden sind, bilden sie eine Brücke zur Betrachtungsweise der archaischen Religion in den folgenden Kapiteln.

Im Vergleich zu den Kalapalo oder selbst zu den australischen Aborigines verfügen wir über einen sehr viel umfassenderen Sinn für die Geschichte der Navajo und sind nicht allein auf den Rahmen des „ethnografischen Präsens" beschränkt, wie es bei den Stammesvölkern so häufig der Fall ist. Ich möchte die These vertreten, dass die Navajo uns wie die Kalapalo und die Aborigines ein Gefühl dafür vermitteln, wie die menschliche Kultur vor vielen Tausend Jahren ausgesehen hat, insbesondere für deren Fokussierung auf Ritual und Mythos. Allerdings liefert uns kein Stammesvolk ein starres Musterexemplar früher menschlicher Kultur; sie sind alle das Produkt eines oftmals drastischen historischen Wandels. Schon die Tatsache, dass die Kalapalo Karibisch sprechen und weit nördlich vom Gros der Karibisch Sprechenden leben, sagt uns, dass sie eine ereignisreiche Geschichte hinter sich haben müssen, auch wenn wir diese nicht rekonstruieren können. Für die australischen Aborigines verfügen wir über etwas mehr als zwei Jahrhunderte in der Hauptsache katastrophischer Geschichte, die uns nur einen kleinen Einblick in die Arten von Veränderung gibt, die mit Sicherheit stattgefunden haben, bevor die Europäer und die Indonesier an ihren Küsten landeten. Für die Navajo verfügen wir nun aber nicht nur über die sprachliche Anbindung an die subarktischen Völker in der einigermaßen fernen Vergangenheit, sondern über fünf bis sechs Jahrhunderte Geschichte im Südwesten, deren früherer Teil sich allerdings nur anhand punktueller archäologischer und historischer Auszeichnungen entwirren lässt. Obwohl ein Teil dieser Geschichte katastrophisch war, wie besonders die von 1864 bis 1868 dauernde Einkerkerung von über 9000 Navajo durch die US-Army in Fort Sumner, New Mexico, das man nicht anders nennen kann als ein Konzentrationslager, waren die Navajo in der Lage, in einem unter Stammesvölkern seltenen Grad ihr Schicksal selbst zu gestalten. Dies verdankt sich nicht nur ihrer bemerkenswerten Findigkeit, sondern auch der Tatsache, dass ihre Heimat zu den für weiße Siedler reizlosesten Gebieten Nordamerikas gehörte.[146]

Die wesentlichste Einflussnahme einer „fremden" Kultur auf die Navajo erfolgte nicht von Seiten irgendwelcher Europäer, sondern von den Pueblo und setzte mit dem ersten Kontakt um das Jahr 1500 herum ein. Dies wurde an der zunehmenden Bedeutung des Gartenbaus unter dem Einfluss der Pueblo bei diesen Jägern und Sammlern und an den vielen materialen (zum Beispiel Töpferwaren) und idealen (zum Beispiel mythologischen) Kulturelementen deutlich, die damit einhergingen. Was infolge der normalen Kontaktaufnahme geschah, wurde durch besondere historische Ereignisse verstärkt. Auf den großen koordinierten Aufstand der Pueblo gegen die Spanier im Jahr 1680, der die Spanier – Missionare, Soldaten und Siedler gleichermaßen – für zwölf Jahre aus New Mexico vertrieb, folgte die spanische Rückeroberung aller Gebiete der Pueblo mit Ausnahme der Hopi, was dazu führte, dass viele Angehörige der Pueblo Zuflucht bei den Navajo suchten, weil sie hofften, zu einem späteren Zeitpunkt in ihre Herkunftsorte zurückkehren zu können. Als ihnen klar wurde, dass weiterer Widerstand zwecklos war, kehrten einige dieser Menschen in ihre Heimatdörfer zurück, während andere Mischehen mit den Navajo eingingen. Während einer Dürrezeit im 18. Jahrhundert waren einige Hopi gezwungen, sich mit ähnlichen Folgen zu den Navajo zu flüchten. In diesem Zeitraum setzten sich die bei den westlichen Pueblo-Indianern und manchen östlichen Pueblo-Indianern weitverbreiteten matrilinearen Clans bei den Navajo durch, von denen einige Verbindungen zu den Clans der Jemez und möglicherweise der Hopi unterhielten. In den 100 Jahren nach dem Aufstand der Pueblo wuchs im nördlichen New Mexico und in Arizona eine in bescheidenem Rahmen prosperierende, bevölkerungsstarke, Gartenbau betreibende Gesellschaft heran, in der sich anscheinend Wesenszüge der Navajo und der Pueblo mischten. Nicht zuletzt gehörte dazu der Bau von puebloartigen, „Pueblitos" [kleine Städte] genannten Steingebäuden in der Nähe der Hogans, des traditionellen Haustyps der Navajo. Der Ethnohistoriker und Archäologe David Brugge legt allerdings nahe, dass die Navajo Mitte des 18. Jahrhunderts eine Revitalisierungsentwicklung durchliefen,[147] in deren Rahmen sie einige Eigenhei-

---

[146] Was die traumatischsten Ereignisse in der Geschichte der Navajo sowie die Fähigkeit anbelangt, mit diesen Ereignissen fertigzuwerden, siehe Robert Roessel, „Navajo History, 1850–1923", und Mary Shepardson, „Development of Navajo Tribal Government", beide in: Ortiz, *Southwest*, 506–523 bzw. 624–635.

[147] Der Begriff stammt aus der Arbeit von Anthony F. C. Wallace. Siehe sein Buch *Religion: An Anthropological View*, New York: Random House, 1966, 30–39 und 157–166.

ten der Kultur der Pueblo ablegten, besonders bemalte Töpferwaren, und ihr rituelles System so umorganisierten, dass es zwar weiterhin Pueblo-Bestandteile enthielt, aber eine eindeutig nicht-pueblohafte Gestalt mit einem neuen zentralen Ritual, Blessingway, annahm, mit dem wir uns später ausführlicher auseinandersetzen werden.[148]

In diesem Zeitraum schritt der ökologische Wandel schnell voran. Die Spanier hatten Nutztiere mitgebracht, die in der Neuen Welt nicht heimisch waren, und die Navajo erwarben Schafe und Pferde von ihnen. Natürliche Schafweidewirtschaft wurde ökonomisch wichtiger für die Navajo als der Gartenbau (Jagen und Sammeln hatten nie aufgehört, maßgebliche Nahrungsquellen zu sein), die dichte Siedlungsweise, die Grundlage der Pueblitos gewesen war, verlor an Bedeutung: Die Weidewirtschaft erlaubte die Rückkehr zu einer verstreuteren, seminomadischen Lebensform, die in manchen Hinsichten dem alten Jäger-und-Sammler-Schema näherstand als dem Gartenbau-Muster der Pueblo-Indianer. Im Vergleich zur gesamten vorherigen Zeit erhöhte der Erwerb von Pferden die Mobilität der Navajo beträchtlich. Wir dürfen nicht vergessen, dass das nördliche New Mexico am Rande der High Plains liegt, die vom 17. bis zum 19. Jahrhundert kulturell eine große Blütezeit erlebten; diese ging auf den Erwerb von Pferden, später dann von Waffen, und auf das Vorhandsein riesiger Büffelherden zurück, die jetzt sehr viel leichter verwertet werden konnten als zuvor. Sowohl die Navajo als auch die östlichen Pueblo waren den Raubzügen von Prärieindianergruppen preisgegeben, insbesondere der Komantschen, und als die Franzosen den Präriestämmen im 18. Jahrhundert Gewehre zur Verfügung stellten, waren sie diesen gegenüber erheblich im Nachteil, da es den Spaniern gelang, die ihrer Gerichtsbarkeit unterstehenden Indianergruppen weitgehend von Waffen fernzuhalten. Obwohl sie es in Sachen Kriegsführung nie mit den Präriestämmen aufnehmen konnten, wurden die Navajo trotzdem zusammen mit anderen Apachengruppen zu erfolgreichen Räubern, die in den Siedlungen der Spanier und der Pueblo Nutztiere und gelegentlich auch Sklaven erbeuteten und sich mit ausgedehnten Feldzügen rächten, wenn sie Verluste erlitten hatten. Nach dem erfolgreichen Einmarsch der US-Army während des Mexikanisch-Amerikanischen Kriegs im Jahr 1846 wurden die Raubzüge der Navajo konsequent eingedämmt, sodass die Navajo häufiger Opfer waren als Angreifer, was erst mit ihrer bereits erwähnten Inhaftierung im Jahr 1864 und ihrer Rückkehr

148 David M. Brugge, *Navajo Pottery and Ethnohistory*, Navajoland Publications Reihe 2, Navajo Tribal Museum, Window Rock, 1963; und ders., „Navajo Prehistory and History to 1850“, in: Ortiz, *Southwest*, 489–501. Brugge zufolge waren Struktur und Funktion des Blessingway-Rituals „neu“, aber nicht alle seine Elemente.

ins Land der Navajo im Jahr 1868 endete.[149] Bis in die 1930er Jahre, als die US-Regierung die Begrenzung der Navajo-Herden verlangte, weil ihre Größe in einer ungeschützten Umwelt für Erosion sorgte, weiteten die Navajo die Schafhaltung, die den Kern ihrer Ökonomie bildete, erheblich aus. In der Folge waren die Navajo immer mehr auf Lohnarbeit angewiesen, obwohl die Schafhaltung weiterhin den Schwerpunkt der traditionellen Kultur bildete.

Was können wir angesichts dieser ereignisreichen Geschichte in den letzten Jahrhunderten über die Religion der Navajo sagen? Bevor im späten 19. Jahrhundert die Mythen und Zeremonien der Navajo erstmals aufgezeichnet wurden, sind wir weitestgehend auf Mutmaßungen angewiesen. Auch nach der Zunahme der Dokumentierung im Laufe des 20. Jahrhunderts blieb noch Raum für viele widersprüchliche Interpretationen. Das lag am schieren Umfang der Aufzeichnungen und an den Variationen, die dem Zeitpunkt und dem Ort der Dokumentierung sowie der Frage geschuldet sind, wer von den Navajo die Informationen lieferte und wer sie aufzeichnete.[150] Ich werde mich auf die Gelehrten verlassen müssen, deren Untersuchungen der Religion der Navajo am belastbarsten wirken und die sich mit einander ausschließenden Interpretationen auseinandersetzen, wo es angebracht ist.

Mehrere Autoren haben versucht, die Jäger-und-Sammler-Religion der frühen Apachen zu rekonstruieren, indem sie nach Vergleichsmaterial bei den Nordathabaskern und den Gruppen Ausschau hielten, deren Gebiete die Südathabasker durchquert haben müssen, bevor sie den Südwesten erreichten.[151] Luckert geht von der Vorstellung eines „prähumanen Flux" als einer Art Ausgangspunkt für die Glaubensinhalte der Jäger nicht nur in Nordamerika, sondern möglicherweise überall aus. Dieser Ausdruck ver-

---

149 Was damals „New-Mexico-Territorium", das die heutigen Staaten Arizona und New Mexico einschloss, genannt wurde, wurde 1848 formell von Mexiko an die Vereinigten Staaten abgetreten.

150 Eine zusätzliche Schwierigkeit besteht darin, dass es mehrere Ebenen des rituellen Wissens gibt und der Forscher, der die Religion der Navajo zu verstehen sucht, möglicherweise nicht weiß, welche dieser Ebenen der Informant preiszugeben für angemessen hält. Maureen Schwarz beschreibt zwölf Wissensebenen, von denen jede für bestimmte Personen verschiedenen Alters und Status angemessen ist. Siehe Maureen Trudelle Schwarz, *Molded in the Image of Changing Woman: Navajo Views on the Human Body and Personhood*, Tucson: University of Arizona Press, 1997, 24–33.

151 Besonders bemerkenswert sind die Bemühungen von Karl Luckert, *The Navajo Hunter Tradition*, Tucson: University of Arizona Press, 1975; Guy H. Cooper, *Development and Stress in Navajo Religion*, Stockholm: Almqvist and Wiksell International, 1984; und jüngst Jerrold E. Levy, *In the Beginning: The Navajo Genesis*, Berkeley: University of California Press, 1998.

weise auf eine „Zeit“, in der alle Dinge untereinander austauschbar waren: Nicht nur mächtige Wesen, Menschen und Tiere, sondern Insekten, Pflanzen und Besonderheiten der natürlichen Umgebung, wie zum Beispiel Berge, waren allesamt „lebendig“ und konnten die Form der jeweils anderen annehmen. Irgendwann verliehen einige mächtige Wesen der Erde Gestalt und unterteilten die „Völker“ (einschließlich der Tiere, Pflanzen, Berge und so weiter) in ihre gegenwärtigen Formen. Der ursprüngliche Flux liege jedoch nicht wirklich in der Vergangenheit, durch Rituale und die Trancezustände, die mit ihnen einhergehen, könne man vielmehr zu ihm zurückkehren.[152] Luckert behauptet, dass die bei den nordamerikanischen Jägern so weitverbreitete und bei den Navajo immer noch gebräuchliche Schwitzhütte eine bestimmte Funktion gehabt habe: Ihre rituelle Verwendung verwandelte menschliche Jäger in Raubtiere, das heißt besonders erfolgreiche Jäger. Dieser Auffassung zufolge nimmt das rituelle Schwitzbad eine Transformation vor, die es Menschen erlaubt, sich auf die Jagd einzulassen, und schützt sie beim Kontakt mit (nicht bloß physisch, sondern auch in geistiger Hinsicht) gefährlichen Tieren vor möglichen Krankheiten. Nach der Jagd wird das rituelle Schwitzbad wiederholt, um die Jäger, die nun selbst gefährlich geworden sind, in gewöhnliche Navajos zurück zu verwandeln.[153] Mit diesen Jagdritualen geht eine ganze Mythologie einher, die von Schutz gewährenden Wesen erzählt, die Jägern zur Seite stehen und ihnen helfen, an das Wild heranzukommen, das andere Wesen ihnen vorenthalten, sowie von Trickster-Wesen (Raben, Krähen, Kojoten), die in manchen Fällen den Absichten der Menschen gute Dienste leisten und ihnen in anderen im Wege stehen.

Mit diesen Glaubensvorstellungen der Jäger geht die gleichfalls weitverbreitete Idee und Praxis des Schamanismus Hand in Hand. Ganz einfach ausgedrückt, ist ein Schamane eine Einzelperson, die ein mächtiges Wesen aufsucht oder von ihm aufgesucht wird und durch diese direkte Erfahrung normalerweise zu Heilungszwecken Zugang zu einem Teil der Kräfte dieses Wesens erlangt. Ruth Benedict hat gezeigt, dass der Gedanke

---

[152] Luckert, *Navajo Hunter*, 133–142. Als Beispiel für Luckerts „prähumanen Flux“ bei den Navajo berichtet Maureen Schwarz, dass männliche und weibliche Wesen in der Ersten (unterirdischen) Welt nicht ihre „gegenwärtige Form“ gehabt hätten, sondern erst später zur Ersten Frau und zum Ersten Mann geworden seien. „Die anderen in dieser Welt verweilenden Wesen galten als Luftgeister oder Nebelwesen. Sie hatten keine festen Formen oder Gestalten, sondern verwandelten sich in den folgenden Welten in Menschen, Tiere, Vögel, Reptilien und andere Geschöpfe.“ Maureen Trudelle Schwarz, *Navajo Lifeways: Contemporary Issues, Ancient Knowledge*, Norman: University of Oklahoma Press, 2001, 12–13.

[153] Luckert, *Navajo Hunter*, 142–148.

einer individuellen Beziehung zu einem „Schutzgeist“ in Nordamerika weit und allgemeiner verbreitet ist als der Schamanismus im gewöhnlichen Wortsinn, insofern das Wesen, mit dem die Einzelperson in Kontakt kommt, nicht nur heilende Kräfte, sondern auch viele andere Fähigkeiten verleihen kann, wie zum Beispiel Erfolg beim Jagen.[154] Die „Visionssuche“, bei der die jeweilige Person an irgendeinem entlegenen Ort, häufig auf einem Berggipfel, in dem Bemühen Entbehrungen erfährt, einen solchen Schutzgeist zu finden, ist ein Aspekt dieses Gesamtkomplexes, auch wenn in andern Fällen der Geist die Initiative ergreift und nach der betreffenden Person „ruft“.

Obwohl die meisten Merkmale dieser Jäger-Tradition in den Apachengruppen erhalten geblieben sind und von vielen nordamerikanischen Jäger-und-Sammler-Kulturen im weiteren Umkreis geteilt werden, ist die Religion der Pueblo-Indianer ganz anders. Die Jäger-und-Sammler-Gruppen sowie die Hirtengruppen der Navajo waren in Großfamilien, die nah beieinander lebten, und in größeren Verbünden – lokale Gruppen oder Horden – von bis zu mehreren Hundert Personen organisiert, die aus bestimmten Gründen vorübergehend zusammenkamen, welche vom Ritual bis zum Krieg reichen konnten. Die Pueblo-Indianer lebten dagegen in festen Dörfern, deren Größe zwischen mehreren Hundert und mehreren Tausend Einwohnern lag und die weitgehend auf die Erzeugnisse der umliegenden Felder angewiesen waren. Ihre Dörfer waren häufig recht kompakt und wurden zu Verteidigungszwecken mitunter auf einer Hochebene errichtet. In diesen Dörfern wurden die Rituale nicht von Einzelpersonen organisiert, die ihre Ausbildung im Rahmen der persönlichen Erfahrung mit mächtigen Wesen erhalten hatten, sondern von priesterlichen Vereinigungen, die ihre Lehren an die jeweils nachfolgende Generation weitergaben. Obwohl es Heilungsrituale gab, wurden sie von Vereinigungen heilender Priester und nicht von einzelnen Schamamen ausgeführt. Die Hauptrituale, von denen jedes einer bestimmten priesterlichen Vereinigung zukam, richteten sich nach dem Kalender, nach Sonnenwenden und Tagundnachtgleichen und waren an die jährlichen Vegetationsphasen des Mais gekoppelt. Die Ursprungsmythen der Pueblo-Indianer waren sehr viel ausgefeilter als die der Jäger und Sammler: Sie richteten ihr Augenmerk auf das Eintreffen des Menschen auf der gegenwärtigen Erde, nachdem er in mehreren Unterwelten verschiedene Wechselfälle durchlebt hatte. Die Religion der Pueblo war in hohem Maße räumlich ausgerichtet: Das Heimatdorf wurde als so etwas wie das Zentrum der Welt betrachtet, die heiligen Berge

[154] Ruth Benedict, *The Concept of the Guardian Spirit in North America*, Menasha, Wis.: American Anthropological Association, 1923.

fassten den heiligen Raum in alle vier Himmelsrichtungen ein. Auch wenn einige Anthropologen von Pueblo-„Göttern“ sprechen, glaube ich, dass diese Gestalten den mächtigen Wesen näherstehen als den Göttern der archaischen Gesellschaften, insofern sie eher angerufen als angebetet werden und eher der Identifikation dienen als dazu, Opfergaben zu erhalten. Die Pueblo-Indianer verfügten allerdings über eine kohärentere und anthropomorphere Götterwelt als die Jäger und Sammler mit ihrer ziemlich amorphen Truppe aus teils menschlichen und teils tierischen heiligen Wesen.

Wo fügen die „pueblotisierten“ Navajo sich darin ein? Obwohl es in allen Apachengruppen Einzelpersonen gibt, die entweder durch Visionen oder in Träumen von mächtigen Wesen Weisungen im Hinblick auf Rituale erhalten, gibt es diese Einzelpersonen fast gar nicht bei den Navajo, sie sind nur unter Wahrsagern anzutreffen. Die wichtigsten Mitwirkenden am Ritual, die „Sänger“ genannt werden, weil sie Zeremonien abhalten, die „Sings“ heißen, erlernen die Rituale als Lehrlinge bei etablierten Sängern und fungieren eher als Priester denn als Schamanen, obwohl es keine Vereinigung der Sänger gibt und jeder Sänger oder (seltener) jede Sängerin alleine agiert. Es gibt keinen rituellen Kalender, sondern die Rituale werden vollzogen [*performed*], wenn bestimmte Einzelpersonen oder Gruppen sie benötigen. Mit Ausnahme des wichtigsten Rituals von allen, Blessingway, das zu einer Vielzahl von unten beschriebenen Anlässen vollzogen wird, handelt es sich dabei gewöhnlich um Heilungsrituale, auch wenn Krankheit sehr viel weiter definiert wird als bei uns.

Der in vielen, nicht vollkommen identischen Versionen dokumentierte Ursprungsmythos der Navajo geht eindeutig auf Pueblo-Quellen zurück, da es sich um einen Entstehungsmythos handelt, der mehrere, gewöhnlich vier, Unterwelten umfasst, welche die Menschen durchquert haben, bevor sie auf der „Erdoberfläche“, wie die Navajo unsere Welt bezeichnen, eintreffen. Trotzdem tauchen Jäger-Figuren wie der Kojote an Stellen auf, wo man sie in den Mythen der Pueblo-Indianer nicht erwarten würde. Obwohl es bei den Navajo keinen Schamanismus gibt, haben die sich auf die wichtigsten Heilungszeremonien beziehenden Mythen einen stark schamanistischen Einschlag. Sie berichten über die Abenteuer eines Knaben oder (seltener) eines Mädchens, dem mächtige Wesen durch eine Reihe verschiedener Missgeschicke Leid antun, der bzw. das aber durch spirituelle Helfer in der Lage ist, sich Heilungsritualen eben der Wesen zu unterziehen, die ihm das Leid zugefügt haben. Diese Rituale nehmen sie dann mit zu ihren irdischen Familien und bringen sie ihnen bei – häufig einem Geschwisterteil oder einem nahen Verwandten –, bevor sie wieder fortgehen, um sich den heiligen Wesen anzuschließen. Obwohl die Zeremonien der Navajo von Sänger zu Sänger weitergegeben werden, wurden sie ursprünglich von Menschen erlernt, die heilige Wesen auf hochgradig schamanistische Weise direkt erlebt haben. Auch wenn er in der Praxis der Navajo fast vollständig fehlt, überlebt der Schamanismus also sozusagen eingekapselt in die mythologischen Szenarien der Heilungsrituale.

Obwohl die Navajo keine kalendarischen Zeremonien kennen (die meisten Rituale können nur im Sommer oder im Winter vollzogen werden, aber davon abgesehen zu keinem bestimmten Zeitpunkt, allerdings nicht während Sonnen- oder Mondfinsternissen), erinnert deren räumliche Ausrichtung stark an die Pueblo-Indianer. Die vier Himmelsrichtungen mit den vier heiligen Bergen sind für die Navajo-Rituale zentral. Sie sind Farben, Tageszeiten, Jahreszeiten und bestimmten heiligen Wesen zugeordnet. Weil die Navajo weit verstreut leben, gibt es kein eigentliches Zentrum im Sinne der Pueblo-Indianer, aber das von den heiligen Bergen umgebene Land (Navajoland oder Dinetah) ist „zentral" für das Raumverständnis der Navajo.[155] Zudem ist das Wohngebäude oder der Hogan, in dem die Zeremonie vollzogen wird, eine Art Mikrokosmos des Universums (wie die Kiva bei den Pueblo, obwohl die Kiva kein Wohngebäude ist) und in diesem Sinne ein Zentrum.[156]

Der allgemeinste Begriff für heilige Wesen bei den Navajo ist *diyin diné*, was gewöhnlich mit „Heiliges Volk" übersetzt wird, doch die Gelehrten, welche die Religion der Navajo untersucht haben, mahnen umgehend an, dass „heilig" in diesem Fall nicht im ethischen Sinne gut, ja noch nicht einmal unbedingt wohltätig bedeutet, sondern eher mächtig. Aufgrund ihrer Macht sind sie gefährlich und wenn man sich ihnen unsachgemäß nähert, können sie Schaden anrichten, selbst wenn sie sich mit Hilfe des richtigen Rituals als hilfreich erweisen mögen. Das Heilige Volk ist eine

---

155 Obwohl die Navajo nicht auf genau dieselbe Art und Weise wie die Aborigines daran glauben, dass sie vom Land geboren werden, haben sie eine intensive Bindung an Orte. Die Helden der Heilungszeremonien besuchen viele namentlich genannte Orte im Land der Navajo und einige landschaftliche Besonderheiten sollen die Leichen der von Monster Slayer getöteten Monster sein. Keith Basso gibt eine exzellente Beschreibung der Wichtigkeit von Orten bei den westlichen Apachen, der Gruppe von Apachen, die der Kultur der Navajo am ähnlichsten ist, die wahrscheinlich größtenteils genauso für die Navajo gilt. Siehe Keith H. Basso, *Wisdom Sits in Places*, Albuquerque: University of New Mexico Press, 1996.

156 Eine hilfreiche Vergleichsanalyse des Zeremonialismus bei den Pueblo und bei den Navajo liefert Louise Lamphere, „Southwestern Ceremonialism", in: Ortiz, *Southwest*, 743–763. Ich habe in meinem Beitrag zu einem Band der Harvard Values Study-Reihe Vergleiche zwischen den Navajo und den Zuni Pueblo angestellt. Siehe Robert N. Bellah, „Religious Systems", in: *People of Rimrock: A Study of Values in Five Cultures*, hrsg. v. Evon Z. Vogt und Ethel M. Albert, Cambridge, Mass.: Harvard University Press, 1966, 227–264.

ziemlich heterogene Gruppe: Manche kommen aus der alten Jäger-Tradition (welche genau ist umstritten) und manche wurden offenkundig von den Pueblo-Indianern übernommen. Der deutlichste Hinweis auf Letztere sind die *yei,* maskierte Götter, welche die Navajo-Version der bekannten Kachinas der Pueblo sind. Solche maskierten Götter treten in bestimmten Sequenzen der häufig vollzogenen Nightway-Zeremonie auf, fehlen aber im wichtigsten Ritual, dem Blessingway.

Ich möchte mich jetzt mit dem Blessingway-Ritual beschäftigen und damit, warum es zentral und recht anders ist als die anderen Zeremonien: Obwohl das Blessingway-Ritual im Ursprungsmythos der Navajo wurzelt – als dem Narrativ, das der Welt Sinn verleiht –, ist seine größte Besonderheit der Gesang, wie es bei allen Navajo-Ritualen der Fall ist. Ohne Gesang (nicht zu vergessen, dass Navajo-Rituale „Sings" genannt werden) kann kein Ritual Wirkung entfalten. So wird verständlich, warum das Blessingway-Ritual als „Rückgrat der Gesänge" bezeichnet wird.[157] Gladys Reichard hebt die Bedeutung der Gesänge anhand eines Abschnitts aus dem Blessingway-Ritual hervor: „Changing Woman [sich *wandelnde Frau*] brachte ihren beiden göttlichen Kindern Gesänge bei und ermahnte sie: ‚Vergesst die Gesänge nicht, die ich euch beigebracht habe. Der Tag, an dem ihr sie vergesst, wird der letzte sein; es wird keine weiteren Tage mehr geben.'"[158] Gary Witherspoon hat darauf hingewiesen, dass alle Navajos singen und viele von ihnen Gesänge komponiert haben – keine rituellen Gesänge, die minutiös erlernt werden müssen, sondern Gesänge für verschiedene Anlässe.[159] Wie im Fall der Kalapalo und der Aborigines befinden wir uns also mitten in einer Gesangskultur. Wohlstand kann durchaus unter Rückgriff auf die Zahl der Gesänge angegeben werden, über die man verfügt, und Armut äußert sich darin, dass man sagt: „Ich bin immer ein armer Mann gewesen. Ich besitze nicht einen einzigen Gesang."[160]

So unverzichtbar er sein mag, ist der Gesang immer Teil eines Narrativs, und auch in dieser Hinsicht ist das Blessingway-Ritual zentral. John Farella bringt seine Zentralität in der Metapher des „Hauptstängels" zum Ausdruck:

---

[157] Sam D. Gill, *Sacred Words: A Study of Navajo Religion and Prayer*, Westport, Conn.: Greenwood Press, 1981, 84.

[158] Gladys A. Reichard, *Navajo Religion: A Study of Symbolism*, New York: Pantheon Books, 1950, 289.

[159] Gary Witherspoon, *Language and Art in the Navajo Universe*, Ann Arbor: University of Michigan Press, 1977, 152.

[160] Reichard, *Navajo Religion*, 289–291.

> „Üblicherweise begreifen und bezeichnen die Navajo ihr philosophisches und zeremonielles System als Maispflanze. Die Stellen, an denen die Pflanze sich verzweigt, sind die Abzweigungen der wichtigsten Zeremonien. Die ‚Wurzeln' reichen bis in die Unterwelt und beziehen sich natürlich auf die Geschichten vor dem Eintreffen auf der Erde. Der Hauptstängel nimmt einerseits auf *hozhooji* [Blessingway] und andererseits (aber eigentlich als dieselbe Sache) auf die Essenz oder den synthetischen Kern der Philosophie Bezug."[161]

Die narrative Grundlage des Blessingway-Rituals ist die Ereignisfolge kurz nach dem Eintreffen auf der Welt der gegenwärtigen Erdoberfläche und vor den Abenteuern der Protagonisten der großen Heilungszeremonien. Das zwiespältige Verhältnis dieses Narrativs zu allem, was wir Geschichte nennen würden, und seine konstitutive Natur verleiten Farella und andere dazu, von „Philosophie" zu sprechen; ich würde diesen Ausdruck lieber einer theoretischen Kultur vorbehalten, die bei den Navajo nahezu vollständig fehlt.[162] Das Ursprungsnarrativ der Navajo ist keine lineare Geschichte im üblichen westlichen Sinne des Wortes, sondern gleicht eher etwas, das Maureen Schwarz unter Verwendung eines Zitats aus einem Aufsatz von Rik Pinxton und Claire Farrer folgendermaßen formuliert hat: „Das in den Ursprungserzählungen der Navajo enthaltene Wissen der Ahnen ist ‚bloß ein weiterer Bestandteil der gegenwärtigen Wirklichkeit und keine objektivierte, abgehobene und unverrückbare Weisheit oder Wahrheit'. Für die einzelnen Navajo ist Geschichte ‚kein Attribut oder Vehikel einer objektivierten Vorstellung [*representation*] von Wissen über die Wirklichkeit', sondern ‚der Ablauf von etwas, das fortwährend im Werden ist.'"[163] In diesem Sinne schildert der Ursprungsmythos der Navajo bleibende Ereignisse, wenn man es mit Swains Ausdruck für die Traumzeit der

---

[161] John R. Farella, *The Main Stalk: A Synthesis of Navajo Philosophy*, Tucson: University of Arizona Press, 1984, 20.

[162] Man sollte vielleicht besser sagen, dass sie „in der Vergangenheit" bei den Navajo gefehlt hat. Mit der Gründung des Navajo Community College 1969 in Tsaile, Arizona, mit einer Dependance in Shiprock und der dortigen Entwicklung eines Navajo-Studien-Programms, das ausgiebig auf Texte zurückgreift, die in Navajo, aber auch in Englisch verfasst sind, wurde die institutionelle Basis für die Entwicklung einer theoretisch ausgerichteten Navajo-Philosophie und -Theologie geschaffen. Mir scheint, dass Witherspoons und Farellas Arbeiten, obwohl sie beide die fundamentale Wichtigkeit von Narrativität anerkennen, für einen Systematisierungsgrad stehen, in dem sich der unvermeidliche Rationalisierungsprozess widerspiegelt, der einsetzt, wenn die Kultur der Navajo konzeptionell „zweisprachig" wird. Die unten zitierte Arbeit James McNeleys kann auch in diesem Zusammenhang herangezogen werden. Siehe Gloria J. Emerson, „Navajo Education", in: Ortiz, *Southwest*, 669–670.

[163] Schwarz, *Navajo Lifeways*, 10, zitiert Rik Pinxton und Claire Farrer, „On Learning a Comparative View", *Cultural Dynamics 3* (1990), 249.

Aborigines formuliert, sodass die Vorstellungen von „vorher" und „nachher" nur relative, keine absolute Bedeutung haben. Im Ritual ist potenziell alles gegenwärtig, was zum Narrativ gehört.

Obwohl in vielen Ritualen auf Ereignisse vor dem Eintreffen auf der Erde Bezug genommen wird, wurde die Welt, wie wir sie kennen, durch das strukturiert, was danach geschah.[164] Als der Erste Mann und die Erste Frau und andere Angehörige des Heiligen Volks aus der Vierten Welt auf der Erdoberfläche eintrafen, war diese mit Wasser bedeckt und gestaltlos. Winde (die ebenfalls zum Heiligen Volk gehören) trockneten das Land, und als erstes wurde eine Schwitzhütte geschaffen. In der Schwitzhütte packte der Erste Mann das Medizinbündel aus, das er aus der Unterwelt mitgebracht hatte. Es enthielt kostbare Steine in Gestalt von Maiskörnern, Erde aus den heiligen Bergen in der Unterwelt und andere Objekte. Aus dem Bündel formte der Erste Mann viele der Besonderheiten der Welt, wie wir sie kennen: Er schuf den ersten Hogan als eine Art Mikrokosmos des Universums, dessen vier Eckpfosten die vier Himmelsrichtungen und die heiligen Berge markieren.

Danach bedeckte der Erste Mann bestimmte heilige Objekte aus seinem Bündel mit Laken aus „Morgengrauen, Abenddämmerung und Sonnenlicht" und mit „einer Decke aus Dunkelheit", den vier Tageszeiten.

> „Als er sie viermal, wie beschrieben, bedeckt hatte, erhoben sich an dieser Stelle ein junger Mann und eine junge Frau. Von absoluter Schönheit, die ihresgleichen suchte, hatten beide langes Haar, das bis an ihre Schenkel reichte. [...] Sie direkt anzusehen, war unmöglich, so sehr blendete der erstaunlich helle Schein, der von ihnen ausging. ‚Dies ist das einzige Mal, das einer von euch sie gesehen hat, von jetzt an wird niemand von euch sie wiedersehen. Obwohl sie direkt um euch herum sind und auch wenn sie bis ans Ende eurer Tage direkt um euch herum für euren Lebensunterhalt sorgen werden, wird keiner von euch sie je wiedersehen', sagte er ihnen."[165]

Einer Version zufolge brachten diese beiden jungen Leute ein Baby zur Welt, das auf dem Gipfel einer der heiligen Berge vom Ersten Mann entdeckt wurde. Er nahm es mit nach Hause zur Ersten Frau, und mit Hilfe der Ratschläge anderer Angehöriger des Heiligen Volks fütterten sie das Baby mit Blütenstaub aus den Wolken und Pflanzen und mit Tau aus den Blumen. „Dank dieser besonderen Pflege entwickelte sich das Baby schnel-

---

[164] Ich werde das „Blessingway"-Narrativ stark komprimieren und mich dabei weitgehend auf Material aus Leland C. Wyman, *Blessingway*, Tucson: University of Arizona Press, 1970, stützen.
[165] Ebd., 111–112.

ler als andere: Nach zwei Tagen konnte es gehen, nach vier Tagen sprechen und nach 12 Tagen begann es zu menstruieren.“[166]

Das Baby war Changing Woman und ihre Menstruation war Grund zu großer Freude und der Anlass für die erste Blessingway-Zeremonie. Pubertätsrituale für Mädchen waren bei den nordamerikanischen Jägern und Sammlern weitverbreitet, und die Südathabaskaner haben sie sicherlich mitgebracht, als sie im Südwesten ankamen. Doch diese älteren Riten konzentrierten sich auf die durch das Menstruationsblut verursachte Verunreinigung und die sich aus dem Kontakt mit ihm womöglich ergebenden Nachteile für das Jagen, weshalb sie die Ausgrenzung des Mädchens während seiner Menstruation mit sich brachten. Als Spielart der Blessingway-Zeremonie war der Ritus der Navajo eher eine Feier der Lebendigkeit und Fruchtbarkeit, die Changing Woman den Menschen gebracht hatte.

Changing Woman wurde von der Sonne geschwängert, als sie sich auf einem Felsen ausruhte. Daraufhin brachte sie die Warrior Brothers zur Welt, Monster Slayer und Child-of-Water. Obwohl das Auftauchen von Changing Woman Glück verheißen hatte, war die Welt immer noch ein gefährlicher Ort, weil allerlei durch unschickliche Taten in der Vierten Welt erzeugte Monster ebenfalls an die Erdoberfläche gekommen waren und deren neue Bewohner töteten. Die Warrior Brothers, die unter großen Schwierigkeiten herausgefunden hatten, wer ihr Vater war und wie man ihn finden konnte, wurden nach vielen Prüfungen von der Sonne mit der Macht ausgestattet, diese Monster zu erschlagen. Mit der Unterstützung seines jüngeren Bruders machte Monster Slayer sich daran, diese Aufgabe zu erledigen. Mit Ausnahme von Hunger, Armut, Betagtheit und Läusebefall wurden alle Monster erschlagen. Auch wenn sie unangenehm sind, haben die Erstgenannten alle eine Funktion im menschlichen Leben: Ohne Hunger würde das Essen keinen Spaß machen; ohne Armut würde das Anschaffen neuer Dinge keinen Spaß machen; ohne Betagtheit (und Tod) würde die Erde überquellen und gäbe es keine Geburten mehr; ohne Läusebefall gäbe es keinen Anreiz, anderen Menschen seine Freundschaft und Liebe dadurch zu zeigen, dass man Läuse von ihren Köpfen klaubt.[167]

Changing Woman bittet den Ersten Mann um sein Medizinbündel und bekommt es, aber er hat noch ein weiteres, das er mitnimmt, als er und die Erste Frau in die untere Welt zurückkehren. Diese Figuren, die von Anfang an so wichtig für die Geschichte gewesen waren, bekommen jetzt eine

---

[166] Schwarz, *Navajo Lifeways*, 19.

[167] Levy, *In the Beginning*, 73. Das Verständnis der Navajo, dass Entlausen eine positive soziale Funktion besitzt, deutet auf ein spärliches Überbleibsel der Fellpflege von Primaten bei den *Homo Sapiens* hin.

dunkle Seite, denn das Bündel, das sie mit zurücknehmen, ist das Zauberbündel.[168] Von jetzt an steht die fürsorgliche Figur, Changing Woman, im Zentrum der Rituale der Navajo, doch sogar sie kann gefährlich sein, wenn ihre Regeln nicht befolgt werden, und die Welt der Navajo ist immer eine Mischung aus wohltätigen und gefährlichen Kräften.

Nachdem die Monster erschlagen worden sind, möchte Changing Woman nicht länger allein sein:

> „White Bead Woman [Frau mit den weißen Perlen, die meistens als identisch mit Changing Woman angesehen wird] möchte jetzt ihr eigenes Volk haben. Sie möchte ein Volk haben, das sie als ihre Enkel bezeichnen kann. Diese würden die Kunde weitertragen, die sie ihnen beibringen würde. Sie würden die Gebete und Gesänge ehren und heilig halten, die sie ihnen schenken würde."[169]

Von verschiedenen Teilen ihres Körpers rieb Changing Woman Haut ab und hauchte dem, was sie abgerieben hatte, Leben ein. Das waren die Navajo, denen sie so viel Kunde beibrachte, wie sie benötigten. Danach verließ sie auf Geheiß der Sonne das Volk auf der Erdoberfläche und ging nach Westen. Doch weder Changing Woman noch die anderen Angehörigen des Heiligen Volks gehen wirklich weg, weil sie in den Ritualen gegenwärtig sind und weil jeder, der sich den Ritualen unterzieht, eins mit ihnen werden kann.

So wichtig Changing Woman auch sein mag, wird der innerste Kern des Blessingway-Rituals – und laut Interpreten wie Witherspoon und Farella des Lebens der Navajo – durch die „beiden Schönen" personifiziert, die Changing Womans Eltern waren. Unter Heranziehung von Wyman schildert Witherspoon, was der Erste Mann am Anfang zu ihnen gesagt hat:

> „‚Als erster all der verschiedenen Arten von heiligen Wesen, die geschaffen worden sind, wirst du ihr Denken sein (repräsentieren) und Long Life [Sa'ah Naaghaii, Langes Leben] heißen', sagte man ihm. ‚Und als zweites aller heiligen Wesen, die als erste zum Einsatz kommen, wirst du ihre Rede sein (repräsentieren) und Happiness [Bik'eh Hozho, Glück] heißen', wurde ihm gesagt. Und all dies geschah. ‚Ihr werdet ohne Ausnahme bei allem (besonders bei zeremoniellen Angelegenheiten) (anwesend) sein, durch euch beide werden ausnahmslos alle langes Leben sein, und durch euch beide werden ausnahmslos alle Glück sein', wurde ihnen gesagt."[170]

---

168 Genauso wie bei den Kalapalo und den Aborigines ist der Glaube an Hexerei bei den Navajo weit verbreitet. Die grundlegende Arbeit zu diesem Thema wurde verfasst von Clyde Kluckhohn, *Navajo Witchcraft*, Cambridge, Mass.: Peabody Museum, Harvard University, 1944; repr., Boston: Beacon Press, 1967.

169 Schwarz, *Navajo Lifeways*, 20.

170 Witherspoon, *Language and Art*, 17; Wyman, *Blessingway*, 398.

Die Zentralität von *sa'ah naaghai bik'eh hozho* wird weder durch ihre Personifizierung noch durch die Übersetzung mit „langes Leben, Glück" angemessen wiedergegeben. Die Formulierung bildet den Kern des Blessingway-Rituals und wird in dem Abschnitt des Blessingway-Rituals verwendet, mit dem beinahe jede Zeremonie endet. Der Begriff *hozho*, der unterschiedlich mit „Segen", „Schönheit", „Gesundheit", „Ganzheit" und so weiter übersetzt worden ist und in dem sich Ethisches und Ästhetisches vermischen, ist von vielen als Schlüsselbegriff der Kultur der Navajo betrachtet worden. Farella hat darin erinnert, dass *hozho* immer sein Gegenstück, *hochxo*, mit einschließt, das unterschiedlich mit „Böses" oder „Hässlichkeit" übersetzt wird, aber einen genauso unverzichtbaren Teil des Lebens der Navajo darstellt wie *hozho*. Die Navajo verabsolutieren den Gegensatz zwischen Gut und Böse nicht, aber inmitten der unvermeidlichen Störungen der Ordnung bemühen sie sich um Ordnung. Das zeremonielle System, in dessen Zentrum das Blessingway-Ritual und *sa'ah naaghai bik'eh hozho* stehen, bringt Sinn und Ordnung in diese gefährliche Welt.[171]

Farella deutet an, wie die Einstellung gegenüber dem Heiligen Volk sich im Laufe des Lebens einer Einzelperson ändern kann:

> „Ein junger Mensch, vor allem ein Knabe in der Adoleszenz, wird Tabus ungestraft übertreten, um zu zeigen, dass er keine Angst hat und mutig ist. Dann geschieht ein Unglück und er fängt an zu glauben. Zu diesem Zeitpunkt, an dem man zu glauben beginnt, aber über kein Wissen verfügt, ist die Welt am furchtbarsten. Im Bemühen, diese Furcht zu überwinden, beginnt man dann, die Geschichten und die Zeremonien zu erlernen. In der Anfangsphase dieses Lernprozesses schützt der Lehrer seinen Schüler, bis dieser selbst die Kontrolle erlangt hat. In der Folgezeit wird ein Punkt erreicht, an dem die Furcht nicht mehr die vorherrschende emotionale Einfärbung des Verhältnisses zum *diyinii* [Heiligem Volk] darstellt. An die Stelle der Furcht tritt Respekt. Dieser Respekt beschreibt ein Verhältnis unter Gleichen oder beinahe Gleichen, wohingegen Furcht das Kennzeichen eines Unterordnungsverhältnisses ist."

Wie Farella festhält, praktizieren Einzelpersonen, die im höheren Alter besonders kenntnisreich sind, oftmals keine Rituale:

> „Allem Anschein nach sind sie ziemlich zufrieden mit den Dingen, keinesfalls vollkommen zufrieden, aber sie nehmen die Dinge hin, wie sie sind. Sie nehmen Rituale nicht für Veränderungen in Anspruch, sondern in Form kleiner Feiern dessen, was es gibt. Gleichwohl ist das Verhältnis dieser Männer zum *diyinii* inniger als die Beziehung, die diejenigen zu ihm unterhalten, die Rituale praktizie-

---

171 Eine sprachlich sehr genaue Analyse der Wendung *sa'ah naaghaii bek'eh hozho* findet sich in Witherspoons Buch *Language and Art*, 17–27. Farella bietet in *The Main Stalk*, 153–187, so etwas wie eine metaphysische Analyse an.

> ren. Sie haben die ‚Mächtigen' als Teil von sich und sich selbst als Teil der ‚mächtigen Wesen' direkt erlebt. [...]
>
> Bei diesen besonders kenntnisreichen Männern ist die bei den Navajo ohnehin nie besonders stark ausgeprägte Grenze zwischen Ich und *diyinii* beinahe inexistent geworden. Die mir bekannten Männer, die diesen Zustand erreicht hatten, waren sehr alt, und ich nehme an, dass ihr Tod die endgültige Auflösung dieser Grenze mit sich brachte. Doch als sie sich dem Tode näherten, war ihr Gemütszustand friedlich, nicht ängstlich."[172]

Wie dieser Bericht über ein ideales Navajo-Leben andeutet, bedeutet *sa'ah naaghai bik'eh hozho* Vollkommenheit, aber, wie Farella betont, nicht die Vollkommenheit einzelner Individuen. Man kann *sa'ah naaghai bik'eh hozho* mit *nilch'i*, dem Wind, der Luft oder dem Atem gleichsetzen, der alle Dinge mit Leben erfüllt. Durch den Wind sind wir mit allen Wesen verbunden. Anders formuliert, könnte man sagen, dass *sa'ah naaghai bik'eh hozho* uns in Form von Verwandtschaft, *k'e*, mit allen Wesen, nicht nur mit Menschen verknüpft.[173]

Möglicherweise ist dies der richtige Zeitpunkt, um dem Klischee entgegenzutreten, dass die Navajo „individualistisch" und die Pueblo-Indianer dagegen „kollektivistisch" seien. Es stimmt zwar, dass die Menschen in einer Schafhirten-Kultur häufiger auf sich allein gestellt sind als in einem dicht besiedelten, Ackerbau betreibenden Dorf, und dass die Navajo bei jedem, sogar bei Kindern, einen ausgeprägten Sinn dafür haben, dass allein getroffene, wichtige Entscheidungen respektiert werden müssen. Doch der ideale Navajo gleicht nicht dem angloamerikanischen Individualisten, der in erster Linie auf sein Eigeninteresse aus ist oder nach „Selbstverwirklichung" strebt. Ideal ist eher jemand, der Segnungen erwidert und Verantwortung für andere übernimmt. Obwohl alle Rituale der Navajo um „den Besungenen" kreisen und von daher scheinbar individualistisch ausgerichtet sind, haben sogar die Heilungszeremonien ein sehr viel weitreichenderes Anliegen:

> „Obwohl die Heilungszeremonien der Navajo sich anscheinend auf ‚den Patienten' richten, wird für eine Behandlung niemand als Einzelperson herausgegriffen. Stattdessen wird, wie Harry Walters schreibt, das ‚gesamte Umfeld' behandelt, mit dem der Patient auf persönlicher, sozialer und kosmischer Ebene intim verbunden ist. ‚In der Zeremonie wird nicht bloß das physische Wesen behandelt, sondern auch das geistige sowie der Ehepartner, die Kinder, der Haushalt, der

---

[172] Farella, *The Main Stalk*, 66–68.

[173] Über Vollkommenheit, ebd., 181; über Wind, James Kale McNeley, *Holy Wind in Navajo Philosophy*, Tucson: University of Arizona Press, 1981; über Verwandtschaft, Witherspoon, *Language and Art*, 88, wo er über das „Ideal der Navajo" spricht, „sich mit jedem verwandtschaftlich verbunden zu fühlen".

> Viehbestand, wissen Sie, die Luft, die der Patient einatmen wird, der Boden, auf dem er gehen wird, das Wasser, das er trinken wird, die Feuerstelle, die er benutzen wird. Alles, wissen Sie, so als ob man, als ob man nur ein Einzelner in diesem Umfeld ist. Deshalb besteht die Behandlung darin, alles, das gesamte Umfeld zu behandeln.'"[174]

Sogar das Blessingway-Ritual, das zu weit mehr als zur Heilung verwendet wird, macht selbst dann „einen Besungenen" erforderlich, wenn seine Zweckbestimmung hauptsächlich „dem gesamten Umfeld" dient. Wyman meint, unabhängig vom Anlass sei sein Ziel „gute Hoffnung", „die Abwendung potenziellen Unheils, die Erlangung der Segnungen, die ein Mensch für ein langes und glückliches Leben braucht".

> „Deshalb umfasst die Praxis des Blessingway-Rituals Geburt und Adoleszenz, das Heim bzw. den Hogan, Hochzeiten, die Wahrung und Erlangung von Besitztümern, Schutz vor Unfällen. [...] Kein anderes Zeremoniell im System der Navajo bietet dem Ureinwohner bei jedem Schritt seines Lebenswegs eine solche Hilfe wie das Blessingway-Ritual. [...] Es ist ein einfaches Ritual. Es passt sich jeder Notlage, jedem Traum, jeder Laune, jeder menschlichen Schwäche an."[175]

Wenn wir uns das Verhältnis der heiligen Narrative der Navajo zur Ethik ansehen, werden wir feststellen, dass sie ebenso wenig einen Moralkodex darstellen wie die Narrative der Aborigines. Das Heilige Volk gibt keine moralischen Anweisungen und betätigt sich auch nicht als moralisches Musterexemplar: Wenn sie etwas lehren, dann geschieht das genauso oft durch das, was sie falsch machen, wie durch das, was sie richtig machen. Trotzdem dienen die Narrative, wiederum wie im Fall der Aborigines, nicht nur dazu, der Welt einen Sinn abzugewinnen, sie vermitteln auch eine Vorstellung von moralischer Ordnung. Unter Bezugnahme auf die Pionierarbeit von Katherine Spencer hat Sam Gill das gut formuliert, wenn er sagt, dass die heiligen Geschichten „als Leitfaden für ein moralisches Leben dienen":

> „Während es im Schöpfungszeitalter um die Einrichtung der richtigen Orte und Verhältnisse für die Dinge in der Welt geht, ist das Ursprungszeitalter der Zeremonien damit beschäftigt, wie man in dieser Welt lebt. Es befasst sich mit den Grenzen sowohl der Orte als auch der Verhältnisse. Es befasst sich mit den Verhältnissen, die für das Leben erforderlich sind, wie etwa das Verhältnis zwischen Jäger und Wild, zwischen Mann und Frau und den Frauen, die nicht seine Ehefrau sind, zwischen angeheirateten Verwandten, zwischen den Lebenden und den Toten, zwischen einem Navajo und einem Nicht-Navajo, zwischen einem Menschen und den Pflanzen und Tieren in seiner Umwelt, zwischen dem Volk auf der Erdoberfläche und dem Heiligen Volk. Die Geschichten, die von diesem Zeitalter

174 Schwarz, *Molded in the Image*, 235.

175 Wyman, *Blessingway*, 8.

erzählen, bestimmen die Lebensweise der Navajo. Sie befassen sich mit dem Leben, das sich durch Raum und Zeit vorwärtsbewegt. Sie erproben Grenzen und bekräftigen sie dadurch."[176]

In ihrem vorzüglichen Buch *Navajo Lifeways* zeigt Maureen Schwarz, dass die in den heiligen Narrativen enthaltene Religion der Navajo für die Navajos von heute noch immer eine Sinnquelle ist. Sie nennt eine Reihe von Fällen, in denen die Navajo eine aktive Deutung der Mythen vornehmen, um die Schwierigkeiten zu verstehen, denen sie sich gegenübersehen, und zwar Schwierigkeiten, die vorwiegend in den 1990er Jahren auftraten. Beim Ausbruch der tödlichen Hantavirus-Epidemie in der Four Corners-Region starben eine Reihe von Navajos. Dieser Ausbruch wurde als Rückkehr der „Monster" aus der mythischen Zeit gedeutet, deren verheerender Kraft nur durch eine Rückkehr zu den traditionellen Verhaltensweisen der Navajo und einen häufigeren Vollzug [*performances*] des Blessingway-Rituals entgegengetreten werden könne. Der Wegzug von Navajos aus einem Land, das den Hopi zugesprochen worden war, durch den Uranabbau bedingte Krankheiten und der nach wie vor um sich greifende Alkoholismus sind weitere Fälle, bei denen die Anwendung eines aus den Mythen abgeleiteten Verständnisses dabei half, mit aktuellen Herausforderungen fertig zu werden. Der möglicherweise interessanteste Fall trat ein, als einer Frau in einem abgelegenen Teil des Reservats zwei Angehörige des Heiligen Volks „erschienen". Obwohl viele, zu denen auch einige hohe Vertreter der Navajo-Nation gehörten, diese Erscheinung zum Anreiz für ethnische Erneuerung und ethnischen Stolz nahmen, was zu einer noch nie dagewesenen Zahl von tausenden Pilgerreisen zu der Stelle führte, an der die Erscheinung stattgefunden hatte, wiesen andere darauf hin, dass es in den heiligen Narrativen der Navajo ausdrücklich heiße, das Heilige Volk sei zwar direkt um uns herum, bleibe dabei aber unsichtbar. Außerdem kritisierten sie die Vorstellung von Pilgerfahrten und Opfergaben an der Pilgerstätte, anstatt das Richtige zu tun und an den heiligen Orten in der Nähe des eigenen Wohnorts Opfergaben darzubieten. Diese lebhafte hermeneutische Kontroverse stellte die ungebrochene Lebendigkeit der Tradition unter Beweis, obwohl sie auch Anlass zu warnenden Worten gab, dass die wahre Tradition verloren sei, was möglicherweise verheerende Folgen nach sich ziehe.[177]

---

176 Gill, *Sacred Words*, 56, zitiert Katherine Spencer, *Mythology and Values: An Analysis of Navaho Chantway Myths*, Philadelphia: American Folklore Society, 1967. Siehe auch Spencer, *Reflection of Social Life in the Navaho Origin Myth*, University of Arizona Publications in Anthropology 3, 1947.

177 Schwarz, *Navajo Lifeways*, besonders Kap. 3, „The Holy Visit of 1996". In ihrem

Bemerkenswert ist, dass das alte zeremonielle Muster trotz des zunehmenden Gebrauchs des Englischen bei den jungen Leuten, die überwiegend nicht-traditionellen Beschäftigungen nachgehen, und trotz des Vordringens einer großen Zahl verschiedener christlicher Konfessionen, zu denen die Mormonen genauso gehören wie die Native American Church (Peyote-Religion),[178] so umfassend überlebt hat und auch viele derjenigen anzieht, die vordergründig andere Religionen ausüben. Möglicherweise hat die Religion der Navajo durch ihre Geschichte eine Flexibilität gewonnen, die sie sogar große Anfechtungen überstehen lässt. Der starke Pueblo-Anteil hat dem Narrativ und dem Ritual eine Kohärenz verliehen, die den bruchstückhafteren Jäger-und-Sammler-Religionen in Nordamerika zu fehlen scheint. Doch schon durch die bloße Tatsache, dass die wenn auch pueblotisierte Tradition nicht auf die Spezifität kalendarischer Zeit und bestimmter Orte heruntergebrochen wurde – dass die pueblotisierte Religion gewissermaßen beweglich geblieben ist –, hat sie die Fähigkeit erlangt, nach wie vor flexibel auf die vielen Schwierigkeiten zu reagieren, denen sich das Volk der Navajo gegenübersieht. Wenn intellektuelle Navajos, die ausgiebig mit schriftlichen Texten arbeiten, die teilweise bereits in der oralen Tradition enthaltene „Navajo-Philosophie" weiterentwickeln, lässt sich nicht voraussehen, was die Zukunft bringen mag.

Aus der enormen Bandbreite von Möglichkeiten habe ich drei Beispiele dafür ausgewählt, wie Kulturen sogar noch heute in erster Linie eher narrativ als theoretisch organisiert sein können und wie das Ritual mit seiner unvermeidlich musikalischen Grundlage auf elementarer Ebene weiterhin Sinn und Bedeutung liefert. Wie im Grunde alle drei in diesem Kapitel beschriebenen Fälle deuten die Navajo darauf hin, dass überwiegend im Hinblick auf Rituale und Mythen organisierte Kulturen in der Welt der Gegenwart Wirkung zeigen können und dass wir sie als Gleichgestellte behandeln müssen, von denen wir viel lernen können.[179] Auch wenn die

---

kurzen Fazit verschafft Schwarz einigen der eher düsteren Warnungen Gehör, Kap. 7, „Final Thoughts".

[178] Die umfassendste Untersuchung der Peyote-Religion bei den Navajo hat David F. Aberle vorgenommen. Er schätzt, dass 1972 40 bis 60 Prozent der Navajo Anhänger der Peyote-Religion waren. Siehe Aberle, „Peyote Religion among the Navajo", in: Ortiz, *Southwest*, 558. Die vollständigste Behandlung dieses Themas findet sich in Aberle, *The Peyote Religion among the Navajo*, Viking Fund Publications in Anthropology 42, (New York, 1966).

[179] Es sollte nicht vergessen werden, dass die Navajo, die Walbiri und mittlerweile vielleicht auch die Kalapalo in symbiotischen Beziehungen zu Gesellschaften mit fortgeschrittenen theoretischen Kulturen leben. Im Falle der Navajo und der Aborigines

Theorie zentrale Bedeutung erlangt, wie wir sehen werden, überleben Ritual und Mythos in überraschend lebendigen neuen Formen. Doch bevor wir uns damit beschäftigen und damit wir besser verstehen, wie die Menschen von der mythischen Kultur zur theoretischen Kultur gelangt sind, müssen wir uns ansehen, wie Narrativ und Ritual Probleme gemeistert haben, die von sehr viel größeren und vielschichtigeren Gesellschaften aufgeworfen worden sind, als wir sie bisher betrachtet haben, und sich dabei verbogen, aber nicht zerbrachen. Zu diesem Zweck müssen wir uns Gesellschaften zuwenden, die den Egalitarismus der Jäger und Sammler in Richtung auf eine Ausdifferenzierung der Macht hinter sich gelassen haben.

---

haben sich zum Beispiel Arbeitsbeziehungen zwischen ausgebildeten Ärzten und einheimischen Heilern entwickelt, sodass jeder an den anderen Fälle verweist, die er seiner Meinung nach nicht behandeln kann. Auch die moderne Ausbildung, mit der die Stammesbevölkerung zunehmend in Kontakt kommt, ist ein Einfallstor für die theoretische Kultur. Im Falle der Navajo trägt der Ausbildungsschwerpunkt Zweisprachigkeit zur Bewahrung der traditionellen Kultur bei, aber die unvermeidliche Dominanz theoretischer Ansätze, vor allem auf Ebene des Community Colleges, sogar im Navajo-Studien-Programm, deutet darauf hin, dass es keine Möglichkeit gibt, die mythische Kultur in einem hermetisch abgedichteten Raum zu erhalten.

Kapitel 4

Von der Stammesreligion zur archaischen Religion: Sinn und Macht

Auf lange Sicht wird die in Kapitel 3 beschriebene Kultur des Rituals und des Mythos sich einem heftigen – antiritualistischen und entmythologisierenden – Angriff von Seiten derjenigen ausgesetzt sehen, die nach einer universelleren Antwort auf die Sinnfrage suchten (auch wenn die Angreifer ihrerseits Ritual und Mythos nie ganz entkommen würden), doch zum jetzigen Zeitpunkt müssen wir uns damit beschäftigen, wie die in den Stammesgesellschaften entwickelten Mittel für die Sinnproduktion so ausgeweitet werden können, dass sie mit Hilfe der Entwicklung neuer Formen von Ritual und Mythos und neuer Verstehensweisen des Verhältnisses von Kosmos, Gesellschaft und Ich viel größere und vielschichtigere Gesellschaften bewältigen. Diese neuen Verstehensweisen schöpfen die Mittel von Ritual und Mythos bis zum Äußersten aus, gehen aber nicht über sie hinaus.

Die Veranlagung zur Dominanz

In kleinformatigen Gesellschaften, wie wir sie in Kapitel 3 betrachtet haben, war die Ausdifferenzierung von Macht und Status gering – aber sie war vorhanden. Wenn wir jetzt verstehen wollen, auf welche Weise Ritual und Mythos zur Organisation von großformatigen Gesellschaften beitragen, können wir mit einem sorgfältigeren Blick als bisher auf die Macht- und Statusunterschiede beginnen, die es sogar in kleinformatigen Gesellschaften gibt. Doch zunächst müssen wir bedenken, was an kleinformatigen Gesellschaften – von Jägern und Sammlern, aber auch an vielen Gartenbau und Weidewirtschaft betreibenden Gesellschaften – am verblüffendsten ist, nämlich wie egalitär sie waren. Aus evolutionärer Perspektive wäre das vom *Homo sapiens* kaum zu erwarten gewesen. Alle unsere nächsten Verwandten in Gestalt der verschiedenen Menschenaffenarten sind eher despotisch als egalitär, auch wenn wir bei den Schimpansen einen eingeschränkten Despotismus festgestellt haben. Das heißt, sie verfügen über Statushierarchien, die jeden Einzelnen in eine Rangordnung einstufen, die vom Stärksten, dem Alpha-Männchen, bzw. dem Alpha-

Weibchen im Fall der Bonobos, zum Schwächsten hinabreicht. Bei den Schimpansen und Gorillas sind alle Männchen höherrangig als alle Weibchen; die Bonobos stufen die Weibchen höher ein als die Männchen, aber das macht sie nicht weniger despotisch oder quasi-despotisch, weil auch sie über eine klare Statushierarchie verfügen. Bei den Schimpansen misshandelt das Alpha-Männchen die schwächeren Männchen nicht nur ab und zu körperlich, er unternimmt auch den Versuch, die Paarungsgelegenheiten zu monopolisieren, indem er sich wahllos mit den Weibchen der Horde paart und die anderen Männchen so weit wie möglich daran hindert, sich überhaupt zu paaren. Unter solchen Bedingungen ist eine Familie, wie wir sie kennen, schlechterdings unmöglich. Man kann allerhöchstens von langfristiger Solidarität zwischen Müttern und Kindern und einem gewissen Grad an Solidarität zwischen Geschwistern sprechen, aber es besteht keine dauerhafte Beziehung zwischen Eltern und keine nennenswerte Beziehung zwischen Vätern und Kindern.

Bei all dem, was wir mit den Schimpansen und mit den Bonobos gemeinsam haben, ist unsere Form der Familie wirklich anders. Frans de Waal hat die Hauptunterschiede bündig zusammengefasst: „Die menschliche Gesellschaft ist gekennzeichnet durch eine Kombination von erstens Männerbünden, zweitens Frauenbünden und drittens Kernfamilien. Wir teilen das erste Merkmal mit den Schimpansen, das zweite mit den Bonobos, und das dritte ist allein typisch für uns. [...] Wir sind seit Millionen von Jahren an eine soziale Ordnung angepaßt, die sich um diese Kernfamilien dreht – die sprichwörtlichen Grundpfeiler der Gesellschaft –, für die es bei den Großen Menschenaffen keine Parallelen gibt.“[1] Was ist der Grund für diesen Unterschied? Die fehlende Veranlagung zur Dominanz? Wahrscheinlich nicht. Eher hat eine andere Art von Gesellschaft eine andere Art von Familie möglich gemacht. Was dies betrifft, möchte ich auf die Arbeit des Anthropologen Christopher Boehm zurückgreifen, insbesondere auf sein Buch *Hierarchy in the Forest: The Evolution of Egalitarian Behavior.*[2] Boehm behauptet, dass wir mit den Schimpansen und mit den Bonobos eine Neigung zum Despotismus, das heißt eine Veranlagung zur Dominanz teilen. Wir teilen noch zwei weitere Veranlagungen mit ihnen: dass wir uns unterwerfen, wenn es so aussieht, als würden wir bei einer Konfrontation den Kürzeren ziehen, und dass wir uns, nachdem wir uns unterworfen

---

[1] Frans de Waal, *Bonobos: Die zärtlichen Menschenaffen*, übers. v. Monika Niehaus-Osterloh, Basel: Birkhäuser, 1998 [1997], 136.

[2] Christopher Boehm, *Hierarchy in the Forest: The Evolution of Egalitarian Behavior*, Cambridge, Mass.: Harvard University Press, 1999.

haben, nur ungern beherrschen lassen.[3] Aber, fragt Boehm, wenn wir eine Spezies mit despotischen Neigungen, das heißt einer starken Veranlagung zur Dominanz sind, wann immer dies möglich ist, wie kann es dann sein, dass die einfachsten uns bekannten Gesellschaften, nämlich die nomadischen Jäger und Sammler, ausnahmslos egalitär gewesen sind, und zwar vermutlich Tausende, wenn nicht Millionen Jahre lang? Boehms Antwort lautet nicht, dass es bei den Jägern und Sammlern keine Dominanzhierarchien gäbe, sondern dass sie über etwas verfügen, das er „gegenläufige Dominanzhierarchien" nennt – das heißt, dass die männlichen Gesellschaftsmitglieder eine allgemeine Koalition bilden, um zu verhindern, dass einer von ihnen allein oder mit Hilfe von Verbündeten die anderen dominiert bzw. beherrscht.[4] Der männliche Egalitarismus erstreckt sich nicht unbedingt auf weibliche Wesen – der Grad, in dem weibliche Wesen männlichem Despotismus unterworfen sind, variiert sogar bei den Jägern und Sammlern. Doch immerhin verhindert die gegenläufige Dominanzhierarchie die Monopolisierung der weiblichen Wesen durch dominante männliche Wesen und macht deshalb die Familie möglich, wie wir sie kennen, die auf (relativ) stabilen, geschlechtsübergreifenden Paarbindungen und der Fürsorge beider Eltern für die Kinder beruht – genau das, was bei unseren nächsten Verwandten unter den Primaten fehlt.

Boehm beharrt darauf, dass menschlicher Egalitarismus keine leichte Übung ist und nicht auf einer fehlenden Veranlagung zur Dominanz beruht. Um potenzielle Emporkömmlinge vom Herrschen über die Übrigen abzuhalten, ist vielmehr harte Arbeit, mitunter sogar Aggressivität erforderlich. Egalitarismus ist eine Herrschaftsform, bei der das, was Rousseau den allgemeinen Willen genannt hätte, über den Willen der Einzelnen herrscht. Die Jäger-und-Sammler-Horde ist mithin keine Großfamilie, sondern eher die Vorbedingung für die Familie, wie wir sie kennen. Boehm fasst das folgendermaßen zusammen: „Diese Art egalitärer sozialer Steuerung scheint zwei Komponenten zu haben. Eine ist die moralische Gemeinschaft, die mit starken sozialen Konformitätszwängen einhergeht. [...] Der andere Bestandteil ist der wohlüberlegte Einsatz sozialer Sanktionen, um zwischen den voll ausgewachsenen männlichen Gruppenmitgliedern politische Gleichheit herzustellen."[5] Ich würde noch das Ritual als gemeinsame Ausdrucksform der moralischen Gemeinschaft hinzufügen, ohne die der Sanktionierungsprozess sinnlos wäre. Besonders überzeugend ist Boehms Darstellung, wie die Sanktionen funktionieren: Potenzielle

[3] Ebd., 147 und 163.
[4] Ebd., 10–11.
[5] Ebd., 60.

Emporkömmlinge werden erst verspottet, dann gemieden und, wenn sie nicht lockerlassen, getötet. Anhand von Beispielen aus sämtlichen Kontinenten beschreibt Boehm in allen Einzelheiten, wie dieses System immer strengerer Sanktionen funktioniert. Weniger überzeugend ist möglicherweise Boehms Darstellung von etwas, das ich für genauso erforderlich halte, nämlich des starken Sogs der besonders in Ritualen zum Ausdruck kommenden gesellschaftlichen Solidarität, die den Verzicht auf Herrschaft mit einem Gefühl vollständiger sozialer Akzeptanz honoriert.

Alles in Kapitel 3 Gesagte hilft uns zu verstehen, was geschehen ist. Wenn Boehm die Entstehung einer moralischen Gemeinschaft als unverzichtbare Grundlage für den Egalitarismus der Jäger und Sammler bezeichnet, zielt er auf das, was durch mimetische und mythische Kultur möglich wurde. In einer solchen moralischen Gemeinschaft sanktionierten starke Normen despotisches Verhalten negativ und schützten die Familie. Obwohl Kultur die Schlüsselressource für die Möglichkeit einer solchen Gegenläufigkeit darstellt, beharrt Boehm darauf, dass die Gegenläufigkeit nicht ganz das ist, was sie zu sein scheint. Despotische Neigungen sitzen so tief in den Menschen, dass sie nicht einfach abgelegt werden können. Wir sind nicht bloß plötzlich von Gemeinheit zu Nettigkeit übergegangen. Die gegenläufige Dominanzhierarchie ist eine Herrschaftsform: Egalitarismus ist nicht bloß die Abwesenheit von Despotismus, sondern die aktive und fortgesetzte Eliminierung von potenziellem Despotismus.

Doch wenn der Egalitarismus in den kleinformatigen Gesellschaften nahezu universell ist, wie kann es sein, dass wir anscheinend mit den Häuptlingstümern und vor allem mit den frühen Staaten die Wiederkehr eines Despotismus erleben, der schlimmer ist als alles, was sich unter Menschenaffen beobachten lässt? Diese U-förmige Kurve des Despotismus – von den despotischen Menschenaffen über die egalitären Jäger und Sammler zur Wiederkehr des Despotismus in komplexen Gesellschaften – gilt es zu erklären.[6] Warum die lange Geschichte des auf gegenläufigen Dominanzhierarchien beruhenden Egalitarismus in der prähistorischen Zeit mit dem Aufkommen despotischer Häuptlingstümer und früher Staaten endete und warum der Despotismus, wenn auch nicht unangefochten, sich in gewissem Umfang seither fortgesetzt hat, ist eine Frage, die wir in diesem Kapitel behandeln müssen.

Obwohl die Jäger und Sammler Emporkömmlingen im Großen und Ganzen erfolgreich Einhalt geboten haben, ist die auf sie folgende Mensch-

---

[6] Ob die Moderne eine weitere Wende mit sich gebracht hat (diesmal in Richtung eines zurückgehenden Grads an Despotismus), ist ein Thema, das wir auf ein späteres Kapitel verschieben können.

heitsgeschichte mit erfolgreichen Emporkömmlingen übersät. Viele – wenn man unter anderen an Julius Cäsar, Napoleon, den Zulukönig Shaka und an Mussolini denkt – fanden ein böses Ende, manche starben allerdings auch im Bett. Dass Emporkömmlinge versuchen, weibliche Wesen zu monopolisieren und die Familien zu untergraben, ist eine Neigung, die sich am althebräischen Emporkömmling David veranschaulichen lässt, der Batseba zur Frau nahm und ihren Mann töten ließ, obwohl Machiavelli potenzielle Emporkömmlinge davor gewarnt hat, sich mit den Frauen anderer Männer einzulassen, weil dies umgehend zur Rebellion führen könne. Damit ein Emporkömmling zu einem legitimen Machthaber wird, muss das Verständnis von moralischer Gemeinschaft neu formuliert und durch neue rituelle Formen zum Ausdruck gebracht werden, sodass Despotismus zu legitimer Autorität und dadurch für die vielen erträglich wird, die sich nur ungern beherrschen lassen, sich dieser Autorität aber unterwerfen müssen. Diese Überlegung führt zum nächsten Schritt meiner Argumentation.

Damit wir verstehen, warum diese U-förmige Kurve nicht ganz das ist, was sie zu sein scheint, müssen wir zwischen Dominanz (bzw. Despotismus) und Hierarchie unterscheiden. In den meisten Debatten werden diese beiden Begriffe gleichgesetzt, was schwer zu vermeiden ist, aber trotzdem vermieden werden sollte, wenn wir verstehen wollen, was wirklich geschehen ist. Ich möchte Dominanz (Despotismus) zur Bezeichnung des unumwundenen Rechts des Stärkeren verwenden und Hierarchie zur Bezeichnung der Statusunterschiede, die sogar von der moralischen Gemeinschaft sanktioniert werden – das heißt, ich möchte Hierarchie als legitime Autorität definieren.[7] Es gehört zum zentralen Paradox der menschlichen Gesellschaft, dass Dominanz und Hierarchie von Anfang an Hand in Hand gegangen sind.[8] Obwohl sie immer Hand in Hand gehen, ist es wichtig,

---

[7] Es wird schon lange darüber gestritten, ob man den Begriff der Herrschaft [i. O. dt.], wie Weber ihn verwendet, im Englischen mit „legitimate authority" [legitime Autorität im Sinne legitimer Herrschaft] oder mit „domination" [Herrschaft im Sinne von Beherrschung, Dominanz oder Vorherrschaft] übersetzen soll. Je nach Zusammenhang können im Rahmen meiner Argumentation beide Übersetzungen angemessen sein. Obwohl wir den Begriff „domination" gewöhnlich für das Recht des Stärkeren verwenden, leitet er sich zudem vom lateinischen Wort *dominus*, englisch *lord*, her, das im Ausdruck *the Lord God* [Gott, der Herr] Verwendung findet, so wie man auch im Deutschen vom „Herrgott" spricht. Empirisch sind Herrschaft und legitime Autorität wirklich schwer voneinander abzugrenzen.

[8] Möglicherweise kommt beides sogar bei den Primaten vor. Es wird darüber debattiert, ob bei den Schimpansen ein Alpha-Männchen beispielsweise Aufgaben übernimmt, die der gesamten Gruppe nutzen, oder ob es nur seine Fortpflanzungsaussichten verbessern möchte. Soweit ein Alpha-Männchen bei der Jagd oder im Konflikt mit

dass wir sie analytisch voneinander abgrenzen. Boehms Begriff „gegenläufige Dominanzhierarchie" enthält beide Bestandteile: Die moralische Gemeinschaft rechtfertigt den hierarchischen Bestandteil (die Gruppe steht über dem Emporkömmling) und die Gewaltanwendung als äußerste Sanktion gegenüber dem Emporkömmling hat unausweichlich etwas Herrschaftliches im Sinne von Dominanz.

Für die Überlegung, wie sich Hierarchie und Dominanz in einer egalitären Jäger-und-Sammler-Gesellschaft aufeinander einspielen, möchte ich mich den australischen Aborigines zuwenden, mit denen wir aus Kapitel 3 vertraut sind. Anstatt jedoch die Hierarchie bei den Walbiri zu erörtern, werde ich mich mit einer Nachbargruppe aus der Westlichen Wüste beschäftigen, mit den Pintupi, mit deren Hierarchie Fred Myers sich eingehender befasst hat als all die Ethnographen, die über die Walbiri gearbeitet haben. Myers stellt seine Auseinandersetzung mit der Hierarchie bei den Pintupi in den Kontext der drei maßgeblichen Ordnungsmuster ihres sozialen Lebens. Das erste nennt er „Zugewandtheit", die er definiert als „Ausbau der Beziehungen zu anderen, Offenheit für Ansprüche von anderen, Zeigen von Anteilnahme und Verhandlungsbereitschaft". Zugewandtheit ist unverzichtbar für Jäger und Sammler, in deren Reihen isolierte Kernfamilien zu zerbrechlich wären, um lange zu überleben. Das zweite wesentliche Ordnungsmuster ist Autonomie: ein Widerwille dagegen, von anderen zu etwas gezwungen zu werden, und vor allem der Anspruch, dass erwachsene Männer und Frauen ihre Familienangelegenheiten so handhaben können, wie sie es möchten. Das dritte wesentliche Ordnungsmuster, das im Fall der zwischen den beiden ersten unvermeidlich auftretenden Spannungen zur Vermittlung dient, ist die Traumzeit selbst als ein Ordnungsmuster aus Ritualen und Mythen, das eine Autorität besitzt, die über den Willen der Einzelpersonen hinausgeht und während der ständigen Neuverhandlungen, welche die Gesellschaft der Pintupi ausmachen, für Stabilität sorgt. Myers betont, dass die Gesellschaft der Pintupi nicht von Natur aus korporativ ist und über separate Grenzen der Zugehörigkeit verfügt. Zugewandtheit geht weit über die lokalen Lager hinaus, besteht aber eher in Eins-zu-Eins-Beziehungen als in gemeinsamer Zugehörigkeit. Nur die Rituale und Normen, die rituell bekräftigt werden, erzeugen so etwas wie flächendeckende Solidarität.[9]

---

anderen Schimpansenhorden die Führung übernimmt oder Kämpfe zwischen rangniedrigeren Schimpansen unterbindet, kann man sagen, dass es sich in den Dienst der gesamten Gruppe stellt.

[9] Fred R. Myers, *Pintupi Country, Pintupi Self*, Washington D.C.: Smithsonian Institution Press, 1986, 22–23.

Obwohl Erwachsene ihre Autonomie sogar mit Gewalt verteidigen würden, wenn es erforderlich ist, gibt es eine Art von Autorität, die für alle akzeptabel ist. Diejenigen, die andere „betreuen“ und sie „halten“, so wie eine stillende Mutter ihren Säugling hält, verfügen zumindest in einigen Lebensbereichen über legitime Autorität. Die Bereiche einer solchen legitimen Autorität spezifiziert Myers folgendermaßen: „Eine solche Autorität ist keineswegs absolut, sondern vornehmlich auf den Gebieten des Rituals, der heiligen Stätten und der Eheschließung angesiedelt, wo Ältere Jüngere dergestalt betreuen, dass sie etwas an sie weiterzureichen vermögen. Auf diesen speziellen Gebieten haben Ältere erhebliche Macht über die Jüngeren, aber außerhalb dieser Bereiche sind die sozialen Beziehungen egalitärer, dem Zugang zu den natürlichen Ressourcen steht weiterhin relativ wenig im Wege und es gibt kein Gewaltmonopol.“[10] Die Pintupi werden sich immer darin einig sein, dass man Vätern und den Brüdern der Mutter „zuhören“ sollte, die sich von klein auf um einen „gekümmert“ haben. Im Allgemeinen besitzen aber nicht nur ältere nahe Familienangehörige Autorität, sondern Ältere generell, insofern sie sich dahingehend um die jüngere Generation „kümmern“, dass sie das Vermächtnis der Traumzeit an sie weitergeben. Inwiefern eine solche Weitergabe Autonomie und Autorität miteinander versöhnt, fasst Myers folgendermaßen zusammen:

> „Die Pintupi erleben den Lebenszyklus als beständiges Fortschreiten hin zu Autonomie und Wirkmächtigkeit, ein Fortschreiten hin zu einer stärkeren Identifikation mit der moralischen Ordnung in schlechterdings all ihren Dimensionen. In der Erwartung, dass es sowohl ihnen als auch der ganzen Gesellschaft nutzt, beugen jüngere Männer sich freiwillig der Autorität der Älteren. Nach dem Gesetz zu leben, ist etwas, das sie für sich selbst tun, aber auch etwas, das sie für den Fortbestand des Lebens an sich tun. Auch die Frauen erkennen den sozialen Nutzen der männlichen Initiation an und stimmen dem dafür Notwendigen zu. Die Macht und die Autorität der älteren Männer gelten als notwendig, damit jeder sich in den kosmischen Plan einfügt.
>
> Männer besitzen das Vermögen, Menschen zu ‚betreuen‘. Gleichzeitig definieren sie natürlich, was es für Männer heißt, andere zu ‚betreuen‘: dass sie nach dem Gesetz leben und es weitergeben. Letztendlich vermitteln die älteren Männer den jüngeren das Vermögen, sich als Gleiche unter die anderen Männer einzureihen. Obwohl diese Autonomie gewöhnlich nicht als Selbstüberhöhung angesehen wird, dient ihnen das Gesetz, das sie weitergeben, gleichwohl als Machtinstrument. Durch das Gesetz üben Männer Autorität aus, ohne dass ihnen Egoismus vorgeworfen wird. Sie sind lediglich Vermittler der Traumzeit.“[11]

[10] Ebd., 224.
[11] Ebd., 240.

Da die jüngere Generation, um die sich gekümmert und an die das Gesetz weitergeben wird, irgendwann zur älteren Generation werden wird, die sich ihrerseits um eine noch jüngere Generation kümmert und das Gesetz an sie weitergibt, ist die Autorität mit Ausnahme der Autorität der Traumzeit selbst zeitlich befristet. Im Grunde ist sie das Mittel, durch das unselbstständige Jugendliche nach Erwachsenenart autonom und verantwortungsvoll werden. Ein ähnliches Muster ist bei vielen Aboriginesgruppen vorhanden. Es wird mitunter als Gerontokratie, Herrschaft der Älteren, bezeichnet. Diese Art von Autorität kann missbraucht werden, sich in Herrschaft im Sinne von Dominanz verkehren, wenn sie dazu verwendet wird, jungen Männern potenzielle Ehepartner zu verweigern, oder wenn sie die Form von sadistischen Initiationspraktiken annimmt, aber laut Myers ist das bei den Pintupi nicht der Fall.[12]

Die Veranlagung zur Dominanz fehlt den Pintupi allerdings nicht. Eine maßgebliche Ursache für „Ärger" sind Männer, die sich über die festgelegten Grenzen legitimer Autorität hinwegsetzen. Anstatt den potenziellen Emporkömmling zur Rede zu stellen, verlassen die Pintupi lieber das Gelände, auf dem er sich in den Vordergrund zu spielen versucht. Diese bei den Jägern und Sammlern im Umgang mit Emporkömmlingen gängige Methode bezeichnet Boehm als Meiden. Myers meint, „wenn man sich zu sehr in den Vordergrund spielt, ist das mit Gefahren verbunden", und führt den Fall eines Mannes an, dessen Vermessenheit auf breite Kritik stieß; als der Mann bei einer Initiation plötzlich starb, glaubte man, er sei verhext worden.[13]

Wenn sich legitime Hierarchie und die Veranlagung zur Dominanz, welche erstere unter Kontrolle bringen soll, bei den egalitärsten Gesellschaften belegen lassen, in denen Autorität zeitlich begrenzt und minimal ist, aber keineswegs fehlt, dann ist es nicht überraschend, dass sie auch in komplexeren Gesellschaften anzutreffen sind. Als Beispiel für Autorität, die nicht zirkuliert und nicht zeitlich begrenzt, sondern insofern von Dauer ist, als sie vererbt werden kann, obwohl sie in diesem Fall kaum an der Oberfläche eines immer noch weit verbreiteten Egalitarismus kratzt, möchte ich mich jetzt einer anderen der im letzten Kapitel betrachteten Gruppen zuwenden, nämlich den Kalapalo.

Ellen Basso spricht von „erblicher Verantwortung für die Rituale bei denjenigen, die im Kollektiv als *anetaū* (Singular *anetu*) bekannt sind und den Ablauf der Rituale besorgen, organisieren und planen".[14] Während

[12] Ebd., 255.

[13] Ebd., 246.

[14] Ellen B. Basso, *A Musical View of the Universe: Kalapalo Myth and Ritual Perfor-*

der zuweilen langwierigen Ritualvorbereitungen sorgen die *anetaū* umfassend für die Organisation und Koordination der Arbeitskräfte, die für die Vorbereitung der für das Ritual vorgesehenen Ressourcen erforderlich sind. Doch wie im Fall der Pintupi stellt die Autorität der *anetaū* „einen Konsens der Gemeinschaft dar und ist nicht durch persönliche Ziele, sondern durch die Gemeinschaft motiviert". Denn der *anetu* soll das zentrale Ideal der Kalapalo, *ifutisu*, personifizieren, wie es sich in den einen Herrschaftswunsch in Abrede stellenden Tugenden der Großzügigkeit und Versöhnung niederschlägt.[15]

In dem von Basso untersuchten Dorf spalteten zwei nach Führerschaft strebende *anetaū*-Männer die Gemeinschaft in zwei rivalisierende Fraktionen. Außerhalb des rituellen Kontextes spielen die *anetaū* trotzdem keine Rolle, weil das wirtschaftliche und soziale Leben „um die Haushalte und Verwandtschaftsnetzwerke herum organisiert ist".[16] Obwohl ein Drittel bis zur Hälfte der Dorfbewohner von einem *anetu* abstammen, übernehmen nur einige von ihnen die Rolle des für die Rituale Verantwortlichen, wie die oben erwähnten Männer es tun. Gleichwohl genießen alle *anetaū* einen gewissen Grad an Ehrerbietung oder Respekt, was als Rang bezeichnet wird und sich darin zeigt, dass ihre Begräbnisse aufwändiger sind als bei anderen Kalapalo und zum Anlass für einige zentrale Rituale des Volkes werden. Wovon eine solche Rangfolge ursprünglich ihren Ausgang nahm – und es gibt am Rang orientierte Gesellschaften ohne Staaten oder auch nur Häuptlingstümer in vielen Teilen der Welt –, ist nicht leicht zu erklären. Die *anetaū* gelten nicht als „Besitzer" der Rituale, so wie die patrilinearen Nachkommen in Australien Rituale besitzen, aber sie sind für die Organisation des rituellen Lebens unverzichtbar, was wiederum den Kalapalo deutlich macht, wer sie sind. Es ist nur schwer vorstellbar, dass die *anetaū* sich nicht durch ihre Verbindung zum Ritual vom Rest der Gesellschaft abheben.

Auch wenn wachsende wirtschaftliche Gewinne nicht die Form bestimmen, die Hierarchie und Herrschaft annehmen, lässt sich nicht leugnen, dass wachsende wirtschaftliche Gewinne aus Gartenbau und Landwirtschaft (und in Fällen wie der Nordwestküste Nordamerikas, wo die Ressourcen, in diesem Fall an Fisch, besonders ergiebig waren, sogar aus dem Jagen und Sammeln) mit der Zunahme von Hierarchie und Herr-

---

mances, Philadelphia: University of Pennsylvania Press, 1985, 255. Für mehr Informationen über die *anetaū*, siehe Ellen B. Basso, *The Kalapalo Indians of Central Brazil*, New York: Holt, Rinehart and Winston, 1973, 132–153.

[15] Basso, *The Kalapalo*, 132.

[16] Basso, *Musical View*, 256.

schaft korreliert (mit möglichen Gründen für diese Korrelation werden wir uns später befassen). Wie man sich erinnern dürfte, betreiben die Kalapalo neben dem Jagen und Sammeln in bescheidenem Maße Gartenbau und machen so größere Gewinne als die Pintupi. Doch obwohl Außenstehende die *anetaū* mitunter als „Häuptlinge“ bezeichnet haben, meint Basso, dass „sie nicht notwendig die *Anführer* des Dorfes sind, ja häufig gar keinen wie auch immer gearteten politischen Einfluss haben“[17] und deshalb nicht als Beispiel auch nur für einfache Häuptlingschaft dienen können. Um auf deutlichere Fälle von sich zumindest andeutenden Häuptlingstümern zu stoßen, könnten wir uns der in Kapitel 3 ausführlich beschriebenen dritten Gruppe, nämlich den Nachbarn der Navajo, den Pueblo-Indianern, zuwenden, aber die Pueblo sind in sich so unterschiedlich und ihre Ethnographie so umfangreich, dass es mir klüger erschien, mich in eine ganz andere Richtung zu orientieren.[18]

Polynesien ist eine Art Labor für die vergleichende Untersuchung von Häuptlingstümern. Die altpolynesische Kultur entstand vor etwa 2500 Jahren in der West-Polynesien genannten Gegend von Samoa und Tonga. Während der nächsten 1500 Jahre breiteten sich die Polynesier in den mittleren Osten von Polynesien – auf die Gesellschaftsinseln (zu denen Tahiti gehört), die Marquesas-Inseln und weitere nahegelegene Inselgruppen – sowie nördlich nach Hawaii, südöstlich nach Rapa Nui (Osterinsel), südlich nach Neuseeland und westlich in die Gegend aus, die wir polynesische Exklaven nennen. Mit Ausnahme der Exklaven waren alle Inseln unbewohnt, als die Polynesier auf ihnen ankamen. In den westlichen Exklaven traten die Polynesier an die Stelle von oder vermischten sich mit Populationen, die im Zuge der Kolonisierung durch die Lapita-Kultur früher dort eingetroffen waren, aus der auch die Polynesier hervorgegangen waren.

Polynesien ist so hilfreich für unsere Zwecke, weil Patrick Kirch und Roger Green die altpolynesische Gesellschaft mittlerweile ziemlich gründ-

---

[17] Basso, *The Kalapalo*, 132.

[18] Ein guter Ausgangspunkt für eine Beschäftigung mit diesen Problemen bei den Pueblo-Indianern ist Peter M. Whitely, *Deliberate Acts: Changing Hopi Culture through the Oraibi Split*, Tucson: University of Arizona Press, 1988. Auch wenn die Ethnographie bisher den Egalitarismus der Hopi hervorgehoben hat, ist Whitely der Meinung, dass es sich um eine am Rang orientierte Gesellschaft handelt, die aufgeteilt ist in Elite und Gemeine, wobei sich die Elite durch religiöses Wissen und rituelle Führerschaft definiert. Der höchste rituelle Führer fungierte als Dorfhäuptling (ähnlich wie auf Tikopia, siehe unten), hatte allerdings keine Zwangsbefugnisse und traf Entscheidungen in Absprache mit anderen Clan- und rituellen Führern. Wie bei den Kalapalo (und auf Tikopia) ist die Unterscheidung einer Elite und einer gemeinen Klasse Whitely zufolge „nicht durch ökonomische Unterschiede gekennzeichnet“ (70).

lich rekonstruiert haben.[19] Ihre Gesellschaftsform war einfaches Häuptlingstum. Alle komplexen Häuptlingstümer in Polynesien entwickelten sich endogen aus diesen Anfängen, denn vor der Ankunft der Europäer waren sie keinerlei Einfluss von außen ausgesetzt. Hawaii, das wir als frühen Staat auffassen werden, war besonders isoliert und hatte in den etwa 500 Jahren vor der Entdeckung durch die Europäer Ende des 18. Jahrhunderts nicht einmal in Verbindung mit anderen polynesischen Gruppen gestanden. Die Entstehung komplexer Häuptlingstümer ist schwer zu verstehen, aber zumindest können wir sicher sein, dass sie in Polynesien völlig endogen ablief.

Tikopia

Beginnen können wir mit den einfachen Häuptlingstümern auf der kleinen Insel Tikopia (drei Quadratmeilen), die von einem der großen Ethnographen des 20. Jahrhunderts, Raymond Firth, untersucht worden ist.[20] Obwohl Tikopia kein Fossil darstellt – die Insel ist eine westliche Exklave, deren Besiedlungsgeschichte mindestens 3000 Jahre zurückreicht –, ist die Insel ein Beispiel für das, was als konservative polynesische Gesellschaft bezeichnet wird, weil sie einige Merkmale der altpolynesischen Gesellschaft aufweist, auch wenn sie keineswegs deren unveränderte Fortsetzung ist.[21]

---

19 Patrick V. Kirch und Roger C. Green, *Hawaiki, Ancestral Polynesia: An Essay in Historical Anthropology*, New York: Cambridge University Press, 2001.

20 Firth hatte das Glück, zwei Jahre lang (1928–1929) auf Tikopia zu leben, als die traditionelle Kultur und im Besonderen die traditionelle Religion noch intakt waren. Tikopia ist infolgedessen von allen polynesischen Gesellschaften ethnographisch wohl am besten dokumentiert. Firths berühmtestes Buch ist *We the Tikopia: A Sociological Study of Kinship in Primitive Polynesia*, New York: American Book Company, 1936; es werden allerdings im Folgenden auch viele seiner anderen Bücher zitiert. Des Weiteren haben wir das Glück, dass Tikopia Gegenstand einer exzellenten archäologischen Untersuchung gewesen ist, Patrick V. Kirch und Douglas E. Yen, *Tikopia: The Prehistory and Ecology of a Polynesian Outlier*, Honolulu: Bernice P. Bishop Museum, 1982.

21 Man könnte die Pueblo-Indianer als Referenzfall für einfaches Häuptlingstum im amerikanischen Südwesten heranziehen und von dort aus zu den Azteken im Tal von Mexiko als Beispiel für frühe Staatsbildung voranschreiten. Die Beziehung zwischen diesen beiden Kulturen ist allerdings hochproblematisch: Es ist möglich, dass die Anasazi, die Vorfahren der Pueblo, Jäger und Sammler gewesen sind, die unter dem indirekten Einfluss der Kultur des Tals von Mexiko neue soziale Formen zu entwickeln begannen. Fehlende Informationen über Zwischenformen bedeuten allerdings, dass

Auch wenn erweiterte Verwandtschaftsbeziehungen für egalitäre Hordengesellschaften wichtig sind, ist normalerweise die Mitbewohnergruppe die entscheidende Einheit, wie wir bei den Pintupi gesehen haben. In am Rang orientierten Gesellschaften werden Verwandtschaftsbeziehungen dagegen zentral, weil die Stammeslinien und Clans in eine Rangordnung gebracht werden. Tikopia ist eine kleine, ziemlich abgeschiedene Insel, südöstlich der Hauptinselgruppe der Salomonen, und als Firth im Jahr 1929 eine Volkszählung vornahm, lag ihre Bevölkerungszahl bei 1281.[22] Die Bevölkerung unterteilte sich in vier Clans, die alle mehrere Stammeslinien umfassten, und obwohl die Stammeslinien zumeist lokal voneinander abgegrenzt waren, konnten sich die Ländereien im Besitz der Stammeslinien überall auf der Insel befinden. Jeder Clan hatte einen Häuptling und obwohl es keinen obersten Häuptling gab, bestand zwischen den Clans und den dazugehörigen Häuptlingen eine Rangordnung, sodass Ariki Kafika, der Häuptling des ranghöchsten Kafika-Clans, als Repräsentant des „ganzen Landes" Tikopia galt, obwohl er in den anderen Clans keine politische Autorität besaß. Die ranghöchste Stammeslinie innerhalb eines Clans trug den Namen des Clans und die Wahl des Häuptlings fiel auf jemanden aus dieser Linie. Doch auf Tikopia hatten Rangordnungen noch eine andere, in einer so kleinformatigen Gesellschaft besonders auffällige Dimension, nämlich die Unterscheidung zwischen Häuptlingen als den wahren Aristokraten und allen anderen, die gemeine Clanmitglieder waren.

Auch wenn der Häuptling aus der ranghöchsten Linie eines Clans stammen musste, wurde sein Nachfolger nicht automatisch in gerader Abstammungslinie bestimmt. Der älteste Sohn des Häuptlings war sein mutmaßlicher Erbe, aber wie jeder andere außer dem Häuptling war er ein gemeines Clanmitglied. Es war keineswegs sicher, dass er je etwas anderes werden würde, weil die Wahl auch auf ein anderes Mitglied seiner Stammeslinie fallen konnte. Zumindest nominell wurde der Häuptling vom Volk gewählt. Der Ariki Tafua (Häuptling des Tafua-Clans) teilte Firth folgendes mit: „Bei der Wahl eines Häuptlings wird er von der Volkskörperschaft zum *tapu* gemacht. Wenn er noch als gemeiner Mann lebt, ist er bloß eine Exekutivkraft [*maru*], doch wenn er zum Häuptling bestimmt wird, ist er tatsächlich zum *tapu* geworden. Wenn die Wahl eines Häuptlings ansteht, versammelt sich das ganze Volk. Dann wird die Formel ‚Durch die Volkskörperschaft wird er zum *tapu* gemacht' gesprochen."[23]

---

sich den Anasazi nur schwer ein Zivilisationsstadium zuschreiben lässt, das mit einer frühen Zivilisationsstufe im Tal von Mexiko vergleichbar ist.

[22] Firth, *We the Tikopia*, 409.

[23] Raymond Firth, *Rank and Religion in Tikopia: A Study in Polynesian Paganism*

Das polynesische Wort *tapu*, von dem sich unser Wort „Tabu" herleitet, kann in diesem Fall nicht allzu unzutreffend mit „heilig" übersetzt werden. Der Respekt, mit dem der Häuptling, und zwar ausschließlich der Häuptling, in der Gesellschaft Tikopias behandelt wurde, legt nahe, dass er tatsächlich Gegenstand eines Heiligenkults war: Er durfte nicht von anderen berührt werden, in seiner Gegenwart verneigte man sich oder kniete man nieder, man kehrte ihm niemals den Rücken zu und wenn man seine Gemächer verließ, ging man rückwärts durch die Tür. Der Häuptling blieb unnahbar, er wurde von anderen besucht, ohne freilich sie zu besuchen, geschweige denn mit ihnen zu essen. Firth hat darauf hingewiesen, dass der Häuptling auf Tikopia etwas Königliches hatte – etwas, das an höchste Autorität, ja sogar Göttlichkeit erinnerte –, obwohl wir sehen werden, inwiefern solche Schlussfolgerungen nur eingeschränkt gelten.[24] Wie lässt sich dieser außergewöhnliche, für egalitäre Hordengesellschaften so beispiellose Status eines Häuptlings von bloß ein paar Hundert Personen erklären? Worin bestanden die praktischen Auswirkungen dieses Status? Und wie vor allem wurden legitime Autorität und herrschaftliche Macht in ein ausgewogenes Verhältnis gebracht?

Das erste, was vielleicht gesagt werden muss, ist, dass die Häuptlinge auch die Hohepriester von Tikopia waren: Es wurde nicht zwischen sakraler und säkularer Macht unterschieden. Als Hohepriester waren sie Vermittler zwischen den Hauptgöttern und dem Volk, und sie ernannten auch nachgeordnete Priester, Ältere, in den anderen Stammeslinien des Clans, die für die Vermittlung zwischen ihrem Volk und den mit ihrer Stammeslinie verknüpften, zweitrangigen Gottheiten verantwortlich waren. Die Autorität der Häuptlinge auf Tikopia leitete sich in erster Linie aus ihrer Rolle als Priester ab. Firth formuliert das folgendermaßen:

> „Nach dem traditionellen Religionssystem wurde der Häuptling des Kafika-Klans als Erster Häuptling von Tikopia anerkannt, und in säkularen ebenso wie in sakralen Zusammenhängen gebührte ihm ein Ehrenplatz. Er sah sich selbst als *primus inter pares* an und wurde von seinem Volk als Hauptverantwortlicher für den Wohlstand und das Wohlergehen des gesamten Landes betrachtet. Obwohl dem Ariki Kafika in säkularen Zusammenhängen Vorrangigkeit eingeräumt wurde, glaubte man, dass er seine übergeordnete Rolle im Bereich von Wirtschaft und

---

and Conversion to Christianity, London: Allen and Unwin, 1970, 42. Und gleich darauf fügt Firth hinzu: „In einem sehr realen Sinne wurde dann sein *tapu* von ihnen als Symbol für ihr gemeinsames Handeln geschaffen; in einer Art von praktischem Durkheimianismus repräsentierte es die Werte ihrer Versammlung und ihrer Gesellschaft."

[24] Ebd., 35.

> Gesellschaft sowie im Bereich der Religion aufgrund seiner besonderen Beziehung zu den mächtigen Göttern wahrnahm."[25]

Die Häuptlinge auf Tikopia, ja sogar den Ariki Kafika, könnte man als Führer, aber nicht als Herrscher bezeichnen. Nach Tikopia-Standards waren sie wohlhabend, aber andere besaßen womöglich mehr Land. Wie alle anderen bestellten sie ihr Land oder gingen fischen, und Morton Fried hat, Firth zitierend, geschrieben: „‚Ein Großteil ihrer Nahrung geht auf ihren eigenen Einsatz zurück.' Durch Entschlusskraft und Beispielhaftigkeit spornt und leitet ein Häuptling die Gemeinschaftsproduktion an. Er richtet aufwändige Festmähler aus und diese Großzügigkeit ‚besiegelt seinen Status'."[26] Der Häuptling ernannte einige nahe Verwandte zu Exekutivkräften *(maru)*, die befugt waren, Kämpfe zu unterbinden, kleinere Streitigkeiten beizulegen und so weiter, aber wenn Durchschlagskraft erforderlich war, musste er die Männer seines Clans zu Hilfe rufen – er verfügte über keine eigene Streitmacht –, denn vom Häuptling selbst wurde erwartet, dass er auf Gewalt verzichtete. Der Häuptling scheint also seine Gefolgsleute weder ausgebeutet noch tyrannisiert zu haben, sondern er hat mit Beispielhaftigkeit und Großzügigkeit „geherrscht". Seine Gefolgsleute waren weiterhin in der Lage, selbst zu entscheiden, ob sie taten, was er verlangte.

In all diesen Hinsichten scheint der Häuptling sich kaum von den sich selbst zurücknehmenden, „Big Men" genannten Emporkömmlinge in den kleinen, Gartenbau betreibenden Gesellschaften insbesondere im Hochland von Neuguinea zu unterscheiden. Big Men gewinnen durch Großzügigkeit an Ansehen, worin einer der wenigen zulässigen Wege zur Führerschaft in egalitären Gesellschaften besteht. Durch Heiratsallianzen und Darlehen an andere, die später wieder eingefordert werden können, häufen sie große Mengen Süßkartoffeln und Schweine an, die anschließend bei großen Festmählern auf alle verteilt werden, was ihrem Spender zur Ehre gereicht. Der Big Man verausgabt sich bei der Anhäufung von Ressourcen und es bestehen nur geringe Aussichten, dass er sein Ansehen an seine Nachkommen weitergibt. Im Vergleich zu den Häuptlingen auf Tikopia ist von Bedeutung, dass das Ansehen des Big Man in keinem Zusammenhang mit seiner Stammeslinie steht und nicht auf irgendeiner religiösen

---

[25] Raymond Firth, *History and Tradition in Tikopia*, Wellington: Polynesian Society, 1961, 53.

[26] Morton H. Fried, *The Evolution of Political Society: An Essay in Political Anthropology*, New York: Random House, 1967, 133, zitiert aus Raymond Firth, *Primitive Polynesian Society*, London: Routledge, 1939.

Funktion beruht, obwohl er möglicherweise durch Männer mit spirituellen Kräften Unterstützung erfährt.[27]

Der Häuptling auf Tikopia war nicht nur Priester, sondern im Vergleich zu allem, was wir in Kapitel 3 gesehen haben, deutet seine religiöse Rolle auch auf eine erhebliche Verschiebung des Verständnisses der Beziehung zwischen Menschen und mächtigen Wesen hin. Zum ersten Mal lassen sich neben den zahlreichen, im Land weiterhin präsenten mächtigen Wesen, wenn auch noch etwas undeutlich, Wesen erkennen, die man versuchsweise als Götter bezeichnen könnte. Obwohl die Tikopianer so etwas wie Geschichte in unserem Sinne nicht kannten, verfügten sie über eine Vorstellung von mehreren größeren Zeitspannen. Die erste war das Zeitalter der Götter, in dem die meisten maßgeblichen Gottheiten auf der Bildfläche erschienen, von denen viele für die Anbetung zentral blieben, solange die traditionelle Religion Bestand hatte. Diese Götter waren im Himmel beheimatet, zeigten aber Interesse am Land von Tikopia und kämpften sogar gegeneinander, um die Herrschaft über es zu erlangen. Irgendwann gebaren die Götter die Menschen, welche die Hauptstammeslinien begründeten. In der nächsten Phase wandelten Götter und Menschen gemeinsam auf Erden und interagierten von Angesicht zu Angesicht. Schließlich zogen sich die Götter in ihr geistiges Domizil zurück, von dem aus sie weiterhin in das Leben der Menschen eingreifen konnten (und ihnen eine gute Ernte bescherten oder einen Hurrikan sandten) und aus dem sie durch den Vollzug [*performance*] des richtigen Rituals und das Aussprechen des richtigen Namens auch herbeigerufen werden konnten, um die Bitten der Menschen entgegenzunehmen.[28] Diese Abfolge gleicht ein wenig der Abfolge bei den Kalapalo, in deren Augen die mächtigen Wesen „am Anfang" standen, dann kamen die Dawn People, die direkt mit den mächtigen Wesen interagierten, und danach die gewöhnlichen Menschen, deren Interaktion mit den mächtigen Wesen im Wesentlichen über Rituale erfolgte. Doch während die Dawn Time, die Zeit der Dämmerung, nach den Vorstellungen der Kalapalo nur ein paar Generationen zurücklag, haben die Tikopianer einen sehr viel ausgeprägteren Sinn für quasi-historische Zeit. Weil die Stammeslinien für sie so wichtig sind und der angestammte Rang mit deren Status zusammenhängt, listen sie nicht weniger als zehn aufeinanderfol-

---

[27] Die klassische Betrachtung des Big Man findet sich in Marshall Sahlins, „Poor Man, Rich Man, Big Man, Chief: Political Types in Melanesia and Polynesia", in *Comparative Studies in Society and History* 5 (1963), 285–303. Darüber, wie „säkular" der Big Man ist, siehe Tony Swain und Gary Trompf, *The Religions of Oceania*, London: Routledge, 1995, 142.

[28] Firth, *History and Traditions*, 17.

gende Generationen gewöhnlicher Menschen auf, was nach Firths Schätzungen mindestens 250 Jahren entspricht. Die mythische Zeit davor lässt sich nicht in Form einer Generationsabfolge verstandesmäßig erfassen. Wie die in Kapitel 3 beschriebenen Gruppen sind die Tikopianer eine durch und durch orale Kultur – es gibt keine Niederschrift der Geschichten über Götter oder Menschen, die abschließende Autorität besäße. Deshalb ist es nicht überraschend, dass es je nachdem, wer spricht, und vor allem aus dem Blickwinkel welcher Stammeslinie oder welches Clans gesprochen wird, viele Namen für denselben Gott und viele Versionen desselben Mythos gibt. Nichts davon weicht in irgendeiner Hinsicht von dem ab, was wir bisher festgestellt haben.

Was am Fall von Tikopia anders ist und worin sich ein Übergang zur archaischen Religion zumindest abzeichnet, ist die Tatsache, dass die zentralen Rituale nicht mehr kollektiv vollzogen [*enacted*] werden und das Volk nicht mehr durch Musik und Tanz mit den mächtigen Wesen zu einer Einheit verschmilzt. Obwohl die ganze Gemeinschaft am Ablauf des Rituals beteiligt ist, führt allein der Häuptling es aus und agiert dabei als Vermittler zwischen dem Volk und den Göttern. Und es sind die von dem als Priester agierenden Häuptling dargebotenen Lobpreisungen, Danksagungen und Segenswünsche, die uns erlauben, diese Rituale als Anbetungskult und die Gegenstände dieser Rituale als Götter zu bezeichnen. Das zentrale Ritual findet unter Vorsitz des Priesters in einem Freilufttempel statt. Speiseopfer, bei deren Zubereitung Frauen und Kinder geholfen haben, sind in einem großen Ofen gebacken worden. Das leicht narkotisierende Getränk Kava ist die wichtigste Opfergabe – es gibt den Ritualen sogar ihren Namen, denn jeder Häuptling hat sein eigenes „Kava" – und seine Zubereitung, zu der sogar Kinder verpflichtet sind, ist aufwändig. Die Speiseopfer werden nach dem Ritual unter dem Volk verteilt, aber das Kava, das in einer ganzen Reihe von polynesischen Gesellschaften ein Ritualgetränk war, wird nicht getrunken, sondern als Trankopfer für den Gott oder die Götter, an den oder die das Ritual gerichtet ist, bis auf den letzten Tropfen ausgegossen. Das allgemeine Schmausen, Singen und Tanzen vor allem im Anschluss an die Work of the Gods, also Werk der Götter, genannten großen Ritualzyklen, die zweimal im Jahr vollzogen [*performed*] werden, findet nicht im Tempel statt. Wie überall in Polynesien war der Tanz auf Tikopia weiterhin sehr wichtig – die Götter galten als besondere Tanzliebhaber –, doch stand der Tanz nicht im Zentrum des Rituals.

Obwohl, wie gesagt, die Allgemeinheit an den Abläufen vor und nach dem zentralen Ritual beteiligt ist, wird das Ritual selbst in Anwesenheit einiger weniger älterer Männer allein vom Häuptling vollzogen. Es besteht darin, dass der Priester dem Gott oder den Göttern die Speisen und das

Kava darbietet, während er die um Segnungen bittende, heilige Litanei aufsagt. Oben war die Rede davon, dass der *ariki* auf Tikopia *tapu* – heilig – sei, die Quelle seiner Heiligkeit ist aber sein *manu* (protopolynesisch *mana*).[29] Firth erklärt den Zusammenhang zwischen *manu* und dem Häuptlingsritual folgendermaßen: „Unter bestimmten Umständen konnte die *manu* [*mana*]-Haftigkeit auch an gewöhnlichen Menschen hervortreten, doch sie war vor allem eine Eigenschaft der Häuptlinge. ‚Kein gemeiner Mann hat *manu* auf seinen Lippen.' In der Vorstellungswelt der Tikopianer entsprang der Reichtum an Brotfrüchten und Kokosnüssen, die Gesundheit des Volkes usw. den ‚Lippen' des Häuptlings, seinem Aufsagen der rituellen Formeln. […] Der Ursprung von *manu* lag bei den Geistern, Göttern und Ahnen."[30] Das meiste, was der Häuptling sagt, können sogar die wenigen Anwesenden nicht hören, denn die Worte und ganz besonders die Namen der Götter sind geheim.

Mit dem Ritual werden höchst praktische Zwecke verfolgt. Firth schreibt: „Das religiöse System auf Tikopia war unverhohlen und stark auf ökonomische Ziele ausgerichtet, stützte sich weitgehend auf ökonomische Ressourcen und diente dazu, deren Umverteilung zu kanalisieren. Auf verwickelte Weise war es auch mit dem Rangsystem verzahnt. In einer breit gestaffelten Hierarchie waren die Häuptlinge und andere Oberhäupter von Stammeslinien nicht nur die prominentesten Funktionsträger innerhalb des religiösen Systems, sondern auch die legitimen Repräsentanten des Volkes und Leiter der Gruppenunternehmungen."[31] Wie wir außerdem festgestellt haben, waren die Häuptlinge aufgrund ihrer rituellen Verbindung zu den Göttern heilig; während der Hochrituale konnte nämlich der angebetete Gott vorübergehend in den Körper des Häuptlings eindringen, sodass dieser zumindest einen Augenblick lang göttlich wurde.

Der höchste Gott auf Tikopia, Atua i Kafika, ist für polynesische Gottheiten ungewöhnlich: In der Zeit, als sowohl Götter als auch Menschen auf Erden wandelten, war er ein Mann, der Sohn des Ariki Kafika, aber auch ein Kulturheld, der neue Nahrungsmittel und neue Techniken nach Tikopia brachte. Er wurde bei Landstreitigkeiten getötet, und ihm wurde

---

[29] Sowohl *tapu* als auch *mana* sind mittlerweile Teil des Vokabulars der vergleichenden Religionswissenschaften. Ihre Anwendbarkeit auf nicht-polynesische Gesellschaften ist allerdings in Zweifel gezogen worden. Gleichwohl sind sie zentrale Begriffe in allen polynesischen Gesellschaften und haben wahrscheinlich sogar tiefergehende Wurzeln. Kirch und Green haben die Begriffe auf Proto-Ozeanisch rekonstruiert und *tapu* sogar auf Proto-Ost-Malayo-Polynesisch. Siehe Kirch und Green, *Hawaiki*, 239–240.

[30] Firth, *Rank and Religion*, 46.

[31] Ebd., 23.

erklärt, dass er zur höchsten Gottheit erhoben werden würde, wenn er sich nicht an seinem Mörder rächte. Nach seinem Vorbild verzichteten seine Nachfahren, die späteren Kafika-Häuptlinge, auf Gewalt. Irving Goldman beschreibt die Zentralität des Atua i Kafika dahingehend, dass seine Formen „den sozialen Kosmos symbolisieren": „Als *Atua* ist er ein Gott, der ‚Hochgott' von Tikopia; als ariki Kafika ist er der hochheilige Häuptling; und als *Kafika* ist er der Name einer der vier wesentlichen Abstammungsgruppen und von deren führender Linie sowie deren Tempeln. *Kafika* ist Gott, Häuptling, organische Menschenansammlung und heiliger Ort. Er bildet das Zentrum der Religion, der Macht, des sozialen und wirtschaftlichen Lebens. Alles andere ist unselbstständig und peripher – Kafika aber nicht untergeordnet."[32]

Obwohl die rituellen Handlungen die Beteiligung des ganzen Volkes verlangten und „die Aufbietung von Einzelbemühungen im Hinblick auf das gemeinsame Ziel moralische Verantwortung bei jedem Einzelnen für das Wohl der anderen voraussetzte",[33] lag die Hauptverantwortung nach wie vor beim Häuptling selbst. Man glaubte, die Anbetung der Götter verschaffe allen Mitgliedern der Gruppe Vorteile:

> „Wohlstand für den Führer bedeutete Wohlstand für seine Familie und seine Stammeslinie. Wenn der Wohlstand irgendeiner Gruppe hinter dem Wohlstand von anderen Gruppen zurückblieb, wurde dies auf die fehlende Stärke des Führers gegenüber den Geistern [*mana*] zurückgeführt. [...] Das Ansehen eines Führers war an den Wohlstand seiner Gruppe gebunden, und wenn dieser Wohlstand ausblieb, litten sein Ruf und seine weltliche Macht, sodass seine Befehle nicht immer befolgt wurden. Stammeslinie und Clansystem waren so strukturiert, dass die Menschen ihre Treuepflicht nicht ohne weiteres auf andere Führer übertragen konnten; sie blieben dann einfach den Riten ihres Führers fern und trugen sie nicht mit. Auch für die Riten, die sich auf die ganze Tikopia-Gesellschaft und nicht bloß auf einen Teil von ihr bezogen, galt diese Art von Urteil."[34]

Wenn man die Glaubensvorstellungen der Tikopianer, wie sie in Ritual und Mythos zum Ausdruck kommen, mit den Glaubensvorstellungen der Gruppen vergleicht, die ich in Kapitel 3 beschrieben habe, springen einige signifikante Unterschiede ins Auge. Bei den Kalapalo, den australischen Aborigines sowie den Navajo waren mächtige Wesen zwar nicht immer, aber häufig männliche Alphafiguren, die sogar dann schrecklich destruktiv werden konnten, wenn man sie versehentlich verärgerte, doch mit denen die Menschen sich identifizieren konnten, wenn sie das richtige Ritual be-

[32] Irving Goldman, *Ancient Polynesian Society*, Chicago: University of Chicago Press, 1970, 354.

[33] Firth, *Rank and Religion*, 25.

[34] Ebd., 29.

folgten, und durch diese Identifikation konnte ihre Macht zumindest vorübergehend gutartige Züge annehmen. Einige mächtige Wesen wurden weithin als fürsorgliche Mütter betrachtet, wie im Fall von Changing Woman, doch in der Stammesmythologie war dies nur selten die Regel. Die Mythen beschreiben nicht deshalb eine moralische Ordnung, ein Gesetz, wie die Aborigines sagen, weil die mächtigen Wesen immer zuverlässig oder gar moralisch sind. Die Mythen sind ein Versuch, das Wesen der Wirklichkeit zu verstehen. Diejenigen, die sie erzählen, müssen naheliegende Analogien verwenden, die ihrer eigenen sozialen Erfahrung in ihrer ganzen Zerrissenheit und mit all ihren Unstimmigkeiten entstammen.

Bei den Tikopianern spiegelte sich eine andere Art von Gesellschaft in einer anderen Vorstellung von mächtigen Wesen wider. Firth hat das folgendermaßen formuliert: „Die Tikopianer machten sich mithin ein stark visuelles Bild von den wichtigsten Geistern, den Göttern, deren Verhalten der Vorstellung der Tikopianer von Häuptlingen, wenn auch in einer unsichtbaren, geistigen Welt, ähnelte. Sie hatten ihre Gefolgsleute sowie wichtige Lebensbereiche oder Unternehmungen unter Kontrolle; sie kamen und gingen, wie es ihnen passte; im Zorn konnten sie schrecklich sein; sie gewährten Vergünstigungen und erteilten Strafen; obwohl ihre Entscheidungen als willkürlich galten, konnten sie durch Appelle an ihr Mitleid beeinflusst werden; wie bei den Menschen gab es unter ihnen Abgrenzungen und eine Rangordnung.“[35]

Jede Stammeslinie hatte ihre eigene Gottheit und wurde von ihr bevorzugt, sodass die moralische Haltung, für die diese Gottheiten standen, auf Loyalität gegenüber dem Clan und der Stammeslinie beruhte und nicht auf allgemeinen Normen. Die Götter auf Tikopia gleichen eher den Göttern von Homer als dem, was wir bisher gesehen haben. Wie bereits erwähnt, sind die Schilderungen ihrer Taten voller Widersprüche und Unstimmigkeiten, je nachdem wer spricht, aber neu scheint zu sein, dass sie einen höheren Verknüpfungsgrad aufwiesen. Firth hat das folgendermaßen formuliert:

> „Die Vorstellungen von den Geistern auf Tikopia waren folglich Konzeptualisierungen von Macht und Kontrolle. Sie objektivierten und personifizierten die Zufallsprinzipien, denen die menschlichen Belange unterworfen waren, enthielten aber auch Ansichten zur Gesellschaftsstruktur der Tikopianer: zum Respekt gegenüber den Eltern und zu väterlicher Autorität, zum Status der Häuptlinge, zur Rollenverteilung zwischen Männern und Frauen. Symbolisch kam in ihnen außerdem die Anerkennung weniger klar formulierter Interessen und Vermutungen zum Ausdruck: Gedanken an Sex und die Gebrechlichkeit des Menschen; unter-

[35] Ebd., 90–91.

> schwellige Ängste in Bezug auf ausbleibenden Erfolg, den Verlust körperlicher Stärke, Krankheit und Tod. Dieser ganze Begriffskomplex war auf eine Reihe spezifischer sozialer Gruppen und Situationen bezogen und bildete einen ausgefeilten systematischen Rahmen mit ausgeprägten logischen Verknüpfungen."[36]

Wir bezeichnen diese Wesen allerdings nicht deshalb als Götter, weil sie so radikal anders sind als die mächtigen Wesen, denen wir bisher begegnet sind, sondern weil es in ihrer Beziehung zu den Menschen, wie sie in ihrer Rolle während des Rituals exemplarisch zum Ausdruck kommt, zu einer Verlagerung gekommen ist: Sie werden jetzt angebetet. „Anbetung", hat Firth es formuliert, „geht gewöhnlich mit Respekt, ja sogar mit einem hohen Maß an Bewunderung einher, die sich in symbolischen Handlungen manifestiert, welche auf das asymmetrische Verhältnis hinweisen – etwa durch die Verringerung des Körperumfangs beim Verbeugen, Hinknien oder Niederwerfen oder durch die Darbringung von Opfergaben. Hinter diesen symbolischen Akten steht nicht nur die Anerkennung des Statusunterschieds, sondern auch der Wunsch, an der Stellung, den Taten und der Persönlichkeit des erhabenen Wesens teilzuhaben."[37] Wie wir festgestellt haben, hatte der Häuptling auf Tikopia nur wenige Vorrechte in Bezug auf Wohlstand und Macht; ihm wurde nur gehorcht, wenn das Volk dazu bereit war; doch als Repräsentant seines Volkes war er der Einzige, der die Götter anbetete. Auf Tikopia ist ein neuer Grad von Hierarchie – zwischen Göttern und Menschen, zwischen Häuptlingen und Volk – entstanden, es gibt aber wenig Belege für Herrschaft. Die bescheidene Rolle des Häuptlings der Tikopianer war allerdings unter anderen Umständen für Entwicklungen offen, die gewaltige Auswirkungen hatten.

Die Tikopianer wirken bemerkenswert friedlich. Und warum sollte das in ihrer kleinen Gesellschaft auf ihrer kleinen Insel auch anders sein? Die Polynesier waren Krieger und ihrer endemischen Kriegsführung entgingen wohl auch die Tikopianer nicht, obwohl es in den Generationen noch vor der Ankunft der Europäer anscheinend nur selten zu Störungen der Ordnung kam. Die frühe Geschichte der Insel verlief allerdings nicht so ruhig. Es wird erzählt, dass es wiederholt Invasionen von Seiten der Tonganer gab, die schließlich abgewehrt wurden, aber außerdem, wie Firth es formuliert hat, „scheinen landesintern die standesbewussten Männer auf Tikopia vom Durst nach Ansehen und Macht und vom Hunger nach Land geradezu besessen und bereit gewesen zu sein, ihre Ziele gewaltsam zu erreichen. Wie es auf Tikopia heißt, war dies eine Zeit, in der es viele *toa* (starke Männer, Krieger) gab, die versuchten, durch schiere Gewalt oder

[36] Ebd., 111–112.
[37] Ebd., 297.

List sich gegenseitig den Garaus zu machen, um alleine regieren zu können und damit das Land nur ihnen Gehorsam schuldet.“[38]

Noch beunruhigender sind Geschichten über die Auslöschung und Vertreibung großer Gruppen von Tikopianern. Nach Berichten, die Firth im Wesentlichen für wahr hält, wurden zwei große Bevölkerungsgruppen, die Nga Ravenga und die Nga Faea, die ausländische Spätankömmlinge gewesen sein könnten, jeweils etwa in den Jahren 1700 und 1725 aus dem Weg geräumt. Auf einer kleinen Insel mit womöglich wachsender Bevölkerung ist der Hunger nach Land ein naheliegender Grund, obwohl die Tikopianer angeben, dass der unmittelbare Grund für den Angriff auf die Ravenga deren dreiste Einstellung der Tributzahlungen war. Die Einzelheiten sind ziemlich entsetzlich: Männer, Frauen und Kinder der Ravenga wurden ausgelöscht. Es gab nur einen Überlebenden, der allerdings der Ahnherr einer bedeutenden Stammeslinie wurde; und den Faea wurden dermaßen gedroht, dass sie unausweichlich mitsamt ihrem Häuptling und fast dem gesamten Volk zu einem Himmelfahrtskommando in See stachen und nur ein kleiner Rest zurückblieb.[39] Noch zu Firths Zeiten wurden beklommen davon erzählt, damit sich Ähnliches nie wiederholen möge. Im Nachhinein wurde wenigstens der Ariki Kafika von dem Vorwurf freigesprochen, diese fürchterlichen Maßnahmen angeordnet zu haben. Die Firth bekannten Häuptlinge waren eher Priester als Krieger und auf keinen Fall Tyrannen. Ein Inselparadies war Tikopia aber nicht.

Als Häuptlingstum war Tikopia zwar eine hierarchische und keine egalitäre Gesellschaft, aber der Egalitarismus wurde nicht ganz aufgegeben. Die Wahl eines neuen Häuptlings hat sogar eine „demokratische“

---

[38] Firth, *History and Traditions*, 122.

[39] Ebd., 128–143. Darüber, wer genau die Nga Ravenga und die Nga Faea waren, lässt sich nur spekulieren. Menschliche Besiedlungen Tikopias lassen sich bis 900 v. u. Z. zurückverfolgen, weit vor die Ursprünge der polynesischen Kultur in der Gegend von Samoa und Tonga um etwa 500 v. u. Z. Die polynesischen „Exklaven“, zu denen Tikopia gehört, wurden wahrscheinlich irgendwann im ersten Jahrtausend u. Z. von Polynesiern aus dem Osten besiedelt. Die Nga Ravenga und die Nga Faea könnten also Präpolynesier oder einfach eine frühere polynesische Siedlergruppe gewesen sein. Kirch hat durch archäologische Forschungen herausgefunden, dass Tikopia aufgrund tektonischer Hebung im Zeitraum genau vor den Vertreibungen geologischen Veränderungen unterlag. Eine dieser Veränderungen verwandelte eine Meeresbucht in einen Brackwassersee, was die Gegend der Vorfahren des heutigen Tikopia sehr viel ertragsärmer machte und für einen Bedarf an Land, das von anderen bewohnt war, sorgte. Letztendlich bleibt die Frage offen, ob der Aufbruch der Nga Faea ein Himmelfahrtskommando oder ein Versuch gewesen ist, nach neuem, kolonialisierbaren Land zu suchen. Zu all diesen Fragen, siehe Patrick Kirch, *The Evolution of Polynesian Chiefdoms*, New York: Cambridge University Press, 1984, 80, 125 und 202.

Seite – das Volk muss ihn anerkennen. Weder die Vorlieben des alten Häuptlings noch irgendein religiöses Ritual können den Willen des Volkes ersetzen. In wichtigen Hinsichten weist die Rolle rangbezogener Privilegien auf Tikopia insofern Ähnlichkeiten mit der Traumzeit bei den Pintupi auf, als sie einen übergeordneten Bezugspunkt bereitstellten, mit dessen Hilfe alltägliche Spannungen abgemildert und geschlichtet werden konnten. Goldman hat das folgendermaßen formuliert: „Eine primitive Gemeinschaft unter aristokratischer Führung ist im Wesentlichen eine religiöse Gemeinschaft, die sich im religiösen Sinne zur angeborenen Überlegenheit einer herrschenden Linie bekennt. Unter diesen Umständen ist in einer solchen Gesellschaft Unterordnung nicht erniedrigender als die Unterordnung unter eine Ahnenfigur, einen Gott oder einen Geist. Eine solche Unterordnung wird als Teil der natürlichen Ordnung hingenommen."[40] Schon die Tatsache, dass die Stammeslinie keine Lücken aufweist, gegeben und nicht verhandelbar ist, eröffnet die Möglichkeit, dass sie allumfassende Normen verkörpert. Doch die Stammeslinie allein macht noch keinen Häuptling aus: Er muss sich auch bewähren. Eine egalitäre Einstellung und die allgegenwärtige Möglichkeit, von Emporkömmlingen herausgefordert zu werden, stellen sicher, dass „weder die überheblichen noch die schwachen Häuptlinge lange durchhalten".[41] Aber die für Tikopia typische Ausgeglichenheit, so unsicher sie zweifellos war, kennzeichnet weder das gesamte Polynesien noch Hawaii im Besonderen, wie wir sehen werden.

Die Veranlagung zur Fürsorge

Bevor wir uns Hawaii näher ansehen, möchte ich die Betrachtung der Veranlagung zur Dominanz noch kurz ergänzen, die uns mit unseren nächsten Verwandten unter den Primaten verbindet und vermutlich Teil unseres biologischen Erbes ist. Ihr Prototyp dürfte das Schimpansen-Alpha-Männchen sein, aber wir sollten auch das Bonobo-Alpha-Weibchen nicht vergessen, das uns vorführt, dass die Veranlagung zur Dominanz wahrscheinlich geschlechtsneutral ist, obwohl Despotismus ein viel zu starkes Wort zur Charakterisierung von Dominanz bei den Bonobos darstellt.[42] Wir haben außerdem gesehen, dass die Veranlagung zur Dominanz sich bei den egalitären Jäger-und-Sammler-Horden durch eine kulturell

---

[40] Goldman, *Ancient Polynesian Society,* xviii.

[41] Ebd., 17.

[42] Und Aggressionen können vielleicht stärker mit Männchen in Verbindung gebracht werden. Siehe de Waal, *Bonobos: Die zärtlichen Menschenaffen.*

vermittelte moralische Gemeinschaft sowie Sanktionen gegen Emporkömmlinge abschwächte, aber nicht ganz verschwand.

Im Zuge unserer Beschreibung der Führerschaft in egalitären Gesellschaften sowie der sich auf Tikopia abzeichnenden Hierarchien sind wir einer anderen Veranlagung begegnet, die genauso grundlegend zu sein scheint wie die Veranlagung zur Dominanz, nämlich die Veranlagung, sich um jemanden zu kümmern, ihn zu „halten", wie die Pintupi in Analogie zur stillenden Mutter sagen, die ihr Kind hält, das heißt die Veranlagung zur Fürsorge. Sowohl bei den *Pan*-Arten als auch bei den frühesten Angehörigen der Gattung *Homo* machte die lange Unselbstständigkeit des Säuglings es nicht nur erforderlich, dass die Mutter das Kind mehrere Jahre lang stillte, sondern es danach noch mehrere Jahre weiter betreute und ihm half, Nahrung zu finden. Bei den Schimpansen und Bonobos scheinen sich Väter nicht an dieser Tätigkeit zu beteiligen, obwohl nicht klar ist, ob sie nicht doch eine latente Veranlagung zur Fürsorge besitzen. Männchen beschäftigen sich mit der Fellpflege und einigen anderen Formen der Sorge um andere, die darauf hindeuten könnten, dass etwas Derartiges vorhanden ist.[43]

Wenn wir uns die bisher berücksichtigten Fälle genau ansehen, werden wir feststellen, dass die Veranlagung zur Fürsorge auf Weisen, die wir zunächst nicht erwartet haben mögen, mit der Veranlagung zur Dominanz verknüpft ist. Schon eine kurze Überlegung macht deutlich, dass eine ihr Kind stillende Mutter es zwangsläufig auch dominiert. Die Dominanz, über die bei den Pintupi die Älteren verfügen, kommt darin zum Ausdruck, dass sie sich um die jüngeren Männer kümmern. Und die Häuptlinge auf Tikopia kümmerten sich nicht nur dadurch um ihr Volk, dass sie die Wohltätigkeit der Götter heraufbeschwörten, sondern auch dadurch, dass sie die großen Rituale organisierten, die unweigerlich zur Umverteilung beitrugen. Bei der Vorbereitung der Rituale sorgten die Häuptlinge (wie die *anetaū* bei den Kalapalo) für die Anhäufung von Nahrungsmitteln, die anschließend bei den kollektiven Gelagen umverteilt wurden. Umverteilung ist allerdings nicht unbedingt so egalitär, wie sie klingt. Die Mahlzeiten bei den großen Ritualen müssen vom Volk zubereitet werden; die Häuptlinge sind so großzügig, sie im Namen der Götter umzuverteilen. Die Großzügigkeit des melanesischen Big Man erhöht sein Ansehen, aber die seine Großzügigkeit ermöglichenden Beiträge seiner Verwandten und Angehörigen werden nicht in gleichem Maße anerkannt. Wir mögen nicht

---

[43] Was Beispiele anbelangt, siehe Frans de Waal, *Der gute Affe: Der Ursprung von Recht und Unrecht bei Menschen und anderen Tieren,* übers. v. Inge Leipold, München: Hanser, 1997.

gerne daran denken, wenn wir sagen, „Geben ist seliger als Nehmen", aber durch das Geben entsteht Herrschaft im Sinne von Dominanz. Marcel Mauss hat uns daran erinnert: „Geben heißt Überlegenheit beweisen, zeigen, daß man mehr ist und höher steht, *magister* ist; annehmen, ohne zu erwidern oder mehr zurückzugeben, heißt, sich unterordnen, Gefolge und Knecht werden, tiefer sinken, *minister* werden."[44] Der archetypische *minister* ist das Kind, das zumindest bis zu einem sehr viel späteren Zeitpunkt, wenn überhaupt, nicht zurückgeben kann, was es erhält. Wenn mithin Fürsorge mit Dominanz einhergeht, ist das Erhalten von etwas mit Unterwerfung verbunden. Diese elementaren Tatsachen des menschlichen Lebens dürfen keinesfalls in Vergessenheit geraten, wenn wir das Verhältnis von Göttern und Menschen, Machthabern und Volk in hierarchischen Gesellschaften betrachten.

Die Veranlagung zur Dominanz und die Veranlagung zur Fürsorge sind zwar Teil unseres biologischen Erbes, die Kultur hat sie aber teilweise transformiert. In egalitären Horden wurde die Veranlagung zur Dominanz partiell durch eine Neigung zur Autonomie ersetzt. Sogar in solchen stark kooperativen Gesellschaften muss jede erwachsene Person ihre Entscheidungen selbst treffen; niemand darf ihr eigenmächtig sagen, was sie tun soll. Wenn Männer sich der Autorität unterwerfen – wie während des Prozesses der Initiation bei den Pintupi und vielen anderen derartigen Gruppen –, ist damit letztendlich die Absicht verbunden, aus ihnen verantwortungsvolle, fürsorgliche Erwachsene zu machen, die zum selbstständigen Handeln und gegebenenfalls ihrerseits zum Ausüben von Autorität gegenüber jüngeren Männern in der Lage sind. Obwohl alle Pintupi-Männer irgendwann zu den Älteren gehören, können nicht alle Männer auf Tikopia Häuptlinge werden – weit gefehlt. Trotzdem sind sie alle ein Teil der Tikopia-Gesellschaft – der berühmte Titel von Firth, *We the Tikopia*, spricht eine tiefe Wahrheit aus. In mehrschichtigen polynesischen Gesellschaften haben nur Aristokraten einen Stammbaum; ein fehlender Stammbaum kommt der Definition eines gemeinen Gesellschaftsmitglieds gleich. In diesem Sinne sind alle Tikopianer Aristokraten; die sich abzeichnende Hierarchie hat den grundlegenden Egalitarismus nicht überwunden. Es war vermeidbar, dass sich dies je ändern würde. Wie es scheint, haben die Tikopianer andere Alternativen ausprobiert und blieben am Ende lieber „traditionell", wie Goldman meint. Doch in anderen Teilen Polynesiens

---

[44] Marcel Mauss, *Die Gabe: Form und Funktion des Austauschs in archaischen Gesellschaften*, übers. v. Eva Moldenhauer, Frankfurt: Suhrkamp, 1968 [1923/24], 170–171. In *Ancient Polynesian Society*, 18, hat Irving Goldman meine Aufmerksamkeit auf diese Textstelle gelenkt.

geschah etwas ganz anderes, und wir müssen versuchen zu verstehen, warum.

Gesamtpolynesien

Mit dem Hawaii der späten Vorkontaktzeit kommen wir zu einem wirklich erschreckenden Beispiel für die Wiederkehr des Despotismus, von der im ersten Teil dieses Kapitels die Rede war: zu einer schroffen Abgrenzung der sozialen Klassen, ja sogar dem Vorhandensein einer Klasse von Parias; einer hohen Besteuerung der gemeinen Gesellschaftsmitglieder; der Enteignung von Land nach dem Willen der Häuptlinge; und – was möglicherweise symbolisch für die Art von Gesellschaft ist, zu der Hawaii geworden war – häufigen Menschenopfern. Im Vergleich zu Tikopia nahm die Hierarchie in hohem Maße zu: Wie wir sehen werden, waren die Häuptlinge tatsächlich zu Heiligen geworden, aber ihre auf Tikopia kaum sichtbare Herrschaft hatte extreme Formen angenommen. Die Häuptlinge regierten durch göttliches Recht, aber auch mit Hilfe von Gewalt; und sie konnten gewaltsam besiegt und getötet werden. Und doch war das meiste, was im Hawaii der späten Vorkontaktzeit zu Tage trat, auf Tikopia potenziell angelegt gewesen. Es ist möglich, ja sogar wahrscheinlich, dass das frühe Hawaii Tikopia mehr ähnelte als das, was Captain James Cook zu Gesicht bekam, als er im Jahr 1778 als erster Besucher aus dem Westen die Inseln bereiste.[45]

Ob Hawaii im Jahr 1778 ein Staat war oder nicht, ist eine Frage, die wir zurückstellen können. Dass es sich um eine zutiefst inegalitäre, mehrschichtige Gesellschaft handelte, steht allerdings außer Frage. Wenn sie von Hunderttausenden von Jahren egalitärer Jäger und Sammler und in sehr viel jüngerer Zeit von nur ganz ansatzweise hierarchischen, Gartenbau betreibenden Gesellschaften wie den Kalapalo und den Tikopianern ihren Ausgang nahmen, wie sind Gesellschaften wie Hawaii dann möglich geworden? Wenn wir kurz auf die Pintupi zurückkommen können, die wahrscheinlich das beste ethnographische Beispiel für frühe Jäger und Sammler darstellen, über das wir verfügen, so hatte ich auf ihr Bedürfnis hingewiesen, ein Gleichgewicht zwischen Zugewandtheit und Autonomie zu finden (wobei mit Autonomie in diesem Fall die Autonomie von männlichen Erwachsenen und ihren Familien gemeint ist). Marshall Sahlins hat

---

45 Im Rahmen seiner Typologie von Statussystemen beschreibt Goldman Tikopia als Beispiel für ein „traditionelles Statussystem". Goldman, *Ancient Polynesian Society*, 20–28. Hawaii beschreibt er in der Frühzeit (124–1100 u. Z.) als „traditionell" (212).

das Gedankenexperiment angestellt, sich die Haushalte in solchen Gesellschaften als wirklich autonom vorzustellen. Im Anschluss an Christopher Boehm hatte ich behauptet, dass Gesellschaft – und sei es nur im Sinne der losen lokalen Gruppen und erweiterten Verwandtschaftsbeziehungen bei den Pintupi – unabdingbar sei, um Emporkömmlinge an der Zerstörung der Familien durch die Misshandlung oder Tötung schwächerer Männer und die wahllose Paarung mit Frauen zu hindern. Doch bietet die Gesellschaft in solchen Fällen nicht bloß Schutz vor Emporkömmlingen. Wie ich im Rahmen meiner Auseinandersetzung mit den Pintupi angedeutet habe, stellt sie auch ein unverzichtbares Sicherheitsnetz für Familien dar, die auf sich allein gestellt zu zerbrechlich zum Überleben wären. Sahlins unterstreicht diesen Punkt, als er sich mit der Frage auseinandersetzt, warum seine Idee einer „häuslichen Produktionsweise" – also einer Produktion durch und für den Haushalt allein – zwar ein nützlicher Idealtypus ist, in performativer Hinsicht aber eine Unmöglichkeit darstellt:

> „Tatsächlich kommt es niemals vor, dass der Haushalt allein die Ökonomie bewirtschaftet, denn als solche würde die häusliche Umklammerung der Produktion nur für den Verfall der Gesellschaft sorgen. Nahezu jede Familie, die ausschließlich von ihren eigenen Mitteln lebt, stellt früher oder später fest, dass ihr die Mittel zum Leben fehlen. Und während der Haushalt mithin in regelmäßigen Abständen an seiner eigenen Versorgung scheitert, versorgt er auch die öffentliche Ökonomie nicht (Mehrwert): Er unterstützt keine sozialen Institutionen jenseits der Familie oder keine kollektiven Aktivitäten, wie Krieg, Feierlichkeiten oder den Bau großer technischer Apparaturen – die möglicherweise genauso dringlich sind wie die tägliche Nahrungszufuhr."[46]

Dem „Krieg" und den „großen technischen Apparaturen" werden wir gleich mehr Aufmerksamkeit schenken müssen – keines von beidem scheint für die Jäger und Sammler zentral gewesen zu sein –, aber irgendeine über erweiterte Verwandtschaftsbeziehungen und religiöse Rituale erfolgende öffentliche Versorgung ist tatsächlich für das Überleben noch der einfachsten bekannten Gesellschaften unerlässlich (was daran erinnert, dass keine menschliche Gesellschaft in einem absoluten Sinne einfach ist). Das sollte bei allen drei in Kapitel 3 beschriebenen Beispielen deutlich geworden sein. Ackerbau verlangt dagegen mehr Planung, Mühe und Disziplin als Jagen und Sammeln – weshalb Jäger und Sammler oftmals nicht erpicht darauf waren, ihn einzuführen.[47] Sogar Jagd- und Sammelexpedi-

---

[46] Marshall Sahlins, *Stone Age Economics*, Chicago: Aldine-Atherton, 1972, 101.

[47] In seinem Essay „The Original Affluent Society", dem 1. Kap. von *Stone Age Economics*, beschreibt Sahlins die „Unterproduktion" der vielen Jäger-und-Sammler-Gesellschaften, deren Mitglieder anscheinend mit der Erfüllung unmittelbarer Bedürfnis-

tionen bedürfen irgendeiner, wenn auch anspruchslosen Form von Führung. Die Beispiele der Kalapalo und der Tikopianer scheinen nahezulegen, dass für den Gartenbau eine klarere institutionalisierte Führung erforderlich ist. Für das Ritual organisieren der *anetu* bei den Kalapalo und der Häuptling bei den Tikopianern ökonomische Aktivitäten, die einen Mehrwert erzeugen, der anschließend unter Einbeziehung des ganzen Volkes umverteilt wird. In beiden Fällen arbeitet die Führung an einer Intensivierung der ökonomischen Aktivitäten über das hinaus, was die Haushalte allein produzieren würden, doch die Führer gewinnen eher an Ansehen, als dass sich ihr materieller Lohn vergrößerte: Ihr Gewinn besteht mehr in dem, was sie geben, als in dem, was sie für sich behalten. Sahlins hat das folgendermaßen formuliert: „Und aus einem umfassenderen Blickwinkel erschafft der Häuptling, indem er auf diese Weise das gemeinschaftliche Wohl fördert und gemeinschaftliche Aktivitäten organisiert, ein kollektives Gut, das über den Horizont und die Kapazitäten der einzelnen innergesellschaftlichen Gruppen hinausgeht. Er begründet eine öffentliche Wirtschaft, die größer ist als die Summe ihrer Teilhaushalte." Doch Sahlins merkt ebenfalls an, dass das, „was mit dem Häuptlingsanwärter beginnt, der andere von seiner Produktivität profitieren lässt, in gewissem Grade damit endet, dass andere den Häuptling von ihrer Produktivität profitieren lassen".[48]

Nun könnte man leicht einwenden, dass andere polynesische Gesellschaften aufgrund des Vorhandenseins einer „großen technischen Apparatur" hierarchischer sind als Tikopia – in diesem Fall einer ausgeklügelten Bewässerungsanlage, auf die man auf vielen größeren Inseln stößt, insbesondere auf Hawaii. Aber Timothy Earle und andere haben gezeigt, dass noch die ausgeklügeltsten polynesischen Bewässerungsanlagen lediglich eine lokale Führung erforderlich machten, die nicht repressiver war als die Häuptlinge auf Tikopia; sie verwerfen die „hydraulische Theorie" von Karl Wittfogel, der behauptet hat, dass Bewässerungsanlagen den Ursprung des Staates (bzw. komplexer Häuptlingstümer) bilden.[49]

Doch wie steht es mit dem „Krieg", jener anderen „kollektiven Aktivität", die für Sahlins mit der Notwendigkeit verbunden ist, über die häus-

---

se zufrieden gewesen sind. Landwirten ist diese Art von Wohlstand notwendigerweise verwehrt.

[48] Ebd., 140.

[49] Timothy Earle, *How Chiefs Come to Power: The Political Economy of Prehistory*, Stanford: Stanford University Press, 1997, 76–77. Earle weist allerdings auch darauf hin, dass es in den komplexen Häuptlingstümern auf Hawaii Amtsträger gab, die Arbeiten zur Intensivierung der Bewässerungslandwirtschaft organisierten und dadurch den anzueignenden Mehrwert steigerten (78–79).

liche Produktionsweise hinauszugelangen? Die Gründe, warum zwischen Krieg und Häuptlingstümern eine Verbindung besteht, werden immer deutlicher. Obwohl es keine friedliche Vergangenheit gibt, auf die sich zurückblicken ließe – bei den Jägern und Sammlern waren die Mordraten oftmals höher als in unseren Innenstädten –, scheint Krieg mit ökonomischer Intensivierung einherzugehen und erst in relativ später prähistorischer Zeit aufzutreten. Viel hängt davon ab, was wir unter Krieg verstehen: Mord, Rache, ja sogar gelegentliche Raubüberfälle waren bei den Jägern und Sammlern nicht selten. Doch zu organisierten, auf die Eroberung von Land gerichteten Kriegen scheint es nur dort zu kommen, wo sich ergiebige ökonomische Ressourcen lokal konzentrieren und andere Optionen weniger verlockend sind. Und organisierte Kriege sind gewöhnlich mit der Entstehung von Häuptlingstümern verbunden.[50]

Earles archäologischer Vergleich von drei Fällen, in denen Häuptlingstümer entstanden sind, zeigt, dass es auf der Ebene der ersten Siedlungsschichten in der dänischen Landschaft Thy, im peruanischen Mantaro-Tal und auf Hawaii weder Krieg noch Häuptlingstümer gab: Die frühen Siedler konnten einfach weiterziehen, wenn das fruchtbare Land schon vergeben war. Doch alle drei Gruppen betrieben Ackerbau – die dänische Gruppe auch Weidewirtschaft –, und als kein fruchtbares Land mehr zu haben war, begann der Kampf um das vorhandene Land. Zweifellos machen organisierte Kriege Führung erforderlich, weshalb es nicht überraschend ist, dass in allen drei Fällen Häuptlingstümer entstanden. Doch nur in einem Fall, nämlich auf Hawaii, bildete sich ein oberstes Häuptlingstum, das dem Niveau eines frühen Staates nahekam. Im peruanischen Hochland bekämpften sich die kleinen Mantaro-Häuptlingstümer Jahrhunderte lang, einige stiegen auf, andere gingen unter, aber bis zur Eroberung durch die Inka erlangte keines von ihnen besondere Bedeutung.

Um ein Beispiel aus Polynesien herauszugreifen: Die Maori auf der neuseeländischen Nordinsel waren in Dutzende kleine Häuptlingstümer unterteilt, die sich andauernd gegenseitig bekriegten, es entstand aber keine größere Entität. Die Maori-Häuptlinge waren reicher und mächtiger als die Häuptlinge auf Tikopia, doch durch verwandtschaftliche Bande bildeten sie weiterhin eine Einheit mit ihren Gefolgsleuten. Goldman zitiert eine Äußerung von Firth über den Häuptling der Maori: „Seinen Wohlstand

---

[50] In *War before Civilisation: The Myth of the Peaceful Savage*, New York: Oxford University Press, 1996, behauptet Lawrence H. Keeley, dass Krieg gleichbedeutend mit menschlicher Gesellschaft ist. Raymond C. Kelly widerspricht Keeley in *Warless Societies and the Origin of War*, Ann Arbor: University of Michigan Press, 2000, und definiert Krieg so, wie ich es im vorherigen Absatz getan habe.

nutzte er zu seiner eigenen Überhöhung und für seinen Einfluss, aber dadurch trug dieser Wohlstand in hohem Maße zum materiellen Nutzen seines Volkes bei."[51] Zusammen mit den Tikopianern stuft Goldman die Maori als „traditionelle" polynesische Gesellschaft ein. Obwohl die neuseeländische Nordinsel größer als alle anderen polynesischen Inseln und ökonomisch halbwegs produktiv war (auf dem größten Teil der Südinsel war es zu kalt für die polynesische Form subtropischer Landwirtschaft und die dortigen Maori wurden zu dünn siedelnden Jägern und Sammlern), blieb sie durch die Verschmelzung religiöser und säkularer Aspekte von Häuptlingschaft sowie die Einheit von Häuptlingen und Volk der altpolynesischen Gesellschaft näher, als es in vielen anderen Fällen der Fall war. Obgleich der Krieg endemisch war, schuf er keine größeren politischen Einheiten als einfache Häuptlingstümer und veränderte er das traditionelle polynesische Ordnungsmuster nicht grundlegend.[52]

Selbst dort, wo der Krieg dramatischere soziale Folgen hatte, führte er nicht unausweichlich zu großformatigen sozialen Formationen. Nach Meinung von Kirch „ist der Fall von Mangaia (eine der südlichen Cookinseln) lehrreich, weil diese Insel zwar relativ klein und hoch ist, aber eine Art Mikrokosmos der polynesischen Gesellschaft darstellt, in der Politik sowie Wirtschaft und Religion tief mit dem Krieg verwoben waren."[53] Im Fall von Tikopia war von Geschichten über eine Zeit die Rede, in der *toa*, Krieger, mit einem Umsturz der politischen Ordnung drohten. Genau dies ist auf Mangaia passiert. Mit einer Bevölkerungszahl, die nie höher lag als bei etwa 3000, war das frühe Mangaia wahrscheinlich in mehrere kleine Häuptlingstümer unterteilt, in denen die Häuptlinge wie auf Tikopia oder in Neuseeland sowohl die religiöse als auch die säkulare Autorität verkörperten. Doch irgendwann sagten Krieger diesen Häuptlingen den Kampf an: Sie mussten sich auf rein priesterliche Funktionen beschränken und wurden durch eine neue Art von Häuptling ersetzt, der faktisch ein „Militärdiktator" war.[54] Gewonnen wurde das kleine Gebiet, zwei Prozent

---

51 Goldman, *Ancient Polynesian Society*, 41.

52 „Trotz der hohen Bevölkerungszahl auf der Nord-Insel während der späten Frühgeschichte haben sich die Maori nie zu größeren Gemeinwesen zusammengeschlossen, noch haben sie eine sozio-politische Transformation vom Organisationsniveau einfacher Häuptlingstümer zu einer komplexen, hierarchischen sozialen Formation durchgemacht, wie sie sich auf Hawaii oder auf den Gesellschaftsinseln beobachten ließ." Patrick V. Kirch, *On the Road of the Winds: An Archeological History of the Pacific Islands before European Contact,* Berkeley: University of California Press, 2000, 283.

53 Ebd., 205

54 Goldman, *Ancient Polynesian Society*, 86.

der Insel, das sich bewässern ließ. Als Siegesbeute wurde dieses Land neu verteilt, seine früheren Bewohner verloren alle es betreffenden Erbansprüche.[55] Wir haben festgestellt, dass das traditionell entlang der Stammeslinie des Häuptlings vererbte *mana* sich auch in anderen bekunden konnte. Kriegserfolge waren eine solche *mana*-Bekundung und konnten, wie auf Mangaia, einen „säkularen" Häuptling hervorbringen, einen erfolgreichen Emporkömmling, dessen religiöse Legitimität desungeachtet dürftig war. Da ihm nun aber fehlte, was Weber „Erbcharisma" genannt hat,[56] gab es keine Form von Nachfolgeroutine: Jeder neue Häuptling gelangte nur durch einen militärischen Sieg ins Amt.

Diese politische Revolution spiegelte sich in einer religiösen Revolution wider. Der Gott Rongo, der an anderen Orten in Ostpolynesien ein friedliebender Landwirtschaftsgott war, wurde zu einem Kriegsgott und zum Hochgott der Insel. Bei der Thronbesteigung jedes neuen Militärmachthabers verlangte Rongo ein Menschenopfer. Laut Kirch deuten die archäologischen Funde darauf hin, dass Kannibalismus in der späten Prähistorie weit verbreitet war. Er fasst die Situation mit folgenden Worten zusammen: „Die mangaianische Gesellschaft der späten Vorkontaktzeit wurde weitestgehend zu einer auf Angst und Schrecken beruhenden Gesellschaft."[57] Die geringe Größe und Bevölkerungszahl von Mangaia verhinderte die Entstehung einer komplexen, mehrschichtigen Gesellschaft, aber es ist ein Beispiel für einige mögliche, aber nicht unvermeidliche Folgen der Militarisierung.

Gelehrte wie Kirch und Earle, die einfache und komplexe Häuptlingstümer gründlich untersucht haben, stimmen darin überein, dass ihre Entstehung nicht unvermeidlich war und sich auch nicht auf einen einzigen Kausalmechanismus zurückführen lässt. Allerdings gibt es dafür notwendige, wenn auch nicht hinreichende Bedingungen: eine Ökonomie, deren Produktivitätssteigerung über das Niveau der Haushalte hinaus einen signifikanten Grad an Führung erforderlich machte; Inbesitznahme des zur Verfügung stehenden Landes, sodass es kein offenes Grenzland mehr gab, in das Unzufriedene hätten ziehen können; hochproduktive Flächen, um deren Nutzung es sich lohnte zu kämpfen; und ein gewisser Grad an religiöser Legitimation der ökonomisch-politischen Militärführung, sodass

---

55 Kirch, *Evolution of Polynesian Chiefdoms*, 206; Kirch, *On the Road*, 255.

56 „Charisma" im Sinne Webers ist eine mögliche Übersetzung von *mana*.

57 Kirch, *On the Road*, 257. Wie es scheint, reicht eine mögliche Verbindung zwischen Religion und Schrecken weit zurück, aber vielleicht nicht ganz so weit, wie René Girard in seinem Buch *Das Heilige und die Gewalt*, übers. v. Elisabeth Mainberger-Ruh, Frankfurt: Fischer, 1994 [1972], behauptet hat.

der Krieg nicht den Fortbestand der Gesellschaft bedrohte. In Neuseeland scheint ein niedrigstufiger, endemischer Krieg verkraftbar gewesen zu sein, aber auf Mangaia, mit Sicherheit in späteren Jahrhunderten auf Rapa Nui (Osterinsel)[58] und möglicherweise auch auf den Marquesas-Inseln hat die Intensität der Konflikte die Lebensfähigkeit der Gesellschaft als solche gefährdet. Gesellschaft ist eine fragile Errungenschaft: Gesellschaften sind genauso verwundbar wie Einzelpersonen. Keine historisch bekannte Gesellschaft hatte für immer Bestand, und wir täten gut daran, nicht zu vergessen, dass vermutlich keine der heute existierenden Gesellschaften davon ausgenommen ist.

Hawaii

Obwohl es zu den entlegensten Teilen Polynesiens gehörte, war Hawaii die reichste und neben Neuseeland größte Inselgruppe. Bevölkerungsgröße und -dichte zählen zu den notwendigen, aber nicht hinreichenden Bedingungen für die Entwicklung von Komplexität. Kirch schätzt, dass die Bevölkerungszahl von Hawaii sich beim Erstkontakt auf mindestens 250.000 belief und möglicherweise beträchtlich höher war.[59] Die nächstgrößte polynesische Bevölkerungszahl war die neuseeländische, die auf 115.000 geschätzt wurde. Die Bevölkerungszahl der „größten politischen Einheit" Neuseelands betrug allerdings nur 3500, wohingegen der oberste hawaiianische Häuptling, Kalaniopu'u, Oberhaupt eines Häuptlingstums von mindestens 60.000, ja möglicherweise bis zu 150.000 Personen war, als er

[58] Kirch zitiert eine frühe Autorität für die Rapa Nui der späten Vorkontaktzeit wie folgt: „Die verschiedenen über die Insel verstreuten Gemeinschaften haben sich immer mehr zu räuberischen Horden entwickelt und ein Großteil der älteren, geordneteren Lebensweise verschwand allmählich" (Kirch, *Evolution of Polynesian Chiefdoms,* 277). Kirch selbst fügt hinzu, dass der niederländische Forschungsreisende Roggeveen am Ostersonntag 1722 eine „vom Krieg zerrüttete, geschwächte Gesellschaft" (278) vorfand. Die Mangaia und Rapa Nui sind bei weitem nicht die einzigen Gesellschaften, die Fehlfunktionen und Fehlanpassungen verzeichneten. Was einen generellen Überblick über solche Fälle anbelangt, siehe Robert B. Edgerton, *Trügerische Paradiese: Der Mythos von den glücklichen Naturvölkern*, übers. v. Michael Benthack, Hamburg: Kabel, 1994 [1992]. Was die Mangaia und Rapa Nui besonders interessant macht, ist, dass ihr Zusammenbruch ausschließlich auf endogene Gründe zurückzuführen ist, nicht auf externen Druck. Solche Fälle mindern nicht den Wert „funktionaler" Analysen. Wenn nämlich Gesellschaften nie Fehlfunktionen aufwiesen, wäre der Funktionalismus tautologisch.

[59] Kirch, *On the Road,* 290, 312 und 351, Anm. 49.

im Februar 1779 in der Kealakekua Bay auf Captain Cook traf.[60] Die große Bevölkerungszahl von Neuseeland führte also nicht automatisch zu großen politischen Einheiten mit komplexen Häuptlingstümern, obwohl alle komplexen Häuptlingstümer Polynesiens in Gegenden lagen, die zahlreich und dicht bevölkert waren: Neben Hawaii waren das Tonga, Samoa und Tahiti.

Natürlich war die Bevölkerungszahl von Hawaii nicht von Anfang an groß. Bei deren Ansiedlung irgendwann in den ersten Jahrhunderten u. Z. lag sie vermutlich höchstens bei ein paar Hundert Personen, vielleicht sogar bei gerade mal 50. Während das Land über Jahrhunderte allmählich besiedelt und erschlossen wurde, überwogen einfache, dem altpolynesischen Vorbild ähnelnde Häuptlingstümer. Zwischen 1100 und 1500 nahmen jedoch sowohl die Bevölkerungszahl als auch die Intensivierung des Ackerbaus rasch zu, und es entstanden erbittert konkurrierende regionale Häuptlingstümer.[61] Beinahe von Anfang an gab es kleine, den Ackerbaugottheiten gewidmete lokale Tempel, die dem ähnelten, was wir auf Tikopia gesehen haben; den Bau von großen regionalen Tempeln, die, wenn ethnographische Analogien erlaubt sind, dem Kriegsgott gewidmet waren und auf die Existenz komplexer Häuptlingstümer verwiesen, datieren Archäologen aber erst auf die Zeit nach etwa 1100.[62]

Höchstwahrscheinlich korrelierte die Entstehung des spezifisch hawaiianischen Systems der Klassenschichtung mit der Entwicklung kriegerischer, komplexer Häuptlingstümer. Der hawaiianische Begriff *ali'i* ist mit

---

[60] Kirch, *Evolution of Polynesian Chiefdoms,* 98; Kirch, *On the Road,* 248.

[61] Earle, *How Chiefs,* 86

[62] Matthew Spriggs hat vorgeschlagen, dass es tahitischen Einfluss auf die hawaiianische Entwicklung gegeben haben könnte, und zwar in dem Zeitraum, in dem in traditionellen Überlieferungen von Reisen zwischen den beiden berichtet wurde, nach moderner Zeitrechnung also zwischen 1100 und 1400 u. Z.: „In der überlieferten Geschichte ist dies die ‚Migrationsperiode', als wechselseitig stattfindende Reisen zwischen Tahiti und Hawaii neue Häuptlinge und neue Ideen mit sich brachten, insbesondere ein neues religiöses System mit Menschenopfern und Zeremonien innerhalb von Tempelmauern, von denen das gemeine Volk ausgeschlossen war. Die das gemeine Volk von den Häuptlingen trennenden Unterschiede im Rang und beim dazugehörigen *kapu* wurden stärker betont. Einige der wichtigen *luakini heiau* (Tempel, in denen Menschenopfer dargebracht wurden) sollen in dieser Zeit gebaut worden sein." Siehe Spriggs, „The Hawaiian Transformation of Ancestral Polynesian Society: Conceptualizing Chiefly States", in: *State and Society: The Emergence and Development of Social Hierarchy and Political Centralization*, hrsg. v. John Gledhill et al., London: Unwin Hyman, 1988, 60. Archäologische Belege für eine solche Verbindung gibt es kaum und andere Wissenschaftler bezweifeln die Richtigkeit der traditionellen Überlieferungen bezüglich des tahitischen Einflusses.

dem protopolynesischen *ariki* für Priesterhäuptling verwandt, aber auf Hawaii wurde dieser Begriff, obwohl mit ihm weiterhin der Häuptling, ja sogar der oberste Häuptling bezeichnet wurde, auch für die Stammeslinien der Häuptlinge im Allgemeinen verwendet, sodass er außerdem so etwas wie Adel bedeutete. Anders als „konservative" Gesellschaften wie Tikopia und Neuseeland lehnte dieser Häuptlingsadel jegliche genealogische Verbindung zum gemeinen Volk ab. Eine mögliche Ursache für diese Spaltung lässt sich aus der Geschichte erschließen: Lokale Häuptlinge hatten keinerlei genealogische Beziehung zu ihrer Ortschaft; sie wurden von siegreichen obersten Häuptlingen aus Dank für ihre Kriegsdienste ernannt. Dadurch zerbrach das Band zwischen der lokalen Gemeinschaft und ihrem Führer. Dieser Bruch vertiefte sich durch das Verbot (Hawaiianisch *kapu*, verwandt mit *tapu*) von Stammbäumen im gemeinen Volk, die über dessen Großvätergeneration hinausgingen.[63] Der Verlust der Stammeslinie und linearer Verwandtschaftsbeziehungen zum lokalen Häuptling hatte ganz praktische Konsequenzen: Er zog den Verlust aller Rechte auf das Land nach sich. Der siegreiche neue Häuptling konnte die ortsansässigen Bauern so lange dulden, wie sie genügend Mehrwert für ihn abwarfen, aber die Bauern waren der Willkür des Häuptlings oder seines lokalen Vertreters, dem *konohiki*, ausgeliefert. Aus einer Laune von einem der beiden heraus konnten sie ihr Land oder ihr Leben verlieren.[64] Unterhalb des gemeinen Volks gab es eine Klasse von Parias, die *kauwā*, die in der Hauptsache aus Kriegsgefangenen und Übertretern des *kapu* bestand und aus der die Menschenopfer stammten. In den Augen des gemeinen Volks waren die *kauwā* unrein und mussten um jeden Preis gemieden werden, nicht aber in den Augen der *ali'i*. Die *kauwā* standen jenseits des *kapu*, weil sie es übertreten hatten, die *ali'i*, weil sie göttlich waren. Deshalb erfreuten *kauwā* und *ali'i* sich einer Vertrautheit, die für keinen von ihnen mit dem gemeinen Volk möglich war.[65]

Die Heiligkeit der *ali'i* beruhte nicht auf einem Stammbaum im eigentlichen Sinne, sondern auf göttlicher Abstammung. Goldman formuliert das folgendermaßen: „[Heiligkeit] war eine spezifische Eigenschaft der Götter und in proportionaler Abstufung ihrer menschlichen Nachfahren. Ehrerbietung schuldete man deshalb den Göttern und denjenigen, die göttlicher Abstammung waren. Die Nachkommen von hochrangigen Ge-

---

[63] Earle, *How Chiefs*, 36 und 45.

[64] David Malo, *Hawaiian Antiquities*, Honolulu: Bernice P. Bishop Museum, 1951 [1898], 57–58.

[65] Valerio Valeri, *Kingship and Sacrifice: Ritual and Society in Ancient Hawaii*, Chicago: University of Chicago Press, 1985, 164.

schwisterehen erreichten das höchste *kapu*, denn faktisch waren sie Götter. Wie die Götter galten sie als Feuer, Hitze, lodernde Flammen. Innerhalb der Heiligkeitshierarchie gehörten die Götter und ihre menschlichen Nachfahren derselben Ordnung an.“ Obwohl die Kluft zwischen *ali'i* und gemeinem Volk (beinahe) absolut war, gab es innerhalb der großen Klasse der *ali'i* eine Reihe von Abstufungen. Manche Frauen auf der höchsten Ebene „waren so hochrangig, dass sie es nicht wagten, Kinder aufzuziehen, weil sie fürchteten, ihre Macht und Stärke würde den neugeborenen Säugling entweder verstümmeln oder töten. Solche Frauen gaben ihre Kinder weg, damit Verwandte sie aufzogen.“[66]

Im Vergleich zum *tapu* der *ariki* auf Tikopia nahm das *kapu*, das die obersten Häuptlinge und andere Angehörige des höchsten Rangs umgab, extreme Formen an. Der oberste Häuptling sollte praktisch unsichtbar sein: Er verließ seine Gemächer nur in der Nacht, wenn er nicht gesehen wurde. Von ihm wurde sogar erwartet, dass er sich nicht bewegte, sodass sein *mana* durch sein bloßes Dasein und nicht durch sein Tun zum Tragen kam. Wie wir sehen werden, konnte der Häuptling zwar gelegentlich auftauchen und dann sogar ungezügelte Tatkraft an den Tag legen, aber der tiefere Sinn seiner extremen Heiligkeit kommt im Glauben an sein immaterielles *mana* zum Ausdruck.

Der oberste Häuptling war für den Ackerbau zuständig und wie wir sehen werden, spielte er eine wichtige Rolle bei den Ackerbauritualen, aber zur alltäglichen Arbeitswelt wahrte er großen Abstand. Er war umgeben von etwas, das man nicht anders als einen Hofstaat nennen kann und das aus Angehörigen (Blutsverwandten und angeheirateten Verwandten), offiziellen Würdenträgern, Bediensteten und einer recht ausgiebigen Zahl von Leibwächtern bestand. Schon allein um den Bedarf seines Hofstaats zu decken, musste der Häuptling Abgaben von den gemeinen Bewohnern seines Hoheitsgebiets verlangen, aber er verlangte auch Frondienste für den Bau der für den Taro erforderlichen Bewässerungsanlagen oder das Anlegen von Fischweihern in abgeschirmten Gebieten entlang der Küste sowie für die Errichtung größerer Tempel. Die Militärführung kam zwar aus der Klasse der *ali'i*, aber für Kriege konnten gemeine Untertanen angeworben werden. In den großen Ritualen, für die ebenfalls beträchtliche Ressourcen aufgeboten werden mussten, fand die Heiligkeit und Macht des obersten Häuptlings ihren stärksten öffentlichen Ausdruck.

Bevor ich die Hauptrituale kurz beschreibe, muss ich etwas über die Götter sagen, an die sie gerichtet waren. Die traditionelle hawaiianische „Theologie“ war sehr viel entwickelter als die Glaubensvorstellungen, die

---

[66] Goldman, *Ancient Polynesian Society*, 218.

wir auf Tikopia beobachtet haben. Wie Valerio Valeri meint, „sollte der hochsystematische Charakter der hawaiianischen Götterwelt angesichts der Existenz einer mächtigen Priesterklasse, das heißt professioneller Intellektueller nicht überraschen".[67] (Auf Tikopia gab der Häuptling sein rituelles Wissen an seinen Sohn weiter und aufgrund von Umständen wie dem vorzeitigen Tod des Vaters, einem schlechten Gedächtnis der Sohnes und so weiter konnte es leicht verloren gehen.) Die Priester, die selbst den wenn auch nicht höchsten Rang eines *ali'i* bekleideten, gehörten zur höfischen Entourage. Dass es sie gab, bedeutete nicht, dass die Häuptlinge „säkular" waren wie auf Mangaia. Die Häuptlinge hielten nach wie vor die wichtigsten Zeremonien ab, ja waren für ihre Wirksamkeit unverzichtbar, aber sie erhielten Hilfestellung und sogar Unterweisungen von den professionellen Priestern. Die Rolle der Priester bei der Entwicklung einer systematischen Sichtweise der Götterwelt ersetzte auch nicht die führenden rituellen Rollen von gemeinen Untertanen, die weiterhin über eigene lokale Tempel, Glaubensvorstellungen und Rituale verfügten, die nicht notwendig mit den offiziellen korrelierten.

Die vier hawaiianischen Hauptgötter waren Kū, Lono, Kāne und Kanaloa – in der Rangfolge, die sie zumindest auf der Insel Hawaii einnahmen (auf Kauai scheint Kāne der höchste Gott gewesen zu sein). Ich werde nur die Fokusse der beiden wichtigsten Ritualzyklen behandeln: Kū und Lono. Jeder Hauptgott hatte weite Bereiche der Natur und menschlicher Tätigkeit unter sich: Kū war der Gott des Krieges, des Fischfangs (einer gefährlichen Tätigkeit) und der Zauberei, wohingegen Lono der Gott der Landwirtschaft, Fruchtbarkeit, Geburt und Medizin war.[68] Die Gegensätzlichkeit von Kū und Lono wird besonders in der Unterschiedlichkeit ihrer Ritualzyklen deutlich.

Das Neujahrsfest Makahiki ist dem Gott Lono gewidmet.[69] Valeri zufolge „ist Lono in erster Linie der Gott des Wachstums, des Gartenbaus, des Regens (er wird den Wolken zugeordnet) und Schirmherr des Lebens der Menschen im Allgemeinen. Als solcher ist er der Nährgott. Ihm wird die Erstlingsernte dargeboten, besonders der Taro, dessen Produktion er fördert." Der Flaschenkürbis ist einer von Lonos Körpern und laut Valeri ist er „derjenige, in dem sich die verschiedenen Manifestationen dieses Gottes womöglich stärker niederschlagen als in allen anderen. Die Frucht des Flaschenkürbisses beschwört nämlich die Rundheit von etwas, das gut entwickelt, voll oder schwanger ist, sowie die Form der Regen bringenden

---

67 Valeri, *Kingship and Sacrifice,* 36.
68 Ebd., 15.
69 Ebd., 200–233.

Wolken herauf." Ein Flaschenkürbis voller *kava* wird Lono auf Bildnissen um den Hals gehängt, und „die beiden tragenden Säulen des Lebens, *poi* (Taropüree) und Wasser, werden normalerweise in Flaschenkürbissen aufbewahrt".[70] Obwohl Lono männlich ist, deutet die Bezugnahme auf Rundheit, Schwangerschaft und Fruchtbarkeit unverkennbar auf eine feminine Seite hin. Die männlichen Hauptgötter haben weibliche Gefährtinnen, aber die Gefährtinnen sind nicht Gegenstand nennenswerter Rituale.

Das Makahiki-Fest läutet das hawaiianische Jahr ein und dauert vier Monate. Am Ende des alten Jahres werden die Kū-Tempel geschlossen, und Krieg sowie alle Formen des Tötens (darunter auch Menschenopfer) sind während des viermonatigen Festes verboten. Innerhalb des Makahiki-Zyklus gibt es Momente, die stark an die karnevaleske Statusinversion oder wenn nicht Inversion, dann zumindest Statusnivellierung erinnern. Valeri meint, mit „der Inthronisation des Lonomakua [des Bildnisses von Lono, das im Mittelpunkt des Festes steht], das ein Produkt der Festgelage ist, geht die Entthronisierung des [Oberhäuptlings][71] und seiner Götter einher, die ein Produkt gewalttätiger Opferungen sind". Der oberste Häuptling und die ihm am nächsten Stehenden ziehen sich in ihre Häuser zurück, solange Lonomakua regiert.[72] Ein Höhepunkt des Festes ist das rituelle Bad *(hi'uwai)*. Nach einem Abend, an dem geschlemmt und *kava* getrunken wird, nehmen sowohl Adlige als auch gemeine Untertanen ein Bad im Ozean. Dies ist das einzige Mal, dass die gemeinen Untertanen die hochheiligen *ali'i* zu Gesicht bekommen, die im übrigen Jahr unsichtbar bleiben. Alle Adlige und gemeine Untertanen voneinander trennende *kapu* sind aufgehoben, wenn das Bad zu einer Orgie wird, bei der sexuelle Beziehungen zwischen Personen mit unterschiedlichem Status gestattet sind.[73]

Während der auf den *hi'uwai*-Ritus folgenden vier Tage und Nächte ist Arbeiten verboten; die Zeit ist dem Schlemmen, Spotten, obszönen und satirischen Gesängen und vor allem dem Tanz vorbehalten, an dem Hunderte, wenn nicht Tausende teilnahmen. Gelächter überwindet jedes *kapu*, und sexuelle Annäherungsversuche beim Tanzen dürfen nicht zurückgewiesen werden. Valeri schreibt, dass „diese fabelhaft koordinierten Tänze eine mustergültige Kameradschaft" entstehen lassen, in der sich die Gesellschaft neu konstituiert. All dies geschieht in einer Atmosphäre „hier-

---

70 Ebd., 177–178.

71 Valeri schreibt „König", die Erörterung der Legitimität dieser Begrifflichkeit möchte ich aber auf einen späteren Zeitpunkt verschieben.

72 Valeri, *Kingship and Sacrifice*, 219.

73 Ebd., 206 und 380, Anm. 10.

archischer Undifferenziertheit",[74] als ob zumindest vorübergehend der alte Egalitarismus wieder zum Vorschein gekommen wäre.

Nicht alles war egalitär während der Makahiki-Saison, und der oberste Häuptling blieb auch einigen besonders wichtigen Ereignissen nicht fern. Er gab Lonomakua das Geleit oder verkörperte den Gott selbst bei einem Umzug rund um die Insel, auf dem er bei seinem Eintreffen von jedem Landesteil Erstlingsfruchtgaben entgegennahm. Die meisten Opfergaben landeten in der Schatzkammer des Häuptlings oder wurden unter seinen Bediensteten verteilt, aber als Relikt der alten „Umverteilung" wurden manchmal auch die gemeinen Untertanen verpflegt.

Gegen Ende des Makahiki-Zyklus fand der kāli'i-Ritus statt. Nachdem er nach vier Tagen das erste Mal im Ozean gebadet hatte, fahren der oberste Häuptling und seine Männer mit dem Kanu zu einem Treffen mit dem Gott. Wenn der Häuptling an Land geht, wird er von Lono-Priestern empfangen, die ihn mit Speeren bedrohen. Es werden mehrere Speere auf ihn geworfen, denen er ausweicht, und es kommt zu einem Scheingefecht. Die Seite des Häuptlings „gewinnt" und anschließend geleitet er Lonomakua zurück in seinen Tempel. Etwas später wird als Tribut ein Kanu voller Opfergaben zu Wasser gelassen, das auch als Lonos Kanu bezeichnet wird, und es heißt, dass Lono in das Land der Götter, Kahiki, zurückkehrt, aus dem er gekommen ist.[75] Damit endet das Makahiki-Fest, und Arbeit und Hierarchie nehmen das Heft wieder in die Hand.

Die übrigen acht Monate des Jahres gehörten Kū, dessen wichtigstes Ritual das Ritual des *luakini*-Tempels darstellte. Im Gegensatz zum öffentlichen Baden, Tanzen und Scherzen beim Makahiki-Fest fand das ernste, ja furchteinflößende *luakini*-Tempelritual auf dem Gelände des dem Kriegsgott Kū gewidmeten Tempels selbst statt. Anders als die meisten polynesischen Tempel hatten die hawaiianischen Tempelanlagen Wände, sodass außer den Offizianten niemand sehen konnte, was vor sich ging, obwohl wir sicher sein können, dass jeder wusste, was vor sich ging.[76]

Das ursprüngliche *luakini*-Tempelritual wurde anlässlich der Amtseinführung eines neuen obersten Häuptlings abgehalten, für die der Tempel gebaut oder vielmehr umgebaut wurde, aber das Ritual wurde regelmäßig wiederholt, um die Stellung des Machthabers von neuem zu bekräftigen. Das Ritual ist zu komplex, als dass es sich an dieser Stelle zusammenfassen ließe.[77] In jeder Phase des *luakini*-Rituals kommt es zu Menschenopfern,

---

[74] Ebd., 218–219.

[75] Ebd., 211–213.

[76] Goldman, *Ancient Polynesian Society,* 206.

[77] Siehe Valeris ausführliche Beschreibung in *Kingship and Sacrifice,* 234–339. Es ist

die während des Makahiki-Fests verboten sind. Der zentrale Punkt von Valeris Interpretation dieses langen und aufwändigen Rituals ist, dass es die „Zähmung" des Kriegsgotts Kū, ja sogar seine Verwandlung in etwas Lono Ähnliches mit sich bringt. In der Anfangsphase sind die Menschenopfer ziemlich blutig, gegen Ende aber unblutig (Tod durch den Strang statt durch Enthauptung). Das ursprüngliche *luakini*-Ritual wurde abgehalten, nachdem der neue oberste Häuptling über seine Gegner gesiegt hatte, bei denen es sich oftmals um rivalisierende Thronanwärter und in manchen Fällen um Brüder oder Halbbrüder handelte, deren Körper Teil der Opferung wurden, sodass nicht bloß Kū, sondern auch der neue Machthaber (der immerhin Kū und Lono gleichzeitig war) eine Bändigung erfuhr. Das Ritual trug zu seiner Verwandlung von einem „wilden" Krieger in einen „zahmen" zivilgesellschaftlichen Führer bei. Weil aber der neue oberste Häuptling seine Führerschaft häufig durch neue Eroberungskriege zu bekräftigen versuchte, gehörten das Schwanken zwischen wild und zahm sowie die *luakini*-Tempelrituale zu den durchgängigen Bestandteilen der Regentschaft des Häuptlings.

Obwohl die meisten Gelehrten, die sich ernsthaft mit dem alten Hawaii beschäftigt haben, den traditionellen hawaiianischen Glauben bestätigen, dass die obersten Häuptlinge (und bis zu einem gewissen Grad alle höheren Ränge der *ali'i*) als Götter zu betrachten seien, sind viele Beobachter, zu denen auch einige Anthropologen zählen, eher der Meinung, dass es sich beim göttlichen Machthaber um eine rein metaphorische Vorstellung handelte, an die niemand im wörtlichen Sinne glaubte, und dieser Eindruck wurde von polynesischen Christen auf Hawaii und anderswo geteilt, die sich für ihre heidnischen Vorfahren schämten.[78] Meines Erachtens entspringt das Problem der bei weitem zu absoluten Bedeutung, die in zutiefst vom Monotheismus beeinflussten Kulturen dem Wort „Gott" verliehen wird. In archaischen Gesellschaften, komplexen Häuptlingstümern und den in Kapitel 3 beschriebenen Stammesgesellschaften bilden Götter, mächtige Wesen, Ahnen und Menschen ein Kontinuum – zwischen diesen Kategorien gibt es keine absoluten Brüche. So wie Götter und Häuptlinge

---

bemerkenswert, dass, obwohl das Makahiki-Fest und das sogenannte Werk der Götter auf Tikopia eindeutig Varianten einer allgemeinen polynesischen Erstlingsfrucht-Zeremonie sind, es auf Tikopia keine Entsprechung zum *luakini*-Tempelritual gibt.

[78] Siehe zum Beispiel den Streit zwischen den Anthropologen Gananath Obeyesekere und Marshall Sahlins darüber, ob die Hawaiianer dachten, dass Captain Cook und ihre eigenen Häuptlinge Götter seien. Die wesentlichen Schriften sind Obeyesekere, *The Apotheosis of Captain Cook: European Mythmaking in the Pacific*, Princeton: Princeton University Press, 1992; und Sahlins, *How „Natives" Think: About Captain Cook, for Example*, Chicago: University of Chicago Press, 1995.

sich in den Augen der Tikopianer wechselseitig entsprachen, meint Valery, dass sich die Hawaiianer „nicht nur die *ali'i* als Götter, sondern auch die Götter als *ali'i* vorstellten".[79] Und trotzdem waren die Folgen nicht zu unterschätzen, wenn der oberste Häuptling für Kū persönlich gehalten wurde.

Wir müssen versuchen, die Rolle des obersten Häuptlings auf Hawaii klarer zu erfassen. Er war göttlich und menschlich zugleich und vermittelte zwischen göttlichen und menschlichen Gefilden. Valeri schreibt, „der [oberste Häuptling] ist die höchste Vermittlungsinstanz zwischen Menschen und Göttern. Eine direkte Kontaktaufnahme mit den wichtigsten Göttern der Gesellschaft ist nur dem König und seinen Hofpredigern möglich."[80] Eine solche direkte Kontaktaufnahme erfolgte vor allem durch Opferrituale, insbesondere bei Menschenopfern, die stärker als jeder andere Akt Götter und Menschen vereinten. Nur der oberste Häuptling konnte ein Menschenopfer genehmigen, und in gewisser Weise war er zugleich Opfernder (in dessen Namen das Opfer dargebracht wird), Opferpriester (der das Opfer vollzieht) und in symbolischer Hinsicht Opfergabe, da das Opfer durch seinen Opfertod zum Häuptling „wird", vor allem in den Fällen, die ich unten festhalten werde.

Dass der oberste Häuptling Hohepriester blieb, wird in einer Geschichte anschaulich, die Valeri von jemandem übernommen hat, der im 19. Jahrhundert auf Hawaii eine Autorität darstellte:

> „Bei einem Vulkanausbruch ließ König Kamehameha einen Priester der Göttin Pele rufen, um ihn um Rat zu bitten, was er tun solle. ‚Du musst die richtigen Opfer darbringen', sagte der Seher. ‚Nimm und opfere sie', antwortete der Häuptling. ‚So nicht! Wenn Sorgen und Leid über sein Land hereinbrechen, muss der regierende Häuptling selbst das Versöhnungsopfer darbringen, kein Seher oder *kahuna* [Priester].' ‚Aber ich habe Angst, dass Pele mich tötet.' ‚Du wirst nicht getötet werden', versprach der Seher."[81]

Wie dieser Fall zeigt, handelt der oberste Häuptling in Zeiten der Not zum Wohle der Gemeinschaft als Vermittlungsinstanz zwischen Göttlichem und Menschlichem. In einer Hinsicht galt er als „Vater" seines Volkes,[82] impli-

---

[79] Valeri, *Kingship and Sacrifice*, 151.

[80] Ebd., 140. Valeri fügt hinzu: „Er ist, mit einem Wort, der Verbindungspunkt zwischen dem gesellschaftlichen Ganzen und dem Prinzip, das es rechtfertigt" (142). Es ist nicht zu übersehen, dass Valeris exzellentes Buch Durkheim und Mauss viel zu verdanken hat.

[81] Ebd., 140, zitiert S. M. Kamakau.

[82] Ein Anspruch, der seit Menschengedenken von politischen Führern geltend gemacht wird. Sogar im „egalitären" Amerika ist George Washington der „Landesvater".

zit sogar als „Mutter", insofern er als Quelle der Fruchtbarkeit betrachtet wurde. Sein fruchtbares *mana* wurde als Abgeltung der Opfergaben für den Häuptling als Lono verstanden, selbst wenn deren physische Umverteilung ausblieb.

Doch genau wie die Götter hatte auch der Häuptling eine schreckliche, destruktive Seite. Ein beliebtes Bild für den gefräßigen Häuptling stellte der Hai dar. Laut Valeri „wurde ein Hai zuweilen als Häuptling und ein Häuptling als Hai bezeichnet". Er zitiert den folgenden Gesang als typisches Beispiel für einen solchen Sprachgebrauch:

„A shark going inland is my chief,
A very strong shark able to devour all on land;
A shark of very red gill is the chief,
He has a throat to swallow the island without choking."[83]

Ein Ausdruck, mit dem der oberste Häuptling traditionell bezeichnet wurde, war *ali'i 'ai moku:* „der die Insel fressende Häuptling".[84]

In der „schrecklichen" Seite der hawaiianischen Häuptlingschaft spiegelten sich Teile der praktischen politischen Realität wider. Die Nachfolgefrage in Bezug auf die Oberherrschaft war nie eine eindeutige Angelegenheit. Obwohl Seniorität zählte, konnte der Sohn einer Mutter von höherem Rang als die Mutter des ältesten Sohnes in einer polygamen Familie als höherrangig gelten als sein älterer Halbbruder. Und in Anbetracht der bei den Häuptlingen beliebten Eheschließung mit Schwestern oder Halbschwestern, um für ihren Nachwuchs den höchstmöglichen Rang zu erreichen, waren die genealogischen Komplikationen beträchtlich. Jedenfalls zog der Tod eines obersten Häuptlings oftmals einen Bürgerkrieg nach sich, und es konnte jederzeit zur Kampfansage eines Thronanwärters kommen. Wenn er seine Brüder und/oder Halbbrüder tötete oder opferte, konnte der oberste Häuptling ihr *mana* in sich aufnehmen, sozusagen zu ihnen werden, als ob sich der genealogische Rang seiner ganzen Generation auf ihn vereinigen ließe. Allgemeiner gesagt, ist das Menschenopfer eines Häuptlings Valeri zufolge „immer ein Brudermord: entweder ein buchstäblicher – weil seine wahrscheinlichsten Rivalen seine Brüder sind – oder ein metaphorischer – da jeder Gesetzesübertreter sich implizit mit ihm identifiziert und deshalb zu seinem ‚Doppelgänger' wird." Durch die inzestuösen Eheschließungen mit Schwestern oder Halbschwestern konnte

[83] „Mein Häuptling ist ein Hai, der an Land geht, / Ein sehr kräftiger Hai, der alle an Land fressen kann; / Der Häuptling ist ein Hai mit besonders roten Kiemen, / Sein Rachen ist so groß, dass er die ganze Insel verschlingen kann, ohne sich zu verschlucken." Valeri, *Kingship and Sacrifice,* 151.
[84] Ebd., 370, Anm. 36.

er auch das *mana* der gleichrangigen Frauen in sich aufnehmen. Der Häuptling reproduziert seine Legitimität also durch Brudermord und schwesterlichen Inzest.[85]

Aus dem gleichen Grund hat ein besiegter Häuptling offenkundig sein *mana* verloren, er ist nicht mehr göttlich, sondern unrein geworden. Regentschaft beruht auf der Stammeslinie, aber wie wir sehen werden, kann die Stammeslinie fingiert worden sein. Regentschaft muss unter Beweis gestellt, aktiv bekräftigt werden, weshalb so wenige Häuptlinge eines natürlichen Todes sterben. Auch wenn es sich bei den Anwärtern auf den Thron eines regierenden obersten Häuptlings um seine Brüder handelte, konnten sie noch als Emporkömmlinge betrachtet werden, denn ihre Legitimität musste sich erst noch erweisen. Und die Emporkömmlinge waren nicht immer Verwandte des Machthabers, ja noch nicht einmal *ali'i.* Der legendäre Ur-Usurpator und -Eroberer 'Umi, der wahrscheinlich um 1500 herum die ganze Insel Hawaii eroberte, war gemeiner Abstammung. Doch er versuchte gar nicht erst, als „Militärdiktator" zu regieren, sondern behauptete, dass ein früherer oberster Häuptling heimlich mit seiner Mutter geschlafen habe, sodass er von der Seite seines Vaters her in Wahrheit ein Nachkomme der Häuptlingslinie sei.[86] Die Häuptlinge hielten sich Spezialisten für Genealogie, die den Rang und Status eines *ali'i* bestätigen und im Bedarfsfall eine Genealogie fingieren konnten. Obwohl das genealogische Prinzip Valeri zufolge ideologisch vorherrschend blieb, waren also „die *tatsächlichen* Unterwerfungsbeziehungen und politischen Bündnisse tendenziell zumindest auf lange Sicht wichtiger als die genealogischen Verhältnisse".[87] Auch wenn es mit anderen Worten in der hawaiianischen Geschichte von Emporkömmlingen nur so wimmelte, die durch schiere militärische Gewalt an die Macht gekommen waren (obgleich es wahrscheinlich mehr erfolglose Emporkömmlinge gab, die ein vorzeitiges Ende fanden), strebten sie nach genealogischer und ritueller Legitimität, wenn sie erst einmal im Amt waren.[88]

Der kritische Leser mag sich durchaus die Frage stellen, wie viel von dem, was ich über hawaiianische Machthaber geschrieben habe, Ideologie der herrschenden Klasse gewesen ist und wie viel von den gemeinen Unter-

---

85 Ebd., 165.

86 Ebd., 277–278.

87 Ebd., 157.

88 Das erinnert an die Worte, die Han Gaodi, dem ersten Kaiser der Han-Dynastie nach dem Zusammenbruch der Qin-Dynastie, dessen Herrscher durch und durch Emporkömmlinge waren, zugeschrieben werden: „Man kann ein Imperium auf dem Pferderücken erobern, aber man kann es nicht vom Pferderücken aus regieren."

tanen geteilt wurde. Was dachten diese tatsächlich über all diese Vorgänge? Einer der Vorteile des Falls von Hawaii besteht darin, dass wir Informationen über diese Dinge von Seiten derjenigen besitzen, die das alte System erlebt haben. Diesbezüglich besonders wertvoll ist das in den 1830er Jahren auf Hawaiianisch geschriebene und 1898 ins Englische übersetzte Buch *Hawaiian Antiquities* von David Malo. Laut Valeri „ist Malos Werk die bedeutendste Quelle für althawaiianische Kultur".[89] Von seiner Abstammung her war Malo ein *ali'i*, er wurde wahrscheinlich 1793 geboren und gehörte als junger Mann zum Haushalt des großen Häuptlings Kuakini, dem Bruder der mächtigen Königin Ka'ahumanu. Er besaß persönliche Kenntnis über das, was er sagte, und obwohl seine mögliche Voreingenommenheit als christlicher Konvertit berücksichtigt werden muss, stand er der Gesellschaft, die er beschrieb, durchaus mit einer gewissen kritischen Distanz gegenüber. Sehen wir uns also Malos Zeugnis an:

> „Die Lage des gemeinen Volkes bestand in der Unterwerfung unter die Häuptlinge, es war gezwungen, seine schweren Aufgaben zu verrichten, die es belasteten und niederdrückten, manche sogar bis zum Tode. Das Leben des Volkes war ein langmütiges Erdulden, man ließ die Häuptlinge gewähren, um ihre Gunst zu erringen. Der einfache Mann *(kanaka)* durfte sich nicht beschweren.
>
> Wenn das Volk die Arbeit für den Häuptling zu nachlässig verrichtete, wurde es aus seinem Land vertrieben oder sogar getötet. Aus Gründen wie diesen und aufgrund der Abgabelast, die ihm auferlegt worden war, begegnete das Volk den Häuptlingen mit großer Angst und sah sie als Götter an."[90]

Doch die gemeinen Untertanen beurteilten die einzelnen Häuptlinge nicht nur, sie konnten sich gelegentlich auch gegen sie auflehnen.

> „Zwischen den Häuptlingen bestanden große Unterschiede. Manche neigten zu Räubereien, Plünderungen, Mord, Erpressung, Vergewaltigungen. Es gab nur wenige Könige,[91] die sich so anständig benahmen wie Kamehameha I. Er passte gut auf den Frieden im Lande auf.
>
> Wegen der Schurkereien *(kolohe)* mancher Häuptlinge gegenüber dem gemeinen Volk brachen häufig kriegerische Auseinandersetzungen zwischen bestimmten Häuptlingen und dem Volk aus, und viele Häuptlinge wurden im Gefecht von gemeinen Untertanen getötet.[92]

---

[89] Valeri, *Kingship and Sacrifice,* xxiv.

[90] Malo, *Hawaiian Antiquities,* 60–61.

[91] Dass Malo zwischen den Begriffen „chief" (dt.: Häuptling) und „king" (dt.: König) hin und her schwankt, deutet auf genau die Mehrdeutigkeit hin, mit der ich mich im Weiteren auseinandersetzen werde. In diesem Fall jedoch war Kamehameha I. nach jeder Definition ein König.

[92] Malo, *Hawaiian Antiquities,* 58.

> Für das Wohlergehen des gemeinen Volkes zu sorgen, weil es den politischen Körper darstellte, war die Pflicht des Königs. Viele Könige wurden vom Volk getötet, weil sie das *makaainana* [Landvolk] unterdrückten."[93]

Anderen Angaben und den Beispielen zufolge, die Malo selber nennt, führten die *ali'i*-Thronanwärter, die zweifellos die Unzufriedenheit des Volkes mit dem regierenden Häuptling ausnutzten, um oppositionelle Kräfte um sich zu scharen, solche Volksaufstände an. Wie in allen derartigen Situationen in traditionellen Gesellschaften war ein solches Aufbegehren ohnehin keine Revolution, kein Versuch, das Regierungssystem zu ändern, sondern ein Versuch, einen schlechten Regenten durch einen guten zu ersetzen. Malo schreibt: „Wenn das Volk sah, dass ein König der Religion zugetan war *(haipule)* und seinen religiösen Pflichten mit großer Strenge nachkam, erlangte dieser König große Popularität. Von frühester Zeit an erfreuten sich religiöse Könige stets größter Wertschätzung."[94]

Malos Zeugnis ist von unschätzbarem Wert. Aus dem, was er geschrieben hat, wird deutlich, dass die gemeinen Untertanen ihre eigene Meinung über den großen und mächtigen Herrscher hatten und bereit waren, ihr entsprechend zu handeln. Doch das Äußerste, worauf sie hoffen konnten, war ein guter, „religiöser" Machthaber. Ob aus Furcht oder aus Bewunderung: Die *ali'i* kamen für sie Göttern gleich. Bei schriftlosen, lediglich archäologisch bekannten Gesellschaften, ja sogar bei schriftkundigen Gesellschaften, in denen die erhaltenen Dokumente ausschließlich aus der herrschenden Klasse stammen, würden wir so gut wie keine Ahnung haben, was das gemeine Volk dachte.

Ein weiterer Hinweis auf die Bedeutung des obersten Häuptlings für die ganze Bevölkerung ist der Zusammenbruch der Sozialordnung nach dem Tode eines Machthabers. Valeri sagt, ein solcher Tod brachte „radikale Subversion und gewaltsame Anarchie" mit sich, welche „die Grundlage des sozialen Regelsystems aushebelt". Kurz gesagt, brach das *kapu*-System zusammen, das der Sexualität und dem Respekt vor Menschen und Eigentum eine Ordnung verlieh. Nichts und niemand waren mehr sicher. Und es handelte sich auch nicht um die harmlose, karnevaleske Statusnivellierung des Makahiki-Fests, sondern eher um eine Phase extremer Angst um Leib und Leben.[95] Könnte es nicht sein, dass viele, ja sogar gemeine Untertanen, sich mit der scheinbaren Allmacht des obersten Häuptlings identifizierten, der das Göttliche und das Menschliche auf seine eigene Person vereinte, aber auch derjenige war, der für die Vollstreckung des

---

93 Ebd., 195.

94 Ebd., 190.

95 Valeri, *Kingship and Sacrifice,* 220.

kapu-Systems sorgte? Wenn dem so ist, überrascht es nicht, dass der Tod des Häuptlings den Zusammenbuch sowohl der inneren als auch der äußeren normativen Ordnung mit sich brachte. Und man kann sich vorstellen, dass noch der skeptischste Untertan die rasche Einsetzung eines neuen obersten Häuptlings herbeiwünschte, damit die Störung der Ordnung ein Ende fand.[96]

Ein weiteres außergewöhnlich wertvolles Zeugnis von etwas, über das wir nichts wüssten, wenn wir vollständig auf die Archäologie angewiesen wären, ist Malos Beschreibung der „Propheten", *kāula*. Dieses hawaiianische Wort ist mit dem protopolynesischen *taaula* verwandt, zu dessen verschiedenen Bedeutungen „Priester, spirituelles Medium, Schamane, Zauberer oder Prophet" gehören.[97] Firth übersetzt den verwandten tikopianischen Ausdruck *taura* mit „spirituelles Medium", was der allgemeinste Ausdruck für ein Phänomen zu sein scheint, das in verschiedenen polynesischen Gesellschaften unterschiedliche, wenn auch nicht unzusammenhängende Formen annimmt. Anders als bei den *tahunga* (Hawaiianisch *kahuna)*, den Priestern des offiziellen Kults, spielen Status und Geschlecht beim spirituellen Medium keine Rolle. Da der Geist auswählen kann, wen immer er oder sie möchte (männliche Geister wählen normalerweise männliche Medien und weibliche Geister weibliche Medien), handelt es sich um eine „demokratische" Rolle. In *Rank and Religion in Tikopia* widmet Firth den spirituellen Medien ein ganzes Kapitel, doch da die nahezu einzige Funktion solcher Medien mit dem Heilen innerhalb der eigenen Stammeslinie zusammenhing, waren sie ziemlich nebensächlich. Die hawaiianischen *kāula* sind da ein ganz anderer Fall. Hören wir, was Malo über sie sagt: „Die *kāula* waren ein sehr exzentrischer Menschenschlag. Sie lebten abseits in der Wüste und pflegten keinen Umgang mit Menschen, verbrüderten sich mit niemandem. Ihr Denken ging fast vollständig in der Gottheit auf." Als Propheten oder Wahrsager, wie Malo sie nennt, warnten die *kāula* im Voraus vor Ereignissen wie „dem Tod eines Königs oder dem Umsturz einer Regierung".[98] Ein berühmter *kāula* soll im 18. Jahrhundert Folgendes prophezeit haben:

---

[96] Auch in anderen Gesellschaften sind Zeiten der Unordnung nach dem Tod eines Machthabers nicht unbekannt. Wer die drei Tage nach dem Attentat auf John F. Kennedy im November 1963 miterlebt hat, wird sich daran erinnern, dass es, obwohl die soziale Ordnung nicht zusammengebrochen ist, doch ein weithin geteiltes Gefühl von psychischem Zusammenbruch gab.

[97] Kirch und Green, *Hawaiki*, 246.

[98] Malo, *Hawaiian Antiquities*, 114.

„That which is above shall be brought down;
That which is below shall be lifted up;
The islands shall be united;
The walls shall stand upright.“[99]

Valeri zitiert die Worte einer anderen frühen Autorität, S. M. Kamakau: „Die Propheten waren unabhängige, von einem göttlichen Geist erfüllte Menschen. Sie scheuten sich nicht, die göttlichen Worte vor den Häuptlingen und Menschen auszusprechen. Obwohl sie ihren Tod riskierten, sprachen sie ohne Furcht.“[100]

Die potenzielle Gegnerschaft zwischen Häuptling und Prophet geht auf ihr grundverschiedenes Verhältnis zur Gottheit zurück. Valeri formuliert das folgendermaßen: „Der *kāula* repräsentiert eine dem Einzelnen direkt zugängliche und deshalb der sozialen Hierarchie entgegengesetzte Totalität; der König repräsentiert eine mit der sozialen Hierarchie wesensgleiche Totalität.“[101] In gewissem Sinne sind sowohl Häuptling als auch Prophet Emporkömmlinge: der Häuptling, weil er gewaltsam an die Macht gekommen ist; der Prophet, weil er dem König und dem Volk seine Botschaft ins Gesicht sagt. Doch der Häuptling regiert nicht nur durch Gewalt, und die Waffe des Propheten ist nicht Gewalt, sondern Rede. Die Figur des Propheten, der in einer Gesellschaft wie Hawaii, in der das Verhältnis von Göttlichem und Menschlichem überwiegend durch die soziale Hierarchie vermittelt wird, für sich eine direkte Beziehung zu Gott beansprucht, ist in der Tat undurchsichtig. Er wird uns wieder begegnen.

Was Hawaii mit vergleichbaren Fällen von frühen Staaten bzw. frühen Zivilisationen verbindet, ist die absolut zentrale Rolle des Priesterkönigs. Die Verquickung von mächtigen Wesen, Natur und Gesamtgesellschaft, die für das Ritual in dem charakteristisch ist, was ich als Stammesreligion

---

[99] „Was droben ist, wird niedergerissen werden; / Was unten ist, wird hochgezogen werden; / Die Inseln werden eins werden; / Die Mauern werden aufrecht stehen.“ Ebd., 115. Der biblische Unterton dieses Abschnitts könnte Zweifel an seiner Authentizität wecken, wenn man bedenkt, dass die frühen hebräischen Propheten, *nabi*, in einer Gesellschaft lebten, die der des Hawaiis der späten Vorkontaktzeit nicht ganz unähnlich war. Es ist bemerkenswert, dass der Begriff *kāula* in der hawaiianischen Übersetzung der Bibel als Übersetzung für „Prophet“ verwendet wurde. Vergleiche Jeremia 1,9–10: „Dann streckte der Herr seine Hand aus, berührte meinen Mund und sagte zu mir: Hiermit lege ich meine Worte in deinen Mund. Sieh her! Am heutigen Tag setze ich dich über alle Völker und Reiche; du sollst ausreißen und niederreißen, vernichten und einreißen, aufbauen und einpflanzen.“

[100] Valeri, *Kingship and Sacrifice*, 139. Malo, *Hawaiian Antiquities*, 251–254, erzählt eine Legende über einen Kampf auf Leben und Tod zwischen einem König und einer Prophetin.

[101] Valeri, *Kingship and Sacrifice*, 139.

bezeichnet habe, obwohl sie von Zeit zu Zeit, zum Beispiel während des Makahiki-Fests, in einer Gesellschaft wie Hawaii wiederauftaucht, hat sich in den frühen Zivilisationen in bemerkenswertem Maße auf eine Person konzentriert.[102] Die sich als das einzige Vorrecht des Priesterkönigs in solchen Gesellschaften erweisenden Menschenopfer, die in so gut wie keiner anderen Phase der allgemeinen gesellschaftlichen Entwicklung vorkommen, stellen ein Sinnbild solch einer enormen Machtkonzentration in einer Person dar. David Malo hat das folgendermaßen formuliert:

> „Die Erlässe des Königs hatten Macht über Leben und Tod. Wenn dem König der Sinn danach stand, jemanden zu töten, sei es einen Häuptling oder einen gemeinen Untertanen, brauchte er nur ein Wort zu sagen und schon war er tot.
>
> Doch wenn der König es vorzog, sich für das Leben auszusprechen, wurde das Leben des Mannes verschont."[103]

Die Verkündigung von Leben und Tod sind göttliche Worte, und es überrascht nicht, dass derjenige, der sie ausspricht, als Gott betrachtet wurde.[104] Er war ein Gott, der auch ein Mensch war, denn für die Götter repräsentierte er Menschlichkeit und für die Menschen Göttlichkeit. Seine Machtwillkür und die Unterdrückung des gemeinen Volks, über das er regierte, stellen ein bemerkenswertes Versagen des Stammesegalitarismus und die Wiederkehr einer besonders scharfen Form von Despotismus dar, die möglich wurde durch die wachsende Größe der sozialen Einheiten, die mit dem Verlust von Face-to-Face-Gemeinschaften verbunden war, durch die sich der Intensivierung des Ackerbaus verdankenden wachsenden Überschüsse und durch den Aufstieg des Militarismus, da es jetzt so viel gab, um das es sich zu kämpfen lohnte. Die Veranlagung zur Dominanz triumphierte im König als Kū in seiner ganzen Wildheit.

Doch Hawaii war nicht Mangaia oder Rapa Nui, wo die Schreckensherrschaft kaum eine Einschränkung erfuhr. Es gab Angst und Schrecken, doch sie waren ritualisiert, institutionalisiert und befristet. Als Kū wurde der König gezähmt und zumindest vorübergehend wurde er zum König als

---

102 Eine ausgiebige Analyse dieses Phänomens findet sich in Eli Sagan, *Tyrannei und Herrschaft: Die Wurzeln von Individualismus, Despotismus und modernem Staat. Hawaii, Tahiti, Buganda,* übers. v. Hans-Joachim Maass, Reinbek: Rowohlt, 1987. Sagan erörtert außerdem das Ausmaß, in dem sich das Volk mit der außerordentlichen Macht des Herrschers identifizierte.

103 Malo, *Hawaiian Antiquities,* 57.

104 Die Macht über Leben und Tod seiner Untertanen oder Bürger durch Todesstrafe oder Mobilmachung zum Krieg verleiht jedem Staat unabhängig davon, wie säkular er wirkt, etwas von Heiligkeit. Siehe meine Auseinandersetzung mit der Problematik von Religion und Politik in der Einleitung zu Robert N. Bellah und Philip E. Hammond, *Varieties of Civil Religion,* New York: Harper and Row, 1980, vii–xv.

Lono, der, wie Valeri schrieb, „der Nährgott ist". So verband der *ali'i nui*, der große Häuptling auf Hawaii die Veranlagung zur Dominanz mit der Veranlagung zur Fürsorge, Herrschaft mit Hierarchie, wie seither jede Regierung. Doch bei diesem ersten Wiederauftreten des Despotismus erzeugt die Repräsentation von Kosmos, Gesellschaft und Ich durch eine einzige Person, die Schrecken und Wohltätigkeit miteinander verbindet, in dieser Person eine fast unerträgliche Spannung. Alle archaischen Gesellschaften sind Monarchien, die um eine zentrale Person kreisen, aber die späteren archaischen Gesellschaften finden Wege, diese Intensität zu streuen, sie soziokulturell breiter zu institutionalisieren, sodass der Fokus stärker auf der Regentschaft lag als auf dem Regenten. Mit dieser Art von Wandel werden wir uns weiter unten beschäftigen.

Doch war der große hawaiianische Häuptling ein archaischer König? War Hawaii vor Kamehameha I. ein Staat (oder vielmehr vier Staaten, da auf jeder der vier Hauptinseln ein großer Häuptling regierte)? Dies sind offenkundig Definitionsfragen. Ein maßgeblicher Aspekt für die Entscheidung, ob oberstes Häuptlingstum in Staatlichkeit übergegangen war, ist die Frage, ob es in aller Deutlichkeit mit dem Verwandtschaftssystem gebrochen hatte oder nicht. 1972 hat Marshall Sahlins behauptet, dass Hawaii keinen solchen Bruch vollzogen habe: „Da sie nicht in aller Deutlichkeit mit der Allgemeinbevölkerung gebrochen hatten, mussten sie die Verwandtschaftsmoral weiterhin achten, weil sonst ein Abfall der Massen gedroht hätte."[105] Dem stimmte Patrick Kirch 1984 zu: „Der Regierungselite [...] auf Hawaii gelang es nie, die *verwandtschaftlichen* Bande zwischen Häuptlingen und Volk vollständig zu kappen, die ein Erbe der altpolynesischen Gesellschaft waren."[106] Im Jahr 2000 räumte Kirch ein, dass seine Meinung zu diesem Thema sich „im Laufe der Jahre leicht geändert" habe und er zu der Ansicht gelangt sei, dass „die hawaiianische Gesellschaft sogar noch vor Captain Cook einen ‚archaischen Staat' darstellte. Die Entwicklung einer Klassenschichtung sowie der Entzug der Rechte am Land, welche die Erzeuger gehabt hatten, ganz zu schweigen von den Verabsolutierungsformen religiöser Ideologie (zu denen auch Kriegskult und Menschenopfer gehören) und von der regelmäßigen Ausübung militärischer Gewalt: All dies ist typisch für staatsförmige soziale Formationen."[107]

---

105 Sahlins, *Stone Age Economics,* 148.
106 Kirch, *Evolution of Polynesian Chiefdoms*, 263. Kursivierung im Original.
107 Kirch, *On the Road,* 300. Eli Sagan behauptet in *Tyrannei und Herrschaft* ebenfalls, dass der Bruch mit den Verwandtschaftsbeziehungen eines der Erkennungsmerkmale dessen ist, was er als fortgeschrittene komplexe Gesellschaften bezeichnet; seiner

Lawrence Kraders Definition des Staates als „sekundäre Formation" hilft bei der Lösung dieses Definitionsproblems. Er vertritt die Ansicht, dass „soziale Integration, innere Ordnung und Verteidigung nach außen" Funktionen aller Gesellschaften sind, dass aber „der Staat diese Funktionen mit der Förderung und Erhaltung seiner eigenen Existenz als einem Selbstzweck verbindet. Deshalb ist der Staat als eine *sekundäre Formation* zur Erlangung der obengenannten sozialen Zwecke anzusehen."[108] Meines Erachtens lässt sich die These vertreten, dass in der späten Vorkontaktzeit der Hofstaat, mit dem sich derjenige, den wir jetzt *König* von Hawaii nennen können, umgab, eine solche sekundäre Formation war: Er verfügte über die Macht, für seine eigenen Zwecke, die nicht unbedingt die Zwecke des Volkes waren, einen Verwaltungsapparat aufzubauen, Steuern zu erheben, Frondienste zu verlangen und zum Militärdienst einzuziehen. Wenn wir funktionale Analysen verwenden, was wir in der Soziologie stets tun müssen, sollten wir mit der Frage „funktional für wen?" vorsichtig umgehen. Was funktional für den Staat war, ist nicht unbedingt für das Volk oder gar für die Gesellschaft als ganze funktional gewesen. In der Geschichte der Menschheit gibt es dafür nur allzu viele Beispiele, weshalb wir den Grad, in dem der Staat funktional für die Gesellschaft ist, als empirische Frage stehen lassen müssen, die sich von Fall zu Fall anders stellt.

Eine letzte typologische Anmerkung: Hawaii scheint ein gutes Beispiel für das zu sein, was Max Weber als Patrimonialstaat bezeichnet hat, den er als einen Staat definierte, der aus dem Haushalt (Hofstaat) des Königs hervorgeht. Auch hier haben wir es mit einer Frage des Grades zu tun. Nur wenn der „Haushalt" des Königs eine Größe und Effektivität erreicht, die ihn in die Lage versetzt, als echte sekundäre Formation zu fungieren, kann er Patrimonialstaat genannt werden. Ich vertrete die Auffassung, dass er im alten Hawaii dieses Stadium erreicht hatte.

Ansicht nach war Hawaii eine der Gesellschaften, die diesen Bruch vollzogen haben. 2010 erschien ein neues Buch von Kirch, leider zu spät, um es noch für dieses Kapitel zu berücksichtigen. An dieser Stelle sei nur vermerkt, dass dieses Buch nicht nur Kirchs Überzeugung bestätigt, dass das, was er als archaischen Staat bezeichnet hat und ich als frühen Staat bezeichne, in Hawaii vor dem Kontakt mit dem Westen entstand, sondern er datiert den Beginn des Übergangs schon auf das späte 17. Jahrhundert. Siehe Patrick Vinton Kirch, *How Chiefs became Kings: Divine Kingship and the Rise of Archaic States in Ancient Hawai'i*, Berkeley, Calif.: University of California Press, 2010.

108 Lawrence Krader, *Formation of State*, Englewood Cliffs, N.J.: Prentice-Hall, 1968, 28. Kursivierung im Original.

Kapitel 5

Archaische Religion: Gott und König

Für meine Auseinandersetzung mit der Stammesreligion hatte ich drei Beispiele zur eingehenden Untersuchung ausgewählt: die Kalapalo, die australischen Aborigines (die Walbiri) und die Navajo. In Anbetracht tausender Stammesvölker ließ sich diese Auswahl nicht als „repräsentativ" vertreten, auch wenn jedes Beispiel von einem anderen Kontinent stammte. Bei meiner Betrachtung von Häuptlingstümern als mittlerer Organisationsform zwischen Stammesgesellschaft und archaischer Gesellschaft habe ich mich entschieden, mir in erster Linie Polynesien anzusehen. Grund dafür ist die Eindeutigkeit der Aufzeichnungen über Polynesien, in denen sowohl Archäologie als auch Ethnographie einen Eindruck von einer viele Jahrhunderte währenden Entwicklung vermitteln, die mit neolithischen Dörfern beginnt und mit einem frühen Staat auf Hawaii endet. Angesichts der Tatsache, dass wir über Daten von hunderten Häuptlingstümern in vielen Teilen der Welt verfügen, lässt sich die Auswahl von Polynesien als strategisch, aber trotzdem nicht als repräsentativ vertreten. Im Hinblick auf die frühen Staaten bzw. frühen Zivilisationen, die archaische Gesellschaften zu nennen ich mich entschieden habe, befinden wir uns in einer ganz anderen Situation. Auch wenn sich darüber streiten lässt, wie viele es genau gibt, ist ihre Zahl im Vergleich zu Stämmen oder Häuptlingstümern mit Sicherheit ziemlich klein, und von noch wenigeren liegen genügend Daten vor. Wenn wir auf das vorausblicken, was auf das archaische Zeitalter folgt, nämlich die Achsenzeit, haben wir es dort lediglich mit vier Fällen zu tun: mit dem alten Israel, dem alten Griechenland, mit Indien in der zweiten Hälfte des ersten Jahrtausends v. u. Z. und mit China im selben Zeitraum. Deshalb habe ich mich dazu entschlossen, nur die archaischen Gesellschaften näher zu betrachten, die einen nennenswerten Beitrag zu den Gesellschaften der Achsenzeit geleistet haben: das alte Mesopotamien und Ägypten, die sowohl Israel als auch Griechenland beeinflusst haben; und das China der Shang- sowie der westlichen Zhou-Dynastie, das nahtlos in die chinesische Achsenzeit übergeht. Würden genügend Daten vorliegen, hätte ich auch noch die Indus-Kultur in Indien einbezogen.

Natürlich habe ich mich in Kapitel 4 schon ausführlich mit einer anderen archaischen Gesellschaft beschäftigt, nämlich mit Hawaii. Es hat mir als Beispiel für den Übergang zum frühen Staat gedient, das den Vorzug hatte, dass wir über sein Frühstadium mehr wissen als in allen anderen

Fällen. Für keine der archaischen Gesellschaften, mit denen wir uns in diesem Kapitel beschäftigen werden, stand jemand wie David Malo zur Verfügung, der über ihr Frühstadium zu berichten vermocht hätte, und wir können auch den mutmaßlichen Verlauf ihrer Entwicklung in den mehr als 2000 Jahren, bis sie zu frühen Staaten wurden, nicht so zweifelsfrei rekonstruieren wie mittlerweile im Fall von Polynesien. Aufgrund der Fülle von Informationen, über die wir verfügen und die in allen anderen Fällen nicht zugänglich sind, ist der Fall von Hawaii für die Untersuchung der Anfänge einer archaischen Religion von unschätzbarem Wert.

Bevor wir uns den Fällen zuwenden, mit denen sich dieses Kapitel befasst, dürfte es sinnvoll sein, Bruce Triggers lehrreichen Überblick *Understanding Early Civilizations* zur Kenntnis zu nehmen, einer dichtgedrängten, vergleichenden Analyse von sieben Fällen: des alten und mittleren ägyptischen Reichs, Mesopotamiens von der Frühdynastik III bis in die altbabylonische Zeit, Chinas zur Zeit der späten Shang- und frühen westlichen Zhou-Dynastie, der Azteken vom späten 15. bis zum frühen 16. Jahrhundert, der klassischen Maya-Kultur, des Reichs der Inka im frühen 16. Jahrhundert sowie der westafrikanischen Yoruba-Völker von Mitte des 18. bis ins späte 19. Jahrhundert.[1] Trigger hat seine Fälle weitgehend deshalb ausgewählt, weil für sie genügend Daten vorliegen. Aufgrund der Unmöglichkeit, die Indus-Kultur auf der Basis allein von archäologischen Zeugnissen zu verstehen (die wenigen Schriftstücke, die es gibt, ließen sich nicht entziffern), war er gezwungen, diesen wichtigen Fall in meinen Augen zu Recht nicht zu berücksichtigen.[2] Bei Triggers Stichproben handelt es sich um vollentwickelte Staaten. Da er Hawaii nicht einbezieht, verfügt er über kein Beispiel für einen wirklich frühen Staat. Wir sollten allerdings nicht vergessen, dass der „frühe Staat" eher ein Prozess ist als ein Ereignis – es ist fast immer unmöglich, „den Moment der Geburt eines Staates genau festzulegen".[3] Sogar auf Hawaii hat sich der Staat eindeutig lange vor dem Kontakt mit dem Westen gebildet, obwohl die Prozesshaftigkeit hier deut-

---

1 Bruce G. Trigger, *Understanding Early Civilizations*, Cambridge: Cambridge University Press, 2003, 28.

2 Die bronzezeitliche Indus-Kultur ist ungefähr zwischen 2500 und 2000 v. u. Z. aufgeblüht. Sie verfügte über stattliche Städte mit guten Wassersystemen ebenso wie über eine Bewässerungslandwirtschaft, allerdings über nur wenige öffentliche Gebäude. Ohne etwas, das sich eindeutig als Tempel oder Paläste beschreiben lässt, werden weder das religiöse noch das politische System deutlich. Eine neuere Abhandlung stammt von Jane R. McIntosh, *A Peaceful Realm: The Rise and Fall of the Indus Civilization*, Boulder, Colo.: Westview Press, 2002.

3 Claessen und Skalník sprechen von „unscheinbaren Prozessen", die langsam Institutionen hervorbringen, welche nur im Nachhinein als charakteristisch für den Staat

licher hervortritt als in Triggers Fällen, und aus diesem Grund bleibt der Fall von Hawaii von unschätzbarem Wert.

Eine Schwäche meiner Auswahl von archaischen Gesellschaften besteht darin, dass sie keinen Fall aus der Neuen Welt einbezieht, weshalb eine Zusammenfassung von Triggers Befunden – drei seiner sieben Fälle stammen aus der Neuen Welt – diese Unzulänglichkeit ein kleines Stück weit wieder wettmachen könnte. Es dürfte sinnvoll sein, sich zu Beginn mit dem zu beschäftigen, was Trigger unter „frühe Zivilisationen" versteht, weil seine Definition dem sehr nahekommt, was ich mit archaischen Gesellschaften meine:

> „Anthropologen verwenden den Begriff ‚frühe Zivilisation' für die frühesten und einfachsten Gesellschaftsformen, in denen das die sozialen Beziehungen steuernde Grundprinzip nicht Verwandtschaft, sondern eine Hierarchie sozialer Unterteilungen war, die horizontal durch die Gesellschaften verliefen und durch ungleiche Macht, ungleichen Wohlstand und ungleiches soziales Ansehen gekennzeichnet waren. In diesen Gesellschaften stützte sich eine verschwindend kleine herrschende Gruppe, die Zwangsmittel einsetzte, um ihre Autorität zu vergrößern, auf landwirtschaftliche Überschüsse und Arbeitskräfte, die ihnen von einer sehr viel größeren Zahl landwirtschaftlicher Erzeuger systematisch überlassen werden mussten. Auch Vollzeitfachkräfte (Handwerker, Beamte, Soldaten, Bedienstete) standen hinter und dienten der herrschenden Gruppe und dem von dieser Gruppe kontrollierten Staatsapparat. Die Herrschenden pflegten einen luxuriösen Lebensstil, der sie von den Beherrschten unterschied."[4]

Wenn man an Hawaii denkt, stellt der Unterschied zwischen den *ali'i* und den gemeinen Untertanen genau einen solchen klaren Klassenunterschied dar. Anders ausgedrückt, nämlich so, dass die Klasse nicht so stark im Zentrum steht, liegt der Schlüsselunterschied zwischen dem Staat als sekundärer Formation und dem Rest der Gesellschaft. Das kommt dem nahe, was Trigger meint, wenn er schreibt, dass „Wohlstand tendenziell sehr viel häufiger von politischer Macht herrührte, als politische Macht sich aus Wohlstand ergab".[5] Von daher ist in diesen Gesellschaften nicht die in Bezug auf das Verhältnis zu den Produktionsmitteln definierte Klasse entscheidend, sondern eine im Verhältnis zur politischen Macht definierte Klasse.

Wichtig in Triggers Augen ist außerdem, dass Verwandtschaft zwar in verschiedenen Hinsichten sowohl für die Herrschenden als auch für die Beherrschten weiterhin Bedeutung besitzt, aber nicht mehr, wie in den

---

erkennbar sind. Henri J. M. Claessen und Peter Skalník (Hrsg.), *The Early State*, Den Haag: Mouton, 1978, 620–621.

4 Trigger, *Understanding Early Civilizations*, 44–45.

5 Ebd., 46.

Stammesgesellschaften und Häuptlingstümern, „das die sozialen Beziehungen steuernde Grundprinzip“ ist. Und er fügt noch einen weiteren äußerst wichtigen Punkt hinzu: „Genauso wie die Klasse reale und metaphorische Verwandtschaft als Organisationsgrundlage für die Gesellschaft ersetzt hat, sind religiöse Prinzipien an die Stelle der Verwandtschaft als einem Medium des sozialen und politischen Diskurses getreten.“[6] Obwohl symbolische Handlungen und Ausdrucksformen, die sich als religiös bezeichnen lassen, natürlich auf jeder Ebene der gesellschaftlichen Organisation auftreten, macht sich auf religiösem Gebiet in den archaischen Gesellschaften etwas Neues bemerkbar: Götter und die Anbetung von Göttern. Meine Lektüre von Triggers Studie verstärkt mein Gefühl, dass sich die archaische Gesellschaft durch einen komplexen, religiös-politischen Wandel von ihren Vorläuferinnen unterscheidet, in dessen Verlauf zwei grundlegend neue Vorstellungen die Weltbühne betreten: Königtum und Göttlichkeit, die in vielerlei Hinsichten zwei Teile eines Ganzen sind.

In meiner Beschreibung bildeten der König und seine Beziehung zu, ja seine Identität mit den Göttern, vor allem Kū und Lono, den Mittelpunkt der hawaiianischen Gesellschaft. Königtum ist zentral für jeden von Triggers Fällen, und überall hatte der König eine einzigartige Beziehung zu den Göttern, er galt häufig selber als Gott. Irgendeine Form des Gottkönigtums findet sich im alten ägyptischen Reich, bei den Azteken, den Maya, den Inkas und den Yoruba, und im China der Zhou-Dynastie war der König der „Sohn des Himmels“, auch wenn er selbst nicht als Gott galt. In Mesopotamien liegt die früheste Phase von etwas, das vermutlich ein Priesterkönigtum war, im Dunkeln, aber im Reich von Akkad und in der 3. Dynastie von Ur im dritten Jahrtausend v. u. Z., ja vielleicht sogar in der altbabylonischen Dynastie in der ersten Hälfte des zweiten Jahrtausends erhoben Könige vereinzelt Anspruch auf göttlichen Status.[7]

In irgendeiner Form kam es in jedem Fall in Verbindung mit königlichen Ritualen zu Menschenopfern, was, wie auf Hawaii, immer ein Zeichen für den außergewöhnlich erhabenen Status des Königtums war, auch wenn ihr Ausmaß schwankte. Die gewöhnlichste Form stellte das sogenannte Nebenopfer dar, bei dem Ehefrauen und Dienstboten in manchen Fällen in großer Zahl gemeinsam mit dem toten König begraben wurden. In Ägypten gab es diese Praxis in der ersten und möglicherweise auch in der zweiten Dynastie, in Mesopotamien nur bei den frühdynastischen Königsbegräbnissen in Ur – in allen Fällen sind keine späteren Beispiele bekannt. Obwohl die Zahlen in China nach der Shang-Dynastie merklich

[6] Ebd., 48.
[7] Ebd., 79–87.

zurückgingen, wurden manche Nebenbestattungen noch Jahrhunderte lang praktiziert. Doch in den meisten Fällen waren Menschenopfer bei anderen Ritualen als bei Beerdigungen überhaupt nicht ungewöhnlich: im China der Shang-Dynastie, bei den Maya, den Inkas und den Yoruba und am ausgiebigsten bei den Azteken, wo bis zur Eroberung durch die Spanier im großen Tempel von Tenochtitlan Tausende von Kriegsgefangenen geopfert wurden.[8]

Aufgrund der außergewöhnlichen Erhabenheit des Herrschers fällt Hawaii ohne Frage in die Kategorie einer (frühen) archaischen Gesellschaft, wo solch eine Erhabenheit an allen Stellen extreme Formen annahm, die aus früheren oder späteren Zeitaltern unbekannt sind, aber es gibt noch andere, auf Hawaii nicht vorhandene Merkmale, die wir normalerweise als Hinweise auf eine archaische Gesellschaft betrachten: zum Beispiel Städtewesen und Schrift. Trigger behauptet allerdings, dass Städte kein unverzichtbares Kennzeichen früher Zivilisationen seien, vielmehr würden solche Zivilisationen sich in zwei Typen, Stadtstaaten und Territorialstaaten, unterteilen lassen. Während Mesopotamien, die Yoruba, die Azteken und die Maya Stadtstaaten bildeten, seien Ägypten, China und die Inkas Territorialstaaten gewesen.[9] Stadtstaaten waren großflächige, mehreren Zwecken dienende, gewöhnlich in der Nähe von besonders ertragreichen landwirtschaftlichen Nutzflächen liegende urbane Ballungsgebiete, aus denen sich mitunter größere Staaten entwickelten, meistens indem anderen solchen Städten Tribut-Status auferlegt wurde. In den Territorialstaaten bildete der Hof, nicht die Stadt, das Zentrum, und der Hof wanderte häufig von Ort zu Ort. Es gab wichtige zeremonielle Zentren, aber es konnte sein, dass der Hof sie nur zeitweilig aufsuchte oder von einem zum anderen zog. Hawaii fiel eindeutig in die Kategorie Territorialstaat: Das Reich erstreckte sich über die ganze Inselgruppe und ging nicht von einer einzigen Stadt aus. Natürlich brachten etablierte Territorialreiche irgendwann Städte hervor, auch wenn Städte nicht die Grundlage der Staatsstruktur bildeten. Im Gegenzug wurden aus Stadtstaaten mitunter Territorialstaaten, obwohl die Ausweitung städtischer Institutionen auf ein großes Territorium sich gewöhnlich als gewaltige und langfristig oftmals unmögliche Aufgabe erwies. Rom war diesbezüglich die große Ausnahme.

Wenn wir das Wort „Zivilisation" verwenden, was wir zwangsläufig tun, wenn von archaischen Gesellschaften die Rede ist, meinen wir für gewöhnlich, dass Schrift dafür ein wesentliches Kriterium ist. Doch in

[8] Ebd., 88–89.
[9] Ebd., 92–119.

Triggers sieben Fällen verfügten die Inkas und die Yoruba über überhaupt keine Schrift und bei den Azteken, den Maya und vermutlich den Chinesen der Shang-Dynastie war sie nur rudimentär vorhanden (obwohl es im letzteren Fall ein umfassenderes Schriftgut gegeben haben mag als die Orakelknocheninschriften, auf denen unser Wissen über Schrift in der Shang-Dynastie beruht, das aber nicht überliefert ist). Sogar in Mesopotamien, wo die Schrift etwa 3200 Jahre v. u. Z. „erfunden" wurde, hat man sie zunächst hauptsächlich für Berechnungen und Auflistungen verwendet; entzifferbare zusammenhängende Texte gibt es erst etwa seit dem Jahr 2500 v. u. Z.

Ein weiteres Merkmal der meisten archaischen Gesellschaften ist das Vorhandensein einer Monumentalarchitektur, die in der Hauptsache für rituelle Zwecke und/oder vom König genutzt wurde. Der hawaiianische *heiau* (Tempel) war ein mäßig monumentales Bauwerk: Einer der größten auf der Maui-Insel hatte eine Fläche von 4000 Quadratmetern und für seinen Bau waren schätzungsweise 26.000 Arbeitstage in zehn gesonderten Schichten erforderlich.[10] Solche Tempel sind nicht mit den mesopotamischen *Zikkurats*, mit den Tempeln der Azteken, Maya oder Inkas und natürlich nicht mit den ägyptischen Pyramiden vergleichbar. Aber anscheinend haben auch die chinesische Shang-Dynastie und die Yoruba keine Monumentalarchitektur hervorgebracht, die sehr viel eindrucksvoller war als der hawaiianische *heiau*.

Trigger gibt an, zu Beginn seiner Untersuchung sei er davon ausgegangen, dass sich innerhalb seiner Auswahl die ökonomischen Praktiken als besonders beständig und die religiösen Überzeugungen und Praktiken als besonders variabel erweisen würden. Tatsächlich fand er das Gegenteil heraus: Aufgrund der unterschiedlichen ökologischen Bedingungen variierten die Subsistenzmuster ziemlich stark, wohingegen die religiösen Überzeugungen und Praktiken in allen sieben Fällen bemerkenswert vergleichbar waren.[11] Vergleichbar, aber immer noch erheblich anders, wie wir sehen werden. In Kapitel 4 haben wir beobachtet, wie die sich in Stammesgesellschaften erst abzeichnende Beziehung zwischen Religion und Macht auf Hawaii eine Art Höhepunkt erreichte. Nachdem wir Triggers Buch zur Einführung in das Gebiet vollentwickelter archaischer Gesellschaften genutzt haben, können wir jetzt versuchen, unser Verständnis der Beziehung zwischen Religion und Macht, zwischen Gott und König,

---

[10] Timothy Earle, *How Chiefs Come to Power: The Political Economy of Prehistory*, Stanford: Stanford University Press, 1997, 177.

[11] Trigger, *Understanding Early Civilizations*, 639 und 684.

in solchen Gesellschaften zu verbessern, indem wir uns drei von ihnen näher ansehen.

Das alte Mesopotamien

Oberflächlich betrachtet, könnten die Ausgangspunkte von Hawaii und Mesopotamien kaum gegensätzlicher sein. Hawaii lag ungefähr am abgelegensten Fleck des Planeten und hatte vor der Ankunft der Europäer Jahrhunderte lang keinerlei Kontakt zu irgendeiner anderen Gesellschaft gehabt. Mesopotamien (im Wortsinn „das Zweistromland" zwischen Euphrat und Tigris, der heutige Irak umfasst das gesamte alte Mesopotamien) bildete das Zentrum der riesigen eurasischen (und nordafrikanischen) Landmasse und verlor nie den Kontakt zu seinen vielen Nachbarn in der Nähe und in der Ferne. Schon dieser geografische Unterschied ist für die Erklärung der Tatsache hilfreich, dass der mesopotamische Staat ungefähr 5000 Jahre vor dem hawaiianischen Staat entstand. Im Spektrum der archaischen Gesellschaften liegen Hawaii und Mesopotamien nicht nur geografisch, sondern auch im Hinblick auf andere Variablen weit auseinander, sodass maximale Gegensätze zum Vorschein kommen, wenn man die Betrachtung der vollentwickelten archaischen Gesellschaften mit Mesopotamien beginnt.

Die Archäologie hat deutlich gemacht, dass trotz ihrer vielen Unterschiede in beiden Fällen die Besiedlung auf weitgehend unberührtem Land ihren Anfang nahm. Etwa ab dem Jahr 4000 v. u. Z. kam es auf der bis dahin nur ganz spärlich besiedelten Schwemmlandebene im südlichen Mesopotamien ziemlich schnell zu einer großen Zahl recht großer Siedlungen, und ungefähr bis zum Jahr 3200 v. u. Z. waren die ersten richtigen Städte auf der Welt entstanden.[12] Den Mittelpunkt dieser Städte bildeten monumentale Tempelanlagen, es gab aber auch Paläste, Märkte und großflächige Wohnviertel. Der neue Grad an Bevölkerungsdichte, den diese Städte aufwiesen, wurde durch die ausgiebige Kultivierung des Schwemmbodens möglich. Doch die ökonomische Grundlage dieser Städte bestand nicht bloß in der lokalen Bewässerungsfeldwirtschaft, sondern in flächen-

[12] Hans J. Nissen schlägt vor, dass es um die Mitte des vierten Jahrtausends v. u. Z. in Mesopotamien zu Klimaveränderungen gekommen ist, die eine Verringerung des Niederschlags mit sich gebracht haben. Früherer starker Niederschlag habe zu so heftigen Flutungen der Schwemmlandebene geführt, dass Landwirtschaft unmöglich gewesen sei, aber moderatere Niederschläge erlaubten ihre ertragreiche Kultivierung. Siehe Nissen, *Grundzüge einer Geschichte der Frühzeit des Vorderen Orients,* Darmstadt: wbg, 1983, 59 f.

deckenden ökonomischen Innovationen, die Andrew Sherratt als Sekundärprodukt-Revolution bezeichnet hat. Er hält diesen Wandel für genauso bedeutend wie die mindestens 4000 Jahre früher erfolgenden Anfänge der Pflanzen- und Tierdomestizierung als solche.[13]

Die frühe Tierdomestizierung hatte zunächst nur den Zweck gehabt, dauerhaft über Fleischvorräte zu verfügen. Durch die Sekundärprodukt-Revolution begann in der Landwirtschaft die Kraft von Tieren zum ersten Mal an die Stelle der menschlichen Kraft zu treten. (Es sei daran erinnert, dass es aufgrund des Nichtvorhandenseins von Rindern und Schafen in der Neuen Welt oder natürlich auf Hawaii keine Sekundärprodukt-Revolution gegeben hat.) Joche und Haltegurte wurden erfunden, sodass das Vieh Pflüge und Wagen ziehen konnte. Sherratt schätzt, dass der Pflug bei der Saatvorbereitung des Bodens vier Mal effektiver sei als die Hacke, weil er tiefer in den Boden eindringen kann.[14] Und durch Wagen wird es sehr viel einfacher, Getreide von abgelegenen Feldern einzufahren. Diese Erfindungen traten zuerst etwa im Jahr 4000 v.u.Z. in den alten landwirtschaftlichen Siedlungsgebieten im nördlichen Mesopotamien auf, aber sie trugen dazu bei, dass die kurz darauf folgende rasche Urbanisierung des Südens möglich wurde. Der mit der Sekundärprodukt-Revolution verbundene Wandel war nicht bloß landwirtschaftlicher Natur; er ging auch mit einer neuen Art von Weidewirtschaft einher. Denn ungefähr in diesen Zeitraum fiel die erstmalige Nutzung nicht nur von Milch und Milchprodukten (Joghurt, Käse), sondern auch von Schafen, welche die Wolle für die Textilien lieferten, die bis dahin aus Pflanzenfasern bestanden hatten. Und abermals schätzt Sherratt, dass die Nutzung von Herden als Bezugsquelle für Milchprodukte im Hinblick auf die Protein- und Energiemenge, die im Verhältnis zur selben Futtermenge produziert wird, vier bis fünf Mal effektiver sei, als wenn sie ausschließlich als Fleischquelle genutzt werden.[15] Obwohl das südliche Mesopotamien über einen fetten Schwemmboden verfügte, der sehr ergiebig sein konnte, wenn er bewässert wurde, und die Ländereien, deren Bewässerung nicht möglich war, sich für die Weidewirtschaft eigneten, gab es dort sonst kaum etwas: kein Holz, keine Gesteine, keine Metalle. Trotz des großen Einfallsreichtums bei der Verwendung der in dieser Gegend heimischen Ressourcen war der Handel, zu dem auch der

[13] Andrew Sherratt, „Plough and Pastoralism: Aspects of the Secondary Products Revolution“, in: Ian Hodder, Glynn Isaac und Norman Hammond (Hrsg.), *Pattern of the Past: Studies in Honour of David Clarke,* Cambridge: Cambridge University Press, 1981, 261–305.

[14] Ebd., 287.

[15] Ebd., 284.

Fernhandel gehörte, hier offenkundig von Anfang an unerlässlich. Deshalb war bis zum Ende des vierten Jahrtausends v. u. Z. eine flächendeckende Ökonomie entstanden, die Pflug-Ackerbau und intensive Weidewirtschaft sowie Handel in beträchtlichem Umfang mit sich brachte.

Susan Pollock hat einige der Entwicklungen festgehalten, die sich gegen Ende der Uruk-Zeit (4000–3100 v. u. Z.) feststellen lassen:

> „In der Uruk-Zeit kam es zu einem massiven Anstieg der Zahl der Siedlungen. Auch wenn viele von ihnen kleine Dörfer waren, wuchsen andere rasch zu Ortschaften und Städten heran. Gegen Ende der Uruk-Zeit verfügten einige größere Siedlungen über Mauern. Tempel und andere öffentliche Gebäude wurden größer und aufwändiger, und mit ihrem Bau muss eine große Zahl von Arbeitskräften über sehr lange Zeit beschäftigt gewesen sein. [...] Die Herstellung bestimmter Arten von Tongeschirr erfolgte erstmals in Massenproduktion, für die technische Neuerungen wie Gießformen und Töpferscheiben verwendet wurden. Berechnungssysteme [...] wurden verfeinert und diversifiziert, und gegen Ende dieses Zeitalters wurde die Schrift – als erste Berechnungs- und Aufzeichnungstechnologie – erfunden. Abbildungen von Männern mit Waffen und gefesselten Personen, bei denen es sich vermutlich um Gefangene handelt, belegen den Einsatz von Waffengewalt. Die wiederholte Darstellung einer langhaarigen, bärtigen Person im Rock mit einer unverwechselbaren Kopfbedeckung, die an einer Vielzahl von auf Autorität hindeutenden Tätigkeiten beteiligt ist, gehört zu den Anzeichen [für] die öffentliche Ausübung von Macht.“[16]

Nach dem Maßstab antiker Städte war die Stadt Uruk, die wahrscheinlich die wichtigste Stadt von Numer darstellte, im Jahr 2900 v. u. Z. riesig geworden. Hans Nissen zeigt, dass sie größer als Athen im Jahr 500 v. u. Z. oder Jerusalem im Jahr 50 u. Z. und fast so groß wie Rom im Jahr 100 u. Z. war.[17] Schätzungen zufolge lag die Bevölkerungszahl von Uruk im Jahr 2500 v. u. Z. bei etwa 50.000. Der Haupttempel der Stadt war ungeheuer groß. Sein stufenförmiger Turm wurde mehrfach umgebaut und dabei jedes Mal höher.

Auf der Grundlage archäologischer Zeugnisse allein (Schriftstücke wurden fast ausschließlich für Berechnungen genutzt und enthalten keine entzifferbaren Narrative) können wir schlechterdings nicht sagen, wie die Autoritätsstruktur in Uruk und anderen vergleichbaren Städten, die zur selben Zeit entstanden sind, ausgesehen hat. Hans Nissen beschreibt einige der vorherigen Theorien ausführlich: dass die frühen Herrscher, die den Titel *en* oder *ensi* trugen, tatsächlich Priesterkönige waren; dass später Militärführer auf Zeit ernannt wurden, die *lugal* hießen (was „großer Mann“

---

16 Susan Pollock, *Ancient Mesopotamia*, Cambridge: Cambridge University Press, 1999, 5–6.

17 Nissen, *Grundzüge einer Geschichte der Frühzeit*, 79.

bedeutet) und im Laufe der Zeit zu „Königen" auf Dauer wurden, die mit den Hohepriestern um die Vorherrschaft in der Stadt konkurrierten. Nissen spürt, dass die ganze Terminologie von *en*, *ensi* und *lugal* in den überlieferten Aufzeichnungen zu inkonsistent ist, um eine solche Theorie zu untermauern, und dass wir schlechterdings nicht wissen, wie Macht in der frühesten Phase gehandhabt wurde. In der frühdynastischen Zeit (2900–2350 v. u. Z.) gab es dann offenkundig in den größeren sumerischen Städten Königshäuser, aber die großen Tempel bildeten den Kristallisationspunkt von Wohlstand und Macht und für ihre Erhaltung war denn auch in der Hauptsache der König verantwortlich. Sowohl Tempel als auch Paläste wurden als „große Haushalte" oder „große Einrichtungen" bezeichnet, weil sie über Großgrundbesitz verfügten, viel Personal hatten und in manchen Fällen an der Herstellung der Textilien beteiligt waren, die zu den Hauptexportgütern Mesopotamiens gehörten.[18]

Außerdem ist man sich im Allgemeinen darüber einig, dass es neben Tempeln und Palästen einen schlagkräftigen „privaten Sektor" gab, dem möglicherweise Stammesälteste vorstanden, die auch in der Stadtregierung ein Mitspracherecht hatten, auch wenn die Vorstellung einer von Thorkild Jacobsen so genannten „primitiven Demokratie"[19] keine breite Zustimmung fand. Immerhin scheint das frühe Mesopotamien im Verhältnis zu den meisten anderen frühen Staaten ein Fall von „Heterarchie" gewesen zu sein, das heißt eine nichtegalitäre Gesellschaft mit mehreren konkurrierenden Machtzentren anstelle einer Gesellschaft mit einer einzigen Dominanzhierarchie.[20] Dass Mesopotamien sich von allen frühen Zivilisationen am wenigsten abschottete und aufgrund der Knappheit seiner lokalen Ressourcen am stärksten auf den Fernhandel angewiesen war, hängt möglicherweise mit dem Vorhandensein mehrerer Machtzentren in vielen seiner Städte zusammen. Obwohl die Führerschaft in der sumerischen Zeit uns nicht so deutlich vor Augen steht wie später, heißt es in der ziemlich frühen sumerischen Mythologie, dass „das Königtum vom Himmel herun-

---

[18] Pollack, *Ancient Mesopotamia,* 118; A. Leo Oppenheim, *Ancient Mesopotamia: Portrait of a Dead Civilization,* Chicago: University of Chicago Press, 1977 [1964], 95–109.

[19] Thorkild Jacobsen, „Mesopotamien", in: Henri Frankfort [u. a.], *Frühlicht des Geistes: Wandlungen des Weltbildes im alten Orient*, übers. v. Peter Dülberg, Kohlhammer: Stuttgart, 1954 [1946], 140–141. In *Ancient Mesopotamia,* 111–114, erörtert Oppenheim die Belege für die Existenz einer „Stadtverordnetenversammlung", die aus lokalen Honoratioren bestand, die nicht direkt mit Tempel oder Palast in Verbindung standen.

[20] Zur Heterarchie, siehe Peter Bogucki, *The Origins of Human Society,* Malden, Mass.: Blackwell, 1999, 256–257.

tergekommen“ sei, auch wenn der König selbst keinen Anspruch auf Göttlichkeit erhob.[21]

Dass es in der frühesten Geschichte kein Gottkönigtum gab, heißt nicht, dass diese allgegenwärtige archaische Vorstellung vollständig fehlte. Sie taucht, und das ist nicht überraschend, in Dynastien auf, die versuchen, die Stadtstaaten zu vereinigen und Territorialreiche zu schaffen. Oppenheim hat das folgendermaßen formuliert:

> „Von der Zeit des Sargon von Akkad [ca. 2350 v. u. Z.] bis in die Zeit von Hammurapi[22] [1792–1750 v. u. Z.] kam in den babylonischen Schriften zum Namen des Königs häufig das Determinativum DINGIR („Gott“) hinzu, das normalerweise für Götter und Objekte verwendet wurde, die angebetet werden sollten. Aus Texten der Ur-III-Zeit und vereinzelt aus späteren Schriftstücken wissen wir außerdem, dass die Statuen verstorbener Könige in den Tempeln mit Teilen der Opfergaben bedacht wurden. Vor allem in assyrischen Texten ist häufig davon die Rede, dass sich die Heiligkeit der königlichen Person in einer übernatürlichen, ehrfurchtgebietenden Ausstrahlung bzw. Aura offenbart, die der Literatur zufolge für Gottheiten und alle göttlichen Dinge charakteristisch ist.“[23]

Und auch der Anspruch einer Reihe von assyrischen Königen, „König der Welt“ zu sein, scheint eine Macht zu unterstellen, die über menschliche Macht hinausgeht.[24]

Doch selbst wo der König, was häufiger der Fall war, eher als „Diener“ oder „Sklave“ Gottes bezeichnet wurde (ein Sprachgebrauch, der in einem vollkommen anderen Zusammenhang im Christentum und umfangreicher noch im Islam wieder auftauchen wird), statt selbst als göttlich zu gelten, wurde seine Nähe zur Göttlichkeit und nicht seine „Säkularität“ im Sinne von Weltlichkeit betont. Auf den ihm gewidmeten Inschriften erzählte der König unaufhörlich von allem, was er für die Götter getan habe – Bau oder Umbau von Tempeln, Darreichen von üppigen Opfergaben, Abhalten von Festen und so weiter – und schrieb er den Wohlstand des Landes und sogar seine militärischen Siege der Wohltätigkeit der Götter zu, besonders der Schutzgottheit seiner Stadt. Wie in allen frühen Zivilisationen stellten Religiöses und Politisches hier keine verschiedenen Sphären dar, sondern Aspekte einer Gesamtauffassung von Kosmos und Gesellschaft, was nicht

---

[21] Thorkild Jacobsen, *Treasures of Darkness: The History of Mesopotamian Religion*, New Haven: Yale University Press, 1976, 114.

[22] Auch *Hammurabi* geschrieben.

[23] Oppenheim, *Ancient Mesopotamia*, 98. Die „ehrfurchtgebietende Leuchtkraft“ assyrischer Könige erinnert an die „lodernden Flammen“, welche die hawaiianischen *ali'i* charakterisieren sollten.

[24] Amélie Kuhrt, *The Ancient Near East, c. 3000–330 BC*, London: Routledge, 1995.

heißen soll, dass sich in Bezug darauf, wie diese Aspekte Ausdruck fanden, keine Unterschiede beobachten lassen.

Wie auf Hawaii war die mesopotamische Götterwelt riesig, aber einige Götter waren besonders wichtig: An, der Vater der Götter; sein Sohn Enlil, das derzeitige Oberhaupt der Götter; Ninhursanga, die Göttin der Gebärenden; Enki, der Trinkwassergott, aber vor allem der Gott der Weisheit und Gerissenheit sowie aller Kunstschaffenden.[25] Jede Stadt hat ihren eigenen Schutzgott: In Uruk wurde An verehrt, in Erudi Enki, in Ur Nanna und so weiter. Der Schutzgott von Lagasch war der Sohn von Enlil, Ninurta, Kriegsgott, aber auch Gott des Pfluges. Obwohl jeder Gott mit einem besonderen Aspekt der Natur (An mit dem Himmel, Enki mit dem Trinkwasser und so weiter) und des Lebens der Menschen verbunden war, stellte ökonomischer Wohlstand für alle Götter ein wichtiges Anliegen dar, sodass, was Firth über Tikopia gesagt hat, dass nämlich das „religiöse System auf Tikopia [...] unverhohlen und stark auf ökonomische Ziele ausgerichtet“ gewesen sei, auch für Mesopotamien gilt, wie folgende Hymne auf Ninurta aus Sumer am Ende des dritten Jahrtausends v. u. Z. zeigt:

> „Ninurta, den Enlil mit Namen benannt hat:
> Mein König, deinen Namen will ich (preisend) nennen,
> Ninurta, ich, dein Mann, dein Mann,
> will deinen Namen (preisend) nennen!
> Mein König, das Mutterschaf hat das Lamm geworfen, [...]
> Deinen Namen will ich (preisend) nennen!
>
> Mein König, die Ziege hat das Zicklein geworfen, [...]
> Deinen Namen will ich preisend nennen! [...]
> M[ein] König, [.............], König, Sohn [Enlils, deinen Namen will ich preisend nennen]!
> Den Kanal füllst du [mit dauerndem Wasser],
> läßt auf dem Felde scheckige Gerste wachsen,
> füllst den Teich mit Karpfen und Barsch, [...]
> füllst Obstpflanzung und Garten mit Honig und Wein,
> läßt im Palast langes Leben sprießen.“[26]

Damit will ich nicht andeuten, dass die Götter immer wohltätig waren, bei weitem nicht. Sie waren nicht selten der Grund für das, was Jacobsen „läh-

---

[25] Eine Beschreibung der Hauptgötter findet sich bei Jacobsen, *Treasures of Darkness,* 93–143 (wenn ich ein Buch über altmesopotamische Religion empfehlen müsste, wäre es dieses); und bei Jean Bottéro, *Religion in Ancient Mesopotamia,* Chicago: University of Chicago Press, 2001 [1998], 44–58.

[26] Adam Falkenstein u. Wolfram von Soden, *Sumerische und akkadische Hymnen und Gebete,* Zürich: Artemis, 1953, 59–60.

mende Angst" nennt.[27] Wie auf Hawaii waren sie gar nicht so weit von den mächtigen Wesen der Stammesvölker entfernt. Sie waren die Quelle großen Überflusses, aber auch die Ursache von Sturm, Hochwasser und Seuchen. Im Krieg konnten sie Sieg oder Niederlage bringen. Aber vor allem waren die Götter Könige und Königinnen, und die Tempel waren ihr Hof. Der – anstrengende, schwierige, aber fröhliche und sich lohnende – „Gottesdienst" bildete den Lebensmittelpunkt in Mesopotamien.[28] Ein großer Sektor der Ökonomie war darauf ausgerichtet, den über die großen Tempel waltenden Göttern und Göttinnen, ihren Verwandten und Gefolgsleuten zu dienen: Alle ihre Abbilder mussten aufwändig „gespeist", gekleidet, mit Juwelen geschmückt und anlässlich der großen Feste gelegentlich auf Straßenumzügen zur Schau gestellt oder auf Bootsfahren zu nahegelegenen Tempeln mitgenommen werden.[29] Weil das ökonomische und politische Wohlergehen der Stadt von der Wohltätigkeit der Götter abhing, bestand die oberste Verpflichtung sowohl der Könige als auch des Volkes darin, ihnen selbstlos zu dienen.

Das mythische „Atraḫasis-Epos" ist ein Sinnbild für die Wesensart der Beziehung zwischen Göttern und Menschen.[30] Obwohl der Text aus altbabylonischen Zeiten stammt (aus der ersten Hälfte des zweiten Jahrtausends v. u. Z.), glaubt Jacobsen, dass in ihm Vorstellungen zum Ausdruck kommen, die mindestens auf das dritte Jahrtausend zurückgehen. Bei der ursprünglichen Aufteilung der Welt wurde An der Himmel zuerkannt, Enlik die Erde und Enlil das Wasser in der Erde. Da die Götter speisen mussten, ließ Enlil seine vielen Kinder, die niederen Götter, arbeiten und die schwierige Aufgabe der Bewässerungsfeldwirtschaft erledigen. Das Poem beginnt mit den Worten:

> „Als die Götter (auch noch) Menschen waren,
> trugen sie die Mühsal,
> schleppten den Tragkorb.
> Der Götter Tragkorb war groß,
> die Mühsal schwer,
> viel Beschwerden gab es."[31]

---

[27] Jacobsen, *Treasures of Darkness,* 12.

[28] Hören wir darin einen Widerhall des Werks der Götter auf Tikopia oder des Makahiki-Fests auf Hawaii?

[29] Zum „Gottesdienst", siehe Jean Bottéro, *Mesopotamia: Writing, Reasoning, and the Gods,* Chicago: University of Chicago Press, 1992 [1987], 1–2; zum „Betreuen und Speisen der Götter", siehe Oppenheim, *Ancient Mesopotamia,* 183–298.

[30] Die vollständige Geschichte erzählt Jacobsen, *Treasures of Darkness,* 116–121.

[31] Wolfram von Soden, „Der altbabylonische Atramchasis-Mythos", in: *Mythen und*

Die Götter mussten sowohl Euphrat und Tigris als auch die Bewässerungskanäle ausheben, was ihnen zu viel wurde. Sie beschlossen, sich gegen Enlil aufzulehnen, und nachdem sie ihr Arbeitsgerät verbrannt hatten, umzingelten sie sein Haus. Der verängstigte Enlil verbarrikadierte sich zuhause und bat An und Enki um Rat, was er tun solle. Er hatte nicht übel Lust, die Erde ganz zu verlassen und sich zu seinem Vater in den Himmel zu gesellen. Aber der stets gerissene Enki machte einen Vorschlag: warum nicht die Menschen schaffen, damit sie die Arbeit verrichteten, welche die niederen Götter so mühsam fanden? Er tötete einen der niederen Götter, We-e, der möglicherweise der Rädelsführer des Aufstands (kann man von einem Streik sprechen?) gewesen war, und formte die ersten Menschen, indem er We-es Blut mit Lehm vermischte.[32]

Enkis Plan funktionierte beinahe zu gut: Die Menschen übernahmen die Arbeit der Götter, aber ihnen bekam das ausgesprochen gut: Die wachsende Bevölkerung wurde so laut („das Land brüllte wie ein Stier"), dass Enlil keinen Schlaf fand. Er schickte eine Seuche, um das Volk auszulöschen, aber der weise Atraḫasis suchte Rat bei Enki, der ihm empfahl, für mehr Ruhe im Volk zu sorgen und den Göttern mehr Opfergaben darzubringen, und die Seuche hörte auf. Das Volk wurde wieder größer und der Geräuschpegel wuchs. Diesmal schickte Enlil eine Dürre, aber Atraḫasis überredete Enki abermals zum Eingreifen. Beim dritten Mal wurde es wirklich zu viel und Enlil schickte eine große Flut, damit alle Menschen starben. Enki jedoch war ihm einen Schritt voraus und hatte Atraḫasis ein unsinkbares Boot bauen, es mit allen Tierarten beladen und die Flut abwarten lassen. Als Enlil entdeckte, was Enki getan hatte, war er außer sich vor Wut, aber mittlerweile hatte die Dezimierung des Volkes dazu geführt, dass die Götter keine Opfergaben mehr erhielten und begannen, Hunger zu leiden. Da erkannte Enlil endlich, dass die Götter nicht auf die Menschen verzichten konnten, und nachdem er für mehrere Verhütungsmethoden gesorgt hatte, gestattete er Atraḫasis und seinem Volk, sich wieder auf der Erde niederzulassen.

Man könnte meinen, sagt Jacobsen, dass Enlil mit seiner Angst, seinem impulsiven Wesen und seiner Gefühllosigkeit eine ziemlich armselige Figur abgegeben habe, aber für die Alten macht die Geschichte Enlils äußerste Macht und seine atemberaubende Fähigkeit anschaulich, eine Flut zu er-

---

Epen II, 3. Weisheitstexte, Mythen und Epen. Texte aus der Umwelt des Alten Testaments, Band III, Gütersloh: Gütersloher Verlagshaus Mohn, 1993, 618.

[32] Abgesehen von den Nebenbestattungen im frühdynastischen Ur kommt diese Art mythisches Zeugnis im alten Mesopotamien Menschenopfern am nächsten, auch wenn Kriegsgefangene häufig auf dem Schlachtfeld niedergemetzelt wurden.

schaffen, die unter Umständen jedes Lebewesen vernichten könnte. Jacobsen schließt daraus Folgendes: „Gleichwohl wird deutlich, dass der Mythos absolute Macht als selbstsüchtig, rücksichtslos und ungehobelt betrachtet. Was sie auch ist. Das Leben der Menschen ist prekär. Für die Götter nützlich zu sein, bietet ihnen keinen Schutz, es sei denn sie sorgen dafür, dass sie ihnen nicht zur Last fallen, nicht einmal wenn sie nichts dafür können. Sie sollten wissen, dass ihrer Selbstentfaltung Grenzen gesetzt sind.“[33]

Im alten Mesopotamien waren das Leben sowohl der Götter als auch der Menschen und die Beziehungen zwischen ihnen auf die Idee des Staates ausgerichtet. Nach der Erschaffung der Menschen waren es diese, nicht die niederen Götter, welche die „Tragkörbe schleppten“. Genauer gesagt, die meisten von ihnen, denn manche Menschen führten ein gottähnliches Leben – ihnen wurde „gedient“, so wie man den Göttern diente. Trotzdem wurden Könige dabei abgebildet, wie sie an großen Bauvorhaben arbeiteten, auch wenn wir daran zweifeln mögen, wie viel Zeit sie tatsächlich darauf verwandten. Mit Ausnahme der relativ seltenen Augenblicke, in denen sie sich mit Göttern gleichsetzten, dienten sie ihnen wie jeder andere auch. Dominanz im Sinne von Herrschaft war ein wichtiges Thema; meistens wurde sie in den Mantel legitimer Hierarchie gehüllt; aber sowohl Götter als auch Könige waren zu irrationaler Wut gegenüber „unwürdigen“ Adressaten fähig. Jacobsen identifiziert An mit „Autorität“, aber Enlil mit „Gewalt“, und eigentlich war es Enlil, der die Welt regierte.[34] Es stimmt zwar, dass Enlils Gewalt „legitime Gewalt“ sein sollte:

> „Und doch – gerade weil Enlil die Gewalt der Stärke ist – liegen in der dunklen Tiefe seiner Seele Gewalttätigkeit und Wildheit verborgen. Im normalen Zustande hält Enlil den Kosmos aufrecht und sichert die Ordnung gegen das Chaos; plötzlich und unvorhergesehen aber kann die verborgene Unbändigkeit aus ihm hervorbrechen. Diese Seite Enlils ist das wahrhaft fürchterliche Abnorme – alles Leben, aller Sinn des Lebens gerät dadurch aus dem Gefüge. Deshalb kann der Mensch sich Enlil gegenüber niemals ganz wohl fühlen, sondern empfindet stets eine lauernde Angst vor ihm, die sich auch häufig in den uns überlieferten Hymnen ausdrückt“.[35]

---

[33] Jacobsen, *Treasures of Darkness,* 121. Dass im Atraḫasis-Epos sowohl auf die Schöpfungsgeschichte als auch auf die Geschichte Noahs vorausverwiesen wird, ist schon vor langer Zeit bemerkt worden.

[34] Ebd., 95 und 98.

[35] Jacobsen, „Mesopotamien“, 158. Hier erinnert der wilde Enlil uns an den wilden Kū auf Hawaii. In all ihrer Ambiguität verwandelt sich die Figur des Sumerers Enlil aus dem dritten Jahrtausend im frühen zweiten Jahrtausend in den babylonischen Marduk und im späten zweiten sowie ersten Jahrtausend in den assyrischen Assur.

Doch im dritten Jahrtausend und in der ersten Hälfte des zweiten Jahrtausends trat eine sich in der Sorge um so etwas wie Gerechtigkeit äußernde fürsorgliche Seite immer deutlicher zutage, die im sogenannten „Codex Hammurapi" eine Art Höhepunkt erreichte. Schon Mitte des dritten Jahrtausends hatte Lagasch einen König, der sich „zum Beseitiger sozialer Missstände und Verteidiger der Schwachen" erklärte: „Feierlich versprach Uruinimgina [der König, dt. auch Urukagina] [dem Gott] Ningirsu, dass er die Witwen und Waisen niemals den Mächtigen überlassen werde."[36] In einem nach dem Untergang der akkadischen Dynastie von Sargon verfassten Gedicht werden deren Könige kritisiert, weil sie zugelassen haben, dass „Unrecht und Gewalt im Lande einkehr[t]en".[37] Während der 3. Dynastie von Ur wurden regelmäßig Schulden erlassen: „Zu jener Zeit wurden die Tafeln, auf denen die Verpflichtungen der Schuldner gegenüber ihren Gläubigern hinterlegt waren, eingesammelt und zerbrochen, was die Verschuldung aufhob."[38]

Der „Codex", von dem Jean Bottéro behauptet, er sei keine Gesetzessammlung, sondern ein Überblick über Hammurapis Urteilssprüche und deshalb nicht wirklich ein Kodex, ist zu Recht berühmt. Bottéro weist darauf hin, dass sein Prolog und Epilog uns den deutlichsten Einblick in die Bedeutung von Gerechtigkeit im alten Mesopotamien vermitteln. Im Prolog schreibt Hammurapi:

> „Als Marduk [der bei den Babyloniern Enlil als Oberhaupt der Götter ersetzt hatte], um die Leute zu lenken, dem Lande Heil zu erwirken, mich entbot, habe ich Recht und Gesetze in der Landessprache geschaffen, den Leuten Wohlbehagen geschaffen."

Und im Epilog:

> „Die großen Götter haben mich berufen, und ich, der Hirte, der Heiland, dessen Zepter gerecht ist, mein guter Schatten ist über meine Stadt gebreitet, in meinem Schoße hielt ich das Volk des Landes Sumer und Akkad. Mit Hilfe meiner Schutzgötter habe ich sie in Frieden geleitet, in meiner Weisheit habe ich sie geborgen, damit der Starke nicht den Schwachen bedränge, Waise und Witwe ihr Recht bekämen".[39]

---

[36] Kuhrt, *Ancient Near East,* Bd. 1, 39.

[37] Nissen, *Grundzüge einer Geschichte der Frühzeit,* 204.

[38] Kuhrt, *Ancient Near East,* Bd. 1, 77.

[39] Bottéro, *Mesopotamia,* 168. „Das Gesetzbuch des Hammurapi", in: *Altorientalische Texte zum Alten Testament*, übers. u. hrsg. v. Hugo Gressmann, Berlin: de Gruyter, 1926, 383 und 407. Es sei angemerkt, dass das Motiv des „Schafhirten" sowohl in Mesopotamien als auch in Ägypten ein Gemeinplatz für den König war. Samuel Noah Kramer hat eine sumerische Hymne an den Hochgott Enlil übersetzt, in dem der Gott mit „Hirte" angeredet wird. Kramer, *Die Geschichte beginnt mit*

Die Rhetorik der Fürsorge ist hier stark ausgeprägt: Dem Bild vom guten Hirten wird man in der Religionsgeschichte wiederbegegnen. Natürlich waren die Könige selten so wohltätig, wie sie behaupteten – die exorzistischen Texte nennen Beispiele für schwere Ungerechtigkeiten von Seiten des Palastes. Aber es handelte sich auch nicht um „reine Rhetorik“. Ein Maßstab war gesetzt worden, der nicht folgenlos blieb.

Im Hinblick auf das alte Mesopotamien können wir durchaus von einer Idee der Gerechtigkeit sprechen, aber wir müssen sorgfältig darauf achten, dass unser Wortverständnis sich nicht vollständig mit der damaligen Denkweise deckt. Zum einen, weil Gerechtigkeit durch einen Gott personifiziert wurde. Gerechtigkeit war der Sonnengott, Utu auf Sumerisch, Schamasch auf Akkadisch, der durch das Ausleuchten, Sichtbarmachen aller Taten aufdecken konnte, welche gerecht waren und welche ungerecht. Bottéro hat darauf hingewiesen, dass es im alten Mesopotamien nicht wirklich eine Vorstellung von Recht und Gesetz gab, sondern dabei eher an eine Entscheidung gedacht wurde: die Entscheidung von Göttern oder Königen. Gerechtigkeit war keine abstrakte Idee, sondern wurde nur anhand von Einzelfällen sichtbar. Der akkadische Begriff für Gerechtigkeit, *mêšaru*, wies eine enge Verbindung zum Königtum auf: „Die Götter haben ihm [dem König] den Auftrag erteilt, *mêšaru im Lande entstehen (aufscheinen) zu lassen*, das heißt gleichzeitig Ordnung und Gerechtigkeit.“[40] *Mêšaru* leitet sich von dem Wort *êšêru* ab, das „geradeaus, in die richtige Richtung gehen, in Ordnung im Sinne von angebracht sein“ bedeutet.[41] Weil Gerechtigkeit in eine ganze Lebensform, in eine wohldurchdachte Reihe von Verpflichtungen und Verboten eingebettet war, die auch Bereiche betrafen, die nach unserem Ermessen wenig mit Moral zu tun haben, können wir sie nicht einfach mit unserem Begriffsverständnis gleichsetzen.

Wie wir aus der großen Zahl von exorzistischen Texten und Bußliedern wissen, wurde Gerechtigkeit häufig rückwirkend festgestellt, das heißt, wenn jemand an körperlichen Beschwerden oder einer moralischen Ungerechtigkeit litt, musste er etwas falsch gemacht haben. Beim Versuch, die „Sünde“, die jemand begangen, den Fehler, den jemand gemacht, das Tabu, das jemand übertreten hatte, zu entdecken, wurde auf Weissagungen zurückgegriffen, sodass Experten die richtigen Rituale und Bittgesuche bestimmen konnten, die das begangene Unrecht rückgängig machen würden.

Sumer: Berichte von den Ursprüngen der Kultur, übers. v. Paul Baudisch, München: List, 1959 [1956], 73–75.

[40] Bottéro, *Mesopotamia,* 168. Kursivierung im Original.

[41] Ebd., 182.

Doch die Denkweise über das Leben war unverrückbar hierarchisch. Bottéro hat das folgendermaßen formuliert:

> „Nicht nur aufgrund der beschworenen ontologischen Überlegenheit ihrer Götter, deren Unergründlichkeit niemand gewachsen war, sondern auch aufgrund der Rolle der Götter als Herren und Regenten der Welt erkannten sie das höchste göttliche Privileg vollständiger Entscheidungs- und Handlungsfreiheit an. Alle Ausdrucksformen und Bekundungen des Willens der Götter wurden deshalb im selben ‚staatsbürgerlichen' Geist, wenn man so sagen kann, hingenommen, wie Untertanen königliche Befehle entgegennehmen: ohne Diskussion, ohne Widerrede, ohne Kritik, in vollkommener, fatalistischer Unterwerfung, in dem klaren Bewusstsein, dass man sich nicht gegen etwas zur Wehr setzt, das stärker ist. Die Götter galten als zu klug, zu fair und zu unbescholten, als dass ihnen Willkür auch nur nachgesagt oder ihre Entscheidung auch nur hinterfragt werden konnte. In solch einem Land lehnte sich niemand, nicht einmal verbal, gegen die gnadenloseste aller Entscheidungen auf: dass wir alle zum Tode verurteilt sind."[42]

Nun ja, vielleicht doch nicht „niemand", wie wir gleich sehen werden. Es gab ein paar Propheten, die den Sturz von Königen voraussagten.[43] Und es gab Intellektuelle, wie zum Beispiel den Verfasser der sogenannten „babylonischen Theodizee", die Fragen in Bezug auf die Gerechtigkeit der Götter aufwarfen:

> „Es gehen einen guten Weg diejenigen, die nicht immer die Götter suchen;
> arm aber wurden jetzt und schwach, die zur Gö[ttin] flehen".[44]

Obwohl das mesopotamische Gegenstück zu Hiobs Freunden in diesem Dialog die Oberhand zu gewinnen scheint, gibt es Texte, die erklären, dass das Geheimnis von Belohnung und Bestrafung die menschliche Auffassungsgabe übersteige:

> „Was einem löblich scheint,
> ist nur verachtenswert dem Gott (den Göttern).
>
> Was übel scheint dem eignen Herzen,
> ist ein Gutes vor dem Schutzgott.
>
> Wer faßte wohl den Sinn der Götter
> in des Himmels Tiefen?

---

42 Bottéro, *Religion in Ancient Mesopotamia,* 220.

43 Kuhrt, *Ancient Near East,* Bd. 1, 105. Laut Oppenheim waren Propheten hauptsächlich im Norden (Assyrien) und Nordwesten zu finden. Ekstatische und schamanistische Auffassungen gab es im mesopotamischen Kernland kaum. *Ancient Mesopotamia,* 221–222.

44 „Die babylonische Theodizee", in: Willem H. Ph. Römer und Wolfram von Soden, *Weisheitstexte, Mythen und Epen I,* übers. v. Wolfram von Soden, Gütersloh: Gütersloher Verlagshaus, 1990, S. 143–157, hier S. 150.

Das Sinnen eines Gottes ist wie tiefe Wasser,
Wer ermäße sie?

Wie könnt', umnachtet,
Wohl der Mensch der Götter Wesen fassen?"[45]

In einer wichtigen Hinsicht ist das alte Mesopotamien wie alle Gesellschaften, die wir bisher in den beiden letzten Kapiteln und in diesem betrachtet haben: Es gibt so etwas wie die Vorstellung eines Lebens nach dem Tod, aber diese Vorstellung ist nicht mit Belohnungen und Bestrafungen im Jenseits verbunden, und insgesamt ist ein solches Leben auch nicht sehr einladend. In den Augen der alten Mesopotamier schwankt die „Unterwelt", in die alle Geister kommen, zwischen schlimm – düstere Schläfrigkeit – und schlimmer: ein Reich gnadenloser Dämonen. Auch wenn Bottéro zuzustimmen ist, dass die meisten Menschen den Tod für unzweifelhaft hielten, geht es im größten mesopotamischen Poem, dem Gilgamesch-Epos, um einen legendären König, der sich buchstäblich ans Ende der Welt begibt, um dem Tod zu entkommen, dessen Realität ihm durch den vorzeitigen Tod seines teuren Freunds Enkidu vor Augen geführt wurde (sowohl Gilgamesch als auch Enkidu sind klassische Emporkömmlinge). Narrativ ist das Gilgamesch-Epos, das als einzige altmesopotamische Schrift, wenn auch nicht unangefochten, in die Weltliteratur eingegangen ist, viel zu komplex, als dass es sich hier zusammenfassen ließe.[46] Trotz der Entschiedenheit seines Protests und der enormen Risiken, die er eingeht, um den Tod zu überwinden, sieht Gilgamesch sich am Ende mit der Tatsache konfrontiert, dass seine Suche vergeblich ist und er keine andere Wahl hat, als nachzugeben:

„Der bloße Mensch – gezählt sind seine Tage,
Was er auch tue, nur ein Wind ist er."[47]

Der Begriff „Zivilisation" ist schwer zu definieren und er ist auf viele verschiedene Weisen verwendet worden. Genauso wenig wie ich den Begriff „Kultur" als Gegenbegriff zu „unkultiviert" verstehe, gebrauche ich „Zivilisation" als Gegensatz zu „unzivilisiert". Auf der deskriptiven Ebene beschränkt sich der Begriff der Zivilisation normalerweise auf staatliche

---

[45] Jacobsen, „Mesopotamien", 237.

[46] Das Gilgamesch-Epos wurde sehr früh Teil der Weltliteratur. Es war mit Abstand der am weitesten verbreitete Text der mesopotamischen Literatur, der im ganzen Alten Orient bekannt war – Fragmente von Übersetzungen ins Hurritische und Hethitische sind erhalten. Es hat wohl sowohl die *Ilias* als auch die *Odyssee* beeinflusst. Siehe M. L. West, *The East Face of Helicon: West Asiatic Elements in Greek Poetry and Myth*, Oxford: Oxford University Press, 1997, 65, 336–347 und 403–417.

[47] Jacobsen, „Mesopotamien", 230.

Gesellschaften. Der entsprechende Begriff für nichtstaatliche Gesellschaften lautet „Kulturkreis“. Polynesien ist ein Kulturkreis, obwohl auf Hawaii im Laufe der Zeit eine hawaiianische Zivilisation entstanden sein könnte. Genauso wie es in einem Kulturkreis unterschiedliche Gesellschaften gibt, in denen nicht miteinander verwandte Sprachen gesprochen werden, wie zum Beispiel im amerikanischen Südwesten, kann es eine ganze Reihe von Staaten geben, in denen innerhalb derselben Zivilisation verschiedene Sprachen gesprochen werden, und natürlich ist keine dieser Entitäten statisch – alle ändern sich mit der Zeit.

Die mesopotamische Zivilisation war von Anfang an eine mehrere Stadtstaaten umfassende Zivilisation. Es gab eine gemeinsame Sprache, Sumerisch, eine gemeinsame Götterwelt und ein gemeinsames Schriftsystem. Schon früh, möglicherweise sogar von Anfang an wurde in einigen Städten im Norden eine andere Sprache gesprochen, Akkadisch, das eine frühe semitische Sprache war (Sumerisch ist mit keiner bekannten Sprachgruppe verwandt). Die Akkadier hatten nicht nur dieselbe Kultur, sie verwendeten auch dasselbe Schriftsystem, die Keilschrift, die sich bis 2500 v. u. Z. aus den ursprünglichen Piktogrammen entwickelt hatte. In Keilschrift geschriebenes Sumerisch und Akkadisch waren die klassischen Sprachen der mesopotamischen Kultur, und bis zu ihrem Ende wurden Tafeln in beiden Sprachen kopiert und studiert.

Bemühungen, in Mesopotamien einen einheitlichen Staat zu schaffen, gab es zuerst in Sumer und dann bei den Akkadiern: Sargon gründete nördlich von Sumer eine neue Stadt, Agade (bzw. Akkad), als seine Hauptstadt. Später vereinigte das nicht weit von Akkad gelegene Babylon Mesopotamien, und sein Schutzgott Marduk verschmolz mit dem sumerischen Enlil. Babylonisch war ein Dialekt des Akkadischen, und Babylon beanspruchte für sich, der primäre Vertreter der klassischen mesopotamischen Kultur zu sein. Das mit der Stadt Assur beginnende, weit im Norden des altmesopotamischen Kernlandes liegende Assyrien hatte ein zwiespältigeres Verhältnis zur Tradition, doch durch die Verschmelzung seines Schutzgottes Assur mit Marduk und durch das Zusammentragen einer großen königlichen Bibliothek mit klassischer Keilschriftliteratur beanspruchte auch es das kulturelle Erbe der sumerisch-akkadischen Kultur für sich.

Auch als spätestens im Jahr 2000 v. u. Z. Akkadisch Sumerisch als gesprochene Sprache ersetzt hatte, wurden weiterhin sumerische Texte tradiert und immer wieder kopiert, sogar noch im assyrischen Zeitalter. Im ersten Jahrtausend v. u. Z. ersetzte allmählich Aramäisch das Akkadische als gesprochene Sprache, doch es wurde in der neuen Alphabetschrift geschrieben und die Hüter der traditionellen Kultur verwendeten es nicht. Nachdem die Mesopotamier ihre politische Unabhängigkeit zuerst an die

Perser (538), dann an die Griechen (330) und schließlich an die Parther (247 v. u. Z.) verloren hatten, setzten die Schriftgelehrten die Keilschrifttradition fort. Der letzte bekannte, in Keilschrift verfasste Text stammt aus dem Jahr 75 u. Z. und wird als letztes Zeugnis der mesopotamischen Zivilisation angesehen.

In einem nicht unerheblichen Sinne bilden alle Kulturen einen Zusammenhang: Die heutigen Menschen verdanken jeder uns vorausgegangenen Kultur etwas. Die mesopotamische Kultur hatte mit Sicherheit Einfluss auf ihre Nachbarn, insbesondere auf Persien, Israel und Griechenland. Einige Gelehrte, darunter so angesehene Assyrologen wie Jean Bottéro, haben darin den ersten Akt der „abendländischen Zivilisation" sehen wollen. Andere, wie insbesondere Leo Oppenheim, der sein Buch *Ancient Mesopotamia* mit dem signifikanten Untertitel *Portrait of a Dead Civilization* versah, wollten die Fremdheit und Andersartigkeit der mesopotamischen Zivilisation gegenüber unserer hervorheben.[48] Für beide Positionen ließen sich Argumente anführen, aber es scheint so zu sein, dass die mesopotamische Zivilisation als übergreifende Lebensweise an ein Ende gelangt ist, und der letzte Text in Keilschrift könnte einen geeigneten Zeitpunkt darstellen, um ihren Untergang zu markieren, genauso wie der letzte Text in Hieroglyphen als Markierung des Endes der altägyptischen Zivilisation betrachtet werden kann.

Obwohl die Schrift ein geeigneter Marker für eine bestimmte Zivilisation ist und häufig als wesentlicher Bestandteil der Definition einer Zivilisation betrachtet wurde, sollten wir sie nur vorsichtig dafür verwenden.

---

[48] Die Fremdheit der mesopotamischen Religion hat Oppenheim zu seiner berühmten Behauptung verleitet, „dass ein Buch mit dem Titel ‚Mesopotamische Religion' nicht geschrieben werden sollte", und zwar deshalb: „Westliche Menschen scheinen weder fähig noch letztlich Willens zu sein, solche [höheren polytheistischen] Religionen zu verstehen, außer vom verzerrenden Blickwinkel antiquarischen Interesses aus oder unter dem Vorwand einer Rechtfertigung. Seit fast einem Jahrhundert haben sie versucht, diese fremden Formate mit den Maßstäben animistischer Theorien, von Naturverehrung, stellaren Mythologien, Vegetationszyklen, vorlogischem Gedankengut und ähnlichen Allheilmitteln zu ergründen, oder sie haben versucht, mittels eines Abrakadabra von Mana, Tabu und Orenda diese heraufzubeschwören. Und herausgekommen sind im besten Fall leblose und verkopfte Synthesen sowie geschmeidige Systematisierungen, die mit einer Masse nur allzu genialer Vergleiche und Parallelen ausgeschmückt werden, zu denen man gelangt, wenn man im Zickzack über den Globus und durch die ganze bekannte Menschheitsgeschichte läuft." *Ancient Mesopotamia*, 172 und 183. Davon abgesehen, dass Oppenheim sogar in dem Buch, aus dem dieser Passus stammt, selbst einen großen Beitrag zum Verständnis der mesopotamischen Religion geleistet hat, ist noch fraglich, ob seine kritischen Anmerkungen auch auf den hier vorgelegten Versuch zutreffen.

Besonders vorsichtig müssen wir mit der Vorstellung umgehen, dass die Erfindung der Schrift umgehend eine „Literalitätsrevolution" auslöste. Wenn diese Ausdrucksweise überhaupt aussagekräftig ist – wenn sie einen Mentalitätswandel voraussetzt –, und wir werden diese Möglichkeit in einem späteren Kapitel in Erwägung ziehen, dürfte sie auf das alte Mesopotamien, Ägypten oder das China der Shang-Dynastie kaum zutreffen. Zum einen fand die frühe Schrift recht selten Verwendung. Der Archäologe Hans Nissen geht sogar so weit zu sagen, dass die „Erfindung der Schrift [in Sumer] [...] keinen bedeutsamen historischen Einschnitt markiert".[49] In Mesopotamien wurde die Schrift in Verbindung mit einem sich im Entwicklungsstadium befindenden Zahlensystem ursprünglich in erster Linie zur Aufzeichnung der Spenden für Tempel und Paläste und der von ihnen ausgegebenen Rationen verwendet. Trotzdem ist die Verwendung von Schrift und Zahlen zu Buchführungszwecken keine gering zu schätzende Errungenschaft, ob sie nun einen „historischen Einschnitt" darstellt oder nicht, die mit der Tatsache zusammenhängen könnte, dass Mesopotamien von allen frühen Zivilisationen über das am weitesten gespannte Handelsnetz und die am weitesten entwickelte Marktwirtschaft verfügte.[50] Auch für den Ausbau der Bürokratie war die frühe Schrift von Nutzen: Mit einiger Sicherheit, dass die genauen Anweisungen ihren Bestimmungsort erreichen würden, konnten Befehle in weit entfernte Regionen übermittelt werden.[51] Weil aber das Schreiben in Keilschrift (und Hieroglyphenschrift) in der Praxis eine sehr schwierige Tätigkeit war, die eine jahrelange spezielle Ausbildung erforderlich machte, musste es in den Pa-

---

[49] Nissen, *Grundzüge einer Geschichte der Frühzeit,* 4.

[50] Oppenheim merkt an, dass die Verzinsung von Darlehen gängige Praxis in Mesopotamien wurde, obwohl „Wucher" in den meisten anderen nahöstlichen Gesellschaften als schrecklich galt. Siehe *Ancient Mesopotamia,* 88 ff.

[51] „Mesopotamien [...] scheint den stursten bürokratischen Umgang mit der Schrift ausgebildet zu haben, der uns unter allen antiken Zivilisationen bekannt ist. 600 Jahre nach der Einführung eines standardisierten Schriftsystems wurde es immer noch ausschließlich von Verwaltungsbeamten verwendet. Und aus einem Zeitraum von ca. 75 Jahren ganz am Ende des dritten Jahrtausends, der sogenannten Ur-III-Zeit, verfügen wir über Hunderttausende Zeugnisse solcher administrativer Verfahren. Einzelne Dokumente konnten Transaktionen regeln, in die Tausende Menschen verwickelt waren, und gleichzeitig wurde der Verlust eines halben Pfundes (0.25 kg) Wolle aus einem Lagerhaus entdeckt und mit erschreckender Akribie schriftlich festgehalten. Die Behauptung, das Potenzial dieser Technologie als ein kontrollierendes Mittel sei in Mesopotamien voll ausgeschöpft worden, scheint also fair zu sein." Mogens Trolle Larsen, „Introduction: Literacy and Social Complexity", in: *State and Society: The Emergence and Development of Social Hierarchy and Political Centralization,* hrsg. v. John Gledhill et al., London: Unwin Hyman, 1988,173–191.

lästen oder Tempeln Schriftgelehrte geben, welche die Anweisungen schreiben konnten, und am anderen Ende Gelehrte, die in der Lage waren, sie entziffern. Es war durchaus möglich, dass nicht einmal Priester und Könige lesen konnten.

Und als dann mehr literarische Texte geschrieben wurden, häufig Mythen, Hymnen oder Teilstücke von wichtigen Ritualen, blieben sie sehr dicht bei der gesprochenen Sprache. Ihre ständigen Wiederholungen mit geringfügigen Abweichungen zeigen, dass es sich oftmals um wortwörtliche Niederschriften oraler Texte handelte. Auch wenn sie schwierige Schriftsysteme hervorgebracht hatten, blieben die alten Zivilisationen kurz gesagt im Laufe ihrer gesamten Geschichte weitgehend orale Kulturen.[52] Die Schrift bedeutete nicht das Ende der mündlichen Überlieferung; nicht einmal das Druckwesen verpasst dieser mehr als eine Delle. Obwohl die mündliche Überlieferung heute in den meisten entwickelten Gesellschaften durch die Allgegenwart der Print- und elektronischen Medien an den Rand gedrängt wird, überlebt sie an vielen Ecken und Enden in allen bestehenden Gesellschaften. Da die – zumeist wohltätigen, manchmal aufgrund ihrer „wilden" Anwandlungen furchteinflößenden, letztendlich immer unergründlichen – Götter für die Mesopotamier während ihrer gesamten Geschichte ein zentrales Anliegen waren, markierte möglicherweise nicht das letzte in Keilschrift verfertigte Dokument das Ende der mesopotamischen Zivilisation, sondern das letzte an Marduk oder Assur gerichtete Gebet, aber darüber haben wir keine Aufzeichnungen.

Das alte Ägypten

Jean Bottéro hat behauptet, das alte Mesopotamien sei der „erste Akt" der abendländischen Zivilisation gewesen, doch wie viel häufiger wurde diese Rolle Ägypten zugedacht? In *Moses der Ägypter*[53] hat Jan Assmann das Bild, das die alten Hebräer und Griechen sich von Ägypten gemacht haben, über viele Jahrhunderte, in denen die Kenntnisse über die ägyptische Schrift verloren gingen, die Faszination für Ägypten aber bestehen blieb, bis in die jüngere Zeit zurückverfolgt, in der solche bedeutenden ägyptologischen Laien wie Thomas Mann und Sigmund Freud Ägypten als

[52] Auf der Grundlage einiger schriftlicher Dokumente meint Oppenheim, „dass es dürftige, aber unzweifelhafte Beweise für eine reiche und produktive orale literarische Tradition in Mesopotamien gibt" (*Ancient Mesopotamia*, 22).

[53] Jan Assmann, *Moses der Ägypter: Entzifferung einer Gedächtnisspur.* München: Hanser, 1998.

grundlegend für das Verständnis der abendländischen Kultur erachteten. Ich verfolge in diesem Buch die Absicht zu versuchen, jede Religion in ihrem eigenen kulturellen Kontext zu verstehen, also weitestmöglich so, wie ihre Anhänger sie verstanden haben. Dieses zugegebenermaßen utopische Unterfangen ist allerdings selbst insofern kulturgebunden, als es nur durch jüngere kulturelle Entwicklungen möglich wurde, zu denen massive wissenschaftliche Fortschritte gehören.

Wenn es um Ägypten geht, wiegt allerdings der Ballast an vorgefassten Meinungen, ja sogar Vorurteilen besonders schwer. Die ersten Bücher der Hebräischen Bibel, besonders der Auszug aus Ägypten (die Josefserzählung in der Schöpfungsgeschichte ist etwas differenzierter) zeichnen ein massiv negatives Bild von Ägypten: Es erscheint als Urform der Idolatrie und Inbegriff von Sündhaftigkeit, welche die Kinder Israels um jeden Preis vermeiden müssen, aber auch als Urform von Unterdrückung und Sklaverei. Sogar in einem neueren Buch, das ich bewundere, Michael Walzers *Exodus und Revolution*,[54] wird das alte Ägypten zum Sinnbild von allem gemacht, mit dem wir bis zum heutigen Tag nichts mehr zu tun haben wollen. Auf der anderen Seite wurde Ägypten – von Platon bis in die Gegenwart – als Quelle alter Weisheiten und Ursprung der menschlichen Kultur betrachtet. Ich möchte versuchen, der Neigung zu widerstehen, das alte Ägypten entweder zu dämonisieren oder zu idealisieren, und mich ihm so weit wie möglich nicht aus der Perspektive dessen zu nähern, was auf es folgte, sondern aus der Perspektive dessen, was vor ihm war, also aus dem Blickwinkel etwa von Tikopia, Hawaii oder dem alten Mesopotamien.

Der angesehene Altägypten-Archäologe Barry Kemp hat die Lage gut zum Ausdruck gebracht, in der sich jeder befindet, der in Angriff genommen hat, was ich in Angriff genommen habe, wie gut seine Absichten auch sein mögen: „Während ich dieses Buch schreibe, bin ich mir bewusst, dass ich in mir selbst Bilder erschaffe, von denen ich hoffe, dass sie der Weise entsprechen, wie sich die Dinge im alten Ägypten verhalten haben. Ich bin mir außerdem darüber im Klaren, dass das, was ich schreibe, je mehr ich versuche, den Fakten Sinn abzugewinnen, immer spekulativer wird und beginnt, als eine moderne Form des Mythos mit der Welt historischer Romane zu verschmelzen. Mein altes Ägypten ist zu weiten Teilen eine von mir imaginierte Welt, auch wenn ich hoffe, dass sich nicht zu leicht zeigen lässt, dass sie die antiken Originalquellen verfälscht."[55] Dem würde ich

[54] Michael Walzer, *Exodus und Revolution,* übers. v. Bernd Rullkötter, Berlin: Rotbuch-Verlag, 1988 [1985].

[55] Barry J. Kemp, *Ancient Egypt: Anatomy of a Civilization,* London: Routledge, 1989, 3.

nur hinzufügen, dass Geschichte unser Mythos *ist* – was Jan Assmann folgendermaßen formuliert hat: „Geschichte verwandelt sich in Mythos, sobald sie erinnert, erzählt und ‚bewohnt', d. h. eingewoben wird in das Gewebe der Gegenwart. Die mythischen Qualitäten der Geschichte haben nicht das geringste mit ihrer Faktizität zu tun."[56] Wie William McNeill es in einem Wort zusammenfasst, ist das, was wir machen, „Mythistory" – Mythos und Geschichte zugleich.[57] Wenn wir unser Projekt im Lichte dieser Voraussetzungen betrachten, sollten wir mehr Verständnis für Kulturen wie das alte Ägypten aufbringen, in dem der Mythos eine grundlegende kulturelle Form darstellt. Insofern wir auch deshalb mythologische Geschöpfe sind, weil „wir sind, was wir erinnern",[58] sitzen wir im selben Boot wie die alten Ägypter.

Ein anderer deutscher Ägyptologe hat uns daran erinnert, dass wir den alten Ägyptern noch einen Schritt näher sind, denn wir haben nicht nur immer noch unsere eigenen Mythen, sondern wir können uns auch von ihren nicht befreien:

> „Schon der Kontakt mit der Welt der Ägypter, von welcher Seite auch immer, läßt eine Frage verstummen: die nach dem Sein und der Wirklichkeit dieser Götter. Die ägyptische Religion lebt davon, daß Götter sind, und diese Gewißheit durchdringt alle Bereiche ägyptischen Lebens. Nehmen wir aus der Welt der Ägypter die Götter fort, dann bleibt ein finsteres, unbewohntes Gehäuse zurück, das keine Betrachtung lohnt. [...] Um die wirkenden Kräfte zu erkennen, welche die so einheitliche und geschlossene Welt der Ägypter bestimmen, müssen wir seinen Göttern nachfragen und alle begrifflichen Mittel einsetzen, um sie in ihrer Wirklichkeit aufzusuchen, die nicht von Menschen erfunden, sondern *erfahren* worden ist."[59]

In Anbetracht der Tatsache, dass „wir" das Produkt der gesamten bisherigen menschlichen Kultur sind, haben wir jene Götter auf irgendeiner Ebene „bereits" erfahren, genauso wie wir die mächtigen Wesen der Stammesvölker „bereits" erfahren haben. Wenn wir die altägyptische Religion (und jede andere Religion) wirklich verstehen wollen, gehört es zu unseren Aufgaben, uns an das zu „erinnern", was wir vergessen haben, das wir aber in einem gewissen Sinne bereits wissen.

Wenn Mesopotamien in vielen Hinsichten wie der Gegenpol von Hawaii aussah, weist das prädynastische Ägypten mehr als nur ein paar Pa-

---

[56] Assmann, *Moses der Ägypter,* 33.
[57] William H. McNeill, *Mythistory and Other Essays,* Chicago: University of Chicago Press, 1986.
[58] Assmann, *Moses der Ägypter,* 34.
[59] Erik Hornung, *Der Eine und die Vielen: Ägyptische Gottesvorstellungen,* Darmstadt: wbg, 1971, 247.

rallelen dazu auf, so unwahrscheinlich das wirken mag. Ägypten war zwar keine abgeschottete Insel mitten im Pazifik, aber im Vergleich zu Mesopotamien wirkt es abgeschieden. Ägypten besteht im Grunde aus dem Niltal vom ersten Katarakt bis zum Mittelmeer. Dank der jährlichen, neue Schwemmböden mit sich bringenden Nilschwemmen, durch die sich sowohl der Bewässerungsbedarf als auch das Salinisierungsproblem erübrigten, gehörte das Tal weltweit zu den fruchtbarsten Landstrichen. Es war jedoch auf beiden Seiten von einer so gut wie unpassierbaren Wüste umgeben, sodass es Eindringlingen von außen nicht so schutzlos ausgeliefert war wie Mesopotamien. Trotzdem blieb es an mehreren Stellen angreifbar: von der oberen, als Nubien bekannten Nilregion aus, von Libyen im Nordwesten aus und von den nordöstlichen Gebieten aus, das heißt von Palästina und von jenseits von Palästina aus, wo die von den Ägyptern so genannten „Asiaten" lebten. Angreifbar war es außerdem zur Seeseite hin, entlang der Küste des Nildeltas. In den ersten 2000 Jahren seiner Dynastiegeschichte wurden die ungeschützten Grenzen nur einmal von den unter dem Namen Hyksos bekannten Asiaten verletzt, denen es gelang, Mitte des zweiten Jahrtausends v. u. Z. 100 Jahre lang über das Delta zu herrschen. Ägyptens partielle Isolation war erst im ersten Jahrtausend v. u. Z. endgültig vorüber, als die Welt um es herum sich weiter „entwickelt" hatte. Es kam nicht nur zur Machtübernahme durch nubische und libysche Herrscher, sondern auch zu einem Wirrwarr von Eroberungen durch Asiaten – Assyrer und für längere Zeit Perser –, Griechen, das heißt durch Alexander den Großen und das darauf folgende Ptolomäische Reich, sowie schließlich durch die Römer. Das erste Jahrtausend v. u. Z. war eine ausgesprochen kreative und innovative Zeit für Ägypten, auch wenn das Land unter beispiellosem Druck und Einfluss von außen stand, doch vorher hatte sich die ägyptische Zivilisation 2000 Jahre lang bei geringer äußerer Einflussnahme sowie gleichbleibender Sprache und Bevölkerung entwickelt. Abgesehen von anderen Gründen, macht dies das alte Ägypten bemerkenswert. Es ist die langanhaltendste, kontinuierlichste und am besten dokumentierte archaische Zivilisation gewesen und muss als solche bei deren Betrachtung als Paradebeispiel herangezogen werden. Das Beispiel Ägypten macht außerdem die erhebliche innere Transformationsfähigkeit dieser Art von Zivilisationen sowie die Grenzen anschaulich, die solche Transformationen anscheinend nicht überwinden konnten.

Obwohl die dynastische ägyptische Zivilisation am Ende des vierten Jahrtausends v. u. Z. anscheinend auf einen Schlag in überwältigendem Glanze die Bühne betrat, hatte sie Jahrhunderte währende Vorbereitungen erfahren. Etwa von 5500 v. u. Z. bis zum Ende des vierten Jahrtausends war allmählich eine Ackerbau betreibende Bevölkerung mit ziemlich homogener Kultur herangewachsen. In den letzten Jahrhunderten jenes Jahrtausends gab es, in Oberägypten[60] ausgeprägter als im Nildelta, zunehmend Anzeichen für Hierarchie und Stratifizierung, was sich hauptsächlich in Gestalt von Elitegräbern mit luxuriösen Grabbeigaben bemerkbar machte. Wie wir sehen werden, waren Gräber und Grabmäler für die Ägypter von frühester Zeit an Angelegenheiten von großer Wichtigkeit.

Unmittelbar in der prädynastischen Zeit, das heißt etwa im Jahr 3100 v. u. Z., scheinen in Oberägypten einige oberste Häuptlingstümer oder frühe Staaten entstanden zu sein, von denen Hierakonpolis und Naqada am bedeutendsten waren.[61] Alles deutet darauf hin, dass diese beiden politischen Systeme sich aufs Heftigste bekriegten und dass der vereinigte Staat aus dem militärischen Sieg eines der beiden rivalisierenden Gemeinwesen resultierte. Ideologie spielte von Anfang an eine Rolle: Naqada hatte sich dem Gott Seth angeschlossen und Hierakonpolis dem Gott Horus. Als Hierakonpolis Naqada eroberte, um das zu bilden, was Kemp als Proto-Königreich Oberägypten bezeichnet, wurde dieser Bund durch die Vereinigung von Horus und Seth als Ausdruck der Einheit der „zwei Länder" (deren Bedeutung später zu Ober- und Unterägypten erweitert wurde) symbolisiert. Darauf folgte die Eroberung des ganzen Landes und die Gründung der 1. Dynastie mit ihrer neuen Hauptstadt Memphis, nicht weit vom heutigen Kairo, wo das Nildelta vom Hauptstrom des Flusses abzuzweigen beginnt.

Die gesamte Übergangsphase liegt im Dunkeln. Es sind ein paar Inschriften vorhanden, insbesondere Namen von Königen und Gottheiten, aber für mehrere Jahrhunderte lassen sich keine zusammenhängenden Texte finden, weshalb es bis lange nach der historischen Tatsache keine Schilderung der Gründung in Textform gibt. Die ersten paar Dynastien erlebten eine bemerkenswerte kulturelle Blütezeit und die Schaffung kultureller Formen in mehreren Bereichen, die sich, wenn auch nicht völlig unverändert, bis zum Ende der ägyptischen Zivilisation in den ersten Jahrhunderten u. Z. fortsetzen sollten. Die Einzelheiten sind nun aber alles andere als klar: Über die Namen und die Reihenfolge der frühen Könige wird gestritten. Unter anderem Toby Wilkinson geht von einer 0. Dynastie von etwa 3100 bis 3000 v. u. Z. aus.[62] Die ersten drei, normalerweise als pro-

---

[60] Für Nordländer wie Europäer und Nordamerikaner wirkt es merkwürdig, dass „ober" aus Sicht der Ägypter „südlich" bedeutet, weil der Nil von Süden nach Norden fließt. Umgekehrt fanden die Ägypter die Mesopotamier merkwürdig, weil aus deren Sicht Tigris und Euphrat „rückwärts" fließen.

[61] Kemp, *Ancient Egypt*, 34–44.

[62] Toby A. H. Wilkinson, *Early Dynastic Egypt*, London: Routledge, 1999. Wilkinson vertritt die Ansicht, dass schon um 3500 v. u. Z. mindestens drei oberägyptische

todynastisch oder frühdynastisch bezeichneten Dynastien bestanden bis 2600 v. u. Z., als mit der 4. Dynastie das Alte Reich seinen Anfang nahm.

Michael Hoffman bietet eine Reihe von Gründen für die kulturelle Blütezeit an, die mit dem Aufstieg eines vereinigten ägyptischen Staats zu Beginn der Dynastiegeschichte einherging. Er nennt das lang anhaltende Bevölkerungswachstum, das in mehreren Teilen Oberägyptens zu signifikanten demographischen Konzentrationsprozessen führte; die außergewöhnliche Produktivität des Grund und Bodens und die Möglichkeit, durch Besteuerung und Lagerung Ressourcen anzuhäufen; die schnelle Entwicklung aufwändiger handwerklicher Produktion und Architektur; und möglicherweise vor allem die Zentralität des Totenkults bereits in den beiden ersten Dynastien, der über so viele Wechselfälle hinweg ein Identifizierungsmerkmal der ägyptischen Kultur bleiben sollte:

> „Als Ägypten seine lokalen Häuptlingstümer zu regionalen Königreichen und zum ersten Nationalstaat der Welt zusammenlegte, entwickelte es das Königsgrab zu seinem Flaggschiff: als Symbol für den politischen Zusammenschluss unter Gott. [...] Aus den von uns kurz dargelegten Untersuchungen bekannter Totenbräuche und Grabdenkmäler können wir schließen, dass die Entwicklung und Funktion des königlichen Totenkults im späten prähistorischen und frühhistorischen Ägypten (zwischen etwa 3300 und 2700 v. u. Z.) einer der sozial, ökonomisch und politisch sensibelsten Indikatoren für den Aufstieg des Staates und einer der wichtigsten Gründe dafür gewesen ist, warum die ägyptische Zivilisation zu dem Zeitpunkt entstand, an dem sie entstanden ist, und auf die Weise entstand, in der sie entstanden ist."[63]

Aufgrund des Fehlens von zusammenhängenden Texten bis weit in das Alte Reich hinein, das heißt bis gegen Ende der 5. Dynastie, etwa 2400 v. u. Z., ist es schwierig, die religiösen Überzeugungen und Praktiken zu rekonstruieren. Viele lokale Götter sind bekannt und die Zentralität einiger Götter, wie die oben erwähnten Horus und Seth, steht außer Frage, aber wir wissen wenig über den mythologischen Zusammenhang, in den diese Götter eingebettet gewesen sein könnten. Der Name des später als Vater von Horus bekannten Osiris kommt zum Beispiel in der frühdynastischen Zeit überhaupt nicht vor und selbst auf seine historische Existenz kann nur indirekt geschlossen werden. Auf der anderen Seite ist das Verhältnis zwischen Horus und dem König eindeutig zentral. Die Namens-

---

„Königreiche" entstanden sein müssen, worauf die Städte Hierakonpolis, Naqada und This und die zugehörigen Begräbnisstätten hindeuten würden. Er versteht den Begriff „0. Dynastie" so, dass er mehrere Könige nicht lange vor 3000 v. u. Z. umfasst, von denen einer oder mehr ein vereintes Ägypten regiert haben könnten. Siehe 52–58.

[63] Michael A. Hoffman, *Egypt before the Pharaohs: The Prehistoric Foundations of Egyptian Civilization*, New York: Knopf, 1979, 336.

gebung der ägyptischen Könige ist komplex und wird mit der Zeit immer komplexer, aber von den ersten Anfängen an kam Horus an markanter Stelle im Namen jedes Königs vor. Das Emblem von Horus ist der Falke, doch es wäre falsch, ihn als „Falkengott" zu bezeichnen. Der Name Horus bedeutet „der in der Höhe". Statt mit einer exklusiven Identität bringt der Falke ihn folglich eher mit dem Himmel in Verbindung, vielleicht sogar mit der Sonne. Jedenfalls ist Horus, wie Kemp es formuliert, „die eine Gottheit, deren Figur unmissverständlich im Zusammenhang mit frühdynastischen Königen vorkommt. Die Figur des Falken [...] thront über jedem Wappen, das den Hauptnamen des Königs trägt."[64]

Eine ausschlaggebende Frage für unseren Versuch, die archaische Religion zu verstehen, ist die Frage, ob der König im strengen Sinne Horus ist, das heißt ob er göttlich, eine Instantiierung des Gottes selbst ist. Auf diese Frage gibt es verschiedene Antworten. Henri Frankfort hat Gründe für ein Gottkönigtum vorgebracht,[65] wohingegen Georges Posener die These vertreten hat, dass der König lediglich metaphorisch ein Gott sei.[66] In einer Reihe von Werken hat Jan Assmann ein wechselndes Verständnis der königlichen Göttlichkeit behauptet, das vom Gott über den Sohn Gottes und den von Gott Erwählten bis zum Diener Gottes reicht. Möglicherweise liegt der Schlüssel in einem wechselnden Verständnis der Göttlichkeit selbst. Im Alten Reich (drittes Jahrtausend v. u. Z.) waren Rituale keine Interaktionen zwischen Göttern und Menschen, sondern Interaktionen zwischen den „Göttern" als solchen. Wie Assmann es formuliert wurden Rituale *„nicht als Kommunikation zwischen Mensch und Gott, sondern als Interaktion zwischen Göttern begangen"*.[67] In der Praxis heißt das, die rituelle Sprache äußere sich in „Götterreden [...], von Priestern, die im Vollzug der jeweiligen Kulthandlung die Rolle der entsprechenden Götter spielen. Auf diese Weise ist das im Vollzug der jeweiligen kultischen Handlung geäußerte Wort Götterwort, heiliges Wort, das vermöge seiner ‚Strahlkraft' den jenseitigen Sinn des Vorgangs im diesseitigen Geschehen aufleuchten zu lassen vermag."[68]

---

[64] Kemp, *Ancient Egypt,* 37.

[65] Henri Frankfort, *Kingship and the Gods: A Study of Ancient Near Eastern Religion as the Integration of Society and Nature,* Chicago: University of Chicago Press, 1948.

[66] Georges Posener, *De la divinité du pharaon,* Paris: Cahiers de la Societé Asiatique, 1960.

[67] Jan Assmann, *Ägypten: Theologie und Frömmigkeit einer frühen Hochkultur,* Stuttgart: Kohlhammer, 1984, 60. Kursivierung im Original.

[68] Ebd., 109.

Dies beginnt, einen Sinn zu ergeben, wenn wir bedenken, dass die „Götter" im frühdynastischen Ägypten sich nur ansatzweise von den „mächtigen Wesen" der Stammesvölker unterscheiden und dass man sich eher mit ihnen identifiziert, als dass sie angebetet werden, sodass Assmanns „Jenseitiges" und „Diesseitiges" nur Aspekte eines weitgehend undifferenzierten Kosmos darstellen. In diesem Zusammenhang ist die Annahme sinnvoll, dass der König Horus *ist*, insofern er Horus eher verkörpert [*enact*] als ihn anbetet. Von daher könnten wir möglicherweise sagen, dass der frühägyptische König in dem Sinne Horus ist, wie der hawaiianische König Kū ist. Beim Sonnengott Re im Mittleren Reich verhielten sich die Dinge zweifellos anders, wie womöglich sogar schon im späten Alten Reich, als Re zentral geworden war und der König eher als „Sohn von Re" denn als Re selbst galt. Doch selbst wenn die Beziehung zwischen König und Gott sich im Laufe der Zeit weiterentwickelt hat, erinnert Assmann uns auch daran, dass die Vorstellung von der Göttlichkeit des Königs erhalten blieb. In den ersten vier Dynastien „[bildet] [d]er Herrscher [...] Gott nicht ab, er ‚ist' Gott", aber auch später ist es nicht vollständig anders: „Das pharaonische Königtum hat auch in seiner klassischen, repräsentativen Form den inkarnatorischen Aspekt nie vollkommen abgelegt. Pharao blieb als Sohn Gottes immer zugleich auch Verkörperung eines Gottes. Aber der Gott, der sich in Pharao verkörperte, wurde seinerseits zu einem typischen Sohn-Gott herabgestuft. Pharao verkörperte nicht Amun, Re oder Ptah, sondern Horus, den Sohn des Osiris, und war als solcher der Sohn schlechthin."[69] Aber natürlich war Horus schon der Gott der Könige, bevor Amun, Re oder Ptah auf der Bildfläche erschienen und wahrscheinlich bereits bevor Osiris ausdrücklich als sein Vater eingeführt wurde.

Die Verschmelzung von Göttlichem und Menschlichem in der Person des Königs ist möglicherweise die zentrale Ausdrucksform des „kompakten Symbolismus", der in den Augen von Erich [sic!] Voegelin charakteristisch für Stammesreligionen ist, im Laufe der Geschichte der archaischen Gesellschaften nur graduell unterschiedliche Formen angenommen hat und erst in der Achsenzeit völlig auseinanderbricht.[70] Ob nun als Inkarnation, als Sohn oder als Diener der Götter, der König stellt das zentrale Bindeglied zwischen Menschen und Kosmos dar, weshalb ein schwacher oder abwesender König ein Anzeichen für eine tiefgreifende Störung der

---

[69] Jan Assmann, *Ägypten: Eine Sinngeschichte*, München: Hanser, 1996, 333.

[70] Eric Voegelin, *Ordnung und Geschichte*, 10 Bde., hrsg. v. Peter J. Opitz und Dietmar Herz, München: Fink, 2001–2005 [1956–1987].

kosmischen und sozialen Ordnung ist. In erster Linie das reibungslose Funktionieren des Königs ist Garant für Leben und Frieden.

Genauso wie die mächtigen Wesen der Stammesvölker sowohl gewalttätig als auch wohltätig waren und man im alten Mesopotamien nicht wissen konnte, was Enlil als Nächstes tun würde, waren die alten Ägypter sich stets bewusst, dass Chaos und Ordnungsstörung nicht weit waren. Erik Hornung beschreibt ein bis in die 5. Dynastie des Alten Reichs zurückreichendes ägyptisches Wirklichkeitsverständnis, demzufolge das als unendliche Wassermassen und völlige Finsternis definierte Chaos der Geburt des ersten Gottes vorausging, das endliche Universum umgibt und am Ende die Oberhand gewinnen wird, wenn der Kosmos alt wird und wieder in ihm aufgeht. Darüber hinaus ist der Kosmos nicht nur vom Chaos umgeben, sondern dringt dieses fortwährend in ihn ein, was genauso ununterbrochen menschliches Handeln erforderlich macht, um damit fertig zu werden.[71]

Dieses auf den König ausgerichtete menschliche Handeln nimmt vor allem zwei Formen an. Eine ist die „feindliche Auseinandersetzung […] mit den Mächten, die dem Nichtsein außerhalb der Schöpfung angehören, aber in die Schöpfung einbrechen und aus ihr vertrieben werden müssen. Das ist Aufgabe des Königs und der Götter."[72] Für solche negativen Mächte können genauso gut äußere Feinde – Libyer oder Asiaten – wie einheimische Rebellen bzw. eigentlich alle stehen, welche die angemessene Ordnung der Welt übertreten. Von den frühesten Anfängen des ägyptischen Königtums an begegnet man dem Bild des „Erschlagens der Feinde", oftmals auf einem Gemälde oder Relief des Pharaos, der eine Reihe von Feinden bei den Haaren gepackt hat und eine Waffe schwingt, mit der er sie vernichten wird. Zum ägyptischen Staat gehörte immer militärische Macht, deren starke symbolische Rechtfertigung darin bestand, gegen das Chaos die Stellung zu halten.

Doch die Auseinandersetzung mit dem Chaos oder dem Nichtsein hatte noch eine andere Seite, nämlich ihre unverzichtbare „fruchtbare, erneuernde, verjüngende" Rolle.[73] Wenn die in der Abenddämmerung alternde Sonne nicht in die äußerste Dunkelheit der Unterwelt hinabsinkt, wird sie im Morgengrauen nicht wiedergeboren; wenn die Fluten des Nils das Land nicht überschwemmen, wird es keine neuen Früchte tragen; wenn nicht alle Dinge, auch die Menschen, sterben, wird das Leben aufhören. Alle

---

[71] Erik Hornung, *Der Eine und die Vielen: Altägyptische Götterwelt*, 6., vollständig überarb. und erw. Aufl., Darmstadt: wbg, 2005, 182–196.

[72] Ebd., 192.

[73] Ebd., 193.

diese Transaktionen mit dem Chaos sind gefährlich und müssen mit Hilfe von haargenau passenden Ritualen vollzogen werden, aber nur durch sie kann das Leben, wie wir es kennen, weitergehen. Da die Sonne ab der 5. Dynastie noch stärker ins Zentrum der ägyptischen Religion rückte, wurde maßgeblich das Sonnenritual zum Kultschwerpunkt. Wenn das Ritual nicht ordnungsgemäß ausgeführt [*enacted*], das heißt nicht zu jeder Tages- und Nachtzeit im Prinzip vom König, aber normalerweise von seinen priesterlichen Stellvertretern durchgeführt wurde, war die Quelle des Lebens selbst in Gefahr.

Mit Hilfe dieser zweiten, gefährlichen, aber nicht feindlichen und im Grunde unverzichtbaren Art der Auseinandersetzung mit dem Chaos sind wir in der Lage, die Wichtigkeit von Bestattungsritualen und Königsgräbern in der ägyptischen Geschichte zu verstehen. Das scheinbar starke Beschäftigtsein der Ägypter mit dem Tod war in Wirklichkeit ein Beschäftigtsein mit dem Leben. Weil der Tod des Königs die größte Bedrohung der menschlichen Ordnung darstellte, mussten besondere Vorkehrungen getroffen werden, um sicherzugehen, dass er für das Leben stand und nicht für den Tod. Nicht *nach* dem Tod des Königs wurden die Grabmäler gebaut und die Pyramiden errichtet, sondern ihre Errichtung begann schon früh während seiner Regentschaft. Der Sohn des Königs war dazu verpflichtet, den Bau zu vollenden und das Begräbnisritual zu übernehmen, doch wir wissen, dass die Grabmäler von Königen, die früh starben, nur selten eindrucksvoll waren. Die Königsgräber und vor allem die großen Pyramiden der 4. Dynastie, die immer noch zu den Weltwundern gehören, stellten Denkmäler für das Leben des Königs vor und nach seinem Tod dar. Man könnte sie sogar als verdinglichte Rituale des Gottkönigtums oder mit Hoffmans Analogie als „Flaggschiffe" des altägyptischen Staats bezeichnen.

In den erstmals in der 5. Dynastie und später auftretenden ausgeschmückten Gräbern sind die abgebildeten Szenen voller Leben, nicht nur des alltäglichen Lebens der Menschen, sondern auch des Lebens der Tiere und Pflanzen. In späteren Jahrhunderten nahm das Beschäftigtsein mit der Unterwelt zu und waren die Darstellungen des Alltagslebens nicht mehr so sichtbar. Aber die alten Ägypter betrachteten das „Nachleben" im Jenseits nicht als radikal andere, sondern als Fortsetzung dieser Welt. Aus diesem Blickwinkel war das Verhältnis von Ordnung und Chaos „alles andere als nichtig", wie Hornung betont, weil das richtige Verhältnis zwischen ihnen die Quelle von allem war, was die Ägypter hochschätzten.[74]

---

[74] Ebd.

Unter anderem John Baines hat große Mühen unternommen, uns daran zu erinnern, dass das Leben der meisten alten Ägypter hart und nur allzu oft kurz vor. Bei einer Bevölkerungszahl von eins bis 1,5 Millionen war die wirkliche Elite eine „eng verbundene Gruppe von ein paar hundert Personen. [...] Der Kern der Elite mitsamt ihren Familien belief sich auf 2000 bis 3000 Menschen." Selbst wenn man noch die sekundäre Elite und die lokalen Verwaltungsbeamten, die über einen gewissen Bildungsgrad verfügten, sowie deren Familien dazuzählte, bestand die „herrschende Klasse" nur aus drei bis fünf Prozent der Bevölkerung.[75] Auch wenn Baines geltend macht, dass das Alltagsleben der großen Mehrheit kaum anders aussah als bei neolithischen Dorfbewohnern und dass in der gesamten ägyptischen Geschichte die lokale Identifikation insbesondere mit lokalen Gottheiten bzw. lokalen Versionen allgemein bekannter Gottheiten weiterhin von Bedeutung war, mischte sich der zentralisierte ägyptische Staat ökonomisch in Form von Steuern, politisch durch Wehrpflicht und Frondienste und mit an Sicherheit grenzender Wahrscheinlichkeit auch kulturell in den Dörfern ein. Vor allem während der ersten Dynastien wanderte der Königshof häufig von Ort zu Ort, er reiste regelmäßig den Nil hinauf und wieder herunter, sodass die meisten Dorfbewohner Erfahrungen mit der königlichen Präsenz in der Nachbarschaft gemacht haben dürften. Der gegensätzliche Lebensstil von Hof und Dorfbewohnern muss denn auch bei den meisten Menschen den Eindruck erweckt haben, der König sei ein lebender Gott.

Wie in anderen frühen archaischen Staaten ging die Zentralisierung der Macht unter der Führung des Königs in Ägypten mit einer bemerkenswerten kulturellen Kreativität in Bezug auf die Entwicklung von Schrift, Kunst und Architektur, aber auch mit Experimenten zur Ausweitung der Grenzen dessen einher, was menschenmöglich war. Es gibt nicht viele Belege für Menschenopfer im späten prädynastischen und frühdynastischen Ägypten, aber genügend, um deutlich werden zu lassen, dass sie praktiziert wurden. Zu Nebenopfern von Ehefrauen, Beamten und Dienstboten kam es in der 1. und 2. Dynastie, doch dann hören sie auf.[76] Nebenbestattungen kennzeichnen den außergewöhnlichen Status des Königs, der im Unter-

---

[75] John Baines, „Society, Morality, and Religious Practice", in: *Religion in Ancient Egypt: Gods, Myth, and Personal Practice,* hrsg. v. Byron E. Shafer, Ithaca: Cornell University Press, 1991, 132.

[76] In seinem Buch *Egypt before the Pharaos,* 275–279, bezeichnet Hoffman Nebenbestattungen als *sati.* In *Early Dynastic* beschreibt Wilkinson Nebenopfer, aber auch andere Formen von Menschenopfern in der späten prädynastischen und frühen dynastischen Zeit, 265–267.

schied zu gewöhnlichen Sterblichen seine nächsten Angehörigen und Gefährten mit ins Jenseits nehmen kann.

Doch das extremste Beispiel für die Erweiterung der Grenzen des Menschenmöglichen dürfte der Bau der großen Pyramiden in der 4. Dynastie gewesen sein, nachdem die Nebenopfer aufgegeben worden waren. Eindrucksvolle Grabmäler sind ein Erkennungszeichen der ägyptischen Kultur vor und nach dem Alten Reich, aber nichts in der ägyptischen oder in der Geschichte irgendeiner anderen archaischen Gesellschaft kommt dem gigantischen Unternehmen auch nur nahe, das Mitte des dritten Jahrtausends v. u. Z. der Bau der großen Cheops-Pyramide und der Chephren-Pyramide in Giza darstellte – technische Meisterleitungen, an die in der Menschheitsgeschichte bis ins 20. Jahrhundert u. Z. nichts heranreichte. Der Reichtum und die Arbeitskraft des ganzen Landes müssen für Jahrzehnte aufgeboten worden sein, um diese gewaltigen Projekte zu vollenden. Die Arbeiter, die diese Monumentalbauten tatsächlich errichteten, waren keine Sklaven, sondern gewöhnlich Dorfbewohner aus dem ganzen Land, von denen verlangt wurde, vorgegebene Zeiträume auf der Baustelle zu verbringen. Wenn es bis dahin noch keine „Nationalökonomie" gegeben hatte, dann schuf dieses riesige Bauvorhaben mit Sicherheit eine. Doch unzweifelhaft führte es den frühen Staat auch bis an die Grenze seiner Belastbarkeit. Genauso wie zuvor die Nebenopfer aufgegeben worden waren, hat man solche gigantischen Bauvorhaben nie wiederholt. In Jan Assmanns Augen ist der Bau der großen Pyramiden eine Art Kulminationspunkt des Baus des frühen Staates:

> „In gewisser Hinsicht könnte man sagen, daß in den großen Pyramiden von Giza etwas ans Ziel kommt, was bereits in Naqada [späte prädynastische Zeit] beginnt. Die Gräber werden immer monumentaler, und die Macht des Häuptlings, später die des Pharaos wird immer größer, sie nimmt göttliche Dimensionen an, bis der Pharao geradezu zum Höchsten Gott [...] aufsteigt, und dieser Prozeß der Machtsteigerung und Vergöttlichung des Herrschers scheint in der Entwicklung des Königsgrabes seinen visuellen Ausdruck zu finden. Dieser Prozeß läuft logisch auf Giza zu. [...] Der Staat ermöglicht die Aufbietung ungeheurer Kräfte und Organisationsleistungen riesigen Ausmaßes, ohne die diese Architektur nicht möglich wäre. Dadurch symbolisiert und visibilisiert diese Architektur auch die Organisations- und Koordinationsmacht des Staates, d. h. des Königs. Die Pyramiden symbolisieren die Macht eines Willens, der Berge versetzen kann."[77]

---

[77] Assmann, *Ägypten: Eine Sinngeschichte*, 76–77. Barry Kemp formuliert den Prozess nur geringfügig anders: „Die 4. Dynastie und die späteren Pyramiden vermitteln ein neues Bild des Königtums. Vergangen ist die rohe Gewalt des obersten territorialen Herrschers. Der König ist nun zu einer Manifestation des Sonnengottes sublimiert.

Diese großen, für jeden, der in den letzten 4500 Jahren den Nil hinauf- und hinuntergereist ist, sichtbaren Pyramiden, machten sogar der Zeit Angst, wie Herodot es ausgedrückt hat. Auch sie werden vergehen, aber anders als die meisten ägyptischen Monumente nicht sehr bald.

Es entbehrt nicht der Ironie, dass wir nur wenig über die genaue Bedeutung der großen Pyramiden wissen, weil wir über keine ihnen zugeordneten Inschriften verfügen. Wie in Mesopotamien vergehen in Ägypten viele Jahrhunderte von der „Erfindung der Schrift" bis zur Entstehung zusammenhängender Texte. Und selbst als solche Texte in der 5. und 6. Dynastie entstehen, ist ihr Gegenstand sehr begrenzt: Verwaltungs- und Tempelfragen, vor allem Begräbnisse, Rituale. Zum einen war die gebildete Klasse immer noch extrem klein. Zum anderen verschwand die orale Kultur nicht mit der Erfindung der Schrift – weit gefehlt –, und mit einem großen Teil des kulturellen Wissens wurde weiterhin eher die lebendige Erinnerung als die Schrift betraut. Das frühe Schriftgut gibt uns lediglich einen Einblick in Bruchstücke einer ganzen Lebensweise, und zwar einer Lebensweise, die in erster Linie nicht nur oral, sondern auch mimetisch, das heißt durch Beispielhaftigkeit überliefert wurde.[78]

Doch trotz seines Anspruchs, mit Hilfe der großen Pyramiden die Zeit zu überwinden, gelangte das Alte Reich, das auf ewig mehr als nur etwas geheimnisumwittert bleiben sollte, irgendwann tatsächlich an ein Ende. Ihm folgte, was als Erste Zwischenzeit am Ende des dritten Jahrtausends bekannt ist, also ungefähr von 2150 bis 2040 v. u. Z. Da es in den archaischen Gesellschaften so etwas wie „Religion" oder „Politik" nicht gibt (wir verwenden diese Begriffe nur, um Aspekte von etwas auf analytische Weise zu beschreiben, das konkret ein ungeteiltes Ganzes war), beschreiben gesellschaftlicher Zusammenbruch und religiöse Krise dasselbe Phänomen auf zwei verschiedene Weisen. Wenn der zentralisierte Staat zerfiel und wenn wer immer auch beanspruchte, König zu sein, seine Macht nicht wirksam ausübte, betraten lokale Emporkömmlinge die Bühne. Assmann spricht von einem Wechselspiel in der ägyptischen Geschichte zwischen der „monozentrischen Oberfläche" des zentralisierten Staats und der „polyzentrischen Tiefenstruktur", die immer dann erneut zum Vorschein kam, wenn die Oberflächenstruktur zerbröckelte. Nicht nur die geografischen Entitäten der prädynastischen Zeit tauchen wieder auf, sondern auch ein Teil des Ethos der früheren Zeit, nämlich die Kultur des „Gewaltherzi-

---

Architektur vermittelte diese grundlegende Neubewertung mit dem größtmöglichen Effekt." *Ancient Egypt*, 62.

[78] Assmann, *Ägypten: Eine Sinngeschichte*, 142–145.

gen'", denn Emporkömmlinge regieren mit Waffengewalt und halten sich nur durch militärische Siege an der Macht.[79]

Eine Jahrhunderte währende Dynastiegeschichte ließ sich gleichwohl nicht auslöschen und was auf den ersten Blick wie eine rückwärtsgewandte Zeit aussieht, war tatsächlich eine Phase ausgeprägten kulturellen Fortschritts. Wer auf lokaler Ebene Anspruch auf die Macht erhob, konnte nicht länger als vom König ernannt agieren, sondern musste sich andere Rechtfertigungsquellen suchen. Nackte Gewalt mag die ursprüngliche Basis für lokale Herrschaft gewesen sein, reichte aber allein nicht aus. Statt sich auf die Ernennung durch den König zu berufen, behaupteten die lokalen Herrscher, vom lokalen Gott ernannt worden zu sein, und zu Lasten der Hochgötter erlebten lokale Kulte einen Aufschwung. Ihr Auserwähltsein durch die Götter stellten die Herrscher durch ihre Fähigkeit unter Beweis, vor Ort für Ordnung, ja sogar für Gerechtigkeit zu sorgen.

Endemischer Bürgerkrieg unterbrach die reibungslose Überlieferung der oralen und mimetischen Kultur; eine neue Blütezeit schriftlicher Texte brach an, um die Lücke zu füllen. In Grabmälern aus dem späten Alten Reich sind nüchterne und relativ kurze autobiographische Texte gefunden worden, in denen die großmütigen Taten des Verstorbenen oftmals nur flüchtig aufgezählt wurden. Aber in der Ersten Zwischenzeit erlebte diese Art von autobiographischen Texten einen Aufschwung. Sie zeichnen ein düsteres Bild der Rahmenbedingungen, damit die Verdienste des lokalen Herrschers umso strahlender hervortreten. Die autobiographische Inschrift eines dieser Herrscher, des Gaufürsten[80] Ankhtifi von Hierakonpolis und Edfu, verkündet:

> „Ich bin die Vorhut und die Nachhut der Menschheit. Jemand, der die fehlende Lösung findet. Ein Landesführer, der durch Aktivität besticht. Ein gedankenvoller, starker Redner am Tag, als ich die drei Gaue zusammenführte. Denn ich bin ein Streiter ohne Gleichen, der seine Stimme erhob, als das Volk schwieg, an jenem bangen Tag, als es in Oberägypten still war."[81]

Schon im Alten Reich wurden Normen der moralischen Verpflichtung gegenüber dem gemeinen Volk in Grabinschriften bekräftigt. Ankhtifi nimmt diese Tradition wieder auf und erweitert sie, wenn er sich brüstet:

---

[79] Ebd., 100.

[80] Ägypten war in etwa 20 „Gaue" oder Provinzen unterteilt, sodass der Herrscher eines Gaues als Gaufürst bezeichnet wurde. Ankhtifi hatte unter seiner Herrschaft drei Gaue vereinigt.

[81] Miriam Lichtheim, *The Old and Middle Kingdoms,* Bd. 1 von *Ancient Egyptian Literature,* Berkeley: University of California Press, 1973, 86.

> „Ich gab dem Hungrigen Brot
> und Kleider dem Nackten,
> Ich salbte den Ungesalbten,
> ich beschuhte den Barfüßigen,
> ich gab dem eine Frau, der keine Frau hatte.“[82]

Doch für Ankhtifi waren solche Taten keine bloße Bekräftigung bestehender moralischer Normen. In einer Zeit, in der Menschen verhungerten und sogar ihre Kinder aßen, wurde jede Norm gewöhnlicher Sittlichkeit verletzt. Deshalb war Ankhtifi, als er versicherte:

> „Ich rettete den Schwachen vor dem Starken,
> ich hörte auf die Angelegenheit der Witwe.“

mit etwas beschäftigt, das Assmann als „‚rettende Gerechtigkeit‘“ bezeichnet.[83] Er war kein Bürokrat, der sich nach bestehenden moralischen Normen richtete, sondern ein Schutzpatron, der seine Schäfchen vor Unheil bewahrte, ja sogar aus ihm errettete und dafür Loyalität erwartete. Assmann sieht darin die Entstehung einer neuen Rhetorik: „Die Rhetorik der Krise und Heilswende stellt den Patron als Retter heraus, dessen Versorgungsleistungen den Gau vor der sicheren und überall sonst herrschenden Katastrophe bewahrt haben.“[84] Wo Loyalität gegenüber dem Schutzherrn unter krisenhaften Bedingungen eine neue Betonung erfährt, fallen Treulose der Vernichtung anheim. Assmann glaubt, dass die unter den verheerenden Umständen der Ersten Zwischenzeit geschaffene Kultur des Loyalismus für die Kultur des Mittleren Reichs zentral wurde, als die Furcht vor dem Chaos zur Rechtfertigung von Herrschaft herangezogen wurde, lange nachdem das Land erfolgreich wiedervereinigt worden war.

Das Schwanken zwischen monozentrischer und polyzentrischer politischer Ordnung geht in Assmanns Augen mit einer Verlagerung des ägyptischen Wertmusters einher. „Integration“ war in Zeiten der Einigkeit die Norm; „Konkurrenz“ in Zeiten der Uneinigkeit. Die Aufgabe des Mittleren Reichs (2040–1650 v. u. Z.) bestand darin, die neue kulturelle Rhetorik der Ersten Zwischenzeit vom Kontext der Konkurrenz in den Kontext der Integration zu verlagern. Aber die Zeiten hatten sich gewandelt. Der zentralisierte Staat war nicht mehr die einsame Spitze, die er im Alten Reich gewesen war, als alle Augen sich auf das Zentrum richteten. Das Zentrum musste die Loyalität der seit neuestem unabhängigen und kraft-

---

82 Assmann, *Ägypten: Eine Sinngeschichte*, 116.
83 Ebd., 119.
84 Ebd., 120.

strotzenden Peripherien durch kulturelle und nicht bloß militärische Mittel gewinnen. Assmann beschreibt das Problem folgendermaßen:

> „Einerseits galt es, den Normen der integrativen Ethik und Selbstzurücknahme wieder Geltung zu verschaffen, die mit dem Zusammenbruch des Alten Reichs so gründlich in Frage gestellt worden waren. Andererseits mußten diese Normen universalisiert werden, d.h. aus der impliziten Standesethik einer hauchdünnen Oberschicht mußte die Ethik einer breiten, staatstragenden und das Ägyptertum insgesamt repräsentierenden kulturellen Elite, d.h. eine Art ‚Bildung' werden. Erst das Mittlere Reich sah sich genötigt, mit dem Projekt der politischen Restauration auch eine gezielte Bildungspolitik zu betreiben."[85]

Bildung machte Schulen und Standardtexte erforderlich sowie neue schriftliche Gattungen. Aus dem Mittleren Reich wurden erstmals „Weisheitstexte", Hymnen und Erzählungen gefunden. „Literatur" ist ein gewagtes Wort, da ihre Ursprünge im Westen und noch nicht lange zurück liegen, aber wenn wir das Wort vorsichtig verwenden, können wir ab dem frühen zweiten Jahrtausend v.u.Z. von ägyptischer Literatur sprechen. Von besonderer Bedeutung sind die sogenannten „Lehrtexte", in denen häufig ein Vater seinem Sohn Lebensweisheiten übermittelt, die aber auch bedeutende neue religiöse Vorstellungen enthalten. Für Gelehrte, die das alte China untersucht haben, wird diese mit einer Wertschätzung für bestimmte „klassische" Texte verbundene Fokussierung auf die moralische Erziehung einer bürokratischen Herrschaftsklasse mehr als nur etwas vertraut klingen, auch wenn der chinesische Konfuzianismus sich erst viele Jahrhunderte später entwickelte. Doch wie wir sehen werden, sind die Unterschiede genauso wichtig wie die Parallelen.

Das altägyptische System moralischer Normen lässt sich in einem einzigen Begriff zusammenfassen: *ma'at*, der alternativ mit Ordnung, Gerechtigkeit oder Wahrheit übersetzt worden ist. Keine dieser Übersetzungen ist falsch, aber keine von ihnen ist angemessen, denn, wie Eric Voegelin es ausdrückt: „Das Symbol ist zu kompakt, als daß es mit einem einzelnen Wort in eine moderne Sprache übersetzt werden könnte. Als die Maat des Kosmos müßte sie mit Ordnung wiedergegeben werden; als Maat der Gesellschaft als gute Regierung und Gerechtigkeit; als die Maat getreuen Verständnisses geordneter Realität als Wahrheit."[86] Assmann schlägt als Übersetzung „konnektive Gerechtigkeit" vor und betont damit das Element der

[85] Ebd., 145.

[86] Eric Voegelin, *Die kosmologischen Reiche des Alten Orients: Mesopotamien und Ägypten*, Bd. 1 von *Ordnung und Geschichte*, hrsg. v. Jan Assmann, München: Fink, 2001 [1956], 125–126.

Wechselseitigkeit, aus dem sich Gemeinschaften bilden und Verpflichtungen herleiten. Er zitiert eine königliche Inschrift von etwa 1700 v. u. Z.:

> „Der Lohn eines Handelnden liegt darin, daß für ihn gehandelt wird.
> Das hält Gott für die Ma'at.“[87]

Während *ma'at* auf die generalisierte Wechselseitigkeit verweist, die zentral für Stammesgesellschaften ist und sich in den meisten nachfolgenden Moralsystemen findet, erfuhr sie bei den Ägyptern eine Substanzialisierung in Form einer Göttin. Auf ihren „religiösen“ Status verweist die häufige Abbildung des Königs, wie er dem Gott, an den er sich wendet und von dem es heißt, er „ernähre sich von“ *ma'at,* in Gestalt einer kleinen Göttinnen-Statue *ma'at* darbringt. Eine solche kleine Göttinnen-Statue ist häufig auf Abbildungen des Totengerichts zu sehen, auf denen das „Herz“ des Verstorbenen auf die Waagschale gegenüber der Göttinnen-Statue gelegt wird. Bei einem Herz, dem es an *ma'at* fehlt, senkt sich die Waage, was den Verstorbenen zur Nichtexistenz verurteilt.

Das Auftauchen des Herzens als eines zentralen Symbols in der altägyptischen Religion ist seinerseits ein Symptom für die gewandelte Beziehung zwischen Gott, König und Menschen nach der Ersten Zwischenzeit. Der „Loyalismus“, der den lokalen Herrscher an seinen Gott und seine Gefolgsleute an ihn selbst band, setzte sich im Mittleren Reich allgemein im ganzen Land durch. Die Vorstellung von Königtum, die aus dieser Denkweise erwuchs, war dem mesopotamischen Herrschaftsmodell näher als dem des Alten Reichs.[88] Keines der alten Symbole wurde aufgegeben: Der König war immer noch Horus und der Sohn von Re. Doch die Betonung lag jetzt auf dem König als dem Verwalter Gottes, als Erwählter Gottes; der wirkliche Herrscher war der Gott.

Doch insgesamt war der König auch Patron und Beschützer des Volks. Wo Assmann den Begriff „Erretter“ verwendet, meint er keinen Erretter aus dieser Welt, sondern einen Erretter in dieser Welt. Zusammenfassend sagt er: „Die ägyptische Welt braucht keinen Erlöser, sondern nur einen ‚guten Hirten‘, der die Schafe gegen die Wölfe in Schutz nimmt.“[89] Entsprechend verlangt der König eine Loyalität, die bewusster gewollt wird, als es im Alten Reich erforderlich zu sein schien. Assmann beschreibt eine Art Geschichte des Herzens, ohne zu vergessen, dass Herz auf Ägyptisch mehr bedeutet als auf Englisch: Es schließt auch Geist und Willen sowie Gefühl mit ein. Das Eliteideal im Alten Reich war „der königgeleitete

---

[87] Assmann, *Ägypten: Eine Sinngeschichte,* 146.
[88] Ebd., 212.
[89] Ebd., 222.

Mensch". Vom Herzen des Einzelnen ist nicht die Rede, denn „das Herz des Königs denkt und plant für alle". Im Mittleren Reich ist das Ideal der „herzgeleitete Mensch", also eine Person, die ihre Loyalität verinnerlicht hat und deren Hochachtung für den König Teil ihres innersten Ichs geworden ist. Das Neue Reich wird dann eine weitere Entwicklung, nämlich die des „gottgeleiteten Herzens" erleben, aber dessen Betrachtung müssen wir noch ein wenig aufschieben.

Assmann behauptet, die Hervorhebung der Rolle des ägyptischen Herrschers als Beschützer der Schwachen gegen die Starken sowie der Armen gegen die Reichen und als Wahrer jeglichen Anscheins von Ordnung gegen das Chaos zivilen Unfriedens stelle eine Art Hobbes'scher Rechtfertigung von etwas dar, das im Mittleren Reich in manchen Hinsichten einem Polizeistaat nahekam.[90] Doch er ist sich auch bewusst, dass wir hier nicht über ein neolithisches Dorf reden, in dem die Dorfältesten für die Aufrechterhaltung der Ordnung sorgen konnten, geschweige denn von einer Jäger-und-Sammler-Horde, in der der Allgemeinwille regierte. Wenn großformatige, Ackerbau betreibende Gesellschaften in die Brüche gehen, kommt es nicht selten zu allen möglichen Gewaltausbrüchen und Schreckensherrschaften. Man mag daran zweifeln, wie viele Schwache und Arme der Pharao wirklich vor den Privilegierten des Landes beschützt hat, aber dass seine Herrschaft vor chaotischen Zuständen bewahrte, mag nicht bloß Propaganda der herrschenden Klasse gewesen sein. Vielleicht haben es neben den Eliten auch andere zu schätzen gewusst.

Auch wenn etwas, das zumindest ansatzweise als Theologie bezeichnet werden kann, erst im Neuen Reich (1550–1070 v. u. Z.) aufblüht, setzt das bewusste Reflektieren über den Sinn von Religion schon im Mittleren Reich ein, wenn nicht davor. Um die Natur des Reflektierens über Religion in Ägypten zu verstehen, müssen wir mehrere Dinge beachten. In *Ägypten: Theologie und Frömmigkeit einer frühen Hochkultur* beschreibt Assmann drei Dimensionen einer von ihm so genannten impliziten Theologie. Dabei handelt es sich um Aspekte, die in erster Linie in der Praxis zum Vorschein kommen: um den lokalen bzw. kultischen, den kosmischen und um den mythischen Aspekt. Danach beschreibt er, was er als „vierte Dimension" expliziter Theologie bezeichnet. Er warnt uns gleich zu Beginn, dass es im alten Ägypten keinen „theoretischen Diskurs" gebe,[91] was seinen Gebrauch des Begriffs „Theologie" problematisch mache. Eric Voegelin schlägt für das Reflektieren einen Begriff vor, der das mythische Denken an seine Grenze führt – bis an die Schwelle zur theoretischen Reflexion,

---

[90] Ebd., 150–151.

[91] Assmann, *Ägypten: Theologie und Frömmigkeit,* 17–18.

ohne sie jemals zu überschreiten –, nämlich den Begriff der Mythospekulation.[92] Dies könnte ein besserer Ausdruck für Assmanns vierte Dimension sein als explizite Theologie.

Die drei Dimensionen der impliziten Theologie, die sich laut Assmann „ganz im Umfeld dieser Praxis [halten]",[93] bilden die grundlegende Kontinuität, die es möglich mache, „von ‚der' ägyptischen Religion im Singular zu sprechen".[94] Obwohl die ägyptische Religion ihre Eigenheiten habe, sei es nicht vollkommen falsch, sie auch als eine Art der Gattung „polytheistische Religionen des Alten Orients" zu betrachten, solange wir uns darüber im Klaren seien, dass diese Religionen „hochentwickelte kulturelle Errungenschaften [sind], die mit der politischen Organisation des frühen Staates untrennbar verbunden sind und sich in Stammesgesellschaften nicht nachweisen lassen".[95] Wie in anderen archaischen Gesellschaften hatte der König in allen Dimensionen der religiösen Praxis eine zentrale Rolle inne.[96] Der König war für den Vollzug [*performance*] des Kults sowie für den Bau und den Erhalt der Tempel verantwortlich, in denen der Kult vollzogen wurde, und zwar nicht nur in der Hauptstadt, sondern im ganzen Land. Obwohl Grabmäler in allen Phasen der ägyptischen Geschichte von Bedeutung waren, stellten nach dem Ende des Alten Reichs statt ihrer Tempel die Großbaustellen unter königlicher Schirmherrschaft dar, und diese Praxis setzte sich bis weit ins Ptolomäische Zeitalter fort. Die Tempel

---

[92] In seinem Buch *The Ecumenic Age*, Band 4 der Reihe *Order and History* (Baton Rouge: Louisiana State University Press, 1974), spricht Voegelin von „mytho-speculation", was sich in Band 5, *In Search of Order* (Baton Rouge: Louisiana State University Press, 1987) zu „Mythospeculation" ohne den Bindestrich ändert. [In der deutschen Übersetzung *Das Ökumenische Zeitalter: Die Legitimität der Antike*, Band 8 der Reihe *Ordnung und Geschichte* (München: Fink, 2004) gibt es diese Unterscheidung nicht. Hier wird nur von „Mythospekulation" gesprochen.] Was er mit diesem Begriff nach seinen eigenen Worten meint, ist Folgendes: „Die Dimension der Vernunft im Symbolismus reflektiert jedoch nicht das Licht eines vollständig differenzierten noetischen Bewußtseins; die Relevanz der historischen Stoffe wird vielmehr durch eine Spekulation erhellt, die dem kosmischen Mythos untergeordnet ist. Mythopoesie und Noesis verbinden sich zu einer formativen Einheit, die zwischen kosmologischer Kompaktheit und noetischer Differenziertheit liegt und passenderweise als Mythospekulation, d.h. Spekulation innerhalb des Mediums Mythos, bezeichnet wird." *Das Ökumenische Zeitalter*, 90.

[93] Assmann, *Ägypten: Theologie und Frömmigkeit*, 181.

[94] Ebd., 178.

[95] Assmann, *Moses der Ägypter*, 73.

[96] Zur Zentralität des Königtums in Kultur und Glauben Ägyptens, siehe David O'Connor und David P. Silverman (Hrsg.), *Ancient Egyptian Kingship*, Leiden: Brill, 1995, insbesondere die zwei Aufsätze von John Baines: „Kingship, Definition of Culture, and Legitimation" und „Origins of Egyptian Kingship".

waren so wichtig und so zahlreich, dass Ägypten in einem späten Text als „Tempel der ganzen Welt" bezeichnet wurde.[97] Qua Ritual war der König außerdem verantwortlich für die Aufrechterhaltung der kosmischen Ordnung, den täglichen Gang der Sonne und die jährliche Überschwemmung des Nils. Und schließlich bildet der König das Zentrum des „zentralen und sozusagen staatstragenden Mythos der Ägypter", nämlich des Mythos von Horus als dem Sohn und Nachfolger von Osiris, aber auch als dem Liebling aller Götter.[98] Die Zentralität des Königs für jede Dimension der religiösen Praxis war etwas, das alle archaischen Gesellschaften gemeinsam hatten, auch wenn sie sich in jeder Gesellschaft anders äußerte.

Als symbolische Form stellte der Mythos die Basis der ägyptischen Religion dar, aber im Sinne eines ausgedehnten Narrativs scheint er nicht genauso hoch entwickelt gewesen zu sein wie in Mesopotamien, wo der Mythos einen großen Teil der überhaupt vorhandenen Sekundärreflexion über den Sinn von Religion lieferte. Obwohl in vielen ägyptischen Texten Anspielungen auf Teilaspekte des Mythos von Isis, Osiris und Horus zu finden sind, ist es bezeichnend, dass Plutarchs hellenisierte, im zweiten Jahrhundert u. Z. auf Griechisch geschriebene Version die einzige „vollständige Fassung" des Mythos darstellt.[99]

Die anderen archaischen Gesellschaften nicht unbekannte, in Ägypten allerdings besonders hoch entwickelte Mythospekulation (Assmanns explizite Theologie) war historisch einem bedeutend stärkeren Wandel unterworfen als die religiöse Praxis (Assmanns implizite Theologie). Sozial verortet war sie in der gebildeten, lese- und schreibkundigen Elite, die weitgehend ein Produkt des Mittleren Reichs und der Zeit danach darstellte. Das erstmalige Vorhandensein eines professionellen Priesterstandes als einer Untergruppe der lese- und schreibkundigen Elite im Neuen Reich gab der Mythospekulation neuen Auftrieb. Ich werde zwei Texte aus dem Mittleren Reich heranziehen, um einen ersten Eindruck davon zu vermitteln, wie die frühägyptische Mythospekulation aussah. Zu beachten ist, dass beide Texte die Worte (des einen) „Gottes" wiedergeben oder sind. Es ist viel Tinte darüber vergossen worden, ob sie den Beweis für einen latenten „Monotheismus" liefern, und Erik Hornung hat diese Debatte ziemlich erfolgreich aus der Welt geschafft.[100] Dass es Götter gibt, gilt in

---

[97] Assmann, *Ägypten: Theologie und Frömmigkeit*, 25.

[98] Ebd., 190.

[99] *Plutarch über Isis und Osiris. 1: Die Sage*, hrsg. v. Theodor Hopfner, Darmstadt: wbg, 1967.

[100] Hornung, *Der Eine und die Vielen*. Schon der Begriff „Monotheismus" ist hochproblematisch, wie wir im Weiteren sehen werden.

beiden Texten als selbstverständlich, weshalb sie in diesem Sinne polytheistisch sind. Aber sie sind auch eindeutig an einen Gott gerichtet, der sich nicht unter die anderen Götter subsumieren lässt und dessen Status im Mittelpunkt der Mythospekulation steht. Die „Lehre für König Merikare" wird der Ersten Zwischenzeit zugeschrieben, ist aber mit an Sicherheit grenzender Wahrscheinlichkeit ein Produkt des Mittleren Reichs. Nach einer ganzen Reihe von weltlichen Ratschlägen endet diese Lehre mit einem hochinteressanten „theologischen" Schlussabsatz:

> „Wohlversorgt sind die Menschen, die Herde Gottes.
> Ihretwegen schuf er Himmel und Erde,
> drängte er die Gier des Wassers zurück
> und schuf die Luft, damit ihre Nasen leben.
> Seine Ebenbilder sind sie, aus seinem Leib hervorgegangen.
> Ihnen zuliebe geht er am Himmel auf,
> für sie erschuf er die Pflanzen und die Tiere,
> Vögel und Fische, damit sie zu essen haben.
> Weil sie (aber) auf Rebellion sannen,
> tötete er seine Feinde und gebrauchte Gewalt gegen seine Kinder.
> Ihnen zuliebe läßt er es Licht werden,
> um sie zu sehen, fährt er (am Himmel) dahin.
> Zu ihrem Schutz errichtete er sich eine Kapelle;
> wenn sie weinen, dann hört er.
> Er schuf ihnen Herrscher ‚im Ei'
> und Befehlshaber, um den Rücken des Schwachen zu stärken.
> Er schuf ihnen Zauber als Waffe,
> um den Schlag des Geschehenden abzuwehren,
> wachend über sie des Nachts wie am Tage.
> Daß er die ‚Krummherzigen' erschlug unter ihnen,
> war wie ein Mann seinen Sohn schlägt um seines Bruders willen.
> Gott kennt jeden Namen."[101]

Man kommt nicht umhin, in dieser Textstelle Themen zu bemerken, die Themen der Hebräischen Bibel zu entsprechen scheinen: den Menschen als Ebenbild Gottes zum Beispiel und die Kombination von liebevoller Fürsorge und Bestrafung bei Aufsässigkeit. Aber es handelt sich nicht um Jahwe. Was „Gott" in solchen Textstellen bedeutet, ist fraglich.

Anscheinend war die Vorstellung, dass das Göttliche für das Wohlergehen der Menschen Sorge trage, immerhin so weit verbreitet, dass im Ersten Zwischenreich bzw. in der Erinnerung an es im Mittleren Reich Vorwürfe laut wurden. Die „Mahnworte des Ipuwer" beschweren sich, dass nicht nur der König, sondern auch „der Gott" ihre Pflicht, sich um

---

[101] Assmann, *Ägypten: Eine Sinngeschichte*, 218–219. Siehe ebenfalls Assmann, *Ägypten: Theologie und Frömmigkeit*, 201–204.

das Volk zu kümmern, vernachlässigt haben. Ipuwer tadelt den Gott, dem die Menschen ihr Dasein verdanken: „Wo ist er heute? Schläft er etwa? Man kann ja seine Macht nicht erkennen!“ [102]

Im Sargtext 1130 aus dem Mittleren Reich, von dem Assmann glaubt, dass er in die sich entwickelnde Tradition der Weisheitsliteratur gehört, wird jedoch eine bemerkenswerte Verteidigung des „Allherrn“ in Stellung gebracht. Der Text ist eine Apologie des Gottes gegenüber Anschuldigungen wie die von Ipuwer vorgebrachten. Um „die Entrüstung zu stillen“, berichtet der Gott von seinen „vier guten Taten“:

> „(1) Ich habe 4 gute Taten vollbracht im Innern der Schwelle des Lichtlands:
> ich habe die 4 Winde geschaffen,
> damit jedermann atmen kann in seiner Zeit.
> Das ist eine der Taten.
> (2) Ich habe die große Flut geschaffen,
> auf daß der Arme darüber verfügen möge wie der Reiche.
> Das ist eine der Taten.
> (3) Ich habe einen jeden wie seinen Nächsten geschaffen
> und habe verboten, daß sie Unrecht tun sollten.
> Aber ihre Herzen haben sich dem widersetzt, was ich geboten habe.
> Das ist eine der Taten.
> (4) Ich habe geschaffen, daß ihre Herzen aufhören, den Westen zu vergessen,
> damit den Gaugöttern Opfer dargebracht würden.
> Das ist eine der Taten.“ [103]

Auffällig an diesem Text ist, wie sehr er die Gleichheit betont. Man kann diesen Text als bemerkenswerten Vorläufer der Zusicherung verstehen, dass „alle Menschen gleich geschaffen sind“. Der Gott hat für den Wind gesorgt (wenn Nordwind herrscht, bringt er wohltuende Kühle in Ägyptens sonstige Wüstenhitze) und für die Überschwemmung des Nils, von der alle, sowohl reich als auch arm, profitieren. Und er hat alle Menschen gleichgemacht und ihnen verboten, Böses zu tun. Nicht der Gott, sondern die Menschen haben die Unterdrückung geschaffen und die Unterschiede zwischen reich und arm bzw. stark und schwach verursacht.

Bezeichnend für diese frühen Texte ist ihre Intertextualität: Sie stellen einen fortgesetzten Dialog über das Wesen Gottes und die Beziehung zwi-

---

[102] Assmann, *Ägypten: Theologie und Frömmigkeit,* 201. Eine vollständige Übersetzung findet sich in Erik Hornung, *Gesänge vom Nil. Dichtung am Hofe der Pharaonen,* Zürich: Artemis, 1990, 83–100.

[103] Assmann, *Ägypten: Theologie und Frömmigkeit,* 205; und Kommentierung, 204–208. Eine vollständige Übersetzung von Sargtext 1130 mitsamt Kommentar bietet Edmund Hermsen, *Die zwei Wege des Jenseits: Das altägyptische Zweiwegebuch und seine Topographie,* Freiburg i.Ü., Göttingen: Universitätsverlag und Vandenhoeck und Ruprecht, 1991, 227–234.

schen Gott, Moral und den bestehenden sozialen Bedingungen dar. Der König ist nicht verschwunden – die „Lehre für König Merikare" weist darauf hin, dass der Gott Herrscher geschaffen hat, um die Schwachen zu beschützen –, aber der Schwerpunkt liegt nicht auf der Verherrlichung des Königs, sondern auf der Rechtfertigung des Gottes. Die Form ist zwar nicht theoretisch, aber mit Sicherheit zur Beweisführung geeignet, und darin liegt wahrscheinlich eine der Quellen, aus der sich der theoretische Diskurs entwickelt hat. Es sei darauf hingewiesen, wie wichtig Beweisführungen in der Hebräischen Bibel gewesen sind.[104] All dies deutet darauf hin, dass die in Kapitel 6 zu erörternde Achsenzeit (Mitte des ersten Jahrtausends v. u. Z.) nicht völlig ohne Vorbereitung das Licht der Welt erblickt hat. Ein großer Teil der ägyptischen Mythospekulation ist zumindest proto-achsenzeitlich, und wir werden darauf zurückkommen müssen, wenn wir bei der Achsenzeit angekommen sind.

Das Neue Reich (1550–1070 v. u. Z.) wurde von Ahmose gegründet, dem die Vertreibung der Hyksos aus Ägypten und die Wiedervereinigung des Landes gelang. Doch die ersten Herrscher der 18. Dynastie verjagten nicht nur die „Asiaten", sondern verfolgten sie bis in ihr Hinterland, wodurch das häufig so genannte Neue Ägyptische Reich entstand, zu dem Palästina, Teile Syriens und für kurze Zeit sogar der Norden Iraks gehörten. Bereits Mitte des zweiten Jahrtausends v. u. Z. war es mithin eines der ersten multiethnischen Reiche (das Reich der Hethiter war ein weiteres) – ein Phänomen, das im ersten Jahrtausend v. u. Z. zunehmend an Bedeutung gewinnen sollte. Die Ägypter erkannten zwar durchaus an, dass es noch andere Königreiche gab, besonders im Nordosten, aber sie erhoben Anspruch auf Universalherrschaft. Diese Entwicklung ist häufig mit dem wachsenden Sinn für Universalität im ägyptischen Verständnis von Göttlichkeit in Verbindung gebracht worden. Die vielversprechenden Anfänge der Mythospekulation im Mittleren Reich fanden im Neuen Reich eine sehr viel deutlichere Ausprägung.[105] Ohne im Sinne der monotheistischen Religionen zu Gott zu werden, war der Gott (der häufig keinen Namen trug, aber als Re, Amun-Re, Ptah[106] oder ein anderer Gott identifizierbar

---

[104] Siehe Walter Brueggemann, *Theology of the Old Testament: Testimony, Dispute, Advocacy*, Minneapolis: Fortress Press, 1997.

[105] Siehe vor allem: Jan Assmann, *Re und Amun: Die Krise des polytheistischen Weltbilds im Ägypten der 18.–20. Dynastie*, Freiburg i. Ü., Göttingen: Universitätsverlag und Vandenhoeck und Ruprecht, 1983. Die „Krise des Polytheistischen" bezieht sich vor allem auf die Amarna-Religion, was unten diskutiert wird.

[106] Ptah ist der Schöpfergott in der sogenannten Memphitischen Theologie, die aufgrund eines Basaltblockes bekannt ist, der während der Regentschaft von König Schabaka im achten Jahrhundert v. u. Z. beschrieben wurde. Die Inschrift gibt vor, eine

war) auf eine Weise wirklich, die nicht nur über die Menschen, sondern auch über „die Götter" hinausging. Ohne je die Anbindung an die soziale Ordnung und ihren irdischen Bewahrer, den König, zu verlieren, wird der Gott eindeutiger denn je zum Gott von Individuen und mit an Sicherheit grenzender Wahrscheinlichkeit, auch wenn die Beweislage unklar ist, zum Gott nicht bloß der kulturellen Elite, sondern auch des gewöhnlichen Volks.

Ein Priester des Amun verfasste in den 1330er Jahren folgende Hymne auf Amun (dessen Name wörtlich „der Verborgene" bedeutet):

> „Wende dich wieder zu uns, du Herr der Zeitfülle!
> Du warst hier, als noch nichts entstanden war,
> und du wirst hier sein, wenn ‚sie' zuende sind.
> Du lässest mich Finsternis sehen, die du gibst –
> leuchte mir, daß ich dich sehe!
> (…)
> O wie gut ist es, dir zu folgen,
> Amun, du Herr,
> groß zu finden für den, der ihn sucht!
> Vertreibe die Furcht, gib Freude
> in das Herz der Menschen!
> Wie freut sich das Gesicht, das dich schaut, Amun:
> Es ist im Fest Tag für Tag."[107]

Amun entspricht dem alten Verständnis des göttlichen Beistands für die Armen und Schwachen, aber die Vorstellung ist jetzt personalisiert und für das Individuum zugänglich. Dank einer solchen Textstelle sind wir in der Lage zu verstehen, warum Assmann meint, dass sich im Neuen Reich

---

Kopie eines Textes aus dem Alten Reich zu sein, Gelehrte sind aber mittlerweile der Meinung, dass er tatsächlich im achten Jahrhundert, wenn auch in einem archaischen Stil, verfasst wurde. In jedem Fall bezieht er sich eindeutig auf Material aus dem Neuen Reich und möglicherweise sogar aus dem Mittleren Reich. Ptah ist der Gott von Memphis, und Schabaka hat versucht, die Vormachtstellung von Memphis als Hauptstadt Ägyptens wiederherzustellen. Es sei daran erinnert, dass sogar Götter, für die Anspruch auf Universalität erhoben wurde, lokal verankert waren. So ist Re der Gott von Heliopolis, einer zentralen antiken Kultstätte in der Nähe von Memphis, Amun der Gott von Theben und Ptah der Gott von Memphis. Die Memphitische Theologie enthält die berühmte Lehre der Erschaffung durch das Wort (des Ptah), obwohl Assmann einwendet, dass es das geschriebene Wort, die Hieroglyphe, nicht das gesprochene Wort gewesen ist, welches schöpferische Kraft besitzt. Eine vollständige Übersetzung findet sich bei Hermann Junker, *Die Götterlehre von Memphis (Schabaka-Inschrift)*, Berlin: Verlag der Akademie der Wissenschaften, 1940, eine Kommentierung bei Assmann, *Ägypten: Eine Sinngeschichte*, 382–396.

[107] Assmann, *Ägypten: Theologie und Frömmigkeit*, 260.

das Ideal vom königgeleiteten Menschen und herzgeleiteten Menschen zum gottgeleiteten Herzen gewandelt hat, sodass in einem weiteren Text so etwas wie die Idee der „Errettung“ Einzug hält:

> „Du bist Amun, der Herr der Schweigenden,
> der kommt auf die Stimme des Armen.
> Ich rief dir zu, als ich traurig war,
> und du bist gekommen, mich zu retten.
> Du gabst Luft dem, der im Gefängnis war,
> und rettetest mich, da ich in Banden lag.
> Du bist Amun-Re, der Herr von Theben,
> du rettest den, der in der Unterwelt ist.
> Du bist es ja, der gnädig ist dem, der zu ihm ruft,
> du bist es ja, der aus der Ferne kommt!“ [108]

Der Gott, ob nun Amun oder ein anderer, scheint hier beinahe außerhalb der Zeit und jenseits des Kosmos zu stehen (du warst vor dem Anfang hier und wirst nach dem Ende hier sein), aber eine andere Seite der spätägyptischen Mythospekulation, die nie als Widerspruch zu der zur Transzendenz neigenden Seite betrachtet wurde, symbolisiert den Gott nicht als jenseits des Kosmos, sondern *als* Kosmos:

> „(109) Deine beiden Augen sind Sonne und Mond,
> dein Kopf ist der Himmel,
> deine Füße sind die Unterwelt.
> (110) Du bist der Himmel,
> du bist die Erde,
> du bist die Unterwelt,
> du bist das Wasser,
> du bist die Luft zwischen ihnen.“ [109]

Den Gott als Kosmos zu betrachten, besonders als Sonne, sieht ein Gefühl für die menschliche Teilhabe am göttlichen Leben vor, denn das Licht der Sonne, das uns umgibt, ist die Präsenz des Gottes. In einer Hymne an die Sonne kommt das so zum Ausdruck: „Alle Augen sehen durch dich. Nichts können sie vollenden, wenn deine Majestät untergeht.“ [110] Assmann zitiert eine Goethe-Stelle, in der das Thema der menschlichen Teilhabe am Licht der Sonne aufgegriffen wird:

> „Wäre nicht das Auge sonnenhaft,
> die Sonne könnt es nicht erblicken;

---

[108] Ebd., 262.
[109] Ebd., 273.
[110] Assmann, *Re und Amun*, 107.

läg nicht in uns des Gottes Kraft,
wie könnt uns Göttliches entzücken?"[111]

Und genau aufgrund dieser Fähigkeit, sich den Schöpfergott mal als Amun, mal als Ptah, als jenseits des Kosmos und als identisch mit dem Kosmos, als fern von den Menschen und doch als Teil von ihnen vorzustellen, ohne sich über augenscheinliche Widersprüche Gedanken zu machen, verbleibt diese bemerkenswerte Denktradition eher im Bereich der Mythospekulation, als dass sie einen theoretischen Diskurs begründet.

Wenn man von einem kurzen Moment absieht: Echnaton (1352–1338) und seine (nach dem Namen seiner Hauptstadt) so genannte Amarna-Religion.[112] Der Pharao Amenophis IV. änderte seinen Namen in Echnaton und verfolgte damit die Absicht, Amun nicht nur aus seinem Namen, sondern aus ganz Ägypten zu entfernen. Er erklärte Aton, die Sonnenscheibe, zum alleinigen Gott. Das Experiment überdauerte höchstens 20 Jahre und 50 Jahre nach Echnatons Tod war es aus der bewussten Erinnerung verschwunden, bevor Archäologen es im 19. Jahrhundert wiederentdeckten. Obwohl sie der im Mittleren Reich einsetzenden und im Neuen Reich aufblühenden Mythospekulation eindeutig viel verdankte, kündigen sich in Echnatons Religion die Religionen der Achsenzeit an, möglicherweise bezieht sie sich auch untergründig auf sie, vor allem auf die Religion Israels, sodass Echnatons Religion besser in Kapitel 6 hätte behandelt werden sollen. Aber so radikal die Amarna-Religion in manchen Hinsichten auch gewesen sein mag, stellt sie in einer Hinsicht einen Rückschritt dar, der sie unauslöschlich mit dem archaischen Zeitalter in Verbindung bringt und nicht mit der Religiosität der Achsenzeit: Das Volk konnte keinerlei direkte Beziehung zu Aton aufbauen; alles Wissen über ihn wurde durch den Pharao vermittelt; und auch wenn es den einen Gott gab, waren der Pharao als sein Sohn und sogar die Frau des Pharaos ebenfalls göttlich.

Wie verschiedenartig die Vorstellungen von der Beziehung zwischen dem Göttlichen und dem Menschlichen in den archaischen Religionen auch gewesen sein mögen, war die Rolle des Königs doch immer zentral. Sogar als die Frömmigkeit demokratisiert wurde und private Andachten um sich griffen, wie in Ägypten, hing die Bildung einer religiösen Gemeinschaft vom Königtum ab. Die Eroberer Ägyptens wussten das genau: Die Perser, Alexander der Große und die Ptolomäer, ja sogar die Römer betrachteten die Rolle des Pharaos als unverzichtbar für die Aufrechterhal-

---

[111] Ebd., 124. Assmann merkt an, dass Goethe über Plotin und letztlich Platon zu seiner „ägyptischen" Idee gekommen ist.

[112] Erik Hornung, *Echnaton: Die Religion des Lichtes*, Zürich: Artemis, 1995.

tung der religiös-sozialen Ordnung in Ägypten. Erst als das Christentum endgültig an die Stelle der antiken Religion getreten war, konnten die letzten Reste der Rolle des Pharaos preisgegeben werden.

Das China der Shang- und der westlichen Zhou-Dynastie

Im Hinblick auf das alte China ist als erstes zu beachten, dass im Vergleich zum alten Mesopotamien und Ägypten die absolute Chronologie der Archaik erheblich später beginnt. Die früheste Schrift aus China, über die wir verfügen, stammt ungefähr von 1200 v. u. Z., das ist 2000 Jahre später als im Vorderen Orient. Trotzdem haben wir allen Grund zu der Annahme, dass die archaische Zivilisation in China weitgehend indigen war und allen anderen Zivilisationen wenig zu verdanken hatte. Über die chinesische Jungsteinzeit ist so außergewöhnlich viel bekannt, dass wir schon Mitte des zweiten Jahrtausends v. u. Z. über das Bild einer langen, allmählichen Entwicklung hin zu einer stratifizierten Gesellschaft und einem frühen Staat verfügen, ohne dass es größere Anzeichen für nennenswerte Einflüsse von außen gäbe.[113] Wagen bestimmt und möglicherweise auch Metallurgie kamen von außen, allerdings erst spät im zweiten Jahrtausend v. u. Z. Und obwohl sich im frühen Ägypten eine Reihe von mesopotamischen Einflüssen beobachten lässt, geben frühchinesische Schriften, Kunst und Architektur keinerlei fremde Einflüsse zu erkennen. Natürlich ist es möglich, dass Einflüsse aus dem Vorderen Orient oder der Indus-Kultur China im dritten oder frühen zweiten Jahrtausend über Zentralasien erreicht haben könnten, es gibt aber keine Belege, dass sie umfassend gewesen sind, und die damit verbundenen großen Entfernungen und geografischen Hürden legen nahe, dass solche Einflüsse unwahrscheinlich waren, auch wenn später bedeutende Handelsrouten durch Zentralasien erschlossen werden würden. Doch das wohl schlagkräftigste Argument für eine indigene chinesische Entwicklung ist wahrscheinlich der einzigartige Stil der chinesischen Gesellschaft, Kultur und Religion, durch den China sich markant von den bisher erörterten Fällen abhebt.

---

[113] Zur indigenen Entwicklung des frühen Staats in China, siehe im Besonderen Li Liu, „Settlement Patterns, Chiefdom Variability, and the Development of Early States in North China", *Journal of Anthropological Archaeology* 15, 1996, 237–288. Ebenfalls relevant sind die vielen Veröffentlichungen von Kwang-chih Chang, besonders nützlich ist seine Zusammenfassung der chinesischen Jungsteinzeit in „China on the Eve of the Historical Period", in: *The Cambridge History of Ancient China,* hrsg. v. Michael Loewe und Edward L. Shaughnessy, Cambridge: Cambridge University Press, 1999, 37–73.

Mit der Indigenität und Einzigartigkeit der chinesischen Kultur hängt ihre beispiellose Kontinuität zusammen. Auch wenn es in den bisher berücksichtigten archaischen Fällen nicht schwierig ist, Kontinuitätslinien von der Jungsteinzeit bis zum frühen Staat ausfindig zu machen – und dies gilt nicht nur für alle diese Fälle, sondern auch für die archaischen Kulturen in der Neuen Welt –, erfolgt der achsenzeitliche „Durchbruch", obwohl er durchaus über Vorläufer in den archaischen Kulturen verfügt, außerhalb von ihnen und führt schließlich zu ihrem Untergang, der sich am deutlichsten durch den Verlust ihrer Schriftsysteme und damit ihrer bis in die Neuzeit nicht wiedererlangten Literatur bemerkbar macht. China stellt nun aber den einen Fall dar, in dem eine Kontinuität nicht nur von der Jungsteinzeit bis in die Archaik, sondern auch von der Archaik bis in die Achsenzeit besteht, und diese Kontinuität ist durch das Fortbestehen desselben, sich allerdings auch weiterentwickelnden Schriftsystems vom archaischen Zeitalter bis in die Gegenwart gekennzeichnet.[114]

In der postmodernen Stimmung der Gegenwart sind Fragen in Bezug auf solche möglicherweise verdinglichenden Benennungen wie „Mesopotamien" und „Ägypten" aufgeworfen worden, ganz zu schweigen von „Israel" und „Griechenland", und manchmal wurde auch hinterfragt, was „China" sei. Doch anscheinend sind die maßgeblichen Gelehrten auf diesem Gebiet sehr wohl bereit, nicht nur den Begriff beizubehalten, sondern ihn historisch sogar noch weiter nach hinten zu verlegen. Die 1999 erschienene – zwar nicht endgültige, aber der Endgültigkeit doch so nahekommende, wie es uns vermutlich für geraume Zeit gelingen wird – *Cambridge History of Ancient China* enthält eine bemerkenswerte Reihe von Behauptungen ihrer verschiedenen Autoren, wann „China" seinen Anfang nimmt. Der angesehene Archäologe Kwang-Chih Chang schreibt, dass „die chinesische Interaktionssphäre um das Jahr 3000 v. u. Z. korrekt und angemessen als China bezeichnet werden kann."[115] Ein führender Spezialist für die Shang-Dynastie, David Keightley, ist da etwas zögerlicher: „Erst mit der späten Shang-Dynastie und ihren schriftlichen Aufzeichnungen kann nun aber zum ersten Mal sicher von einer Zivilisation die Rede sein, die in

---

114 Es stimmt zwar natürlich, dass die Orakelknochen aus der Shang-Dynastie verloren waren, bis sie bei modernen Ausgrabungen wieder zu Tage gefördert wurden. Wenn chinesische Gelehrte sie während der Kaiserzeit gefunden hätten, wäre es ihnen womöglich ziemlich schwergefallen, sie zu entziffern. Sie hätten aber trotzdem keinen Stein von Rosetta benötigt, da sie viele Verbindungen zu späteren Schriftzeichen und Wörtern hätten entdecken können.

115 Chang, „China on the Eve", 59.

Bezug auf ihre Werte und Institutionen ansatzweise chinesisch ist."[116] Edward Shaughnessy, ein Spezialist für die westliche Zhou-Dynastie, schreibt dagegen, dass zwar viele Merkmale der späteren chinesischen Kultur Wurzeln in der Jungsteinzeit und in der Shang-Dynastie gehabt haben mögen, „doch wenn diese früheren Phasen als zwar notwendiges, aber untergründiges und während des überwiegenden Teils der chinesischen Geschichte nahezu unsichtbares Fundament dieser Geschichte gelten können, dann müsste die westliche Zhou-Dynastie gewiss als deren Grundpfeiler bezeichnet werden".[117] Und natürlich gibt es viele, die das „kaiserliche China" erst auf die Qin-Dynastie (221–206 v. u. Z.) und die Han-Dynastie (206 v. u. Z.–220 u. Z.) datieren würden. Niemand hat aber einen scharfen Bruch zwischen Jungsteinzeit und Gegenwart behauptet, und eine solche Kontinuität macht aus China mit Sicherheit eine Klasse für sich.

Obwohl die chinesische Entwicklung eindeutig einzigartig ist, bereitet es Probleme, diese Einzigartigkeit zu definieren. Die chinesische Zivilisation der Achsenzeit ist außergewöhnlich ergiebig und liefert eine Fülle an Material sowie eine Vielfalt von Ansichten, die den Vergleich mit anderen achsenzeitlichen Zivilisationen ausgesprochen lohnend machen. Leider ist das bei der chinesischen Archaik nicht der Fall, vor allem nicht in ihrer frühesten Phase, der Shang-Dynastie (ca. 1570–1045 v. u. Z.), aber sogar für die westliche Zhou-Dynastie (1045–771 v. u. Z.) gibt es nur punktuelle Belege, deren Interpretation umstritten ist. Was die Kultur der Shang-Dynastie anbelangt, sind wir, insofern es um schriftliche Aufzeichnungen geht, fast ausschließlich auf die sogenannten Orakelknochen angewiesen (außerdem gibt es noch ein paar beschriebene Bronzegefäße), das heißt auf die ungefähr 100.000 beschriebenen Rinderscapula und Schildkrötenpanzerfragmente, die aus der Anyang-Zeit (ca. 1200–1045 v. u. Z.) überliefert sind. Die zahlreichen, allerdings zumeist recht kurzen Texte belegen eine ausgefeilte Praxis ritueller Weissagungen. Glücklicherweise sind die Themen der Weissagungen vielgestaltig, sodass sich aus der sorgfältigen Analyse der Texte eine beachtliche Menge interessanter Informationen ableiten lässt. Trotzdem kommen viele Dinge, die wir besonders gerne wüssten, in diesen Daten schlicht und einfach nicht vor. Über Religion als dem Hauptgegenstand dieses Buches hat David Keightley geschrieben, dass „die Inschriften eine platte und verkürzte Sichtweise liefern, die uns mehr über die Töne des Kults als über die Musik des Glaubens in der Shang-

[116] David N. Keightley, „The Shang: China's First Historical Dynasty", in: Loewe und Shaughnessy, *Ancient China,* 232.
[117] Edward L. Shaughnessy, „Western Zhou History", in: Loewe und Shaughnessy, *Ancient China,* 351.

Dynastie sagen".[118] Angesichts der großen Bedeutung der späteren chinesischen Entwicklung müssen wir die begrenzten Informationen, über die wir verfügen, für den Versuch nutzen, ihren Hintergrund zu verstehen.

Eine Frustrationsquelle ist, dass die überlieferten archaischen Texte keine Mythen enthalten. Es sind dicke Bücher über die chinesische Mythologie geschrieben worden, aber sie beziehen ihre Daten weitgehend aus Texten, die erst spät in der Prä-Han-Zeit, in der Han-Dynastie selbst (206 v. u. Z.–220 u. Z.) oder sogar noch später verfasst worden sind.[119] Ein Teil dieses Materials mag aus den Zeiten der Shang- und der westlichen Zhou-Dynastie stammen, aber wir können nicht genau sagen, welcher. Es gibt einige wenige Daten aus der westlichen Zhou-Dynastie, die allerdings ebenfalls schwer zu datieren sind, aber die Orakeltexte kommen ganz ohne mythisches Narrativ aus.

Was diesen Texten nun aber nicht fehlt, sind für das Verständnis der Geschichte der Shang-Dynastie signifikante Daten, vorrangig Daten zur königlichen Genealogie. Auf ihrer Grundlage können wir eine Liste von sechs prädynastischen und 29 dynastischen Königen erstellen.[120] Über archäologische und textuelle Daten verfügen wir erst ab der Zeit des 21. dynastischen Königs, Wu Ding, weil erst unter Wu Ding in Anyang das zeremonielle Zentrum der Shang-Dynastie errichtet wurde, das in der Neuzeit zu einer ergiebigen Ausgrabungsstätte wurde. Für die Könige vor Wu Ding verfügen wir lediglich über die Erbfolgereihe und über die Beziehung zwischen Vorgänger und Nachfolger, das heißt darüber, ob der Nachfolger ein Bruder oder ein Sohn seines Vorgängers war. Für Wu Ding und die Könige danach haben die Gelehrten ungefähre Daten ermittelt: Wu Dings Todesjahr wird mit 1189 angegeben, und der letzte Shang-König, Di Xiu, soll von 1086 bis 1045 regiert haben. Es sind mehrere Orte als frühere Hauptstädte der Shang-Dynastie vorgeschlagen worden, aber ohne ihnen zu-

---

118 David N. Keightley, „The Religious Commitment: Shang Theology and the Genesis of Chinese Political Culture", *History of Religions* 17, Nr. 3–4, 1978, 212. Ich schulde David Keightley, einem der weltweit führenden Experten der Shang-Dynastie, großen Dank nicht nur für seine Schriften, sondern auch für seine Ratschläge zur Abfassung dieses Abschnitts.

119 Eine brauchbare Zusammenfassung, mit umsichtigen Kommentaren zu Fragen der Datierung, findet sich in Derk Bodde, „Myths of Ancient China", in: *Mythologies of the Ancient World,* hrsg. v. Samuel Noah Kramer, New York: Doubleday Anchor, 1961, 367–408. Ebenfalls hilfreich ist Sarah Allan, *The Shape of the Turtle: Myth, Art, and Cosmos in Early China,* Albany: SUNY Press, 1991.

120 David N. Keightley „The Making of the Ancestors: Late Shang Religion and Its Legacy", in: *Chinese Religion and Society: The Transformation of a Field,* Bd. 1, hrsg. v. John Lagerwey, Hong Kong: University of Hong Kong Press, 2004, 13–14.

geordnete Schriften ist es ausgeschlossen, mit Sicherheit festzustellen, wann bzw. ob sie tatsächlich Hauptstädte gewesen sind. Das meiste, was wir über die Gesellschaft der Shang-Dynastie wissen, stammt also ungefähr aus ihren letzten 150 Jahren, als Anyang die Hauptstadt war.[121]

Die Gesellschaft der Shang-Dynastie war ein Patrimonialstaat im Weber'schen Sinne, das heißt ein Staat, der als erweiterter, durch angeschlossene Abstammungslinien und verschiedene Arten von Bediensteten ergänzter Hofstaat des Herrschers organisiert war. Zumindest ansatzweise handelte es sich dahingehend um eine patrimoniale Bürokratie, dass dem König eine große Zahl von ihm ernannter ziviler und militärischer Amtsträger diente, obwohl diese Amtsträger nur ansatzweise Bürokraten waren, insofern sie bloß die persönliche Herrschaft des Königs erweiterten, da ihnen ein starkes Verantwortungsgefühl für das Amt selbst fehlte. Gegen Sichtweisen, welche die politische Ordnung der Shang-Dynastie insofern als feudal betrachten, als der König lokale Würdenträger in den Außenregionen des Reichs ernannte und sogar einige Häuptlinge jenseits der Grenzen als Untergebene anerkannte, wendet Paul Wheatley ein, dass diese Ernennungen als „Pfründe" zu verstehen seien, die (zumindest theoretisch) vom Belieben des Königs abhingen und anders als im echten Feudalismus keine Rechtsansprüche nach sich zogen.[122]

Eine Besonderheit der Gesellschaft der Shang-Dynastie war die Betonung der Abstammung im Allgemeinen und der königlichen Abstammung im Besonderen. In keinem frühen Staat ist Verwandtschaft unwichtig, aber der Absolutismus königlicher Herrschaft hatte häufig Vorrang vor der Loyalität gegenüber der Abstammung, weshalb sich die Bedeutung von Verwandtschaftsbeziehungen merklich verringerte. Es ist durchaus möglich, dass die Beschäftigung mit der Abstammung, und zwar besonders

---

[121] Vielleicht ist es unklug, den Begriff „Hauptstadt" zu verwenden. Anyang war sicherlich ein bedeutendes rituelles Zentrum, aber der König hat nicht unbedingt dauerhaft dort gewohnt. Arthur Waley hat Folgendes über die möglichen Hauptstädte der frühen Zhou-Dynastie zu sagen, Überlegungen, die mit Sicherheit für die Shang-Dynastie gelten: „Wir wissen nicht, zu welchem Zeitpunkt mit dem späteren Entwurf einer ‚Hauptstadt' begonnen wurde. Wenn wir darüber reden, wo die ‚Hauptstädte' der frühesten Könige lagen, begehen wir eventuell einen Anachronismus. Möglicherweise war in der Frühzeit das Regierungszentrum dort, wo sich der König jeweils aufhielt." *The Book of Songs*, übers. v. Arthur Waley, hrsg. v. Joseph R. Allen, New York: Grove Press, 1996, 210. Wir haben für andere archaische Territorialreiche festgestellt, dass die Herrscher von Ort zu Ort reisten.

[122] Paul Wheatley, *The Pivot of the Four Quarters: A Preliminary Enquiry into the Origins of the Ancient Chinese City*, Chicago: Aldine, 1971, 52–61. Wheatleys Anwendung der Idee des Patrimonialismus auf die Shang-Dynastie ist besonders differenziert.

mit der königlichen Abstammung, sich im China der Shang-Dynastie weitgehend auf die herrschende Klasse beschränkte, wie auf Hawaii. Aber die Betonung der Abstammung in der Shang-Dynastie hinterließ der gesamten späteren Kultur Chinas ein bleibendes Erbe, das unter anderem in der konfuzianischen Betonung von Verwandtschaftsbeziehungen Ausdruck fand. Auf häuslicher Ebene setzt sich die für den Kult in der Shang-Dynastie so zentrale Anbetung der Ahnen bis heute fort.

Die Fokussierung auf den chinesischen Herrscher war genauso stark wie in allen anderen archaischen Beispielfällen, aber ihre Ausformulierung unterschied sich beträchtlich vom alten Mesopotamien oder Ägypten. Die Regierungsform der Shang-Dynastie ist nicht selten als Theokratie bezeichnet worden, aber das heißt nicht, dass der König selbst als göttlich galt, zumindest nicht in dem Sinne, wie es in Ägypten oder einigen anderen archaischen Gesellschaften der Fall war. Anders als in den bisher berücksichtigten Fällen war die Anbetung der Ahnen zentral für die Religion der Shang-Dynastie. Dass die Ahnen angebetet und als unverzichtbare Vermittlungsinstanzen zu den Hochgöttern verstanden wurden, kam zwar in mehreren anderen frühen Staaten vor: bei den westafrikanischen Yoruba und in jeweils leicht unterschiedlicher Form bei den Azteken, den Maya und den Inkas in der Neuen Welt.[123] Doch nirgends war die Anbetung der königlichen Vorfahren so zentral wie im China der Shang-Dynastie.

In den Knochenorakeltexten wird durchaus auf Götter Bezug genommen, aber diese Bezugnahmen sind nicht besonders zahlreich und ihre Bedeutung ist nicht vollkommen klar. Am wichtigsten war Di (den wir in Anlehnung an unsere Wortwahl beim alten Ägypten als „den Gott“ bezeichnen können), selten auch Shang Di („der Gott hoch oben“), dessen Macht über das Wetter, die Ernte und den Krieg ihm unter den Gottheiten der Shang-Dynastie das umfassendste Herrschaftsgebiet bescherte. Bezeichnenderweise wurde nun aber Di nicht direkt, sondern eher durch Vermittlung der königlichen Vorfahren angebetet. Der tatsächliche Charakter von Di und insbesondere die Frage, ob Di eine Art Urahn war, ist umstritten, muss uns aber hier nicht aufhalten. Es ist halbwegs klar, dass Di in der Shang-Dynastie nicht als direktliniger Vorfahr angesehen wurde – so besorgt wie sie um die königliche Abstammungslinie waren, hätten die Shang, wenn sie geglaubt hätten, Nachfahren von Di zu sein, es mit an Sicherheit grenzender Wahrscheinlichkeit erwähnt. Da ihm aber besondere Charakterzüge fehlten (zumindest soweit wir wissen, da wir über keine Mythen aus der Zeit der Shang-Dynastie verfügen) und seine Anbetung

[123] Trigger, *Understanding Early Civilizations*, 421–426.

indirekt erfolgte, könnte er einigen der nutzlosen, aus anderen Kulturen bekannten Hochgöttern geähnelt haben. Weil Di in Schlachten zugunsten oder zu Ungunsten der Shang-Dynastie eingreifen konnte, war er bestimmt nicht völlig nutzlos, wenn sein Nachfolger in der westlichen Zhou-Dynastie, Tian (Himmel), auch erheblich aktiver war. Außer Di gab es noch eine Reihe von Naturgottheiten, zum Beispiel Fluss- und Berggötter, einen Sonnengott, der möglicherweise als multipel verstanden wurde (zehn Sonnen bildeten eine Kalendereinheit), und noch verschiedene lokale Gottheiten. Obwohl diese Gottheiten gelegentlich Opfergaben erhielten, stellte ihre Anbetung nicht den Schwerpunkt des Kults in der Shang-Dynastie dar, wie wir ihn aus den Orakelknocheninschriften kennen.

Im Zentrum des Kults in der Shang-Dynastie stand die Anbetung ihrer königlichen Vorfahren, die als eigenständige, mächtige Gottheiten und außerdem als fähig betrachtet wurden, in besonders wichtigen Angelegenheiten bei Di Fürsprache einzulegen. Auch die Vorfahren anderer Abstammungslinien mischten sich dieser Auffassung zufolge möglicherweise weiterhin in das irdische Leben ein, doch ihre Zuständigkeit beschränkte sich auf die eigenen Nachfahren. Nur die königlichen Vorfahren mischten sich demnach in Angelegenheiten ein, die für das Reich im Ganzen und für den König im Besonderen von Belang waren (zum Beispiel wenn es um seine Gesundheit ging oder darum, ob seine Frau oder Gefährtin einen Sohn oder eine Tochter zur Welt brachte). Doch so wie die Götter, einschließlich Di, weitgehend als unpersönlich betrachtet wurden, weil sie nur in geringem Maße über individuelle Persönlichkeit verfügten, war das ebenfalls für die Ahnen der Fall. Sie wurden nach ihrer Entfernung zur Gegenwart (je entfernter, desto mächtiger) und danach klassifiziert, ob sie direkte Vorfahren waren (wichtiger) oder aus einer Nebenlinie stammten, das heißt ob dem König Neffen anstelle von Söhnen nachfolgten (weniger wichtig), und natürlich danach, ob sie männlich waren (wichtiger) oder weiblich (weniger wichtig – Königsmütter in direkter Linie fanden als einzige weibliche Wesen Erwähnung). Insgesamt richtete sich der Kult nicht an die Generation der Eltern, sondern begann erst bei der Großelterngeneration.

Wu Ding ist der seltene Fall eines Herrschers, dessen Eroberungen ihn aus den Reihen weitgehend anonymer Vorfahren herausstechen ließen und der schon unmittelbar nach seinem Tod angebetet wurde. Wu Dings eigene Weissagungstexte sprechen für eine breite Palette von Rezipienten, die viele Arten von Fragen stellen, doch unter seinem Sohn, Zu Jia (ca. 1177–1158 v. u. Z.), setzte ein Prozess zunehmender Routinisierung ein, in dessen Rahmen der Kult nach Maßgabe eines kalendarischen Zyklus organisiert wurde, der jedem Ahnen einen bestimmten Tag zuwies und nur eine begrenzte Zahl von Fragen an ihn erlaubte.[124] Die Fragen betrafen das Wetter, die Ernteerträge, den Ausgang von Feldzügen oder einfach den Sachverhalt, ob in der nächsten Zeit irgendein Ungemach zu erwarten sei. Die Antworten wurden an den Rissen abgelesen, die auf den Scapula oder Schildkrötenpanzern auftraten, nachdem man sie erhitzt hatte, und danach wurden die Eingaben und Antworten inskribiert.

Der noch lebende König war zwar nicht göttlich, aber seine Göttlichkeit wurde vorweggenommen, weil er nach seinem Tod ein Vorfahr werden würde, dessen Macht mit jeder nachfolgenden Generation weiter zunahm. Mit Wheatleys Worten war „der regierende Monarch Angehöriger einer Abstammungslinie, die ontologisch gesehen auf der Erde und hoch oben im Himmel koexistierte, und er war die Schlüsselfigur aller rituellen Abläufe."[125] Auch wenn andere sie vornahmen, wurden Weissagungen und Opferungen immer im Namen des Königs vollzogen, der die einzige Vermittlungsinstanz zwischen dem irdischen und dem göttlichen Reich darstellte. In diesem Zusammenhang bezog der Shang-König sich mit „Ich, der einzige Mensch" *(yu yi ren)* auf sich selbst. Doch so unpersönlich wie die Vorfahren war in gewissem Sinne auch der König. Keightley zitiert die folgenden Worte von David Schaberg über die Shang- und die Zhou-Könige: „In der rituellen Sprache Chinas war die Benennung eines noch lebenden Königs nicht vorgesehen; bis er einen posthumen Titel erhielt, wurde für ihn dasselbe Wort [*wang*] verwendet wie für alle Könige, und zumindest auf sprachlicher und ideeller Ebene ließ er sich nicht von dieser generalisierten Rolle unterscheiden."[126] Entscheidend war demnach die rituelle Rolle des Königs, nicht seine Persönlichkeit. Und so rätselhaft der Hochgott Di uns auch erscheinen mag, bestand zwischen dem Gott und dem König eine einzigartige Beziehung. Keightley lässt uns Folgendes wissen: „Was sowohl Di als auch den König auszeichnete, war, dass Di seine Aufmerksamkeit zumindest in der begrenzten Welt der Weissagungsinschriften auf keine andere lebende Einzelperson und ihre Aktivitäten richtete. Unabhängig davon, ob diese Aufmerksamkeit willkommen war

---

124 Technisch gesehen sind Weissagungen keine Fragen, sondern Eingaben, im Sinne von Behauptungen, die entweder bestätigt oder abgelehnt werden konnten. Deswegen „fragten [die Shang-Wahrsager] nicht: ‚Wird es heute regnen?' Sie behaupteten: ‚Heute wird es vielleicht / wird es nicht regnen.' Weissagungen waren eine Art, den höheren Mächten mitzuteilen, was die Menschen wollten, und eine Möglichkeit, sich dadurch rückzuversichern, dass die Mächte informiert worden waren." David N. Keightley, „Divination and Kingship in Late Shang China", unveröffentlicht, 1991, 368.

125 Wheatley, *Pivot*, 55–56.

126 Keightley, „Making of the Ancestors", 34.

oder nicht, dürfte sie den Status des Königs in der religiösen und politischen Hierarchie unweigerlich verbessert haben.“[127]

Doch obwohl die Autorität des Königs durch seine besondere Rolle gegenüber Di und den Vorfahren wuchs, weist Keightley auch darauf hin, dass die Macht des Königs durch „ein Netz aus spirituellen Verpflichtungen und Rücksichtnahmen“ eingeschränkt wurde, damit „der König kein Despot wurde, der handeln konnte, wie es ihm beliebte“. Und tatsächlich könnten die Zwänge, die auf dem König, und zwar allein auf dem König lasteten und ihn zu der Wendung „Ich, der einzige Mensch“ greifen ließen, auch bedeutet haben: „Ich, der einsame Mensch“, wie Keightley nahelegt.[128] Keightley beschreibt die Folgen der Einbindung des Königs in eine rituell-soziale Ordnung folgendermaßen: „Die Wünsche dieser verschiedenen Mächte – besonders die der Vorfahren, deren Zuständigkeiten systematischer zugeschnitten und umfassender gewesen zu sein scheinen als die von Di oder die der Naturgewalten – könnten als eine Art ungeschriebener Konstitutionalismus gedient haben, so wie die spätere konfuzianische Tradition die einem Kaiser zur Verfügung stehenden Optionen eingeschränkt haben mag.“[129]

Der Shang-König war zwar kein Despot, aber er war auch keineswegs ein Demokrat. So wie in anderen archaischen Gesellschaften bestand eine scharfe Abgrenzung zwischen Herrscher und Beherrschten. Keightley weist darauf hin, dass es in der chinesischen Jungsteinzeit zwar kaum Belege für Menschenopfer gebe, dass aber in der Shang-Dynastie „das Begraben von verstümmelten und geköpften menschlichen Opfern sowie die rituelle Abschlachtung von Dutzenden Gefangenen zu einem regulären Bestandteil des spirituellen und politischen Repertoires der Menschen wurden.“[130] Einige Elitegräber der Shang-Dynastie waren von enormer Größe und wiesen komplexe Bauweisen sowie eine prächtige Ausstattung auf.[131] All dies muss von irgendwelchen abhängigen Arbeitskräften geschaffen worden sein. Auf der Grundlage unserer dürftigen Belege wissen wir nicht, ob auf Seiten des Königs ein Verpflichtungsgefühl gegenüber dem Wohlergehen des gemeinen Volkes bestand, wie es uns in der Zhou-Dynastie begegnen wird, doch in den Weissagungsanliegen, die auf den Orakel-

---

[127] Ebd., 203–204.

[128] Ebd., 208.

[129] Ebd., 209.

[130] David N. Keightley, „Spirituality in China: The Neolithic Origins“, unveröffentlicht.

[131] David N. Keightley, „Shamanism, Death, and the Ancestors: Religious Mediation in Neolithic and Shang China (ca. 5000–1000 BCE)“, *Asiatische Studien / Études Asiatiques*, Nr. 3 (1998), 795.

knochen zum Ausdruck kommen, geht es mehr um das Wohlergehen der herrschenden Elite als um das der Gesellschaft im Ganzen.

Die Shang-Dynastie herrschte in den letzten Jahrhunderten des zweiten Jahrtausends v. u. Z. über ein Reich von erheblicher, wenn auch wechselnder Größe im Tal des Gelben Flusses im nördlichen Mittelchina. Neue landwirtschaftliche Anbauflächen wurden erschlossen und die Bevölkerung wuchs; Städte wurden errichtet und die Künste kultiviert, insbesondere der Bronzeguss als eine besonders aufwändige Technologie. Unser visuelles Wissen über die Kultur der Shang-Dynastie geht in der Hauptsache auf Bronzegefäße von erlesener Schönheit zurück, die in beträchtlicher Zahl erhalten geblieben sind. Ob diese reiche, aber nicht vollständig bekannte Zivilisation die Anfänge von moralischen Bedenken erlebte, wie sie für die gesamte chinesische Kultur der Folgezeit zentral werden sollten, können wir zum gegenwärtigen Zeitpunkt nicht sagen.

Zumindest laut der späteren Erinnerungen daran begann die Eroberung der Shang-Dynastie durch die Zhou-Dynastie mit etwas, das man nur als moralische Detonation bezeichnen kann, deren Widerhall sich noch heute vernehmen lässt. Aufzeichnungen ungewissen Datums zufolge rechtfertigten die frühen Zhou-Könige Wen (reg. 1099–1050 v. u. Z.) und Wu (reg. 1049/1045–1043 v. u. Z.) ihre Bemühungen, an die Stelle der Shang-Dynastie zu treten, mit einer neuen Lehre, die von König Wus Bruder, dem Herzog von Zhou (Zhou Gong) besonders klar dargelegt wurde, nämlich mit der Lehre vom Mandat des Himmels *(Tian ming)*. Wie wir gesehen haben, sagte der Hochgott Di gelegentlich Erfolg für die Gegner des Shang-Königs voraus, aber es gibt keinen Hinweis darauf, dass ein solches Handeln als Bestrafung für Verfehlungen des Königs galt. Ab und zu wurde in der Zhou-Dynastie weiterhin der Begriff Di oder Shang Di (wobei Shang in diesem Fall „hoch oben" bedeutet und nicht mit demselben Schriftzeichen dargestellt wird wie die Shang-Dynastie) für den Hochgott benutzt, aber sehr viel häufiger wird er als Tian (Himmel) bezeichnet, und in diesem Sinne wird der Begriff in den Shang-Inschriften nicht verwendet.[132] Nach Auffassung der Zhou-Dynastie war der Himmel äußerst besorgt um die Moralität der Menschen, und zwar besonders der Könige.

König Wen, der erste Herrscher der Zhou-Dynastie, der den Titel König *(wang)* annahm, obwohl er vom Standpunkt der Shang-Dynastie aus

---

[132] Herrlee G. Creel, *The Origins of Statecraft in China,* Bd. 1, *The Western Chou Empire,* Chicago: University of Chicago Press, 1970, 495–500. David Keightley (persönliches Gespräch) weist darauf hin, dass die spätere Forschung Creels Sichtweise bestätigt, dass es keine Belege für den Gebrauch des Begriffes *Tian* im Zhou-Sinne während der Zeit der Shang-Dynastie gebe.

ein Rebell war, wurde in der Tradition der Zhou-Dynastie als Vorbild an ethischem Verhalten angesehen (grob gesagt, bedeutet *wen* „Kultur"), wohingegen der letzte Shang-König als moralisch verkommen galt. König Wu (grob gesagt, bedeutet *wu* „Militär") schloss die Eroberung der Shang-Dynastie ab. Konsolidiert wurde sie durch seinen Sohn, König Cheng, für den aufgrund seiner Jugend in den ersten sieben Jahren seiner Regierungszeit König Wus Bruder, der Herzog von Zhou, die Regentschaft übernahm. Auch König Wu und der Herzog von Zhou wurden von späteren Generationen als Inbegriff von Moral angesehen. Ein tief um die menschliche Moral besorgter Himmel konnte das Mandat *(ming)* von einer Dynastie auf eine andere übertragen und tat das auch, wenn der Herrscher der vorherigen Dynastie zu dekadent geworden war. Die Lehre vom Mandat des Himmels wurde von der Zhou-Dynastie bis vor die Shang-Dynastie ausgeweitet, die ihrerseits wegen der moralischen Verfehlungen der letzten Herrscher der Xia-Dynastie – über die uns aus den Inschriften der Shang-Dynastie selbst nichts bekannt ist – das Mandat des Himmels erhalten hatte, wie die Ideologen der Zhou-Dynastie behaupteten. Obwohl sie wirkungsvoll für die Legitimation der neu errichteten Zhou-Dynastie sorgte, erwies sich die Lehre vom Mandat des Himmels als zweischneidiges Schwert, da sie sich auch gegen die Zhou-Dynastie selbst und gegen jedes in der gesamten chinesischen Geschichte folgende Herrscherhaus wenden konnte. Eine der Hauptoden aus dem *Shi* oder *Buch der Lieder* beginnt mit folgender Strophe:

> „Über dem Gesetz, dem Gesetz des Hochahnen,
> des unteren Volkes Herrscher.
> Rücksichtsloser Hochahn,
> sein Mandat umfasst viel Böses!
> Der Himmel erzeugt das große Volk,
> sein Mandat ist nicht beständig.
> Es gibt einen Anfang,
> für wenige kann es ein Ende geben."[133]

Die Ode fährt mit einer Reihe von König Wen zugeschriebenen Schmähungen fort, in denen die Verbrechen der Shang-Dynastie geschildert werden, und schließt mit der Beschwörung des ebenfalls verdienten Endes der vorausgegangenen Xia-Dynastie, doch sie bekräftigt auch die unweigerlich für die Zhou-Könige selbst geltende Bedingtheit königlicher Herrschaft.

In den meisten Hinsichten weist der Übergang von der Shang- zur Zhou-Dynastie große Kontinuität auf. Die frühen Zhou-Könige eroberten

---

[133] *Shijing: Das Altchinesische Buch der Lieder,* übers. und hrsg. v. Rainald Simon, Stuttgart: Reclam, 2015, Nr. 255.

ein größeres Gebiet, als die Shang-Könige beherrscht hatten, doch einen Großteil davon vermochten sie nicht direkt zu regieren. Angehörigen der königlichen Abstammungslinie, wie zum Beispiel Brüdern und Neffen des Königs, wurden Teilbereiche überlassen. In einigen Fällen wurden bestehende lokale Herrscher als Untertanen des Zhou-Hofstaats anerkannt. Vor allem die Nachfahren des Shang-Herrscherhauses bekamen ein Gebiet zugewiesen, aus dem der Staat Song wurde. Dieses Arrangement ist häufig als Feudalismus bezeichnet worden, obwohl Wheatley dieselben Vorbehalte gegenüber diesem Begriff hat wie im Fall der Shang-Dynastie und es vorzieht, die Regierungsform der Zhou-Dynastie als Patrimonialismus zu betrachten, in dessen Rahmen für Verwandte des Königs Pfründe eingerichtet wurden. Feudalismus, macht Wheatley unter Heranziehung der europäischen Geschichte geltend, verlangt irgendeine Art von Vertrag zwischen Herren und Lehnsmännern und die gibt es weder in der Shang- noch in der Zhou-Dynastie.[134]

Herrlee Creel hält dagegen den Begriff „Feudalismus" in Bezug auf die Zeit der Zhou-Dynastie für sinnvoll, wenn man ihn richtig versteht. Er legt eine eigene, ziemlich minimalistische Definition vor: „Feudalismus ist ein Regierungssystem, in dem ein Herrscher persönlich eingeschränkte Souveränität über Teile seines Territoriums an Lehnsmänner delegiert."[135] Doch in der Sache kommt seine Analyse der von Wheatley sehr nah. Creel zufolge nahmen die Zhou-Könige für sich in Anspruch, eine zentralisierte Verwaltung zu schaffen: Sie pochten darauf, dass ihre „Lehnsmänner" nicht autonom, sondern dem Willen des Königs unterworfen waren und dass ihr Hof Steuern erhob, für die Rechtsprechung zuständig war und theoretisch, wenn auch in der Praxis nicht häufig, den Lehnsmännern ihre Gebiete wieder wegnahm – vor allem in den frühen Jahren, als die Monarchie stark war.[136] Dies ist nicht weit von dem entfernt, was Wheatley mit einem Patrimonialsystem meint, das Untergebenen Pfründe zuweist. Was Creel hervorheben möchte, ist, dass die spätere Idealisierung der frühen Zhou-Könige nicht völlig unangebracht war. Er meint, „es war nicht Teil der Absicht der frühen Könige, ein Reich zu errichten, über das sie keine volle Kontrolle hatten. Sie hatten ‚alles unter dem Himmel' nicht bloß erobert, um es wieder herzugeben."[137] Dass es ihnen nur für relativ kurze

---

[134] Wheatley, *Pivot,* 118–122.
[135] Creel, *Origins of Statecraft,* 320.
[136] Ebd., 168–170, 381–382 und 387–416. Ich habe weder von Creel noch von Wheatley Stellungsnahmen zur Sichtweise des jeweils anderen finden können. Creels Buch ist 1970 erschienen und Wheatleys 1971, sodass es gut sein kann, dass keiner der beiden von den Argumenten des anderen wusste.
[137] Ebd., 419.

Zeit gelang, ein zentralisiertes Regierungssystem zu errichten, lag an den dafür fehlenden Kontrolltechniken und zumindest in den Augen späterer Denker nicht daran, dass sie nicht die Absicht dazu hatten. Ihre mutmaßliche Absicht lebte weiter, auch wenn sie bis zum Jahr 221 v. u. Z. nicht wieder verwirklicht werden sollte.

Obwohl in der Zhou- genauso wie in der Shang-Dynastie am Königshof und in den neu eingerichteten Teilstaaten Ansätze zu einer patrimonialen Bürokratie vorhanden waren, wurden weder die Shang- noch die Zhou-Dynastie wirksam zentralisiert: Der Dezentralisierungsprozess des Zhou-Königreichs, der in der Zeit der Streitenden Reiche (481–221 v. u. Z.) vollendet wurde, hatte sehr früh eingesetzt. Der Einfachheit halber wird gesagt, dass die Zeit der westlichen Zhou-Dynastie mit dem Fall ihrer Hauptstadt im Jahr 771 v. u. Z. und der politischen Machtlosigkeit ihres Königshofs in der Folgezeit zu Ende ging. Der Übergang von der Archaik zur Achsenzeit, der das Hauptanliegen dieses Buches darstellt, fand zwischen dem Ende der westlichen Zhou-Dynastie und der Errichtung des zentralisierten Reichs durch die Qin-Dynastie im Jahr 221 v. u. Z. statt. Es ist nicht erforderlich, dass wir innerhalb dieses Zeitraums von 550 Jahren eine klare Grenze ziehen, aber wie wir in einem späteren Kapitel sehen werden, könnte es günstig sein, das Leben von Konfuzius (551–479 v. u. Z.) als Wendepunkt zu betrachten.[138]

Leider ist es sehr schwierig, die Texte zu datieren, die den Anschein erwecken, als würden sie aus der Zeit zwischen den Zhou-Eroberungen und den Lebzeiten von Konfuzius stammen, sodass wir bei der Verfolgung der Entwicklung des Denkens in diesem Zeitraum lediglich auf Vermutungen zurückgreifen können. Zwei der wichtigsten Textkonvolute, auf die sich auch Konfuzius respektvoll bezogen hat, sodass es sich zumindest um Teile von dem handeln muss, was ihm vorausging, sind das *Buch der Urkunden* (das manchmal auch als *Shujing* bezeichnet wird – ich werde es als *Shu* bezeichnen) und das *Buch der Lieder* (das manchmal auch als *Shijing* bezeichnet wird – ich werde es als *Shi* bezeichnen). Das *Shu* enthält allem Anschein nach Reden und Dialoge aus den frühen Jahren der Zhou-Eroberungen, von denen einige zwar nicht die tatsächlichen Worte der vermeintlichen Sprecher wiedergeben mögen, aber trotzdem mit an Sicherheit grenzender Wahrscheinlichkeit aus der Zeit der westlichen Zhou-Dynastie stammen, ja sogar aus deren Frühzeit.[139] In dem König Cheng zugeschrie-

---

138 Wie auch Edward L. Shaughnessy im Zusammenhang seiner Ausführungen in *Before Confucius: Studies in the Creation of the Chinese Classics*, Albany: SUNY Press, 1997.

139 In *Before Confucius* geht Shaughnessy die Argumente für die Datierung der ersten

benen Kapitel mit dem Titel „Da gao" („Die Große Ansprache") wird das Mandat des Himmels zum ersten Mal erwähnt und in dem Kapitel „Shao gao" („Die Ernennung des Shao Gong") findet sich die erste Bezugnahme auf den Herrscher als Sohn des Himmels *(Tianzi)*. Es lohnt sich, die letzte Textstelle in voller Länge zu zitierten:

> „Erhabener Himmel, Herr in der Höhe, hat seinen ältesten Sohn ersetzt und Yin [der Begriff Yin wurde in der Zhou-Dynastie manchmal als Bezeichnung für die Shang-Dynastie verwendet] das Mandat für diesen großen Staat entzogen. Unser König hat das Mandat erhalten."[140]

An dieser Textstelle wird deutlich, wie die Zhou-Dynastie den Hochgott Di der Shang-Dynastie in ihre primäre Bezugnahme auf den Himmel integrierte und dass der Herrscher nicht bloß der Sohn, sondern der „älteste Sohn" des Himmels ist.

Shaughnessy vertritt die Ansicht, dass in zwei dieser ersten Kapitel des *Shu* ein Streit über das Wesen der Regierung zwischen Zhou Gong (dem Herzog von Zhou) und seinem Halbbruder Shao Gong enthalten ist, der auch als „Großer Beschützer Shi" bezeichnet wird. Möglicherweise um sich gegen den Vorwurf des Machtmissbrauchs während seiner Regentschaft für den jungen König Cheng zu verteidigen, behauptet Zhou Gong im Kapitel „Jun Shi" („Der Edelmann Shi", das heißt Shao Gong, der in diesem Fall der Adressat von Zhou Gongs Rede ist), dass das Mandat des Himmels dem Volk der Zhou im Allgemeinen erteilt wurde und dass tugendhafte Könige (als Präzedenzfälle nennt er sowohl Shang-Könige als auch die Könige Wen und Wu) für eine erfolgreiche Herrschaft immer auf verdienstvolle Minister angewiesen gewesen seien. In seiner Antwort im

---

Kapitel des *Buchs der Urkunden (Shu)* durch und weist darauf hin, dass Herrlee Creel davon ausging, dass einige von ihnen aus der Zeit des Herzogs von Zhou selbst stammen, während David Keightley der Meinung war, dass sie wahrscheinlich erst gegen Ende der westlichen Zhou-Dynastie verfasst wurden. Shaughnessy selbst meint, dass zwar die entscheidenden Kapitel nicht exakt datiert werden können, es aber „keinen Zweifel daran geben kann, dass sie wesentlich älter sind als die hagiografische Tradition, die sich, ungefähr zur Zeit von Konfuzius, um den Herzog von Zhou entwickelt hat, und sie deswegen mit großer Sicherheit die historiographischen Belange der westlichen Zhou-Dynastie reflektieren" (130–131). In seinem Aufsatz „Shang shu", in: *Early Chinese Texts: A Bibliographical Guide,* hrsg. v. Michael Loewe, Berkeley: Society of the Study of Early China, Institute of East Asian Studies, University of California, Berkeley, 1993, 377–380, erörtert Shaughnessy außerdem die Datierung verschiedener Kapitel des *Shu.*

140 Shaughnessy, *Before Confucius,* 115. Siehe Bernhard Karlgrens Übersetzung des *„Shao gao"* in seinem *The Book of Documents,* Museum of Far Eastern Antiquities, Bulletin 22, Stockholm 1950, 48–51.

Kapitel „Shao gao" wendet Shao Gong, wie oben vermerkt, ein, dass dem König das Mandat erteilt worden sei und dass nur er allein regieren dürfe. Wie Shaughnessy anmerkt, wird sich dieser Streit durch die gesamte chinesische Geschichte ziehen, wobei Konfuzius und seine Anhänger für Zhou Gong Partei ergreifen und die royalen Absolutisten für Shao Gong.[141]

Für uns ist hier von Interesse, wie weit diese ersten Kapitel des *Shu* spätere, möglicherweise achsenzeitliche Entwicklungen vorwegnehmen. Auch wenn wir die Beweisführung auf ein späteres Kapitel verschieben müssen, besteht kein Zweifel daran, dass die Vorstellung vom Himmel und seinem Mandat für Konfuzius achsenzeitliche Implikationen besaß. Meiner Meinung nach ließe sich aber einwenden, dass die achsenzeitlichen Implikationen in der Frühzeit der westlichen Zhou-Dynastie allenfalls ansatzweise vorhanden waren. Angesichts der Jahrhunderte währenden Vorherrschaft des Shang-Königshauses ging es innerhalb der Elite um eine Auseinandersetzung darüber, ob es legitim sei, dass eine königliche Abstammungslinie, nämlich die der Zhou-Dynastie, auf der höchsten Autoritätsebene an die Stelle einer anderen königlichen Abstammungslinie, nämlich der der Shang-Dynastie, trat. Alle Akteure in diesem Drama waren Mitglieder von königlichen Familien und die archaische Vorstellung, dass nur der Herrscher zwischen dem Hochgott und dem Volk vermitteln könne, stand nicht in Frage. Sogar in dem ursprünglichen Streit zwischen Zhou Gong und Shao Gong ging es bloß um den jeweiligen Machtanteil von Mitgliedern der Herrscherfamilie. Die Begrifflichkeit der frühen Zhou-Dynastie wurde erst viele Jahrhunderte später von Konfuzius und seinen Nachfolgern zur Formulierung einer sehr viel allgemeineren Auffassung der Beziehung zwischen Göttlichem und Menschlichem verwendet. Cho-yun Hsu und Katheryn M. Linduff haben das gut getroffen, wenn sie schreiben: „Der Beitrag der Zhou-Dynastie bildete den Grundpfeiler ihrer eigenen politischen Legitimität, aber er bahnte den Weg für die lange chinesische Tradition des Humanismus und Rationalismus und kann als erster Schritt in Richtung eines Jasper'schen Durchbruchs verstanden werden."[142]

Doch selbst wenn die Verkündung der Vorstellung vom Mandat des Himmels lediglich ein erster Schritt gewesen ist, hatte sie Implikationen

---

[141] Siehe besonders Shaughnessy, „Western Zhou History", 317, aber genereller auch 313–317 des Aufsatzes; und *Before Confucius*, 101–164.

[142] Cho-yun Hsu und Katheryn M. Linduff, *Western Chou Civilisation*, New Haven: Yale University Press, 1988, 111. Mit „Jasper'schem Durchbruch" meinen die Autoren den achsenzeitlichen Durchbruch, da der Begriff „Achsenzeit" zuerst in *Vom Ursprung und Ziel der Geschichte*, Frankfurt: Fischer, 1955 [1949], von Karl Jaspers in den allgemeinen Sprachgebrauch eingeführt wurde.

für das Verständnis der Beziehung zwischen Herrscher und Volk sowie zwischen Herrscher und Himmel, die erheblich anders waren als alles, was uns über die Shang-Dynastie bekannt ist. Im Kapitel „Jun Shi" heißt es, Zhou Gong habe gesagt: „Wenn unsere Söhne und Enkel sich oben und unten [gegenüber dem Himmel und dem Volk] nicht respektvoll verhalten können und den Ruhm zunichtemachen, den unsere Ahnen unserem Haus gebracht haben – wenn sie vergessen, dass es nicht leicht ist, das Mandat des Himmels zu behalten, und dass man sich auf den Himmel nicht verlassen sollte, dann werden sie das Mandat zu Fall bringen."[143] Was der Respekt für das Volk mit sich bringt, lässt sich an einer Reihe von Kapiteln im *Shu* ablesen. Im Kapitel „Zi cai" („Das Holz des Zi-Baumes") ermahnt zum Beispiel König Wu einen seiner Söhne, „sich sogar um die Hilflosen und Einsamen zu kümmern, ja sogar um schwangere Frauen [...] seit jeher haben die Könige das getan."[144] Wenn ich Bernhard Karlgrens eher unbeholfene Übersetzung dieses Kapitels paraphrasieren darf, wird der Sohn angewiesen, dem Volk ein Vorbild zu sein, für es zu sorgen und es zu unterstützen, die Todesstrafe zu meiden und sogar Bestrafungen überhaupt so weit wie möglich zu vermeiden.[145] Wir mögen daran zweifeln, wie weit solche Anordnungen ausgeführt wurden oder wie sehr die Könige sich tatsächlich um schwangere Frauen gekümmert haben, aber von Interesse ist hier allein das Ideal.

Die Poeme des *Shi* sind nicht leichter zu datieren als die angeblich authentischen Kapitel des *Shu*, aber viele von ihnen vermitteln ein lebendiges Bild davon, wie Herrscher handeln sollten und wie sie tatsächlich handeln. Zum Beispiel:

> „Ein freudevoller Herr
> ist des Volkes Vater und Mutter.
> Freudevoller Herr,
> Strahlkraft und guten Ruf ohne Ende!"[146]

Nicht alle Herrscher werden als so ehrenwert beurteilt. Ein anderes Lied warnt:

> „Die Städter – oh –, erschöpft, ach,
> könnten sie bald ein wenig Kraft schöpfen!

---

143 Übersetzung von Creel, *Origins of Statecraft,* 98. Die Zusätze in den eckigen Klammern sind von Creel. Vgl. Karlgren, *The Book of Documents,* 59.

144 Übersetzung von Creel, *Origins of Statecraft,* 99.

145 Karlgren, *The Book of Documents,* 46.

146 *Buch der Lieder,* übers. und hrsg. v. Rainald Simon, Nr. 172.

Lieben dieses Land in der Mitte,
befrieden mit ihm die Lehnsstaaten der Runde.“[147]

Oder die Beurteilung geht über eine bloße Warnung hinaus:

„Feldmaus, Feldmaus,
friss nicht meine Rispenhirse.
Drei Jahre fütterte ich dich,
niemals wolltest du mich sehen.
Ich schwöre, ich verlasse dich,
ziehe in eine Mark der Freude.
Mark der Freude, Mark der Freude,
dort finde ich mein Heim.“[148]

Im frühen China waren Menschen mehr wert als Land, sodass die unterdrückten Bauern sozusagen „mit den Füßen abstimmen“ konnten. Auch wenn sie nach einer „Mark der Freude“ gesucht haben mögen, war wahrscheinlich ein etwas wohlwollenderer Herr das Beste, was sie fanden.

Das *Shi* übermittelt uns ein bemerkenswert freimütiges Bild des politischen Lebens in der Zhou-Dynastie (das es zeitweilig, wie zum Beispiel im „Feldmaus“-Poem, mit David Malos Bild des frühen Hawaiis aufnehmen kann), ist aber auch unsere beste Quelle für präkonfuzianische Frömmigkeit. Eine der gemeinhin als älteste Texte der Sammlung geltenden „Hymnen der Zhou“ vermittelt eine Vorstellung von der zentralen Stellung des Himmels für den Glauben in der Zhou-Dynastie:

„Ehrerbietig, ehrerbietig,
der Himmel offenbart [alles],
Sein Mandat, ach, ist nicht leicht zu tragen!
Niemand sage: ‚Hoch, hoch sei er oben.‘
Auf und ab steigen Seine Gesandten,
täglich beobachten sie hier.
Ach, ich kleiner Sohn,
ich war nicht so klug, auf sie zu achten.
Wie die Sonne wandert, der Mond zieht,
ich lerne von den glanzvoll glänzenden [Ahnen] in heller Klarheit.
Groß ist meine Aufgabe,
zeigt mir, offenbart mir sittliches Handeln.“[149]

Die Wendung „Ach, ich kleiner Sohn“ zeigt an, dass es der König ist, der spricht; manchmal bezeichnet der König sich sogar als „Waisenkind“. Ein

---

147 Ebd., Nr. 253. „Land der Mitte“ meint hier noch nicht China, sondern das zentrale Gebiet der Zhou-Dynastie.

148 Ebd., Nr. 113.

149 Ebd., Nr. 288.

solcher Sprachgebrauch steht vermutlich im Zusammenhang mit der Wendung „Ich, der einzige Mensch", welche in der Zhou-Dynastie wie schon in der Shang-Dynastie verwendet wurde.

Bezeichnend für diese Hymne ist die Vorstellung, dass der König ein treuer Diener des Himmels ist. In keiner Inschrift der Shang-Dynastie deutet sich eine Beziehung dieser Art zwischen dem Shang-König und Di an. Tatsächlich kommt Di in den Inschriften der späten Shang-Dynastie kaum noch vor, die sich fast ausschließlich an die Ahnen richten (auch wenn die Ahnen unter Wu Ding mitunter als Fürsprecher bei Di galten). Bezugnahmen auf die Ahnen gibt es im *Shi* zwar auch, aber sie sind selten, besonders im Vergleich dazu, wie häufig auf den Himmel Bezug genommen wird. Dass die Ahnen dieser Sichtweise zufolge weiterhin potenziell auf ihre Nachfahren Einfluss nahmen, zeigen die Eingangsverse einer Kleinen Ode:

> „Vierter Monat, Sommer;
> im sechsten Monat weicht man der Hitze aus.
> Waren die Vorväter nicht wohlwollend?
> Weshalb lässt man mich leiden?"[150]

In einer anderen Ode wird eine Opferung bei den Ahnen in allen Einzelheiten beschrieben und festgestellt:

> „Das Ritual kommt zu seinem Ende,
> Lachen und Reden erfüllen sich.
> Die jenseitigen Schützen sind gekommen,
> sie schenken großes Glück,
> zehntausend Lebensjahre gewähren sie."[151]

Die Texte auf den Orakelknochen sind von ganz anderer Art als die Hymnen, Oden und Weisen des *Shi*, weshalb wir in gewissem Sinne Äpfel und Birnen miteinander vergleichen. Nach allem, was wir wissen, gab es in der Shang-Dynastie Hymnen auf Di, die nicht überliefert sind. Doch auf der Grundlage der vorliegenden Belege scheint es so zu sein, dass sich in der Zhou-Dynastie, obwohl die Ahnen weiterhin angebetet wurden, innerhalb der Frömmigkeit schon recht früh ein ganz neues, tiefes Beschäftigtsein mit dem Himmel und mit der Mensch-Gott-Interaktion entwickelte. In einer Ode im *Buch der Lieder* stoßen wir zum Beispiel auf eine Anschuldigung gegen den Himmel, die an die ägyptische Anschuldigung gegen den Gott erinnert:

---

150 Ebd., Nr. 204.
151 Ebd., Nr. 209.

„Weit, weit gespannter Äther,
nicht wohl ist deine Wirkung.
Wirfst Tod herab, verdorrt ist Korn und Kraut,
schädigst alles Land umher.
Erhabener Himmel der Grausamkeit,
niemand sorgt, niemand plant.
Setztet ein Übeltäter,
verdecktet ihre Schuld.
Die Unschuldigen,
so versinken sie in Leiden.“[152]

Doch auch hier findet der Himmel Verteidiger:

„Die Not der Städter,
nicht fällt sie vom Himmel.
Nette Worte viel, hinterrücks Hass,
nur Streit von den anderen her.“[153]

Wir haben es hier zumindest ansatzweise mit einer theologischen Auseinandersetzung zu tun. Als Konfuzius sagte, „ich übermittle, aber ich schaffe nichts Neues“, hatte er sicher nicht ganz unrecht, denn er hat tatsächlich versucht, die Traditionen der „drei Dynastien“ (Xia, Shang und Zhou) zu bewahren und zu deuten, besonders aber die Tradition der Zhou-Dynastie:

> „Konfuzius sprach: ‚Die Zhou-Dynastie folgt den beiden vorangegangenen Dynastien der Xia und Shang. Wie vornehm und kultiviert! Ich folge Zhou.‘“[154]

Wie gesagt, folgt das Achsenzeitliche in keinem anderen Fall mit einer solchen Kontinuität auf das Archaische.[155]

---

[152] Ebd., Nr. 194.

[153] Ebd., Nr. 193.

[154] Konfuzius, *Gespräche (Lun-yu)*, übers. und hrsg. v. Ralf Moritz, Stuttgart: Reclam, 1998, 3:14.

[155] Als ich sagte, bei China handle es sich um den einen Fall ununterbrochener Kontinuität von der Jungsteinzeit bis zur Gegenwart, hatte ich nur teilweise recht. Eine ähnliche Kontinuität weist Japan auf. Ich habe allerdings dargelegt, dass Japan zwar den Schritt von der Jungsteinzeit in die Archaik gemacht hat, aber bis heute nie eine achsenzeitliche Zivilisation geworden ist. Das mag wie eine merkwürdige Behauptung klingen, da Japan mehrere wichtige Traditionen der Achsenzeit übernommen hat: Konfuzianismus, Buddhismus, Christentum und die westliche Aufklärung, einschließlich deren Nachfolger wie den Marxismus. Deswegen ist Japan, eindeutig, nicht präachsenzeitlich, wie es bei allen anderen archaischen Fällen gewesen ist; und doch würde ich behaupten, dass es nicht-achsenzeitlich ist, weil es mit großer Brillanz und großem Erfolg achsenzeitliche Kultur verwendet hat, um seine archaischen Vorannahmen zu verteidigen. Diese These habe ich an anderer Stelle ausführlich entwickelt, weswegen ich sie hier nicht wiederholen muss. Siehe „Introduction: The Japanese

Ich habe die despotischen Begründer der frühen Staaten erwähnt, die fast immer durch Blutvergießen und Angst und Schrecken an die Macht kamen – als Emporkömmlinge von der Art, die es den Stammesgesellschaften gewöhnlich zu unterdrücken gelang. Entgegen Girards Theorie scheint es, als sei bei der ersten Tötung unter kulturell organisierten Menschen kein Sündenbock getötet worden, sondern ein Emporkömmling, der den Despotismus des alten Primatenalphamännchens ernsthaft wiederaufleben zu lassen drohte. Ich habe behauptet, dass Dominanz im Egalitarismus der Jäger und Sammler nicht aufgegeben wurde, sondern als Herrschaft aller über jeden Einzelnen eine neue Form annahm. Wirksame Dominanz führt jedoch nicht nur zu Unterwerfung, sondern auch zu Unmut und Missgunst sowie zu dem Wunsch, sich dagegen zur Wehr zu setzen. Deswegen sind in jeder Gesellschaft Emporkömmlinge zu finden, die den Despotismus wiederauferstehen lassen wollen. Um die Allgegenwart von Emporkömmlingen zu verstehen, müssen wir nicht einmal die Soziobiologie bemühen: Die moderne Philosophie hat mehr als nur ein bisschen über diese menschliche Schwäche zu sagen. Hobbes sprach von „Ruhmsucht", Hegel von der fundamentalen menschlichen Dialektik von „Herr und Knecht" und Nietzsche vom „Willen zur Macht".

Doch obwohl Emporkömmlinge in allen Gesellschaften zu finden sind, gibt es erfolgreiche Emporkömmlinge nur in komplexen Gesellschaften. Zwei Aspekte tragen in komplexen Gesellschaften zu dieser Möglichkeit bei. Wachsende landwirtschaftliche Überschüsse erlauben die Bildung größerer Gruppen – Gruppen, die über die Face-to-Face-Horden der Jäger und Sammler hinausgehen – und in solchen größeren Gesellschaften fällt die Anwendung der uralten Techniken, mit Emporkömmlingen fertigzuwerden, schwerer. Meistens ist das Einfallstor für erfolgreiche Emporkömmlinge aber die Militarisierung. In großen, wohlhabenden Gesellschaften geht Gefahr fast immer von den Habenichtsen an ihren Rändern oder von anderen wohlhabenden Gruppen aus, die noch wohlhabender werden möchten. In endemischen kriegerischen Situationen strahlen erfolgreiche Krieger ein Mana oder Charisma aus, das sie zur Bildung einer Gefolgschaft nutzen können. So konnte in Polynesien der *toa* (Krieger) dem *ariki* (Priester / Häuptling) den Rang streitig machen. In vielen Teilen der Welt ist es in „heroischen Zeiten" zum Aufstieg solcher Kriegerhäuptlinge gekommen. Der tapfere Krieger allein konnte den alten egalitären Konsens

---

Difference", in: Robert N. Bellah, *Imagining Japan: The Japanese Tradition and Its Modern Interpretation,* Berkeley: University of California Press, 2003, 1–62. S. N. Eisenstadt hat ähnlich argumentiert in seinem Buch *Japanese Civilization,* Chicago: University of Chicago Press, 1997.

nicht anfechten. Hobbes hat darauf hingewiesen, dass selbst der stärkste Mann überwältigt werden kann, wenn andere sich zusammentun, ja sogar von jemand Schwachem, wenn der starke Mann gerade schläft. Nur wenn der herausragende Krieger eine Schar von Gefolgsleuten mobilisieren kann, ist er in der Lage, den alten Egalitarismus in Frage zu stellen und als erfolgreicher Emporkömmling die Veranlagung zur Dominanz von den Kontrollschranken zu befreien, denen sie vorher unterlag. Die Kriegerschar kann sich jedoch auch als selbstzerstörerisches Projekt erweisen, wenn sie ausschließlich zur Schaffung anderer Kriegerscharen anspornt, was zu einer sich immer weiter aufschaukelnden Gewaltzunahme führt (eine wirkliche Möglichkeit – der „Albtraum der Geschichte", von dem James Joyce gesprochen hat).[156]

Häuptlingstümer sind bekanntermaßen vergänglich, aber auch frühe Staaten sind ziemlich zerbrechlich. Erst wenn ein erfolgreicher Krieger eine neue Form von Autorität oder legitimer Hierarchie auszuprägen vermag, kann er den Gewaltkreislauf durchbrechen und darauf hoffen, dass seine Herrschaft anhält – vielleicht bis er sie seinen Nachkommen vererben kam. Doch dies macht eine neue Beziehung zwischen Göttern und Menschen und eine neue Organisationsform der Gesellschaft erforderlich, in der sich ein signifikanter Platz sowohl für die Veranlagung zur Fürsorge als auch für die Veranlagung zur Dominanz findet. Diese Aufgabe müssen die archaischen Religionen und Gesellschaften vollführen, wenn sie und sei es für kurze Zeit erfolgreich sein wollen. Zu diesem Zweck entwickeln sie eine breit angelegte, hierarchische Vorstellung vom Kosmos, die das Göttliche, das Natürliche und das Menschliche einbezieht.

Sogar in Gesellschaften, in denen der alte Egalitarismus der Jäger und Sammler durch ein informelles System von zunehmend strengen Sanktionen gegenüber sich anheischig machenden Emporkömmlingen aufrechterhalten wurde, war ein Mythos- und Ritualmuster erforderlich, das sozusagen „jenseits des Schlachtgetümmels" des Alltagslebens Sinn und Solidarität stiftete. Diese Rolle übernahm die Traumzeit in Australien und die anderen Stammesgruppen, die wir betrachtet haben, verfügten über ähnliche Praktiken und Vorstellungen. Danach haben wir festgestellt, dass in Gesellschaften, in denen der Ackerbau zunehmend an Bedeutung gewann und die Bevölkerung wuchs, am Rang orientierte Abstammungslinien „einen übergeordneten Bezugspunkt" bereitzustellen vermochten,

---

[156] Kramer (*Die Geschichte beginnt mit Sumer*, 102) fasst das in Form eines prägnanten sumerischen Sprichworts zusammen:
„Du gehst hin und trägst das Land des Feindes weg.
Der Feind kommt und trägt dein Land weg."

wie es oben hieß, „mit dessen Hilfe alltägliche Spannungen abgemildert und geschlichtet werden konnten". Die Kalapalo und die Tikopianer verfügten über solche am Rang orientierte Abstammungslinien, auch wenn sie im Grunde genommen egalitär waren.

Zwischen Stammesreligion und archaischen Religionen gibt es eindeutig Kontinuitätslinien: In den Momenten kollektiver Efferveszenz bei den großen Festen der archaischen Gesellschaften wurde die Solidarität des sozialen Ganzen erneut bekräftigt. Doch die meiste Zeit diente Hierarchie und nicht kollektive Solidarität in den archaischen Gesellschaften als Organisationsprinzip. So schreibt Lewis Mumford:

> „Zu diesem Zeitpunkt verlagert sich die menschliche Tätigkeit von der begrenzten horizontalen Ebene des Dorfes und der Familie auf die vertikale Ebene einer ganzen Gesellschaft. Die neue Gesellschaft bildete eine hierarchische Struktur, eine soziale Pyramide, die von der breiten Basis bis zur obersten Spitze viele Familien, viele Dörfer, viele Berufe, viele unterschiedliche Lebensregionen und nicht zuletzt viele Götter in sich vereinigte. Diese politische Struktur war die grundlegende Erfindung des neuen Zeitalters; ohne sie wären weder seine Monumente noch seine Städte gebaut worden, noch wären diese, das muß man hinzufügen, immer wieder vorzeitig zerstört worden."[157]

Archaische Gesellschaften wurden sehr viel größer, als die vorherigen Gesellschaften es je gewesen waren. Wenn sie überhaupt stabil bleiben wollten, mussten sie Solidaritätsformen finden, die auf mehr beruhten als auf Stammesfestivitäten auf der einen oder kriegerischer Gewalt auf der anderen Seite. Die Lösung, die jede archaische Gesellschaft, über die wir genügend wissen, gefunden hat, war eine neue Auffassung von Königtum und Göttlichkeit, die über die alten Vorstellungen von am Rang orientierten Abstammungslinien und mächtigen Wesen hinausging. Auf Hawaii und in den Gesellschaften, die wir in diesem Kapitel untersucht haben, agierten die Könige wie Götter und die Götter wie Könige. Wie Jacobsen gesagt hat, wurde der Kosmos als Staat und der Staat als wesentlicher Bestandteil des Kosmos betrachtet.[158]

Doch vielleicht müssen wir noch einen Schritt weiter zurückgehen. Es gab einmal eine Zeit, in der es keinen Staat und keinen Kosmos gab, der als Staat betrachtet wurde. Wie sind wir von einer Gesellschaft, und zwar sogar von einer am Rang orientierten Gesellschaft, in der Häuptlinge und Volk noch durch starke Verwandtschaftsbande miteinander verbunden waren, zu einer Gesellschaft gelangt, in der eine echte, nicht mehr ver-

[157] Lewis Mumford, *Mythos der Maschine: Kultur, Technik und Macht,* übers. v. Liesl Nürenberger und Arpad Hälbig, Wien: Europaverlag, 1974 [1967], 194.
[158] Jacobsen, „Mesopotamien", 148–149.

wandtschaftlich mit dem gemeinen Volk verbundene sekundäre Formation, also ein Staat, auftreten konnte? Wie es scheint, ist die Verlagerung von einer Stammesgesellschaft zur archaischen Gesellschaft erst möglich geworden, als ein Mann so viel Aufmerksamkeit auf sich zog, dass er den Anspruch erheben konnte, er, und zwar er allein, sei nicht nur zum Regieren, sondern auch zur Aufrechterhaltung der Beziehung der Gesellschaft zu den Göttern – bzw. kurz darauf zu „dem Gott“ – in der Lage. Als der Shang-König von sich als „Ich, der einzige Mensch“ sprach, brachte er eine tiefe Wahrheit über das archaische Königtum zum Ausdruck. Im Staat als der neuen sekundären Formation sollte allein sein Wille zum Ausdruck kommen, und er allein stand vor dem Gott (bzw. den Göttern), um die richtige rituelle Beziehung zum Göttlichen zu bewahren. Es sieht so aus, als sei der seinerseits göttliche oder halbgöttliche König der Hebel gewesen, der erforderlich war, um die Gesellschaft auf ein neues soziales Organisationsniveau zu bringen. Oder, um eine andere Metapher zu verwenden, es sieht so aus, als habe der archaische König eine atomare Explosion ausgelöst, deren Energie in der Lage war, etwas in Bewegung zu versetzen, das sich jahrtausendelang nicht von der Stelle bewegen wollte. Doch nachdem der archaische Staat zustande gekommen war, musste er schnell ein Netz aus Institutionen und Machtstrukturen, aber auch aus Ritualen und Vorstellungen vom Kosmos weben, das ihn sowohl natürlich als auch unvermeidlich wirken ließ.

In der archaischen Gesellschaft waren die traditionellen Sozialstrukturen und sozialen Praktiken in einer von göttlicher Seite errichteten kosmischen Ordnung verankert, und zwischen religiösen Anforderungen und sozialer Konformität bestand kaum ein Spannungsverhältnis. Soziale Konformität wurde sogar an allen Stellen durch religiöse Sanktionen (Tabus) verstärkt. Gleichwohl setzte schon die Vorstellung, dass mächtige Könige und typisierte Götter den Menschen gegenüber mit einer gewissen Freiheit agierten, ein Moment von Offenheit frei, das auf Stammesebene nicht so sichtbar war.[159] Sobald die Könige den Anspruch erhoben, Beschützer des gemeinen Volks zu sein, können Fragen gestellt werden, wenn das gemeine Volk leidet, und die Grundlagen politischer Legitimität stehen zur Diskussion. Sobald Götter die mächtigen Wesen als Fokus von Ritualen und Mythen ersetzt haben, sind dramatische symbolische Neuformulierungen zumindest vorstellbar. „In jedem Polytheismus gibt es einen latenten Mo-

[159] Nicht zu vergessen Paul Radins *Primitive Man as Philosopher*, New York: Dover, 1957 [1927], obwohl einige der darin berichteten Spekulationen in meinen Augen von missionarischen Fragen motiviert gewesen sind und in der Vorkontaktzeit vermutlich so nicht angestellt worden wären.

notheismus, der zu jeder Zeit […] aktiviert werden kann“, wagt Eric Voegelin sich vor, „wenn der Druck einer historischen Situation auf einen sensitiven und aktiven Geist trifft.“[160]

Im Abschnitt über das alte Mesopotamien habe ich behauptet, dass die archaischen Gesellschaften, selbst als sie über Schrift verfügten, wahrscheinlich keine „Literalitätsrevolution“ erlebten. Vorherrschender Kommunikationsmodus blieb im archaischen Zeitalter und lange danach vielmehr die Oralität. Trotzdem müssen wir in Erwägung ziehen, ob das Vorhandensein von Schrift nicht wenigstens Ansätze eines reflektierteren und systematischeren Denkens erlaubte, als die mündliche Überlieferung allein es hätte vorantreiben können. Obwohl Rätsel, Aphorismen und Maximen zu den Standardmerkmalen der mündlichen Überlieferung gehören, waren die weiterentwickelten Argumente, die sich in der sogenannten Weisheitsliteratur des Alten Orients oder in einigen aus der westlichen Zhou-Dynastie überlieferten Schriften finden, wahrscheinlich zumindest teilweise auf Schriftlichkeit angewiesen. Für die orale Tradition sind Narrative zentral, aber schriftliche Narrative konnten in Auftrag gegeben und abgeändert werden, um ihnen ein Gewicht zu verleihen, das sie im mündlichen Vortrag womöglich nicht gehabt hätten. Hymnen konnten zu Vehikeln der Mythospekulation werden. Alle Hilfsmittel, die dem reflektierten Denken durch die Schreibtechnologie zur Verfügung standen, waren auf die Klasse der Schriftgelehrten beschränkt. Die frühe Literalität ist als Handwerk bezeichnet worden, weil sie eine spezielle Fertigkeit verlangt, die nur wenige erlernen konnten. Diese Wenigen könnten jedoch für das Selbstverständnis der archaischen Gesellschaft und für das, was die Zukunft brachte, wesentlich gewesen sein.

Voegelin hat uns daran erinnert, dass es sogar in massiv konformistischen archaischen Gesellschaften, in denen Gehorsam die „höchste Tugend“ war, wie Jacobsen es für Mesopotamien ausgedrückt hat,[161] „sensitive und aktive“ Geister – Propheten, Priester, Schriftgelehrte – gab, die sogar in den Grenzen des Kosmos als eines Staats zu neuartigen Gedanken in der Lage waren. Die Realität der archaischen Zivilisation war gekennzeichnet durch zentralisierte politische Macht, Klassenschichtung, Verherrlichung militärischer Macht, wirtschaftliche Ausbeutung der Schwachen und durch die allgemeine Einführung irgendeiner Form von Zwangsarbeit zu sowohl produktiven als auch militärischen Zwecken.[162] Gegenüber diesen unabweisbaren Realitäten dürfen wir nicht versäumen,

---

[160] Voegelin, *Die kosmologischen Reiche des Alten Orients,* 47.
[161] Jacobsen, „Mesopotamien“, 222.
[162] Mumford, *Mythos der Maschine,* 219.

auch die größten Errungenschaften der archaischen Gesellschaft anzuführen: die Aufrechterhaltung des Friedens innerhalb des Reichs, höhere landwirtschaftliche Produktivität, die Erschließung von Märkten für weitreichenden Handel und bedeutende Leistungen auf dem Gebiet der Architektur, der Kunst und der Literatur. Doch genauso wichtig war der mit Hilfe der literarischen Elite unternommene neue Versuch, der politischen Macht moralischen Sinn zu verleihen. Der archaische König wurde fast immer als Krieger, als Verteidiger des Reichs gegen Barbaren an den Grenzen und Rebellen im Inland abgebildet; als solcher verkörperte er ein starkes Moment von Dominanz bzw. Herrschaft. Doch er wurde außerdem, und zwar wahrscheinlich in zunehmendem Maße, je weiter die archaischen Gesellschaften sich entwickelten, als Verteidiger der Gerechtigkeit betrachtet: in Mesopotamien und Ägypten als guter Hirte und in der westlichen Zhou-Dynastie als Vater und Mutter des Volkes. Götter und Könige wurden zunehmend nicht nur für dominant, sondern auch für fürsorglich gehalten. Doch schon die Berufung auf ethische Legitimitätsmaßstäbe für Götter und Könige eröffnete der politischen und theologischen Reflexion neue Möglichkeiten. In der Achsenzeit sollte eine neue Art von Emporkömmling die Bühne betreten: der moralische Emporkömmling, der auf die Rede, nicht auf Gewalt vertraut und der sich, wie wir gesehen haben, bereits in Stimmen abzeichnete, die in den archaischen Gesellschaften laut geworden waren.

Kapitel 6

Die Achsenzeit I: Einleitung und das alte Israel

Einleitung

An stammesgesellschaftlichen Ritualen sind alle oder die meisten Gruppenmitglieder beteiligt – wenn alles gut läuft, ist die Gruppe in klassischer Durkheim'scher Manier nach dem Ritual voller Energie und Solidarität.[1] Einige Gruppenmitglieder sind aktiver als andere, aber viele machen mit, und selbst wenn das Ritual um jemanden kreist, der geheilt werden soll, wie im Fall der Navajo, nimmt das ganze Personennetzwerk, mit dem dieser Jemand zu tun hat, am Ritual teil und profitiert von ihm. In deutlichem Gegensatz dazu richten Rituale in archaischen Gesellschaften ihre Aufmerksamkeit vor allem auf eine Person, nämlich auf den göttlichen bzw. quasi-göttlichen König, und nehmen nur wenige Menschen – Priester oder Mitglieder des Königsgeschlechts – daran teil. Die übrige Gesellschaft fungiert in manchen Fällen als Publikum, mitunter weiß sie über die großen Rituale aber auch nur vom Hörensagen Bescheid, weil ihre Anwesenheit die großen Mysterien entweihen würde. Während Stammesgesellschaften aus kleinen Face-to-Face-Gruppen oder einigen wenigen benachbarten Gruppen bestehen, verfügten archaische Gesellschaften über ein ausgedehntes Territorium und konnten Millionen von Menschen umfassen. Anscheinend machte die Aufrechterhaltung des Zusammenhalts solcher großen, sich über weite Flächen erstreckenden Gesellschaften es erforderlich, dass sich die bei Stammesritualen auf die ganze Gesellschaft richtende Aufmerksamkeit und Energie jetzt auf den über einen höheren Status als normale Menschen verfügenden Herrscher und sein Verhältnis zu Wesen konzentrierten, die nun nicht mehr bloß mächtig waren, sondern Anbetung verlangten. Die in dieser Form in Stammesgesellschaften nicht bekannte Statuserhöhung des Herrschers ging Hand in Hand mit der Statuserhöhung der Götter, die ihnen mehr Autorität verlieh als den mächtigen

[1] Eine frühere Version der Einleitung zu diesem Kapitel ist als Aufsatz erschienen: „What Is Axial about the Axial Age", *Archives Européennes de Sociologie* 46, Nr. 1, 2005, 69–89, Cambridge University Press. Copyright © 2005 Archives Européennes de Sociologie. Nachdruck mit Genehmigung des Verlags.

Wesen, an deren Stelle sie schrittweise traten. Die meisten Menschen in den archaischen Gesellschaften lebten allerdings weiterhin in kleinen Face-to-Face-Gruppen, die über ein eigenes, mit den großen königlichen Ritualen im Zentrum des Reichs nur lose zusammenhängendes rituelles Leben verfügten, das in vielen Hinsichten dem rituellen Leben in Stammesgesellschaften ähnelte.

Sowohl Stammesreligion als auch archaische Religion sind insofern „kosmologisch", als dass in ihnen Übernatürliches, Natur und Gesellschaft zu einem einzigen Kosmos verschmelzen. Im frühen Staat wurde das Kosmosverständnis in zeitlicher und räumlicher Hinsicht stark erweitert, doch wie Thorkild Jacobsen dargelegt hat, galt der Kosmos weiterhin als Staat – die Homologie von soziopolitischer Wirklichkeit und religiöser Wirklichkeit setzte sich unvermindert fort.[2] Wie wir gesehen haben, zerstörten die Errichtung des frühen Staates und der Beginn der archaischen Gesellschaft den störanfälligen Egalitarismus einer Hunderttausende, ja Millionen von Jahren währenden hominiden Evolution, doch wurden dadurch sehr viel größere und komplexe Gesellschaften möglich. Ein dramatischer, Herrschaft und Fürsorglichkeit verknüpfender Symbolismus brachte ein neues Gefühl für göttliche, mit sozialer Macht verbundene und in ganz neuen Formen des Rituals verkörperte [*enacted*] Macht hervor, zu denen an zentraler Stelle als konkrete Ausdrucksform radikaler Statusunterschiede Opferungen – ja sogar Menschenopfer – gehörten.

Obwohl es nie leicht gewesen war, den Stammesegalitarismus in einem Gleichgewicht zu halten, und obwohl schon lange vor der Entstehung des Staates erstmals leichte Statusunterschiede auftraten, haben der Staat selbst und seine religiös-politische Symbolisierung zu neuen Formen von Instabilität geführt. Wie wir gesehen haben, gab es Zwischenphasen, in denen ernsthafte Fragen in Bezug auf die kosmologische Ordnung aufgeworfen wurden: Wo ist der König? Wo ist der Gott? Warum sind wir hungrig? Warum werden wir bei Angriffen getötet und von niemandem beschützt? Sobald die politische Einheit wieder hergestellt worden war, ließen sich die Wogen glätten, aber die Risse blieben bestehen und es entstanden neue Einsichten, wie zum Beispiel, dass Herrschaft von göttlicher Gnade abhängt und ruchlosen Herrschern entzogen werden kann, oder dass Einzelpersonen sich direkt, ohne Vermittlung durch den Herrscherkult an die Götter wenden können. Solche Einsichten werden dann in der Achsenzeit deutlich zum Ausdruck kommen, aber in den archaischen Ge-

[2] Thorkild Jacobsen, „Der Kosmos als Staat", in: Henri Frankfort [u. a.], *Frühlicht des Geistes: Wandlungen des Weltbildes im alten Orient*, übers. v. Peter Dülberg, Kohlhammer: Stuttgart, 1954 [1946], 136–204.

sellschaften blieb es bei bloßen Rissen in einer sich fortsetzenden kosmologischen Einheitlichkeit.[3]

Bei der Behandlung der Achsenzeit ungefähr in den mittleren Jahrhunderten des ersten Jahrtausends v. u. Z. werden wir eine Reihe von Definitionsfragen und den Grad berücksichtigen müssen, in dem offenbar parallele Entwicklungen sich wirklich ähnelten. Doch zu Beginn möchte ich die achsenzeitlichen Phänomene eher konkret betrachten. Wie wir gesehen haben, betraten König und Gott in der archaischen Gesellschaft gemeinsam die Bühne und setzte sich ihre enge Verbindung in deren gesamter Geschichte fort. Deshalb überrascht es nicht, dass es während der Achsenzeit zu dramatischen neuen Wendungen in der Beziehung zwischen Gott und König kommt. Diese Symbole bzw. die enge Beziehung zwischen ihnen werden zwar nicht aufgegeben, aber auf bemerkenswerte Weise neu gestaltet. Eine wiederkehrende Frage lautet: Wer ist der (wahre) König, der König, in dem sich die göttliche Gerechtigkeit wirklich widerspiegelt?

In Griechenland sagt Platon den Athenern, nicht auf den Helden der aristokratischen Kultur Griechenlands, Achill, zu achten (es sei daran erinnert, dass Achill ein Prinz war und seine Mutter eine Göttin), sondern auf Sokrates, der beileibe kein Aristokrat war, sondern ein Steinmetz und Wichtigtuer, der Fragen stellte, über die man lieber nicht nachdenken wollte. Denn der weisheitsliebende Philosoph Sokrates solle König sein, ja wäre der einzige wahrhaft legitime König.

In China sagt uns Mengzi, der 200 Jahre nach Konfuzius lebte (dessen Lebensdaten üblicherweise mit 551–479 v. u. Z. angegeben werden), dass der gescheiterte Beamte Konfuzius, der im alten China auf seinen Reisen von Staat zu Staat ein paar Anhänger um sich scharte, aber nirgendwo wirklichen Einfluss erlangte, der ungekrönte König sei, von dem die richtige Ordnung des Reichs hätte ausgehen können, und dass folglich auch er, Mengzi, hätte gekrönt werden sollen, obwohl sein irdischer Erfolg nicht größer war als der von Konfuzius.

---

[3] In *The Disenchantment of the World: A Political History of Religion*, Princeton: Princeton University Press, 1997 [1985], weist Marcel Gauchet darauf hin, dass die Entstehung eines Staates, in dessen Mittelpunkt ein göttlicher oder quasi-göttlicher König steht, das Gleichgewicht der, wie er es nennt, „urzeitlichen Religion" destabilisiert, welche er als sowohl egalitär als auch unbeweglich beschreibt. Obwohl seine Vorstellung von vorstaatlicher Religion als „Herrschaft der absoluten Vergangenheit" kaum ausreichend ist und daran scheitert, die Offenheit sowie Diversität solcher Religionen zu erfassen, ist seine Hervorhebung der Entstehung des archaischen Staates als die wesentliche Voraussetzung für die Achsenzeit sicherlich richtig. Siehe insbesondere Kap. 1 und 2, und 23–46.

Und in Indien: Wer war Buddha? Ein Königssohn, der seinem Vater hätte nachfolgen sollen, aber stattdessen sein Königreich und seine Familie verließ, um als Asket in den Wäldern nach Erleuchtung zu suchen.

In Israel war die Spannung zwischen Gott und König zur Zeit der Monarchie endemisch: Phasenweise scheint Gott mit dem Haus David einen ewigen Bund geschlossen zu haben, was der Monarchie einen quasi-göttlichen Status verlieh, aber oftmals werden die Könige, darunter auch David, als Sünder, ja sogar als Feinde von Jahwe geschildert, die für ihre bösen Taten bestraft wurden. Doch als dann im babylonischen Exil alles verloren war – die davidische Monarchie, der Jerusalemer Tempel und das Land selbst –, wurde Jahwe zum einzig wahren Gott ausgerufen, der auserwählen kann, wen immer er möchte, um seinen Zwecken zu dienen – selbst der persische König konnte Gottes Messias sein. Das Christentum wandelte dieses Motiv auf seine Weise ab, indem es das alte königliche Epitheton vom Sohn Gottes auf neue Art verwendete (und Jesus' davidische Abstammung bekräftigte) und das Königreich Christi noch am Kreuz ausrief. Und wie Moses war auch der von Gott auserwählte Prophet Mohammed gleichzeitig ein König und kein König, er herrschte aber mit Sicherheit über ein Volk. Diejenigen, die nach Mohammeds Tod der Gemeinde vorstanden, bekräftigten dann ihren Anspruch, als Nachfolger *(khalifa)* des Propheten zu regieren.[4] Die alte Einheit von Gott und König wurde in jedem dieser Fälle auf dramatische Weise aufgebrochen und in ihren neuen achsenzeitlichen Ausprägungen paradoxerweise doch erneut bestätigt.

An dieser Stelle mag es ratsam sein, sich an einen der zentralen Grundsätze dieser Untersuchung zu erinnern: Nichts geht jemals verloren. So wie die stammesgesellschaftlichen Face-to-Face-Rituale in verschleierter Form unter uns weitergehen, taucht die Einheit von politischer und religiöser Macht, die archaische „Hypothek", wie Voegelin sie genannt hat,[5] ständig in den Gesellschaften wieder auf, die den achsenzeitlichen „Durchbruch" erlebt haben. „Von Gottes Gnaden" regierende Könige sind naheliegende Beispiele, aber auch Präsidenten, die in Anspruch nehmen, in Übereinstimmung mit einer „höheren Macht" zu handeln. An jedem Punkt, an dem sich unsere Geschichte entfaltet, werden wir das Verhältnis von politischer und religiöser Macht berücksichtigen müssen, aber eines ist sicher: Los werden wir dieses Problem nicht mehr.

---

[4] Das Christentum und der Islam liegen zwar zeitlich außerhalb der Achsenzeit, sie sind aber historisch betrachtet nur als Weiterentwicklungen des achsenzeitlichen Durchbruchs Israels zu verstehen.

[5] Eric Voegelin, *Israel und die Offenbarung: Die Geburt der Geschichte,* Band 2 von *Ordnung und Geschichte*, München: Fink, 2005, 87.

Um einem Verständnis der Achsenzeit schon einmal etwas näherzukommen, möchte ich mich der eleganten Prosa von Arnaldo Momigliano zuwenden, der über die Lage, „die man die ‚klassische Situation der Antiken Welt' der Jahre zwischen 600 und 300 v. Chr. nennen kann", Folgendes zu sagen hat:

> „Seit Karl Jaspers' *Vom Ursprung und Ziel der Geschichte* – dem ersten eigenständigen Geschichtsbuch, das im Jahre 1949 im Nachkriegsdeutschland erschien – ist es geradezu zu einem Gemeinplatz geworden, von einer ‚Achsenzeit' zu sprechen, die das China des Konfuzius und des Lao-Tse, das Indien Buddhas, den Iran Zoroasters, das Palästina der Propheten und das Griechenland der Philosophen, der Tragödiendichter und der Historiker umfaßte. In diesem Ausdruck steckt ein sehr echtes Moment. In allen diesen Kulturen existieren des Lesens und Schreibens kundige Menschen, eine vielschichtige politische Organisation mit einer Zentralregierung und örtlichen Organen, eine hochentwickelte Städteplanung, sowie eine fortschrittliche Metalltechnologie und die Praxis internationaler Diplomatie. In allen diesen Kulturen bestehen tiefe Spannungen zwischen den politischen Mächten und den intellektuellen Bewegungen. Überall bemerkt man Versuche, zu größerer Reinheit, größerer Gerechtigkeit und höherer Qualität zu gelangen und eine umfassendere Erklärung der Gegebenheiten zu bieten. Neue, entweder mystisch-, prophetisch- oder rational-verstandene Wirklichkeitsmodelle werden angeboten, sei es als Kritik an den bisher gültigen Modellen oder als Alternativen dazu. Wir sind im Zeitalter der Kritik."[6]

Momigliano weist auf zwei Aspekte der Achsenzeit hin, die wir uns näher ansehen werden müssen. Bei dem einen handelt es sich um die Hintergrundmerkmale von Gesellschaften, die in mehreren Hinsichten „besser entwickelt" sind als die ihnen vorangehenden Gesellschaften. Bei dem anderen um die neuen Entwicklungen auf dem Gebiet des – politischen, ethischen, religiösen, philosophischen – Denkens, die er signifikanterweise unter dem Begriff „Kritik" zusammenfasst.

Wenn wir uns Jaspers selbst zuwenden, werden wir sehen, dass er wie Momigliano an einer historisch-empirischen Beschreibung der Achsenzeit interessiert ist, in erster Linie aber ein existenzielles Anliegen verfolgt – wo in der Geschichte stehen wir? –, wie der Titel seines Buches *Ursprung und Ziel der Geschichte* andeutet. Seine Jahreszahlen sind leicht anders: Er meint, die „Achse der Weltgeschichte scheint nun rund um 500 vor Christus zu liegen, in dem zwischen 800 und 200 stattfindenden geistigen Prozeß." Dort, schreibt er, „entstand der Mensch, mit dem wir bis heute

---

[6] Arnaldo Momigliano, *Hochkulturen im Hellenismus: Die Begegnung der Griechen mit Kelten, Römern, Juden und Persern*, übers. v. Otfried Deubner, München: Beck, 1979 [1975], 17–18.

leben."[7] Sowohl Jaspers als auch Momigliano behaupten, die großen Figuren der Achsenzeit – Konfuzius, Buddha, die jüdischen Propheten, die griechischen Philosophen – wirkten auf uns so lebendig, so sehr als Zeitgenossen wie niemand zuvor. Unsere gesamte Kultur und alle großen Traditionen, die uns immer noch in so vielen Hinsichten bestimmen, hätten ihren Ursprung in der Achsenzeit. Jaspers wirft die Frage auf, ob die Neuzeit der Beginn einer neuen Achsenzeit sei, lässt die Antwort aber offen. Obwohl wir die achsenzeitlichen Einsichten enorm weiterentwickelt haben, sind wir ihnen keinesfalls entwachsen, zumindest noch nicht.

Bevor wir versuchen, das Wesen der kulturellen Neuerungen der Achsenzeit sorgfältiger zu definieren, müssen wir uns etwas ausführlicher mit dem sozialen Kontext beschäftigen, in dem sie auftraten. Mehrere Merkmale, die Momigliano erwähnt – Zentralregierung, Städteplanung, internationale Diplomatie –, gab es bereits in den archaischen Gesellschaften, genauso wie Literalität und Metallurgie. Doch bei den letzten beiden Merkmalen kam es zu signifikanten Änderungen. Sowohl in der Landwirtschaft als auch im Kriegswesen trat Eisen an die Stelle von Bronze, doch der Übergang verlief ungleichmäßig und allmählich: Für sich genommen bewirkte die „Eisenzeit" die anderen Veränderungen nicht. Vor allem war Eisen anscheinend für die Effizienzsteigerung des Kriegswesens viel wichtiger als für den Wandel der Produktionsmittel. Gleichwohl muss die Verwendung von Eisenwerkzeugen zu dem allmählichen, für das erste Jahrtausend v. u. Z. charakteristischen Bevölkerungsanstieg beigetragen haben und die Verwendung von Eisenwaffen zur Grausamkeit der Kriegsführung im ersten Jahrtausend. Und auch wenn die Literalität bis in das Jahr 3000 v. u. Z. zurückreicht, blieb sie bis weit ins erste Jahrtausend weitgehend ein Handwerk, das auf kleine Gruppen von Schriftgelehrten beschränkt war. Die mesopotamische Keilschrift und die ägyptischen Hieroglyphen wurden durch Alphabetschriften ersetzt, die in Griechenland, Israel und Indien verwendet wurden und den Kreis der Schriftkundigen erheblich erweiterten. China blieb bei der Verwendung von Schriftzeichen, die an Schwierigkeit mit Keilschrift und Hieroglyphen konkurrieren zu können schienen, doch obwohl sie eine große Gedächtnisleistung verlangten, waren sie einfacher zu verwenden als die archaischen Schriften des Westens, und im späten ersten Jahrtausend nahm die Literalität in China deutlich zu.

Ein wichtiges Merkmal, das Jaspers hervorhebt, besteht darin, dass keiner der von ihm so genannten achsenzeitlichen „Durchbrüche" – auf diesen Begriff werden wir weiter unten näher eingehen müssen – in den

[7] Karl Jaspers, *Ursprung und Ziel der Geschichte*, München: Piper, 1949, 19.

Zentren der großen Reiche erfolgte. Vielmehr gab es in allen Fällen „eine Fülle kleiner Staaten und Städte, einen Kampf aller gegen alle, bei dem doch zunächst ein erstaunliches Gedeihen, eine Entfaltung von Kraft und Reichtum möglich war".[8] Wir werden sorgfältiger untersuchen müssen, wie diese Situation sich in den einzelnen Fällen auswirkte, aber im Allgemeinen machte die Rivalität kleiner Staaten das Auftauchen umherziehender Intellektueller möglich, die keine Funktion in zentralisierten Priesterschaften oder Verwaltungsapparaten bekleideten und deshalb strukturell eher zu der Kritik fähig waren, die nach Meinung von Momigliano zentral für die Achsenzeit war und die Jaspers als die Fähigkeit definiert hat, „allem menschlichen Tun eine neue Fragwürdigkeit und Bedeutung" zu geben.[9]

Jaspers' Erwähnung der Mischung eines mit Kraft und Reichtum einhergehenden Gedeihens und dem unablässigen Führen von Kriegen bringt zwei zusätzliche Punkte über die Achsenzeit zur Sprache, die nicht unerwähnt bleiben dürfen. Obwohl in archaischen Gesellschaften bei ökonomischen Transaktionen Standardgewichte aus wertvollen Metallen verwendet wurden, verbreitete sich die Münzprägung erst in der Achsenzeit. Sie stammte wahrscheinlich aus Kleinasien, wurde dann aber schnell in den griechischen und phönizischen Städten, im Vorderen Orient, in Indien und in China gebräuchlich. Die Phönizier erfanden die früheste Form des Rechenschiebers. Diese Entwicklungen verraten uns, dass in der gesamten Alten Welt der Handel zunahm. Marktwirtschaft war zwar mit Sicherheit in der Mitte des ersten Jahrtausends erst ansatzweise vorhanden und viele ländliche Gegenden blieben von ihr weitgehend unberührt, aber wir wissen, dass Marktbeziehungen die Tendenz besitzen, altbewährte Verwandtschafts- und Statusbeziehungen zu destabilisieren, sodass auch dies zu den Hintergrundfaktoren gezählt werden muss, die zur sozialen Volatilität der Achsenzeit beigetragen haben.[10]

---

[8] Ebd., 23.

[9] Ebd., 25.

[10] In „The Growth of the Mediterranean Economy in the Early First Millennium BCE", *World Archaeology* 24, 1993, 361–378, beschreiben Susan und Andrew Sherratt das bemerkenswerte Wirtschaftswachstum der erste Hälfte des ersten Jahrtausends im Nahen Osten und Mittelmeerraum folgendermaßen: „1000 v. u. Z. war der größte Teil des Mittelmeerraums letztlich prähistorisch; 500 v. u. Z. bildete sich eine Reihe stark ausdifferenzierter Zonen innerhalb eines Welt-Systems." Es kam nicht nur zu einer signifikanten Zunahme des Handels, sondern auch zu einem Anstieg der Produktion, Verstädterung, und Literalität im ganzen Mittelmeerraum. Die Sherratts rechnen die treibende Kraft dieser Änderung Phönizien zu, unter assyrischem Druck, vor allem vom zehnten bis zum achten Jahrhundert. Erst ab dem siebten Jahrhundert

Jaspers' Hinweis auf eine fast auf einen Krieg aller gegen alle hinauslaufenden Kriegsführung scheint sich auf das unablässige Führen von Kriegen zwischen kleinen Staaten zu beziehen, wie es sich in der Achsenzeit im frühen Griechenland, in den israelitischen Monarchien, in Nordindien und Nordchina beobachten lässt. Es kam aber noch ein weiterer Faktor hinzu, der die militärische Instabilität vergrößerte: der Aufstieg großer Territorialstaaten, die militärisch leistungsstärker waren als ihre bronzezeitlichen Vorläufer, besonders im Vorderen Orient. Wo diese auf die im Entstehen begriffenen achsenzeitlichen Gesellschaften trafen, nahmen sie Einfluss auf sie und destabilisierten sie. Das erste auf der Hand liegende Beispiel ist das Neuassyrische Reich (934–610 v.u.Z.).[11] Wie jeder weiß, der mit der Hebräischen Bibel vertraut ist, zerstörte Assyrien das nordisraelitische Königreich, das Königreich Israel, im Jahr 722 v.u.Z. und machte das südliche Königreich, das Königreich Juda, einen großen Teil des siebten Jahrhunderts über zu einem Vasallenstaat. Der Druck, den die Assyrer auf die phönizischen Städte an der Mittelmeerküste ausübten, setzte die phönizische Kolonisierung der nordafrikanischen Küste, wo mit Karthago zu Beginn des Jahrtausends die bedeutendste Kolonie gegründet wurde, auf Sizilien und im gesamten westlichen Mittelmeerraum in Gang. Obwohl die Assyrer nicht direkt auf die Griechen trafen, trug die Expansion der Phönizier von der Schwarzmeerküste bis zum westlichen Mittelmeer zur Ankurbelung der griechischen Kolonisierung bei. Die kurze neubabylonische Expansion machte dem Königreich Juda im Jahr 587 v.u.Z. ein Ende. Unmittelbar darauf folgte das persische Achämenidenreich (ca. 550–330 v.u.Z.), das in territorialer Hinsicht zum größten Reich der bisherigen Geschichte wurde, in der Zeit nach dem Exil starken Einfluss auf Juda nahm, die Griechen in ihrem Heimatland heftig anging, was kulturell große Auswirkungen hatte, und genau zu dem Zeitpunkt über das indische Indus-Tal herrschte, als die Achsenzeit im Tal des Ganges ihre Blütezeit erlebte. Außer China haben mithin alle achsenzeitlichen Beispielfälle in entscheidenden Momenten ihrer Entwicklung Druck von Seiten der Perser erfahren. Auch Persien selbst wird häufig zu den achsenzeitlichen Beispielfällen gezählt, aber aufgrund der enormen Probleme, welche die sehr beschränkten Quellen aufwerfen, ist in Bezug auf Zarathustra (einschließlich seiner Lebensdaten, die verschiedenen Experten zufolge von Mitte des zweiten

---

beginnen die Griechen mit den Phöniziern in Handel und Kolonisation zu konkurrieren. Ähnliche Entwicklungen, auch wenn vielleicht ein paar Jahrhunderte später, wurden in Nordindien sowie Nordchina festgestellt.

[11] „Neuassyrisch", um es vom altassyrischen Reich (ca. 1900–ca.1830 v.u.Z.) und vom mittelassyrischen Reich (ca.1400–ca.1050) zu unterscheiden.

Jahrtausends bis Mitte des ersten Jahrtausends schwanken), auf den Zoroastrismus (einschließlich des Inhalts und der Datierung von Zarathustras Schriften) und auf den Grad, in dem und auf die Weise, wie der Zoroastrismus im persischen Achämenidenreich institutionalisiert wurde, alles strittig. Aus diesem Grund werde ich bedauerlicherweise den Zoroastrismus bei meiner Auseinandersetzung mit den achsenzeitlichen Beispielfällen in diesem Kapitel nicht berücksichtigen. Damit befinden wir uns in der unangenehmen Situation, dass bei drei von vier gut dokumentierten achsenzeitlichen Beispielfällen eine erhebliche persische Einwirkung zu erkennen ist, der Fall Persien selber aber zu weiten Teilen eine historische Chiffre bleibt.[12]

Obwohl Jaspers Alfred Weber zu seinen Quellen für den Gedanken der Achsenzeit rechnet, gehört höchstwahrscheinlich auch Max Weber als wichtiger früher Mitstreiter von Jaspers zu seinen Einflüssen. In Max Webers vergleichender Betrachtung der Weltregionen deutet sich zwar etwas Ähnliches wie die Hypothese von der Achsenzeit an, aber die einzige Stelle in seinen Schriften, an der ich eine eindeutige Behauptung von so etwas wie der Achsenzeit gefunden habe, ist seine Bezugnahme auf ein „prophetisches Zeitalter", das prophetische Bewegungen im achten und neunten Jahrhundert v. u. Z. umfasst, die in Israel, Persien und Indien sowie durch analoge Entwicklungen in China sogar bis ins sechste und fünfte Jahrhundert hineinreichen. Derartige Bewegungen scheinen den Hintergrund für das spätere Aufkommen der Weltreligionen zu bilden.[13]

Nachdem ich Max Weber als Wegbereiter genannt habe, muss ich noch zwei weitere Gelehrte erwähnen, die Jaspers' Gedanken weiterentwickelten, nachdem er „die Achsenzeit" aus der Taufe gehoben hatte. Bei dem einen handelt es sich um Eric Voegelin in seinem wuchtigen, zehnbändigen Werk *Ordnung und Geschichte*,[14] in dem er von „aufeinanderfolgenden und parallelen Seinssprüngen" im ersten Jahrtausend v. u. Z. spricht. Einen besonderen Seinssprung stellt der Schritt von der kompakten, kosmologischen Symbolisierung, die charakteristisch für das war, was wir archaische Gesellschaften genannt haben, zu einem differenzierten, auf die individuelle Seele, Gesellschaft und transzendente Wirklichkeit aus-

---

[12] Siehe Momigliano, *Hochkulturen im Hellenismus,* Kapitel 6, „Iraner und Griechen", 146–176, über die enttäuschende Qualität der erhaltenen griechischen Aufzeichnungen über das persische Reich wie auch die äußerst beschränkte Aussagekraft aller anderen Dokumentationsformen.

[13] Max Weber, *Wirtschaft und Gesellschaft,* Tübingen: Mohr Siebeck, 1976 [1921–22], 269–270 und 273.

[14] Eric Voegelin, *Ordnung und Geschichte*, 10 Bde., hrsg. v. Peter J. Opitz und Dietmar Herz, München: Fink, 2001–2005 [1956–1987].

gerichteten Symbolismus in den achsenzeitlichen Beispielfällen dar. Voegelin erwähnt Jaspers erst in Band 4, und zwar in kritischer Absicht, aber er scheint ihm sehr viel mehr zu verdanken, als er eingesteht.[15]

Der andere von Jaspers beeinflusste Gelehrte, der Erwähnung verdient, ist S. N. Eisenstadt, der mehr als jeder andere dafür gesorgt hat, dass die Achsenzeit für die vergleichende historische Soziologie zentral wurde. Eisenstadt richtet sein Augenmerk auf einen zentralen Aspekt der Jasper'schen Analyse, nämlich auf die „grundlegende [...] Spannung zwischen der transzendentalen und der weltlichen Ordnung", und auf „eine geistige Elite neuer Art", die sich mit der möglichen Neustrukturierung der Welt, die mit den transzendentalen Vorstellungen übereinstimmt, beschäftigt.[16] Er betont die Entstehung von etwas, das er „Reflexivität" nennt, also die achsenzeitliche Fähigkeit, die eigenen Annahmen zu überprüfen, und das meines Erachtens dem ähnelt, was Momigliano mit „Kritik" meinte. Eisenstadt hat Gelehrte aus vielen Gebieten zum Schreiben über die Achsenzeit ermuntert, und im Folgenden werde ich mich häufig auf deren Arbeiten und auf die von Eisenstadt selbst stützen.

Nach der Untersuchung der Einzelfälle werde ich auf die Frage zurückkommen, in welchem Maße sich die sozialen Bedingungen verallgemeinern lassen, die den Kontext der achsenzeitlichen Entwicklungen gebildet haben. Doch bevor wir die Beispielfälle betrachten, ist es erforderlich, den kulturellen Kontext der Achsenzeit etwas genauer zu beschreiben, kurz gesagt: Was ist das Achsenzeitliche an der Achsenzeit? In Anbetracht der

---

[15] Eric Voegelin, *Die Welt der Polis. Gesellschaft, Mythos und Geschichte*, Band 4 von *Ordnung und Geschichte*, 2002, 24–27. In Band 8, *Das Ökumenische Zeitalter: Die Legitimität der Antike*, 2002, 17–24, gibt Voegelin die Idee auf, dass Seinssprünge in irgendeiner bestimmten historischen Periode ermittelt werden können, außerdem räumt er ein, dass seine frühere Darstellung Jaspers einiges verdankt.

[16] S. N. Eisenstadt, „Allgemeine Einleitung: Die Bedingungen für die Entstehung und Institutionalisierung der Achsenzeit", in: *Kulturen der Achsenzeit: Ihre Ursprünge und ihre Vielfalt. Teil 1: Griechenland, Israel, Mesopotamien*, hrsg. von S. N. Eisenstadt, Frankfurt: Suhrkamp, 1987 [1986], 10. Eisenstadt würdigt die Beiträge von Jaspers und Voegelin wie auch die der Daedalus-Konferenz über die Achsenzeit, die von Benjamin Schwartz organisiert wurde und unter dem Titel *Wisdom, Revelation, and Doubt: Perspectives on the First Millennium* B.C., Sonderheft, *Daedalus* 104, Nr. 2, Frühjahr 1975, veröffentlicht wurde. Dabei hebt Eisenstadt hervor, dass in Schwartz' Aufsatz „The Age of Transcendence" im *Daedalus*-Band auf das „Streben nach Transzendenz" in der Achsenzeit besonderes Gewicht gelegt wird. Siehe auch S. N. Eisenstadt, *Comparative Civilizations and Multiple Modernities*, 2 Bde., Leiden: Brill, 2003, vor allem die Aufsätze in Band 1, Teil 2, „Axial Civilizations". Siehe auch die neueste Sammlung von Aufsätzen über die Achsenzeit, an welcher Eisenstadt beteiligt ist: *Axial Civilizations and World History*, hrsg. v. Johann P. Arnason, S. N. Eisenstadt und Björn Wittrock, Leiden: Brill, 2005.

Unterschiede zwischen den einzelnen Beispielfällen hat diese Frage für mehr als nur etwas Uneinigkeit und für beträchtliche Zweifel daran gesorgt, ob wir überhaupt von einer Achsenzeit sprechen können. Zum Beispiel ist Eisenstadts Betonung der Unterscheidung zwischen Transzendentalem und Weltlichem für den Fall China aufgrund von dessen unverbesserlicher „[I]nnerweltlich[keit]" in Zweifel gezogen worden.[17] Johann Arnason hat darauf hingewiesen, dass Jaspers' „bündigste Behauptung" über die Achsenzeit, die sie als den Moment beschreibt, „in dem der Mensch sich des Seins im Ganzen, seiner selbst und seiner Beschränktheit bewusst wird" und „in den Tiefen seines Selbstseins sowie in der Klarheit der Transzendenz Absolutheit erfährt", Jaspers' eigener Version von Existenzphilosophie auf bemerkenswerte Weise ähnelt.[18] Im Rahmen der Auseinandersetzung mit der Achsenzeit passiert es nur allzu leicht, dass man die eigenen Vorannahmen in sie hineinliest oder einen der vier Fälle (gewöhnlich Israel oder Griechenland) als paradigmatisch für alle anderen ansieht. Gibt es einen theoretischen Rahmen für die Verortung der Achsenzeit, der uns hilft, diese Fallstricke so weit wie möglich zu vermeiden? Ich glaube ja: den Rahmen der Evolution der menschlichen Kultur und Erkenntnis, den ich in Kapitel 3 skizziert habe.

Dort haben wir gesehen, dass die Evolution der menschlichen Kultur sich nach Merlin Donalds Beschreibung in vier Phasen entfaltet. Die früheste ist die episodische Kultur, in der die Menschen gemeinsam mit allen höheren Säugetieren gelernt haben, die unmittelbare Situation, in der sie sich befinden, zu verstehen und auf sie zu reagieren. Dann, wahrscheinlich erstmals schon vor zwei Millionen Jahren, kam die mimetische Kultur, die vorsprachliche, aber nicht notwendig vorstimmliche Verwendung des Körpers, um Ereignisse fantasievoll nachzuvollziehen [*enact*] und durch expressive Gesten mit anderen zu kommunizieren. Darauf folgte vor etwa 100.000 Jahren oder mehr mit der Entwicklung der Sprache, wie wir sie kennen, die mythische Kultur, die Donald als „einheitliches, kollektiv vertretenes System erklärender und regulativer Metaphern" beschreibt, in dem der „Geist [...] seine Reichweite über die episodische Wahrnehmung von Ereignissen und über die mimetische Rekonstruktion von Episoden

[17] Was Zweifel hinsichtlich China betrifft, siehe Mark Elvin, „Hat es in China einen transzendentalen Durchbruch gegeben?", in: Eisenstadt (Hrsg.), *Kulturen der Achsenzeit: Ihre institutionelle und kulturelle Dynamik. Teil 1: China, Japan*, Frankfurt: Suhrkamp, 1987 [1986], 134–181. Ähnliche Argumente sind in Bezug auf Griechenland vorgebracht worden.

[18] Johann Arnason, „The Axial Age and Its Interpreters: Reopening a Debate", in: Arnason, Eisenstadt und Wittrock, *Axial Civilizations*, 31–32. Er bezieht sich auf eine Textstelle in Jaspers, *Vom Ursprung und Ziel der Geschichte*, 20.

hinaus auf eine flächendeckende Abbildung des gesamten menschlichen Universums hin ausgedehnt" habe. Der Mythos, behauptet er, „dringt in alle Lebensbereiche vor".[19] Der Mythos vermittelt zwar ein umfassendes Verständnis des Lebens, aber dafür verwendet er ausschließlich Metaphern und Narrative. Abgesehen von verschiedenen Arten von Zeichnungen war die mythische Kultur außerdem bis zu einem sehr späten Punkt ihrer Entwicklung eine ausschließlich orale Kultur. In Kapitel 3 habe ich die jüngste von Donalds Phasen, nämlich die theoretische Kultur, erwähnt, aber nicht beschrieben. Da meine Argumentation lauten wird, dass der achsenzeitliche Durchbruch mit der Entstehung der sich im Dialog mit der mythischen Kultur befindenden theoretischen Kultur einherging, um „eine flächendeckende Abbildung des gesamten menschlichen Universums" zu erreichen, muss ich mich jetzt einer Beschreibung der theoretischen Kultur zuwenden.

Donald beginnt seine Beschreibung der theoretischen Kultur negativ, insofern er uns mitteilt, dass sie „einen Bruch mit der Vorherrschaft der gesprochenen Sprache und narrativer Denkstile" mit sich brachte,[20] aber ein Bruch mit der Vorherrschaft heißt nicht die Preisgabe früherer Formen der kognitiven Adaptation. Die Menschen sind weiterhin episodische, mimetische und mythische Geschöpfe, auch wenn die Entstehung einer neuen Form kultureller Erkenntnis wie bei früheren Wandlungen letztendlich mit einer Neuorganisation der früheren Formen einhergeht.

Die Schlüsselelemente der theoretischen Kultur haben sich nach und nach entwickelt; sie bestanden in grafischer Erfindungsgabe, externem Gedächtnis und Theoriebildung.[21] Die grafische Erfindungsgabe setzte relativ früh mit Körperbemalungen, Sandbildern, den großartigen paläolithischen Höhlenmalereien und Ähnlichem ein, doch ihr Schlüsselbeitrag zur Entstehung der theoretischen Kultur war ihr Vermögen, einen externen Gedächtnisspeicher, das heißt ein Gedächtnis außerhalb des menschlichen Gehirns bereitzustellen. In Bezug auf die Menge von kognitiven Informationen, die sie speichern konnte, stellt die frühe Schrift eindeutig einen bedeutenden Schritt über die Malerei hinaus dar, aber die sperrigen frühen Schriftsysteme und die begrenzte Zahl an Menschen, die sie nutzen konnten, bedeuteten, dass auch sie eher Vorläufer als vollumfängliche Verwirklichungen der Möglichkeiten der theoretischen Kultur waren. Es ist nicht überraschend, dass Donald die griechische Kultur im ersten Jahrtausend

---

19 Merlin Donald, *Origins of the Modern Mind: Three Stages in the Evolution of Culture and Cognition*, Cambridge, Mass.: Harvard University Press, 1991, 214.
20 Ebd., 269.
21 Ebd., 272.

v. u. Z. als den Ort ansieht, an dem die theoretische Kultur zum ersten Mal klar in Erscheinung trat, und das effiziente externe Speicherungssystem, das ein vollalphabethisches Schriftsystem liefert, als einen Aspekt (nicht als eine Ursache) ihres Auftretens. Er beschreibt die Bedeutung des externen Gedächtnisses folgendermaßen:

> „Wenn wir versuchen, eine evolutionäre Brücke von den jungsteinzeitlichen zu den modernen kognitiven Fähigkeiten bzw. eine strukturelle Brücke von der mythischen zur theoretischen Kultur zu schlagen, ist das externe Gedächtnis ein entscheidendes Merkmal moderner menschlicher Erkenntnis. Von seinem genetischen Aufbau her mag sich das Gehirn in jüngerer Zeit nicht verändert haben, aber seine Verknüpfung mit einem wachsenden externen Gedächtnisnetzwerk verleiht ihm kognitive Kräfte, die in der Isolation nicht möglich gewesen wären. Dies ist mehr als eine Metapher: Jedes Mal, wenn das Gehirn in Abstimmung mit dem externen symbolischen Speichersystem einen Vorgang ausführt, wird es Teil eines Netzwerks. Seine Gedächtnisstruktur verändert sich vorübergehend; und der Ort kognitiver Steuerung wird ein anderer.“[22]

Doch die grafische Erfindungsgabe und das externe Gedächtnis, das sie möglich macht, sind lediglich unverzichtbare Voraussetzungen für die Entwicklung der theoretischen Kultur, bei der es sich um das Vermögen handelt, eher analytisch als narrativ zu denken und Theorien zu bilden, die sich logisch und empirisch kritisieren lassen. Donald beruft sich auf Bruner, der die beiden beim modernen Menschen in die Augen springenden Denkweisen als narrativ und analytisch beschreibt.[23] Und Bruner selbst zollt einem bedeutenden Vorläufer Anerkennung, wenn er seinem Buch die folgende Textstelle von William James als Motto voranstellt: „Die Behauptung, es gebe im Wesentlichen zwei Arten des menschlichen Denkens – vernünftige Schlussfolgerung auf der einen und narratives, deskriptives, kontemplatives Denken auf der anderen Seite – bestätigt lediglich die Erfahrung eines jeden Lesers.“[24] Das analytische oder theoretische Denken verdrängt das narrative Denken also nicht, sondern ergänzt es, worin ein wesentlicher Punkt meines Verständnisses der Achsenzeit besteht.

In einem Sinne reicht so etwas wie theoretisches Denken, nämlich die Fähigkeit, außerhalb eines narrativen Zusammenhangs Schlüsse aus Beispielfällen zu ziehen, ganz weit zurück: Für mimetisch vorgenommene Steinabschläge war mit Sicherheit ein gewisser Grad an inferentiellem Den-

---

22 Ebd., 312.

23 Ebd., 273.

24 Jerome Bruner, *Actual Minds, Possible Worlds*, Cambridge, Mass.: Harvard University Press, 1986, xiii. Das Zitat von James stammt aus dem Aufsatz „Brute and Human Intellect“, in: William James, *Writings 1878–1899*, New York: Library of America, 1992 [1878], 911.

ken erforderlich. Auf praktischer Ebene waren die „Primitiven" genauso logisch wie wir, was einer der Hauptgründe dafür ist, warum Lucien Lévy-Bruhls Vorstellung, sie seien „prälogisch" gewesen, soviel Spott auf sich gezogen hat.[25] Selbst wenn wir unsere Definition auf so etwas wie bewusste rationale Reflexion verengen, lassen sich Beispielfälle vor der Achsenzeit finden. Das praktische Bedürfnis nach kalendarischer Genauigkeit in der Landwirtschaft führte sogar in einigen schriftlosen Gesellschaften zu einer Art von „primitiver Astronomie", in der viele Elemente der modernen Wissenschaft ansatzweise bereits vorhanden waren, wie Donald behauptet: „systematische und selektive Beobachtung sowie das Sammeln, Kodieren und schließlich visuelle Speichern von Daten; die Analyse von gespeicherten Daten auf Regelmäßigkeiten und kohäsive Strukturen hin; und die Formulierung von Vorhersagen auf der Basis dieser Regelmäßigkeiten [...] Theorie war zwar noch nicht so reflexiv und abgeklärt wie später, aber die symbolische Modellierung eines größeren Universums hatte angefangen."[26] Angefangen, aber wie wahrscheinlich auch auf solchen Gebieten wie der Metallurgie verblieb die Theorie auf dem Niveau handwerklicher Spezialisierung und stellte auf der allgemeinsten Ebene des kulturellen Selbstverständnisses den Mythos nicht in Frage; im Sinne eines ethisch und religiös aufgeladenen Narrativs blieb der Mythos in diesem Fall von den neuen Entwicklungen weitgehend unberührt.

Was Griechenland in den Augen von Donald im ersten Jahrtausend einzigartig machte, war eine „Reflexion um der Reflexion willen", die über „pragmatische oder opportunistische Wissenschaft hinausging" und in etwas mündete, „was man als theoretische Haltung bezeichnen könnte".[27] Donald stellt keinen Zusammenhang zwischen seiner Erörterung und dem Problem der Achsenzeit her, weil er allein Griechenland als den Ort heraushebt, an dem die theoretische Haltung erstmals in Erscheinung trat, aber Yehuda Elkana bezieht in seinem Beitrag zu dem von Eisenstadt herausgegebenen Band *Kulturen der Achsenzeit: Ihre Ursprünge und ihre Vielfalt* von 1987 seine Ausführungen ebenfalls mit Blick auf Griechenland auf das allgemeine achsenzeitliche Problem. Sein Text trägt den Titel „Die Entstehung des Denkens zweiter Ordnung im antiken Griechenland", und was er mit „Denken zweiter Ordnung" meint, kommt Donalds „theoreti-

[25] Lucien Lévy-Bruhl, *La mentalité primitive* (Paris: Librairie Félix Alcan, 1922) als *Primitive Mentality*, London: George Allen and Unwin, 1923 ins Englische und unter dem Titel *Die geistige Welt der Primitiven*, übers. v. Margarethe Hamburger, München: Bruckmann, 1927 ins Deutsche übersetzt. Eine sorgfältige Lektüre von Lévy-Bruhl legt offen, dass er nicht so lächerlich war, wie er hingestellt wurde.

[26] Donald, *Origins of the Modern Mind*, 339–340.

[27] Ebd., 341.

scher Haltung" nahe.[28] Im Anschluss an Donald verwende ich den Begriff „Theorie" in Unterscheidung zum Begriff „Narrativ". Elkana geht es weniger um die Unterscheidung zwischen Narrativ und Theorie als vielmehr, in Donalds Worten ausgedrückt, um die Unterscheidung zwischen Theorie und „theoretischer Haltung". Nach Meinung von Elkana können Theorien erster Ordnung ziemlich komplex sein, so wie zum Beispiel Mathematik und die Anfänge der Algebra in Babylonien oder die oben erwähnte kalendarische Astronomie, doch sie sind lediglich mit einer schnörkellosen rationalen Darlegung verbunden, nicht mit einer Reflexion über die Grundlagen der Darlegung. Denken zweiter Ordnung ist ein „Nachdenken über das Denken", das heißt ein Denken, das versucht zu verstehen, wie die rationale Darlegung möglich und vertretbar ist. Eines der frühesten Beispiele ist der im frühen Griechenland mit Pythagoras verknüpfte geometrische Beweis. Der geometrische Beweis macht nicht nur geometrische Wahrheiten, sondern auch die Gründe geltend, warum sie für wahr gehalten werden, das heißt Beweise, die grundsätzlich widerlegt oder durch bessere Beweise ersetzt werden könnten. Elkana zufolge setzen die Argumentationen verschiedener vorsokratischer Philosophen, dass das Universum aus Wasser oder Feuer oder Geist bestehe, obwohl es sich eindeutig um Theorien und nicht um Mythen handelt (dem Verhältnis zwischen solchen Theorien und Mythen werden wir später nachgehen müssen), kein Denken zweiter Ordnung voraus, weil sie keine Widerlegung der Alternativen anstreben. Man möchte meinen, sie täten das indirekt, insofern jeder Vorsokratiker eine jeweils eigene alternative Theorie anbietet. Doch der Nutzen von Elkanas Position liegt nicht in den Einzelheiten, er hilft uns vielmehr dabei einzusehen, dass „Theorie" der Achsenzeit zumindest in ausgewählten Bereichen wie der Astronomie und der Mathematik vorausgeht, die Achsenzeit sich aber gerade durch die Entstehung des Denkens zweiter Ordnung – durch den Gedanken, dass es Alternativen gibt, für die man eintreten muss – auszeichnet.

Elkana zitiert eine oben auch von mir genannte Momigliano-Stelle, um ein entscheidendes Argument anzubringen: „Neue, entweder mystisch-, prophetisch- oder rational-verstandene Wirklichkeitsmodelle werden angeboten, sei es als Kritik an den bisher gültigen Modellen oder als Alternativen dazu."[29] Dabei haben wir es nicht mit Theorien über begrenzte Wirk-

---

[28] Yeduha Elkana, „Die Entstehung des Denkens zweiter Ordnung im antiken Griechenland", in: Eisenstadt (Hrsg.), *Kulturen der Achsenzeit: Ihre Ursprünge und ihre Vielfalt. Teil 1*, 52–88. Eisenstadt benutzt häufig den Ausdruck „Denken zweiter Ordnung" als Synonym für seinen Begriff „Reflexivität".

[29] Momigliano, *Hochkulturen im Hellenismus*, 18.

lichkeitsbereiche, ja noch nicht einmal mit einem Denken zweiter Ordnung über einen begrenzten Wirklichkeitsbereich wie etwa einem geometrischen Beweis zu tun, sondern mit einem Denken zweiter Ordnung über die Kosmologie, was für Gesellschaften, die das archaische Zeitalter gerade hinter sich gelassen hatten, ein Nachdenken über die religiös-politischen Prämissen der Gesellschaft selbst bedeutete. Ein Denken zweiter Ordnung auf diesem zentralen, zuvor vom Mythos besetzten kulturellen Gebiet führte zur Idee der Transzendenz, die so häufig mit der Achsenzeit in Verbindung gebracht wird: „In Griechenland erfolgte der transzendentale Durchbruch, als das der zweiten Ordnung angehörige Abwägen kollidierender Alternativen schließlich eine fast unerträgliche Spannung herbeiführte, die das ganze Gefüge der Gesellschaft einzureißen drohte. Die Aufhebung dieser Spannung gelang nun, indem man ein transzendentales Reich einsetzte und dann eine Soteriologie zwischen die irdische und die transzendentale Welt schob."[30] An dieser Stelle überspringt der Wissenschaftshistoriker Elkana allerdings meines Erachtens einen Schritt. In der Wissenschaftsgeschichte führt die Bemühung, dem einen Sinn abzugewinnen, was als empirische Anomalie erkannt worden ist und sich nicht in die bestehenden Vorstellungen einfügt, zur Schaffung einer neuen abstrakten Theorie, einer neuen „Wirklichkeitsordnung", wenn man so will, der es gelingt, solchen Anomalien einen Sinn abzugewinnen. Doch für die Einsetzung eines „transzendentale[n] Reich[s]" ist etwas Substanzielleres erforderlich als eine wissenschaftliche Theorie. Da transzendentale Reiche sich nicht auf dieselbe Weise widerlegen lassen wie wissenschaftliche Theorien, verlangen sie unweigerlich eine neue narrative Form, das heißt eine neue Form des Mythos. In Kapitel 5 hatte ich festgestellt, dass es „Mythospekulation" – Mythos mit einem Bestandteil reflexiver Theorie – schon in mehreren archaischen Gesellschaften gab. Der transzendentale Durchbruch ging mit einer Radikalisierung der Mythospekulation einher, nicht mit ihrer Preisgabe.

Echnatons religiöse Revolution in der Mitte des 14. Jahrhunderts v. u. Z. führt den Unterschied zwischen Mythos und Mythospekulation auf lebhafte Weise vor Augen. Es stimmt keineswegs, dass es in einer mythischen Kultur keinen Wandel gibt – sogar die Götter wandeln sich. Manche werden vergessen, manche degradiert und manche erlangen eine Vormachtstellung. In Ägypten war die Position des höchsten Gottes in der Tat unbeständig: erst Horus, dann Re, dann Amun oder Amun-Re, dann Ptah, im ptolemäischen Zeitalter dann Isis und so weiter. Keiner dieser Wechsel war traumatisch; keinem der Götter, die ihre Vormachtstellung verloren, wurde die Existenz verwehrt. Eine mythische Kultur wandelt sich dadurch,

[30] Elkana, „Die Entstehung", 84.

dass eine andere Geschichte erzählt wird, und zwar in der Regel bloß eine etwas andere Geschichte, ohne alle vorherigen Geschichten zurückzuweisen. Die häufig bemerkte, polytheistische „Duldung", wie zum Beispiel David Hume sie festgehalten hat,[31] ist nicht die moralische Tugend der Toleranz, wie wir sie heute verstehen, sondern ein struktureller Bestandteil der mythischen Kultur selbst. Einige Mythen und die Götter, von deren Taten sie berichten, mögen zentraler sein als andere, aber das Problem von Wahrheit und Falschheit stellt sich hier gar nicht erst. Schon der Gedanke, der Mythos sei „eine unwahre Geschichte", ist ein Produkt der Achsenzeit: In Stammesgesellschaften und archaischen Gesellschaften verspürten diejenigen, die an einen Mythos glaubten, nicht das Bedürfnis, die Mythen der anderen für falsch zu halten.

Genau das tat nun aber Echnaton: Er verkündete, alle Götter außer Aton seien falsch; er spitzte das Kriterium von Wahrheit und Falschheit auf eine Weise zu, die einen Dolch ins Herz der traditionellen ägyptischen Religion stieß. Jan Assmann drückt das folgendermaßen aus:

> „Echnatons monotheistische Revolution war nicht nur der erste, sondern auch der radikalste und gewaltsamste Ausbruch einer Gegenreligion in der Menschheitsgeschichte. Die Tempel wurden geschlossen, die Götterbilder zerstört, ihre Namen ausgehackt und ihre Kulte abgebrochen. Je tiefer man in die altägyptische Welt eindringt, desto klarer läßt sich nachvollziehen, was für ein furchtbarer Schock dieser Göttersturz gewesen sein muß für eine Gesellschaft, die davon überzeugt war, daß nicht nur die politische und ökonomische Wohlfahrt des Landes, sondern das Leben der gesamten Natur davon abhing, daß in allen Tempeln des Landes unablässige Riten vollzogen wurden. Der Abbruch der Riten bedeutete im ägyptischen Denken den Zusammenbruch der sozialen und kosmischen Ordnung."[32]

Doch obwohl Echnaton die Wurzeln des traditionellen Mythos kappte, ließ er nicht vom mythischen Modus ab und war in manchen Hinsichten sogar recht konservativ. Unsere Hauptwissensquelle über Echnatons Denken ist „Der Große Hymnus an Aton", der nach wie vor von Grund auf narrativ ist.[33] Aber der „kognitive Durchbruch" wird deutlich genug.

---

[31] Siehe David Hume, *Die Naturgeschichte der Religion*, übers. von Lothar Kreimendahl, Hamburg: Meiner, 1984 [1757], Kapitel 9, „Vergleich dieser Religionsformen [Polytheismus und Monotheismus] im Hinblick auf Verfolgung und Duldung", wo Hume die polytheistische Duldung mit monotheistischem „Eifer und Haß", den „heftigsten und unversöhnlichsten aller menschlichen Leidenschaften", vergleicht (37).

[32] Jan Assmann, *Moses der Ägypter: Entzifferung einer Gedächtnisspur*, München: Hanser, 1998, 49. Siehe auch Erik Hornung, *Echnaton: Die Religion des Lichtes*, Zürich: Artemis, 1995.

[33] „Der Große Hymnus an Aton", in: *Ägyptische Hymnen und Gebete*, hrsg. v. Erik

Aton, die Sonnenscheibe, ist die Quelle des Lichts, und Licht ist die Quelle des Lebens und der Zeit selbst. Rituale und Mythen werden nicht aufgegeben, sondern richten ihre Aufmerksamkeit ausschließlich auf Aton. James Allen hat behauptet, Echnaton sei, weil er das Licht für die grundlegende Wirklichkeit des Kosmos hielt, eher ein „Naturphilosoph", ein Vorläufer der Vorsokratiker gewesen als ein Theologe.[34] Aber Echnaton war beides. Und konservativ war er, insofern er glaubte, Aton offenbare sich nur ihm, dem Pharao, und dem Volk nur durch den Pharao. Die Volksfrömmigkeit bildete Aton zusammen mit Echnaton und seiner Frau, Nofretete, ab, alle drei als Götter. In dieser Hinsicht bekräftigte Echnatons Religion die archaische Einheit von Gott und König erneut; sie mag zwar zu weiten Teilen eine Vorläuferin der Achsenzeit gewesen sein, versäumte es aber, die entscheidende Frage nach der Beziehung zwischen Gott und König zu stellen, die als schlechthinniges Markenzeichen der Achsenzeit gelten kann. Zudem erhob Echnaton den Anspruch, als Einziger die Beziehung von Gott und Volk zu kanalisieren – in einer Zeit, in der persönliche Frömmigkeit in Form einer direkten Beziehung der Einzelpersonen zu den Göttern auf dem Vormarsch war.

Echnatons Revolution scheiterte aus vielen Gründen: Das Wissen, dass er überhaupt existiert hat, ging schon kurz nach seinem Tod verloren, und er wurde erst in der Neuzeit von Archäologen wiederentdeckt. Abgesehen davon, dass seine Revolution bei weitem zu radikal für ihre Zeit war (andere radikale Bewegungen haben an den Rändern der Gesellschaften überlebt, die sie ablehnten), bestand der Hauptgrund für ihr Versagen darin, dass sie nichts anderes war als ein geistiges Produkt ihres Begründers. Als Echnaton starb, gab es weder Priester noch Propheten noch ein Volk, die seine Religion hätten weiterführen können. Gleichwohl ist die Tatsache, dass die Mythospekulation einen kognitiven Durchbruch erzielt hatte, der sich fast tausend Jahre lang nicht wiederholen sollte, an sich bemerkenswert. Sie weist darauf hin, dass die achsenzeitlichen Durchbrüche Kinder der archaischen Kulturen waren, aus denen sie, wenn auch langsam und mühsam, hervorgingen.

Worauf ich an dieser Stelle hinauswill und was deutlicher zu erkennen sein wird, wenn wir die einzelnen Fälle untersuchen, ist nun aber, dass der

---

Hornung, eingeleitet, übersetzt und erläutert von Jan Assmann, Zürich: Artemis 1975, 215–221.

[34] James P. Allen, „The Natural Philosophy of Akhenaten", in: *Religion and Philosophy in Ancient Egypt*, hrsg. v. W. K. Simpson, *Yale Egyptological Studies* 3, 1989, 89–101. Siehe auch Jan Assmann „Akhanyati's Theology of Light and Time", *Proceedings of the Israel Academy of Sciences and Humanities* 7, Nr. 4, 1992, 143–175; und Assmann, *Ägypten. Eine Sinnsuche*, München: Hanser, 1996, 243–258.

„Durchbruch", so problematisch dieses Wort auch ist, nicht die Preisgabe von dem bedeutete, was vorher war. Die theoretische Kultur kommt zur mythischen und mimetischen Kultur hinzu – die bei dieser Gelegenheit neu organisiert werden –, aber letztere bleiben unverzichtbar für ihre jeweiligen Bereiche. Theoretische Kultur ist eine bemerkenswerte Errungenschaft, war aber immer fachspezifisch, insofern sie gewöhnlich mit geschriebener Sprache auf Gebieten einherging, die dem gewöhnlichen Volk nicht zugänglich waren. Das Alltagsleben ging weiter mit Face-to-Face-Interaktionen zwischen Einzelpersonen und Gruppen sowie dem geduldigen Streben, in der physischen Welt sein Auskommen zu finden. Es war zunächst einmal mimetisch (enaktiv in Bruners Worten) und bedurfte keiner verbalen Erläuterung, doch wenn eine sprachliche Erläuterung erforderlich wurde, war diese in den meisten Fällen narrativ und nicht theoretisch.

Ich habe erwähnt, dass die stammesgesellschaftlichen Face-to-Face-Rituale in verdeckter Form unter uns weitergehen. Als Beispiel möchte ich den rituellen Handschlag anführen, der ein so wesentlicher Bestandteil unseres Alltagslebens ist. Von Arnaldo Momigliano wissen wir, dass der Handschlag im antiken Rom, *dexterarum iunctio*, ein altes Symbol für Treu und Glauben, *fides,* war, das heißt für Vertrauen und Zutrauen, und dass Fides schon sehr früh eine römische Göttin war. Momigliano meint, es gebe gute Gründe für die Annahme, dass der Handschlag in Griechenland ein Ausdruck von *pistis* war, was die griechische Entsprechung zu *fides* ist. Obwohl der Handschlag normalerweise ganz einfach die Vertrauenswürdigkeit einer Vereinbarung bestätigte – möglicherweise mit einer Aura göttlichen Schutzes –, deuten attische Grabreliefs auf eine Erweiterung dieser Idee hin, denn sie „zeigen den Handschlag als ein Symbol von Treu und Glauben beim Abschied der Toten von den Lebenden. Der Handschlag war also nicht nur ein Zeichen des Einverständnisses unter Lebenden, sondern auch eine Geste von Treu und Glauben beim Abschied für immer."[35] Heutzutage ist der Handschlag eine kaum noch bewusste Geste, aber trotzdem erwartet man nicht, von jemandem angegriffen zu werden, dem man gerade die Hand geschüttelt hat. Die Verweigerung eines angebotenen Handschlags würde die rituelle Geste dagegen erst richtig bewusst machen: Ein

---

[35] Arnaldo Momigliano, „Religion in Athens, Rome, and Jerusalem in the First Century B.C.", in: ders., *On Pagans, Jews, and Christians*, Middletown, Conn.: Wesleyan University Press, 1987, 76–77. Wie weit der Handschlag zurückreicht, wissen wir nicht, obwohl Momigliano Belege für ihn bei den Persern und Kelten sowie bei den Griechen und Römern findet.

Bruch mit dem Ritual wirkt verdächtig und wirft Fragen auf, die eine Erklärung verlangen.

Niemand hat so beharrlich wie Randall Collins – im Anschluss an Durkheim und Erving Goffman – die These vertreten, dass das Alltagsleben aus unendlichen „rituellen Interaktionsketten“ besteht. „Rituale“, meint er, „sind im Wesentlichen körperliche Prozesse.“ Collins behauptet, dass Rituale körperliche Präsenz verlangen, und stellt die – rhetorische – Frage, ob eine Hochzeit oder ein Begräbnis am Telefon oder mit Hilfe einer Videokonferenz durchgeführt werden können. Seine Antwort lautet eindeutig nein. Man könne eine Hochzeit oder ein Begräbnis auf Video aufnehmen, aber ohne die physische Anwesenheit und Interaktion der Beteiligten würde daraus kein Ritual.[36] Doch die mimetische (enaktive, verkörperte) Kultur bleibt nicht nur neben der theoretischen Kultur bestehen: Sie erobert sozusagen einige der Errungenschaften der theoretischen Kultur zurück. Hubert Dreyfus hat in allen Einzelheiten gezeigt, wie Fertigkeiten, die man anhand der akribischen Beachtung von expliziten Regeln erlernt hat, durch ihre weitgehend dem Bewusstsein entzogene Verkörperung letztendlich weitaus effektiver wurden als im Anfangsstadium.[37] Zu seinen Beispielen gehören Autofahren und meisterhaftes Schachspielen. In solchen Fällen weiß der erfahrene Praktiker „instinktiv“, was er in kniffligen Situationen zu tun hat. „Kritisches Denken“ (theoretische Kultur) würde in solchen Momenten nur den Ablauf unterbrechen und zu schweren Fehlern führen. Man kann sich vorstellen, dass ein derartiger Verkörperungsprozess bis zum paläolithischen Steinschlagen zurückreicht. Was ursprünglich durch Trial und Error mühselig erlernt wurde, wird durch Praxis sozusagen zur „zweiten Natur“, noch bevor eine Sprache zu seiner Beschreibung vorhanden ist. Wir denken nur deshalb, dass „moderne Menschen“ in einer „wissenschaftlichen Welt“ leben und solche primitiven Dinge wie Rituale hinter sich gelassen haben, weil wir anders als Menschen wie Goffman, Collins und Dreyfus nicht beachtet haben, in welchem Maß unser Leben aus verkörperten Ritualen und Praktiken besteht. Das soll nicht heißen, Rituale seien nicht angefochten worden: Bei den meisten achsenzeitlichen Durchbrüchen und in regelmäßigen Abständen danach ist es zu antirituellen Bestrebungen, ja sogar Be-

---

[36] Randall Collins, *Interaction Ritual Chains*, Princeton: Princeton University Press, 2004, 53–54. Er behauptet auch – was mich überzeugt –, dass echtes Lernen die körperliche Anwesenheit von Lehrern und Schülern erfordert, sodass „Fernunterricht“ allenfalls Ersatz ist.

[37] Hubert L. Dreyfus und Stuart E. Dreyfus, *Künstliche Intelligenz*, übers. v. Michael Mutz, Reinbek: Rowohlt, 1987 [1986].

wegungen gekommen. Mit diesem Punkt werden wir uns im Folgenden eingehend befassen müssen. Doch jedes Mal, wenn man Rituale an der Vordertür abweist, kommen sie durch die Hintertür zurück: Es gibt sogar antirituelle Rituale. Unsere Verkörperung und ihre Rhythmen sind unausweichlich.

So wie die mimetische Kultur gleich nach deren Entstehen heftig mit der theoretischen Kultur interagiert hat, verhält es sich auch mit der narrativen Kultur. Narrative tun Dinge, zu denen die Theorie nicht in der Lage ist. In Kapitel 1 hatte ich festgestellt, dass Narrativität sogar unser Ich konstituiert: „Das Ich ist ein Erzählen."[38] Wir lernen andere Personen nicht nur dadurch kennen, dass wir uns gegenseitig unsere Geschichten erzählen, sondern wir verstehen unsere Mitgliedschaft in Gruppen nur in dem Maße, wie wir die Geschichte verstehen, die diese Gruppe definiert. Sowie die theoretische Kultur die Bühne betreten hat, können Geschichten einer Kritik unterzogen werden – darin besteht der Kern des achsenzeitlichen Durchbruchs –, aber in wichtigen Lebensbereichen können Geschichten nicht durch Theorien ersetzt werden. Weil in den Naturwissenschaften Geschichten wirklich durch Theorien ersetzt wurden, sind einige Menschen zu der Überzeugung gelangt, dass dies in allen Lebensbereichen geschehen könne. Obwohl die Bemühungen, eine wissenschaftliche Ethik, Politik oder Religion zu schaffen, in diesen Bereichen zu kritischen Einsichten geführt haben, ist es ihnen nicht gelungen, die Geschichten zu ersetzen, die deren Substanz ausmachen. Am Anfang seiner *Ethik* stellt Aristoteles, der zweifellos zu den größten Theoretikern aller Zeiten gehört, die Frage, was die Menschen als höchstes Gut betrachten, und stellt fest, dass die gängige Antwort „Glück" lautet. Kurz gesagt, beginnt er bei den Meinungen, bei den Geschichten, die sich die Menschen darüber erzählen, was zum Glück führt, und obwohl er diese Geschichten kritisiert, weist er ihre Substanz nicht ab. Aristoteles stimmt der verbreiteten Meinung, Glück sei das höchste Gut, zu – seine kritische Einsicht kommt zum Tragen, wenn er versucht herauszufinden, was zu wahrem Glück führen wird. Kurz gesagt, versucht er, die gängige Geschichte mit Hilfe einer besseren Geschichte, nicht aber mit Hilfe einer Theorie besser zu machen. Einige moderne Moralphilosophen haben versucht, auf der Basis „bloßer Vernunft" eine Ethik zu begründen. Doch wenn die Utilitaristen meinen, Ethik solle auf der Berücksichtigung des größten Guts für die größte Zahl von Menschen fußen, benötigen sie eine substanzielle Beschreibung des Guten, damit sie überhaupt loslegen können: Sie brauchen nach wie vor eine Geschichte

[38] Jerome Bruner, *Sinn, Kultur und Ich-Identität: Zur Kulturpsychologie des Sinns*, übers. v. Wolfram Karl Köck, Heidelberg: Carl Auer, 1997 [1990], 121–122.

über das Gute. Wenn Deontologen den Versuch unternehmen, diesen Einwand dadurch zu umgehen, dass sie unterscheiden zwischen dem Guten, das kulturell variieren kann, und dem Richtigen, das universell ist, benötigen sie nach wie vor eine Geschichte über das Richtige, welche die bloße Vernunft nicht hervorzubringen vermag. Bemühungen, eine „Religion innerhalb der Grenzen der bloßen Vernunft“ zu schaffen, rennen gegen dasselbe Problem an: Am Ende ersetzen sie alte Geschichten durch neue.

Narrativität ist, kurz gesagt, mehr als Literatur, sie ist die Art und Weise, wie wir unser Leben verstehen. Wenn Literatur bloß für Unterhaltung sorgen würde, wäre sie nicht so wichtig, wie sie ist. Große Literatur spricht die tiefsten Schichten unseres Menschseins an; sie hilft uns, besser zu verstehen, wer wir sind. Narrativität ist nicht nur die Art und Weise, wie wir unsere persönliche und kollektive Identität verstehen, sie ist die Quelle unserer Ethik, Politik und Religion. Sie ist eine unserer beiden grundlegenden Denkweisen, wie William James und Jerome Bruner versichern. Narrativität ist nicht irrational – sie lässt sich mit Hilfe rationaler Argumente kritisieren –, aber sie kann nicht aus bloßer Vernunft abgeleitet werden. Die mythische (narrative) Kultur ist keine Teilmenge der theoretischen Kultur und wird dies auch niemals werden. Sie ist älter als die theoretische Kultur und bleibt bis zum heutigen Tag unverzichtbar, wenn ein Bezug zur Welt hergestellt werden soll.

Donald hat hervorgehoben, dass die narrative Kultur den größten Teil ihrer Geschichte über oral gewesen ist und dass die Entwicklung der Schrift als eines externen symbolischen Speichersystems eine wesentliche Vorbedingung für die Entstehung der theoretischen Kultur darstellt. Obwohl das früheste Schriftgut weitgehend utilitaristisch gewesen zu sein scheint, insofern es über die Einnahmen und Ausgaben der Tempel- und Palastwirtschaft Buch führte, waren die Texte eher narrativer als theoretischer oder auch nur quasi-theoretischer Natur, als die Schrift für längere Texte verwendet wurde. Sie zeichneten gesprochene Sprache auf, ersetzten sie aber nicht. Geschriebenes war dazu gedacht, laut vorgelesen zu werden (stilles Lesen ist eine relativ neue Entwicklung), oftmals weil die meisten Menschen, ja sogar die Mitglieder des Königshauses, immer noch Analphabeten waren und Schriftgelehrte benötigten, die ihnen sagten, was dort geschrieben stand. Obwohl Schrift eine Vorbedingung für die theoretische Kultur war und umfassende Literalität in einer Gesellschaft zu einem signifikanten kulturellen Wandel führt, hat die orale Kultur, kurz gesagt, als unverzichtbare Ergänzung zur Literalität überlebt.

Wie wir festgestellt haben, ist an der Face-to-Face-Kultur immer der Körper beteiligt, sogar wenn es sich nur um leichte Vorsicht gegenüber Fremden an öffentlichen Orten handelt. Menschliche Interaktionen sind häufig physisch: Wir haben das gängige Ritual des Handschlags erwähnt, ein Schulterklopfen, eine Umarmung oder ein Kuss deuten dann auf einen jeweils höheren Intimitätsgrad hin. Gesprochene Sprache ist in die mimetische, enaktive Kultur eingebettet. Walter Ong hat festgehalten, dass das gesprochene Wort „eine bedeutende semantische Komponente besitzt". Er schreibt: „Wie wir sahen, existiert das orale Wort niemals in einem rein verbalen Zusammenhang, wie dies beim geschriebenen Wort der Fall ist. Gesprochene Wörter sind stets Modifikationen einer totalen, existentiellen Situation, die immer auch den Körper mit einschließt. Körperbewegungen, auch wenn sie nicht mit Gesang einhergehen, sind bei der oralen Kommunikation nie zufällig oder willkürlich, sondern natürlich und sogar unvermeidlich. Selbst absolute Bewegungslosigkeit während eines mündlichen Vortrages, vor allem eines öffentlichen, ist eine machtvolle Geste."[39] Für viele Rituale ist nicht nur die richtige Geste, sondern auch das gesprochene Wort unverzichtbar. Bei einer Hochzeit macht der Austausch des „Ich will" das Ritual erst wirksam. Genauso unverzichtbar sind die Wandlungsworte für ein vollgültiges Abendmahl.

Auf die besondere Bedeutung des gesprochenen Worts im religiösen Leben lange nach dem Aufkommen der Schrift weist das weithin im Vordergrund stehende auswendige Rezitieren hin, an dem in manchen Fällen der Körper beteiligt ist, wie beim Vorwärts- und Rückwärtsbewegen des Rumpfes während des Gebets chassidischer Juden. Der dem gesprochenen Wort beigelegte Wert konnte zu Argwohn gegenüber der Schrift führen, als ließen sich die höchsten Wahrheiten nur mündlich übermitteln: In Platons Siebtem Brief haben diese Bedenken vielleicht ihren berühmtesten Ausdruck gefunden. Bestimmte – zoroastrische, hinduistische und buddhistische – Traditionen haben sogar noch lange Zeit, nachdem die Schrift bestens bekannt war, auf der mündlichen Überlieferung von Texten bestanden. Nichts von alldem sollte uns an der Bedeutung des geschriebenen Worts zweifeln lassen; es sollte uns nur bewusst machen, dass Oralität und Literalität sich immer überlappt haben und dass die volle Auswirkung der Literalität auf die Kultur eher jüngeren Datums ist. Ich möchte auch nicht Narrativität mit Oralität gleichsetzen, selbst wenn Narrative lange Zeit in die orale Sprache eingebettet gewesen sind. Als sie erst einmal niedergeschrieben worden waren, ließen sich die Narrative leichter durchgehen

---

[39] Walter J. Ong, *Oralität und Literalität*, übers. v. Wolfgang Schömel, Mörfelden: Westdeutscher Verlag, 1987 [1982], 71. Dies ist nicht der Ort, um die wichtige Frage des Verhältnisses zwischen Oralität und Literalität zu erörtern. Walter Ong hat in dem zitierten Buch und einigen weiteren Büchern wichtige Beiträge dazu geleistet, was auch für Eric Havelock und Jack Goody gilt.

und vergleichen, wodurch sich die Wahrscheinlichkeit kritischer Reflexion erhöhte.

Die Achsenzeit setzte in nach wie vor weitgehend oralen Kulturen ein, die nur ansatzweise über Literalität und bloß über erste Anfänge theoretischer Reflexion verfügten, doch in allen Fällen waren die sich ergebenden Schlussfolgerungen radikal – radikaler als die von Echnaton. Ein letztes Mal, bevor wir uns den einzelnen Beispielfällen zuwenden, können wir jetzt die Frage stellen: Wie war das möglich?

In einem interessanten Beitrag für die *Daedalus*-Ausgabe über die Achsenzeit von 1975 hat Eric Weil sich gefragt, ob ein Zusammenhang zwischen Durchbrüchen und Zusammenbrüchen besteht und ob nicht Zusammenbrüche die notwendige Bedingung für Durchbrüche sein könnten.[40] Für Durchbrüche ist nicht nur eine kritische Neubewertung dessen erforderlich, was tradiert wurde, sondern auch ein neues Verständnis des Wesens der Wirklichkeit, eine neue Auffassung von Wahrheit, an der gemessen sich die Falschheit der Welt beurteilen lässt, und ein Anspruch darauf, dass Wahrheit universell und nicht bloß lokal ist. Warum sollte in einer sicheren und sesshaften Gesellschaft jemand versucht sein, solche radikalen Neubewertungen vorzunehmen? Weil argumentiert, dass sozial massiv belastende Phasen, in denen Zweifel an der Angemessenheit des bestehenden Wirklichkeitsverständnisses laut werden, mit anderen Worten ernsthafte Zusammenbrüche die notwendigen Vorläuferinnen von kulturellen Durchbrüchen sein könnten. Notwendig, aber nicht hinreichend: „Bedauerlicherweise für diejenigen, die nach allgemeinen Erklärungen lechzen, sind Zusammenbrüche in der Geschichte extrem häufig, Durchbrüche dagegen extrem selten."[41] Weil schlägt vor, dass die Bedrohung, welche die Perser für die Art von Stadt darstellten, die in den Augen der Griechen für ein menschliches Leben notwendig war, den griechischen Durchbruch in Gang gesetzt haben könnte; dass der Druck von Assyrien, Babylonien und Persien auf die alten Israeliten sie nach einer transzendenten Ursache suchen ließ; und dass möglicherweise ähnliche Störungen im alten China und Indien hinter den dortigen achsenzeitlichen Neuerungen standen. Die negativen Fälle sind allerdings zahlreich. Einer der verwirrendsten sind die Phönizier, die zur selben Zeit wie ihr Sprachvetter Israel Druck von Seiten der großen Reiche ausgesetzt waren und sich später in Karthago einem Kampf auf Leben und Tod mit Rom gegenübersahen. Doch diese bemerkenswert vielseitige, ökonomisch innovative und in hohem Maße schreib-

---

[40] Eric Weil, „What is a Breakthrough in History?", in: *Daedalus* 104, Nr. 2, Frühjahr 1975, 21–36.

[41] Ebd., 26.

kundige Kultur erlebte keinen Durchbruch – es sei denn, alle Belege für einen solchen Durchbruch wären verlorengegangen, was höchst unwahrscheinlich ist.

Weil erinnert uns noch an etwas anderes: Die für die radikalsten Neuerungen Verantwortlichen waren selten erfolgreich. Auf kurze Sicht scheiterten sie für gewöhnlich, wenn man etwa an Jeremia, Sokrates, Konfuzius oder Jesus denkt. In Indian, Buddhas Heimatrevier, verschwand der Buddhismus am Ende ganz. Jaspers fasst das schonungslos zusammen: „Auch die Achsenzeit ist gescheitert. Es [Die Geschichte] ging weiter."[42] Durchbrüchen gingen also nicht nur Zusammenbrüche voraus, auf sie folgten auch Zusammenbrüche. Geschichte eben. Die Einsichten aber überdauerten, zumindest diejenigen, von denen wir wissen. Gerade das Scheitern, das auf sie folgte, ermunterte zu wiederholten Bemühungen, die ursprünglichen Einsichten zurückzugewinnen, die bis dahin nicht verwirklichten Möglichkeiten zu verwirklichen. Dies hat den achsenzeitlichen Traditionen eine solche Dynamik verliehen. Doch so wichtig diese Traditionen auch für uns sein mögen, und Weil erinnert uns daran, dass die ganze Rede von Achsenzeit kulturell gesehen autobiographisch ist – die Achsenzeit stellt aufgrund ihrer Bedeutung für uns eine Achsenzeit dar[43] –, bieten diese Traditionen uns keine Veranlassung zum Triumphalismus. Es gab viele Ausfälle und es ist schwer, die Erfolge zu ermessen. Dass wir heute, besonders heute, den Einsichten der großen achsenzeitlichen Propheten und Weisen gerecht werden, lässt sich kaum behaupten. Aber es ist Zeit, etwas näher hinzusehen.

Das alte Israel

Obwohl für jeden, der sich ernsthaft mit der Achsenzeit auseinandergesetzt hat, das alte Israel zu den achsenzeitlichen Beispielfällen zählt, ist klar, dass Theorie, wenn wir sie eng als „Nachdenken über das Denken" definieren, für die Israeliten nicht von Belang war. Die bereits im archaischen Mesopotamien und Ägypten vorhandene Weisheitstradition war in Israel gut ausgebildet, befasste sich aber im Vergleich etwa zur griechischen Philosophie nur ansatzweise mit logischen Argumenten. Trotzdem erfüllt das alte Israel eindeutig die Standards, für die wir im einleitenden Abschnitt plädiert haben, wenn man etwa an die Bedeutung des externen Gedächtnisses, an die eingehende Beschäftigung mit Texten und die Kritik an ihnen

---

[42] Jaspers, *Vom Ursprung und Ziel der Geschichte*, 42.
[43] Weil, „What is a Breakthrough", 22.

sowie an die bewusste Beurteilung alternativer Grundlagen für die religiöse und ethische Praxis denkt. Mit den oben zitierten Worten von Momigliano gesagt, enthielten die im alten Israel zusammengefügten Texte tatsächlich „neue Wirklichkeitsmodelle“, die als „Kritik an den bisher gültigen Modellen oder als Alternativen dazu“ fungierten. Obwohl diese neuen Modelle gewöhnlich weiterhin in narrativer Form ausgedrückt wurden, waren sie mit einem so grundlegenden Umdenken in Bezug auf die religiösen und politischen Voraussetzungen verbunden, dass sie eine starke theoretische Dimension aufwiesen. Unsere Aufgabe hier besteht darin herauszufinden, wie genau diese neuen Modelle entstanden sind.

Von einem modernen historischen Ansatz aus betrachtet, wirken die Daten über das alte Israel und die Deutungen dieser Daten durch die Gelehrten nachgerade rätselhaft. Unsere Arbeitsgrundlage ist im Wesentlichen die Hebräische Bibel, die Christen Altes Testament nennen. Hinzu kommen ein paar archäologische Zeugnisse und einige Nennungen Israels in den Archiven benachbarter Gesellschaften, aber schlussendlich ist die Bibel die Primärquelle. Das Problem besteht darin, dass selbst nach 200 Jahren intensiver Forschung lediglich ein schwacher und umstrittener Konsens über so elementare Tatsachen wie die Datierung verschiedener Bibeltexte besteht. Ein Großteil der Bibel geriert sich als Geschichtsschreibung – natürlich nicht im modernen Sinn einer kritischen Historiographie, aber als mehr oder weniger durchgängiges Narrativ, das sich von der Schöpfung bis ins fünfte Jahrhundert v. u. Z. erstreckt. Doch jede einzelne Seite dieses Narrativs dient einem religiösen Zweck und kann, wenn überhaupt, für die Rekonstruktion dessen, „was wirklich geschehen ist“, nur nach einer höchst mühsamen Analyse durch Gelehrte von Nutzen sein. Und dieses „wenn überhaupt“ ist kein Zusatz, den man vernachlässigen kann: Die Bibelwissenschaft der Gegenwart tendiert zu der Annahme, dass wir niemals wissen werden, was wirklich geschehen ist, und dass wir uns mit der Bibel in ihrer jetzigen Form begnügen müssen, das heißt mit einer Sammlung von Geschichten, von denen einige eine Verbindung zu Personen aufweisen könnten, die tatsächlich im alten Israel gelebt haben; welche das sind, wüssten wir freilich nicht. Dieser Ausweg steht mir nicht offen. Mein vergleichendes historisches Vorhaben verlangt, dass ich den Daten irgendeinen Grad an historischer Wirklichkeit zuschreibe oder sie gar nicht verwende. Meine Strategie besteht darin, einigen angesehenen Gelehrten so weit wie möglich zu folgen, die Ansichten von anderen dagegen nach sorgfältiger Abwägung beiseitezulassen, und auf mein gewöhnliches soziologisches Gespür für das, was wahrscheinlich ist, und das, was unwahrscheinlich ist, zu vertrauen, wenn die Orientierungshilfen durch die Gelehrten sich widersprechen.

Was ich herausgefunden habe, hat mich in vielerlei Hinsichten überrascht und mag, obwohl es die Experten auf diesem Gebiet nicht überraschen dürfte, auch für die Leser dieses Buches überraschend sein. Einige Gelehrte glauben, dass die gesamte Geschichte Israels eine freie Erfindung der persischen Zeit (538 v. u. Z. bis 333 v. u. Z.) oder sogar der hellenistischen Zeit (333 v. u. Z. bis 165 v. u. Z.) darstellt.[44] Mir scheint offensichtlich zu sein, dass wir in Anbetracht der spärlichen Belege für eine spätvormonarchische Gesellschaft über die vormonarchische Geschichte Israels in der Tat kaum etwas wissen. Das bedeutet, dass es sich bei den fünf Büchern Mose – dem Pentateuch bzw. der Thora – um Volksmärchen, Legenden und Epen handelt, die in der monarchischen Zeit oder später geschaffen worden sind oder im besten Fall Bearbeitungen höchst lückenhafter Fragmente darstellen. Der Übergang von der Stammesgesellschaft zur monarchischen Gesellschaft, der vom Buch der Richter bis zum 1. Buch der Könige geschildert wird, scheint mir ansatzweise plausibel, wenn auch in seinen Einzelheiten häufig fragwürdig zu sein. Für jemanden, der mit der Vorstellung aufgewachsen ist, dass Israel sich dadurch von seinen Vorläufern unterscheidet, dass es sich auf Geschichte und nicht auf Mythen stützte, ist es ein Schock gewesen, dass die einzige Zentralfigur der Hebräischen Bibel, Moses, keine größere Historizität besitzt als Agamemnon oder Aeneas.[45] Doch dass das Epos – die Geschichte von Moses, der Exodus und die Offenbarung am Berg Sinai – seine heutige Form möglicherweise während der Monarchie im siebten Jahrhundert, also mit Sicherheit viele Jahrhunderte nach den mutmaßlichen Ereignissen erhalten hat, scheint mir wahrscheinlicher zu sein als das sogenannte minimalistische Szenario, demzufolge es das Produkt einer noch viel späteren Zeit ist.

Das sogenannte minimalistische Szenario halte ich für unglaubwürdig, weil ich keinen Grund sehe, warum die Bewohner einer kleinen Provinzkolonie unter persischer oder griechischer Herrschaft ein Bedürfnis ver-

---

[44] In *Die Vorgeschichte Israels: Von den Anfängen bis zum Ausgang des 13. Jahrhunderts v. Chr.*, Stuttgart: Kohlhammer, 1996, 213–218, berücksichtigt Niels Peter Lemche mögliche Daten und neigt zu der Ansicht, dass, obwohl es stichhaltige Argumente für verschiedene Datierungen gibt, die persische oder die hellenistische Zeit am wahrscheinlichsten ist.

[45] Moshe Weinfeld zeigt eine Reihe von Parallelen zwischen den griechisch-römischen und den israelitischen Migrations- bzw. Gründungsgeschichten auf. Insbesondere führt er einige strukturelle Parallelen zwischen der *Aeneis* und den Geschichten von Abraham in der *Genesis* an. Auch macht er auf Parallelen zum Exodus- bzw. Mosesnarrativ aufmerksam. Siehe Weinfeld, *The Promise of the Land: The Inheritance of the Land of Canaan by the Israelites*, Berkeley: University of California Press, 1993, 1–21.

spüren sollten, sich die Geschichte von der vereinten, dann geteilten und danach ausradierten Monarchie oder auch das Moses- bzw. Exodus-Epos auszudenken. Das Problem, mit dem sich fast die gesamte Hebräische Bibel auseinandersetzt, ist das Problem von Gott und König – das zentrale Problem der archaischen Gesellschaft – in einer Reihe von randständigen Königtümern, die in der turbulenten Mitte des ersten Jahrtausends v. u. Z. unter gewaltiger Anspannung standen. Das babylonische Exil rief mit Sicherheit ein ungeheures Verlustgefühl hervor, aber mir will nicht einleuchten, warum dieses Gefühl so tief ging, wo doch eigentlich nichts wirklich verlorengegangen war, wenn die Königreiche Israel und Juda tatsächlich weitgehend Fiktionen aus persischer oder hellenistischer Zeit darstellten. Deshalb neige ich dazu, mich eher einer ziemlich modifizierten traditionellen Chronologie anzuschließen als den radikalen Revisionisten. Mir ist klar, dass das, was ich als „ziemlich modifizierte traditionelle Chronologie" bezeichne, vielen Lesern immer noch ziemlich radikal erscheinen wird.

Folgende chronologische Zusammenfassung könnte dem Leser helfen, der Diskussion zu folgen:

Mitte 13. Jh. v. u. Z.	Moses (traditionelle Datierung)
1208	Erste Erwähnung von Israel in ägyptischen Aufzeichnungen
Ca. 1200–1000	Vormonarchische Stämme Israel und Juda
Ca. 1030–1010	Saul ist König von Israel
Ca. 1010–970	David ist König von Juda und Israel
Ca. 970–930	Salomon ist König von Juda und Israel
Ca. 930–722	Geteilte Monarchie von Juda und Israel
722	Assyrische Eroberung des (nördlichen) Königreichs Israel
640–609	Joschija ist König von Juda
587	Babylonische Eroberung des (südlichen) Königreichs Juda
587–538	Babylonisches Exil
539	Eroberung Babyloniens durch den Perserkönig Kyros II.
538	Die ersten Exilanten kehren nach Juda zurück
333	Alexander der Große erobert das Persische Reich, einschließlich Juda
140–63	Hasmonäische Monarchie
65	Eroberung von Palästina durch die Römer

Selbst wenn einige Überlieferungen besonders im Buch der Richter bis in die vormonarchische Zeit zurückreichen mögen, lässt sich nur ein einziger, im ältesten Hebräisch der Bibel geschriebener Text, nämlich das Deboralied (Richter 5), möglicherweise auf das vormonarchische Zeitalter datieren.[46] Auch wenn Erinnerungen an eine vormonarchische Vergangenheit erst in der monarchischen Zeit oder später aufgezeichnet worden sind, ist die Tatsache, dass solche Erinnerungen in der Hebräischen Bibel eine so herausragende Rolle spielen, trotzdem für sich genommen von großer Bedeutung. Im alten Mesopotamien und Ägypten war die göttliche Erschaffung der Ordnung aus dem vorher bestehenden Chaos untrennbar mit der Institution des Königtums verbunden. Obwohl wir durch archäologische Zeugnisse wissen, dass es in beiden Fällen eine lange vormonarchische Entwicklungsphase gegeben hat, geht das kulturelle Gedächtnis über diese Tatsache hinweg. Natürlich war die israelitische Monarchie ein Nachzügler – zur Zeit von Saul, David und Salomon war die Monarchie in Mesopotamien und in Ägypten schon Tausende Jahre alt. Doch dass die – erinnerte, bearbeitete oder erfundene – vormonarchische Zeit eine so herausragende Rolle in Israel gespielt haben soll (die ersten sieben Bücher der Bibel befassen sich damit), bedarf einer Erklärung. Es sind mehrere plausible Erklärungen abgegeben worden: erstens, dass vormonarchische Geschichten dazu dienten, die Monarchie zu legitimieren; zweitens, dass vormonarchische Geschichten dazu dienten, die Monarchie zu kritisieren; drittens, dass vormonarchische Geschichten nach dem Untergang der Monarchie dazu dienten, den Israeliten zu versichern, dass sie nach der Monarchie so weiterleben könnten wie vor der Monarchie.[47] An allen diesen Erklärungen ist möglicherweise etwas Wahres.

Da alle Beweggründe, sich an die vormonarchische Zeit zu „erinnern", tendenziös waren, lässt sich selbst mit Hilfe der Archäologie nur schwerlich sehr viel über die vormonarchische Gesellschaft sagen. Wenn es im Hügelland von Nordpalästina im späten 13. Jahrhundert ein Volk namens Israel gegeben hat, wie die Siegesstele von Pharao Merenptha angibt, war es von geringer Bedeutung, weil es in keiner ägyptischen (oder anderen) Aufzeichnung aus der vormonarchischen Zeit wiederauftaucht.[48] Aller

---

[46] Mark S. Smith, *The Memoirs of God: History, Memory, and the Experience of the Divine in Ancient Israel*, Minneapolis: Fortress Press, 2004, 24. Einige Autoren haben behauptet, dass Exodus 15, Genesis 49 und Deuteronomium 33 vormonarchisch seien, andere datieren sie auf die frühe Monarchie.

[47] Eine Zusammenfassung dieser Argumente findet sich bei Norman K. Gottwald, *The Politics of Ancient Israel*, Louisville, Ky.: Westminster John Knox Press, 2001, 158–162.

[48] Man kann festhalten, dass der Pharao behauptet, die Israeliten vollständig vernichtet zu haben, doch damals waren solche Siegesinschriften bekannt für ihre Übertreibungen.

Wahrscheinlichkeit nach handelte es sich um eine von mehreren Einwohnergruppen unterschiedlicher Herkunft, unter denen sich eine kollektive Identität erst nach und nach bildete – zum Beispiel gehörte Juda bis in die Zeit von König David nicht zu Israel. Obwohl es mit der Macht des Neuen Ägyptischen Reichs in Palästina nach 1200 v.u.Z. steil bergab ging, führten sporadische Bemühungen, Handelsrouten gegen Räuber aus dem Hochland zu verteidigen, zu ägyptischen Übergriffen, die gelegentlich mit der Verschleppung von Palästinensern nach Ägypten verbunden waren.[49] Erinnerungen an solche Verschleppten, denen die Rückkehr gelang, könnten den Kern der Exodus- bzw. Mosesgeschichte gebildet haben, obwohl es dafür abgesehen davon, dass Moses' ein ägyptischer Name ist, wenig Belege gibt. Doch dass wir über irgendeines von Moses' eigenen Worten verfügen, geschweige denn dass der in Exodus, Levitikus, Numeri und Deuteronomium enthaltene, riesengroße Gesetzeskorpus im Wortsinn von Moses überbracht wurde, glaubt heute fast kein Gelehrter mehr. Und trotzdem bildet die Thora, die ersten fünf Bücher der Bibel, seit über 2000 Jahren das Herz des jüdischen Gottesdienstes. Woher stammt sie und wodurch erlangte sie ihre Zentralität? Die Antwort auf diese Fragen ist nicht einfach, so wir sie überhaupt beantworten können, doch schon der Versuch, sie zu beantworten, könnte uns dem näherbringen, was wir am ehesten wissen müssen.

Zu Beginn sollten wir unsere Aufmerksamkeit von den Anfangsbüchern der Bibel – so zentral sie auch sein mögen: sie sind nicht historisch im modernen Sinne des Wortes – auf das verlagern, was wir historisch zumindest einigermaßen abgesichert über die frühe israelitische Gesellschaft sagen können. Wenn wir das Buch der Richter und das 1. Buch Samuel verwenden, um eine erste Ahnung davon zu bekommen, wie die späte vormonarchische Gesellschaft ausgesehen hat, können wir sagen, dass der Begriff „Israel“ möglicherweise für eine Ansammlung von Hügelvölkern in Mittel- und Nordpalästina gebraucht wurde, die in erster Linie über Verwandtschaftsbeziehungen nach Geschlechtern, Clans und Stämmen organisiert waren. Obwohl die Vorstellung, dass es zwölf Stämme gab, eine Fiktion ist – sogar in der Bibel variieren die Listen der zwölf beträchtlich – und wir nicht genau wissen, woraus ein Stamm bestand, gab es oberhalb der Stammesebene keine stabilen Strukturen. Mehrere Stämme könnten sich unter einem charismatischen Kriegsherrn, wie etwa Gideon oder Jiftach, zusammengeschlossen haben, wenn Nachbarvölker

---

[49] Donald B. Redford, *Egypt, Canaan, and Israel in Ancient Times*, Princeton: Princeton University Press, 1992, 208–209.

sie bedrohten, aber solche Bündnisse waren nicht krisenfest und die Beziehung zwischen den „israelitischen“ Stämmen war auch nicht völlig konfliktfrei. Ich habe den Begriff *israelitisch* in Anführungszeichen gesetzt, weil es in der vormonarchischen Zeit wenig Grund zur Behauptung einer starken ethnischen Identität gibt. Sprachlich und kulturell waren die Israeliten von ihren „kanaanitischen“ Nachbarn so gut wie gar nicht zu unterscheiden. Das vereinzelte Auftauchen des Begriffs „Israel“ auf der Merenpthastele von 1208 v.u.Z. sagt uns wenig bzw. nichts über Kontinuität oder Identität. Man könnte sogar fast sagen, dass die Israeliten Kanaaniter waren, die in den Bergen lebten, und die Kanaaniter Kanaaniter waren, die im Flachland und an den Küsten lebten (die Phönizier wurden häufig als „Kanaaniter“ bezeichnet). Vielleicht wäre es auch am besten, sie einfach alle Westsemiten zu nennen.

Ausschließlich auf der Grundlage archäologischer Daten schlägt Alexander Joffe vor, dass das, was er Levante nennt, ungefähr in der Zeit von 1200 bis 1000 v.u.Z. den Zusammenbruch nicht nur des ägyptischen Reichs und des Hethiterreichs, die zuvor um diese Gegend gekämpft hatten, sondern auch vieler lokaler, palastwirtschaftlich organisierter Stadtstaaten erlebt habe, wobei die phönizischen Städte als nahezu einzige in der Lage waren, in dieser Zeit Kontinuität zu bewahren. In einem schon vorher bekannten Muster zyklischer Urbanisierung und Ruralisierung ging der Niedergang der Städte mit der beträchtlich zunehmenden Besiedlung des Hügellandes einher, wo sich Ackerbau und Weidewirtschaft kombinieren ließen. Joffe glaubt, dass diese wachsenden Siedlungen in den Hügeln nicht das Ergebnis signifikanter Einwanderungswellen gewesen sind, obwohl die Bevölkerungsgruppen im Alten Orient fast immer in unterschiedlicher Form in Bewegung waren, sondern in der Hauptsache aus indigenen „Kanaanitern“ bestanden.[50] Zu Beginn des zehnten Jahrhunderts v.u.Z., schreibt er, sei das Wiederaufleben urbaner Siedlungen entweder durch die Rückgewinnung alter Städte oder durch die Gründung neuer in vollem Gange gewesen, doch die Siedlungen auf dem Lande waren zahlreich und gewichtig genug, um für die politische Entwicklung der Folgezeit eine Rolle zu spielen: „Durch das Aufkommen einer mit stabilen Beziehungsnetzwerken einhergehenden ländlichen Komponente entstand außerdem in der südlichen Levante zum ersten Mal ein bedeutendes soziales Gegengewicht zur Macht der Städte. Die Eisenzeit erlebte einen durch Unruhe gekennzeichneten Verschmelzungszustand von Urbanem und Ländlichem, bei

[50] Alexander H. Joffe, „The Rise of Secondary States in the Iron Age Levant“, *Journal of the Economic and Social History of the Orient* 45, Nr. 4, 2002, 437.

dem zwischen Orten der Politik, der Ökonomie und der Kultur ein anhaltendes Spannungsverhältnis bestand.“[51]

Bestimmt habe Israel sich aber lange vor der Monarchie durch eine eigenständige Religion ausgezeichnet – wenn man weniger an Moses als vielmehr an Abraham, Isaak und Jakob denkt. Die Vorstellung von religiöser Eigenständigkeit im frühen Israel hat seit Jahrzehnten beständig an Boden verloren. Anscheinend ist Jahwe nicht der ursprüngliche Gott Israels, sondern ein Nachzügler, der ausgerechnet aus Edom stammt und gemeinhin mit dem Süden identifiziert wird: nicht nur mit Edom, sondern auch mit Midian, Paran, Seir und Sinai (Richter 5,4; Habakuk 3,3; Psalm 68,8, 17).[52] Der ursprüngliche Gott Israels war El, nicht Jahwe, wie in den Patriarchen-Erzählungen deutlich wird: Der Name Isra-el bedeutet „El herrscht“, nicht „Jahwe herrscht“ – das wäre Isra-yahu.[53] Oder möglicherweise nicht El, was der persönliche Name des alten kanaanitischen Hochgottes war, sondern el, mit dem westsemitischen Gattungsbegriff für Gott, Geist oder Vorfahr. Vielleicht hat Jakob in Genesis 32 an der Furt des Jabbok mit einem zum Stamm gehörenden „mächtigen Wesen“ gerungen, nicht mit dem transzendenten Gott und auch nicht mit einem Engel, wie die spätere Lösung des Problems der Einfachheit halber besagt.

Da in vormonarchischen Zeiten noch nicht einmal die Stämme klar definiert waren, lag der wirkliche Fokus der Frömmigkeit auf der Familie und der Stammeslinie. In der neuesten Forschung ist die Bedeutung der Familienreligion nicht nur im alten Israel, sondern im gesamten Alten Orient hervorgehoben worden. Familien beteten Ahnen (die mit dem Plural von *el* auch als *elim* bezeichnet wurden) und lokale Götter an, die „Götter unserer Väter“ oder „Haushaltsgötter“, die durch Bildnisse repräsentiert werden konnten, wie im Fall des von Rahel gestohlenen Teraphim von Leban (Genesis, 31,30–35). Karel van der Toorn hat diese frühe Religion auf aufschlussreiche Weise beschrieben:

> „In der Frühphase der israelitischen Religion scheint Religion in erster Linie eine Familien- oder Clanangelegenheit gewesen zu sein. Die Siedler des mittleren Hügellands lebten in abgeschlossenen, weitgehend autarken Gemeinschaften […] Im Mittelpunkt der Familienreligion stand der Gott der Siedlung. Dieser Gott war der Schutzpatron der tonangebenden Familie und infolgedessen des lokalen Clans

---

51 Ebd., 440.

52 Zum edomitischen Ursprung von Jahwe und zur engen Beziehung zwischen dem frühen Israel und dem frühen Edom, siehe Smith, *The Memoirs of God*, 27, 153–154 und 170–171.

53 Zur Volksetymologie des Namens Israel als „Gott herrscht“, siehe Stephen A. Geller, *Sacred Enigmas: Literary Religion in the Hebrew Bible*, London: Routledge, 1996, 22. Zu Isra-el vs. Isra-yahu siehe Smith, *The Memoirs of God*, 26.

> und der Siedlung. Die Treuepflicht gegenüber dem Clan war eine Begleiterscheinung der Mitgliedschaft im Clan. Der Clangott war für gewöhnlich ein Gott aus der kanaanitischen Götterwelt, am häufigsten wurden El und Baal angebetet. Dass Jahwe als Clangott auftrat, scheint die Ausnahme gewesen zu sein."[54]

Unser Wissen über die „kanaanitische Götterwelt" geht hauptsächlich auf die reichen Textfunde aus der nordsyrischen Stadt Ugarit im zweiten Jahrtausend v. u. Z. zurück.[55] Sie weisen eindeutige Kontinuitäten zur israelitischen Religion auf, aber auch klare Diskontinuitäten: Ugarit wurde lange vor den ersten Belegen für Israel, über die wir verfügen, zerstört und war eine Stadt weit im Norden des israelitischen Hügellandes, sodass die Kontinuitäten, die es gibt, mit Vorsicht zu behandeln sind. Zudem könnte der Begriff „El" als Eigenname für den ugaritischen Hochgott oder einfach als Gattungsbegriff für „Gott" benutzt worden sein. Entsprechend ist der Eigenname eines wichtigen ugaritischen Gottes, Baal, gleichzeitig schlicht das Wort für „Herr" oder „Gebieter". Deshalb warnt Rainer Albertz davor, in terminologische Ähnlichkeiten zu viel hineinzulesen:

> „Doch wie auch immer die Götter hießen, die sich die Familien zu ihren Göttern erkoren, ihnen schwand auf der Ebene der familiären Frömmigkeit jede Spezifizierung. Ob die frühisraelitischen Familien El-Šaddaj oder El-'Olam oder einen anderen El verehrten, dieser hatte als Familiengott mit dem großen Himmelsgott des ugaritischen Pantheons nicht viel mehr als den Namen gemein. Die kultischen, lokalen, geschichtlichen und funktionalen Differenzierungen der Götterwelt, die ein Spiegelbild der politischen und gesellschaftlichen Differenzierungen [in der Stadt Ugarit] sind, spielen auf der Ebene der Familie mit ihrer relativ einfachen Sozialstruktur kaum eine Rolle."[56]

Genauso wie im ländlichen Italien die Madonna eines Dorfes nicht als dieselbe Madonna wie im nächsten Dorf angesehen wurde, war der El einer Ortschaft nicht unbedingt mit dem El einer anderen identisch: zum Beispiel der El von Bet-El im Verhältnis zum Jerusalemer El-Elyon. Das gleiche galt in der Frühzeit für die Baals, ja sogar für die lokalen Jahwes.

---

[54] Karel van der Toorn, *Family Religion in Babylonia, Syria and Israel: Continuity and Change in the Forms of Religious Life*, Leiden: Brill, 1996, 254–255.

[55] Siehe insbesondere Frank M. Cross Jr., *Canaanite Myth and Hebrew Epic: Essays in the History of the Religion of Israel*, Cambridge, Mass.; Harvard University Press, 1970. Siehe auch Mark S. Smith, *The Origins of Biblical Monotheism: Israel's Polytheistic Background and the Ugaritic Texts*, New York: Oxford University Press, 2001.

[56] Rainer Albertz, *Religionsgeschichte Israels in Alttestamentlicher Zeit*, Bd. 1: *Von den Anfängen bis zum Ende der Königszeit*, Göttingen: Vandenhoeck und Ruprecht, 1992, 56–57.

Die Aussicht ist verlockend, dass die Religion des frühen Israel mit ihren lokalen, dezentralisierten Clan„göttern" den in Kapitel 3 beschriebenen Stammesreligionen ähnelte, und wahrscheinlich ist an diesem Gedanken etwas Wahres. Das frühe Israel war jedoch keine abgeschottete Gesellschaft bzw. keineswegs nur von Stammesvölkern umgeben. Es war eher eine von mehreren sogenannten „Frontier Societies", also Gesellschaften, die am Rande ihres jeweiligen Kulturkreises, in diesem Fall in der Nähe von archaischen Gesellschaften mit hochgradig ausdifferenzierten Religionssystemen lebten und unweigerlich von diesen beeinflusst wurden. Im vormonarchischen Israel gab es möglicherweise und im frühen monarchischen Israel gab es mit Sicherheit so etwas wie archaischen Polytheismus.[57] Für viel Aufregung hat die Entdeckung gesorgt, dass Jahwe Els Gefährtin Aschera geerbt hat, als El und Jahwe verschmolzen (mehr darüber in Kürze). Die für die jüdische und christliche Orthodoxie so unschickliche Existenz einer „Frau Gott" ist mittlerweile weithin, wenn auch nicht allgemein anerkannt.

Es gibt Grund zu der Annahme, dass Jahwe erst im frühen Staat Bedeutung erlangt hat, was eine Angelegenheit ist, die wir sorgfältig erwägen müssen. (Wie wir in Kapitel 3 für Australien gesehen haben, kamen in Stammesgesellschaften unter großem Druck von außen auf Hochgötter gerichtete „prophetische Bewegungen" auf. Auch dies bleibt also eine theoretische Möglichkeit für das vormonarchische Israel, aber die fast völlige Randständigkeit Jahwes im frühesten Israel spricht in meinen Augen gegen diese Möglichkeit.) Auf jeden Fall verdrängte Jahwe als nationaler Gott nicht die lokalen Götter einzelner Geschlechter, zumindest lange Zeit nicht. Albertz weist darauf hin, dass die Familienreligion in der monarchischen Zeit noch lange weiterbestand, vielleicht sogar bis zu ihrem Ende. Personennamen bezogen sich häufig auf Götter, aber er schreibt: „Noch in der frühen Königszeit ist es keineswegs üblich, seine Kinder mit Jahwe-haltigen Namen zu benennen, dies wird erst in der späten Königszeit anders."[58]

---

[57] Die Beweislage für eine Mehrzahl von Göttern im frühen Israel ist überwältigend. Ziony Zevit bringt diesen neuen Konsens durch den Gebrauch des Plurals im Titel seines Buches zum Ausdruck: *The Religions of Ancient Israel: A Synthesis of Parallactic Approaches*, London: Continuum, 2001. Mark S. Smith hat die Belege in mehreren Büchern sorgfältig untersucht: *The Early History of God: Yahweh and the Other Deities in Ancient Israel*, San Francisco: Harper San Francisco, 1990; 2. Aufl., Grand Rapids, Mich.: Eerdmans, 2002; *The Origins of Biblical Monotheism;* und *The Memoirs of God.* Das Wort „Polytheismus" wird hier rein beschreibend verwendet. Das Suffix „-ismus" bezieht sich in diesem Fall auf keine Theorie und zielt mit Sicherheit auch nicht auf einen Gegensatz zum „Monotheismus" ab.

[58] Albertz, *Religionsgeschichte Israels in Alttestamentlicher Zeit*, Bd. 1, 56.

Der frühe Staat

Wenn wir überhaupt von einem vormonarchischen Israel sprechen können, dann hat es sich um eine Ansammlung von dezentralisierten lokalen Sippen verschiedener Größe gehandelt, in erster Linie um Hügelbewohner, von denen einige sich in unregelmäßigen Abständen unter charismatischen Kriegsherrn zusammenfanden, um sich gegen Übergriffe von Nachbargruppen wie den Ammonitern und aus den philistinischen Küstenstädten zu verteidigen. Wie vergleichbare Gruppen überall wissen solche Völker ihre Autonomie zu schätzen, sogar dauerhafte Häuptlingschaften widerstreben ihnen, und sie sind darauf aus, staatliche Kontrollen soweit wie möglich zu umgehen. Anscheinend setzte letzten Endes zunehmender militärischer Druck von Seiten der Philister die Bildung eines frühen Staates als Mittel zur besseren Selbstverteidigung in Gang. Alexander Joffe nennt Israel und Juda sowie die transjordanischen Staaten Ammon und Moab, die sich ebenfalls im frühen ersten Jahrtausend bildeten, sekundäre, sich aus der Interaktion mit älteren, ausgereifteren Staaten in derselben Gegend entwickelnde Staaten.[59] Er bezeichnet diese neu entstehenden Staaten als „ethnisierende Staaten" und legt damit nahe, dass es sich weniger um staatliche Strukturen handelt, die für vorstaatliche ethnische Gruppen geschaffen wurden, als dass sie selbst am Schaffungsprozess von Ethnizität als solchem beteiligt gewesen sind, der sich nicht nur aus politischen, sondern auch aus ökonomischen und kulturellen, insbesondere religiösen Quellen speiste.

Belege für Israel und Juda als unabhängige Staaten stammen erst aus dem neunten Jahrhundert. Der Bibel zufolge spalteten sie sich im späten zehnten Jahrhundert vom „vereinigten Königreich" Sauls, Davids und Salomons ab. Ausschließlich auf der Grundlage archäologischer Daten behauptet Joffe, dass es im zehnten Jahrhundert tatsächlich einen recht großen Staat gegeben habe, der umfasste, was später zu Israel und Juda und möglicherweise auch zu den transjordanischen Gebieten werden sollte, dass dieser Staat aber das schwache und ephemere Geschöpf einer lokalen, von phönizischen Vorbildern beeinflussten Elite ohne eindeutige ethnische Grundlage gewesen sei. Wie einige andere altorientalische Monarchien war er das heterogene Geschöpf einer herrschenden Elite und umfasste ziemlich verschiedenartige Gruppen, von denen Israel und Juda bzw. – weil fraglich ist, ob sie bereits zu Entitäten geworden waren – ihre Bestandteile nur einen Teil bildeten. Wahrscheinlich hat dieser Staat im zehnten Jahrhundert versucht, irgendeine Art von Königsideologie zu begründen, doch

[59] Joffe, „Rise of Secondary States", 425.

laut Joffe war er ein „fragiles und vergängliches Potemkinsches Dorf mit einer nicht besonders mächtigen königlichen Oberschicht".[60] Joffe warnt vor dem Versuch, vorschnell einen Zusammenhang zwischen archäologischen und literarischen Belegen herzustellen, aber wenn seine archäologische Beweisführung stichhaltig ist, versinken Saul, David und Salomon wohl nicht ganz, aber doch beinahe im Treibsand der Legendenbildung. Joffe weist allerdings selbst darauf hin, dass dieser Staat im zehnten Jahrhundert zu seiner Zeit zwar unzureichend gewesen sein mag, die Erinnerung daran, dass es einen solchen Staat gegeben habe, aber trotzdem ideologisch gewaltige Folgen gehabt haben könnte, was nicht nur dazu führte, dass seine mutmaßlichen Gründer später mit faszinierenden Biographien ausgestattet wurden, sondern auch eine Quelle für ideologische Geschlossenheit darstellte, die zu jener Zeit mit an Sicherheit grenzender Wahrscheinlichkeit nicht vorhanden war.

Auf jeden Fall plädierten im neunten Jahrhundert in den Staaten Israel und Juda, die begannen, einen Grad an historischer Substanz anzunehmen, der ihrem Vorläufer im zehnten Jahrhundert abgegangen war, einige bedeutende Akteure für eine beiden Staaten gemeinsame, wenn auch umkämpfte religiöse Kultur. Archäologische Zeugnisse deuten darauf hin, dass bis ins achte Jahrhundert in Israel und Juda von Literalität nur vereinzelt die Rede sein kann, sodass frühere Berichte mündlich übermittelt wurden. Ein solcher Prozess ist immer problematisch, obwohl schriftliche Dokumente aus dem achten oder sogar siebten Jahrhundert einen so langen Bearbeitungs- und Umarbeitungsprozess durchliefen, dass sie kaum verlässlicher waren als mündliche Berichte.

Ich habe versucht zu zeigen, wie wenig belastbar unser Wissen über die frühe Monarchie und erst recht über die vormonarchische Zeit ist. Doch weil das vormonarchische Israel für die gesamte spätere israelitische und jüdische / christliche / muslimische Geschichte so wichtig ist, müssen wir versuchen, einige seiner signifikanten Charaktermerkmale zu beschreiben. Eines dieser Merkmale ist, dass das vormonarchische Israel antimonarchisch war bzw. als solches in Erinnerung blieb. Die „Richter", die eine Reihe von Rollen auf sich vereinten, darunter auch die Gesetzgebung, waren in erster Linie Kriegsherrn, häufig mit charismatischer Ausstrahlung. Keiner von ihnen versuchte jedoch, ein Häuptlings-, geschweige denn ein königliches Geschlecht zu begründen. Als die Israeliten dem Anführer des erfolgreichen Krieges gegen die Midianiter, Gideon, aufforderten: „Herrsche über uns, du und auch dein Sohn und dein Enkel", lehnte Gideon dies ab und antwortete: „der Herr wird über euch herrschen" (Richter 8,22–

---

[60] Ebd., 445.

23). Doch als Gideons Sohn Abimelech versuchte, sich selbst zum König zu krönen, kam es zu Aufständen, die schließlich mit seinem Tod endeten.

Nachdem Abimelech sich selbst zum König ausgerufen hatte, erzählte sein jüngerer Bruder Jotam, bevor er selbst sein Heil in der Flucht suchte, die Fabel von den Bäumen, die eine Satire auf das Königtum darstellte:

> „Einst gingen die Bäume hin,
> um sich einen König zu salben,
> und sie sagten zum Ölbaum:
> Sei du unser König!
> Der Ölbaum sagte zu ihnen:
> Habe ich etwa schon mein Fett aufgegeben,
> das Götter und Menschen an mir ehren,
> und werde hingehen, um über den Bäumen zu schwanken?"

Der Feigenbaum möchte lieber köstliche Früchte und die Rebe Wein erzeugen, „der Götter und Menschen erfreut", als zu herrschen. Daraufhin nimmt der Dornenstrauch das Angebot an und macht den anderen Bäumen den absurden Vorschlag, „bergt euch in meinem Schatten", obwohl er wahrscheinlich in Flammen aufgehen wird, die die anderen Bäume verschlingen (Richter 9,7–15).[61]

Die berühmteste Warnung vor den Gefahren des Königtums stammt von Samuel, kurz bevor er Saul zum ersten König von Israel salbt. Samuel ist selbst eine komplexe Figur, der letzte „Richter", aber auch ein Priester und „Seher", das heißt ein Prophet, der unter anderem die Zukunft vorhersehen kann. Im 1. Buch Samuel heißt es dann auch: „Denn wer heute Prophet genannt wird, hieß früher Seher" (1 Samuel 9,9). Anscheinend ist der letzte Seher Samuel der erste Prophet gewesen und sind, wie Frank Cross behauptet hat, Prophetie und Königtum in Israel gemeinsam entstanden und gemeinsam untergegangen.[62] Auf jeden Fall ist Samuels Reaktion auf die Forderung des Volkes nach einem König im klassischen Sinne prophetisch.[63] Als das Volk Samuel auffordert, einen König einzusetzen,

---

[61] Siehe Gottwalds Auseinandersetzung mit Gideon und Abimelech in *Politics of Ancient Israel*, 42–43.

[62] In seinem Buch *Canaanite Myth* schreibt Frank Cross: „Die Institution des Prophetentums kam gleichzeitig mit dem Königtum in Israel auf und ging zusammen mit dem Königtum unter. Dies ist kein Zufall: [...] Das charismatische Prinzip der Führung, welches in der Ära der Richter bestand, blieb im Amt des Propheten in seiner lebhaftesten Form erhalten" (223). Cross behauptet, dass Samuel insofern paradigmatisch war, als er den von Jahwe ausgesuchten König ernannte; er richtete über die Taten des Königs und konnte die Ernennung rückgängig machen, und er konnte den heiligen Krieg erklären (223–224).

[63] Der Begriff für „Prophet" wurde schon vor Samuel für große Gestalten verwendet,

missfiel Samuel das, und er betete zum Herrn. Der Herr sagte zu Samuel: „Hör auf die Stimme des Volkes in allem, was sie zu dir sagen! Denn nicht dich haben sie verworfen, sondern mich haben sie verworfen: Ich soll nicht mehr ihr König sein." Daraufhin teilt Samuel dem Volk Gottes eindringlich warnende Worte mit:

> „Das werden die Rechte des Königs sein, der über euch herrschen wird: Er wird eure Söhne holen und sie für sich bei seinen Wagen und seinen Pferden verwenden und sie werden vor seinem Wagen herlaufen. Er wird sie zu Obersten über Tausend und zu Führern über Fünfzig machen. Sie müssen sein Ackerland pflügen und seine Ernte einbringen. Sie müssen seine Kriegsgeräte und die Ausrüstung seiner Streitwagen anfertigen. Eure Töchter wird er holen, damit sie ihm Salben zubereiten und kochen und backen. Eure besten Felder, Weinberge und Ölbäume wird er euch wegnehmen und seinen Beamten geben. Von euren Äckern und euren Weinbergen wird er den Zehnten erheben und ihn seinen Höflingen und Beamten geben. Eure Knechte und Mägde, eure besten jungen Leute und eure Esel wird er holen und für sich arbeiten lassen. Von euren Schafherden wird er den Zehnten erheben. Ihr selber werdet seine Sklaven sein. An jenem Tag werdet ihr wegen des Königs, den ihr euch erwählt habt, um Hilfe schreien, aber der Herr wird euch an jenem Tag nicht antworten." (1 Samuel 8,6–18)

Ob es sich hierbei um Erinnerungen an die vormonarchische Zeit handelt, lässt sich nicht mit Bestimmtheit sagen. Dass Jahwe im Israel der Stämme als König galt und die Entscheidung für einen menschlichen König eine Art Abfall vom Glauben darstellte, ist beinahe sicher eine spätere Vorstellung. Das Bild, das Samuel von der königlichen Unterdrückung zeichnet, könnte für die Erfahrungen der Israeliten unter der Monarchie stehen, aber auch im Israel der Stämme wusste man, wie Monarchien aussahen – schließlich hatte man eine ganze Menge Energie darauf verwandt, sie zu vermeiden –, sodass dieses negative Bild vormonarchisch sein könnte. Beim Hin und Her im Hinblick auf die Entscheidung für einen König nimmt der Herr keine völlig ablehnende Haltung ein. Dass er Samuel sagt, er solle Saul auswählen, scheint die Gefährlichkeit der Lage anzuerkennen: „Er wird mein Volk aus der Hand der Philister befreien; denn ich habe mein Volk Israel gesehen und sein Hilfeschrei ist zu mir gedrungen." (1 Samuel 9,16)

Auch wenn die biblische Erzählung von Saul, David und Salomon nicht für bare Münze genommen werden darf, vermittelt die Beschreibung dieser drei Figuren uns möglicherweise eine Vorstellung vom Entstehungsprozess des frühen Staates in Israel. Zunächst einmal war Saul eigentlich nicht König von „ganz Israel", sondern König von „Gilead, Ascher, Jes-

---

vor allem für Moses, den „Superpropheten", aber das ist eine spätere Entwicklung, wahrscheinlich spät- oder postmonarchisch. Zu Moses als „Superpropheten", siehe Geller, *Sacred Enigmas*, 192.

reel, Efraim und Benjamin" (2 Samuel 2,9). Weder die nördlichsten Stämme noch Juda gehörten dazu. Saul scheint lediglich etwas mächtiger gewesen zu sein als die „Richter", die ihm vorangingen. Er regierte nicht von einer Hauptstadt, sondern von seinem eigenen Anwesen aus; er war auf Abgaben der Stämme angewiesen, die er kontrollierte, hatte aber kein eigenes Heer; offenbar verfügte er über kein Steuer- und Fronarbeitssystem. Was das anbelangt, was wir in Kapitel 4 festgestellt haben, ähnelt Saul eher einem obersten Häuptling als einem König.

Mit David beginnen sich Konturen einer archaischen Monarchie abzuzeichnen: Er verfügte über ein persönliches Heer, zu dem auch nichtisraelitische Truppen gehörten (obwohl wir im Hinblick auf Ethnizität nicht zu viel in diese Frühzeit hineinlesen dürfen); er nahm Jerusalem ein, eine jebusitische Stadt, die fortan eher ihm persönlich als irgendeinem Stamm gehörte (die Davidsstadt); und in einem ziemlich seltsamen Zusatz zur Geschichte von David (2 Samuel 24) ordnete David als ersten Schritt hin zu verstärkter politischer Kontrolle eine Volkszählung an, die er in der Folgezeit bereute und für die Gott ihn bestrafte.[64]

Mit Salomon füllten die Konturen sich mit Substanz. Mit Hilfe phönizischer Handwerker baute er in Jerusalem einen Tempel für Jahwe, an den sein eigener Palast angrenzte. Er knüpfte umfassende Beziehungen zu Nachbarmächten und schloss Ehebündnisse mit mehreren von ihnen. Während David die meisten seiner Unternehmungen mit Kriegsbeute finanziert hatte, war Salomon auf Steuern und Zwangsarbeit angewiesen. Unabhängig davon, ob der Salomon, den wir aus der Bibel kennen, wirklich König oder archetypisch für das Königtum in Israel gewesen ist, kamen seine Maßnahmen Samuels düsteren Warnungen an die Israeliten nahe, wie ein Leben unter einem König aussehen würde.

Dem 1. Buch der Könige, 12,4 zufolge verlangten die nördlichen Stämme nach Salomons Tod Folgendes von seinem Sohn und Nachfolger Rehabeam: „Dein Vater hat uns ein hartes Joch auferlegt. Erleichtere du jetzt den harten Dienst deines Vaters und das schwere Joch, das er uns auferlegt hat!" Aber Rehabeam setzte sich über die Empfehlungen des Ältestenrats von Juda hinweg und folgte den unbedachten Ratschlägen seiner Altersgenossen. Er drohte den nördlichen Stämmen mit einer Vergrößerung statt mit einer Erleichterung ihrer Belastungen (massive Besteuerung und Zwangsarbeit). Daraufhin begehrten die zehn Stämme Israels auf und kürten Jerobeam zu ihrem König. Laut Rainer Albertz kann man den Auf-

---

[64] Noch seltsamer ist, dass es Gott war, der David aus Wut auf Israel dazu anstiftete, die Volkszählung durchführen zu lassen (2 Samuel 24,1).

stand Jerobeams und der nördlichen Stämme als einen Versuch verstehen, zur milderen Herrschaft von Saul zurückzukehren, die dem alten Stammesideal der Unabhängigkeit näherstand. Nach der Abspaltung von Juda wurde im Norden 50 Jahre lang keine königliche Residenz als dauerhafte Machtbasis mehr gebaut. In dem Versuch, das nördliche Königreich zu legitimieren, wurde anscheinend auch auf eine frühe Version der Geschichte von Moses und dem Exodus Bezug genommen: Das Leben von Jerobeam wurde sogar parallel zum Leben von Moses als einem Befreier seines Volkes aus autokratischer Unterdrückung betrachtet.[65] Wiederum unabhängig davon, ob diese Schilderungen zeitgenössisches Beweismaterial enthalten oder nur ein beträchtlich späteres Gedankengebäude darstellen, bezeugen sie die anhaltende Ambivalenz der Überlieferung gegenüber der Institution des Königtums.

Ob nun zu Davids und Salomons Zeit oder erst später, die gefüllten Konturen eines archaischen vorderorientalischen Königtums nahmen dann aber in Juda allmählich Gestalt an: Ein Großteil des uns überlieferten Symbolismus heiligen Königtums konzentrierte sich auf die Person von David, als dem Begründer des judäischen Königsgeschlechts, und von Salomon, als dessen Sohn und erstem Nachfolger, auch wenn dies tatsächlich erst eine allmähliche Entwicklung war. Teile der alten Hochgötterwelt westsemitischer Götter waren im Israel der Stämme zwar bekannt, doch wurden sie im Zuge der sich in der frühen Monarchie entwickelnden Königstheologie an die monarchischen Institutionen angepasst. Mark S. Smith hat diesen Prozess sorgfältig beschrieben. Im antiken Ugarit war der ursprüngliche Gott Israels, El, mit Athirat verheiratet und von den gemeinsamen Kindern umgeben, zu denen Morgen- und Abendsterngottheiten ebenso gehörten wie Sonnen- und Mondgötter, aber auch die etwas zwielichtige Gestalt von Baal, der manchmal als Sohn von El galt und manchmal als Außenstehender. In der israelitischen Version hatte El eine Gefährtin, Aschera, und viele Kinder, darunter Astarte und Baal, aber auch Jahwe. Daraus entstand eine Art von kosmopolitischer Theologie, in der El bzw. Elohim der Vater der Götter verschiedener Völker war. In Smiths Augen haben Überreste dieser älteren Vorstellung in den alten Versen überdauert, die als Kapitel 32 im Deuteronomium enthalten sind:

„Als der Höchste [El-Elyon] die Völker als Erbe verteilte,
als er die Menschheit aufteilte,
legte er die Gebiete der Völker

[65] Albertz, *Religionsgeschichte Israels in Alttestamentlicher Zeit*, Bd. 1, 215–219. Mark Smith hat die Möglichkeit erörtert, dass der ursprüngliche Gott des Exodus El war, nicht Jahwe. Siehe sein Buch *Origins of Biblical Monotheism*, 146–148.

nach der Zahl der Gottessöhne fest;[66]
der HERR nahm sich sein Volk als Anteil,
Jakob wurde sein Erbteil.“ (Deuteronomium 32,8–9)

Andere Söhne von El waren Götter anderer Völker. Im Kontext dieser „Welttheologie“ sei das mutmaßliche Vorhandensein von Kapellen für die Götter von Salomons verschiedenen ausländischen Ehefrauen keine Blasphemie, sondern repräsentiere auf der Ebene der Gottheiten das Muster der von der neuen Monarchie geknüpften internationalen Beziehungen. Im Rahmen dieses Schemas stelle der Gott von Tyros, der im vormonarchischen Israel schon lange bekannte Baal, keine besondere Bedrohung dar.[67]

Diese eher tolerante und deswegen moderne Menschen ansprechende,[68] kosmopolitische Theologie sollte jedoch allmählich durch etwas ersetzt werden, das hinreichend anders war, um die Rekonstruktion des früheren Musters zu erschweren. So wie Mark Smith ihn beschreibt, ist dieser Wandel mit zwei Parallelprozessen verbunden: Konvergenz und Ausdifferenzierung.[69] Das vorrangige Beispiel für Konvergenz sei die wachsende Überzeugung, dass El und Jahwe zwei Namen für denselben Gott seien; doch damit sei auch das Aufgehen von Charakterzügen, die vorher Baal zugekommen waren (Sturmgott, Kriegsgott), in der Figur von Jahwe verbunden gewesen. Die Ausdifferenzierung ginge mit der Vorstellung einher, dass zwei Götter, zum Beispiel Jahwe und Baal, nicht miteinander vereinbar seien, dass es falsch sei, sie beide anzubeten, auch wenn die Existenz des verschmähten Gottes nicht geleugnet wurde. In der Königstheologie überwog Konvergenz, nicht Ausdifferenzierung. Darin ähnelte sie dem alten Mesopotamien und Ägypten, wo es üblich war, einen Gott über die

---

[66] „Gottessöhne“ folgt dem griechischen Text. Der masoretisch-hebräische Text sagt „Kinder Israels“, aber diese Abweichung ist vermutlich entstanden, um genau die Implikationen zu vermeiden, die im Folgenden beschrieben werden.

[67] Zum Übergang von den allgemeinen westsemitischen Vorstellungen der Götterwelt zu denen des frühen Israel, siehe die viel ausführlicheren und detaillierteren Ausführungen von Smith, *The Memoirs of God*, 101–119; sowie Smith, *Origins of Biblical Monotheism*, 142 ff.

[68] Mark Smith merkt an, dass es im Laufe der Zeit eine Verschiebung gegeben hat: von „einer Welttheologie, die [Israels] Gott zu den Göttern anderer Völker in Beziehung gesetzt hat“, zu „einer kosmischen Theologie einer einzigen Gottheit“ und weiter zu der heute gängigen Auffassung von Welttheologie, derzufolge die Religionen der Welt „verschiedene Wege zu Wirklichkeit und Wahrheit verfolgen“. Siehe *Memoirs of God*, 171.

[69] Zum Prozess von Konvergenz und Differenzierung, siehe Mark Smith, *Early History of God*, 7–9.

anderen zu erheben oder in einem Gott die Attribute der anderen zusammenführen.

Karel van der Toorn vermutet, Saul habe als erster Jahwe in den Stand eines nationalen Gottes erhoben, er geht sogar von einem edomitischen Zweig in Sauls Stammbaum aus, der für die Erhebung dieses bis dahin ziemlich randständigen Gottes verantwortlich sein könnte. Van der Toorn merkt außerdem an, dass der Ort, von dem David die Gotteslade nach Jerusalem brachte, Kirjath-Jearim, im Herzen von Sauls Heimatgebiet gelegen habe.[70] Dadurch, dass er die Lade nach Jerusalem gebracht und an der Stelle deponiert habe, wo später der Tempel gebaut werden würde, habe David unmissverständlich Jahwe als Gott für sein eigenes Königtum beansprucht.

Dass Jahwe die Schutzgottheit der judäischen Monarchie war und über alle anderen Götter hinausgehoben wurde, scheint der Fall gewesen zu sein, heißt aber nicht, dass Jahwe der einzige Gott war. Einer der Königspsalmen, Psalm 89, hat in den Versen 4 bis 7 Folgendes zu sagen:

> „Ich habe einen Bund geschlossen mit meinem Erwählten
> und David, meinem Knecht, geschworen:
> Auf ewig gebe ich deinem Haus festen Bestand
> und von Geschlecht zu Geschlecht gründe ich deinen Thron.
> Die Himmel preisen deine Wunder, HERR,
> und die Versammlung der Heiligen deine Treue.
> Denn wer im Gewölk gleicht dem HERRN,
> ist dem HERRN ähnlich unter den Söhnen der Götter?
> Gewaltig ist Gott im Rat der Heiligen,
> für alle rings um ihn her ist er groß und furchtbar."

Die Vorstellung eines Hochgottes, der über allen anderen Göttern steht, aber immer noch ein Gott unter Göttern ist, gehört zum Muster altorientalischer Königtümer. In der Art und Weise, wie dieses Muster in Mesopotamien aussah, deutet sich an, was sich in Jerusalem entwickeln würde: „Die Behauptung ist nicht übertrieben, dass in der altmesopotamischen Zivilisation statische Stadtkulturen idealisiert wurden, in denen Königtum, Tempelkult und der Status privilegierter Bürger angesichts wechselnder politischer Geschicke ihre formalen Gestalten [i. O. dt.] bewahrten und die monumentale Architektur bestrebt war, sich über die Jahrhunderte als Anker kollektiver bürgerschaftlicher Vitalität zu reproduzieren."[71] Für Jerusalem war noch ein zusätzliches Merkmal zentral: Jahwes Tempel be-

---

[70] Van der Toorn, *Family Religion*, 277–281.

[71] Steven W. Holloway, *Aššur Is King! Aššur Is King! Religion in the Exercise of Power in the Neo-Assyrian Empire*, Leiden: Brill, 2002, 260.

fand sich auf einem heiligen Berg, nämlich dem Berg Zion, dessen Name sinnbildlich für den Gesamtkomplex des judäischen Königtums ist.

Wir können deshalb von Königstheologie sprechen, weil der König ihr Zentrum bildet: Gottes auserwählter König, im Tempel, auf dem heiligen Berg, in der geheiligten Stadt, in dem Land, das im weiteren Sinne als Ganzes Zion genannt werden kann. Weniger in den narrativen Schilderungen der Bücher Samuel, Könige und der Chronik als vielmehr in vielen Psalmen zeichnet sich das Bild eines Königs ab, der dem Herrn so nahesteht, dass er (beinahe) göttlich ist, das heißt, in Juda wird sichtbar, was im archaischen Vorderen Orient gang und gäbe war.[72] Nur an einer Stelle in allen hebräischen Schriften, nämlich in Psalm 45, Verse 7–8, wird der König als Gott angesprochen:

> „Dein Thron, Gott, steht für immer und ewig;[73]
> und ein gerechtes Zepter ist das Zepter deines Königtums.
> Du liebst das Recht und hasst das Unrecht,
> darum hat Gott, dein Gott, dich gesalbt mit dem Öl der Freude
> wie keinen deiner Gefährten."

Der König wird zwar nur einmal als Gott bezeichnet, doch seine Nähe zum Göttlichen wird wiederholt bekräftigt: Er wurde von Gott gezeugt (Psalm 2,7); er ist der erstgeborene Sohn Gottes (Psalm 89,28); er sitzt zur Rechten Gottes (Psalm 110,1).[74] Die Vorstellung von göttlichem Königtum in Israel widerspricht unserem Vorverständnis und wird fast immer bestritten. In einem Passus über eine ähnliche Tendenz unter Spezialisten für das alte Mesopotamien, für das göttliches Königtum ebenfalls häufig bestritten worden ist, schreibt Steven Holloway: „Das Problem ist nicht das dehnbare Verständnis von Göttlichkeit im alten Mesopotamien, sondern die

---

[72] Die narrative Tradition kann zum Teil als Einschränkung der liturgischen Erhöhung Davids in die Nähe der Göttlichkeit angesehen werden. Die Geschichte von David, insbesondere 2 Samuel 9,1 bis 20,26, ist ein literarisches Meisterwerk, mit dem sich in der ganzen Hebräischen Bibel nur die Geschichte von Josef in der Genesis messen kann. David wird als sehr menschlich geschildert, er erlebt große Erfolge, aber auch schreckliche Verluste, und er leidet an der Hinfälligkeit des extrem hohen Alters. Aber der narrative Text enthält auch das Versprechen des Herrn, dass Davids Haus für immer Bestand haben wird – David erfährt es durch die Worte des Propheten Samuel, in denen eine ähnliche Stelle aus Psalm 89 anklingt. Siehe 2 Samuel 7,12–16.

[73] Smith, *Origins of Biblical Monotheism*, 160, erörtert die Frage, ob David in diesem Text tatsächlich als „Gott" angesprochen wird. Viele haben versucht, es anders zu lesen.

[74] Diese Stellen kommentiert Albertz, *Religionsgeschichte Israels in Alttestamentlicher Zeit*, Bd. 1: 174–190. Man beachte den neutestamentarischen Klang dieser Ausdrücke.

Unbeweglichkeit unserer modernen Vorstellung, was Gottestum bedeutete, sowie die irreführenden Übersetzungen und Deutungsfehler, zu denen sie Anlass gibt."[75] In unseren Augen – und das liegt zu einem guten Teil an späteren Weiterentwicklungen der israelitischen Religion, die zu unserem Erbe gehören – besteht eine ontologische Kluft zwischen Göttlichem und Menschlichem, die es in der archaischen Denkweise schlicht nicht gegeben hat. Es gab dort eine ganze Götterhierarchie: Hochgötter, ihre Ehefrauen, Kinder und Enkel, ihre Boten – sogar die Geister von Verstorbenen wurden als „Götter" bezeichnet. Wenn Berge vergöttlicht werden konnten, war das auch bei außergewöhnlichen Menschen möglich, und wer wäre dafür besser geeignet als der König? Dass „David", soll heißen: Davids Geschlecht, „auf ewig" zum Königtum auserwählt sein soll, ist an sich schon so außergewöhnlich, dass es auf bedeutende Andersheit verweist, aufgrund derer der König „wie keiner [s]einer Gefährten" behandelt wird, wie es in Psalm 89 heißt. Damit will ich nicht bestreiten, dass der König häufig als Diener Gottes dargestellt wurde oder dass der König von Gott gezüchtigt werden konnte. In demselben Psalm 89, in dem der König so herausgehoben wird, sagt Gott, dass wenn Davids Kinder „meine Gesetze entweihen, meine Gebote nicht mehr halten", er „ihr Vergehen mit der Rute strafen" werde, aber trotzdem versichert Gott: „Doch ich entziehe ihm nicht meine Huld, breche ihm nicht die Treue. Meinen Bund werde ich nicht entweihen" (Psalm 89,31–34).[76] Das Versprechen „auf ewig" geht über die Sünden derjenigen hinaus, denen es gegeben wurde, und wirft die Frage von bedingter im Gegensatz zu unbedingter Treue auf, mit der wir uns später beschäftigen werden müssen. Die Zerstörung der Dynastie durch die Babylonier hat die altisraelitische Theologie in eine Krise gestürzt, die sie allerdings zu überwinden vermochte, wie wir sehen werden.

Zwischen der narrativen Schilderung des Ursprungs des Königtums im alten Israel und dem Symbolismus des Königtums, der sich in den möglicherweise für Thronbesteigungszeremonien im Tempel geschriebenen Psalmen widerspiegelt, besteht eindeutig ein Spannungsverhältnis. Der narrativen Schilderung zufolge hatte das Königtum einen recht spezifischen historischen Anfang. In den Krönungshymnen soll das Königtum nicht nur für immer währen, sein Ursprung liegt in der Schöpfung selbst.

---

[75] Holloway, *Aššur Is King!*, 189.

[76] Die Datierung von Psalm 89 und verschiedener seiner Abschnitte ist etwas, das ich nicht zu beurteilen vermag, aber die Verse 31 bis 34 klingen stark wie das Deuteronomium, also wie ein spätmonarchischer Text, und könnten sehr gut später hinzugefügt worden sein, um die Extravaganz des früheren Textes zu relativieren.

Jon Levenson stellt fest, dass die so eng mit dem altorientalischen Königtum verwobenen „kosmisch-mythologischen Schöpfungssymbole“, die es angeblich in Israel nicht gibt, in Wahrheit dort ebenfalls vorhanden sind. In diesem Zusammenhang zitiert er Psalm 89,26:

> „Ich lege seine Hand auf das Meer
> und auf die Ströme seine Rechte.“

In den altugaritischen Mythen überwand der Hochgott El das Chaos der Gewässer, Meere und Flüsse durch den Akt der Schöpfung der Welt (Bruchstücke dieser Version der Schöpfungsgeschichte finden sich in den hebräischen Schriften an verschiedenen Stellen wieder, sogar in Genesis 1,1 wird mit der Behauptung auf sie angespielt, dass am Anfang der Zeit Chaos geherrscht habe, in das Gott Ordnung brachte). Laut seiner Beschreibung in Psalm 89,26 ist der König an diesem göttlichen Schöpfungsakt beteiligt, was Levenson zu folgender Bemerkung veranlasst: „Schöpfung, Königtum und Tempel bilden also eine unauflösliche Trias, die Eindämmung der Meere ist der dauerhafte Beweis für deren ewige Gültigkeit (z. B. Psalm 93).“[77]

Einige Gelehrte interpretieren diese mythologischen Untertöne des Zion-Komplexes als Folge der Aneignung jebusitischer Glaubensvorstellungen durch die Israeliten, nachdem sie Jerusalem erobert hatten, das eine alte kanaanitische Stadt gewesen war. Wichtig daran ist nicht, dass die Israeliten sich in ethnischer Hinsicht fremde Vorstellungen aneigneten, sondern dass das Israel der Stämme zu einem urbanen Königreich wurde und sich dafür eine urbane Königsideologie aneignete. Es mag in Jerusalem schon vor der Eroberung einen Tempel gegeben haben und Zadok, den David zu einem von zwei Hohepriestern bestimmte, mag bereits der jebusitische Priester dieses Tempels gewesen sein (obwohl er später einen aaronitischen Stammbaum erhielt). Der andere Hohepriester war Abjatar, der David schon vor der Eroberung als Hohepriester gedient hatte. In Psalm 48,3 wird jedenfalls Zion mit der Spitze des Berges Zaphon, dem aus den ugaritischen Texten bekannten nordsyrischen Berg der Götter, gleichgesetzt und nicht mit Jerusalem.[78]

Es sind noch zwei weitere Implikationen des kosmisch-mythologischen Charakters des Zion-Tempel-Stadt-König-Komplexes der Erwähnung wert. Zum einen die Unantastbarkeit – im konkreten Fall die Un-

[77] Jon D. Levenson, *Sinai and Zion: An Entry into the Jewish Bible*, Minneapolis: Seabury, 1985, 108–109.

[78] Diese Probleme erörtert Albertz, *Religionsgeschichte Israels in Alttestamentlicher Zeit*, Bd. 1, 192–212.

antastbarkeit Jerusalems. Levenson schlägt vor, die kryptische Äußerung der Jebusiter kurz vor Davids Angriff auf Jerusalem – „Du kommst hier nicht herein, vielmehr werden dich die Lahmen und die Blinden vertreiben“ (2 Samuel 5,6) – bedeute, dass die Jebusiter bereits über die Vorstellung von der Unantastbarkeit Jerusalems verfügten und die Israeliten sie von ihnen übernahmen. Er schreibt: „Der Ton absoluter Sicherheit angesichts düsterster militärischer Tatsachen wird zu einem zentralen Motiv in den Hymnen von Zion, die in den Tagen der judäischen Monarchie gesungen wurden.“[79] Die spätere Zerstörung Jerusalems und des Tempels im Jahr 587 v. u. Z. war traumatisch und hatte enorme Auswirkungen, aber die Unantastbarkeit von Zion ließ sich aufrechterhalten, wenn man Zion und die Stadt Jerusalem als transhistorische Wirklichkeiten verstand.

Die andere erwähnenswerte Implikation des Zion-Komplexes ist das Reich. Rückblickend hieß es, David und Salomon hätten vom Strom (dem Euphrat) bis an die Grenzen Ägyptens regiert. Doch wenn der König von Juda der Gesalbte des Herrn war und Jahwe über alle Götter herrschte, dann mussten sich im Prinzip alle Völker Zion beugen. Der Herr der Heerscharen regiert „bis an die Grenzen der Erde“, er ist „erhaben über die Völker, erhaben auf Erden“ (Psalm 46,10–11). In der vorderorientalischen Königstradition ist der große König, der König der Könige, im Prinzip Herrscher über den Kosmos. Dass Juda ein kleiner Staat war, der sich häufig mächtigen Reichen unterordnen musste, hielt die davidische Königstheologie nicht von Universalansprüchen ab – von Ansprüchen, die letztendlich so zu verstehen sind, dass sie sich erst in der Endzeit verwirklichen lassen.[80]

Jahwe allein

Bisher haben wir gesehen, wie in Israel oder zumindest in Juda eine klassische vorderorientalische Monarchie mitsamt der dazugehörigen Ideologie entstanden ist. Damit hat Israel den Schritt von einer Stammesgesellschaft zu einer archaischen Gesellschaft gemacht, die über einen frühen Staat verfügt. Als sekundäre Staaten mussten Israel und Juda die archaische Kultur nicht von Grund auf neu erfinden – sie konnten vieles aus den umliegenden

---

[79] Levenson, *Sinai and Zion, 94.*

[80] Man beachte, dass Clifford Geertz in *Negara: The Theatre State in Nineteenth-Century Bali*, Princeton: Princeton University Press, 1980, eine Situation beschreibt, in der jeder von mehreren Herrschern, die die kleine Insel Bali unter sich aufteilten, Anspruch darauf erhob, Herrscher des Universums zu sein.

Hochkulturen übernehmen und gaben dem, was sie entlehnten, eine neue Wendung, wie zum Beispiel der Vorherrschaft des Gottes Jahwe, auch wenn dessen Einzigartigkeit sich in der frühmonarchischen Zeit noch nicht bemerkbar gemacht hatte. Doch wenn die frühen israelitischen Staaten typisch archaisch waren, weshalb sollen sie dann für den Versuch, die Achsenzeit zu verstehen, von Interesse sein? Etwas geschah, das das archaische Muster bis in seine Grundfesten erschütterte, etwas, das dieses Muster umstrukturierte, aber nicht zerstörte. Diesem Wandel müssen wir uns jetzt zuwenden.

Wenn man nur die fünf Bücher Mose lesen würde – die Thora als Herz und Seele der israelitischen und jüdischen Religion seit dem fünften Jahrhundert v. u. Z. –, ließe sich das archaische Muster in seiner Schattenhaftigkeit nur schwer erkennen. Der Schatten, der auf das archaische Muster und auf den Berg Zion fällt, ist der Schatten des Sinai, und der Schatten, der auf die Gestalt von David fällt, ist der von Moses.[81] Mir ist durchaus bewusst, dass in der Bibel steht, dass Sinai und Moses Zion und David lange vorausgingen, und ich will nicht bestreiten, dass ein bruchstückhaftes Wissen darüber ziemlich alt sein mag, wenn auch eher über Moses als über den Sinai. Doch das große Gedankengebäude der Thora ist frühestens spätmonarchisch und wahrscheinlich stammt ein Großteil davon aus der Zeit des Exils oder aus der Zeit nach dem Exil. Da es für die Bibel uninteressant ist, uns vorzuführen, wie die Thora sich entwickelt hat, müssen wir nach anderen, gewagteren Mitteln suchen, um ihren Entstehungsprozess zu erkennen.

Die naheliegendste Stelle, wo man nachsehen kann, ist das Aufkommen der Vorstellung von Jahwe als dem einzigen Gott, den Israeliten anbeten durften, die an die Stelle der kosmopolitischen Theologie trat, der zufolge Jahwe zwar der Erste unter den Göttern war, die aber nicht bestritt, dass auch andere Götter weiterhin zu ihrem Recht kommen konnten. Hier wird deutlich, was Mark Smith im Unterschied zur anscheinend für die Königstheologie charakteristischen Konvergenz Ausdifferenzierung nennt. Wie wir festgestellt haben, wurde El nie als „fremd" verstanden und von allen Beteiligten als Synonym für Jahwe akzeptiert; andere Götter, und zwar mit Sicherheit Baal und Aschera, wurden dagegen als fremdartig gebrandmarkt, ihre Anbetung galt als Zurückweisung Jahwes, der von ihnen unterschieden werden sollte. Obwohl dieser Prozess häufig als „Entwicklung des Monotheismus" charakterisiert wurde, ist es wahrscheinlich bes-

[81] Man darf aber nicht vergessen, dass Israel Zion nie hinter sich gelassen, sondern Sinai und Zion irgendwie immer miteinander verbunden hat. Eine vorzügliche Analyse, wie das möglich war, legt Levenson in *Sinai and Zion* vor.

ser, ihn mit einem von Morton Smith eingeführten Ausdruck als „Jahwe-allein-Bewegung“ zu bezeichnen, weil die Hingabe an Jahwe nicht zur Ablehnung anderer Götter führte, sondern lediglich zur Verpflichtung, sie nicht anzubeten.[82]

Die Daten sind wie immer hochproblematisch, aber anscheinend trat die Jahwe-allein-Bewegung erstmals im Norden, im Königreich Israel in Erscheinung. Es ist schwer zu sagen, welche historische Wirklichkeit im Israel des neunten Jahrhunderts hinter den Legenden von Elija und Elischa steht – beide leben in einer Welt außerordentlicher Wunderwerke –, aber ihre Hingabe an Jahwe und ihre erbitterte Feindschaft zu allen anderen Göttern ist das Bemerkenswerteste, was sich über sie sagen lässt. Die Geschichten über sie scheinen aus dem deuteronomistischen Rahmen herauszufallen, in den das 1. und das 2. Buch der Könige sie einfügen. Sie brandmarken vor allem König Ahabs Frau Isebels Anbetung von Baal und warnen vor den Strafen, die auf solch eine Abtrünnigkeit stehen. Damit folgen sie dem Muster der deuteronomistischen Geschichte, das für alle Bücher vom Buch Josua bis zum 2. Buch der Könige charakteristisch ist, aber die rauschhafte Intensität ihrer Feindseligkeit scheint über diesen Interpretationsrahmen hinauszugehen und auf das frühe Auftreten einer extremen Hingabe an Jahwe allein hinzudeuten. Eine angemessene Erklärung für diese Entwicklung übersteigt unseren Horizont, aber es gibt ein paar Hintergrundfaktoren, die uns möglicherweise etwas über den Kontext einer solchen Entwicklung sagen.

Wenn die sich auf Jerobeam beziehenden Überlieferungen überhaupt Aussagekraft besitzen, war Israel (im Gegensatz zu Juda) in religiöser Hinsicht konservativ, weil es die Ansätze zu einer sich auf Jerusalem, seinen Tempel und seinen König konzentrierenden Königstheologie ablehnte. Die Bibel brandmarkt Jerobeam dafür, dass er in Bet-El und Dan „goldene Kälber“ aufgestellt habe. Es ist sehr gut möglich, dass diese altisraelitischen Heiligtümer bereits vorher über solche Bildnisse verfügten. Das „aus Bronze gegossene Meer“ in Salomons Tempel stand angeblich auf „zwölf Rindern“ (1 Könige 7,25), aber niemand hat behauptet, sie würden angebetet, wie der aus einer solchen Entfernung schwer zu beurteilende Vor-

---

[82] Eine Auseinandersetzung mit der Jahwe-allein-Bewegung findet sich bei Morton Smith, *Palestinian Parties and Politics That Shaped the Old Testament*, New York: Columbia University Press, 1971. „Jahwe allein“ ist aus theoretischer Sicht mehrdeutig: Es könnte die Anbetungspflicht nur Jahwe gegenüber bedeuten, obwohl andere Götter existieren, oder es könnte bedeuten, dass nur Jahwe existiert. Mit griechischen Wortstämmen ausgedrückt, heißt ersteres Monolatrie und zweiteres Monotheismus. „Jahwe allein“ übersetzt hebräische Wörter und ist Wendungen vorzuziehen, in die griechische Auffassungen eingeflossen sind.

wurf gegen die Bildnisse in Bet-El und Dan lautete. Jedenfalls war Jahwe der nationale Gott Israels und, Kälber hin oder her, der Gott, der in Bet-El und Dan angebetet wurde. In Israel war die Monarchie aber weniger fest verankert als in Juda: Ein Mordanschlag folgte dem anderen, eine Dynastie folgte der anderen und viele von ihnen waren zu kurz, um überhaupt Dynastien genannt zu werden. Zu den innenpolitischen Schwierigkeiten gesellten sich außenpolitische Schwierigkeiten. Israel war Angriffen der Aramäer aus Damaskus und der wachsenden Bedrohung ausgesetzt, die im neunten Jahrhundert von der assyrischen Imperialmacht ausging. Und zu all dem kam hinzu, dass die Feindschaft mit Juda kein Ende nahm und nur von gelegentlichen Waffenstillständen unterbrochen wurde.

Die Legenden von Elija und Elischa weisen auf inbrünstige Hingabe an Jahwe und erbitterten Widerstand nicht nur gegen die Anbetung anderer Götter, insbesondere Baals hin, sondern auch gegen jede Art der Anbetung Jahwes, mit der Bildnisse oder andere Praktiken verbunden waren, die der Anbetung anderer Götter ähnelten. Obwohl Elija sich auf Abraham, Isaak und Jakob beruft, die häufig für Ahnen unterschiedlicher, erst später zu einer Abstammungslinie zusammengeführter nördlicher Geschlechter gehalten werden, finden Moses oder der Sinai keine Erwähnung. Bekanntlich wird Elija aufgefordert, sich nach Süden zum Berg Horeb (der Begriff für Sinai im Deuteronomium) zu begeben, um eine Offenbarung zu erleben, die nicht durch Sturm oder Erdbeben übermittelt wird, sondern durch das „sanfte, leise Säuseln" Jahwes, doch am Horeb wird nicht ausdrücklich auf Moses Bezug genommen, sodass einige Gelehrte sogar vorgeschlagen haben, die Moses-Geschichte beruhe auf der von Elija anstatt andersherum.[83] Die Überlieferungen deuten auf eine starke Spannung zwischen den Propheten und dem Königshaus, insbesondere zu Ahab und sogar noch mehr zu seiner Königin, Isebel, hin. Es ist möglich, dass die vom Königshaus gebilligten Praktiken ziemlich alt und die Propheten die eigentlichen radikalen Neuerer waren, aber der soziale Ort des Kampfes zwischen Prophet und König / Königin lässt sich anhand der Belege, über die wir verfügen, nur schwer rekonstruieren.

Ab Mitte des achten Jahrhunderts v. u. Z., als die Propheten auf der Bildfläche erschienen und erstmals schriftliche Aufzeichnungen hinterließen, wies die soziale Lage sowohl in Israel als auch in Juda Anzeichen schwerer Belastungen auf. Im ganzen Vorderen Orient und östlichen Mittelmeerraum scheint das achte Jahrhundert eine Zeit beträchtlichen ökonomischen Wachstums gewesen zu sein, das sozial destabilisierende Auswirkungen hatte. Die Kommerzialisierung der Landwirtschaft bedeutete,

---

[83] Geller, *Sacred Enigmas*, 193.

dass Großgrundbesitz profitabel war, wohingegen allein der Subsistenz dienende Kleinbauernhöfe unzeitgemäß wurden. In Dürrezeiten oder bei anderen Schwierigkeiten mussten die Kleinbauern sich an Geldgeber wenden, bei denen es sich oftmals um Großgrundbesitzer handelte. Aufgrund der Kreditgesetze wurden die Kleinbauern faktisch zu Schuldknechten oder sogar als Sklaven verkauft, um die Forderungen ihrer Gläubiger zu erfüllen. All dies untergrub die Funktionsfähigkeit des ausgedehnten Verwandtschaftssystems in hohem Maße. Da Israel größer und reicher war als Juda, könnten die Zustände im Norden schlechter gewesen sein. Zudem nahm die seit dem neunten Jahrhundert sporadisch erfolgende Einmischung der Assyrer in der Levante in den letzten Jahrzehnten des achten Jahrhunderts an Intensität zu. Die Schriftpropheten reagierten heftig sowohl auf die wachsende soziale Ungerechtigkeit als auch auf die außenpolitischen Probleme.[84]

Zwei der frühen Schriftpropheten, Amos und Hosea, traten zuerst im Norden in Erscheinung, obwohl Amos ursprünglich aus Juda kam. Sie sind genauso um die richtige Anbetung Jahwes besorgt und gegenüber seinen Rivalen genauso feindlich eingestellt wie die Elija-/Elischa-Legenden, doch bei ihnen kommt noch ein neuer eindringlicher und persönlicher Ton hinzu, weil wir über ihre eigenen Worte verfügen (obwohl es natürlich immer schwer zu sagen ist, was ihre eigenen Worte sind und was später hinzugefügt wurde). Dass Familienreligion bzw. Personenkult im Alten Orient und frühen Israel von großer Bedeutung war, hatte ich ja bereits erwähnt,[85] aber das bringen Amos und Hosea nicht zum Ausdruck. Sie beschreiben eher eine persönliche Beziehung zwischen Jahwe und den Kindern Israels, die grundlegend anders zu sein scheint als alles Vorherige. Hoseas Metaphern sind besonders stark: Israel sei die untreue Ehefrau Jahwes, die Jahwes Liebe zurückweise, obwohl Jahwe bereit sei, sie trotz ihrer Untreue wieder aufzunehmen. Gott sagt zu Hosea, er solle die Beziehung von Jahwe und Israel in einem Gleichnis für das Volk durch eine Prostituierte als Ehefrau nachvollziehen [*enact*]: „Der Herr sagte zu mir: / Geh noch einmal hin und liebe eine Frau, / die von einem anderen geliebt wird und dennoch Ehebruch treibt – / so wie der Herr / die Söhne Israels liebt, obwohl sie sich anderen Göttern zuwenden“ (Hosea 3,1).

Noch eindrucksvoller ist Hoseas Bild von Gott als einem verschmähten Elternteil:

> „Als Israel jung war, gewann ich ihn lieb, / ich rief meinen Sohn aus Ägypten.
> Je mehr man sie rief, / desto mehr liefen sie vor den Rufen weg:

[84] Albertz, *Religionsgeschichte Israels in Alttestamentlicher Zeit*, Bd. 1, 248–261.
[85] Vergleiche van der Toorn, *Family Religion*.

> Den Baalen brachten sie Schlachtopfer dar, / den Götterbildern Räucheropfer.
> Ich war es, der Efraim gehen lehrte, / der sie nahm auf seine Arme.
> Sie aber haben nicht erkannt, / dass ich sie heilen wollte.
> Mit menschlichen Fesseln zog ich sie, / mit Banden der Liebe.
> Ich war da für sie wie die, / die den Säugling an ihre Wangen heben. / Ich neigte mich ihm zu und gab ihm zu essen.“ (Hosea 11,1–4)

Obwohl solche Stellen meiner Meinung nach wesentlich für das Verständnis von Hosea sind, werden sie wie bei allen Propheten in quantitativer Hinsicht weit übertroffen durch die Schmähungen der Sünden des Volkes und die Schilderung der Urteile, die über es ergehen werden. Die Propheten waren zornige Männer, die im Namen eines zornigen, aber, und das ist entscheidend, liebenden Gottes sprachen, der bereit war, den aufrichtig Reumütigen zu vergeben.

Obwohl die Sünden, die Elija und Elischa erzürnten, fast ausschließlich kultbezogen waren, kommt bei den Schriftpropheten ein signifikanter neuer Ton hinzu, der sich am deutlichsten schon früh bei Amos feststellen lässt, aber für sie alle charakteristisch ist: Die Sünden, die sie brandmarken, sind nicht bloß kultbezogen, sondern ethischer Art, vor allem die Unterdrückung der Schwachen und Armen durch die Starken und Reichen. Wie Hosea unterstreicht Amos die besondere Beziehung zwischen Jahwe und Israel, was Israels Untreue nur umso furchtbarer macht: „Nur euch habe ich erkannt / unter allen Stämmen der Erde; darum suche ich euch heim / für alle eure Vergehen“ (Amos 3,2). Zu diesen Vergehen gehört Folgendes:

> „So spricht der HERR:
> Wegen der drei Verbrechen von Israel / und wegen der vier nehme ich es nicht zurück:
> Weil sie den Unschuldigen für Geld verkaufen / und den Armen wegen eines Paars Sandalen,
> weil sie den Kopf des Geringen in den Staub treten / und das Recht der Schwachen beugen.“ (Amos 2,6–7)

Amos und die anderen Propheten kritisierten nicht nur kultbezogene Sünden, sie betrachteten auch Rituale insgesamt kritisch, wenn die Menschen dachten, diese könnten schwerer wiegen als ethische Versäumnisse. An einer berühmten Stelle übermittelt Amos die Worte Gottes:

> „Ich hasse eure Feste, ich verabscheue sie / und kann eure Feiern nicht riechen.
> Weg mit dem Lärm deiner Lieder! / Dein Harfenspiel will ich nicht hören,
> sondern das Recht ströme wie Wasser, / die Gerechtigkeit wie ein nie versiegender Bach“. (Amos 5,21,23–24)

Und Amos versteht Gott als Gott aller Völker, auch wenn die Beziehung zu Israel besonders ist:

„Seid ihr nicht wie die Kuschiten für mich, ihr Israeliten? / – Spruch des HERRN.
Habe ich Israel nicht herausgeführt / aus dem Land Ägypten
und ebenso die Philister aus Kaftor / und Aram aus Kir?
Siehe, die Augen GOTTES, des Herrn, / sind auf das sündige Königreich gerichtet.
Ich lasse es vom Erdboden verschwinden; / doch ich werde das Haus Jakob nicht völlig vernichten.“ (Amos 9,7–8)

Wie gesagt, koexistieren Prophetie und Monarchie in der Geschichte des alten Israel (mit dem Sonderfall Moses werden wir uns unten beschäftigen müssen) als Teil desselben Syndroms. Lässt sich zwischen Propheten und Königen ein Kampf um die Definition der Beziehung zwischen Jahwe und dem Volk als solche erkennen? In ihrer klassischen archaischen Form betrachtete die Königstheologie die Beziehung von Gott und Volk notwendig als durch den König vermittelt. Einzelpersonen und Familien mögen ihre eigenen Kulte haben, aber das Königreich als Ganzes steht nur durch den König mit Gott in Verbindung. Diese Auffassung wird von den Propheten in Frage gestellt: In ihren Augen steht Gott direkt mit dem Volk in Verbindung. Die Propheten hielten von Anfang an Distanz zum König; sie hatten sozusagen ihren eigenen Draht zu Jahwe. Samuel kritisierte Saul; sogar David wurde von Nathan kritisiert. Es wäre aber falsch, die Propheten als einfache Widersacher der Könige zu betrachten: Sie lebten in einer nicht einfachen Symbiose miteinander. Die Propheten beharrten darauf, dass der König kein Monopol auf die Beziehung zu Jahwe habe. Mitunter kam es zu heftigen Konflikten, so wie zwischen Elija und Isebel, doch nur Hosea lehnte das Königtum in den letzten verhängnisvollen Stunden des nördlichen Königreichs insgesamt ab:

„Untergehen wirst du, Israel, / weil du gegen mich bist, gegen deine Hilfe.
Wo ist denn dein König, der dich retten könnte, / dich und all deine Städte?
Wo sind deine Richter, von denen du sagtest: / Gib mir einen König und Regierende!
In meinem Zorn gab ich dir einen König, / in meinem Groll nahm ich ihn weg.“ (Hosea 13,9–11)

Als früheste Vertreter der Jahwe-allein-Position erhoben die Propheten Anspruch darauf, wahrhaftiger von Jahwe „berufen“ worden zu sein als die Könige. Wie wir gesehen haben, ist Prophetie im Sinne einer persönlichen Berufung oder sogar Inbesitznahme durch die Gottheit nicht nur im Vorderen Orient, sondern auch unter den Stammesvölkern und archaischen Völkern im Allgemeinen weit verbreitet.[86] Doch in den meisten Fäl-

[86] In *Prophecy and Society in Ancient Israel*, Philadelphia: Fortress Press, 1980, fasst Robert R. Wilson die Informationen über Prophetie in vergleichender Perspektive wie auch in Israel auf lohnende Weise zusammen.

len waren die Propheten randständig: Wie viele Propheten in Israel befriedigten sie die Bedürfnisse des gemeinen Volks oder boten sie den Herrschern Rat und Unterstützung an. Dass die großen Propheten Israels in der Lage waren, die Könige direkt herauszufordern, ist ein Anzeichen für die Schwäche der Monarchie sowohl im Inneren als auch angesichts äußerer Drohungen, besonders im Norden, und für das daraus folgende Unvermögen der Könige, ihre verschiedenen lese- und schreibkundigen Untertanengruppen zu kontrollieren. Die großen Propheten erhoben Anspruch darauf, berufen worden zu sein, doch die ihnen anvertraute Botschaft wandte sich wertend und hoffnungsvoll sowohl an die Könige als auch an das Volk: Sie bestand vor allem in der Forderung, nur Jahwe allein anzubeten.

Bisher haben wir uns auf die sich auf das nördliche Königreich beziehenden Propheten konzentriert, Amos und Hosea, wobei Hosea nicht nur für sich bedeutend ist, sondern auch aufgrund der starken Kontinuität zwischen seiner Sprache und der des Deuteronomiums. Trotzdem dürfen wir Jesaja nicht vergessen, der ebenfalls ein Prophet des späten achten Jahrhunderts war. Der in vielerlei Hinsichten exemplarische Prophet Jesaja hatte einen Jerusalemer priesterlichen Hintergrund und anstatt die davidische Königstheologie zu verwerfen, gelang es ihm, von innen über sie hinauszugehen. Seine in Jesaja 6 geschilderte Berufung erfolgte im Rahmen einer Großvision vom Tempel, der Ruf erging jedoch an Jesaja, den Propheten, nicht an den König. Trotzdem blieb Jesaja, dessen Brandmarkung der Könige und des Volkes aufgrund ihrer sowohl ethischen als auch kultbezogenen Sünden genauso emphatisch war wie die seiner Mitstreiter im Norden, dem zionistischen Ideal, der Unantastbarkeit von Jerusalem und der Weiterführung des davidischen Königtums treu, wenn auch nur als einem auf einen zukünftigen „Tag des Herrn" hin entworfenen Ideal, an dem alle Dinge zurechtgerückt werden würden. Es ist schwer zu sagen, wie viel von all dem auf Jesaja selbst zurückgeht und wie viel davon erst im Rahmen der von ihm begründeten Tradition entwickelt wurde, aber es ist zu einem Großteil der jesajanischen Überlieferung zu verdanken, dass der Vorstellungskomplex König/Jerusalem/Zion nie vollständig durch den Vorstellungskomplex Moses/Sinai/Treuebund ersetzt wurde.[87]

---

[87] Zu Jesaja, siehe Abraham J. Heschel, *The Prophets: An Introduction*, New York, Harper, 1969, 61–97; und Wilson, *Prophecy and Society*, 270–274. Wilson behauptet, dass Jesaja im Bericht über die politische Situation, die in 2 Könige 18,17–19,9a, 36–37 geschildert wird, als Prophet in der nördlichen Tradition beschrieben wird, obgleich er in 2 Könige 19,9b-35 – diese Stelle hält er für einen späteren Zusatz – als Vertreter der Jerusalemer Königstheologie erscheint (*Prophecy and Society*, 213–219).

Mit ihrer Forderung, Jahwe allein anzubeten, waren die Propheten eindeutig in der Minderheit, wie aus der Bibel selbst ersichtlich wird, in der Generation um Generation von Königen und Volk dafür gescholten wird, andere Götter anzubeten. Ziony Zevit meint, im archäologischen Material nicht nur an den „Kulthöhen" der Volksanbetung, sondern auch im Jerusalemer Tempel gebe es umfassende Belege für die Anbetung mehrerer Götter und ganz besonders von Jahwe und seiner Gefährtin: „Der Jerusalemer Tempel spiegelt selbst diese Polydoxie wider. Zusammen mit dem JHWH-Kult wurden während der ganzen Geschichte dieser Institution auch andere Gottheiten angebetet."[88] Doch auch wenn zumindest bis zum Exil und vielleicht selbst dann noch nur eine Minderheit den Ermahnungen der Propheten Beachtung schenkte, so handelte es sich dabei doch um eine signifikante Minderheit, die in der Lage war, die Überlieferung bis weit über das hinaus auszufeilen, was die frühen Schriftpropheten selbst gesagt hatten. Obwohl das 1. und das 2. Buch der Könige darauf hindeuten, dass mehrere Könige, wenn auch in Juda und nicht in Israel, insbesondere Hiskaja und Joschija, mit der Jahwe-allein-Bewegung sympathisierten und Reformen in die Wege leiteten, die deren Programmatik entsprachen, erfolgt der erste eindeutige Hinweis darauf, dass eine solche Bewegung an Stärke gewonnen hatte, während der Regentschaft von Joschija, als bei Renovierungsarbeiten am Tempel ein Buch entdeckt wurde, von dem weithin angenommen wird, dass es sich um einen frühen Entwurf dessen handelt, was wir als fünftes Buch Mose oder auch Deuteronomium kennen.

Die deuteronomische Revolution

Das uns heute vorliegende Buch Deuteronomium hat mit Sicherheit mehrere Revisionen erfahren, aber der Text ist sowohl formal als auch inhaltlich so eigenständig, dass er einen entscheidenden Bezugspunkt sowohl für einen Rückblick auf die ersten vier Bücher Mose als auch für einen Vorausblick auf die historischen Bücher abgibt. Die sogenannten „Deuteronomisten" haben nach allgemeiner Auffassung einen zentralen, möglicherweise sogar *den* zentralen Strang zu Israels Religion beigesteuert, doch wer waren die Deuteronomisten? Wer genau die Tradition begründet hat, die im Jahr 621 v. u. Z. mit der Entdeckung des „Deuteronomiums" im Tempel ihre erste maßgebliche Form annahm, können wir nicht wissen, aber in Anknüpfung an das 2. Buch Könige 22 gibt Geller uns einen wichtigen Hinweis: „Hervorzuheben ist, dass das Gremium, das Joschija auf das

[88] Zevit, *Religions of Ancient Israel*, 653.

Buch der Weisung aufmerksam gemacht hat, aus dem Hohepriester Hilkija und dem Schreiber Schafan bestand. Für echt erklärt wurde es dann von der Prophetin Hulda. Diese Liste kann als Hinweis auf die Hauptflügel der deuteronomischen Koalition verstanden werden."[89] Der prophetische Hintergrund ist klar, denn der für die prophetische Jahwe-allein-Bewegung charakteristische Eifer stand im Zentrum des deuteronomischen Glaubens. Doch dass auch der Hohepriester und ein königlicher Schreiber dabei waren, ist ebenfalls bezeichnend. Jeder von ihnen war in einer Tradition verortet, die sich mit der prophetischen Überlieferung überlappte, aber nicht ganz in ihr aufging: Die priesterliche Überlieferung, die ihr Augenmerk auf den Tempel, die Opferungen und die tatsächliche Begegnung des Hohepriesters mit dem im Allerheiligsten des Tempels anwesenden Gott richtete, brachte eine eigene literarische Tradition hervor, die dem Text der Thora möglicherweise seinen letzten Schliff gab. Und die königlichen Schreiber waren in der israelitischen Form der altorientalischen, in biblischen Büchern wie dem Buch der Sprichwörter, dem Buch Kohelet und dem Buch Hiob überlieferten Weisheitstradition geschult. Der Weisheitstradition ging es in erster Linie um Unterweisung, Lehre und um das Verhältnis von Lehrern und Schülern. All dies fand Eingang in das deuteronomische Verständnis der israelitischen Religion.

Den eigentlichen, die Religion des alten Israel von Grund auf definierenden Kern der deuteronomischen Tradition bildete der Treuebund. Woher kam dieser Gedanke und was bedeutete er? Wir haben bereits gesehen, wie zentral der Gedanke des Treuebundes für die judäische Königstheologie war, wo der Bund vor allem zwischen Jahwe und dem Haus David bestand. Solche Bündnisse waren ein weitverbreitetes Merkmal des altorientalischen Weltbildes. Früher hielt man die hethitischen Vasallenverträge aus dem zweiten Jahrtausend v. u. Z. für das Vorbild, auf dem der mosaische Bund beruhte.[90] Neuere Arbeiten, darunter auch die ausgiebige Untersuchung von Moshe Weinfeld, deuten darauf hin, dass das assyrische Vertragsmodell den entscheidenden Einfluss auf das Deuteronomium hatte.[91] Dass möglicherweise zentrale Bestandteile der israelitischen Religion einem starken assyrischen Vorbild folgen, macht erforderlich, dass wir

---

89 Geller, *Sacred Enigmas*, 176.

90 Siehe George E. Mendenhall, *Recht und Bund in Israel und dem Alten Vorderen Orient*, übers. v. Fritz Dumermuth, Zürich: EVZ-Verlag, 1960 [1954], 29–37.

91 Moshe Weinfeld, *Deuteronomy and the Deuteronomic School*, London: Oxford University Press, 1972. In „Political Theology in Judah and Assyria: The Beginning of the Hebrew Bible as Literature", *Svensk exegetisk arsbok* 65, 2000, 59–76, hat Eckart Otto das assyrische Vorbild auf den Exodus und das Moses-Narrativ ausgeweitet.

einen Schritt zurückgehen und uns die internationale Situation ansehen, die sowohl die Schriftgelehrten als auch die Deuteronomisten auf den Plan gerufen hat.

Im Vergleich zu früheren vorderorientalischen Reichen stand das Assyrische Reich (genauer gesagt, das Neuassyrische Reich, 934–610 v. u. Z.) sowohl militärisch als auch ideologisch für einen neuen Intensitätsgrad.[92] Die Grausamkeit der assyrischen Eroberungen, mit denen umfassende Zerstörungen und Verschleppungen verbunden waren, löste im achten Jahrhundert in allen levantinischen Staaten, darunter auch Israel und Juda, sowohl Furcht als auch den verzweifelten Wunsch aus, Widerstand zu leisten. Mit der militärischen Bedrohung durch die Assyrer ging heftiger ideologischer Druck einher. Obwohl die Assyrer mehr als einen Gott anbeteten, war Aššur der Gott des Königs und des Reichs schlechthin, und von allen unterworfenen Völkern wurde die Anerkennung seiner Vormachtstellung verlangt. Die enorme Kreativität der israelitischen Religion von Hosea bis Jeremia, einschließlich der frühen Fassungen des Pentateuchs (das heißt spätes achtes bis einschließlich siebtes Jahrhundert), ist deshalb teilweise als Reaktion auf die assyrische Kampfansage zu betrachten.

Der religiöse Widerstand gegen Assyrien nahm die Form eines gegen den Zwang zur Anerkennung von Aššur gerichteten ausschließlichen Setzens auf Jahwe an; falls die Jahwe-allein-Bewegung aus einer Zeit vor der starken Druckausübung durch die Assyrer stammen sollte, erfuhr sie durch die Reaktion darauf jedenfalls eine erhebliche Stärkung. Jesajas Ratschlag an Judas Könige Ahas und Hiskija, sowohl Bündnisse gegen die Assyrer als auch die Unterwerfung unter Assyrien zu vermeiden und stattdessen auf Jahwe allein zu setzen, ist Ausdruck eines ausgeprägten, wenn auch nicht ganz realistischen, religiösen Widerstands.

Sobald Hiskija und in der Folge auch sein Sohn und langjähriger Nachfolger Manasse sich Assyrien unterworfen hatten, waren sie durch einen Vasallenvertrag daran gebunden, nicht nur den assyrischen König als Herrscher, sondern auch die Vorrangstellung seines Gottes, Aššur, zu akzeptieren.[93] Ein solcher Vertrag enthielt Klauseln, an die der Vasall sich halten

---

[92] Geller, *Sacred Enigmas*, 182–183.

[93] In *Aššur Is King!* sagt Holloway Folgendes: „Die Vasallenverträge des Asarhaddon enthalten wichtige und aufschlussreiche Angaben zur Art und Weise, wie Vasallen sich gegenüber dem Götterhimmel ihres Oberherrn zu verhalten hatten. Dem Vasallen wird befohlen Aššur, ‚deinen Gott' *(ilkunu)*, ‚zu fürchten' *(lipluhū)*, er ist dazu angehalten, das Bild *(ṣalmu)* von ‚Aššur, dem König der Götter und großer Götter, meiner Herren', zu behüten sowie die Bilder des Königs, des Kronprinzen und die Siegel von Aššur und dem König, welche vermutlich auf die Bilder und Siegel auf den Vasallenvertragstafeln selbst zu beziehen sind" (61).

musste, und außerdem Segnungen und Verfluchungen, häufig ganz besonders schreckliche Verfluchungen im Fall von Vertragsbrüchen oder Abtrünnigkeit. Darüber hinaus war der Vasall verpflichtet, seinen Herrn zu „lieben". Diese Liebe wurde vom assyrischen König nicht erwidert, denn in diesem Fall hieß Liebe Ergebenheit, die vom Vasallen, aber nicht vom Herrn verlangt wurde.[94] Diese Art von Vertrag, und zwar besonders die Vasallenverträge des Asarhaddon, wurde vom Deuteronomium übernommen und abgewandelt, wie wir gleich sehen werden.[95]

Dem Vasallenvertrag, der dem Vasallen Verpflichtungen auferlegt und folglich bedingt ist, stellt Weinfeld den Zuwendungsvertrag gegenüber, mit dem der Herr seinem Gefolgsmann als Belohnung für seine Treue bedingungslose Zuwendung gewährt. Weinfeld ist der Ansicht, dass der Bund mit Abraham, der mit dem Versprechen von Land und Nachkommenschaft einhergeht, genauso wie der Bund mit David, in dem es um die ununterbrochene Erbfolge des Hauses David geht, Beispiele für Zuwendungsbündnisse sind, aber er meint, dass die biblische Sprache in beiden Fällen assyrischen Vorbildern folge. Wenn also Gott Abraham dafür lobt, „meine Anordnungen geachtet [zu haben]" (Genesis 26,5), klingt darin – genauso wie in Formulierungen wie „geh vor mir und sei untadelig" und so weiter – sprachlich Aššur-bāni-aplis Zuwendung an einen Sklaven an. Wie oben erwähnt, reicht die Sprache des Bundes im Alten Orient in alte Zeiten zurück – bis nach Sumer und außer bei den Assyrern findet sie sich bei den Hethitern und anderen –, aber den assyrischen Vorläufern ist die biblische Sprache besonders nahe. Dies hat Auswirkungen auf die Datierung sogar der scheinbar „frühen" Bündnisse mit Figuren wie Abraham und David. Wir dürfen jedoch nicht den grundlegenden Wandel übersehen, den der israelitische Sprachgebrauch vornimmt: Assyrische Bündnisse bestanden zwischen Herrscher und Untertan, israelitische zwischen Gott und den Menschen.[96]

Obwohl die bedingungslosen Zuwendungsbündnisse elementar für Israels Identität waren, gaben die Vasallenbündnisse die Grundstruktur des Deuteronomiums und seiner zentralen Ausformulierung der israelitischen Religion vor. Sowohl in der assyrischen als auch in der israelitischen Version des Vasallenbundes muss der Untergebene die Vertragsklauseln einhalten, sonst sieht er sich fürchterlichsten Konsequenzen gegenüber: In

[94] William L. Moran hat zu dieser Frage den klassischen Aufsatz geschrieben: „The Ancient Near Eastern Background to the Love of God in Deuteronomy", *Catholic Biblical Quarterly* 25, 1963, 77–87.
[95] Siehe besonders Weinfeld, *Deuteronomy*, Teil 1, Kap. 2, 59–158.
[96] Ebd., 77–78.

Israel wird Gott, in Assyrien werden die Götter Strafen wie Lepra, Blindheit, gewaltsamen Tod, Vergewaltigung und den Einmarsch „eines Volkes, dessen Sprache du nicht verstehst“, verhängen, wenn der Untergebene abtrünnig wird.[97] Kurz gesagt, geht das Deuteronomium (und möglicherweise ein Großteil des Pentateuchs) aus einer Situation beispielloser Gewalttätigkeit hervor, in der das nördliche Königreich bereits zerstört und viele seiner Einwohner verschleppt worden waren und Juda am unsicheren Faden eines Vasallenverhältnisses zu Assyrien hing. Einer Lesart zufolge hatte auch Juda den schrecklichen Zorn Assyriens während Sin-ahhe-eribas Feldzug gegen Hiskaja im Jahr 701 v. u. Z. zu spüren bekommen. Baruch Halpern vertritt die These, dass die assyrische Behauptung, man habe das gesamte judäische Land und alle 46 befestigten Ortschaften außer Jerusalem zerstört und dabei die ländlichen Gegenden entvölkert, historisch belegt sei.[98] Als Hiskaja sich schließlich der assyrischen Oberherrschaft unterwarf, war Juda demnach nur noch ein Schatten seines früheren Selbst. Während das Land einen Kahlschlag erlebte, schwoll die Bevölkerungszahl von Jerusalem wegen der Flüchtlinge aus dem nördlichen Königreich nach dessen Fall im Jahr 722 und aus dem ländlichen Juda aufgrund des Feldzugs des Jahres 701 an. Durch solche drastischen Bevölkerungsverschiebungen wurden die bereits geschwächten verwandtschaftlichen Bande unweigerlich noch weiter zerschlagen.[99] Die assyrische Schreckensherrschaft sollte lange im Gedächtnis bleiben, und die Furcht wuchs, dass eine neue Katastrophe irgendwann sogar Jerusalem heimsuchen würde. Wenn die Propheten häufig – mit einem von Jeremias Lieblingsausdrücken – mit „Schrecken“ drohten, war das assyrische Beispiel, das zu Jeremias Zeiten durch die genauso gnadenlosen Babylonier ersetzt wurde, ausgesprochen schnell bei der Hand.

Obwohl das Buch Deuteronomium zur Zeit von König Joschija im Jahr 621 „entdeckt“ wurde, könnten seine Anfänge durchaus in die Zeit

---

[97] Ebd., 117–118. Zitat aus Deuteronomium 28.

[98] Baruch Halpern, „Jerusalem and the Lineages in the Seventh Century BCE: Kinship and the Rise of Individual Moral Liability“, in: *Law and Ideology in Monarchic Israel*, hrsg. v. Baruch Halpern und Deborah W. Hobson, Sheffield: JSOT Press, 1991, 11–107.

[99] Halpern behauptet, die Verschiebung von der kollektiven moralischen Verantwortung zur individuellen Verantwortung, die sich in den Texten des Deuteronomiums und der Bücher Jeremia und Ezechiel findet, könne so verstanden werden, dass sie diese sozialen Bedingungen reflektiert: „Die traditionelle judäische Kultur war für immer verschwunden, weggefegt durch die systematischen assyrischen Deportationen“, welche „die Bindungen zwischen den Schicksalen der Individuen und ihrer Vorfahren und Stammesbrüder lockerten“ („Jerusalem“, 79).

von König Manasse (687–643) zurückreichen, in der Asarhaddon (681–669) regierte, dessen Vasallenvertrag in Juda bekannt gewesen sein dürfte. Es sei darauf hingewiesen, dass die großen frühen Propheten, von denen Texte überliefert sind – Amos, Hosea, Jesaja, Micha – alle zur Zeit der ersten großen assyrischen Angriffswelle Mitte bis spätes achtes Jahrhundert gelebt haben. Während des siebten Jahrhunderts trat dann aber kein bedeutender Schriftprophet in Erscheinung, bis Jeremia 627 zu predigen begann, als die Macht der Assyrer nachließ und sich neue Umwälzungen abzuzeichnen begannen. Die Annahme, dass die öffentliche Prophetie zwar während der langen und repressiven Herrschaft von Manasse zum Stillstand kam, aber im Privaten bereits Kreise um die später so genannten Deuteronomisten dabei waren, einen Gegentext zur dominanten ideologischen Ordnung der Assyrer zu verfassen, könnte deshalb nicht völlig aus der Luft gegriffen sein.

Die entscheidende Wende, deren Anfänge sich bei den Propheten des achten Jahrhunderts feststellen lassen, bestand in dem Anspruch, dass zwar die Könige von Israel und Juda Untergebene der großen assyrischen Könige waren, dass aber Jahwe Aššur keineswegs unterstellt war, im Gegenteil: Nicht Aššur, sondern Jahwe hatte die Kontrolle über Assyrien. Die levantinischen Könige haben ihren Bund mit Assyrien häufig gebrochen, gewöhnlich mit verheerenden Folgen. Doch der Bund, der für die angehenden Deuteronomisten zählte, war der Bund zwischen Jahwe und den Kindern Israels, und es war der Verrat dieses Bundes auf Seiten der Israeliten, der sie der Macht der Assyrer auslieferte, die gar nicht anders handeln konnten als im Einklang mit Jahwes Willen.

Detailliert wird das, was die Propheten des achten Jahrhunderts über Jahwes Vorrangstellung dachten, nicht nur im Deuteronomium, sondern auch im Buch Exodus ausbuchstabiert. Die bis dahin schattenhafte und randständige Figur von Moses nahm narrativ gesehen im Buch Exodus und „theologisch" betrachtet im Deuteronomium heroische Ausmaße an. Eckart Otto weist darauf hin, wie stark die Moses-Geschichte sich aus assyrischen Quellen speist: Die Episode mit Moses im Binsenkästchen beruhte zum Beispiel auf der Geburtslegende von Sargon[100], doch wurde sie mit einer grundlegend anderen Bedeutung versehen:

---

[100] Otto, „Political Theology", 73–74. Otto macht deutlich, dass die Geschichte ursprünglich neuassyrisch war, aber Sargon von Akkad zugeschrieben wurde, der im dritten Jahrtausend v. u. Z. regierte und somit Teil einer archaisierenden Bewegung war, mit Parallelen in Ägypten, wo die späte „Memphitische Theologie" dem Alten Reich zugeschrieben wurde. Somit war die Erhebung der archaischen Figur von Moses zur zentralen Gestalt die israelitische Parallele zu Tendenzen, die im Nahen Osten

„Bei der Übertragung der aus der neoassyrischen Schilderung stammenden Ereignisstruktur auf das Volk Israel unter Moses' Führung haben die Autoren der hebräischen Schilderung dem assyrischen König Ansehen und Autorität verwehrt. Aufgrund der Tatsache, dass Moses als Gestalt aus Israels Urgeschichte zwischen seinem Volk und dem göttlichen Reich vermittelte, trat Moses in der Exodus-Erzählung im zweiten Buch Mose als dessen Gegentypus auf. Das bedeutet, dass die königliche Vermittlungsfunktion auf eine ideale Gestalt aus Israels Vergangenheit übertragen wurde. Mit der Ablehnung der Idee eines heiligen Königtums wurden auch die diesem entsprechenden Vorstellungen von Gesellschaft und ihren Bestandteilen zurückgewiesen. In den Augen der Autoren der Exodus-Erzählung im zweiten Buch Mose gründete ‚Israel' nicht in einer staatlichen Hierarchie, deren Zentrum die Person des Königs darstellte, sondern in einem Bund zwischen JHWH und seinem Volk. Dies war kein Gedanke judäischer Gruppen während des Exils, sondern ein judäisches Gegenprogramm aus dem siebten Jahrhundert v. u. Z., das assyrische Loyalitätsansprüche zurückwies." [101]

Was die Deuteronomisten schufen, lag sicherlich in dem Wunsch begründet, sich gegen die ideologische Vorherrschaft der Assyrer zur Wehr zu setzen, ging aber weit darüber hinaus. Der Moses, der in den Mittelpunkt der neuen Bewegung rückte, war nicht nur der Gegentypus zu den assyrischen (und ägyptischen) Königen, sondern auch zu den israelitischen Königen.

Niemand hat die Schlüsselrolle von Moses deutlicher herausgearbeitet als Michael Walzer. Die große institutionelle Errungenschaft von Israel habe in der Gründung einer Gesellschaft bestanden, die nicht auf der Herrschaft eines Mannes beruhte, der behauptete, Himmel und Erde auf sich zu vereinen, sondern auf einem Bund zwischen Gott und einem Volk. Darin liege die Bedeutung der Ereignisse am Berg Sinai nach dem Auszug aus Ägypten. Doch wie die alte musste auch eine solche neue Gemeinschaft gleichzeitig politisch und religiös sein – zu dieser Zeit wurde noch nicht klar zwischen diesen beiden Bereichen unterschieden – und brauchte deshalb unbedingt einen Anführer. Im großen Gegensatz zum Pharao sei Moses nun aber kein göttlicher König gewesen. Er war nichts weiter als Gottes Prophet, auch wenn seine schiere Verantwortung als Anführer bei einem so hoffnungslosen Unterfangen ihn zeitweise wie ein König wirken und sogar wie ein König handeln ließ. Walzer weist darauf hin, dass Moses als Anführer zwei Seiten hatte: eine leninistische und eine sozialdemokratische. [102]

---

zur damaligen Zeit verbreitet waren. Otto stellt jedoch fest, dass andere Details des Moses-Epos der zeitgenössischen assyrisch-königlichen Ideologie entstammen.

[101] Ebd., 75. Falls der Vasallenvertrag des Asarhaddon das Vorbild für viele Vorschriften im Deuteronomium war, so ist schwer nachzuvollziehen, wie sie noch zu Zeiten des Exils oder Postexils den Autoren als Vorbild gedient haben könnten.

[102] Michael Walzer, *Exodus und Revolution*, übers. v. Bernd Rullkötter, Berlin: Rotbuch-Verlag, 1988 [1985], 76.

Die leninistische Seite wird am deutlichsten in der auf Moses' Entdeckung folgenden Begebenheit sichtbar, dass das Volk sich, während er auf dem Berg die Gebote des Herrn entgegennahm, ein goldenes Kalb geschaffen hatte, das es anzubeten sich anschickte, was gleich zu Beginn der Bildung Israels als eines Volks ein Zeichen für Abtrünnigkeit, für fehlende „Liebe" zu Gott darstellte. Moses rief diejenigen zu sich, die „für den HERRN" waren, und die Söhne Levis versammelten sich um ihn. Daraufhin sagte Moses zu ihnen:

> „So spricht der HERR, der Gott Israels: Jeder lege sein Schwert an. Zieht durch das Lager von Tor zu Tor! Jeder erschlage seinen Bruder, seinen Freund, seinen Nachbarn. Die Leviten taten, was Mose gesagt hatte. Vom Volk fielen an jenem Tag gegen dreitausend Mann. Dann sagte Mose: Füllt heute eure Hände für den HERRN! Denn jeder ist gegen seinen Sohn und seinen Bruder vorgegangen, damit Segen auf euch komme." (Exodus 32,27–29)

Das Exodus-Narrativ beharrt darauf, dass Moses kein König sei, was ein Punkt von entscheidender Bedeutung ist, aber in Exodus 32 handelt er wie ein König. Als Angehöriger der althawaiianischen Aristokratie hat David Malo das in Bezug auf den hawaiianischen König folgendermaßen formuliert:

> „Die Erlässe des Königs hatten Macht über Leben und Tod. Wenn dem König der Sinn danach stand, jemanden zu töten, sei es einen Häuptling oder einen gemeinen Untertanen, brauchte er nur ein Wort zu sagen und schon war er tot.
>
> Doch wenn der König es vorzog, sich für das Leben auszusprechen, wurde das Leben des Mannes verschont." [103]

Moses behauptete, es sei das Wort des Herrn, aber der Mensch, der es aussprach, war Moses, und auf dieser Erde hat der Staat die Macht über Leben und Tod; wer im Namen des Staates spricht, ist auf irgendeine Art immer ein König.

Exodus 32 ist nicht die einzige Stelle im Exodus-Narrativ, an der den Gegnern von Moses schreckliche Dinge widerfahren, aber Walzer pocht darauf, dass die leninistische Seite nicht alles ist. Es gebe noch einen anderen, einen sozialdemokratischen Moses, dessen Leitlinie nicht Gewalt, sondern Belehrung, Ermahnung und Beispielhaftigkeit sei; der das Volk vor dem Zorn Gottes schütze, wenn er Gott bittet, das Projekt, das ER ins Leben gerufen habe, nicht in einer Katastrophe enden zu lassen.[104] Noch wichtiger war allerdings, dass daraus eine neue politische Form hervor-

---

[103] David Malo, *Hawaiian Antiquities*, Honolulu: Bernice P. Bishop Museum, 1951 [1898], 57.

[104] Walzer, *Exodus und Revolution*, 76–78.

ging: ein Volk im Bunde mit Gott, über das kein König herrschte. Moses ist ein Lehrer und Prophet, kein König, und die Thora unterstreicht diesen Punkt nicht nur dadurch, dass Gott Moses verwehrt, das gelobte Land zu erreichen, sondern auch durch die Schilderung seines Todes. Moses starb im Lande Moab und „[b]is heute kennt niemand sein Grab" (Deuteronomium 34,6). Walzer weist darauf hin, dass es keinen größeren Gegensatz zum ägyptischen Pharao geben könne, dessen Grabmal so zentral für seine Identität war. Überdies begründete Moses kein Königsgeschlecht: Aus der Bibel erfahren wir fast nichts über seine Nachkommen.[105] Machiavelli hat die berühmte Frage aufgeworfen, ob frühere Sklaven sich ohne einen über es herrschenden bewaffneten Propheten in ein Bundesvolk hätten verwandeln können.[106] Wenn wir nun aber das Moses-Narrativ nicht als historischen Bericht, sondern als Gründungsurkunde einer neuen Art von Volk betrachten, eines Volkes unter Gott, nicht unter einem König, was gedanklich eine, wenn auch länger währende Parallele zur athenischen Demokratie wäre, könnten wir Moses als eine Art von „Übergangsobjekt" verstehen: als eine Art und Weise, wie ein Volk, das nur monarchische Regierungsformen kannte, auf den König verzichten und anfangen kann zu begreifen, wie eine alternative Regierungsform aussehen könnte.

---

[105] Ebd., 133.

[106] Machiavelli bezeichnet Moses als „bewaffneten Propheten" und fährt dann fort: „alle bewaffneten Propheten [haben] gesiegt, während die unbewaffneten zugrunde gingen", da die Menschen wankelmütig seien und der Prophet bereit sein müsse, sie „zum Glauben [zu] zwingen" (*Der Fürst,* Kap. 6, in: Niccolò Machiavelli, *Gesammelte Schriften in 5 Bänden*, Band 2, übers. v. Johann Ziegler, München: Georg Müller, 1925, 24). (Machiavelli sagt nichts über die Wege, auf denen auch unbewaffnete Propheten „siegen" könnten.) In *den Discorsi*, 3.30.4, erörtert Machiavelli die oben zitierte Stelle aus Exodus 32 und schreibt: „Wer die Bibel mit Verstand liest, sieht, daß Moses, um seinen Gesetzen und Einrichtungen Geltung zu verschaffen, gezwungen war, zahllose Männer zu töten, die sich allein aus Neid seinen Plänen widersetzten" (*Discorsi. Gedanken über Politik und Staatsführung*, übers. v. Rudolf Zorn, Stuttgart: Kröner, 1977, 367). Erwähnenswert ist auch, dass Machiavelli nachdrücklich betont, dass wenn ein neues Gemeinwesen gebildet oder ein altes von Grund auf reformiert werden soll, es dann dafür eine alleinige Autorität geben müsse. In einem Kontext, in dem Moses als Beispiel erwähnt wird, schreibt er in *Discorsi*, 1.9.2.: „Man muß es wohl als eine allgemeine Regel annehmen, dass niemals oder nur selten ein Freistaat oder ein Königreich von Anfang an eine gute Verfassung oder eine ganz neue, von den bestehenden Einrichtungen abweichende Form erhält, außer es geschieht durch einen einzelnen Mann. Dieser muß allein die Macht ausüben, und sein Geist muß alle Einrichtungen des Staats bestimmen" (*Discorsi*, 36). Diese Beobachtung könnte hilfreich sein, um zu verstehen, warum in allen frühen Staaten so ein großer Wert darauf gelegt wird, dass es einen Alleinherrscher gibt.

Schlussendlich drängte der Moses, der den Bund aushandelte, den Herrscher Moses in den Hintergrund, denn der Bund war der Schlüssel zu der neuen Gesellschaft, deren Zustandekommen die Urdeuteronomisten sich ausgemalt hatten. Wo das Buch Exodus die Geschichte des Auszugs aus Ägypten und der Offenbarung am Sinai, den Bund und die Kernbedingungen schildert, die das Volk einhalten musste, buchstabiert das Buch Deuteronomium die Implikationen des Bundes aus: seine Bedeutung für König, Prophet und Volk.

Da das Buch Deuteronomium diese Fragen explizit anspricht, kann man es „Theologie“ nennen, aber der Begriff muss in Anführungszeichen bleiben, weil das Deuteronomium eher rhetorisch als philosophisch verfährt: Es ist die Abschiedsrede von Moses, bevor die Kinder Israels ins gelobte Land einziehen und er zum Sterben zurückbleiben muss. Ihr Zweck ist eher Überredung als logische Beweisführung. Das Deuteronomium fasst zusammen, inwiefern die Thora im Vergleich zur altorientalischen Königstheologie, ob nun israelitisch oder nicht, für etwas Neues steht. Obwohl es in diesem neuen Glaubenssystem darum geht, Gott, und zwar Gott allein als König anzuerkennen, bricht sich sogar im Gebrauch dieser grundlegenden hebräischen Metapher für Gott ein Vorbehalt Bahn: Von den 47 Malen, welche die Metapher vom Gott als König in der Bibel verwendet wird, bezeichnet die Thora Gott nur zwei Mal als König – einmal im Buch Numeri und einmal im Buch Deuteronomium –, obwohl er häufig als majestätisch geschildert wird, was unweigerlich auf Königtum hindeutet.[107]

Das Buch Deuteronomium erkennt die Notwendigkeit menschlichen Königtums an, aber dieses erfährt eine so erhebliche Einschränkung, dass es eigentlich wie eine nach altorientalischen Maßstäben kaum wiedererkennbare „konstitutionelle Monarchie“ wirkt. In Deuteronomium 17,14–15 sagt Moses zum Volk: „Wenn du in das Land, das der HERR, dein Gott, dir gibt, hineingezogen bist [...], dann darfst du einen König über dich einsetzen, doch nur einen, den der HERR, dein Gott, auswählt.“ Nicht „*wirst* du“, sondern „*darfst* du“. Der König muss ein Israelit sein, kein Fremder, soll sich nicht viele Pferde, viele Frauen oder viel Silber und Gold anschaffen, also nicht gerade ein David oder Salomon sein, am wichtigsten aber ist:

---

[107] In *God as King: Understanding an Israelite Metaphor*, JSOT Supplement Series 76, Sheffield: Sheffield Academic Press, 1989, behauptet Marc Zvi Brettler, dass Gott als König „die vorherrschende Beziehungsmetapher für Gott in der Bibel ist und viel häufiger vorkommt als Metaphern wie ‚Gott als Liebhaber/Ehemann‘ oder ‚Gott als Vater‘“ (160).

„Und wenn er seinen Königsthron bestiegen hat, soll er sich von dieser Weisung, die die levitischen Priester aufbewahren, auf einer Schriftrolle eine Zweitschrift anfertigen lassen. Sein Leben lang soll er die Weisung mit sich führen und in der Rolle lesen, damit er lernt, den HERRN, seinen Gott, zu fürchten, alle Worte dieser Weisung und dieser Gesetze zu bewahren, sie zu halten, sein Herz nicht über seine Brüder zu erheben und von dem Gebot weder links noch rechts abzuweichen, damit er lange als König in Israels Mitte lebt, er und seine Nachkommen." (Deuteronomium 17,18–20)

Damit er lange als König in Israels Mitte lebt, nicht für immer. Das ist alles. Mehr hat das Deuteronomium oder irgendeine andere Stelle in der Thora nicht über den König zu sagen. Sein Herz nicht über seine Brüder zu erheben? Man fragt sich, warum ein König, dessen einzige Funktion in der Beachtung der Gebote besteht, überhaupt nötig ist.

So wie das Deuteronomium Vorbehalte gegenüber dem Königtum hat, hegt es auch Vorbehalte gegenüber dem Prophetentum. Einerseits wird Moses in einem Maße über alle anderen Propheten hinausgehoben, dass Stephen Gellers Begriff „Superprophet" nicht unangemessen zu sein scheint;[108] obwohl es im Deuteronomium heißt, dass jede Generation einen Propheten „wie Moses" haben werde, sind andererseits die Auflagen für diese späteren Propheten streng: „Niemals wieder ist in Israel ein Prophet wie Mose aufgetreten. Ihn hat der HERR von Angesicht zu Angesicht erkannt", heißt es in Deuteronomium, 34,10, worin Numeri 12,6–8 nachhallt, wo Gott sagt, dass er sich anderen Propheten in Visionen zu erkennen gegeben habe, mit Moses aber von Angesicht zu Angesicht gesprochen habe. Außerdem erklärt Gott Moses nachdrücklich, dass die Offenbarung Endgültigkeit besäße: „Ihr sollt dem Wortlaut dessen, worauf ich euch verpflichte, nichts hinzufügen und nichts davon wegnehmen; ihr sollt die Gebote des HERRN, eures Gottes, bewahren, auf die ich euch verpflichte" (Deuteronomium 4,2). Wehe also dem Propheten, der etwas anderes verkündet als das, was Moses verkündet hat! Was zukünftige Propheten anbelangt, hat Gott Moses Folgendes zu sagen:

„Einen Propheten wie dich will ich ihnen mitten unter ihren Brüdern erstehen lassen. Ich will ihm meine Worte in den Mund legen und er wird ihnen alles sagen, was ich ihm gebiete. Den aber, der nicht auf meine Worte hört, die der Prophet in meinem Namen verkünden wird, ziehe ich selbst zur Rechenschaft. Doch ein Prophet, der sich anmaßt, in meinem Namen ein Wort zu verkünden, dessen Verkündigung ich ihm nicht geboten habe, oder der im Namen anderer Götter spricht, ein solcher Prophet soll sterben." (Deuteronomium 18,18–20)

[108] Geller, *Sacred Enigmas*, 192.

Doch wie können wir wissen, dass das Wort wirklich vom Herrn stammt? „Wenn ein Prophet im Namen des HERRN verkündet und sein Wort sich nicht erfüllt und nicht eintrifft, dann ist es ein Wort, das nicht der HERR gesprochen hat" (Deuteronomium 18,22). Man fragt sich, warum das Deuteronomium es nicht genauso gut bei Moses als dem einzig erforderlichen Propheten hätte belassen können.

Obwohl die Bezugnahmen auf Assyrien mich davon überzeugen, dass zumindest einige Grundgedanken des Deuteronomiums aus dem siebten Jahrhundert stammen, kam mit Sicherheit in der Zeit des Exils und sogar noch später mehr dazu. Was wir über seinen Kontext und seine Datierung wissen können, ist hypothetisch, und es ist zweifelhaft, ob wir je über etwas verfügen werden, das über mehr oder weniger plausible Hypothesen hinausgeht. Entscheidend ist jedoch, dass wir versuchen zu verstehen, was das Deuteronomium und demnach der Pentateuch, die Thora, bewerkstelligt, denn darin liegt der Kern aller nachfolgenden jüdischen Frömmigkeit. Wenn es in Israel einen „achsenzeitlichen Durchbruch" gegeben hat, werden wir ihn, wenn überhaupt, hier finden. Die verheerende internationale Situation ist sicherlich der Zusammenbruch gewesen. Doch worin bestand der Durchbruch?

Stephen Geller hat sich mehr als alle meine anderen Quellen mit dieser Frage herumgeschlagen, weshalb ich mich hilfesuchend an ihn wenden werde. Im Ausgang vom unvermeidlichen Vergleich mit dem griechischen Denken erklärt Geller, die Hebräische Bibel sei zwar keine „Theorie", ziehe also keine syllogistischen Schlussfolgerungen, aber trotzdem werde „zumindest an einigen Stellen der Versuch einer wirklichen, wenn auch unsystematisch dargelegten, intellektuellen Argumentation unternommen". Und er fährt fort:

> „Das Problem der Deutung besteht darin, eine Methode zu finden, die jene Gedanken und Argumente freilegt, ohne den eher diffusen biblischen Denkstrukturen auf anachronistische Weise hellenische logische Begriffe aufzubürden, und sie dabei gleichzeitig in eine Sprache übersetzt, mit der wir modernen Menschen leben können. [...] Das geeignete Verstehensinstrument ist deshalb nicht logische Argumentation, sondern literarische Interpretation, nicht abstrakte Analyse, sondern konkrete Exegese. Das Ergebnis wird weniger ein *logos*, eine Theorie über Gott, als vielmehr eine *lexis* sein: eine Auslegung Seiner selbst und Seiner Wege, wie die biblischen Denker sie verstanden haben, die sensibel für die Eigenheiten des Textes ist und ihn Schritt für Schritt durchgeht."[109]

Das tut Geller im Rahmen einer textnahen Auslegung [*Close Reading*] von Deuteronomium 4, das er übrigens im entscheidenden Kapitel seines Bu-

---

[109] Ebd., 31.

ches auf die Zeit des Exils datiert. Ich kann seine Auslegung hier nicht wiederholen, aber wesentlich ist, dass die Thora einen Bund zwischen Gott und seinem Volk darstellt, der für ein neues Verständnis von Ich und Welt konstitutiv ist. Zentral ist aber auch, dass der Bund in einem Text enthalten ist, in einem Text, der in entscheidenden Hinsichten Könige, Propheten und weise Männer überflüssig macht, aber nicht die Notwendigkeit der Interpretation. Für den Text, von dem es ein Teil ist, erhebt Deuteronomium 4 einen außergewöhnlichen Anspruch:

> „Siehe, hiermit lehre ich euch, wie es mir der HERR, mein Gott, aufgetragen hat, Gesetze und Rechtsentscheide. Ihr sollt sie innerhalb des Landes halten, in das ihr hineinzieht, um es in Besitz zu nehmen. Ihr sollt sie bewahren und sollt sie halten. Denn darin besteht eure Weisheit und eure Bildung in den Augen der Völker. Wenn sie dieses Gesetzeswerk kennenlernen, müssen sie sagen: In der Tat, diese große Nation ist ein weises und gebildetes Volk. Denn welche große Nation hätte Götter, die ihr so nah sind, wie der HERR, unser Gott, uns nah ist, wo immer wir ihn anrufen? Oder welche große Nation besäße Gesetze und Rechtsentscheide, die so gerecht sind wie alles in dieser Weisung, die ich euch heute vorlege?" (Deuteronomium 4,5–8)

Solche Äußerungen veranlassen Geller zu folgender Bemerkung: „Im ersten Teil von Deuteronomium 4 wird eine neue Form von Religion begründet, in welcher der Text auf die Ebene von Gott selbst gehoben wird und in gewissem Sinne Gott *ist*."[110] Gott ist das Wort, und wenn das Volk auf das Wort hört und es bewahrt, dann ist unabhängig davon, was sonst in der Welt vor sich geht, das Verhältnis des Volkes zu Gott richtig.

Eine Textreligion ist eine ortsunabhängige Religion. Trotz ihres tiefen Beschäftigtseins mit dem gelobten Land fällt auf, dass weder im Deuteronomium noch an irgendeiner anderen Stelle der Thora Jerusalem erwähnt wird. Selbst als die Zentralisierung der Opferungen befohlen wird, ist der Tempel lediglich die Stätte, „die der HERR, euer Gott, [...] auswählt, um dort seinen Namen wohnen zu lassen".[111] Obwohl die „Gesetze und Rechtsentscheide" für Priester und Opferungen im Deuteronomium umfassend sind, muss man sagen, dass sie genauso zurückhaltend behandelt werden wie bei den Königen und Propheten. Auch wenn die priesterlichen Texte in den Büchern Levitikus und Numeri auf die Anwesenheit Gottes im

---

110 Ebd., 50.

111 Nach Otto, „Political Theology", 65, „wurde sogar die deuteronomische Revision des Bundesbuches gemäß der Kultzentralisierung im Deuteronomium von einem antiassyrischen Impuls geleitet. Wenn JHWH mit dem assyrischen Gott Aššur konkurrieren sollte, und Jerusalem mit der Hauptstadt von Aššur, die den einzigen Aššur-Tempel im assyrischen Reich beherbergte, dann sollte die Anbetung JHWHs sich nicht auf mehrere Heiligtümer in judäischen Dörfern und Städten verteilen."

Tabernakel verweisen, ist im Deuteronomium lediglich die Rede davon, dass sein Name sich dort befinde. In den Augen der Deuteronomisten ist Gott immer im Himmel; nur sein Wort ist in Reichweite. Die Gelehrten haben lange Zeit die These vertreten, dass der Pentateuch aus mehreren Strängen besteht: aus den J- und E-Urkunden, die in erster Linie narrativ sind, und zwei urkundlichen Strängen P (priesterlich) und D (deuteronomistisch), die umfangreiche Kultvorschriften und Rechtskodizes sowie Interpretationen von deren Bedeutung enthalten. Es ist falsch, die priesterlichen Lehren aus den Büchern Levitikus und Numeri als „primitiv" oder sogar als ausschließlich „kultbezogen" zu betrachten, denn mitten im Buch Levitikus stehen im zentralen Kapitel 19 die zwei großen ethischen Gebote: „Du sollst deinen Nächsten lieben wie dich selbst" (Levitikus 19,18) und „Der Fremde, der sich bei euch aufhält, soll euch wie ein Einheimischer gelten und du sollst ihn lieben wie dich selbst, denn ihr seid selbst Fremde in Ägypten gewesen" (Levitikus 19,34). Im Anschluss an eine lange Reihe von Gelehrten hat Mary Douglas die Behauptung aufgestellt, der Text des Buches Levitikus sei keineswegs ein Wirrwarr aus unzusammenhängenden Regeln, sondern eine große kosmologische Vision der richtigen, auf die lebendige Anwesenheit Gottes im Tabernakel abhebende Lebensordnung.[112]

Opferungen im Tabernakel (der im Pentateuch für den Tempel steht) waren für die priesterliche Vision unverzichtbar, da sie die zentrale Art und Weise darstellten, wie das Volk mit seinem Gott kommunizieren und sich darauf besinnen konnte, wie nah er ihm war. Der priesterliche Strang der Thora war viel zu markant, als dass er je hätte aufgegeben werden können, und vielen Gelehrten zufolge lag P der letzten Fassung der Thora zugrunde. In einem der großen, zur gleichen Zeit wie Jeremia, aber in der Frühzeit des Exils in Babylon lebenden Propheten, Ezechiel, spiegelt sich die priesterliche Überlieferung wider, die solange fortbestehen sollte, wie der Tempel überdauerte, und die in unterschiedlicher Form das Christentum und sowohl den jüdischen als auch den christlichen Mystizismus beeinflusste.[113] Doch D hatte das letzte Wort und feierte im rabbinischen Judentum seinen größten Triumph. Die große rhetorische Walze des Deuteronomiums,

---

[112] Siehe Mary Douglas, *Leviticus as Literature*, Oxford: Oxford University Press, 1999; und, vor allem, Douglas, *Jacob's Tears: The Priestly Work of Reconciliation,* Oxford: Oxford University Press, 2004.

[113] Siehe Gellers nützliche Interpretation der Priesterschrift in Kapitel 4 von *Sacred Enigmas*, 62–86. Zum späteren Einfluss dieser Tradition, siehe insbesondere 85–86. Geller merkt interessanterweise auch an, dass P einen neuen Kult anbietet, welcher keineswegs mit dem alten Königskult identisch ist, denn P habe „die Rolle des Königs radikal gestutzt" (82).

Gottes Wort aus Moses' Mund, wurde zum entscheidenden Prüfstein für die Bedeutung der Thora als eines Buches, das die Juden überallhin mitnehmen konnten. Das Land geriet nie in Vergessenheit, aber viele andere vorderorientalische Völker verschwanden, sobald sie ihr Land verloren hatten, wohingegen die Juden überleben und gedeihen konnten, wo immer sie waren, solange sie das Buch und eine Gemeinde hatten, die es interpretierte.

Die achsenzeitliche Wende: Bund, Volk und Person

Wir hatten gesagt, der achsenzeitliche Durchbruch in Israel erfolgte zu einem Zeitpunkt, als die Beziehung zwischen Gott und den Kindern Israels als Bund verstanden wurde, der eine Analogie zum altorientalischen Vasallenvertrag zwischen König und Vasall bildete, aber eine grundlegend neue Bedeutung annahm, weil er ohne die vermittelnde Rolle des Königs auskam. Geller hat dargelegt, wie paradox eine solche Behauptung ist: Ein Text, der Gott als transzendent und jenseits aller Bildlichkeit betrachte, habe mit einem tief um ein Volk besorgten Gott gleichzeitig einen gigantischen Anthropomorphismus geschaffen. In eben dem Text, der zögert, Gott einen König zu nennen, werde Gott als König dargestellt: „Ich vertrete die These, dass so ein neuer Grad von Anthropomorphismus entstand, der sich größtenteils aus der königlichen Bildsprache speiste, aber letztendlich ein neues Bild göttlicher Personalität schuf, das eine Synthese der widerstreitenden Aspekte von Göttlichkeit vornahm."[114]

Um seine Behauptung zu untermauern, nimmt Geller eine genaue Analyse des jüdischen Glaubensbekenntnisses, Schma Jisrael, in Deuteronomium 6,4–5 vor. Das Schma, „Höre Israel! Der HERR, unser Gott, der HERR ist einzig" (in einer möglichen Übersetzung), ist häufig für das eigentliche Fundament des israelitischen „Monotheismus" gehalten worden – für die positive Version der negativ formulierten Anordnung des ersten Gebots, „Du sollst neben mir keine anderen Götter haben" (Exodus 20,3).[115]

[114] Stephen A. Geller, „The God of the Covenant", in: *One God or Many? Concepts of Divinity in the Ancient World*, hrsg. v. Barbara Nevling Porter, *Transactions of the Casco Bay Assyriological Institute* 1, 2000, 286.

[115] Jürgen Habermas, der im ersten Gebot den Keim der Vernunft angelegt sieht, sagt dazu Folgendes: „Philosophisch gesehen, ist im Ersten Gebot der folgenreiche kognitive Schub der Achsenzeit festgehalten, nämlich die Emanzipation von der Kette der Geschlechter und von der Willkür der mythischen Mächte. Damals haben die großen Weltreligionen […] durch die gleichmäßig glatte Fläche der narrativ verknüpften kontingenten Erscheinungen hindurchgegriffen und jene Kluft zwischen Tiefen- und

Obwohl der Begriff Monotheismus sich zu diesem historischen Zeitpunkt wahrscheinlich nicht vermeiden lässt, wird Gellers Analyse dadurch erschwert, dass Gott kein „ismus", keine logische Deduktion, ist, sondern sich durch eine Verhältnisbestimmung definiert. Nachdem er alle nach der hebräischen Grammatik möglichen Interpretationen durchgegangen ist, vertritt Geller schließlich die These, dass der erste Teilsatz (6,4), „Höre, Israel, da der HERR unser Gott ist, ist der HERR einzig (d.h. der höchste)" im Verhältnis zum zweiten Teilsatz (6,5) verstanden werden müsse, der mit „Darum sollst du den HERRN, *deinen* Gott, lieben [mit ganzem Herzen *(lēb)*, mit ganzer Seele *(nepeš)* und mit ganzer Kraft *(mĕʾōd)*]" fortfährt.[116] Was den zweiten Halbsatz anbelangt, greift Geller auf die altertümliche Sprache der King-James-Bibel zurück, um hervorzuheben, dass es sich zwar im ersten Halbsatz um eine kollektive Aussage handelt („unser Gott"), das Gebot im zweiten Halbsatz aber – wie in der deutschen Übersetzung – in der zweiten Person Singular steht. Diese Nuance wird in der King-James-Übersetzung mit „thy" korrekt wiedergegeben, was bei „your", das im modernen Englisch sowohl für den Singular als auch für den Plural steht, nicht der Fall wäre.

Oberflächenstruktur, zwischen Wesen und Erscheinung aufgerissen, die den Menschen erst die Freiheit der Reflexion, die Kraft zur Distanzierung von der taumelnden Unmittelbarkeit geschenkt hat." Jürgen Habermas, *Zeit der Übergänge. Kleine Politische Schriften IX*, Frankfurt: Suhrkamp, 2001, 185–186.

[116] Geller, „God of the Covenant", 293, aber man beachte die vollständige Diskussion, 290–296. Ich habe noch den Rest des 5. Verses hinzugefügt, welchen Geller an dieser Stelle nicht zitiert – zusammen mit den hebräischen Ausdrücken für die Schlüsselbegriffe, die er erörtert. Im selben Aufsatz erörtert Geller den Zusammenhang zwischen der Transzendenz Gottes und seiner Verfügbarkeit für den Menschen in Bezug auf die Frage nach seinem Namen. Als Moses Gott nach seinem Namen fragt, antwortet Gott: „Ich bin, der ich bin" (oder „ich werde sein, der ich sein werde"), Exodus 3,13–14. Angesichts der altorientalischen Vorstellung, dass jemandes Name seine Macht sei, ist Gott Moses' Frage gegenüber zurückhaltend. An zwei anderen Stellen weigert sich Gott (oder ein Engel), seinen Namen preiszugeben: Genesis 32, Richter 13. Doch Gott sagt Moses, dass Jahwe, „er ist", die Form, die der Name „ich bin" in der dritten Person annimmt, Exodus 15, „sein Name für immer und ewig" sei. Geller kommentiert: „In einem solch altertümlichen – und biblischen – Kontext ist es klar, dass Gott sich weigert Moses, und damit Israel, seinen wahren Namen preiszugeben. Er antwortet ‚Ich bin, der ich bin', und das muss ausreichen. Darin liegt durchaus ein milder Tadel. Aber in Bezug auf den unmittelbaren Kontext der Rettung, und den zukünftigen des Bundes, ist ‚ich bin / werde sein' ein sehr bedeutsamer Name, weil er das früher in der Geschichte gegebene Versprechen ‚Ich werde bei dir sein' aufgreift. Mit anderen Worten bleibt Gott auf kosmischer Ebene unerkannt und unerkennbar, aber in Bezug auf Israel wird er für immer zugänglich sein." Geller, „God of the Covenant", 307.

Geller vertritt die Auffassung, dass die Beziehung zu Gott Israel zwar als Volk definiert, das Verhältnis aber auch, und das ist entscheidend, zu jedem einzelnen Israeliten besteht:

> „Meine These lautet, dass unter dem Deckmantel der Verkündung von Gottes Einzigkeit durch die singuläre Bindung an Gott auch bzw. eigentlich die Erreichung eines sowohl in geistiger Hinsicht (‚Herz', *lēb*) als auch in Bezug auf Neigungen / Emotionen / Leben *(nepeš)* einheitlichen Ichs verlangt wird. Die Mitglieder des Bundes müssen eins sein, ungeteilt mit und ganz bei Gott. Am Monotheismus ist mit anderen Worten nicht bloß Gott, sondern auch die Person des Gläubigen beteiligt. Die beiden Einheiten gehen Hand in Hand. Im Grunde trifft im jüdischen Glaubensbekenntnis die numerische Nuance des ‚einen' (im Sinne des ‚einzigen') nicht nur auf Gott, sondern auch auf den Gläubigen zu."[117]

Angesichts unseres gegenwärtigen, in den USA besonders ausgeprägten Hangs, die Beziehung zwischen Individuum und Gemeinschaft für ein Nullsummenspiel zu halten, fällt uns die Vorstellung schwer, dass sich in den Augen der alten Israeliten das Verhältnis zwischen Gott und Volk und das zwischen Gott und Individuum wechselseitig verstärkten. An keiner anderen Stelle wird so deutlich, dass der Prophet niemals eine „Privatperson" ist, wie beim starken Wiederaufflammen des Prophetentums am Ende der Monarchie, besonders bei Jeremia und Ezechiel, bei denen der Konflikt zwischen dem einzelnen Propheten und dem lasterhaften Volk besonders heftig zu sein scheint. Die Situation des Propheten ist deshalb so ergreifend, weil er für das Volk ein Repräsentant Gottes und für Gott ein Repräsentant des Volkes ist. Dass er sich von keiner der beiden Verantwortlichkeiten zu befreien vermochte, veranlasste Jeremia zu dem schrecklichen Aufschrei: „Verflucht der Tag, an dem ich geboren wurde" (Jeremia 20,14).

In *The Prophetic Persona* nimmt Timothy Polk eine aufschlussreiche Analyse von Jeremia als jemandem vor, dessen Ich ein Musterexemplar und eine Metapher des Volkes darstellt, das zu erreichen er aufgerufen ist.[118] Der Schlüsselbegriff für Jeremia, der uns bereits im Schma aufgefallen ist, lautet möglicherweise „Herz" *(lēb)*. Ein wohlgeordnetes Herz wäre eines, in dem Gottesliebe herrscht. Doch genau daran fehlt es dem Volk, weshalb Gott Jeremia aufträgt, dem Volk Folgendes zu verkünden:

---

[117] Ebd., 295–296.

[118] Timothy Polk, *The Prophetic Persona: Jeremiah and the Language of the Self*, JSOT Supplement Series 32, Sheffield: Sheffield Academic Press, 1984. Polk macht deutlich, dass er den Jeremia aus dem uns vorliegenden Text analysiert und nicht versucht, den „wirklichen" historischen Jeremia zu entdecken, was keine vergebliche Aufgabe sein muss, aber für seine Zwecke nicht erforderlich ist.

„Hört doch dies, du törichtes Volk ohne Verstand:
Augen haben sie und sehen nicht;
Ohren haben sie und hören nicht! [...]" (Jeremia 5,21)
Dieses Volk aber hat ein störrisches, trotziges Herz.
Sie wichen vom Weg ab und gingen davon." (Jeremia 5,23)[119]

Das Buch Jeremia enthält so viele Unheilsprophezeiungen, dass es manchmal schwerfällt, sich daran zu erinnern, dass es sich um Warnungen handelt, die beherzigt werden könnten, so unwahrscheinlich das auch scheinen mag. Deshalb lohnt es sich, eine der wenigen Stellen zu berücksichtigen, die zwischen Verfluchung und Hoffnung auf Segen das Gleichgewicht hält:

„So spricht der HERR:
Verflucht der Mensch, der auf Menschen vertraut,
auf schwaches Fleisch sich stützt
und dessen Herz sich abwendet vom HERRN.
Er ist wie ein Strauch in der Steppe,
der nie Regen kommen sieht;
er wohnt auf heißem Wüstenboden,
im Salzland, das unbewohnbar ist.
Gesegnet der Mensch, der auf den HERRN vertraut
und dessen Hoffnung der HERR ist.
Er ist wie ein Baum, der am Wasser gepflanzt ist
und zum Bach seine Wurzeln ausstreckt:
Er hat nichts zu fürchten, wenn Hitze kommt;
seine Blätter bleiben grün;
auch in einem trockenen Jahr ist er ohne Sorge,
er hört nicht auf, Frucht zu tragen." (Jeremia 17,5–8)[120]

Da ihm wieder und wieder nur Missverständnisse und Ablehnung begegnen, scheint für Jeremia die Wahrheit in Folgendem zu liegen: „Arglistig ohnegleichen ist das Herz und unverbesserlich. / Wer kann es ergründen?" (Jeremia 17,9).[121] Als die Hoffnung auf eine Rückkehr zu Jahwe in der Gegenwart schwindet, träumt Jeremia von einer Zukunft, in der Gott selbst die wankelmütigen Herzen der Menschen verwandeln wird: „Sondern so wird der Bund sein, den ich nach diesen Tagen mit dem Haus Israel schließe – Spruch des HERRN: Ich habe meine Weisung in ihre Mitte gegeben und werde sie auf ihr Herz schreiben. Ich werde ihnen Gott sein und sie werden mir Volk sein" (Jeremia 31,33). Diese Stelle erinnert an das sogar noch anschaulichere Bild von Ezechiel: „Ich gebe euch ein neues Herz und einen neuen Geist gebe ich in euer Inneres. Ich beseitige das Herz

[119] Polk, *The Prophetic Persona*, 44.
[120] Ebd., 149–150.
[121] Ebd., 148.

von Stein aus eurem Fleisch und gebe euch ein Herz von Fleisch." (Ezechiel 36,26)

Polks Analyse zufolge ist Jeremia keine große Persönlichkeit, die zufällig Prophet ist; Jeremia findet gerade durch die anspruchsvolle Prophetenrolle – die anspruchsvoll ist, weil er sowohl für Gott als auch für das Volk sprechen muss – heraus, was es heißt, eine wahre Person zu sein. Als der Druck völlig unerträglich wird, hören wir in den großartigen Bekenntnissen von Jeremia nämlich die private Stimme, die Gott wissen lässt, dass alles zu schwer sei. Doch auch die Kraft zum Weitermachen kommt von Gott:

> „Darum – so spricht der HERR:
> Wenn du umkehrst, lasse ich dich umkehren
> und wieder vor mir stehen.
> Wenn du Edles hervorbringst und nicht Gemeines,
> darfst du wieder mein Mund sein.
> Jene werden umkehren zu dir,
> du aber kehre dich ihnen nicht zu!
> Dann mache ich dich für dieses Volk
> zur bronzenen, festen Mauer.
> Mögen sie dich bekämpfen,
> sie werden dich nicht bezwingen;
> denn ich bin mit dir,
> um dir zu helfen und dich zu retten
> – Spruch des HERRN." (Jeremia 15,19–20)

Durch seine außergewöhnliche Vermittlungsrolle kann der Prophet ein Vorbild für das Verhältnis des ganzen Volks zu Gott sein.[122] In der Zeit nach Jeremia und Ezechiel verstummt die prophetische Stimme nicht, aber wird sie weitgehend anonym, insofern sie alte Textsammlungen um neues Material ergänzt. Am bedeutendsten ist vielleicht die Textsammlung aus der Zeit des Exils, welche die Gelehrten als Deuterojesaja oder „zweiten Jesaja" bezeichnen (Jesaja 40–55). Laut Mark Smith

> „nimmt dieses Werk in vielerlei Hinsichten Änderungen an der alten Königstheologie vor. Erstens verschwindet der judäische König von der Bildfläche, woraufhin Jahwe die verfügbaren königlichen Mittel ungehindert dazu nutzt, den göttlichen Willen im Interesse Israels walten zu lassen. Im neuen Erlösungsplan Gottes für Israel und die Nationen wird der Perser Kyros zu Jahwes ‚Gesalbtem' [Messias] (Jesaja 45,1). Anstelle des judäischen Königs wird zweitens Israel selbst

---

122 Siehe den bemerkenswerten Aufsatz von Yochanan Muffs, „Who Will Stand in the Breach? A Study of Prophetic Intercession", in: ders., *Love and Joy: Law, Language and Religion in Ancient Israel,* Cambridge, Mass: Harvard University Press, 1992, 9–48.

zum neuen Diener, der für die Segensvermittlung sorgen soll. Jetzt ist Israel der Träger des alten ‚ewigen Bund[es]‘ (2 Samuel 23,5) mit den Nationen (Jesaja 55,5).“[123]

Smiths dritter Punkt ist „Monotheismus“, das heißt, die Existenz anderer Götter wird bestritten und ihre Kulte als törichte Anbetung unbeseelter, von Menschenhand gemachter Objekte gebrandmarkt, während Jahwe herausgehoben wird: „Jahwe ist nicht bloß der Gott Israels (sowohl des Landes als auch des Volks), sondern der Gott aller Länder und Nationen.“[124]

Im Deuterojesaja setzt sich die Umgestaltung der Königstheologie fort, mit der Jesaja im achten Jahrhundert begonnen hatte. In der Zeit des Exils und nach dem Exil scheinen die deuteronomische Theologie und die umgestaltete Königstheologie weitgehend miteinander verschmolzen zu sein. Die Thora – als Weisung oder Gesetz – bleibt genauso wichtig wie zuvor, aber die unverminderte Heftigkeit der großen prophetischen Schriften wird abgeschwächt durch einen Anklang von Erlösung und der Hoffnung auf Rückkehr und Besserung. Es ist, als hätte Israel zu guter Letzt akzeptiert, als ein Volk zu leben, dessen einziger König Gott ist – und dass sich das Versprechen an das Haus David erst durch göttliches Zutun in der messianischen Zukunft verwirklichen wird. Die Gebote versklavten Israel nicht, wie Paulus stellenweise gedacht hat, sondern statteten es mit einem höheren Gesetz aus, das es von seinem ultimativen Gebundensein an irdische Gesetze befreit. Damit begann die Bildung des Judentums als einer Buchreligion, die überall auf der Erde überleben konnte.

Auch wenn das Deuteronomium mit seinem transzendenten, in erster Linie durch sein Wort erkennbaren Gott und seinem bedingten, das Volk immerdar zum Befolgen der Gebote des Herrn aufrufenden Bund einen bedeutenden Sieg davongetragen hat, waren die unbedingten Bündnisse

---

123 Smith, *Origins of Biblical Monotheism,* 179. In Smiths Analyse vom „zweiten Jesaja“, welche ich außerordentlich hilfreich fand, heißt es, die Verwendung von Anführungsstrichen erinnere uns daran, dass wir nicht wissen, ob der Autor oder die Autoren dieses Textes jemals die Absicht hatten, dass es als eigenständiges Werk gelesen wird.

124 Ebd. Die Kritik am Götzendienst war ziemlich unfair, wenn auch verständlich im Hinblick auf die Hervorhebung Jahwes als des einzigen Gottes. Die Babylonier zum Beispiel verehrten Marduks Tempel und sein Bildnis, das sich darin befand, aber sie glaubten nicht, dass Marduk sein Bildnis „war“, sondern lediglich, dass er bei bestimmten Anlässen darin anwesend war. Marduk war ein großer kosmischer Gott des Sturms und des Reiches und konnte niemals gänzlich mit einem Bildnis gleichgesetzt werden. Siehe Jon Levenson, „Is There a Counterpart in the Hebrew Bible to New Testament Antisemitism?“, *Journal of Ecumenical Studies* 22, 1985, 242–260.

nicht vergessen. Sie bildeten für alle Zeiten den Horizont, auf den das Leben dieses Volkes sich richtete. Gottes Versprechen an Abraham und an Jakob / Israel bedeutete, dass Gott nicht von seiner Liebe zu Israel lassen würde, so furchtbar die Situation auch sei, und Gottes Versprechen an David bedeutete, dass es irgendwann in der Zukunft auf dieser Erde eine wahrhaft gute Lebensform geben würde.

Axel Honneth haben wir eine extrem fruchtbare Analyse des Kampfes um Anerkennung als einer wirkmächtigen Dynamik in der Geschichte der Menschheit zu verdanken,[125] die uns dabei helfen könnte, mit etwas fertigzuwerden, das für Nichtjuden immer ein Problem darstellen muss: Warum ist Israel, und zwar allein Israel das auserwählte Volk? Honneth geht davon aus, dass das Bedürfnis nach Anerkennung in drei Phasen verläuft. Zuerst besteht ein Bedürfnis nach Anerkennung als Liebe, ohne die kein Selbstvertrauen möglich ist. Dann besteht das Bedürfnis nach Anerkennung als Respekt, ohne den keine Selbstachtung möglich ist. Und dann besteht das Bedürfnis nach Anerkennung als soziale Wertschätzung, ohne die kein Selbstwertgefühl möglich ist. Anerkennung scheint tatsächlich den Kern der religiösen Dynamik der Israeliten zu bilden. Gottes Anerkennung dieses besonderen Volks ruft ihrerseits zur Anerkennung Gottes durch das Volk auf. Nur durch diese wechselseitige Anerkennung, bei der es sich in erster Linie um die Anerkennung aus Liebe handelt, können Volk und Ich sich konstituieren. Dieser ganze Prozess war nur möglich, weil Gott die Initiative ergriffen hat. Doch die Anerkennung aus Liebe ist zwangsläufig persönlich, sie kann nicht allgemein sein. Zunächst einmal muss Gott jemanden anerkennen, und wenn durch diesen Jemand etwas Neues entsteht, zum Beispiel ein Volk, das sich nicht durch Loyalität gegenüber einem irdischen Herrscher, sondern durch Loyalität zu Gott auszeichnet, muss auch dies ein besonderes Volk sein. Die Religion des alten Israel hat sich zwar mit großen Schritten auf eine Anerkennung aus Respekt zubewegt und dabei begann ihr Horizont sich zu erweitern, zum Beispiel dahingehend, wie man Fremde behandelt. Aber ohne das fortgesetzte Beharren auf Besonderheit hätte der achsenzeitliche Durchbruch der Israeliten nur schwerlich aufrechterhalten werden können.[126] Außerdem sollte

[125] Axel Honneth, *Kampf um Anerkennung*, Frankfurt: Suhrkamp, 2008 [1992]. Honneth hat seine drei Phasen der Anerkennung anhand der modernen Geschichte ausgearbeitet und glaubt, dass sie in vormodernen Zeiten nicht so klar zu unterscheiden gewesen seien. Ich würde behaupten, dass Anerkennung als Liebe und Anerkennung als Respekt explizit in den hebräischen Schriften stehen, aber Anerkennung als soziale Wertschätzung darin weitgehend implizit bleibt.

[126] Peter Machinist hat die biblischen Stellen untersucht, die auf der Unverwechselbarkeit Israels gegenüber anderen Völkern beharren, und dabei festgestellt, dass sie

nicht vergessen werden, dass die Besonderheit Israels bloß relativ ist: Die zwei „universellen" Religionen, die israelitischen Ursprungs sind, verfügen über ihre eigenen, ziemlich besonderen Anfänge, welche sie seit jeher definiert haben. Sowohl das Christentum als auch der Islam sind Buchreligionen, von denen sich kaum behaupten lässt, dass die Unterscheidung zwischen Gläubigen und Ungläubigen unerheblich ist.

Stephen Geller relativiert einen anderen Aspekt der Besonderheit, wenn er uns darin erinnert, dass [Matthew] „Arnolds Unterscheidung zwischen Hellenismus und Hebraismus als Gegenpole" keineswegs die ganze Wahrheit sei:

> „Beide Weltanschauungen teilen den Anspruch auf ausschließliche Geltung, in dem vor allem die von den neuen Einsichten freigesetzte, gewaltige Energie äußerlich zum Ausdruck kommt. Beide haben eine neue Auffassung von Gemeinschaft, eine neue Erziehungsethik und neue Institutionen zu deren Förderung entwickelt. Sowohl Gymnasium als auch Synagoge sind beispiellose Formen gemeinschaftlicher Organisation. Allerdings trennt eine riesige Kluft den biblischen Glauben vom griechischen Logos als der Art von spannungsgeladener Dialektik, die sich an der von Philosophie und Wissenschaft seelenruhig postulierten Behauptung einer absoluten und ewigen Wahrheit beobachten ließ."[127]

Doch genauso wie wir gesehen haben, dass mehrere, keineswegs leicht zu vereinbarende Stränge der israelitischen Religion zu deren Dynamik beigetragen haben, sollte sich eben die Kluft, die Geller unterstreicht und die die westliche Tradition für immer zumindest zweigeteilt hat, als enorm fruchtbar für die vielen Generationen erweisen, die versucht haben, sie zu überwinden.

Bevor ich zum Ende komme, möchte ich kurz zusammenfassen, was wir über die Art und Weise herausgefunden haben, wie es im alten Israel zu einem achsenzeitlichen Durchbruch gekommen ist. Insoweit wir Theorie im Sinne eines Denkens zweiter Ordnung als Kriterium für Achsenzeitlichkeit betrachtet haben, bleibt Israel ein problematischer Fall. Doch die hebräischen Schriften stellen eine Reihe von Quellen bereit, mit deren Hilfe etwas Ähnliches möglich wird wie die Errungenschaften der anderen achsenzeitlichen Beispielfälle, insbesondere Griechenlands. Rhetorik, die trotz ihres Spannungsverhältnisses zur Philosophie in Griechenland einen Teil des Übergangs in die Achsenzeit ausmachte, war in Israel, vor allem im

---

sich auf zwei Fragen konzentrieren: auf die Einzigartigkeit von Israels Gott und auf die Einzigartigkeit Israels als Volk. Machinist, „The Question of Distinctiveness in Ancient Israel: An Essay", in: *Ah, Assyria ... : Studies in Assyrian History and Ancient Near Eastern Historiography Presented to Hayim Tadmor*, hrsg. v. Mordechai Cogan and Israel Eph'al, Jerusalem: Magnes Press, Hebrew University, 1991, 196–212.

[127] Geller, *Sacred Enigmas*, 181.

Deuteronomium hoch entwickelt. Zudem entwickelte sich die israelische Rhetorik im Zusammenhang mit dem Anführen von Beweisen. Walter Brueggemann hat sein meisterliches Buch *Theology of the Old Testament* am Gerüst von Zeugenaussage, Aussage gegen Aussage und Kreuzverhör ausgerichtet.[128] Als die alten Israeliten schließlich für Jahwe als den einzigen Gott plädierten, brachten sie dafür Argumente vor. Sie schreckten noch nicht einmal davor zurück, mit Gott selbst zu streiten. Das deutlichste Beispiel für eine solche Auseinandersetzung ist das Buch Hiob, das im Wesentlichen ein komplexer Dialog ist, in dem schließlich Gott selbst das Wort ergreift. Aus all diesen Argumenten und Gegenargumenten ging eine auf der Welt einzigartige Vorstellung von Gott mit enormen historischen Implikationen hervor. Ein restlos transzendenter Gott, von dem es kein Bildnis geben soll, ist sowohl liebevoll als auch gerecht und fordert Liebe und Gerechtigkeit von seinem Volk sowie von der ganzen Welt, insofern sein Volk ein Licht für die Nationen der Welt sein soll. Die mächtigen Wesen der Stammesvölker und die Götter der archaischen Zivilisationen waren alle in entscheidenden Hinsichten in der sozialen Welt verwurzelt, in der sie existierten. In den archaischen Gesellschaften bestand die entscheidende Verwurzelung in der einer Gleichsetzung nahekommenden Beziehung zwischen Gott und König. In der frühen Monarchie wies die Beziehung zwischen Gott und König mehr als nur eine leichte Analogie zu dieser Beziehung in den großen archaischen Zivilisationen des Vorderen Orients auf. Am Ende benötigten die Kinder Israels jedoch keine „Könige aus Fleisch und Blut“, wie die Rabbis sie nannten, um eine Beziehung zu Gott als dem einzig wirklichen König herzustellen. Ein Gott, der letzten Endes außerhalb der Gesellschaft und der Welt steht, bildet den Bezugspunkt, von dem aus alle bestehenden Voraussetzungen hinterfragt werden können, was ein elementares Kriterium für den Übergang in die Achsenzeit darstellt. Es ist, als habe Israel die grundlegendsten Symbole der archaischen Zivilisationen – Gott, König und Volk – aufgegriffen und sie bis an die Grenze der Belastbarkeit vorangetrieben, an der etwas radikal Neues zustande kam.

Doch diese tiefgreifende historische Verschiebung, dieses Geschenk ethischer Freiheit an ein Volk, das in der Lage war, in Gottes Gerechtigkeit selbst die höchste Ausdrucksform ethischer Freiheit zu erkennen,[129] wurde

---

128 Walter Brueggemann, *Theology of the Old Testament: Testimony, Dispute, Advocacy*, Minneapolis: Fortress Press, 1997.

129 Eine Einsicht, zu der Hegel in seinen späten Vorlesungen über die Philosophie der Religion gelangte, nachdem er zunächst gedacht hatte, dass die Juden in Knechtschaft unter dem Gesetz lebten. Georg Wilhelm Friedrich Hegel, *Vorlesungen über die Phi-*

mit Hilfe eines Kulturträgers erlangt, der Narrativität als grundlegenden Rahmen des Kulturverständnisses niemals aufgegeben hat. Das wirft die Frage auf, ob die alten Israeliten Narrativität nicht auf eine neue Weise verwendeten, um das zu betreiben, was heute „narrative Theologie" heißen würde und faktisch ein funktionales Äquivalent zur Theorie darstellte – zwar nicht, um die Natur zu analysieren, aber um das menschliche Dasein zu verstehen. Vieles in der Hebräischen Bibel ähnelt, ja ist identisch mit den Mythen, Legenden, Volksmärchen, Sprichwörtern und Gedichten anderer vorderorientalischer Völker. Doch das große, übergreifende Narrativ reicht von der Schöpfung bis zur babylonischen Gefangenschaft und greift an den Stellen zur Apokalypse bei den späten Propheten weit in die Zukunft voraus, in welcher der Herr „einst" alle Dinge richten wird. Mit dem wiederkehrenden Motiv von Versprechen, Untreue, Bestrafung und Erlösung war dieses große Narrativ etwas Neues, nämlich ein Weg, wie Gläubige eine Beziehung zu einer Geschichte aufbauen konnten, die ihnen Sinn und Hoffnung vermittelte. Schon der Anfang des ersten Buch Mose, Genesis 1–2,4a, schildert die Schöpfung auf eine eindringliche und nüchterne Weise, die unter den altorientalischen Schöpfungsgeschichten einzigartig ist, selbst wenn sie ein spätes Produkt der priesterlichen Schule war und die Lehre von der *Creatio ex nihilo* nicht enthielt.[130] Das ganze Buch Genesis ist im Grunde ein narratives Meisterwerk, in das alte Fragmente so eingearbeitet wurden, dass aus ihnen ein Prolog für alles Nachfolgende werden konnte, weshalb es mitunter heißt, es sei das Alte Testament des Alten Testaments.

Insgesamt ist der historische Rahmen der Hebräischen Bibel zwar ungemein metanarrativ, doch handelt es sich dabei um eine Metaerzählung, der keine Kultur, die sie verinnerlicht hat, je zu entkommen vermochte. Und um eine Metaerzählung, die so wirkmächtig und flexibel war, dass alle Bewegungen und Gegenbewegungen, etablierte Theorien und Irrlehren auf sie zurückgreifen konnten, um ethische / soziale / politische Programme zu rechtfertigen, die – nicht immer auf positive Weise – zu allen folgenden historischen Dynamiken beitragen sollten. Auch darin haben wir es mit einer neuen kulturellen Form zu tun, die so gewaltige Auswirkungen hat, dass wir sie als Teil des achsenzeitlichen Wandels verstehen müssen.

Die soziale Errungenschaft einer Völkerschaft ohne Monarchie, eines dem göttlichen Gesetz und nicht willkürlicher staatlicher Herrschaft ge-

---

losophie der Religion, Band 2, hrsg. v. Walter Jaeschke, Hamburg: Meiner, 1994 [1827], 570–571.

130 Siehe Jon D. Levenson, *Creation and the Persistence of Evil: The Jewish Drama of Divine Omnipotence*, Princeton: Princeton University Press, 1988.

horchenden Volkes und eines aus verantwortlichen Individuen bestehenden Volkes müssen wir letztendlich als Ergebnis der vom alten Israel erreichten rhetorischen und narrativen Neuerungen verstehen. Hierfür war die nachexilische Entstehung der Synagoge entscheidend, wie Geller festgestellt hat: eine religiöse Gemeinde, die überall dort zustande kommen konnte, wo sich ein Quorum Juden versammelte, eine Gemeinschaft, die sich in äußerlichen Dingen jedem Staat unterordnen würde, der an der Macht war, den Gläubigen aber eine alternative Lebensregel zur Verfügung stellte. Dies war die Keimzelle sowohl für die christliche Kirche als auch für die islamische Umma. Es handelte sich nicht um „die Ausdifferenzierung von Kirche und Staat", aber um einen Ansatzpunkt, von dem aus dieser Gedanke vorstellbar wurde.

Diese Zusammenfassung deutet darauf hin, dass wir bei unseren Verstehensbemühungen, was das Achsenzeitliche an der Achsenzeit ist, zwar auf die Theoriebildung achten müssen, wo immer es dazu kommt, aber auch die mögliche Verwandlung älterer kultureller Formen in neue Konfigurationen und die sozialen Auswirkungen solcher Wandlungen nicht aus den Augen verlieren dürfen.

In diesem Kapitel habe ich versucht, die Religion des alten Israel als achsenzeitlichen Durchbruch zu verstehen. Womöglich ist es der Mühe wert, diesen Abschnitt mit etwas zu beschließen, was auf ein Glaubensbekenntnis eines jüdischen Zeitgenossen, Jon Levenson, hinausläuft und noch heute all die dynamischen Begriffe von Gott, König und Volk enthält, die wir von Anfang an für entscheidend gehalten haben:

> „Für das Judentum gibt es deshalb keine zentralere Stimme als die am Berg Sinai vernommene Stimme. Durch den Sinai ist jeder, der als Jude leben möchte, mit einer ehrfurchtgebietenden Entscheidung konfrontiert, der niemand aus dem Weg gehen kann, wenn er einmal vor ihr gestanden hat: die Entscheidung, ob man Gott gehorchen oder vom rechten Weg abweichen soll bzw. ob man die Gebote beachtet oder an sich abprallen lässt. Letzten Endes lautet die Frage, ob Gott ein König ist oder nicht, denn es gibt keinen König ohne Untertanen, keinen obersten Herrn ohne Vasallen. Kurz gesagt, verlangt der Sinai, dass die Thora radikal ernst genommen wird. Doch mit der Schwere der Wahl ist auch Trost verbunden, der den Schmerz der Entscheidung lindert. Der Trost ist die Geschichte der Erlösung, auf die sich die Gebote stützen und die sicherstellt, dass dieser vermeintliche König ein barmherziger und liebender Herr ist und dass die Entscheidung, ihm zu gehorchen, keinem Sprung ins Absurde gleichkommt."[131]

[131] Ebd., 86.

Kapitel 7

Die Achsenzeit II: Das alte Griechenland

Man könnte meinen, das alte Griechenland sei eindeutig ein Fall von Achsenzeitlichkeit. In Griechenland entstand eine Form von Demokratie, die auf Entscheidungen beruhte, welche auf Versammlungen infolge rationaler Argumente getroffen wurden; Philosophie, einschließlich formaler Logik (Schlussfolgerungen zweiter Ordnung); zumindest Ansätze einer Wissenschaft, die sich auf Befunde und Beweisführungen stützte; ganz zu schweigen davon, dass es hier außerdem zu außergewöhnlichen künstlerischen und literarischen Errungenschaften kam. Manche hat die Kultur des alten Griechenlands so überwältigt, dass sie sich ein „griechisches Wunder" ausmalten, das ohne Vorboten oder Konkurrenten sozusagen direkt dem Kopf von Zeus entsprungen sei. Die Griechen seien nun einmal von sich aus „rational" gewesen.

In den vergangenen Jahren ist dieser extremen Begeisterung freilich entschieden widersprochen worden. Die Griechenlandschwärmer mussten sich den Vorwurf gefallen lassen, eurozentrisch bzw. ausschließlich auf den Westen fixiert zu sein, weil sie verkannt hätten, wie viel die Griechen aus Asien oder Afrika übernommen haben (Mathematik, Astronomie und so weiter). Zudem pochen die Kritiker darauf, dass die griechische „Demokratie" keineswegs besonders demokratisch gewesen sei – sie betraf lediglich die Bevölkerungsminderheit der Bürger; Frauen, Sklaven und in Griechenland ansässigen Ausländern blieb sie verwehrt. Griechische Philosophie, heißt es, führe in die Sackgasse der „Metaphysik", in deren Rahmen Philosophen sich jahrhundertelang mit völlig illusorischen Problemen herumgeschlagen hätten. Und weil sie Experimente ablehne, sei bei der griechischen Wissenschaft nie viel herausgekommen. Ich habe selbst gehört, wie Carl Sagan in einer seiner Fernsehsendungen über die Geschichte der Wissenschaft verkündete, dass „Platon die europäische Wissenschaft um 1500 Jahre zurückgeworfen" habe. Das ist ein ziemlich starkes Stück, aber bei weitem nicht der einzige schädliche Einfluss, der Platon zugeschrieben worden ist.

Wo stehen wir also? Meiner Meinung nach ist es am besten, wenn wir das alte Griechenland einfach als einen unserer vier achsenzeitlichen Beispielfälle behandeln, wenn wir versuchen zu verstehen, wie es sich entwickelte, inwiefern es den anderen Fällen ähnelte und inwiefern es sich von ihnen unterschied, und wenn wir mit einem kurzen Hinweis darauf schließen, worin der zukunftsweisende Beitrag Altgriechenlands bestanden hat. Womöglich ist es gut, mit einem Passus von Louis Gernet,[1] dem Schüler von Durkheim, Freund von Mauss und Lehrer von Jean-Pierre Vernant zu beginnen, um den herum sich in jüngster Zeit eine bemerkenswert kreative Gruppe französischer Altphilologen gebildet hat:

> „Liegt Griechenlands Geheimnis nicht darin, dass es nur einen sehr geringen Teil seines historischen Erbes verloren gegeben hat und einen sehr großen Teil seiner klassischen Werte miteinander verband? Einer seiner unumwundensten Erfolge bestand jedenfalls darin, Heroismusideal und Weisheitsideal zusammenzudenken. Eine ungezwungene Einheit bilden beide vor allem in Gestalt von Wohltätern und Ordnungsstiftern oder in jenen diffuseren Geistern der Begründer von Heiligtümern und Städten, in denen Menschen und Götter willkommen geheißen wurden. In den undurchsichtigen Regionen, in denen Ideale sich bilden, gilt die Erfahrung von 1000 Jahren etwas: das lebhafte Gefühl einer blühenden Vergangenheit, ein Sinn für die freudige Teilhabe am Umgang von Mensch und Natur im Einklang mit allgemein anerkannten Lebensrhythmen. Im scharfen Gegensatz zum rohen Alltagsleben konnte der Mythos der Hyperboreer [eines Volkes weit im Norden, das immer noch unter Bedingungen wie im Goldenen Zeitalter lebte]

---

[1] Louis Gernet (1882–1962) war der Durkheim-Schüler, der sich auf das alte Griechenland spezialisierte; er machte seinen Abschluss ein Jahr vor Marcel Granet, dem Durkheimianer, der sich auf das alte China spezialisierte. Gernet verbrachte 30 Jahre, von 1918 bis 1948, damit, griechische Dichtung an der Universität von Algier zu unterrichten. Obwohl er dort weiterhin veröffentlichte, arbeitete er in diesen Jahren – als die Durkheim-Schule in Auflösung begriffen war – weitgehend auf sich allein gestellt. Im Alter von 66 Jahren kehrte er 1948 jedoch nach Paris zurück, um an der École Pratique des Hautes Études zu unterrichten, und erst dann gewann er Anhänger unter den jüngeren Altphilologen. Über seine Karriere informiert S. C. Humphreys, „The Work of Louis Gernet", in ihrem Buch *Anthropology and the Greeks*, London: Routledge and Kegan Paul, 1978, 76–106. Paul Cartledge weist darauf hin, dass es im Frankreich der Nachkriegszeit eine bemerkenswerte Wiederzunahme von wissenschaftlichen Arbeiten gab, die von Durkheim beeinflusst waren. Er schreibt: „In Bezug auf intellektuelle Vitalität und Einfluss gibt es im Bereich der ‚Sciences Humaines' in Frankreich nur einen möglichen Rivalen der sogenannten ‚*Annales* Schule', zu der, angeregt von Marc Bloch und Lucien Febvre, vor allem soziologisch orientierte Historiker gehörten, und das ist die ‚Schule von Paris', die sich mit der Kulturgeschichte des alten Griechenlands und vor allem mit der altgriechischen Religion und Mythologie befasste und die in den drei letzten Jahrzehnten von J.-P. Vernant geprägt wurde. Es ist kein Zufall (so sagt man jedenfalls), dass beide ‚Schulen' ursprünglich von der Arbeit des sozialgeschichtlichen Psychologen Émile Durkheim entscheidend beeinflusst wurden." Einleitung des Übersetzers in: Louise Bruit Zaidman und Pauline Schmitt Pantel, *Religion in the Ancient Greek City*, übers. v. Paul Cartledge, Cambridge: Cambridge University Press, 1992 [1989; dt. Übers. 1994, siehe Fußnote 62], xv–xvi.

zu einem sehr frühen Zeitpunkt das Bild eines friedlichen und gerechten Volkes aus ferner Vergangenheit wachrufen, das dabei war, sich an der Gastfreundschaft der *agapai* zu erfreuen."[2]

Entscheidend dabei sind die Kontinuitätslinien zwischen vorstaatlichen und – im Fall Griechenlands – quasistaatlichen Verhältnissen, die in allen achsenzeitlichen Beispielfällen ins Auge springen, in Griechenland aber aufgrund des Weiterbestehens vorstaatlicher Institutionen und Glaubensvorstellungen besonders leicht zu erkennen sind.

Insbesondere die Mythen, von denen viele den altorientalischen Mythen ähneln, die auch den hebräischen Schriften zugrunde liegen, dort aber nur bruchstückhaft sichtbar sind, blieben bis in viele Einzelheiten erhalten. Obwohl sie gelegentlich auf eine Frühzeit Bezug nehmen, in der Götter und Menschen an denselben Festmählern teilnahmen – was Gernet für eine Vorstellung hielt, die auf ländlichen Festen weiterlebte –, sieht das ursprüngliche, von Homer und in anderen frühen Texten gezeichnete Bild des Verhältnisses von Göttlichem und Menschlichem ganz anders aus – noch dazu verblüffend anders als das Verhältnis zwischen Jahwe und den Kindern Israels, das wir in Kapitel 6 festgestellt haben. Bei Hugh Lloyd Jones heißt es:

„Wie in der gesamten frühgriechischen Dichtung betrachten die Götter die Menschen in der *Ilias* mit Geringschätzung, unter die sich leichtes Mitleid mischt: ‚[...] du würdest mich nicht bei gesundem Verstande nennen, / Wenn ich mit dir der Sterblichen wegen kämpfte, / Der elenden, die, den Blättern gleichend, einmal / Sehr feurig sind und die Frucht des Feldes essen, / Aber dann wieder hinschwindend, entseelt', sagt Apollon zu Poseidon, als er ihm bei der Götterschlacht begegnet. Es ist nichts, sagt Zeus selbst, ‚Armseligeres als der Mensch / Unter allem, soviel da auf der Erde atmet und kriecht.'"[3]

Und Lloyd-Jones fährt fort, dass die Götter „die Menschen so behandeln, wie Adlige im Anfangsstadium einer ländlichen Gesellschaft die Bauern behandeln".[4] Im heroischen Zeitalter und danach haben die Götter zwar sicherlich ihre Lieblinge, aber es findet sich kein Anzeichen dafür, dass sie die Menschen im Allgemeinen oder eine bestimmte Gruppe von Menschen

[2] Louis Gernet, „Ancient Feasts", 1955, in: ders., *The Anthropology of Ancient Greece*, Baltimore: Johns Hopkins University Press, 1981 [1968], 35. Die *agapai*, mit welchen der Passus schließt, waren „Liebesfestmähler", an denen Götter und Menschen gemeinsam teilnahmen.

[3] Hugh Lloyd-Jones, *The Justice of Zeus*, Berkeley: University of California Press, 1971, 3, zitiert *Ilias* 21:462 ff. und 17:446–447. Deutsche Übersetzung der *Ilias* v. Wolfgang Schadewaldt, Frankfurt: Insel, 1975.

[4] Ebd., 3–4.

„lieben". Insgesamt sind die Griechen nicht „auserwählt", auch wenn einzelne Individuen es wie gesagt sein können, und die Griechen stehen nicht in besserem Licht da als ihre Feinde,[5] im Gegenteil: In der *Ilias* wird Troja mehr Anteilnahme entgegengebracht als den Griechen; Hektor wird mit Sicherheit als bewunderungswürdiger dargestellt als Achill oder Agamemnon.[6] Das grundlegendste Merkmal des Verhältnisses von Göttlichem und Menschlichem in Israel – Gottes Liebe zu Israel und die Verpflichtung, diese Liebe zu erwidern, „Du sollst den Herrn, deinen Gott, lieben …" – fehlt also in Griechenland vollständig. „Es wäre überspannt", hat Aristoteles gesagt, „sollte jemand behaupten, er liebe Zeus." Er war der Meinung, dass zwischen Mensch und Gott keine *philia* (Liebe, Freundschaft) möglich sei.[7] Gerechtigkeit ist eine andere Sache. Die Götter im Allgemeinen und Zeus im Besonderen sorgen nämlich durchaus für Gerechtigkeit, womit wir uns unten ausführlicher befassen werden müssen.

Obwohl zwischen den hebräischen Schriften offensichtlich Spannungen in großer Zahl bestehen und sich in Bezug auf ihre Deutung über die Jahrhunderte starke Unterschiede entwickelt haben, erlangte die Thora eine normative Autorität, die im alten Griechenland ihresgleichen sucht. Homers und Hesiods Texte waren in der gesamten Antike zentral für die griechische Bildung, aber sie haben nie dieselbe Autorität besessen wie die hebräischen Schriften. Poeten und Tragödiendichter haben die alten Mythen neu formuliert, die von Philosophen kritisiert und reformiert wurden, und aus einer Vielzahl von Quellen wurden von Zeit zu Zeit neue Mythen, Götter und Göttinnen eingeführt, ohne dass es zu übermäßigen Störungen gekommen wäre. Die altgriechische Religion war in jeder Hinsicht beweglicher als die des alten Israel, und wir werden uns mit den sozialen Ursachen und Folgen dieser Beweglichkeit befassen müssen.

---

[5] Auch wenn es keine Beweise dafür gibt, dass die Griechen sich selbst als Auserwählte betrachteten, ist es, wie wir weiter unten sehen werden, möglich, dass sich die Athener von Athene auserwählt fühlten.

[6] Einem griechischen Publikum mag Hektor weniger bewunderungswürdig erschienen sein, als er uns heute erscheint, insbesondere im Vergleich zu Achill.

[7] E. R. Dodds in: *Die Griechen und das Irrationale*, übers. v. Hermann-Josef Dirksen, Darmstadt: wbg, 1991 [1951], 23 und 180, der Aristoteles' *Magna Moralia* 1208b.30 und *Nikomachische Ethik* 1159a.5 zitiert. Dodds macht auch klar, man könne „kaum bezweifeln, daß die Athener ihre Göttin liebten" (180).

Die frühgriechische Gesellschaft

Wie wir festgestellt haben, war der Gott-König-Volk-Komplex in allen archaischen Gesellschaften von zentraler Bedeutung und mussten alle unsere achsenzeitlichen Beispielfälle für diesen Komplex eine Lösung finden. Deshalb ist es von Bedeutung, dass das alte Griechenland während des Übergangs in die Achsenzeit der einzige Fall war, in dem es faktisch keine Könige gab, obwohl sie in der kulturellen Imagination vorhanden waren. Kurz gesagt, wurde die in der Zeit vom achten bis zum vierten Jahrhundert v. u. Z., in der die altgriechische Kultur ihre Blütezeit erlebte und der Übergang in die Achsenzeit stattfand, vorherrschende Institution, deren Übersetzung mit „Stadtstaat" problematisch ist, nämlich die *polis*, nicht von Königen regiert. Es gab dort zwar gelegentlich Tyrannen, aber diese waren in einem ganz spezifischen Sinn keine Könige, wie wir sehen werden. Das lag nicht daran, dass eine Vorstellung von Königtum fehlte. Auch wenn die Griechen im achten Jahrhundert keine besonders klare Vorstellung von der mykenischen Zivilisation mehr hatten, die ihnen im zweiten Jahrtausend v. u. Z. vorangegangen war, wussten sie, dass die Mykener von Königen regiert worden waren. Auf der Grundlage unserer neuzeitlichen archäologischen Kenntnisse über jene mykenische Zivilisation wissen wir, dass diese Könige nach dem Vorbild der archaischen vorderorientalischen Kultur, deren bloße Verlängerung nach Westen die mykenische Zivilisation dargestellt hatte, göttlich, halbgöttlich oder priesterlich gewesen sind. Die in einer Polis lebenden Griechen wussten nicht nur, dass es in der Vergangenheit Könige gegeben hatte, sondern sie waren sich auch darüber im Klaren, dass es in Skythien im Norden, in Assyrien und Persien im Osten und in Ägypten im Süden Könige gab. Doch ihre Vorstellungen vom Königtum beruhten nicht nur auf externen Vorbildern, sondern auch auf Zentralfiguren ihrer eigenen Mythen und Legenden: Die *Ilias* ist eine Geschichte über eine griechische Streitmacht, die allem Anschein nach von einem König angeführt wird, nämlich von Agamemnon, auf den ab und zu mit dem Wort *anax* Bezug genommen wird, das auf das mykenische Wort für König, *wanax*, zurückgeht.[8] Das spätere griechische Wort für König, *basileus*, wird von Homer im lockeren Sinne für Könige, Adlige oder einfach Anführer verwendet.[9] Agamemnon wirkt nicht unbedingt

---

[8] Der Begriff *anax* wurde auch für Priamos und einige andere Anführer verwendet.

[9] Aufschlussreich ist Eric Havelocks Auseinandersetzung mit der Begrifflichkeit von *anax* und *basileus* bei Homer in: *The Greek Concept of Justice: From the Shadow in Homer to the Substance in Plato*, Cambridge, Mass.: Harvard University Press, 1978, 94–99.

wie ein König – die Hälfte der Zeit über sieht er eher wie ein oberster Häuptling aus. Auch Zeus wird als *anax* bezeichnet, in der *Ilias* allerdings nicht als *basileus*. Er ist zwar ein König, aber so ähnlich wie bei Agamemnon ist er ein König, der es sich nicht leisten kann, sich über die Befindlichkeiten seiner göttlichen Untertanen hinwegzusetzen. Interessanterweise wird Zeus von Homer häufiger als *pater*, Vater, denn als König bezeichnet.[10] In der Zeit nach Homer wurde Zeus sogar noch größere Macht zugeschrieben, sodass wir uns einer Situation gegenübersehen, in der ein König der Götter keine Spiegelung in einem menschlichen König erfährt, was nur bei den Griechen vorkommt.[11]

Doch wenn die Griechen nicht über Königtümer organisiert waren, über was für eine Art von Gesellschaft verfügten sie dann? Die früheste griechische Gesellschaft liegt womöglich noch stärker im Dunkeln als die israelitische. Durch inneren Zerfall, Klimawandel oder Eroberung von außen wurden die mykenischen Städte irgendwann um 1200 v.u.Z. herum entweder überrannt oder aufgegeben. Wenn sie erobert wurden, dann nicht von „den Griechen“, da in Mykene schon einige Jahrhunderte lang Griechisch gesprochen worden war, wie wir aus der silbenbildenden Linearschrift B wissen. Für den Untergang der mykenischen Zivilisation sind mitunter Sprecher des Griechischen mit dorischem Dialekt verantwortlich gemacht worden, die deshalb „die Dorer“ genannt wurden, aber es gibt nicht genügend Belege, als dass dies mehr wäre als Spekulation.[12] Jedenfalls verschwanden die Linearschrift B und andere Errungenschaften der mykenischen Zivilisation nach 1200, und die nächsten 400 Jahre werden gemeinhin als Dunkles Zeitalter Griechenlands bezeichnet. Zumindest auf uns wirkt es dunkel, weil die Archäologie für diesen Zeitraum nur spärliche Funde und Zeugnisse für einen beträchtlichen Bevölkerungsrückgang zu Tage gefördert hat. An einigen Orten gibt es Anzeichen dafür, dass der

[10] In Kapitel 6 haben wir gesehen, dass in den hebräischen Schriften das Gegenteil der Fall ist, wo Jahwe öfter als König bezeichnet wird denn als Vater, obwohl Jahwe sich gegenüber den Israeliten insgesamt „väterlicher“ verhält als Zeus gegenüber den Griechen.

[11] Mein wissenschaftlicher Mitarbeiter Timothy Doran hat für mich nach allen Verwendungszusammenhängen von *anax* und *basileus* bei Homer, Hesiod und in den homerischen Hymnen gesucht. Sehr hilfreich waren auch seine Funde zu Zeus als *pater*.

[12] Siehe Jonathan M. Hall, *Ethnic Identity in Greek Antiquity*, Cambridge: Cambridge University Press, 1997, der erörtert, warum Zweifel berechtigt sind, „die Dorer“ als eine kulturelle oder militärische Gruppe in mykenischer oder archaischer Zeit anzusehen, auch wenn Dorisch zweifellos ein griechischer Dialekt ist. Siehe auch Halls Buch *Hellenicity: Between Ethnicity and Culture*, Chicago: University of Chicago Press, 2002.

Handel mit dem Vorderen Orient nicht völlig zum Erliegen gekommen ist. Einer von den Athenern behaupteten Überlieferung zufolge ist ihre – nicht besonders bedeutende – Stadt als einzige mykenische Stadt der Eroberung entgangen. Darüber hinaus glaubten sie, dass von Athen aus eine beträchtliche Zahl von Flüchtlingen möglicherweise um das Jahr 1000 v. u. Z. herum an die anatolische Küste ausgewandert sei, wo sie Ortschaften gründeten, die im achten Jahrhundert zu bedeutenden Zentren der wieder auflebenden griechischen Kultur werden sollten. Doch auch wenn Athen nie zerstört wurde, schrumpfte es in den Jahrhunderten nach 1200 doch zu einer sehr kleinen Ortschaft.

Der Tiefpunkt der postmykenischen Zeit scheint 1100 erreicht worden zu sein. Ian Morris schreibt über die Zeit nach 1100:

> „Wahrscheinlich wurde ein Großteil der ländlichen Gegenden aufgegeben bzw. war nur noch dünn besiedelt. Die meisten Menschen lebten in kleinen Weilern, die seit etwa 50 bis 300 Jahren bewohnt wurden [...] [D]urch die Katastrophen um 1100 könnte Zentralgriechenland verarmt sein, das bisschen Vermögen, das noch übrig war, fiel Dorfvorstehern in die Hände, den Erben der letzten lokalen Würdenträger von Mykene [...] Zentralgriechenland war zu einer Art Geisterwelt geworden. Praktisch jede Bergspitze und jeder Hafen war früher bewohnt gewesen, und um 1050 war die Landschaft mit Ruinen aus einer ruhmreicheren Zeit übersät. Die bloße Aufzählung von Beispielen vermag die Atmosphäre jener Tage nicht wiederzugeben [...] Wenn irgendein Teil der Eisenzeit es verdient, Dunkles Zeitalter genannt zu werden, dann dieser. Aus der Perspektive etwa der unteren Schichten, welche die mykenischen Paläste erbaut und sich abgemüht hatten, die Norm zu erfüllen, oder aus der Perspektive der lokalen Aristokraten, die von den *wanakes* [Plural von *wanax*] und ihren Beamten kontrolliert wurden, mag die Zerstörung um 1200 ein Segen gewesen sein. Doch im Jahr 1050 wogen die Kosten des Umbruchs – nicht bloß der Verlust der Hochkultur, sondern auch Verwerfungen und massive Sterblichkeit – schwerer als die Vorteile für welche Gruppe auch immer. In ägyptischen Dokumenten finden sich für eben diese Zeit Ernteausfälle verzeichnet.“[13]

Obwohl es sehr schwer ist, die Sozialstruktur allein anhand archäologischer Daten zu rekonstruieren, und die Verwendung von Homer als Datenquelle hochproblematisch ist, wird halbwegs deutlich, dass im Dunklen Zeitalter die streng hierarchische mykenische Ordnung zusammenbrach und durch eine sehr viel egalitärere Gesellschaft ersetzt wurde.[14] Eine Reihe von Autoren hat behauptet, dass die politische Struktur des Dunklen

---

[13] Ian Morris, *Archaeology as Cultural History: Words and Things in Iron Age Greece*, Malden, Mass.: Blackwell, 2000, 202, 203 und 206–207.

[14] Das Hin- und Herschwanken zwischen Hierarchie und Egalitarismus ist im Alten Orient von frühesten Zeiten an dokumentiert. Über die Natufier in der Levante, siehe Ofer Bar-Yosef, „From Sedentary Foragers to Village Hierarchies: The Emergence of

Zeitalters sich durch Häuptlinge auf der untersten Ebene auszeichnete, die stark auf Anhänger, die mit ihrer eigenen Meinung nicht hinter dem Berg hielten, angewiesen waren, und nur gelegentlich und vorübergehend über oberste Häuptlinge verfügte. Solche Gesellschaften halten das Gleichgewicht zwischen niedrigschwelliger Hierarchie und ausgeprägtem Egalitarismus. Walter Donlan zieht die *Odyssee* als Beleg dafür heran, wie diese Gesellschaften ausgesehen haben:

> „Ich bezweifle, dass es in der gesamten Ethnographie eine klarere Beschreibung von niedrigschwelliger Häuptlingschaft und ihrer internen Spannungen gibt als in diesen Büchern der *Odyssee*. Der Häuptling besitzt erhebliche Autorität, aber er muss sich dem kollektiven Willen der kämpfenden Männer beugen, die seiner Führerschaft von Natur aus kritisch gegenüberstehen. Man darf auf keinen Fall übersehen, dass die epische Tradition unaufhörlich die Tatsache unterstreicht, dass soziale Dysfunktionalitäten von Spannungen zwischen Volk und Anführern verursacht werden. Odysseus wird durchgängig als ein so guter Anführer dargestellt, wie ein Volk ihn sich realistischerweise nur erhoffen kann; doch die Botschaft besteht unverkennbar darin, dass persönliche Führerschaft anfällig und instabil ist und dass der intrinsische Gegensatz der beiden sozialen Vektoren von Autokratie auf der einen und Egalitarismus auf der anderen Seite häufig zu sozialem Versagen führt.“[15]

Obwohl herausragende Einzelpersonen bei Homer hervorgehoben werden, bleibt weiterhin eine Gesellschaft erkennbar, in der die Vorstellung von erblichem Rang erst in Ansätzen vorhanden ist. Die Führerschaft betreffende Begrifflichkeit war im Fluss. Wie oben gesagt, war *basileus* ein Ausdruck, der auf so verschiedenartige Weisen verwendet wurde, dass er häufiger „Anführer“ als „König“ bedeutete. Obwohl Hesiod die homerischen Anführer als „Helden“ bezeichnen wird, konnten in den homerischen Texten selbst sogar gemeine Soldaten „Helden“ oder *aristoi* (die „Besten“, woher unser Ausdruck „Aristokratie“ kommt) heißen.[16] Gleichwohl hatten viele Anführer ein besonderes Verhältnis zu den Göttern: Achill, Menelaos, Odysseus oder Patroklos können alle als *diotréphes*, „von Zeus genährt“, oder als *diogenés*, „von Zeus gezeugt“, bezeichnet werden. Manche Anführer (auf die der Begriff „Helden“ sich später be-

---

Social Institutions“, in: *The Origins of Human Social Institutions*, hrsg. v. W. G. Runciman, New York: Oxford University Press, 2001, 1–38.

[15] Walter Donlan, „Chief and Followers in Pre-State Greece“, in: ders., *The Aristocratic Ideal and Selected Papers*, Wauconda, Ill.: Bolchazi-Carducci, 1999, 355. Die fraglichen Bücher der *Odyssee* sind jene, die die Abenteuer von „Odysseus und seinen Anhängern (*hetairoi* = ‚Gefährten‘, ‚Kameraden‘) während ihrer Rückkehr aus dem Trojanischen Krieg“ schildern (348).

[16] Donlan, *The Aristocratic Ideal*, 19, zitiert zu *aristoi*, *Ilias* 2.577–578, 5.780, 12.89, 12.197, 13.128; und zu Helden, *Ilias* 2.110, 12.165, 15.230, 19.34.

schränkte) wurden buchstäblich von Zeus gezeugt – Sarpedon zum Beispiel. Doch – selbst göttliche – Abstammung sorgte für sich genommen genauso wenig für Status wie göttliche Gunst. Paris war Aphrodites Liebling, aber weil er als Krieger ungeeignet war, verachteten Griechen und Trojaner ihn gleichermaßen. Als die Zeit zum Sterben für Zeus' geliebten Sohn Sarpedon gekommen war, überlegte Zeus, ob er eingreifen und sein Leben retten sollte, aber Hera bewegte ihn dazu, es nicht zu tun, weil dies zu Zank unter den Göttern führen würde, von denen viele ihre Kinder vor einem schicksalsbestimmten Tod bewahren wollten. Diese Begebenheit deutet darauf hin, dass Zeus' Monarchie keineswegs absolut war. Homer führt uns eine Gesellschaft vor, in der Status auf Tapferkeit beruhte, aber auch eine, in der Anführer, *basileis,* für „göttergleich" und damit den gewöhnlichen Menschen überlegen gehalten werden konnten.

Klares Einverständnis herrschte allerdings darüber, dass die Kriegerelite ihre Position den Diensten verdankte, die sie der Gemeinschaft als ganzer leistete: Die Anführer waren Teil der Gesellschaft, eines Ganzen, das umfassender war als seine Teile, sogar seiner führenden Teile, und diese Vorstellung sollten die Griechen vor der Eroberung Mazedoniens nicht wieder aufgeben. Wie viele andere begann auch die griechische Aristokratie als Kriegeraristokratie. In Sarpedons an Glaukos gerichteten Worten kommt freilich auch die soziale Grundlage ihres Anspruchs auf einen hohen Status zum Ausdruck:

> „Glaukos! warum sind wir beide wohl geehrt am meisten
> Mit Ehrensitz und Fleischstücken und vollen Bechern
> In Lykien, und alle blicken auf uns wie Götter?
> Und ein Landgut, ein großes, bebauen wir an des Xanthos Ufern,
> Ein schönes, mit Baumgarten und Saatfeld, weizentragendem.
> Darum müssen wir bei den Lykiern jetzt unter den Ersten
> Stehen oder uns der brennenden Schlacht entgegenwerfen.
> Daß manch einer so spricht von den dicht gepanzerten Lykiern:
> ‚Wahrhaftig! nicht ruhmlos herrschen in Lykien
> Unsere Könige und speisen fette Schafe
> Und Wein, auserlesenen, honigsüßen; nein, auch die Kraft
> Ist tüchtig, da sie bei den Lykiern unter den Ersten kämpfen!'"[17]

Obwohl wir für das frühe Griechenland die Vorstellung einer monarchischen Vergangenheit abschwächen müssen, erinnern einige Stellen immer noch an eine Art von Herrschaft, die dem altorientalischen, ma-

---

[17] *Ilias* 12.310–321, übers. v. Wolfgang Schadewaldt, Frankfurt: Insel, 1975. Obwohl Sarpedon und Glaukos lykische Verbündete Trojas waren und somit strenggenommen keine Griechen, haben sie in dem zitierten Abschnitt doch eine griechische Geisteshaltung zum Ausdruck gebracht.

gisch-religiösen Muster näher kam, als es tatsächlich lange Zeit der Fall gewesen war. In der *Odyssee* rühmt der als Bettler verkleidete Odysseus Penelope mit den folgenden Worten:

> „denn dein Ruf, wahrhaftig, reicht bis zu dem breiten Himmel: so wie von einem untadeligen König [*basileus*], der in Scheu vor den Göttern unter vielen und starken Männern herrscht und die guten Rechtsweisungen hochhält, und es trägt die schwarze Erde Weizen und Gerste, beladen sind die Bäume mit Frucht, und es gebären beständig die Schafe und das Meer gibt Fische dar, wegen der guten Herrschaft, und es gedeihen unter ihm die Männer des Volkes."[18]

Und zusammen mit seinem Gegenteil, einem schlechten *basileus*, der oftmals als „gabenschluckend" charakterisiert wird, zeichnen Hesiods *Werke und Tage* ein ähnliches Bild von einem guten *basileus:*

> „Die das Recht aber jedem, ob heimisch, ob fremd, in gerader
> Weise erteilen und nirgends den Weg des Rechtes verlassen,
> denen gedeiht die Stadt und erblühn die Bewohner darinnen.
> Friede beschirmt die Jugend im Land, und niemals wird ihnen
> Zeus, der weithin planende, schreckliche Kriege bestimmen.
> Nie kommt Hunger zu Männern, die Recht gerade erteilen,
> niemals Ruin; sie verzehren beim Schmaus die Frucht ihrer Arbeit.
> Reichliche Nahrung trägt die Erde für sie, in den Bergen
> trägt die Eiche Früchte im Wipfel und Bienen im Stamme;
> auch die vliesigen Schafe sind schwer gedrückt von der Wolle.
> Frauen gebären Kinder, die ganz nach Art ihrer Eltern.
> Reich sind an Gütern gesegnet sie allezeit. Auch auf Schiffe
> treibt es sie nicht, denn der nährende Acker trägt Frucht zur Genüge.
> Wer auf üble Gewalttat erpicht und auf schändliches Treiben,
> dem gibt Zeus, der Kronide, der weithin Schauende, Strafe.
> Oft ward die ganze Stadt gestraft für einen Verbrecher,
> der sich zu Frevel verstieg und gottlose Taten verübte.
> Denen entsendet Kronı́on vom Himmel zahllose Qualen,
> Hunger und Krankheit zugleich, und ganze Völker vergingen;
> Frauen können nicht mehr gebären, Familien verkümmern
> nach dem Beschluß des Zeus, des Olympiers; andermal wieder
> läßt ihr gewaltiges Heer verderben oder die Festung
> oder die Flotte auf See der Kronide, um sie zu strafen."[19]

[18] *Odyssee* 19.108–114, übers. v. Wolfgang Schadewaldt, Reinbek: Rowohlt, 2008 [1958].

[19] Hesiod, *Werke und Tage*, in: ders., *Werke in einem Band*, übers. v. Luise und Klaus Hallof, Berlin: Aufbau-Verlag, 1994, 55–56, Zeilen 225–247. M. L. West gibt in *The East Face of Helicon: West Asiatic Elements in Greek Poetry and Myth,* Oxford: Oxford University Press, 1997, 321–323, einige analoge Stellen aus dem Vorderen Orient an, vor allem aus Assyrien (136), aber er hebt vor allem Analogien zu den

In einem faszinierenden Abschnitt gleich zu Beginn seiner *Theogonie* schreibt Hesiod über die Gaben, die den Königen von den Musen, den Töchter von Zeus, verliehen werden können:

> „Wen von den zeusentstammenden Königen *[basileus]* huldvoll sie ehren,
> wen sie, die Töchter des mächtigen Zeus, zur Geburt schon betrachten,
> diesem träufeln sie süßen Tau auf die Zunge, wie Honig
> fließen die Worte ihm über den Mund. Und alle im Lande
> richten die Augen auf ihn, wenn er nach geraden Gesetzen
> Rechtsklagen wägt und Urteile spricht. Er redet unfehlbar,
> rasch vermag er durch Klugheit auch größere Fälle zu schlichten.
> Darin besteht ja die Weisheit der Könige, daß sie den Leuten,
> wenn sie geschädigt, leicht das Umgekehrte bewirken,
> wenn auf dem Markt überzeugend mit freundlichen Worten sie reden.
> Geht zur Versammlung er hin, erweist man ihm schmeichelnde Ehrfurcht
> gleich einem Gott; die Versammelten überragt er an Ansehn."[20]

Und Hesiod fährt fort, dass die Musen ähnliche Klugheit bzw. Weisheit und überzeugende Worte auch den „fahrenden Sänger[n] und Kitharaspieler[n] auf Erden" verleihen (Theogonie, I.94), wodurch er eine Verbindung zwischen singenden Dichtern und politischer Macht unterstellt, die wir weiter unten näher untersuchen werden müssen.[21] Bei Homer und Hesiod lässt sich also weiterhin das Echo einer Art von Königtum vernehmen, das in Griechenland lange Zeit verkümmert gewesen war.

Wo Walter Donlan, wie wir gesehen haben, Odysseus und seine Anhängerschar als archetypisch für die frühgriechische Gesellschaft betrachtet, verfährt W. G. Runciman ähnlich mit Odysseus' Ithaka. Eher als „protostaatlich" beschreibt Runciman Ithaka als „halbstaatlich", das heißt als eine Art von Gesellschaft, die rudimentär staatlich verfasst ist, aber keine zwangsläufige Entwicklung in diese Richtung zu erkennen gibt. Ithaka hatte „das Stadium hinter sich gelassen, in dem politische und verwandtschaftliche Rollen ineinander übergingen, aber auch Rollen entwickelt, mit denen sich eine Autorität verband, die in ihrer Art und ihrem Grad der

---

hebräischen Schriften hervor, zum Beispiel zu Levitikus 26, Deuteronomium 28, Amos 9 sowie einigen Psalmen.

[20] Hesiod, *Theogonie*, in: ders. *Werke in einem Band*, übers. v. Luise und Klaus Hallof, Berlin: Aufbau-Verlag, 1994, 6, Zeilen 81–92.

[21] Zu beachten ist dabei die Beziehung der beiden archetypischen israelischen Könige, David und Salomon, zu Dichtung und Weisheit. David ist ein „Sänger und Kitharaspieler", dem die Psalmen zugeschrieben werden, und Salomon ist bekannt für seine Weisheit, da ihm einige Weisheitsbücher zugeschrieben werden (obwohl er in den biblischen Erzählungen nicht so weise ist, insofern er der Teilung des Königreiches den Boden bereitet). Im frühen Griechenland sind die Bezüge zwischen Poesie, Weisheit, und Politik womöglich noch deutlicher.

Autorität des Oberhaupts einer Abstammungslinie, des Dorfältesten oder des Anführers einer Jägerhorde überlegen war". Es handelte sich um eine Gesellschaft, in der „die Mischung aus Heldenmut und Redegewandtheit im Gespräch (eben jene ‚*auctoritas suadendi*', die Odysseus in vollem Umfang besaß) die Grundlage von Führerschaft darstellt".[22] Runciman geht es darum, dass in solch einer Gesellschaft kein unabhängiges System politischer Rollen entstanden war, keine „sekundäre Formation", wie wir es genannt haben, sodass die „Halbstaatlichkeit" sehr stark auf der Persönlichkeit des Anführers beruhte und in Odysseus' Abwesenheit gänzlich auseinanderzufallen drohte. Wir werden uns damit befassen müssen, in welchem Grad die Polis jemals die Grenzen dessen überschritten hat, was Runciman als Halbstaatlichkeit bezeichnet, und damit, dass die Polis nie eine vollentwickelte sekundäre Formation ausgebildet hat. In beidem liegt der Schlüssel sowohl für ihre kulturelle Dynamik als auch für ihren letztendlichen politischen Niedergang.

Wenn wir die frühgriechische Gesellschaft verstehen wollen, müssen wir eine Reihe von Dingen im Hinterkopf behalten. Wir könnten sie, beinahe automatisch, als Stammesgesellschaft bezeichnen, aber das würde uns nicht weit bringen. Anders als in vielen Stammesgesellschaften oder sogar im achsenzeitlichen China scheint erweiterte Verwandtschaft kein Schwerpunkt der sozialen Organisation gewesen zu sein. Das Geschlecht, *genos* (pl. *gene*), war für den Adel von Bedeutung, aber nicht für das gewöhnliche Volk. Der Haushalt, *oikos*, dessen Kern eine Kleinfamilie bildete, der aber auch drei Generationen, unverheiratete Frauen und nicht verwandte Familienangehörige umfassen konnte, war sowohl für den Adel als auch für die Bauern die grundlegende Verwandtschaftseinheit. Ein Dorf war eine Ansammlung von Haushalten, doch wann wurde ein Dorf zu einer Polis?

Das achte Jahrhundert

Im achten Jahrhundert lassen sich erstmals so unmissverständliche Zeichen einer Wiederbelebung der Kultur erkennen, dass die Gelehrten von „der griechischen Renaissance im achten Jahrhundert v. u. Z." gesprochen haben.[23] Wenn man die Analogie zu ernst nimmt, ist „Renaissance" ein

[22] W. G. Runciman, „Origin of States: The Case of Archaic Greece", *Comparative Studies in Society and History* 24, 1982, 354.
[23] *The Greek Renaissance of the Eighth Century B.C.: Tradition and Innovation – Proceedings of the Second International Symposium at the Swedish Institute in*

problematisches Wort. Die italienische Renaissance war mit einer Wiederbelebung der klassischen Kultur auf der Grundlage einer großen Zahl von klassischen Texten sowie dem Weiterbestehen antiker Architektur und Bildhauerkunst verbunden. Die Griechen im achten Jahrhundert verfügten nicht über Texte (die Linearschrift B wäre für sie nicht lesbar gewesen, wenn sie sie zu Gesicht bekommen hätten) und nur über Bruchstücke der mykenischen Architektur und Bildhauerkunst. Trotzdem entwirft der uns heute vorliegende homerische Text (der vorher lange Zeit mündlich rezitiert wurde), der etwa aus dem Jahr 700 stammt und dessen Niederschrift sich möglicherweise sogar auf diesen Zeitpunkt datieren lässt, das Bild einer Art von vermeintlich aus dieser früheren Zeit stammenden griechischen Gesellschaft, in der sich aber wahrscheinlich in der Hauptsache eher die sozialen Bedingungen der jüngeren Vergangenheit widerspiegelten.

Homer bildet einen Teilaspekt der kulturellen Wiederbelebung im achten Jahrhundert, die als Panhellenismus bezeichnet wird, das heißt einer Bewusstwerdung der Griechen als Griechen, obwohl unter ihnen keine politische Einheit bestand. In der *Ilias*, in der die Griechen noch nicht Hellenen genannt, sondern mit mehreren Namen belegt werden – am häufigsten Achaier[24] –, wird eine griechische Streitmacht geschildert, die sich zwar aus höchst unterschiedlichen Bestandteilen zusammensetzt, aber den Befehlen eines einzigen Königs gehorcht, Agamemnons, und ihre Kräfte mit einer Stadt an der anatolischen Küste misst, Troja, die sich in kultureller Hinsicht kaum von den Griechen unterscheidet, sie aber in der gemeinsamen Bemühung vereint, diese Stadt zu zerstören. Die *Ilias* ist eher eine Geschichte über Menschen als über Götter, aber Götter treten in ihr überall auf, und zwar die großen panhellenischen olympischen Götter – Zeus, Hera, Apollon, Aphrodite, Hermes und so weiter –, nicht die verschiedenen lokalen Gottheiten der jeweiligen Dörfer und Weiler, von deren tatsächlicher Existenz in jener Zeit wir wissen. Einheitlichkeit bestand nicht nur auf der Ebene von Legende und Mythos, sondern auch in Bezug auf den Kult.

Das erste belastbare (wenn auch nicht unumstrittene) Datum, über das wir im Hinblick auf die griechische Geschichte verfügen, ist das der ersten

---

Athens, 1–5 June, 1981, hrsg. v. Robin Hägg, Stockholm: Svenska Institutet i Athen, 1983.

[24] In *Hellenicity*, 53 ff., bezweifelt Jonathan Hall, dass die „Akhaioi" bei Homer – obwohl dies das gängigste Wort für diejenigen ist, die wir die Griechen nennen – wirklich identisch mit den Hellenen waren. Er nimmt an, dass sich die griechische Identität ziemlich spät ausgebildet hat, „in der elitären Umgebung der Olympischen Spiele im Laufe des sechsten Jahrhunderts" (227), und sich im Widerstand gegen die persische Invasion im frühen fünften Jahrhundert festigte.

Olympiade im Jahr 776 v. u. Z. und wir sollten nicht vergessen, dass die Olympischen Spiele zuallererst rituelle Anlässe waren, die mit Opfergaben an Zeus eröffnet und wie religiöse Feste gefeiert wurden. Obwohl lokale Autoritäten die Spiele leiteten, kamen ihre Teilnehmer aus allen griechischen Gemeinschaften. Der Vierjahreszyklus der Spiele wurde später um die Zyklen der Nemeischen, der Isthmischen und der Pythischen Spiele erweitert, die ebenfalls allen griechischen Wettkämpfern offenstanden. Auf lange Sicht noch wichtiger war möglicherweise das Auftauchen des Orakels von Delphi, das sich am abgelegenen Ort Delphi befand und nicht unter großstädtischer Kontrolle stand. Das Orakel wurde von Menschen aus dem gesamten griechischen Großraum befragt und nahm besonders dadurch maßgeblichen Einfluss auf die Politik, dass es die gezielte Kolonisierung eines Großteils der Mittelmeer- und der Schwarzmeerküste von etwa 750 bis 600 v. u. Z. unterstützte.

Doch in demselben Zeitraum, der den Aufstieg der panhellenischen Weltanschauung, Rituale und Institutionen erlebte, entstand mit der Polis auch eine neue soziale Form, die lokale Loyalität und Solidarität ebenso stark betonte, wie die panhellenischen Institutionen eine gemeinsame griechische Identität hervorhoben. Im achten Jahrhundert kam es erstmals in ganz Griechenland zum Bau von Tempeln, die gemeinsam mit den mit ihnen verbundenen Festen zu den eigentlichen Symbolen der Polis als Einheit wurden. Außerdem entstanden bedeutende bürgerschaftliche Ämter und Institutionen, unter denen ein straff organisiertes Militär als Ausdruck der Autonomie der Polis nicht zu den unwichtigsten gehörte.

Da die Polis eine spezifisch griechische Institution ist, eine Gesellschaft mit verschiedenartigen Regierungen, aber ohne König, mit der die kulturellen Errungenschaften Griechenlands, die noch kommen sollten, eindeutig zusammenhängen, würden wir gerne wissen, woher sie stammte und wie sie sich entwickelte. Besonders gerne würden wir wissen, wie eine starke panhellenische Identität und eine starke Identität mit der lokalen Polis gleichzeitig entstehen konnten und ob diese beiden Identitäten einander verstärkten, eine Konfliktquelle darstellten oder vielleicht etwas von beidem hatten.[25] Wir verfügen über wenig schriftliche Belege aus dem achten

[25] Man könnte sich die autonome Polis als ein Element der panhellenischen Kultur vorstellen, so wie der Nationalstaat ein Element der internationalen Kultur der Gegenwart ist. John Meyer und seine Mitstreiter haben überzeugende Gründe für einen solchen Zusammenhang vorgebracht. Siehe John W. Meyer und Michael T. Hannon (Hrsg.), *National Development and the World System*, Chicago: University of Chicago Press, 1979; Connie L. McNeely und D. A. Chekki (Hrsg.), *Constructing the Nation-State*, Santa Barbara: Greenwood, 1995; und Frank Lechner und John Boli, *World Culture: Origins and Consequences*, Malden, Mass.: Blackwell, 2005.

Jahrhundert, denn die Alphabetschrift befand sich sogar gegen Ende dieses Jahrhunderts erst in ihrer frühesten Phase, und auch nicht viel mehr schriftliche Angaben aus dem siebten Jahrhundert. Allerdings liefert uns die Archäologie beständig neue Daten für diese Jahrhunderte sowie für das Dunkle Zeitalter vor dem achten Jahrhundert.[26]

Anscheinend war die Polis der vorrangige Wohnort des Adels, auch wenn dieser darüber hinaus über Landsitze verfügt haben könnte.[27] Deshalb entsprach die Unterscheidung zwischen Adligen (*agathoi*, „die Guten") und gewöhnlichem Volk (*demos*, aber pejorativ auch *kakoi*, „die Gemeinen" oder „Wertlosen") zum Teil der Unterscheidung zwischen Landbesitzern, die in der Stadt wohnten, und Bauern, die auf dem Land wohnten, doch im Grunde genommen bestand die Polis aus Personen, zu denen auch die Bauern gehörten, weshalb der Unterschied zwischen Stadt und Land nie so ausgeprägt war wie im mittelalterlichen Europa. Außerdem sollten wir nicht vergessen, dass sowohl Adel als auch Volk allen Behauptungen einer in unvordenkliche Zeiten zurückreichenden Bindung an ihre Region zum Trotz jahrhundertelang mehr oder weniger ständig in Bewegung gewesen waren. Wer sich eine Karte der griechischen Dialekte ansieht, kommt kaum umhin zu bemerken, dass die Menschen viel herumgekommen sind – und Herumkommen hieß Kämpfen, denn sogar wenn sie sich irgendwo niedergelassen hatten, kam es vielfach weiter zu Kämpfen zwischen den Nachbarpoleis. Deshalb beruhte möglicherweise der erste Anspruch auf den Adelsstand auf der Übernahme von Führerschaft im Krieg.

Möglicherweise sind die griechischen Adligen ursprünglich Kriegerhorden gewesen, die sich nach dem Sturz der rechtmäßigen mykenischen Könige bildeten und den in Kapitel 4 beschriebenen Kriegerhorden nicht ganz unähnlich waren, die auf einigen polynesischen Inseln nach deren Sturz an die Stelle der rechtmäßigen Häuptlinge getreten sind. Auf einen Abglanz der fernen Vergangenheit erhoben sie aber in mehreren Hinsichten trotzdem Anspruch. Der Begriff *anax*, der sich vom mykenischen *wanax* herleitete, was „größer König" bedeutete, blieb, wie gesagt, bei Homer erhalten, wo er, wenngleich auf problematische Weise, für Agamemnon und Priamos sowie gelegentlich für andere griechische Anführer verwendet wurde, und der Begriff *basileus*, der zur Zeit von Mykene bei

---

26 Siehe insbesondere die Arbeiten von Ian Morris, wie *Archaeology as Cultural History*.

27 Die bündigste Beschreibung des griechischen Adels findet sich in Louis Gernet, „The Nobility in Ancient Greece", in: ders., *Anthrophology of Ancient Greece*, 279–288.

bestimmten Arten von Würdenträgern Anwendung fand, wurde von Homer und Hesiod als Sammelbegriff für Anführer gebraucht, wies aber über die reine Zuschreibung von Gewalt hinaus weiterhin einen gewissen Grad von Rechtmäßigkeit auf. Hesiod, dessen Text für gewöhnlich auf die Zeit um 700 v. u. Z. datiert wird, unterscheidet zwischen guten *basileis*, die im Einklang mit *themis*, dem Gewohnheitsrecht, handeln und durch natürliche Fruchtbarkeit zum Wohlstand sowie zur sozialen Harmonie beitragen, und schlechten *basileis*, die Dürrezeiten und Hungersnöte sowie soziale Unruhen verursachen. Auf diese Weise stehen sie, wenn auch in abgeschwächter Form, für das bei großen Häuptlingen und archaischen Königen herrschende Verhältnis zwischen Diesseits und Götterwelt. Es überrascht nicht, dass sie häufig auch als Priester fungierten. In Athen wurde ein Erbpriester als *basileus* bezeichnet, obwohl seine religiöse Bedeutung nicht besonders groß war und er überhaupt keine politische Macht besaß.

Selbst wenn die meisten griechischen Poleis vor dem Aufkommen der Demokratie im fünften Jahrhundert von Adelsgruppen regiert wurden, die sogar auch danach noch häufig die Führung der demokratischen oder quasidemokratischen Poleis stellten, sollten wir ihre Macht, ihren Zusammenhalt bzw. ihre Geschlossenheit gegenüber anderen Gruppen nicht überbetonen. Sie waren Grundbesitzer, aber im Vergleich etwa zur Senatorenklasse in Rom keine Großgrundbesitzer. Sowohl in Bezug auf ihr Herrschaftsgebiet als auch auf ihre Bevölkerungszahl waren die Poleis selbst ziemlich klein, nur wenige ließen sich als Städte bezeichnen. Die größte Polis Athen hatte in ihrer Hochzeit nicht mehr als 250.000 Einwohner. Der Anteil der für landwirtschaftliche Arbeiten herangezogenen Sklaven ist umstritten, aber es scheint nicht sehr wahrscheinlich zu sein, dass griechische Adlige jemals ausgedehnte Sklavenbestände besessen haben. Die adligen Familien hatten Klienten im Sinne von Schutzbefohlenen und Pächter, die sich aber selten auf eine große Zahl beliefen.

Von großer Bedeutung ist die Tatsache, dass die Adligen keinesfalls eine zusammenhängende Gruppe darstellten: Sie betrachteten sich untereinander als gleichrangig und widersetzten sich der Herrschaft einer bestimmten Familie. Sie wetteiferten um Vortrefflichkeit und schufen gewissermaßen die athletische Kultur, die wir noch heute kennen und in der dem Gewinnen enorme Bedeutung zukam. Doch den Versuchen einer Familie, die Polis zu beherrschen, widersetzten sich andere adlige Familien, anfänglich sogar stärker als nichtadlige Familien.

Obwohl der Adel die treibende Kraft hinter der Schaffung der Polis war, wie wir sie aus dem achten Jahrhundert kennen, übernahm er auch die Führung bei der Schaffung der panhellenischen Kultur und Institutionen.[28] Die Angehörigen der Adelsfamilien buhlten zwar in ihren eigenen Poleis ständig um Macht, waren aber auch häufig außer Landes, um Gastfreundschaften mit Adelsfamilien in anderen Teilen Griechenlands zu pflegen sowie Ehen mit solchen Familien einzugehen. Die Tyrannen, die vor allem im sechsten Jahrhundert in der Regel kurz über eine Reihe von Poleis herrschten, waren Adlige, die im Volk Unterstützung gegen ihre Mitadligen mobilisierten, aber auch ihre Freunde und Verwandten im Ausland zu Hilfe riefen, um mit Gewalt die Macht zu übernehmen. Ihr Mangel an kultureller Legitimität und der Unmut, den sie sowohl unter Adligen als auch im gewöhnlichen Volk hervorriefen, sorgten gemeinsam dafür, dass ihre Herrschaft relativ kurz war: Keiner von ihnen schuf eine dauerhafte Monarchie.

Die griechische Auffassung von Statushierarchie war komplex, doch weil sie den Rahmen für die kulturellen Neuerungen in Griechenland bildete, müssen wir versuchen, sie zu verstehen. Auf der höchsten Stufe standen die unsterblichen Götter. Im heroischen Zeitalter waren sie Verbindungen mit Sterblichen eingegangen und die Kinder, die daraus hervorgingen, begründeten häufig Adelsgeschlechter, auch wenn die Tage, als Götter und Menschen miteinander verkehrten, lange vorbei waren und die wichtigste Unterscheidung von allen wahrscheinlich zwischen Sterblichen und Unsterblichen bestand. Trotzdem hat Sarpedon zu Glaukos gesagt: „alle blicken auf uns wie [unsterbliche] Götter." Große Männer – Anführer in Krieg und Frieden, bedeutende Dichter, weise Männer – konnten „göttergleich" genannt werden, obwohl die Vorstellung von göttlicher Elternschaft im Gegensatz zu göttlicher Herkunft in Griechenland nicht vor Alexander unter ausländischem Einfluss wiederaufkam. Doch selbst die Kinder aus göttlich-menschlichen Verbindungen waren sterblich, und es

[28] Die panhellenische Kultur dürfte zu dem zählen, was gemeinhin „Zivilisation" genannt wird, ein Kulturraum mit mehreren Staaten, in dem in allen Teilgebieten Überzeugungen und Praktiken geteilt werden, die diese Teilgebiete von benachbarten „Zivilisationen" unterscheiden. Norman Yoffee, der sich auf die frühe mesopotamische Zivilisation in Sumer bezieht (mit der wir uns in Kapitel 5 dieses Buches auseinandergesetzt haben), betont, dass das „zivilisatorische" Gedankengut eine Vorstellung davon enthält, wie jeder „Teilstaat" sein sollte. Siehe sein Buch *Myths of the Archaic State: Evolution of the Earliest Cities, States, and Civilizations*, Cambridge: Cambridge University Press, 2005, 17. Im Falle Griechenlands war die Polis, in der ein starker Glaube an ihre Autonomie herrschte und schon die unterschwellige Vorstellung, an die in Sumer geglaubt wurde, Zentralisierung sei wünschenswert, fehlte, als politisches Gebilde Teil der panhellenischen Zivilisation. Yoffee stellt außerdem fest, dass Zivilisationen oft zu einem erheblichen Teil durch Fernhandel und Geschenkaustausch von Eliten begründet werden, wie es in Griechenland der Fall gewesen zu sein scheint.

war die menschliche Sterblichkeit, welche die große Kluft zwischen Göttern und Menschen schuf.

Die Unterscheidung zwischen Unsterblichen und Sterblichen lieferte eine Schablone dafür, wie die Adligen (*agathoi*, die Guten) das Demos (*kakoi*, die Gemeinen) betrachteten, der Adel verschloss sich neuen Mitgliedern aber zu keiner Zeit, und Wohlstand konnte binnen kurzer Zeit zum Adelsstand führen. Allerdings konnten die Bürger, zu denen sowohl die Adligen als auch das Volk gehörten, sich für radikal anders als eine andere Gruppe halten, nämlich die Sklaven. Ausmaß und Grad der Sklaverei im alten Griechenland sind umstritten, doch Sklaven waren dadurch definiert, dass sie im Gegensatz zu Bürgern unfrei waren. Orlando Patterson hat überzeugende Gründe dafür angeführt, dass der in Griechenland und später für die abendländische Zivilisation so zentrale Gedanke der Freiheit als solcher nur im Kontrast zum unfreien Status der Sklaven verständlich war; das heißt, dass eine Gesellschaft ohne Sklaven jene besondere Vorstellung von Freiheit nicht entwickelt hätte.[29] Möglicherweise machte die drastische Ungleichheit zwischen Unsterblichen und Sterblichen es den Griechen leichter, den Unterschied zwischen Sklaven und Freien unhinterfragt zu akzeptieren. Denn man könnte die Götter dadurch charakterisieren, dass sie eine Art Hyperfreiheit genossen, weil sie frei von vielen menschlichen Einschränkungen waren, besonders von Sterblichkeit. Im Verhältnis zu den Göttern ließen sich sogar freie Menschen als Sklaven betrachten.

Es gab noch weitere Statusunterschiede. Anders als Rom war keine griechische Stadt bereit, ihr Bürgerrecht auf Außenstehende auszuweiten, sodass dort ansässige Ausländer besonders in einer so großen Handelsstadt wie Athen zwar eine nennenswerte, oftmals reiche Gruppe darstellten, aber keine politischen Rechte besaßen. Und natürlich waren auch Frauen von der politischen Teilhabe ausgeschlossen, obwohl sie in der Mythologie, im Drama und gelegentlich sogar in der Philosophie eine bedeutende Rolle spielten. An vielen Ritualen, welche die Polis in ungewöhnlichem Maße definierten, waren sie allerdings vollwertige Teilnehmerinnen, sodass man sagen kann, sie waren kultbezogene, wenngleich keine politischen Bürgerinnen.[30] Und die weise und kriegerische Schutzgottheit

---

[29] Orlando Patterson, *Slavery and Social Death: A Comparative Study*, Cambridge, Mass.: Harvard University Press, 1982; und ders., *Freedom*, Bd. 1: *Freedom in the Making of Western Culture*, New York: Basic Books, 1991.

[30] In seinem Buch *Athenian Religion: A History*, Oxford: Oxford University Press, 1996, spricht Robert Parker davon, dass die griechischen Frauen „kultbezogene Bürgerrechte“ genossen (80). Außerdem schreibt er: „obwohl die meisten politischen Rechte fehlen, sind die [athenischen] Frauen Bürgerinnen“, was Religion anbelangt (4). Mehrere wichtige Feste waren auf weibliche Teilnehmerinnen beschränkt.

von Athen war natürlich die Göttin Athene, die diesbezüglich nicht allein war: Hera war zum Beispiel die Göttin von Argos und Samos.

Nachdem wir eine Ahnung davon vermittelt haben, wie die griechische Gesellschaft in den ersten Jahrhunderten nach der Renaissance im achten Jahrhundert ausgesehen hat, stellt sich unweigerlich die Frage, warum so viele neue Entwicklungen im achten Jahrhundert eingetreten sind. Bei der Beantwortung dieser Frage ist es wichtig, in Erinnerung zu behalten, dass das frühe Griechenland, dessen geografische Fläche sich zumindest von 1200 bis 600 v. u. Z. ständig änderte, genauso wie vorher die mykenische Zivilisation Teil des „Orients" war. „Europa" gab es noch nicht. Als die Archäologen entdeckten, dass die Ortschaft Lefkandi auf Euböa ab dem Jahr 900, wenn nicht früher, ein bedeutendes Handelszentrum gewesen ist, ging es dabei um Handel mit dem Vorderen Orient.[31] Die Griechen, die sich vor oder nach dem Jahr 1000 v. u. Z. an der Westküste Anatoliens niedergelassen hatten, standen in ständigem Kontakt mit Völkern, die östlich von ihnen lebten, und es ist kein Zufall, wie es so schön heißt, dass diese Ortschaften, wie etwa Miletus, in der frühesten Phase die vorderste Front der kulturellen Neuerungen bildeten. So wird zum Beispiel überliefert, dass Homer von der Insel Chios vor der anatolischen Küste kommt. Doch statt die Griechen, wie die Gelehrten im 19. Jahrhundert es der Tendenz nach getan haben, für Indo-Europäer zu halten, die vom Orient „beeinflusst" oder sogar bis zu einem gewissen Grad „orientalisiert" wurden, sollten wir sie von der mykenischen Zeit an als unauslöschlichen, an dessen westlicher Peripherie gelegenen Teil „des Orients" betrachten, der erst allmählich eine eigenständige Zivilisation ausgebildet hat. In dieser Hinsicht stehen sie in engerer Parallele zum alten Israel, als wir gewöhnlich denken.

Wenn wir also vom Dunklen Zeitalter Griechenlands sprechen, sollten wir uns darüber im Klaren sein, dass die Jahrhunderte von 1200 bis 800 in einem Großteil des Vorderen Orients außerhalb der mesopotamischen und ägyptischen Kerngebiete dunkel waren. Von 1200 bis 900 ist Palästina genauso undurchsichtig wie Griechenland. Wenn man bei den frühen Israeliten von „Retribalisierung" sprechen kann, dann kann man das auch bei den Griechen des Dunklen Zeitalters: Beides waren Reaktionen auf den Zusammenbruch der großen bronzezeitlichen Palastkulturen im zweiten Jahrtausend v. u. Z. Kurz vor 800 rüttelte dann der Aufstieg einer neuartigen, leistungsstarken Militärmacht die gesamte Region wach: Das war das

---

[31] M. R. Popham und L. H. Sackett, *Lefkandi I, the Iron Age: The Settlement and the Cemeteries*, London: Thames and Hudson, 1979, Ergänzungsband 11, British School of Archaeology at Athens.

Neuassyrische Reich (934–610 v. u. Z.), das im späten neunten und im achten Jahrhundert das Mittelmeer erreichte und für die Geschichte des alten Israel eine bedeutende Rolle spielte, wie wir gesehen haben. Anders als im Fall Israels war die Einwirkung Assyriens auf Griechenland indirekt, aber sie war trotzdem stark.

Der assyrische Einfluss auf die Griechen wurde in erster Linie durch die Phönizier vermittelt, obwohl auch einige Königtümer im Landesinnern von Anatolien daran beteiligt gewesen sein könnten. Die zunehmenden Tributforderungen der Assyrer, insbesondere in Form von Metallen, aber auch einer Vielzahl von anderen Gütern, in Verbindung mit dem Wunsch, ihrer unmittelbaren Kontrolle zu entkommen, trieb die Phönizier in die äußersten Winkel des Mittelmeerraums, was zur Gründung von Karthago im Jahr 814 v. u. Z., aber auch vieler anderer Städte in Nordafrika, auf Sizilien, in Italien und Spanien führte. Auf Zypern, Kreta und möglicherweise auch an anderen Orten kamen die Phönizier mit den Griechen in Kontakt, was diese auf ganz verschiedene Weisen stimulierte (die Griechen übernahmen im achten Jahrhundert ihr Alphabet von den Phöniziern), ihnen aber vor allem einen Markt für eine Vielzahl von Gütern eröffnete, für die letzten Endes bei den Assyrern eine Nachfrage bestand. Mogens Larsen hat vom „großen assyrischen Staubsauger“ gesprochen.[32] Dieser „Staubsauger“ versetzte sowohl die Phönizier als auch die Griechen in Bewegung, doch nachdem sie erst einmal begonnen hatte, verselbstständigte sich diese Bewegung. Von etwa 750 bis 600 eiferten die Griechen den Phöniziern nach, indem sie Außenposten an allen Mittelmeer- und Schwarzmeerküsten errichteten.[33]

Bemerkenswert an diesem im achten Jahrhundert in Griechenland einsetzenden Aktivitätsschub ist, dass die wachsende kulturelle Einheit[34] (die

[32] Zitiert von Nicholas Purcell in: „Mobility and the *Polis*“, in: *The Greek City: From Homer to Alexander*, hrsg. v. Oswyn Murray und Simon Price, Oxford: Oxford University Press, 1990, 38.

[33] Einen (nicht unumstrittenen) Versuch, die ökonomische Basis des Wandels im achten Jahrhundert zu charakterisieren, unternimmt David W. Tandy in seinem Buch *Warriors into Traders: The Power of the Market in Early Greece*, Berkeley: California University Press, 1997. Die Knappheit der Belege aus dem achten Jahrhundert lässt eine Vielzahl von Interpretationsmöglichkeiten zu.

[34] Zu einem zugegebenermaßen sehr viel späteren Zeitpunkt und im Zusammenhang mit dem athenischen Widerstand gegen die persische Invasion definiert Herodot die kulturelle Identität Griechenlands wie folgt: „das Griechentum, das gleichen Blutes und gleicher Sprache mit uns ist, die Göttertempel, die uns gemeinsam sind, sowie die Opfer und Sitten, die bei uns allen von einer Art sind.“ Herodot, *Historien* 8.144, übers. v. Eberhard Richtsteig, München: Goldmann, 1961. Auffallend ist, dass eine gemeinsame politische Ordnung nicht genannt wird.

sich über die lokale Heterogenität legte, sie aber nie ersetzte) nicht mit politischer Einheit einherging: Die zunehmende Zahl der Poleis bewahrte ihre Autonomie mit so großer Zähigkeit, dass die griechische Expansion bloß im metaphorischen Sinne als Kolonisierung bezeichnet werden kann. Die neu gegründeten Poleis empfanden nur eine gefühlsmäßige Bindung an ihre Herkunftsstädte, politisch waren sie von ihnen unabhängig. Gesellschaften, die in einem Sinne, den wir gleich untersuchen werden, politisch primitiv waren, wurden in kultureller Hinsicht immer fortschrittlicher. Für diesen früharchaischen Zeitraum wird der Begriff „orientalisieren" am häufigsten gebraucht, obwohl ich versucht habe anzudeuten, dass Griechenland vom zweiten Jahrtausend an ein Teil der vorderorientalischen Oikumene gewesen ist und den Kontakt zu ihr nie verloren hat, wie die Ausgrabungen in Lefkandi zeigen.[35] Wir haben es hier eindeutig nicht mit einem Entweder-Oder zu tun: dass die Griechen nämlich entweder einsame, abgeschottete Neuerer waren oder alles aus Asien und Afrika übernahmen, ganz im Gegenteil: Sie waren tatsächlich Neuerer – dies ist das Thema dieses Kapitels –, aber sie hätten niemals das erreicht, was sie erreicht haben, wenn sie abgeschottete, kleine und retribalisierte Gesellschaften gewesen wären. Ein Großteil dessen, was an ihnen bemerkenswert ist, rührt von der Tatsache her, dass sie kosmopolitische, kleine und retribalisierte Gesellschaften gewesen sind, die einerseits in sich geschlossen, aber andererseits offen für die große weite Welt waren.

Ich habe die frühgriechische Gesellschaft als „am Rang orientiert" beschrieben, weil sie zwischen Adligen und gewöhnlichem Volk unterschied (bis ins siebte oder sogar sechste Jahrhundert v. u. Z. gab es wahrscheinlich wenige Sklaven, aber der Unterschied zwischen Sklaven und Freien war schärfer als der zwischen Adligen und gemeinem Volk). Dennoch wurde von frühester Zeit an der Stolz eines selbsternannten Adels durch einen starken Sinn für Egalitarismus und die Vorstellung wieder aufgewogen, dass alle freien Bürger ein vollwertiger Teil der Gesellschaft waren. Unsere frühesten Texte von Homer und Hesiod belegen das Vorhandensein eines Rangsystems in der frühgriechischen Gesellschaft, aber auch dessen Brüchigkeit. Die *Ilias* ist als „konservativ", ja sogar „reaktionär" bezeichnet worden, eine einfache Lobrede auf den griechischen Adel ist sie aber kaum. Von Anfang an läuft bei den Aristokraten etwas gewaltig schief. Nach

---

[35] Siehe Walter Burkert, *Die orientalisierende Epoche in der griechischen Religion und Literatur,* Heidelberg: Winter, 1984; und ders., *Die Griechen und der Orient: Von Homer bis zu den Magiern*, München: Beck, 2003. Natürlich verschwand die gemeinsame kulturelle Welt nicht nach der archaischen Zeit: Griechenland lernte weiterhin von den Gesellschaften im Osten, und diese wiederum von Griechenland.

Ansicht von Richard Martin ist Achill die Figur, mit der sich der Dichter identifiziert und durch die er Agamemnon und damit indirekt die bestehende griechische Führungshierarchie schonungslos kritisiert.[36] Achill wirft Agamemnon Selbstsüchtigkeit vor, weil er mehr einstreiche, als er verdiene und das Kämpfen im eigentlichen Sinne anderen überlasse. In den Augen von Peter Rose spiegelt sich im Konflikt der beiden die Abwehr einer älteren Kultur, die Verdienste honoriert (Achill), gegen eine neuere Kultur, die auf materiellem Reichtum beruht (Agamemnon), wider.[37] Obwohl „Homer" sich Martin und Rose zufolge eher auf die Seite von Achill schlägt, wird Achill kaum als untadeliger Held dargestellt. Wenn irrationale Wut ihn überkommt, spiegeln sich in ihm keineswegs die Tugenden der griechischen Aristokraten wider. Und wenn er zu Patroklos sagt, er wünsche sich, dass alle trojanischen und griechischen Krieger sterben und nur sie beide überleben würden, zeigt sich, dass er noch selbstsüchtiger ist als Agamemnon.[38]

Wie die Griechen politisch organisiert waren, wird in der *Ilias* nicht im Entferntesten deutlich, aber bei wichtigen Anlässen musste eine Versammlung aller Truppen einberufen werden. Normalerweise sprachen nur die Anführer, und der eine Anlass, bei dem jemand aus dem gemeinen Volk das Wort ergreift (Thersites, ein wirklicher *kakos*, der nicht nur Schmähreden hält, sondern auch hässlich und körperlich entstellt ist), um gleich darauf von Odysseus geschlagen und erniedrigt zu werden, wird häufig als Beispiel für Homers Voreingenommenheit für die Aristokratie genannt. Man sollte jedoch nicht vergessen, dass Thersites gestattet wird, seine Rede zu beenden – aus dem Text geht hervor, dass er nicht zum ersten Mal das Wort ergriffen hat –, und dass seine Ausführungen mit ihrer scharfen Kritik an Agamemnons an Feigheit grenzender Selbstsüchtigkeit inhaltlich der Position von Achill sehr ähnlich waren. Der Zwischenfall mit Thersites ist also ein zweischneidiges Schwert und nicht so „reaktionär", wie er auf den ersten Blick erscheint.

Unser anderer ganz früher Autor, Hesiod, ergreift eindeutig nicht für die Aristokratie Partei. Die nostalgischen Gefühle, die er für den guten *basileus* hegt, haben wir bereits erwähnt, aber besonders in *Werke und Tage* werden die *baslileis* seiner eigenen Zeit, die wiederum eher Anführer

---

[36] Richard P. Martin, *The Language of Heroes: Speech and Performance in the Iliad*, Ithaca: Cornell University Press, 1989.

[37] Peter W. Rose, *Sons of the Gods, Children of the Earth: Ideology and Literary Form in Ancient Greece*, Ithaca: Cornell University Press, 1992.

[38] Für jemanden wie mich, der viel Zeit damit verbracht hat, sich mit Japan zu beschäftigen, ist das Fehlen einer ausdrücklichen Loyalität zwischen Anführern und Anhängern in einer Kriegerkultur geradezu schockierend.

als Könige sind, einer gnadenlosen Kritik unterworfen, und Hesiods Brandmarkung von deren Unterdrückung der Armen kann es mit der seines Beinahe-Zeitgenossen Amos aufnehmen. Diejenigen, die von den selbsternannten Guten *(agathoi)* als wertlos *(kakoi)* hingestellt wurden, hielten sich selbst eher für die Mitte *(mesoi)* – kleine Landbesitzer, die mit der Truppe kämpfen konnten und nicht bereit waren, sich von irgendjemandem beleidigen zu lassen. Vom Standpunkt der *mesoi* aus mussten die *agathoi* sich ihre Privilegien verdienen, Beleidigungen von ihrer Seite waren nicht hinnehmbar.[39] Die Stellung der *thetes*, die nicht über Grundbesitz verfügten, war geringer, aber die Grenzlinie zwischen ihnen und den ärmsten Landbesitzern war durchlässig und über ihren Anspruch auf Würde – der nicht so laut zu vernehmen war wie der der *mesoi* – wurde letzten Endes nicht hinweggesehen.[40] Die Mitglieder der im achten Jahrhundert entstehenden Polis konnten sich also als Gemeinschaft *(koinomia)* verstehen, die trotz Statusunterschieden aus politisch gleichberechtigten Personen *(homoioi)* bestand. Diese Situation erlaubt Ian Morris folgende bemerkenswerte Behauptung:

> „Ich werde die These vertreten, dass die Griechen im achten Jahrhundert ein radikal neues Staatsverständnis entwickelten, das keinerlei Parallelen zu irgend-

---

[39] Eine ausführliche Darstellung der *mesoi* und ihrer Bedeutung für die frühe griechische Gesellschaft nimmt Victor Davis Hanson in *The Other Greeks: The Family Farm and the Agrarian Roots of Western Civilization*, Berkeley: University of California Press, 1995, vor. Hanson hat einen grundsätzlichen Einwand gegen den Begriff „Bauer" [peasant], der in seinen Augen auf einen Grad von Abhängigkeit und Unterwürfigkeit hindeutet, den diejenigen, die er lieber „kleine Landbesitzer" [farmer] nennt, nicht aufweisen. Siehe auch: Ian Morris, „The Strong Principle of Equality and the Archaic Origins of Greek Democracy", in: *Dēmokratia: A Conversation on Democracies, Ancient and Modern*, hrsg. v. Josiah Ober und Charles Hedrick, Princeton: Princeton University Press, 1996, 19–48. Morris erörtert in *Archaeology as Cultural History: Words and Things in Iron Age Greece*, Malden, Mass.: Blackwell, 2000, Kap. 5, „Antithetical Cultures", 155–191, den anhaltenden Konflikt zwischen dem Gedanken der Mitte bzw. der Mäßigung und dem Elite-Gedanken. Er glaubt, dass sich der Elite-Gedanke gegen 500 v. u. Z. größtenteils verflüchtigt hatte und der Gedanke der Mäßigung die Vorherrschaft übernommen hat. Die Entstehung einer „konservativen" Kritik an der griechischen Demokratie im vierten Jahrhundert beruhte weitgehend auf Prinzipien, die ursprünglich Teil des Gedankens der Mitte waren.

[40] Josiah Ober verwendet den Begriff „Würde" zur näheren Beschreibung der Bürger der athenischen Demokratie; siehe Josiah Ober, *The Athenian Revolution: Essays on Ancient Greek Democracy and Political Theory*, Princeton: Princeton University Press, 1996, 87. Er übernimmt sein Verständnis des Begriffs von Charles Taylor, „Die Politik der Anerkennung", in: ders., *Multikulturalismus und die Politik der Anerkennung*, übers. v. Reinhard Kaiser, Frankfurt: Suhrkamp, 2009 [1994], 11–68.

> einer anderen komplexen Gesellschaft aufweist. Die Griechen haben die Politik erfunden und politische Beziehungen zum Kern der Staatsform gemacht, die sie als Polis bezeichneten. Das Wesen der idealen Polis bestand in der Identität der Bürger mit dem Staat selbst. Daraus folgten zwei wichtige Dinge: Erstens war die Quelle aller Autorität in der Gemeinschaft angesiedelt, die als ganze oder in Teilen durch offene Diskussionen verbindliche Entscheidungen traf. Die zweite Folge war, dass die Polis die Definition des Staates als zentralisiertes Gewaltmonopol zu einer Tautologie machte; die Gewalt war in der Bürgerschaft als ganzer angesiedelt, stehende Heere oder Polizeitruppen waren nahezu unbekannt. Die Befugnisse der Polis galten vollumfänglich: Die Einzelpersonen verfügten über keine natürlichen, von höherer Stelle sanktionierten Rechte; Macht kam politisch zum Ausdruck, und es gab keine Autorität jenseits der Polis [...] Natürlich kam es in der Praxis zu Widersprüchen zwischen der Pluralität der Gesellschaft der Bürger und der Einheit des Staates, aber der Gegensatz der idealen Polis als einer politischen Gemeinschaft von Bürgern zu den Staatsidealen im alten Mesoamerika, Mesopotamien, ja sogar China könnte kaum größer sein. Die Ethik der Polis bestand nachgerade in einem staatenlosen Staat, der von den Interessen aller herrschenden Klassen unabhängig war, weil er mit der Bürgerschaft zusammenfiel. Die Bürger *waren* der Staat."[41]

Wenn die Bürger der Staat waren, stellt das natürlich den Sinn des „Staates" als solchen in Frage. Diese Situation hat Runciman zu der Behauptung veranlasst, die Polis sei kein „city-state", also Stadtstaat, sondern ein „citizen-state", ein Bürger-Staat gewesen, in dem die Bürger tatsächlich den Staat bildeten, und zwar aus Runcimans Perspektive einen zerbrechlichen und letztlich nicht lebensfähigen Staat.[42] Paul Cartledge hat diese Situation zu der Bemerkung veranlasst, dass „die altgriechischen Poleis – teilweise mit Ausnahme von Sparta – eigentlich ‚staatenlose politische Gemeinschaften'" gewesen seien.[43] Und Christian Meier zitiert schließlich Thukydides, der gesagt hat, dass für die Griechen „die Männer die *polis* waren", und vertritt sowohl die These, dass die Polis ein Stadtstaat gewesen sei, als auch, dass schon dieser Gedanke den Begriff des Staates als solchen in Frage stelle: „Hier hatte sich keine Staatlichkeit in einem aus der Gesellschaft herausgehobenen Zentrum und dessen Institutionen befestigen können."[44]

---

41 Ian Morris, *Burial and Ancient Society*, Cambridge: Cambridge University Press, 1987, 2–3. Kursivierung im Original.

42 W. G. Runciman, „Doomed to Extinction: The *Polis* as an Evolutionary Dead-End", in: Murray und Price, *The Greek City*, 347.

43 Paul Cartledge, „Comparatively Equal", in: Ober und Hedrick, *Dēmokratia*, 182.

44 Christian Meier, *Die Entstehung des Politischen bei den Griechen*, Frankfurt: Suhrkamp, 1980, 41, siehe auch 253: „Das war aufs engste damit verknüpft, daß für die Griechen *die Männer die Polis* waren. Unmittelbar in ihnen, nicht in einer herausgehobenen Staatlichkeit wurzelte das Gemeinwesen."

Doch wenn wir die Aussage, „die Bürger *waren* der Staat“, wörtlich nehmen, dann muss die Versammlung (prinzipiell) aller Bürger das Regierungsorgan gewesen sein.[45] So wie ich ihn verstehe, geht es Morris darum, dass es eine solche Versammlung im achten Jahrhundert tatsächlich schon gegeben hat und nicht zu übersehen war, dass sie aber nicht wirklich regiert hat, weil das eine sehr viel frühere Entstehung der Demokratie bedeuten würde, als Morris und andere Spezialisten annehmen. Die frühen Poleis wurden von Adligengruppen regiert (Oligarchien), die aber stets auf die ausdrückliche oder stillschweigende Zustimmung der Versammlung angewiesen blieben. Dadurch wurden die Bürger schon in dieser frühen Zeit (achtes bis fünftes Jahrhundert v. u. Z.) zum Staat. Morris sieht im Laufe dieser Jahrhunderte in den meisten Poleis eine Tendenz zu einer immer stärkeren Beteiligung der ganzen Bürgerschaft.[46] Athen machte im achten Jahrhundert einen bemerkenswerten Anfang, kehrte daraufhin zwar während eines Großteils des siebten Jahrhunderts zu alten oligarchischen Mustern zurück, wurde dann aber unter der Führung von Solon im frühen sechsten Jahrhundert der ersten von mehreren bedeutenden Reformen unterzogen, über die unten mehr zu sagen sein wird.

Obwohl in den meisten Poleis Versammlungen die Teilhabe des Volkes gewährleisteten, war Demokratie im eigentlichen Sinne eine späte und relativ seltene Errungenschaft. Von adligen Familien ausgeübte oligarchische Herrschaft war die vorherrschende Regierungsform, aber mit Ausnahme von Sparta waren diese Oligarchien schwach, porös und instabil. Tyrannenherrschaften, deren Kurzlebigkeit wir bereits erwähnt haben, dienten

---

[45] Kriegerversammlungen und Stadtversammlungen sind aus vielen Teilen der Welt bekannt: Siehe, zum Beispiel, Yoffee, *Myths*, unter *assemblies* im Register. Es stellt sich die Frage, ob die Versammlungen in der Polis ursprünglich Kriegerversammlungen und erst später Versammlungen aller (erwachsenen männlichen) Bürger gewesen sind. Jean-Pierre Vernant meint, dass es zuerst Kriegerversammlungen gab, die sich dann in Bürgerversammlungen verwandelt haben. Das Kapitel „Der Krieg der Städte“ in seinem Buch *Mythos und Gesellschaft im alten Griechenland*, übers. v. Horst Brühmann, Frankfurt: Suhrkamp, 1987 [1974], endet mit der Behauptung: „zwar ist die Armee nichts anderes als die Stadt selbst; aber die Stadt selbst ist auch nichts anderes als eine Truppe von Kriegern“ (52). Die Belege bei Homer ergeben kein klares Bild: In der *Ilias* gibt es Kriegerversammlungen und in der *Odyssee* eine Bürgerversammlung auf Ithaka. In verschiedenen der oben angeführten Werke nimmt Morris offenbar an, dass im achten Jahrhundert die Einbeziehung nicht-adliger Bürger zunehmend gefordert und umgesetzt wurde – wobei es nicht auf den Kriegerstatus ankam. Obwohl Versammlungen in der Geschichte nicht selten sind – insbesondere in Häuptlingstümern und frühen Staaten –, ist außer Griechenland kein Fall bekannt, in dem sie die Monarchie als vorrangige Regierungsform ersetzt haben.

[46] Morris, *Archaeology as Cultural History*, insbesondere Kapitel 4.

häufig eher der Einbeziehung der bis dahin Ausgeschlossenen als der Errichtung einer starken zentralen Kontrolle. Kurz gesagt, kann das erstmals im achten Jahrhundert erkennbare, seltene und bemerkenswerte Phänomen der griechischen Demokratie seine erste vollständige Entwicklung nur von der Polis aus, im Athen des fünften Jahrhunderts genommen haben. Bisher haben wir die frühgriechische Gesellschaft vor allem strukturell betrachtet; um sie angemessen zu verstehen, müssen wir ihre kulturellen, ja sogar religiösen Dimensionen berücksichtigen.

Dichtung und ihr ritueller Kontext

Ich habe Texte wie die von Homer und Hesiod als Informationsquellen benutzt, was sie durchaus sind; wir müssen aber auch bedenken, um was für eine Art von Texten es sich dabei handelt: Sie sind zunächst einmal Versdichtungen. Besonders bei längeren Werken sind solche Dichtungen in oralen Kulturen üblich, weil sich Verse leichter auswendig lernen lassen als Prosa. Es gibt kaum jemanden, der bestreiten würde, dass die uns heute vorliegenden Texte von Homer das schriftliche Ergebnis einer langen mündlichen Rezitationsgeschichte sind. Es lohnt nicht, darüber zu streiten, welche Auswirkungen Schriftlichkeit auf sie hatte – wahrscheinlich wurden sie bei ihrer Niederschrift bis zu einem gewissen Grad bewusst umformuliert –, aber Spuren von Oralität lassen sich leicht in ihnen ausmachen. Zudem waren Hesiods Lehrgedichte, obwohl mehrheitlich angenommen wird, dass er sie selbst niedergeschrieben hat, eindeutig zum Rezitieren gedacht und könnten zunächst mündlich abgefasst worden sein. „Barden" werden bereits von Homer – Demodokus in der *Odyssee* – als Darbietende [*performers*] in rituellen oder halbrituellen Situationen beschrieben. Im sechsten Jahrhundert wurden *Ilias* und *Odyssee* im Rahmen von wichtigen Festen als Ganzes in Athen „aufgeführt" [*performed*]. Aufführen bzw. Darbieten [*performance*] verweist in diesem Fall auf den mimetischen Charakter des Geschehens: Der Barde war ein Schauspieler, der die Geschichten, die er erzählte, vor seinem Publikum Wirklichkeit werden ließ. Den Dichter könnte man als „Sänger" bezeichnen, und auch wenn die homerischen Gedichte wahrscheinlich nicht gesungen wurden, könnten sie möglicherweise skandiert worden sein, was die Rhythmik der Texte betonte.[47]

---

[47] In ihrem Buch *Literacy and Orality in Ancient Greece*, Cambridge: Cambridge University Press, 1992, schreibt Rosalind Thomas über Homer, dass er „seine Dichtung laut einem Publikum vorsingt" (4). Ferner schreibt sie, dass die Darbietung des homerischen Rhapsoden, obwohl sie ohne musikalische Begleitung erfolgte, „eher als

Doch woraus bestanden die Erzählungen inhaltlich? Im Rahmen unserer Analyse der kulturellen Evolution im Anschluss an Merlin Donald haben wir Mythisches weitgehend mit Narrativem gleichgesetzt: Mythen sind Geschichten, wie das griechische Wort *mythos* besagt, auf das unser Wort zurückgeht. Doch wie wir von Wladimir Propp, Claude Lévi-Strauss und anderen wissen, begeben Geschichten sich in hohem Maße auf Wanderschaft: Dieselben Geschichten können in vielen verschiedenen Kulturen auftreten, und einige von ihnen finden nahezu weltweite Verbreitung. Es besteht keine Veranlassung, in solchen Geschichten nach einem endgültigen Sinn zu suchen: Erst die Art ihrer Verwendung in bestimmten Gesellschaften zu bestimmten Zeiten macht aus ihnen tatsächlich Mythen für diese Gesellschaften. Deshalb ist Walter Burkerts Definition sinnvoll: *„Mythen sind traditionelle Erzählungen, die sich sekundär und partiell auf etwas von kollektiver Bedeutsamkeit beziehen.“*[48] Erst anwendungsbezogen wirkt die Erzählung als Mythos. Weiter können wir eine problematische, aber signifikante Unterscheidung vornehmen zwischen Erzählungen über mächtige Wesen oder Götter und ihre Interaktionen mit Menschen im Gegensatz zu Erzählungen über das, was Menschen in der Vergangenheit getan haben, das heißt zwischen „Mythos“ und „Geschichtsschreibung“ im engeren Sinne. Ich setze die Begriffe in Anführungszeichen, weil sie sich nur analytisch unterscheiden lassen – in der Praxis überlappen sie sich in einem fort.[49]

So wie Homer und Hesiod sich mit Mythen im weiteren und im engeren Sinne befassen, teilen sie auch eine vielen frühen Dichtern gemeinsame Autoritätsquelle – die am Ende zu einer Konvention wurde, in der Frühzeit aber ernst genommen werden muss –, dass nämlich die Dichtung von Zeus' Töchtern stammte, den Musen, die ihrerseits Göttinnen waren. Von daher stellten solche Texte zwar keine „Offenbarungen“, bestimmt aber „Einhauchungen“ dar. Im scharfen Gegensatz zu den hebräischen Schrif-

---

‚Skandieren' zu beschreiben ist denn als einfaches Rezitieren“, und sie zitiert Platons *Ion* 535b-e. Die Stelle zeige, dass der Rhapsode nicht nur Kostüm und Gebärden benutze, sondern an entscheidenden Momenten der Narration so von Emotionen überwältigt werde, dass er wie besessen wirke und das Publikum zu einer ähnlichen Emotion bewege (118). Dies deutet auf einen stark mimetischen Aspekt der homerischen Darbietungen hin.

[48] Walter Burkert, *Structure and History in Greek Mythology and Ritual*, Berkeley: University of California Press, 1979, 23, Kursivierung im Original.

[49] Zum Argument, dass Geschichtsschreibung und „Mythos“ sich hier unvermeidlich überlappen, siehe William McNeill, *Mythistory and Other Essays*, Chicago: University of Chicago Press, 1986.

ten ist das, was die Musen offenbaren, jedoch nicht unbedingt zuverlässig. Am Anfang seiner *Theogonie* sagen die Musen zu Hesiod:

> „Hirten vom Felde, ihr feiges Gesindel, einzig nur Bäuche!
> Leicht ist es uns, viel Trug zu verkünden, als wäre es Wahrheit,
> leicht auch, wenn wir nur wollen, reine Wahrheit zu sagen."[50]

Der Dichter selbst weiß vielleicht, was wahr ist und was nicht, aber er schweigt sich darüber aus. Hesiod (und möglicherweise auch Homer?) wendet sich an „die Weisen". Er mag nicht immer leicht zu verstehen sein, vielleicht ist eine Deutung erforderlich. In dieser Hinsicht teilt die Dichtung eine Eigenschaft mit den bekanntermaßen mehrdeutigen und interpretationsbedürftigen Orakeln, die in Delphi entgegengenommen werden und deren Deutung sogar gefährlich ist, weil eine falsche Interpretation verheerende Folgen haben kann. In seinem Buch *Les Maîtres de vérité dans la Grèce archaïque* hat Marcel Detienne uns daran erinnert, dass *aletheia* (Wahrheit) und *apate* (Täuschung) in diesen Texten nicht positivistisch, das heißt als einfacher Gegensatz zu verstehen sind. Die Wahrheit kann verschleiert sein, die Täuschung zweckdienlich für die Wahrheitsfindung. Wir haben es hier mit wirkungsvoller, nicht mit überprüfbarer Rede zu tun.[51]

Noch lange Zeit, nachdem Schrift gebräuchlich wurde, war poetische Rede performativ, ja sogar kreativ; man könnte sagen, sie schuf ihre eigene „Wahrheit". Mit Sicherheit schuf sie eine Welt. In seinem Buch *Preface to Plato* hat Eric Havelock in dem Sinne von einer „homerischen Enzyklopädie" gesprochen, dass Homer alles aus der mündlichen Überlieferung Wissenswerte wiedergegeben hat.[52] Und Jenny Strauss Clay spricht davon, dass die beiden homerischen Epen über eine Art „Totalität" verfügen; sie zitiert Gregory Nagy mit den Worten: „Gemeinsam gelingt es *Ilias* und *Odyssee*, etwas von praktisch allem einzubeziehen und zu orchestrieren, was man einst vom heroischen Zeitalter für bewahrenswert gehalten hat."[53] Obwohl sich in der von Havelock so genannten homerischen En-

[50] Zeilen 26–28, übers. Hallof, 4.

[51] Marcel Detienne, *The Masters of Truth in Archaic Greece*, übers. v. Janet Lloyd, New York: Zone Books, 1996 [1967], 52, wo er von „performativer Wahrheit" spricht, und 89–106.

[52] Eric A. Havelock, *Preface to Plato*, Cambridge, Mass.: Harvard University Press, 1963, 61–86. Siehe auch ders., *The Greek Concept of Justice: From Its Shadow in Homer to Its Substance in Plato*, Cambridge, Mass.: Harvard University Press, 1978, 106–122.

[53] Jenny Strauss Clay, *The Wrath of Athena: Gods and Men in the Odyssey*, Princeton: Princeton University Press, 1983, 244. Sie zitiert Gregory Nagy, *The Best of the Achaeans: Concepts of the Hero in Archaic Greek Poetry*, Baltimore: Johns

zyklopädie so gut wie jede Art von Wissen findet, war das am wichtigsten, was Homer zum „Lehrer Griechenlands“ machte, nämlich die Lebensform, die sie beschrieb, die *paideia* (Erziehung, Kultur, Bildung [i. O. dt.]), für die sie ein Modell schuf. Diese rief Platons Feindschaft auf den Plan, worin sich eine spätestens mit Xenophanes (spätes sechstes, frühes fünftes Jahrhundert) einsetzende Kritiklinie an Homer fortsetzte, denn Platon wollte Homer ersetzen und Sokrates zum Lehrer Griechenlands machen.

Eine Beschreibung des Kerns der Lehren aus der Dichtung findet Havelock bei Hesiod. Was die Musen in den Zeilen 66–67 der *Theogonie* durch die Dichter gelehrt haben, lässt sich inhaltlich folgendermaßen übersetzen:

> „tanzend rühmen sie laut Gesetze und sorgende Obacht
> aller Götter, sie lassen gar liebliche Lieder entströmen.“

Die erste Zeile enthält die Wörter *nomoi* und *ethea*, die Havelock zufolge auch mit „Gewohnheitsrechten“ und „Volkssitten“ übersetzbar sind.[54]

Wo bei Hesiod die Betonung relativ ausdrücklich auf den *nomoi* und *ethea* liegt, geht Homer, bei dem das Wort *nomoi* (oder seine Singularform *nomos*) nicht vorkommt,[55] indirekter vor. Seine Schilderung einer moralischen Welt, in der sowohl die Götter als auch die Menschen manchmal schlecht und manchmal gut handeln, ist den Mythensystemen der Stammesgesellschaften und archaischen Gesellschaften näher. Obwohl die Form bei Homer und Hesiod weiterhin in erster Linie mythisch ist, kommt in ihnen nicht bloß „Herrschaftsideologie“ zum Ausdruck. Aus der Perspektive der „Mitte“ ist Hesiod dem Adel gegenüber ziemlich kritisch eingestellt, aber auch Homer ist recht kritisch: In der *Ilias* sind weder Agamemnon noch Achill, ja noch nicht einmal die Götter uneingeschränkt bewunderungswürdig; und in der *Odyssee* werden die Freier als Repräsentanten des Adels von Ithaka und ihrer Nachbarinseln nahezu uneingeschränkt als verabscheuenswert dargestellt. In dem Maße, wie Hesiod ex-

---

Hopkins University Press, 1979, 18. Clays Buch war für meine Fragestellung aufschlussreich. Obwohl sie sich nicht für den sozialen Kontext interessiert und sich auf eine textnahe Lektüre („close reading“) beschränkt, war es hilfreich, dass sie in jedem Text, den sie untersuchte, ihr Augenmerk auf die frühgriechische Theologie gelegt hat. Außer ihrer oben genannten Arbeit zu Homer hat sie in *The Politics of Olympus: Form and Meaning in the Homeric Hymns,* Princeton: Princeton University Press, 1989, über die homerischen Hymnen geschrieben und über Hesiod in *Hesiod's Cosmos*, Cambridge: Cambridge University Press, 2003.

[54] Havelock, *Preface,* 62. Es sei daran erinnert, dass der Titel von Platons letztem großen Werk in der politischen Philosophie, *Gesetze,* auf Griechisch *Nomoi* lautet.

[55] Obwohl das gleichwurzelige Verb *nemein* vorkommt und sich als bedeutsam erweisen wird, wie wir unten sehen werden.

plizit und Homer implizit der bestehenden Gesellschaft kritisch gegenüberstehen und nahelegen, dass diese anders sein könnte, als sie ist, deutet sich in diesen frühesten griechischen Texten bereits Achsenzeitlichlichkeit an.[56]

Bisher haben wir die Form und den Inhalt der frühesten griechischen Texte berücksichtigt, die aus der vorher zur Gänze mündlichen Überlieferung hervorgegangen sind. Insofern wir betont haben, dass diese Texte aufgeführt bzw. dargeboten [*performed*] wurden, haben wir sie bereits in einen mimetischen / rituellen Kontext gestellt. Jetzt müssen wir uns mit dem religiösen Wandel befassen, der erfolgte, als diese Texte erstmals niedergeschrieben wurden, und der ihren weiteren Kontext darstellt. Ein solcher Kontext ist das Opferritual, das zentrale Bedeutung hat und normalerweise nur in archaischen Gesellschaften vorkommt, wie wir festgestellt haben. In der Welt Griechenlands sind Opferungen ein alter Brauch und sie sind wahrscheinlich eine der Besonderheiten, die sie mit dem vorderorientalischen Großraum gemeinsam hat, von dem sie ein Teil war. Schlichte Opferaltare lassen sich in Griechenland bis weit zurück ins Dunkle Zeitalter finden, wobei es sich möglicherweise um die Fortsetzung mykenischen Brauchtums handelte. Vermutlich wurden diese Altare anlässlich von Hochzeiten, Begräbnissen oder an Tagen, die der Anbetung einer bestimmten Gottheit dienten, vom Führer-Priester des adligen Haushalts (*oikos)* für Opferungen verwendet, an denen die Mitglieder des *oikos* sowie deren Angehörige und Gäste teilnahmen (bei Homer gibt es Beispiele für solche Opferfeste).[57]

---

[56] Ob diese Texte „kritischer" sind als einige der Texte, die sich in vielen vor-achsenzeitlichen Gesellschaften finden, ist eine offene Frage. Kurt A. Raaflaub wagt die Behauptung, dass in Griechenland der Übergang in die Achsenzeit bereits bei Homer stattgefunden habe: Siehe seinen Aufsatz „Polis, ‚the Political,' and Political Thought: New Departures in Ancient Greece, c. 800–500 BCE", in: *Axial Civilizations and World History,* hrsg. v. Johann P. Arnason et al., Leiden: Brill, 2005, 253–283. Aber Raaflaub verwechselt politisches Denken mit politischer Theorie, die sich erst im späten fünften bzw. frühen vierten Jahrhundert herausbildet, dem Zeitpunkt des Übergangs in die Achsenzeit in Griechenland, wie wir sehen werden. Seine Sichtweise des frühen politischen Denkens in Griechenland hat Raaflaub in „Poets, Lawgivers, and the Beginnings of Political Reflection in Archaic Greece" weiterentwickelt, in: *The Cambridge History of Greek and Roman Political Thought*", hrsg. v. Christopher Rowe und Malcolm Schofield, Cambridge: Cambridge University Press, 2000, 23–59.

[57] In seinem Buch *Money and the Early Greek Mind: Homer, Philosophy, Tragedy,* Cambridge: Cambridge University Press, 2004, 52, weist Richard Seaford jedoch darauf hin, dass die griechische Opfergabe, obwohl sie immer einem Gott geweiht war, ein gemeinschaftliches Ereignis war, bei dem das Fleisch unter den Teilnehmenden verteilt wurde und nur die Knochen und das Fett für den Gott verbrannt wurden, anders als sonst in Mesopotamien üblich war, wo das Opfer hauptsächlich dem Gott geweiht war und nur der König oder die Priester daran teilhaben konnten.

Das achte Jahrhundert erlebt Veränderungen der religiösen Praxis, die mit politischen Veränderungen korrelieren (und in gewissem Sinne mit ihnen identisch sind?), die wir bereits festgestellt haben. Richard Seaford schreibt: „Ausgrabungen haben gezeigt, dass es in verschiedenen Teilen der griechischen Welt im achten Jahrhundert zu einer starken Zunahme von Phänomenen kam, die mit der frühen Entwicklung der Polis zusammenhingen, insbesondere die Entstehung monumentaler Tempelanlagen und die sowohl in qualitativer wie in quantitativer Hinsicht massive Zunahme von Weihegaben in den öffentlichen Heiligtümern. Deutlich geworden ist auch, dass zusätzlich zur Aufbewahrung reicher Weihegaben eine weitere wichtige Funktion dieser frühen Tempel in Opferfesten bestand."[58] Abgesehen vom *oikos*-Opfer finden sich bei Homer Belege für Opferfeste unter Kriegergruppen, auf denen die gleiche Beteiligung aller im Vordergrund stand. Doch ab dem achten Jahrhundert scheinen Tieropfer zu einem zentralen und bestimmenden Ritual der Polis als solcher zu werden. Seaford schreibt: „Solidarität und Zusammenhalt kommt in der Polis durch Tieropfer zum Ausdruck, bei denen das (bei Homer anzutreffende) Prinzip der gleichen Verteilung nach wie vor einen starken Faktor darstellt. *Volle Bürgerschaftlichkeit und die Berechtigung, am Opfermahl teilzunehmen, scheinen ein und dasselbe zu sein.*"[59] Auch dies erinnert uns daran, dass wir es beim archaischen Griechenland mit einer Welt zu tun haben, in der unsere normale Unterscheidung von verschiedenen Sphären, in diesem Fall von Religion und Politik, schlicht und einfach nicht greift. Bei etwas, das nie getrennt war, können wir nicht von einer „Verschmelzung" sprechen.

Auf ein weiteres Beispiel für dieses Prinzip deutet Seafords Argument hin, dass das Wort *nomos*, das Havelock oben mit „Gewohnheitsrecht" übersetzt hatte, sich vom Verb *nemein*, „verteilen", herleitete, weshalb *nomos* „Verteilung und folglich Verteilungsprinzip" bedeutete. Wie wir festgestellt haben, kommt *nomos* bei Homer nicht vor, wohl aber *nemein*, das fast immer in der Bedeutung des Verteilens von Speisen oder Getränken verwendet wird. Seaford schreibt weiter: „Sogar bei der Verteilung des städtischen Raums kann die Begrifflichkeit der Aufteilung eines Tieres verwendet werden." Er fährt fort, dass von den acht Stellen, an denen das Wort *nomos* bei Hesiod vorkommt, sich zwei auf Opferungen beziehen. Und er schließt mit den Worten, dass das für das ethische Denken des

---

58 Ebd., 53.

59 Ebd., 49, meine Hervorhebung. Weil das in griechischen Städten unter römischer Herrschaft noch immer so war, ist es klar, warum die Weigerung der Christen, an öffentlichen Opferfeiern teilzunehmen oder Opferfleisch zu essen (Christen hatten ihre eigenen Opfer), für sie einen Platz außerhalb der Grenzen der bürgerschaftlichen Gemeinschaft zur Folge hatte.

antiken Griechenlands so zentrale Wort *nomos* „in der weitverbreiteten [...] Praxis der Verteilung von *Fleisch* seinen Ursprung hatte“.[60]

Für den vorliegenden Zusammenhang besonders interessant ist, dass sich im frühen Griechenland in dem in den meisten archaischen Gesellschaften so eng mit hierarchischer Autorität verbundenen Opfer insofern das politische System widerspiegelt, als es zwar auf den Gott ausgerichtet ist, aber außerdem auf die Gemeinschaft als Ganze und nicht auf einen Herrscher oder Priester. Im Grunde genommen kann in den meisten Fällen jeder ein Opfer vornehmen – Priester, geschweige denn Könige haben darauf kein Monopol. In den griechischen Opferfesten, die den eigentlichen Kern altgriechischer Religiosität bilden, kommt also derselbe egalitäre Geist zum Ausdruck wie in der politischen Struktur des „Bürger-Staats“, und in religiöser Hinsicht ist das genauso ungewöhnlich wie der Bürger-Staat in politischer Hinsicht.

So wie egalitäre Opferungen (quasi ein Oxymoron) aus Griechenland einen ausgesprochen untypischen Fall machen, verhält es sich auch mit der Tatsache, dass die griechische Religion in gewissem Sinne priesterlos war. Walter Burkert schreibt: „Man könnte die griechische Religion geradezu eine Religion ohne Priester nennen: es gibt keinen Priesterstand als geschlossene Gruppe mit fester Tradition, Ausbildung, Weihe und Hierarchie [...] Der Gott läßt prinzipiell jeden zu, der nur den Nomos respektiert – d.h. der lokalen Gemeinschaft sich einzuordnen willens ist.“[61] Natürlich musste jemand für Opferungen und andere Rituale zuständig sein. Was Griechenland einzigartig macht, ist, dass jeder Bürger diesen Dienst verrichten konnte. Zaidman und Pantel beschreiben, wie „Priester“ (und bezeichnenderweise „Priesterinnen“) ausgewählt wurden:

> „Das Priesteramt funktioniert in den meisten Fällen wie eine Magistratur der Polis, und die Priester üben eine Amtsautorität aus, die jener der Beamten entspricht, die im Bereich der Gesetzgebung, Rechtsprechung sowie Finanz- oder Militärverwaltung tätig sind. [...] Diese Nähe zum Status der Beamten zeigt sich bereits in den Modalitäten der Wahl der Priester. Die meisten Priesterämter sind einjährig wie die Ämter der Polis und werden wie diese ausgelost. Ebenso wie diese enden auch sie mit einer Rechenschaftsablegung. [...] Wie die Magistra-

---

[60] Ebd., 49–50, Kursivierung im Original. Seafords Ausführungen in *Money and the Early Greek Mind* fassen die reichhaltige Erörterung dieser Fragen in seinem Buch *Reciprocity and Ritual: Homer and Tragedy in the Developing City-State*, Oxford: Oxford University Press, 1994, zusammen und erweitern sie.

[61] Walter Burkert, *Griechische Religion der archaischen und klassischen Epoche*, Stuttgart: Kohlhammer, 1977, 157, schreibt „geradezu ohne Priester“, denn es gab einige letzte Reste eines Erbpriestertums, von denen vielleicht das Priesteramt von Eleusis das bedeutendste war.

turen, so stehen auch die Priesterämter allen Bürgern offen und bleiben den Metöken und Fremden verschlossen."[62]

Dass die religiösen Würdenträger in das System bürgerschaftlicher Autorität integriert waren, ist freilich keineswegs ein Zeichen für die Randständigkeit des religiösen Lebens, im Gegenteil: Die immer häufiger um die Opferfeste herum organisierten Festlichkeiten waren zentrale Ausdrucksformen des Selbstverständnisses und der Solidarität der Polis. Es gab so viele verschiedene griechische Feste, dass hier der Platz fehlt, um sie detailliert zu beschreiben, doch ein paar hervorstechende Merkmale müssen Erwähnung finden. Wichtig für die meisten Feste waren die Prozessionen, *pompe*, die zu dem Heiligtum führten, an dem die Opferungen stattfinden sollten, aber auch für sich genommen von Bedeutung waren.[63] Die Prozessionen konnten an den Stadttoren, ja sogar an den Grenzen der Polis beginnen und sich einem Heiligtum in der Stadtmitte nähern oder umgekehrt in der Stadtmitte beginnen und an einem abgelegenen Heiligtum enden. Der Prozessionszug selbst setzte sich aus Personen zusammen, die am meisten mit dem Ritual zu tun hatten, es handelte sich aber um ausgesprochen öffentliche Ereignisse, die große Mengen an Schaulustigen anzogen. Weil auf einer bestimmten Ebene die ganze Stadt beteiligt war, konnten die Prozessionen die am tiefsten gehenden Spaltungen innerhalb der griechischen Gesellschaft zumindest vorübergehend überwinden: Als Schaulustige konnten Frauen, wenn sie nicht ohnehin schon zu den zentralen Akteuren gehörten, wie es in einigen wichtigen Ritualen der Fall war, Sklaven, in Griechenland ansässige Ausländer und Kinder an der festlichen Stimmung teilhaben.

Eine besonders wichtige Art von Fest waren die Kampffestspiele, die aus einer Prozession, einem Opfer, einem Wettkampf *(agon)* und einem Festessen bestanden.[64] Wettkämpfe im Zusammenhang mit Ritualen gab es von den frühesten uns bekannten Zeiten an. Bei den Leichenspielen für Patroklos unter der Patenschaft von Achill fanden eine Reihe von Wettkämpfen und Rennen statt, deren Gewinner von Achill mit Preisen ausgezeichnet wurden (*Ilias* 23). Wie wir bereits festgestellt haben, waren die Olympischen Spiele Teil eines großen Festes für Zeus. Allerdings handelte

---

62 Louise Bruit Zaidman und Pauline Schmitt Pantel, *Die Religion der Griechen: Kult und Mythos*, übers. v. Andreas Wittenburg, München: Beck, 1994 [1989], 50.

63 Über Prozessionen, siehe Burkert, *Griechische Religionen der archaischen und klassischen Epoche,* 163–166.

64 Siehe den Artikel „Festivals" in: *The Oxford Classical Dictionary,* 3. rev. Aufl., hrsg. v. Simon Hornblower und Antony Spawforth, Oxford: Oxford University Press, 2003, 593.

es sich nicht notwendig allein um athletische Wettkämpfe. Wettkämpfe unter Einzelsängern oder Chören, Instrumententalmusikern, Rhapsoden (Homer-Rezitatoren) und schließlich Dramatikern waren weitverbreitet. Häufig repräsentierten die Wettkämpfer verschiedene Gruppen innerhalb der Stadt (oder natürlich verschiedene Städte bei den panhellenischen Festspielen) und konnten so Rivalität und Gruppenfeindschaften zum Ausdruck bringen, während sie die Gruppensolidarität von neuem bekräftigten. Verwandtengruppen, lokale Gruppen und verschiedene Arten von Vereinigungen hatten alle ihre eigenen Feste, an denen in erster Linie ihre eigenen Mitglieder beteiligt waren.

Politische / Religiöse Reformen im Athen des sechsten Jahrhunderts

Geografisch gesehen, war Athen nach Sparta die größte griechische Polis, aber Spartas Größe verdankte sich der Tatsache, dass es von Heloten bewohnte Regionen umfasste, die keine Bürger waren und aufgrund des Unterwerfungszustands, in dem sie sich befanden, immer potenzielle Rebellen darstellten, wohingegen die Athener nicht nur in der Stadt, sondern auch in den Ortschaften, Dörfern und in der Landschaft von Attika ausschließlich aus ausgewiesenen Bürgern bestanden. Deshalb war Athen im Hinblick auf die Bürgerpopulation schon früh die größte Polis. Trotzdem hinkte Athen im siebten Jahrhundert hinterher, wie wir gesehen haben, als aufsehenerregende kulturelle Fortschritte anderswo vonstattengingen – zum Beispiel in Ionien und auf Sizilien. Kulturell und politisch „hinterherzuhinken“ hieß nicht, ökonomisch hinterherzuhinken, und es war der ökonomische Fortschritt, der zu Spannungen zwischen Arm und Reich, Grundherren und Pächtern führte, welche die Solidarität innerhalb der Polis als solcher zu gefährden begannen. In diesem Kontext wird die Wichtigkeit der Rolle von Solon verständlich, der im Jahr 594–593 oberster Richter war und bedeutende soziale und religiöse Veränderungen in die Wege leitete. Obwohl wir über einen Großteil dessen verfügen, was viele für Solons authentische Dichtung halten, wurde er später zu einer solchen Zentralfigur für das Selbstverständnis der Athener, dass wir uns nicht immer sicher sein können, was er tatsächlich getan hat und was ihm als einem halbmythischen Neubegründer der Stadt bloß zugeschrieben wurde. Zur Zeit von Solon begann Athens Aufstieg zur gesamtgriechischen Kulturmetropole. Das heißt nicht, dass wichtige Dinge nicht auch anderswo geschahen; doch zunehmend neigten herausragende Vertreter aller Fachgebiete dazu, Athen zu besuchen oder sich dort sogar niederzulassen.

Damit er die Polis reformieren konnte, sollen Solon für begrenzte Zeit quasi diktatorische Vollmachten erteilt worden sein, und diese religiös-politischen Reformen werden uns hier beschäftigen. Doch später wurde Solon auch noch als einer der griechischen „Sieben Weisen" des frühen sechsten Jahrhunderts betrachtet, und Weisheit war auch für seine Rolle als Reformer wesentlich. Nachdem wir die politischen und religiösen Veränderungen im sechsten und fünften Jahrhundert verfolgt haben, werden wir auf die Frage der Weisheit und ihrer Transformationen von Solons Zeit bis ins vierte Jahrhundert zurückkommen.

Solon, der adliger Abstammung, aber nicht übermäßig reich war, verortete sich „zwischen" Aristokraten und den mittleren [*middling*] und unteren Klassen. Ihm ging es in seinen Reformen nicht darum, die bestehenden sozialen Übereinkünfte über den Haufen zu werfen, sondern darum, jeder Gruppe das zu geben, was ihr gebührte – kurz gesagt, ging es ihm vor allem um Gerechtigkeit, *dike*, und Zeus war der Garant der Gerechtigkeit. Meier nennt Solons Sichtweise eine „dritte Position", die versuche, die Positionen der Adligen und des gemeinen Volks zum Zwecke der Schaffung einer für alle gerechten und fairen Polis zu vereinbaren.[65] In der Praxis bedeutete dies den Versuch, die herrschende Gruppe zu zügeln und den Niedriggestellten im politischen Leben eine größere Rolle einzuräumen. Solon werden wichtige Gesetze zugeschrieben, wie etwa die Streichung aller Schulden und das Verbot der Schuldsklaverei. Es heißt, Solon ordnete sogar die Rückkehr der aufgrund ihrer Schulden versklavten Athener an, die außer Landes verbracht worden waren. Solche Maßnahmen verfolgten eindeutig die Absicht, die Unterdrückung der Armen durch die Reichen einzudämmen, aber Solon wusste, dass nur ein Bewusstseinswandel diese Reformen auf Dauer stellen würde. In seiner Dichtung war er zugleich Prediger und Politiker, insofern er den Wohlhabenden empfahl, aus ziviler Höflichkeit ihre Gier zu zügeln, ihnen und/oder ihren Nachkommen aber auch mit Verderbnis *(ate)* drohte, wenn sie gegen die Zeus'sche Gerechtigkeit *(dike)* verstießen.[66]

Genau wie bei den anhaltenden, auf die wirtschaftlichen Verhältnisse zurückgehenden Spannungen zwischen Adel und Mittelschicht [*middling*], die Solon versucht hat anzugehen, bestand eine mehr als nur geringfügig zu nennende Spannung zwischen den Ritualen, die unter der Patenschaft der adligen Haushalte *(oikos)* und den Ritualen, die unter der Patenschaft der

---

[65] Meier, *Die Entstehung des Politischen bei den Griechen,* 89–90.

[66] Was mein Verständnis dieses Aspekts von Solons Lehre angeht, so bin ich einem unveröffentlichten Aufsatz von Timothy Doran zu Dank verpflichtet: „*Ate*, Antisocial Behavior, and Polis Building in Solon's Political and Poetical Efforts", 2005.

ganzen Stadt stattfanden. Denn der adlige *oikos* stellte nicht nur einen potenziellen patrimonialen Staat im Wartestand und damit stets auch eine latente Bedrohung für die Bürger-Stadt dar, sondern durch das Vorhandensein mehrerer solcher *oikoi* in derselben Polis entstand auch die gar nicht so selten eintretende Möglichkeit von bürgerschaftlicher Gewalt. In der Gruppe, welcher der Verstorbene angehörte, lösten Begräbnisse starke Empfindungen aus, was zu Gewalttätigkeiten gegenüber rivalisierenden Lagern führen konnte. In diesem Zusammenhang wurden die Zahl der Teilnehmer und die Art der Aktivitäten, mit denen solche Begräbnisse einhergehen konnten, durch die Solon, aber auch frühen Gesetzgebern in anderen Städten zugeschriebenen Gesetze streng begrenzt. Seaford legt nahe, dass es zwar für diese Gesetze viele Beweggründe gegeben habe, ein wichtiger aber immerhin darin bestanden habe, die Macht der adligen Familien zu beschneiden und ihre Gewaltbereitschaft zu verringern. Dass solche Gesetze die Einrichtung von sich über die ganze Stadt erstreckenden Begräbnissen oder Gedenkritualen für die Kriegstoten nach sich zogen, können wir als Zeichen dafür ansehen, dass die Stadt ihren Vorrang gegenüber den adligen Haushalten behauptete. Außerdem gab es Gesetze gegen übermäßig aufwändige Hochzeiten innerhalb des Adels, und es wurden Feste für junge Frauen geschaffen, auf denen in gewissem Maße kollektiv das zum Ausdruck kam, was sonst eine rein haushaltsinterne Feierlichkeit gewesen wäre.[67] Genauso wie Solon die privaten Rituale der Adligen eingeschränkt haben soll, schreibt eine spätere Überlieferung ihm den ersten übergreifenden Ritualkalender für die Stadt als Ganze zu.[68]

Obwohl Solons Vorbildlichkeit sich tief ins Bewusstsein der Athener eingrub – Christian Meier bezeichnet ihn als „erste[n] […] Bürger" Athens und Eric Voegelin nennt ihn „die bedeutendste Einzelpersönlichkeit in der hellenischen Politik" –, gelang es ihm offensichtlich nicht, die Probleme zu lösen, die der Stadt zusetzten.[69] Die Rivalität der großen Familien und der Ausschluss der Mittelschicht [*middling*] setzten sich fort, sodass die Athener sich schließlich Mitte des sechsten Jahrhunderts trotz heftigster Beden-

---

67 Seaford, *Reciprocity and Ritual*, 74–114.

68 Siehe Parker, *Athenian Religion*, 43–55.

69 Christian Meier, *Athen: Ein Neubeginn der Weltgeschichte*, Berlin: Siedler, 1993, 84. Meier fährt fort: „Er wollte zwar mehr leisten, aber nichts anderes, nichts Besseres sein als die andern." Eric Voegelin, *Die Welt der Polis*, Band 5 von *Ordnung und Geschichte*, München: Fink, 2003, 55. Und bei Voegelin heißt es weiter: „[Solon] schuf den Typus des Gesetzgebers, den *nomothetes* im klassischen Sinn, nicht nur für Hellas, sondern als Modell für die Menschheit. […] Die Eunomia, die er in der Polis schuf, war die Eunomia seiner Seele. In seiner Person entstand der Prototyp des geistigen Staatsmannes."

ken von Seiten Solons mit dem Tyrannen Peisistratos abfanden. Nach zwei vergeblichen Versuchen, die Macht zu erringen, dauerte die Peisistratos-Tyrannis von 547 bis zu seinem Tod im Jahr 528; die Tyrannenherrschaft seiner Söhne wurde schließlich im Jahr 510 zu Fall gebracht. Wie in anderen Fällen gelangte Peisistratos als Lösung für anderenfalls unlösbare Probleme an die Macht. Obwohl er in späteren Zeiten einen sehr schlechten Ruf genoss, weitete er die Privilegien auf die unteren Schichten aus und arbeitete er hart an der Errichtung eines bürgerschaftlichen Stadtbilds, indem er sich für Feste einsetzte und den Ausbau der Akropolis vorantrieb. Zwei Söhne folgten ihm nach, von denen der zweite sich zum Despoten entwickelt zu haben scheint, was den Widerstand gegen ihn verstärkte und zum Sturz der Tyrannis führte. In gewissem Sinne untergrub das Ausmaß, in dem Peisistratos die Interessen des gemeinen Volkes förderte und es zur Identifikation mit der Stadt ermutigte, allerdings das Grundprinzip des Despotismus als solches, sodass es nicht lange dauerte, bis noch umfangreichere Reformen als die von Solon die Stadt immer weiter in die Richtung einer radikalen Demokratie rückten.

Obwohl schon der Name von Athen auf die spezielle Gottheit der Stadt verweist, war Athene eine allgemein anerkannte Göttin, die an vielen Orten verehrt wurde. Desungeachtet hatte Athene große Bedeutung für Athen, und diese Bedeutung wuchs merklich, als ihr Tempel auf der Akropolis im sechsten Jahrhundert an Größe und Pracht gewann. Die Panathenäen, deren Ursprünge im Dunkeln liegen, die aber schon in der Frühzeit zu den großen Festen Athens gehörten, wurden in der ersten Hälfte des sechsten Jahrhunderts (kurz vor oder kurz nach der Peisistratos-Tyrannis, die Datierung ist unsicher) zu den Großen Panathenäen erweitert – das heißt alle vier Jahre umfassten die Panathenäen zusätzlich athletische Wettkämpfe, die den Olympischen Spielen ähnelten, neben anderen Wettbewerben, zu denen in der Zeit von Peisistratos' Sohn Hipparchos auch dreitägige Rezitationen der gesamten *Ilias* und *Odyssee* gehörten. Mit diesen Festen sollte nicht nur für alle Athener die Größe von Athene gefeiert werden, sondern sie sollten auch ein panhellenisches Publikum ansprechen.

Ein bemerkenswertes Ereignis ist als Hinweis darauf interpretiert worden, wie wichtig Athene für die Athener war. Herodot (1.60) berichtet, dass Peisistratos beim zweiten Versuch, in Athen eine Tyrannis zu errichten (ca. 556 v. u. Z., die Datierung ist umstritten), veranlasste, dass eine große und schöne Frau sich als vollgerüstete Athene verkleidete und auf einem Streitwagen in die Stadt einfuhr, während Herolde verkündeten, sie sei Athene und rufe alle Athener dazu auf, Peisistratos als ihren Führer anzuerkennen. Die List funktionierte, und Herodot lässt sich über die Leichtgläubigkeit der Athener aus, die angeblich die intelligentesten Griechen waren. Rebecca Sinos hat jedoch darauf hingewiesen, dass das Anführen einer Heldenprozession durch Athene eine lange Tradition hatte und dass die Athener gar nicht geglaubt hätten, dass die Frau, die Athene darstellte, wirklich die Göttin war, sondern bei einem Schauspiel mitmachten, das ihnen gefiel. Besonders gerne wollten sie glauben, dass Athene nicht nur Peisistratos, sondern das Volk von Athen für eine heldenhafte Rolle ausgewählt hatte. Sinos stellt fest, dass dies in der späteren Geschichte Athens ein wiederkehrendes Motiv darstellte.[70] Dies ist ein bemerkenswertes Beispiel, denn wenn Sinos' Interpretation stimmt, dann fühlten sich die Athener über einen längeren Zeitraum von Athene „auserwählt", und durch dieses Gefühl des Auserwähltseins waren sie stolzer und selbstbewusster als die Bürger vieler anderer griechischer Städte. Sollte Athene die Athener wirklich „auserwählt" haben, dann war sie keine eifersüchtige Göttin. Anscheinend machte es ihr nichts aus, dass ihr auserwähltes Volk so viele andere Götter anbetete. Von der großen Zahl, die sich diesbezüglich anführen ließe, sollten wir uns besonders mit Dionysos befassen.

Es gehört zum Mythos von Dionysos, dass er ein Außenstehender war, der in historischer Zeit aus dem Ausland, Thrakien oder Phrygien, gekommen war. Genauso wie die alten Griechen haben die modernen Gelehrten so lange dazu geneigt, diesen Teil der Geschichte als historisch wahr anzuerkennen, bis der Name von Dionysos in den Texten der Linearschrift B mehrmals unter den mykenischen Göttern auftauchte. Dionysos ist also ein sehr alter griechischer Gott, aber er kommt „immer" aus dem Ausland. Er war sehr wichtig für Athen, wo ihm eine Reihe von Festen gewidmet wurde, einige von ihnen schon sehr früh. Robert Connor hat die zunehmende Anbetung von Dionysos im Athen des sechsten Jahrhunderts als eine Art von religiöser Vorbereitung auf die Herausbildung der griechischen Demokratie im Zuge der um 508–507 einsetzenden Reformen von Kleisthenes verstanden.[71] Connor behandelt die dionysischen *thiasōtai* (Bruderschaften) als eine der vielen Formen von ehrenamtlichen Vereinigungen, die im sechsten Jahrhundert in Athen so etwas wie eine „Zivilgesellschaft" bildeten – Vereinigungen, die sich in gewissem Grade selbst ver-

---

[70] Rebecca H. Sinos, „Divine Selection: Epiphany and Politics in Archaic Greece", in: *Cultural Poetics in Archaic Greece: Cult, Performance, Politics*, hrsg. v. Carol Dougherty und Leslie Kurke, New York: Oxford University Press, 1998, 73–91. Parker findet diese Auffassung plausibel (*Athenian Religion,* 83–84).

[71] W. Robert Connor, „Civil Society, Dionysiac Festival, and the Athenian Democracy", in: Ober und Hedrick, *Dēmokratia*, 217–226. Eine ausführlichere Auseinandersetzung mit Kleisthenes' Reformen findet sich bei Meier, *Die Entstehung des Politischen bei den Griechen*, 91–143.

walteten und die Praxis von Diskussionen und Entscheidungsfindungen in der Gruppe pflegten. In Kombination mit dem Geist der dionysischen Religion legte die in solchen Vereinigungen entwickelte soziale Praxis in Connors Augen einen maßgeblichen Grundstein für die demokratischen Reformen, die Kleisthenes vorantrieb, aber nicht begründet haben kann.

Die Strukturreformen, die Kleisthenes bzw. das Volk von Athen unter seiner Führung vornahm, sind zu komplex, um sie hier in allen Einzelheiten zu beschreiben. Die Feststellung möge genügen, dass diese Reformen einen Teil der Uneinigkeit überwanden, die für das Athen der Frühzeit charakteristisch gewesen war, und dass sie die Teilhabe des gemeinen Volks an der Regierung der Polis ausweiteten. Für unsere Zwecke ist von Bedeutung, dass diese politischen Veränderungen als eine Art Teilaspekt mit einem allgemeinen Wandel einhergingen, der in gleichem Maße religiös wie politisch war. Und als diese religiöse Seite des Wandels bezeichnet Connor die zunehmende Bedeutung der dionysischen Religion.

Der Mythos von Dionysos ist komplex und mehrdeutig, ja eigentlich zwiespältig, insofern er über eine dunkle und eine fröhliche Seite verfügt, aber einer seiner Schwerpunkte besteht darin, dass ein Außenseitergott in die Stadt kommt und sie auf den Kopf stellt, was zur Vernichtung derjenigen führt, die gegen ihn sind, aber auch zu neuer Solidarität unter denjenigen, die ihn akzeptieren.

Er überschreitet Grenzen, um einen im derzeitigen Diskurs gängigen Ausdruck zu verwenden, ein Grenzgänger ist er allemal, aber auch integrativ, das Symbol einer neuen Gemeinschaft.[72] Connor glaubt, die Anbetung

---

[72] Es sei daran erinnert, dass sich in Platons *Gesetzen* Dionysos und Apollon die Ehre teilen, mit den Menschen zur Erholung von ihrem Elend Götterfeste zu feiern (653d), und dass beim Singen und Tanzen im Chor, das für die Erziehung der Kinder zentral ist, sich aber in der idealen Stadt über die gesamten Lebensspanne fortsetzt, Apollon und Dionysos zum Singen der Hymnen anleiten (665b). In der *Geburt der Tragödie* betrachtete Nietzsche Apollon und Dionysos nicht nur als wechselseitige Ergänzung, sondern er beschreibt auch, wie dionysische Rituale zu einem Gefühl von Verbundenheit und Gemeinschaft führen. Wesentlich für die Wirkung, die durch dionysische Rituale hervorgerufen wird, ist Nietzsche zufolge die Musik. Es ist auf die Macht der Musik zurückzuführen, was er im Folgenden beschreibt: „Jetzt ist der Sclave freier Mann, jetzt zerbrechen alle die starren, feindseligen Abgrenzungen, die Noth, Willkür oder ‚freche Mode' zwischen den Menschen festgesetzt haben. Jetzt, bei dem Evangelium der Weltenharmonie, fühlt sich jeder mit seinem Nächsten nicht nur vereinigt, versöhnt, verschmolzen, sondern eins, als ob der Schleier der Maja zerrissen wäre und nur noch in Fetzen vor dem geheimnisvollen Ur-Einen herumflattere. Singend und tanzend äussert sich der Mensch als Mitglied einer höheren Gemeinsamkeit: er hat das Gehen und das Sprechen verlernt und ist auf dem Wege, tanzend in die Lüfte emporzufliegen." Friedrich Nietzsche, *Die Geburt der Tragödie* [1782], in: *Kritische*

von Dionysos im sechsten Jahrhundert sei „am ehesten als erste Imagination einer neuen Art von Gemeinschaft zu verstehen". Genauer gesagt, schreibt er:

> „Die Anbetung von Dionysos schaukelt sich zu einem Karneval hoch, und im Karneval verkehren sich vorübergehend die Normen und Praktiken der aristokratischen Gesellschaft. Obwohl solche Inversionen vorübergehend für Entlastungsmechanismen sorgen und dadurch zur Stabilisierung repressiver Regime beitragen können, haben sie möglicherweise längerfristig ganz andere Auswirkungen. Durch sie wird es möglich, über eine alternative, für alle offene Gemeinschaft nachzudenken, in der Statusunterschiede sich verringern oder beseitigen lassen und in der die Rede wirklich frei sein kann. In einer solchen Gesellschaft ist dionysische Gleichheit und Freiheit vorstellbar."[73]

Als Beispiel nennt Connor Besonderheiten, die auf dem Gebiet des Politischen institutionalisiert wurden und „möglicherweise der religiösen Praxis entsprangen, beispielsweise ‚offene Rede', *parrhēsia*, und *isēgoria*, ‚Redegleichheit'."[74] In Anbetracht der Bedeutsamkeit der dionysischen Sekten und des Geistes der dionysischen Religion findet Connor es „nicht überraschend", dass die neu eingeführte athenische Demokratie in einem neuen Fest Ausdruck fand, den Stadt-Dionysien oder auch Fest des Dionysos Eleuthereus (das heißt des Dionysos, der aus der Grenzstadt Eleutheria stammte, aber auch mit der etymologischen Implikation von Freiheit). Er behauptet, dass die Stadt-Dionysien nicht unter Peisistratos, sondern unter Kleisthenes oder kurz danach begründet wurden und von daher eine Art von „Freiheitsfest" darstellten, mit dem der Untergang der Tyrannis gefeiert wurde.[75] Andere Spezialisten für griechische Religion glauben, dass die Stadt-Dionysien unter Peisistratos begründet wurden, aber in der Zeit von Kleisthenes maßgebliche Reformen und Verbesserungen erfuhren.[76] In diesem Falle wäre Connors Argumentation weiterhin zutreffend.

Studienausgabe (KSA), hrsg. v. Giorgio Colli und Mazzino Montinari, München: dtv, 1999 [1967 ff.], Bd. 1, 29–30.

73 Connor, „Civil Society", 222.

74 Ebd., 223.

75 Ebd., 224.

76 Parker, *Athenian Religion*, 69 und 75, weist darauf, dass es ungewiss ist, wann die Stadt-Dionysien begründet wurden, nimmt aber an, dass dies unter den Peisistratiden geschehen sein könnte, aber auch in der Zeit der Reformen des Kleisthenes, die Quellenlage sei unsicher. Christiane Sourvinou-Inwood ficht in ihrem Buch *Tragedy and Athenian Religion*, Lanham: Rowman and Littlefield, 2003, 103–104, Connors Datierung an und setzt den Zeitraum von 540–520 für die Begründung der Stadt-Dionysien an, obgleich sie der Idee einer größeren Neugestaltung der Festlichkeiten um die Zeit des Kleisthenes zustimmt.

Aus unserem Blickwinkel am interessantesten ist, dass die religiöse Praxis nicht nur die Idee einer anderen sozialen Realität als der bestehenden möglich machte, sondern auch zur Verwirklichung dieser Idee beigetragen hat. Obwohl die Fähigkeit, sich alternative soziale Wirklichkeiten vorzustellen, ein Teil dessen ist, was wir als Übergang in die Achsenzeit beschrieben haben, ist interessant, dass sie in diesem Fall nichts explizit Theoretisches beinhaltet. Connor schreibt denn auch: „Das Fest trägt dazu bei, dass wir verstehen, warum die uns vorliegenden Texte keine ausführlichen Angaben zur athenischen Demokratietheorie enthalten [...] Die alten Griechen haben keine Theorie aufgestellt, sie setzten sie in Szene [*enact*]. Sie haben sie vor allem während der Stadt-Dionysien in Szene gesetzt.“[77] Wir werden sicherlich noch mehr über die Rolle der Stadt-Dionysien sagen müssen, aber interessant an diesem Beispiel ist, in welchem Maße Mimesis und Narrativität dem Übergang in die Achsenzeit den Weg bereiten können. Natürlich *haben* die Griechen Theorien aufgestellt, wie wir sehen werden, allerdings kaum so etwas wie eine Demokratietheorie. Aber genauso wie die demokratischen Reformen ging auch die Theorie auf unverzichtbare mimetische und narrative Grundlagen zurück.

Die griechische Tragödie

Weil Tragödien erstmals während der Stadt-Dionysien aufgeführt [*performed*] wurden, schließt die Ungewissheit in Bezug auf die Frühgeschichte des Festes auch die Ungewissheit in Bezug auf den Ursprung der Tragödie ein. Die ersten Tragödien oder etwas Ähnliches müssen im sechsten Jahrhundert aufgeführt [*performed*] worden sein und möglicherweise war der Wettkampf, bei dem drei Dramatiker an aufeinander folgenden Tagen drei Stücke präsentierten, damals schon eingeführt worden. Alle erhaltenen Tragödien stammen allerdings aus dem fünften Jahrhundert.

Aischylos (ca. 525–456) legte seine erste Tragödie im Jahr 499 vor, errang seinen ersten Sieg im Jahr 484 und die älteste erhaltene griechische Tragödie, seine *Perser*, entstand im Jahr 472. Sophokles (ca. 495–404), der seinen jüngeren Kollegen Euripides (ca. 485–407) knapp überlebte, schrieb die letzte erhaltene Tragödie, *Ödipus auf Kolonos*, die im Jahr 401 posthum von seinem Enkel vorgestellt wurde. Dokumentiert sind also Stücke der drei großen Tragödiendichter aus praktisch dem gesamten fünften Jahrhundert und erhaltene Stücke aus dessen letzten 70 Jahren. Das Zeitalter der Tragödien überlappt sich demnach fast vollständig mit dem

[77] Connor, „Civil Society“, 224.

häufig so genannten Goldenen Zeitalter von Athen: mit dessen Hinwendung zur radikalen Demokratie; mit dessen bemerkenswerten Siegen in zwei Kriegen gegen das größte Reich der damaligen Zeit, nämlich die Perser; mit dem Aufstieg des Athenischen Reichs; mit außerordentlichen kulturellen Errungenschaften in vielen Bereichen, deren Höhepunkt die Tragödie möglicherweise darstellte; mit dem Peloponnesischen Krieg gegen Sparta, der im Jahr 404 mit einer uneingeschränkten und verheerenden Niederlage endete. Die Tragödie begleitete und kommentierte also den politischen und kulturellen Aufstieg von Athen, den inneren Verfall und verheerenden Niedergang der Stadt, zu dem auch zwei kurze Tyrannis-Phasen am Ende gehörten. Es ist keineswegs eine Übertreibung, wenn man sagt, dass die Tragödie im fünften Jahrhundert ein intrinsischer Bestandteil von Athen gewesen ist, aber wir müssen uns näher ansehen, inwiefern sie zur eigentlichen Substanz der Stadt gehörte.[78]

Nachdem bis Ende des sechsten Jahrhunderts die großen Feste der Panathenäen und Stadt-Dionysien eingeführt worden waren und die Reformen von Kleisthenes die Teilhabe des Volks an der Stadtverwaltung stark ausgeweitet hatten, stand Athen vor einer außergewöhnlichen Herausforderung. Das Persische Reich, das ab 538 eine so wichtige Rolle bei der Rückkehr der Israeliten nach Jerusalem gespielt hatte, weitete in den 490er Jahren seine Kontrolle auf Westanatolien aus und eroberte nach und nach die dortigen griechischen Städte. Athen, das zu diesem Zeitpunkt bereits über die größte Seestreitmacht Griechenlands verfügte, verärgerte die Perser dadurch, dass es den ionischen Städten half, sich so gut es ging zur Wehr zu setzen. Deshalb beschloss Großkönig Dareios, die gesamte griechische Halbinsel zu erobern, um die westlichen Provinzen des mittlerweile riesigen Persischen Reichs dadurch zu konsolidieren, dass er die griechische Einmischung unterband. Im Jahr 490 marschierte Dareios in Griechenland ein und wurde bei Marathon im Wesentlichen von Athenern besiegt. Als sein Sohn Xerxes es im Jahr 480 wieder versuchte, wurde er in der großen Seeschlacht von Salamis entscheidend von den Athenern geschlagen. Im Jahr 479 besiegten die vereinten Truppen unter anderem von

[78] Meiers Buch *Athen* ist die beste Darstellung von Athen im fünften Jahrhundert, die ich kenne. Es kombiniert politische, soziale und kulturelle Geschichte, arbeitet heraus, wie diese miteinander zusammenhängen, und es zieht die Tragödien heran, um die Argumentation an mehreren Stellen zu beleuchten. Meier zeigt Athen von seiner weisesten sowie seiner törichtesten Seite, von seiner wahrhaft ethischen sowie seiner schändlichen unmoralischen Seite, und dies alles auf eine unparteiische Weise, indem er unvoreingenommen weder die Größe, von der er erzählt, vergisst noch die schrecklichen Verfehlungen zu entschuldigen sucht; an ihm können Historiker sich ein Beispiel nehmen.

Athen und Sparta die Perser in einer Landschlacht bei Plataiai und setzten dadurch allen weiteren persischen Übergriffen ein Ende. Als Verteidigungsbündnis gegen die Perser organisierten die Athener daraufhin den Attischen Seebund, dem die meisten Städte an der Küste und auf den Inseln der Ägäis angehörten. Als die Bedrohung durch die Perser nachließ, verwandelte Athen den Bund faktisch in so etwas wie ein Athenisches Reich. Es wurde zur stärksten Militärmacht Griechenlands und erregte so den Neid von Sparta, das diese Rolle lange für sich in Anspruch genommen hatte.

In diesem Zusammenhang zunehmender radikaler Demokratie und wachsender imperialer Macht setzte die Blütezeit der athenischen Kultur ein. Denn zwischen diesen beiden Aspekten bestand durchaus ein Zusammenhang. Je größer die athenische Kriegsflotte, das Rückgrat von Athens Militärmacht, wurde, desto größer wurde der Bedarf an Ruderern; solche Ruderer wurden von der niedrigsten Schicht der athenischen Bürger, den grundbesitzlosen *thetes*, gestellt. Vorher waren die meisten Schlachten an Land ausgetragen worden, sodass die bedeutendste nichtadlige Gruppe unter den Kriegern, die Hopliten, die Phalanx der Infanterie bildeten. Die Hopliten, die in erster Linie von kleinen Landgütern stammten, die genügend Einkommen abwarfen, damit sie sich mit Waffen eindecken konnten, büßten ihre symbolische Bedeutung nie ganz ein. Doch durch die zunehmende Bedeutung der Kriegsflotte wurden die *thetes* immer mehr in die Regierung der Stadt einbezogen. Da der Sold keinen geringen Teil des Einkommens der *thetes* ausmachte, kam zu ihrer demokratischen Inklusion ihre Unterstützung der imperialen Macht Athens hinzu. Gegen Moses Finley gerichtet, hat Josiah Ober eingewandt, dass die athenische Demokratie nicht auf das Wachsen des Athenischen Reichs angewiesen war, aber irgendeine Verbindung habe hier mit Sicherheit bestanden.[79] Die großen

[79] Finley hatte behauptet, dass die meisten griechischen Städte seit der Mitte des sechsten Jahrhunderts die Teilhabe der Armen erhöht hatten, aber die „durch Kompromiß gebildeten Systeme" „das Übergewicht im Entscheidungsprozeß den Reichen vorbehielten. Athen hat diese anteiligen Gewichte schließlich nur umgelagert, und die einzige Variable, die nur in Athen gegeben war, war eben das Reich, jenes Reich, für dessen Sicherung die Flotte, und das bedeutete: die unteren Bevölkerungsschichten, unentbehrlich waren, die ja die Besatzung für diese Flotte stellten. Dies ist der Grund, weshalb ich der Überzeugung bin, daß das Seereich eine notwendige Voraussetzung des athenischen Typs der Demokratie gewesen ist. Als dann das Reich am Ende des 5. Jahrhunderts v. Chr. zwangsweise aufgelöst wurde, war das System so tief verwurzelt, daß niemand den Versuch wagte, es zu ersetzen, zumal es im 4. Jahrhundert schwierig war, die notwendige finanzielle Abstützung zu beschaffen." Moses I. Finley, *Antike und moderne Demokratie*, übers. v. Edgar Pack, Stuttgart: Reclam, 1988, 54. Josiah Ober ist der Meinung, dass die anhaltende Vitalität der athenischen Demokra-

Tragödiendichter waren also mit der doppelten Entwicklung von Demokratie und Reich sowie deren komplexer Wechselbeziehung konfrontiert und mussten den Athenern dabei helfen, ihrem raschen historischen Aufstieg Sinn abzugewinnen.[80]

Da griechische Tragödien aus dem fünften Jahrhundert noch heute nicht selten in unseren Theatern aufgeführt [*performed*] und gelegentlich auch verfilmt werden, können wir uns nur schwer vorstellen, wie anders sie zur Zeit ihrer Entstehung gewirkt haben. Wenn wir ins Theater gehen, ist das eine rein private Entscheidung, um eine bestimmte Art von „Unterhaltung" zu genießen. Für die alten Griechen waren die Schauspiele Teil eines der größten jährlichen Feste, nämlich der Stadt-Dionysien, und sie wurden im Dionysostheater am Südhang der Akropolis aufgeführt [*performed*]: Sie waren gleichzeitig eine Form von Gottesdienst und eine Bür-

---

tie im vierten Jahrhundert Finleys Argumentation mehr Probleme bereitet, als er zugibt. Er meint aber auch: „Vielleicht hätte es in Athen nie eine vollentwickelte ‚radikale' Demokratie gegeben, wenn nicht das Reich die finanziellen Belastungen durch deren Entwicklung abgefedert hätte." Josiah Ober, *Mass and Elite in Democratic Athens: Rhetoric, Ideology, and the Power of the People,* Princeton: Princeton University Press, 1989, 24. Eine vergleichbare Auseinandersetzung gilt der Frage, ob Sklaverei eine notwendige Voraussetzung für radikale Demokratie gewesen ist; das Argument dafür ist, dass die athenische Ausprägung der direkten Demokratie von den Bürgern so viel Zeit und Energie verlangte, dass sie ihr hohes Pensum an Partizipationspflichten nur erfüllen konnten, wenn sie Sklaven hatten, die sich um das Tagesgeschäft kümmerten. Ober weist auch diese Ansicht zurück, schließlich seien viele Bürger keine Sklavenhalter gewesen. Siehe Ober, *Mass and Elite*, 24–27. Eine ähnliche These könnte natürlich auch über die Frauen aufgestellt werden – dass die Männer keine Zeit gehabt hätten, Bürger zu sein, wenn nicht die Frauen den *oikos* bewältigt hätten.

[80] Weil sich meine Analyse auf die kulturelle Ebene konzentriert sowie auf religiöse und politische Institutionen, die dieser zugrunde liegen, habe ich notwendigerweise die Wirtschaftsstruktur im alten Griechenland vernachlässigt, über die so viel geschrieben worden ist. So möchte ich hier nur eine Anmerkung machen über die Dinge, die ich in diesem Kapitel nicht berücksichtigen kann: Die klassische marxistische Charakterisierung der antiken Wirtschaft als Sklavenwirtschaft ist mittlerweile so gut wie aufgegeben worden, obwohl die Bedeutung der Sklaverei sich nicht leugnen lässt. Eine gute Erörterung der relativ geringfügigen Bedeutung der Sklaverei im Leben der Bauern-Bürger im antiken Athen findet sich bei Ellen Meiksins Wood in *Peasant-Citizen and Slave,* London: Verso, 1988. Mohammad Nafissi fasst in seinem Aufsatz „Class, Embeddedness and the Modernity of Ancient Athens", in: *Comparative Studies in Society and History* 29, Nr. 2, 2000, 207–238, die Belege für eine relativ moderne Marktwirtschaft im antiken Athen zusammen. Ausführlich dargestellt wird die Auseinandersetzung um die Beschaffenheit der antiken Wirtschaft von Mohammad Nafissi in *Ancient Athens and Modern Ideology: Value, Theory und Evidence in Historical Sciences, Max Weber, Karl Polanyi und Moses Finley,* London: Institute of Classical Studies, 2005.

gerpflicht. Simon Goldhill hat dies folgendermaßen beschrieben: „Die Festlichkeiten dauerten vier Tage, Ende Februar, Anfang März. Sie begannen jeden Tag im Morgengrauen. Das Publikum stellte die größte Ansammlung von Bürgern während des Kalenderjahrs dar [...] [E]s waren regelmäßig zwischen 14.000 und 16.000 Menschen anwesend [...] Während die wichtigste politische Körperschaft der Demokratie, die Versammlung, in der Regel eine Besucherzahl von nur etwa 6000 verzeichnete und Gerichte sogar noch weniger, lag die Größenordnung der Großen Dionysien näher bei den Olympischen Spielen."[81] An jedem der ersten drei Tage wurden drei Tragödien von einem der drei Dramatiker präsentiert, Stücke, die häufig von fast unerträglicher Intensität waren, aber der Tag wurde von einem vierten Stück, einem Satyrspiel, gekrönt, über das wir nicht viel mehr wissen, als dass es ungehobelter war und möglicherweise die Art von dionysischem Schauspiel widerspiegelte, aus dem sich die Tragödie entwickelt hatte. Es war nicht zwangsläufig komisch, könnte aber von der Spannung der drei vorherigen Stücke entlastet haben. Bei einem Beginn im Morgengrauen dürfte ein solcher Tag ein ziemliches Erlebnis gewesen sein, vor allem weil man auch an den nächsten drei Tagen im Morgengrauen wiederkommen musste – nicht unbedingt wie ein Abend im Theater. Am vierten Tag wurden fünf Komödien präsentiert, die häufig scharfe Kritik an Politik und Kultur enthielten und sowohl die Selbstreflexion der Tragödien fortsetzten als auch durch Gelächter von deren Ernsthaftigkeit entlasteten.

Goldhill schildert, wie eine Reihe von Ritualen vor der Aufführung der Stücke die religiöse und politische Bedeutung der Veranstaltung [*event*] absteckte. Kurz vor Beginn der Festlichkeiten brachte eine Prozession die Dionysos-Statue zum Theater. Wie zu erwarten war, fing der erste Tag mit einem Opfer an: Ferkel wurden getötet und ihr Blut über die Spielfläche verteilt, als Trankopfer wurde Wein an die Götter ausgeschenkt. Diese Opfer wurden von den wichtigsten militärischen und politischen Führern der Stadt, den zehn Generälen, vollzogen [*performed*]. Danach wurden die Namen der Wohltäter der Stadt aus der Bürgerschaft im vorangegangenen Jahr verlesen und ihnen eine Ehrenkrone überreicht. Das dritte Ritual des Morgens war die „Tribut-Parade", auf der in der Zeit des Reichs Silberbarren aus den unterworfenen Städten um die Spielfläche herumgetragen wurden. Goldhill zitiert Isokrates, der rückblickend über diese Zeremonie gesagt hat: „Mit solcher Perfektion nämlich fanden sie [die damaligen Politiker] Wege, wodurch sich Menschen am meisten verhaßt machen können." Schließlich gab es eine Kriegswaisen-Parade – junge Männer, die auf

[81] Simon Goldhill, *Love, Sex and Tragedy: How the Ancient World Shapes our Lives*, Chicago: University of Chicago Press, 2004, 223.

Staatskosten ausgebildet wurden und von denen man erwartete, dass sie für die Stadt ihren Vätern in die Schlacht folgen würden. Das erinnert uns daran, dass Athen sogar in seinen ruhmreichsten Zeiten eine Stadt der Krieger war, in der von jedem männlichen Bürger erwartet wurde, seinen Beitrag zum militärischen Leben zu leisten.[82] Wenn die Stücke anfingen, stand das religiös-politische Wesen der Veranstaltung jedem Anwesenden klar vor Augen.

Wirklich bemerkenswert ist, worum es in den nachfolgenden Stücken ging: Sie machten weder patriotische Propaganda, noch handelte es sich um langweilige moralistische Erzählungen; eher stellten sie alles in Frage, was es im Himmel und auf Erden gab.[83] Wie Vernant es formuliert hat, „konnte die Tragödie als Ausdrucksform der Stadt gelten, die sich in ein Theater verwandelt und sich vor ihren versammelten Bürgern auf der Bühne selbst darstellt", und zwar furcht- und gnadenlos, wobei sich ihre Selbstdestruktivität genauso zeigte wie ihre Größe.[84]

Auf die Frage, was die griechische Tragödie mit Dionysos zu tun haben soll, wenn fast keines der erhaltenen Stücke einen explizit dionysischen Inhalt hat (Euripides' *Bakchen* stellen die große Ausnahme dar), gibt Vernant eine vielsagende Antwort:

> „An anderer Stelle habe ich geschrieben: ‚Ein fiktionales Bewusstsein ist unverzichtbar für das dramatische Geschehen; es scheint sowohl seine Bedingung als auch sein Ergebnis zu sein.' Eine Fiktion, eine Illusion, das Imaginäre: Doch Aristoteles zufolge ist das Schattenspiel, das die dichterische Kunst der Illusion auf der Bühne zum Leben erweckt, für den Philosophen ernsthafter und wahrer als authentische historische Schilderungen, die daran erinnern sollen, wie sich die Er-

[82] Ebd., 224–226. Isokrates wird zitiert nach *Sämtliche Werke*, Bd. 1, „Rede über den Frieden", übers. v. Christine Ley-Hutton, Stuttgart: Hiersemann, 1993, 165.

[83] Ebd., 227.

[84] Jean-Pierre Vernant, *Myth and Tragedy in Ancient Greece*, New York: Zone Books, 1988 [1972], 185. Sourvinou-Inwood behauptet in *Tragedy and Athenian Religion*, 50–53, dass der Chor, aus dem sich die Tragödie möglicherweise ursprünglich entwickelt hat und der in keiner Tragödie fehlte, sowohl das Dionysos anbetende Volk von Athen in der Gegenwart repräsentierte als auch die jeweilige Rolle verkörperte, die er im Stück innehatte. Wenn sie recht hat, verband der Chor Schauspiel und Publikum auf eine Weise, wie kein modernes Theaterstück es vermag. Interessanterweise hat Nietzsche diese Auffassung in der *Geburt der Tragödie* vorweggenommen: „Nur muss man sich immer gegenwärtig halten, dass das Publicum der attischen Tragödie sich selbst in dem Chore der Orchestra wiederfand, dass es im Grunde keinen Gegensatz von Publicum und Chor gab: denn alles ist nur ein grosser erhabener Chor von tanzenden und singenden Satyrn oder von solchen, welche sich durch diese Satyrn repräsentiren lassen. [...] Ein Publicum von Zuschauern, wie wir es kennen, war den Griechen unbekannt" (KSA 1, 59).

eignisse [*events*] in der Vergangenheit wirklich zugetragen haben. Wenn wir zu Recht glauben, dass eine der Haupteigenschaften von Dionysos darin besteht, ständig die Grenzen zwischen Illusion und Wirklichkeit zu verwischen, das Jenseits im Hier und Jetzt heraufzubeschwören und dafür zu sorgen, dass wir unsere Selbstgewissheit und das Gefühl für unsere Identität verlieren, dann hat das rätselhafte und mehrdeutige Gesicht des Gottes beim Wechselspiel der theatralischen Illusion, das die Tragödie zum ersten Mal auf die griechische Bühne bringt, sicherlich ein Lächeln für uns übrig."[85]

Zu den bemerkenswerten Dingen an der so sehr auf ihren unmittelbaren Kontext abgestimmten und für uns heute doch so relevanten griechischen Tragödie gehört, wie viel ihre Rätselhaftigkeit und Mehrdeutigkeit dem Publikum abverlangte. Wiederum ist Vernant hilfreich:

„Die – recht verstandene – tragische Botschaft besteht jedoch genau darin, dass die von den Menschen ausgetauschten Worte undurchdringliche, nicht-kommunizierbare Zonen aufweisen. In dem Moment, wo er sieht, dass die Protagonisten ausschließlich an einer Bedeutung festhalten, die sie derart verblendet, dass sie sich selbst zerfleischen oder zerstören, muss der Zuschauer begreifen, dass es in Wirklichkeit zwei oder mehrere mögliche Bedeutungen gibt. Die Sprache wird nur dann transparent und die tragische Botschaft dringt nur dann zu ihm durch, wenn er entdeckt, dass die Worte, Werte, ja die Menschen selbst, mehrdeutig sind und das Universum zwiespältig ist, nur, wenn er seine früheren Überzeugungen aufgibt, eine problematische Weltsicht gelten lässt und durch das dramatische Schauspiel selbst ein tragisches Bewusstsein erlangt."[86]

Und möglicherweise besteht das achsenzeitliche Moment, für das die griechische Tragödie sorgt, im tragischen Bewusstsein der Tiefe und Irritation des Ichs und im Bedürfnis nach Selbstverständigung, so schwer sie auch fallen mag. Dieses Moment fehlt fast vollständig bei Homer, wo die Dinge im Großen und Ganzen so sind, wie sie scheinen. An dieser Stelle macht Eric Voegelin den tragischen „Seinssprung" fest, was seine Ausdrucks-

---

85 Vernant, *Myth and Tragedy,* 187–188. In der *Poetik* 1451b ff. schreibt Aristoteles, dass die Dichtung philosophischer sei als die Geschichtsschreibung. Nietzsche meint, „dass der längere Zeit hindurch einzig vorhandene Bühnenheld eben Dionysus war [...] dass alle die berühmten Figuren der griechischen Bühne Prometheus, Oedipus u. s. w. nur Masken jenes ursprünglichen Helden Dionysus sind" (*Die Geburt der Tragödie*, KSA 1, 71).

86 Vernant, *Myth and Tragedy,* 43. Goldhill führt ein bemerkenswertes Beispiel an, wie eine griechische Tragödie ein heutiges Publikum ansprechen kann. Er beschreibt eine Aufführung von Sophokles' *Elektra* in Derry, Nordirland, in einer Woche des Jahres 1990, in der acht Menschen durch religiös motivierte Gewalt getötet worden waren. Die Aufführung war so überwältigend, dass das Publikum sich weigerte, nach dem Ende des Stücks das Theater zu verlassen, ohne über die Traumata diskutiert zu haben, zu denen Rachsucht führt. Goldhill, *Love, Sex and Tragedy,* 215.

weise für das ist, was ich als achsenzeitliches Moment bezeichne.[87] Wenn dem so ist, handelt es sich um ein immer noch nahezu vollständig mimetisches und narratives und nur latent theoretisches achsenzeitliches Moment.

Durch das, was sie „rituelle Matrix“ der Tragödie nennt, verankert Christiane Sourvinou-Inwood die griechische Tragödie etwas konkreter im dionysischen Ritual.[88] Auf der Grundlage von Rückschlüssen aus bruchstückhaften Belegen behauptet sie, die Stadt-Dionysien hätten im sechsten Jahrhundert als Feier der Rückkehr und des Umzugs von Dionysos Eleuthereus nach Athen begonnen, was ein Ereignis sei, das sich in mythischer Zeit zugetragen habe, aber im Ritual wieder gegenwärtig wurde. Als Dionysos Eleuthereus (Dionysos aus Eleuthereus) zum ersten Mal mit Wein und Festgelagen im Gepäck auftauchte, wurde er abgewiesen, weil er Ordnungsstörungen in der Stadt hervorrief. Die Folge waren Gebrechen, insbesondere der männlichen Geschlechtsorgane, und die Erkenntnis, dass diese Gebrechen nur überwunden werden konnten, wenn man Dionysos als in der Stadt ansässige Gottheit willkommen hieß. Wegen der Art der Gebrechen verweist das Vorhandensein von erigierten Phalloi als ein hervorstechendes Merkmal dionysischer Prozessionen darauf, dass die Krankheit geheilt worden ist.

Auf einer tieferen Ebene bedeutet das Ritual, mit Sourvinou-Inwood gesprochen, Folgendes: „Es stellte sich heraus, dass die Menschen letztendlich die Ordnung nur dann aufrechterhalten und einen katastrophalen Kontrollverlust nur dann vermeiden können, wenn sie die Kontrolle abgeben und sich als Diener von Dionysos auf die Störung der Ordnung einlassen.“[89] Dieses Paradox wohnt dem Wesen der griechischen Religion inne, die menschliche Rationalität an ihre Grenzen führt. Es stellt auch ein Paradigma oder eine Matrix für die Erkundung religiöser Paradoxien im Allgemeinen, nicht nur dionysischer Art bereit. Die „in diesen Mythen des Widerstands gegen Dionysos artikulierten Spannungen, Probleme und menschlichen Grenzen“ seien „besonders nützlich für die Erkundung der Religion“, aber Erkundungen dieser Art würden sich auch auf andere Mythen und auf das problematische Wesen des menschlichen Lebens im Allgemeinen ausweiten lassen.[90]

[87] Voegelin, *Die Welt der Polis*, Bd. 2, 117f.: „Der Seinssprung nimmt nicht, wie im Falle Israels, die Form einer Offenbarung Gottes an, sondern die des dionysischen Hinabsteigens in den Menschen, in die Tiefe, in der Dike [Gerechtigkeit] zu finden ist.“

[88] Sourvinou-Inwood, *Tragedy and Greek Religion*, 197–200.

[89] Ebd., 153.

[90] Ebd.

Die Mehrdeutigkeit und Zwiespältigkeit, welche die griechische Tragödie auszeichnen und sie auf eine Ebene transkultureller Relevanz für den Menschen heben, wurzeln also in der Bereitschaft, ja sogar Notwendigkeit, sich dem problematischen Wesen des menschlichen Lebens zu stellen, das bis dahin in der griechischen Kultur so nicht ersichtlich gewesen war. Bei Homer zum Beispiel wurde Orest ganz unambivalent als großer Held gefeiert, weil er den Mord an seinem Vater durch die Tötung des Liebhabers seiner Mutter, Aigisthos, gerächt hatte. Dass Orest auch seine Mutter Klytaimnestra tötete, wird nirgends ausdrücklich erwähnt, nur einmal wird darauf angespielt. Im Zentrum der Handlung von Aischlyos' *Orestie* steht dagegen der Widerspruch zwischen Orests moralischer Verpflichtung, seine Mutter nicht zu töten, und seiner moralischen Verpflichtung, seinen Vater zu rächen, und er muss letzten Endes von der Schuld des Muttermordes freigesprochen werden, ohne dass die Schrecklichkeit der Tat je verhehlt wird. Dies veranlasst Sourvinou-Inwood zu der Behauptung, dass es in der griechischen Tragödie ununterbrochen um eine „Problematisierung von Religion" gegangen sei. Sie führt die „rituelle Matrix" der Stücke sowohl von Euripides als auch von Aischylos vor und behauptet, dass Euripides nicht im Entferntesten ein aufgeklärter Freidenker gewesen sei, sondern an seine Grenzen stieß, als er dem einen Sinn abgewinnen wollte, was die Götter, an die er weiterhin glaubte, in einer düsteren Zeit im Schilde führten.[91]

Doch wo die Tragödiendichter sich mit der Erkundung der Religion beschäftigt haben, waren sie gleichzeitig mit der Erkundung der Politik beschäftigt. Die beiden Dinge sind zwei Seiten derselben Medaille, und dass Tragödie und radikale Demokratie in Athen zeitlich zusammenfallen, ist kein Zufall, wie es so schön heißt. Wenn Sourvinou-Inwood recht hat, dann repräsentierte der Chor im frühen dionysischen Ritus von Anfang an sowohl die Athener im Ursprungsmythos, die Dionysos erst ablehnten und dann akzeptierten, als auch die zeitgenössischen Athener, die Dionysos von neuem in ihren Reihen willkommen hießen, und dann hat der Chor diese Doppelrolle im Verlauf der gesamten Tragödiengeschichte nie verloren. Wenn sich also, wie Vernant meinte, die Polis in der Tragödie in ein Theater verwandelt, und zwar in ein Theater, in dem das Volk sowohl Schauspieler als auch Zuschauer war, dann betrachtete das Volk sich selbst, in wie weit zurückliegender mythischer Zeit und wie weit entferntem geografischem Raum sich die Handlung des Stücks auch abspielte. Es ist sicherlich ihre anhaltende Fähigkeit, eine solch eingehende Selbstüberprüfung hundert Jahre lang auszuhalten, welche die Stadt so bemerkenswert macht.

[91] Ebd., 291.

Christian Meier ergänzt Sourvinou-Inwood dadurch, dass er eine politische Auslegung der Stücke vorlegt, die mit ihrer religiösen Lesart vereinbar ist. Sie erweisen sich als zwei Seiten eines Ganzen. Es ist nicht möglich, im Rahmen dieses Kapitels eine Auslegung einzelner Stücke in ihrem jeweiligen historischen Kontext vorzunehmen, doch mit dem ersten erhaltenen Stück, Aischylos' *Persern*, sollten wir uns kurz beschäftigen.[92] Es wurde im Jahr 472, weniger als ein Jahrzehnt nach dem großen Sieg der Athener von Salamis im Jahr 480 und dem griechischen Sieg bei Plataiai im Jahr 479 verfasst. Es ist die einzige erhaltene Tragödie, die sich in Echtzeit statt in mythischer Zeit verorten lässt, doch Schauplatz des Stücks ist die weit entfernte Hauptstadt des Persischen Reichs, Susa. Das Stück spielt im Jahr 480, als der Chor des persischen Ältestenrats beklommen auf Nachrichten über die Ereignisse an der Westfront wartet. Die Königin, Witwe von Dareios, der den Einmarsch in Griechenland im Jahr 490 angeführt hatte, und Mutter von Xerxes, der sich noch an der Front befindet, tritt auf, um ihrer tiefen Besorgnis Ausdruck zu verleihen, und als die ersten verheerenden Nachrichten sie erreicht haben, wünscht sie, sich mit dem Geist ihres toten Mannes zu beraten. Sourvinou-Inwood zeigt, einen wie großen Teil des Stücks die rituelle Kontaktaufnahme mit Dareios' Geist sowie in der Folge sein Erscheinen und seine Äußerungen einnehmen, was ein Beispiel dafür ist, wie wichtig Rituale in fast allen erhaltenen Tragödien sind. Erst gegen Ende des Stücks tritt Xerxes selbst auf, abgerissen und blutig, um das volle Ausmaß der Niederlage zu schildern.

Das Staunen der Perser, wie die viel kleineren athenischen Streitkräfte ihre große Armada nur haben besiegen können, und ihre Anerkennung der unsterblichen Liebe der Griechen zu ihrer Freiheit führt Aischylos durchaus vor, aber das Stück legt keinen Hass gegenüber den Persern an den Tag, im Gegenteil: Das Publikum identifiziert sich auch mit der Würde und dem Leid der Perser und damit, wie eine große Stadt eine Niederlage erlebt. Der Geist von Dareios erklärt die Niederlage mit Hybris, Unmäßigkeit und mit der Überschreitung von Grenzen (der Dardanellen), die nicht hätten überschritten werden dürfen. Doch die Wirkung besteht darin, den Athenern,

[92] Ich hatte das Privileg, 2005 im Aurora-Theater in Berkeley, Kalifornien, eine großartige Aufführung der *Perser* zu besuchen. Das Stück war zwangsläufig etwas „umgearbeitet" worden, aber die Autoren vermieden sorgfältig jede offensichtliche Bezugnahme auf die amerikanische Invasion im Irak, die als eine Art Umkehrung betrachtet werden kann: als eine Art Einfall des Westens in den Osten statt Einfall des Ostens in den Westen wie bei Aischylos. Der Aurora-Zuschauerraum ist so klein, dass das Publikum sich praktisch mitten im Stück befindet, und ich glaube, wir alle fühlten, und zwar ziemlich stark, dass das Stück von uns handelte.

die im Jahr 472 eifrig damit beschäftigt waren, ihre Macht auf die gesamte Ägäis auszuweiten, selbst den Spiegel vorzuhalten.

Nach Ansicht von Meier spricht Aischylos zu seinen Mitbürgern, wenn er sagt: „dann mußten sich auch die Athener in ihren Grenzen halten [...] Dareios' Mahnung: ‚Daß übers Maß der Sterbliche seinen Sinn nicht heben soll' (820), galt auch für sie. [...] Das so starke Erlebnis der Niederlage [...] mußte die Gefahren des Krieges einschärfen, wie Aischylos' Klagen über das Unheil des Krieges überhaupt."[93] Sogar Sourvinou-Inwood, die sich normalerweise auf die religiöse Bedeutung der Tragödien beschränkt, schreibt über die *Perser*, dass „der übertriebene Stolz und die Überschreitung menschlicher Grenzen nicht nur die persischen Könige betraf [...] [D]ie Erkundung einer solchen in diesem Fall auf den fernen Feind verlagerten und in ihm angelegten Vermessenheit und Verfehlung hatte direkten Belang für Athen."[94]

Wenn wir Platz hätten, wäre es interessant, sich noch andere große Tragödien auf ihre religiöse bzw. politische Bedeutung für ihre eigene Zeit und für uns hin anzusehen. Stattdessen müssen wir ein Fazit aus diesem außergewöhnlichen Zusammentreffen von Stadt und Dichter ziehen. Wahrscheinlich konnte sich nur eine demokratische Stadt einer so eingehenden Selbstüberprüfung unterziehen und wir sollten nicht vergessen, dass die Stadt in ihrem Stolz auf und Respekt für ihre Tragödiendichter niemals nachließ, aber trotzdem beherzigte die Stadt nicht, was diese sie zu lehren versuchten. Athen verwandelte ein Selbstverteidigungsbündnis nach und nach in ein repressives und zuweilen grausames Reich. Auch wenn es zu Hause auf Gerechtigkeit pochte, war es bereit, sich in den unterworfenen Städten als Tyrann zu gebärden. Perikles bzw. Thukydides, der aus seinem Munde sprach, rechtfertigte Grausamkeit um des Überlebens willen. Was die anderen Städte anbelangte, bestand Gerechtigkeit im Recht des Stärkeren. Die Stimme von Platons Thrasymachos war die Stimme des imperialen Athens.

Und genau im falschen Moment, im Jahr 451, als das Reich das Gefühl eines gemeinsamen Ziels am dringendsten brauchte, brachte Perikles ein neues Gesetz auf den Weg, das es zur Bedingung für athenische Bürgerschaft machte, dass beide Eltern Athener waren. Zu diesem Zeitpunkt waren Eheschließungen zwischen Angehörigen verschiedener Poleis weitverbreitet und bis dahin war es nur erforderlich gewesen, dass der Vater die athenische Bürgerschaft besaß, damit dem Kind die Bürgerschaft sicher

---

93 Christian Meier, *Die politische Kunst der griechischen Tragödie*, München: Beck, 1988, 92f.

94 Sourvinou-Inwood, *Tragedy and Greek Religion*, 226.

war. Nun wurde den unterworfenen Städten klar, dass sie niemals Athener werden würden.[95] Der Kontrast zu Rom, das in der Stunde der Not die römische Bürgerschaft auf alle verbündeten Städte ausweitete, könnte nicht deutlicher sein.

Obwohl schon Sophokles düsterer war als Aischylos, näherte der jüngere Euripides sich stellenweise dem Morbiden oder Überspannten. Besonders anschaulich zeigt Euripides die Gräuel der Versklavung trojanischer Frauen, nachdem ihre Männer getötet worden waren, wie zum Beispiel in seinem Stück *Hekabe*, in dem Hekabe die Opferung ihrer Tochter zu verkraften hat, die zu verschonen Odysseus sich weigerte. Angesichts der Tatsache, dass die Athener in widerspenstigen Städten ihres Reichs immer wieder Männer töteten und Frauen versklavten, lässt sich hier erneut beobachten, dass dem Volk ein Spiegel vorgehalten wird, dieses aber keine Lehren aus dem zieht, was seine Lehrer ihm mitteilen. Als Perikles überstürzt in den Krieg gegen Sparta zog, den wohl durchaus vermeidbaren Peloponnesischen Krieg (430–404), aber nicht lange genug lebte, um sicherzustellen, dass seine vorsichtige Marschroute fortgesetzt werden würde, war die Saat für die Katastrophe gelegt. Das Ende war durch zwei kurze Tyrannis-Phasen markiert: der oligarchische Rat der Vierhundert im Jahr 411 und die Herrschaft der Dreißig im Jahr 404.

Es trifft genau ins Schwarze, dass die letzte erhaltene griechische Tragödie Sophokles' *Ödipus auf Kolonos* ist, die er kurz vor seinem Tod im Jahr 404 geschrieben hat, doch die erst im Jahr 401 von seinem Enkel vorgelegt wurde – ein passendes Zeichen für das Ende einer Ära: Der blinde und betagte Ödipus kommt in Begleitung seiner Tochter Antigone in die athenische Ortschaft Kolonos, um zu sterben. Zuerst wollen die seinem großen Leid gleichgültig gegenüberstehenden Städter diesen schmutzigen Mann vertreiben, aber der athenische König Theseus heißt Ödipus willkommen, weil er glaubt, dass sein Grab auf attischem Gebiet ein Segen für die Stadt sein würde. Sein Leben in Weisheit und Torheit, als Mächtiger und Leidender, hatte ihn zu einem echten Helden gemacht, das heißt zu jemandem, der nach seinem Tode weiterleben würde. Die erstaunlichen Errungenschaften von Athen im fünften Jahrhundert haben den Untergang des Athenischen Reichs tatsächlich überdauert; es war ein echtes Goldenes Zeitalter, aber auch eine Zeit großen Leids, zugefügten und erlittenen Leids. Seither ist die griechische Tragödie eines unserer großartigsten Hilfs-

[95] Gegen Ende des Peloponnesischen Krieges, zu einem Zeitpunkt, als die Niederlage bereits abzusehen war, forderte und erhielt die Insel Samos die athenische Bürgerschaft – ein Beispiel für etwas, das bereits vorher verlangt, aber verweigert worden war und dann zu spät kam.

mittel gewesen, mit diesem Leid fertig zu werden, obwohl die Lehren aus ihr heute nicht leichter zu ziehen sind als jemals zuvor.

Weisheit und die Stadt

Wir haben die Geschichte der griechischen Poleis und vom sechsten Jahrhundert an besonders von Athen in politischer und religiöser Hinsicht sowie anhand der Dichtung verfolgt – angefangen mit Homer und Hesiod und weiter bis zum poetischen Drama im Athen des fünften Jahrhunderts.[96] Anzeichen für Achsenzeitlichkeit haben wir bisher an mehreren Stellen beobachtet, sie verblieben aber auf der Ebene des Mimetischen und Narrativen, auch wenn sich bei Hesiod, Solon und mit Sicherheit in den Tragödien sporadisch so etwas Ähnliches wie Mythospekulation erkennen ließ. Da aber Griechenland vor allem der Geburtsort von Theorie, von Philosophie und Wissenschaft ist, müssen wir wieder etwas weiter zurückgehen und uns die Anfänge von allem ansehen, was adäquat als Theorie bezeichnet oder als auf sie hindeutend betrachtet werden könnte. Beginnen sollte man sicherlich mit der Weisheit, *sophia*, auf die wir während unserer Auseinandersetzung mit Hesiod und Solon schon kurz zu sprechen gekommen sind. Von frühester Zeit an wurden Dichter, Wahrsager (bzw. Orakeldeuter) und „Könige“, wie wir bei Hesiod gesehen haben, zu den Weisen gezählt.[97] Eine Überlieferung, die wahrscheinlich spätestens im fünften Jahrhundert entstand und sowohl von Platon als auch von Aristoteles zur Kenntnis genommen wurde, berichtet um den Anfang des sechsten Jahrhunderts herum von einer Gruppe Männer, den Sieben Weisen, deren Liste zwar in der späteren Überlieferung variiert, aber zu denen Solon fast immer gehörte. Um einen Anhaltspunkt zu bekommen, was Weisheit im Zeitraum nach Hesiod bedeutet hat, ist es von Vorteil, sich diese Sieben Weisen etwas näher anzusehen.[98]

Wenn man nun aber denkt, bei ihnen auf die Anfänge der griechischen „Philosophie“ zu stoßen, wird man weitgehend enttäuscht, denn von

---

[96] Lyrische Dichtung war vom siebten Jahrhundert an in der griechischen Kulturgeschichte von nicht geringer Bedeutung, doch der stark verdichtete Charakter der vorliegenden Untersuchung lässt es nicht zu, ihr ernsthafte Aufmerksamkeit zu schenken.

[97] Zu diesen frühen Entwicklungen, siehe insbesondere: Detienne, *Masters of Truth*.

[98] Ich fand Richard P. Martins Aufsatz „The Seven Sages as Performers of Wisdom“, in: Doughtery und Kurke, *Cultural Poetics*, 108–128, besonders hilfreich und werde mich in meiner folgenden Auseinandersetzung mit den Weisen größtenteils darauf stützen.

ihnen ist lediglich Thales später als jemand betrachtet worden, der in diese Kategorie gehört. Auf den ersten Blick ist die uns vorliegende Liste kurios. Zumeist enthält sie Solon, Thales, Pittakos, Bias, Chilon, Kleobulos und Periander, die ganz offensichtlich nur eines gemeinsam haben, nämlich ihre Einmischung ins politische Leben. Pittakos soll – mit einem Begriff, den Aristoteles als „gewählten Tyrannen" definierte – *aisymnētēs* von Mytilene gewesen sein. Angeblich wurde er für einen Zeitraum von zehn Jahren gewählt, um in der Stadt für Ordnung zu sorgen, und ähnlich wie Solon war er ein gemäßigter Reformer. Chilon war ein hoher Beamter in Sparta, Periander Tyrann von Korinth, der abwechselnd als schrecklich repressiv oder als weise und gemäßigt beschrieben wurde. Bias war für seine Beweisführungen in Rechtsangelegenheiten bekannt und Thales, den wir in erster Linie für einen Denker halten, spielte eine aktive Rolle in der Politik seiner Heimatstadt Milet. Von den sieben scheint sich nur Kleobulos aus Lindos auf der Insel Rhodos aus der Politik herausgehalten zu haben. Anscheinend war Weisheit im frühen Griechenland also vornehmlich praktisch und politisch und eher nicht theoretisch.

Was den Inhalt ihrer Lehren anbelangt, sind kurze Aphorismen in ethischer Absicht beinahe alles, was uns von den Weisen vorliegt. Von Solon verfügen wir natürlich über einiges an Dichtung, aber seine Lehren wurden häufig in Formeln wie „Nichts im Übermaß" zusammengefasst, ergänzt um eine Kleobulos zugeschriebene Phrase: „Maßhalten ist am besten". Politisch gesehen, standen die Weisen anscheinend insgesamt (Periander ist diesbezüglich ein Problem) für Solons „dritte Position" zwischen Adel und Mittelschicht [*middling*], und da sie so viel Wert auf Mäßigung bzw. Besonnenheit *(sophrosyne)* legten – die ursprünglich von der Mittelschicht [*middling*] wertgeschätzt und vom Adel kaum beherzigt wurde –, trugen sie dazu bei, dass diese Tugend für alle Griechen zentral und zur Tugend des Adels und des Volkes wurde. Trotzdem meint Richard Martin, dass die politische nur eine und nicht unbedingt die wichtigste Rolle der Weisen gewesen sei. Seiner Meinung nach definieren sie sich durch drei typische Merkmale: „Erstens sind die Weisen Dichter; zweitens mischen sie sich politisch ein und drittens sind sie Darbietende [*performers*]."[99]

Dichtung war im frühen Griechenland die normale Ausdrucksform, weshalb es nicht überraschend ist, dass die Weisen Dichter gewesen sind, obwohl nur Solons Dichtung überliefert ist. Martin kann belegen, dass Thales in Versform geschrieben hat, auch wenn keines seiner Gedichte erhalten geblieben ist, und er schildert die poetischen Errungenschaften der

[99] Ebd., 113.

anderen, sogar von Periander.[100] Für uns liegt die Bedeutung des poetischen Ausdrucks darin, dass er sich für Mythospekulation besser eignet als für Theorie. Dass Martin hervorhebt, die Weisen seien Darbietende [*performers*] gewesen, ist für uns von besonderem Interesse, da es auf die fortgesetzte Bedeutung der mimetischen Kultur für die Art und Weise hindeutet, wie sie Einfluss auf ihre Mitbürger nahmen. Martin definiert Darbietung [*performance*] folgendermaßen: „Unter Darbietung [*performance*] verstehe ich eine öffentliche Inszenierung [*enactment*] wichtiger Sachverhalte in Worten oder Gesten, die sich Konventionen bedient und sich sowohl nachvollziehen als auch kritisieren lässt, besonders in Bezug auf ihren Stil."[101] Martin nennt viele Beispiel für vorbildliches Handeln der Weisen, häufig, aber nicht immer in Verbindung mit einer kurzen verbalen Stellungnahme. Ein Beispiel, von Solon, sollte hier genügen: „Doch ohne Wirkung verhallten seine Worte. Schon war Peisistratos im Besitze der Macht; da legte Solon seine Waffen vor der Halle der Feldherrn nieder mit den Worten: ‚Armes Vaterland, mit Wort und Tat habe ich dir gedient.'"[102] Nachdem er diese Worte gesprochen hatte, verließ er Athen unverzüglich und ging nach Ägypten.

Weil die Weisen für ihre aphoristischen, häufig in einem performativen Zusammenhang geäußerten Weisheiten bekannt waren, erinnert Martin daran, dass Roman Jakobson einmal angemerkt hat, Sprichwörter und Redensarten seien „die größten kodierten Einheiten, die in unserer Rede vorkommen, und gleichzeitig die kürzesten poetischen Dichtungen".[103] Aphorismen lassen sich also als einzeilige, häufig im Zusammenhang mit Zen-artigem Handeln geäußerte Gedichte bezeichnen, die unterstreichen, worauf es ankommt. Diese Weisen konnten sich zwar äußern und streiten, aber sie lehrten weniger durch ihre Worte (diesbezüglich ist Solon eine ziemliche Ausnahme) als vielmehr durch ihre Leben (diesbezüglich ist Solon keine Ausnahme). Die performative Dimension ist demnach eher keine zusätzliche Dimension, sondern eine Dimension, in der Praktisch-Politisches und Poetisches zusammenkommen und die zum Kern dessen vordringt, was der Weise tut. Diese Überlegungen bewegen Martin dazu, noch ein viertes Merkmal hinzuzufügen: Da die Handlungen, welche die Weisen vollzogen [*performed*], so häufig explizite oder implizite religiöse Unter-

---

[100] Ebd., 113–115.

[101] Ebd., 115–116.

[102] Ebd., 117. Diogenes Laertius, *Leben und Meinungen berühmter Philosophen*, übers. v. Otto Apelt, Hamburg: Meiner, 2015, 25–26.

[103] Ebd., 118. Das Jakobson-Zitat ist aus Roman Jakobson, *Selected Writings*, Bd. 4, *Slavic Epic Studies*, Den Haag: Mouton, 1966, 637.

töne hatten, sollten wir „religiöse Bedeutung“ zu den anderen drei Merkmalen hinzufügen.[104] Da die religiöse Dimension hauptsächlich in rituellen Tätigkeiten, Opferungen oder der Deutung von Opferungen, Weihegaben für Apollon und so weiter bestand, kann man sagen, dass Religion gemeinsam mit Politik und Dichtung ein vorrangiger Bestandteil ihres Auftretens [*performance*] ist. Dies sollte uns kaum überraschen: In diesem ganzen Kapitel ist deutlich geworden, dass Religion und Politik so tief miteinander verwoben sind, dass sie sich ihrer Unterteilung in unsere Kategorien widersetzen, und dass das religiös-politische Leben in Griechenland vor allem in Dichtung und Darbietung [*performance*] seinen Ausdruck fand.

Martin vertritt die Ansicht, dass die griechischen Denker nach der Zeit der Sieben Weisen bis und einschließlich Sokrates (obwohl er in Bezug auf Sokrates eine wesentliche Einschränkung vornimmt) dieselbe vornehmlich performative Eigenheit an den Tag legten und sich deshalb nicht als so körperlose „Denker“ behandeln lassen, wie wir es zu tun pflegen. Ich würde Martins Argumentation noch um zwei wesentliche Dinge ergänzen. Zum einen werden die Tragödiendichter gewöhnlich nicht als Denker behandelt, obwohl sie bemerkenswerte Denker waren, die, wenn Sourvinou-Inwood recht hat, ursprünglich selber die Rolle des Protagonisten in den frühesten Schauspielen bekleideten und sich so direkt, in ihren eigenen Worten, an das Volk wandten,[105] die aber, selbst als sie hinter der Maske ausgebildeter Schauspieler verschwanden (die, wie wir nicht vergessen dürfen, auch ausgebildete Sänger waren), immer noch sehr stark an der Hervorbringung einer Darbietung [*performance*] beteiligt waren, die das Publikum auf zahlreichen Ebenen bewegte, von denen die verbale zwar entscheidend, aber nur eine Ebene war.

Die andere Ergänzung, die ich vornehmen würde, ist, dass ich Martins Liste eine weitere Person hinzufügen würde, das heißt ich würde nicht mit Sokrates aufhören, sondern auch noch Platon hinzufügen. War Platon nicht auch ein Dramatiker und versucht er nicht, nicht nur argumentativ, sondern auch durch Beispielhaftigkeit, wie vor allem das Leben und Sterben von Sokrates, zu überzeugen, und außerdem durch das hintergründige menschliche Zusammenspiel im Dialog?[106] Dass Platons Dialoge meines

---

104 Martin, „The Seven Sages“, 122.

105 Sourvinou-Inwood, *Tragedy and Greek Religion*, 154 ff. Sourvinou-Inwood schlägt weiterhin vor, dass der Dichter – als der ursprüngliche „Schauspieler“ – Dionysos verkörperte.

106 Siehe Sitta von Reden und Simon Goldhill, „Plato and the Performance of Dialogue“, in: *Performance Culture and Athenian Democracy*, hrsg. v. Simon Goldhill und Robin Osborne, Cambridge: Cambridge University Press, 1999, 257–289. Von Reden und Goldhill haben Abschnitte aus den Dialogen *Charmides*, *Laches* und *Lysis*

Wissens nie aufgeführt worden sind [*performed*], reicht meines Erachtens nicht aus, um sie von der Kategorie des Performativen auszunehmen – im Prinzip *könnte* man sie aufführen [*performed*].[107] Ein weiterer Punkt, der für Platons Performativität spricht: sein Misstrauen gegenüber der Schrift im Vergleich zum gesprochenen Wort. Bei der berühmten Erörterung dieser Frage im *Phaidros* geht es Platon darum, dass wirkliches Lernen nur über Interaktionen von Angesicht zu Angesicht erfolgen kann und die Schrift nur als „Erinnerung" an etwas zu dienen vermag, das man bereits weiß, ja das Gedächtnis vielleicht sogar schwächt. Hier erkennt Platon die Schrift als eine Form von „externem Gedächtnis" an, um Donalds Ausdrucksweise zu verwenden, da er aber genau am Scheitelpunkt zwischen mündlicher und schriftlicher Kultur stand, scheint er nicht zu bemerken, was für ein wirkmächtiges Hilfsmittel ein solches externes Gedächtnis darstellen könnte. An dieser Stelle möchte ich hervorheben, dass Platon mit Hilfe der Unterscheidung von Schriftlichem und Mündlichem dem Performativen, Enaktiven, Vorrangigkeit einräumt:

> „Sokrates: Doch wie? Sehen wir nach einem andern Wort [als das geschriebene], dem leiblichen Bruder von jenem, und beachten, auf welche Weise dieses zustande kommt und wieviel besser und wirkungsvoller es seiner Natur nach ist als jenes.
>
> Phaidros: Welches wäre das und wie entsteht es?
>
> Sokrates: Das, welches mit Sachkenntnis aufgezeichnet wird in der Seele des Lernenden, fähig zur Selbstverteidigung und kundig des Redens und Schweigens, je nach Umständen.
>
> Phaidros: Von dem lebendigen und beseelten Wort des Wissenden sprichst du, wovon das geschriebene mit Recht als ein Nachbild bezeichnet werden könnte?" (*Phaidros* 276a)[108]

---

ausgewählt, nicht nur um die Hintergründigkeit von Platons dramatischer Darstellung zu zeigen, sondern auch um Momente zu veranschaulichen, in denen Sokrates selbst vor einem Publikum „auftritt" [*performing*], meistens vor Jungen im Gymnásion.

[107] Zur zentralen Bedeutung des Dialogs in Platons Denken, siehe insbesondere: Charles H. Kahn, *Plato and the Socratic Dialogue: The Philosophical Use of a Literary Form*, Cambridge: Cambridge University Press, 1996. Siehe auch das Kapitel zum Dialog in Paul Friedländer, *Platon*. Bd. 1: *Seinswahrheit und Lebenswirklichkeit*, Berlin: de Gruyter, 2. Aufl. 1954, 164–181.

[108] Auf diesen Punkt bin ich aufmerksam geworden durch Bernard Williams' Aufsatz „Plato: The Inventor of Philosophy", nachgedruckt in: ders., *The Sense of the Past: Essays in the History of Philosophy*, Princeton: Princeton University Press, 2006 [1998], 150–151. Für Platon bedeutet „Bild" eine Kopie anstelle eines Originals, und das heißt: nur das Zweitbeste. Otto Apelt übersetzt darum *eídōlon* mit „Nachbild".

Obwohl auch Aristoteles Dialoge geschrieben hat, ist keiner von ihnen überliefert, und die Abhandlungen, die uns vorliegen, könnten niemals aufgeführt [*performed*] werden – es sei denn als professorale Vorlesungen, wobei sogar ein solcher performativer Überrest darauf hindeutet, dass Performativität, wie vieles andere in der menschlichen Kultur, niemals verloren geht.

Die Anfänge rationaler Spekulation

Das bisher Erörterte kann als Vorbereitung auf die Betrachtung der Philosophen verstanden werden, die gewöhnlich als „Vorsokratiker" bezeichnet werden und bei denen wir, wenn überhaupt irgendwo, den Anfang von Theorie im alten Griechenland zu entdecken und folglich das achsenzeitliche Moment zu lokalisieren in der Lage sein sollten. Vielleicht sollten wir uns kurz in Erinnerung rufen, wonach wir Ausschau halten, wenn von Theorie die Rede ist. Im Anschluss an Merlin Donald hatte ich gezeigt, dass menschliches Bewusstsein sich in mehreren Stufen entwickelt hat, als die episodische Kultur, die wir mit anderen höheren Säugetieren teilen, erst durch mimetische Kultur und dann durch narrative Kultur erweitert wurde – erweitert, nicht ersetzt. Theoretische Kultur, die nicht durch Literalität verursacht wurde (sondern die Ursache von Literalität sein könnte), für deren kontinuierliche Entwicklung Literalität aber möglicherweise eine Bedingung darstellte, ist die jüngste Bewusstseinsform, und wie ihre Vorgängerinnen erweiterte sie die vorherigen kulturellen Formen, anstatt sie zu ersetzen, sodass das menschliche Bewusstsein ein „hybrides System" ist, wie Donald es ausdrückt.[109] Donald beschreibt den „grundlegenden Wandel", den das Aufkommen der theoretischen Kultur mit sich bringt, folgendermaßen: „Der menschliche Geist begann, über den Inhalt seiner eigenen Repräsentationen bzw. Vorstellungen nachzudenken, sie zu modifizieren und zu verfeinern. Er wendete sich ab von unmittelbaren, pragmatischen Problemlösungsüberlegungen und wandte sich der Anwendung dieser Fähigkeiten auf die dauerhaften symbolischen Repräsentationen zu, die in den externen Gedächtnisquellen enthalten waren."[110] Da scheint das Auftauchen von „Philosophie" gut ins Bild zu passen. Wir sollten jedoch

---

[109] Merlin Donald, *Origins of the Modern Mind: Three Stages in the Evolution of Culture and Consciousness*, Cambridge, Mass.: Harvard University Press, 1991; zum „hybriden System", 368 ff.

[110] Ebd., 335. Mit „externen Gedächtnisquellen" meint Donald vor allem schriftliche Texte.

Donalds Warnung nicht vergessen, dass das menschliche Bewusstsein ein hybrides System darstelle, weshalb für den Übergang in die Achsenzeit mehr erforderlich gewesen sein könnte als das bloße Auftreten von Theorie.

Zudem haben wir auf Anhieb ein terminologisches Problem: „Philosophie" ist kein Begriff, den wir als gegeben hinnehmen können: Er kam erst im vierten Jahrhundert v. u. Z. auf und wurde lediglich nachträglich auf frühere Denker angewendet. Es steht noch nicht einmal außer Frage, ob der Begriff in der Neuzeit – das heißt seit dem 17. Jahrhundert – dasselbe bedeutet wie in der Antike. Weder im alten Griechenland noch nach dem neuzeitlichen Sprachgebrauch wurden die Sieben Weisen als Philosophen bezeichnet (außer Thales von Milet, wenn auch viel später); der Ausdruck „Weiser" ist eher eine Übersetzung von *sophos* (pl. *sophoi*), was wörtlich „weiser Mann" bedeutet, oder von dessen faktischem Synonym *sophistes*, was später mit „Sophist" übersetzt werden sollte und von Platon so scharf kritisiert wurde. Im Grunde genommen konnte der Ausdruck *sophos* für jeden benutzt werden, der irgendeine Art von Kunstfertigkeit besaß.

Der Begriff Weisheit *(sophia)* und in seiner Folge weise Männer blieb lange Zeit ziemlich vage und allgemein, insofern er neben denjenigen, die über den Anfang aller Dinge spekulierten, wie Thales es getan haben soll,[111] auch Dichter und Gesetzgeber umfasste. Es gibt Belege, dass sein möglicher Schüler bzw. zumindest ein Mitmilesier der nächsten Generation, Anaximander, solche Spekulationen mit Sicherheit angestellt hat, denn von ihm verfügen wir über ein Schriftfragment, das zu den allerersten griechischen Texten gehört, die in Prosa geschrieben worden sind. Doch obwohl Thales, Anaximander und Anaximenes (ein milesischer Denker der dritten Generation) laut Aristoteles die Milesische Schule der Naturphilosophie bildeten, wurde der Begriff „Philosoph", wie gesagt, im eigentlichen Sinne erst zur Zeit von Platon oder kurz davor gebräuchlich, das heißt erst 200 Jahre nach Thales. Auch die Bedeutung des Begriffs

---

[111] Aus einer kritischen Prüfung der mündlichen Überlieferungen, auf denen unser Wissen über Thales beruht, folgert Stephen White, dass er „ein Pionier nicht nur in den sehr pragmatischen Bereichen von Handel und Politik war, regional wie international, sondern auch auf den Gebieten der Bautechnik, der Vermessungskunde sowie der Navigation". Zusammenfassend könne man sagen, dass „Thales die Pionierarbeit bei der quantitativen Behandlung empirischer Daten geleistet zu haben scheint. Ob man ihn nun einen Philosophen nennt oder nicht, er verdient jedenfalls uneingeschränkte Anerkennung als Begründer der griechischen Astronomie." Stephen White, „Thales and the Stars", in: *Presocratic Philosophy: Essays in Honor of Alexander Mourelatos*, hrsg. v. Victor Caston und Daniel W. Graham, Aldershot: Ashgate, 2002, 3.

„Natur" *(physis)*, auf den die „Naturphilosophie" zurückgeht, kann nicht als selbstverständlich vorausgesetzt werden.

Teilweise besteht unser Problem darin, dass viel von dem, was wir über die Vorsokratiker wissen, in den Schriften von Aristoteles steht, der, wenn überhaupt jemand, nun wirklich ein Theoretiker gewesen ist. Hat nicht im Wesentlichen Aristoteles die Logik geschaffen, wie wir sie kennen? Hat nicht Aristoteles über die Bedeutung unserer Vorstellungen auf so gut wie allen Wissensgebieten nachgedacht? Und doch sind es gerade Aristoteles' eigene Errungenschaften, die seine Darstellung einer Reihe von vorsokratischen Philosophen fragwürdig machen, weil er die theoretischen Implikationen ihres Denkens hervorhebt und sie in erster Linie als seine Vorgänger betrachtet. Auch wenn wir das, was Aristoteles über sie sagt, mit Bedacht verwenden und dabei im Kopf behalten, dass dies häufig alles ist, was wir über sie wissen, sollten wir nicht vergessen, dass sie häufig in Versform geschriebene, religiös-politische Dichtungen aufführten [*performer*] und den Sieben Weisen genauso nahe standen wie denjenigen, die später als Philosophen galten. Und obwohl sich in ihrem Denken im Verlauf von 200 Jahren verschiedene Arten von Entwicklungen erkennen lassen, bilden sie keinesfalls eine saubere Abfolge.

Martin hat den Wettstreit zwischen den Sieben Weisen in den Vordergrund gestellt – was ein Grund dafür ist, dass es sieben sein mussten. Wettstreit *(agon)* war von frühester Zeit an ein Merkmal der griechischen Kultur – Hesiod erwähnt, dass er an einem Dichterwettstreit teilgenommen habe –, sodass es uns nicht überraschen sollte, dass die „Vorsokratiker" miteinander im Wettstreit lagen und einander kritisierten. Sie waren zwar häufig in ihren Heimatstädten aktiv, pflegten aber auch viel umherzuziehen und landeten oftmals in Gegenden, die weit entfernt von ihrem Geburtsort lagen. Dass sie so frei in ihrem Denken und ihrer Kritik waren, verdankte sich teilweise der Kultur des Wettbewerbs und dem Ansehen der „Redefreiheit" in der griechischen Polis, teilweise aber auch ihrem Vermögen weiterzuziehen, wenn die Verhältnisse dort, wo sie sich gerade aufhielten, ungemütlich wurden. Sie waren so etwas wie die antike Version des „freischwebenden Intellektuellen". Die bemerkenswerte Vielfältigkeit und Kreativität, die ihr Denken aufweist, haben zweifellos etwas mit diesen Bedingungen innerhalb der Polis sowie mit der Tatsache zu tun, dass Griechenland eine Gesellschaft mit vielen Poleis war.[112]

---

[112] Siehe dazu das Kapitel „Tradition and Innovation" in G. E. R. Lloyds *The Revolutions of Wisdom: Studies in the Claims and Practice of Ancient Greek Science*, Berkeley: University of California Press, 1987, 50–108.

Nach konventioneller Auffassung war Thales im frühen sechsten Jahrhundert der erste Philosoph – derjenige, der den Deckmantel des Mythos abwarf und die Tradition rationaler Nachforschung begründete. Aber dieser Ansicht nicht nur über Thales, sondern auch über seine milesischen Nachfolger Anaximander und Anaximenes muss mit mehr als geringen Vorbehalten begegnet werden. Den Berichten zufolge, die wir über sie besitzen, waren die drei Milesier auf der Suche nach den Anfängen, der *arche* des Universums, aber diese Suche stützte sich weder auf Beobachtung noch auf Schlussfolgerungen, sondern auf Spekulation. In Anbetracht der Tatsache, wie nah ihre Denkweise Hesiod auf der einen sowie persischem und mesopotamischem Gedankengut auf der anderen Seite war, lag ihr Denken allenfalls auf halbem Wege zwischen Mythospekulation und Theorie.[113] Immerhin begann, wie Francis Cornford gezeigt hat, auch Hesiods *Theogonie* mit einer Kosmogonie, die sich auf natürliche Entitäten und nicht auf Götter stützte. Am Anfang war Chaos, das Cornford mit „yawning gap", also mit „gähnender Leere", „klaffender Lücke" oder „tiefer Schlucht" übersetzt, und aus dem Chaos gingen Erde und Eros hervor. Es handelt sich also zweifellos um einen Gott, aber in diesem frühen Kontext gleicht er eher einem Erzeugungsprinzip als einer olympischen Gottheit.[114] Wenn Thales sagt, die Welt beginne mit Wasser,[115] oder Anaximenes sagt, mit Luft, oder Anaximander sagt, mit dem Unbegrenzten (bzw. Unendlichen, *Apeiron*), hatten sie sich damit wirklich so weit von Hesiod entfernt? Geoffrey Lloyd hat behauptet, dass Anaximanders Astronomie auf Beobachtungen beruhte und eine Tradition immer genauerer Beobachtungen und Analysen begründete, dass aber die milesischen Kosmogonien nicht über eine solche Grundlage oder Möglichkeit zur Kumu-

---

113 M. L. West weist in seinem Buch *Early Greek Philosophy and the Orient*, Oxford, Oxford University Press, 1971, auf zahlreiche mesopotamische und persische Parallelen hin, vor allem zu Anaximander, Anaximenes und Heraklit.

114 Francis M. Cornford, *From Religion to Philosophy: A Study in the Origins of Western Speculation,* New York: Harper Torchbook, 1957 [1912], 66. In seinem Buch *Principium Sapientiae: The Origins of Greek Philosophical Thought,* Cambridge: Cambridge University Press, 1952, 187–201, zeichnet Cornford ein nuancierteres Bild vom Hintergrund der ionischen Kosmogonie, wobei er den Kontinuitätslinien zu Hesiod nachgeht und festhält, es sei bezeichnend, dass auf mythologische Wesen als Handelnde in der Geschichte verzichtet wurde. Siehe auch: West, *Early Greek Philosophy*, zu den mesopotamischen und persischen Einflüssen auf die ionischen „Philosophen".

115 Weil unsere Kenntnisse über Thales' Denken spärlich und fraglich sind, ist es nicht klar, ob er wirklich Wasser für das ursprüngliche Element gehalten hat – aber falls er das getan hat, war er nicht weit von mehreren Schöpfungsmythen im Vorderen Orient entfernt, denen zufolge die Welt mit Wasser begann – *Genesis* 1,2 zum Beispiel.

lation verfügt hätten.[116] Kurz gesagt, leistete Anaximander einen Beitrag zur frühgriechischen Wissenschaft, aber in kosmogonischer Hinsicht machten die Milesier etwas anderes: Sie gingen über den Mythos hinaus, wenn auch nicht sehr weit, und rückten an die Theorie heran, allerdings nicht sehr nah.

In Anbetracht der Tatsache, wie wenige ihrer direkten Äußerungen wir kennen, sind die das Denken der Milesier betreffenden Belege dürftig, und bei dem, was wir über sie wissen, sind wir stark auf sehr viel spätere Texte angewiesen. Dessen ungeachtet ist Charles Kahn eine Rekonstruktion des Denkens von Anaximander gelungen, die erwägenswert ist. Auf den ersten Blick scheint er sich sehr weit von Cornford, ja sogar von Lloyd zu entfernen: „Meiner Ansicht nach stellt Anaximanders System nichts weniger als das Aufkommen einer rationalen Perspektive auf die natürliche Welt dar, zumindest im Westen. Diese neue Betrachtungsweise setzte sich mit der gebündelten Kraft eines Vulkanausbruchs durch und die sich anschließende Spekulationsflut breitete sich binnen kurzer Zeit von Milet über alle Längen- und Breitengrade aus, in denen Griechisch gesprochen wurde."[117] Bei näherer Betrachtung stellt man jedoch fest, dass Kahn darauf beharrt, dass die „kosmologischen Vorstellungen der alten Dichter", im Wesentlichen Homer und Hesiod, den unverzichtbaren Hintergrund für die Entstehung des milesischen Denkens gebildet hätten. Im Hinblick auf die Schwierigkeit, die Belege für diese Frühphase griechischen Denkens zu interpretieren, meint Kahn: „Nur wenn man die Milesier zwischen den beiden hell erleuchteten Bereichen der archaischen Dichtung auf der einen und der klassischen Philosophie auf der anderen Seite verortet – die sozusagen von oben und von unten Licht auf sie werfen –, können wir uns überhaupt Hoffnungen machen, einen etwas tieferen Einblick in diese dunkle und kreative Übergangszeit zu gewinnen."[118]

Kahn führt noch ein weiteres bemerkenswertes Argument an. Wahrscheinlich sei es kein Zufall, dass die kosmologischen Spekulationen der Griechen in Milet begannen, einem wichtigen Handelshafen an der anatolischen Westküste, die von ihren griechischen Bewohnern Ionien genannt

---

[116] G. E. R. Lloyd, *Magic, Reason and Experience: Studies in the Origin and Development of Greek Science*, Cambridge: Cambridge University Press, 1979; zu Anaximanders Beitrag zur Astronomie, siehe 170; zur These, dass die milesischen Kosmogonien vor allem Beiträge zu einer „neuen oder ‚reformierten Theologie'" leisteten, siehe 11. Im Allgemeinen ist Lloyd skeptisch in Bezug auf die Quellen, die das Denken der milesischen Philosophen gehabt haben könnte.

[117] Charles H. Kahn, *Anaximander and the Origins of Greek Cosmology*, Indianapolis: Hackett, 1994 [1960], 7.

[118] Ebd., 234.

wurde. Ionien war der Teil der griechischen Welt, der die größte Nähe zum Orient aufwies: zu anatolischen, schon lange im Kontakt mit Mesopotamien stehenden Königreichen und zum Persischen Reich, das sich irgendwann fast über den ganzen Vorderen Orient erstreckte. Deshalb war es ein natürliches Einfallstor für die weiterführende Astronomie und Mathematik, die sich lange zuvor in Mesopotamien entwickelt hatte. Dieser Impuls von außen war so maßgeblich, dass Kahn ihn sehr anschaulich charakterisiert: „Die Muttererde von Hellas wurde durch mesopotamische Samen befruchtet.“[119] Dieser Impuls aus Mesopotamien ist besonders wichtig, wenn Lloyd recht hat, dass der milesische Beitrag zur Astronomie den Grundstein für eine genuine Wissenschaft auf diesem Gebiet legte.

Zwei wesentliche Eigenschaften verbinden die neue Naturphilosophie mit der Vergangenheit: ein von Grund auf narrativer Rahmen und der Glaube, dass der Kosmos lebendig sei. Wie Hesiod hatte Anaximander größtes Interesse am Anfang aller Dinge, denn: „Die Einteilung von Anaximanders Abhandlung folgte einer im Wesentlichen chronologischen Reihenfolge. Die Lebensgeschichte der Welt wurde als Prozess einer allmählichen Evolution und Ausdifferenzierung aus dem uranfänglichen *apeiron* [Unbegrenzten] beschrieben [...] Eine solche Darstellung der Naturwissenschaft als eine Art episches Gedicht, das über einen Anfang, einen Mittelteil und ein Ende verfügt, ist typisch für das frühe griechische Denken.“[120] Es stimmt zwar, das Anaximanders Schilderung sowohl naturalistisch als auch rational zu sein scheint: Alles wird durch unpersönliche Kräfte erklärt, nicht nur der Ursprung des Universums, sondern auch die Funktionsweise der Himmelskörper, das Wetter und andere Naturphänomene. Die olympischen Götter werden an keiner Stelle erwähnt. Doch wir befinden uns weiterhin im Reich der Narrativität; die Rückverweise auf Hesiods *Theogonie* sind immer noch erkennbar.

Wenn wir uns das *apeiron* näher ansehen, wird die „Wissenschaftlichkeit“ von Anaximanders Denken sogar noch problematischer. Das *apeiron*, das wie eine Abstraktion wirken könnte, wenn man es mit „dem Unbegrenzten“ übersetzt, erweist sich als eine gewaltige, unerschöpfliche Masse, von der die Welt ganz umgeben ist. Es ist unvergänglich und hat keine Ursache, sondern ist durch die Ausschüttung eines „Samens“, aus dem der Himmel, die Erde und alle Dinge sich allmählich ausdifferenzieren, als solches der sowohl räumliche als auch zeitliche Anfang *(arche)* von allem anderen. Zusammenfassend macht Kahn deutlich, dass das *apeiron*

---

[119] Ebd., 133.

[120] Ebd., 199. Die Darstellung der Naturwissenschaft als eine Art episches Gedicht ist auch heute noch ziemlich lebendig, wie wir in Kapitel 2 gesehen haben.

zwar ein Naturprinzip sein möge, es sich aber gleichzeitig um eine neue Art von Gottheit handele:

> „Zusätzlich zur Lebensquelle, auf welche die Substanz der Welt zurückgeht, und zur Außengrenze, die den Körper des Kosmos umschließt und definiert, sehen wir, dass das *apeiron* außerdem die immerwährende, göttergleiche Kraft ist, welcher der rhythmische Lebenszyklus dieser Welt gehorcht. Griechenland verdankt Anaximander also nicht nur die Idee eines wohlgeordneten Kosmos, sondern auch die Idee eines kosmischen Gottes, der für diese Ordnung sorgt. Und beide Ideen gehören zusammen. Denn das Verständnis der natürlichen Welt als eines einheitlichen Ganzen, das sich ausnahmslos durch Ordnung und Gleichgewicht auszeichnet, brachte die einzige der klassischen Antike bekannte Form von Monotheismus hervor."[121]

Anaximander hat zwar noch nicht zwischen Wissenschaft und Theologie unterschieden, aber wir sollten das Wort „Monotheismus" in diesem Zitat möglicherweise trotzdem ausklammern, weil es mehr Probleme aufwirft als löst. Wahrscheinlich ist es besser, sich das *Apeiron* als eine Art über allen Göttern stehenden Gott oder als göttliche Grundlage eines Universums vorzustellen, das auf die eine oder andere Weise insgesamt göttlich ist (Thales hat angeblich gesagt, „daß alles von Göttern voll sei").[122] Obwohl Anaximander die meisten kosmischen Funktionen der olympischen Götter auf „natürliche" Kräfte verteilt, leugnet er an keiner Stelle die Existenz der Götter. Sein Nachfolger Anaximenes, für den das Anfangsprinzip – in einem Sinne, der zu kompliziert ist, als dass wir hier darauf eingehen können – „Luft" war, bezeichnete „die unbegrenzte Luft als Prinzip. Ihr entstammten die gegenwärtigen, die vergangenen und die zukünftigen Dinge sowie die Götter und die göttlichen Wesen."[123] So gedacht, könnte die Luft, weil sie Quelle und Ursprung der Götter ist, als noch „göttlicher" als die Götter verstanden werden, aber die Existenz der Götter steht genauso wenig in Frage wie im überwiegenden Teil der gesamten griechischen Geistesgeschichte, auch nicht bei Platon und Aristoteles. Das soll nicht heißen, dass die homerischen Götter nicht Gegenstand von Kritik waren – mit diesem Problem werden wir uns unten beschäftigen müssen –, geschweige denn, dass es in der Geschichte des Altertums niemanden gegeben hat, der Götter insgesamt ablehnte, sondern lediglich, dass dies keine unvermeidliche, ja noch nicht einmal eine besonders weit verbreitete Folge der Entstehung des griechischen „Naturalismus" gewesen ist. Wenn also

---

[121] Ebd., 238–239.
[122] Das Zitat stammt aus Platons *Gesetzen*, 899 b9, und soll auf Thales zurückgehen.
[123] *Des heiligen Hippolytus von Rom Widerlegung aller Häresien (Philosophumena)*, übers. v. Konrad Preysing, München: Kösel & Pustet, 1922, 24.

überhaupt von einem griechischen „Monotheismus" die Rede sein kann, dann unterschied sich dieser stark vom israelitischen: Der kosmische Gott war kein eifersüchtiger Gott, der die Existenz anderer Götter leugnete. Noch wichtiger ist, dass der kosmische Gott nicht verlangte, dass der Kult um die olympischen Gottheiten aufgegeben wurde, den Weise und Törichte gleichermaßen mit Hilfe von Hymnen, Gebeten und Opferungen während der gesamten Antike weiterhin vollzogen [*performed*].

Ich habe „Naturalismus" in Anführungszeichen gesetzt, weil man nicht davon ausgehen kann, dass Natur im Sinne von *physis* dieselbe Bedeutung hat wie „nature" im heutigen Englisch bzw. „Natur" im Deutsch der Gegenwart. *Physis* war ein zentraler Begriff der nachfolgenden griechischen Geistesgeschichte und bedeutete letztendlich „die *wesentliche Beschaffenheit* eines Dings", aber auch seine andere Bedeutung einer Entwicklung, also der Vorstellung, dass wir „die ‚Natur' von etwas verstehen, wenn wir herausfinden, *auf welche Quelle* es zurückgeht und *auf welche Weise* es zu dem geworden ist, was es ist", hat er nie verloren.[124] Paul Ricœur hat daran erinnert, dass es riskant ist, *physis* mit „Natur" zu übersetzen, weil *physis* keine ‚gegebene' „leblose […] Sache", sondern eher etwas Lebendiges sei. Wir können den aristotelischen Gedanken, dass Kunst Nachahmung *(mimesis)* der Natur *(physis)* sei, nach Meinung von Ricœur nicht verstehen, wenn wir glauben, dass wir durch Kunst „d[a]s Vorhandene […]" nachahmen, obwohl wir eher etwas aktualisieren, das lebendig ist.[125] Eine andere Weise, dies auszudrücken, bestände möglicherweise darin, dass man sagt, im griechischen Denken fehle unsere starke Dichotomie zwischen Subjektivität und Objektivität, sodass Natur etwas ist, mit dem man lebt, von dem man ein Teil ist, aber nichts „Vorhandenes".[126]

Alle Einschränkungen, die ich gegenüber der Vorstellung vorzunehmen versucht habe, dass die milesische Kosmologie „das Aufkommen einer rationalen Perspektive auf die natürliche Welt" markiere, indem ich eingewandt habe, dass sie auch eine neue Form von Mythologie sei, sollen nicht heißen, dass ich ihre Bedeutung oder gar ihren Stellenwert für beinahe das gesamte spätere Denken schmälern möchte. Sie stellte keinen vollständigen Bruch mit der Dichtung, dem Mythos und den olympischen Göttern dar, führte aber in eine ganz neue, spekulative Welt ein, die viele

---

124 Kahn, *Anaximander*, 201–202, Kursivierung im Original.

125 Paul Ricœur, *Die lebendige Metapher*, übers. v. Rainer Rochlitz, München: Fink, 1986 [1975], 53–55. Ricœur äußert auch Zweifel daran, dass „Nachahmung" eine gute Übersetzung für *mimesis* ist, aber das ist eine Frage, die uns hier nicht weiter beschäftigen muss.

126 Auch im Englischen oder Deutschen ist „Natur" nicht völlig eindeutig: Die „Natur" der Naturwissenschaft ist nicht ganz dasselbe wie die „Natur" des Bergsteigers.

Entwicklungslinien eröffnen sollte. Die Welt der Weisen war vielen – politischen, ökonomischen, religiösen – Einflüssen unterworfen, aber niemals wieder würde ein Interesse an der „*wesentliche[n] Beschaffenheit* der Dinge" aufhören, die Gemüter der Griechen zu beschäftigen.

Der Übergang in die Achsenzeit

Es wird weithin angenommen, dass der Begriff „Rationalität" im annähernd modernen Sinne im alten Griechenland zur Zeit von Platon und Aristoteles zweifelsfrei in Erscheinung getreten sei. Trotzdem werden wir selbst diese Vermutung näher untersuchen müssen. Sehr viel weniger Einigkeit herrscht darüber, wie viel früher solch eine Rationalität schon wahrnehmbar ist und welcher Vorsokratiker sie am deutlichsten zum Ausdruck gebracht hat. Wenn wir Klarheit über das Aufkommen von Rationalität bzw. Theorie, wie Donald sie definiert, erlangen, können wir möglicherweise die Rolle zu ermessen, die das Aufkommen von Rationalität für den achsenzeitlichen Wandel in Griechenland gespielt hat. Auf keinen Fall vergessen dürfen wir dabei die historische Gesamtlandschaft während der Blütezeit der altgriechischen Kultur in den 500 Jahren von etwa 800 bis etwa 300 v. u. Z. Bevor wir uns einzelne Denker und Bewegungen ansehen, mag deshalb ein kurzer Überblick über die Hintergrundmerkmale jener Zeit zweckmäßig sein, die dazu beitragen könnten, den Übergang in die Achsenzeit zu erklären.

Die gewöhnlich auf das achte Jahrhundert datierte Entstehung der Polis als solcher, in der die Beteiligung aller Bürger an der Versammlung im Vordergrund stand, auch wenn einige wenige die politischen Ämter monopolisierten, sowie die Herausbildung einer allen Polismitgliedern zugänglichen, sich auf Opferriten konzentrierenden Religion, die in immer imposanteren, den Schutzgottheiten der Poleis gewidmeten Tempeln vollzogen wurden *[performed]*, gelten als wesentliche Vorbedingungen für die Entwicklung griechischer Rationalität. Aufgrund der Entwicklung von immer stärker auf Partizipation angelegten, politischen und richterlichen Institutionen wurde besonders im sechsten und fünften Jahrhundert in der Versammlung und an den Gerichtshöfen zunehmend Wert auf Argumente gelegt, was Diskussionen und Beweismittel ausdrücklich zu zentralen Anliegen machte. Eine Reihe von Gelehrten hat eben diese intensivere politische Partizipation in den sich entwickelnden Poleis als unverzichtbare Vorbedingung für das neuartige Denken verstanden.[127]

---

[127] Zum Einfluss des politischen Lebens in Griechenland auf die Entwicklung des

Es sei daran erinnert, dass Literalität, der früher in diesem Prozess ein hoher kausaler Stellenwert zugesprochen wurde, die mittlerweile aber eher als notwendige denn als hinreichende Ursache verstanden wird, eng mit dem Aufstieg der Polis verbunden war: Die ersten schriftlichen Zeugnisse, die Dichtungen von Homer und Hesiod sowie die homerischen Hymnen, stammen aus dem späten achten oder frühen siebten Jahrhundert, und die Anfänge der Prosatexte, von denen wir nur Fragmente besitzen, reichen in die Zeit vom frühen sechsten Jahrhundert bis in dessen Mitte zurück.[128]

Ein dritter Faktor neben politischen Entwicklungen und Literalität, nämlich die Erfindung des Geldes, erfolgte im späten siebten und frühen sechsten Jahrhundert in Kleinasien und ging insofern mit den Anfängen der Spekulation in Milet einher. In seinem Buch *Money and the Early Greek Mind* hat Richard Seaford im Jahr 2004 überzeugende Argumente dafür vorgelegt, wie wichtig die erste Geldwirtschaft der Welt als Impuls für das abstrakte Denken war. Seaford verlagert die ganze Gelddiskussion von ihrer für gewöhnlich willkürlichen Handhabung, in deren Rahmen der Begriff auf alles angewendet wird, was als Wertmaßstab dient, hin zu einer präzisen Definition, was Geld in Wirklichkeit ist. Seine Ausführungen sind zu fachspezifisch, als dass sie hier wiedergegeben werden könnten, laufen aber darauf hinaus, dass Geld als umlaufende Währung im Vertrauen auf die es ausgebende Autorität akzeptiert wird.[129] Seaford vertritt die These, dass die ionischen Griechen das Geld erfunden haben, und in Bezug auf dessen Ursprungsdatum meint er, „dass Münzgeld sich im griechischen Kleinasien ab dem späten siebten oder frühen sechsten Jahrhundert und auf dem Festland etwa ab Mitte des sechsten Jahrhunderts verbreitete".[130] Zur Veranschaulichung des Einflusses von Geld auf das griechische Abs-

---

frühen griechischen Denkens, siehe unter anderem: Jean-Pierre Vernant, *Die Entstehung des griechischen Denkens*, übers. v. Edmund Jacoby, Frankfurt: Suhrkamp, 1982 [1962]; und Lloyd, *Magic, Reason and Experience*, insbesondere Kapitel 4. Zum Einfluss der griechischen Rechtspraxis, siehe Michael Gagarin, „Greek Law and the Presocratics", in: Caston und Graham (Hrsg.), *Presocratic Philosophy*, 19–24. Gagarin merkt an, dass Havelock in *The Greek Concept of Justice* schon vor einiger Zeit die Bedeutsamkeit des argumentativen Charakters der griechischen Rechtsverfahren für die Entwicklung des griechischen Denkens festgestellt habe.

128 Eric Havelock war der stärkste Verfechter der These, Literalität sei für die Entwicklung des griechischen Denkens wichtig gewesen, wobei er die fortgesetzte Wichtigkeit der Oralität niemals ganz aus dem Blick verloren hat. Siehe insbesondere seine Bücher *Preface to Plato* und *Schriftlichkeit: Das griechische Alphabet als kulturelle Revolution*, übers. v. Gabriele Herbst, Weinheim: VCH, 1990 [1982].

129 Eine ausführlichere Beschreibung findet sich bei Seaford, *Money and the Early Greek Mind*, Kap. 8, „The Features of Money", 147–172.

130 Ebd., 93.

traktionsvermögen führt Seaford das Werk der Milesier an; außerdem nennt er eine Reihe konkreter Beispiele, wie etwa die bekannten Worte von Heraklit: „Wechselweiser Umsatz: des Alls gegen das Feuer und des Feuers gegen das All, so wie die Waren gegen Gold und des Goldes gegen Waren."[131] Ob Geld für das frühe griechische Denken tatsächlich eine so dominante Rolle als Impulsgeber gespielt hat, wie Seaford glaubt, lässt sich bestreiten. Doch dass es ein wichtiger Hintergrundfaktor gewesen ist, stimmt höchstwahrscheinlich. Außerdem sollte man nicht vergessen, dass das Geld von der Polis ausgegeben wurde und von daher einen gleichermaßen politischen wie ökonomischen Entwicklungsschritt darstellte.

Einen vierten Faktor in Bezug auf die zunehmende Rationalisierung des griechischen Denkens hat Robert Hahn vorgeschlagen, nämlich Technik, und zwar besonders Bautechnik.[132] Hahn weist darauf hin, dass in der ersten Hälfte des sechsten Jahrhunderts, gerade als die milesischen Lehren Gestalt annahmen und Anaximander versuchte, den Aufbau des Kosmos auf eine Formel zu bringen, in Ionien die ersten monumentalen Steintempel der griechischen Geschichte errichtet wurden: der Apollon-Tempel von Didydma in der Nähe von Milet, der Tempel der Artemis in Ephesos und der Hera-Tempel auf Samos.[133] Hahn behauptet, dass man zwar die Grundtechnik für die Errichtung massiver Steinbauten in Ägypten gelernt hätte, das zu jener Zeit enge Verbindungen zu Ionien unterhielt, die griechischen Architekten aber eine Lösung für eine Reihe von Problemen finden mussten, die ihren eigenen Bedürfnissen gerecht wurde. Obwohl sie heilige Gebäude für die Götter bauten, lösten sie auch komplexe geometrische und technische Probleme allein mit Hilfe der menschlichen Vernunft. Hahn glaubt, dass Anaximander den Tempelbau, insbesondere das Gefüge massiver, aus großen, kreisförmigen, aufeinander gestapelten Tambouren bestehender Säulen als eine Art Paradigma für sein Modell des Universums benutzt hat. Wir wissen, dass Anaximander dachte, die Erde sei zylindrisch geformt und Durchmesser und Länge hätten ein Verhältnis von 3:1, wie der Tambour einer Säule, wobei er möglicherweise eine unendliche Säule unterstellte, die alle Teile des Kosmos miteinander verband und von der die Erde nur ein Segment darstellte, was Platon später als eine Art *axis mundi*,

---

131 Ebd., 94. Heraklit, Fragment B 90, in: *Die Fragmente der Vorsokratiker*, Bd. 1, übers. v. Hermann Diels, hrsg. v. Walther Kranz, 18. Aufl. Zürich: Weidmann, 1989 [1903], 171.

132 Robert Hahn, *Anaximander and the Architects: The Contribution of Egyptian and Greek Architectural Technologies to the Origins of Greek Philosophy*, Albany: SUNY Press, 2001.

133 Ebd., 69 ff.

Weltachse, beschreiben wird.[134] Laut Hahns Interpretation ist Anaximanders Denken mit der „Zurückweisung übernatürlicher Erklärungen“ und dem „Vorantreiben des rationalen Diskurses“ verbunden, was stimmen mag, aber nicht dazu verleiten sollte, Anaximander als frühen „Säkularisten“ zu bezeichnen. Unabhängig davon, wie viel er tatsächlich von den rationalen Überlegungen der Bautechniker lernte, legt seine Verwendung der religiös-kosmologischen Bedeutung der Tempelsäule als Paradigma für sein Weltbild eher nahe, dass er zu weiten Teilen immer noch in einer mythologischen Welt lebte. So wie Literalität und Geld eng mit dem Aufstieg der Polis zu korrelieren scheinen, verhält es sich letztendlich auch mit der monumentalen Tempelarchitektur als dem eigentlichen Symbol für Solidarität in der Polis.[135]

Die vier genannten Hintergrundfaktoren für das Aufkommen von so etwas wie rationaler Reflexion im alten Griechenland sind alle mehr oder weniger eng mit dem Aufstieg und der Blütezeit der Polis und einer Gesamtgesellschaft verbunden, die aus einer Reihe von selbstständigen Poleis bestand. Weil die Polis-Gesellschaft einzigartig war, ist es vielleicht nicht überraschend, dass sie einzigartige kulturelle Entwicklungen hervorrief. In meinen einführenden Überlegungen zum Problem der Achsenzeit hatte ich angedeutet, dass gewöhnlich ein Zusammenbruch ein Beschleunigungsfaktor für den achsenzeitlichen Wandel gewesen ist. Bisher hat die Polis-Gesellschaft sich uns als weitgehend erfolgreich dargestellt. Den spärlichen historischen Daten zufolge, über die wir verfügen, litt Milet zwar in der ersten Hälfte des sechsten Jahrhunderts unter mehreren Invasionen aus dem Ausland und unter schweren Konflikten im Inland. Aber wir wissen einfach nicht genug, um sagen zu können, ob diese Schwierigkeiten mit dem neuartigen Denken in Milet zusammenhingen. Die Frage des Zusammenbruchs wird sich erneut stellen, wenn wir uns mit späteren Entwicklungen befassen. Vorher müssen wir noch einige Entwicklungen auf dem Gebiet der Religion erörtern, von denen sich nicht alle durch das erfassen lassen, was normalerweise als Polis-Religion gilt.

Die Bedeutung, die der Kult um die olympischen Gottheiten in seiner Eigenschaft als Fokus der Solidarität in der sich entwickelnden Polis besaß, hatten wir oben erwähnt. Wir hatten aber auch einen anderen Strang der

---

[134] Zur Form der Erde siehe Kahn, *Anaximander*, 55–56; und Hahn, *Anaximander*, 177 ff. Zu Platons kosmischer Achse siehe *Politeia* 616b ff.

[135] Auf der Grundlage spärlicher und problematischer Belege behauptet Hahn, dass die monumentalen ionischen Tempel Symbole oligarchischer oder tyrannischer Herrschaft sein sollten und dann unbeabsichtigterweise die Solidarität der gesamten Gemeinschaft symbolisierten – eine Behauptung, die ich fraglich finde. Siehe sein Buch *Anaximander*, 219–240.

religiösen Überlieferung in Griechenland festgehalten, nämlich das Dionysische, das im sechsten Jahrhundert in Athen zunehmend an Bedeutung gewann. Es gab keine einheitliche und mit Sicherheit keine zentralisierte griechische Religion; Delphi diente als ein Polis-übergreifendes religiöses Zentrum, aber seine Fokussierung auf Apollon und dessen Orakelsprüche bedeutete, dass es lediglich für eine von vielen religiösen Kulthandlungen, Praktiken und Andachtsformen stand. Stoßartig tritt eine große Zahl von religiösen Bewegungen und/oder charismatischen Gestalten in den ausgesprochen unvollständigen Berichten in Erscheinung, über die wir für ganz Griechenland aus dem sechsten Jahrhundert verfügen. Die am besten dokumentierte Bewegung – und das heißt nicht, dass sie besonders gut dokumentiert ist – ist die von Pythagoras und seinen Anhängern auf Sizilien und in Süditalien.[136] Pythagoras, eine schemenhafte Figur, von dem keine Schriften überliefert sind, war Ionier von Geburt und möglicherweise über das milesische Denken unterrichtet, aber er wanderte nach Sizilien aus und begründete dort eine gleichzeitig religiöse und politische Bewegung.[137] Obwohl seine Anhänger in mehreren Städten nach politischer Kontrolle strebten, fand seine Lehre zumindest für die Eingeweihten im Verborgenen statt und befasste sich mit individuellen religiösen Bedürfnissen.

Auch die Mysterienreligionen, von denen der Demeter-Kult in Eleusis bei Athen die bekannteste ist, waren mit dem individuellen religiösen Heil befasst („Erlösung“ wäre wohl ein zu starkes Wort). Diese schwer voneinander unterscheidbaren religiösen Strömungen waren eine weitere bedeutende Einflussgröße auf die sich entwickelnde Weisheitstradition, die sich auf für uns vielleicht überraschende Weise mit der Entwicklung der Rationalität überlappte. Aspekte des Denkens von Heraklit und Parmenides sind auf den Einfluss der „Mysterienreligionen“ zurückgeführt wor-

---

[136] Charles H. Kahn, *Pythagoras and the Pythagoreans: A Brief History*, Indianapolis: Hackett, 2001, greift auf die grundlegende Arbeit von Walter Burkert über den Pythagoreismus, *Weisheit und Wissenschaft: Studien zu Pythagoras, Philolaos und Platon,* Nürnberg: Carl, 1962, zurück und verbessert diese bis zu einem gewissen Grad.

[137] Da es keine klaren Hinweise gibt, die das Gegenteil belegen, vermutet Kahn, dass das grundlegende pythagoreische mathematische Verständnis des Kosmos durchaus von Pythagoras selbst stammen könnte. Er schreibt: „Der Begriff der kosmischen Harmonie, die in Zahlenverhältnissen ausgedrückt und als Sphärenmusik gefasst wird, ist eine dieser genialen Ideen, die über die Jahrhunderte erstaunlich fruchtbar geblieben ist“, und schließt daraus, dass dieser Gedanke, weil es keinen anderen Pythagoreer von vergleichbarem Format gegeben habe, durchaus auf Pythagoras selbst zurückgehen könnte. Siehe *Pythagoras*, 38.

den. Schamanenhafte Gestalten, von denen es häufig hieß, sie hätten magische Kräfte, gehen mindestens bis auf Epimenides, einem Zeitgenossen von Solon (frühes sechstes Jahrhundert), Pythagoras, ein bis zwei Generationen später, Empedokles, der Mitte des fünften Jahrhunderts lebte und einen maßgeblichen Beitrag zur Spekulation in Griechenland leistete, sich aber auch in extravagante Gewänder gehüllt und für göttlich gehalten haben soll, und Sokrates zurück. Wenn wir uns den Sokrates ansehen, den Alkibiades im *Symposion* beschrieben hat, haben wir einen Mann vor uns, der sich einen ganzen Tag lang in Standmeditationsübungen verlieren konnte, in aller Ruhe mit bloßen Füßen über Eis zu gehen vermochte, wo seine Mitsoldaten in Stiefeln Schwierigkeiten hatten, gegen Alkohol gefeit war und niemals schlief.

Ein Hauptunterschied zwischen diesen religiösen Strömungen und dem, was Michael Morgan als „delphische Theologie" bezeichnet, besteht darin, dass die delphische Theologie den massiven Abstand zwischen Göttern und Menschen, Unsterblichen und Sterblichen hervorhob (das delphische Motto, „Erkenne dich selbst" war eine Warnung, nicht zu vergessen, dass man ein Mensch war und es Hybris wäre, wenn man versuchte, sich mit den Göttern zu messen), wohingegen die Mysterienreligionen, bei denen ekstatische Riten, Besessenheitskulte und Initiationsrituale im Vordergrund standen, die Grenzlinie zwischen Gott und Mensch als durchlässig und Vergöttlichung als menschenmöglich betrachteten.[138] Wenn man einen Blick in den *Phaidon*, ins *Symposion* und in den *Phaidros* wirft, könnte man Platon gut und gerne dem zweiten Lager zurechnen.

Oben hatten wir festgestellt, dass die Milesier die bestehenden olympischen Gottheiten entweder ignorierten oder akzeptierten, sie aber nicht kritisierten. Doch dass sie in ihre Kosmogonien kaum mehr als implizite Bezugnahmen auf ihre Vorgänger einbauen mussten, sagt uns – zusammen mit der Tatsache, dass sie sich die Freiheit nahmen, sogar die Ansichten ihrer eigenen Lehrer drastisch zu modifizieren – etwas Wichtiges über die griechische Geisteswelt. In einem Buch, in dem er die altgriechische mit der altchinesischen Wissenschaft vergleicht, weist G. E. R. Lloyd auf das erstaunliche „*Fehlen* großer Autoritätsfiguren unter den Autoren der [grie-

---

138 Michael L. Morgan, *Platonic Piety: Philosophy and Ritual in Fourth-Century Athens*, New Haven: Yale University Press, 1990, 15. Es sei darauf hingewiesen, dass zumindest in Athen die dionysische Religion durch die Stadt-Dionysien und die Aufführung der Tragödien in die Religion der Polis integriert war, die darum nach Morgans Verständnis nicht ausschließlich delphisch war. Auch die Mysterien von Eleusis gehörten sehr wohl zum Leben in Athen. Die Initiation in den Kult stand jedem offen, der Griechisch sprechen und die Gebühr bezahlen konnte, aber Athen hielt den Kult für eine Zierde der eigenen Vormachtstellung unter den Poleis.

chischen] Klassik“ hin und kontrastiert er die „bekanntermaßen agonistischen Griechen“ mit „der nicht so bekannten Friedfertigkeit der Chinesen“, die normalerweise für ihre Aussagen althergebrachte Autoritäten heranzogen.[139] Lloyd zeigt, dass selbst in der hellenistischen Zeit, als sich in Griechenland um Gründerfiguren und ihre Texte herum Schulen bildeten, die Intensität der Debatten in den Schulen, die Neigung späterer Schuloberhäupter, deren Begründer zu kritisieren, und die Tendenz, dass sich neue, davon abweichende Schulen bildeten und Einzelpersonen von einer Schule zur anderen wechselten, in China keine Entsprechung hatten, obwohl man auch dort auf verschiedene Debatten- und Argumentationsformen stößt.

Da alle gebildeten Griechen als erstes seine Texte kennenlernten und Bemühungen, seine Dichtungen zu allegorisieren, um sie mit späterem Gedankengut in Einklang zu bringen, erstaunlich früh einsetzten, hat Homer die Gemüter der Griechen nie wieder losgelassen. Doch Homers Einfluss glich sogar bei Autoren, die ihn offen kritisieren (wie zum Beispiel Platon in der *Politeia*), eher einer Art Subtext als einer externen Autorität. Auch wenn man an Israel denkt, bilden die Griechen einen deutlichen Kontrast. Als Gedankenexperiment, was hätte sein können, denke man etwa an die enge Verbindung zwischen Zeus und Gerechtigkeit *(dike)*, die zaghaft bei Homer beginnt, bei Hesiod ziemlich explizit und zentral wird, die Solon eindringlich auf seine unmittelbare Umgebung anwendete und die in den Tragödien von Aischylos erneut bekräftigt wurde. Obwohl Gerechtigkeit für diejenigen, die wir Vorsokratiker nennen, weiterhin ein zentrales Anliegen war, lockerte sich die Verbindung zu Zeus nun aber drastisch. Im Fall von Israel hatten wir gesehen, dass sich der Status von Jahwe allmählich von einem und sei es auch größten Gott unter anderen Göttern zum einzigen wahren Gott entwickelte. Dieses Schicksal war Zeus nie beschieden, auch wenn die Möglichkeit dazu stets bestand, wie der *Zeus-Hymnus* des Stoikers Kleanthes im frühen dritten Jahrhundert v. u. Z. bezeugt.[140]

Xenophanes, der seine Geburtsstadt Kolophon (in Ionien) im Alter von 25 möglicherweise nach der persischen Eroberung der Stadt im Jahr 545 v. u. Z. verließ und viele Jahrzehnte lang in verschiedenen Städten auf

---

139 G. E. R. Lloyd, *Adversaries and Authorities: Investigations into Ancient Greek and Chinese Science*, Cambridge: Cambridge University Press, 1996, 21 und 24. Kursivierung im Original.

140 Bernd Effe hat den Hymnus übersetzt, siehe *Die griechische Literatur in Text und Darstellung*, Bd. 4: *Hellenismus*, hrsg. v. Bernd Effe, Stuttgart: Reclam, 1985, 156–159. Für Kleanthes war Zeus zwar „alles beherrschend“ und „Herr über die Natur“, aber nur „der Erhabenste der Unsterblichen“. Auch wird Kleanthes' Ergebenheit gegenüber Zeus nicht von allen späteren Stoikern geteilt.

Sizilien und in Süditalien lebte, ist die erste uns bekannte Persönlichkeit, die offen Kritik an den olympischen Göttern äußerte. Er schrieb Gedichte, die er in den verschiedenen Städten, in die er reiste, selbst öffentlich vortrug, und war „ein wahrer sophistés oder Weiser, bereit, seine Intelligenz auf praktisch jedes Problem zu richten".[141] Seine Bedeutung besteht in erster Linie darin, dass er aus den milesischen Spekulationen eine Schlussfolgerung gezogen hat, die von den Milesiern selbst nicht gezogen worden war: dass nämlich die traditionellen Ansichten über die olympischen Gottheiten falsch waren: „Alles haben den Göttern Homer und Hesiod angehängt, was nur bei Menschen Schimpf und Schande ist: Stehlen und Ehebrechen und einander Betrügen."[142] Dabei seien nicht nur die den Göttern zugeschriebenen Handlungen ‚unziemlich', sondern auch ihr Erscheinungsbild, als ob Götter wie normale Sterbliche geboren werden würden, Kleider anhätten, redeten und Körper hätten. Nachdruck verlieh Xenophanes seinem Angriff auf den Anthropomorphismus mit dem kulturrelativistischen Argument, dass „[d]ie Äthiopen *behaupten, ihre Götter* seien stumpfnasig und schwarz, die Thraker, blauäugig und rothaarig". Er machte sogar geltend, dass wenn Pferde und Rinder zeichnen könnten, ihre Götter aussehen würden wie Pferde und Rinder.[143]

Xenophanes entwickelte eine positive Theologie, bei der es sich um seine Weiterführung der Lehren aus Milet gehandelt haben könnte:

> „Ein einziger Gott, unter Göttern und Menschen am größten, weder an Gestalt den Sterblichen ähnlich noch an Gedanken.
> Stets aber am selbigen Ort verharrt er sich garnicht bewegend, und es geziemt ihm nicht hin- und herzugehen bald hierhin bald dorthin.
> Doch sonder Mühe erschüttert er alles mit des Geistes Denkkraft.
> *Gott* ist ganz Auge, ganz Geist, ganz Ohr."[144]

Wir haben hier eine ausgearbeitete Fassung des kosmischen Gottes Griechenlands vor uns, den Kahn implizit bei Anaximander ausfindig gemacht hatte, allerdings einen Gott, der „unter Göttern und Menschen am größten" ist, nicht den einzigen Gott. Xenophanes war sich vollauf bewusst, dass Homer der Mann war, „von dem alle Welt seit Urbeginn gelernt hat",

---

141 G. S. Kirk, J. E. Raven und M. Schofield, *Die vorsokratischen Philosophen: Einführung, Texte und Kommentare*, übers. v. Karlheinz Hülser, Stuttgart: Metzler, 1994 [1983], 183. Siehe auch die respektvolle Xenophanes-Darstellung in Werner Jaeger, *Die Theologie der frühen griechischen Denker*, Stuttgart: Kohlhammer, 1953, 50–68.

142 B 11, in: *Die Fragmente der Vorsokratiker*, Bd. 1, 132. Siehe Kirk, Raven und Schofield, *Die vorsokratischen Philosophen*, 183–184.

143 *Die Fragmente der Vorsokratiker*, 132–133.

144 Ebd., 135.

sodass seine Kritik an Homer im Grunde genommen tendenziös war.[145] Zumindest unter den Gebildeten würden die homerischen Götter nie wieder völlig sicher sein, auch wenn sie nicht ganz verworfen wurden.

Heraklit und Parmenides

In der Generation direkt nach Xenophanes waren Heraklit und Parmenides die wichtigsten und originärsten Denker. Beide lebten annähernd zur selben Zeit, im späten sechsten und frühen fünften Jahrhundert, einer im ionischen Ephesos, der andere im italienischen Elea, und höchstwahrscheinlich war keinem der beiden das Werk des anderen bekannt. Anders als Xenophanes, der meines Erachtens die Andeutungen seiner milesischen Vorgänger lediglich weiterentwickelt hat, waren Heraklit und Parmenides bemüht, das poetische Erbe in eine Sprache zu verwandeln, die das Narrative hinter sich zu lassen und zur zeitlosen Wahrheit über das Ich, die Gesellschaft und den Kosmos vorzudringen vermochte. Obwohl die beiden Denker oberflächlich gesehen völlig verschieden zu sein scheinen – nach Heraklits Überzeugung liegt die äußerste Wahrheit des Kosmos im kontinuierlichen Wandel und für Parmenides ist sie unbewegtes und unveränderliches Sein –, machte die Tatsache, dass sie beide eine Beschreibung der Wirklichkeit anstrebten, die sich vom bloßen Anschein unterschied, sie in den Augen mancher Gelehrter zu Mitbegründern von Vernunft oder Theorie und damit zu Schlüsselfiguren für den achsenzeitlichen Wandel.[146]

Von Heraklit besitzen wir Fragmente seines in der Antike über viele

---

[145] Jaeger, *Theologie,* 54.

[146] Zum Argument, dass Heraklit und Parmenides grundsätzlich das Gleiche tun, nur mit jeweils unterschiedlichen Mitteln, siehe insbesondere Alexander Nehamas, „Parmenidean Being / Heraclitean Fire“, in: Caston and Graham (Hrsg.), *Presocratic Philosophy,* 45–64. Hegels Deutung der beiden ist interessant: „Mit Parmenides“, sagt er, „hat das eigentliche Philosophieren angefangen; […] *Ein* Mensch macht sich frei von allen Vorstellungen und Meinungen, spricht ihnen alle Wahrheit ab und sagt: Nur die Notwendigkeit, das Sein ist das Wahre. Dieser Anfang ist freilich noch trübe und unbestimmt; es ist nicht weiter zu erklären, was darin liegt; aber gerade dies Erklären ist die Ausbildung der Philosophie selbst, die hier noch nicht vorhanden ist.“ Über Heraklit schreibt er: „Es ist der notwendige Fortschritt, und es ist der, den Heraklit gemacht hat. Das Sein ist das Eine, das Erste; das Zweite ist das Werden, – zu dieser Bestimmung ist er fortgegangen. Das ist das erste Konkrete, das Absolute als in ihm die Einheit Entgegengesetzter. Bei ihm ist also zuerst die philosophische Idee in ihrer spekulativen Form anzutreffen […] Hier sehen wir Land; es ist kein Satz des Heraklit, den ich nicht in meine Logik aufgenommen.“ G. W. F. Hegel, *Vorlesungen über die Philosophie der Geschichte, Werke,* Band 18, Frankfurt: Suhrkamp, 1971, 290 und

Jahrhunderte bekannten „Buches“, das allerdings eine Art kurze Aphorismus-Sammlung gewesen sein muss, von der vielleicht die Hälfte bis zu einem Drittel erhalten ist. Er war Nietzsches griechischer Lieblingsdichter, und an der Art und Weise, wie Heraklit Paradoxien und Konflikte in den Vordergrund stellt, ist nicht schwer zu erkennen, warum.[147] Er schrieb in Prosa, aber seine Aphorismen sind so ausdrucksstark wie die einzeiligen Gedichte, von denen Jakobson spricht. Sie erkunden die Tiefenschichten der Person, der Gesellschaft und des Kosmos sowie die tiefreichenden und konfliktträchtigen Beziehungen zwischen ihnen, aber sie werden nicht von einer konsistenten logischen Argumentation getragen.[148]

Havelock hebt hervor, dass Heraklit, ja eigentlich die Vorsokratiker im Allgemeinen immer noch in einer weitgehend oralen Kultur lebten: Heraklit spricht vom Hören und Sprechen, nicht vom Lesen und Schreiben. Obwohl Aphorismen und Dichtung gleich alt seien, meint Havelock, wäre die Komplexität von Heraklits verdichteten Aussprüchen einprägsamer gewesen, wenn sie in daktylischen Hexametern verfasst worden wären, auch wenn sie häufig beinahe so rhythmisch waren wie Verse und Kunstgriffe wie Wiederholung, Alliteration, Antithese und Symmetrie einsetzten.[149] Einige Schlüsselbegriffe verwendet Heraklit immer wieder, versieht sie aber mit ungewohnten Bedeutungen: Worte wie *logos* (dessen viele Bedeutungen von „Sprache“ bis „kosmische Ordnung des Universums“ reichen), das Weise *(to sophon)*, ja sogar so scheinbar eindeutige Worte wie Krieg und Feuer. Havelock meint: „Von insgesamt etwa hundertdreißig Aussprüchen sind nicht weniger als vierundvierzig, oder vierunddreißig Prozent, mit der Notwendigkeit befaßt, eine neue und bessere Sprache zu finden oder eine neue und richtigere Weise der Erfahrung, oder sie befassen sich mit der Zurückweisung der geläufigen Kommunikationsmethoden und der geläufigen Erfahrung.“[150] Gleichwohl glaubt Havelock auch, dass

---

320. Hegel behauptet nicht, dass Heraklit nach Parmenides kam, die Verbindung, die er zwischen ihnen herstellt, ist logisch, nicht chronologisch.

[147] Friedrich Nietzsche, *Die Philosophie im tragischen Zeitalter der Griechen,* KSA 1, 825. Dieses Buch hinterließ Nietzsche unvollendet, als er starb; seine Notizen und Fragmente wurden posthum veröffentlicht.

[148] Charles H. Kahn bietet eine exzellente Einführung in *The Art and Thought of Heraclitus: An Edition of the Fragments with Translation and Commentary*, Cambridge: Cambridge University Press, 1979. Heraklit scheint seine Leser aufzufordern, nicht nur zu lesen, was er sagt, sondern es „nachzuvollziehen“ [*perform*], denn angesichts der Rätselhaftigkeit der von ihm überlieferten Sätze müssen sie sich gedanklich in diese hineinversetzen, wenn sie ihnen einen Sinn abgewinnen wollen.

[149] Havelock, *Schriftlichkeit*, 125–132.

[150] Ebd., 130–131.

Heraklit „den Prototyp und den Vorfahren für die Leistung der ersten philosophischen Prosa liefert".[151]

Kahn vertieft Havelocks Argument, wenn er die These vertritt, Heraklit bringe seine philosophische Tiefgründigkeit mit einer literarischen Kunstfertigkeit zum Ausdruck, die für das Verständnis von deren Bedeutung unerlässlich sei. Nicht, dass sich bei Heraklit keine „Argumente" fänden – Kahn erinnert daran, dass er von Platon bis in die Gegenwart als Denker ernst genommen worden ist –, aber sein Denken muss sowohl eine literarische als auch eine logische Interpretation erfahren, wenn wir ihm so viel Sinn wie irgend möglich abgewinnen wollen.[152]

Für etwas, das einer angemessenen Darstellung von Heraklits Lehre auch nur nahekommt, ist hier nicht genügend Platz. Ich möchte lediglich die – allerdings für ihn zentralen – Aspekte erwähnen, die mit dem zu tun haben, was wir als religiöse Dimension bezeichnen würden. Der Gedanke „des Weisen" *(to sophon)* ist zentral, wie etwa in seinem Ausspruch „Eins nur ist das Weise, sich auf den Gedanken zu verstehen, als welcher alles auf alle Weise zu steuern weiß".[153] Kahn zitiert Reinhardt, der zu Recht sage, „Heraklits Prinzip, das, was bei ihm dem *apeiron* des Anaximander und dem *on* des Parmenides entspricht, ist *nicht* das Feuer, sondern *to sophon*".[154] Und an einer Stelle spiele Heraklit mit der Möglichkeit, sich Zeus als Zentrum vorzustellen: „Eins, das allein Weise, will nicht und will doch mit dem Namen des Zeus benannt werden."[155] Aber, und hier heißt es, vorsichtig zu sein, weil unter den Experten wenig Einigkeit besteht, es gibt eine Reihe von Begriffen, die Heraklit verwendet und die auf die äußerste Wirklichkeit zu verweisen scheinen: *logos*, Feuer, Krieg („aller Dinge Vater"), Gott *(theos)*, die aber möglicherweise alle in dem Gedanken einer „Einheit der Gegensätze" zusammengefasst werden können. Heraklit zufolge sind Gegensätze aufeinander angewiesen, müssen sich aber auch bekämpfen, weshalb Zwietracht und Einheit in Fällen zusammengehören, die uns seltsam erscheinen mögen: Tag und Nacht, Hochfahrt und Talfahrt auf einer Bergstraße, die See, die einerseits Nahrung (für Fi-

---

151 Ebd., 131–132. Diese Ehre lässt Havelock Anaximander nicht angedeihen, entweder weil er annimmt, dieser habe keine philosophische Prosa geschrieben, oder weil nur ein Prosasatz erhalten ist, den er geschrieben haben soll.

152 Kahn, *Art and Thoughts*, 88–89.

153 Heraklit, B 41, in: *Die Fragmente der Vorsokratiker*, Bd. 1, 160.

154 Kahn, *Art and Thoughts*, 172. Karl Reinhardt, *Parmenides und die Geschichte der griechischen Philosophie*, Frankfurt: Klostermann, 1959, 205.

155 Heraklit, B 32, in: *Die Fragmente der Vorsokratiker*, Bd. 1, 159. Kahn zufolge spielt Heraklit hier mit dem ionischen Dialekt, in dem „der Namen des Zeus" auch „der Name des Lebens" heißen könne (Kahn, *Art and Thought*, 267).

sche) bietet, aber andererseits (für Menschen) tödlich ist, und so weiter. Heraklit möchte sowohl auf dem ewigen Wandel beharren, dem alle Dinge unterliegen, als auch auf deren letzthinniger Einheit („alles sei eins", B 50).

Edward Husseys vorzügliche Zusammenfassung von Heraklits Lehren hilft uns, die verschiedenen Ebenen auseinanderzuhalten: „Wir müssen das Weise [*to sophon,* mit dem unsere Erörterung von Heraklits Denken begann] also als etwas auffassen, was oberhalb und abseits sowohl der kosmischen Gegensätze als auch der kosmischen Einheit steht, sich jedoch in dem kosmischen Gott und in den einzelnen Seelen manifestiert."[156] Heraklit glaubt, dass die Wahrheit *(logos)* einfach und allen zugänglich ist, sie sei etwas, was Götter und Menschen teilen, aber um sie zu erkennen, müsse man wach sein, und den meisten Menschen „bleibt unbewußt, was sie nach dem Erwachen tun, so wie sie das Bewußtsein verlieren für das, was sie im Schlafe *tun*".[157] So wie es schon andernorts heißt, haben die Menschen Augen, sehen aber nicht, und Ohren, aber hören nicht. In Heraklits Worten: „Sie verstehen es nicht, auch wenn sie es vernommen; so sind sie wie Taube. Das Sprichwort bezeugt's ihnen: ‚Anwesend sind sie abwesend'."[158] Doch die Möglichkeit, dass wir aufwachen und wirklich zuhören, besteht nach wie vor, warum sollte Heraklit sonst ein Buch schreiben? Wir müssen nur das Licht der Vernunft erblicken, oder müssen wir, wie in den Mysterienreligionen, von den Toten erwachen? Wenn wir, wie bei Heraklit, an der Schwelle stehen, an der Mythospekulation zu Philosophie wird, wahrscheinlich beides.

Bei Parmenides begegnen wir etwas anderem. Auf den ersten Blick scheint er zusammen mit den älteren Vorsokratikern ins Reich der Mythospekulation zu gehören; er schrieb in Versform, genauer gesagt in daktylischen Hexametern wie Homer, und sein einziges erhaltenes Gedicht (eine der längsten Schriften, über die wir von diesen frühen Denkern verfügen) beginnt mit einem Prolog, in dem ein Aufstieg in den Himmel und die Annäherung an eine namenlose Göttin geschildert wird, die dem Jüngling

---

[156] Edward Hussey, „Heraklit", in: *Handbuch Frühe Griechische Philosophie: Von Thales bis zu den Sophisten,* hrsg. v. A. A. Long, übers. v. Karlheinz Hülser, Stuttgart: Metzler, 2001 [1999], 80–101, das Zitat findet sich auf Seite 98.

[157] Heraklit, B 1, *Die Fragmente der Vorsokratiker,* Bd. 1, 150. Anthony Long zufolge dürfte *logos,* was er unübersetzt lässt, der Schlüsselbegriff bei Heraklit sein. Außerdem weist er auf zwei wichtige Neuerungen im Denken Heraklits hin: „Heraklit ist der früheste griechische Denker, der eine unvergängliche Welt voraussetzt, und er ist auch der früheste, der den Begriff *kosmos* (im Sinne eines schönen Gefüges) für ‚Welt' verwendet." A. A. Long, „Heraclitus", in: *Routledge Encyclopedia of Philosophy,* Bd. 4, New York: Routledge, 1998, 368.

[158] Heraklit, B 34, *Die Fragmente der Vorsokratiker,* 159.

(kouros), der möglicherweise für Parmenides selbst steht, den Weg der Wahrheit und den Weg der Meinung offenbart. Der Weg der Meinung erweist sich als eine Kosmogonie, die sich nicht besonders stark von den Kosmogonien seiner Vorgänger unterscheidet. Der Weg der Wahrheit führt dagegen etwas radikal Neues in die Geschichte des griechischen Denkens ein. Die Göttin sagt Parmenides, es gebe nur zwei Wege, die dem Denken offenständen, der eine sei gangbar, der andere nicht. Eric Voegelin übersetzt: „‚Der eine Weg, daß *Ist* und daß *Nicht ist* nicht sein kann, das ist der Weg der Überzeugung [*Peitho*], die der Wahrheit [*Aletheia*] folgt.'"[159] In Voegelins Augen kann der Offenbarung des „Ist!" nur eine Art von Transzendenzerfahrung zugrunde gelegen haben. Er ist der Meinung, dass man, wenn man diese Stelle mit „Es ist" oder „Sein ist" übersetzt, die ekstatische Wahrnehmung des „Ist!" verfehlt, das Parmenides zunächst zögert, überhaupt „Sein" zu nennen. Er schreibt:

> „Was durch den Nous [Geist] faßlich wird, wird nicht in der Weise eines Gesprächsgegenstandes faßlich. Das Vordringen auf dem Weg zum Licht gipfelt in der Erfahrung einer höchsten Realität, die nur mit dem exklamatorischen ‚Ist!' ausgedrückt werden kann. Wenn der Philosoph mit dieser überwältigenden Realität konfrontiert ist, verliert das ‚Nicht ist' für ihn seine Bedeutung. Mit dem Ausruf ‚Ist!' kommen wir dem Kern der parmenideischen Erfahrung am nächsten. Die Aussageformen ‚Sein ist' und ‚Nichtsein kann nicht sein' sind bereits ‚unbeholfene' Umschreibungen."[160]

Auch Nietzsche meint, Parmenides' Entdeckung habe etwas von Plötzlichkeit, aber ganz anders als Voegelin denkt, sei sie keine ekstatische Erfahrung, sondern eine logische Offenbarung:

> „[K]ann denn etwas, was nicht ist, sein? Die einzige Form der Erkenntniß aber, der wir sofort ein unbedingtes Vertrauen schenken und deren Leugnung dem Wahnsinne gleichkommt, ist die Tautologie A = A. […] [Parmenides] hat ein Princip, den Schlüssel zum Weltgeheimniß, abseits von allem Menschenwahne, gefunden, er steigt jetzt, an der festen und furchtbaren Hand der tautologischen Wahrheit über das Sein, hinab in den Abgrund der Dinge."[161]

---

159 Voegelin, *Die Welt der Polis*, 68.

160 Ebd., 69 f.

161 Nietzsche, *Die Philosophie im tragischen Zeitalter der Griechen*, KSA 1, 841 f. Nietzsche beschreibt den „Moment" in Parmenides' Leben, in dem er das Sein nicht nur als Wendepunkt in seinem eigenen Leben entdeckt hat, sondern auch in der Geschichte des frühen griechischen Denkens, folgendermaßen: „Parmenides hat, wahrscheinlich erst in seinem höheren Alter, einmal einen Moment der allerreinsten, durch jede Wirklichkeit ungetrübten und völlig blutlosen Abstraktion gehabt; dieser Moment – ungriechisch wie kein andrer in den zwei Jahrhunderten des tragischen Zeitalters – dessen Erzeugniß die Lehre vom Sein ist, wurde für sein eignes Leben zum

Sowohl Voegelin als auch Nietzsche erkennen, dass Parmenides das als Weg der Wahrheit offenbarte Sein nicht mit einer weltlichen Erfahrung verbindet (verbinden kann, würde Nietzsche sagen). Voegelin sieht in der logischen Argumentation, die Parmenides entwickelt, um zu beweisen, dass Sein ist und Nicht-Sein nicht ist, eine einfache Rechtfertigung der transzendierenden Erfahrung, die sich nicht in empirische Sprache übersetzen lässt. In Nietzsches Augen stellt sie einen Versuch dar, eine in sich logisch absolut konsistente, aber vollkommen leblose Sphäre reinen Seins zu erschaffen, aus der tatsächlich nichts hervorgehen kann. In gewissem Sinne wiederholen die beiden bloß die verschiedenen Weisen, wie Parmenides von seinen direkten Nachfolgern bis in die Gegenwart verstanden worden ist. Doch meiner Meinung nach würden sie beide zustimmen, dass Parmenides das erste Beispiel für eine umfassende, wasserdichte logische Argumentation im alten Griechenland abgeliefert hat, mit der alle seine Nachfolger zurechtkommen müssen, indem sie sie entweder als den Königsweg zur Wahrheit akzeptieren, selbst wenn sie Einwendungen gegen Schwachstellen in Parmenides' Argumentation machen, oder, wie der späte Platon, die logische Argumentation als lediglich einen Weg einstufen, wie man sich der Wahrheit nähern kann.[162]

Ohne Parmenides' logische Errungenschaften im Entferntesten schmälern zu wollen, lohnt es sich gleichwohl, ihn als jemanden zu verstehen, der mindestens noch mit einem Fuß in der älteren mythischen Welt steht. Obwohl Alexander Mourelatos die philosophische Stichhaltigkeit von Parme-

Grenzstein, der es in zwei Perioden trennte: zugleich aber zertheilt derselbe Moment das vorsokratische Denken in zwei Hälften, deren erste die Anaximandrische, deren zweite geradezu die Parmenideische genannt werden mag." (836)

162 Es besteht ein breiter Konsens darüber, dass Parmenides einen signifikanten Einschnitt in der Geschichte des griechischen Denkens markiert. Detiennes *Masters of Truth* wird im Vorwort von Pierre Vidal-Naquet als „eine Vorgeschichte von Parmenides' Lehrgedicht" bezeichnet (8). Zuerst zeigt Detienne auf, dass die gesamte Konfiguration des Gedichts „auf die Haltungen des Wahrsagers, des Dichters und des Magus (Zauber-Priesters) zurückweist", dass die Form des Gedichts Hesiod nicht eben wenig verdankt und dass der Prolog „auf das religiöse Vokabular der Sekten und Bruderschaften" zurückgreift. Gleichwohl stelle das Gedicht etwas radikal Neues dar: „Parmenides' Alētheia – Wahrheit, die von einem Mann verkündet wird, der irgendwie mit den Meistern der Wahrheit verbunden ist – ist auch die erste Art von ‚Wahrheit' im alten Griechenland, die offen ist für eine rationale Auseinandersetzung. Sie ist die erste Version objektiver Wahrheit, einer Wahrheit, die in und durch Dialog geschaffen wird" (130–134). In *Magic, Reason and Experience* beschreibt Lloyd, worin die neue Art von Wahrheit besteht: „In der rigoros deduktiven Form ihrer Beweisführung" sei sie „revolutionär" (70). Aber er hebt auch hervor, dass das, „was wir im Allgemeinen empirische Methoden und Beweismittel nennen, nicht nur nicht benutzt, sondern ausgeschlossen wird" (71).

nides' Argumentation voll und ganz bewusst ist, erinnert er an die poetische Reichhaltigkeit des Gedichts, an seine ständigen Anklänge an Homer und seine Verwendung von Sprache und Bildlichkeit vor allem aus der *Odyssee*, um seine philosophischen Argumente anzubringen. Wie Kahns Werk über Heraklit zeigt Mourelatos' Buch über Parmenides, dass eine literarische Analyse die philosophische Analyse in nicht geringem Maße ergänzen und zum Verständnis dessen beitragen kann, was der Text uns sagt. Schon der Titel seines Buches, *The Route of Parmenides*, deutet auf die Wesensart seines Ansatzes hin. Was er „Route" nennt, haben andere mit „Pfad" oder „Weg" übersetzt, aber Mourelatos macht uns darauf aufmerksam, dass der junge Mann, der im Prolog des Gedichts zum Himmel aufsteigt, wie Odysseus unter der Führung einer Göttin einer Route folgt, die ihm den Weg „nach Hause", das heißt zu einem bestimmten Ziel, der Wahrheit, weist. Es besteht allerdings die Gefahr, dass er der falschen Route folgt, die sich als überhaupt keine Route, sondern bloß als endloses Umherirren (als Weg der Meinung oder des Scheins) erweisen wird. Mourelatos behauptet, Parmenides' durchgehende Verwendung von epischem Material in seinem Gedicht sei „mit rhetorischen Effekten verbunden, die seiner Argumentation poetische Durchschlagskraft verleihen", zum Beispiel durch den Einsatz von Metaphern. Und er führt ein allgemeines Argument an, das sich nicht nur auf die Vorsokratiker, sondern generell auf die Philosophie anwenden lässt: „Doch zwischen Parmenides' dichterischem Erfolg und seinem Erfolg als Philosoph könnte durchaus ein Zusammenhang bestehen. Wie die moderne Literaturwissenschaft uns gelehrt hat, weist ein großer Teil der Dichtung – aus allen Zeiten – insoweit Gemeinsamkeiten mit der philosophischen Analyse auf, als beide Ansätze den impliziten Bildern, der Aura, der Suggestionskraft und der Bedeutungsvielfalt der Wörter genaueste, ja geradezu mikroskopische Aufmerksamkeit schenken."[163]

Hier ist lediglich Platz für einen Bruchteil von Mourelatos' suggestiver Analyse. Er weist darauf hin, dass Parmenides von einer Gottheit spricht, welche die Identität und Kohärenz des Seienden steuere und vier Gesichter habe: *Ananke* (Zwangsläufigkeit), *Moira* (Schicksal), *Dike* (Gerechtigkeit) und *Peitho* (Überredung), aber die Göttin, die das Wort an den jungen Mann richtet, sei „niemand anders als Peitho, die Überredung, selbst". Peitho setze auf „das Band der Treue", *pistis*, Vertrauen. Die Peitho-Metapher besage, dass die Richtigkeit des Seienden „als notwendige Autonomie verinnerlicht" werde, dass jedoch das Vertrauen zwar wechselseitig, aber

---

163 Alexander Mourelatos, *The Route of Parmenides: A Study of Word, Image and Argument in the Fragments,* New Haven: Yale University Press, 1970, 36–37.

nicht gleichwertig sei, weil es auf die „Wirklichkeit" (das Seiende) zurückgehe und uns beinahe mit der Kraft des *eros*, der Liebe, wie Platon es später ausdrücken wird, zu ihr hinziehe.[164] Auf einer noch tieferen Ebene, behauptet Mourelatos, seien wir Wesen, die von der Natur auf das Seiende eingestimmt werden. In Wirklichkeit gehe es in unserem Denken „um das Seiende", gebe es unser Denken „aufgrund des Seienden" und erfolge unser Denken „um des Seienden willen", die meiste Zeit über verlören wir uns allerdings im Nicht-Seienden, die wahre Route oder der echte Pfad käme uns abhanden, wir sehen nicht, was zu sehen unserer inneren Natur entspreche.[165] Auf seine eigene Weise ist Parmenides genauso einsam wie Heraklit, wenn er versucht, ein Licht hochzuhalten, aber feststellen muss, dass nicht viele es sehen. Mourelatos ruft in Erinnerung, dass die Bilder und Metaphern nicht die Ontologie selbst sind, die auf ihrer eigenen logischen Strenge besteht, dass sie aber auf tatsächliche Aspekte dieser Ontologie verweisen. Nietzsches Vorstellung, dass das Seiende eine leblose Abstraktion sei, eine reine Tautologie, scheint sehr weit von der Wahrheit entfernt zu liegen, möglicherweise ist sie ein Symptom seines eigenen Umherirrens auf dem Pfad des Nicht-Seienden.

Wenn wir nach der Stelle suchen, an der im alten Griechenland die Theorie begann, scheint sie jedenfalls sogar noch deutlicher als im Fall von Heraklit hier zu liegen. Parmenides stellt nicht nur eine Theorie der Wahrheit auf, er bestimmt auch die Argumentationsform, die zur Wahrheit führen könnte – er denkt über das Denken nach, er entwickelt eine (etymologisch mit dem griechischen Wort für Pfad oder Weg, *hodos*, verwandte) Methode, wie man die Wahrheit entdeckt. Ist dies der achsenzeitliche Durchbruch? Die Rätselhaftigkeit von Parmenides' Gedicht, seine Verquickung von mythischer Bilderwelt, göttlicher Offenbarung und rationaler Argumentation und dass es keine Verbindung herstellt zwischen dem „Ist!" und der Welt, in der wir leben, scheinen auf die Begrenztheit seiner achsenzeitlichen Implikationen hinzudeuten. Aber in einem können wir sicher sein: Parmenides hat Werkzeuge bereitgestellt, die für den achsenzeitlichen Durchbruch unverzichtbar sein werden, selbst wenn wir die Vollendung dieses Durchbruchs dem Werk von Platon und Aristoteles vorbehalten müssen.

Auch wenn das Wort „Philosophie" erst relativ spät aufkommt und wir angesichts unseres Nachdrucks auf Theorie geneigt sein könnten, Parmenides als den ersten wirklichen Philosophen im alten Griechenland zu betrachten, sollten wir nicht vergessen, dass der Übergang von einem prak-

---

164 Ebd., 160–161.
165 Ebd., 177.

tischen / performativen Verständnis von Wahrheit zu dem, was spätestens seit Platon Philosophie genannt worden ist, allmählich erfolgte und die griechische Philosophie ihrerseits diese praktische / performative Seite nie ganz verloren hat, nicht einmal im Werk des selbstbewusstesten Theoretikers, Aristoteles. Michael Frede hat das folgendermaßen ausgedrückt:

> „Wenn wir nämlich vor lauter Betonung der auf ein theoretisches Weltverständnis zielenden Tradition nicht mehr sehen, daß sich diejenigen, die sich auf diesen Weg begaben, von einer Weisheit in einem viel weiteren Sinne angezogen fühlten, könnten wir nur schwer verstehen, wie sich Sokrates einer bis zu den Milesiern zurückreichenden Tradition zugehörig fühlen konnte (und dieser auch zugerechnet wurde). […] Von Sokrates an waren also alle antiken Philosophen der Ansicht, daß die Philosophie insofern praktische Bedeutung besitze, als sie von der Sorge um ein gutes Leben motiviert wird und ein Interesse daran voraussetzt, wie man tatsächlich lebt und empfindet.“[166]

Krise und Zusammenbruch

So wie wir davon ausgehen können, dass Xenophanes, Heraklit und Parmenides auf die milesischen Kosmogonien reagiert haben, riefen sie ihrerseits in der zweiten Hälfte des fünften Jahrhunderts eine immer größere Zahl von Reaktionen hervor. Von einigen wurde vor allem die Position von Parmenides weiterentwickelt; um diese Möglichkeit zu bestreiten, versuchten andere, unter Rückgriff auf eine genauso strenge Logik, wie er sie verwendet hatte, Sein und Wandel miteinander zu versöhnen. Hier ist nicht genügend Platz, um die Geschehnisse im Einzelnen zu beschreiben, das Einzige was man sagen kann, ist, dass das Aufkommen von Argumenten als solches viele verschiedene Verwendungsformen für sie erlaubte, die nicht alle in einer ethischen Ontologie wurzelten wie bei den Vorgängern. Parmenides bot sich sogar für Parodien an, wenn etwa der berühmte Sophist Gorgias in seiner Schrift *Über das Nichtseiende* „für alles, was jemand sagen mag, drei Thesen auf[stellt]: (1) Es gibt nichts; (2) selbst wenn

[166] Michael Frede, „Die Gestalt des Philosophen“, in: *Das Wissen der Griechen: Eine Enzyklopädie*, hrsg. v. Jacques Brunschwig und Geoffrey Lloyd, München: Fink, 2000 [1996], 42 und 43 (übers. v. Marcus Sedlaczek). Seine Beschreibung des Unterschiedes zwischen klassischen und modernen Konzeptionen von Rationalität entfaltet Frede in der Einleitung zu Michael Frede und Gisela Striker (Hrsg.), *Rationality in Greek Thought*, Oxford: Oxford University Press, 1996, 1–28. Zum „praktischen“ Aspekt im klassischen Denken siehe Pierre Hadot, *Philosophie als Lebensform. Geistige Übungen in der Antike*, übers. v. Ilsetraut Hadot und Christiane Marsch, Berlin: Verlag Mathias Gatza, 1991 [1981].

es etwas gäbe, so könnte man davon kein Wissen haben; und (3) selbst wenn man davon ein Wissen haben könnte, so könnte dies doch anderen nicht mitgeteilt werden."[167]

Im Rückblick, zumal unter dem Einfluss von Platon, neigen wir dazu, Philosophen und Sophisten voneinander zu unterscheiden, aber zu jener Zeit wurde keine solche Unterscheidung vorgenommen. Die Weisen und die Kunstfertigen wurden mit demselben Begriff bezeichnet und wie in Griechenland üblich, bestand das Ziel meistens darin, die anderen zu widerlegen und sich selbst als wahrhaft weise zu zeigen. Doch in den letzten Jahrzehnten des fünften Jahrhunderts wuchs in Athen das Gefühl, einem Zusammenbruch beizuwohnen, was schon unter normalen Umständen bei den oftmals pessimistisch gestimmten Griechen immer wieder vorgekommen war, unter den Bedingungen des sich lange hinziehenden Peloponnesischen Krieges aber eine unumstößliche Tatsache wurde. Das alte Griechenland war eine Welt, die über ein beträchtliches Maß an Orthopraxie, das heißt Sinn für das richtige Handeln, verfügte, aber über sehr wenig Orthodoxie, wie wir gesehen haben. In einer Situation erbitterter und allem Anschein nach nicht enden wollender kriegerischer Gefechte konnte man schwerlich die *Ilias* zu Hilfe rufen. Das Gefühl, dass alles in Frage stehen könnte, beschlich deshalb nicht nur diejenigen, die sich zur Weisheit bekannten, sondern auch einen Tragödiendichter wie Euripides und einen Historiker wie Thukydides. Dieser gab folgenden Kommentar zur Gesetzlosigkeit, *anomia*, ab, die in einer Phase des Krieges, als die Pest in Athen wütete, ein normales Leben fast unmöglich machte: „Da war keine Schranke mehr, nicht Götterfurcht, nicht Menschengesetz; für jenes kamen sie zum Schluß, es sei gleich, fromm zu sein oder nicht, nachdem sie alle ohne Unterschied hinsterben sahen, und für seine Vergehen gedachte keiner den Prozeß noch zu erleben und die entsprechende Strafe zu zahlen."[168]

Fernanda Caizzi beschreibt eine Form, wie die Sophisten auf solche Situationen reagierten, nämlich die von Antiphon. Die von uns irgendwann so genannten Sophisten, die das Werk von Denkern wie Parmenides nicht auf Fragen der äußersten Wirklichkeit, sondern auf das menschliche Alltagsleben anwendeten, kamen in manchen Fällen zu dem Schluss, dass der *nomos*, der ethische und rechtliche Kodex, dem das Alltagsleben ge-

---

[167] Paul Woodruff, „Rhetorik und Relativismus: Protagoras und Gorgias", in: Long, *Handbuch Frühe Griechische Philosophie*, 279.

[168] Fernanda Decleva Caizzi, „Protagoras und Antiphon über Gerechtigkeit", in: Long, *Handbuch Frühe Griechische Philosophie*, 295. Thukydides, *Geschichte des Peloponnesischen Krieges*, übers. v. Georg Peter Landmann, Zürich: Artemis, 1960, 2,53.

horchte, sich an den einzelnen Orten so stark voneinander unterscheide, dass er nicht mit der *physis*, Natur, gleichgesetzt werden könne. Die bestehenden Moralkodizes konnten der Natur sogar widersprechen. Caizzi drückt das folgendermaßen aus:

> „Viele von Antiphons Punkten scheinen Erfahrungen des sozialen Lebens in Athen zu reflektieren; sie sind von einem Standpunkt aus wahrgenommen, der betont, wie unangemessen die Regeln dieses Lebens sind, um auf die Bedürfnisse des einzelnen zu antworten, und sie werden bestätigt durch Belege, die jedermann in die Augen sprangen. Der in den Begriffen von Leben und Tod erfolgende Rekurs auf die Natur als das einzige Kriterium für Vor- und Nachteil; die Verbindung zwischen nützlich und erfreulich einerseits und zwischen schädlich und schmerzhaft andererseits; die Beobachtung, daß das Gesetz die einzelnen selbst dann nicht schützen kann, wenn sie ihm folgen, und das um so weniger, wenn sie die unschuldige Seite sind; der Verweis auf gerichtliche Verfahrensregeln und darauf, daß die Überredung weitaus stärker als Wahrheit und Falschheit ist – all das impliziert eine Moralität, die in erster Linie egoistisch und auf den eigenen Schutz bedacht ist, geschickt darin, sich dadurch zu rechtfertigen, daß sie die Unzulänglichkeiten von Gerechtigkeit und Gesetz herausstellt, den Menschen Sicherheit zu bieten.“[169]

Obwohl Platon Antiphon an keiner Stelle erwähnt, ist er womöglich hinter Figuren wie Thrasymachos und Kallikles zu erkennen: Männern, die glaubten, Gerechtigkeit sei das Recht des Stärkeren und dass konventionelle Normen ihnen nicht im Wege stehen sollten.

Auch wenn, bedingt durch den Zusammenbruch, in den letzten Jahrzehnten des fünften Jahrhunderts in Athen tatsächlich solche Dinge passierten, sollten wir nicht unbeachtet lassen – auch Platon lässt es nicht unbeachtet –, dass einflussreiche ältere Sophisten solche amoralischen Ansichten nie befürwortet haben, obwohl ihr Kulturrelativismus diesen Sichtweisen Tür und Tor geöffnet hatte. So hat es denn auch spätestens seit Hegel vereinte Bemühungen gegeben, die Sophisten zu rehabilitieren, ja sie sogar als Schöpfer einer bis heute bestehenden Form von Bildung und Erfinder einer Vorstellung von Kultur sowohl im Sinne von Alltags- als auch von Hochkultur auszugeben. Im Volk hat das spekulative Denken des späten sechsten und frühen fünften Jahrhunderts zwar die poetische Tradition oder Volksreligion nie ersetzt, aber unter den Eliten, vor allem in den demokratischen Poleis, in denen die alte aristokratische Bildung und Erziehung ihren Sinn verloren hatte, wurde ein neuer Bedarf geweckt. Weder Athen noch irgendeine andere demokratische Stadt hat gezielt ein diesem Bedarf angemessenes bürgerschaftliches Bildungs- oder Erziehungs-

[169] Caizzi, „Protagoras und Antiphon“, 297–298.

system geschaffen, aber laut der großen Autorität in diesen Fragen, Werner Jaeger, haben die Sophisten für das gesorgt, was fehlte, indem sie die poetische Bildung der Vergangenheit durch eine rationale, logische und vor allem rhetorische Ausbildung ersetzten. Jaeger hat das griechische Wort *Paideia*, das ganz verschieden entweder mit „Erziehung" bzw. „Bildung" oder mit „Kultur" oder sogar mit „Zivilisation" übersetzt wird, als Titel für sein dreibändiges Opus magnum ausgewählt. Und er weist den Sophisten darin einen Ehrenplatz zu, weil sie *paideia* als erste im Sinn von „Kultur" verstanden haben und wir eben diesen Gedanken immer noch für unverzichtbar halten.[170] Jaeger betrachtet die Sophisten als Erfinder des Triviums, der ersten drei Artes liberales, aus denen später sieben werden sollten, die ihr Augenmerk auf die Sprache richten, nämlich Grammatik, Dialektik (Logik) und Rhetorik, und zu denen gewöhnlich noch Mathematik hinzukam.[171]

In einer sich selbst verwaltenden Stadt war das Halten von Reden für alle unerlässlich, die eine Führungsrolle anstrebten. Die Dienste der Sophisten als Lehrer wurden besonders von denjenigen in Anspruch genommen, die überzeugende öffentliche Ansprachen halten wollten, weshalb die Sophisten vor allem Rhetorik lehrten, sich aber auch anderen Themen widmeten. Nicht nur nach Auffassung von Platon, sondern auch in der öffentlichen Meinung war die Rhetorik das, was die Sophisten verdächtig machte. Konnte sie nicht dazu genutzt werden, eine schlechte Sache besser erscheinen zu lassen? Aristoteles sollte die Rhetorik aus ihrem platonischen Exil befreien (obwohl Platon selbst ein großer Rhetoriker war), und sie wurde nicht nur für die gesamte antike Erziehung, sondern im Westen bis weit ins 19. Jahrhundert zentral.

Die Ansichten der Sophisten über traditionelle Glaubensvorstellungen auf der einen oder die kosmische Theologie der Vorsokratiker auf der anderen Seite sind komplex. Es könnte sein, dass einige von ihnen Atheisten gewesen sind, aber insgesamt zogen sie es vor, sich mit Urteilen über religiöse Fragen zurückzuhalten. Dadurch trugen sie zu einer sich in Griechenland erstmals abzeichnenden „Säkularisierung" der Kultur bei, boten aber auch eine zusätzliche Angriffsfläche für den Argwohn des Volkes. Man kann sie als Vorboten der psychologischen, soziologischen und anthro-

---

170 Werner Jaeger, *Paideia: Die Formung des griechischen Menschen* 3. Aufl., Berlin: de Gruyter, 1954 [1936], bes. Band 1, Buch 2, „Die Sophisten", 364–418. Siehe auch Hegel: „Die Sophisten sind die Lehrer Griechenlands, durch welche die Bildung überhaupt in Griechenland zur Existenz kam. Sie sind an die Stelle der Dichter und Rhapsoden getreten." (*Vorlesungen über die Geschichte der Philosophie*, 409–410.)
171 Jaeger, *Paideia*, 399–400.

pologischen Auffassungen von Kultur im Allgemeinen und Religion im Besondern betrachten, die Kultur und Religion in erster Linie in Bezug auf ihre Nützlichkeit erklären. Zur Weiterentwicklung derartiger Ansichten auf diesen Feldern kam es erst im 19. Jahrhundert, als Säkularisierung abermals auf der Tagesordnung stand.[172]

Es kommt vor, dass die Sophisten als Helden dargestellt werden, als Verteidiger von Demokratie und Liberalismus gegen die angeblich reaktionären Ansichten von Platon, und Platon legt Protagoras in dessen großer Rede im Dialog gleichen Namens tatsächlich „progressive“ Ansichten in den Mund, auch wenn man davon ausgehen kann, dass Platon eigentlich einem Großteil dessen, was er Protagoras zuschrieb, zustimmte und dessen Ansichten nachträglich optimierte.[173] Allerdings waren nicht alle Sophisten Demokraten – Antiphon wurde hingerichtet, weil er im Jahr 411 v.u.Z. in Athen eine oligarchische Revolution geplant hatte.[174] Wahrscheinlich gibt Hegel uns die beste Einordnung der Sophisten in die Entwicklung des griechischen Denkens an die Hand. In seinen Augen haben die frühen Vorsokratiker, besonders Parmenides und Heraklit, das objektive Sein, die Realität an sich im Vergleich zur Erscheinung entdeckt.[175] Die Denkweise der Sophisten eignete sich für subjektive Zwecke, da sie sowohl im privaten als auch im öffentlichen Leben für ‚gesunden Menschenverstand‘ sorgte, wie Protagoras gesagt hätte, aber nicht unbedingt objektive Geltung beanspruchte.[176] Doch eben diese Schwäche ihres Wahrheits-

---

[172] Wenn man aber die Sophisten als Vorboten einer reduktionistischen und positivistischen Sozialwissenschaft ansehen kann, dann haben zweifellos Platon und Aristoteles die humanistische Sozialwissenschaft erfunden. Als Durkheim anfing zu lehren, hat er Aristoteles' *Politik* zum Grundlagentext für seine Studenten bestimmt.

[173] Über die Sophisten im Allgemeinen und Protagoras im Besonderen als fortschrittliche Demokraten, siehe vor allem Eric Havelock, *The Liberal Temper in Greek Politics*, New Haven: Yale University Press, 1957.

[174] Caizzi, „Protagoras und Antiphon über Gerechtigkeit“, 303.

[175] In seinem sehr umfangreichen Buch über das Verb „sein“ im altgriechischen Denken – ein Buch, das er ursprünglich in Angriff genommen hatte, um dem Konzept des Seins bei Parmenides sozusagen auf den Grund zu gehen – bestätigt Kahn Hegels Idee des „objektiven Geistes“, wenn er über Parmenides, aber auch über viel späteres griechisches Denken schreibt, dass „ein Konzept des Selbst oder des Subjekts in der klassischen griechischen Metaphysik praktisch nicht existent war“. Dies sei eine „Folge der großen positiven Errungenschaften in diesem Feld: die klare und objektive Beschäftigung mit den Konzepten der Prädikation, der Existenz und der Wahrheit in ihrer allgemeinen Wesensart“. Charles H. Kahn, *The Verb „Be“ in Ancient Greece*, Indianapolis: Hackett, 2003 [1973], 418.

[176] Hegel, *Vorlesungen über die Geschichte der Philosophie,* 424–427. Bei Heraklit gibt es ein subjektives Moment, und zwar schreibt er in Fragment B 101: „Ich durch-

anspruchs hat ihren Status als Philosophen in Frage gestellt. Für Hegel sind die Sophisten allerdings die notwendige Vorbedingung für die nächste Wendung in der Geschichte des griechischen Denkens. Dass Sokrates in der Volksmeinung als Sophist galt, kam nicht von ungefähr. In den Augen von Hegel war Sokrates (bzw. im Anschluss an ihn Platon) in der und durch die Subjektivität in der Lage, zum objektiven Geist zurückzukehren, aber diesmal in sehr viel gehaltvollerer Form, weil das subjektive Moment einbezogen werden konnte.

Sokrates

Sokrates und Platon sind schwer auseinanderzuhalten, beide stehen für den Abschluss des Übergangs in die Achsenzeit im alten Griechenland. Sie zu behandeln, ist eine enorme Herausforderung, weil die Sekundärliteratur immens und die Uneinigkeit noch größer ist. Die folgenden, zwangsläufig kurzen Betrachtungen müssen sich auf jene Aspekte beschränken, die für die Argumentation dieses Buches relevant sind.

Genau genommen, riss der Zusammenbruch, der ihrem Durchbruch vorausging, Sokrates mit sich, der im Jahr 399 v. u. Z. im Alter von 70 Jahren hingerichtet wurde, nachdem er vor Gericht gestellt und wegen Gottlosigkeit (weil er die Götter der Stadt nicht anerkannte und neue Götter, *daimones*, einführte) und weil er die Jugend verführt habe, verurteilt wurde. Er ist eine der außergewöhnlichsten Figuren der Geschichte und hat nicht nur bei Platon, sondern bei vielen anderen einen Eindruck hinterlassen, der den Verlauf der griechischen und der nachfolgenden abendländischen Kultur veränderte. Zu seinen Lebzeiten (469–399) hat Sokrates den Aufstieg und Untergang des Athenischen Reichs inmitten der Strömungen erlebt, die wir mittlerweile als philosophisch und sophistisch voneinander trennen. In seiner Komödie *Wolken* schildert Aristophanes Sokrates als typischen Sophisten und Rhetoriklehrer, doch allem Anschein nach weist dieses Porträt Züge komischer Verzerrung auf. Niemand bezweifelt, dass Sokrates Lehrer war, allerdings war er eine neue Art von Lehrer. Der typische Sophist erhob Anspruch darauf, in allen Dingen weise zu sein und jede Frage beantworten zu können, die man ihm stellte. Sokrates behauptete, nichts zu wissen, er versorge nicht mit Weisheit, sondern suche nach ihr.

---

forschte mich selbst." (Oder: „Ich forschte in mich selbst hinein.") Aber die Stelle hat in seinem Werk wohl keine zentrale Bedeutung.

In seiner Rede vor den Geschworenen während des Prozesses, der ihm das Leben kosten sollte, erzählt Sokrates, wie sein Freund Chairephon das Orakel von Delphi aufgesucht habe, um es zu fragen, ob es jemand Weiseren gäbe als Sokrates, und die Antwort, die er erhielt, lautete nein. Sokrates verblüffte diese Entgegnung (von niemand Geringerem als Apollon), weil er wusste, dass er überhaupt nicht weise war. Doch als er bei jenen nach Weisheit gesucht habe, die behaupteten, weise zu sein, habe er entdeckt, dass auch keiner von ihnen wirklich weise sei, sodass seine Überlegenheit nicht in seiner Weisheit läge, sondern in dem Wissen, dass er nicht weise sei (*Apologie*, 21a–e). Sokrates hat behauptet, er kenne die Antworten nicht, sondern nur die Fragen: Wie können wir pfleglich mit unseren Seelen umgehen? Worin besteht das Gutsein bzw. die Tugend, die unsere Seelen in die richtige Richtung lenkt? In gewissem Sinne waren Sokrates' Fragen subjektiv, sie betrafen Ich oder Seele, aber nicht im Sinne der Sophisten, die alles je nach Individuum oder Kultur relativierten, denn Sokrates suchte nach der Wahrheit nicht nur seiner eigenen, sondern jeder Seele. In seiner Verteidigungsrede beruft er sich auf sein Daimonion, jene „göttliche Stimme, die immer dann zu vernehmen sei, wenn sie ihn von einer Tat abhalten wolle".[177] Doch letztlich habe etwas Größeres als der Geist seine Suche nach Weisheit verlangt, nämlich Gott.[178] In seiner vielzitierten Reaktion auf die Möglichkeit, dass die Geschworenen ihn freisprechen könnten, wenn er verspräche, keine Philosophie mehr zu betreiben, teilt Sokrates der Jury seine Einschätzung mit:

> „Meine Mitbürger, euere Güte und Freundlichkeit weiß ich sehr zu schätzen, gehorchen aber werde ich mehr dem Gotte als euch, und solange ich noch Atem und Kraft habe, werde ich nicht aufhören der Wahrheit nachzuforschen und euch zu mahnen und aufzuklären und jedem von euch, mit dem mich der Zufall zusammenführt, in meiner gewohnten Weise ins Gewissen zu reden: Wie, mein Bester, du, ein Athener, Bürger der größten und durch Geistesbildung und Macht hervorragendsten Stadt, schämst dich nicht, für möglichste Füllung deines Geldbeutels zu sorgen und auf Ruhm und Ehre zu sinnen, aber um Einsicht, Wahrheit und möglichste Besserung deiner Seele kümmerst du dich nicht und machst dir darüber keine Sorge?" [Und weiter sagt er:] „So werde ich's mit jung und alt

[177] Eric Voegelin, *Platon*, Band 6 von *Ordnung und Geschichte*, München: Fink, 2002 [1957], 23. Sokrates' *daimonion* sagte nicht, was zu tun sei, es war nur zu vernehmen, wenn es Sokrates von etwas abhalten wollte.

[178] Für die Übersetzer der *Apologie* war es verlockend, das Wort „GOTT" zu verwenden, weil es ihnen, wie viele frühe Christen glaubten, so vorkam, als sei Sokrates dem christlichen Verständnis des Wortes nah. Viel sicherer ist es aber, *theos* mit „Gott" oder „der Gott" zu übersetzen, auch wenn es gleichermaßen unklug wäre, diesen unbestimmten Begriff mit Apollon oder irgendeinem bestimmten griechischen Gott gleichzusetzen.

halten, wer mir auch immer in den Weg kommt, mit Fremden und Einheimischen, vor allem aber doch mit euch Einheimischen, denn ihr steht mir als stammverwandt näher. So nämlich befiehlt es der Gott, dessen könnt ihr gewiß sein. Auch glaube ich, daß euch und euerer Stadt nie ein größeres Glück beschert worden ist als dieser mein dem Gott geweiheter Dienst."[179]

Heraklit hatte gesagt, die meisten Menschen würden schlafen, wenn sie wach seien (abwesend, wenn sie anwesend sind; B 34), und Parmenides, dass die meisten Menschen in der Wildnis des Nicht-Seienden umherirrten, weil sie den Pfad des Seienden nicht gefunden hätten. Sokrates scheint mehr oder weniger dasselbe zu tun, wenn er das Volk von Athen recht direkt mit der Tatsache konfrontiert, dass es von der Wahrheit keine Ahnung hat. Allem Anschein nach war es störender, dies Tag für Tag auf der Agora zu tun als in der Privatheit des eigenen Studierzimmers.

Außerdem stellte Sokrates in Wirklichkeit die allgemein anerkannten Antworten auf seine Fragen in Frage und zog auf diese Weise die Überzeugungen und Praktiken seiner Mitbürger in Zweifel. Für ein solches Verhalten hingerichtet zu werden, war eine extreme Strafe, aber die Zeit nach dem Sturz der Dreißig Tyrannen war unruhig und einige ihrer Anführer waren Schüler von Sokrates gewesen, obwohl dieser sich geweigert hatte, mit ihnen zusammenzuarbeiten. Die Paranoia, für die Demokratien nach Einschätzung von Eli Sagan anfällig sind, machte einen Teil der Stimmung aus, die zu dem merkwürdigen Prozess und zur Verurteilung von Sokrates geführt hat.[180] Was dieses Ereignis aber noch paradigmatischer für die gesamte Philosophiegeschichte werden ließ als Prozess und Verurteilung, war Sokrates' Bereitschaft, sich dem Urteil seiner Richter zu beugen, seine Überzeugung, dass er die Pflicht habe, den Gesetzen der Stadt zu gehorchen, wie sie im *Kriton* geschildert wird. Die Bereitschaft eines Mannes, der bereits zu Lebzeiten das Leben vieler seiner Schüler von Grund auf verändert hatte, in Übereinstimmung mit den Gesetzen der Stadt, ja mehr noch in „dem Gott geweihete[n] Dienst" zu sterben, vervollständigte das Bild, das für die gesamte Nachwelt unauslöschbar bleiben sollte und Erasmus veranlasst hat, Sokrates zu den Heiligen zu zählen, als er schrieb: „Sancte Socrates, ora pro nobis."[181]

Dass Sokrates in der griechischen Geschichte für einen großen Wandel steht, lässt sich daran erkennen, dass wir seine Vorgänger „Vorsokratiker"

---

179 *Apologie*, 29d–e, 30a, in: Platon, *Sämtliche Dialoge*, Bd. 1, übers. v. Otto Apelt, Hamburg: Meiner, 1993, 44–45.

180 Eli Sagan, *The Honey and the Hemlock: Democracy and Paranoia in Ancient Athens and Modern America*, New York: Basic Books, 1991.

181 Jaeger, *Paideia*, Bd. 2, 59.

nennen, doch an der Beschaffenheit seines Denkens wird nicht wirklich deutlich, was so neu war – mit Sicherheit nicht sein „Rationalismus", denn rationale Argumente waren in Griechenland mindestens seit Parmenides aufgeblüht. Von den Versuchen, seiner Schlüsselbedeutung Rechnung zu tragen, sind mehrere erwägenswert. Hegel glaubte, dass Sokrates tatsächlich im Sinne der Anklage schuldig war, weil er eine neue Vorstellung von Göttlichkeit vertrat und versucht hatte, seinen Schülern eine Lebensweise zu vermitteln, die anders war, als die athenische Tradition sie vorsah. Und in Hegels Augen brachte Sokrates' radikale Subjektivität, die freilich aufgrund der Suche nach dem Guten und Wahren an sich eine objektive Wendung nahm, die Stadt gegen ihn auf. Doch hatte sich die Stadt, meint Hegel, bereits eben der Dinge schuldig gemacht, derer sie Sokrates beschuldigte – waren Subjektivität und subversive Lebensweisen in ihr nicht schon weit verbreitet? –, sodass sie das Todesurteil gegen Sokrates beinahe schon bereute, als es vollstreckt wurde. Ausschlaggebend ist jedoch, dass Sokrates' Tod das endgültige Zeichen für Athens Ende war – die Blütezeit war vorüber –, weil Athen keine objektive politische Form zu finden vermochte, die Sokrates' neuem Verständnis der Seele gerecht geworden wäre. Die alte Form der Polis konnte sich dieses Verständnis weder zu eigen machen noch es verwerfen, weshalb es auf ein Schattendasein reduziert wurde.[182]

Ohne Hegel diesbezüglich zu erwähnen, legt Werner Jaeger eine ziemlich ähnliche Deutung vor. Seiner Ansicht nach war Sokrates in solchen großen Athenern wie Solon und Aischylos bereits präfiguriert, die zu ihrer jeweiligen Zeit ihre Mitathener zu einem tieferen Verständnis ihrer ethischen Berufung veranlasst hatten. Doch schlug Sokrates Töne an, die sich auf einer neuen Ebene bewegten, und das Athen seiner Zeit war nicht das alte Athen: „Sollte eine Harmonie in ihm zum letzten Mal verkörpert sein, die in seiner Zeit schon in der Auflösung begriffen war? Irgendwie scheint er auf der Grenzscheide zwischen der altgriechischen Form des Daseins und einem unbekannten Reich zu stehen, das er nicht betreten sollte, obgleich er selbst den größten Schritt zu ihm hin getan hat."[183] Später hat Jaeger dies nur geringfügig anders ausgedrückt: „Sokrates ist einer der letzten Bürger im Sinne des alten Polisgriechentums. Er ist zugleich die Verkörperung und höchste Steigerung der neuen Form der sittlich-geistigen Individualität. Beides war in ihm vereinigt ohne Kompromiß. Mit dem ersten weist er zurück in eine große Vergangenheit, mit dem anderen in die Zukunft. So ist er in der Tat eine einmalige und einzigartige Erschei-

---

182 Hegel, *Vorlesungen über die Philosophie der Geschichte*, 496–516.
183 Jaeger, *Paideia*, Bd. 2, 74.

nung in der Geschichte des griechischen Geistes."[184] Diese Zusammenfassung bringt es auf den Punkt, aber mit dem Wort „Individualität" müssen wir hier vorsichtig sein. Sokrates war auf der Suche nach der wahren Seele, seiner Seele und der Seelen derjenigen, mit denen er verkehrte, aber mit Heraklit gesagt war die Wahrheit nichts Persönliches, sondern das Gemeinsame (fr. 2). Wenn das Individualität sein soll, war sie von ganz anderer Art als die von Antiphon. Womöglich drückt Hegels sperrige Vorstellung eines subjektiven Geistes, der nach Objektivität trachtet, es besser aus als der Begriff „Individualität" allein.

Das letzte Wort soll Eric Voegelin haben. Er schreibt: „In der *Apologie* haben wir die verschiedenen Handlungsebenen gesehen. Auf der politischen Ebene wird Sokrates von Athen verdammt; auf der mythischen Ebene wird Athen von den Göttern verdammt. Der Dialog selbst ist ein mythisches Gerichtsurteil."[185] In den Augen von Voegelin bedeutete dieses Gerichtsurteil die Übertragung der Ordnung *(kosmos)* der Polis auf die Seele von Sokrates, der zum neuen Ordnungsträger wurde, und von Sokrates aus wurde diese Seelenordnung dann über Platon zumindest potenziell zur Ordnung einer (neuartigen) Gesellschaft.

Das für Platon so wichtige griechische Wort *kosmos*, Ordnung, eignet sich gleich gut für die Ebene des Ichs, der Gesellschaft und des Universums. Gabriela Carone hat behauptet, Platons späte Dialoge, wie etwa der *Timaios* und die *Gesetze*, brächten die Vorstellung zum Ausdruck, dass sich Menschen die Ordnung des Universums zum Vorbild für ihre eigenen Seele nehmen könnten, sodass jeder Mensch zumindest potenziell ein Bürger des Universums sei. Eine solche Vorstellung werde später gewöhnlich nur den Stoikern zugeschrieben.[186] Kahn hat gezeigt, dass wir Sokrates am besten erst in der *Apologie* kennenlernen, die kurz nach dem Prozess verfasst wurde und ein nicht überzeugendes, wenn nicht gar weit von der historischen Realität entferntes Bild vermittele, dass sich aber sogar im *Kriton* Bestandteile fänden, die Platon dem historischen Bild hinzugefügt haben könnte, und dass man die Sokrates in den frühen aporetischen Dialogen zugeschriebenen Worte nicht mehr umstandslos als einfachen Ausdruck seiner tatsächlichen Ansichten verstehen könne.[187] Auf der anderen Seite stellt sich die Frage, ob Platon, so weit er sich auch vom historischen Sokrates wegbewegt haben mag, jemals aufgehört hat, im Geiste von Sokra-

---

[184] Ebd., 128.
[185] Voegelin, *Platon*, 28.
[186] Gabriela Roxana Carone, *Plato's Cosmology and Its Ethical Dimensions*, Cambridge: Cambridge University Press, 2005.
[187] Kahn, *Plato and the Socratic Dialogue*.

tes zu schreiben. Vor kurzem hat Terry Penner gezeigt, dass es unabhängig von den vielen Diskontinuitäten, die sich zwischen „Sokrates" (die Anführungszeichen zeigen an, dass letztlich alles, was wir über ihn wissen, Mutmaßungen sind) und Platon finden lassen, auch signifikante Kontinuitätslinien bis hin zu den späten Dialogen gibt.[188] Hier ist nicht der Ort, sich auf „die sokratische Frage" einzulassen, doch meines Erachtens scheint klar zu sein, auch wenn wir die Einzelheiten niemals wissen werden, dass es ohne Sokrates keinen Platon gegeben hätte. Platon hat nun aber in Anbetracht der enormen Bandbreite seiner Interessen, der Lebendigkeit seines Denkens und des riesigen Umfangs seiner Schriften, die es von ihrer Länge mit der Bibel aufnehmen können, einen Übergang in die Achsenzeit vollendet, der sich schon lange angebahnt hatte und sich auf die Institutionalisierung einer achsenzeitlichen Kultur zubewegte, die langfristig enorme Auswirkungen haben sollte.

Platon

Platons Werk ist ein uferloses Meer, in dem fast jedes Thema angeschnitten wird (in den späten Dialogen sogar die Naturphilosophie), der Prüfstein für Aristoteles und alle spätere antike (und moderne) Philosophie. Ich werde mich auf einige wenige Fragen beschränken, die mit den theoretischen Belangen dieses Buches zu tun haben.

Wenn einer der ausschlaggebenden Aspekte der achsenzeitlichen Kultur in der Fähigkeit besteht, sich die existierenden Dinge anders vorzustellen, wirkt Platon wie der Bannerträger aller achsenzeitlichen Denker.[189] Die Vorstellung, Platon sei ein Konservativer gewesen, die so weit verbreitet ist, dass solch unterschiedliche Denker wie Karl Popper und Leo Strauss ihr anhängen, scheint völlig abwegig zu sein, wenn Konservatismus irgendeine Form von Hinwendung zu einer traditionellen sozialen Ordnung bedeutet. Malcom Schofield weist darauf hin, dass „die *Politeia* von den bestehenden politischen Strukturen auf der einen oder den konventionellen moralischen Überzeugungen und Praktiken auf der anderen Seite nur wenig beibehalten würde".[190] Können das Beharren auf einer radikalen

[188] Terry Penner, „Socrates", in: Rowe und Schofield, *Greek and Roman Political Thought*, 164–189.

[189] Darauf weist Bernard Williams hin, wenn er schreibt: „Platon erfand das Fach Philosophie, so wie wir es kennen. […] Die abendländische Philosophie begann nicht nur mit Platon, sondern hat auch einen Großteil ihrer Zeit in seiner Gesellschaft verbracht", *The Sense of the Past*, 148.

[190] Malcolm Schofield, „Approaching the Republic", in: Rowe und Schofield, *Greek*

Gleichstellung der Geschlechter, sodass sowohl Frauen als auch Männer an der Wächterklasse, ja sogar an der Kriegsführung beteiligt sind, und die Enteignung der herrschenden Klasse, sodass sie ohne Familie und ohne private Behausung ein karges Dasein fristet und Geld nicht einmal anfassen darf, als konservativ bezeichnet werden? Gebetsmühlenartig stellt Platon klar, dass Tyrannenherrschaft die schlechteste Regierungsform und der Tyrann der schlechteste Mensch sei. Die Utopie des Staates in der *Politeia* ist voller drakonischer Regeln, aber sie ist nicht darauf angelegt, einem oder einigen wenigen Tyrannen die Möglichkeit zu geben, der Bevölkerung das Leben schwer zu machen. Die strengste Disziplin wird den Wächtern abverlangt, insofern sie Unerschütterlichkeit in Bezug auf die Verteidigung der Stadt mit Nachgiebigkeit gegenüber der Gesamtbevölkerung vereinbaren müssen. Sie bilden eine Art Mönchsorden, geloben Armut (bezeichnenderweise haben die Wächter genauso wie alle anderen in der guten Stadt keine Sklaven), Gehorsam (gegenüber dem Philosophenkönig) und wenn schon keine Keuschheit – die Fortpflanzungsregelungen in der *Politeia* sind zugegebenermaßen seltsam –, nehmen sie doch die Last der schwerwiegendsten Folgen des Keuschheitsgelübdes auf sich, nämlich Ehe- und Kinderlosigkeit. Keine dieser Einschränkungen gilt für den Rest der Bevölkerung. Was die Kardinaltugenden anbelangt, ist der Philosophenkönig vor allem zu Weisheit in der Lage, die Wächter zu Mut, aber die ganze Stadt soll ein Beispiel für Mäßigung und Gerechtigkeit abgeben. Obwohl der Staat in der *Politeia* auf den ersten Blick ein Kastensystem zu sein scheint, besteht Platon zudem darauf, dass es sich um eine Meritokratie handle: Wenn die Kindern von Bauern oder Handwerkern sich als ungewöhnlich aufgeweckt und geistreich herausstellen, werden sie zu Wächtern erhoben, und wenn die Kinder von Wächtern sich als begriffsstutzig erweisen, werden ihnen untergeordnetere Tätigkeiten zugewiesen.

Platon macht es uns nicht leicht, ihn zu verstehen. Die obige Beschreibung der guten Stadt stammt nicht aus dem Munde von Platon, sondern von Sokrates. Simon Goldhill hat daran erinnert, dass Platon sich „ständig ironisch absichert und sich vorsichtig hinter eine Maske (oder mehrere) zurückzieht".[191] In „Platon" trete Platon nirgends in Erscheinung, wie Goldhill meint: „In der Szene von Sokrates' letztem Gespräch bezeichnet Platon sich als *abwesend* und von der intimen Personifikation von Sokrates in der ersten Person bis zur einstudierten Anonymität des ‚Fremden aus

---

and Roman Political Thought, 202. Dies sagt er in ausdrücklicher Zurückweisung von Ansichten wie denen von Popper und Strauss.

191 Simon Goldhill, *Who needs Greek? Contexts in the Cultural History of Hellenism*, Cambridge: Cambridge University Press, 2002, 63.

Athen‘ stellen seine Dialoge ein Spiel mit verschiedenen Masken dar. (Wie *wird* (lässt sich) Philosophie verinnerlicht (verinnerlichen)?) Platon versteckt sich – abwesend und allsehend – hinter ‚Platon‘.“[192] Und doch würde kaum jemand widersprechen, dass zumindest einige von Platons Überzeugungen durchscheinen, wenn Sokrates spricht. Die Beschreibung der guten Stadt in der *Politeia* enthält viel Ironie und Humor. Hin und wieder räumt Sokrates ein, dass er sich keineswegs sicher ist, was als nächstes komme, und im entscheidenden Moment in Buch 6, als er die Idee des Guten erörtert, welche die Quelle der die gute Stadt möglich machenden Weisheit darstellt, vermeidet er eine genaue Definition der Idee des Guten und verwirrt er seine Zuhörer durch das Heranziehen des Sonnengleichnisses, weil er nicht genau erklärt, wie es funktioniert. Angesichts all dieser Zögerlichkeiten, Fehlstarte und Sackgassen kann man sich nur schwer vorstellen, dass Platon hier einen totalitären Staat beschreibt, über den in allen historischen Beispielfällen ein Tyrann, Platons Anathema, herrschte, auch wenn einige von Platons Regeln in der Tat Zwangsmittel sind.[193] Sie zwingen den Herrscher allerdings weit mehr als die Beherrschten und scheinen dazu bestimmt zu sein, Tyrannenherrschaft eher abzuwenden als hervorzubringen. So spielerisch jedenfalls das ganze Abenteuer der Planung einer guten Stadt auch sein mag – was bei einigen Interpreten zu dem Eindruck geführt hat, seine kühnsten Vorschläge, wie etwa die Gleichstellung der Frauen, seien Scherze gewesen –, letzten Endes möchte Sokrates mit Sicherheit, dass seine Zuhörer sein Experiment ernst nehmen und dass es, falls seine Umsetzung nicht möglich sein sollte, „im Himmel [...] vielleicht als Muster [Paradigma] hingestellt [wird] für den, der [es] anschauen und gemäß dem Erschauten sein eigenes Innere [als dessen Bürger] gestalten will“.[194]

Wir sollten nicht vergessen, dass das ganze Experiment, einen „Staat in Worten“ (Gadamer) zu erschaffen, ursprünglich dazu gedacht war, seinen beiden Gesprächspartnern, Platons Brüdern Glaukon und Adeimantos, das Wesen der Gerechtigkeit in der Seele dadurch zu verdeutlichen, dass sie im größeren Maßstab einer Stadt vorgeführt wurde. Die *Politeia* operiert auf vielen Ebenen und versucht eine ganze Reihe von Dingen, aber auf einer ziemlich offensichtlichen Ebene stellt sie Platons Bekehrungsversuch von Glaukon und Adeimantos zur Tugendhaftigkeit ihrer Seelen dar. Bekehrung ist kein zu starkes Wort dafür. Im eigentlichen Kern des Dialogs,

---

[192] Ebd., 61.
[193] Über die Staaten, die in der Neuzeit als totalitär bezeichnet worden sind, haben durchweg Tyrannen geherrscht: Hitler, Stalin, Mao, Pol Pot, Ceaușescu und so weiter.
[194] *Politeia* 592b, übers. v. Otto Apelt.

dem Höhlengleichnis in Buch 7, geht es um jemanden, der in einer Höhle lebt und nur die Projektion von Schatten auf einer Wand sieht, bis er in der oberen Welt, der Wirklichkeit selbst, die Sonne sieht, auch wenn er dazu bewogen werden muss, wieder in die Höhle hinabzusteigen, um denjenigen zu helfen, die dazu verurteilt sind, dort zu leben. In der gesamten *Politeia* verlaufen religiöse und politische Absichten parallel zueinander und man muss bei der Lektüre immer mehrere Bedeutungsebenen auf einmal im Blick behalten.

Aber wo Platon schon im Hinblick auf politische Strukturen und moralische Konventionen kein Konservativer ist, erweist sich seine Ablehnung gerade jenes zentralen griechischen Kulturerbes als sogar noch revolutionärer, von dem man erwarten würde, dass es Konservativen am ehesten am Herzen liegt. Der Lehrer Griechenlands, Homer, wird genauso schmachvoll aus der guten Stadt vertrieben wie Hesiod und die großen Tragödiendichter. Warum wird die prägende literarische Tradition Griechenlands aus der guten Stadt verbannt? Weil ihre Form Dichtung ist und ihr Inhalt Mythos. Luc Brisson macht geltend, dass Platon als Erster zwischen *mythos* und *logos*, zwischen Mythos und rationaler Argumentation unterschieden habe und vorher *mythos* und *logos* faktisch Synonyme gewesen seien, die beide so etwas bedeuteten wie Geschichte oder Bericht.[195] Brisson beschreibt die entscheidende Differenzierung, die Platon vorgenommen hat, folgendermaßen: „Indem er *mythos* als nichtfalsifizierbare Geschichte und *logos* als falsifizierbaren, argumentativen Diskurs gegenüberstellt, organisiert Platon auf originäre und entscheidende Weise das altgriechische ‚Rede'-Vokabular getreu seinem Hauptziel neu, den philosophischen Diskurs zu dem Maßstab zu machen, mit dem sich alle anderen Diskurse, darunter auch und zwar vor allem der poetische Diskurs, bestimmen lassen."[196]

[195] In *The Creation of Mythology* zeigt Marcel Detienne, dass schon früh, z. B. bei Hesiod, *mythos* und *logos* so gut wie synonym seien, beides mit der Bedeutung Geschichte oder Bericht, dass aber *mythos* bei Pindar und Herodot selten vorkommt und vorwiegend pejorativ gebraucht wird. Vielmehr wird das Meiste, was wir (und Platon) Mythos nennen würden, als *logos* bezeichnet. Thukydides verbannt sowohl *mythos* als auch *logos* mit einigem Nachdruck, insofern sie sich auf frühe Ereignisse, über die wir nichts wissen können, beziehen. Detiennes Auffassung des *mythos* bei Platon unterscheidet sich von der Brissons, widerspricht aber letztlich nicht dessen Behauptung, dass Platon der Erste war, der die Unterscheidung vornahm, die wir für selbstverständlich halten.

[196] Luc Brisson, *Plato the Myth Maker*, übers. und hrsg. v. Gerard Naddaf, Chicago: Chicago University Press, 1998 [1994], 90.

Mythen sind an sich unglaubwürdig, weil sie Geschichten erzählen und keine Argumente anführen, und weil die mündlich überlieferten Geschichten, die sie erzählen, sich vor so langer Zeit in der Vergangenheit zugetragen haben, ist es schlechterdings unmöglich, dass irgendjemand weiß, ob sie wahr sind oder nicht. In Bezug auf die Unterscheidung von Oralität und Literalität war Platon (mindestens) geteilter Meinung, da er an manchen Stellen, wie zum Beispiel im *Phaidros,* behauptet hat, dass sich Wahrheit nur mündlich übermitteln lasse, in den *Gesetzen* aber darauf bestand, dass alle Kinder Lesen und Schreiben lernen sollten und die Gesetze als solche eine schriftliche Form haben müssten.[197] Was den sehr wichtigen Mythos von Atlantis im *Timaios* anbelangt, vertritt Platon die These, dass er zwar lange mündlich überliefert worden sei (er berichtet von Ereignissen, die 9000 Jahre früher geschehen sind), seine Glaubwürdigkeit aber darauf beruhe, dass er vor langer Zeit in Ägypten niedergeschrieben worden sei. Die Mythen, die Platon aufgeben möchte, wurden jedenfalls mündlich von Homer überliefert, auf den Hesiod und die anderen Tragödiendichter sich stützten (teilweise wird heute die Ansicht vertreten, dass die Tragödien zuerst oral verfasst und erst später niedergeschrieben wurden), was zu ihrer Unglaubwürdigkeit beitrage. Noch wichtiger ist aber der Inhalt der Mythen, insbesondere dass sie die Götter so beschreiben, als hätten sie dieselben moralischen Fehler wie die Menschen, häufig sogar in übertriebenem Maße. Dies könne Platon zufolge nicht wahr sein, weshalb die gute Stadt sich ihrer entledigen müsse.

Aufgrund unserer Annahme, dass Theoriebildung entscheidend für den Übergang in die Achsenzeit ist, dürfte es uns kaum überraschen, dass eine große achsenzeitliche Figur wie Platon in erster Linie auf einen argumentativen Diskurs setzt und nicht auf mythische Narrative, und er sagt auch häufig, dass er genau dies tue. Doch seine pauschale Ablehnung einer poetischen Tradition, die weltweit bis heute von vielen geschätzt wird, ver-

---

[197] Brisson nimmt an, dass Platons Ambivalenz in Bezug auf Schriftlichkeit teilweise auf seine historische Situation zu einem Zeitpunkt zurückzuführen ist, als die orale Kultur noch lebendig war, Geschriebenes aber immer wichtiger wurde: „Platons Aussagen über den Mythos bewegen sich also auf des Messers Schneide: am Wendepunkt zwischen zwei Kulturen, von denen eine auf Mündlichkeit beruht, die andere auf Schriftlichkeit. Platon beschreibt somit die Mythendämmerung. Anders gesagt: Platon beschreibt den Moment, an dem sich im alten Griechenland im Allgemeinen und in Athen im Besonderen das Gedächtnis wandelt – wenn nicht in seinem Wesen, so doch zumindest in seiner Funktionsweise. Einem Gedächtnis, das von allen Mitgliedern einer Gemeinschaft geteilt wird, steht nun ein Gedächtnis gegenüber, welches das Vorrecht einer begrenzten Zahl von Menschen ist: jene, für die der Umgang mit Schriftlichem alltäglich geworden ist.“ *Plato the Myth Maker*, 38–39.

schlägt einem den Atem. In Buch 10 der *Politeia* sagt Platon selbst, er habe Homer von Kindestagen an geliebt und begegne ihm immer noch mit Ehrfurcht. Doch unterstreicht dies lediglich die Radikalität und Heftigkeit seiner Ablehnung. Hans-Georg Gadamer fasst die Vorwürfe folgendermaßen zusammen: „[Homer] sei ein Sophist und Zauberkünstler, der nur täuschende Scheinbilder verfertige und obendrein durch Aufrührung aller vielfältigen Leidenschaften die Seele verderbe." Nachdem er darauf hingewiesen hat, dass Aischylos bemüht gewesen sei, die mythische Überlieferung zu reinigen, indem er die Götter als Beispiel für Moral und nicht für Unmoral darstellte, sagt Gadamer, dass Platon noch viel weiter gegangen sei:

> „Platos Kritik ist überhaupt nicht mehr dichtende Kritik des Mythos oder wirkliche Bewahrung der durch Kritik gereinigten alten Dichtung. Wird sie damit nicht zum Angriff auf die tragende Substanz des griechischen Wesens und das Erbe seiner Geschichte? Und dies nicht von einem amusischen Aufklärer, sondern von einem Manne, dessen Werk sich selber aus dichterischen Kräften nährt, dichterischen Zauber beschwört und die Jahrtausende damit gebannt hat?" [198]

Charles Kahn bestätigt Gadamers Punkt: „Platon ist der einzige bedeutende Philosoph, der gleichzeitig ein literarischer Künstler von Rang ist [...] Platon ist der einzige sokratische Autor, der diese populäre Gattung [den Dialog] in Konkurrenz zu den großen attischen Tragödien des fünften Jahrhunderts in eine bedeutende Kunstform verwandelt hat." [199] Kahn gibt uns einen Anhaltspunkt, wie es sein kann, dass der große Dichter Platon die gesamte poetische Tradition ablehnt. Platon lehnt das Mimetische und das Mythische keineswegs ab, wie ich im Hinblick auf meine den Übergang in die Achsenzeit betreffende Argumentation erwartet hätte – denn er sieht, dass seine theoretischen Einsichten ohne sie niemals Wirksamkeit erlangen würden. Was er ablehnt, sind nicht Mimetisches und Mythisches an sich, sondern nur deren gesamte Tradition! Platon ist bereit, Homer und Hesiod, Aischylos und Sophokles preiszugeben – aber was tritt an ihre Stelle? Das *Symposion* endet damit, dass die meisten Teilnehmer an der Diskussion des vorherigen Abends mit einem Kater aufwachen und feststellen, dass Sokrates und Aristophanes in ein Streitgespräch verstrickt

---

[198] Hans-Georg Gadamer, „Plato und die Dichter", in: ders., *Gesammelte Werke,* Bd. 5, *Griechische Philosophie I,* Tübingen: Mohr 1985 [1934], 192.

[199] Kahn, *Plato and the Socratic Dialogue*, xiii–xiv. Bernard Williams sagt etwas Ähnliches: „Der Nachklang der Sprachbilder [Platons] und die bildhafte Kraft seines Stils – der schönste, der jemals für den Ausdruck abstrakten Denkens ersonnen wurde – bestätigen implizit die Wirklichkeit der Sinnenwelt, auch wenn sie inhaltlich bestritten wird." *The Sense of the Past*, 24.

sind, als hätten sie überhaupt nicht geschlafen. Und worum ging es bei ihrem Streit? Ob derselbe Mann Tragödien und Komödien schreiben könne, was Aristophanes für unmöglich hält, während Sokrates behauptet, dies müsse möglich sein. Und wer war der Mann, der komische Tragödien bzw. tragische Komödien verfasste?

Platon, der Mann, der Traditionen ablehnte (und deshalb keinesfalls als konservativ bezeichnet werden kann), wusste also, dass Menschen nicht ohne Traditionen leben können. Er schuf eine neue Tradition (was allerdings ein Oxymoron ist), in der Sokrates die Stelle von Achill einnahm und seine eigenen Dialoge die epischen und tragischen Dichter ersetzten (sowohl vom Umfang her als auch inhaltlich, ließe sich hinzufügen). Ist ihm das gelungen? Sicherlich nicht vollständig, Gott sei Dank, aber seine eigene, sich bis heute fortsetzende neue Tradition begründete er tatsächlich. Für jeden geringeren Mann (und wen könnten wir größer nennen als Platon?) wäre schon das Vorhaben als solches ein verrücktes Projekt. Doch Platon war nicht verrückt. Was die Breite und die Tiefe seines Denkens anbelangt, lässt er sich wahrscheinlich nur mit einer einzigen Person vergleichen, nämlich mit seinem Schüler Aristoteles.

Wir müssen allerdings noch mehr, wenn auch nicht viel mehr über die Art und Weise sagen, wie Platon die mimetischen und mythischen Aspekte der Tradition, die er beibehält, mit dem Theoretischen vereinbart. (Und dürfen dabei nicht vergessen, dass Platon nicht das gesamte griechische Erbe verworfen hat: Heraklit und Parmenides entgehen nicht gelegentlicher Kritik, aber seiner Zensur, Parmenides, der immerhin in daktylischen Hexametern schrieb, verdankte er viel, und die großen Gesetzgeber, besonders Solon, aber auch Lykurg und andere, lehnte er auch nicht ab. Mit Solon zollte er sogar einer Form von Dichtung Anerkennung, die nicht untersagt zu werden brauchte.) Platon wusste, dass der Schlüssel für seine Reformbemühungen in der Bildung bzw. Erziehung *(paideia)* lag: Eine neue Art von Person musste herangezogen werden, damit eine neue Art von Stadt möglich wurde. Er griff die traditionellen Bestandteile der griechischen Bildung, *gymnastike* (die unserem „Sport" nicht ganz unähnlich ist) und *musike* (zu der neben unserer Form von Musik, Gesang und Tanz auch die Künste im Allgemeinen gehören) auf und gab ihnen eine neue Form. Im Hinblick auf die *gymnastike* hatte seine Reform in erster Linie negativen Charakter: Die (von den Griechen so geschätzten) athletischen Wettkämpfe sollten nicht überbewertet werden, weil dadurch das wegfallen könne, was wirklich wichtig sei, ja sich sogar eine Art von Trägheit ausbreiten könne. Körperpflege blieb soweit wichtig, wie sie zur Gesundheit, Vitalität und zum guten Aussehen beitrug, doch darüber hinaus stellte sie lediglich eine Ablenkung dar.

Auch im Hinblick auf die *musike* begann er traditionell und ersetzte dann die Inhalte. Sowohl in der *Politeia* als auch in den *Gesetzen* betont Platon, dass mit der richtigen Art von Musik, Gesang und Tanz (und den richtigen Spielen für Kinder) die Geordnetheit der Seele beginne, die im späteren Alter rationales Nachdenken möglich mache. In Buch 2 der *Gesetze* legt Platon seine Ansichten über die musikalische Erziehung am ausführlichsten dar. Zum Beispiel:

> „Athener: Also müssen wir annehmen, daß der Unerzogene auch der Chortänze unkundig, der Wohlerzogene aber der Chortänze kundig ist?
> Kleinias: Unbedingt.
> Athener: Der Chorreigen, als Ganzes gefaßt, ist doch Tanz verbunden mit Gesang.
> Kleinias: Notwendig.
> Athener: Der Wohlerzogene wird also schön tanzen und singen können.
> Kleinias: So scheint es.“[200]

Natürlich fährt der Fremde aus Athen, aus dessen Mund (meiner Meinung nach) Platon spricht, mit einer detaillierteren Beschreibung fort, welche moralischen Aspekte mit dem „schön tanzen und singen“ verbunden sind. Doch die Erfahrung, an einem Chortanz teilzunehmen, dient nicht nur der Erziehung der Jugend; niemand kann darauf verzichten:

> „Von dieser Regelung der Lust- und Schmerzgefühle, in der eben die Erziehung besteht, weichen nun die Menschen vielfach ab und es geht im Leben so manches Gute verloren; die Götter aber erbarmten sich des von Natur mit Mühsal beladenen Geschlechtes der Menschen und bestimmten für sie zur Erholung von ihrer Drangsal die abwechslungsreiche Folge der Götterfeste und gaben ihnen die Musen und den Musenführer Apollon und den Dionysos zu Festgenossen, um sich wieder aufzurichten, und damit gewährten sie ihnen jene geistigen Anregungen, die aus Festen unter Beisein der Götter entspringen.“[201]

Platon weiß, dass nur wenige ihr Leben der rationalen Argumentation widmen können, so wichtig diese auch für das gute Leben aller sein mag, und dass Narrative – Mythen – die primäre Ausdrucksform der Wahrheit bleiben.[202] An dieser Stelle wird es wirklich knifflig und ich kann die strittigen

---

[200] *Gesetze*, 654a-b, übers. v. Otto Apelt.

[201] Ebd., 653c-d.

[202] Kathryn A. Morgans Lektüre der platonischen Mythen in ihrem Buch *Myth and Philosophy from the Presocratics to Plato*, Cambridge: Cambridge University Press, 2000, enthält wertvolle Hinweise. Carone würdigt ebenfalls die Bedeutung der Mythen in Platons späteren Dialogen: sie ergänzten die argumentative Beweisführung und enthielten gewissermaßen eine eigene Art von Wahrheit. Allerdings macht sie geltend, dass in Fällen, in denen ein Mythos eine Argumentation ergänzt, dieser jedoch zu widersprechen scheint, der Argumentation Vorrang zukommen müsse. Siehe

Punkte, die so viele ratlos gemacht haben, nicht klären, doch Platon, der zwar behauptet, seine „neuen" Mythen seien insgesamt wahr, „ungefähr wahr" oder „wahrscheinlich" wahr und würden deshalb sogar in den Augen der herausragendsten Gelehrten eine wichtige Ergänzung zum rationalen Diskurs liefern, kann auch zugeben, dass er bei Gelegenheit – für einen guten Zweck zwar, aber gleichwohl – lüge. Das berühmteste und am meisten geschmähte Beispiel ist die „edle Lüge" in der *Politeia*, die darauf abzielt, die verschiedenen Klassen der Stadt davon zu überzeugen, dass ihre Stellung „natürlich" sei. Mich auf diesen Streitpunkt einzulassen, würde zu weit führen, ich möchte lediglich anmerken, dass mir scheint, dieser unwahre Mythos (im Gegensatz zu den „wahren Mythen", zu denen der Mythos von Atlantis im *Timaios* gehört) ziele eher darauf ab, die Wächter davon zu überzeugen, dass ihre „goldene" Natur so wunderbar ist, dass sie Gold als Metall bzw. Besitztümer und Haushalte, die mit Wohlstand verbunden sind, gar nicht benötigen, als darauf, die unteren Klassen, die all diese Dinge haben dürfen, davon zu überzeugen, dass sie „von Natur aus" Untertanen seien.

Doch trotz Platons Unterscheidung zwischen dichterischen Mythen, die aufgegeben werden müssen (Homer und so weiter), und dichterischen Mythen, die grundlegend für die gute Stadt sind (seine eigenen), gibt es ein mythisches Element bzw. womöglich sogar mehrere, das bzw. die nirgends offen erörtert wird bzw. werden. Die Vorstellung, dass der in allen Hinsichten so feinsinnige und intelligente Platon sie nicht bemerkt haben könnte, wäre töricht. Er hatte vielmehr seine Gründe, sie nicht herauszustellen. Zum einen gibt es in dem bei Platon nie ganz verlorengehenden Sinne, dass der Mythos eine Geschichte oder ein Bericht ist, einen grundlegenden Mythos im Gesamtkorpus seiner Dialoge, nämlich den Mythos des Lebens und Sterbens von Sokrates. Ihn hält Platon vor allem hoch; für ihn handelt es sich dabei mit Sicherheit um einen wahren Mythos, auch wenn er Sokrates Gedanken in den Mund legt, die er logisch gesehen zwar gehabt haben könnte, aber tatsächlich nie gehabt hat. Zudem ist Sokrates kein Argument, sondern eine Person mit einer Geschichte, einem Narrativ. Was hat das für Auswirkungen auf die Vorstellung, dass bei Platon die Theorie triumphiert? Und zwar unabhängig davon, ob man es für gut oder schlecht hält, wenn sie das täte?

Außerdem ist da noch die Tatsache, dass Homer und Hesiod zwar durch die Vordertür hinauskomplimentiert werden, sich aber durch die Hintertür ständig wieder hereinschleichen. In einem interessanten Aufsatz

Plato's Cosmology, 14–16. Weder Morgan noch Carone gehen in ihren Erörterungen der Mythen bei Platon über das hinaus, was er selbst als Mythos bezeichnet.

über Dichtung in der *Politeia* macht David O'Connor auf die poetischen Anspielungen aufmerksam, die so vielen Teilen der Handlung zugrunde liegen. Insbesondere verweist er auf Platons Verwendung von Odysseus' „Abstieg in die Unterwelt" (*Odyssee*, Elfter Gesang) als implizites Vorbild für einen Großteil der *Politeia*, besonders aber für das Höhlengleichnis. Nachdem er Homers Bericht über den Abstieg in die Unterwelt in Buch 3 (386a–d) missbilligt hat, gibt er diesem genau genommen in seiner eigenen Schilderung des Höhlengleichnisses eine positive Wendung, in deren Rahmen er die *Odyssee* zur Unterstreichung des Gedankens zitiert (516d–e), dass, wer erst einmal auf der Erdoberfläche angekommen sei, niemals wieder in die Höhle zurückkehren möchte, wo alles, was man sehe, „Schatten" seien – Homers Wort für die Toten im Hades. Homer als Verbannter, Homer als Autorität (in vielen Dialogen zitiert Platon beiläufig eine Zeile von Homer, häufig um einen Punkt zu verdeutlichen), Homer als Subtext für die Gesamtstruktur eines Dialogs. Außerdem führt O'Connor Platons ausgefeilte Verwendung von Hesiods „Metallgeschlechtern" aus *Werke und Tage* vor. Sie bilden den Unterbau für Platons Schilderung der verschiedenen Regierungsformen, der für sie jeweils geeigneten Art von Menschen und ihres schrittweisen Niedergangs in den Büchern 8 und 9 der *Politeia*. Wenn wir den Platz hätten, würde es sich durchaus lohnen, dieses Argument weiterzuverfolgen, das uns zusätzlich in der Vorstellung bestärkt, dass dasjenige, was Platon in Buch 2 ohne viel Federlesens hinauskomplimentiert hat, zumindest unterschwellig grundlegend für die Gesamtstruktur des Dialogs bleibt bzw. oftmals für die Griechen überhaupt nicht schwer zu erkennen war, weil sie vieles von Homer und Hesiod auswendig konnten.[203] Was sagt uns das über das Verhältnis von Theorie und Narrativität?

Und schließlich sind es, worauf Gadamer, Kahn und andere hingewiesen haben, die mit Homer und Sophokles konkurrierenden Dialoge der *Apologie*, des *Symposions*, des *Phaidros*, der *Politeia*, ja sogar der *Gesetze*, wenn man sie richtig liest, die uns ins philosophische Leben hineinziehen, wohingegen die Argumente häufig verwirrend sind, sich im Ungefähren verlaufen, wenn etwa Sokrates uns in der *Politeia* einfach nicht verraten will, worin die Idee des Guten wirklich besteht, oder die Argumente müs-

[203] David K. O'Connor, „Rewriting the Poets in Plato's Characters", in: *The Cambridge Companion to Plato's Republic*, hrsg. v. G. R. F. Ferrari, Cambridge: Cambridge University Press, 2007. O'Connor macht darauf aufmerksam, dass Leo Strauss als Erster herausgearbeitet hat, dass Hesiods Metallgeschlechter in der *Politeia* Verwendung finden, und zwar in „On Plato's Republic", in: Strauss, *The City and Man*, Chicago: Rand McNally, 1964, 50–138.

sen neu formuliert werden, häufig im selben Dialog, manchmal in einem späteren.[204] Mir ist bekannt, dass Platons Skizze der höchsten Erziehungsebene in der *Politeia* die Mathematik und besonders die Geometrie sehr hoch ansetzt, weil die Wahrheit darin dem Geist direkt einleuchte und keiner Bestätigung durch die Sinne bedürfe, und dass er dann Dialektik und logische Argumentation noch höher ansetzt und dass man dabei an Platons Korrektur von Parmenides' Beweisgründen für das Sein denkt. Ich bestreite nichts davon. Aber wenn das alles ist, wäre Platon dann Platon?[205] Wäre er dann nicht bloß ein weiterer interessanter früher Logiker? Meiner Meinung nach besteht Platons Stärke in seiner Gesamtreform dessen, was Donald als „hybrides System" der Kultur bezeichnet hat – jenes System, in dem Mimetisches, Mythisches und Theoretisches eine neue Synthese eingehen, aber Mimetisches und Mythisches nicht einfach durch das Theoretische ersetzt werden.[206] Eine solche Ersetzung ist ein Experiment, das in unseren vier Beispielfällen niemand, der für den Übergang in die Ach-

---

[204] Dass ich die *Gesetze* zu den großen literarischen Dialogen zähle, bedarf möglicherweise einer Rechtfertigung. Siehe dazu den die *Gesetze* besonders hoch schätzenden Aufsatz von André Laks in Rowe und Schofield, *Greek and Roman Political Thought*, 258–292, und natürlich Voegelins großartiges Kapitel über die *Gesetze* in seinem Buch *Platon*, 257–316, das mit den Sätzen schließt: „Platon starb im Alter von 81 Jahren. Am Abend seines Todes ließ er sich von einem thrakischen Mädchen auf der Flöte vorspielen. Das Mädchen konnte den Takt des *nomos* nicht finden. Mit einer Bewegung seines Fingers wies ihr Platon das ‚Maß'."

[205] Auch Bernard Williams hebt das hervor, allerdings auf seine Weise: „Platon dachte, dass, wenn jemand sein Leben der Theorie widmete, dies sein Leben verändern könne. Zumindest eine Zeitlang dachte er, dass das reine Studium zu einer gewandelten Sichtweise führen könnte. Aber er dachte niemals, dass die Inhalte oder Bedingungen einer solchen Wandlung theoretisch festgelegt werden könnten oder dass eine Theorie auf einem angemessenen fortgeschrittenen Niveau die entscheidenden Dinge erklären könnte, die man wissen muss [...] Vielmehr scheint Platon gedacht zu haben, dass die letztendliche Bedeutung der Philosophie für das Leben eines Menschen nicht in irgendetwas liegt, das in ihren Erkenntnissen enthalten sein könnte, sondern dass sie aus ihrer Tätigkeit hervorgeht." *The Sense of the Past*, 179. Charles Kahn sagt etwas Ähnliches: „Für Platon ist Philosophie im Wesentlichen eine Lebensform und nicht eine Reihe von Lehrsätzen." *Plato and the Socratic Dialogue*, 383.

[206] Auch hier hat Williams etwas Hilfreiches erkannt: „Nicht alles, was in einem Dialog behauptet wird, selbst wenn es von Sokrates ist, wird auch von Platon behauptet: Eine Behauptung von Sokrates kann ein Vorschlag von Platon sein. Weil Platon ein ungemein ernsthafter Philosoph ist, der den Anspruch der Philosophie begründet hat, durch Beweisführung, systematische Nachforschung und geistige Vorstellungskraft unsere tiefsten Fragen anzusprechen, [...] unterschätzen wir womöglich, wie sehr er Tiefgang, Pessimismus, ja selbst einen gewissen religiösen Ernst mit einer ironischen Heiterkeit und einer Unfähigkeit, alle seine Ideen gleichermaßen ernst zu nehmen, zu verbinden vermochte." *The Sense of the Past*, 149–150.

senzeit zentral gewesen ist, in Angriff genommen hat; darauf musste man bis zum Aufkommen der abendländischen Neuzeit im 17. Jahrhundert warten.

Ich habe Aristoteles als den möglicherweise zweitgrößten Geist aller Zeiten bezeichnet, weshalb es kleinlich wirken könnte, ihm nicht genauso viel oder fast so viel Platz einzuräumen wie Platon, aber diesen Platz haben wir nicht. Aristoteles ist ein wirkmächtiger – und zuweilen, wie in der *Nikomachischen Ethik,* ein geradezu großer – Autor, aber er ist kein Künstler wie Platon. Mit enormer Begeisterung und Energie hat er indes die meisten Forschungsfelder umrissen, die spätere Denker beschäftigen sollten, und zwar so gut, dass er im Mittelalter nahezu als letzte Entscheidungsinstanz behandelt wurde – was weder er selbst noch die alten Griechen und Römer je getan haben. Bei dieser Gelegenheit hat er die Dichtung rehabilitiert (besondere Bewunderung wird in seiner *Poetik* der Tragödie zuteil), und er hat die Rhetorik rehabilitiert, als er erkannte, dass sie bei richtigem Gebrauch durchaus ethischen Zwecken dienen konnte.[207] Er hatte es nicht nötig, allgemein anerkannte Mythen zurückzuweisen – in seiner *Metaphysik* vertrat er die Ansicht, dass das Interesse der frühen Dichter am Ursprung der Dinge auf die Philosophie vorausdeute – oder sie durch eigene wahre oder unwahre Mythen zu ersetzen. Anders als Platon hatte er auch nicht das Bedürfnis, noch einmal ganz von vorne anzufangen und nur auf deduktive Argumente zu vertrauen – was nicht heißen soll, dass Platon dieses Vorhaben tatsächlich umgesetzt hätte. Oftmals erlaubte Aristoteles es sich, bei Meinungen oder alltäglichen Erfahrungen anzusetzen und sie durch kritische Überlegungen und Argumente zu verfeinern, ohne sich je zu weit von der Welt des Gegebenen zu entfernen. Es klänge herablassend, wenn man über einen so großen Denker sagen würde, er sei ein Mann mit herausragendem Common Sense gewesen. Aber den Platon, der an manchen Stellen wie ein Verschleierungskünstler und Meister der Doppelbödigkeit wirkt, weil es ihm mehr darum ging, uns aufzurütteln, als uns Hilfestellung zu leisten, hat Aristoteles in diesem Zusammenhang nicht nachgeahmt. Es hat eine lange Tradition, dass man sich zwischen den beiden entscheiden müsse, als ob dies mit der Wahl zwischen zwei verschiedenen Lebensweisen verbunden wäre, aber meiner Meinung nach müssen wir keine solche Wahl treffen: Wir brauchen sie immer noch beide.

Eine Möglichkeit, Aristoteles einzuordnen, besteht darin, ihn als nachachsenzeitlichen Denker zu bezeichnen. Platon musste den großen Kampf

[207] Diese Erkenntnis hatte Platon im *Phaidros*, er hat sie aber nicht so entfaltet wie Aristoteles in seiner *Rhetorik*.

auf sich nehmen, den der Bruch mit dem Erbe der Vergangenheit im Lichte von Sokrates' Suche nach Weisheit bedeutete. Er nutzte jedes Mittel, das ein großer Geist und ein großer Künstler nur aufbieten konnte, um nicht nur einer neuen Art von Denken, sondern auch einer neuen Art von Person und einer neuen Art von Gesellschaft den Weg zu bahnen. Und der Scharfsinn, den er dabei an den Tag legte, muss auch in Aristoteles' Tagen noch lebendig gewesen sein. Doch was Platon getan hat, musste Aristoteles nicht tun.[208] Es ist höchst bemerkenswert, dass Aristoteles, anstatt sich von seinem Vorgänger überwältigt zu zeigen, wie es bei den meisten begabten Personen der Fall gewesen wäre, in der Lage war, sich die neue Welt, die Platon erschlossen hatte, in Ruhe anzusehen und ihre vielen Möglichkeiten ohne Groll zu erkunden, guten Gegenargumenten aber auch nicht aus dem Wege zu gehen, wo er sie für erforderlich hielt. Es gibt nur wenig, was ihm entgangen ist. Obwohl er, wie Max Weber es ausgedrückt hätte, „in religiöser Hinsicht" nicht so „musikalisch" war wie Platon, sollten wir uns Aristoteles nicht als säkularen Denker vorstellen. Ebenso wie über eine Logik und eine Metaphysik verfügte er über eine Theologie, die eine Variante der zuerst von Anaximander schemenhaft angedeuteten und in Platons späten Dialogen umfassend weiterentwickelten Vorstellung eines kosmischen Gottes darstellte und später höchst einflussreich werden sollte. Und mit Sicherheit hielt er wie Platon Philosophie für eine Lebensform.[209]

Philosophenschulen bildeten die grundlegende Organisationsform für die Erziehung der hellenistischen und römischen Eliten. Keine dieser Schulen wurde je auch nur in dem geringeren Maße orthodox wie der Konfuzianismus in China, mit Hilfe von Dichtung und Rhetorik mussten sie unaufhörlich um die Loyalität der Mitglieder der Elite wetteifern. In welchem Maße Philosophie als Lebensform in die nicht zur Elite gehörenden Schich-

---

208 Vielleicht könnte man sagen, dass Platon die Geburtswehen der Philosophie durchlitten hat, Aristoteles sie aber bereits als gesunde junge Person vorgefunden hat. Parmenides hatte ein strenges Aufweisen von Gründen auf die Tagesordnung des griechischen Denkens gesetzt, wobei seine Strenge gleichermaßen einschüchternd und ansprechend war. Platon hat das Erörtern von Gründen zu einer Quelle ergiebiger und scharfsinniger Erkenntnisse weiterentwickelt. Doch obwohl er immer wieder auf einige wenige zentrale Fragen zurückgekommen ist, hat er eine Reihe von nicht immer miteinander vereinbaren Wegen, auf sie zu antworten, aufgezeigt, statt ein einziges kohärentes System vorzulegen. (Nicht nur Kahn und Williams stimmen dem zu.) Aristoteles war der Erste, der so etwas wie systematische Philosophie geschaffen hat, allerdings noch nicht so, wie moderne Philosophen es versucht haben, da in Aristoteles' Denken praktische Fragestellungen den Vorrang haben.

209 In seinem Buch *Philosophie als Lebensform* zeigt Hadot, dass Aristoteles und seine Anhänger genauso einer Lebensform zugetan waren wie die Anhänger Platons oder jeder anderen Philosophenschule.

ten vordrang, ist eine offene Frage. In diesen Schichten haben die alten olympischen Mythen und Rituale nie ganz an Rückhalt verloren, auch wenn sie zunehmend allegorisch interpretiert wurden.[210] Doch dass die klassische Kultur nach Platon und Aristoteles achsenzeitlich war, scheint außer Frage zu stehen.

„Zum Aussterben verdammt“

Wie oben gesehen, betrachtet Eric Voegelin den Prozess gegen Sokrates nicht nur als von der Stadt gegen Sokrates, sondern auch von den Göttern gegen die Stadt verhängtes Todesurteil. Offenkundig ist Athen nicht im Jahr 399 v. u. Z. untergegangen, obwohl die endgültige Eroberung durch Mazedonien im Jahr 322 seiner Unabhängigkeit ein Ende bereitete und Paul Veyne behauptet hat, dass die athenische Demokratie sich sogar noch früher in eine Notablenherrschaft verwandelt habe, die für die meisten griechischen Städte im hellenistischen Zeitalter charakteristisch werden sollte, selbst wenn ihre äußere Form demokratisch blieb, wie in Athen.[211] Der „Geist“ des Goldenen Zeitalters ging jedoch nicht verloren, er verschwand lediglich aus der Polis als solcher. Wenn man sagen kann, dass die Ordnung der Polis auf die Seele von Sokrates und dann von Platon überging, geschah dies soziologisch gesehen in Gestalt der Entstehung der Platonischen Akademie, der später im vierten Jahrhundert andere Philosophenschulen folgten, allen voran das Lykeion von Aristoteles, aber im Laufe der Zeit auch die Stoiker, Epikureer und andere.

W. G. Runciman trägt zum Verständnis dessen bei, was im vierten Jahrhundert mit der griechischen Polis geschehen ist und mehr mit dem Ende einer ungewöhnlichen geopolitischen Besonderheit zu tun hatte als mit dem Tod von Sokrates, mit dem es nur von seinem „Geist“ her korreliert. Runcimans grundsätzlicher Punkt lautet, die griechische Polis sei „eine evolutionäre Sackgasse“ gewesen, die nur aufgrund ihrer besonderen geopolitischen Lage so lange überlebte – sie lag nahe genug, um von den Nachbarzivilisationen zu lernen, aber zu weit entfernt, um von ihnen erobert zu werden: Davon legt das im Grunde logistische Scheitern der Perser Zeugnis ab, das man eingestehen kann, ohne den griechischen Heroismus zu schmälern. Die Sackgasse der Polis war genau das, was sie kulturell

---

210 Siehe Luc Brisson, *Einführung in die Philosophie des Mythos*. Bd. 1: *Antike, Mittelalter und Renaissance*, übers. v. Achim Russer, Darmstadt: wbg, 1996.

211 Paul Veyne, *Brot und Spiele: Gesellschaftliche Macht und politische Herrschaft in der Antike,* übers. v. Klaus Laermann, Frankfurt: Campus, 1988 [1976].

so kreativ machte: Aus ihr wurde nie ein Staat und ganz bestimmt kein Staatenstaat. Dieser Bürger-Staat, der sich mit seinen Bürgern deckte, war noch nicht einmal ein Stadtstaat. Trotz all seiner Angriffe auf die athenische Demokratie (man darf nicht vergessen, dass Platon auch die Oligarchie scharf angreift, die in der griechischen Polis neben der Tyrannenherrschaft die einzige realistische Alternative zur Demokratie darstellte) bekräftigt Platon in der *Politeia*, dass Philosophie abgesehen von der guten Stadt nur aus einer Demokratie erwachsen könne; und trotz all seiner Sympathie für Sparta kommt in erster Linie ein Fremder aus Athen zu Wort und kein Spartaner, als er in den *Gesetzen* versucht, den Grundstein für die zweitbeste Stadt zu legen. Man kann sich nicht vorstellen, dass ein Spartaner so viele Worte machen würde. Die Einzigartigkeit der soziopolitischen Form der Griechen, insbesondere ihre Demokratie und ihre in der Weltgeschichte einzigartige Mischung aus großer Urwüchsigkeit und äußerster Kultiviertheit machten sie zum Keim von so vielem, was wir in kultureller Hinsicht noch heute wertschätzen, aber genau darin bestand auch ihre fatale Schwäche, als sie schließlich mit der sehr viel resilienteren Form einer großformatigen, nun aber sehr viel näher gelegenen Monarchie als Persien konfrontiert war, nämlich mit Mazedonien. Runciman behauptet, dass nur eine Monarchie oder eine sehr starke Oligarchie von der Art Roms oder Venedigs, wie die Griechen sie nie hatten, die Kraft aufzubringen vermochten, in der politischen Welt der Antike tatsächlich mitzuhalten. Die griechischen Poleis waren eben zu klein und untereinander zu gespalten, um einer größeren Herausforderung standzuhalten. Wenn es ein griechisches Wunder gibt, dann besteht es in Griechenlands geografischer Lage, die den Griechen fast 500 Jahre lang, vom achten bis fast zum Ende des vierten Jahrhunderts, den Freiraum verschaffte, ihr bemerkenswertes Experiment durchzuführen, ohne den Preis für ihre politische / militärische Verwundbarkeit zahlen zu müssen.[212] Darauf kann man nur ein Halleluja anstimmen.

Runciman hat darauf hingewiesen, dass Evolution auf mehr als einer Ebene vonstattengeht. Biologische, soziale und kulturelle Evolution sind ineinandergreifende, ja sich sogar gegenseitig durchdringende Prozesse, aber sie sind nicht identisch.[213] Dass die Polis als soziales Experiment

---

212 In „Doomed to Extinction", 348–367, fasst Runciman seine Argumentation sehr prägnant zusammen, warum keine griechische Polis in der Lage war, den Weg Roms oder Venedigs zu gehen: „Die *poleis* waren alle, und zwar ausnahmslos, viel zu demokratisch" (364).

213 W. G. Runciman, „The Exception that Proves the Rule? Rome in the Axial Age", in: *Comparing Modernities: Pluralism versus Homogen[e]ity*, hrsg. v. Eliezer Ben-Rafael und Yitzhak Sternberg, Leiden: Brill, 2005, 125–140. Er sagt, dass es in der

scheiterte, bedeutete nicht, dass die griechische Kultur scheiterte. Und natürlich bleibt ohne irgendeine Art von sozialem Träger keine Kultur erhalten. Wir haben bereits auf die sozialen Vehikel hingewiesen, die für das Überleben der griechischen Kultur sorgten: die Schulen, an erster Stelle die Gymnasien, dann die verschiedenen Philosophenschulen, aber auch die Schulen für Medizin und andere Künste. Nachdem Athen seine politische Selbstständigkeit verloren hatte, blieb es noch lange ein kulturelles Zentrum und ein Zentrum der Schulen, an denen Griechen und später Römer von überall her studierten. Ein anderer Faktor von entscheidender Bedeutung war natürlich auch, dass sowohl die Mazedonier als auch die Römer die griechische Kultur zutiefst bewunderten und sie eher nachahmten, als den Versuch zu unternehmen, sie zu zerstören. Und für den Fortbestand der Tradition war es außerdem ein Glücksfall, dass das an sich dem griechischen Ethos oder der Philosophie nicht besonders freundlich gegenüberstehende Christentum bereits in den Briefen von Paulus, wenn nicht schon früher, allmählich hellenisiert wurde, sodass ein Großteil der griechischen Kultur und des griechischen Denkens innerhalb der Kirche überlebte, wenn die intolerante Kirche auch nicht nur die Tempel, sondern auch die Philosophenschulen schloss, sobald sie an der Macht war.

Was überlebte, wurde in einem fort wiedergeboren. Und was überlebte, hing stark vom Organisationsgrad ab. Glückliche Fügungen spielten sicherlich eine Rolle, aber es kann kaum reiner Zufall sein, dass Platons und Aristoteles' Werke fast vollständig erhalten geblieben sind, während wir über vielleicht weniger als die Hälfte von Heraklits so kleinem, aber so wertvollen Büchlein verfügen, ganz zu schweigen vom überwiegenden Teil der griechischen Tragödien, die verloren gegangen sind. Aber besonders in jenen ersten Jahrzehnten nach Sokrates ist genug, ja mehr als genug von dem erhalten geblieben, was geschaffen wurde, um die Welt für immer von Grund auf zu verändern. Und als die Traditionen des achsenzeitlichen Israels sich zu einer merkwürdigen Hassliebe mit den Traditionen des achsenzeitlichen Griechenlands zusammenfanden, war das Ergebnis, im Guten wie im Schlechten, in mehr als geringem Maße die Welt, wie sie heute ist.

„selektionistischen Evolutionstheorie" einen „allgemeingültigen zugrundeliegenden Prozess erblicher, aber interagierender Ebenen der biologischen, kulturellen und sozialen Evolution" gebe. „Unterschiedliche Spezies, Kulturen und Gesellschaften sind jeweils das Ergebnis unterschiedlicher *pfadabhängiger* Verläufe, in denen sich der Selektionsdruck auf die erweiterten phänotypischen Effekte der Information auswirkt, die entweder genetisch (durch DNA-Stränge, die von den Eltern an die Nachkommen weitergegeben werden), kulturell (durch Nachahmung oder Lernen) oder sozial (durch Auferlegung institutioneller Anreize und Zwangsmaßnahmen) weitergegeben wird" (139).

Kapitel 8

Die Achsenzeit III: China im späten ersten Jahrtausend v. u. Z.

Ziemlich bemerkenswert am antiken Griechenland ist, dass es sich binnen weniger Generationen von einer Stammesgesellschaft (bzw. eigentlich einer retribalisierten Gesellschaft) zu etwas entwickelt zu haben scheint, das an die Neuzeit heranreicht. Zwischen der Geschwindigkeit des Wandels als solcher und der Durchschlagskraft der sich anschließenden Blütezeit ist ein ursächlicher Zusammenhang hergestellt worden. Natürlich hatte es im zweiten Jahrtausend v. u. Z. in Griechenland eine bronzezeitliche Palastgesellschaft mit mächtigen Herrschern, Monumentalbauten und Schriftgut gegeben: die Mykener. All dies war während des Dunklen Zeitalters Griechenlands von etwa 1200 bis 800 v. u. Z. weitgehend in Vergessenheit geraten: Es blieben lediglich höchst nebulöse Erinnerungen daran bestehen, und die Schrift war bezeichnenderweise vollständig abhandengekommen. Die Monumente jener früheren Kultur stellten merkwürdige landschaftliche Auswüchse dar, über die Legenden erfunden werden mussten, um ihnen einen Sinn abzugewinnen.

Das alte China könnte kaum unterschiedlicher gewesen sein. In Kapitel 5 haben wir uns mit dem vorachsenzeitlichen China befasst: mit der Shang-Dynastie im späten zweiten Jahrtausend v. u. Z. und mit der westlichen Zhou-Dynastie im frühen ersten Jahrtausend v. u. Z.[1] Wir hatten festgestellt, dass die Kontinuität zwischen der vorachsenzeitlichen und der achsenzeitlichen Kultur in China keine Entsprechung in Griechenland oder Israel hatte (mit der Frage einer solchen Kontinuität in Indien werden

[1] Dem heutigen Standard entsprechend habe ich für die Umschrift durchgehend das Pinyin-System verwendet und selbst in wörtlichen Zitaten andere Systeme in das Pinyin-System umgewandelt. Für jemanden meines Alters, der mit dem Wade-Giles-System aufgewachsen ist, war das nicht einfach. Für den sinologischen Laien bietet das Pinyin-System Vorteile und Nachteile. „Zhou" kommt in diesem Satz der tatsächlichen Aussprache näher als „Chou" aus dem Wade-Giles-System. *Daodejing* kommt ihr näher als *Tao Te Ching*. Andererseits können *x* und *q* Schwierigkeiten bereiten. X wie in *xin* wird im Hinblick auf seine Aussprache verständlicher, wenn wir uns vergegenwärtigen, dass es im Wade-Giles-System mit „hsin" wiedergegeben wird, und *q* wie in *qi* wird verständlicher, wenn wir uns vergegenwärtigen, dass es im Wade-Giles-System „ch'i" geschrieben wird.

wir uns unten befassen). Ein Anzeichen für diese Kontinuität ist die Kontinuität des Schriftsystems – die Grapheme, die uns aus der Shang-Dynastie vorliegen, sind eindeutig Vorformen der gesamten nachfolgenden chinesischen Schrift. Konfuzius soll seine Schüler in einer Auswahl dessen unterrichtet haben, was wir als *Urkunden* und *Oden* kennen. Sie wurden in ihrer heutigen Form lange nach Konfuzius' Tod ediert, Teile von ihnen stammen aber wahrscheinlich aus der frühen Zhou-Dynastie und lagen schon zu Lebzeiten von Konfuzius vor.[2] Die Kontinuität in Sachen Schrift ist ein Anzeichen für eine noch signifikantere Kontinuität in Bezug auf kulturelle Inhalte. Wir verfügen über ein sehr viel klareres Verständnis der Shang- und westlichen Zhou-Dynastie als über das mykenische Griechenland und das Griechenland des Dunklen Zeitalters, weil uns nicht nur ergiebiges archäologisches Material vorliegt, sondern auch bedeutende textuelle Kontinuitäten bestehen.

Und doch war China von der Zeit des Konfuzius (konventionelle Datierung 551–479 v.u.Z.) bis zur Vereinigung des Reiches in der Qin-Dynastie (221 v.u.Z.) auf genauso atemberaubende Weise innovativ wie das alte Griechenland. In anderer Form, aber im selben Umfang wie bei den antiken Griechen florierten in diesen Jahren die in sich unterschiedlichen, inhaltlich auf die Neuzeit vorausdeutenden „Hundert Schulen". Die *Gespräche* des Konfuzius und jene, die in der Folgezeit Konfuzius als ihren Lehrer verehrten, idealisierten die Kultur der frühen Zhou-Dynastie und machten aus ihr einen Maßstab, zu dem das spätere China zurückkehren sollte; in Gestalt der Rückkehr zum Althergebrachten eröffneten sie aber auch bemerkenswerte neue Möglichkeiten. Im späten ersten Jahrtausend erlebte China einen dramatischen Wandel von der „Feudalherr-

[2] Es sei daran erinnert, dass zur Zeit von Konfuzius und im überwiegenden Zeitraum vor der Entstehung des Kaiserreichs, obgleich schriftliche Texte verschiedener Art existierten, in erster Linie mündlich gelehrt wurde. Insbesondere die *Oden* – das sind Lieder aus dem *Shi*, dem *Buch der Lieder* – wurden auswendig gelernt, so allerdings auch einige Texte aus dem *Buch der Urkunden*. Die uns vorliegenden schriftlichen Texte sind nicht zwangsläufig diejenigen, auf die in den *Gesprächen* des Konfuzius verwiesen wird. Die Bücher, die wir als *Oden* und *Urkunden* kennen, enthalten mit annähernder Gewissheit Material, das lange nach der Zeit des Konfuzius niedergeschrieben wurde, und möglicherweise fehlt darin manches von dem, was ihm zur Verfügung stand. Eine extreme Sichtweise, nämlich dass es überhaupt keine Bezüge zu den *Urkunden* und den *Oden* in der frühesten Schicht der *Gespräche* gebe und dass die Bücher, die unter diesen Namen bekannt wurden, bis lange nach Konfuzius' Tod womöglich nicht einmal geschrieben, mit Sicherheit aber nicht früher zusammengestellt worden seien, formulieren E. Bruce Brooks und A. Taeko Brooks, *The Original Analects: Sayings of Confucius and His Successors*, New York: Columbia University Press, 1998, 255.

schaft" (wie in Kapitel 5 beschrieben) der Zhou-Dynastie zur zentralisierten bürokratischen Regierungsform des chinesischen Kaiserreichs. Weil die von den Konfuzianern idealisierte Gesellschaft sich so stark von der Gesellschaft unterscheidet, die wir stillschweigend für chinesisch halten, müssen wir als erstes versuchen zu verstehen, wie sie ausgesehen hat, wofür wir kurz auf einige Motive aus Kapitel 5 zurückkommen werden. Chinas Übergang in die Achsenzeit fand statt, als sich eine von Kriegern regierte Gesellschaft in eine Gesellschaft verwandelte, über die kaiserliche Beamte herrschten. Wie hat die von Kriegern regierte Gesellschaft ausgesehen?

Vor Konfuzius

Wie wir in Kapitel 5 festgestellt haben, war die westliche Zhou-Gesellschaft (1045–771 v. u. Z.) zwar in Bezug auf ihre Dezentralisierung dem ähnlich, was wir als feudal ansehen, tatsächlich aber insofern eine an der Abstammung orientierte Gesellschaft, als „Lehen" nicht auf einem Vertragsverhältnis zwischen Herren und Vasallen beruhten, sondern „Gaben" des Königs waren, die normalerweise männlichen Verwandten, manchmal aber auch anderen loyalen Vasallen grundsätzlich unter Vorbehalt gewährt wurden, sodass sie jederzeit widerrufen werden konnten.[3] Mit Weber gesprochen, handelte es sich um eine dezentralisierte patrimoniale Gesellschaft und verweist die Verwendung des Begriffs „feudal" lediglich auf ihren dezentralen Charakter. Wir dürfen nicht vergessen, dass China im frühen ersten Jahrtausend v. u. Z. dünner besiedelt und ökonomisch weniger weit entwickelt und urbanisiert war, als es gegen Ende des Jahrtausends der Fall sein sollte. Nicht-chinesische „Stämme" mischten sich mit chinesischen Völkern – Huaxia – und ein Großteil des Grund und Bodens musste erst urbar gemacht werden.

Unter diesen Bedingungen erhielt die frühe Zhou-Monarchie wahrscheinlich einen gewissen Grad an zentralisierter Kontrolle nur ein oder zwei Jahrhunderte lang aufrecht. Im Laufe der Zeit und mit zunehmender Entfernung der verwandtschaftlichen Beziehungen fiel die Zentralherrschaft nach und nach auseinander. Obwohl er fast sicher schon früher eingesetzt hatte, bestand ein Anzeichen für den Verfall der zentralen Autorität im Untergang der Hauptstadt der westlichen Zhou-Dynastie im Jahr 771 v. u. Z. und dem Umzug der Hauptstadt vom Tal des Wei-Flusses in West-

[3] Edward L. Shaughnessy, „Western Zhou History", in: Michael Loewe und Edward L. Shaughnessy (Hrsg.), *The Cambridge History of Ancient China,* Cambridge: Cambridge University Press, 1999, 292–351.

china, das lange Zeit die Heimat des Zhou-Volkes gewesen war, nach Louyang im Osten, wo die Macht der Zhou-Dynastie weitgehend zum Zeremoniell erstarrte und auf das Wohlwollen der mächtigeren und mittlerweile faktisch selbstständigen östlichen Staaten angewiesen war.

Die folgende Zeit der Frühlings- und Herbstannalen, Chunqiu, die nach einer Chronik benannt wurde, die sich über die Jahre von 722 bis 481 v. u. Z. erstreckt, erlebte ein allmähliches Versinken in unablässigen Kriegen, das in die Zeit der Streitenden Reiche mündete (450–221 v. u. Z.), als sich das Wesen der chinesischen Kultur und Gesellschaft durch eine Reihe von neuen Entwicklungen änderte, die zur Ausschaltung der in der Zeit der Frühlings- und Herbstannalen noch herrschenden Krieger-Aristokratie führte.

Konfuzius hat am Ende der Zeit der Frühlings- und Herbstannalen gelebt und betrachtete die Gesellschaft, in der er lebte, mit kritischer Besorgnis. Er idealisierte die frühe Zhou-Dynastie und war der Erste, der „Altes benutzte, um die Gegenwart zu kritisieren". Seine Anhänger gaben diese Praxis niemals auf, die von vielen Herrschern, zu denen auch der erste Kaiser der Qin-Dynastie gehörte, scharf verurteilt wurde. Eine nähere Betrachtung der Wirklichkeit in der Frühlings- und Herbst-Gesellschaft macht deutlich, was Konfuzius mit ihr verband und was an ihr er verurteilte.

Mark Edward Lewis beschreibt die „großen zeremoniellen Dienste", die das Hauptanliegen der Frühlings- und Herbst-Aristokratie waren: Opfer, Krieg und Jagd.[4] Diese drei zeremoniellen Dienste waren stark ritualisiert und miteinander verwoben. Wie in vielen anderen aristokratischen Gesellschaften bildete das Zeremoniell ihren Kern. Auch wenn *li*, das Ritual, im späteren Konfuzianismus ganz verschiedene Bedeutungen annehmen sollte, stand es in Gestalt der „großen zeremoniellen Dienste" im Zentrum der frühen Zhou-Kultur, die Konfuzius nach eigenem Bekunden verehrte. Der zentrale zeremonielle Dienst, dessen Erweiterungen Krieg und Jagd darstellten, war das Opfer selbst. Die großen Opfer an die Geister und Ahnen waren die Form, in der die Zhou-Gesellschaft sich vor sich selbst in Szene setzte [*enacted*]. Da unser abendländischer Blick auf China so stark von der zentralen Figur des zivilen Gelehrten-Beamten im kaiserlichen China beeinflusst wurde, ist es wichtig sich klarzumachen, dass wir es in der westlichen Zhou-Dynastie und im China der Zeit der Frühlings- und Herbstannalen mit einer Kriegergesellschaft zu tun haben, die zwar anders ist als, aber möglicherweise derselben Gattung angehört

[4] Mark Edward Lewis, *Sanctioned Violence in Early China*, Albany: SUNY Press, 1990.

wie das vormonarchische Israel (man denke an Samson und den David aus der Geschichte von David und Goliath), das Griechenland Homers und das Indien des Mahabharata. Der Krieger führte die für das Selbstverständnis der Gesellschaft so zentralen Opfer durch, was Ähnlichkeiten mit dem frühen Griechenland aufweist, aber nicht mit dem frühen Israel oder Indien, wo die Priesterklasse die Opfer durchführte. Lewis drückt das folgendermaßen aus:

> „In der Zeit der Frühlings- und Herbstannalen ging politische Autorität auf die Anbetung potenter Ahnengeister und lokaler Götter durch regelmäßige Opfergaben auf den Altären der Ahnentempel und des Staates zurück. Die Aktionen, durch die sich die Herrscher von den Massen abhoben, waren die ‚großen zeremoniellen Dienste' an diesen Altären, und diese Dienste bestanden in rituell gelenkter Gewalt in Form von Opfer, Krieg und Jagd. Diese symbolisch durch den zeremoniellen Tausch und Konsum von Fleisch zusammenhängenden Tätigkeiten erreichten ihren gemeinschaftlichen Höhepunkt in der Opferung von Lebewesen auf dem Altar. Der Adlige war also vor allem ein Krieger und Opfernder, jemand, der anderer Leben nahm, um den Hunger der Geister zu stillen, die ihm seine Macht verliehen."[5]

Danach zitiert Lewis aus dem *Zuozhuan*, einem Text, der wahrscheinlich im vierten Jahrhundert v. u. Z. kompiliert wurde, sich aber auf ältere Materialien stützt und immer noch unsere beste Quelle für die Zeit der Frühlings- und Herbstannalen darstellt:

> „Die großen zeremoniellen Dienste des Staates sind Opfer und Krieg. Bei den Opfern nimmt man das Fleisch von den Opfergaben im Ahnentempel und im Krieg [bevor der Feldzug beginnt] bekommt man das Fleisch von den Opfergaben auf dem *she*-Altar. Darin bestehen die großen Zeremonien der Geister."[6]

Opfer und Krieg (die Jagd war für beides hilfreich, denn sie lieferte einen Teil des Fleisches für die Opfer und stellte eine gute Übung für den Krieg dar) grenzten die Krieger vom gemeinen Volk ab, das an keinem von beiden beteiligt war. Darüber hinaus spiegelte sich in den Opferungen die Organisation der Kriegerklasse in ihrer Unterteilung in Geschlechter wider, die entsprechend der Abstammung hierarchisch organisiert waren.

---

[5] Ebd., 17.

[6] Ebd. Da keine deutsche Übersetzung vorliegt, folgen wir der Übersetzung von Lewis. Vgl. James Legge, *The Ch'un Ts'ew with the Tso Chuen*, Bd. 5 von *The Chinese Classics*, Hong Kong: Hong Kong University Press, 1960 [1895], 382. Burton Watson hat einen Band mit ausgewählten Passagen aus dem *Zuo* übersetzt, der gegenüber der Legge-Übersetzung einfacher zu gebrauchen ist und einen Eindruck des Texts vermittelt, allerdings nur ein kleiner Teil des Ganzen ist. Vgl. sein Buch *The Tso Chuan: Selections from China's Oldest Narrative History*, New York: Columbia University Press, 1989.

In dieser Art von patrilinealer Gesellschaft war Erstgeburt ein signifikanter Faktor: Grundsätzlich, wenn auch häufig nicht faktisch, übernahm der älteste Sohn die Position des Vaters, doch auch den jüngeren Brüdern wurden eigene Gebiete zugeteilt. Und von den Gebieten der jüngeren Brüder erhielten deren jüngere Söhne wiederum noch kleinere Gebiete. Je nachdem, wo innerhalb des Abstammungssystems man stand, schlug ein formales Rangsystem sich rituell in Regeln nieder, die über die Art und Anzahl der für jede Hierarchiestufe angemessenen rituellen Hilfsmittel und über den Aufwändigkeitsgrad der Zeremonien bestimmten.

Archäologen haben entdeckt, dass das von Konfuzius idealisierte sogenannte Zhou-Ritualsystem möglicherweise nicht zum Zeitpunkt der Gründung der Dynastie eingeführt wurde, sondern das Ergebnis einer umfassenden Ritualreform um etwa 850 v. u. Z. war, welche die Form der rituellen Hilfsmittel und ihre für jeden Rang angemessene Zahl standardisierte und sich sehr schnell im gesamten chinesischen Kulturraum durchsetzte, aber in keinem Text festgehalten wurde. In seiner bedeutenden Gesamtdarstellung jahrzehntelanger archäologischer Entdeckungen hat Lothar von Falkenhausen gezeigt, dass die von ihm so genannte Ritualreform der späten westlichen Zhou-Dynastie ein Versuch gewesen sein könnte, die Kohärenz eines Systems von Abstammungsverhältnissen wiederherzustellen, das nach 200 Jahren Zhou-Herrschaft insofern durcheinandergeraten war, als die demografische Zunahme der Adelsgeschlechter eine Situation geschaffen hatte, die sich rituell nur schwer abbilden ließ. Die Anzahl der Abstammungslinien, denen ein bedeutender Status zukam, wurde durch die Reform drastisch begrenzt, was den Status vieler Adliger auf eine Art niedrigstufige Elite reduzierte, für die der Begriff *shi* stand, der häufig mit „Ritter" übersetzt wird, und zu der Konfuzius gehört haben könnte. Zudem vermutet Falkenhausen, dass diese drastische Reform durch das Anführen archaistischer Gründe gerechtfertigt wurde – dass sie nämlich auf die Gründungszeit der Zhou-Dynastie zurückgehe – und dass die Könige Wen und Wu sowie der Herzog von Zhou ihre archetypische Bedeutung erst im Zuge dieser Reform erlangten und sogar die frühesten Teile des *Shangshu (Urkunden)* und des *Shi (Oden)* erst in dieser Reformphase erstmals kodifiziert wurden.[7]

Unabhängig von der genauen Datierung des Zhou-Ritualsystems, für dessen Erneuerer Konfuzius sich hielt, ist die extreme Bedeutsamkeit von Ritualen seit frühester historischer Zeit wesentlich, das heißt in der Shang-

[7] Lothar von Falkenhausen, *Chinese Society in the Age of Confucius (1000–250 BC): The Archaeological Evidence*, Los Angeles: Cotsen Institute of Archaeology, UCLA, 2006, 156.

Dynastie sowie in der westlichen Zhou-Dynastie. Da Rituale *(li)* im Zentrum von Konfuzius' Denken und der konfuzianischen Tradition stehen, dürfte dies keine Überraschung sein, doch ist es wichtig sich klarzumachen, dass *li* in der westlichen Zhou-Dynastie nicht genau das Gleiche bedeutete wie später für die Konfuzianer. Falkenhausen trägt dazu bei, dass wir diese frühe Bedeutsamkeit von Ritualen verstehen:

> „Ein Fall, in dem die Archäologie bereits bestehendes textuelles Wissen unabhängig von diesem bestätigt hat, ist die Offenlegung einer extrem engen Verbindung zwischen der Sozialordnung und den für den Ahnenkult der Zhou-Elite erforderlichen rituellen Praktiken – eine Verbindung, die durch die materiellen Zeugnisse in überreichem Maße belegt wird. [...] Natürlich ist eine solche Verknüpfung in den frühen Gesellschaften ein weit verbreitetes Phänomen. Doch eine direkte Koppelung des sozialen Status an rituelle Privilegien könnte sehr wohl im frühen China selbstverständlicher gewesen sein als in anderen frühen Zivilisationen."[8]

Die Ritualreform von etwa 850 v.u.Z. war der aufwändige Versuch, die politische Rangfolge der Adelsgeschlechter zu stabilisieren, indem jeder Abstammungsstufe die ihr angemessenen Formen und Hilfsmittel für die ihren Ahnen gewidmeten Opferrituale vorgeschrieben wurden. Manche Formen waren allein dem Zhou-König vorbehalten, andere den Hauptzweigen der Abstammungslinie der königlichen Familie und ihrer ranghöchsten Verbündeten, die sich in verschiedenen Teilen Nordchinas niedergelassen hatten, und wiederum andere für Nebenlinien im Dienste des Königs oder der Herrscher über die verschiedenen Teilgebiete.

Wahrscheinlich war die durch die Ritualreform mit erstaunlicher Gründlichkeit geschaffene Standardisierung tatsächlich ein Versuch, in einer ungeordneten Situation für Ordnung zu sorgen. Nach zwei Jahrhunderten Zhou-Herrschaft waren Dutzende von kleinen Gebieten und ein paar größere immer selbstständiger geworden. Kulturell gesehen, war die Elite bemerkenswert einheitlich – das zeigt der umfassende Erfolg der Reform –, aber politisch fiel es den Zhou-Königen immer schwerer, unter zunehmend selbstständigen Gemeinwesen irgendeine Art von konzertierter Aktion zu organisieren. Wie in vielen aristokratischen Gesellschaften war zudem die eigene Ehre und durch das, was man tat, die Ehre der eigenen Ahnen ein wichtiges Anliegen. Krieg war einer der großen rituellen Dienste und hatte seine Ursache häufig in irgendeiner wirklichen oder eingebildeten Herabsetzung der Ehre der eigenen Abstammungslinie.

Lewis verzeichnet „den höchst zeremoniellen Charakter militärischer Feldzüge. Jede Phase eines Feldzugs war durch spezielle Rituale gekennzeichnet, die das Geschehen auf dem Schlachtfeld mit den staatlichen Kul-

---

[8] Ebd., 12.

ten verbanden und die Heiligkeit der Schlacht gewährleisteten."[9] Von entscheidender Bedeutung war die formelle Erklärung der Gründe für den Feldzug:

> „Vor jeder Schlacht wurde den versammelten Kriegern mitgeteilt, warum der himmlische Wille, die gebotene Pflicht, die Ehre des Staates und die Geister der Ahnen verlangten, dass diese Schlacht geschlagen werde. Gemeinsam mit der Prophezeiung vor den Ahnentafeln, dem Schlachtgebet und dem Befehlszeremoniell *(ming)* versah dieser Eid das tägliche Gemetzel mit einem festen politischen und religiösen Rahmen. Er legte die Disziplinarregeln fest, allerdings in einer Form, die sowohl die Befehlshaber als auch die Krieger an den gemeinsamen Dienst für ihre Vorfahren und die Götter band."[10]

Wie bei einem so stark ritualisierten Kampf zu erwarten ist, gab es Regeln, die dem Krieg etwas Formelles verliehen: Ein angreifendes Heer war mit Geschenken zu empfangen; Zeit und Ort des Kampfes wurden vereinbart; wenn ein Heer einen Fluss überqueren musste und in Auflösung begriffen war, wartete die gegnerische Truppe mit dem Angriff, bis die Ordnung wiederhergestellt war; wenn der Herr über einen Staat gestorben war, wurde vom angreifenden Heer erwartet, dass es sich zurückzieht, um die „Trauer nicht zu vergrößern".[11] Es versteht sich von selbst, dass diese Art von Krieg von einer aristokratischen Elite geführt wurde. Gemeine Untertanen konnten in unterstützender Funktion darin einbezogen sein, aber sie nahmen nicht am Kampfgeschehen teil. Gleichermaßen durften gemeine Untertanen zwar fischen und kleine Tiere jagen, doch wurden nur bei den zeremoniellen Jagden der Aristokraten große oder gefährliche Tiere erbeutet. Da es in unseren Texten so gut wie ausschließlich um die Kriegerelite geht, wissen wir wenig über die Klassen der Landwirte und Handwerker. Einige von ihnen könnten keinen chinesischen kulturellen Hintergrund gehabt haben, aber sie waren ohnehin an das Land gebunden, das sie bewohnten, und „gehörten" denen, die über dieses Land herrschten. Die frühe Zhou-Gesellschaft war demnach in vielen Hinsichten völlig anders als die spätere chinesische Gesellschaft. Und auch wenn Rituale sowohl für die Früh- als auch für die Spätphase zentral waren, änderte sich ihre Bedeutung im Laufe der Zeit dramatisch.

Die Einrichtung verzweigter und verbündeter Abstammungslinien in verschiedenen Teilen des Landes durch die frühe Zhou-Dynastie war eine Möglichkeit, ihre Herrschaft über ein größeres Gebiet auszudehnen, als die Shang-Dynastie je kontrolliert hatte. Doch auf dem spärlich besiedel-

---

[9] Lewis, *Sanctioned Violence*, 22.
[10] Ebd., 25.
[11] Ebd., 38.

ten und weitgehend brachliegenden Land ließen die Oberhäupter der Abstammungslinie sich in Ortschaften nieder und kontrollierten lediglich das Gebiet in der engeren Umgebung. Die ursprüngliche Bedeutung des Begriffs *gao*, der später im Sinne von „Staat“ verwendet wurde, war „Hauptstadt“, wenn sich dieser Begriff nicht schon zu bombastisch anhört, eines solchen Geschlechts, mit anderen Worten der Standort des „Herrscherpalasts“ und vor allem des Ahnentempels als dem Ort der so wichtigen Opferungen. Als die Bevölkerungszahl wuchs und mehr und mehr Land urbar gemacht wurde, entwickelte sich allmählich etwas, das eher einem territorial definierten Staat ähnelte.[12] Die ursprünglich weitgehend zeremonielle Kriegsführung nahm ernsthaftere Züge an, und größere Staaten begannen, kleinere zu annektieren. Im Zuge dieser Entwicklung kam besonders während der Zeit der Frühlings- und Herbstannalen (Chunqiu) das Vermögen der Zhou-Könige, wenigstens für den Anschein von Ordnung zu sorgen, zum Erliegen. Es kam nicht nur zu Kämpfen zwischen im Entstehen begriffenen Staaten und zu ernsten Zwistigkeiten innerhalb der Abstammungslinien (Erbfolgekämpfe hatte es immer gegeben), sondern auch zwischen Abstammungslinien eines Staates und sogar zwischen untergeordneten Linien desselben Geschlechts. Das Ritualsystem, das für Ordnung in der Gesellschaft sorgen sollte, wurde in zunehmendem Maße missachtet, und auch wenn Ehre niemals aufhörte, eine Konfliktquelle zu sein, wurden die Kriege jetzt um Macht, ja sogar Hegemonie und nicht bloß für die Ahnen geführt. Yuri Pines drückt das folgendermaßen aus: „Denn das Chunqui war das Zeitalter des Zerfalls. Die fortgesetzte Vereinnahmung der Vorrechte der Höhergestellten durch Untergebene führte zu unaufhörlichen Streitigkeiten zwischen den Staaten, den Hauptabstammungslinien innerhalb jedes Staats und häufig innerhalb der Abstammungslinien. Die Geschichte des politischen Denkens im Chunqui lässt sich in dem mühsamen Versuch der Staatsmänner zusammenfassen, den Zerfall aufzuhalten, Anarchie zu verhindern und die hierarchische Ord-

---

[12] Bei Falkenhausen heißt es wie folgt: „In China war das Konzept eines zentral verwalteten eingegrenzten Staatsgebiets eine Innovation der östlichen Zhou. In der frühen Bronzezeit und auch noch während eines Großteils des im *Zuozhuan* dokumentierten Zeitraums [das heißt in der Zeit der Frühlings- und Herbstannalen] ging die politische Autorität von der Hauptstadt *(guo)* eines Gemeinwesens aus, versiegte jedoch mit zunehmender Entfernung von der Hauptstadt relativ rasch [...] Im Gegensatz dazu hatte *guo* zur Zeit der Streitenden Reiche grundsätzlich eher die Bedeutung ‚Staat‘ als ‚Hauptstadt‘ angenommen und die genaue Eingrenzung des Staatsgebiets eines jeden Staates wurde zu einer Angelegenheit von erheblicher Bedeutung.“ *Chinese Society*, 406.

nung wieder herzustellen."[13] Doch wie Pines weiter ausführt, war die Wiederherstellung der Rituale *(li)* – womit nach wie vor die oben beschriebenen hierarchischen Formen des Zhou-Systems gemeint waren und noch nicht ihre begriffliche Neuformulierung durch die Konfuzianer – das „Allheilmittel", das zur Erreichung dieses Ziels zur Verfügung stand, jedoch nie zu funktionieren schien. Konfuzius, der am Ende der Chunqui-Zeit lebte, steht für den Moment, an dem das Bedürfnis nach einer dramatischen Neuformulierung aufkam, auch wenn es sprachlich als Rückkehr zur Zeit der frühen Könige verpackt wurde.

Bevor wir zusammenfassen, was das Denken der Zeit der Frühlings- und Herbstannalen der in der nachfolgenden Zeitspanne aufkommenden philosophischen Reflexion hinterlassen hat, ist es von Vorteil, einen Blick auf einige der darunterliegenden tiefgreifenden sozioreligiösen Veränderungen zu werfen, die vor der Zeit der Streitenden Reiche eingetreten waren und zum Verständnis der damaligen neuen Entwicklungen beitragen können. Falkenhausen behauptet, diese Veränderungen würden in den archäologischen Funden deutlicher als in den Texten. Es gab zwei maßgebliche Verschiebungen, welche die Titel der Kapitel 8 und 9 von Falkenhausens Buch prägnant wiedergeben: „The Separation of the Higher and Lower Élites [Die Unterteilung in obere und untere Eliten] (ca. 750–221 v.u.Z.)" und „The Merging of the Lower Élite with the Commoner Classes [Die Verschmelzung der unteren Elite mit den gemeinen Klassen] (ca. 600–221 v.u.Z.)."[14] Die Ritualreform in der späten westlichen Zhou-Dynastie von etwa 850 v.u.Z. „hatte die Zurückstufung der großen Mehrheit der einen Rang bekleidenden Elite aus der Oberschicht einer Zweiklassengesellschaft, die vom Gegensatz zwischen gemeinen und einen Rang bekleidenden Mitgliedern der sie konstituierenden Abstammungslinien geprägt war, auf eine neu geschaffene Mittelschicht zur Folge, die ihren Platz zwischen den immer mächtigeren Herrschern oben und den ranglosen gemeinen Untertanen unten hatte."[15] Ein Teil des Problems der Chunqiu-Zeit bestand darin, dass die zunehmend mächtige Elite tief in immer mächtigere Staaten und innerhalb dieser Staaten in herrschende und verwaltende Abstammungslinien gespalten war – und diese Gespaltenheit machte die Gesellschaft so instabil.

Die Neustrukturierung der Rituale in der mittleren Frühlings- und Herbstzeit von etwa 600 v.u.Z. hatte außerdem zur Folge, dass die Zahl

---

[13] Yuri Pines, *Foundations of Confucian Thought: Intellectual Life in the Chunqiu Period, 722–453 BCE*, Honolulu: University of Hawaiʻi Press, 2002, 89.
[14] Falkenhausen, *Chinese Society*, 326–399.
[15] Ebd., 370.

der Privilegien der oberen Ränge noch weiter zunahm, während die Privilegien der unteren Elite sich so stark verringerten, dass kaum noch ein Unterschied zu den gemeinen Untertanen zu erkennen war und dieser Unterschied in der Zeit der Streitenden Reiche ganz verschwand.[16] Falkenhausen schreibt: „Die Bildung einer besonders privilegierten Untergruppe innerhalb der Elite ging dem Auftreten uneingeschränkt despotischer Herrscher während der Streitenden Reiche voran, ja ebnete ihm zweifelsohne den Weg."[17] Dieser doppelte Abstieg der unteren Elite bedeutete, dass die Charakterzüge einer Kriegergesellschaft, die wir in der frühen westlichen Zhou-Dynastie vorgefunden haben, allmählich verblassten und die drei diese Gesellschaft definierenden zeremoniellen Dienste ihre Bedeutung langsam verloren.

Ein Wesenszug der frühen Kriegergesellschaft, auf den insbesondere Lewis aufmerksam gemacht hat, war besonders anfällig für diese Verschiebungen, nämlich der grundlegende Egalitarismus der Kriegerelite. Lewis merkt an, dass die sorgfältig abgestuften Ränge des Kriegeradels uns nicht darüber hinwegtäuschen sollten, dass „diese Abstufungen sich auf schrittweise Aufbesserungen eines grundsätzlichen, allen Mitgliedern der Elite auf der Grundlage ihrer Verwandtschaft und ihrer Mitwirkung an den ‚großen zeremoniellen Diensten' gemeinsamen Adelsstandes stützten".[18] Außerdem war *shi*, die niedrigste Stufe der Adelshierarchie, gleichwohl ein Sammelbegriff für Adlige, sodass höhere Ränge sozusagen „Zusätze" zur grundlegenden Definition eines *shi* darstellten. „Der König stand an der Spitze des Adels und der *shi* am unteren Ende, aber die Sprache und die rituellen Abläufe der Zeit beharrten darauf, dass beide dem gleichen Adelsstand angehörten und sich im Grad, aber nicht in der Art unterteilen ließen."[19] Konfuzius war wahrscheinlich zu einer Zeit ein *shi*, als dieser Begriff gerade eine neue Bedeutung annahm, wie wir sehen werden. Die neuen mächtigen Herrscher der Streitenden Reiche regierten insofern über eine Gesellschaft von Gleichen, als alle dem Herrscher gleichermaßen unterworfen waren. Konfuzius sollte neue Unterscheidungen vornehmen, allerdings auf der Grundlage von moralischen Qualitäten, nicht von Abstammung.

Es ist jetzt Zeit für eine Zusammenfassung, was Konfuzius aus der unmittelbar vorhergehenden Zeitspanne als Arbeitsgrundlage vorlag, als er neu über die kulturelle Grundlage der chinesischen Gesellschaft nach-

---

[16] Ebd., 366.
[17] Ebd., 365.
[18] Lewis, *Sanctioned Violence*, 28.
[19] Ebd., 32.

dachte. Diesbezüglich stehen wir im Hinblick auf unsere wichtigste Textquelle für die Chunqiu-Zeit, dem *Zuozhuan*, vor einem Dilemma. Bei diesem Text handelt es sich um einen der kanonischen Kommentare zum *Chunqiu*, den sogenannten *Frühlings- und Herbstannalen*, die eigentlich Annalen des Staates Lu waren und ihren grundlegenden kanonischen Status dadurch erlangten, dass ihre Kompilation mit an Sicherheit grenzender Wahrscheinlichkeit fälschlicherweise Konfuzius zugeschrieben wurde. Anders als die anderen Kommentare stellt das *Zuozhuan* eine umfassende, fortlaufende Geschichte der Zeit dar, die nur mit Unbehagen und teilweise ohne Erfolg an die Form eines Kommentars zum *Chunqiu* angepasst wurde. Obwohl allgemeine Einigkeit darüber herrscht, dass er erst im vierten Jahrhundert v. u. Z. kompiliert wurde, besteht Uneinigkeit über die Authentizität der Quellen, auf denen seine Kompilation beruht.[20] Wenn Konfuzius im vierten Jahrhundert weite Teile davon geschrieben oder umgeschrieben hat, kann der Text wohl kaum als Beschreibung des historischen „Hintergrunds", auf den das konfuzianische Denken zurückgeht, herangezogen werden. Wenn dagegen die in ihm enthaltenen Reden wirklich älter als Konfuzius sind, vermitteln sie uns einen Eindruck von den kulturellen Ressourcen, die Konfuzius zur Verfügung standen. Ich sehe mich nicht in der Lage, in dieser fachspezifischen Frage ein unabhängiges Urteil zu fällen, auch wenn mir die Argumente für die Authentizität zumindest eines Teils des *Zuozhuans* überzeugend erscheinen. Für meine Zwecke ist allerdings die Frage, ob das *Zuozhuan* schildert, was Konfuzius vorausging, oder lediglich die Ansichten der frühen Konfuzianer wiedergibt, auch weniger wichtig als die Entwicklungen selbst.

Zwei terminologische Veränderungen in Bezug auf den sozialen Status, die mit dem von Falkenhausen weitgehend auf archäologischer Basis beschriebenen langfristigen Wandel vereinbar sind, bestehen in der Bedeutungsverschiebung des Begriffs *shi*, den wir oben als niedrigsten aristokratischen Rang bezeichnet haben, der aber jetzt die Bedeutung „Beamter", ja sogar eines eher von seinem Status als von seiner Herkunft her niedrigrangigen Beamten annimmt. In einer Zeit, als Beamte in den größeren Streitenden Reichen eher aufgrund ihrer Verdienste als ihrer Herkunft aus-

---

[20] In *Foundations of Confucian Thought*, 26–39, erörtert Pines die historische Zuverlässigkeit des *Zuo*. In *Sanctioned Violence* (1990) stützt sich Mark Lewis bei seiner Darstellung der Gesellschaft während der Zeit der Frühlings- und Herbstannalen stark auf das *Zuo*, äußert jedoch in *Writing and Authority in Early China*, Albany: SUNY Press, 1999, Zweifel an dessen Zuverlässigkeit. Falkenhausen hingegen gelingt es, die Zuverlässigkeit des *Zuo* zu untermauern, indem er zahlreiche archäologische Belege anführt: Falkenhausen, *Chinese Society*, im Register unter *Zuo zhuan*.

gewählt wurden und wir von Fällen wissen, in denen Kaufmännern hohe Ämter übertragen wurden, ist dies ein Zeichen für die abnehmende Bedeutung erblicher Abstammungslinien auf allen Statusstufen mit Ausnahme der höchsten. Der Begriff *shi* wurde dann noch weiter verallgemeinert und einfach für gebildete Personen oder auch nur als Gattungsbegriff für Gelehrte verwendet.

Ein anderer, von uns bisher nicht erwähnter Begriff weist eine ähnliche Entwicklung von der späten Frühlings- und Herbstzeit bis zur Frühzeit der Streitenden Reiche auf, nämlich der Begriff *junzi*. Etymologisch betrachtet, bedeutet der Begriff „Sohn eines Herrn", also eines Adligen. Doch im *Zuozhuan* stoßen wir sogar auf hohe Minister, die den Begriff mit einem moralischen Beiklang verwenden, um ethisch herausragende Adlige von jenen zu unterscheiden, die zwar von Geburt adlig, aber in ihrem Handeln nicht *junzi* sind. Die Standardübersetzung für *junzi* in den *Gesprächen* des Konfuzius ist „der Edle", obwohl sich manchmal auch andere Übersetzungen wie etwa „hochstehender Mann" oder „Gentleman" finden. Jedenfalls wird der Begriff in den *Gesprächen* ausnahmslos als ethische und nicht als eine sich auf die Abstammung beziehende Auszeichnung verwendet. Diese terminologischen Verschiebungen deuten auf eine Gesellschaft hin, in der adlige Abstammung mit Ausnahme der höchsten Stufe ihre Bedeutung weitgehend verloren hat, aber in der jetzt die von ihrer Abstammung her ranglose Bevölkerung in einem beträchtlichen Umfang an den kulturellen Formen teilhaben kann, die bis dahin ein ausschließliches Vorrecht der Elite gewesen waren, auch wenn sich dadurch deren Bedeutung ändert.[21]

Ein interessantes Phänomen in der späten Chunqiu-Zeit, das einen Anflug von Ähnlichkeit mit der griechischen Polis aufweist, bestand darin, dass die Hauptstadtbewohner der verschiedenen Staaten für kurze Zeit als politische Akteure in Erscheinung traten. Die Bevölkerung der Hauptstädte *(guo ren)* setzte sich aus den *shi* sowie aus Kaufmännern und Handwerkern zusammen. Lewis zufolge „spielten die Hauptstadtbewohner eine entscheidende Rolle während der selbstzerstörerischen Kämpfe zwischen den verschiedenen Adelsgeschlechtern und fällten oftmals die Entscheidung über die Thronfolge. [...] In Krisenzeiten konnte es sein, dass sich die gesamte Bevölkerung versammelte, um über den politischen Kurs des

[21] Zu der sich wandelnden Bedeutung von *junzi*, siehe Pines, *Foundations of Confucian Thought*, 165–171. Eine dritte terminologische Verschiebung verlief parallel zu der von *shi* und *junzi*: Während der westlichen Zhou-Dynastie bezog sich *baixing* (einhundert Sippen/Nachnamen) auf die Adelsränge, doch bis zur späten Frühlings- und Herbstzeit wandelte sich seine Bedeutung zu „das Volk/die Leute" *(min)*, als „eine zunehmende Zahl von gemeinen Untertanen Nachnamen *(xing)* annahm." Ebd., 44.

Staates zu entscheiden."[22] Sobald die Zentralisierungsbestrebungen in der Zeit der Streitenden Reiche mit stärkeren Herrschern und schwächeren Verwaltungslinien Wirkung zeigten, verschwand die Hauptstadtbevölkerung wieder in der Versenkung.

Wenn terminologische und damit einhergehende andere Veränderungen, die unten näher beschrieben werden, bereits 100 Jahre oder länger vor Konfuzius „in der Luft" lagen, verleiht das seiner Behauptung größere Glaubwürdigkeit, er sei eher ein Übermittler als ein Schöpfer.[23] Trotzdem versorgt das *Zuozhuan* uns nur mit anekdotenhaften Schilderungen. Vor den *Gesprächen* des Konfuzius wurden diese Veränderungen nicht ausdrücklich erörtert, es gab vor Konfuzius im Grunde auch keine „Privatgelehrten" oder „peripatetischen Philosophen".[24] Welche Veränderungen auch immer im Gange waren, ist er der Erste gewesen, der systematisch bzw. sozusagen „objektiv" über sie nachgedacht hat. Obwohl die *Gespräche* eher aphoristisch als systematisch verfahren, ist die Annahme sicherlich richtig, dass Konfuzius die Achsenzeit in China in die Wege geleitet hat.

Dennoch legt das Maß, in dem Konfuzius die traditionelle Zhou-Kultur in sich verkörpert sah – zudem scheinen die Aufzeichnungen dafür zu sprechen, dass einiges von dem, was wir für seine Neuerungen halten, sich schon lange vor seiner Zeit entwickelt haben könnte –, nahe, dass Benjamin Schwartz mit seiner Behauptung recht hat, Konfuzius und seine Anhänger seien „aufrichtigere Vertreter von einigen *vorherrschenden* kulturellen Orientierungen der Vergangenheit gewesen als manche ihrer späteren Konkurrenten".[25]

Konfuzius

Wir haben dieses Kapitel mit der Gegensätzlichkeit Griechenlands und Chinas im Hinblick auf die Kontinuität der archaischen Vergangenheit begonnen. Unsere Auseinandersetzung mit Konfuzius beginnen wir mit einem weiteren Gegensatz zu Griechenland. Wenn es in der chinesischen Geschichte irgendeine Figur gibt, die einen mit Platon im Abendland ver-

[22] Lewis, *Sanctioned Violence*, 48, sowie Fußnoten, die Textstellen aus dem *Zuo* zitieren.

[23] Siehe *Gespräche* 7:1, wo Konfuzius über sich selbst als „übermittelnd, aber nichts Neues schaffend" spricht.

[24] Pines, *Foundations of Confucian Thought*, 205–206.

[25] Benjamin Schwartz, *The World of Thought in Ancient China*, Cambridge, Mass.: Harvard University Press, 1983, 60. Kursivierung im Original.

gleichbaren Einfluss ausgeübt hat, ist das mit Sicherheit Konfuzius. Mit Blick auf Whiteheads berühmtes Diktum, dass die gesamte abendländische Philosophie nichts weiter sei als eine Reihe von Fußnoten zu Platon, könnten wir dasselbe über Konfuzius sagen: Die gesamte chinesische Philosophie ist nichts weiter als eine Reihe von Fußnoten zu Konfuzius. Obwohl das gesamte chinesische Denken mit Sicherheit genauso wenig konfuzianisch ist wie das gesamte abendländische Denken platonisch, muss jeder maßgebliche chinesische Denker aus welcher „Schule" auch immer mit Konfuzius ins Reine kommen. Die Gegensätzlichkeit bezieht sich auf die Stelle, an der sich die beiden in Bezug auf die Entfaltung des achsenzeitlichen Wandels befinden: Platon steht am Ende einer langen Entwicklung, die mit Thales, dem ersten griechischen Denker, dessen Namen wir kennen, begonnen hatte, und Konfuzius am Anfang einer langen Entwicklung, in der er allerdings die Position von Thales einnimmt, das heißt der erste chinesische Denker ist, dessen Namen wir kennen, aber über denselben Einfluss verfügte wie Platon.

Dieser auf den ersten Blick erstaunliche Gegensatz ist leichter zu verstehen, wenn wir uns das *Lunyu*, also die *Gespräche* des Konfuzius, näher ansehen, die so gut wie unsere einzige Wissensquelle über ihn sind. Von ihrem Umfang und Stil ähneln die *Gespräche* gewiss einer frühen vorsokratischen Schrift, etwa von Heraklit, besonders dann, wenn uns deren vollständiger Text vorläge. Die *Gespräche* sind nicht sehr lang, sie enthalten viele Aphorismen, und was eine durchgängige Argumentation anbelangt, werden sie von mehreren späteren Texten aus der Zeit der Streitenden Reiche, wie etwa *Mozi*, *Mengzi*, *Zhuangzi*, *Xunzi* sowie von Sammelwerken wie dem *Guanzi* oder dem *Lüshi chunqiu* übertroffen. In formaler Hinsicht wirken die *Gespräche* also tatsächlich „frühzeitig", auch wenn ihr Einfluss enorm gewesen ist. Allerdings können wir nicht einmal mit Sicherheit sagen, wie früh der Text entstanden ist. Die konventionellen Lebensdaten für Konfuzius lauten 551–479 v. u. Z., doch es besteht kein Grund zu der Annahme, dass Konfuzius überhaupt etwas geschrieben hat. Was uns vorliegt, ist von seinen Schülern möglicherweise zu seinen Lebzeiten, möglicherweise nach seinem Tod niedergeschrieben worden, und es herrscht nahezu uneingeschränkte Einigkeit darüber, dass nicht das gesamte Buch, über das wir verfügen, aus demselben Zeitraum stammt. Die Bücher 3–10 bzw. 4–9 bzw. die vorderen Bücher im Allgemeinen kommen nach weitverbreiteter Meinung der Zeit von Konfuzius selbst am nächsten; die hinteren Bücher, 11–20, aber häufig auch die Bücher 1–2 bzw. 1–3 gelten als spätere Zusätze von Schülern oder deren Schülern; wie viel später, ist allerdings strittig. Manche glauben, der gesamte Text sei ein oder zwei Generationen nach Konfuzius entstanden, oder behaupten, und das ist der Extremfall, wie E. Bruce und Taeko A. Brooks in ihrem Buch *The Original Analects*, dass die Textentstehung sich über weite Teile der Zeit der Streitenden Reiche hinzieht und die späteren Hinzufügungen erst mit der Eroberung von Lu durch die Qin-Dynastie im Jahr 249 v.u.Z. aufhören.[26]

Brooks und Brooks betrachten die hinteren Bücher der *Gespräche* weitgehend als Reaktionen auf die spätere Weiterentwicklung des Denkens in der Zeit der Streitenden Reiche. Der Haupteinwand gegen diese Meinung besteht darin, dass die hinteren Bücher an keiner Stelle die für das Denken der Spätzeit der Streitenden Reiche charakteristische argumentative Durchgängigkeit erreichen. Ich erwähne diese unterschiedlichen Meinungen zwar und werde gelegentlich auf sie Bezug nehmen, aber ich brauche dazu keine Stellung zu beziehen. Dass es sich bei den *Gesprächen* um einen, ja möglicherweise um *den* zentralen Text handelt, ist unstrittig, und alle späteren chinesischen Denker haben den Text als ein Ganzes behandelt und sich einen „Konfuzius" vorgestellt, den es vielleicht außer in den Köpfen aller schriftkundigen Chinesen seit über 2000 Jahren nie gegeben hat.

Wenn wir uns unsere einzige unzweifelhafte Quelle, die *Gespräche*, ansehen, sind wir nun freilich immer noch nicht sicher, wer genau Konfuzius war. Wenn er adlig war, gehörte er mit Sicherheit zur niedrigsten Adelsstufe, den *shi*, und zwar zu einem Zeitpunkt, als der Unterschied zwischen den *shi* und den gemeinen Untertanen zu verblassen begann. Er war Lehrer, denn er hatte Studenten und Schüler. Gelehrt hat er wahrscheinlich eine Version dessen, was als „Sechs Künste" bekannt geworden ist – Riten, Musik, Bogenschießen, Wagenlenken, Schreiben und Rechnen –, also „die vornehmen, aristokratischen Künste",[27] an deren Erlernen zu jener Zeit auch gebildete Nichtadlige interessiert waren. Die Sechs Künste wurden sehr viel später von den Fünf (oder Sechs) Klassikern in den Hintergrund gedrängt, aber es steht fest, dass es sich bei ihnen nicht um Texte, sondern um Fertigkeiten handelte. So lernte man zum Beispiel nicht etwas *über* Rituale und Musik, sondern das Vollziehen [*perform*] von Ritualen und das Darbieten [*perform*] von Musik, was im Übrigen eng zusammenhängende Tätigkeiten waren. Bogenschießen und Wagenlenken waren Kampfkünste, und Brooks und Brooks behaupten, dass der frühesten Stufe der *Gespräche*, Buch 4, ein militärisches Ethos innewohnt, obwohl mir das nicht einleuchtet.

---

26 Siehe Brooks und Brooks, *The Original Analects*, Appendix 1, The Accretion Theory of the Analects, 201–248.

27 Michael Nylan, *The Five „Confucian" Classics*, New Haven: Yale University Press, 2001, 20.

Zweifellos gab es und hat es schon lange vor Konfuzius viele Lehrer der aristokratischen Künste gegeben. Was ihn einzigartig und zum Ausgangspunkt einer neuen Phase in der chinesischen Kultur machte, ist, dass er nicht nur am Unterrichten einzelner Künste interessiert war, nicht einmal an Riten und Musik, die so zentral für die konfuzianische Tradition werden sollten, sondern dass er vor allem bewusst auf etwas Wert legte, das man als „Bildung" seiner Studenten bezeichnen könnte, als ihre persönliche ethische Entwicklung und ihren ethischen Stellenwert in der Welt. Es ging ihm auch um den traurigen Zustand der Gesellschaft zu seiner Zeit und um den Verlust der Traditionen, die in seinen Augen einst für größere Stabilität und bei allen Menschen für mehr Würde gesorgt hatten. Konfuzius war eindeutig ein Mann von außergewöhnlicher Integrität, der bei seinen Studenten einen Eindruck hinterließ, der auch in späteren Generationen niemals in Vergessenheit geriet.

Den Versuch einer Rekonstruktion seiner Lehre sollten wir mit dem Streit darüber beginnen, welcher der beiden besonders zentralen Begriffe, *ren* (was Wilhelm mit „Sittlichkeit" übersetzt) und *li* (was Wilhelm mit „Form", aber auch mit „Kultur" [und der englische Übersetzer Arthur Waley mit „ritual"] übersetzt),[28] am wichtigsten ist, und wir sollten uns sogar die Frage stellen, ob man sich wirklich für einen von beiden entscheiden muss. Laut Brooks und Brooks ist *ren* ein Schlüsselbegriff von Buch 4, das ihrer Meinung nach das älteste und das einzige Buch ist, bei dem wir relativ sicher sein können, dass es tatsächlich die Ansichten des historischen Konfuzius wiedergibt. In diesem Buch kommt *ren* an einer Reihe von Stellen vor, wohingegen *li* nur einmal und noch dazu beiläufig Erwähnung findet. Es besteht Einigkeit darüber, dass *ren* in allen Texten, die älter sind als die *Gespräche*, extrem selten vorkommt, in diesen aber sehr häufig gebraucht wird. Da der Begriff so selten vorkam, ist es nicht leicht, seine Bedeutung vor Konfuzius herauszufinden. Es wird immer hervorgehoben, dass das Schriftzeichen für *ren* aus dem Schriftzeichen für menschliche Person, das ebenfalls *ren* ausgesprochen wird, und der Zahl zwei besteht. In seinen frühen Verwendungsweisen könnte es „ansehnlich", „tapfer" oder vielleicht in Anspielung auf den verwandten Begriff für Mensch „menschlich" bedeutet haben und hat es wahrscheinlich eine aristokratische Eigenschaft bezeichnet, keine ethische Tugend. In den *Gesprächen* ist *ren* eindeutig ethisch gemeint und trotzdem ist seine Bedeutung nicht völlig klar, wie die vielen verschiedenen Übersetzungen erkennen lassen.

---

[28] *Lun Yü – Gespräche*, übers. v. Richard Wilhelm, in: *Die Lehren des Konfuzius. Die vier konfuzianischen Bücher. Chinesisch und Deutsch*, Frankfurt: Zweitausendeins, 2008, 45–581.

Auch wenn Buch 4 am ältesten ist und Konfuzius am nächsten kommt, hat *ren* in ihm von Anfang an etwas Rätselhaftes und schwer Fassbares an sich:

> „Der Meister sprach: ‚Ich habe noch niemand gesehen, der *ren* liebt und nicht-*ren* haßt. Wer *ren* liebt, dem geht nichts darüber. Wer nicht-*ren* haßt, dessen *ren* ist so stark, daß nichts Nicht-ren-artiges seiner Person sich nahen kann. Wenn einer einen Tag lang seine ganze Kraft an *ren* setzen will: ich habe noch keinen gesehen, dessen Kraft dazu nicht ausreichte. Vielleicht gibt es auch solche, aber ich habe noch keinen gesehen.'" (4:6)[29]

Konfuzius behauptete auch nicht, dass er selbst *ren* sei:

> „Der Meister sprach: ‚Was Genialität *(sheng)* und *ren* anlangt: wie könnte ich wagen [darauf Anspruch zu machen]; nur, daß ich ohne Überdruß danach strebe und andre lehre, ohne müde zu werden: das mag wohl vielleicht gesagt werden.'" (7:33)[30]

Und wenn die Schüler nach einer Definition von *ren* fragen, erhalten sie gewöhnlich eine ausweichende Antwort, oder wenn sie fragen, ob eine bestimmte Person *ren* sei, fällt die Antwort gewöhnlich negativ aus. Und doch erfahren wir von Konfuzius, dass *ren* nichts Entlegenes sei:

> „Der Meister sprach: ‚Ist denn *ren* gar so fern? Sobald ich *ren* wünsche, so ist *ren* da.'" (7:29)[31]

Diesen Stellen können wir entnehmen, dass *ren* zwar nah ist und dass jemand, der es liebt, nichts darüber stellen würde, dass aber niemand, nicht einmal Konfuzius selbst, je in der Lage gewesen ist, es praktisch umzusetzen, auch wenn niemandem die Kraft dazu fehlt. Besonders in den hinteren Büchern der *Gespräche* gewinnt *ren* inhaltlich erheblich an Kontur, was uns annehmen lässt, dass *ren* die höchste Tugend ist, weil es alle anderen Tugenden und noch einiges mehr umfasst, aber seine Rätselhaftigkeit verliert es nie ganz. Es hat etwas an sich, das über das alltägliche Leben hinausreicht. Es gehört zu einer Reihe von Hinweisen darauf, dass die *Ge-*

---

[29] Ebd., 148–149. Ich habe in Wilhelms Übersetzung „das Sittliche" bzw. „Sittlichkeit" durch das originale Wort *ren* ersetzt und dementsprechend eine leichte sprachliche Anpassung vorgenommen.

[30] Ebd., 248–249. Ich habe auch hier Wilhelms Übersetzung von *ren* mit „Sittlichkeit" weggelassen, weil ich die Frage, wie dieser Begriff zu übersetzen ist, hier noch offenlassen möchte. Die Nummerierungen weichen in den verschiedenen Übersetzungen leicht voneinander ab.

[31] Ebd., 244–245. Aus dem oben genannten Grund habe ich erneut Wilhelms Übersetzung von *ren* mit „Sittlichkeit" durch das chinesische Wort ersetzt.

spräche nicht ganz so säkular sein könnten, wie sie häufig sowohl von chinesischer als auch von westlicher Seite verstanden worden sind.

Wenn wir über einige der gängigen Übersetzungen nachdenken, trifft Wilhelms „Sittlichkeit" die Allgemeinheit des Begriffs genauso wie die verbreitete Übersetzung mit „Güte", die, wie Graham gezeigt hat, erst ab der Zeit von Mengzi als primäre Übersetzung angebracht ist,[32] aber sowohl in Sittlichkeit als auch in Güte ist unser eigenes moralisches Vokabular zu leicht zu erkennen. Wie Ames gezeigt hat, mangelt es ihnen an begrifflicher Fülle: „*ren* umfasst die ganze Person, das kognitive, ästhetische, moralische und religiöse Empfinden, das jemand entwickelt [...] *Ren* ist nicht nur geistig, sondern auch physisch, die Haltung und das Verhalten, die Gestik und Körperkommunikation von jemandem." *Ren*, schreibt er, „versteht sich nicht von selbst [...] Es ist etwas, das wir tun und das wir werden."[33] Mit Sicherheit ist *ren* ethisch, der höchste ethische Begriff im Konfuzianismus, wie Heiner Roetz hervorhebt,[34] wenn auch nicht theoretisch, zumindest nicht in erster Linie: Es ist performativ, enaktiv, mimetisch, obwohl es ein Denkanstoß ist.

In Anbetracht ihrer Nähe zu *ren*, Mensch, können wir die Tugend *ren* im Anschluss an Roetz auch mit „Menschlichkeit" übersetzen, aber nicht, wie es manchmal geschieht, mit „Menschheit". Dementsprechend stimme ich Ames' Einwand gegen eine Übersetzung mit „Menschheit" zu, da diese auf einen allgemeinen menschlichen Wesenszug hinauslaufe. „Menschlichkeit" versucht, das Element des Strebens nach einem Ideal einzufangen, das zwar in greifbarer Nähe zu liegen scheint, aber in der Praxis nicht leicht zu verwirklichen ist. Gleichwohl ist es eine Norm oder ein Maßstab, ja eigentlich *die* Norm bzw. *der* Maßstab, nach der bzw. dem sich menschliches Verhalten beurteilen lässt. Es wurzelt zwar im konkreten sozialen Leben, ist aber trotzdem universell.[35] Herbert Fingarette, der gemeinhin so verstanden wird, dass er *ren li* unterordnet, nimmt gleichwohl eine De-

---

[32] A. C. Graham, *Disputers of the Tao: Philosophical Argument in Ancient China*, La Salle: Open Court, 1989, 112–113.

[33] Roger T. Ames und Henry Rosemont Jr., *The Analects of Confucius: A Philosophical Translation*, New York: Ballantine Books, 1998, 49.

[34] Heiner Roetz, *Die chinesische Ethik der Achsenzeit: Eine Rekonstruktion unter dem Aspekt des Durchbruchs zu postkonventionellem Denken*, Frankfurt: Suhrkamp, 1992, 201, zitiert aus dem *Lüshi chunqiu*: „Konfuzius schätzt die Menschlichkeit [*ren*] als das Höchste".

[35] Hier bin ich mit Ames uneins, der glaubt, weil *ren* unauslöschlich relational sei, müsse es auch partikularistisch sein. Siehe Ames und Rosemont, *The Analects of Confucius*, 20 ff. Und ich stimme Roetz zu, was den Universalismus von *ren* betrifft. Siehe Roetz, *Die chinesische Ethik der Achsenzeit*, 195 ff.

finition von *ren* vor, die ein Sinnbild von dessen Universalitätsanspruch ist: „Gesellschaft sind Menschen, die einander wie Menschen behandeln.“[36] Fast kantianisch, andere Menschen als Zwecke an sich selbst zu behandeln. Vielleicht verstehen wir besser, wie Menschlichkeit in der konfuzianischen Praxis funktioniert, wenn wir uns ihren Komplementärbegriff, *li*, angesehen haben.

Auffällig an *ren* in seinen frühesten Erscheinungsformen, das heißt in Buch 4, wenn Brooks und Brooks recht haben, ist seine fast völlige Kontextlosigkeit. Welche „Künste“ Konfuzius seine Studenten auch immer gelehrt haben mag, war ihm ihre Persönlichkeitsbildung ein tiefes Anliegen und setzte er ihnen ein hohes, fast unerreichbares ethisches Ziel. Im Endeffekt werden wir sehen, dass *ren* entgegen dem ersten Anschein durchaus über einen Kontext verfügt. Aber die Substanz von Konfuzius' Lehre war sicherlich *li*, und man kann nur schwer mit der Erörterung von *li* beginnen, ohne sich um seinen Kontext zu kümmern. Fingarette behauptet überzeugend, der Schlüsselkontext sei *dao*, der Weg. Wie für die meisten Denker zur Zeit der Streitenden Reiche ist *dao* ein wichtiger Begriff in den *Gesprächen*, aber seine Bedeutung schwankt je nach Denker, und wir sollten ihn nicht überall mit der Bedeutung gleichsetzen, die diejenigen ihm verliehen haben, die wir Daoisten nennen. In den *Gesprächen* ist *dao* weniger der Weg des Kosmos als vielmehr der Weg der Alten, der Weg der früheren Könige, der Weg des Edlen *(junzi)*. Wie auf ganz andere Weise im späteren *Daodejing* ist *dao* in den *Gesprächen* an den Begriff *de* (Macht, Potenz, Tugend) gekoppelt. In ziemlich direkter Anknüpfung an die Verwendung des Begriffs in der frühen Zhou-Dynastie ist *de* in den *Gesprächen* das „Charisma“ des Herrschers, eine Anziehungskraft auf Menschen, die diese die Praxis des Weges einschlagen lässt. Konfuzius schreibt zwar den frühen Königen *de* zu, die seiner Meinung nach eine ideale Regierungsform geschaffen haben, aber er verallgemeinert es zu einer Eigenschaft des Edlen, zu einer Qualität, über die jeder verfügt, der dem Weg aufrichtig folgt.[37]

Der Weg besitzt eine eigene Dignität, die an keiner Stelle so deutlich zum Ausdruck kommt wie wiederum in Buch 4: „Der Meister sprach: ‚In der Frühe die Wahrheit [*dao*] vernehmen und des Abends sterben: das ist nicht schlimm.‘“ (4:8, Übers. Wilhelm)[38] Fingarette behauptet gleichwohl,

---

[36] Herbert Fingarette, *Confucius: The Secular as Sacred*, New York: Harper Torchbooks, 1972, 77.

[37] Graham, *Disputers of the Tao*, 13.

[38] An dieser Stelle scheint *dao*, sosehr seine gewöhnliche Verwendungsweise bei Konfuzius auch ins Soziale und Politische geht, eine transmundane Bedeutung in sich zu tragen. Oder könnten wir sagen, dass Konfuzius' ideale Gesellschaft, der Weg der Alten, selbst etwas Heiliges ist?

dass das für das Folgen des Weges erforderliche Handeln durch den Begriff *li*, und zwar in dessen Hauptbedeutung „Ritual", spezifiziert wird.[39] Wenn wir dem *Zuo* überhaupt Glauben schenken können, ist die in den „großen zeremoniellen Diensten" der frühen Zhou-Dynastie versinnbildlichte Vorstellung von Ritual in der späten Chunqiu-Zeit verallgemeinert und auf eine breite Palette von Situationen ausgeweitet worden, zu denen nach wie vor hochreligiöse Zeremonien gehörten, die jetzt aber auch viele Bereiche umfassten, die wir eher als Umgangs- oder Höflichkeitsformen bezeichnen würden, und dennoch alle als Basis sozialer Stabilität galten, wenn sie richtig ausgeführt [*performed*] wurden. Besonders, aber nicht ausschließlich in Buch 10 enthalten die *Gespräche* viele verschiedenartige Beispiele für *li*, von denen einige uns ziemlich trivial vorkommen, wie zum Beispiel: „War die Matte nicht gerade, so setzte er sich nicht" (10:9, Übers. Wilhelm).[40]

Falls Konfuzius als Rituallehrer begonnen hat, dann hat er wahrscheinlich Details zum Opfer, aber auch im Hinblick auf angemessenes Handeln in verschiedenen sozialen Situationen gelehrt, für die er Spezialist war. Doch weil es ihm um die Bildung seiner Studenten ging, hat er zumindest vorsichtig damit begonnen, *li* zu einer Art und Weise zu verallgemeinern, wie man auf die Welt und auf seine Mitmenschen Bezug nimmt, in der dieselbe ethische Tiefe zum Ausdruck kam wie in *ren*. Am entgegengesetzten Ende von der geraden Matte beschreibt Konfuzius das richtige Handeln in seiner minimalistischen Form, nämlich das Nichtstun *(wuwei)* des weisen Herrschers Shun noch vor den Xia-, Shang- und Zhou-Dynastien: „Der Meister sprach: ‚Wer ohne etwas zu tun [*wuwei*] (das Reich in) Ordnung hielt, das war Shun. Denn wahrlich: was tat er? Er wachte ehrfürchtig über sich selbst und wandte ernst das Gesicht nach Süden, nichts weiter!'" (15:4, Übers. Wilhelm). In den Anmerkungen zu seiner englischen Übersetzung weist Simon Leys darauf hin, dass man „Nichtstun" auch mit „Nichteinmischung" übersetzen könne und der ethische Aspekt dessen, was Shun tue, darin liege, „ein moralisches Beispiel abzugeben, und seine Tugend *(de)* strahlt bis hinab ins Volk."[41] Wenn man die Aussprüche über die gerade Matte und das nach Süden gerichtete Gesicht zusammennimmt, wird deutlich, dass die Art und Weise, wie man sitzt, keineswegs trivial sein muss.

Demzufolge sind Rituale eine Art der Bezugnahme und eine Art des Regierens. In den *Gesprächen* werden sie häufig vom Herrschen durch

---

[39] Fingarette, *Confucius*, 19–20.

[40] In anderen Übersetzungen ist diese Stelle oft in 10:12 enthalten.

[41] Simon Leys, *The Analects of Confucius*, New York: Norton, 1997, 192.

Strafen abgesetzt. In der idealen Gesellschaft gibt es keine Strafen, keine Hinrichtungen oder Verstümmelungen, weil die Menschen im Einklang mit den Ritualen handeln: „Der Meister sprach: ‚Wenn man durch Erlasse leitet und durch Strafen ordnet, so weicht das Volk aus und hat kein Gewissen. Wenn man durch Kraft des Wesens [*de*] leitet und durch Sitte [*li*] ordnet, so hat das Volk Gewissen und erreicht (das Gute)'“ (2:3, Übers. Wilhelm). Doch Rituale erweisen sich nicht nur für den Herrscher als effektiv. Auch der Edle *(junzi)*, der im Einklang mit den Ritualen handelt, wird Einfluss auf seine Umgebung nehmen: „Der Meister äußerte den Wunsch, unter den neun Barbarenstämmen des Ostens zu wohnen. Jemand sprach: ‚Sie sind doch so roh; wie wäre so etwas möglich!' Der Meister sprach: ‚Wo ein Gebildeter [*junzi*] weilt, kann keine Rohheit aufkommen'“ (9:13, Übers. Wilhelm).[42]

Li ist deshalb nicht bloß eine heterogene Ansammlung von üblichen Verhaltensweisen, die man zur „konventionellen Ethik“ zählen kann, wie Roetz es mitunter tut, weil Konfuzius *li* in eine neue Sicht der Dinge eingliedert. Meines Erachtens hat an dieser Stelle Fingarette recht, wenn er die (in der Kultur der Gegenwart) gängige Abwertung von Begriffen wie „Konvention“ und „Tradition“ nicht hinnimmt und stattdessen herausarbeitet, in welchem Maße der Mann, der von sich behauptete, ein Übermittler und kein Schöpfer zu sein, tatsächlich etwas Neues gesagt hat, das nie zuvor in der chinesischen Geschichte gesagt worden war. Fingarette zufolge legte Konfuzius ein

> „neues, auf gemeinsamen Konventionen beruhendes universalistisches Gemeinschaftsideal vor. *Inhaltlich* bestand sein Vorschlag darin, die neue Gemeinschaft als Tradition zu begründen. Er fand jedoch auch eine wirkmächtige *formale* Redeweise vor, wie sich das Ideal propagieren ließ; denn er nutzte die am tiefsten in der menschlichen Kultur verwurzelte Redeweise: Narrative, und zwar vor allem narrative Mythen oder Anekdoten aus uralter Vergangenheit […]
>
> Konfuzius nahm die Menschheit durch die zeremonielle und von daher traditionelle Bildsprache wahr. In seinem Fall war es besonders angebracht, dass er sich der narrativen Ausdrucksweise in ihrer verbreitetsten Form zuwandte: dem Narrativ einer uralten Vergangenheit. Deshalb passten seine Lehren inhaltlich perfekt zur ältesten und wahrscheinlich evokativsten aller Denkweisen über den Sinn des Lebens. Obwohl eine solcherart verwendete Narrationsweise eine ‚archaische' Form des Denkens ist, stellt dies bei Konfuzius keinen größeren Archaismus dar als in einem Roman oder Drama der Gegenwart. Konfuzius' Verwendung des Narrativs einer mythischen Vergangenheit diente einem neuen, auf radikal neuen Einsichten in das Wesen der menschlichen Natur und Vermögen fußenden Ideal.“[43]

---

[42] Vgl. Graham, *Disputers of the Tao*, 15.

[43] Fingarette, *Confucius*, 65 und 67–68.

Fingarette verwirft die gängige Auffassung von Tradition als intrinsisch vorgegebene, nicht hinterfragbare Erblast der Vergangenheit zugunsten einer zutreffenderen Auffassung von Tradition, wie sie in den meisten „traditionellen“ Gesellschaften tatsächlich gehandhabt wurde, nämlich als ein Zustand ständiger Korrekturen und Neuinterpretationen angesichts neuer Umstände. Er zitiert eine Schlüsselstelle aus den *Gesprächen*, um zu zeigen, dass Konfuzius diese Auffassung vertrat: „Der Meister sprach: ‚Das Alte üben und das Neue kennen: dann kann man als Lehrer gelten.‘“ (2:11, Übers. Wilhelm). Fingarette geht es darum, dass Menschen nur durch Traditionen oder Konventionen (was die Anthropologen als Kultur bezeichnen) auf Weisen handeln können, die nicht durch Instinkte oder Konditionierung allein bestimmt sind, dass es aber aufgrund neuer Bedingungen immer erforderlich ist, die Tradition zu überdenken und „wiederzubeleben“. Ohne Wiederbelebung ist die Tradition tatsächlich tot, doch das *li*, das Konfuzius vermittelte, war lebendig und schickte sich an, die Menschen „wiederzuvereinigen“, wie Fingarette es ausdrückt.[44]

Wir sollten kurz auf das zurückkommen, was Fingarette als „formale Redeweise“ bezeichnet, in der in den *Gesprächen* die Vision der neuen Gemeinschaft wurzelt, also das Narrativ aus uralter Vergangenheit. Angepasst an die Bedürfnisse der jeweiligen Zeit ist inhaltlich ein großer Teil dieses Narrativs im Abschnitt über das China der Shang- und der westlichen Zhou-Dynastie in Kapitel 5 und im ersten Abschnitt dieses Kapitels enthalten. Fingarette nennt es „narrativen Mythos“, und das ist es auch, aber es wird historisch erzählt und steht eindeutig in einem Zusammenhang mit Geschichtsschreibung, wie wir sie kennen. Wenn Konfuzius die Kultur der Shang- und der frühen Zhou-Dynastie, besonders König Wen und den Herzog von Zhou, erwähnt, spricht er über Dinge, von denen wir glauben, dass es sie tatsächlich gegeben hat. Er spricht auch von einer Xia-Dynastie, die sich historisch bisher nicht erhärten lässt, und von Königen vor der Xia-Dynastie, wie etwa Yao und Shun, bei denen wir uns mit Sicherheit im Reich des Mythos befinden. Doch die Unterscheidung von Mythos und Geschichtsschreibung ist niemals leicht, und dass der chinesische Mythos sich als Geschichtsschreibung präsentiert, ist schon für sich genommen signifikant. Spätere Denker berufen sich auf noch frühere Kö-

[44] Ebd., 68–69. Und er fährt fort: „Die Vision aufkommender Einigkeit unter den Menschen war demzufolge nicht bloß eine politische Vision, obgleich diese konfuzianische Vision sogar für sich genommen eine der großartigsten – und erfolgreichsten – politischen Visionen der bisherigen Geschichtsschreibung war. Es war vielmehr eine philosophische Vision, sogar eine religiöse. Sie enthüllte, dass das heilige und wundervolle Menschsein der Gemeinschaft innewohnt und Gemeinschaft in den ererbten Lebensformen wurzelt“ (69).

nige, um ihre Position zu rechtfertigen. Trotz großer inhaltlicher Unterschiede ähnelt die enge Verbindung von Geschichtsschreibung und Mythos, man könnte auch „Mythistory“ sagen, als entscheidende kulturelle Form in China an Israel und unterscheidet es von Griechenland und Indien.[45]

Es ist jetzt an der Zeit, auf unsere Frage zurückzukommen, ob *ren* oder *li* wichtiger ist. Zwei Stellen in den Gesprächen scheinen diese Frage diametral entgegengesetzt zu beantworten. Wir dürfen nicht vergessen, dass die *Gespräche* ein aphoristisches, im besten Fall anekdotisches Buch und kein systematisches Werk sind und deshalb an keiner Stelle systematische Verbindungen zwischen ihren Schlüsselbegriffen herstellen. Unter diesen Bedingungen kommt es zu zahlreichen offensichtlichen Widersprüchen und sind unterschiedliche Interpretationen unvermeidbar. Doch wenden wir uns den Stellen zu:

> „Yan Yuan fragte nach *ren*. Der Meister sagte: ‚Sich selbst überwinden und zu *li* zurückkehren, das ist *ren*. Würde man eines Tages sich selbst überwinden und zu *li* zurückkehren, so würde sich dadurch die ganze Welt *ren* zuwenden. *Ren* kann nur von einem selbst ausgehen – wie denn von anderen?‘ – Yan Yuan fragte: ‚Darf ich nach den einzelnen Schritten hierzu fragen?‘ – Der Meister sagte: ‚Was nicht *li* entspricht, das sieh nicht an! Was nicht *li* entspricht, das hör nicht an! Was nicht *li* entspricht, das sprich nicht aus! Was nicht *li* entspricht, das setze nicht in Bewegung!‘ – Yan Yuan sagte: ‚Auch wenn ich nicht der Eifrigste bin, so möchte ich doch diesen Worten dienen.‘“ (*Gespräche* 12:1, Übers. Roetz)[46]

---

[45] Siehe William McNeill, *Mythistory and Other Essays*, Chicago: University of Chicago Press, 1986. A. C. Graham bezieht zur zentralen Rolle des Konfuzianismus bei der Übermittlung der historischen Tradition folgendermaßen Stellung: „Die Stärke der Konfuzianer bestand darin, dass sie als Erhalter der Zhou-Tradition die Hüter der chinesischen Zivilisation überhaupt waren. Es war niemals wirklich möglich, sie als nur eine weitere unter den konkurrierenden Schulen zu behandeln, sofern man nicht darauf aus war – wie der Erste Kaiser, der die Geschichtsschreibung mit sich selbst beginnen ließ, oder Mao Zedong während der Kulturrevolution –, sie bis auf die Grundmauern niederzureißen, um einen kompletten Neuanfang zu unternehmen. Man könnte hinzufügen, dass allein der Konfuzianismus, da all seine grundlegenden Ideen im minutiösen Studium existierender Sitten, Künste und historischer Vorbilder wurzeln, das Versprechen der vollständigen Integration des Individuums in seine Kultur, seine Gemeinschaft und seinen Kosmos hielt, was ein Teil des Geheimnisses der sozialen Unvergänglichkeit Chinas ausmachen muss.“ *Disputers of the Tao*, 33.

[46] Roetz, *Die chinesische Ethik der Achsenzeit*, 200. Auch hier habe ich die Originalbegriffe in die Übersetzung von Roetz eingefügt. Es ist bemerkenswert, dass Yan Yuan, der oft auch Yan Hui genannt wird, an früheren Stellen der *Gespräche ren* besser zu verstehen scheint als alle anderen, vielleicht sogar besser als Konfuzius selbst. Darum ist es etwas merkwürdig, dass er hier nicht darüber Bescheid weiß. Außerdem ist erwähnenswert, dass Yan Yuan vermutlich aufgrund seiner Vertrautheit mit *ren* in jenen

Hier scheint *li* Vorrang gegenüber *ren* zu genießen, weil „die Rückkehr zu *li*" die eigentliche Definition von *ren* zu sein scheint. Die andere Stelle lautet nun aber folgendermaßen: „Der Meister sprach: ‚Ein Mensch ohne *ren*, was hilft dem *li*? Ein Mensch ohne *ren*, was hilft dem die Musik [*yue*]?'" (3:3, Übers. Wilhelm).[47] Hier scheint *ren* eine unverzichtbare Vorbedingung für *li* zu sein, ohne die letzteres sinnlos wäre, sodass *ren* Vorrang gegenüber *li* genießt.[48]

Möglicherweise kann Fingarette zeigen, dass der scheinbare Widerspruch in Wirklichkeit eine Komplementarität ist, und dazu zieht er die in den *Gesprächen* so häufig mit *li* verkoppelte Musik heran:

> „Bei Handlungen, die *li* sind, handelt es sich nicht bloß um mechanische, regelkonforme Verrichtungen [*performances*], sondern um subtile und intelligente Handlungsvollzüge, die mehr oder weniger Sensibilität für den Kontext aufweisen und in sich mehr oder weniger integer sind. Wir tun gut daran, uns an dieser Stelle die von Konfuzius verehrte Musik zum Vorbild zu nehmen. Man kann sensible und intelligente von langweiligen und gefühllosen Musikdarbietungen [*performances*] unterscheiden und in der Art der Darbietung Zuversicht und Integrität oder aber Zögerlichkeit, Zwiespältigkeit, ‚Vortäuschung' oder ‚Verkitschung' erkennen. Wir spüren all dies *während* der Darbietung und müssen dafür weder der Psyche noch der Persönlichkeit des Darbietenden [*performer*] auf den Grund gehen […]
>
> Entsprechend kann eine Handlung als *ren* gelten, wenn wir uns ansehen, wie *diese* Person sie ausführt, genauer gesagt, ob sie zu erkennen gibt, dass diese Person alle anderen beteiligten Personen kraft ihrer gemeinsamen Mitwirkung am *li* letztendlich mit der gleichen Würde behandelt wie sich selbst."[49]

Wie man sieht, sind *ren* und *li* in den Augen von Fingarette Teil eines Gesamtpakets, sie implizieren sich wechselseitig.

Auch Roetz sieht die Komplementarität, er möchte aber *ren* einen „höheren" moralischen Status zuweisen als *li*. In seinen Augen verweist *li* auf die konventionelle *Sittlichkeit* im Hegel'schen Sinne, wohingegen *ren* für postkonventionelle *Moralität* steht – wie Hegel und Kant sagen

---

früheren Stellen als Konfuzius' „Lieblingsjünger" (Wilhelm) erscheint, als der vielversprechendste unter seinen Schülern, auch wenn er früh gestorben ist.

[47] Auch hier habe ich die ursprünglichen chinesischen Begriffe in die Übersetzung von Wilhelm eingefügt.

[48] Kwong-Loi Shun hat einen interessanten Aufsatz geschrieben, in dem er diese beiden Textstellen bespricht sowie verschiedene Beweisversuche erörtert, dass einer der beiden gegenüber der anderen der Vorrang gebührt, und er findet einen Weg, beide miteinander in Einklang zu bringen. Siehe sein „*Ren* and *Li* in the *Analects*", in: *Konfuzius and the* Analects: *New Essays*, hrsg. v. Bryan W. Van Norden, New York: Oxford University Press, 2002, 53–72.

[49] Fingarette, *Confuzius*, 53–54. Fingarette lässt die Schlüsselbegriffe unübersetzt.

würden –, die auf universalen ethischen Prinzipien beruht. Roetz verwendet Lawrence Kohlbergs Entwicklungsstufen des moralischen Urteilens beim Kind, wobei auf *li* die konventionellen Stufen 3 und 4 zutreffen und auf *ren* die höchste Stufe des postkonventionellen moralischen Urteilens, Stufe 6.[50] Roetz verknüpft noch einen anderen „postkonventionellen" Begriff mit *ren*, nämlich *yi*, der häufig mit „richtig", „Richtigkeit" oder, was Roetz vorzieht, mit „Gerechtigkeit" übersetzt wird. Jedenfalls finden sich *yi* und *ren* in dem Teil der *Gespräche*, den Brooks für den ältesten hält, Buch 4: „Der Meister sprach: ‚Der Edle [*junzi*] hat für nichts auf der Welt eine bedingte Voreingenommenheit oder eine unbedingte Abneigung. Das Rechte [*yi*] allein ist es, auf dessen Seite er steht'" (4:10, Übers. Wilhelm). „Der Meister sprach: ‚Der Edle [*junzi*] ist bewandert in der Pflicht [yi], der Gemeine ist bewandert im Gewinn'" (4:16, Übers. Wilhelm). Mehr über *yi* werden wir im Zuge unserer Auseinandersetzung mit dem *Mengzi* sagen können.[51]

Roetz' Bemühungen, Konfuzius und den Konfuzianismus vor denen zu bewahren, die ihnen ethischen Universalismus absprechen und die konfuzianische Ethik als „Gruppenethik" einstufen, die über keinen Maßstab verfügt, mit dem Einzelne die Konventionen der Gruppe beurteilen können, sind mir sympathisch. Doch gegen Roetz würde ich einwenden, dass Fingarette, obwohl er darauf beharrt, dass es sich beim konfuzianischen Ich um ein soziales und nicht um ein psychologisches Ich handelt (eine Debatte, auf die ich mich an dieser Stelle nicht einlassen möchte), die konfuzianische Ethik nicht für eine „Gruppenethik" in diesem abwertenden Sinne hält, im Gegenteil: Meiner Meinung nach hebt Fingarette durch seine Betonung der Revidierbarkeit der Tradition angesichts neuer Umstände *li* im Grunde auf dieselbe ethische Universalismusstufe wie *ren*.

Trotzdem möchte ich Roetz' Betonung des universalen ethischen Elements in den *Gesprächen* noch etwas weiter folgen. Im nochmaligen Ausgang von *ren* kommt in den *Gesprächen* 12:3 etwas Neues hinzu:

> „Zhonggong fragte nach (dem Wesen) von *ren*. Der Meister sprach: ‚Trittst du zur Tür hinaus, so sei wie beim Empfang eines geehrten Gastes. Gebrauchst du das Volk, so sei wie beim Darbringen eines großen Opfers. Was du selbst nicht

---

[50] Was Roetz' Version des Kohlberg'schen Stufenmodells anbelangt, siehe sein Buch *Die chinesische Ethik der Achsenzeit,* 49–52. Roetz könnte von Jürgen Habermas beeinflusst worden sein, der Kohlbergs Stufenmodell in mehreren seiner Bücher benutzt hat.

[51] Ebd., 181–194. Auch Shun verknüpft *yi* und *ren*, im Gegensatz zu *li*. Siehe Shun, „*Ren* and *Li*", 68–69. In den oben zitierten Stellen übersetzen Brooks und Brooks *yi* mit „richtig". Shun übersetzt es mit „Richtigkeit". Leys übersetzt es wie Roetz mit „Gerechtigkeit".

wünschest, das tue nicht den Menschen an. So wird es in dem Land keinen Groll (gegen dich) geben, so wird es im Hause keinen Groll (gegen dich) geben.'"[52]

Wir haben es hier mit einer von mehreren Versionen der Goldenen Regel zu tun, die sich in den *Gesprächen* finden. Sie befolgt und vertieft die Mahnung, andere sowohl im privaten als auch im öffentlichen Leben mit größtmöglicher Würde zu behandeln, und dient zur Erklärung von *ren*.

Es gibt jedoch noch einen anderen Schlüsselbegriff, der ebenfalls in Äußerungen zur Goldenen Regel auftaucht und den wir bisher nicht erwähnt haben, der aber zur Reichhaltigkeit des konfuzianischen Vokabulars beiträgt:

> „Zigong fragte: ‚Gibt es etwas, was aus einem Wort besteht und was man das ganze Leben hindurch befolgen kann?' Der Meister sagte: ‚Das ist wohl *shu*! Was man selber nicht wünscht, das tue man anderen nicht an!' (15:24, Übers. Roetz)[53]

Roetz lässt *shu* unübersetzt, weil er die übliche Übersetzung mit „Gegenseitigkeit" für fragwürdig hält, da sie potenziell ein utilitaristisches Kalkül und damit eine niedrigere Stufe des moralischen Urteilens unterstellt, als seiner Meinung nach hier im Spiel ist. Er verweist darauf, dass der Begriff *shu* noch häufiger mit „Versöhnlichkeit" oder „Nachsicht" übersetzt wird, und schlägt als bestmögliche Übersetzung „Fairness" vor, was die Universalität des Begriffs als einer Norm hervorhebt. *Shu* kommt noch an einer anderen Schlüsselstelle, 4:15, vor, die Roetz folgendermaßen übersetzt:

> „Der Meister sagte: ‚Shen! Mein Weg [*dao*] ist von Einem durchzogen.' ‚Ja!' antwortete Zengzi. Als der Meister gegangen war, fragten die Schüler: ‚Was meint er?' Zengzi sagte: ‚Der Weg unseres Lehrers ist *zhong shu* (Wohlwollen und Fairness, bzw. wohlwollende Fairness) – das ist alles.'"[54]

Hier wird *shu* nun aber mit *zhong* verknüpft, das gewöhnlich mit Loyalität übersetzt wird, aber eine Reihe von Bedeutungen hat, sodass „Wohlwollen" hier passender erscheint. Roetz geht es darum, dass die Goldene Regel keine Tugend, sondern ein formales und als solches universalisierbares und kontextunabhängiges Verfahren ist.[55] Doch bedarf es weiterhin der Hintergrundannahme eines universalen ethischen Begriffs, der darüber bestimmt, was jemand tut bzw. nicht möchte, dass es ihm angetan wird.

---

[52] Wilhelms Übersetzung „Sittlichkeit" habe ich auch hier durch das chinesische Wort *ren* ersetzt.

[53] Roetz, *Die chinesische Ethik der Achsenzeit*, 221.

[54] Ebd., 232.

[55] Ebd., 226 f.

Und genau dafür sorgen *ren*, *shu* und *zhong* (Menschlichkeit, Fairness, Wohlwollen).

Fingarette hat den Stellenwert von *li* in den *Gesprächen* hervorgehoben und behauptet, dass Konfuzius *li* als zeremonielles Lebensgefühl interpretiert, in dessen Rahmen, und zwar ausschließlich in dessen Rahmen Menschen menschlich zu werden vermögen. Aufgrund dieser Sichtweise versteht er „das Säkulare als heilig", wie der Untertitel seines Buches lautet. Doch sollten wir nicht zulassen, dass dieser Gedanke ohne Weiteres den Eindruck verstärkt, beim Konfuzianismus handele es sich um säkulare Philosophie und nicht um Religion. Es ist möglicherweise richtig, etwas, das nur im neuzeitlichen Abendland als „Ismus" bezeichnet worden ist, nicht als „Religion" zu bezeichnen, was wiederum nur im neuzeitlichen Abendland getan wurde.[56] Aber das Adjektiv „religiös" können wir dem Konfuzianismus nicht verwehren. Viele seiner Schlüsselbegriffe – *tian, dao, de, ren, li* (immerhin hat *li* seine Grundbedeutung als religiöses Ritual nie verloren) – weisen über das Diesseits hinaus und sind von einer Aura des Heiligen umgeben, die nie verlorengeht, und dies wird der Neokonfuzianismus sehr viel später erneut bestätigen.

Es gibt einen unverkennbar religiösen Begriff, der nicht sehr oft in den *Gesprächen* vorkommt, aber gleichwohl in gewissen Schlüsselmomenten gegenwärtig ist, und das ist *tian*, Himmel. Sogar in diesem Fall ist der Versuch unternommen worden, Gründe für die Säkularität des Konfuzianismus in Gestalt der Behauptung vorzubringen, dass *tian* keinerlei religiöse Bedeutung mehr habe, sondern bloß ein Begriff für „Natur" sei. In allen vormodernen Kulturen ist „Natur" nun aber normalerweise ein religiöser Begriff – sogar das griechische Wort für „Natur", *physis*, bedeutete etwas Lebendiges, sich Entwickelndes, das Respekt verdient. Doch die spezifischen Erscheinungsformen des Himmels in den *Gesprächen* besagen eindeutig etwas anderes als alle Bedeutungen, die wir normalerweise der „Natur" beilegen können. Zum Beispiel:

> „Als der Meister in Kuang gefährdet war, sprach er: ‚Da König Wen nicht mehr ist, ist doch die Kultur [*wen*] mir anvertraut? Wenn der Himmel diese Kultur vernichten wollte, so hätte ein spätgeborner Sterblicher sie nicht überkommen. Wenn aber der Himmel diese Kultur nicht vernichten will: was können dann die Leute von Kuang mir anhaben?'" (9:5, Übers. Wilhelm)

Was aus Konfuzius mehr als nur einen weiteren Lehrer der Sechs Künste machte, war seine Mission – sein „Mandat", könnten wir mit Blick auf die spätere Vorstellung sagen, dass Konfuzius der ungekrönte König, der wirk-

[56] Siehe Wilfred Cantwell Smith, *The Meaning and End of Religion*, New York: Macmillan, 1962.

liche Träger des Mandats des Himmels gewesen sei –, die Tradition der Alten mit allem, was damit verbunden war, zu vermitteln und wiederzubeleben, wie man hinzufügen muss. An anderer Stelle sehen wir, wie Konfuzius Anspruch auf etwas erhebt, das man nicht anders denn als „persönliche“ Beziehung zum Himmel bezeichnen kann:

> „Der Meister sprach: ‚Es gibt keinen, der mich kennt!‘ Zigong sprach: ‚Was heißt das, daß niemand den Meister kenne?‘ Der Meister sprach: ‚Ich murre nicht wider Gott und grolle nicht den Menschen. Ich forsche hier unten, aber ich dringe durch nach oben. Wer mich kennt, das ist Gott.‘“ (14:37, Übers. Wilhelm)[57]

Und als sein Lieblingsschüler starb, trauerte er mit einer solchen Hemmungslosigkeit, dass er seine anderen Schüler erschreckte (11:10), und wandte sich gen Himmel:

> „Als Yan Hui starb, sprach der Meister: ‚Wehe, Gott verläßt mich, Gott verläßt mich.‘“ (11:8, Übers. Wilhelm)[58]

Weil der Himmel für die menschliche Moralordnung zuständig ist – und in dieser Hinsicht setzt sich das Denken der westlichen Zhou-Dynastie im konfuzianischen Denken fort –, besteht ein Zusammenhang zwischen Himmel und Weg, *tian* und *dao*. Doch den Ausdruck „Weg des Himmels“ *(tiandao)* verwendet Konfuzius nur an einer Stelle.[59] Graham macht geltend, dies liege möglicherweise daran, dass Wahrsager und andere diesen Ausdruck zu jener Zeit bereits mit Beschlag belegt hätten, weil sie mit ihm den Lauf der Himmelskörper bezeichneten.[60] Konfuzius hatte wenig Interesse an Kosmologie; in seinen Augen waren *tian* und *dao* vor allem für die menschliche Moralordnung zuständig.

Trotz der Einigkeit vieler Gelehrter, dass chinesisches Denken grundsätzlich „optimistisch“ sei, ist Konfuzius, obwohl er sich auf den Himmel und das *dao* stützt, zwar kein Pessimist, aber doch zumindest ein Zweifler. Wie wir gerade gesehen haben, kann er sich vom Himmel verlassen fühlen. Und seine Sorge um das *dao* gilt zu weiten Teilen dessen Nichtvorhandensein: „Die Wahrheit [*dao*] hat keinen Erfolg“ (5:6, Übers. Wilhelm). „Ist der Erdkreis nicht in Ordnung [wörtlich: ohne *dao*], […]“ (16:2, Übers. Wilhelm). Wie andere achsenzeitliche Denker glaubt Konfuzius, die Welt sei aus den Fugen geraten und dass es seine Aufgabe sei, alles in seiner

---

[57] Vgl. Graham, *Disputers of the Tao*, 17. Wilhelm übersetzt an vielen Stellen statt „Himmel“ „Gott“.

[58] Vgl. ebd. Die beste mir bekannte Betrachtung der Vorstellung vom Himmel in den *Gesprächen* ist die von Schwartz, *World of Thought*, 122–127.

[59] Siehe *Gespräche* 5:12.

[60] Graham, *Disputers of the Tao*, 18.

Macht Stehende zu tun, um sie zurück auf den rechten Weg zu bringen, er aber auf Gedeih und Verderb vor allem an seinen Prinzipien festhalten und sein Verhalten im Einklang mit *ren* und *li* stehen müsse.

Was sollen wir nun also von diesem außergewöhnlichen Mann und dem ihm zugeschriebenen Buch halten? War er ein politischer Aktivist, der versucht hat, einer untergegangenen, gerechten politischen Ordnung neues Leben einzuhauchen? War er der Begründer einer neuen Sekte, deren Mitglieder nach moralischer Reinheit strebten, sich aber im Grunde genommen aus der Gesellschaft zurückzogen? Oder war ein Kritiker der sozialen und politischen Praktiken seiner Zeit, wie Sokrates, der stärker nach Wahrheit strebte als nach Ämtern und durch seine Beispielhaftigkeit Schüler anzog, die auf ganz verschiedene Weisen die Tradition fortführten, die er begründet hatte? Robert Eno meint, Konfuzius' Leistung habe darin bestanden, ein neues Verständnis von Erziehung durchzusetzen, demzufolge das Wissen über und die Praxis von *li* zur Verwandlung seiner Studenten in „ethische und weise Wesen" führen würde,[61] was ich „Bildung" genannt habe. Wahrscheinlich ist an all diesen Möglichkeiten etwas Wahres. Mit Sicherheit lassen sich in den *Gesprächen* Ansätze der für die spätere chinesische Geschichte so zentralen konfuzianischen Tradition der Selbstkultivierung finden.[62]

Im Hinblick auf unser Interesse am Verstehen des achsenzeitlichen Wandels in seinen verschiedenen Beispielfällen ist von Bedeutung, wie weit Konfuzius bzw. wie weit er und diejenigen seiner Schüler, die seine Tradition fortgesetzt haben, in Bezug auf die in den *Gesprächen* geschilderte Durchsetzung der wesentlichen Punkte dieses Wandels gekommen ist bzw. sind. Es stimmt zwar, dass sich in den *Gesprächen* nicht viel Denken „zweiter Ordnung" findet – das heißt Nachdenken über das Denken. Im chinesischen Denken hat formale Logik nie eine zentrale Stellung eingenommen, obwohl sie in der Spätzeit der Streitenden Reiche mit beträchtlicher Raffinesse betrieben wurde, wie wir sehen werden. Trotzdem hat die chinesische Wissenschaft, die auf sorgfältiger Beobachtung und genauer Aufmerksamkeit dafür beruhte, was funktioniert und was nicht, beachtliche Fortschritte gemacht – über weite Teile der Geschichte war sie der abendländischen Wissenschaft ebenbürtig bzw. ihr sogar oftmals voraus, wie Joseph Needham in seinem großartigen Werk ausgiebig demonstriert

---

[61] Robert Eno, *The Confucian Creation of Heaven: Philosophy and the Defense of Ritual Mastery,* Albany: SUNY Press, 1990, 41.

[62] Siehe Philip J. Ivanhoe, *Confucian Moral Self Cultivation*, 2. Aufl., Indianapolis: Hackett, 2000. Das erste Kapitel, das sich mit Kongzi (Konfuzius) beschäftigt, gibt einen viel tieferen Einblick in die Thematik, als mir hier möglich ist.

hat.[63] Wie Sokrates war Konfuzius allerdings in erster Linie an der menschlichen Gesellschaft, nicht am natürlichen Kosmos interessiert, und seine sowie die Beiträge seiner Anhänger lagen vorrangig auf diesem Gebiet. Diese Beiträge waren gleichwohl von größter Bedeutung.

Durch kritische Überlegungen wurden, wenn auch in aphoristischer oder dialogischer Form, Erklärungen geliefert, warum in der Gesellschaft und im Gebaren der Menschen Dinge falsch liefen, und Alternativen vorgeschlagen, die sie möglicherweise richtigstellen würden. Obwohl dem nicht alle Sinologen zustimmen, habe ich im Anschluss an Heiner Roetz behauptet, dass die *Gespräche* durchaus eine teilweise auf universalen Werten beruhende Ethik enthalten. Ich sollte klarstellen, dass es „universale" Werte meiner Meinung nach in keiner Kultur in uneingeschränkter Form gibt. Sie kommen immer in einer bestimmten Sprache zu einer bestimmten Zeit und an einem bestimmten Ort zum Ausdruck. Wenn wir sie mit „Gerechtigkeit", „Wohlwollen" und dergleichen übersetzen, verwenden wir Begriffe, die zwangsläufig in einem anderen kulturellen Milieu angesiedelt sind und daher bestenfalls Annäherungen an die übersetzten chinesischen Begriffe darstellen. Was ich mit „universal" meine, ist ein Streben nach Universalität. Die konfuzianische Ethik soll eine menschliche, keine chinesische Ethik sein. Roetz hat gezeigt, dass dem ethischen Denken im frühen China bemerkenswerterweise jeder Ethnozentrismus abgeht. Obwohl Begriffe fallen, für die „Barbaren" eine angemessene Übersetzung wäre, werden diese nicht-chinesischen Menschen in ethischer Hinsicht nicht als anders behandelt – sie können sogar lehrreiche Beispiele für Chinesen abgeben.[64]

Obwohl Konfuzius und seine Anhänger unter Umständen lebten, die ihrer Meinung nach für moralischen Verfall sprachen und von ihnen scharf kritisiert wurden, wissen wir inzwischen, dass das achsenzeitliche China ähnlich wie die anderen achsenzeitlichen Zivilisationen in demografischer und ökonomischer Hinsicht sowie in Bezug auf politische bzw. militärische Macht eine Zeit rapiden Wachstums erlebte. Die ethischen Folgen dieses „Wachstums" rief die konfuzianische Kritik auf den Plan. Benjamin Schwartz hat darauf hingewiesen, dass dies China mit den anderen achsenzeitlichen Beispielfällen verbindet:

---

[63] Joseph Needham, *Wissenschaft und Zivilisation in China*, Bd. 1, Frankfurt: Suhrkamp, 1984 [1954/1978; Übers. der gekürzten Ausgabe durch Rainer Herbster], und im Englischen viele nachfolgende Teilbände von *Science and Civilisation in China*.

[64] Roetz erörtert den „Begriff des ‚Menschen'" in *Die chinesische Ethik der Achsenzeit*, 202–207. Die philosophische Anthropologie des Konfuzianismus ist seiner Ansicht nach nicht partikularistisch, vielmehr „verschwindet [in ihr] jede natürliche Grenze zwischen den Menschen" (205).

„Ich möchte noch etwas über das Bild sagen, das Konfuzius vom moralisch Bösen hatte. Die Beschreibung der bösen Absichten, die das Erreichen des Guten erschweren, ähnelt nämlich den Diagnosen der Propheten, Weisen und Philosophen in allen Hochkulturen dieser Zeit auf verblüffende Weise. Das ungezügelte Streben nach Reichtum, Macht, Ruhm, Wollust, Hochmut und Stolz – diese Motive gelten im Wesentlichen als Ursachen ‚des Problems'. Sprachlich eignen die Sünden sich vergleichsweise leicht für eine Übersetzung ins Vokabular von Gautama Buddha, Platon und der hebräischen Propheten. Durch die materielle Entwicklung aller Hochkulturen hatten – zumindest für einige Schichten – die Möglichkeiten zu größerer Macht, zunehmendem Luxus und zum Streben nach Status und Ansehen enorm zugenommen [...] Und genau in der moralischen Ausrichtung der kreativen Minderheiten im ersten Jahrtausend ist ein lautstarkes Nein zu bestimmten typischen Weisen der menschlichen Selbstbestätigung zu vernehmen, die sich im Zuge des zivilisatorischen Fortschritts herausgebildet hatten. In ihren Augen wohnte das Göttliche den Äußerungsformen von Macht, Reichtum und äußerlicher Pracht nicht mehr inne."[65]

Wenn wir versuchen, der Reaktion von Konfuzius und seinen Anhängern auf diese Bedingungen einen Sinn abzugewinnen, können wir uns erneut an Schwartz wenden, insofern er bestätigt, dass Konfuzius „sowohl soziopolitisch als auch ethisch-rituell" dachte, und beide Dimensionen für „unauflösbar miteinander verflochten" hielt. Auch wenn er einem Großteil von Fingarettes Argumentation nicht unkritisch gegenübersteht, wendet Schwartz sich hilfesuchend an ihn, als er seine eigene Position zusammenfasst: „Letztendlich liegt jedoch etwas Wahres in Fingarettes Behauptung, dass die Vision von Konfuzius ‚mit Sicherheit nicht bloß eine politische Vision' gewesen sei. Auf ihrer höchsten Stufe haben wir die Vision einer Gesellschaft vor uns, die nicht nur Einträchtigkeit und Reichtum genießt, sondern durch ein rituelles Leben von großer Heiligkeit und Schönheit, an dem alle Klassen teilhaben, eine Verwandlung erfährt."[66]

Wie wir sehen werden, breiteten die sozialen Bedingungen, auf die Konfuzius reagierte – der Verfall althergebrachter ethischer und politischer Verhaltensnormen und der Aufstieg immer militarisierterer und skrupelloserer, um Vorherrschaft ringender Staaten –, sich aber im Laufe der Zeit der Streitenden Reiche nur noch weiter aus. Auf diese Bedingungen mussten die Konfuzianer, aber auch ihre Kritiker, deshalb nach wie vor reagieren.

---

[65] Schwartz, *World of Thought*, 83.

[66] Ebd., 117, das Fingarette-Zitat stammt aus *Confucius*, 69.

Mozi

Mo Di (persönlicher Name) oder Mozi (Meister Mo) wurde wahrscheinlich nach dem Tod von Konfuzius im Jahr 479 v. u. Z. geboren, feierte seine größten Erfolge in der zweiten Hälfte des fünften Jahrhunderts, lebte wohl bis ins frühe vierte Jahrhundert, wurde möglicherweise von Konfuzianern ausgebildet, war aber später deren erbitterter Gegner und begründete eine „Schule“, die ihren Aufstieg während der Zeit der Streitenden Reiche erlebte und der konfuzianischen Lehre die Vorherrschaft streitig machte. Bevor wir seine Lehre und die Organisation seiner Anhänger beschreiben, tun wir gut daran, uns die zu jener Zeit stattfindenden gesellschaftlichen Veränderungen etwas näher anzusehen. Mark Lewis hat ein bündiges Bild des Wandels gezeichnet, der sich schon im siebten und sechsten Jahrhundert v. u. Z. abzuzeichnen begann und seinen Höhepunkt im vierten und dritten Jahrhundert erreichte:

> „Durch die Eroberung fremder Länder und die Ausweitung zentralstaatlicher Kontrolle auf die ländlichen Gegenden haben die ständigen Kriege der Adelsgeschlechter der Zhou-Dynastie allmählich zur Schaffung immer umfangreicherer territorialer Einheiten geführt. Diese sind als ‚Streitende Reiche‘ bezeichnet worden, weil sie sich der Kriegsführung verschrieben hatten, durch die schrittweise Ausweitung des Militärdienstes geschaffen wurden und weil die Erfassung und Mobilisierung ihrer Bevölkerungen für den Kampf auf Dauer wesentlich für ihre Existenz als Staaten war [...] Während in der Aristokratie Autorität durch den tatsächlichen Vollzug [*performance*] rituell sanktionierter Gewalt gekennzeichnet gewesen war, beteiligten sich in den Streitenden Reichen alle Männer an legalen Gewaltakten und ging Autorität mit deren Manipulation und Steuerung einher. Die sanktionierte Gewalt war kein Mittel zur Verteidigung der Ehre mehr, sondern diente der Schaffung und Verstärkung der autoritären und hierarchischen Bindungen, aus denen die neue Sozialstruktur bestand. Anstelle der Abstammung als grundlegender Einheit sowohl von Politik als auch von Eliteversippung stellte der Staat die Kontrolle über die Militärmacht sicher, wohingegen die Sippengruppen sich auf die einzelnen Haushalte beschränkten, die sowohl Steuerzahlungen als auch Arbeitsdienste leisteten [...] Die höchste Sanktionierung segmentärer, aristokratischer Herrschaft in den Ahnenkulten wurde durch Formen sanktionierter Gewalt und Autorität ersetzt, deren Rechtfertigung in der Nachahmung der ‚Himmelsmuster‘ durch einen einzigen, kosmisch potenten Herrscher bestand. Die neue Organisation und Interpretation von Gewalt ermöglichten den Chinesen der Streitenden Reiche letztendlich die Entwicklung eines neuen Verständnisses der menschlichen Gesellschaft und der natürlichen Welt.“[67]

Während die Beteiligung an Militäraktionen sich im China der westlichen Zhou-Dynastie und in der Frühzeit der Frühlings- und Herbstannalen auf

[67] Lewis, *Sanctioned Violence*, 53–54.

die Aristokratie beschränkt hatte, wurden allmählich erst die nichtadligen Bewohner der Hauptstädte, aber am Ende auch das Landvolk mit einbezogen, sodass es in den voll entwickelten Streitenden Reichen etwas gab, das einer allgemeinen Wehrpflicht für Männer nahekam. In der Folge wurden die alten Streitwagenheere des Adels durch Masseninfanterie ersetzt, die sich aus den unteren Gesellschaftsschichten rekrutierte. Die großen Verwaltungslinien und die Aristokratie im Allgemeinen büßten dadurch ihre soziale Macht ein. Masseninfanterie erforderte bei weitem nicht so komplexe Fähigkeiten und ihre Ausrüstung war sehr viel kostengünstiger als die aristokratischen Streitwagenheere. Der tapfere adlige Krieger, der sich auf Zweikämpfe einließ, wurde durch den ausgebildeten General ersetzt, der wusste, wie man eine Vielzahl von Divisionen in Heeren formierte, deren Zahl in die Tausende ging. Wie andere Lebensbereiche wurde die Kriegsführung zu einer Kunst und Führerschaft beruhte auf erwiesenen Verdiensten, nicht auf Herkunft. Technische Erfindungen trugen dazu bei, diesen Wandel in der Form der Kriegsführung voranzutreiben: der zunehmende Einsatz von Eisenwaffen, der gerade erfundenen (oder importierten) Armbrust, von effektiveren Rüstungen und schlagkräftigeren, weithin verfügbaren Schwertern. Wie in vielen Zeiten und an vielen Orten haben neue Formen der Kriegsführung gesamtgesellschaftliche Veränderungen auf den Weg gebracht, von denen auch der Staat, die Ökonomie und die Familie betroffen waren.[68]

Das Land der Bauern war jetzt in dem Sinne „Privateigentum“, dass die Bauern keine adligen Herren verpflichtete Leibeigene mehr waren, sondern in zentralisierten Staaten als Individuen und Kleinfamilien der Besteuerung und Wehrpflicht unterlagen und zu Frondiensten herangezogen wurden. Anstatt geografisch in Dörfern organisiert zu sein, die einem Adelsgeschlecht gehörten, wurden die Bauern jetzt in Verwaltungsbezirke eingeteilt, die Beamten unterstellt waren, welche das Staatsoberhaupt ernannt hatte. Diese Bezirke hatten zivile und militärische Funktionen. Die Bauern waren in Einheiten von fünf Familienoberhäuptern organisiert, was die kleinste Infanterieeinheit darstellte, und sie waren sowohl im zivilen als auch im militärischen Leben gemeinsam für ihr jeweiliges Verhalten verantwortlich.[69]

All dies klingt sehr autoritär, ja nachgerade totalitär, und darin bestand auch die Absicht der Theorie, die später „legalistisch“ genannt werden

---

[68] Ebd., 60 ff.

[69] Zu diesen Entwicklungen, siehe neben seinem Buch *Sanctioned Violence* außerdem Mark Edward Lewis, „Warring States Political History“, in: Loewe und Shaughnessy, *Ancient China*, 587–650.

sollte. Trotzdem war die Zeit der Streitenden Reiche bei weitem nicht so starr, ja sogar sehr viel desorganisierter, als das obige Bild nahelegt. Die ständigen Kriege, der Untergang von Staaten, der Statusverlust der alten Adelsgeschlechter, der Aufstieg neuer Gruppen begüterter Handwerker und Grundbesitzer brachten eine Gesellschaft hervor, die sehr stark im Fluss war. Viele Mitglieder der alten Elite, darunter auch die *shi* auf deren unterster Stufe, wurden vertrieben und mussten außerhalb ihres Geburtsorts nach Schutz und einer Anstellung suchen. Nicht selten kam es sogar zur Vertreibung von Bauern. Eine Folge der turbulenten Zeit der Streitenden Reiche bestand darin, dass es in der Gesellschaft viele Menschen mit ganz unterschiedlichen Kenntnissen und Fähigkeiten gab, die ihre angestammten Wurzeln verloren hatten und bereit waren, sich bei jedem zu verdingen, der Verwendung für sie hatte. Viele von ihnen waren Kämpfer, die Truppen für ehrgeizige Herrscher abgaben. Andere waren Verwaltungsbeamte, Berater und Diplomaten, und einige von ihnen entwickelten Lehren, die ihre Schüler überlieferten, aber erst in der Han-Dynastie als „legalistisch“ bezeichnet wurden.

Innerhalb dieser großen Gruppe von Menschen, die ihren traditionellen Ort in der Gesellschaft verloren hatten, gab es Wandergelehrte, die, wie die Konfuzianer, häufig von Lehrern der Sechs Künste der aristokratischen Tradition ausgebildet worden waren, welche auch bei den neuen Eliten noch hoch im Kurs standen. Gegen Mitte der Zeit der Streitenden Reiche wurde die Anwerbung einer Reihe von Gelehrten mit unterschiedlichem Hintergrund zu einem Statussymbol für die Herrscher oder hohen Verwaltungsbeamten der größeren Staaten; sie verliehen dem Staat eine Art kulturellen Glanz. Wir wissen nicht viel über diese Entwicklungen, aber anscheinend war der Staat Qi der erste, der eine solche Gelehrtenschar versammelte. Sowohl Mengzi als auch Xunzi könnten mit ihm in Verbindung gestanden haben, obwohl die fraglichen Gelehrten einen eklektischen Hintergrund hatten, wie das Sammelwerk *Guanzi* zeigt, das möglicherweise zu weiten Teilen aus Beiträgen von Qi-Gelehrten besteht.[70] Der Staat Qin, der schließlich ganz China vereinte, um Qi nicht nachzustehen, versammelte eine große Gruppe Gelehrter unter der Schirmherrschaft seines Ministerpräsidenten Lü Buwei, auf die das Sammelwerk *Frühling und Herbst des Lü Bu We* zurückging.[71] Obwohl mehrere prominente Denker der Zeit der Streitenden Reiche, allen voran Xunzi, geltend machten, dass

---

[70] W. Allyn Rickett, *Guanzi: Political, Economic, and Philosophical Essays from Early China*, Band 1 und 2, Princeton: Princeton University Press, 1985 und 1998.

[71] *Frühling und Herbst des Lü Bu We*, übers. v. Richard Wilhelm, Düsseldorf: Diederichs, 1971.

ihre, und zwar nur ihre Sichtweise unter anderem deshalb offiziell anerkannt werden sollte, weil sie behaupteten, alles Gute aus den anderen Traditionen aufgenommen und alles Schlechte aussortiert zu haben, unterlag das Denken keiner effektiven Überwachung, bis der erste Qin-Kaiser sich daran versuchte. Ein Denker, der sich an einem Ort unbeliebt machte oder den Herrscher eines Staates verärgerte, hatte stets die Möglichkeit, in einen anderen weiterziehen, und wurde dort häufig als Bereicherung des lokalen kulturellen Kapitals mit offenen Armen empfangen.

Lewis fasst die Lage folgendermaßen zusammen: „Neben den Schulen, die auf Schüler von Konfuzius zurückgingen, ist die mohistische Tradition die einzige in den Dokumenten belegte, voll entwickelte Schule. Davon abgesehen ist jede geistige Tradition durch den Namen ihres mutmaßlichen Begründers gekennzeichnet und ausschließlich durch ein Buch oder mehrere Bücher definiert, die seinen Namen tragen."[72] Zu beachten ist, dass solche Bücher von Schülern tradiert wurden – man könnte von Gelehrtenlinien oder akademischen Stammbäumen sprechen, wenn man den Begriff „Schule" vermeiden möchte –, die zweifellos etwas zum „Originaltext" hinzugefügt haben, der sich häufig nur schwer von solchen späteren Ergänzungen unterscheiden lässt. Brooks nennt dieses Muster „Zuwachs durch Anlagerung" und stellt dessen Vorhandensein in den *Gesprächen* fest, wie wir gesehen haben, aber auch in anderen konfuzianischen und nicht-konfuzianischen Texten.[73] Der grundlegende Text der mohistischen Bewegung, *Mozi*, ist eindeutig ein Text dieser Art. Wir mögen nicht genau wissen, wie viel von ihm von Mozi selbst stammt, es ist aber unverkennbar, dass die frühen Textteile ganz anders sind als die späteren Teile, die den „späteren Mohisten" zugeschrieben werden.[74]

Nach der Vereinigung des Landes ist die mohistische Bewegung vollständiger in der Versenkung verschwunden als alle anderen bedeutenden Denkströmungen der Zeit der Streitenden Reiche. Deshalb können wir uns nur schwer vorstellen, dass sie einen Großteil dieser Zeit lang der Hauptrivale des Konfuzianismus um die geistige Vorherrschaft gewesen ist. Mit der Ursache für den plötzlichen und völligen Untergang der Bewegung werden wir uns unten befassen müssen, an dieser Stelle sollten wir über-

---

[72] Lewis, „Warring States", 641.

[73] Brooks und Brooks, *The Original Analects*, 4–5 und 201 ff. Insbesondere in Bezug auf das *Daodejing* und den *Mengzi* plädieren die Brooks für „Anlagerung". A. C. Graham hat gezeigt, dass es sich beim *Zhuangzi* ebenso verhält. Siehe sein Buch *Chuang Tzu: The Seven Inner Chapters and Other Writings from the Chuang Tzu*, London: Allen and Unwin, 1981.

[74] A. C. Graham, *Later Mohist Logic, Ethics and Science*, Hong Kong: Chinese University Press, 1978.

legen, warum der überlieferte Text selbst auf Seiten der chinesischen Gelehrten der Kaiserzeit so wenig Interesse auf sich gezogen und noch weniger Zuwendung erfahren hat. Eine Teilantwort lautet, dass der Konfuzianismus ab Mitte der Han-Dynastie so etwas wie eine offizielle Ideologie wurde und der Mohismus nicht nur als Gegenposition zum Konfuzianismus galt, was ihn für uns besonders interessant macht, sondern als etwas angesehen wurde, das vom Konfuzianismus von Grund auf widerlegt worden war – dies lässt sich so von keinem Text sagen, der später als daoistisch bezeichnet wurde. Hinzu kommt, dass Mo Di auf der Grundlage des Textes nicht als dreidimensionale Figur in Erscheinung tritt. So geschönt das Bild von Konfuzius, das die *Gespräche* zeichnen, auch durch die spätere Legendenbildung gewesen sein mag, es hat doch viele Jahrhunderte lang bei den Chinesen und bei den Vertretern des Abendlands einen unauslöschlichen Eindruck hinterlassen, sowie sie von ihm erfuhren. Mo Di bleibt dagegen eher eine Stimme als eine Person. Und schließlich ist der Stil des Buches ungelenk, repetitiv, und ihm fehlt die Expressivität des *Mengzi*, die Poesie des *Zhuangzi* oder der geistige Ernst des *Xunzi*. Als am weitesten verbreitete Alternative zum Konfuzianismus in der Zeit der Streitenden Reiche verdient es gleichwohl eine ernsthafte Betrachtung.

Wie wir festgestellt haben, bestehen die *Gespräche* zu weiten Teilen aus Aphorismen und Anekdoten. Die Achsenzeitlichkeit der *Gespräche* geht nicht auf die Entwicklung einer logischen Argumentation, sondern darauf zurück, dass sie alte Vorstellungen auf neue Weise verwendeten, neue Begriffe ins moralische Vokabular einführten und Gedanken, die vorher für selbstverständlich gehalten wurden, für die Reflexion zugänglich machten. So undifferenziert seine ältesten Schichten auch sein mögen, führt der *Mozi* von Anfang an eine durchgängige Argumentation ein, die sich häufig auf eine Ablehnung oder Korrektur von Gedanken richtet, die Konfuzius zugeschrieben werden. A. C. Graham behauptet, „die rationale Debatte in China“ habe mit Mozi „begonnen“. Das mag stimmen, aber es ist nur schwer vorstellbar, dass Mozi sich ohne den konfuzianischen Hintergrund überhaupt hätte ans Werk machen können.

Wenn Konfuzius sich teilweise aufgrund seiner sozialen Lage an der Grenze zwischen der untersten Stufe der alten Aristokratie und dem Nichtadel verstehen lässt, der eine Ausbildung anstrebt, die es ihm erlaubt, in Staatswesen, die jetzt mehr an Verdiensten als an Abstammung interessiert waren, die Beamtenlaufbahn einzuschlagen, was können wir über die soziale Lage von Mozi sagen? Wir verfügen über keine unabhängigen Belege für seine soziale Einordnung, aber eine Reihe von Rückschlüssen aus dem Text selbst haben zu der Vorstellung geführt, dass er aus einer etwas niedrigeren Schicht kam als Konfuzius, möglicherweise aus der in städtischen

Gebieten und unter Umständen vor allem in den Hauptstädten kleiner Staaten einflussreichen Handwerkerklasse, die Mozi anscheinend besonders am Herzen lag. Michael Puett hat das Interesse an Handwerkskunst im *Mozi* festgehalten: „Handwerkliche, bauliche und auf die Gestaltung bezogene Metaphern sind in den mohistischen Schriften so verbreitet, dass manche Gelehrte behauptet haben, die Mohisten seien eigentlich eine Handwerkerschule gewesen.“[75]

A. C. Graham stellt einen Zusammenhang zwischen dem Status von Mozi und seiner markantesten Lehre her: „Anscheinend war Mozi von niedrigem Stand, ein Handwerker [...] und hat dies etwas mit seiner markantesten Neuerung zu tun, Institutionen nicht anhand der Tradition der Zhou-Dynastie, sondern nach ihrem praktischen Nutzen zu beurteilen, danach, ob sie den Menschen so nützlich sind wie die Steckachse eines Rades.“[76] Dass die Mohisten das Praktische in den Vordergrund stellen, unterstreicht Puett mit dem Argument, dass in Bezug darauf, ob Neuerungen überhaupt legitim seien, ein grundlegender Unterschied zu den Konfuzianern bestehe. Er hält fest, dass Konfuzius' Anspruch, eher ein Übermittler als ein Schöpfer zu sein (*Gespräche* 7:1), seiner Bescheidenheit zugeschrieben werden könne, vielleicht aber auch von weitreichenderer Bedeutung sei, wenn man ihn im Zusammenhang mit einer anderen Textstelle betrachtet:

> „Der Meister sprach: ‚Groß wahrlich ist die Art, wie Yao Herrscher war. Erhaben: Nur der Himmel ist groß, nur Yao entsprach ihm. Unendlich: Das Volk konnte keinen Namen finden. Erhaben war die Vollendung seiner Werke, strahlend waren seine Lebensordnungen [*wen zhang*].‘“[77]

Puett macht geltend, dass in den *Gesprächen* ziemlich durchgängig eher die „Ordnung nach einem Muster“ (*wen*, „Ordnung, Muster“, was manchmal mit „Kultur“ übersetzt wird) als Neuerungen oder Neuschöpfungen im Vordergrund stehen, was Mozis Kritik an Konfuzius mehr Substanz verleiht: „Gong Mengzi sagte: ‚Der Edele schafft [*zuo*] nichts Neues, sondern ahmt nur nach.‘ Meister Mozi erwiderte: ‚So ist es nicht. [...] Ich

---

[75] Michael Puett, *The Ambivalence of Creation: Debates concerning Innovation and Artifice in Early China*, Stanford: Stanford University Press, 2001, 51. Puett warnt in einer Fußnote davor, die Metaphern und Analogien eines Textes als Beweis für die soziale Herkunft des Autors zu verwenden. Sokrates benutzt regelmäßig Beispiele aus dem Handwerk, er war allerdings selbst Steinmetz.

[76] Graham, *Disputers of the Tao*, 34.

[77] Übersetzung von Wilhelm (8:19), Einfügung in eckigen Klammern vom Autor. Es sollte beachtet werden, dass Yao in den *Gesprächen* der erste „Herrscher des Altertums“ war.

meine, daß, wenn man das Gute der Alten nachahmt und das Gute unserer Zeit zur Ausführung bringt, man dabei die Vermehrung des Guten wünscht.'"[78]

Puett behauptet, Mozis positive Bewertung der Neuschöpfung anstelle bloßer Vermittlung beruhe auf einem Verständnis des Himmels als eines aktiven Schöpfers und keines bloßen Musters, das es nachzuahmen gelte. Mozi schreibt:

> „Auch habe ich für mein Wissen von der großzügigen Liebe des Himmels zu den Menschen noch weitere Gründe: Er ordnet Sonne, Mond und die Gestirne, um ihnen zu leuchten und sie zu führen, er regelt die vier Jahreszeiten, Frühling, Herbst, Winter und Sommer, um ihnen eine Richtschnur zu geben; mit dem Donner sendet er Schnee, Reif, Regen und Tau herab, um die fünf Feldfrüchte und Hanf und Seide wachsen und gedeihen zu lassen, damit die Menschen den Nutzen davon haben. Berge und Flüsse, Schluchten und Täler ordnet er, und er macht alle Angelegenheiten bekannt, um auf die Guten und die Schlechten im Volke hinzuweisen. Er setzt Könige und Fürsten ein und läßt sie die Tugendhaften belohnen und die Schlechten bestrafen. Und er läßt die Menschen Metalle und Holz, Vögel und Tiere benutzen und sie beim Anbau der fünf Feldfrüchte und von Hanf und Seide ihre Pflicht erfüllen, um das Volk mit Kleidung und Nahrung zu versorgen. Von alters her bis heute ist das immer so gewesen."[79]

Obwohl es in dem obigen Abschnitt so wirkt, als setze der Himmel Könige und Fürsten genauso uranfänglich ein wie Sonne und Mond, gibt es eine andere Stelle, die nahelegt, dass die Menschheit ursprünglich keine Herrscher kannte:

> „Meister Mozi sagte: Als im hohen Altertum die Menschen zuerst auftraten und noch keine Rechtssprechung und keine Regierung hatten, da hatte, wenn sie sich äußerten, jeder eine andere Meinung. So hatten ein Mann eine Meinung, zwei Leute zwei und zehn Leute zehn Ansichten. Und je mehr Menschen es gab, desto mehr geäußerte Ansichten gab es. Und jeder hielt seine eigene Ansicht für richtig und die Ansichten aller anderen hielt er für falsch, so daß sie sich alle untereinander bekämpften. Infolgedessen stritten sich innerhalb der Familien Väter und Söhne, ältere und jüngere Brüder miteinander, und sie gingen auseinander, unfähig, sich wieder friedlich zu einigen. Und mit Wasser, Feuer und Gift schadeten sie sich gegenseitig. Trotz überschüssiger Kräfte kam man den Bedrängten nicht zu Hilfe, und überschüssige Vorräte verfaulten und verrotteten, statt daß sie aus-

---

[78] *Mozi* 46:16, übers. v. Alfred Forke, *Mê Ti, des Sozialethikers und seiner Schüler philosophische Werke*, Mitteilungen des Seminars für Orientalische Sprachen an der Friedrich-Wilhelms-Universität zu Berlin. Beiband zum Jahrgang 23/25, Berlin 1922, 547.

[79] Mo Ti, *Gegen den Krieg*, übers. v. Helwig Schmidt-Glintzer, Düsseldorf: Diederichs, 1975, 78.

geteilt wurden, und man verbarg gute Lehren und teilte sie anderen nicht mit, und das Chaos auf der Welt war so, als wäre sie nur von wilden Tieren bewohnt.

Jedem, der die Gründe für das Chaos in der Welt untersuchte, wurde klar, daß sie im Fehlen von Führern lagen."[80]

An dieser Stelle klingt Mozi fast wie Hobbes, außer dass die Ursache des Krieges aller gegen aller eher fehlende gemeinsame Ansichten als fehlende Gesetze sind. Aber die Lösung ist dieselbe: Führung bzw. Herrschaft. Und abgesehen davon, dass für Mozi die vorrangige Funktion eines Führers darin besteht, die richtigen Ansichten durchzusetzen: „Und was der Vorgesetzte für richtig hält, das müssen alle für richtig halten, und was er für falsch hält, das müssen alle für falsch halten."[81] Auf allen Ebenen – lokal bis weltweit – sollen die Untenstehenden die richtigen Maßstäbe bei den Obenstehenden sehen – Maßstäbe, über die Mozi uns an anderer Stelle sagt, dass sie sich erkennen lassen, wenn man den Willen des Himmels wie einen Zirkel für den Radmacher oder ein Winkelmaß für den Tischler versteht, das heißt als ein zu befolgendes Vorbild.[82] Trotz des offenbar unerbittlichen Autoritarismus von Mozis Ansichten im Abschnitt „Oben angleichen" und der Notwendigkeit, dem Urteil der Obenstehenden bis hinauf zum obersten Herrscher, dem Sohn des Himmels, zu folgen, sagt Mozi:

„Denn prüfte man, worauf die Wohlgeordnetheit im Reiche beruht, so liegt sie einfach daran, daß der Himmelssohn die vielfältigen Ansichten in seinem Reiche zu vereinheitlichen versteht. Darauf beruht die Wohlgeordnetheit des Reiches.

Wenn aber die Menschen des Reiches sich alle nach Oben dem Sohn des Himmels, nicht aber dem Himmel angleichen, dann wird Unheil doch niemals enden. Wenn wir heute verheerende Stürme und zerstörende Regenfälle in solcher Häufigkeit haben, so bestraft damit der Himmel die Bevölkerung, die sich nicht nach oben dem Himmel angleicht."[83]

Auch wenn dies ein Kommentar zum bedauerlichen Zustand der Zeit sein mag, in der das Urteil des Himmelssohns (eines Rudiments des Zhou-Königs) nicht mehr mit dem Himmel übereinstimmte oder vielleicht sogar gerade kein Himmelssohn im Amt war, wird deutlich, dass es einen anderen Maßstab als den Willen von oben gab, einen inhaltlichen Maßstab, der den grundlegendsten Gedanken von Mozis Lehre darstellte, nach dem sich letzten Endes alle Regierungen beurteilen lassen müssen. Im obigen Ab-

---

[80] Mo Ti, *Solidarität und allgemeine Menschenliebe,* übers. v. Helwig Schmidt-Glintzer, Düsseldorf: Diederichs, 1975, 110–111.
[81] Ebd., 111–112.
[82] Mo Ti, *Gegen den Krieg,* 72.
[83] Mo Ti, *Solidarität und allgemeine Menschenliebe,* 114.

schnitt, der die Schöpfungsbemühungen des Himmels schildert, wird als Grund dafür, dass der Himmel schöpferisch ist, die „Liebe des Himmels zu den Menschen“ angegeben. Und wenn die Menschen sich mit dem Himmel identifizieren, heißt das, dass auch sie die „Menschen lieben“ müssen, und zwar unterschiedslos alle Menschen. Darin besteht die mohistische Doktrin, die meistens mit „allgemeiner Menschenliebe *(jian ai)*“ wiedergegeben wird, von Graham aber lieber mit „Sorge um jeden“[84] übersetzt wird und von David Nivison mit „unparteilicher Fürsorge“.[85] Mozi gibt folgende kurze Beschreibung, was *jian ai* bedeutet:

> „Daher sagte Mozi: Parteilichkeit sollte durch Universalität ersetzt werden. Aber wie kann Parteilichkeit durch Universalität ersetzt werden? Wenn die Menschen die Staaten der anderen betrachten würden wie sie ihren eigenen Staat betrachten, wer würde dann noch seinen eigenen Staat mobil machen, um einen anderen Staat anzugreifen? Es wäre dann doch so, als würde man seinen eigenen Staat angreifen. Wenn die Menschen die Städte der anderen wie ihre eigenen betrachten würden, wer würde dann noch seine Stadt mobilisieren, um eine andere Stadt anzugreifen? Es wäre doch so, als ob man in der anderen seine eigene Stadt angriffe. Und wenn die Menschen die Familien der anderen wie ihre eigene betrachteten, wer würde dann noch seine Familie dazu bringen, eine andere Familie zugrunde zu richten? Es wäre doch so, als ob man in der anderen seine eigene Familie zugrunde richtete. Würden sich nun Staaten und Städte nicht gegenseitig angreifen, und Menschen und Familien nicht gegenseitig zerrütten und schädigen, wäre dies ein Schaden oder ein Vorteil für das Reich? – Sicherlich wäre es von Vorteil für das Reich!“[86]

Wir werden uns Mozis Rechtfertigung der *jian ai*-Doktrin durch ihren Nutzen näher ansehen müssen, denn sie wird uns zu einem zentralen Aspekt seiner Lehre führen: zu seinem Utilitarismus. Doch zunächst müssen wir uns mit einem anderen Problem befassen, das der obige Abschnitt aufwirft und mit Sicherheit in den Augen der Konfuzianer aufgeworfen hat, nämlich den Konflikt zwischen *jian ai* und kindlicher Pietät *(xiao)*. Die Konfuzianer warfen den Mohisten vor, keine Väter und älteren Brüder zu kennen, von ihren Kindespflichten ganz abzusehen, wenn sie ihrer eigenen Verwandtschaft gegenüber keine größere Verpflichtung hätten als gegen-

---

[84] Graham hält den Ausdruck „allgemeine Menschenliebe“ für irreführend, denn „er ist sowohl zu unpräzise (*jian* impliziert eher ‚für jeden Einzelnen‘ als ‚für alle‘) und zu warmherzig (das mohistische *ai* ist ein leidenschaftsloser Wille, Menschen Gutes zu tun, und eine Abneigung dagegen, ihnen zu schaden). Die Mohisten waren recht mürrische Menschen, deren Ohren eher für das offen waren, was die Gerechtigkeit verlangte, als für die Berufung auf Liebe.“ *Disputers of the Tao*, 41.

[85] David S. Nivison, „The Classical Philosophical Writings“, in: Loewe und Shaughnessy, *Ancient China*, 763.

[86] Mo Ti, *Solidarität und allgemeine Menschenliebe*, 147.

über allen anderen. In dem oben zitierten Abschnitt aus den *Gesprächen* haben wir uns auf deren grundlegendes moralisches Vokabular konzentriert und diese zentrale Anwendung der konfuzianischen Ethik vor allem auf die Familie nicht erörtert. In Bezug auf die Geschichte des Gedankens der kindlichen Pietät hat Yuri Pines eine interessante Frage gestellt. Er behauptet, der Begriff *xiao* habe im Denken der frühen Zhou-Dynastie in erster Linie Loyalität gegenüber der eigenen Abstammung bedeutet und sei in der Zeit der Frühlings- und Herbstannalen in Verruf geraten, in der die Überlebensfähigkeit von Staaten durch die Loyalität zu aufsässigen Abstammungslinien gefährdet wurde. Erst bei Konfuzius, meint er, und/oder bei den frühen Konfuzianern richte kindliche Pietät *(xiao)* sich eher auf die Kleinfamilie als auf die Abstammung – das heißt der Fokus liegt auf dem Verpflichtetsein gegenüber dem eigenen Vater oder älteren Bruder, was ein sehr viel engerer Fokus war als davor, aber mit dem sozialen Wandel im Einklang stand, der erweiterte Abstammungslinien aufweichte und die Kleinfamilie ins Zentrum stellte, ohne allerdings die Rücksicht auf die Ahnen und von daher auf die Abstammung vollständig aufzugeben. Brooks behauptet, die kindliche Pietät spiele in den ältesten Schichten der *Gespräche* keine große Rolle, sondern steche erst später ins Auge. Wie dem auch sei, sticht sie nicht nur ins Auge, sondern gilt irgendwann als Basis aller anderen ethischen Verpflichtungen, wie etwa der Loyalität gegenüber dem Herrscher, und der ethischen Tugenden, ja sogar als Basis der zentralen Tugend *ren* selbst:

> „Meister You sprach: ‚Daß jemand, der als Mensch pietätvoll und gehorsam ist, doch es liebt, seinen Oberen zu widerstreben, ist selten. Daß jemand, der es nicht liebt, seinen Oberen zu widerstreben, Aufruhr macht, ist noch nie dagewesen. Der Edle pflegt die Wurzel; steht die Wurzel fest, so wächst der Weg. Pietät und Gehorsam: das sind die Wurzeln des Menschentums [*ren*].‘“ (1:2, Übers. Wilhelm)

Doch obwohl die Konfuzianer immer der Ansicht waren, dass Mozis Lehren die kindliche Pietät verletzten und deshalb zu verwerfen seien, waren sie nicht völlig gegen sie gefeit. Sie behaupteten, die Sorge um die eigenen Verwandten sei zwar eine vorrangige Pflicht, bedeute aber nicht, dass man sich nicht um Nichtverwandte kümmern solle. So müsse zum Beispiel der Respekt für den eigenen Vater, auch wenn er vorrangig sei, um den Respekt für Ältere im Allgemeinen ergänzt werden. Und in einem vielzitierten Abschnitt der *Gespräche* vertritt ein führender Schüler von Konfuzius eine Ansicht, die nicht gänzlich unvereinbar mit Mozis Auffassung zu sein scheint:

> „Sima Niu war betrübt und sprach: ‚Alle Menschen haben Brüder, nur ich habe keinen.‘ Zixia sprach: ‚Ich habe gehört: Tod und Leben haben ihre Bestimmung,

> Reichtum und Ansehen kommen vom Himmel. Der Edle ist sorgfältig und ohne Fehl: im Verkehr mit den Menschen ist er ehrerbietig und taktvoll [*li*]: so sind innerhalb der vier Meere alle seine Brüder. Warum sollte der Edle sich bekümmern, daß er keine Brüder hat?‘ (12:5, Übers. Wilhelm)

Doch wie in den *Gesprächen* üblich, haben wir hier einen Aphorismus vor uns: beißend und auf den Punkt gebracht, eine Ausdrucksform des moralischen Universalismus, aber keine in Bezug auf alle Fälle verallgemeinerbare Theorie.

Graham merkt an, dass die Unerbittlichkeit von Mozis Logik im Hinblick auf *jian ai* ihn nicht nur von den Konfuzianern, sondern von allen anderen Denkern der Zeit abhebe:

> „‚Sorge um jeden‘ [*jian ai*] ist eine von den eigenen Verwandtschaftsbeziehungen unabhängige Sorge um jede Person. Ein solch unerbittliches Vorantreiben eines Prinzips bis zu seinem logischen Endpunkt verleiht dem Mohismus einen Anschein von Fremdheit nicht bloß gegenüber dem konfuzianischen Denken, sondern gegenüber der gesamten chinesischen Zivilisation, wie sie in diesen wenigen Jahrhunderten [der Zeit der Streitenden Reiche] bleibende Gestalt annimmt. Niemand sonst findet das Beharren darauf vertretbar, dass man genauso besorgt um die Familie von jemand anders sein soll wie um die eigene.“[87]

Es ist reizvoll, den Erfinder der Logik in China, Mozi, mit Parmenides, dem Erfinder der Logik in Griechenland, zu vergleichen. Alle beide sind von ihrem neuen Spielzeug so begeistert, dass sie dessen Implikationen ins Extrem treiben. Parmenides hat „bewiesen“, dass das Sein sich nicht wandelt, sondern einfach ist. Wandel ist ein Schein. Er hat seine metaphysische Logik bis an einen Punkt getrieben, der zu jedem Blick auf die empirische Welt im Widerspruch stand. Trotzdem liefert er den Anstoß für spätere Weiterentwicklungen der Logik, die zentral für die gesamte abendländische Philosophie werden sollten. Mozi trieb seine Logik nicht ins metaphysische, sondern ins ethische Extrem. Obwohl seine Nachfolger, die „späteren Mohisten“, gegenüber seinen ziemlich unausgegorenen logischen Ansätzen ziemlich große Fortschritte machten, endete ihre Arbeit mit dem Totalzusammenbruch des Mohismus am Ende der Zeit der Streitenden Reiche und stand die Logik nicht im Zentrum des späteren chinesischen Denkens. Möglicherweise war das Vorantreiben der Logik bis ins Absurde auf dem Gebiet der Ethik gewagter als in der Metaphysik. Man benötigte keine Gelehrten, um zu bemerken, dass etwas nicht stimmte. Die späteren Mohisten versuchten denn auch, Mozis Argumentation abzuschwächen und vertraten die These, dass „die Sorge um alle zwar gleich und unabhängig vom Verwandtschaftsgrad sein solle, es aber für alle von

[87] Graham, *Disputers of the Tao*, 42–43.

Nutzen sei, wenn jeder die Sorge für seine Verwandten zu seinen Pflichten zählen würde".[88]

Das Problem mit Mozis unerbittlicher Logik reicht tiefer als das Problem, das mit seiner *jian ai*-Doktrin (allgemeine Menschenliebe, Sorge um jeden, unparteiliche Fürsorge) verbunden ist, schließt es aber mit ein. Es betrifft seinen Begriff des Nutzens (*li*, ein Homonym von, aber ein anderes Wort als *li*, Ritual) als Beweggrund allen Handelns, was im Allgemeinen als Mozis Utilitarismus bezeichnet wird. Wie wir gesehen haben, nimmt der Himmel einen prominenten Platz in Mozis Lehre ein, weil er aus Liebe zu den Menschen die Welt, wie wir sie kennen, geschaffen hat. Wie in den *Gesprächen* ist es nur schwer vorstellbar, *tian* eher mit „Natur" statt mit „Himmel" zu übersetzen. Und der Himmel hat dann auch einen Willen, dem die Menschen gehorchen sollen. Was der Himmel will, ist *yi*, richtig; konkret will er, dass er, „wenn er stark ist [,...] Schwache nicht unterdrückt, [...] er als Vornehmer gegenüber den Geringen nicht hochmütig ist und als Kluger die Einfältigen nicht betrügt".[89] Sogar der Sohn des Himmels muss dem Willen des Himmels gehorchen, aber darin liegt nun der Hund begraben:

> „Nun sagen die Leute in der Welt: ‚Es ist vollkommen klar, daß der Himmelssohn edler ist als die Fürsten, und daß diese wiederum edler sind als die hohen Würdenträger. Doch ist uns nicht einsichtig, daß der Himmel vornehmer und weiser als der Himmelssohn sein soll.'
>
> Meister Mozi sagte: Ich habe Gründe für meine Einsicht, daß der Himmel vornehmer und weiser als der Himmelssohn ist. Wenn der Himmelssohn etwas Gutes tut, dann kann ihn der Himmel belohnen, und wenn er etwas Schlechtes tut, kann ihn der Himmel bestrafen."[90]

Wie sich herausstellt, begegnen wir dem im *Mozi* wieder und wieder. Der Himmel wünscht durchaus das Richtige und Gute, aber letztlich liegt der Grund, warum man dem Willen des Himmels gehorcht, im unausbleiblichen Nutzen, den das Gehorchen des Willens des Himmels mit sich bringt, und in der unausbleiblichen Strafe, die Ungehorsam zur Folge hat. Sogar die Aufforderung zu *jian ai*, zur allgemeinen Menschenliebe, beruht darauf, dass wir besser dran wären, wenn jeder im Einklang mit ihr handeln würde, als wir es jetzt sind, wo wir das nicht tun. Letztlich *ist es* deshalb *in unserem eigenen Interesse*, dem Willen des Himmels zu gehorchen und unparteilich für jeden zu sorgen. Aufgrund dieses unauslöschlichen Utilitarismus stuft Heiner Roetz den Mohismus als postkonventionell ein,

---

[88] Ebd., 43.

[89] Mo Ti, *Gegen den Krieg*, 71.

[90] Ebd., 74.

was er unter achsenzeitlich versteht, obwohl er gleichwohl postkonventionell im Sinne von Kohlbergs Stufe 5 „der *utilitaristischen, relativistischen Sozialvertrags-Orientierung*" ist, aber nicht im Sinne von Stufe 6, „der Orientierung an *universalen ethischen Prinzipien.*"[91]

Und wenn der Himmel schließlich so automatisch Belohnungen und Strafen ausspricht, scheint eine persönliche Beziehung zum Himmel hier an Grenzen zu stoßen. Zumindest kann man sich nicht vorstellen, dass Mozi, wie Konfuzius in den *Gesprächen* 11:8, sagt: Der Himmel bzw. „Gott verläßt mich."[92] Sogar in Bedrängnis bekräftigt Mozi nämlich seine grundsätzliche Auffassung:

> „Der Meister Mozi hatte einen Krankheitsanfall. Die Bi trat zu ihm und fragte ihn: ‚Du bist der Ansicht, daß Geister und Dämonen Vernunft besitzen und Glück und Unglück gewähren können, indem sie die Guten belohnen und die Nichtguten bestrafen. Nun bist du ein Heiliger, weswegen hast du diese Krankheit? Mir scheint, daß entweder deine Äußerungen nicht stimmen, oder daß es den Geistern und Dämonen an Verstand mangelt.'
>
> Der Meister Mozi antwortete: ‚Weshalb sollten sie ohne Einsicht sein, obwohl ich diese Krankheit habe? Die Anlässe, wodurch die Menschen sich Krankheiten zuziehen, sind sehr viele; man wird krank durch Kälte und Hitze, durch Überanstrengung und Not. Wenn man von hundert Türen eine verschließt, wie sollten Diebe nicht eindringen können?'"[93]

Graham fasst den wesentlichen Unterschied zum Konfuzianismus folgendermaßen zusammen:

> „Der Konfuzianer glaubt, das Richtige werde um seiner selbst willen getan, und macht sich dadurch von der Versuchung frei, um des Gewinns willen Falsches zu tun, dass er sagt, Reichtum und Armut, langes Leben und ein früher Tod würden vom Himmel verfügt und lägen außerhalb seiner Kontrolle. Deshalb kann er reinen Gewissens richtig handeln, die Folgen sind dem Himmel überlassen. Für den

---

[91] Roetz, *Die chinesische Ethik der Achsenzeit,* 51 und 385 f. Es sollte klar sein, dass Mozis Utilitarismus theoretischer Natur war; Mozi schien nämlich zu glauben, dass er die einzig völlig überzeugende theoretische Basis für sein moralisches Anliegen sei. Die meisten seiner Anhänger und er waren jedoch nicht utilitaristisch in dem Sinne, dass sie die eigenen Interessen an die erste Stelle setzten. Sie waren „selbstlos" in ihrem Aktivismus, weitgehend zum Schutz der Schwachen. Das Gleiche ließe sich möglicherweise über den philosophischen Utilitarismus des 18. und 19. Jahrhunderts in Großbritannien sagen.

[92] Über Mozis „Theismus" schreibt Benjamin Schwartz: „Die subtile mysteriöse Dialektik des Zusammenspiels von göttlichem Plan und menschlichem Handeln, auf die wir in der Hebräischen Bibel stoßen, ist hier nicht vorhanden." *World of Thought*, 162.

[93] *Mozi* 48:19, übers. v. Alfred Forke, *Mê Ti, 575.* Mozi bekräftigt die Existenz von „Geistern und Dämonen" nebst der des Himmels und schreibt ihnen die gleiche Wirkkraft zu.

> Mohisten, der alles Verhalten nach seinem Nutzen und Schaden beurteilt, hat dagegen eine von den Folgen unabhängige Moral keinerlei Sinn.“[94]

Aus diesem grundlegenden Unterschied folgen viele andere, und einige von ihnen müssen bei uns Bewunderung für die Mohisten wecken. Sie waren erbitterte Gegner der konfuzianischen Doktrin des „Schicksals“, das der Himmel verfügt, weil so die menschliche Verantwortung umgangen werde.[95] Entsprechend war Mozi über Konfuzius’ Weigerung empört, einem Herrn zu dienen, den er für dessen nicht würdig hielt. In Mozis Augen kam darin persönlicher Stolz zum Ausdruck: Jede Gelegenheit zum Dienst könne sich als nützlich für die Menschen erweisen. Die Mohisten kritisierten aufwändige Rituale, insbesondere ausgiebige Begräbnisrituale, und Musik, womit sie die aufwändige musikalische Unterhaltung der Elite meinten, weil sie mit großen Ausgaben verbunden waren und dieses Geld für die Verbesserung der Lebensbedingungen der Menschen hätte genutzt werden können. Der Angriff auf Rituale *(li)* und Musik trifft das konfuzianische Projekt ins Mark und ärgerte mit Sicherheit die damalige Elite, außerdem verstärkte er die Vorstellung, dass Mohisten mürrisch seien.[96]

Die Mohisten waren gegen Angriffskriege, aber keine Pazifisten. Als organisierte Bewegung beteiligten sich die Mohisten sogar an Verteidigungskriegen und halfen dabei, kleine Staaten gegen die Angriffe von größeren zu schützen. Wie die Utilitaristen späterer Zeiten und Orte waren die Mohisten Aktivisten, Verfechter eines einfachen Lebens; es war ihnen ein Anliegen, anderen zu helfen.[97] Ihr Untergang als Bewegung hatte möglicherweise mehr mit ihrem Aktivismus und ihrem Vermögen zu tun, Militäraktionen zu organisieren, als mit ihrer Doktrin. Ein organisierter Aktivismus dieser Art war keineswegs das, was Qin Shihuangdi im erst seit kurzer Zeit vereinten chinesischen Reich zu dulden gewillt war. Doch wir haben schon dazu Stellung bezogen, dass es dem Mohismus als Doktrin auch nach dem Zusammenbruch der Bewegung dauerhaft an Anziehungskraft fehlte. Das soll nicht heißen, dass der Mohismus wirkungslos war. Auf die eine oder andere Weise beeinflusste er alle Denkströmungen in der Zeit der Streitenden Reiche, in einigen Fällen in Form von aktiver Gegnerschaft, in anderen in Form von verstohlenen Anleihen.

Das von Zhuangzi oder einem späteren Denker verfasste Tianxia-Kapitel (33) des *Zhuangzi* enthält eine interessante Einschätzung von Mozi, die sich als Schlussakkord für diesen Abschnitt eignet:

---

[94] Graham, *Disputers of the Tao*, 50.

[95] Mo Ti, *Gegen den Krieg*, „Gegen die Schicksalsgläubigkeit“, 119–139.

[96] Ebd., „Einfachheit bei Begräbnissen“, 52–66; „Gegen die Musik“, 111–119.

[97] Ebd., „Mäßigung im Aufwand“, 45–51.

„Aber nun war allein Meister Mo gegen das Singen für die Lebenden und Grabtücher für die Toten. [...] Ich fürchte, dass er andere, denen er solche Doktrinen eintrichterte, nicht liebte, und dass er gewiss sich selbst, der er diese Doktrinen praktizierte, ebenfalls nicht liebte. Hiermit soll die Methode des Meisters Mo nicht insgesamt verworfen werden. Aber derer ungeachtet werden Menschen immer singen, und doch lehnte er das Singen ab; Menschen werden immer trauern, und doch lehnte er das Trauern ab; Menschen werden immer Musik machen, und doch lehnte er die Musik ab. Ist das wirkliche Menschlichkeit? Für ihn war das Leben eine einzige Mühsal, und der Tod war verabscheuungswürdig – seine Methode hatte große Mängel. Da sie die Menschen sorgenvoll und traurig machte, war sie schwer in die Tat umzusetzen. Ich fürchte, man kann sie nicht als den WEG der Weisen ansehen. Was immer dem Gemüt Aller unter dem Himmel zuwiderläuft, das werden Alle unter dem Himmel nicht auf sich nehmen. [...]

[Mozi hat den frühen König Yu als Vorbild angesehen, der „unterwarf sich zum Wohle Aller unter dem Himmel solch körperlicher Mühsal."] Er veranlasste die Mohisten späterer Zeitalter, sich zum größten Teil in Felle zu kleiden und Kleidung aus Pfeilwurzhanf sowie Holzpantinen und Strohsandalen zu tragen. Tag und Nacht rasteten sie nicht und hielten diese Selbstverstümmelung für Vollkommenheit. [...]

Die Ideen von Mozi und Qin Guli [seinem wichtigsten Schüler] waren richtig, aber ihre Praxis war falsch. Sie sollten die Mohisten späterer Generationen dazu bringen sich abzuplacken, bis sie keine Flaumhaare mehr auf den Waden und keine Haare auf dem Schienbein hatten, und sie spornten einander an bis zum bitteren Ende. Die Ergebnisse waren zwar besser als Unordnung, aber schlechter als Ordnung. Dennoch war Meister Mo wahrlich einer der besten Menschen unter dem Himmel, und es wäre schwer, jemanden zu finden, der ihm gliche. Auch wenn er seine Kräfte verausgabte und sich erschöpfte, gab er doch niemals auf. Er war in der Tat ein überaus fähiger Gelehrter!"[98]

Auch wenn die Mohisten den Gedanken des „Nutzens" bis an ein logisches Extrem vorantrieben, das sie nah an die äußerste Grenze des chinesischen Denkens heranführte, tut man gut daran, nicht zu vergessen, dass der Gedanke des Nutzens, wenn man ihn mehr im Sinne von Common Sense versteht, im chinesischen Denken zum Mainstream gehörte. Konfuzius beurteilte Herrscher danach, ob sie dem Volk nutzten – und Mengzi macht das zum eigentlichen Kriterium für politische Legitimität. Von seiner Faszination für logische Folgerichtigkeit abgesehen, ist der Mohismus möglicherweise im Verhältnis zur chinesischen Tradition weniger verschroben, als es auf den ersten Blick erscheinen mag.

---

[98] Übersetzung aus dem Chinesischen ins Englische von Victor H. Mair. Übersetzung ins Deutsche von Stephan Schuhmacher, in: *Zhuangzi: Das Buch der Spontaneität*, Oberstdorf: Windpferd, 2006, 378–380.

„Daoismus" und der Rückzug ins Privatleben

Wir haben gesehen, wie Konfuzius und seine Schüler auf der Basis der traditionellen aristokratischen Erziehung eine neue Art von Erziehung geschaffen haben, die auf die Bildung einer neuen Art von Charakter abzielte, der sich ein ganzes Leben lang durch die Praxis der Selbstkultivierung weiterentwickeln konnte. Diese Erziehung sollte die Schüler auf den Dienst in den neuerdings Zentralisierungen vornehmenden Staaten vorbereiten, die in der Zeit der Streitenden Reiche entstanden und in denen Verdienste mehr galten als Abstammung. Sie bereitete die Schüler aber auch darauf vor, eine bestimmte Art von Person zu sein, die durch ihre Beispielhaftigkeit Einfluss auf andere nehmen und ein zufriedenes Leben führen konnte, ob sie nun ein Amt innehatte oder nicht, wobei sie im letzteren Fall ihren Lebensunterhalt dadurch verdiente, dass sie als Ritualspezialist Unterricht erteilte oder diente. Robert Eno meint, der Konfuzianismus sei in erster Linie eine stärker auf das Privatleben als auf Ämter gerichtete Glaubensgemeinschaft gewesen, obwohl die anhaltende Sorge um Politik und Amtspflichten, auf die man bei Konfuzius und seinen Nachfolgern stößt, diese Ansicht einseitig erscheinen lässt.[99]

Mozi und seine Anhänger scheinen dagegen in erster Linie am öffentlichen Leben orientiert gewesen zu sein, in den Diensten eines sympathischen Herrn, wenn möglich, aber gemeinsame Maßnahmen ergreifend, wo das nicht möglich war. Die quasi-militärische Organisiertheit der Mohisten und ihr Interesse an Verteidigungskriegen, das auch die Erfindung von mechanischen Vorrichtungen zur Abwehr angreifender Heere einschloss, deutet auf einen ziemlich unkonfuzianischen Grad von Aktivismus hin. Selbstkultivierung als solche scheint kein Anliegen der Mohisten gewesen zu sein, obwohl Aktivismus an und für sich durchaus eine Art von Persönlichkeitsbildung darstellt. Auch wenn die Mohisten die logische und rationale Argumentation bedeutend weiter voranbrachten als alles, was in den *Gesprächen* zu finden ist, diente der rationale Diskurs bei den Mohisten stets praktischen Zwecken, wie ihr unerbittlicher Utilitarismus zeigt.

Während der Konfuzianismus versucht zu haben scheint, ein Gleichgewicht zwischen öffentlichem Leben und Privatleben herzustellen und der Mohismus ziemlich stark in die öffentliche Richtung steuerte, gab es andere Strömungen, die nicht so gut organisiert waren wie die beiden anderen und sich auf eine ausschließliche Sorge ums Privatleben zubewegten. „Daoismus", den ich in Anführungszeichen setze, weil er in der Zeit der Streitenden Reiche nicht einmal in Ansätzen eine so einheitliche Bewegung

---

[99] Eno, *Confucian Creation*, 50–52.

war wie Konfuzianismus und Mohismus, ist ein Begriff, der für mehrere Personen und/oder Texte verwendet werden kann, die dem Begriff *dao* eine zentrale Position in ihrer Lehre zuweisen, aber für den Selbstentfaltungsprozess auch einer bestimmten Art von Meditationstechnik eine genauso wichtige Stellung einräumen. In der Zeit der Streitenden Reiche fanden allerdings auch andere Strömungen weite Verbreitung, die das Privatleben in den Vordergrund stellten, die aber sogar nach diesen lockeren Kriterien nicht als daoistisch bezeichnet werden können. In einer solchen Zeit des Aufruhrs und ständiger Kriege ist das kaum überraschend.

Angesichts einer in sich immer kohärenteren Ideologie von zentralisierter Militarisierung und vollständiger Kontrolle der Bevölkerung, die gewöhnlich unter der Rubrik „Legalismus“ erörtert wird, könnte man meinen, dass es keinen „privaten“ Rückzugsraum gab. Doch wie ich bereits erwähnt habe, deutet schon das Durcheinander in der Zeit der Streitenden Reiche, die Tatsache, dass zumindest vorübergehend kleine Staaten weiterbestanden, in denen starke zentrale Kontrollen fehlten, darauf hin, dass es Orte gab, an die sich diejenigen zurückziehen konnten, die über die in jener Zeit herrschenden sozialen Bedingungen entsetzt waren. In ihrem Streben nach kulturellem Kapital und möglicher ideologischer Unterstützung duldeten einige der Zentralisierungen vornehmenden Staaten abweichende, der Zentralisierung sogar feindlich gegenüberstehende ideologische Tendenzen.

Aufgrund der Art und Weise, wie sie das Individuum gegenüber der Gesellschaft in den Vordergrund stellten, nahmen Yang Zhu und seine Anhänger, deren Vorstellungen wir gleich kurz erörtern werden, eine extreme Position ein. Bezeichnenderweise war Mengzi als Vertreter des konfuzianischen Gleichgewichts von öffentlichen und privaten Belangen entsetzt darüber, dass „Yang Zhus und Mozis Worte [...] die Welt [erfüllten]. [...] Yang lehrt den Egoismus, darum führt er zur Auflösung des Staats. Mo lehrt die unterschiedslose allgemeine Liebe, darum führt er zur Auflösung der Familie. Ohne Staat und Familie kehrt man in den Zustand der Tiere zurück“.[100] An anderer Stelle bringt Mengzi den Gegensatz noch anschaulicher zum Ausdruck:

> „Yang Zhu war Egoist. Sich auch nur ein Härchen ausziehen, um der ganzen Welt zu nützen: selbst das hätte er nicht getan. Mozi war Philanthrop. Sich von Kopf bis zu Fuß den ganzen Leib kahl scheuern, um der Welt zu nützen: auch dazu war

[100] *Mengzi* 3B9, übers. v. Richard Wilhelm, in: *Die Lehren des Konfuzius. Die vier konfuzianischen Bücher. Chinesisch und Deutsch*, Frankfurt: Zweitausendeins, 2008, S. 665–1111, hier 844–845. Vgl. Schwartz, *World of Thought*, 259, und Graham, *Disputers of the Tao*, 54.

> er bereit. [...] Warum ich die Einseitigkeit hasse, das ist, weil sie der Wahrheit Eintrag tut, indem sie einen einzelnen Punkt betont auf Kosten von hundert anderen."[101]

Nivison weist gleichwohl darauf hin, dass „Mengzi eigentlich tief sowohl von Mozi als auch von Yang Zhu beeinflusst worden ist", weshalb uns das Vorhandensein einer scharfen Kontroverse nicht darüber hinwegtäuschen sollte, dass in der Welt der „Hundert Schulen" Ideen ebenso häufig geteilt wie bestritten wurden.[102]

Yang Zhu

Wir verfügen über keinen Text, der sich ausdrücklich Yang Zhu zuordnen ließe, und auch bei dem, was ihm von Seiten der Wissenschaft in Texten wie dem *Zhuangzi* und dem *Lüshi chunqiu* zugeschrieben wird, könnte es sich um die Worte seiner Anhänger handeln, wie es bei Denkern in der Zeit der Streitenden Reichen so häufig der Fall ist.[103] Wir wissen nichts über Yangs Lebensdaten. Wenn wir glauben würden, dass er wirklich im Dialog mit Konfuzius oder Mozi gestanden hat (mit beiden kann er kaum im Dialog gestanden haben), wie in verschiedenen Texten berichtet wird, müssten wir ihn im fünften Jahrhundert v. u. Z. verorten, wahrscheinlicher ist aber, ihn auf einen Zeitpunkt im vierten Jahrhundert zu datieren. Er scheint jedenfalls eine Tendenz zum radikalen Rückzug aus der Gesellschaft zu repräsentieren, die in extremer Form von jenen an den Tag gelegt wird, die sich für ein Leben als Eremit entscheiden. Das *Zhuangzi* unterscheidet zwischen zwei Arten von Eremiten: jene, die sich „in den Bergklüften" von der Welt absondern, „hohe Reden führen und bitteres Urteil fällen", „die Welt verurteilen" und „einsam wie ein kahler Baum an tiefem Abgrund stehen", und jene, die „[s]ich an Sümpfe und Seen zurückziehen, in einsamen Gefilden weilen, Fische angeln und müßig [sind]: das ist der Quietismus [*wuwei*]. So lieben es die Weisen an Fluß und Meer, die sich zurückgezogen haben und in freier Muße leben."[104]

Yang Zhu gehört (neben Zhuangzi, wie wir sehen werden) eindeutig

---

[101] *Mengzi* 7A26, übers. v. Richard Wilhelm, 1060–1061.

[102] Nivison, „The Classical Philosophical Writings", 768.

[103] Graham, *Disputers of the Tao*, 55, schreibt die Kapitel 28–31 des *Zhuangzi* und die Kapitel 1:2, 1:3, 2:2, 2:3 und 21:4 des *Lüshi chunqiu* der Tradition nach Yang Zhu zu.

[104] *Das wahre Buch vom südlichen Blütenland,* übers. v. Richard Wilhelm, Köln: Diederichs, 1986, 170.

zur zweiten Gruppe. Auch in den *Gesprächen* ist von Eremiten die Rede, aber sie wurden möglicherweise zu einem späteren Zeitpunkt hinzugefügt und das Bild des Eremiten dient hier lediglich als Extrembeispiel für einen Rückzug, der auch weniger absolut ausfallen konnte. Graham stellt einige Überlegungen an, die zum Verständnis dieses vielsagenden Trends im Denken der Zeit der Streitenden Reiche beitragen:

> „Eine Philosophie, die Mitglieder der herrschenden Klasse das Recht einräumte, sich gegen den überwältigenden Druck einer Amtsübernahme zur Wehr zu setzen, blieb im kaiserlichen China eine dauerhafte Notwendigkeit.[105] Als erstes kam der Yangismus, der vom Daoismus und ab den ersten Jahrhunderten n.Chr. vom Buddhismus verdrängt wurde, als seine Zeit abgelaufen war. Doch der Yangismus unterscheidet sich dadurch von seinen Nachfolgern, dass er nichts Mystisches an sich hat. Er nimmt seinen Anfang bei derselben Nutzen- und Schadensberechnung wie der Mohismus, doch seine Frage lautet nicht, ‚Wie sollen wir der Welt nutzen?‘, sondern ‚Was ist wirklich nützlich für die Menschen?‘, genauer gesagt, ‚Was ist nützlich für mich?‘ Reichtum und Macht, wie das gemeine Volk annimmt? Oder ein Leben in körperlicher Gesundheit und sinnlicher Befriedigung?“[106]

Yang Zhus Lehre lässt sich leicht parodieren, aber so simpel, wie sie erscheinen mag, ist sie nicht. A. C. Graham zufolge sollte sie nicht als eine Form von radikalem Egoismus verstanden werden, die schlicht und einfach das Ich gegen alle anderen Güter ausspielt, sondern eher als eine Form von Eigennützigkeit, bei der die Selbstsorge an erster, die Sorge um andere aber immerhin an zweiter Stelle steht, und die Doktrin allgemeiner Selbstsorge wird denn auch als Beitrag zum Gemeinwohl betrachtet.[107] Wie im obigen Mengzi-Zitat ist der Gedanke, nicht ein Haar herzugeben, um der Welt zu nutzen, eine Art Markenzeichen des Yangismus. Ich möchte jetzt den Blick auf eine ausführlichere Darstellung dieses Gedankens richten, die in einem späten Werk enthalten ist, in das nach Meinung von Graham auch frühes Material mit eingearbeitet wurde.

Als ein mohistischer Gesprächspartner Yang fragte: „Würdet Ihr wohl auf ein einziges Härchen Eures Leibes verzichten, wenn Ihr damit der ganzen Welt könntet aufhelfen?“, antwortete Yang, dass der Welt unmöglich mit einem Haar geholfen werden könne. Als der Gesprächspartner sagte, nehmen wir an, es könnte ihr dadurch geholfen werden, schwieg Yang,

[105] Graham weist darauf hin, dass während der Zeit der Streitenden Reiche viele begannen, „die Annehmlichkeiten des Privatlebens gegenüber den Belastungen und Gefahren des zunehmend blutigen Kampfes um Macht und Besitz zu bevorzugen“. *Disputers of the Tao*, 53.

[106] Ebd., 56.

[107] Ebd., 59–64.

aber einer seiner Anhänger fragte den Gesprächspartner, ob er bereit sei, sich die Haut ritzen zu lassen, wenn er zehntausend Goldstücke dafür bekäme, was der Gesprächspartner bejahte. Daraufhin fragte Yangs Anhänger den Gesprächspartner, ob er sich ein Glied abhacken lassen würde, wenn er ein Königreich dafür bekäme. Jetzt schwieg der Gesprächspartner. Nach einer Weile machte der Anhänger seinen Punkt unmissverständlich klar, dass ein Haar weniger sei als die Haut, die Haut weniger als ein Glied, doch dass es sich beim Verhältnis von Haar und Haut, von Haut und Gliedern nur um ein Weniger oder Mehr handele. Ein Haar sei nur der zehntausendste Teil des ganzen Leibes, aber warum solle man auch nur diesen einen Teil gering achten?[108]

In diesem Wortwechsel wirkt Yang Zhu beinahe egoistisch, doch sollte man folgende Stelle berücksichtigen, die fast genauso anfängt:

> „Yao bot einst das Weltreich dem Zizhou Qifu an. Zizhou Qifu erwiderte: ‚Ich würde mich ja wohl ganz gut zum Weltherrscher eignen, aber ich leide etwas an Melancholie, die will ich erst kurieren; ich habe zunächst noch keine Zeit für das Weltreich.' Das Weltreich ist etwas sehr Wichtiges, und doch wollte er um seinetwillen sein Leben nicht schädigen; wieviel weniger um anderer Dinge willen. Nur wer nicht um der Welt willen sein Leben schädigt, dem mag man die Welt anvertrauen."[109]

Zizhou scheint hier absolut eigennützig zu sein, doch plötzlich hören wir, insbesondere er verdiene es, dass man ihm die Weltherrschaft anvertraue. Und man sollte noch eine weitere yangistische Stelle berücksichtigen, nämlich den Eröffnungsabschnitt des Kapitels über die „Anpassung an das Leben" im *Lüshi chunqiu*:

> „Alle Wesen werden erzeugt vom Himmel. Ihre Ernährung und Vollendung ist Sache des Menschen. Wer das vom Himmel Erzeugte ernähren kann, ohne ihm Gewalt anzutun, der heißt mit Recht Himmelssohn. Der Himmelssohn hat bei all seinen Handlungen das Ziel, die Natur durch Kunst zu vollenden. Das ist der Grund, warum er Beamte einsetzt. Der Zweck der Einsetzung der Beamten ist die Pflege und Vollendung des Lebens. Heutzutage gibt es betörte Herrscher, die zahlreiche Beamte haben, aber dadurch nur das Leben schädigen. Damit verfehlen sie den Sinn ihrer Einsetzung. Zum Beispiel: man rüstet Waffen, um sich gegen feindliche Einfälle zu sichern. Wenn man nun Waffen rüstet und sie umgekehrt dazu benützt, selbst anzugreifen, so ist der Sinn der Rüstungen offenbar verfehlt."[110]

---

108 *Liezi* VII:11 (Liä Dsi, *Das wahre Buch vom quellenden Urgrund*, übers. v. Richard Wilhelm, München: Diederichs, 2009, 199–200).

109 *Lüshi chunqiu* II:2, Kapitel „Anpassung an das Leben" (*Frühling und Herbst des Lü Bu We*, übers. v. Richard Wilhelm, 16).

110 *Lüshi chunqiu* I:2; ebd., 4.

Wie es scheint, verfügten zumindest einige der Yangisten über eine politische Lehre – man könnte fast sagen, alle Denkströmungen in der Zeit der Streitenden Reiche verfügten über eine politische Lehre. Womöglich ließe sich dasselbe über das altgriechische Denken bzw. das achsenzeitliche Denken im Allgemeinen sagen – jedenfalls sollten wir das im Hinterkopf behalten. Was die Selbstsorge sowie die aus ihr gezogenen politischen Schlüsse anbelangt, ähnelt das Denken von Yang Zhu eindeutig dem *Daodejing* und dem *Zhuangzi*. Ihm fehlt allerdings jegliches Interesse an „innerer Kultivierung“, um einen Ausdruck von Harold Roth zu übernehmen – das heißt an den Praktiken kontrollierter Atmung und geistiger Konzentration, von denen man annahm, dass sie zu Gelassenheit und Erkenntnis führen würden –, die das Markenzeichen aller daoistischen Strömungen ist.[111] Schon in der eben zitierten politischen Lehre hat der Himmelssohn die Aufgabe, „das Erzeugte zu ernähren“, was man als etwas stärkeres Eingreifen ins Geschehen verstehen könnte als das bloße Nichtstun *(wuwei)*, das als einziges vom idealen daoistischen Herrscher verlangt wird.[112] Wir wissen wirklich nicht, wann Yang Zhu oder Zhuangzi gelebt haben oder wann das *Daodejing* verfasst bzw. niedergeschrieben wurde, vernünftigerweise kann man aber davon ausgehen, dass Yang ein Vorläufer der daoistischen Denker war, dessen Behauptung, Nutzen solle zuallererst dem Individuum zugutekommen und erst wenn sich diese Vorstellung durchgesetzt habe, würde das allen Menschen nützen, eine scharfe Reaktion auf die Mohisten darstellte. Wie die Konfuzianer schreckten die Daoisten vor der Vorstellung zurück, dass Nutzen, und sei es der Nutzen, den ein langes Leben mit sich bringt, das zentrale Anliegen sein könne, auch wenn im Daoismus ein yangistischer Bestandteil erhalten blieb, der in der nachfolgenden Geschichte nie ganz verlorengehen sollte.

Die Ackerbau-Schule

Unter den Eremiten der Zeit der Streitenden Reiche gab es eine Gruppe, die eine interessante Weltanschauung entwickelt hat, dass nämlich jeder, sogar die Herrscher, die Felder pflügen und seine eigenen Lebensmittel anbauen solle. Die Glaubensanhänger einer solchen Agrarutopie – und es besteht

---

[111] Harold D. Roth, *Original Tao: Inward Training* (Nei-yeh) *and the Foundations of Taoist Mysticism*, New York: Columbia University Press, 1999.

[112] „Darum, wenn ein großer Mann gezwungen ist, sich mit der Regierung der Welt abzugeben, so ist am besten das Nicht-Handeln.“ Dschuang Dsi, *Das wahre Buch vom südlichen Blütenland*, übers. v. Richard Wilhelm, 118.

Grund zu der Annahme, dass einige von ihnen praktizierten, was sie predigten – verehrten einen von ihnen möglicherweise erfundenen „frühen König“, der sogar noch älter war als Yao und Shun bei den Konfuzianern, nämlich Shennong, den „göttlichen Landmann“, der im frühesten Altertum diese Lehre in die Praxis umgesetzt hatte. Mit der Zeit wurden immer mehr, immer frühere „frühe Könige“ entdeckt, sodass wir schon hier ein Beispiel für den Grundsatz vor uns haben, dass die ersten Könige in den historischen Texten als letzte auftauchen.

Die Lehren der Ackerbau-Schule sind aus Fragmenten rekonstruiert worden, die in den Han-Text *Huainanzi* eingearbeitet wurden:

> „Deshalb lautet das ‚Gesetz von Shennong‘: ‚Wenn ein Mann in der Blüte seines Lebens nicht pflügt, wird jemand auf der Welt deswegen hungrig bleiben; wenn eine Frau in der Blüte ihres Lebens nicht webt, wird jemand auf der Welt deswegen frieren.‘ Deshalb nahm er den Pflug in die eigenen Hände und seine Frau webte, um der Welt ein Vorbild zu sein.
>
> Er leitete die Menschen an, keine Güter zu schätzen, die schwer zu erlangen waren, und keine nutzlosen Dinge anzuhäufen. Folglich verfügten alle diejenigen, die nicht hart am Pflug arbeiteten, nicht über die Mittel für ihren Lebensunterhalt, und alle diejenigen, die nicht hart am Webstuhl arbeiteten, hatten keine Bekleidung für ihre Leiber. Ob man mehr oder weniger als genug hatte, lag in der Verantwortung jedes Einzelnen. Nahrung und Kleidung waren reichlich vorhanden, Verbrechen und Laster gab es kaum; sie lebten sorglos und glücklich in Sicherheit, und die Welt ging ebenmäßig ihren Gang.“[113]

Natürlich war Shennongs Agrarutopie eine Art ländliche Anarchie ohne Strafen oder Autoritäten, die diese hätten verhängen können. Alle regierten sich vielmehr in einfacher Selbstgenügsamkeit selbst. Graham weist darauf hin, dass dieses Ideal noch lange nach der Zeit der Streitenden Reiche attraktiv geblieben ist. Das zeigen die vielen Versuche, die Undurchführbarkeit seiner Prinzipien nachzuweisen.[114] Obwohl sie häufig genug autoritäre Staatsregierungen erlebten, gab es immer Chinesen, die sich so weit wie möglich aus ihnen zurückziehen wollten, und die Vorstellung, dass das Leben ohne sie ungestört weitergehen könnte, erlosch nie ganz. Wie wir sehen werden, entwickelte nur der Konfuzianismus eine Alternative, allerdings keine demokratische. Doch anders als beim Rückzug ins Privatleben oder beim Schwelgen in utopischen Träumen ging es ihm um eine Möglichkeit, die schlimmsten Exzesse der Tyrannei einzudämmen, und obwohl er häufig scheiterte, bemisst sich der Grad seines Erfolgs möglicherweise an der langen Stabilität des kaiserlichen Staatssystems in China.

---

[113] Graham, *Disputers of the Tao*, 66–67.
[114] Ebd., 72–74.

Daoismus

Bisher haben wir in diesem Kapitel Begriffe wie „Konfuzianismus“, „Mohismus“ und „Daoismus“ ziemlich unbefangen verwendet, als ob sie so etwas Ähnliches wie die sich einer Lehre widmenden Schulen darstellen würden, an die wir aus der klassischen westlichen Philosophie gewöhnt sind: Platonismus, Aristotelismus, Stoizismus, Epikureismus und so weiter. Möglicherweise ist es genauso falsch, die griechisch-römischen Schulen zu verdinglichen wie die chinesischen. Jede von ihnen war in sich von großer Diversität, es gab einander widerstreitende Schüler-Lehrer-Stammbäume, die man sogar als „ismen“ bezeichnen könnte, und über die Jahre erlebten sie eine ausgesprochen wechselhafte Geschichte. Wie bereits gesagt, ließen sich in der Zeit der Streitenden Reiche nur Konfuzianismus und Mohismus wirklich als Schulen bezeichnen. Jetzt müssen wir selbst diese Behauptung einschränken. Wenn die primäre Basis für die Definition von „Schule“ eine Doktrin sein soll, kann man möglicherweise nur den Mohismus wirklich dazurechnen.

Was wir mit Konfuzianismus übersetzen, heißt im Chinesischen *rujia*, was man vielleicht treffender mit Gelehrtenschule wiedergeben sollte. Die Bedeutung von *ru* ist nicht unstrittig. Es gibt Stimmen, die *ru* für einen vorkonfuzianischen Begriff halten, der „Ritualspezialisten“ bedeutete, zu denen vermutlich auch Konfuzius gehörte. Dagegen hat Robert Eno überzeugend eingewandt, dass es keine vorkonfuzianischen Erwähnungen von *ru* gebe und *ruija* immer in Verbindung mit Konfuzius vorkomme. Er schreibt: „Unter dem Strich gab es ohne Frage schon vor der Zeit von Konfuzius Männergruppen, die auf ähnliche Weise wie Konfuzius und seine Anhänger über eine professionelle Ausbildung in zeremonieller Praxis verfügten. Es lassen sich jedoch so gut wie keine Belege finden, die darauf hindeuten, dass sie jemals mit dem Begriff ‚*ru*‘ bezeichnet wurden. Der Begriff scheint ein ursprünglich zur Kennzeichnung der von Konfuzius begründeten neuen Sekte gedachter Neologismus gewesen zu sein.“[115]

Doch die Vorstellung, dass es sich bei *ruija* eher um eine Gelehrtenschule handelte als um „Konfuzianismus“, ist sinnvoll, wenn man sich ins Gedächtnis ruft, dass Konfuzius sich eher als Übermittler denn als Schöpfer verstanden hat und dass Fünf Klassiker im Zentrum der *ru*-Tradition standen, nämlich die *Oden (Shi)*, die *Urkunden (Shu)*, der Kanon der drei *Riten (Li)*, die *Wandlungen (Yi)* und die *Frühlings- und Herbstannalen*

[115] Eno, *Confucian Creation*, 191–192. Auf den folgenden Seiten führt Eno aus, dass es für das Wort „*ru*“ keine überzeugende Etymologie gebe (192–197).

(Chunqiu), möglicherweise unter Einbeziehung eines sechsten Klassikers, nämlich der verloren gegangenen *Musik (Yue)*. Wohlgemerkt gehörten weder die *Gespräche* noch der *Mengzi* zu den Fünf Klassikern, auch wenn sie sehr viel später, von der Song-Dynastie an, zu zweien der Vier Bücher wurden, die beinahe die Fünf Klassiker als zentrale Texte der konfuzianischen Tradition ersetzt hätten.[116] Obwohl es sich bei den Klassikern um absolut zentrale Texte für die gesamte chinesische Geschichte handelte, deren teilweise Kenntnis für das Bestehen der Prüfungen unerlässlich war, die in der Kaiserzeit Tür und Tor zu einem Amt öffneten, und die *Gespräche* nicht dazu gehörten, bestand eine sehr enge Verbindung zwischen den Klassikern und Konfuzius, wie Lu Jias Worte gleich zu Beginn der Han-Dynastie belegen: „Die späteren Zeitalter verfielen und verdarben immer mehr, weshalb der spätere Weise [d.h. Konfuzius] die Fünf Klassiker festlegte und die Sechs Künste klar bestimmte, damit sie dem Himmel entsprechen, die Erde regieren und den Dingen auf den Grund gehen."[117] Konfuzius mag der „ungekrönte König" gewesen sein, da er aber nicht wirklich regierte, gab er die Fünf Klassiker weiter, um die Formen der richtigen Ordnung für eine Zeit lebendig zu halten, in der sie sich von neuem umsetzen lassen würden. Den Konfuzianern war die Bewahrung der altchinesischen Tradition ein tieferes Anliegen als allen anderen Schulen und deshalb überrascht es nicht, dass sie als Gelehrtenschule, man könnte sogar sagen als Klassizisten, galten. Trotzdem dürfen wir nicht vergessen, dass Konfuzius immer der Schutzheilige der in der klassischen Tradition stehenden Gelehrten gewesen ist. Deshalb ist es nicht vollkommen falsch, *rujia* als Konfuzianismus zu bezeichnen.

Harold Roth hat einen für die Klärung, was von den verschiedenen Denkströmungen der Zeit der Streitenden Reiche zu halten ist, hilfreichen Vorschlag gemacht. Er vertritt die These, dass Schulen vor der Han-Dynastie eher nach Praktiken oder Techniken (er verwendet die beiden Begriffe synonym) definiert werden sollten als nach Doktrinen. Meiner Meinung nach ist der Mohismus als einzige wirklich dogmatische „Schule" teilweise eine Ausnahme. Roth beschreibt diese „Techniken" folgendermaßen: „Grob gesagt [...] für die Konfuzianer: das Aufrechterhalten angemessener Rituale in Familie und Staat; für die Mohisten: das Einsparen von Staats- und Familienausgaben, um den Nutzen der verfügbaren Ressourcen zu

[116] Es war der Philosoph Zhu Xi (1130–1200) aus der Song-Dynastie, der „die Vier Bücher über die Fünf Klassiker erhob". Nylan, *The Five „Confucian" Classics*, 56.

[117] Lu Jia, *Xinyu (Neue Gespräche)*, zitiert in: Michael J. Puett, *To Become a God: Cosmology, Sacrifice, and Self-Divinization in Early China*, Cambridge, Mass.: Harvard University Press, 2002, 253.

maximieren; für die Legalisten: das Durchsetzen von Rechtsnormen und von Verfahren zu deren Aufrechterhaltung [...] und für die Daoisten: das Eintreten für eine mystische Kultivierung, die sich mit dem Weg als wesentlichem Bestandteil von Führerschaft vereinbaren ließ.“[118] Die vorrangige Organisationsform innerhalb der Schulen bestand in Lehrer-Schüler-Stammbäumen, was zu erheblicher Vielfältigkeit führte. Sogar die späteren Mohisten waren in drei untereinander verfeindete Sekten aufgespalten. Unter den vielen unterschiedlichen Strömungen innerhalb der konfuzianischen Schule sind die Unterschiede zwischen Mengzi und Xunzi lediglich die offenkundigsten. Die Daoisten, die überhaupt erst ab der Zeit der mittleren Han-Dynastie als solche bezeichnet wurden, zerfielen immer in Anhänger unterschiedlicher Lehrer und der Texte, die sie für zentral hielten.

Der Einfachheit halber werde ich zur Strukturierung meiner Auseinandersetzung mit den daoistischen Hauptströmungen in der Zeit der Streitenden Reiche eine Typologie heranziehen, die Harold Roth entwickelt hat, auch wenn die von ihm veranschlagte zeitliche Abfolge umstritten ist.[119] In Roths Augen sind alle daoistischen Strömungen durch mystische Kultivierung definiert, entwickeln sich aber in drei Stufen im Hinblick auf die sozialen Implikationen ihrer jeweiligen Position: (1) „individualistisch“, aufgrund des „faktischen Nichtvorhandenseins eines sozialen und politischen Denkens“ (meiner Ansicht nach kann keine chinesische Tradition als im heutigen Sinne „individualistisch“ bezeichnet werden, hier bedeutet der Begriff, dass der Fokus auf Selbstkultivierung liegt, ohne sich allzu viel um den sozialen Kontext zu kümmern); (2) „primitivistisch“, aufgrund des Eintretens für „eine einfache Gesellschaft und Politik“; und (3) „synkretistisch“, weil die Lehre „sich dem Herrscher als Regierungstechnik anempfiehlt“ sowie aufgrund „der Betonung der genauen Abstimmung von politischer und kosmischer Ordnung durch den dergestalt erleuchteten Herrscher und einer synkretistischen Sozialphilosophie und politischen Philosophie, die einschlägige Vorstellungen aus den vorherigen legalistischen und konfuzianischen Schulen übernimmt“.[120]

---

[118] Roth, *Original Tao*, 180.

[119] Edward Slingerland behauptet, der *Laozi* sei älter als das *Neiye* (*Innere Übung*, oder wie Roth es übersetzt: *nach innen gerichtete Übung*), wohingegen Roth der Überzeugung ist, dass das *Neiye* der älteste Text des Daoismus ist. Siehe Slingerland: *Effortless Action: Wu-wei as Conceptual Metaphor and Spiritual Ideal in Early China*, New York: Oxford University Press, 2003, 280–282.

[120] Roth, *Original Tao*, 7–8; siehe auch 195 ff.

Das Neiye-*Kapitel des* Guanzi

Laut Harold Roth steht das *Neiye*-Kapitel des Sammelwerks *Guanzi* für die frühesten Phase von dem, was als Daoismus bekannt werden sollte. Ob es sich um das früheste Werk der daoistischen Tradition handelt, ist strittig, aber es verkörpert mit Sicherheit den ersten von Roths Typen, das, was er „individualistisch" nennt und was ich lieber als Tradition „innerer Kultivierung" bezeichnen würde, weil darin so gut wie keine ethischen oder politischen Bezüge enthalten sind und es ausnahmslos um die Praxis der Selbstkultivierung geht. Das *Neiye* ist in Versform geschrieben und könnte durchaus für Lehren stehen, die ursprünglich mündlich überliefert wurden. Roth folgt Brooks in der Annahme, dass der Übergang von der Oralität zur Literalität etwa Mitte des vierten Jahrhunderts v. u. Z. stattfand, was auf ein ungefähres Datum dieses Textes hindeuten könnte.[121] Wenn der Text wirklich so früh entstanden ist, könnte das auf Kosmologie und mystische Praxis bezogene Fachvokabular sich gerade in Entwicklung befunden haben, sodass wir uns vorsehen müssen, in manche Schlüsselbegriffe nicht spätere Bedeutungsschichten hineinzulesen.

Ohne auf allzu viele fachliche Details einzugehen, müssen wir uns mit drei wichtigen Begriffen und ihrem Verhältnis zum eigentlich zentralen Begriff, *dao*, befassen. Bei der Selbstkultivierung geht es um drei Aspekte des Kosmos, an denen Menschen beteiligt sind. Der erste ist *qi*, ein so grundlegender, dem westlichen Denken aber so fremder Begriff, dass er in der Regel unübersetzt bleibt. Er kann zwar im *Neiye* noch als menschlicher Atem und als in der Natur vorkommende Luft verstanden werden, beginnt aber bereits dort, die allgemeinere Bedeutung des (manchmal mit „Äther" oder „Energie" übersetzten) „Lebensfluidums" anzunehmen, aus dem alle Dinge bestehen, wenn auch in unterschiedlichem Verfeinerungsgrad. Der zweite Begriff ist *jing*, die „Lebensessenz" von *qi*, die sich aus der Meditationspraxis speist. Und schließlich ist da noch *shen*, was ursprünglich Geister oder Gottheiten bedeutete, laut Roth aber im *Neiye* eher die adjektivische Bedeutung von „numinos" besitzt – eine Art Erfüllung, die aus der Kultivierung von *jing* resultiert.[122] Die Vorstellung vom *dao*, die mittler-

---

[121] Ebd., 25 und 213, wobei Brooks und Brooks, *The Original Analects*, 156, zitiert werden.

[122] Roth, *Original Tao*, 107. An derselben Stelle zieht Roth die Möglichkeit in Betracht, dass die Verwendung von *shen*, mit der ursprünglichen Bedeutung „Geist" wie in „Geister der Ahnen", auf eine Verallgemeinerung der früheren schamanischen Praxis, die *shen* bei den Opferriten zu Ehren der Ahnen anzurufen, hindeuten könnte. Michael Puett wendet sich entschieden gegen diese These, die auch von A. C. Graham, *Disputers of the Tao*, 100 ff., vorgebracht wird, und legt dar, dass das *Neiye* für eine

weile zu einer zentralen kosmologischen Ausdrucksform einer Einheit geworden war, die aller Wirklichkeit zugrunde liegt, fasst nun aber alle diese Begriffe in sich zusammen. Wie oben erwähnt, stößt man im frühchinesischen Denken überall auf das wörtlich „Weg“ bedeutende *dao*. Im Allgemeinen heißt es, dass *dao* in konfuzianischen Texten auf die Lehren der Schule bzw. auf die von ihr verfochtenen Praktiken verweist, obwohl in einigen Fällen auch konfuzianische Texte mit kosmologischer Bedeutung aufgeladen zu sein scheinen.

Roth zufolge sagt das *Neiye* mehr über Selbstkultivierungstechniken aus als bekanntere Texte wie das *Daodejing* oder das *Zhuangzi*. Die richtige Körperhaltung, zu der auch eine stabile Sitzposition mit einwandfrei angeordneten Gliedmaßen gehört, und Atemtechniken bilden die Basis, aber auch Praktiken geistiger Konzentration werden beschrieben.[123] Bei sorgfältiger Befolgung führen diese Praktiken zu spiritueller Erfüllung, die im alten China traditionell als das Weise-Werden, „*sheng*“, gilt, von dem Graham meint, es sei „für alle Schulen das Ideal des Weisesten“.[124]

Um eine Vorstellung von den Lehren des *Neiye* zu vermitteln, werde ich das zitieren, was Roth der Reihenfolge nach für den ersten Abschnitt hält:

> „Die Essenz [*jing*] aller Dinge und Wesen:
> Sie gibt allem Lebenskraft.
> Unten gebiert sie die fünf Getreidearten.
> Oben wird sie zu den Sternbildern.
> Zwischen Himmel [*tian*] und Erde fließend,
> wird sie *geistiges Wesen* [*shen*] genannt.
> Wer sie in der Brust sammelt,
> wird *Weiser* [*sheng*] genannt.“[125]

In einem anderen Textabschnitt – in Roths Ausgabe ist es der 15. – bilden *dao*, der Weg, und *xin* ein Paar. Roth übersetzt *xin* mit „Gemüt“ bzw. „Geist“, häufig wird es auch mit „Herz“ oder „Herz / Geist“ übersetzt. Roth erklärt, *xin* sei „für die frühen Chinesen der Ort der ganzen Palette bewusster Erfahrungen, darunter Wahrnehmung, Denken, Emotion, Begehren und Intuition“.[126] *Xin* ist, wo das *dao* sozusagen „geschieht“, zu-

---

Ablehnung traditioneller ritueller Praxis und einen Anspruch auf individuelle Selbstvergöttlichung steht, eine These, die aus meiner Sicht nicht gänzlich überzeugend ist. Siehe Puett, *To Become a God*, 109 ff.

123 Roth, *Original Tao*, 109–115.

124 Graham, *Disputers of the Tao*, 494.

125 *Innere Übung – Neiye*, übers. v. Martin Bödicker, ohne Verlag, 2014, 11.

126 Roth, *Original Tao*, 42.

mindest für das Individuum, und im nachfolgenden konfuzianischen sowie daoistischen Denken ist *xin* ein wichtiger Begriff:

> „Das Dao erfüllt alles in der Welt
> und ist auch überall, wo Menschen sind.
> Aber die Menschen verstehen es nicht.
> Wenn man durch dieses eine Wort [*dao*] befreit wurde,
> reicht man oben bis zum Himmel, unten bis zur Erde
> und erfüllt die neun Regionen.
> Aber was bedeutet *befreit*?
> Das Herz [*xin*] ist ruhig.“ [127]

Roth deutet an, dass *dao* als „dieses eine Wort“ die gleiche Funktion gehabt haben könnte wie ein Mantra in indischen Formen der Meditation – Wort und Ding verschmelzen miteinander.

Im *Neiye* geht es ausschließlich um kosmologische Ideen und Praktiken der Selbstkultivierung, aber diese Ideen und Praktiken sind auch in allen anderen Ausdrucksformen der in einem ganz weiten Sinne so genannten daoistischen Tradition vertreten, was immer dort sonst noch zu ihnen hinzukommt.

Das Buch Zhuangzi

Das *Zhuangzi* ist ein weitaus bedeutenderes Buch als das *Neiye*, und obwohl inhaltlich beträchtliche Parallelen zwischen ihnen bestehen, ist es ein ganz anderes Buch.[128] Wie im *Neiye* geht es im *Zhuangzi* sehr viel um innere Kultivierung, aber wie das *Daodejing* gibt er starke Anzeichen der primitivistischen Strömung zu erkennen. Das *Zhuangzi* ist ein Buch von großer Komplexität und Raffinesse. Es treibt den Gedanken des Weges ins Extrem und dass es jeden Aspekt der gegebenen Wirklichkeit hinterfragt, ist eindeutig von achsenzeitlicher Bedeutung. Doch insofern es sich einer Festlegung verweigert, das heißt aufgrund seiner Tendenz, über den Weg zu sprechen und dann eben diese Weise, über den Weg zu sprechen, zu unterlaufen, scheint es eine chinesische Version von negativer Theologie darzustellen. Es stellt die gesamte gegebene Wirklichkeit in Frage, aber bekräftigt stillschweigend zutiefst irdische Gegebenheiten. Eine angemessene Behandlung würde den Rahmen dieses Kapitels sprengen. Stattdessen werde ich einige seiner vielen Geschichten, Allegorien und Parabeln wie-

---

[127] *Innere Übung – Neiye*, 21.

[128] Roth, *Original Tao*, 153–161, zitiert zahlreiche Passagen über innere Kultivierung im *Zhuangzi*, die weitgehend dem *Neiye* entsprechen.

dergeben, sodass ein kleiner Vorgeschmack auf das Buch dem damit nicht vertrauten Leser vielleicht den eigentlichen Text nahebringen wird.

Wenn das *Neiye* eine Reaktion auf den Konfuzianismus darstellt, dann handelt es sich dabei insofern um eine stillschweigende Reaktion, als es ausschließlich die innere Kultivierung betont und sich nicht um Ethik oder Politik kümmert. Im *Zhuangzi* (und im *Daodejing*) wird häufig auf Konfuzius und seine Lehre Bezug genommen: als Witzfigur bzw. Fehlerquelle. Die folgende Geschichte veranschaulicht gleichzeitig Zhuangzis Auffassung vom Tod und seine Gegnerschaft zur konfuzianischen Lehre:

> „Zi Sanghu, Meng Zifan und Zi Qinzhang unterhielten sich freundschaftlich zu dritt: ‚Wer kann mit anderen zusammen sein, ohne [mit einer Absicht mit ihnen] zusammen zu sein? Und einander helfen, ohne [mit einer Absicht] einander zu helfen?[129] Wer kann zum Himmel aufsteigen, im Nebel wandeln und frei umherstreifen im Anfangslosen [im Dao], das beschränkte Leben vergessen und ohne Ende sein?‘
>
> Die drei Männer blickten sich an und lachten. In ihrem Geist gab es keine Unstimmigkeit, und so wurden sie Freunde.
>
> Nach einer Weile verstarb ganz unvermittelt Zi Sanghu. Noch bevor die Trauerfeier zu Ende war, hörte Konfuzius davon und schickte seinen Schüler Zi Gong, damit er dabei behilflich sei. [Als er ankam,] komponierten Meng Zifan und Zi Qinzhang gemeinsam Lieder, schlugen die Zither dazu und sangen:
>
> ‚Oh, weh Sanghu! Oh, weh Sanghu!
> Du kehrst schon zu der Wahrheit heim,
> Wir müssen weiter Menschen sein.‘
>
> Zi Gong eilte hinein und sagte: ‚Gestattet mir die Frage, aber im Angesicht des Todes, entspricht es da etwa den guten Sitten zu singen?‘
>
> Die beiden sahen sich an, lachten und sagten: ‚Was weiß er schon vom Sinn der guten Sitten!‘
>
> Zi Gong kehrte zurück und berichtete Konfuzius: ‚Was sind das bloß für Leute? Sie haben keine Selbstdisziplin und haben alle Etikette vergessen. Im Angesicht des Todes singen sie, ohne rot zu werden. Mir fehlen dafür die Worte. Was sind das bloß für Leute?‘
>
> Konfuzius sagte: ‚Sie wandeln außerhalb der gewöhnlichen Welt. Aber ich wandle innerhalb der gewöhnlichen Welt. Außen und innen passen nicht zusammen. Dich dorthin zu schicken, um Beileid zu bezeugen, war eine Nachlässigkeit meinerseits.‘“[130]

---

[129] Eske Mollgaard übersetzt diesen Abschnitt als einen moralischen Imperativ: „Handle für andere, indem du nicht für andere handelst.“ Er findet Resonanz in Kants Kategorischem Imperativ, der die Begrenztheit der Goldenen Regel überwindet. Seine Argumentation ist interessant, wenn nicht sogar völlig überzeugend. Siehe seinen Aufsatz: „Zhuangzi's Religious Ethics“, *Journal of the American Academy of Religion* 71, Nr. 2, 2003.

[130] *Das Buch Zhuangzi – Die Inneren Kapitel*, übers. v. Oliver Aumann, Freiburg/München: Karl Alber, 2018, 92–93.

Die drei Freunde gehören mit Sicherheit zu den von Zhuangzi lobend Erwähnten, „die in freier Muße leben“, und sie teilten sein Gefühl, dass Leben und Tod eine Einheit bilden. In einem ähnlichen Abschnitt kritisiert Zhuangzis Freund Huishi ihn, als er nach dem Tod seiner geliebten Frau „mit ausgestreckten Beinen auf dem Boden [saß], auf einer Schüssel [trommelte] und sang.“ Zhuangzi gab dazu folgende Erklärung ab: „Nun trat abermals eine Verwandlung ein, und es kam zum Tod. Diese Vorgänge folgen einander wie Frühling, Sommer, Herbst und Winter, als der Kreislauf der vier Jahreszeiten. Und nun sie da liegt und schlummert in der großen Kammer, wie sollte ich da mit Seufzen und Klagen sie beweinen?“[131] Kurz gesagt, dürfen diejenigen, die „außerhalb der gewöhnlichen Welt wandeln“, die Trauerformalitäten außer Acht lassen. Denn aus solchen Formalitäten spricht Beschränktheit, sie sind ein Zeichen, dass es am Verständnis des Weges mangelt. In dem betreffenden Abschnitt sagt Zhuangzi, dass wir uns vor unserer Geburt im *dao* befunden haben, dass wir nach unserem Tod ins *dao* zurückkehren und dass wir auch während unseres Lebens im *dao* sind; wenn wir das nur erkennen könnten, worum sollten wir uns also Sorgen machen?

Sowohl im *Zhuangzi* als auch im *Daodejing* wird ein starkes Gespür dafür vermittelt, dass die Dinge gut anfingen, als die Menschen mit der Natur verbunden waren, es aber begann, bergab zu gehen, als die Kultur erfunden wurde. In einer Vielzahl von Formen bringt dies die primitivistische Auffassung zum Ausdruck. Zhuangzi stellt die Lage der frühen Menschen als Zeit von etwas dar, das Burton Watson mit „vollkommener Tugend“ übersetzt. An dieser Stelle ist „Tugend“ die Übersetzung von *de*, einem Begriff, den wir im Abschnitt über den Konfuzianismus erörtert haben. Genauso wie der Begriff „Weg“ *(dao)*, der sich im Konfuzianismus gewöhnlich auf die Überzeugungen und das Verhalten von Menschen bezog, ist *de* (Macht, Potenz, Tugend im Konfuzianismus) in den daoistischen Texten zu einem kosmologischen Bezugspunkt geworden. Deshalb sagt Zhuangzi über die früheste Zeit:

> „Ein Volk wie das ihre, von beständiger Natur, würde Tuch für Kleidung weben und das Land pflügen, damit es etwas zu essen hat. Das nennt man die ‚Integrität des Gewöhnlichen‘ [*de*].[132] Es würde vereint bleiben und sich nicht in einzelne Fraktionen aufspalten; diesen Zustand könnte man ‚natürliche Freiheit‘ nennen. In einem Zeitalter höchster Tugend würden die Schritte solcher Menschen von stiller Zuversicht künden und ihr Blick von gesammeltem Gleichmut. In einem

---

[131] Dschuang Dsi, *Das wahre Buch vom südlichen Blütenland*, übers. v. Richard Wilhelm, 195–196.

[132] Hier wird womöglich auf die Ackerbau-Schule angespielt.

solchen Zeitalter gäbe es keine Pfade und Tunnels, die Berge durchschneiden, keine Boote und Brücken, die die Sümpfe überqueren. [...] In einer Welt von höchster Tugend würden die Menschen mit den Vögeln und wilden Tieren zusammenleben. Sie würden mit den Myriaden Dingen zusammen Stämme bilden. Was wüssten sie schon von ‚edlen‘ [*junzi*] und ‚niederen‘ Menschen [*xiaoren*]? Einer wie der andere ohne Wissen, würden sie nicht aus ihrer Integrität herausfallen. [...] Aber dann kommt der Weise daher, voller Eifer in der Ausübung von Menschlichkeit [*ren*], sich abrackernd, um Rechtschaffenheit [*yi*] zu üben – und Alle unter dem Himmel beginnen an sich zu zweifeln.“[133]

Und von da an geht alles bergab.

Sowohl das Buch *Zhuangzi* als auch das *Daodejing* definieren ihre Lehren in Absetzung vom Konfuzianismus, und zwar zu einem Großteil auf der Grundlage, dass letzterer sich übereifrig in die natürliche Funktionsweise des Lebens einmische, indem er versuche, den Menschen Regeln und Normen vorzuschreiben. In Gegnerschaft zu einer solchen Einmischung lehren sie *wuwei* (Nichtstun oder „Quietismus“, wie wir oben gesehen haben). Eigentlich taucht der Begriff *wuwei* in den *Gesprächen* erst an einer späten, oben zitierten Stelle auf, aber Edward Slingerland behauptet, dass der Gedanke – im Gegensatz zum Begriff – in den *Gesprächen* allgegenwärtig sei, in denen er anders als im Daoismus nicht auf eine ursprüngliche Haltung, sondern auf das Ergebnis langer Übung verweise, sodass man das, was man tun sollte, „von Natur aus“ tut, sozusagen ohne nachzudenken. Von daher ist Nichtstun ein weiterer Begriff, der das gesamte frühchinesische Denken durchzieht, auch wenn er in verschiedenen Kontexten verschiedene Dinge bedeutet.[134]

In einer seiner anschaulichen Parabeln setzt Zhuangzi sich für *wuwei* ein. In der Geschichte geht es um das seltsame Wesen Hundun, von dem Hans-Georg Möller sagt, es „führte ein perfektes und dauerhaftes Leben als der ‚Kaiser des Zentrums‘, aber es war völlig ohne jede Gestalt – es hatte kein menschliches Gesicht“.[135] Der Abschnitt am Ende von Buch 7 des *Zhuangzi* lautet wie folgt:

„Der Herrscher des Südmeeres war Shu. Der Herrscher des Nordmeeres war Hu. Der Herrscher der Mitte war Hundun. Shu und Hu begegneten Hundun einmal in seinem Gebiet. Hundun kümmerte sich außerordentlich gut um sie. Shu und Hu

---

133 *Zhuangzi: Das Buch der Sponaneität,* übers. v. Stephan Schuhmacher, 121.

134 Zu *wuwei* in den *Gesprächen*, siehe Slingerland, *Effortless Action*, 43–76. Slingerlands Buch beschäftigt sich mit *wuwei* im frühchinesischen Denken, mit Ausnahme des Legalismus, da dort die Verwendung des Begriffs „vollständig losgelöst“ von seinem Gebrauch in anderen Denkströmungen sei (288).

135 Hans-Georg Möller, *Laozi (Lao-tse). Meister der Spiritualität*, Freiburg: Herder, 2003, 138.

> beschlossen, Hundun seine Tugend zu vergelten. Sie sagten: ‚Die Menschen haben alle sieben Löcher [im Kopf], mit denen sie sehen, hören, essen und atmen. Nur er [Hundun] hat keine. Wir wollen ihm welche bohren.‘ Jeden Tag bohrten sie ihm ein Loch. Am siebten Tag war Hundun tot.“[136]

Möller fügt hinzu: „Guo Xians lakonischer Kommentar zu dieser Geschichte lautet: ‚*Aktivismus hat ihn zerstört*‘.“[137]

Das Daodejing

Der berühmteste „daoistische“ Text von allen ist zweifellos das angeblich von Laozi verfasste *Daodejing*, nach dem der Text auch häufig benannt wird. Er ist der am häufigsten übersetzte chinesische Text und einer der am häufigsten übersetzten Texte der Welt. Seit der Han-Dynastie hat er gewöhnlich mit dem *Zhuangzi* ein Paar gebildet. In der Zeit der Streitenden Reiche wurde er jedoch getrennt vom *Zhuangzi* tradiert und diskutiert. Trotz ihrer uns ähnlich erscheinenden Lehren und ihrer Parallelen zum *Neiye* wurden sie anscheinend über verschiedene Tradierungslinien überliefert und bis zu einem beträchtlich späteren Zeitpunkt nicht als Teile einer einzigen Tradition betrachtet.[138] In formaler Hinsicht steht das *Zhuangzi* den *Gesprächen* näher als dem *Daodejing*: Er hat poetische Stellen, ist aber größtenteils in Prosa geschrieben. Er enthält Anekdoten und Unterhaltungen, die an die *Gespräche* erinnern, aber erheblich weiter ausgearbeitet worden sind. Anders als bei der argumentativen Kontinuität des *Mozi*, aber ähnlich wie in den *Gesprächen* steht jeder Textabschnitt für sich. Wenn er überhaupt eine zusammenhängende Lehre vermittelt, baut sie auf einer Vielzahl von Einsichten aus verschiedenen Perspektiven auf, nicht auf einer durchgängigen Argumentation. Wie fast alle frühchinesischen Texte mit Ausnahme des *Mozi* und möglicherweise des *Xunzi* geht er das Wagnis ein, sich an einem „System“ des Denkens zu versuchen, das sich eher von Einsicht zu Einsicht bewegt, als systematische Überlegungen anzustellen.

In dieser Beziehung ähnelt das *Daodejing* dem *Zhuangzi*, aber in anderen Hinsichten ist es ganz anders. Zum einen ist es ausschließlich in Versform geschrieben, wie das *Neiye*. Man könnte es sogar als ein langes

---

136 *Das Buch Zhuangzi*, 105.

137 Hans-Georg Moeller, *Daoism Explained: From the Dream of the Butterfly to the Fishnet Allegory*, Chicago: Open Court, 2004, 35. Kursivierung im Original.

138 Roth führt die Parallelen zwischen dem *Neiye* und dem *Daodejing* in *Original Tao* an, 144–153.

Poem ansehen, obwohl es schon früh in zwei Teile und 81 Kapitel unterteilt worden ist. Eher als in den Geschichten, Allegorien und Parabeln, in denen das Buch *Zhuangzi* schwelgt, findet seine Lehre zu weiten Teilen in aufsehenerregenden Bildern oder Metaphern Ausdruck – Metaphern, die auf der ganzen Welt zum Sinnbild für den „Daoismus“ geworden sind.

Hans-Georg Möller vertritt die These, dass das *Daodejing* gemessen an unserer Vorstellung von einem Buch kein „Buch“ sei, das heißt keine Schrift mit einem Anfang, einer Mitte und einem Ende, die schweigend gelesen werden soll und dann je nachdem, wie uns gerade zumute ist, in Erinnerung bleibt oder in Vergessenheit gerät. Sogar nachdem der Text niedergeschrieben wurde und seine frühesten Versionen möglicherweise mündlich vorgetragen worden waren, war er vielmehr zum Zuhören und letzten Endes zum Memorieren – Verinnerlichen – durch diejenigen gedacht, die nachhaltig von ihm geprägt wurden. Er ist eher rekursiv aufgebaut als linear, das heißt man kann irgendwo anfangen und Verbindungen zu allen anderen Textstellen herstellen.[139] In fast allen diesen Hinsichten ähnelt das *Daodejing* den anderen in diesem Kapitel behandelten Texten, ja eigentlich vielen Texten, die in diesem Buch behandelt werden. Doch durch das dichte Netz aus Bildern und Metaphern geht eine Kraft vom *Daodejing* aus, die viele Leser als einzigartig empfunden haben. Im Rahmen der Beschränkungen, denen dieses Kapitel unterliegt, kann ich dem Leser nur einen Hauch der Reichhaltigkeit und Komplexität des Originals vermitteln.

Möller beginnt seine Untersuchung des Textes unter anderem deshalb mit dem kurzen Kapitel 6, weil es so viele zentrale Bilder enthält. Als einer der „dunkleren“, rätselhafteren Abschnitte hat dieses Kapitel auch die Aufmerksamkeit anderer Übersetzer auf sich gezogen. Ich möchte mit Möllers Übersetzung anfangen:

> „Der Geist [*shen*] des Tales stirbt nicht –
> das heißt: verborgene Weiblichkeit.
> Das Tor der verborgenen Weiblichkeit –
> das heißt: Wurzel von Himmel und Erde.
> Wie durchgängig!

139 Möller, *Laozi*, Kap. 1, „Wie *Laozi* lesen? – Und: Was heißt Dao?“, 9–36. Möllers Beispiel des „Hypertexts“ einer Internetseite als Parallele zum Lesen des *Daodejing* gibt insofern zu denken, als der Hypertext – wie das *Daodejing* – eher rekursiv als linear ist, eine Menge Hintergrundwissen voraussetzt, das er nicht explizit benennt, viele Verbindungen mit dem ihm Vorangehenden nahelegt und mehr ein „Rezept“ für Handlungen als eine diskursive Argumentation darstellt (12–16). Es gibt jedoch einen fundamentalen Unterschied: Der Hypertext im Internet ist in hohem Maße verfügbar; das *Daodejing* hingegen muss verinnerlicht werden.

Gleichsam anwesend
Im Gebrauch unermüdlich."[140]

Die Übersetzung von Ernst Schwarz ist nicht völlig anders, deutet aber darauf hin, wie sich durch die Verwendung anderer deutscher Wörter der Gesamteindruck verändern kann:

„unsterblich ist der tiefe geist des tals
der dunkle mutterschoß sei er benannt
und dieses dunklen mutterschoßes pforte –
genannt wird sie die wurzel des alls
sich hinschlingend durch alles, allgegenwärtig
wirkt sie und wirkt doch mühelos"[141]

Günther Debon übersetzt diese Stelle ähnlich, verwendet aber „Fee" statt „tiefer Geist", schreibt „Himmel" und „Erde" groß und übersetzt die letzten beiden Zeilen folgendermaßen:

„Endlos wallend, gleichsam gegenwärtig,
Also wirkt sie [die Fee des Tals bzw. die Wurzel von Himmel und Erde] sonder Beschwerde."[142]

Diese Beispiele vermitteln nur einen sehr rudimentären Eindruck davon, wie unterschiedlich die Lektüre dieses hochverdichteten Textes bei höchst sachkundigen Sinologen ausfallen kann. Davon abgesehen vermutet Arthur Waley, dass dieses Kapitel unabhängig vom Rest als Teil des „Bestands an frühen daoistischen Lehren" im Umlauf gewesen sein könnte, und er macht es bzw. ihm ähnliche Passagen auch in anderen frühchinesischen Texten ausfindig.[143] D. C. Lau deutet „die entfernte Möglichkeit" an, „dass in der hier verwendeten Sprache eine Art primitiver Schöpfungsmythos nachhallt".[144]

Ich möchte jetzt einen Blick auf einige der in diesem kurzen Kapitel vorkommenden Einzelbegriffe werfen, weil sie uns einen Zugang zur reichen Welt der Bilder und Metaphern verschaffen, die das *Daodejing* durchziehen. Es sei kurz vermerkt, dass das Wort, das zwei der Übersetzer mit „Geist" übersetzen, das alte Wort für Nebengottheiten, *shen*, ist, wie

140 Möller, *Laozi*, 16.

141 Laudse, *Daudedsching*, übers. v. Ernst Schwarz, München: dtv, 1980, 56. A. d. Ü. Hier und in den folgenden von Ernst Schwarz übersetzten Zitaten aus dem *Daodejing* wurde die Kleinschreibung und der Verzicht auf Interpunktion, für die er sich entschieden hat, beibehalten. Die chinesischen Wörter werden hingegen in Pinyin wiedergegeben.

142 Lao-tse, *Tao-Tê-King*, übers. v. Günther Debon, Stuttgart: Reclam, 1979, 30.

143 Arthur Waley, *The Way and its Power*, London: Allen and Unwin, 1934, 56–57.

144 *Tao Te Ching*, übers. v. D. C. Lau, New York: Penguin, 1963, 44.

bei den „Geistern und Gottheiten“, *guishen*, die im Rahmen unserer Auseinandersetzung mit dem *Neiye* Erwähnung fanden. Möller behauptet, dass „Geist“ hier unpersönlich gemeint sei und auf „eine Art von Tugend, Stärke oder Kraft, wie zum Beispiel den ‚amerikanischen Geist‘“ hinauslaufe.[145] Das mag stimmen, aber der Anklang an ältere Vorstellungen von Göttlichkeit ist erhalten geblieben, weil das Schriftzeichen *shen* bis heute diesen Bezug nie verloren hat.

Mit dem Begriff „Tal“ sind wir bereits in den gedanklichen Kern des *Daodejing* vorgedrungen. Waley formuliert das folgendermaßen: „Die Täler sind ‚dem *dao* näher‘ als die Hügel; und von der gesamten Schöpfung hat nur das negative, passive, ‚weibliche‘ Element Zugang zum *dao*, das sich lediglich in einem ‚unbewegten Teich‘ widerspiegelt.“[146] Das Wasser fließt in die tiefen Täler, sodass sich Flüsse bilden, die schließlich in den großen Wassern der Meere münden. Wasser als solches ist ein weiteres zentrales Bild, wie es in Kapitel 8 heißt: „höchste güte ist wie das wasser / gut tut es den dingen und streitet mit keinem / das niedrige, das alle verachten, füllt es / so gleicht es dem Dao“.[147] Es ist die relative Unförmigkeit der Täler, die sie im Vergleich zu den Bergen als Bild so wirkungsvoll machen.

In Kapitel 15 werden sie mit einer ganzen Reihe weiterer verwandter Bilder verknüpft:

> „vorsichtig, wie schmelzendes eis beschreitend
> klobig wie unbehauene scheite
> weit wie täler
> undurchsichtig wie trübes
> wer kann allmählich trübes klären durch ruhe
> wer kann langbewegtes beruhigen und allmählich bringen zu wachstum?
> wer das Dao bewahrt, begehrt nicht überfülle“[148]

Schmelzendes Eis, unbehauenes Holz, weite Täler und trübes Wasser sind allem Anschein nach unförmig und in den Augen der Welt wertlos, und doch gelangt man durch sie zum Weg.

Die Metaphern des *Daodejing* türmen sich zu komplexen Paradoxien auf, in denen das schwach Scheinende das stark Scheinende überwindet. Nirgends wird dies deutlicher als in der Überhöhung des Weiblichen; in

---

[145] Hans-Georg Moeller, *The Philosophy of the Daodejing*, New York: Columbia University Press, 2006, 7.
[146] Waley, *The Way*, 57.
[147] *Daudedsching*, übers. v. Ernst Schwarz, 58.
[148] Ebd., 65.

Kapitel 61 wird zum Beispiel versichert: „ewig besiegt das weibliche durch stille das männliche.“[149] Und in Kapitel 28 heißt es:

„das männliche wissen
das weibliche wahren
so wird man zum strom der welt
wird man zum strom der welt
der nie das De verläßt
und rückströmt in die kindlichkeit“[150]

Wie die Frau scheint das Kind schwach zu sein, ist aber in Wirklichkeit stark. Beide sind sie näher an der Quelle als der Mann oder der Erwachsene, der Wurzel näher, wie eine andere Metapher in unserem ersten Beispiel aus Kapitel 6 lautete. Die Wurzel mag im Vergleich zur vollentwickelten Pflanze unbedeutend erscheinen – schmutzig, verborgen –, doch sie ist der Lebensquell der Pflanze, sie ist das Wesentliche; anscheinend tut sie nichts, und doch tut sie alles.

Es wird darüber gestritten, ob man das *Daodejing* als „quietistisch“ bezeichnen kann, im Wesentlichen geht es aber darum, dass am Ende die Stille [*quiet*] obsiegt, nicht Getöse und Wucht. So ist denn auch die „Negativität“ des *Daodejing* zu verstehen, das heißt seine Gleichsetzung von *dao* und „Nichts“, denn aus dem Nichtseienden geht das Seiende hervor:

„des Dao bewegung ist rückkehr
des Dao verhalten ist schwachsein
dem seienden entsprangen alle dinge der welt
das seiende – es entsprang dem nichtseienden“[151]

Und in diesem Kontext müssen wir auch *wuwei* im *Daodejing* verstehen. Die erste Zeile von Kapitel 37 lautet: „das Dao tut nichts [*wuwei*], und nichts bleibt ungetan“, bzw. buchstabengetreuer: „Nichts tun; nichts nicht getan.“

Michael LaFargue ist der einzige Gelehrte, der versucht hat, die Lehre des *Daodejing* in einen sozialen Kontext einzubetten. Er glaubt, dass die Lehre auf eine Gruppe von „*shi*-Idealisten“ zurückgeht, wobei er das Wort *shi* zur Bezeichnung einer Gruppe verwendet, die aus dem niedrigsten Adelsrang stammte, wie wir gesehen haben in der Zeit der Streitenden Reiche dann aber Beamte oder auch nur Gebildete bedeutete.[152] Die Idealisten unter den *shi* waren diejenigen, die sich um den Zustand der Gesell-

149 Ebd., 111.
150 Ebd., 78.
151 Ebd., 90.
152 Michael LaFargue, *Tao and Method: A Reasoned Approach to the Daodejing*, Albany: SUNY Press, 1994, 118–122.

schaft und um ihre eigene moralische Integrität Sorgen machten. Unter den harten Bedingungen der Zeit der Streitenden Reiche hatten viele *shi* zwar aus Berufung eine Ausbildung für den Beamtendienst durchlaufen, fanden aber keine Anstellung bzw. keine angemessene Anstellung, weshalb die herrschende politische Lage sie desillusionierte. Sie probten nicht den Aufstand, sondern verschrieben sich der Kritik.

Während die Konfuzianer das Verhalten der herrschenden Klasse kritisierten und versuchten, die jeweiligen Herrscher davon zu überzeugen, dem Beispiel der alten Könige zu folgen, setzt das *Daodejing* zu einem Frontalangriff auf die kulturellen Grundvoraussetzungen der damaligen Zeit an, die davon ausgingen, dass die Obenstehenden besser als die Untenstehenden, Männer den Frauen überlegen seien und so weiter, und nicht nur von den alten Chinesen, sondern auch in den meisten anderen Weltkulturen vertreten wurden. Dieser in lebendige Metaphern und Bilder gekleidete Angriff, von denen ich nur einige wenige erwähnen konnte, hat lange Zeit Leser in China und in den letzten Jahren auch Leser auf der ganzen Welt angesprochen.

Daoistischer Primitivismus

Wie wir bereits im *Zhuangzi* gesehen haben, führte der Angriff auf das Commonsense-Verständnis der Wirklichkeit unweigerlich zu dem Gefühl, am Anfang sei alles besser gewesen, als die Menschen noch „mit den Vögeln und wilden Tieren“ zusammenlebten – für Konfuzianer eine entsetzliche Vorstellung. Für diese Präferenz einfacherer Tage, die als daoistischer Primitivismus bezeichnet worden ist, gibt es kein besseres Beispiel als Kapitel 80 des *Daodejing*:

> „klein sei das land, das volk gering an zahl
> so viele werkzeuge es gibt, gebraucht sie nicht!
> [...]
> gibt es auch boote und wagen
> man besteige sie nicht
> gibt es auch harnisch und waffen
> man hole sie nicht hervor
> das schreiben schafft ab
> lehrt die menschen wieder quippu-knoten knüpfen [anstatt schreiben]
> die speise sei ihnen süß
> die kleidung schön
> die hütten bequem
> die sitten fröhlich
> die nachbarstaaten liegen dicht beisammen

man hört die hühner gackern, die hunde bellen
und doch verkehrt man bis zum tode
mit seinen nachbarn nicht“[153]

Einer fast genauso extremen Ablehnung der Kultur wie in der Stelle aus dem *Zhuangzi* ist eindeutig zu entnehmen, dass den konfuzianischen Tugenden, sich „voller Eifer in der Ausübung von Menschlichkeit und Rechtschaffenheit ab[zu]rackern“, wie Zhuangzi es formuliert hat, dieselbe Behandlung widerfahren würde. Wie man in Kapitel 38 sehen kann, ist das tatsächlich der Fall:

> „so ging das Dao verloren / ihm folgte das De / dann ging das De verloren /ihm folgte die güte [*ren*] / dann ging die güte verloren / ihr folgte die rechtschaffenheit [*yi*] / dann ging die rechtschaffenheit verloren / und ihr folgten die riten [*li*] / die riten verdarben treue und vertrauen / und die wirrnis erhob ihr haupt“.[154]

Anscheinend geht die daoistische Ablehnung von konventionellen Überzeugungen und komplexer Kultur auch mit einer Ablehnung der normativen Ordnung einher, weil in der idealen daoistischen Gesellschaft alles „durch Nichtstun“ *(wuwei)* oder, wie das *dao*, „von selbst“ *(ziran)* vonstattengeht. Die Dinge laufen „von Natur aus“ gut, sodass keine Einmischung nötig ist, und der ideale Herrscher herrscht, ohne zu herrschen. Man könnte einwenden, dass es trotzdem eine daoistische Moralordnung, ja sogar eine feministische Moral der Sanftmut und Nachgiebigkeit anstelle von Aggressivität und Einmischung gibt, aber letzten Endes wird Sanftmut nicht deshalb empfohlen, weil sie gut oder richtig ist, sondern weil sie „wirkt“. In der Einleitung zu seiner Übersetzung des *Daodejing* macht D. C. Lau den Vorschlag, das Buch am besten als „Überlebenshandbuch“ für harte Zeiten zu interpretieren: Um nicht in Schwierigkeiten zu geraten, solle man sich klein und rar machen.[155] Allenfalls sei dies eine Lehre für Menschen, „die in freier Muße leben“, oder Einwohner von abgelegenen Dörfern, die versuchen, die tatsächlich existierende Gesellschaft zu meiden, nicht aber für deren Reform. Aber natürlich ist eine beinahe antinomische Ethik in der Art, wie das *Daodejing* sie enthält, von immerwährendem Reiz und trägt erst recht zur anhaltenden Popularität des Textes bei.

Heiner Roetz legt dagegen eine interessante Interpretation aus der Perspektive von Kohlbergs Schema vor, mit dessen Hilfe er das frühchinesische Denken bewertet. Obwohl ich seine Interpretation in vielen Hinsich-

---

153 *Daudedsching*, übers. v. Ernst Schwarz, 130.
154 Ebd., 88.
155 D. C. Lau, *Tao Te Ching*, 29–30 und 41–42.

ten problematisch und bestenfalls suggestiv finde, ist sie erwägenswert. Roetz behauptet, dass der im *Zhuangzi* und im *Daodejing* vertretene Daoismus „konventionelle Moral“ (Kohlbergs Stufen 3 und 4) nachdrücklich ablehne, die „postkonventionelle Moral“, für welche die Stufen 5 und 6 stehen, aber mit Sicherheit nicht erreicht habe. Stattdessen könne man sagen, dass der Daoismus auf Stufe 4½ angelangt sei, die Roetz im Anschluss an Kohlberg beschreibt als

> „Stufe des ‚*anything goes*‘. Die jugendliche Protestphase. Was das Rechte ist, ist eine Frage beliebiger subjektiver Entscheidung. Diese Stufe ist durch eine radikale Ablehnung des entfremdeten Konventionalismus der Ebene II [konventionelle Moral] und den Rückgriff auf das naive Lustprinzip der Ebene I [präkonventionelle Moral], meist im Interesse des eigenen ‚Selbst‘, gekennzeichnet. Anstelle neuer normativer Regeln vertritt sie ein provokantes ‚Jenseits von Gut und Böse‘. Die Stufe ist ‚postconventional but not yet principled‘.“[156]

Unter Anwendung dieses Gedankens schreibt er, die „zhouzeitlichen Daoisten“

> „lassen sich […] als klassische Manifestationen eines Bewußtseins vom Typus der Kohlbergschen Stufe 4 1/2 interpretieren, das in der Ontogenese die jugendliche Protestphase kennzeichnet. Hierher passen der Gestus der Entlarvung des Moralismus […], ferner die nonkonformistische Symbolik […] die gegen den entfremdeten Zwang der Konvention erfolgende Rückerinnerung an die naive Rationalität der präkonventionellen Kinderstufen mit ihrer Betonung des eigenen Lebens. […] Mehr als alle anderen Schulen der chinesischen Achsenzeit verkörpern die Daoisten die Adoleszenzkrise ihrer Gesellschaft. […] Und wenn noch uns Heutige die Ungeniertheit der Daoisten weit mehr als der gesetzte Ernst etwa des *Lunyu* [der *Gespräche* des Konfuzius] anzusprechen vermag, dann vielleicht deshalb, weil sie auch in uns mit der Reminiszenz an die naive Spontaneität der Kindheit eine Saite zum Schwingen bringt.“[157]

Roetz zollt einem Aspekt der daoistischen Ethik Anerkennung, der heute nicht zu den unwichtigsten gehört: „Der daoistische Naturalismus enthält so fraglos den Gedanken der Universalisierung. Daß diese nicht diskursiv vermittelt ist, hat dabei einen Vorzug: Nicht nur die Mitglieder der Sprach-

---

[156] Roetz, *Die chinesische Ethik der Achsenzeit*, 51.

[157] Ebd., 407f. Ich fand die Arbeit von Hans-Georg Möller, sowohl sein Buch *Daoism Explained* als auch sein Buch *Philosophy of the Daodejing*, außerordentlich hilfreich: Ich kenne keinen anderen Autor, der den Tiefgang der Bilder in diesen Texten und die vielfältigen inhaltlichen Verknüpfungen zwischen ihnen so gut erschlossen hat. Doch wenn er am Ende von *The Philosophy of the Daodejing* mit Anleihen bei Michel Foucault eine nichthumanistische oder post-humanistische Philosophie als Gegenstück zu seiner Auslegung des Daoismus als einer prähumanistischen Philosophie entwickelt, so scheint es mir, als ob er lediglich auf Kohlbergs Stufe 4½ ende.

gemeinschaft, sondern alles der Natur Angehörige, auch das, was nicht sprechen kann, sind apriori miteinbezogen. Ethik ist von vornherein Makroethik."[158] Doch aufgrund eben dieses „Naturalismus" des daoistischen Denkens, aufgrund der Betonung der „Tatenlosigkeit" *(wuwei)* des *dao* und dass in der Natur alles „von selbst" *(ziran)* geschehe, ist der Daoismus außer Stande, uns zu sagen, wie wir handeln sollen, auch wenn er uns viel darüber sagt, wie wir nicht handeln sollen. Wenn in der Natur alles in seiner jetzigen Form vollkommen ist, müssen wir nichts weiter tun, als zur Natur zurückzukehren. Es ist bemerkenswert, dass im daoistischen Denken unter anderem die dunkle Seite der Natur, die Tatsache, dass Aggressivität und Dominanz genauso natürlich sind wie ihr Gegenteil, überhaupt nicht vorkommt. Auf diese Weise ist der Daoismus postkonventionell, unterbreitet uns aber keine postkonventionelle Ethik.

Die Politik des dao

Von allen frühchinesischen Texten enthalten *Zhuangzi* und *Daodejing* mit die bissigste Gesellschaftskritik. In Buch 10 des *Zhuangzi* heißt es: „Wer nun einen Gürtelhaken stiehlt, wird hingerichtet, wer aber ein Land stiehlt, wird Fürst."[159] Im *Daodejing* heißt es: „das Volk hungert / weil die herren zuviel steuern verzehren / deshalb muß es hungern".[160] Und in die gleiche Richtung geht Kapitel 53:

> „prachtvoll sind die paläste der fürsten
> verwildert aber sind rings die äcker
> und leer die getreidespeicher
> die bunten gewänder der edlen glänzen
> sie tragen scharfgeschliffene schwerter
> übersättigt mit speise und trank sind sie
> das beste ist ihnen zuwider
> vor überfluß wissen sie nicht
> wohin mit den schätzen und kostbarkeiten
> das aber nenn ich ‚erbärmliches großtun von räubern'
> nichts hat ihr tun gemein mit dem Dao!"[161]

Sowohl das *Zhuangzi* als auch das *Daodejing* sind sich der Kosten der Kriegsführung für das gemeine Volk sehr wohl bewusst:

---

[158] Ebd., 404.
[159] Übersetzung von Heiner Roetz, *Die chinesische Ethik der Achsenzeit,* 402.
[160] Kap. 75, *Daudedsching,* übers. v. Ernst Schwarz, 125.
[161] Ebd., 103.

„dornengestrüpp überwuchert den boden
wo kriegsvolk gehaust hat
hinter den großen armeen
ziehen hungerjahre“[162]

So scharf diese Kritik ist, sie führt nicht zu irgendwelchen Reformvorschlägen. Vielmehr sind solche schlechten Bedingungen bloß Symptome dafür, wie weit die Gesellschaft von ihrer ursprünglichen Form abgefallen ist.

Im Lichte dieser Kritik an den Herrschern der Streitenden Reiche ist es nicht nur schockierend, sondern auch ziemlich seltsam, dass zwischen Daoismus und Legalismus von frühester Zeit an eine Verbindung bestand.[163] Was könnte manipulativer und herrischer sein als die Technik der Tyrannei, die von den Legalisten entwickelt wurde? Der Legalismus besteht weitgehend aus Anleitungen zur Vergrößerung von politischer und militärischer Macht, die jeglicher moralischen Grundlage entbehrten. In einem schlechten Szenario könnten die Legalisten (die Arthur Waley „Realisten“ genannt hat)[164] allenfalls sagen, Tyrannei sei besser als Anarchie. Doch wo die Legalisten mit der Vorstellung einer allesumfassenden Kosmologie spielten, fühlten sie sich stets zum Daoismus hingezogen. Warum?

Zunächst ein kurzes Wort zum Legalismus, den ich schon erwähnt, aber noch nicht definiert habe. Wie im frühchinesischen Denken üblich, deckt der Begriff „Legalismus“ eine Reihe von in sich unterschiedlichen Denkern und Texten ab. Burton Watson hat es so ausgedrückt, dass legalistische Texte zu einer technischen Literaturgattung gehören, die nur am Rande philosophisch ist. Neben „Abhandlungen übers Wahrsagen, über Medizin, Ackerbau, Logik, Militärwissenschaft und so weiter“ handelte es sich um Schulungshandbücher.[165] Mit Blick auf die achsenzeitliche Problematik stellt der Legalismus sicherlich ein Beispiel für einen ziemlich fortgeschrittenen Rationalismus dar – einen „instrumentellen Rationalismus“ im Weber'schen Sinne, wie Benjamin Schwartz meint, der sich auf „die Bereicherung des Staates und die Erhöhung seiner militärischen Leistungsfähigkeit“ richtet, wie es bei einem Legalisten heißt.[166] Schwartz be-

162 Kap. 30, ebd., 80.

163 Es ist interessant, dass David Nivison in seiner meisterlichen Übersicht über die frühe chinesische Philosophie „Han Feizi, Laozi, Legalism, and Daoism“ einen Abschnitt widmet. Nivison, „The Classical Philosophical Writings“, 799–808.

164 Arthur Waley, *Lebensweisheit im alten China*, übers. v. Eva Franziska Meister-Weidner, Hamburg: Schröder, 1947, 160 ff.

165 Burton Watson, *Han Fei Tzu: Basic Writings*, New York: Columbia University Press, 1964, 14.

166 Schwartz, *World of Thought*, 328.

hauptet, dass ein früher Legalist namens Shen Buhai eine Bürokratietheorie entwickelt habe und „das Aufkommen einer ‚Theorie' der Bürokratie ein höchst bedeutendes Ereignis in der Weltgeschichte des soziopolitischen Denkens ist".[167] Jemand aus der Spätzeit der Streitenden Reiche namens Han Fei, der in seinem Werk *Hanfeizi* die legalistische Lehre noch einmal zusammengefasst hat, blieb trotz der Proteste gegen seine Sittenlosigkeit für spätere Generationen von anhaltendem Interesse.[168]

Die namengebende Lehre dieser Schule stellte Recht und Gesetz, Belohnungen und Bestrafungen, vor allem aber Strafen als Schlüssel für effektives Regieren in den Vordergrund. Dies brachte die Konfuzianer, die der Ansicht waren, dass Herrschen durch Strafen ein Symptom für das Scheitern des Herrschens durch tugendhafte Beispielhaftigkeit sei, und, wie man denken würde, auch die Daoisten gegen die Legalisten auf. Die legalistische Lehre war ausschließlich auf den Herrscher ausgerichtet und bestand weitgehend aus Ratschlägen, wie ein Herrscher Macht erlangen und seine Macht vergrößern könne. Aufgrund dieser engen Schwerpunktsetzung ist der Legalismus für dieses Kapitel nebensächlich, und seine Verbindung zum Daoismus erklärt, warum wir ihn erst am Ende der Auseinandersetzung mit dem Daoismus erörtern.

Niemand hat die Parallelen zwischen Daoismus und dem, was er Realismus nennt, prägnanter formuliert als Arthur Waley:

> „Auf der andern Seite besitzt der Realismus zum Taoismus eine direkte und enge Verbindung. Beide Lehren verwerfen die Anrufung der Tradition, des ‚Weges der Alten Könige', auf welcher das gesamte Lehrgebäude der Confucianer basierte [...] beide verurteilen die Bücherweisheit und wollen, daß das Volk ‚dumm und stumpf' bleibe, uninteressiert an allem, was jenseits ihres eigenen Dorfes und Heimes liegt. Selbst die mystische Lehre des *wu-wei*, der Nicht-Tätigkeit des Herrschers, durch die alles getan wird, findet im Realismus ihr unmystisches Gegenstück. Wenn jede Forderung des Herrschers im Gesetz niedergelegt worden ist und die Strafen für die Übertretung so schwer sind, daß niemand wagt, sich ihnen auszusetzen, dann darf der realistische Herrscher sich in die Kissen zurücksinken lassen und sich dem Vergnügen hingeben; ‚alles wird dann (wie im Taoismus) von allein geschehen.'"[169]

Des Weiteren weist Waley darauf hin, dass wichtige legalistische bzw. realistische Texte wie der *Hanfeizi* häufig eine daoistische Bildsprache verwenden und zwar anderen Schulen, besonders den Konfuzianern, sehr kri-

---

167 Ebd., 336.

168 Siehe Burton Watsons Übersetzung ausgewählter Texte aus dem *Hanfeizi*, die auch eine kurze Biografie dieser interessanten und tragischen Person enthält. *Han Fei Tzu*, 2–3.

169 Waley, *Lebensweisheit*, 162.

tisch gegenüberstehen, aber selten etwas Negatives über die Daoisten zu sagen haben. Als Beispiel für legalistischen Daoismus können wir einige Stellen aus dem Kapitel über „Die Apologie der Macht“ im *Hanfeizi* heranziehen:

> „Verborgen sein will die wahre Macht,
> tatenlos, schlicht von Natur aus gedacht.
> Die Taten auf alle vier Seiten verteilt,
> der Schlüssel zur Macht im Zentrum verweilt.
> Ein Weiser den Schlüssel in Händen hält,
> aus allen Enden zu ihm strömt die Welt.
> Er harret der Menschen mit Ruhe erfüllt
> von selbst ihm zu dienen sind sie gewillt.“

Und außerdem:

> „Beim Anhören von Vorschlägen sollte er so tun, als sei er völlig betrunken. Lippen und Zähne bewege er nicht als erster. [...] Zeigt er seine Freude, wächst die Zahl der Tätigen, zeigt er seine Abneigung, erzeugt er damit Feindschaft. Also legt er Freude und Haß beiseite, um leeren Herzens zur Verkörperung des *dao* zu werden.“[170]

Das dritte Kapitel des *Daodejing* scheint nur allzu gut mit dem Legalismus vereinbar zu sein:

> „so herrscht der weise:
> das herz leeren
> den bauch füllen
> stärken die knochen
> schwächen den willen
> immer läßt er das volk ohne wissen und begierde
> und die klugen ohne mut zum handeln
> durch nichthandeln bleibt nichts ungeordnet“[171]

Was Daoismus und Legalismus verbindet, ist allem Anschein nach ihre Gegnerschaft zum Moralismus; die Gefahr ist, dass sie beide gemeinsam die Moral verwerfen. Dann füllt sich das Vakuum des daoistischen Primitivismus mit der zentralisierten Macht des legalistischen Staates. Zudem verfügen die Legalisten über eine eigene Erklärung dafür, warum Regieren durch Tugend nicht mehr funktioniert. In früheren Zeiten war die Menschheit klein und die Ressourcen im Überfluss vorhanden; heute sei die Menschheit groß und die Ressourcen gering. Was damals nach wenig Regierung verlangte, macht heute harte Strafen erforderlich:

---

[170] *Die Kunst der Staatsführung: Die Schriften des Meisters Han Fei*, übers. v. Wilmar Mögling, Leipzig: Kiepenheuer, 1994, 61 und 64–65.
[171] *Daudedsching*, übers. v. Ernst Schwarz, 53.

„Wenn man früher kein Gewicht auf materielle Güter legte, so nicht aus Menschlichkeit, sondern weil es genügend Mittel gab. Heute streitet und beraubt man sich nicht aus Gründen der moralischen Unvollkommenheit, sondern weil die Mittel knapp sind. [...] Ein weiser Mann baut seine Politik auf der Beurteilung von Überfluß und Mangel, Größe und Geringfügigkeit auf. Geringe Bestrafungen gelten nicht als Ausdruck von Güte und harte Strafen nicht als Unrecht. Sie werden im Einklang mit den Bräuchen angewandt. Die Tätigkeiten sind dem Zeitalter angepaßt und die Vorbereitungen entsprechen den Tätigkeiten.“[172]

Auf diese Weise traten die Legalisten der konfuzianischen, die Alten heranziehenden Kritik an der Gegenwart zugunsten einer „daoistischen“ Empfänglichkeit entgegen, die zu diesem Zweck mit etwas ökonomischem Determinismus angereichert wurde.

Der weiter oben erwähnte dritte, synkretistische, Typ von Daoismus bestand allerdings nicht in einer Einheit von Daoismus und Legalismus. Der rasche Zusammenbruch der Qin-Dynastie nach ihrer bemerkenswerten Vereinigung des ganzen Landes machte diese ideologische Option ein für alle Mal zunichte. Irgendeine moralische Grundlage für Herrschaft war dann doch erforderlich, und obwohl der Han-Synkretismus sicherlich Daoismus und Legalismus miteinbezog, wurde jetzt der Konfuzianismus zu einem wesentlichen, immer dominanter werdenden Element, wie bereits in dem frühen synkretistischen Han-Werk *Huainanzi* zu erkennen ist.[173]

Mengzi

Mencius – Chinesisch Mengzi – ist einer von nur zwei chinesischen Denkern, deren Namen gewöhnlich latinisiert werden, der andere ist Konfuzius. Daran lässt sich seine Bedeutung ermessen. Zusammen mit den *Gesprächen* gehört der von Mengzi mit Hinzufügungen seiner Schüler verfasste *Mengzi* zu den grundlegenden Texten der konfuzianischen Tradition. Wie die *Gespräche* besteht er weitgehend aus Anekdoten und Unterhaltungen, aber die Auswahl ist erheblich umfangreicher als in den *Ge-*

---

[172] *Die Kunst der Staatsführung: Die Schriften des Meisters Han Fei*, 547.

[173] Siehe die Übersetzung des Kapitels über Herrschaft aus dem *Huainanzi* in Roger Ames, *The Art of Rulership: A Study in Ancient Chinese Political Thought*, Honolulu: University of Hawai'i Press, 1983. Paul Goldin behauptet, dass das *Huainanzi* nicht in dem Sinne synkretistisch war, wie es für gewöhnlich angenommen wird, sondern dass es sich bei verschiedenen Schulen bediente, um eine überaus autoritäre Regierungsform zu untermauern, die mit Sicherheit nicht konfuzianisch war. Siehe Paul R. Goldin, „Insidious Syncretism in the Political Philosophy of *Huainanzi*“, in: ders., *After Confucius: Studies in Early Chinese Philosophy*, Honolulu: University of Hawai'i Press, 2005, 90–111.

sprächen, und auch wenn das Buch in keiner Hinsicht eine durchgängige philosophische Abhandlung darstellt, ist die Argumentation voller entwickelt als in dem älteren Buch. Obwohl Konfuzius und seine Lehren für ihn der unverzichtbare Ausgangspunkt sind, wurde Mengzi beinahe ein Jahrhundert nach Konfuzius' Tod geboren (Mengzis Lebensdaten sind nicht sicher, gewöhnlich wird von ungefähr 390–310 v. u. Z. ausgegangen) und war die Geisteswelt, auf die er reagierte, reichhaltiger und komplexer als diejenige, der Konfuzius sich gegenübersah. Deshalb sind viele Lehren, die wir wie selbstverständlich für konfuzianisch halten, tatsächlich von Mengzi hinzugefügt worden.

Man kann mit Fug und Recht sagen, dass Konfuzius für Mengzi Vorbildcharakter hatte. Mengzi war ebenfalls ein Wanderlehrer, der versucht hat, Feudalherren oder mehr oder weniger zu Unrecht selbsternannte „Könige" davon zu überzeugen, seine Lehren praktisch umzusetzen, und genau wie Konfuzius wurde er von einer Gruppe von Schülern begleitet. Doch während Konfuzius immer noch auf eine Erneuerung der Zhou-Dynastie hoffte, hatte Mengzi die Hoffnung auf diese Möglichkeit aufgegeben und im Einklang mit dem Geist seiner Zeit begonnen, freudig einer neuen religiösen Ordnung entgegenzusehen, in welcher der Himmel einem neuen Herrscher das Mandat zur Herbeiführung der gerechten Gesellschaft erteilen würde, auf die Konfuzius gehofft hatte. Im Einklang mit Vorstellungen, die man über frühere Dynastien hatte, würde das neue Regime die ganze Welt unter einem Herrscher vereinen – Universalherrscher und Universalethik Hand in Hand gehen. Wie Benjamin Schwartz es ausgedrückt hat, teilte Mengzi mit vielen seiner Zeitgenossen die „apokalyptische Erwartung, dass die Zeit für eine Wiederherstellung des *dao* reif ist".[174]

Obwohl Mengzi von den Feudalherren seiner Zeit nicht viel hielt, war er immer auf der Suche nach einem Herrscher, der unter seiner Anleitung tugendhaft genug werden könnte, um in der Welt für Ordnung zu sorgen. Die folgende Schilderung zeigt, wonach Mengzi suchte:

> „Mengzi trat vor den König Xiang von Liang.
>
> Als er herauskam, sagte er zu den Leuten: ‚Ich blickte nach ihm: er sah nicht aus wie ein Fürst. Ich nahte mich ihm: aber ich entdeckte nichts Ehrfurchtgebietendes an ihm. Unvermittelt fragte er: Wie kann die Welt gefestigt werden?
>
> Sie wird gefestigt durch Einigung, erwiderte ich.
>
> Wer kann sie einigen?
>
> Wer keine Lust hat am Menschenmord, der kann sie einigen, erwiderte ich.
>
> Wer kann da mittun?

[174] Schwartz, *World of Thought*, 285.

Ich erwiderte: Es gibt niemand auf der Welt, der nicht mittun würde. Habt Ihr, o König, schon das sprossende Korn beobachtet? Im Hochsommer, wenn es trocken ist, da stehen die Saaten welk. Wenn dann am Himmel fette Wolken aufziehen und in Strömen der Regen herniederfällt, so richten sich mit Macht die Saaten wieder auf. Daß es also geschieht, wer kann es hindern? Nun gibt es heute auf der ganzen Welt unter den Hirten der Menschen keinen, der nicht Lust hätte am Menschenmord. Wenn nun einer käme, der nicht Lust hätte am Menschenmord, so würden die Leute auf der ganzen Welt alle die Hälse recken und nach ihm ausspähen. Und wenn er wirklich also ist, so fallen die Leute ihm zu, wie das Wasser nach der Tiefe zufließt, in Strömen. Wer kann es hindern?'"[175]

In diesem Abschnitt mit seiner lebendigen Bildsprache schlägt Mengzi tatsächlich apokalyptische Töne an.

Außerdem wird deutlich, dass Mengzi an diesem kritischen historischen Augenblick über ein außergewöhnlich starkes Gespür für sein eigenes Berufensein verfügte. Wie wir sehen werden, fühlte er sich vom Himmel berufen, wie Konfuzius, aber genauso wie Konfuzius fühlte er sich auch vom Himmel verprellt. Er hatte den Auftrag, die Anordnungen des Himmels entgegenzunehmen, was er nicht unbedingt gerne tat, wie die folgende Stelle nahelegt:

„Als Mengzi den Staat Qi verließ, befragte ihn der Schüler Chongyou unterwegs und sprach: ‚Ihr seht mißvergnügt aus, Meister! Früher habe ich Euch sagen hören: Der Edle murrt nicht wider Gott und grollt nicht den Menschen.'

Mengzi sprach: ‚Das war zur damaligen Zeit, heute ist es wieder anders. Alle fünfhundert Jahre muß ein König der Welt erscheinen, und dazwischen müssen wenigstens Männer da sein, die in ihrem Geschlechte Ordnung schaffen. Seit der Begründung des Hauses Zhou sind nun über siebenhundert Jahre verflossen. Die Zahl der Jahre ist also schon überschritten; prüfen wir die Verhältnisse der Zeit, so ist die Möglichkeit vorhanden. Aber Gott will noch nicht, daß Friede und Ordnung auf Erden herrscht. Wenn er Frieden auf Erden wollte, wer ist dann außer mir sonst in diesem Geschlecht vorhanden, die Welt zu ordnen? Wie sollte ich da nicht mißvergnügt sein?'"[176]

Wie Schwartz deutlich macht, dachte Mengzi nicht, dass er oder Konfuzius tatsächlich Söhne des Himmels werden könnten, es sei denn ein weiser König ernenne sie dazu, so wie Shun von Yao auserwählt worden war. Doch aufgrund ihres „hochfliegenden Verständnisses von seelsorgerischer Tugend" hätten beide durchaus Mentor eines solchen Königs sein können.[177] Wohlgemerkt lebte Konfuzius nach Mengzis Zählung an der angemessenen 500-Jahr-Marke und er selbst an der überfälligen 700-Jahr-

[175] *Mengzi* 1A6, übers. v. Richard Wilhelm, 696–699.
[176] Ebd., 2B13, 790–791.
[177] Schwartz, *World of Thought*, 284.

Marke. Sie verfügten also über die Aura eines Erlösung bringenden Königs, auch wenn der Himmel entschieden hatte, dass die Zeit nicht reif sei.

Obwohl seine politischen Absichten zentral für seine Berufung waren, hielten politische Enttäuschungen ihn nicht von dem gleichermaßen konfuzianischen Anliegen der Selbstkultivierung ab. Was man in der Welt erreichte, blieb letzten Endes dem Himmel überlassen, aber zu was für einer Art von Person man wurde, war dem Einzelnen überlassen. Im folgenden Abschnitt kommt Mengzis Position prägnant zum Ausdruck:

> „Ein weites Land und ein großes Volk – ein Edler mag das begehren, aber das, was ihn freut, liegt hierin nicht. Im Mittelpunkt des Reiches zu stehen und das Volk des Weltkontinentes zu befrieden – einen Edlen mag das freuen, aber seine wahre Natur liegt darin nicht. Was ein Edler zu seiner Natur hat, dem kann auch die größte Tat (die Herrschaft) nichts hinzufügen, und auch ein Leben in Elend kann von ihr nichts wegnehmen. Dies liegt daran, daß seine Rolle für ihn feststeht. Was ein Edler zu seiner Natur hat, nämlich Menschlichkeit [*ren*], Gerechtigkeit [*yi*], Anstand [*li*] und Wissen [*zhi*], ist in seinem Herzen [*xin*] verwurzelt."[178]

Mengzi legt eine überraschende Mischung aus Elitismus und Populismus an den Tag. Was im „Herzen" des Edlen „verwurzelt" ist, nämlich die vier Haupttugenden Menschlichkeit [*ren*], Gerechtigkeit [*yi*], Anstand bzw. Ritual [*li*] und Wissen um Gut und Böse [*zhi*], ist zumindest ansatzweise in jedermanns Herz vorhanden, wie wir unten sehen werden. Die menschliche Natur ist grundsätzlich allen gemeinsam:

> „Der Geschmack ist so beschaffen, daß alle übereinstimmen in Beziehung auf den Wohlgeschmack der Speisen. Das Gehör stimmt überein in Beziehung auf den Wohlklang der Töne. Das Gesicht stimmt überein in Beziehung auf die Schönheit der Erscheinungen.
>
> Und was das Herz anlangt: nur hier allein sollte es keine solche Übereinstimmung geben? Was ist es nun, worin die Herzen übereinstimmen? Es ist die Vernunft, es ist die Gerechtigkeit. Die Heiligen haben zuerst gefunden, worin unsere Herzen übereinstimmen".[179]

Gleichwohl wird sich der Edle, wie wir oben gesehen haben, dank der Selbstkultivierung sein tugendhaftes Herz trotz Not und Ungemach bewahren, wohingegen das Volk „die Festigkeit des Herzens" verliere, wenn es „keinen festen Lebensunterhalt hat".[180] Es obliegt der Verantwortung

---

[178] 7A21, Übersetzung von Heiner Roetz, *Die chinesische Ethik der Achsenzeit*, 141, die chinesischen Wörter in eckigen Klammern wurden ergänzt. A. d. Ü.: Chinesisch „li" wird im Englischen – für Bellah einschlägig – mit *ritual* statt im Deutschen mit „Anstand" oder „Tradition" übersetzt.

[179] *Mengzi* 6A7, übers. v. Richard Wilhelm, 990–991.

[180] Ebd., 1A7, 708–709.

des Herrschers und des Edlen, soweit er dem Herrscher wirksame Ratschläge erteilt, für den „festen Lebensunterhalt" des Volkes zu sorgen. Deshalb greift Mengzi den habgierigen Herrscher, der das Volk im Elend leben lässt, nicht nur wegen seiner Unmenschlichkeit an, sondern auch deshalb, weil er dem Volk die Möglichkeit vorenthält, tugendhaft zu sein.

Mengzis Gesellschaftskritik kann genauso vernichtend sein wie die der Daoisten. So sagt er zu König Hui von Liang:

> „In der Hofküche ist fettes Fleisch und in den Ställen fette Pferde; in den Gesichtern der Leute wohnt die Not, auf dem Anger draußen wohnt der Tod: das heißt, die Tiere anleiten, Menschen zu fressen. [...] Wenn nun ein Landesvater also die Regierung führt, daß er nicht vermeidet, die Tiere anzuleiten, Menschen zu fressen: Worin besteht da seine Landesvaterschaft?"[181]

An dieser Stelle teilt Mengzi König Hui ziemlich unverblümt mit, dass er kein König sei.

Nichts ärgert Mengzi mehr als die unablässigen Kriege zu seinen Lebzeiten und deren Gründe:

> „Wenn er Krieg führt um Länder, so daß die Getöteten den Anger füllen! Wenn er Krieg führt um Städte, so daß die Getöteten die Stadt erfüllen! Das heißt die Erde dazu bringen, daß sie Menschenfleisch frißt. Dieser Frevel kann selbst durch den Tod nicht gesühnt werden."[182]

Ein anderes Mal fragt König Xuan von Qi Mengzi in Bezug auf Zhou, den bösen letzten König der Shang-Dynastie, der von König Wu getötet wurde, ob Königsmord statthaft sei. Mengzi antwortet Folgendes:

> „Wer die Liebe [*ren*] raubt, ist ein Räuber; wer das Recht [*yi*] raubt, ist ein Schurke. Ein Schurke und Räuber ist einfach ein gemeiner Kerl. Das Urteil der Geschichte lautet, daß der gemeine Kerl Zhou hingerichtet worden ist; ihr Urteil lautet nicht, daß ein Fürst ermordet worden sei."[183]

Die Vorstellung, dass ein böser König kein König und deshalb seine Ermordung kein Königsmord sei, gibt es nicht nur im alten China, ist aber keine archaische Vorstellung. Mengzi ruft jedoch nicht zur Revolution auf, obwohl die Implikationen seiner Lehre so revolutionär waren, dass einige spätere Führer nicht nur in China, sondern auch in Japan sich veranlasst sahen, seinen Text von anstößigen Stellen säubern zu lassen. Sein Ratschlag für Ratgeber von ungerechten Herrschern lautet, aus ihrem Dienst auszuscheiden, wenn möglich, und wo das nicht möglich war, alles in ihrer Macht Stehende zu tun, um die bösen Absichten des Herrschers ab-

---

[181] Ebd., 1A4, 694–695.
[182] Ebd., 4A14, 868–869.
[183] Ebd., 1B8, 724–725.

zuschwächen. Die populistische Seite von Mengzi lässt allerdings keinen Zweifel daran, dass langfristig dem Volk die Entscheidungen zukommen:

> „Das Volk ist am wichtigsten, die Götter des Landes und Kornes kommen in zweiter Linie, und der Fürst ist am unwichtigsten. Darum wer die Gunst des Landvolks erlangt, der wird der Herr der Welt."[184]

Nach Mengzis Auffassung von Gewaltlosigkeit wird ein böser Herrscher eher im Stich gelassen als gestürzt, weil sich das Volk einem guten Herrscher zuwenden wird „wie das Wasser nach der Tiefe zufließt, in Strömen", wie wir oben gesehen haben.

Dass Mengzi einen eindeutig höheren moralischen Maßstab an den bestehenden politischen Status quo anlegt, macht ihn exemplarisch für die achsenzeitliche Wende im alten China. Ohne auf die von der politischen Hierarchie verlangten Höflichkeiten zu verzichten, stellt er im Hinblick auf Tugendhaftigkeit gleichwohl den wahren Edlen über alle Herrscher. Zustimmend schildert Mengzi folgende Antwort von Konfuzius' Enkel Zisi, der möglicherweise ein Glied seines eigenen Schüler-Stammbaums war, auf eine Anfrage des Herzogs Mu von Lu:

> „Fürst Mu machte häufig Besuche bei Zisi und sprach zu ihm: ‚Im Altertum kam es vor, daß Fürsten von Großstaaten Gelehrte zu ihren Freunden machten. Wie verhält es sich damit?' Zisi war mißvergnügt und sprach: ‚Es sind aus dem Altertum solche Geschichten vorhanden; doch heißt es da, daß sie ihnen dienten, wie sollte es heißen, daß sie sie zu Freunden machten!' Der Sinn von Zisi Mißbehagen war kein anderer als der: ‚Geht's nach dem Stande, so seid Ihr der Fürst, ich bin der Untertan: wie sollte ich es wagen, Euch Freund zu sein! Geht's nach dem inneren Werte, so müßt Ihr mir dienen: wie könntet Ihr mein Freund sein!'"[185]

Die Konfuzianer stimmten anscheinend mit Aristoteles darin überein, dass Freundschaft nur zwischen Gleichen möglich ist, aber nicht zwischen Höher- und Niedrigstehenden. In diesem Fall akzeptiert der Edle die zweifelhafte Legitimität des Herrschers vorläufig, pocht aber auf die Überlegenheit seiner eigenen Tugendhaftigkeit.

Obwohl Mengzi der Meinung ist, dass das Volk das letzte Wort habe – als er aus den *Urkunden* zitiert, dass „Gott sieht, wie mein Volk sieht; Gott hört, wie mein Volk hört",[186] bringt er sogar eine Version der Sentenz *vox populi vox dei* zum Ausdruck und kann deshalb in gewissem Sinne zu Recht als Populist betrachtet werden –, glaubt er also trotzdem fest an

---

[184] Ebd., 7B14, 1086–1087.

[185] Ebd., 5B7, 966–967. Brooks und Brooks weisen in *The Original Analects*, 285, darauf hin, dass Zisi nicht der Enkel von Konfuzius gewesen sein könne, auch wenn er einer seiner Nachfolger war und aus seiner Familie stammte.

[186] *Mengzi* 5A5, übers. v. Richard Wilhelm, 928–929.

das Vorhandensein einer Tugendelite. Ich möchte jetzt näher darauf eingehen, wie er beide Überzeugungen auf einmal vertreten kann.

Im scharfen Gegensatz insbesondere zu Xunzi, von dem es heißt, er halte die menschliche Natur für böse, ist Mengzi für die Behauptung berühmt, dass die menschliche Natur gut sei. Diese komplexe Streitfrage hat eine lange Geschichte, die ich in diesem Kapitel nicht ausführlich untersuchen muss.[187] Es steht außer Frage, dass Mengzi meinte, jeder besäße neben vielen anderen Anlagen, die sich nicht unbedingt als tugendhaft erweisen müssen, von Natur aus „Ansätze" von Tugendhaftigkeit. A. C. Graham hat darauf hingewiesen, dass die Bedeutung von „Natur" [*xing*] im Chinesischen nicht genau dem entspricht, was wir unter „angeborener Natur" verstehen, sondern eher ein Entwicklungspotenzial im Lauf des Lebens meint.[188] „Die Gutheit" der menschlichen Natur besteht also in diesem Fall darin, dass jeder ein Entwicklungspotenzial für die primären menschlichen Tugenden besitzt, wenn diese richtig geschult werden. Die berühmte Stelle, an der Mengzi das allgemeine Vorhandensein moralischer Möglichkeiten beschreibt, beginnt mit dem Satz: „Jeder Mensch hat ein Herz, das anderer Leiden nicht mit ansehen kann."[189] Weil „Herz" *(xin)* ein Schlüsselbegriff von Mengzis Moralpsychologie ist, sollten wir ihn uns näher ansehen, denn darin liegt der Schlüssel zu einem besseren Verständnis von Mengzis Argumentationsweise.[190]

Wie wir bereits gesehen haben, ist „Herz" ein Schlüsselbegriff des protodaoistischen *Neiye*, einem Kapitel des Sammelwerks *Guanzi*, von dem angenommen wird, dass es im vierten Jahrhundert und danach im Staat Qi von einer Gruppe von Gelehrten vorgelegt worden ist. Im späten vierten Jahrhundert hat Mengzi einige Zeit an der sogenannten Jixia-Akademie in Qi verbracht – was womöglich ein allzu hochtrabender Name für diese Gruppe ist –, man kann im Text belegen, dass Mengzi das *Neiye* gelesen

---

[187] Eine ausgezeichnete Auseinandersetzung mit der menschlichen Natur bei Mengzi bietet A. C. Graham, „The Background of the Mencian Theory of Human Nature", in: ders., *Studies in Chinese Philosophy*, Albany: SUNY Press, 1990, 7–66. Siehe auch: Kwong-Loi Shun, *Mencius and Early Chinese Thought*, Stanford: Stanford University Press, 1997, 180–231.

[188] Graham, *Disputers of the Tao*, 123ff. Wer sich für die Kontroverse über die menschliche Natur interessiert, findet hier einen guten Ausgangspunkt.

[189] *Mengzi* 2A6, übers. v. Richard Wilhelm, 758–759.

[190] I. A. Richards merkt in seinem *Mencius on the Mind: Experiments in Multiple Definition*, London: Kegan Paul, 1932, 80, Folgendes an: „Wir haben Grund zu der Annahme, dass Mengzis Äußerungen wahrscheinlich eher als Aufforderungen denn als Aussagen gelesen werden sollten", womit er auf die mit ihnen verbundene performative Absicht verweist, ohne ihnen ihre theoretische Stichhaltigkeit notwendigerweise ganz abzusprechen.

hat, weil beide Texte einige ziemlich fachspezifische Begriffe teilen. Anders als im *Zhuangzi* und im *Daodejing* gibt es im *Neiye* keine polemischen Angriffe auf den Konfuzianismus. Deshalb vermutet Graham, dass der *Mengzi* aus einer Zeit stammen könnte, in der die Spaltung von Konfuzianismus und Daoismus noch nicht offenkundig geworden war. Mengzi könnte kurz gesagt Selbstkultivierungsmethoden vertreten haben, die nicht viel anders waren als die der Stammväter des Daoismus.[191]

Vor allem setzt Mengzi sich mit der Kultivierung des *qi* – als der Lebensenergie, die Bedingung der Möglichkeit unseres moralischen Handelns ist – unter Verwendung eines mit einem Begriff im *Neiye* fast identischen Ausdrucks auseinander, nämlich als „flutende", gleichsam „ausufernde" Lebenskraft, *qi (hao ran zhi qi)*, die, wenn sie richtig genährt wird, „zwischen unsichtbarer und sichtbarer Welt" vermittelt, den Raum zwischen Himmel und Erde füllt.[192] Ein solch außergewöhnliches *qi*, sagt Mengzi, „wird [...] durch das Rechte [*yi*] genährt", dessen Maßstab in der „Ruhe des Gemüts" liege.[193] Wir haben es hier mit einer Art von Selbstkultivierung zu tun, die zwar eindeutig eine Verbindung mit der des *Neiye* aufweist, aber auf eine dort nicht vorhandene Weise mit Moral verknüpft ist. Außerdem ist für Mengzi das Herz oder Gemüt die Quelle moralischer, bei richtiger Entwicklung zu Unterscheidungen fähiger Empfindungen, weshalb es etwas enthält, das wir genauso wie für Herz auch für Geist halten würden, obwohl es hier um moralische und nicht primär um kognitive Intelligenz geht. Worauf es ankommt ist also, dass zwar jeder das Potenzial zur Entwicklung eines fortgeschrittenen moralischen Bewusstseins besitzt, dieses sich aber wahrscheinlich nur durch die harte Arbeit moralischer Selbstkultivierung erfolgreich verwirklichen lässt. Das unter dem Druck der Überlebensnotwendigkeit stehende gewöhnliche Volk hat zwar moralische Instinkte, aber weder Zeit noch Kraft für ihre volle Entwicklung. Falls also ein tugendhafter Herrscher auftauchen sollte und „Tugendhaftigkeit", *de*, im archaischen Sinne von nahezu körperlicher Kraft aus-

---

191 Es gibt bei Mengzi, 4B12, einen bündigen Satz (übers. v. Richard Wilhelm, 888–889), der lautet: „Mengzi sprach: ‚Der große Mann bewahrt sein kindliches Herz.'" Mengzi benutzt hier das gängige daoistische Symbol des (Klein)Kindes, allerdings wohl eher unter Betonung des moralischen Potenzials des Kleinkindes als seiner vormoralischen Kraft.

192 *Mengzi* 2A2, übers. v. Richard Wilhelm, 746–747. D. C. Lau meint, dass Mengzi „ein wahrerer Mystiker ist" als Laozi oder Zhuangzi, weil „er nicht nur glaubt, dass ein Mensch die Einheit mit dem Universum durch Vervollkommnung seiner moralischen Natur erlangen kann, sondern auch unbedingtes Vertrauen in die moralische Zweckhaftigkeit des Universums hat". *Mencius*, 46.

193 *Mengzi* 2A2, übers. v. Richard Wilhelm, 744–747.

strahlt, dann kann das Volk darauf ansprechen. Ansonsten ist der Edle, dessen Tugendhaftigkeit in Reichtum und Armut erhalten bleibt, ihr Bewahrer.

Im Laufe seiner Auseinandersetzung mit zentralen moralischen Fragen nimmt Mengzi wiederholt auf den Himmel Bezug. Solche Bezugnahmen finden sich auch in daoistischen Texten und von ihnen wird häufig angenommen, dass sie schlicht und einfach zu einer anderen Art und Weise geworden sind, sich auf Natur oder vielleicht auch auf *die* Natur zu beziehen. Obwohl durchaus Naturalisierungstendenzen bestehen, weist der Konfuzianismus im Allgemeinen, aber mit Sicherheit bei Mengzi ein entschiedenes theistisches Element auf.[194] Eine Schlüsselstelle lautet wie folgt:

> „Mengzi sprach: ‚Wer seiner Seele auf den Grund kommt, der erkennt sein eigentliches Wesen. Erkenntnis dieses eigentlichen Wesens ist Gotteserkenntnis. Wer seine Seele bewahrt, der nährt sein eigentliches Wesen und dient dadurch Gott. Früher Tod oder langes Leben machen für ihn keinen Unterschied. Er veredelt sein Leben und erwartet, was kommt. Dadurch verwirklicht er das ihm bestimmte Geschick.'"[195]

Mengzi war bereit, das Urteil des Himmels darüber zu akzeptieren, wann ein neues, besseres Zeitalter anbrechen würde, in dem ein tugendhafter König bzw. ein König, der in der Lage war, die Ratschläge tugendhafter Berater anzunehmen, das Reich vereinen und dem Volk in materieller und moralischer Hinsicht ein besseres Leben ermöglichen würde. Tatsächlich sollte die Vereinigung Chinas nicht auf diese Weise erfolgen, aber das Ideal, für das Mengzi stand, geriet in der Folge nie wieder in Vergessenheit. Als Zusammenfassung seiner Lehre werde ich die vielleicht berühmteste Stelle aus dem *Mengzi* zitieren, von der es eine besonders gekonnte Übersetzung von Arthur Waley ins Englische gibt und die Richard Wilhelm so ins Deutsche übersetzt hat:

> „Die Wälder auf dem Kuhberg waren einstens schön. Aber weil er in der Nähe der Markung einer Großstadt lag, wurden sie mit Axt und Beil gefällt. Konnten sie da schön bleiben? Doch wirkte Tag und Nacht die Lebenskraft, Regen und Tau feuchteten den Boden; so fehlte es denn nicht, daß neue Triebe und Sprossen wuchsen. Da kamen die Rinder und Schafe dahinter und weideten sie ab. Nun steht er kahl da. Und wenn die Menschen ihn in seiner Kahlheit sehen, so meinen

---

[194] Benjamin Schwartz erinnert uns daran, dass genau diese Gegenüberstellung einer naturalistischen und einer theistischen Interpretation des Himmels „ein Gegensatz ist, den wir dem Text aufnötigen". *World of Thought,* 289. Überhaupt ist Schwartz' Auseinandersetzung mit der religiösen Dimension des frühchinesischen Denkens besonders ausgewogen.

[195] *Mengzi* 7A1, übers. v. Richard Wilhelm, 1040–1041.

sie, er sei niemals mit Bäumen bestanden gewesen. Aber wie will man behaupten, das sei die Natur des Berges?

Und ganz ebenso verhält es sich mit den Menschen. Wie kann man sagen, daß sie nicht Liebe und Pflicht in ihrem Herzen haben? Aber wenn einer sein echtes Herz verloren gehen läßt, so ist das gerade, wie wenn Beil und Axt in den Wald kommen. Wenn er Morgen für Morgen es verwüstet, kann es da gut bleiben? Doch das Leben wächst weiter Tag und Nacht; in der Kraft der Morgenstunden werden seine Neigungen und Abneigungen denen der anderen Menschen wieder ähnlich. Aber wie lange dauert's, dann schlagen seine Tageshandlungen sie wieder in Fesseln und zerstören sie. Wenn so seine besseren Regungen immer wieder gefesselt werden, so ist schließlich die Kraft der Natur nicht mehr stark genug, sie zu erhalten, und er sinkt herunter auf eine Stufe, da er vom Tier nicht mehr weit entfernt ist. Wenn nun die Menschen sein tierisches Wesen sehen, so meinen sie, er habe niemals gute Anlagen gehabt. Aber wie will man behaupten, das seien die wirklichen Triebe des Menschen?

Darum: es gibt nichts, das nicht wachsen würde, wenn ihm seine rechte Pflege zuteil wird, und es gibt nichts, das nicht in Verfall geriete, wenn es der rechten Pflege entbehren muß."[196]

Xunzi

Xunzi ist der dritte große konfuzianische Denker aus der Zeit der Streitenden Reiche, der Konfuzius und Mengzi vom Rang ebenbürtig ist, auch wenn seine Reputation mehr Höhen und Tiefen durchlaufen hat als ihre. Das relativ gut erhaltene Buch, das seinen Namen trägt, unterscheidet sich darin von seinen großen konfuzianischen Vorläufern, dass es sich nicht vorrangig um eine Sammlung von Anekdoten und Dialogen handelt, sondern von gutbegründeten Essays, in denen die wesentlichen Fragen des Denkens in der Zeit der Streitenden Reiche behandelt wurden und die Xunzis eigene Position in kritischer Reaktion auf die meisten anderen bedeutenden Denker der Zeit absteckten. David Nivison meint, er sei „der erste chinesische Philosoph, den man im modernen Sinne des Wortes als ‚akademisch' bezeichnen könnte", und A. C. Graham merkt an, dass „kein anderer Denker vor der Han-Dynastie die ganze Palette seiner grundlegenden Gedanken auf so schlüssige Weise in gutbegründeten Essays untergebracht hat".[197] Chronologisch gesehen, bringt Xunzi die Zeit der Streitenden Reiche zum Abschluss: Mutmaßungen über seine Lebensdaten zufolge

---

[196] Ebd., 990–993. Dieses Gleichnis wurde auf Arthur Waleys Beerdigung vorgetragen.

[197] Nivison, „*The Classical Philosophical Writings*", 791; Graham, *Disputers of the Tao*, 237. John Knoblock geht noch weiter, wenn er sagt: „Das Wissensgebiet, das Xunzis Denken abdeckt, überschreitet das jedes anderen altchinesischen Denkers; im

wurde er in dem Jahr geboren, in dem möglicherweise Mengzi starb, nämlich 310, und ist er im Jahr 215 gestorben, also sechs Jahre nachdem die Qin-Dynastie das Reich vereinigt hatte. So wie Mengzis Leben den größten Teil des vierten Jahrhunderts umfasst hatte, erstreckte sich Xunzis Leben über einen Großteil des dritten.

Die sozialen Bedingungen, denen Xunzi sich im dritten Jahrhundert gegenübersah, waren eher noch schlechter als die Bedingungen, die Mengzi im vierten vorgefunden hatte, und er setzt die Tradition der scharfen Gesellschaftskritik fort. Obwohl er eine hierarchische Gesellschaftsordnung vertrat, die großen Nachdruck auf die Pflichten von Niedrigstehenden gegenüber Höhergestellten legte, und er sich wie alle Konfuzianer keine gute Gesellschaftsordnung ohne Monarchie und die lenkende Hand einer ethischen Elite vorstellen konnte, war für ihn, wie für Mengzi, nach wie vor das Volk das Barometer für die Legitimität eines Herrschers:

> „er nimmt Tölpel in Dienst, um die Intelligenten zu belehren, er nimmt Untaugliche in Dienst statt der Tüchtigen. In der Sorge für den Unterhalt des Volkes ist er lässig und eng, bereitet dagegen dem Volke durch seine Forderungen viel Mühsal und Plage. Aus diesen Gründen schätzt ihn das Volk so gering wie es die Hexen schätzt, hat einen Ekel vor ihm wie vor Gespenstern, es paßt immer auf, um eine schwache Stelle an ihm zu entdecken, und alle sind sich einig in der Opposition zu ihm, um ihn zu vertreiben."[198]

Wenn die Herrscher „sich nicht gern mit der Ordnung dessen abgeben, was sie bereits besitzen, sondern begierig stets nach dem aus sind, was andere haben", führe dies zu einer drückenden Steuerlast auf Seiten des Volkes, das dazu gezwungen werde, ihre verschwenderischen Pavillons und Parks zu bauen, und Wehrdienst in ihren Kriegen ableisten müsse, und bringe dies schließlich ihre Staaten in Gefahr.[199] Wenn jemand auf Sicherheit bedacht sei, „gibt es nichts Besseres für ihn, als für eine ausgeglichene Regierung zu sorgen und auf das gewöhnliche Volk Rücksicht zu nehmen." Solche Art von Überlegungen veranlassen Xunzi dazu, ein „überliefertes Wort" zu zitieren, das besagt: „Der Herrscher ist das Boot, die gewöhnlichen Leute sind das Wasser. Das Wasser kann das Boot tragen, kann es aber auch umkippen."[200]

Westen kommt ihm lediglich Aristoteles gleich." Knoblock, *Xunzi: A Translation and Study of the Complete Works,* Bd. 3, Stanford: Stanford University Press, 1994, vii.

198 *Xunzi* (*Hsün-tzu,* übers. v. Hermann Köster, Kaldenkirchen: Steyler Verlag, 1967), 147–148.

199 Ebd., 148.

200 Ebd., 93.

Aus dem Gedanken, dass das Volk die Basis und der Herrscher nur dann legitim sei, wenn er für das Volk sorge, schließt Xunzi genauso wenig wie andere frühchinesische Denker nicht, dass eine neue institutionelle Ordnung erforderlich ist, der zufolge das Volk in Sachen seiner eigenen Regierung ein Wörtchen mitzureden habe. Die Daoisten spielen mit dem Gedanken einer völligen Regierungslosigkeit, aber die einzige praktische Möglichkeit, diesem Rezept zu folgen, bestand darin, sich aus der Gesellschaft zurückzuziehen und Eremit zu werden. Xunzi und andere Konfuzianer waren der Ansicht, dass die Vorstellung eines sich selbst regierenden Volkes zur Anarchie verleiten würde. In Xunzis Augen ergibt sich der Gedanke, dass die Natur des Menschen *(xing)* böse sei – was man vielleicht eher so übersetzen sollte, dass die Natur des Menschen schlecht sei, weil es den Gedanken des radikal Bösen im alten China nicht gab –, aus seinem Gefühl, dass unsere Natur in erster Linie aus einer großen Zahl unersättlicher Begierden bestehe und dass es ohne Regierung zu so etwas wie einem Hobbesianischen Krieg aller gegen alle käme, da jeder versuchen würde, seine Begierden auf Kosten der anderen zu befriedigen. Möglicherweise wirkte Mengzis schlichter Gedanke, dass die Natur des Menschen neben einer großen Zahl von Begierden zumindest Ansätze zu moralischen Regungen enthielte, unter den harten Bedingungen des dritten Jahrhunderts in Xunzis Augen zu optimistisch. Für ihn bestand das Geheimnis der moralischen Entwicklung in äußerer Disziplin, aber in seinen Augen musste auch etwas im Inneren eine solche Disziplin nachvollziehen und wollen.

Dass Xunzi Mengzis Gedanken, die „Natur des Menschen sei gut", ablehnte, hat seiner Reputation auf lange Sicht wahrscheinlich mehr geschadet als alles andere, und aus dieser Frage ist sowohl unter chinesischen als auch unter westlichen Gelehrten ein Berg von Forschungsliteratur erwachsen. Ich kann hier nur versuchen, Xunzis Position nachzuvollziehen, ohne in die Kontroverse in ihrer ganzen Komplexität einzusteigen.[201] Wenn man Xunzis Position nachvollziehen will, besteht das grundlegende Problem darin, wie eigentlich überhaupt jemand tugendhaft werden soll, wenn wir von Natur aus „böse" sind. Für sich genommen, hat Mengzi dasselbe Problem, denn wenn vernachlässigte moralische Regungen schnell verkümmern, wer sollte dann noch motiviert sein, sie zu pflegen? In beiden Fällen ist das Herz bzw. Herz / Geist *(xin)* die Lösung, aber diese Lösung wirft neue Fragen auf. Für Mengzi scheint das Herz die Quelle moralischer Intuitionen zu sein, in deren Macht es steht, die moralischen Regungen in der Natur des Menschen zu nähren, bis sie durch Selbstkulti-

---

201 Die beste Darstellung dieses Themas bei Xunzi, die ich kenne, ist von Paul Rakita Goldin, *Rituals of the Way*, Chicago: Open Court, 1999, 1–13 und 72–81.

vierung eine genuin moralische Person, einen *junzi* bzw. Edlen, hervorbringen, der wiederum andere unterweisen kann. Wie wir gesehen haben, hat er diesen Gedanken möglicherweise aus dem protodaoistischen *Neiye* übernommen.

A. C. Graham behauptet, Xunzis Vorstellung vom Herzen verdanke sich Zhuangzi – abgesehen davon, dass sie über eine tiefreichende moralische Intuition verfüge, die Zhuangzi nicht beobachtet habe. Er zitiert aus Kapitel 21 des *Xunzi*:

> „Wodurch aber erkennt man das Dao? Antwort: Durch das Herz. Wie aber erkennt das Herz (das Dao)? Indem es leer wird, indem es sich sammelt (sich konzentriert) und indem es in Ruhe verharrt. Was ich hier Leere nenne, das gibt es, trotzdem das Herz immerzu (Wahrnehmungen) aufspeichert. Was ich Gesammeltsein (Konzentration) nenne, das gibt es, trotzdem das Herz immerzu auf die mannigfaltigsten Dinge gerichtet ist. Was ich hier Ruhe nenne, das gibt es, trotzdem das Herz immerzu in Bewegung ist.
>
> Solange der Mensch lebt, macht er Wahrnehmungen; diese Wahrnehmungen werden behalten, denn das Gedächtnis besteht im Aufspeichern. Trotz dieses Aufspeicherns gibt es das, was ich eben Leere nannte, wenn nämlich durch das Aufspeichern der vergangenen Wahrnehmungen die Aufnahme neuer nicht behindert wird. Solange der Mensch lebt, macht er Wahrnehmungen und diese Wahrnehmungen sind ganz verschiedenartig. Diese verschiedenartigen Wahrnehmungen werden zu gleicher Zeit gemacht, und dieses zu gleicher Zeit verschiedenartige Wahrnehmen nannte ich oben Mannigfaltigkeit (der Wahrnehmungen). Und trotz dieser Mannigfaltigkeit gibt es auch das, was ich oben Gesammeltsein (Konzentration auf eines) nannte, wenn nämlich die eine Wahrnehmung die andere nicht behindert.
>
> Mit unserem Herzen verhält es sich folgendermaßen: Wenn der Mensch schläft, hat er Träume; wenn er sich behaglich fühlt, dann läßt er seine Gedanken spazierengehen; wenn ihm Aufgaben gestellt werden, dann macht er Pläne. So ist das Herz immerdar in Bewegung. Und doch gibt es das, was ich Ruhe nannte, wenn nämlich die Träume und die ganze Geschäftigkeit des Herzens das Wahrnehmen nicht durcheinander bringen.“[202]

Diesen Abschnitt könnte man als einen Versuch betrachten, die erstaunlichen Fähigkeiten des Geistes nachzuvollziehen, und Nivison schlägt vor, *xin* bei Xunzi „als *Geist* und nicht mehr als Geist-Herz“ zu verstehen,[203] doch Köster übersetzt *xin* hier weiter mit Herz – womöglich können wir nie sicher sein, ob mit *xin* tatsächlich nur das eine Ende des Herz-Geist-Kontinuums gemeint ist.

Mit einer anderen Metapher ausgedrückt, die über eine lange Geschichte verfügt, ist der Geist für Xunzi wie unbewegtes Wasser: Er kann

---

[202] *Xunzi*, übers. v. Hermann Köster, 276.

[203] Nivison, „*The Classical Philosophical Writings*“, 792. Kursivierung im Original.

die Wirklichkeit vollkommen widerspiegeln und uns zur Moral führen. Doch Wasser gerät leicht in Unruhe, sodass der Geist kein unfehlbares Instrument darstellt – nur der richtig geschulte Geist wird uns in die richtige Richtung führen.[204] Xunzi hebt die weisen Könige Yao, Shun und Yu, besonders aber die „späteren Könige", die Begründer der Zhou-Dynastie, weil wir über sie am meisten wüssten, dafür in den Himmel, dass sie die Dinge richtig verstanden hätten und ihre Beispielhaftigkeit für alle Zeiten Gültigkeit behalten werde. Man könnte also meinen, die Weisen seien so etwas wie außergewöhnliche Wesen gewesen, die sich auf irgendeine Weise von den gewöhnlichen Menschen unterschieden, doch Xunzi bemüht sich, uns von diesem Gedanken abzubringen:

> „dann ist es offensichtlich, daß jeder x-beliebiger Mensch ein Yu werden kann. Wenn also ein x-beliebiger Mensch sich das Programm (der wahren Philosophie, d.i. das Dao) zu eigen macht, sich dem Lernen widmet, ganzen Herzens sich auf (dieses) eine Ziel konzentriert, im Nachdenken und Sich-prüfen Tag für Tag fortfährt, sich immer wieder ohne Unterlaß dem Guten zuwendet, dann kommt er in unmittelbaren Kontakt mit den Geistern und Göttern und steht als Dritter im Bunde neben Himmel und Erde da. Ja, ein Weiser wird eben ein Weiser durch das ständige Wiederholen (d.h. durch sein Bemühen um das Gute)."[205]

Wie es scheint, kann jeder, der seinen Geist richtig benutzt und sich nicht auf seine angeborenen Gefühle, auf seine Natur *(xing)*, verlässt, wie Mengzi gemeint hatte, ein Weiser, ein moralisches Musterbeispiel werden, wenn er sich nur lange genug bemüht. Aber trotzdem: Wie kommen auf einmal der „Kontakt mit den Geistern und Göttern" und ein „Dritter im Bunde neben Himmel und Erde" ins Spiel?

Genauso wie es ein Problem mit der Übersetzung von *xin* als „Herz" oder „Geist" gibt, wirft die Übersetzung von *tian* als „Himmel" oder „Natur" Probleme auf. In Kapitel 17, „Über den Himmel",[206] bemüht Xunzi sich, zwischen dem, was wir natürliche Ereignisse nennen würden, und den moralischen Normen der Menschen zu unterscheiden. Das heißt, böse Herrscher verursachen nicht unbedingt Erdbeben oder andere Naturkatastrophen; denn Xunzi beharrt darauf, dass „unheilandeutende Zeichen beim Menschen" – wie böse Regierungen, die für die Vernachlässigung der Äcker und dafür verantwortlich sind, dass Menschen am Straßenrand sterben – in Wirklichkeit Vorzeichen für den Untergang von Staaten seien. Wir haben es hier mit einer Ablehnung dessen zu tun, was Max Weber

---

204 Vgl. *Xunzi*, übers. v. Hermann Köster, 279.
205 Ebd., 311.
206 Ebd., 214.

„magisch" nennen würde, aber nicht unbedingt mit dem Aufkommen eines „säkularen" Blicks auf die Natur. Die Triade Himmel – Erde – Mensch deutet auf eine kosmologische Resonanz hin, sodass die Wohlgeordnetheit der menschlichen Belange im Einklang mit dem Himmel steht:

> „Wo die Aufgabe des Himmels bestimmt, das Wirken des Himmels zum Abschluß gekommen ist, die Körperform fertig und der Geist geboren ist, dort finden Zu- und Abneigungen, Wohl- und Mißgefallen, Trauer und Freude ihre Bleibe; all diese nennt man Himmelsgefühle (vom Himmel gegebene). Von (Himmelsbeamten, d. i.) natürlichen Organen spricht man beim Ohr, Auge, bei der Nase und dem Mund, welche alle miteinander Fähigkeiten des Körpers sind; jedes dieser Organe hat je sein eigenes Objekt, und untereinander können sie sich nicht gegenseitig vertreten. (Himmelsherrscher, d. i.) von der Natur aufgestellten Herrscher nennt man das Herz [*xin*], welches ja in der mittleren Leere wohnt, von wo aus es die fünf Organe in Ordnung hält."[207]

Wie es scheint, ist das Herz / der Geist auf die gleiche Weise (himmlischer) Herr über die körperlichen Vermögen wie der Himmel Herr über den Kosmos und der König Herr über den Staat ist. Wir haben hier eine Resonanz vor uns, die nicht magisch, im chinesischen Kontext aber mit Sicherheit religiös ist.

An manchen Stellen scheint Xunzi *xin* für kalkulierend und abwägend zu halten, als erkenne es, dass eine Störung der Ordnung den Menschen schadet und Ordnung ihnen nützt, sodass die Errichtung der moralischen Ordnung eine Möglichkeit ist, Anarchie und Gewalt zu überwinden, und damit ein utilitaristisches Gut. Doch auf einer tieferen Ebene geht Xunzi ziemlich eindeutig davon aus, dass Moral an sich gut ist und das eigentliche Wesen unseres Menschseins ausmacht:

> „Feuer und Wasser haben zwar den Grundstoff [*qi*], aber kein Leben [*sheng*]. Kräuter und Bäume haben zwar Leben, aber kein Erkennen [*zhi*]. Vögel und (Land)tiere haben zwar Erkennen, aber keinen Sinn für das, was sich schickt und was sich gehört [*yi*]. Der Mensch (allein) hat jenen Grundstoff, hat Leben, hat Erkennen und überdies noch Sinn für Schicklichkeit; darum ist er das wertvollste Wesen auf der Welt."[208]

---

[207] Ebd., 216. Eine kluge Erörterung der verschiedenen Bedeutungen von *tian* bei Xunzi hat Robert Eno in *The Confucian Creation of Heaven* vorgelegt. Er betont, dass sie das ganze Bedeutungsspektrum zwischen Naturalismus und Theismus abdecken. Siehe Kap. 6, „Ritual as a Natural Art: The Role of T'ien in the *Hsun Tzu*", 131–169.

[208] *Xunzi*, übers. v. Hermann Köster, 100. Die chinesischen Begriffe wurden in die Übersetzung eingefügt.

Als moralischer Mensch stellt der Edle keine Kalkulationen aus Eigeninteresse an; vielmehr verspürt er die tiefe Verpflichtung, das Richtige *(yi)* zu tun:

> „Wo es um die Gerechtigkeit [*yi*] geht, den Kopf nicht vor der Macht zu senken und keine Rücksicht auf den eigenen Vorteil zu nehmen, nicht seine Ansichten zu ändern, auch wenn einem das ganze Land angeboten würde (zwecks Bestechung durch Macht), den Tod nicht leichtzunehmen, aber an der Gerechtigkeit festzuhalten und sich nicht zu beugen, – das ist die Tapferkeit eines Scholaren [*shi*] und Edlen [*junzi*]."[209]

Sogar ohne Ansätze von Tugend in der eigenen Natur besitzt das Herz die Fähigkeit und die Unabhängigkeit, mit genauso großer Sicherheit autonome Urteile zu fällen wie ein Kantianer:

> „Das Herz [*xin*] ist der Fürst des Körpers und Herr über die göttliche Klarheit (den Geist). Es erteilt Befehle, empfängt aber von niemandem welche. Es verbietet und gebietet selbst, es verwirft und wählt selbst, es wird von selbst aktiv, es stellt von selbst seine Aktivität ein. Deshalb kann zwar der Mund gezwungen werden, zu schweigen oder zu sprechen, und der Körper, sich zu beugen oder zu strecken, aber das Herz kann nicht gezwungen werden, seine Ansicht zu ändern. Wenn es etwas für richtig findet, dann nimmt es dies an, und wenn es etwas für falsch findet, dann lehnt es dies ab. Deshalb heißt es: *Das Herz ist in seiner Wahl nicht eingeschränkt.* Es betrachtet alles selbst. Und mögen seine Gegenstände auch vielfältig und komplex sein, so ist es selbst im Innersten seines Wesens doch einheitlich."[210]

Trotzdem wird das Herz weder Launenhaftigkeit noch Willkür an den Tag legen, wenn es richtig kultiviert worden ist: Es wird den wahren Weg und die Rituale [*li*] erkennen, die ihn verkörpern – es wird nicht vom Beispiel der weisen Könige abweichen, „[d]aß die Tradition [*li*] der Gipfel des rechten Weges für die Menschen ist".[211]

Die eher autoritäre Seite des *Xunzi* habe ich hier nicht in den Vordergrund gestellt, seine Bereitschaft, in einem Alter, wenn eine Führung alleine durch rituelle Traditionen nicht realistisch zu sein scheint, auf Strafen zurückzugreifen, ja sogar mit weniger edlen Herrschern Kompromisse zu schließen, wenn sie zum gegebenen Zeitpunkt das kleinere Übel sind. Wir dürfen auch nicht vergessen, dass zwei der größten Legalisten, Han Fei und Li Si, seine Schüler waren, so sehr sie seine Lehre sowohl dem Buchstaben als auch dem Geiste nach auch verraten haben mögen. Zudem gilt der Gedanke, dass Moral bei Xunzi nicht von innen kommt, sondern lediglich

---

209 *Xunzi*, Kap. 4, übers. v. Heiner Roetz, *Die chinesische Ethik der Achsenzeit,* 283.
210 Ebd., Kap. 21, 256–257.
211 *Xunzi*, übers. v. Hermann Köster, 247.

von außen auferlegt werden kann, was eine Halbwahrheit ist, wie wir gesehen haben, gemeinhin als „konservativ".

Gleichwohl hat Xunzi einige der radikalsten Gedanken geäußert bzw. unterstrichen, die sich überhaupt im frühchinesischen Denken finden, vor allem: „Dem Dao zu folgen und nicht dem Fürsten, der Gerechtigkeit zu folgen und nicht dem Vater."[212] Angesichts des großen Nachdrucks, der im Konfuzianismus der Kaiserzeit auf den Gehorsam gegenüber Herrschern und Vätern gelegt wird, der verlangt, dass man gegenüber solchen Höhergestellten Einwände erhebt, ihnen aber niemals den Gehorsam verweigert, wenn man nicht ihrer Meinung ist, wirkt dieser kurze Satz geradezu revolutionär.[213] Eine weitere hierarchische Beziehung von zentraler Wichtigkeit für die konfuzianische Tradition ist die zwischen Lehrer und Schüler. Doch Xunzi unterwirft sogar dieses Verhältnis, sich eingeschlossen, dem folgenden unumstößlichen ethischen Maßstab:

> „Wer also mich kritisiert und dabei recht hat, der ist mein Lehrer. Und wer mir zustimmt und dabei recht hat, der ist mein Freund. Wer mir aber schmeichelt, der schadet mir."[214]

Wie wir beim „x-beliebigen Menschen" gesehen haben, sind solche hohen ethischen Maßstäbe weder leicht noch „von Natur aus" zu erreichen. Man muss hart an sich arbeiten, um eine moralische Person zu werden, und in den Augen von Xunzi – wobei er einen Punkt hervorhebt, der für die *Gespräche* zentraler ist als für den *Mengzi* – muss man dafür lernen, die Klassiker lesen und benötigt man die Hilfe eines verdienstvollen Lehrers, der einem Ansporn sein und den Weg weisen kann. Eine von Xunzis Leistun-

---

212 *Xunzi*, Kap. 29, übers. v. Heiner Roetz, 106. Köster übersetzt den Titel von Kapitel 29 mit „Der rechte Weg für Söhne". Dieses kurze Kapitel ist überhaupt bemerkenswert. Einige haben angenommen, dass dieses wie auch andere späte Kapitel von Schülern angehängt wurden, aber John Knoblock (*Xunzi: A Translation and Study of the Complete Works*, 3 Bde., Stanford: Stanford University Press, 1994) glaubt, dass es sich um Lehrtexte in der konfuzianischen Tradition handelt, die Xunzi mit seinen Studenten las.

213 Man kann sich vorstellen, wie Yamazaki Ansai die Haare zu Berge gestanden haben, falls er jemals diese Aussage gelesen hat. Ansai war der Begründer des absolutistischen Konfuzianismus im Japan der Tokugawa-Zeit. Herman Ooms zufolge hat er jegliche Vorstellung, einem Höhergestellten müsste nicht Gehorsam geleistet werden, aus der konfuzianischen Tradition „ausradiert". Siehe Herman Ooms, *Tokugawa Ideology: Early Constructs, 1570–1680*, Princeton: Princeton University Press, 1985, 247.

214 *Xunzi*, Kap. 2, übers. v. Heiner Roetz, *Die chinesische Ethik der Achsenzeit*, 358. Roetz macht auf die Parallele zu Aristoteles' Aussage aufmerksam, er liebe seinen Lehrer (Platon), die Wahrheit aber liebe er noch mehr.

gen bestand darin, dass er die Zentralität der Klassiker und die Notwendigkeit des ständigen Lernens unterstrichen hat, was in die Tradition einging, auch wenn Xunzi selbst ziemlich in Vergessenheit geriet. Und von den Dingen, die gelernt werden mussten, war nichts so wichtig wie Rituale *(li)* und Musik *(yue)*. Ausführungen über diese Themen gehören zu den wichtigsten Teilen des *Xunzi*.

Kapitel 19 widmet Xunzi dem Ritual *(li)* und wie zu erwarten war, enthält es viele Details über die richtigen Rituale, vor allem über die Opferrituale, die auf verschiedenen Ebenen von Herrschern durchgeführt wurden, und über die Begräbnisrituale für Herrscher und andere. Rituale in diesem Sinne sind die Weiterführung früher, in den „großen zeremoniellen Diensten" enthaltener ritueller Vorstellungen, die im *Zuozhuan* erörtert werden und die wir im ersten Teil dieses Kapitels erwähnt haben. Aber Kapitel 19 enthält außerdem eine allgemeinere Auseinandersetzung mit dem Ort von Ritualen im Leben der Menschen, die sogar so etwas wie einer Ritualtheorie nahekommt, und ist deshalb eine der ergiebigsten Quellen für das Ritualverständnis im frühchinesischen Denken.[215]

Xunzi beginnt das Kapitel mit einer Erörterung der menschlichen Begierden, die umfassend und unersättlich sind, wie wir festgestellt haben, und Ursache von Chaos und Gewalt sein werden, wenn sie nicht in die Schranken einer Ordnung gewiesen werden. Die weisen Könige haben die Rituale jedoch nicht eingeführt, um die Begierden zu unterdrücken, sondern um sie zu steuern, sodass ihnen auf die richtige Weise Genüge getan werden kann. Xunzis Äußerung zu diesem Punkt ist unmissverständlich: „die überlieferten Verhaltensweisen *(li)* bringen Befriedigung."[216] Natürlich besteht Xunzi darauf, dass jeder Rang in der Gesellschaft über eigene, ihm angemessene Rituale verfügt, sodass die rituelle Ordnung die soziale Hierarchie bekräftigt, die alle frühchinesischen Denker mit Ausnahme der Daoisten für naturgegeben hielten.

Xunzis Beschreibung, wie Rituale wirken, erreicht eine Eindringlichkeit, aus der gereimte Verse erwachsen, die so etwas wie eine kosmologische Hymne auf die Auswirkungen des Rituals zu sein scheinen:

---

[215] Robert F. Campany vergleicht Xunzis Ritualtheorie mit der von Durkheim und findet sie genauso gut durchdacht, wobei er viele Entsprechungen sieht. Siehe seinen Beitrag „Xunzi and Durkheim as Theorists of Ritual", in: *Discourse and Practice*, hrsg. v. Frank Reynolds und David Tracy, Albany: SUNY Press, 1992, 197–231.

[216] *Xunzi*, übers. v. Hermann Köster, 242. In einer Fußnote macht Köster darauf aufmerksam, dass das Wort *yang*, das er hier mit „Befriedigung bringen" übersetzt, eigentlich nähren, ernähren, pflegen u. ä. bedeutet.

> „Alle traditionellen Formen haben in der rohen (ungeschlachten) Natur ihren Anfang, vollenden sich im (Zustandekommen einer feinen Form) d. i. Zivilisation, und ihr Ende ist frohe Zufriedenheit. Am besten erscheinen die traditionellen Verhaltensweisen, wenn beide, die natürlichen Gefühle und die feine Form je vollständig zur Geltung kommen. [...] (Wenn die Tradition eingehalten wird), dann stimmen Himmel und Erde überein (d. i. der Kosmos befindet sich in Harmonie), Sonne und Mond leuchten mit ihrem Licht, die vier Jahreszeiten halten ihre Ordnungsfolge ein, alle Sterne ziehen (ordentlich) ihre Bahn, der Blaue Strom und der Gelbe Fluß fließen (in ihrem Bette) dahin, sämtliche Dinge auf der Erde gedeihen, Zu- und Abneigung der Menschen halten sich in Form und Maß, Freude und Zorn entzünden sich am passenden Objekt."[217]

Paul Goldin weist auf Folgendes hin: „Es gibt nur einen Weg. Die weisen Könige sind seiner gewahr geworden und ihre Rituale verkörpern ihn. Es gibt keinen anderen Weg, und keine andere Ritualkonstellation, die dem Weg entspricht. Durch den Weg spielt überdies der Himmel eine Rolle in unserem Leben."[218] Goldin vergleicht Xunzis Gedanken des vom Himmel gewährten, von den Ritualen verkörperten Weges mit dem westlichen Gedanken des von Gott gewährten Naturrechts.[219]

Xunzi zufolge sind Rituale nicht logisch und können deshalb nicht durch oberflächliche Theorien widerlegt werden.[220] Das Verständnis der Rituale verlangt ein fortgeschrittenes Stadium der Selbstkultivierung, weshalb nur der Weise sie vollständig versteht: „Nur weise Männer können sie [die Opferzeremonien] verstehen. Die weisen Männer haben klare Einsicht darin, die beamteten Edlen führen sie (die Opfer) aus, alle Beamten halten sie für etwas, was unbedingt einzuhalten ist, und alle Sippen übernehmen sie als ihre Gewohnheiten."[221] Aber gute Gewohnheiten sind moralische Gewohnheiten, und Xunzi lässt keinen Zweifel daran, dass Herrschen durch Strafen das gemeine Volk zu dem Versuch verleitet, dem Gesetz lediglich dem Buchstaben nach zu gehorchen, wohingegen Herrschen durch Rituale in ihm den Wunsch nach Moral weckt.

Kapitel 20 ist der Musik gewidmet, und da diese häufig ein Paar mit Ritualen bildet, teilt sie viele von deren Wesenszügen. Auch sie beruht auf Gefühlsregungen und ist mit der Ausbildung von Gefühlen verbunden. Bei der Musik ist das zentrale Gefühl allerdings Freude: „Musik besagt Freude", lautet der Kapitelanfang.[222] Zu beachten ist, dass dasselbe Schrift-

---

217 *Xunzi*, übers. v. Hermann Köster, 246.
218 Goldin, *Rituals of the Way*, 73.
219 Ebd., 105.
220 *Xunzi*, übers. v. Hermann Köster, 247.
221 Ebd., 259.
222 Ebd., 261.

zeichen als „Musik“ oder als „Freude“ gelesen werden kann, was gelegentlich zu in manchen Fällen möglicherweise absichtlichen Uneindeutigkeiten führt, welches Wort gemeint ist. Zu Beginn des Kapitels schreibt Xunzi: „der Mensch kann nicht ohne Musik sein“, was man auch als „der Mensch kann nicht ohne Freude sein“ lesen könnte. Für ein erfülltes menschliches Leben ist Musik jedenfalls wesentlich, und Xunzi spottet über die Mohisten, die anders denken. Da Rituale fast immer sowohl mit Musik als auch mit Tanz verbunden sind, bestehen zwischen beiden beträchtliche Überlappungen, sodass Xunzis Ritualtheorie zu weiten Teilen auch für die Musik gilt.

Sowohl Ritual als auch Musik müssen erlernt werden, um Extreme wie Zügellosigkeit oder (besonders im Fall von Begräbnissen) Selbstgeißelung zu vermeiden, die zu körperlichen Verletzungen führt. Gefordert ist die Mitte, und Wissen trägt dazu bei, dass wir die Mitte ausfindig machen können. In Xunzis Augen ist Moral in keinem Bereich „natürlich“, sondern stellt sich erst ein, wenn man angestrengt und unermüdlich gelernt und ein Verständnis der großen Musterbeispiele der Vergangenheit erlangt hat.[223] Philip Ivanhoes Auseinandersetzung mit der moralischen Selbstkultivierung bei Xunzi endet mit einer Stelle aus Kapitel 1:

> „Ich habe zuweilen einen ganzen Tag nachgedacht [*si*], und doch kam es nicht heran an das, was ich in kurzer Zeit (vom Lehrer) lernte [*xue*]. Um weit sehen zu können, habe ich mich auf die Zehenspitze gestellt, und doch war die Weite des Blickfeldes nicht zu vergleichen mit der von einer Anhöhe aus.“

Ivanhoe hebt hervor, dass die Anhöhe das „Gebäude der Kultur“ sei und dass ihr Erklimmen auf „den steilen und holprigen Pfad des Lernens“ führe, doch dass einem in der Folge „ein umfassender und unvergleichlicher Ausblick gewährt“ werde.[224]

Ich habe in diesem Kapitel eine ganze Reihe von Themen abgehandelt, aber bevor ich zum Ende komme, ist nach meinem Eindruck ein Warnhinweis erforderlich. In den sich mit dem alten Israel und dem alten Griechen-

---

[223] Heiner Roetz meint, dass in Xunzis Zurückweisung unserer Natur als Quelle unserer besseren Gefühle eher eine Absage an die Daoisten als an Mengzi liege: Die Natur „zur Norm zu erheben ist nicht nur ein Verrat an der Moral, sondern am Menschen selber, der zurück in ein Tierreich gestoßen würde, in dem er, anders als in den daoistischen Utopien, nicht überleben kann.“ *Die chinesische Ethik der Achsenzeit*, 358–359.

[224] Ivanhoe, *Confucian Moral Self Cultivation*, 37. Vergleiche *Xunzi*, übers. v. Hermann Köster, 2.

land beschäftigenden Kapiteln 6 und 7 schienen wir relativ festen Boden unter den Füßen zu haben. Von gebildeten Abendländern wird erwartet, dass sie etwas über die Hintergründe dieser beiden Kulturen wissen. Viele von ihnen lesen klassisches Griechisch oder Hebräisch. Relativ wenige von ihnen lesen klassisches Chinesisch. Selbst unter den gebildeten Ostasiaten lesen nur wenige klassisches Chinesisch. In Reaktion auf den Vorwurf, klassisches Chinesisch sei eine „ungenaue" Sprache, hat A. C. Graham, einer der größten Gelehrten des frühchinesischen Denkens des 20. Jahrhunderts, im Jahr 1961 geschrieben: „Die meisten westlichen Sinologen (ich eingeschlossen) lesen literarisches Chinesisch, können es aber nicht schreiben [...] Doch keiner von uns beherrscht klassisches Chinesisch."[225] Im Vorwort zum dritten und letzten Band seiner vollständigen Übersetzung des *Xunzi* hat John Knoblock im Jahr 1994 zum lückenhaften Erhalt der frühchinesischen Texte Stellung bezogen: „Die Unordnung, in der sich die erhaltene chinesische Philosophie befindet, steht jedem vor Augen, der sie ernsthaft studiert."[226] Wenn Menschen, die ihr ganzes Leben dem Studium des frühchinesischen Denkens gewidmet haben, sich so unsicher sind, wie kann jemand, der in einem solchen Maße von ihnen abhängig ist wie ich, sicher sein, irgendetwas von Wert zu sagen zu haben?

Wenn wir versuchen, die Achsenzeit, ja mehr noch das zu verstehen, was vor ihr lag, haben wir es mit zeitlich und räumlich weit entlegenen Welten zu tun. Man kann kaum genug betonen, wie sehr diese Gesellschaften sich von unserer eigenen unterschieden und wie verlockend es ist, in ihnen das zu finden, was wir in ihnen finden möchten. Was nicht allzu fachspezifische Studien über das alte Israel und das alte Griechenland anbelangt, habe ich mich seit meinen ersten Studienjahren auf dem Laufenden gehalten. Ich verfüge über höchst rudimentäre Griechisch-Kenntnisse, die es mir gerade einmal erlauben, in einem zweisprachigen Text zu erkennen, welcher griechische Begriff der Übersetzung zugrunde liegt, was mich lediglich etwas unabhängiger vom Übersetzer macht. Ich verfüge über keine solchen Hebräisch-Kenntnisse. Doch möglicherweise ist die Annahme eine Illusion, wir verständen Israel und Griechenland besser als das alte China; gerade ihre Vertrautheit könnte uns hinters Licht führen und hat viele große Gelehrte dazu verleitet, das in ihnen zu finden, was unsere Kultur zum gegenwärtigen Zeitpunkt in ihnen finden möchte.

---

225 A. C. Graham, „Being in Western Philosophy Compared with *shih/fei* and *yu/wu* in Chinese Philosophy", *Asia Major* 8, Nr. 2, 1961, nachgedruckt in Graham, *Studies in Chinese Philosophy*, 359.

226 Knoblock, *Xunzi*, Bd. 3, viii.

Tatsächlich bin ich auf die Untersuchung des alten Chinas etwas besser vorbereitet als auf die anderen drei achsenzeitlichen Beispielfälle.[227] Aber das ist ein schwacher Trost, wenn man an die Probleme denkt, die Graham und Knoblock angesprochen haben. Stärker als auf vielen anderen Gebieten besteht in der Forschung zum antiken Denken nur ein brüchiger Konsens, zentrale Fragen sind umstritten. Diejenigen, von denen ich abhängig bin, und auch ich selbst stellen Fragen, die wir nicht abschließend beantworten können. Ich habe mein Bestes getan, eine kohärente Beschreibung zu geben, aber sie sollte als erweiterte Hypothese verstanden werden, als eine mögliche Interpretation, nicht als etwas, über das Gewissheit bestehen würde.

Dies vorausgeschickt, sollten wir sehen, welche Schlussfolgerungen ich in Bezug auf das achsenzeitliche China ziehen kann. Ich habe einen möglicherweise etwas zu verdinglichten „Konfuzianismus“ in den Vordergrund gestellt, was heutzutage ein nicht besonders wohlgelittener Schritt ist, weil wir angehalten werden, unseren Blick auf das Marginale und Periphere zu richten. Ich habe die anderen Strömungen des chinesischen

---

[227] In den frühen 1950er Jahren begann ich ein Ph.D.-Programm in Soziologie und dem, was damals in Harvard „Fernöstliche Sprachen“ genannt wurde, das speziell für mich eingerichtet worden war. Obgleich ich die Absicht verfolgte, mich auf Japan zu spezialisieren, musste ich auch die chinesische Sprache studieren. So belegte ich ein Semester klassisches Chinesisch, in dem ich ausgewählte Originaltexte aus den *Gesprächen* und dem *Mengzi* las. Für meine Dissertation über Religion in der Tokugawa-Zeit wählte ich als Fallstudie eine japanische religiös-ethische Bewegung des 18. Jahrhunderts namens Shingaku (Chin. *Xinxue*, „Lehre des Herzens“) aus und übersetzte ich als Anhang eine kurze Arbeit mit dem Titel *Ishida Sensei Jiseki*, zusammengetragen von den Schülern des Begründers jener Bewegung, Ishida Baigan, bestehend aus kurzen Anekdoten und knappen Dialogen mit seinen Studenten, womit sie offensichtlich dem Muster der *Gespräche* folgt. (Siehe Robert N. Bellah, *Tokugawa Religion* [Glencoe, Ill.: Free Press, 1957], Anhang 1, „A Memoir of Our Teacher, Ishida“, 199–216. Als ich im Jahr 2000 von den verbliebenen Anhängern der Shingaku-Schule eingeladen wurde, in Kyoto bei einer Gedenkveranstaltung zu Ehren der Gründung der Bewegung zu sprechen, fragten sie mich, ob sie den Anhang übersetzen könnten. Aber der ist doch auf Japanisch, sagte ich. Freilich, entgegneten sie, aber wir können ihn nicht lesen, Ihre englische Übersetzung hingegen können wir lesen. Vormodernes Japanisch, selbst wenn es bloß aus dem 18. Jahrhundert ist, ist für gebildete Japaner nicht lesbar, sofern sie keine Spezialisten sind.) Baigan war, unter anderem, ein Konfuzianer und ein großer Bewunderer Mengzis sowie verschiedener neo-konfuzianischer Denker. Die Übersetzung seiner zahlreichen Verweise auf chinesisches Gedankengut war für mich harte Arbeit. Ich könnte auch erwähnen, dass Benjamin Schwartz einer meiner Lehrer und Weiming Tu einer meiner ersten Graduate Students und später ein Kollege in Berkeley war. Nichts von alledem macht mich zu einem Experten für altchinesisches Denken. Aber mir fällt es dadurch leichter, Übersetzungen nachzuvollziehen, wenn ich den chinesischen Text vor mir habe.

Denkens nicht vollständig außer Acht gelassen, nicht einmal einige ziemlich periphere wie die Ackerbau-Schule, aber ich habe den Schwerpunkt auf den Konfuzianismus gelegt, und zwar nicht nur weil er den größten Einfluss auf die spätere chinesische Kultur hatte, sondern weil er den achsenzeitlichen Übergang im alten China besonders anschaulich macht.[228] Im Zuge der Diskussion, wie der achsenzeitliche Übergang zu definieren sei, ist häufig irgendeine Form von „Transzendenz" vorgeschlagen worden. Mit mehr Nachdruck als alle anderen hat Benjamin Schwartz dafür plädiert, dass es in China einen transzendentalen Durchbruch gegeben habe und dass dieser im Konfuzianismus und in anderen Denkschulen der Zeit der Streitenden Reichen aufgetreten sei. Man tut gut daran, sich in diesem Zusammenhang an Schwartz' Definition von Transzendenz zu erinnern: „Auf dem Wort ‚Transzendenz' lastet ein ganzer Haufen von Bedeutungen, von denen einige stark in die fachphilosophische Richtung gehen. Wovon ich hier spreche, kommt der etymologischen Bedeutung des Wortes – also einer Art von Zurücktreten und Hinausblicken über den Horizont – nahe: einer Art von kritisch-reflexivem Hinterfragen des Gegebenen und einem neuen Blick auf das, was dahinterliegt."[229] Außerdem hat Schwartz im Fall von China noch für eine substanziellere Art von Transzendenz plädiert, nämlich für eine religiöse, insbesondere mit der Idee des Himmels *(tian)* verbundene Transzendenz. Ihn hat die Vorstellung nicht überzeugt, dass der Himmel im späteren Konfuzianismus seine gesamte religiöse Bedeu-

[228] Ausdrücklich möchte ich von jeder „Wesensbestimmung" in Bezug auf die chinesische Kultur oder den Konfuzianismus absehen. Die chinesische Kultur ist, so wie jede Kultur, komplex und vielfältig; wir könnten durchaus von Konfuzianismen anstatt vom Konfuzianismus sprechen – ich habe versucht, auf die Unterschiede hinzuweisen, die es schon zwischen den zentralen Personen, die die Tradition am wirkmächtigsten geprägt haben, gibt. Mark Csikszentmihalyi hat uns daran erinnert, dass der Konfuzianismus sich auf eine Reihe zusammenhängender Phänomene bezieht. Für die Belange dieses Kapitels am wichtigsten ist die Schule – oder eher Schulen –, die die Klassiker überliefert hat, das heißt die Rujia mit einer Lehre, die von Konfuzius herkommt, sich jedoch abhängig von den verschiedenen Lehrer-Schüler-Stammbäumen unterschiedlich ausgeprägt hat. Der Begriff wurde aber auch verwendet, um verschiedene politische Ideologien, Verhaltensnormen des Beamtensystems oder familiäre Praktiken zu bezeichnen. Siehe Mark Csikszentmihalyi, „Confucianism", in: *God's Rule: The Politics of the World Religions*, hrsg. v. Jacob Neusner, Washington, D.C.: Georgetown University Press, 2003, 213–214. Doch auch wenn man die Bedeutungsvielfalt des Konfuzianismus im Blick hat, ist man verblüfft, wie viel davon auf zentrale Tendenzen vormoderner chinesischer Kultur im Allgemeinen zutrifft, einschließlich der vielen ihr innewohnenden Spannungen und Konflikte.

[229] Benjamin Schwartz, „The Age of Transcendence", in: *Wisdom, Revelation, and Doubt: Perspectives on the First Millennium B.C., Daedalus* 104, Nr. 2, Frühling 1975, 3.

tung eingebüßt habe und bloß ein weiteres Wort für „Natur" geworden sei. Wie oben gesagt, hat Schwartz darauf insistiert, dass der Gegensatz zwischen einer naturalistischen und einer theistischen Interpretation des Himmels im frühchinesischen Denken „ein Gegensatz [sei], den wir dem Text aufnötigen".[230] Diejenigen, die wie Mark Elvin die entgegengesetzte Auffassung vertreten, haben mich nicht begeistert.[231] Die Behandlung der maßgeblichen konfuzianischen Texte aus der Zeit der Streitenden Reiche in diesem Kapitel macht meiner Meinung nach hinreichend deutlich, warum ich der Ansicht bin, dass Transzendenz sich im achsenzeitlichen China sowohl im formalen (wie in Schwartz' obiger Definition) als auch im substanziellen – das heißt religiösen – Sinne im Konfuzianismus findet. Außerdem habe ich zu zeigen versucht, warum die maßgeblichen nicht-konfuzianischen Strömungen zwar in vielen Hinsichten der Definition von achsenzeitlichem Denken entsprachen, aber keine in sich schlüssigen, achsenzeitlichen kulturellen Systeme entwickelten, die in der Lage gewesen wären, im gleichen Maße wie der Konfuzianismus kritischen Druck auf die gesamte nachfolgende chinesische Gesellschaft und Kultur auszuüben.

Nichtdestotrotz muss man nach wie vor mit Max Webers außergewöhnlich brillanter und einflussreicher Studie über die religiöse Ethik Chinas ins Reine kommen, in der er die Diesseitigkeit und die fehlende Spannung zwischen Transzendentalem und Innerweltlichem hervorhebt, die in seinen Augen charakteristisch für die chinesische Kultur im Allgemeinen und den Konfuzianismus im Besonderen waren.[232] Obwohl Schwartz' Argumente für Transzendenz im alten China weithin, wenn auch nicht allgemein akzeptiert worden sind, bestand die Neigung, das alte China – und wiederum besonders den Konfuzianismus – in einem Sinne als „diesseitig" zu betrachten, der es näher an Griechenland heranrückt als an die Fälle von „Jenseitigkeit", die Israel und Indien darstellen.

Obwohl die Argumente meiner Ansicht nach stark dafür sprechen, dass China ein Fall von „innerweltlicher Transzendenz" ist, würde ich sie gerade im Hinblick auf den Konfuzianismus gerne etwas einschränken. Das Argument für Innerweltlichkeit im Konfuzianismus beruht auf dem Gedanken, dass die Vorstellung von „Erlösung" – so sie überhaupt im

---

230 Schwartz, *World of Thought*, 289.

231 Siehe seinen besonders glanzlosen Essay „Hat es in China einen transzendentalen Durchbruch gegeben?", in: Eisenstadt (Hrsg.), *Kulturen der Achsenzeit*. Bd. 2, Teil 1: *China, Japan*, übers. v. Ruth Achlama und Gavriella Schalit, Frankfurt: Suhrkamp, 1987 [1986], 134–181. Ich bewundere Elvins Arbeiten zur chinesischen Ökonomie- und Ökologiegeschichte, die sein vorrangiges Interessengebiet ist.

232 Max Weber, „Konfuzianismus und Taoismus", in: ders.: *Gesammelte Aufsätze zur Religionssoziologie*, Tübingen: Mohr, 1921, Bd. 1, 276–536.

Konfuzianismus vorhanden ist – politisch zu verstehen sei: Die Erlösung wird im Bereich des Politischem erfolgen, genauso wie sie einst bei den alten weisen Königen im Bereich des Politischen erfolgt ist. Meine Darlegungen zum apokalyptischen Element in Mengzis Denken, die Vorstellung, dass die Verwirklichung des *dao* in der Regierungszeit eines neuen weisen Königs unmittelbar bevorstehen könnte, deutet zwar auf die Stichhaltigkeit dieses Gedankens hin. Doch gibt es bei Konfuzius, Mengzi und Xunzi ein zur Identifikation mit einer ultimativen moralischen Ordnung, mit dem *dao* und dem Willen des Himmels führendes Ideal menschlicher Selbstkultivierung, das dem Einzelnen zugänglich ist, so trostlos seine soziale Lage auch sein mag und so sehr er auch in Bezug auf die Herbeiführung einer wohlgeordneten Gesellschaft „versagt" haben mag. Auch diesen Gedanken könnte man als „diesseitig" oder „innerweltlich" ansehen, ein Leben nach dem Tod oder eine Belohnung durch irgendeine zukünftige Wiedergeburt stand dabei jedenfalls gewiss nicht im Vordergrund. Es handelte sich vielmehr um ein wirkmächtiges religiöses Ideal, das abgesehen von einem guten Gewissen ziemlich unabhängig von irgendeiner weltlichen Belohnung war. Ein quasi-religiöser Glaube wie der Kommunismus stützte sich vollständig auf die Verwirklichung einer neuen, idealen, politischen Ordnung und verkümmerte, als seine innerweltliche Utopie sich nicht einstellte. Wenn der Konfuzianismus vollständig auf einer politischen Form von Erlösung beruht hätte, wäre ihm möglicherweise das gleiche Schicksal beschieden gewesen; es war mit Sicherheit der wirkmächtige persönliche Glaube an eine transzendente Moral um welchen Preis auch immer, der wieder und wieder dafür gesorgt hat, dass er sein politisches Scheitern überlebte.

Nirgendwo wurde dieses Scheitern offensichtlicher als zur Zeit der Vereinigung des Reichs durch die siegreichen Streitmächte der Qin-Dynastie im Jahr 221 v. u. Z. Nicht der weise König, den Mengzi erwartet hatte, sondern sein genaues Gegenteil, die Art von Tyrann, vor der die Furcht der Konfuzianer am größten gewesen war, brachte die Vereinigung zustande. Chinas Einiger, Qin Shihuangdi, war von der legalistischen Lehre beeinflusst und ordnete an, konfuzianische Bücher zu verbrennen und konfuzianische Gelehrte lebendig zu begraben.[233] Sein Premierminister Li Si, der für diese Politik und für vieles mehr verantwortlich war, das der Qin-Dynastie

233 Weil das, was wir über die Qin-Dynastie wissen, von Autoren aus der nachfolgenden Han-Dynastie stammt, die starke Beweggründe hatten, deren Ruf zu verschlechtern, wissen wir nicht wirklich, wie viele Bücher verbrannt oder Gelehrte getötet wurden, falls das überhaupt der Fall war. Dass Qin Shihuangdi, unter dem Einfluss von Li Si, kritisches Denken zu unterdrücken suchte, scheint jedoch sicher zu sein.

zu allumfassender Macht verhalf, hat dies so formuliert: „Jeder, der sich auf die Vergangenheit beruft, um die Gegenwart zu kritisieren, soll gemeinsam mit all seinen Familienmitgliedern getötet werden."[234]

Wie oben erwähnt, war Li Si ein Schüler von Xunzi, aber als er seinen früheren Lehrer dafür schalt, dass er auf Menschlichkeit und Rechtschaffenheit setzte, obwohl nur ein starkes Heer und politische Zweckdienlichkeit zählten, entgegnete Xunzi, eine solche Auffassung sei kurzsichtig und solch eine Regierung würde nicht lange Bestand haben.[235] Wie sich herausstellte, wurde Li Si im Jahr 208 v. u. Z. infolge von Richtungsstreitigkeiten nach dem Tod des ersten Kaisers hingerichtet. Bei seiner Hinrichtung wurde er buchstäblich in zwei Hälften geteilt. Xunzis Vorhersage war richtig gewesen: Die Unbarmherzigkeit der Qin-Dynastie sorgte dafür, dass sie nur wenige Jahre Bestand hatte. Bis zum Ende der Qing-Dynastie im Jahr 1911 waren allerdings alle nachfolgenden chinesischen Dynastien in der Spannung zwischen einem unverzichtbaren Element konfuzianischer Legitimation und legalistischer Herrschaft gefangen, und man kann kaum behaupten, diese Spannung sei passé. Man denke nur daran, dass Mao Zedong ein großer Bewunderer von Qin Shihuangdi war!

Der nachhaltige Einfluss des Konfuzianismus auf politischem Gebiet bestand darin, dass er in der Lage war, einen normativen Maßstab aufrechtzuerhalten, nach dem die bestehende Realität beurteilt werden konnte, und dass er diesen Maßstab nie vollständig aufs Spiel setzte. Immerhin hat Qin Shihuangdi (reg. 221–210) mit Hilfe von *fangshi* (Spezialisten der Geisterbeschwörung, die beim Erlangen von Unsterblichkeit behilflich sind) versucht, aus sich einen unsterblichen Gott zu machen – und ein mächtiger Han-Kaiser, Han Wudi (reg. 140–87 v. u. Z.), hat es ihm gleichgetan. Michael Puett beschreibt diesen Vorgang folgendermaßen: „Das Opferungssystem der Qin-Han-Dynastie folgte einem radikal neuen Ansatz: Ziel des Herrschers war es, persönlichen Kontakt zu so vielen göttlichen Mächten wie möglich aufzunehmen, um ihre Macht zu erlangen [...], um ein Di [Gott] zu werden und direkte Macht über die Welt der Formen auszuüben. Ideologisch gesehen, fungierten die Kaiserreiche unter dem Ersten Kaiser und Kaiser Wu kurz gesagt wie ein himmlisches Reich, für dessen theokratische Ordnung der Herrscher sorgte."[236] Selbst

[234] Graham, *Disputers of the Tao*, 372.

[235] Schwartz, *World of Thought*, 320.

[236] Puett, *To Become a God*, 245. Paul Goldin beschreibt das Regime unter Qin Shihuangdi, wie Li Si es sah, ähnlich: „Alle Institutionen, deren Autorität nicht unmittelbar auf den Kaiser zurückging, stellten grundsätzlich die Grundlagen des Kaiserreichs infrage und mussten zerstört werden. Philosophen und Lehrer, die sich gewohnheitsmäßig auf Traditionen, Schriften und große Vorbilder beriefen, dürften ein augen-

die Shang-Könige hatten keinen Anspruch auf Göttlichkeit erhoben, obwohl sie nach ihrem Tod als Ahnen angebetet wurden. Das Aufkommen eines göttlichen Königtums an diesem Punkt in der chinesischen Geschichte zeigt, dass zu jedem Zeitpunkt eine strukturelle Möglichkeit dazu bestanden hat, auch wenn es in erster Linie mit archaischen Zivilisationen identifiziert wird. In den vorliegenden Fällen ist seine Funktion klar: Es ging mit einer „Umgehung" der Konfuzianer einher: Wenn die Kaiser göttlich waren, wie konnten die Konfuzianer ihnen das Urteil des Himmels vorhalten? Gegen Ende der westlichen Han-Dynastie (spätes erstes Jahrhundert v. u. Z.) hatten die Konfuzianer ihre Autorität zurückgewonnen und das wiedereingesetzt, was sie als traditionelles Opferungssystem verstanden. Puett beschreibt es folgendermaßen: „In diesem neuen System erschaffen die Menschen das Zentrum, indem sie eine Hauptstadt gründen und dann Himmel und Erde ordnungsgemäß danach ausrichten. Damit ist weder der Wille zu einer gottesebenbildlichen Ausrichtung des Kosmos noch der Versuch einer auf die Muster des Universums abgestimmten Geistwerdung verbunden. Vielmehr beruht darauf die Hierarchie von Himmel und Menschen: Die Menschen erschaffen das Zentrum des Kosmos, und der Himmel beurteilt den Erfolg der Menschen."[237] Das System der Selbstvergöttlichung von Qin Shihuangdi und Han Wudi sollte niemals wiederbelebt werden. Das „traditionelle" System bestand in allen nachfolgenden Dynastien weiter. Und natürlich waren es die Konfuzianer, die darüber entschieden, in welchem Maße die Herrscher dem Mandat des Himmels entsprachen. Die achsenzeitliche Trennung von irdischer Herrschaft und göttlicher Sanktionierung war sichergestellt.

S. N. Eisenstadt hat die tiefere Bedeutung der innerweltlichen Transzendenz in China hervorgehoben und herausgearbeitet, in welchem Sinne sie stets soziopolitisch und personenbezogen ist:

> „Schon diese Definition der Überwindung der Spannung zwischen transzendenter und weltlicher Ordnung, wie sie insbesondere im Neo-Konfuzianismus sich entwickelte, aber bereits in Ansätzen im früheren, klassischen Konfuzianismus existierte, unterstreicht nachdrücklich die nicht-traditionalistische, reflexive Auffassung vom Wesen der kosmischen Ordnung und der menschlichen Existenz. Diese Definition schließt das Bewußtsein einer prinzipiellen Spannung zwischen

---

fälliges Beispiel für das geboten haben, was Li Si am meisten fürchtete. Das Qin-Kaiserreich war nicht bloß ein Reich; es war ein einheitlicher Kosmos mit einer dazu passenden Kosmologie. Der Herrscher über den Kosmos war dementsprechend nicht bloß ein Kaiser oder großer König; er war das Zentrum des Kosmos, der erste Beweger aller Ordnung und Logik." Siehe „Li Si, Chancellor of the Universe", in: Goldin, *After Confucius*, 71.

[237] Puett, *To Become a God*, 312–313.

dem kosmischen Ideal und der Realität, von der Imperfektabilität der weltlichen Ordnung im allgemeinen und der politischen Ordnung im besonderen ein. Sie verweist auf die immer nur partielle Legitimation der weltlichen Ordnung im Licht der grundlegenden kosmischen Harmonie und auf die großen persönlichen Spannungen sowohl bei dem Versuch, diese Harmonie durch schickliches Verhalten und richtige Einstellung zu bewahren – was eine sehr strenge und reflexive Selbstdisziplin voraussetzt – wie auch bei dem Versuch, eine kritische Einstellung zur bestehenden weltlichen Ordnung im allgemeinen und zur politischen Ordnung im besonderen zu gewinnen."[238]

In diesem Passus korrigiert Eisenstadt Webers Eindruck, dass der Konfuzianismus sich der Welt bloß „anpasse". Webers Vorstellung von Konfuzianismus war nicht ganz frei von der Ideologie, die sich in der Kaiserzeit durchsetzte. Mark Csikszentmihalyi zitiert den Text *Guoyu (Gespräche über die Staaten)* aus der Zeit der Streitenden Reiche, in dem es heißt, „Seinem Herrn mit Ehrerbietung dienen, seinem Vater mit Frömmigkeit" – eine Haltung, die in der ganzen chinesischen, im Grunde sogar gesamtostasiatischen Geschichte jahrtausendelang unaufhörlich repetiert wurde.[239] Doch Xunzis entschiedene Aufforderung, „Dem Dao zu folgen und nicht dem Fürsten, der Gerechtigkeit zu folgen und nicht dem Vater", geriet nie wieder ganz in Vergessenheit. Theodore de Bary hat aus der gesamten chinesischen Geschichte Beispiele für Konfuzianer zusammengetragen, die Xunzis Aufforderung gefolgt sind – besonders was die Infragestellung des Herrschers anbelangt; die Vorstellung, einem Elternteil den Gehorsam zu verweigern, fiel den Konfuzianern sehr viel schwerer.[240]

Simon Leys hat Konfuzius' ursprünglichen Schachzug, den Begriff *junzi* – wörtlich: der Sohn des Herrn, gewöhnlich mit „der Edle" übersetzt – umzuinterpretieren und damit nicht mehr eine hereditäre, sondern eine moralische Elite zu bezeichnen, folgendermaßen kommentiert:

„Diese Sichtweise sollte revolutionäre Auswirkungen haben: Sie war der eine, zutiefst verheerende ideologische Schlag, der die Zerstörung des Feudalsystems beschleunigte, die Macht des Erbadels untergrub und schließlich zur Errichtung des kaiserlichen Beamtenapparats führte – zur Regierung der Gelehrten. Mehr als zweitausend Jahre lang sollte das Reich von der intellektuellen Elite regiert werden; um Zugang zur politischen Macht zu erlangen, musste man mit Erfolg an

---

238 S. N. Eisenstadt, „Innerweltliche Transzendenz und die Strukturierung der Welt: Max Webers Studie über China und die Gestalt der Chinesischen Zivilisation", in: *Max Webers Studie über Konfuzianismus und Taoismus: Interpretation und Kritik*, hrsg. v. Wolfgang Schluchter, Frankfurt: Suhrkamp, 1983, 363–411, hier: 385.

239 Csikszentmihalyi, „Confucianism", 122.

240 Um nur ein Beispiel zu nennen, in dem eine Reihe von hochgradig kritischen Konfuzianern diskutiert werden, siehe William Theodore de Bary, *The Trouble with Confucianism*, Cambridge, Mass.: Harvard University Press, 1991.

den Prüfungen für den Staatsdienst teilnehmen, die allen offenstanden. Bis in die Neuzeit ist dies mit Sicherheit das offenste, flexibelste, fairste und ausgefeilteste Regierungssystem gewesen, das die Geschichte je gekannt hat (und eben dieses System sollte die europäischen *philosophes* des 18. Jahrhunderts beeindrucken und inspirieren)."[241]

Leys Ausblick reicht bereits weit über den Zeitraum hinaus, um den es in diesem Kapitel geht, aber in Anbetracht des enormen Einflusses von Webers Analyse Chinas als einer stagnierenden traditionellen Gesellschaft ist es vielleicht von Vorteil darauf hinzuweisen, dass das Erbe, das die Achsenzeit für die spätere chinesische Geschichte bereithielt, anders aussah.

Heiner Roetz, dessen Arbeit ich beim Verfassen dieses Kapitels enorm viele Anregungen zu verdanken habe, obwohl ich nicht mit allem einverstanden bin, was er sagt, hat auf dem ethischen Universalismus als Maßstab für den erfolgreichen Übergang in die Achsenzeit im China der Streitenden Reiche bestanden, und meiner Ansicht nach liegt er damit richtig.[242] Jene großen frühen Konfuzianer waren weit davon entfernt, sich der Welt anzupassen, sie stellten sich vielmehr gegen die Strömungen ihrer Zeit und gaben so ein Beispiel ab, das sie lange überdauern sollte. Am Ende von Knoblocks englischer Übersetzung des *Xunzi* findet sich eine Lobrede, deren Provenienz Knoblock schuldig bleibt. Trotzdem geben einige Auszüge aus dieser Lobrede, die beschreiben, was es heißt, ein wahrer *junzi* zu sein, vielleicht einen passenden Abschluss für dieses Kapitel ab:

„Kritiker behaupten, daß Xun Qing nicht an Konfuzius heranreiche. Das stimmt nicht. Xun Qing war benachteiligt dadurch, daß er in einer Generation ohne soziale Ordnung lebte und unter harten Strafen zu leiden hatte. Zu seiner Zeit gab es keinen tüchtigen Herrscher, und überall stieß er auf den gewalttätigen Qin-Staat. Man gab nichts mehr um Tradition und Schicklichkeit, und veredelnde Belehrung blieb ohne Erfolg. Wer echte Menschlichkeit besaß, wurde entlassen

[241] Leys, *Analects*, xxvii. Ich bin überzeugt, dass Leys sich der dunklen Seite der chinesischen Geschichte bewusst ist, dass nämlich die regierende „intellektuellen Elite" nicht in der Lage war, die Schrecken des Despotismus zu kontrollieren. Hier verstehe ich ihn so, dass er lediglich die relative Wohltätigkeit chinesischer Herrschaft hervorhebt, da die Schrecken des Despotismus in der gesamten menschlichen Geschichte weit verbreitet sind, nicht zuletzt in der modernen Welt.

[242] Roetz stellt in seinen Ausführungen, was er unter dem achsenzeitlichen Durchbruch im frühen China versteht (*Die chinesische Ethik der Achsenzeit*, 39–44), die Frage der Religion zurück – wofür ich keinen Grund sehe – und wendet sich dem zu, was er „eine universalistische Heuristik der Aufklärung" nennt, bei der es sich praktisch um eine Adaption von Kohlbergs Modell der moralischen Entwicklung handelt (49–58). Obgleich ich auch gegenüber Kohlberg Vorbehalte habe, verwendet Roetz sein Modell auf fruchtbare Weise.

oder sonstwie kaltgestellt. Die Welt lag im argen, über (ethischen) Lebenswandel spottete man, und die Lehensfürsten waren ohne Orientierung. [...]

Und trotzdem faßte Xun Qing den Entschluß, ein großer Weiser zu werden, tarnte aber diesen seinen Entschluß, indem er das Gebaren eines Toren annahm, der Welt zur Warnung. [...]

Aus all diesen Gründen war sein Name und sein Ruf nicht sehr bekannt, viele Schüler schlossen sich ihm nicht an, und sein Ruhm war nicht weit verbreitet. Den Studierenden von heute sind die hinterlassenen Aussprüche und die übrigen Lehren des Xun Qing zugänglich, die wahrlich hinreichen, der ganzen Welt Muster und Vorbild zu sein. Was einigermaßen gut ist, wird durch ihn höher geführt, was fehl gegangen ist, wird durch ihn korrigiert. Beachtet man seinen hochstehenden Lebenswandel, so übertraf ihn Konfuzius darin keineswegs."[243]

So bewegend diese ehrenden Worte auch sein mögen, brauchen wir die Frage nicht zu entscheiden, wer hier wen übertroffen hat. Letzten Endes hat die von Mengzi und Xunzi und vielen weiteren Konfuzianern in späteren Jahren weiterentwickelte und ausgearbeitete Lehre von Konfuzius sich als der beständigste und einflussreichste Strang der chinesischen Tradition von der Frühzeit bis mehr oder weniger in die Gegenwart erwiesen.

[243] *Xunzi*, übers. v. Hermann Köster, 389–390. Einem persönlichen Gespräch mit Jeffrey Riegel zufolge ist der Text, den Knoblock in seiner englischen Übersetzung als „Eulogy" übersetzt, im ursprünglichen chinesischen Text an das Ende von Kapitel 32, „Einst fragte Yao" (Übers. Köster), angehängt. Das heißt, es gibt keine Trennung zwischen der „Lobrede" und Kapitel 32. Weil erstere jedoch offensichtlich nicht von Xunzi verfasst wurde und sich inhaltlich ziemlich vom Rest des Kapitels 32 unterscheidet, hat Knoblock die beiden Texte aufgrund ihres Inhalts voneinander getrennt. Für diese Vorgehensweise gibt es Vorläufer in der qing-zeitlichen Diskussion des Textes. Obwohl die Autoritäten der Qing-Dynastie wie auch Knoblock glaubten, dass der Text der „Lobrede" recht früh verfasst wurde – womöglich von einem direkten Schüler –, gibt es keine hinreichenden Beweise, um mit Sicherheit das Entstehungsdatum und den Urheber der „Lobrede" zu bestimmen. Es wird angenommen, dass sie in der ursprünglichen Ausgabe des Texts durch Liu Xiang enthalten war, somit kann sie nicht später als im ersten Jahrhundert v. u. Z. entstanden sein.

Kapitel 9

Die Achsenzeit IV: Das alte Indien

Dieses Kapitel über Indien in der Achsenzeit beginne ich mit mehr als nur leichtem Bangen. Von den vier Kapiteln über die Achsenzeit ist es dasjenige, auf das ich am schlechtesten vorbereitet war und für das ich am ausgiebigsten recherchieren musste. Im Fall des alten Israels, Griechenlands und Chinas hatte ich einen Großteil meines Erwachsenenlebens mit der Lektüre der einschlägigen Primärtexte in englischer Übersetzung zugebracht und war mir die einschlägige Sekundärliteratur bekannt. Zur Vorbereitung jener Kapitel musste ich viel von dem, was ich bereits zu wissen meinte, noch einmal überprüfen und vor allem eine große Menge neuerer Sekundärliteratur lesen, um mich auf den neuesten Forschungsstand zu bringen, soweit das bei dieser Art von Gesamtüberblick überhaupt möglich ist. Ich begann alle diese Kapitel sozusagen mit der Sachkenntnis eines fortgeschrittenen Studenten. Doch im Hinblick auf Indien bin ich von Anfang an ein Studienanfänger gewesen, ohne Kenntnis der einschlägigen Texte in englischer Übersetzung oder der einschlägigen Sekundärwerke.[1]

Zusätzlich zu der umfassenden Grundlagenarbeit, die ich in Vorbereitung auf dieses Kapitel zu verrichten hatte, stieß ich im Fall von Indien auf noch größere Schwierigkeiten als in den drei anderen Fällen. Es gibt eine große Zahl von indischen Texten aus dem ersten Jahrtausend v. u. Z., die genauso umfangreich bzw. noch umfangreicher sind als die Texte in den drei anderen Fällen.[2] Überdies wurden die wichtigsten von ihnen mündlich

---

[1] Als Neuling auf diesem Gebiet bin ich für dieses Kapitel noch mehr von Fachgelehrten abhängig als in den anderen drei Kapiteln über die Achsenzeit. Ohne Michael Witzels Arbeit zum vedischen Indien und Steven Collins' Arbeit zum Theravada-Buddhismus wäre es für mich praktisch unmöglich gewesen, dieses Kapitel zu verfassen. Beide vereinen philologische Gelehrsamkeit auf höchstem Niveau mit soziologischer Phantasie, etwas, was nicht ohne Weiteres vorausgesetzt werden kann. Darüber hinaus bin ich Witzel dankbar für seine detaillierten Anmerkungen und Verbesserungen der ersten zwei Drittel des Kapitels.

[2] „Die indische Philosophie ist, um ein beliebtes Bild zu gebrauchen, ein gewaltiges Meer, das schwer zu durchschiffen ist. Denn bei keinem Volk der Erde findet sich eine philosophische und religiöse Literatur, die sich an Umfang, Reichtum und Mannigfaltigkeit des Inhalts mit der indischen vergleichen ließe." Erich Frauwallner, *Geschichte der indischen Philosophie*, Salzburg: Otto Müller Verlag, 1953, 11.

überliefert, und zwar noch lange nachdem schriftliches Sanskrit auf der Bildfläche erschienen war. Jedenfalls gibt es keine schriftlichen Belege für die Zeit vor dem dritten Jahrhundert v. u. Z., und die ersten zuverlässigen Datierungen fangen mit den Inschriften von Ashoka an, der von 273 bis 232 regierte. Die Datierung des ältesten Textes, des *Rigveda*, schwankt zwischen einer Zeit vor vielen tausend Jahren v. u. Z. und den letzten Jahrhunderten des zweiten Jahrtausends v. u. Z., wobei Letzteres vernünftiger ist. Doch die meisten mündlichen bzw. erst vor relativ kurzer Zeit niedergeschriebenen Texte in Sanskrit lassen sich nur auf der Basis ihres sprachlichen Alters (und vereinzelter interner Belegstellen) datieren, sodass man sagen kann, welcher älter als welcher ist.[3] Richard Lariviere bezeichnet dieses Datierungssystem als „chronologisches Kartenhaus", weil das gesamte System Gefahr läuft zusammenzubrechen, wenn bei der Datierung eines Textes ein Fehler gemacht wird.[4]

Es ist sogar problematisch, ob wir bei mündlich überlieferten Reden von „Texten" sprechen können. Hinter den schriftlichen Texten stand in den anderen drei achsenzeitlichen Beispielfällen zwar mit Sicherheit eine orale Tradition, und auf den Versuch herauszufinden, wie sie genau funktionierte, ist viel Arbeit verwendet worden. Homer ist das auf der Hand liegende Beispiel, aber auch in Israel und China gibt es Belege, dass die uns vorliegenden Texte ursprünglich mündlich überliefert wurden. In allen Fällen sind die Detailfragen in Bezug auf die oralen Traditionen umstritten, weil wir naturgemäß in diesen Fällen bloß über Rückschlüsse verfügen. Milman Parry hat in den 1930er Jahren in Jugoslawien Feldforschung betrieben und die traditionelle orale Dichtung auf Serbokroatisch untersucht.[5] Er meinte, dass verschiedene Techniken, die zu jener Zeit noch von den serbokroatischen Barden verwendet wurden und zu denen Gedächtnisstützen sowie typisierte Redewendungen gehören, um metrische Zeilen zu füllen, auch bei Homer zu finden seien, was zum Verständnis

---

[3] „Die Einteilung in geschichtliche Epochen ist in Bezug auf Indien besonders schwierig, da es beinahe unmöglich ist, mit hinreichender Präzision oder Gewissheit die Daten der meisten relevanten historischen Ereignisse zu ermitteln, seien es die Regierungszeit von Königen, die Geburt von Herrschern oder die Niederschrift von Texten." Patrick Olivelle, *The Āśrama System*, New York: Oxford University Press, 1993, 129.

[4] Lariviere, zitiert in *Dharmasūtras: The Law Codes of Ancient India*, übers. und hrsg. v. Patrick Olivelle, Oxford: Oxford University Press, 1999, xxxii.

[5] Milman Parry, *The Making of Homeric Verse: The Collected Papers of Milman Parry*, hrsg. v. Adam Parry, Oxford: Clarendon Press, 1971. Albert Lord führte Parrys Vorschläge nach dessen frühem Ableben weiter aus. Siehe Albert Bates Lord, *Der Sänger erzählt: Wie ein Epos entsteht*, übers. v. Helmut Martin, München: Hanser, 1965 [1964].

der darunter liegenden oralen Grundlage beitrage. Doch unter anderem entdeckte Parry – und in Bezug auf das, was er herausfand, ähneln sich die oralen Traditionen auf der ganzen Welt –, dass ein Barde, der sagt, er wiederhole ein Gedicht – und zwar sogar eines seiner eigenen Gedichte, das zuvor aufgezeichnet worden war – „exakt", tatsächlich ein neues Gedicht erschafft, das strukturelle Ähnlichkeiten zu früheren Versionen aufweist, aber keine exakte wörtliche Wiederholung ist.[6]

Was den Fall Indiens so einzigartig macht, ist der von Indologen im Allgemeinen für glaubhaft gehaltene Anspruch, dass die mündliche Überlieferung dieser frühen Texte exakt war, Wort für Wort, sogar was die Betonung anbelangt. Glaubwürdig wird dies dadurch, dass die mündliche Überlieferung bis heute weitergeht und bis in die kleinsten Einzelheiten akkurat zu sein scheint – akkurater als die gedruckten Texte bzw. die vergleichsweise späten Manuskripte, die ihnen zugrunde liegen. Die indische Entwicklung der sogenannten Hyperoralität – eines der verbalen Genauigkeit dienenden komplexen Systems wechselseitiger Überprüfungen – erweist sich somit als einzigartige, der Schrift funktional gleichwertige orale Technik. Angesichts der Tatsache, dass in allen großen Traditionen sogar schriftliche Texte häufig auswendig gelernt und mündlich überliefert wurden – wobei die schriftlichen Texte lediglich als Gedächtnishilfen dienten –, müssen wir in Erwägung ziehen, dass wir es überall in gleichem Maße mit Rede wie mit Schrift zu tun haben. Der Fall Indiens ist nun aber einzigartig, weil die Oralität im Vordergrund steht.[7] Bei den heiligsten Texten, insbesondere bei den Veden, war es sogar untersagt, sie aufzuschreiben – nur die mündliche Überlieferung galt als authentisch –, und sie wurden möglicherweise bis mindestens Mitte des ersten Jahrtausends u.Z. nicht niedergeschrieben.[8]

---

[6] Interessanterweise war Parrys Nachfolger Lord der Ansicht, dass mündlich überlieferte Dichtung im Grunde freie Improvisation sei und die vedischen Hymnen demzufolge „niemals *mündliches* Material sein können, es sein denn, im allerwörtlichsten Sinn" (*Der Sänger erzählt*, 392). Möglicherweise spürte Lord bereits, dass die vedische Tradition, im Unterschied zu den meisten oralen Kulturen, funktional den Traditionen der Literalität gleichwertig war.

[7] Siehe William A. Graham, *Beyond the Written Word: Oral Aspects of Scripture in the History of Religion*, Cambridge: Cambridge University Press, 1987. Graham erörtert, was wir als Hyperoralität der vedischen Texte bezeichnet haben (67–75), merkt aber an, dass in allen großen religiösen Traditionen heilige Texte in gesprochener und gehörter Form einen höheren Stellenwert besitzen als in schriftlicher Form, selbst wenn letztere hoch angesehen sind.

[8] Hartmut Scharfe versucht, das Schreibverbot zu erklären: „Sāyaṇa schrieb in der Einleitung seines Kommentars zum Rigveda, dass ‚der Text der Veda aus dem Munde eines Lehrers und nicht aus einem Manuskript gelernt werden soll'." Hartmut Scharfe,

Zusätzlich zu den „textuellen" Problemen gibt es viel Streit – man könnte auch sagen eine intensive Auseinandersetzung – um die frühindische Geschichte, vor allem um die Rolle, welche die „Arier" darin spielen. Die Indoarisch sprechenden Völker, die im zweiten Jahrtausend v. u. Z. in den Nordwesten Indiens eindrangen, bezeichneten sich wohlgemerkt tatsächlich als *Ārya* (was ursprünglich „gastfreundlich" hieß, dann aber die Bedeutung von „edel" oder „ehrenwert" annahm, woraus unser Wort „arisch" hervorging). Seine allgemeineren und unappetitlichen Implikationen erlangte der Begriff erst in jüngerer Zeit. Die ältesten Texte liegen uns zwar in einer archaischen Form von Sanskrit vor, das eine eng mit dem avestischen Persisch verwandte indoiranische Sprache und Teil der indoeuropäischen Sprachfamilie ist. Während des Kolonialismus neigten die Gelehrten zu der Annahme, dass es im frühen Indien über die Pässe im Nordwesten zu einer arischen Invasion gekommen sei, bei der Horden von Streitwagen fahrenden arischen Kriegern über die Ureinwohner herfielen, sie überwältigten und sie zu einer niedrigrangigen Klasse von Leibeigenen machten, denen sie ihre Sprache und Kultur aufzwangen. Der indische Nationalismus schuf im 20. Jahrhundert ein Gegennarrativ, demzufolge die gesamte indoeuropäische Sprachfamilie in Indien ihren Anfang nahm und dann in den Iran, nach Zentralasien und schließlich nach Europa überschwappte. Auch wenn nur wenig für diese Theorie spricht, weil sie der bekannten Geschichte Indiens vollständig zuwiderläuft, das jahrtausendelang feindliche Einfälle von einem Volk nach dem anderen aus Afghanistan oder Zentralasien über die Pässe im Nordwesten erlebte, hat sie zum Überdenken der Hypothese von der „Eroberung durch die Arier" beigetragen.

Sprachliche und andere Belege aus den ältesten Texten deuten eher darauf hin, dass nicht eine große Masse in einem Block über Indien hereinbrach, sondern dass es von einer ganzen Reihe womöglich relativ kleiner Gruppen infiltriert wurde, die genauso miteinander kämpften wie mit den bisherigen Einwohnern und sich nach und nach an das, was sie vorfanden, akkulturierten. In einem solchen Szenario kann die klassische indische Kultur als Amalgam aus der Kultur der arischen Migranten und der Kultur der indigenen Bevölkerung betrachtet werden. Auch wenn diese Geschichte überzeugend ist, können wir im Einzelfall nicht wirklich wissen, was arisch und was indigen ist, weil wir lediglich über Texte in Sanskrit verfügen, aber wir können ziemlich sicher sein, dass das, was uns vorliegt,

---

Education in Ancient India, Leiden: Brill, 2002, 8. Mündliche Überlieferung war demzufolge tief in der persönlichen Beziehung zwischen Lehrer und Schüler verankert.

eine Art Mischung ist.[9] Einige Gelehrte haben schon früh viel Zeit auf den Versuch verwendet, die beiden Stränge voneinander zu trennen (bzw. mehr als zwei, da Indien in der Zeit, als die Arier eintrafen, wahrscheinlich eine ziemliche Vielfalt darstellte und auch die Arier selbst in sich nicht zwingend homogen waren), spätere Gelehrte neigten dann eher zu der Meinung, dass wir uns bloß mit dem befassen sollten, was uns vorliegt, und nicht allzu viele Gedanken darauf verschwenden sollten, was woher stammt. Die Texte liegen uns jedenfalls in verschiedenen Formen von älterem oder späterem Sanskrit bzw. im Fall des frühen Buddhismus auf Pali vor, einem mit dem Sanskrit verwandten mittelindoarischen Dialekt. Obwohl sie aus dem Dravidischen und anderen nicht-indoeuropäischen Sprachen stammende Wörter enthalten, handelt es sich bei den Texten der achsenzeitlichen Epoche in der einen oder anderen Form ausschließlich um indoarische Texte.

Es empfiehlt sich, kurz auf die Indus-Kultur bzw. Harappa-Zivilisation zu sprechen zu kommen, die ihren Höhepunkt ungefähr von 2600 bis 1900 v. u. Z. erreichte. Ursprünglich hatte ich vor, diese bronzezeitliche Zivilisation zusammen mit vergleichbaren Fällen in Kapitel 5 zu erörtern, zu denen das alte Ägypten, Mesopotamien und das China der Shang-Dynastie gehören, aber es gab keine Belege, die es mir erlaubt hätten, die betreffende Religion zu rekonstruieren. Die Indus-Zivilisation war in vielen Hinsichten bemerkenswert: Sie umfasste ein großes Gebiet mit einer großen Bevölkerungszahl (möglicherweise eine Million oder mehr) und verfügte über einige bedeutende technische Errungenschaften. Ihr Dreh- und Angelpunkt war anscheinend die Indus-Schrift, deren Entzifferung lange auf sich warten ließ. In den letzten Jahren haben seriöse Gelehrte nahegelegt, dass es sich bei den Indus-Zeichen überhaupt nicht um Schrift handele und sie nie entziffert werden würde.[10] Asko Parpola, der viele Jahre lang über die Indus-Schrift geforscht hat, zeigt sich von der Aufgabe des Projekts nicht überzeugt, auch wenn er zugibt, dass bisher kein Entzifferungsversuch der Schrift erfolgreich gewesen ist.[11] Noch entmutigender für mein Vorhaben ist allerdings sein Eingeständnis, dass angesichts der Dürf-

---

9 Michael Witzel schlägt vor, dass nicht aus dem Sanskrit stammende „Lehnwörter im ṚV zeigen, dass Dorfleben, Musik und Tanz sowie Religion auf niedriger Ebene (Kleine Traditionen) indigenen und somit nicht indoarischen Ursprungs sind". Persönliches Gespräch.

10 Steve Farmer et al., „The Collapse of the Indus-Script Thesis: The Myth of a Literate Harappan Civilization", *Electronic Journal of Vedic Studies* 11, Nr. 2, 2004, 1–39.

11 Asko Parpola, „Study of the Indus Script", *Transactions of the International Conference of Eastern Studies* 50, 2005, 28–66.

tigkeit der erhaltenen Texte und der hohen Wahrscheinlichkeit, dass sie, selbst wenn man sie entzifferte, lediglich Hinweise auf Handelsgüter enthalten würden wie die mykenische Linearschrift B, ihr Nutzen für das Verständnis der Indus-Kultur minimal wäre. Doch selbst wenn wir nicht über genügend Daten verfügen und wahrscheinlich niemals verfügen werden, um das Religionssystem der Indus-Kultur zu beschreiben – obwohl kleine Figuren und Tafeleinritzungen einige Rückschlüsse zulassen –, reicht die dauerhafte Ansiedlung an einem Ort, wenn auch auf einem geringen Komplexitätsniveau, dazu aus, die Wahrscheinlichkeit zu erhöhen, dass auf die Indus-Kultur zurückgehende kulturelle Besonderheiten schließlich in die im Entstehen begriffene vedische Kultur Eingang gefunden haben, auch wenn wir nicht genau wissen können, um welche Elemente es sich dabei handelte.[12]

Während ich auf diesem neuen Gebiet nach Halt suchte, hat mir die Entdeckung bzw. Wiederentdeckung gut getan, dass ich wie mit Louis Gernet und Jean-Pierre Vernant im Fall von Griechenland zuverlässige durkheimianische Vorgänger gehabt hatte. (Auch über China haben wir das bedeutende Werk von Durkheims Student Marcel Granet, ich finde jedoch, dass er am meisten über Entwicklungen in der Han-Dynastie, also über einen späteren Zeitraum zu sagen hat als den, um den es in meinem Kapitel ging.) Natürlich war mir Henri Huberts und Marcel Mauss' *Essay über die Natur und die Funktion des Opfers* schon lange bekannt gewesen und erinnerte ich mich an die Bedeutung, die das indische Material darin hatte, aber erst als ich ihren Essay noch einmal las, stellte ich fest, dass Mauss nicht nur ein Student von Durkheim, sondern auch des großen französischen Sanskritisten Sylvain Lévi gewesen war, aus dessen grundlegendem Buch *La Doctrine du Sacrifice dans les Brahmamas* sich seine Gesamtargumentation speiste.[13] Als ich Paul Mus las, den ich bis dahin nur dem Na-

---

12 R. A. E. Coningham vertritt den Standpunkt, dass zwar vieles nach der Hochzeit der Indus-Kultur verlorengegangen ist, darunter auch die Zeichen, die eine Schrift gewesen sein könnten, der Verfall während des zweiten Jahrtausends v. u. Z. aber nicht so dramatisch gewesen sei, wie häufig angenommen werde. Er schließt daraus, dass „die Grundlagen für die Entstehung der frühgeschichtlichen [mittleres erstes Jahrtausend v. u. Z.] Stadt bereits während des zweiten Jahrtausends v. u. Z. gelegt worden seien". Siehe Coningham, „Dark Age or Continuum? An Archeological Analysis of the Second Emergence of Urbanism in South Asia", in: *The Archaeology of Early Historic South Asia: The Emergence of Cities and States*, hrsg. v. F. R. Allchin, Cambridge: Cambridge University Press, 1995, 72.

13 Henri Hubert und Marcel Mauss, *Essay über die Natur und die Funktion des Opfers* [1899], in: Marcel Mauss, *Schriften zur Religionssoziologie*, hrsg. u. eingel. v. Stephan Moebius, Frithjof Nungesser, Christian Papilloud, übers. v. Eva Moldenhauer u. Henning Ritter, Berlin: Suhrkamp Verlag, 2012, S. 97–218; Sylvain Lévi, *La*

men nach gekannt hatte, erfuhr ich außerdem aus dem Vorwort des Übersetzers zu Mus' großartigem Buch *Barabudur*, dass Mus nicht nur ein Student von Mauss gewesen ist, sondern bei seinen eigenen Vorlesungen am Collège de France immer zwei Bücher bei sich hatte, von denen eines Lévis *La Doctrine du Sacrifice* war.[14] Und dann ging mir auf, dass mein alter Freund Louis Dumont, von dem ich viel über Indien, aber auch eine ganze Reihe von anderen Dingen gelernt habe, bestimmt ein Student von Mauss gewesen sein müsste, was sich durch einen kurzen Blick in Dumonts Buch *Gesellschaft in Indien* bestätigte.[15] Auch wenn das den Weg nicht leichter machte, den ich vor mir hatte, fühlte ich mich als meinerseits zutiefst durkheimianischer Soziologe so zumindest in guter Gesellschaft.

Das frühvedische Indien

So schwierig die Datierung der frühindischen Texte sein mag, besteht allgemeine Einigkeit darüber, dass der *Rigveda* der älteste der heiligen Texte der indischen Religion – der sogenannten Veden – ist. Michael Witzel hat das prägnant formuliert: „Die Sprache des Rigveda hebt sich in vielen Hinsichten von den folgenden Stufen ab und sollte womöglich eher als letzte Stufe einer langen Phase indoarischer Dichtung bezeichnet werden denn

---

doctrine du sacrifice dans les Brahmanas, Paris: Presses Universitaires de France, 1966 [1898].

14 Paul Mus, *Barabudur: Sketch of a History of Buddhism Based on Archaeological Criticism of the Texts*, übers. v. Alexander W. Macdonald, New Delhi: Indira Gandhi National Centre for the Arts, Sterling Publishers, 1998 [1935], xxiii. Das andere Buch war Émile Senarts Werkausgabe und Übersetzung des *Bṛhad-āraṇyaka Upaniṣhad*.

15 Ich fand zudem eine reizvolle Anekdote über einen Kommilitonen Dumonts, die nicht nur Mauss' Lehre, sondern die der ganzen Durkheim'schen Schule zu erkennen gibt: „Gegen Ende des Vorbereitungsjahres für das Ethnologiestudium berichtete mir ein Kommilitone, der nicht die ethnologische Laufbahn einschlagen wollte, daß ihm etwas Seltsames widerfahren sei. Er sagte ungefähr folgendes: ‚Als ich mich neulich auf der Plattform eines Autobusses befand, fiel mir plötzlich auf, daß ich meine Mitpassagiere nicht so ansah wie gewöhnlich; irgend etwas hatte sich in meinem Verhältnis zu ihnen geändert, in der Art, wie ich mich ihnen gegenüber sah. Es gab nicht mehr ›ich und die anderen‹; ich war einer von ihnen. Eine Zeitlang fragte ich mich, was wohl die Ursache für diese merkwürdige und plötzliche Wandlung sei. Mit einem Male wurde es mir klar: Es war Mauss' Unterricht.' Das Individuum von gestern fühlte sich plötzlich als gesellschaftlicher Mensch, erkannte, daß seine eigene Persönlichkeit mit der Sprache, dem Verhalten, den Gesten seiner Nachbarn verbunden war. Hierin liegt der wesentliche humanistische Aspekt des ethnologischen Unterrichts." Louis M. Dumont, *Gesellschaft in Indien: Die Soziologie des Kastenwesens*, übers. v. Margarete Venjakob, Wien: Europaverlag, 1976 [1966], 23.

als *Beginn* der vedischen Literatur. Viele Wörter, die im RV vorkommen, sind mit dem Avestischen verwandt [archaisches Ostiranisch, das große Ähnlichkeiten mit dem Altpersischen aufweist], treten aber in nachrigvedischen Texten nicht mehr auf."[16] Obwohl der RV (um die Standardabkürzung zu verwenden) Elemente enthält, die in die Frühzeit der Arier in Indien oder vielleicht sogar in den Zeitraum zurückreichen könnten, als sie noch in Afghanistan waren, und so auf Material aus den frühen oder mittleren Jahren des zweiten Jahrtausends v. u. Z. zurückgreifen könnte, wurden die Hymnen, aus denen er besteht, Witzel zufolge wahrscheinlich etwa fünf bis sechs Generationen vor Ende dieses Zeitraums, also möglicherweise irgendwann zwischen 1200 und 1000 v. u. Z. verfasst.[17] Selbst innerhalb des RV müssen wir eine weitere Differenzierung vornehmen: Das letzte Buch, also Buch 10, und ein Großteil von Buch 1 gelten als jünger als der übrige Text und könnten für einen bedeutenden Schritt über die Welt eines Großteils des RV hinaus stehen. Wie dem auch sei, besteht unsere erste Aufgabe darin, ein Verständnis von der sozialen und religiösen Wirklichkeit zu entwickeln, die an den älteren Schichten des RV deutlich wird.

Weil die uns vorliegenden Texte Hymnen sind, die bei Ritualen Verwendung fanden, werde ich mit einer Beschreibung des Ritualsystems beginnen und erst allmählich unter Hinzuziehung von Hinweisen in den Texten, ein wenig Archäologie und einer ganzen Reihe von Rückschlüssen versuchen, die Art von Gesellschaft zu beschreiben, in der diese Rituale vollzogen [*performed*] wurden. Im Grunde genommen sind sogar in Bezug auf die Rituale Rückschlüsse erforderlich, weil die bei einem Ritual verwendeten Hymnen nicht das ganze Ritual bzw. die verschiedenartigen Rituale beschreiben, bei denen sie Verwendung fanden. Der größte Teil der Hymnen des RV scheint bei Opferritualen verwendet worden zu sein, die sich an eine Reihe von Götter richteten und um eine Vielzahl von weitgehend diesseitigen Gaben baten, wie etwa einen reichen Viehbestand, die Geburt von Kindern, vor allem Söhnen, langes Leben und siegreiche Schlachten. Stephanie Jamison und Michael Witzel haben die Bedeutung dieser Rituale prägnant zum Ausdruck gebracht:

---

[16] Michael Witzel, „Tracing the Vedic Dialects", in: *Dialectes dans les littératures Indo-Aryennes*, hrsg. v. Colette Caillat, Paris: Collège de France, Institut de Civilisation Indienne: Depositaire exclusive: Édition-diffusion de Boccard, 1989, 124.

[17] Michael Witzel, „The Development of the Vedic Canon and Its Schools: The Social and Political Milieu", in: *Inside the Texts, Beyond the Texts: New Approaches to the Study of the Vedas*, hrsg. v. Michael Witzel, Cambridge, Mass.: Department of Sanskrit and Indian Studies, Harvard University, 1997, 263.

„Die offenkundigste Motivation für die vedische Religion ist wahrscheinlich das römische Prinzip des ‚*do ut des*', ‚ich gebe, damit du gebest' bzw. auf Vedisch, ‚gib mir, dann geb ich dir', *dehi me dadhāmi te*, das heißt: Wechselseitigkeit. Die rituellen Opfergaben und die mit ihnen einhergehenden Hymnen werden den Göttern nicht aus rein feierlichem Überschwang dargebracht. Diese verbalen und nahrhaften Gaben sind vielmehr Spielzüge in einem unendlichen Tauschzyklus – Dank für vorherige Gaben der Götter, aber auch Anreiz für solche Gaben und Gefälligkeiten in der Zukunft. Neben allgemeinem Lobpreis der göttlichen Großzügigkeit enthalten die meisten rigvedischen Hymnen unzweideutige Gebete für weltliche Güter und für Hilfe in bestimmten Situationen."[18]

Es mag sein, dass dieses relativ einfache, schnörkellose Muster uns an Homer erinnert – wie bei Homer waren die Opfer einer Reihe von Göttern gewidmet. Doch die vedischen Götter weisen kaum Verwandtschaft mit den griechischen Göttern auf und ihnen fehlt jeglicher Sinn für eine übergreifende Ordnung.[19] Indra ist zwar ein mächtiger und zentraler Gott und wird bisweilen zum König der Götter erklärt, aber er scheint noch weniger in der Lage zu sein als Zeus, die anderen Götter zu kontrollieren, und außerdem werden einer Reihe von anderen Göttern dieselben Attribute und Befugnisse zugeschrieben wie ihm. Es folgt eine kurze Hymne auf Indra, RV 3.45, um ein Gespür dafür zu vermitteln, wie die einfacheren Hymnen klingen:

„1. Her mit den erfreulichen Falben, Indra,
ziehe mit den Pfauenhaarigen!
Nicht sollen dich irgendwelche (Leute) festhalten wie die Schlingensteller den Vogel.
Gehe an ihnen vorbei wie an einem wüsten (Land).
2. Er ist der Vṛtrazerreißer, Valazerbrecher, Zersprenger der Befestigungen, Antreiber der Gewässer,
Fahrer des Streitwagens, Zurufer der beiden Falben,
der Indra, der Erbrecher auch des Festen.
3. Tief wie die Brunnen
Gedeihst du mit Geisteskraft, wie die Kühe.
Vorwärts, wie die Milchkühe, die einen guten Hirten haben, zur Weide (gegangen sind),
haben sie dich, wie Bäche den See, erreicht.

---

18 Stephanie W. Jamison und Michael Witzel, „Vedic Hinduism", in: *The Study of Hinduism*, hrsg. v. Arvind Sharma, Columbia: University of South Carolina Press, 2003, 65–113; dieser Aufsatz wurde 1992/95 verfasst, und eine lange Version (1992) ist unter www.people.fas.harvard.edu/~witzel/vedica.pdf verfügbar. Lange Version, S. 63, leicht bearbeitet, Anmerkungen entfernt und dergleichen. Dieser Essay, der beinahe Buchlänge hat, ist die beste allgemeine Einführung in die vedische Religion, die ich kenne.

19 Ebd., 53.

4. Bring uns schnellen Reichtum,
wie dem Zustimmenden (seinen) Anteil!
Den Baum, die reife Frucht schüttle, wie einer mit dem Haken,
Indra, das aus der Not helfende Gut!
5. Indra, du bist ein selbstständiger, selbstherrschender König,
ein gut lenkender, ganz eigenes Ansehen Habender.
Als ein an Stärke Gewachsener, du Vielgepriesener,
sei uns der beste (Er)hörer!"[20]

An dieser Hymne wird deutlich, dass Indra ein mächtiger Kriegsgott ist. Strophe 2 spielt auf mythische Ereignisse an, mit denen wir uns hier nicht weiter aufhalten müssen, sie veranschaulichen seine Kampfstärke. Er wird jedoch auch mit Weidewirtschaft und Ackerbau in Verbindung gebracht und ist deshalb der geeignete Adressat für Gebete, die das materielle Wohl betreffen. Die gerade zitierte Hymne mag simpel wirken, aber für die Enträtselung aller Anspielungen und Bedeutungen von Indras verschiedenen Attributen müssten ziemliche Exegeseanstrengungen unternommen werden. In poetischer Hinsicht sind die Verse hoch verdichtet und anspielungsreich, sie setzen Kenntnisse der Mythen voraus, die sie nicht ausbuchstabieren. Sie sind Werke von großer Dichtkunst und die Barden, die sie verfassten, wetteiferten um die Hervorbringung der schönsten Hymnen. Doch nach Witzels Einschätzung käme der Versuch, die Mythen der frühen Indoarier, ganz zu schweigen von ihrer Geschichte, allein aus diesen Hymnen herauszulesen, dem Versuch gleich, die Geschichte und Religion des frühen Israels aus den Psalmen als einziger verfügbarer Quelle herauszulesen.[21]

Trotzdem hat Witzel durch ein sorgfältiges Durchpflügen des Textes des RV zumindest ein grobes Bild von den Geschehnissen der Zeit rekonstruiert, in der diese Texte verfasst wurden. Der Text berichtet uns von

---

[20] *Rig-Veda, Das Heilige Wissen, Dritter bis fünfter Liederkreis*, übers. und hrsg. v. Michael Witzel, Toshifumi Gotō und Salvatore Scarlata, Berlin: Verlag der Weltreligionen, 2013, 80–81. Jamison und Witzel empfehlen Walter H. Maurer, *Pinnacles of India's Past: Selections from the Ṛgveda*, Philadelphia: John Benjamins/University of Pennsylvania Studies on South Asia, 1986, und Wendy Doniger O'Flahertys *The Rig Veda: An Anthology*, London: Penguin, 1981, als zwei nützliche englischsprachige Übersetzungen von ausgewählten Hymnen in Ermangelung einer modernen wissenschaftlichen Übersetzung des gesamten Texts. [A.d.Ü.: Joel Brereton und Stephanie Jamison haben mittlerweile eine vollständige Übersetzung herausgebracht, *The Rigveda: The earliest religious poetry of India*, übers. v. Joel Brereton und Stephanie Jamison, New York: Oxford University Press, 2014.]

[21] Michael Witzel, „Early Indian History: Linguistic and Textual Parameters", in: *The Indo-Aryans of Ancient South Asia: Language, Material Culture and Ethnicity*, hrsg. v. George Erdosy, Berlin: de Gruyter, 1995, 93.

etwa dreißig Stämmen oder Völkern (wir werden später überlegen müssen, was wir von ihrer sozialen Organisationsform zu halten haben) unter einer Reihe von Herrschern *(rājan*, was später mit „Könige" übersetzt wurde, hier aber eher „Häuptling" heißt), deren Abstammungslinien, sofern sie sich rekonstruieren lassen, fünf bis sechs Generationen umfassen. Infolge der unablässigen Kämpfe der arischen Völker nicht nur mit den *dāsa* (den indigenen oder besser gesagt kulturell nicht-arischen Völkern), sondern im Gegenteil stärker noch mit sich selbst, erlangte eine Gruppe von Fünf Völkern um die Pūru herum die Vorherrschaft, verlor sie aber gleich darauf wieder an eine spät eintreffende Untergruppe, nämlich an die Bharata.

Schon zur Zeit des RV waren die „Arier" nicht mehr bloß die Immigranten von weither bzw. deren Nachkommen. Unter den Ariern gab es auch Häuptlinge mit *dāsa*-Namen, und im RV kommen viele Lehnwörter aus dem Dravidischen, Mundaischen, ja vielleicht sogar aus dem Tibetobirmanischen vor, sodass „arisch" nicht mehr ethnisch-rassisch zu verstehen war, sondern zu einem kulturellen Begriff wurde, der sich auf diejenigen bezog, die an den Opferungen und Festen teilnahmen, das heißt sich an der gemeinsamen Kultur beteiligten. Überdies erinnerten oder priesen diese selbsternannten Arier keine fremde Gegend mehr, aus der sie gekommen sein mochten. Sie verorteten das Zentrum der Welt irgendwo in Nordindien, und dies war auch der Ort, aus dem sie ihrer eigenen Meinung nach stammten. Wir haben hier eine genetisch und kulturell heterogene Welt vor uns, auch wenn „arisch" seine elitäre Konnotation nie ganz verlor.[22]

Inmitten der Fülle von Stämmen, Unterstämmen und Abstammungslinien stoßen wir auf eine Zentralisierungsbestrebung, die erst am Ende der rigvedischen Zeit stärker werden sollte. Wie Witzel schreibt, „steht der Rigveda so vor allem für die Geschichte zweier Königsgeschlechter (der Pūru und der Bharata) gegen Mitte des rigvedischen Zeitalters".[23] Die Folge der sich lange hinziehenden Streitigkeiten war „der endgültige Sieg der Bharata über die anderen Stämme und ihre Ansiedlung am [Fluss] Sarasvati, der bis weit ins vedische Zeitalter zum südasiatischen Kerngebiet wurde. An dieser Stelle verortet RV 3.51.11 das Zentrum der Welt, das nach allen Seiten von unterworfenen Feinden umgeben ist."[24] Witzel schreibt die früheste Sammlung der RV-Hymnen den Zentralisierungsbestrebungen der Pūru und der Bharata zu, was angesichts der Tatsache kein leichtes Unterfangen ist, dass die Hymnen „Alleineigentum einiger weniger Clans

[22] Ebd., 109.
[23] Michael Witzel, „Ṛgvedic History: Poets, Chieftains and Politics", in: Erdosy, *Indo-Aryans*, 339.
[24] Ebd.

aus Dichtern und Priestern [gewesen sind], die nicht bereit waren, sich von ihrem angestammten und (mehr oder weniger) geheimen Wissen zu trennen".[25] Aber ob nun bereit- oder widerwillig, sie trennten sich von ihnen, und noch in der Sprache der uns vorliegenden Hymnen spiegelt sich die Sprache der Pūru und der Bharata und nicht die Sprache von irgendwelchen Geschlechtern, von denen sie abstammen könnten.[26]

Die Zentralisierungsbestrebungen der Pūru und Bharata, die Vorläufer noch stärkerer, kommender Zentralisierungsbestrebungen waren, sollten uns nicht zu der Vorstellung verleiten, dass dadurch ein früher Staat geschaffen wurde. Sie bewegten sich zwar in diese Richtung, aber die Dezentralisierungsbestrebungen, die zu häufigen Führungswechseln führten, waren nach wir vor stark. Wir befinden uns in einer Welt von Häuptlingen und obersten Häuptlingen, nicht von Königen und Staaten. Witzel beschreibt die Welt des frühen rigvedischen Zeitalters, von der die Zentralisierungsbestrebungen ihren Ausgang nahmen, als eine Welt „kleiner, stammesförmiger, Weidewirtschaft betreibender Gesellschaften im östlichen Punjab, ohne ein bzw. nur mit Ansätzen eines Kastensystems, prähinduistischer Religiosität, einem kalten Winter ohne wirklichen Monsun, ohne Städte und mit einer auf Viehzucht beruhenden Ökonomie".[27] Laut Witzels Beschreibung besteht die weit im Nordwesten und im Punjab gelegene Gesellschaft dieser Frühzeit aus „Häuptlingen *(rājan)*, [die] zusätzlich zu den Eingeborenen und Dienern / Sklaven *(dāsa. Dasyu. puruṣa)* über weitere Adlige, *rājanya / kshatriya*, und über das Volk, *viś*, gebieten".[28] Seiner Beschreibung an einer anderen Stelle zufolge besteht das frühe rigvedische Ritualsystem in der Hauptsache aus „einem einfachen Feuerritual am Morgen und am Abend, einigen saisonalen Festen und dem großen Neujahrs- / Frühlings-Soma-Ritual".[29] Für diese Rituale waren Priester erforderlich, aber nicht unbedingt eine Priesterklasse. Wie im alten Griechen-

---

25 Ebd., 337.

26 Ebd., 338.

27 Michael Witzel, „How to Enter the Vedic Mind? Strategies in Translating a *Brāhmaṇa* Text", in: *Translating, Translations, Translators: From India to the West*, hrsg. v. Enrica Garzilli, Harvard Oriental Series, Opera Minora, Bd. 1, Cambridge, Mass.: Department of Sanskrit and Indian Studies, Harvard University, 1996, 5.

28 Michael Witzel, „Early Sanskritization: Origins and Development of the Kuru State", in: *Recht, Staat und Verwaltung im klassischen Indien*, hrsg. v. Bernhard Kölver, München: Oldenbourg, 1997, 30.

29 Michael Witzel, „The Realm of the Kurus: Origins and Development of the First State in India", in *Nihon Minami Ajia Gakkai Zenoku Taikai, Hokohu Yoshi [Summaries of the Congress of the Japanese Association for South Asian Studies]*, Kyoto, 1989, 2. Das Soma-Ritual wird weiter unten erörtert.

land konnten Häuptlinge und Oberhäupter von Abstammungslinien als Priester fungieren, obwohl es, ebenfalls wie im alten Griechenland, Dichter-/Priestergeschlechter gab, jedoch noch keine Priesterklasse oder -kaste.

All dies ergibt einen Sinn, wenn, wie George Erdosy hauptsächlich auf der Grundlage archäologischer Zeugnisse behauptet hat, „das Wiederauftreten von stabilen politischen Strukturen im Anschluss an den Zusammenbruch des Städtewesens der Indus-Kultur gemeinsam mit einer ostwärts gerichteten Verlagerung des Schwerpunkts der ökonomischen und politischen Macht und der Verbreitung einer neuen (indoarischen) Dialektfamilie beinahe ein ganzes Jahrtausend in Anspruch genommen hat. Das Aufkommen von möglicherweise als einfach zu bezeichnenden, ca. auf das Jahr 1000 v. u. Z. datierbaren Häuptlingstümern war der Kulminationspunkt dieses Prozesses."[30] Bemerkenswert ist, dass sogar in den vier bis fünf Jahrhunderten nach dem Jahr 1000 v. u. Z., die bedeutende politische und kulturelle Veränderungen erlebten, die materielle Kultur außergewöhnlich einfach blieb. Es gab weiterhin keine Siedlungszentren, die groß genug gewesen wären, um Städte genannt zu werden, keine Paläste oder Tempel, lediglich Flechtwerk- und Lehmhütten, „Luxusgüter fehlten durchgängig, und die künstlerischen Ausdrucksformen waren von auffälliger Dürftigkeit".[31] Und doch entstanden, wie wir sehen werden, gerade in dieser Zeitspanne gemeinsam mit radikalen sozialen und kulturellen Umwälzungen oberste Häuptlingstümer, ja ansatzweise sogar frühe Staaten.

Verblüffend ist nun aber, dass der Großteil des RV vor dem Jahr 1000 v. u. Z. verfasst wurde und deshalb aus Stammesgesellschaften hervorgeht, die sich gerade erst zu Häuptlingstümern zu entwickeln begannen – zumindest, wenn Erdosy recht hat. Dennoch ist der *Rigveda* der heiligste Text der vedischen Religion und im Prinzip des historischen Hinduismus bis in die Gegenwart. Eine Prämisse dieses Buches besteht darin, dass „nichts jemals verloren geht", Indien führt diese Prämisse nun aber in überraschendem Maße vor Augen. Es stimmt zwar, dass die homerischen Epen auf eine Gesellschaft zurückgehen bzw. diese zumindest schildern, die nicht sehr viel komplexer ist als Indien im späten zweiten Jahrtausend, und dass sie während der gesamten Geschichte der klassischen Zivilisation eine bedeutende Rolle für die Bildung spielten. In gewisser Weise könnte man sie sogar „heilige Texte" nennen, aber die homerischen Epen haben nie über

---

[30] George Erdosy, „City States of North India and Pakistan at the Time of Buddha", in: Allchin, *Archaeology*, 99. Diese Passage fasst seine Erörterung im vorangehenden Kapitel desselben Buches, „The Prelude to Urbanization: Ethnicity and the Rise of Late Vedic Chiefdoms", 75–98, zusammen.

[31] Erdosy, „The Prelude", 82–83.

die Autorität verfügt, die dem *Rigveda* zugeschrieben wird. Es gibt in der Schöpfungsgeschichte Teile, die wahrscheinlich seit Stammes- oder Häuptlingszeiten in ihrer ursprünglichen Form tradiert worden sind, aber sie bilden nicht den Kern der Thora. Wie wir sehen werden, erfuhren die im RV enthaltenen Gedanken in der ersten Hälfte des ersten Jahrtausends v. u. Z. eine enorme Ausarbeitung und ziehen sie bis in die Gegenwart Kommentare in Hülle und Fülle auf sich, aber eine intakte Sammlung von Versen aus der Stammeszeit als Kern einer religiösen Tradition gibt es einzig und allein in Indien. Sie wirft Fragen in Bezug auf die ganze Idee religiöser Evolution auf, mit denen wir uns unten herumschlagen werden müssen.

Über das Ritualsystem in der rigvedischen Zeit wissen wir nicht genug, um es detailliert beschreiben zu können, es gibt aber Hinweise in den Hymnen, die uns eine Vorstellung davon vermitteln. Einen der im RV am häufigsten erwähnten Götter, Indra, haben wir schon beschrieben. Indra und die meisten anderen Götter sind zwar unsichtbar, aber zwei der wichtigsten Götter, die auch für die frühiranische Religion Bedeutung haben, sind sichtbar: Agni (Feuer, wie jeder mit dem lateinischen *ignis* Vertraute feststellen wird) und Soma (dessen avestischer Verwandter Haoma ist, was sich in beiden Fällen auf ein bewusstseinsveränderndes Getränk bezieht, über dessen Identität bis heute gestritten wird). Gewöhnliches Feuer und das Soma-Getränk sind Bestandteile der ihren Namen tragenden Hauptgötter und auf dem Opferplatz anwesend, im Falle des Feuers sogar unverzichtbar. Maurer weist darauf hin, dass Indra, Agni und Soma die drei im RV am häufigsten erwähnten Götter sind, Agni aber der wichtigste sei:

> „Da die vedische Religion genauso wie ihre Schwesterreligion, der Zoroastrismus, ein Feuerkult gewesen ist, stand vom einfachsten häuslichen bis zum ausgefeiltesten, komplexesten Ritus das Feuer im Zentrum jedes Opfers [*yajña*]. Obwohl die beiden Religionen ganz unterschiedliche Entwicklungsverläufe genommen hatten, waren Opfer ohne Feuer in keiner von beiden möglich [...] Eine wesentliche Rolle von Agni besteht darin, als Bote zwischen Menschen und Göttern zu fungieren. In dieser Eigenschaft überbringt er entweder den Göttern den Wesenskern des Opfermahls oder er bringt die Götter selbst zum Opferfest, auf dem sie sich auf dem heiligen Gras zusammensetzen, das für sie ausgebreitet worden ist [...] Auf der einen Seite Indra, der mächtige Kriegsgott, der unerbittliche Bezwinger nicht nur der Dämonen, sondern aller Feinde der Indoarier und somit ihr zuverlässigster Beschützer; auf der anderen Seite Agni, der Erzpriester, Vermittler zwischen Menschen und Göttern, der große allwissende Weise, der als Kristallisationspunkt aller Opfer und dadurch, dass er die Heime mit Wärme und Licht versorgt, unter den Göttern der engste Weggefährte der Menschen ist.“[32]

[32] Maurer, *Pinnacles of India's Past*, 10–11.

Der dritte der im RV am häufigsten erwähnten Götter, Soma, ist die Vergöttlichung der Soma-Pflanze, dem Ursprung des Soma-Getränks, das bei den Ritualen eine große Rolle spielte. Das Auspressen der Stiele der Soma-Pflanze, bis Saft austrat, das Vermischen des Safts mit Milch, die Tatsache, dass ein Teil des Somas als Opfergabe für die Götter diente und der Rest von den daran beteiligten Menschen getrunken wurde, waren alles wichtige Aspekte des Soma-Rituals. Maurer betont: „Die an Soma gerichteten Hymnen sind in höchst phantasievolle Metaphern und Gleichnisse gekleidet, und möglicherweise hat kein geistiger Höhenflug sich je weiter aufgeschwungen als die Phantasiegebilde der Dichter des neunten Buches des Rigveda [das neunte Buch enthält ausschließlich Soma gewidmete Hymnen].“[33] Die Sprache bestimmter Hymnen auf Soma hat einige Frühindien-Forscher zu der Annahme veranlasst, dass sie durch Drogen herbeigeführte, mystische Erfahrungen beschreiben (RV 10.136, zum Beispiel) und möglicherweise ein Vorläufer des späteren indischen Mystizismus sind.[34] Jedenfalls glaubte man, dass Soma über hohe medizinische Wirksamkeit verfüge und ein Unsterblichkeitstrank sowohl für Götter als auch für Menschen sei. Indra soll ihn außergewöhnlich gerne gemocht haben.[35]

Obwohl die bei den Ritualen rezitierten Hymnen von ihrem poetischen Gehalt her komplex und anspruchsvoll gewesen sind, waren die Rituale selbst zumindest im rigvedischen Zeitalter relativ einfach. Es gab keine festen Ritualstätten, keine Tempel, sondern jedes Ritual wurde an einem neu ausgewählten Fleck durchgeführt, was möglicherweise mit den häufigen Ortswechseln der Weidewirtschaft betreibenden Menschen zusammenhing. Als sie sich erst einmal durchgesetzt hatte, kennzeichnete diese Eigenheit auch alle späteren vedischen Rituale noch lange, nachdem die Weidewirtschaft aufgegeben worden war. Die Gelehrten schreiben die Hymnen Dichtern oder Barden zu, die nicht unbedingt Priester waren und mit anderen Dichtern um die Vortrefflichkeit ihrer Poeme wetteiferten, wobei oft die Belohnung zur Sprache kam, die sie von den begüterten Schirmherren der Rituale erwarteten. Sie wurden als Ṛṣis bezeichnet – Seher, welche die Texte „gehört“ *(śruti)* haben, obwohl es auch hieß, sie hätten sie „gesehen“, anstatt sie zu verfassen, und die als Halbgötter galten. Das war jedoch, nachdem der Kanon des *Rigveda* abgeschlossen wor-

---

33 Ebd., 76.

34 Frits Staal, *Exploring Mysticism: A Methodological Essay*, Berkeley: University of California Press, 1975.

35 Maurer, *Pinnacles of India's Past*, 76.

den war und Brahmanen in ihrer Eigenschaft als Bewahrer und Interpreten der alten Texte die klassischen Dichter ersetzt hatten.[36]

Die mittelvedische Transformation

Michael Witzel hat behauptet, zwischen der Gesellschaft, die wir aus den älteren Teilen des RV zu rekonstruieren versucht haben, und der ganz anderen Gesellschaft, die sich aus den Brahmanas entnehmen lässt, bestände eine zeitliche Lücke. Es ist nicht möglich, die genauen Daten zu bestimmen, aber wenn wir davon ausgehen, dass die älteren Teile des RV aus den letzten Jahrhunderten des zweiten Jahrtausends v. u. Z. stammen, könnte man die frühesten Brahmanas vielleicht auf die ersten ein oder zwei Jahrhunderte des ersten Jahrtausends v. u. Z. datieren. Witzel hat einige Texte gefunden, die eine Entwicklungsstufe des frühen Sanskrit repräsentieren, welche vermuten lässt, dass sie auf jene zeitliche Lücke zwischen den beiden einschlägigen Textsammlungen zurückgehen. Dazu gehören Mantratexte und weitere Fragmente aus späteren Sammlungen sowie späte Teile des RV selbst, besonders Buch 10. Die Texte liefern uns Anhaltspunkte für allem Anschein nach bedeutende politische Veränderungen, die der auf auffällige Weise andersartigen Gesellschaft und Kultur der mittelvedischen Zeit vorausgingen, in deren Mittelpunkt die Brahmanas standen.

In geografischer Hinsicht kam es zu einer Verlagerung vom Punjab in eine Region weiter im Osten, an und kurz hinter der Grenze zwischen Punjab und der oberen Gangesebene – einer als Kurukshetra bekannten Region. Ob dies auf einen Ortswechsel der Bevölkerung hinweist oder, was genauso wahrscheinlich ist, auf eine Verlagerung des kulturellen Blickfelds, können wir nicht wissen, aber den Kern dieser Verlagerung bildeten politische, wenn auch nur vage erkennbare Veränderungen. Wir hatten oben festgestellt, dass sich im Verlauf des RV unter den 30 oder mehr arischen „Stämmen" (zu den Schwierigkeiten, mit denen die Verwendung dieses Begriffs verbunden ist, siehe Kapitel 3) erst die Pūru und dann die Bharata hervortaten, aber nicht in der Lage waren, in einer unentwegt instabilen Situation irgendeine dauerhafte Form von Herrschaft zu errichten. In Witzels zeitlicher Lücke bildeten nun aber die Kuru, die sich für die legitimen Nachfahren der Bharata hielten, ein stabiles Regierungssystem,

[36] Der Begriff *Brahman* kann sich auf eine Gottheit, eine absolute Wirklichkeit, eine Gattung heiliger Schriften und auf die Priesterklasse beziehen. Ich folge dem Sprachgebrauch einiger, aber nicht aller Indologen darin, die letztere Gruppe als Brahmanen zu bezeichnen, um eine terminologische Verwirrung zu vermeiden.

das richtungsweisend für die gesamte nachfolgende politische Geschichte Indiens war.[37]

Die Anführer der Kuru nannten sich weiterhin *rājan*, was man in der rigvedischen Zeit eher mit „Häuptling“ als mit „König“ übersetzen sollte, wie wir gesehen haben. Witzel verwendet sowohl „Häuptling“ als auch „König“ für die Anführer der Kuru, aber an einer Stelle, als er versucht, das politische System der Kuru einzuordnen, bezeichnet er den Anführer als „großen Häuptling“, was auf ein oberstes Häuptlingstum hindeutet, das heißt auf eine Regierungsform, in der ein großer Häuptling viele kleinere Häuptlinge unter sich hat, die ihm Gefolgschaft schulden. Als Indikator für dessen neue Stärke verzeichnet Witzel, dass der große Häuptling der Kuru nicht nur befugt ist, die Beute aus militärischen Raubzügen zu verwerten, sondern auch Tribut *(bali)* von seinen Untergebenen fordern durfte, wozu kleinere Häuptlinge niemals berechtigt wären.[38] All dies erinnert stark an die obersten Häuptlingstümer auf Hawaii genau zur Zeit des Kontakts mit dem Westen, als eines von ihnen kurz davor zu stehen schien, einen frühen Staat zu bilden. Mein Verdacht bestätigte sich, als ich sah, dass auch Witzel dem Kuru-Regime die späteren echten indischen Königtümer gegenüberstellt: „Absolute Macht lässt sich erst in den ersten großen Staaten mit Reichsaspirationen feststellen, wie etwa Magadha um 500 v. Chr. Das vedische Königreich der Kuru ähnelt weiterhin dem Reich einer großen polynesischen Häuptlingschaft, zum Beispiel auf Hawaii – auch was die Ähnlichkeit der Weltanschauung betrifft.“[39] Doch wie auf Hawaii befand sich das Königreich der Kuru möglicherweise im Übergang zu einem frühen Staat, sodass sich in der terminologischen Vieldeutigkeit die soziale Vieldeutigkeit der Zeit widerspiegeln könnte.[40]

Es gibt sowohl archäologische als auch literarische Belege dafür, dass Kurukshetra irgendwann in der ersten Hälfte des ersten Jahrtausends

---

[37] Es ist interessant, dass in der indischen Verfassung als Name des Landes „Indien“ oder „Bharat“ angeführt wird. Diese Wahl von „Bharat“ als ein Name für das Land spiegelt vermutlich das große Ansehen des großen indischen Epos, des *Mahābhārata* wider, das auf diese frühe Epoche zurückblickt, jedoch deutlich später geschrieben wurde.

[38] Witzel, „Early Sanskritization“, 46.

[39] Ebd., 47. Der letzte Abschnitt von Kapitel 4 dieses Buches befasst sich ausführlich mit der politischen und rituellen Lage auf Hawaii.

[40] Claessen und Skalník meinen, es sei beinahe unmöglich, „den genauen Geburtsmoment des Staates festzumachen“, und sprechen von „unauffälligen Prozessen“, die langsam Institutionen hervorbringen, welche erst im Rückblick als Merkmale des Staats erkannt werden können. Henri J. M. Claessen und Peter Skalník (Hrsg.), *The Early State*, Den Haag: Mouton, 1978, 620–621. Dies war auf Hawaii und vermutlich auch im mittelvedischen Kurukshetra der Fall.

v. u. Z. einen Status erlangte, den bis dahin keine arische Gesellschaft erreicht hatte. Bei seiner Erhebung der Siedlungen an der Indus-Ganges-Grenze und im Gangestal während eines überwiegenden Teils jener Zeit hat Erdosy festgestellt, dass es im Hinblick auf die Größe an vielen Orten nur zwei Siedlungsschichten und große Gebiete mit nur einer (dünnen) Siedlungsschicht gab, was besagt, dass Häuptlingstümer (die normalerweise zwei Siedlungsschichten umfassten) die wichtigste Sozialstruktur oberhalb der immer noch weit verbreiteten Stammesebene darstellten (eine Stammesgesellschaft ging mit einer Siedlungsschicht einher). Es gab allerdings ein Gebiet mit einer dreigliedrigen Siedlungsschicht, nämlich Kurukshetra, und drei Schichten sprechen mindestens für oberste Häuptlingschaft.[41] Auf der Grundlage der literarischen Belege glaubt Erdosy, dass der Begriff *janapada* möglicherweise im sechsten Jahrhundert „seine klassische Bedeutung von ‚Reich' annimmt" und dass „Kurukshetra als Heimat des berühmtesten aller spätvedischen Stämme die erste Region gewesen sein könnte, die sich eindeutig [als *janapada*] von den anderen abgrenzte".[42]

Witzel merkt an, „eine wichtige, wenn nicht die bedeutendste religiöse Entwicklung" habe darin bestanden, „dass in dem neuen Königszentrum Kurukshetra (‚das Land der Kuru') eine neue regionale Mythologie entstand".[43] Er beschreibt die Mythologie, in der diese neue politische Entwicklungsstufe religiös zum Ausdruck kam, folgendermaßen:

> „Wir sind jetzt in der Lage, die Bedeutung von Kurukshetra zu verstehen. Es wurde gezielt zum Land der Götter, zu ihrem *devayajana* [dem Ort, wo die Götter Opfer darbringen] gemacht, an dem sogar der himmlische Fluss, die Milchstraße, auf die Erde strömte und in Gestalt der Flüsse Sarasvati und Drsadvati durch Kurukshetra weiterfloss und an dem der Weltenbaum Plaksa Prasravana stand, der das Zentrum von Welt und Himmel bildete. Obwohl es schnell zu einem Randgebiet von Indien wurde, blieb das Land mit dem Namen Kurukshetra bis zum heutigen Tag sein heiliges Land. Hier fand der Mahabharata-Krieg statt, hierhin pilgerte man, faktisch bis zum heutigen Tag, entlang an den Ufern der heiligen Flüsse, hier konnte man direkten Zugang zum Himmel erlangen, hier wurde das reinste Vedisch gesprochen und von hier holten selbst die mittelalterlichen Könige Ostindiens ihre Brahmanen, die berühmten Sāravata."[44]

Natürlich war Kurukshetra eine Region, keine Stadt: Es gab keine Hauptstadt, tatsächlich überhaupt keine Städte. Witzel meint: „Zu beachten ist, dass die Könige aufgrund ihrer vergleichsweise geringen Zentralmacht auf

---

[41] Erdosy, „The Prelude", 80.
[42] Ebd., 86.
[43] Witzel, „Early Sanskritization", 42–43.
[44] Witzel, „Realm of the Kurus", 4.

ihrem Territorium umherzogen, um die verschiedenen Teile ihres Reichs zu kontrollieren."[45] Die Entwicklung einer spezifischen Mythologie des Orts im Hinblick auf Kurukshetra ist nur ein Aspekt der unten beschriebenen, umfassenden Neuorganisation der religiösen Praxis, ein Wandel, der eng mit sozialstrukturellen Veränderungen zusammenhing, wie wir sehen werden.

Angesichts der Tatsache, dass Hierarchie in den frühen Staaten möglicherweise stärker im Vordergrund stand als in allen anderen Gesellschaften davor oder danach, sei angemerkt, dass in der mittelvedischen Zeit das *varna*-System, das die Gesellschaft in vier Stände unterteilte, erstmals in ausgereifter Form in Erscheinung tritt.[46] Dessen erste vollständige Beschreibung findet sich in einer der letzten rigvedischen Hymnen, in 10.90. Hier entdecken wir, dass die Hierarchie der Menschen auf eine, wie wir in Kapitel 5 gesehen haben, für archaische Gesellschaften besonders charakteristische Weise in eine kosmologische Hierarchie eingebettet ist. Die Hymne wird als *Puruṣasūkta*, also als „Hymne auf den Mann" bezeichnet, und *puruṣa* ist in diesem Fall der androgyne, urwüchsige Mann oder Weltgigant, auf den das Universum, die Götter und die Menschen zurückgehen. Es folgen einige ausgewählte Strophen:

> „1. Tausendköpfig, tausendäugig, tausendfüßig ist Puruṣa; er bedeckte vollständig die Erde und erhob sich noch zehn Finger hoch darüber.
>
> 2. Puruṣa allein ist diese ganze Welt, die vergangene und die zukünftige, und er ist der Herr über die Unsterblichkeit (und auch über das), was durch Speise noch weiter wächst.[47]

[45] Witzel, „Early Sanskritization", 45. Solches „Umherziehen" fand auch auf Hawaii statt, wo es ebenfalls keine Städte gab. Das Gleiche mag auch für das ganz frühe Ägypten gegolten haben. Bruce Trigger hat die frühen Staaten in zwei Arten unterteilt: Territorialstaaten und Stadtstaaten. In Territorialstaaten bildete der Hof das Zentrum, nicht die Stadt, und der Hof zog häufig von Ort zu Ort. Siehe Bruce G. Trigger, *Understanding Early Civilizations*, Cambridge: Cambridge University Press, 2003, 92–119.

[46] Wahrscheinlich ist „Stand" oder „Klasse" die beste Übersetzung für *varṇa* in der Frühzeit, wenngleich später „Kaste" nicht völlig unzutreffend ist.

[47] Jan Gonda erklärt den Anfang dieser Strophe wie folgt: „Sie ist der erste Ausdruck des Gedankens, dass die Schöpfung des Universums die Selbstbegrenzung der transzendenten Person (Puruṣa) sei, ‚die dies Alles ist', wodurch sie sich im Reich unserer Erfahrung manifestiert." Gonda, *Vedic Literature*, Wiesbaden: Otto Harrassowitz, 1975, 137. Maurer erklärt, das Ende der Strophe zeige auf, dass die Gottheiten (die Unsterblichen), die von Puruṣa abstammen, auf (geopferte) Speisen angewiesen sind, wohingegen Puruṣa „durchaus frei vom Bedürfnis irgendeiner Nahrung" ist. *Pinnacles of India's Past*, 273. Oder, wie wir sehen werden, er ist seine eigene Nahrung.

6. Als die Götter mit Puruṣa als Opfergabe das Opfer vollzogen, da war der Frühling dessen Schmelzbutter, der Sommer das Brennholz, der Herbst die Opfergabe.[48]

11. Als sie den Puruṣa auseinander legten, in wie viele Teile teilten sie ihn? Was ward sein Mund, was seine Arme, was werden seine Schenkel, (was) seine Füße genannt?

12. Sein Mund ward zum Brahmanen, seine beiden Arme wurden zum Rājanya gemacht, seine beiden Schenkel zum Vaiśya, aus seinen Füßen entstand der Śūdra.

13. Der Mond ist aus seinem Geist entstanden, die Sonne entstand aus seinem Auge; aus seinem Munde Indra und Agni, aus seinem Aushauch entstand der Wind.

16. Mit dem Opfer opferten die Götter dem Opfer. Dies waren die ersten Normen (des Opfers)."[49]

Eine vollständige Erklärung auch nur der oben zitierten Strophen würde den Rest dieses Kapitels in Anspruch nehmen, aber gewisse Dinge können festgehalten werden. Diese berühmte Hymne hat eindeutig den Schritt über den Mythos hinaus hin zur Mythospekulation vollzogen.[50] In verklärter Form wird hier Puruṣa – was das alltägliche Wort für (im Allgemeinen männlicher) Mensch ist – über die gewöhnlichen Götter des *Rigveda* hinausgehoben und als ihr Schöpfer oder ihr Ursprung betrachtet, wie man an Indra und Agni in Strophe 13 sieht. Spekulativ wird die Frage aufgeworfen, ob es eine höhere Ordnung von äußerster Wirklichkeit gebe als die Götter. Zudem enthält die letzte Strophe, 16, eine neue, spekulative Vorstellung vom Opfer. Wendy Doniger O'Flaherty erklärt dessen Bedeutung folgendermaßen: „Puruṣa war sowohl das Opfer, das die Götter darbrachten, als auch die Gottheit, für die das Opfer bestimmt war. Das heißt, er war sowohl das Subjekt als auch das Objekt des Opfers. Durch ein typisch vedisches Paradox bringt das Opfer selbst das Opfer hervor."[51] Typisch allerdings für die mittelvedische Spekulation, nicht für das ältere RV-Denken, von dem die oben zitierte Hymne auf Indra, 3.45, Zeugnis ablegt. Außerdem nimmt O'Flaherty zu den „ersten Normen" in Strophe 16 Stel-

---

[48] Zu dieser Strophe merkt Maurer an, dass es sich hier um den „weiterentwickelten Puruṣa" handelt, der nun von seinen Kreaturen, den Gottheiten, dem urzeitlichen Puruṣa geopfert wird, *Pinnacles of India's Past*, 274.

[49] Karl Friedrich Geldner, *Der Rig-Veda, aus dem Sanskrit ins Deutsche übersetzt und mit einem laufenden Kommentar versehen von Karl Friedrich Geldner, Dritter Teil: Neunter bis Zehnter Liederkreis*, Cambridge, Mass.: Harvard University Press, 1951, 286–289.

[50] Siehe Kapitel 5, Anmerkung 92, wo Eric Voegelin zitiert wird, der Mythospekulation als „Spekulation innerhalb des Mediums Mythos" definiert.

[51] O'Flaherty, *The Rig Veda*, 32.

lung. Das Wort für „Normen", das Maurer in der englischen Übersetzung mit „rites", also Riten übersetzt, ist *dharmas*, wie sie sagt, und sie übersetzt es mit „Ritualgesetze". O'Flaherty räumt ein, dass *dharma* ein „unberechenbares Wort" sei, hier bezeichne es aber „das während des ersten Opfers als Modell für alle zukünftigen Opfer eingeführte archetypische Verhaltensmuster".[52]

Die ganze Hymne ist archetypisch in O'Flahertys Sinn, ganz besonders die Strophen 11 und 12, die Paul Mus „die erste indische Verfassung" genannt hat, weil hier zum ersten Mal das *varna*-System beschrieben wird, das bis in die jüngste Zeit die Grundstruktur der indischen Gesellschaft bildete. Die *Brāhamaṇa* in Strophe 12 übersetzt O'Flaherty mit „Brahmanen", *Rājanya* (der auch als Kshatriya bezeichnet wird) mit „Krieger", Vaiśya mit „Volk" (das früher die Übersetzung von *viś* gewesen ist) und *Śūdra* mit „Gesinde".[53] Obwohl hier zum ersten Mal ein aus vier Ständen bestehendes Rangsystem in einen kosmologischen Kontext gestellt wird, müssen wir uns weiterhin die Frage stellen, ob dies lediglich die Systematisierung einer langjährigen Praxis darstellt und ob das, was uns später als die vier *varnas* begegnet, wirklich das ist, was hier beschrieben wird. Was in RV 10.90 beschrieben wird, ist mit anderen Worten nur eine Momentaufnahme innerhalb eines sich entwickelnden sozialen Systems, das wir, so wichtig die Momentaufnahme auch sein mag, versuchen müssen, als solches zu verstehen.

In einem interessanten Versuch, dem indoeuropäischen Hintergrund sowohl der griechischen als auch der indischen Gesellschaft auf die Spur zu kommen, hat Gregory Nagy auf das Werk von Georges Dumézil zurückgegriffen und sich besonders auf Dumézils Theorie von den drei Funktionen berufen, die angeblich alle indoeuropäischen Gesellschaften kennzeichnen: Die erste Funktion ist Hoheitsgewalt / Priesterschaft, die zweite die Klasse der Krieger und die dritte Ackerbau / Viehzucht.[54] Laut Nagy hat Dumézils Schüler Émile Benveniste „eindeutig gezeigt, dass der Stamm die Basis der indoeuropäischen Sozialordnung bildete".[55] Die meisten Belege für indoeuropäische Gesellschaften stammen jedoch aus frühen Staaten, in denen das, was ursprünglich „Funktionen" waren, entschiedener

---

52 Ebd., 31–32.

53 Ebd., 31.

54 Georges Dumézil, *Les dieux souverains des indo-européens*, Paris: Gallimard, 1977. Nagy bezieht sich außerdem auf das Buch von Émile Benveniste, *Indoeuropäische Institutionen: Wortschatz, Geschichte, Funktionen*, hrsg. v. Stefan Zimmer, übers. v. Wolfram Bayer, Frankfurt: Campus, 1993 [1969].

55 Gregory Nagy, *Greek Mythology and Poetics*, Ithaca: Cornell University Press, 1990, 276.

ausdifferenziert und institutionalisiert worden sein könnten, wofür das indische *varna*-System ein Paradebeispiel ist (in dem als vierte *varna* noch die *Śūdra* hinzukam, also das „Gesinde", das einbezogen, aber insofern ausgeschlossen wurde, als es nicht uneingeschränkt an den Opfern und Festen teilnehmen durfte, welche die arische Kultur definierten, was mithin anzeigt, dass es nicht Teil des ursprünglich dreigliedrigen Erbes war).

Nagy ist sich der Schwierigkeit bewusst, die mit der Verwendung des Begriffs „Stamm" verbunden ist, aber er definiert ihn in Anlehnung an Montgomery Watt vorläufig als „eine Körperschaft aus ob nun über die männliche oder über die weibliche Linie verwandtschaftlich miteinander verbundenen Menschen".[56] Wie wir gesehen haben, stand der mit „Volk" übersetzte Begriff *viś* in der frühvedischen Gesellschaft in scharfem Gegensatz zu „Herrscher" und „Adligen". Im Anschluss an Benveniste übersetzt Nagy *viś* mit „Stamm, Volk" und spricht davon, dass der Begriff sich auf ein „soziales Ganzes" beziehe, wobei er wiederum an Benveniste anknüpft, wenn er *viś*, „Stamm", auf *viśva*, „alle", bezieht.[57] Er entdeckt dahingehend interessante Parallelen zwischen dem griechischen *phule*, „Stamm", und dem indischen *viś*, dass beide Begriffe sich auf die soziale „Allheit" und auf eine Untergruppe innerhalb dieser Allheit, nämlich auf die unterste der drei indoeuropäischen Untergruppen beziehen:

> „Die semantische Verwandtschaft der Bezeichnung für den untersten Stand der drei *phulai* [Plural von *phule*], *Pamphuloi*, mit dem Wort *phule* selbst entspricht der semantischen Verwandtschaft der Bezeichnung für den untersten Stand der drei maßgeblichen sozialen Klassen oder Varnas in indischen Überlieferungen, *vaiśya*, mit dem Wort, von der diese sich ableitet, nämlich *viś*, „Stamm": Genauso wie das Wort *Pamphuloi* in seiner Bezeichnung des untersten der drei Teile die gesamte Gemeinschaft mit einschließt, bezieht auch das Wort *vaiśya* aufgrund seiner Etymologie die ganze Gemeinschaft, *viś*, mit ein, obwohl es ausdrücklich wiederum den untersten der drei Teile bezeichnet."[58]

Ich verstehe all dies so, dass den sich im Zuge der allmählichen Entstehung eines frühen Staates in Griechenland und Indien entwickelnden Ausdifferenzierungen ein gewisser Grad an Stammesegalitarismus zugrunde lag.[59]

---

[56] W. Montgomery Watt, „The Tribal Basis of the Early Islamic State", *Accademia Nazionale dei Lincei* 359, Nr. 54, 1962, 153.

[57] Nagy, *Greek Mythology and Poetics*, 277.

[58] Ebd., 281.

[59] Die Entwicklung von frühen Staaten nahm in beiden Fällen unterschiedliche Formen an, insofern die Griechen eine Polis (Stadtstaat) bildeten, die in manchen Hinsichten auf einen Stammesegalitarismus auf komplexerem Niveau zurückgriff, während die vedischen Indoeuropäer sich eher in die Richtung einer stärkeren Betonung

In RV 10.124.8 heißt es über die Götter mit Bezug auf Indra: „Während sie ihn wie die Clane ihren König erwählten."[60] O'Flaherty übersetzt *viśaḥ* (Plural von *viś* und deshalb wörtlich „Völker" oder „Stämme") hier mit „alle Menschen", aber Nagy übersetzt diesen späten Passus aus dem RV lieber tatsächlich mit „Während die Stämme ihn wie ihren Überkönig [obersten Häuptling?] erwählten".[61] Selbst wenn eine solche Wahl weitgehend symbolisch gewesen sein mag, kam darin, wenn wir den Vers als Abbild der Wirklichkeit verstehen, immerhin die Billigung der Herrschaft durch das Volk zum Ausdruck.[62]

Was wir der frühesten klaren Formulierung der Hierarchie der vier *varnas* in RV 10.90.11–12 möglicherweise entnehmen können, ist ein Schritt weg von der lockeren Auffassung, dass ein Volk oben über Häuptlinge und Priester und unten über Gefolgsleute verfügt, die alle miteinander verwandt sind, hin zu einer Gesellschaft mit Ständen und ausdifferenzierten Rollen, die zwar häufig weitervererbt werden, im Prinzip aber über die verwandtschaftlichen und stammesübergreifenden Grenzen hinausgehen. Noch in der mittelvedischen Zeit waren die Grenzen zwischen den *varnas* anscheinend flüssiger und beweglicher, als es später der Fall sein würde. Erdosy stellt insofern einen gewissen Grad an Mobilität fest, als Mischehen zwischen *varnas* möglich waren und man sich seinen Status weiterhin verdienen konnte, anstatt ihn zu erben: Das zeigen Lebensgeschichten von Jugendlichen zweifelhafter Herkunft, die durch eifriges Lernen als Brahmanen anerkannt wurden, und umgekehrt die Vorstellung, dass jemand brahmanischer Herkunft, der die Rituale nicht kannte, nicht wirklich ein Brahmane war.[63] Patrick Olivelle ist in Texten, die älter sind als die Upanishaden, auf folgende Frage gestoßen: „Wieso fragst du nach dem Vater oder der Mutter eines Brahmanen? Wenn jemand gelehrt ist,

---

von Hierarchie bewegten, wie es fast immer in frühen Staaten der Fall war. Siehe ebd., 279.

[60] Geldner, *Der Rig-Veda*, 355.

[61] Nagy, *Greek Mythology and Poetics*, 277, Anm. 9. Diese Übersetzung des RV-Verses ist meine Auslegung, wie er gelautet hätte, wenn man Nagys Argumentation in der betreffenden Anmerkung folgt.

[62] Romila Thapar merkt an, aus der frühvedischen Literatur gehe hervor, dass *rājanya* und *viś* ursprünglich ranghohe und rangniedere Abstammungslinien innerhalb derselben familiären Sippe waren, dass *kṣātra* und *viś* „aus derselben Schüssel essen sollten" und dass „die *kṣātra* sich aus den *viś* entwickelt haben". Daraus werde deutlich, dass die beiden ursprünglich „über- und untergeordnete Status innerhalb derselben Spezies" darstellten. Siehe Thapar, *From Lineage to State: Social Formations in the Mid-First Millennium B.C. in the Ganga Valley*, Delhi: Oxford University Press, 1984, 31.

[63] Erdosy, „The Prelude", 89.

dann ist das sein Vater und sein Großvater."[64] Und natürlich konnten im Lauf der Geschichte immer Eroberer unabhängig von ihrem Hintergrund Kshatriya-Status für sich beanspruchen. Wie auf Hawaii gab es immer jemanden, der sich eine passende Genealogie einfallen lassen konnte. Wie in der gesamten nachfolgenden indischen Geschichte blieben Stammbäume und Familien zwar wichtig, aber durch das *varna*-System entstanden Gemeinsamkeiten – und Gegensätze –, die über die primäre Fokussierung auf die Verwandtschaft hinausgingen.

Größte Schwierigkeiten bereitete es, die ehemals zahlreichen Dichter-/Priestergeschlechter und Häuptlings-/Unterhäuptlingsgeschlechter der vielen kleinen Häuptlingstümer zu einem relativ großen obersten Häuptlingstum zusammenzuführen. Selbst die Errichtung stabiler Häuptlingstümer war nicht konfliktfrei möglich gewesen. Hartmut Scharfe weist darauf hin, dass *rājan* möglicherweise zunächst ein provisorischer Begriff gewesen ist, der einen diese Funktion nur während eines Feldzugs ausübenden „Kriegshäuptling" meinte. Im RV wird Indra häufig an den Stellen als *rājan* bezeichnet, an denen er eingreift, um einen bestimmten Feind zu bekämpfen, sich aber dann zurückzieht. „*Rājan* mag zwar ursprünglich keine dauerhaft bekleidete Position angezeigt haben, aber bei *dámpati,* ‚Gebieter [Vater?] über das Haus / die Familie', und *viśpáti*, ‚Gebieter über den Clan / die Siedlung', war das sicherlich nicht der Fall."[65] Hermann Kulke bezieht sich noch auf einen anderen wichtigen Begriff, *grāma*, mit dem ursprünglich ein „Treck" einwandernder Arier gemeint war und der später für Dörfer als „sesshaft gewordene Trecks" verwendet wurde. Und während „die frühen *grāmas* von *grāmanis*, also ‚Treckführern', geleitet wurden, die stets zur Bevölkerungsgruppe der *viś* im jeweiligen *grāma* gehörten", tauchte in den Dörfern der Sesshaften „der *grāmin*, also ‚Besitzer des Dorfes' auf, der anscheinend immer aus den Reihen der *rājanyas* oder *kshatriyas* stammte".[66] Kulke deutet an, dass die Bevölkerungsgruppe der *viś* im jeweiligen *grāma* ihren angehenden Oberherren nicht immer freundlich gesinnt waren, sondern sich ihnen gegenüber manchmal abweisend verhielten, sie schlimmstenfalls sogar im Stich ließen, indem die Dorfbevölkerung einfach wegzog. Die zu immer mehr Zentralisierung führende Sesshaftigkeit und Hierarchie ging mit anderen Worten nicht unbedingt reibungslos

[64] *Upaniṣads*, übers. v. Patrick Olivelle, Oxford: Oxford University Press, 1996, 341, Anm. 4.5.

[65] Hartmut Scharfe, „Sacred Kingship, Warlords, and Nobility", in: *Ritual, State and History in South Asia: Essays in Honour of J. C. Heesterman*, hrsg. v. A. W. van den Hoek, D. H. A. Kolff und M. S. Oort, Leiden: Brill, 1992, 311–312.

[66] Hermann Kulke, „The Rājasūya: A Paradigm of Early State Formation?", in: van den Hoek, Kolff und Oort (Hrsg.), *Ritual, State and History*, 188–199.

über die Bühne. Straff organisierte subalterne Gruppen konnten sich gegen diejenigen zur Wehr setzen, die sie zu beherrschen versuchten. Häuptlingstümer und oberste Häuptlingstümer sind bekanntermaßen überall zerbrechlich: Wenn Häuptlinge Dörfer und oberste Häuptlinge Unterhäuptlinge zu beherrschen versuchen, besteht immer die Möglichkeit, dass subalterne Gruppen sich abspalten. Ein früher Staat entwickelt Strukturen und Praktiken, die das zunehmend erschweren, aber in Indien gelangte der Staat nie ganz über die Zerbrechlichkeit eines obersten Häuptlingstums hinaus.

Das *varna*-System war nur ein Versuch, in einer weiterhin in viele Untergruppenloyalitäten gespaltenen Gesellschaft größere Solidargemeinschaften zu schaffen. Da ihnen ein mächtiger Verwaltungsapparat fehlte, entwickelten die Kuru-Herrscher mit Hilfe einer sehr viel klarer definierten Brahmanen-Klasse ein eng auf das in Entwicklung begriffene *varna*-System bezogenes, weitaus komplexeres Ritualsystem als das vorhergehende. Unter der Anleitung der Kuru-Könige wurden die Hymnen, die ohne Unterbrechung seit Generationen von vielen Geschlechtern in vielen Stämmen / Häuptlingstümern geschaffen worden waren, zu einer Sammlung zusammengefasst, die wir als *Rigveda* kennen und die von der gesamten „neu gebildeten Brahmanen-Klasse" gemeinsam verwendet werden sollte, auch wenn jede Hymne nach wie vor mit dem Namen und der Abstammungslinie des ursprünglichen Dichters versehen war. Auf Druck der Kuru verlor das von früheren Abstammungslinien eifersüchtig gehütete „Copyright" seine Gültigkeit, als die Hymnen Gemeinschaftsgut der neu eingesetzten Brahmanen-Priester wurden.[67]

Besonders bemerkenswert ist, dass der Kanon des *Rigveda* mittlerweile abgeschlossen war. Während sie die archaischen Wesenszüge des überkommenen Materials in Ehren hielt und imitierte, widmete sich die neue Priesterklasse der Entwicklung eines neuen, sehr viel komplexeren Ritualsystems, das auf den Kuru-König und seinen Hofstaat ausgerichtet war, aber auch andere wichtige Funktionen hatte. Im Zusammenhang mit diesem neuen Ritualsystem bildeten sich im Laufe der Zeit zusätzliche Textsammlungen heraus: der *Sāmaveda* und der *Yajurveda,* die jeweils Ritualgesänge und Mantras enthielten, von denen die meisten an den *Rigveda* anknüpften, und der *Atharvaveda*, der kein Material für die neuen feierlichen *(śrauta-)* Rituale, sondern für kleinere, privatere Rituale zur Verfügung stellte. Die *śrauta*-Rituale verlangten Priester, die auf jeden dieser vier Veden und auf die komplexe kommentierende Literatur spezialisiert waren, die sich in ihrem Umfeld entwickelte.

---

[67] Witzel, „Early Sanskritization", 40–41.

Eines der ältesten neuen *śrauta*-Rituale ist aus sprachlichen Gründen auf die Zeit gleich nach dem Abschluss des RV datiert worden und wird mit dem Kuru-Hof, möglicherweise während der Regentschaft des großen Kuru-Königs Pariksit in Verbindung gebracht: das Agnicayana- bzw. Feuerritual.[68] In Anbetracht der Anzahl der erforderlichen Offizianten und der Tatsache, dass die vollständige Durchführung des Rituals beinahe ein Jahr in Anspruch nahm, muss es enorm kostspielig gewesen sein, sodass nur jemand sehr Hochstehendes es vollziehen [*perform*] lassen konnte. Theodore Proferes schreibt: „Die Salbungszeremonie für den Opfernden *(abhiseka)*, die während des Agnicayana-Rituals vollzogen [*performed*] wird, verbindet auch diesen Ritus mit den mächtigsten Führern."[69] Auf sprachlicher Grundlage stellt Proferes fest, dass der, wie wir sehen werden, eng mit der Institution des Königtums verknüpfte Aśvamedha-Ritus und der Sautrāmani-Ritus, „der, nach seiner Fokussierung auf die Gestalt von Indra zu schließen, ursprünglich durchaus ein königlicher Ritus gewesen sein könnte", ebenfalls aus jener zeitlichen Lücke stammen und die „Urliturgien" darstellen, die zwischen dem *Rigveda* und den ältesten anderen *śrauta*-Texten stehen.[70] Proferes fasst das, was seiner Meinung nach in diesem entscheidenden Augenblick in der indischen Geschichte geschehen ist, folgendermaßen zusammen: „Als Teil ihres Programms zur Machtkonsolidierung versuchten die Kuru-Könige, die der auf Clans beruhenden Organisationsform ihrer Priesterelite innewohnenden Spaltungstendenzen dadurch zu überwinden, dass sie die Entwicklung von etwas vorantrieben, das man ‚ökumenisches' Ritualsystem nennen könnte und das nicht auf den für die RV-Zeit charakteristischen Clan-Unterteilungen beruhte oder diese fortsetzte."[71]

Die außergewöhnliche, ziemlich plötzliche Ausarbeitung eines komplexen, auf den Kuru-*rājan* ausgerichteten, jetzt aber mit einer die Herrscher auf ausgeklügelte Weise unterstützenden Priesterschaft ausgestatteten Ritualsystems zeugt von einer Situation, in der politische Verwaltung nur rudimentär vorhanden war und die Hauptlast der sozialen Integration

---

68 Theodore Proferes führt ein Argument für die Datierung des ursprünglichen Ritus in seinem Aufsatz „Kuru Kings, Tura Kāvaṣeya, and the -tvā́ya Gerund" an, *Bulletin of the School of Oriental and African Studies* 66, Nr. 2, 2003, 212–214. Dieser Ritus blieb in bestimmten Gruppen südindischer Brahmanen bis praktisch in die Gegenwart erhalten. 1975 zeichnete Frits Staal eine vollständige Darbietung [*performance*] des Rituals auf. Siehe seine Arbeit *Agni, the Vedic Ritual of the Fire Altar*, 2 Bde., Delhi: Motilal Banarsidass, 1984.

69 Proferes, „Kuru Kings", 217.

70 Ebd., 216–217.

71 Ebd., 217.

vom Ritual getragen wurde. Erdosy betont: „Man dürfte sich daran erinnern, dass das Vertrauen auf religiöse Sanktionen anstelle von roher Gewalt eines der Unterscheidungsmerkmale von Häuptlingstümern ist."[72] Kein oberstes Häuptlingstum kommt nun aber ohne Gewalt aus, und der Kuru-König „konnte seinem Willen mit Hilfe einer bereitstehenden Schar ‚schrecklicher [Krieger]' *(ugra)* oder Handlanger Geltung verschaffen. Außerdem vertraute er auf ein Spionagenetzwerk."[73] Einen Großteil der Last, die Ambitionen der Häuptlinge und Unterhäuptlinge zu „zügeln", übernahm allerdings das neue Ritualsystem. Auch wenn sie auf nicht viel mehr als auf Viehdiebstahl hinausliefen, konnten die ständigen Überfälle und Kämpfe unter den arischen Gruppen jetzt in ein Wetteifern um rituellen Status kanalisiert werden. Witzel formuliert das folgendermaßen:

> „Ein nicht besonders wohlhabender Vaiśya mag sich mit den hauseigenen *(gṛhya)* Übergangsritualen zufriedengegeben haben, die für ihn und seine Familie ausgeführt werden. Ein niedrigrangiger Kshatriya könnte jedoch versucht gewesen sein, eine weitere Sprosse auf der sozioreligiösen Leiter zu erklimmen und ein *dīksita* zu werden, das heißt ein eingeweihter „Opferer" *(yajamāna)*, der mehr über die Veden wusste als ein Vaiśya [...] Nachdem er die drei heiligen Feuer errichtet hatte, durfte er das Agnihotra-Ritual, die Neumond- und Vollmondopferungen usw. vollziehen [*perform*]. Wenn ihm das nicht genug war, konnte er noch die jahreszeitlichen Rituale und das jährliche Soma-Ritual hinzufügen. Wenn er damit immer noch nicht zufrieden war und seine Rivalen noch mehr beeindrucken wollte (die seine Rituale oftmals störten oder zerstörten), konnte er mit sieben weiteren Arten von Soma-Ritualen weitermachen [...] Wichtig dabei ist, dass diese – ganz natürlichen – Rivalitäten durch die neue śrauta-artige Stratifizierung auf kluge Weise kanalisiert wurden [...]
>
> Die nächsthöhere Stufe über den Kshatriyas ist der Adel von königlichem Blut [...] Ein niedrigrangiger Herrscher konnte die Häuptlingsweihe durch den einfachen königlichen *abhiseka* empfangen [...] und schließlich bestand noch die feierliche śrauta-Option der *rājasūya* [königliche Weihe]. Später kam noch eine verbesserte, kompliziertere Version des rigvedischen, ursprünglich sogar indoeuropäischen Pferdeopfers *(aśvamedha)* für besonders mächtige, absolut herrschende Könige hinzu, die Anspruch auf ‚Weltherrschaft' erhoben – die allerdings nur Teile von (Nord-)Indien umfasste. Das neue *śrauta*-Ritual wies mithin jedem den richtigen Rang und den richtigen Platz zu [...] Es bestand für absolut jeden die Möglichkeit, dadurch einen höheren Status zu erlangen, dass er die Brahma-

[72] Erdosy, „The Prelude", 87. Romila Thapar zeigt jedoch auf, dass der sozial stabilisierende Einfluss des Ritualsystems auch seinen Preis hatte. Die für die Rituale aufgewendeten Ressourcen konnten nicht für den Aufbau des Staats eingesetzt werden, und die relative Autonomie der Unterhäuptlinge schränkte die Souveränität des obersten Häuptlings in einem Maße ein, das Thapar von einem „Entwicklungsstillstand des Staats" sprechen lässt. *From Lineage to State*, 67.

[73] Witzel, „Early Sanskritization", 47.

> nen immer ausgefeiltere Rituale abhalten [*perform*] ließ – anstatt einfach seine Nachbarn zu überfallen.“[74]

Die innere Bedeutung der Rituale ist etwas, das wir weiter unten untersuchen müssen, aber die soziale Funktion scheint offensichtlich zu sein. Die großen *śrauta*-Rituale waren Zurschaustellungen von etwas, das Thorstein Veblen „demonstrativen Konsum“ genannt hat, das heißt Demonstrationen des Status des Opfernden anhand von ausgefeilten und sehr kostspieligen Ritualen. Von manchen ist dieses Ritualsystem sogar mit dem Potlatsch der Nordwestküsten-Indianer verglichen worden. Obwohl die Klasse bzw. der Stand der Brahmanen in diesem neuen System zu ihrem bzw. seinem Recht kommt, dürfen wir nicht vergessen, dass die Riten für Mitglieder des Königshauses und für Adlige geschaffen wurden. Es müsste schon ein sehr reicher Brahmane gewesen sein, der bei den ausgefeiltesten Ritualen eher als Opfernder denn als Priester hätte agieren können.[75]

Oberhaupt der neuen Gesellschaft, die im Kuru-Reich Gestalt annahm, war ein König, von dem erwartet wurde, dass er für das Wohl all seiner Untertanen sowie für die richtige Lebensweise *(dharma)* eines jeden von ihnen einstand, der im Grunde genommen aber einen scharfen Bruch mit allem darstellte, was vom Stammesegalitarismus übrig geblieben war. Die vier Varnas definierten sich durch funktionale Ausdifferenzierung, aber stärker noch durch strenge Hierarchie. Schöpfer dieser neuartigen Gesellschaft und ihr Hauptnutznießer war das Bündnis aus Kshatriyas und Brahmanen *(brahmakṣatra)*, welche die unter ihnen Stehenden ganz bewusst „aßen“ (was der Ausdruck für „beherrschen“ bzw. „ausbeuten“ war). In den uns vorliegenden, von Brahmanen verfassten Texten wird behauptet, dass sie auch die Kshatriyas „aßen“, manchmal aber eingeräumt, dass das Gegenteil der Fall war.

Im Großen und Ganzen sollte dieses für beide Mitgliedsgruppen so vorteilhafte Bündnis den größten Teil der nachfolgenden Geschichte über Bestand haben. Mit dem Begriff „Sanskritisierung“, den er der Arbeit des Anthropologen M. N. Srinivas entlehnte – der ihn verwendet hatte, um zu beschreiben, wie indische Kasten im 20. Jahrhundert durch das Imitieren der Praktiken höher stehender Klassen und das Nachahmen von deren

[74] Ebd., 39–40. Ein einheitliches Ritualsystem, das sich dem jeweiligen Rang anpasste, wäre ein Resultat, das dem Reformprozess der Rituale entspräche, den wir in China vor der Zeit der Streitenden Reiche festgestellt haben.

[75] Hubert und Mauss umgehen in ihrem *Essay über die Natur und die Funktion des Opfers* die Uneindeutigkeit des vedischen Opferungssystems in Bezug auf die Person, für die das Opfer vollzogen wird, und auf den Priester, der das Opfer vollzieht, indem sie ersteren „Opfernden“ und letzteren „Opferpriester“ nennen; dieser Sprachgebrauch wurde jedoch von den nachfolgenden Autoren nicht übernommen.

größerer Vertrautheit mit dem Sanskrit als der Sprache der heiligen Texte ihren Status verbessern konnten[76] –, verweist Witzel also auf das ganze sozio-rituelle System mitsamt seinem dominanten Klassenbündnis der *brahmakṣatra*. „Erste Sanskritisierung" heißt bei Witzel – und er lässt die Ironie nicht unerwähnt, die diesem Begriff innewohnt, wenn er von Sprechern des vedischen Sanskrit verwendet wird –, dass das Kuru-Reich zu einem Vorbild wurde, dessen Einfluss sich schnell über ganz Nordindien verbreitete.[77] Das Kuru-Reich war die größte, militärisch stärkste Gesellschaft jener Zeit, aber sein Einfluss verbreitete sich nicht in erster Linie durch Eroberungen, sondern durch Beispielhaftigkeit. Die Kurus hatten ein Muster geschaffen, das trotz all seiner inneren Konflikthaftigkeit und ersichtlichen Starrheit sowohl für soziale Stabilität als auch für Resilienz in den kommenden Generationen zu sorgen vermochte.[78]

Auch die geistigen Errungenschaften der mittelvedischen Zeit waren in der nachfolgenden Geschichte einflussreich, obwohl sie von späteren Entwicklungen stärker in den Schatten gestellt wurden als das grundlegende sozioreligiöse Muster der Kurus. Bevor wir jene späteren geistigen Entwicklungen betrachten und darüber nachdenken, in welchem Sinne sie einen Übergang in die Achsenzeit verkörpern, müssen wir zunächst kurz den Zustand des religiösen Denkens am Ende der mittelvedischen Zeit skizzieren. Im Hinblick auf die Typologie dieses Buches war die vom Kuru-Reich exemplifizierte mittelvedische Gesellschaft archaisch, und deshalb waren höchstwahrscheinlich auch ihre Kultur und Religion archaisch. Dass in der in den Brahmanas exemplifizierten mittelvedischen Kultur achsenzeitliche Reflexivität angelegt war, würde ich zugestehen; dass sie bereits achsenzeitlich war, wie einige Forscher behauptet haben, finde ich kaum glaubwürdig. Doch wir müssen uns zumindest kursorisch bemühen, dieses bemerkenswerte Ritualsystem zu verstehen, wenn wir darüber entscheiden sollen, wie es einzuordnen ist.

---

[76] Mysore Narasimhachar Srinivas, *Religion and Society among the Coorgs of South India*, Oxford: Oxford University Press, 1952; und Srinivas, *The Cohesive Role of Sanskritization*, Delhi: Oxford University Press, 1989.

[77] Witzel, „Early Sanskritization", 51.

[78] „Wir können, so denke ich, berechtigterweise vom Kuru-Reich als dem ersten Staat in Indien sprechen. Ich zitiere W. Rau, der die sozialen und politischen Bedingungen in der Zeit der YV Saṃhitā und Brāhmaṇa detailliert beschreibt: ‚[…] die Inder der Brāhṃana-Zeit [lebten] in politischen Organisationen […], die durchaus als Staaten bezeichnet werden dürfen.'" Ebd., 51–52. In seiner Arbeit zum frühen Indien zitiert Witzel wiederholt aus dem Buch von Wilhelm Rau, *Staat und Gesellschaft im alten Indien, nach den Brāhṃana-Texten dargestellt*, Wiesbaden: Otto Harrassowitz, 1957 (die in dieser Fußnote zitierte Stelle: 129).

Das Ritualsystem

Wir werden das Agnicayana-Opfer nicht nur deshalb als Beispiel für das ganze System heranziehen, weil eine Darbietung [*performance*] dieses Rituals aus dem Jahr 1975 dank Frits Staal und seinen Mitarbeitern durch einen Film und zwei umfangreiche Bücher außerordentlich gut dokumentiert ist, sondern auch, weil es zu den umfassendsten, wichtigsten und, wie wir gesehen haben, auch frühesten großen *śrauta*-Ritualen gehört.[79] Es ist auch zum ältesten erhaltenen Ritual der Welt erklärt worden[80] und „zum Inbegriff vedischer Ritualität, [dessen] besondere Position unter den *śrauta*-Opfern sich nicht nur seiner Ausgefeiltheit, sondern auch der Tatsache verdankt, dass es viele bemerkenswerte Riten und rituelle Bestandteile enthält".[81] Dass dieses Ritual 2500 bis 3000 Jahre mündliche Überlieferung überstanden hat und immer noch akkurat vollzogen wird [*performed*] (Frits Staal hat festgestellt, dass das von ihm aufgezeichnete Ritual nur in nebensächlichen Details von sehr alten textuellen Beschreibungen abwich), zuletzt im Jahr 2006, grenzt an ein Wunder. Es zollt abermals der Tatsache Tribut, dass in Indien nichts jemals verloren geht. Bemerkenswert und meines Wissens tatsächlich weltweit beispiellos daran ist, dass dieses Ritual in einer Gesellschaft geschaffen wurde, die sich gerade erst von einem obersten Häuptlingstum zu einem frühen Staat entwickelte, meiner Typologie zufolge also gerade einmal archaisch war.

In einem Sinne sind dieses Ritual und die anderen großen *śrauta*-Rituale deshalb typisch für archaische Gesellschaften, weil sie den Herrscher glorifizieren und für seine Unsterblichkeit sorgen sollen. Obwohl Monumentalarchitektur sowie Tempel, und sei es bloß der Art, wie sie auf Hawaii gebaut wurden, der frühindischen Gesellschaft unbekannt waren, können wir diese gigantischen Rituale als funktionales Äquivalent zu den ägyptischen Pyramiden ansehen, die ebenfalls in der Absicht gebaut wurden, die Unsterblichkeit der Herrscher sicherzustellen. Es gibt jedoch einen großen Unterschied: Die Rituale standen den Brahmanen zu, nicht den Herrschern, und wenn ausreichende Mittel zur Verfügung standen,

---

[79] Siehe das großartige zweibändige von Frits Staal herausgegebene Werk *Agni, the Vedic Ritual of the Fire Altar*, Delhi: Motilal Banarsidass, 1984. Es sollte angemerkt werden, dass die Darbietung von 1975 zwölf Tage lang dauerte, während sie im mittleren vedischen Zeitalter ein Jahr in Anspruch genommen hätte: In diesem Fall steht also ein Tag für einen Monat.

[80] Staal selbst stellt keine solche Behauptung auf, sie findet sich jedoch im Netz in Verbindung mit der von ihm aufgezeichneten Darbietung.

[81] Tsuji Naoshiro, „The Agnicayana Section of the Maitrāyaṇī-Saṃhitā with Special Reference to the Mānava Śrautasūtra", in: Staal, *Agni*, Bd. 2, 135.

konnten die Brahmanen sie sogar selbst ohne königlichen Schutzpatron vollziehen [*performed*]. Dies sagt etwas über Indien aus, das sich wirklich von allen anderen Fällen unterscheidet.

Jan Heesterman hilft uns auf die Sprünge, warum Feuer im Mittelpunkt dieses größten Rituals steht:

> „Agni, Feuer, ist das zentrale Wesensmerkmal der vedischen Welt. Diesen Punkt muss man kaum besonders hervorheben: Durch seine Ausrichtung auf den Feuerkult stellt der gesamte vedische Ritus ihn unter Beweis. Deshalb überrascht es nicht, dass Feuer im Mittelpunkt einer tiefgehenden, vielschichtigen Bildsprache steht. Um nur einige hervorstechende Punkte zu nennen, bildet das Feuer, mit dem die Nahrung der Menschen zubereitet wird und das die Opfergaben in die jenseitige Welt der Götter und Väter befördert, das Zentrum der menschlichen Welt und stellt gleichzeitig die Mittel bereit, mit der ultramundanen Sphäre zu kommunizieren. Es stellt den Dreh- und Angelpunkt der kosmischen Zirkulation lebenswichtiger Güter dar.
>
> Von daher steht Feuer für Leben, Wohlstand, Fortpflanzung und den Fortbestand der Familie, des Clans und der Stammeslinie. Deshalb wird der häuslichen Feueranlage so viel Bedeutung beigemessen und noch mehr der Errichtung eines gesonderten Feuers für das feierliche Opfer [...] Mann und Feuer gelten nicht nur als Vater und Sohn, das Verhältnis lässt sich auch umkehren: Sie sind mit einem Wort eins – eine Einheit, die Unsterblichkeit garantiert. Vor diesem Hintergrund wird verständlich, warum die ritualistische Sorge um das Feuer, die sich an der ausgefeilten Kasuistik in Bezug auf die Missgeschicke ablesen lässt, die sich im Zusammenhang mit dem Opferfeuer zutragen könnten, ans Obsessive grenzt.
>
> Diese obsessive Sorge scheint jedoch noch auf etwas anderes hinzudeuten. Feuer symbolisiert Leben und Unsterblichkeit, sein Besitz ist aber keinesfalls sicher. Feuer kann nicht nur gefährlich und zerstörerisch sein, wenn es außer Kontrolle gerät und in seiner aggressiven Rudra-Form auftritt, bekanntlich ist es auch unstet und vergänglich.“[82]

Am Agnicayana (Feueraltar)[83]-Ritual werden viele der Punkte, die Heesterman anführt, nicht zuletzt dadurch anschaulich, dass gerade aus seiner Ausgefeiltheit das Bemühen sprach, Kontrolle über das Unstete und Vergängliche zu erlangen und das Feuer zum Erfüllungsort des menschlichen Schicksals zu machen. Ich hatte gesagt, dass es im frühen Indien keine Monumente gab. Der Feueraltar ist die Ausnahme, welche die Regel bestätigt. Der Altar, der dem Ritus seinen Namen gibt, ist dessen auffälligster – und kostspieligster – Bestandteil: Für ihn sind mehr als 1000 in mehreren Größen und Formen handgefertigte Ziegelsteine erforderlich, damit der

---

[82] Jan Heesterman, „Other Folk's Fire“, in: Staal, *Agni*, Bd. 2, 76–77.

[83] Agni ist natürlich Feuer, und cayana bezeichnet das „Aufschichten“ der Ziegelsteine, die als Altar dienen.

vogelförmige Feueraltar aufgebaut werden kann, der im Mittelpunkt des Rituals steht. Doch, was genauso wichtig ist, der Feueraltar wird nicht zu einem Monument, denn obwohl seine Errichtung so viel Zeit und Mühe in Anspruch nimmt, wird er nach seiner ersten Benutzung wieder preisgegeben. Auch dies erklärt Heesterman: „Sogar der prestigeträchtige Ziegelaltar sorgt nicht für Dauerhaftigkeit. Nach seiner Verwendung im Soma-Ritual wird er als Kadaver, als Agnis toter Körper betrachtet, wie einige Nambudiris [die Brahmanen, die das Ritual 1975 vollzogen [*performed*] hatten] mir mitteilten.“[84]

Das Agnicayana-Ritual gibt in vielen Hinsichten ein Beispiel für die Besonderheiten der vedischen Denkweise ab: für jene Korrelationen, Homologien, Ähnlichkeiten und Identitäten (im Sanskrit lautet das Wort *bandhu*), die Antworten auf die wichtigsten Fragen zu liefern scheinen. Das Ritual ist zwar offenkundig auf Agni ausgerichtet, aber Agni kann unter bestimmten Umständen auch für andere Götter stehen bzw. durch sie ersetzt werden, so wie diese für bzw. durch ihn. Wir werden sehen, dass dies in diesem Ritual geschieht. Doch der aus fünf Schichten von je 200 Ziegelsteinen bestehende Feueralter selbst hat die Form eines Vogels: Von oben sieht er aus wie ein Falke oder Adler, auf jeden Fall wie ein Raubvogel mit Kopf, Flügeln und Schwanz. Und der Vogel bzw. der vogelförmige Altar ist Agni. Während er das Feuer von seinem vorherigen Standort zur Mitte des Feueralters trägt, spricht der Adhvaryu-Priester die folgenden Worte:

> „Agni mit den tausend Augen und hundert Köpfen,
> Du atmest hundert Mal aus und tausend Mal ein,
> tausend Mal bist Du der Herr über den Wohlstand,
> deshalb beten wir Deine Stärke an – svāhā!
> Du bist der Vogel mit Flügeln, setz Dich auf die Erde,
> setz Dich auf die Schwelle zur Erde;
> lass Deinen Blick über den Himmel schweifen,
> Dein Leuchten trage das Firmament,
> Dein Glanz bringe Stärke in alle Himmelsrichtungen!“[85]

Agni gilt als Vogel, weil es ein Vogel war, der als Erster das Feuer vom Himmel brachte, es gibt aber auch andere Erklärungen. Eine große Zahl von Erklärungen ist mit einer großen Zahl von Bedeutungen verbunden, wie es im Allgemeinen beim rituellen Denken der Fall ist.

Von zentraler Bedeutung für das Spiel der Korrelationen ist, dass Agni auch der Opfernde (*yajamāna*; Opfer: *yajña*), der Schutzpatron und der

---

[84] Ebd., 78.
[85] Staal, *Agni*, Bd. 1, 558.

Nutznießer des gesamten Rituals ist. Der Feueraltar Agni ist also Agni und auf sehr komplexe Weise auch der Opfernde. Die Größe des Yajamāna bestimmt über die Größe der Ziegelsteine für den Altar: Von seinen Fingerspitzen (bei erhobenen Armen) bis zum Boden, von seinem Scheitel bis zum Boden und von seinen Knien bis zum Boden wird Maß genommen.[86] Diese Maße werden auf eine Weise geteilt und weiterverarbeitet, die zu komplex ist, als dass sie sich hier beschreiben ließe, doch sie liefern die Maße für die verschiedenen Größen und Formen der mehr als 1000 Ziegelsteine, aus denen der Altar besteht. Dies ist ein weiterer Grund, warum der Altar nie wieder benutzt werden kann: Ein anderer Opfernder hat andere Maße: die Ziegelsteine haben nicht dieselbe Größe.

Staal schreibt: „Der Hauptaltar des Agnicayana-Rituals fungiert in mehreren Hinsichten als Grabmal: Unter ihnen sind der Goldene Mann und fünf Köpfe von Opfertieren begraben."[87] Er vermutet, dass frühvedische Grabhügel hinter diesem Aspekt des Altars stecken könnten. Der Goldene Mann ist eine kleine Goldfigur eines männlichen Menschen. Das passt, weil der Altar unter anderem ein menschliches Wesen ist. Die Köpfe stammen von einem Pferd, einem Menschen, einem Stier, einem Schafsbock und einem Ziegenbock, was die klassischen Arten für Tieropfer sind, auch wenn der Ziegenbock gewöhnlich an die Stelle der anderen Arten trat.[88] Bei der Zeremonie im Jahr 1975 und wahrscheinlich schon lange Zeit zuvor wurden diese Köpfe aus Ton geformt. In der frühen Literatur wird jedoch auch darüber diskutiert, wie man an die Köpfe herankam, besonders an den menschlichen. Unter anderem wurde die These vertreten, dass ein echter menschlicher Kopf, möglicherweise von jemandem, der im Krieg gefallen war, benutzt werden musste, aber auch die Möglichkeit von Menschenopfern kann nicht ausgeschlossen werden. Ein solcher Anflug des Gedankens an Menschenopfer deutet jedoch in Wirklichkeit darauf hin, wie gering die Wahrscheinlichkeit ist, dass es im frühen Indien überhaupt Menschenopfer im großen Stil wie auf Hawaii oder im China der Shang-Dynastie gegeben hat, und man mag sich die Frage stellen, warum dieses weit verbreitete Kennzeichen für frühe Staaten in diesem Fall fehlt. Könnte es sein, dass der Herrscher, oder „König", die Letztgültigkeit, die er in den anderen archaischen Beispielfällen erlangte, nie ganz erreicht hat, weil er sich den höchsten Rang weitgehend mit den Brahmanen teilen musste? Menschenopfer sind das ultimative Symbol für die Vormachtstel-

---

86 Ebd., 196.
87 Ebd., 128.
88 Ebd., 306–307.

lung des Opfernden. Möglicherweise haben die indischen Könige diese Art von Vormachtstellung nie erlangt.

Wenn der Feueraltar Agni ist, ein Vogel, der Opfernde und ein Grabmal, dann sollte es uns nicht überraschen, dass er alles ist: der Kosmos und alles, was in ihm ist. Der Altar besteht aus fünf Schichten von je 200 Ziegelsteinen, wobei die oberste Schicht einige Ziegel mehr umfasst. Die Ziegelsteine sind auf jeder Ebene etwas anders angeordnet, aber nicht so stark, dass die grundlegende Form eines Vogels in Mitleidenschaft gezogen werden würde. Eine Bedeutung des Altars besteht nun aber darin, dass die erste, dritte und fünfte Schicht die drei Welten repräsentieren – die Erde, die Luft und den Himmel –, aus denen das Universum sich zusammensetzt (später kommen weitere Welten-Schichten hinzu, aber drei ist die grundlegende Zahl).[89] Deshalb ist der Feueraltar der im mittelvedischen Denken zu Purusa gewordene Prajāpati: der kosmische Mann, dem wir oben in RV 1090 begegnet sind und aus dem sich der ganze Kosmos und alles, was in ihm ist, ableitet. Und wiederum sind Prajāpati und Agni austauschbar. Staal fasst die Lehre der Brahmanas folgendermaßen zusammen:

> „Śāndilyas Lehre im Śatapatha-Brahmana zufolge besteht die Errichtung des Agnicayana-Altars im Wesentlichen in der Wiederherstellung Prajāpatis, des Schöpfergottes, der die Welt durch Selbstopferung erschuf, das heißt durch Selbstverstümmelung. Da Prajāpati zum Universum wurde, ist seine Wiederherstellung gleichbedeutend mit der Wiederherstellung des Universums. Das Aufschichten des Altars bedeutet demnach, dass die Welt wieder zusammengesetzt wird. So wie Prajāpati ursprünglich der Opfernde war, ist Agni der göttliche Opfernde und der Yajamāna der menschliche Opfernde. Die Bezeichnung des Feueraltars als Agni verweist auf die Identität von Agni und Prajāpati. Agni, Prajāpati und der Yajamāna werden miteinander, mit dem Opferaltar und mit dem Feuer gleichgesetzt, das auf ihm brennt.“[90]

Diese Art von Denken brachte die Sanskritisten im 19. Jahrhundert zur Verzweiflung: Sie konnten ihm keinen Sinn abgewinnen und fanden es kindisch, ja geradezu albern.[91] Jüngeren Indologen ist es jedoch gelungen, aus

---

89 Ebd., 65. Es sei darauf hingewiesen, dass jeder Stein nicht nur ein Teil von Prajāpatīs Körper ist, sondern auch ein Vers des Veda.

90 Ebd. Zu beachten ist, dass Staal sich nicht an solchen brahmanischen Spekulationen beteiligt, weil er sie als gänzlich unnütz für das Verständnis des Rituals erachtet, und anmerkt, dass die Nambudiri-Brahmanen, die 1975 das Ritual vollzogen, [*performed*], keine derartigen Erklärungen abgegeben hätten, sondern lediglich gesagt haben, dass sie es immer auf diese Weise vollzogen haben. Für Staal zählen die Ritualvorschriften, eine Art Syntax des Rituals, nicht die Bedeutung, die vergänglich und weitestgehend irrelevant ist. Doch es kommt ganz darauf an, wonach man sucht.

91 In einem kurzen Überblick über frühe westliche Auffassungen, die sie mit „The Western Scorn for the Brāhmaṇas“ betitelt, zitiert Wendy Doniger O’Flaherty Max

ihm ziemlich viel Sinn herauszuholen und diesen recht erfolgreich zu vermitteln. In seinem Buch *Reflections on Resemblance, Ritual, and Religion* führt Brian K. Smith überzeugende Argumente für die Brahmanas an. Er zitiert Louis Renou, der das vedische Denken als „Gleichungssystem" bezeichnet hat, wirft aber die Frage auf, um welche Art von Gleichungen es sich dabei handelt und zu welchem Zweck sie aufgestellt werden.[92] Seine Antwort lautet, das vedische Denken sei ein Versuch, „einander entsprechende, auf drei separaten Wirklichkeitsebenen liegende Elemente aufeinander zu beziehen: den Makrokosmos (dessen Inhalte und Kräfte insgesamt *adhidevatā* (‚auf das Göttliche bezogen') genannt werden, die rituelle Sphäre (*adhiyajña*, ‚auf das Opfer bezogen') und den Mikrokosmos (*adhyātman*, ‚auf das Ich bezogen')."[93] Die Korrelationen bzw. Gleichungen *(bandhu)* werden jedoch nicht bloß um der Spekulation willen her- bzw. aufgestellt. Das vedische Denken steht im Dienst vedischen Handelns und geht von der Annahme aus, dass die „Wirklichkeit nicht gegeben, sondern gemacht ist".[94]

Die Grundprämisse besteht darin, dass die Schöpfung (bzw. Urzeugung oder Ergießung – gemessen an Jahwe ist Prajāpati nicht gerade ein Schöpfergott) von Grund auf „chaotisch, desorganisiert und unförmig" ist. Demnach wird Ordnung nicht durch die Schöpfung, sondern durch das Opfer geschaffen. Smith schreibt:

> „Ein Wesenszug – ja möglicherweise nachgerade ein Erkennungsmerkmal – des Vedismus besteht darin, dass eine Reihe konstruktiver Rituale zwischen die reine Erzeugung auf der einen Seite sowie die eigentliche Kosmogonie und Anthropogonie auf der anderen tritt. Zwischen Prajāpatis Schöpfung und dem Ursprung

---

Müller, einen der Begründer frühindischer Religionsstudien, der im Jahre 1900 geschrieben hat: „Wie interessant die Brāhmaṇas für die Erforschung der indischen Literatur auch sein mögen, für den gewöhnlichen Leser sind sie von geringem Interesse. Der größte Teil von ihnen ist ganz einfach Geschwätz, und, was noch schlimmer ist, theologisches Geschwätz." Einige Jahre früher hatte Müller die Brāhmaṇas sogar als „das Geschwätz von Idioten und die Spinnereien von Verrückten" bezeichnet. Zu diesen und ähnlichen Zitaten, siehe ihr Buch *Tales of Sex and Violence: Folklore, Sacrifice, and Danger in the* Jaiminīya Brāhmaṇa, Chicago: University of Chicago Press, 1985, 3–6.

92 Brian K. Smith, *Reflections on Resemblance, Ritual, and Religion*, Oxford: Oxford University Press, 1989, 31. Es sei daran erinnert, dass „Gleichungen" im rituellen Denken häufig eine Rolle spielen: Für viele Christen *sind* das Brot und der Wein im (Opfer-)Ritual der Eucharistie der Leib und das Blut Christi. Und wenn Jesus in Joh 14 sagt: „Ich bin der Weg und die Wahrheit und das Leben", haben Christen das als mehr als nur metaphorisch verstanden.

93 Ebd., 46.

94 Ebd., 50.

des Kosmos liegen Opferungshandlungen der Götter, die der formlosen Natur Form verleihen. Und zwischen der Erzeugung einer jeden Person und dem Ursprung wahren Seins liegen ebenfalls Rituale, die aus dem bloß potenziellen Menschen einen Menschen machen. Im vedischen Ritualismus werden Kosmogonie und Anthropogonie nur während der Opferung *aktualisiert* und nur durch Ritualarbeit bzw. *karman verwirklicht.*

In den Augen der vedischen Priester und Metaphysiker ‚symbolisiert' oder ‚dramatisiert' rituelle Aktivität die Wirklichkeit nicht; vielmehr konstruiert, integriert und konstituiert sie das Reale. Rituale formen das von Natur aus Formlose, sie verbinden das an sich Unverbundene und heilen die ontologische Krankheit, die der Zustand einer nicht wiederhergestellten Natur darstellt, auf den alle erschaffenen Dinge und Wesen unablässig zustreben."[95]

Laut Staals Erklärung der Lehre aus den Brahmanas stellt die Errichtung des Feueraltars beim Agnicayana-Ritual den Kosmos wieder her, weil sie Prajāpatis Körper wieder zusammensetzt. Und im frühvedischen Denken hielt der gesamte Opferzyklus den Kosmos am Laufen. Eines der einfachsten Rituale, das am frühen Morgen und am Abend vollzogene [*performed*] Agnihotra-Ritual, hütet „das (mit der Sonne identische) Feuer über Nacht und entfacht es am nächsten Morgen wieder, wodurch es den Sonnenaufgang herbeiführt".[96] Die analog verlaufende Formung der Person und des Kosmos, die Smith als „Anthropogonie" bezeichnet und die ebenfalls durch eine Reihe von Ritualen herbeigeführt wird – Lebenszyklus-Ritualen, in denen die Persönlichkeitsentwicklung zum Ausdruck kommt –, haben wir bisher nicht erörtert, wir werden sie aber später eingehender betrachten müssen. Rituale hatten auch mit dem letztendlichen Schicksal des Einzelnen zu tun. Eine Funktion des Agnicayana-Rituals bestand darin, den Opfernden unsterblich zu machen, insofern die Vogelförmigkeit des Altars unter anderem als der Vogel gedeutet wurde, der den Opfernden – natürlich nicht am Ende der Zeremonie, sondern am Ende seines Lebens – in den Himmel bringt.

Ein Aspekt des mittelvedischen Ritualsystems, der in der Zukunft bleibende Auswirkungen haben sollte, war seine von Grund auf hierarchische Ausrichtung. Smith weist darauf hin, dass sowohl die Rituale selbst als auch die an ihnen Beteiligten eine hierarchische Rangordnung einnehmen,

---

[95] Ebd., 50–51. Smiths Beschreibung des Zustands der Natur erinnert an den zweiten Hauptsatz der Thermodynamik. Allerdings war es nicht wirklich genau dies, was Hermann Oldenberg mit seinem Begriff „vorwissenschaftliche Wissenschaft" gemeint hat, sondern eher den immensen Aufwand, Dinge in Beziehung zu setzen und zu klassifizieren, der in der Tat dem zugrunde liegt, was wir als wirkliche Wissenschaft bezeichnen würden. Siehe Hermann Oldenberg, *Die Weltanschauung der Brāhmaṇa-Texte,* Göttingen: Vandenhoeck & Ruprecht, 1919.

[96] Jamison und Witzel, „Vedic Hinduism", 38.

und zwar auf die gleiche Weise. Er zitiert Staals Hinweis auf die von Grund auf hierarchische Struktur des vedischen Rituals: „Die Abfolge [der Rituale] ist hierarchisch. Ihre Komplexität nimmt zu. Eine Person ist im Allgemeinen nur dann zum Vollzug [*perform*] eines späteren Rituals in der Abfolge berechtigt, wenn sie bereits die früheren Rituale vollzogen [*performed*] hat. Jedes spätere Ritual setzt die vorherigen voraus und bezieht eine oder mehrere Ausprägungen eines oder mehrerer vorangehender Rituale mit ein.“[97]

Smith weist darauf hin, dass die komplexeren Rituale höher stehen, weil sie einfachere Rituale einbeziehen und rekapitulieren. Ich habe gesagt, das Agnicayana-Ritual sei unter anderem ein Soma-Ritual, aber ich habe nicht erwähnt, dass Soma genauso in das Ritual eingebunden ist wie Agni und dass am Tag, nachdem Agni dem Ziegelaltar zugeführt wurde, Soma gemeinsam mit Agni (sie werden manchmal zu einem Gott, Agnisoma, vereint) dem Altar zugeführt wird.[98] Demnach schließt das Agnicayana-Ritual einfachere Soma-Rituale mit ein. Dieses hierarchische Einschließungsprinzip war nun aber, wie Smith zeigt, auch zentral für das Kastensystem. Er zitiert Louis Dumont klassisches Werk *Gesellschaft in Indien* als Beleg dafür, dass höhere Kasten die niedrigen Kasten „einschließen“, und fährt fort: „Auch wenn Dumont dies nicht vollständig ausarbeitet, scheint er eine Ontologie ‚relativer Vollkommenheit‘ zu unterstellen, der zufolge Brahmanen ‚vollkommenere‘ Menschen darstellen, während andere im Verhältnis zum Brahmanen ‚weniger vollkommen‘ sind.“[99] Die Vollkommenheit, um die es hier geht, ist natürlich rituelle Vollkommenheit. Der Brahmane kann auf Weisen am Ritual teilnehmen, die dem Kshatriya verwehrt sind, und dies setzt sich nach unten weiter fort. Wie wir sehen werden, wurden große Rituale wie das Agnicayana-Ritual in den letzten Jahrhunderten des ersten Jahrtausends v. u. Z. sogar marginal, aber das Hierarchieprinzip blieb bestehen.

Zu dieser Marginalisierung und dazu, was sie für das Ritualsystem bedeutete, muss ich jetzt kurz Stellung nehmen, auch wenn diese Entwicklung in einem Zeitraum erfolgte, den wir später ausführlicher untersuchen werden. Aus Gründen, die nicht ganz deutlich sind, aber möglicherweise mit der Ausweitung eines effektiveren, nicht „frühen“, aber doch urbanen (archaischen?) Staates im großen Stil zu tun haben, könnte das Bedürfnis nach einem komplexen Ritualsystem und dem Wettbewerb, dem es Vor-

---

[97] Frits Staal, *Rules without Meaning: Ritual, Mantras, and the Human Sciences*, New York: Lang, 1989, 101.
[98] Staal, *Agni*, Bd. 1, 590 ff.
[99] Smith, *Reflections*, 48.

schub leistete, um die soziale Stabilität aufrechtzuerhalten, durch effektivere Verwaltungsstrukturen und das wachsende Vermögen der Könige, den gewünschten Zwecken Geltung zu verschaffen, geringer geworden sein. Doch dank Brian Smith sehen wir, dass dieser Wandel nicht zum Untergang des Ritualsystems oder zum Verlust von dessen zentralem Platz im religiösen Leben führte, sondern zu einer Transformation, die oberflächlich betrachtet die hierarchische Ordnung umzukehren scheint. Nach diesem neuen Verständnis konnten diejenigen, die nicht mehr in der Lage waren, die feierlichen *śrauta*-Riten zu zelebrieren, das gesamte, jetzt auf seinen „Wesenskern – fünf ‚große' Opferungen, die sich mit Hilfe eines Holzstücks, eines Wasserglases, ein paar Blumen und Früchten und durch das Sagen von ‚*om*' vollziehen [*perform*] ließen"[100] – reduzierte, vedische Ritualsystem im Rahmen ihres häuslichen Kults (den häuslichen oder *gṛhya*-Opferungen) gleichwohl am Leben erhalten. Indem der gehobene Status der Brahmanen und die Bedeutsamkeit des Opfers für die Validierung dieses Status aufrechterhalten wurden, hielt dieses reduzierte häusliche System das traditionelle Verständnis des religiös-sozialen Systems am Leben und ließ es die Tür für weitere, neue Möglichkeiten eröffnende Neuerungen offen, ohne die Grundannahmen der indischen Gesellschaft in Frage zu stellen.

Bei der im letzten Zitat erwähnten Silbe scheint es sich um einen weiteren Fall von „weniger ist mehr" zu handeln. *Om* galt als die Silbe, welche die gesamte Lehre der sperrigen vedischen Texte in einem „Wort" zusammenfasste. Ich setze „Wort" in Anführungszeichen, weil *om* außer seinem Klang keinerlei Bedeutung hat: Es ist ein Mantra der einfachsten Art. Trotzdem können wir es im Anschluss an Frits Staal als vorsprachliche Sprache bezeichnen.[101] Das erinnert uns erneut daran, dass wir eine orale Kultur vor uns haben. Die Bedeutung von *om* liegt in seinem Aussprechen; es ist eine wirkmächtige Form der Rede. Unabhängig davon, ob sie eine Bedeutung haben oder nicht, waren Worte zentral für das vedische Denken: Worte waren Dinge und hatten außergewöhnliche Folgen.[102] Nicht

---

100 Ebd., 199.

101 Tatsächlich sagt Staal, dass, weil Rituale älter sind als Sprache, womöglich um hunderte oder tausende von Jahren (siehe Kapitel 3 von *Rules without Meaning*), „Mantras einen Bereich einnehmen, der zwischen Ritual und Sprache liegt". Er weist auf die Existenz von „Mantra-ähnlichen Klangstrukturen in der Tierwelt" hin. Staal, *Rules without Meaning*, 261.

102 „Aus der Sicht des späteren hinduistischen Denkens ist der gesamte Veda bisweilen mit der Idee einer proto-semantischen Existenz von ‚Worten' und ‚Klängen' verbunden. Dieser Perspektive zufolge ist der Veda ‚hauptsächlich Wort' (śabdapradhāna) und somit verschieden von den Purāṇas, die als arthapradhāna gelten, d. h.

nur Worte, auch Versmaße konnten personalisiert, als göttlich betrachtet werden und eine aktive Rolle in der Welt spielen. In einer ausnahmslos oralen Kultur hatte das gesprochene Wort Folgen: Man konnte tatsächlich – einen Buchtitel von John Austin aufgreifend – „mit Worten Dinge tun".

Die Rede selbst wurde in Gestalt der Göttin Vac personalisiert, die in RV 10.125 über ihre eigene Größe spricht: „Ich gebäre den Vater im Haupte dieser Welt" (V. 7) und „Ich wehe wie der Wind, alle Welten erfassend, weiter als der Himmel, weiter noch als die Erde: Solch eine an Größe bin ich geworden" (V. 8). In seinem Kommentar zu dieser Hymne weist Maurer darauf hin, dass es sich um „eine Glorifizierung dieser heiligen Rede vom Opferritus zu einem Schöpfungsprinzip und Substrat aller bestehenden Dinge, einschließlich der Götter, handelt".[103] „Prinzip" und „Substrat" könnten eine akkurate Beschreibung des in diesen Versen Gesagten sein, wenn sie nicht auf einen statischen Zustand verweisen würden, denn schon der eigentliche, für das heilige Opfer so wesentliche Gedanke einer heiligen Rede besteht darin, dass sie aktiv, kreativ und konstruktiv ist. Wir haben es hier weiterhin mehr mit Praxis als mit Theorie zu tun.

Dasselbe lässt sich über zwei weitere Begriffe sagen, die als metaphysische Absoluta verstanden worden sind, obwohl sie ursprünglich auf den aktiven Sprachgebrauch zurückzugehen scheinen. Einer von ihnen ist *rita (ṛta)*, er ist gemeinhin mit „kosmische Ordnung" bzw. „kosmische Harmonie" übersetzt worden, doch Jamison und Witzel wenden ein, seine beste Übersetzung sei „aktive, kreative Wahrheit, Wahrheitsverwirklichung [i. O. dt.]". Sie verweisen darauf, dass sein Gegenteil „Täuschung, betrügerisches Handeln" sei, sodass man ihn am ehesten für eine aktive Kraft zur Wahrheit halten sollte anstatt für „kosmische Ordnung".[104]

Noch eindeutiger auf den Sprachgebrauch geht ein Begriff zurück, der schon früh auftritt, dessen weitere Geschichte aber enorme Bedeutung erlangte: das Neutrum *brahman*, das in seinen frühesten Verwendungsweisen und oftmals sogar in den Upanishaden „Formulierung" bedeutet, vor allem „das Einfangen einer bedeutenden und nicht selbstverständlichen Wahrheit in Worten".[105] In maskuliner Form war Brahma ein Gott, oftmals der höchste Gott, der noch höher stand als Prajāpati, als Neutrum jedoch die grundlegende Wirklichkeit der Welt. Tatsächlich verhielt es sich

als Texte, in denen ‚Bedeutung' und ‚Information' vorherrschend sind." Wilhelm Halbfass, *Tradition and Reflection: Explorations in Indian Thought*, Albany: SUNY Press, 1991, 6.

103 Maurer, *Pinnacles of India's Past*, 280–281.

104 Jamison und Witzel, „Vedic Hinduism", 67.

105 Ebd., 66.

sogar noch komplizierter, weil das Neutrum *brahman* auch als Gott betrachtet werden kann. Jan Gonda macht darauf aufmerksam, dass die Verfasser der alten vedischen Texte sich nicht um die Frage gekümmert haben, ob die äußerste Wirklichkeit persönlich oder unpersönlich sei, so sehr sie uns auch interessieren mag.[106] Trotzdem tut man gut daran, nicht zu vergessen, dass *brahman* in seinen frühesten Verwendungsweisen eine Form der Rede ist: kreative, wirkmächtige Rede.

Jetzt können wir uns damit befassen, wie sich das vedische Denken in der Phase der Brahmanas charakterisieren lässt. Obwohl sie auf die Einsichten der Upanishaden vorausdeuten, wie sowohl Sylvain Lévi als auch Paul Mus betont haben, blieben sie auf der Ebene der Praxis, des Mimetischen und Narrativen, von Mythopoiesis und Mythospekulation, aber nicht von Theorie.[107] Von daher stellen sie keinen achsenzeitlichen Durchbruch dar. Der Opfernde bleibt in die soziale Welt eingebettet – Status ist fast alles und der Zweck der Rituale bestand meistens in der Verbesserung des Status innerhalb einer feststehenden Hierarchie. Erst mit dem Entsagenden, der die Welt des Opfers und des Status hinter sich lässt, begegnen wir einem achsenzeitlichen Individuum. Auf der Ebene der Brahmanas blieb das vedische Denken nach der Typologie dieses Buches mithin archaisch. Wie in anderen archaischen Gesellschaften gab es Formen von Mythospekulation, die an achsenzeitliche Einsichten grenzten, aber weiterhin archaisch blieben. Was es bedeutet, dass ein so großer Teil der späteren „Hindu"-Kultur im Grunde genommen eine Fortsetzung der vedischen Kultur darstellt, die wir in diesem Abschnitt beschrieben haben, ist etwas, dem wir später werden Rechnung tragen müssen.

---

106 Jan Gonda, *Notes on Brahman*, Utrecht: J. L. Beyers, 1950, 62–63.

107 Sowohl Lévi (in *La doctrine du sacrifice*, siehe bes. 10–11) und Mus (in *Barabudur*) zeigen die strukturelle Parallele zwischen dem Opfernden, der mittels des Rituals mit dem Göttlichen identifiziert wird, und dem Entsagenden, der durch Enthaltsamkeit und Meditation erkennt, dass sein Selbst bzw. Ich *(ātman)* mit dem Absoluten *(brahman)* identisch ist. Trotzdem glaube ich, dass sie beide zustimmen würden, dass, was ich Theorie nenne, im Fall des Entsagenden vorhanden war, nicht jedoch im Fall des vedischen Opfernden. Wenn ich ihn richtig verstehe, sieht Mus das upanishadische Gedankengut als so theoretisch an, dass es keine Erlösung bieten kann und später im Hinduismus durch *bhakti* (religiöse, fromme, gottergebene) Religion ersetzt werden muss, wohingegen es dem Buddhismus gelang, den upanishadischen Durchbruch mit der brāhmanischen Betonung der Praxis zu verbinden.

Der spätvedische Durchbruch

Es wäre ausgesprochen hilfreich zu wissen, auf welche Art von Gesellschaft die Upanishaden zurückgehen, aber uns bleiben nur Vermutungen und Rückschlüsse. Um das sechste Jahrhundert v. u. Z. herum, als die frühen Upanishaden mutmaßlich verfasst wurden, befand sich die spätvedische Gesellschaft kurz vor der Urbanisierung bzw. stand gerade am Anfang dieses Prozesses. Archäologen datieren die ersten Städte in der Ganga-(Ganges-)Ebene auf das späte sechste oder frühe fünfte Jahrhundert.[108] Patrick Olivelle, der die neueste Übersetzung der Upanishaden ins Englische angefertigt hat, berichtet uns in seinen einleitenden Bemerkungen über ihren sozialen Hintergrund, dass es ungewiss sei, ob „die Urbanisierung des Ganges-Tals vor oder nach der Abfassung der frühen Prosa-Upanishaden erfolgte". Es gäbe keine eindeutigen Belege für Städte, „aber die Upanishaden enthalten sehr wenige ackerbauliche Metaphern und Bilder, wohingegen die auf Handwerkskünste wie Weben, Töpfern und Metallurgie zurückgehenden Beispiele zahlreich sind". Zusammenfassend sagt Olivelle: „Mir scheint, ihr sozialer Hintergrund ist im Großen und Ganzen eher Hofstaat und Handwerk als Dörfer und Landwirtschaft."[109] Gegenüber dem *Rigveda* hatte es bedeutende technische Fortschritte gegeben, und die den Upanishaden bekannte Welt war noch viel breiter angelegt als die der Brahmanas. In diesen frühen Upanishaden kommen Figuren aus der Region um Kurukshetra vor, aber die Schauplätze lassen sich häufig den weiter östlich gelegenen Regionen des Ganges-Tals wie Videha oder Kosola zuordnen, in denen Königreiche und Städte entstanden bzw. in Entstehung begriffen waren. Witzel hält das Datum 500 v. u. Z. für die frühen Upanishaden nicht für ausgeschlossen.[110]

Deshalb lässt sich die Hypothese vertreten, dass die Upanishaden einen Zeitpunkt abbilden, an dem der mittelvedische „Entwicklungsstillstand des Staats" (Romila Thapar) neuen staatlichen Formationen wich. Die Bevölkerungszahl wuchs, die landwirtschaftlichen Überschüsse nahmen zu, es entwickelten sich ausgedehnte Handelsnetze und die ältere, dörfliche Niederlassungen bildende Gesellschaftsform geriet unter Druck. Da wir zu einer auch nur annähernd genauen Datierung der Upanishaden oder der Staatsbildung nicht in der Lage sind, bleiben uns nur Vermutungen: dass nämlich die Upanishaden auf eine sich rasch wandelnde, mit Ver-

---

[108] Siehe Erdosy, „City States"; und George Erdosy, *Urbanisation in Early Historic India,* Oxford: Britisch Archaeological Reports, International Series, 1988.
[109] Patrick Olivelle, *Upaniṣads,* xxix.
[110] Witzel, „Tracing the Vedic Dialects", 245.

unsicherung einhergehende Umwelt zu reagieren scheinen. Olivelle hält es für möglich, dass die Entstehung „neuer Ideen und Institutionen, vor allem von Asketismus und Zölibat" eine urbane bzw. sich urbanisierende Umwelt voraussetzt.[111] Viel mehr können wir darüber nicht sagen.

Auch wenn die Upanishaden, wie ich behaupten werde, für die Herausbildung eines achsenzeitlichen Durchbruchs bzw. etwas dem sehr Ähnlichen stehen, sollten wir den Unterschied zur vorherigen Zeitspanne nicht überbetonen. Jamison und Witzel sprechen von einer „gehobenen Fortsetzung" der Geistestradition der Brahmanas.[112] Jemanden wie mich, dem diese Literatur neu ist, überrascht, wie viele Bestandteile der Upanishaden aus älteren Texten vertraut sind: die Sorge um „Gleichungen", um die richtige Durchführung [*performance*] der Rituale, ja sogar Zaubersprüche, um recht weltliche Ziele zu erreichen. Die großen spekulativen Einsichten, für die die Upanishaden berühmt sind, wirken wie Kleinode, die ganz andersartiges Material umgibt. Doch machen Jamison und Witzel noch auf etwas anderes aufmerksam, das sowohl formal als auch inhaltlich neu an den Upanishaden ist: „In ihrer dialogischen Form scheinen die frühen Upanishaden mit der persönlichen Prägung durch den Lehrer und den von den Schülern geäußerten Nachfragen und Eingeständnissen der Ahnungslosigkeit – oder Erkenntnisansprüchen – einige der Ungewissheiten des späten RV wiederaufzugreifen und ein Gespür dafür zu vermitteln, dass Gedanken eigentlich Spekulationen sind, verschiedene Versuche, Lösungen für wirkliche Rätsel zu finden."[113]

Das Wort „wiederaufgreifen", das Jamison und Witzel verwenden, bezieht sich auf eine lange Tradition von Nachfragen und Debatten, die auf die im RV festgehaltenen Dichterwettstreite zurückgeht, bei denen jeder Dichter versuchte, ein Problem vorzubringen, das sein Rivale nicht lösen konnte. Jan Gonda merkt an, dass man bei Stammesvölkern häufig auf Rätsel und Wettbewerbe um ihre Lösung stößt. Sie fanden auf viele verschiedene Weisen Verwendung, oftmals in Verbindung mit Ritualen.[114] Wenn wir also im RV solche Rätsel vorfinden, können wir nicht sicher sein, ob es sich dabei um Überbleibsel der Stammespraxis handelt oder um spekulative Ansätze, die später eine solch bemerkenswerte Entwicklung nehmen sollten. Die frühen Dichterwettstreite wurden in der Zeit der Brahmanas zu den *brahmodya* weiterentwickelt, die Wayne Whillier als „ritualisierte, rein priesterliche Erweiterung der Dichterdebatten" be-

---

111 Patrick Olivelle, *Upaniṣads*, xxix.
112 Jamison und Witzel, „Vedic Hinduism", 75.
113 Ebd., 75–76.
114 Jan Gonda, *Brahman*, 58–61.

schreibt,[115] sodass in dieser Hinsicht Kontinuität zwischen dem RV und den Upanishaden bestehen würde. Wenn Jamison und Witzel von den „Ungewissheiten des späten RV“ sprechen, beziehen sie sich zweifellos auf Hymnen wie die berühmte *Nasadiya Sukta* (Schöpfungshymne), RV 10.129:

1. „Weder Nichtsein noch Sein war damals; nicht war der Luftraum noch der Himmel darüber. Was strich hin und her? Wo? In wessen Obhut? Was war das unergründliche tiefe Wasser?
2. Weder Tod noch Unsterblichkeit war damals; nicht gab es ein Anzeichen von Tag und Nacht. Es atmete nach seinem Eigengesetz ohne Windzug dieses Eine. Irgend ein Anderes als dieses war weiter nicht vorhanden.
3. Im Anfang war Finsternis in Finsternis versteckt; all dieses war unkenntliche Flut. Das Lebenskräftige, das von der Leere eingeschlossen war, das *Eine* wurde durch die Macht seines heißen Dranges geboren.
4. Über dieses kam am Anfang das Liebesverlangen, was des Denkens erster Same war. – Im Herzen forschend machten die Weisen durch Nachdenken das Band des Seins im Nichtsein ausfindig.
5. Quer hindurch ward ihre Richtschnur gespannt. Gab es denn ein Unten, gab es denn ein Oben? Es waren Besamer, es waren Ausdehnungskräfte da. Unterhalb war der Trieb, oberhalb die Gewährung.
6. Wer weiß es gewiß, wer kann es hier verkünden, woher sie entstanden, woher diese Schöpfung kam? Die Götter (kamen) erst nachher durch die Schöpfung dieser (Welt). Wer weiß es dann, woraus sie sich entwickelt hat?
7. Woraus diese Schöpfung sich entwickelt hat, ob er sie gemacht hat oder nicht – der der Aufseher dieser (Welt) im höchsten Himmel ist, der allein weiß es, es sei denn, daß auch er es nicht weiß.“[116]

Um mit dem Nachfragen fortzufahren: Haben wir hier bloß die Worte eines primitiven Dichters vor uns, der seine Konkurrenten herausfordert, um herauszufinden, wen er zum Verstummen bringen kann, weil er keine Antwort weiß, oder die Anfänge hoher vedischer Metaphysik? Die Tradition wählte die zweite Antwort, aber vielleicht ist an beiden etwas Wahres. Es sei darauf hingewiesen, dass diese Schöpfungshymne in anderen Kulturen ein Echo findet: die Bezugnahme auf Wasser am Anfang in Genesis 1,2 und das Verlangen *(eros)*, am Anfang da zu sein, in Hesiods *Theogonie*.

Wie in Zeiten raschen sozialen Wandels nicht unüblich, schildern die Upanishaden lebhafte Diskussionen, die keinerlei Einschränkungen durch später sehr viel schwerer zu überwindende Kasten- oder Geschlechtergrenzen erfahren. An den Diskussionen sind so viele Kshatriyas beteiligt, dass

---

115 Wayne Whillier, „Truth, Teaching, and Tradition“, in: *Hindu Spirituality: Vedas through Vedanta*, hrsg. v. Krishna Sivaraman, New York: Crossroad, 1989, 48.

116 Geldner, *Der Rig-Veda*, 361. Beachtenswert ist, dass diese Hymne, ebenso wie ṚV 10.90, verhältnismäßig jung ist, aus der Zeit zwischen 1000 und 600 v. u. Z.

zu einem bestimmten Zeitpunkt die Theorie vertreten wurde, die Upanishaden stellten als eine Art von Alternative zur Position der Brahmanen eine *kshatriya*-Position dar. Dieser Auffassung ist ziemlich entschieden widersprochen worden, aber dass Kshatriyas und Brahmanen sich aktiv miteinander auseinandersetzten, bestreitet niemand. In manchen Fällen akzeptierten die Brahmanen sogar *kshatriya*-Könige als Lehrer. Zudem gibt es mehr als ein Beispiel dafür, dass Frauen sich aktiv an den Diskussionen beteiligten. Nichts davon bedeutet, dass alles auf den Kopf gestellt wurde – die Kontinuitäten zur bisherigen Tradition habe ich bereits hervorgehoben. Doch obwohl die Kontinuitäten offensichtlich sind, gab es auch neue Einsichten, die häufig nicht deutlich hervortraten, weil sie so eng mit älterem Gedankengut verwoben waren, aber für die zukünftige Entwicklung größte Bedeutung besitzen sollten.

Joel Brereton hat die Hauptmotive der Upanishaden auf aufschlussreiche Weise beschrieben.[117] Er zieht die *Aitareya Upanisad* heran, um das Motiv der Korrelation anschaulich zu machen, das bereits in dem unübersehbar war, was wir über das Agnicayana-Ritual herausgefunden haben: In diesem Ritual wurde der Gott Agni mit dem Feuer auf dem Altar, dem Vogel, der dem Altar seine Gestalt verleiht, mit Soma als einer der wesentlichen Opfergaben und schließlich mit dem Opfernden selbst gleichgesetzt. In der *Aitareya Upanisad* ist der kosmische Mann vom Anfang der Schöpfung (RV 10.90) mit dem ursprünglichen *ātman* einsgeworden – mit dem Selbst bzw. Ich, aus dessen Mund „Rede und dann Feuer" kommt; „die Sonne entstand aus seinem Auge", „aus seinem Aushauch entstand der Wind", und so weiter. Doch diese neu geschaffenen Gegebenheiten versinken unorganisiert im Meer. „Sie brauchen eine Ordnung, und um eine solche zu finden, dringen sie nochmals in die menschliche Form ein. Feuer wird Rede und dringt in den Mund ein; Wind wird zu Atem und dringt in die Nasenlöcher ein; Sonne wird Sicht und dringt in die Augen ein und so weiter." Schließlich „dringt das Ich selbst in die neu geschaffene menschliche Form ein. Auf diese Weise wird das Ich, das der Ursprung von allem ist, zum Ich jedes menschlichen Wesens [...] Deshalb ist der Mensch sowohl körperlich als auch geistig ein perfekter Mikrokosmos."[118] Obwohl die Korrelation von Mikrokosmos und Makrokosmos in den Upanishaden

[117] Joel Brereton, „The Upanishads", in: *Eastern Canons: Approaches to the Asian Classics*, hrsg. v. William Theodore de Bary und Irene Bloom, New York: Columbia University Press, 1990, 115–135. Für zahlreiche hilfreiche Anregungen stehe ich zudem in der Schuld von Hermann Oldenberg, *Die Lehre der Upanishaden und die Anfänge des Buddhismus*, Göttingen: Vandenhoeck & Ruprecht, 1915, Kap. 1, „Die älteren Upanishaden".
[118] Brereton, „Upanishads", 121.

auf viele verschiedene Weisen Ausdruck findet, äußerte sich die Weise, die sich als folgenreichste entpuppen sollte, in der Gleichsetzung von *brahman* – das, wie oben gesagt, in der Vorstellung wirkmächtiger Rede im *Rigveda* wurzelte, aber zum Begriff für den höchsten Gott bzw. die äußerste Wirklichkeit selbst geworden war – und *ātman*, dem Ich jeder Person, aber auch dem Ich der Welt und deshalb mit *brahman* identisch.

Aber Korrelationen, die auf der Ebene der Opferriten in den Brahmanas funktioniert hatten, in denen die Gleichsetzung des Opfernden mit Agni zur Unsterblichkeit des Opfernden führen konnte, wurden jetzt zu einer Frage des Wissens, und zwar eines gut gehüteten und schwer zu verstehenden Erlösungswissens. Opferhandlungen *(karma)* in den Brahmanas werden zu Wissen *(jñāna)*, obwohl beide als *karmakānda* und *jñānakānda*, das heißt als „wirkender Anteil" und als „Wissensanteil", Teil der vedischen Tradition sind.[119] Karma wird noch andere Bedeutungen annehmen, von denen einige sich zum ersten Mal in den Upanishaden herauskristallisieren, aber die ältere Bedeutung geht niemals ganz verloren. Unsere erste Aufgabe besteht allerdings in dem Versuch, die neue Akzentuierung des Wissens im Sinne von Erkenntnis zu verstehen.

In einer der frühesten Upanishaden kommt sie unverblümt zum Ausdruck. In Reaktion auf eine Frage nach dem Erkennen des *brahman* und dem Erkennen des ganzen Weltalls durch *brahman* wird folgende Antwort gegeben:

> „Wahrlich, diese Welt war am Anfang Brahman, dieses wußte allein sich selbst [*ātman*]. Und es erkannte: ‚Ich bin *Brahman*!' – Dadurch ward es zu diesem Weltall. Und wer immer von den Göttern dieses [durch die Erkenntnis: ‚Ich bin *Brahman*'] inne ward, der ward eben zu demselbigen; und ebenso von den Ṛishis, und ebenso von den Menschen. […] Und auch heutzutage, wer also eben dieses erkennt: ‚Ich bin *Brahman*!' der wird zu diesem Weltall; und auch die Götter haben nicht Macht, zu bewirken, daß er es nicht wird. Denn er ist die Seele *(ātman)* derselben."

Und der Text fährt fort, dass die Götter daraufhin die Opfergaben verlieren, die der eben dies erkennende Mensch ihnen dargeboten hätte, und darum „ist es denselben [Göttern] nicht angenehm, daß die Menschen dieses wissen".[120]

Sogar in dieser ziemlich kruden Form werden zumindest Ansätze eines Schrittes über die Mythospekulation hinaus deutlich. Wir befinden uns nach wie vor in der Welt der Götter, ja sogar verärgerter Götter, und *brah-*

---

[119] Halbfass, *Tradition and Reflection*, 40.

[120] *Upanishaden. Die Geheimlehren des Veda*, übers. v. Paul Deussen, hrsg. u. eingel. v. Peter Michel, Wiesbaden: Marix Verlag, 2006, 492.

man scheint mehr Gott als Abstraktion zu sein, und doch zeichnet sich hier eine Abstraktionsebene ab, die über das narrative Denken ins begriffliche Denken hinausweist. An vielen anderen Stellen in den frühen Upanishaden ist dieser Übergang sogar noch klarer zu erkennen.

Ich möchte zwar die These vertreten, dass Theorie sich in den Upanishaden herauszubilden beginnt, gleichzeitig aber behaupten, dass dies nicht durch systematische Argumentation, logische Deduktion oder empirische Induktion erfolgt. Theorie gibt sich in Metaphern preis, in Lehren, die mit Absicht geheimnisvoll sind („die Götter lieben das Geheimnisvolle", heißt es häufig in den Upanishaden, aber auch in sehr viel älteren Texten), und ihre Inhalte sind in gewisser Weise „geheim": Sie erklären sich denjenigen, die verständnisbereit sind, sollten aber bestimmt nicht an die große Glocke gehängt werden. Ich würde sagen, geordnetes rationales Denken beginnt mit den Upanishaden, nimmt aber erst allmählich eine so ausgereifte Form an wie in der Grammatik von Pāṇini, die ungefähr aus dem Jahr 400 v. u. Z. stammt.[121] Um ein Verständnis davon zu gewinnen, wie Vernunft sich in den Upanishaden niederschlägt, möchte ich mich einem berühmten Dialog in Kapitel 6 der *Chāndogya Upanishad* zuwenden, in dem Śvetaketu, der als Zwölfjähriger zum Erlernen der Veden fortgeschickt worden war, im Alter von 24 „hochfahrenden Sinnes, sich weise dünkend und stolz" zurückkehrt und von seinem Vater, Uddālaka Āruni, einer Prüfung unterzogen wird.[122]

Uddālaka fragt seinen Sohn, ob er denn die „Unterweisung" erhalten habe, „durch welche (auch) das Ungehörte ein (schon) Gehörtes, das Unverstandene ein Verstandenes, das Unerkannte ein Erkanntes wird". Śvetaketu weiß darauf keine Antwort, weshalb sein Vater erklärt: „Gleichwie, oh Teurer, durch einen Tonklumpen alles, was aus Ton besteht, erkannt ist, an Worte sich klammernd ist die Umwandlung, ein bloßer Name, Ton nur ist es in Wahrheit" (*Chāndogya Upanishad*, 6.1.3–4).[123]

Über das, was Uddālaka hier sagt, ist viel gestritten worden, aber in

---

[121] Pāṇinis Grammatik des Sanskrit (ca. 400 v. u. Z.) wird im Allgemeinen als Anfang wissenschaftlicher Linguistik und als der Impuls für moderne westliche Entwicklungen auf diesem Gebiet angesehen. Staal behauptet, Pāṇinis Linguistik habe sich aus einer „Wissenschaft des Rituals" entwickelt und sei mit dem Bedürfnis verbunden gewesen, das zu verstehen, was zu jenem Zeitpunkt zur archaischen Sprache der Veden geworden war (*Rules without Meaning*, 33–60).

[122] *Chāndogya Upanishad* 6.1.2 in: Deussen, *Upanishaden*, 219. [A. d. Ü.: In der englischen Fassung wird auf die Übersetzungen von Olivelle, *Upaniṣads*, 148, und Brereton, „The Upaniṣads", 122, verwiesen. Die *Chāndogya Upanishad* ist neben der *Bṛihadāraṇyaka Upanishad* die bedeutendste frühe Upanishad.]

[123] Deussen, *Upanishaden*, 219.

einer Hinsicht tritt er für das Vorhandensein von Universalien ein. Angesichts der Macht, die Namen in den Upanishaden zugeschrieben wird, sollten wir die Formulierung, „die Umwandlung" sei „ein *bloßer* Name", nicht als nominalistisches Argument verstehen. Uddālaka meint eher, dass wir mit Hilfe dieses Tonklumpens alle Formen von Ton verstehen können, so wie er letzten Endes seinem Sohn vorführen wird, dass man das Wesen aller Dinge erkennt, wenn man erst einmal das grundlegende Wesen der Wirklichkeit verstanden hat. Das Tonklumpen-Beispiel ist bloß ein erster Schritt in Richtung des dann Folgenden:

> „‚Hole mir von dort von dem Nyagrodha-Baum eine Frucht.'
> ‚Hier ist sie, Ehrwürdiger.'
> ‚Spalte sie.'
> ‚Sie ist gespalten, Ehrwürdiger.'
> ‚Was siehst du darin?'
> ‚Ich sehe hier, o Ehrwürdiger, ganz kleine Kerne.'
> ‚Spalte einen von ihnen.'
> ‚Er ist gespalten, o Ehrwürdiger.'
> ‚Was siehst du darin?'
> ‚Gar nichts, o Ehrwürdiger.'
> Da sprach er: ‚Die Feinheit, die du nicht wahrnimmst, o Teurer, aus dieser Feinheit fürwahr ist dieser große Nyagrodhabaum entstanden.
> Glaube, o Teurer, was jene Feinheit ist, ein Bestehen aus dem ist dieses Weltall, das ist das Reale, das ist die Seele [*ātman*], das bist du, o Śvetaketu!'" (*Chāndogya Upanishad 6.12)*[124]

Die unzähligen „Gleichungen" der Brahmanas erreichen hier einen Höhepunkt: Die äußere Wirklichkeit im weitesten Sinne *(brahman)* und die tiefste innere Wirklichkeit *(ātman)* sind identisch geworden.

Wenn die Upanishaden auf der metaphysischen Ebene den Anfang theoretischer Reflexion markieren, für den Metaphern nach wie vor zentral sind, aber der Begriffsklärung dienen, und die Argumentation sich auf der Ebene von universeller Wahrheit bewegt, können sie in kognitiver Hinsicht zu Recht als achsenzeitlicher Moment in der Entwicklung des frühindischen Denkens verstanden werden. Gananath Obeyesekere hat nun aber die Frage aufgeworfen, ob diese neue Ebene des kognitiven Denkens

[124] Deussen, *Upanishaden*, 227. Bellah zitiert Olivelle, *Upanishads*, 154, bis auf den letzten Abschnitt, den er Brereton, „The Upanisads", 124, entnimmt. Bei Olivelle wird, aus Gründen, die er in seinen Anmerkungen erläutert, der berühmte letzte Satz, *tat tvam asi*, als „And that's how you are, Śvetaketu" übersetzt, wohingegen die Übersetzung von Brereton sich enger an traditionellen Übersetzungen orientiert. Edgerton übersetzt die Formulierung beispielsweise mit „That art thou, Śvetaketu". Franklin Edgerton, The *Beginnings of Indian Philosophy*, London: Allen and Unwin, 1965, 176.

auch mit einer achsenzeitlichen „Ethisierung“ (wie er es ausdrückt) einherging. Er merkt an, dass Mitte des ersten Jahrtausends v. u. Z. die Zeit „für die philosophische und soteriologische Auslotung und Systematisierung des Denkens (für das, was Max Weber als ‚Rationalisierung‘ des religiösen Lebens bezeichnet hat) günstig“ gewesen sei. Und er fährt fort: „Trotzdem führte das spekulative und systematische Denken nicht zwangsläufig zu einer Ethisierung. Die Upanishaden brachten eine großangelegte spekulative Soteriologie hervor, die sich nicht um Ethisierung kümmerte.“[125] Obeyesekere will nicht darauf hinaus, dass es im frühen Indien keine achsenzeitliche Ethisierung gegeben habe, sondern darauf, dass sie im buddhistischen Kanon, nicht in den Veden erfolgte.

Während meiner Lektüre von Olivelles englischer Übersetzung der ersten zwölf Upanishaden habe ich versucht, auf alle Stellen zu achten, an denen man von ethischer Reflexion sprechen kann. Selbst wenn man deren Definition bis auf die bloße Erwähnung des Wortes „gut“ ausweitet und noch Material hinzuzieht, in dem das Gegenteil behauptet wird, finden sich auf 290 Seiten Text weniger als 20 solcher Stellen. Zur umfassendsten Auseinandersetzung mit Ethik kommt es wahrscheinlich zu Beginn der *Bṛihadāraṇyaka Upanishad*:

> „Es ist aber sogar auch dieser Ātman [der eigene Leib] eine Wohnstätte (Welt) für alle Wesen: sofern man opfert und opfern läßt, ist er eine Stätte der Götter; sofern man [den Veda] hersagt, sofern man den Ahnen die Spende darbringt, sofern man Nachkommenschaft begehrt, der Ahnen; sofern man die Menschen beherbergt und speist, der Menschen; sofern man für das Vieh Gras und Wasser sucht, des Viehes; sofern in einem Haus die Tiere des Feldes und die Vögel bis herab zu den Ameisen ihr Futter finden, insofern ist es eine Stätte für diese. – Wahrlich, sowie einer seiner eigenen Wohnstätte Wohlfahrt wünscht, also wünschen alle Wesen Wohlfahrt dem, der solches weiß.“ (*Bṛihadāraṇyaka Upanishad* 1.4.16)[126]

Man könnte die These vertreten, *dharma* sei ein zentraler ethischer Begriff in den Upanishaden, und in gewissem Sinne stimmt das auch, doch ob er Obeyesekeres Kriterium für Ethisierung gerecht wird, ist eine Frage, mit der wir uns unten ausführlicher beschäftigen werden müssen.

Wenn man nun aber vorläufig einmal annimmt, Ethik sei kein zentrales Anliegen der Upanishaden, dann stellt sich die Frage, warum das so ist. Ein Grund hat mit dem privaten, ja geheimen Charakter der upanishadi-

---

[125] Gananath Obeyesekere, *Imagining Karma: Ethical Transformation in Amerindian, Buddhist, and Greek Rebirth*, Berkeley: University of California Press, 2002, 111. Obeyesekere ist einer der wenigen Früh-Indien-Forscher, die explizit auf die Frage der Achsenzeit eingegangen sind, wobei er Jaspers und Eisenstadt zitiert.

[126] Deussen, *Upanishaden*, 494.

schen Lehre zu tun (die grundlegende Bedeutung des Wortes *upaniṣad* ist wahrscheinlich „Verbindung“, es bedeutet aber auch „Geheimlehre“). Deshalb wird die Lehre nicht öffentlich vermittelt und ist in einigen Fällen auf extrem Wenige begrenzt. Die *Chāndogya Upanishad* beschränkt die Lehre an einer Stelle auf den ältesten Sohn und sonst niemanden (3.11.5) und die *Bṛihadāraṇyaka Upanishad* beschränkt sie an einer Stelle auf den Sohn oder den Schüler (6.3.12). An anderen Stellen heißt es, die Lehre dürfe den Angehörigen der „Zweimalgeborenen“ – das heißt den eingeweihten *varnas:* den Brahmanen, Kshatriyas und Vaiśyas –, aber auf gar keinen Fall den Śūdras verraten werden.

Inhaltlich scheint die Lehre der Identität von *brahman* und *ātman* absolut universell und, wie Brereton anmerkt, sozial, nicht individuell gewesen zu sein: „Das wahre Ich ist nicht das individuelle Ich, sondern eher die Identität, die man mit allem anderen teilt. Zwischen den Lebewesen besteht eigentlich kein Unterschied, denn sie gehen alle aus dem Sein hervor und kehren in es zurück. Alle Dinge, ob belebt oder unbelebt, sind im Sein vereint, weil sie alle Transformationen des Seins sind.“[127] In der Neuzeit haben hinduistische Denker aus dieser Lehre tiefgreifende ethische Schlüsse gezogen, aber in der Frühzeit blieben alle sozialen und ethischen Konsequenzen aus dieser Lehre latent: In den frühen Texten ging es in erster Linie um die mögliche Erlösung des Einzelnen.[128] Erlösung bzw. Befreiung war ein heroisches Ideal, das nur außergewöhnliche Menschen erreichen konnten. Zudem hatte religiöse Wahrheit eine so transzendente Bedeutung, dass die Sorge um die Alltagswelt als nachrangig betrachtet werden konnte. Diese Behauptung muss in zwei Richtungen eine Einschränkung erfahren: Die vedische Religion verlor die Sorge um das Alltägliche nie ganz aus den Augen, was beispielhaft daran deutlich wird, wie stark sie vor allem im Rahmen von Kastenpflichten den (brahmanischen) Hausvater in den Vordergrund stellt; und der Buddhismus verfügte über eine genauso transzendente Vorstellung von religiöser Wahrheit, entwickelte aber ein beträchtliches Interesse an der ethischen Qualität des Alltagslebens.

Wir sollten immer daran denken, dass die Upanishaden viele Anliegen der Brahmanas weiterverfolgen, darunter „Verpflegung, Wohlstand, Macht, Ruhm und ein glückliches Leben nach dem Tod“, wie Olivelle es

---

[127] Brereton, „The Upaniṣads“, 124.

[128] Zu den neuzeitlichen Denkern, siehe Wilhelm Halbfass, *Indien und Europa: Perspektiven ihrer geistigen Begegnung*, Basel: Schwabe, 1981.

ausdrückt.[129] Auch ältere Vorstellungen vom Leben nach dem Tod, wie der Gedanke, dass man sich in einer immerwährenden, sich nicht wesentlich vom bestmöglichen Leben auf dieser Erde unterscheidenden glücklichen Sphäre ganz einfach zu den Göttern gesellt, finden sich in diesen Texten. Der Begriff *moksha*, radikale Erlösung (mit Obeyesekere gesagt), Freiheit (mit Olivelle gesagt) oder Befreiung (mit Halbfass gesagt), dem der buddhistische Gedanke des *nirvana* entsprechen wird, ist neu und macht eine radikale Umorientierung des Lebens erforderlich. Er ist mit Karma-Vorstellungen verknüpft, nicht mehr mit einfachen rituellen Handlungen, sondern mit allen Formen menschlichen Handelns, die Einfluss auf die Aussichten des Einzelnen auf Wiedergeburt haben können – Vorstellungen, die sich in den frühen Upanishaden herauszubilden beginnen, in denen sie nicht sehr häufig vorkommen und noch geheim sind.

In einer ziemlich komplexen Auseinandersetzung damit, was nach dem Tod geschieht, erhält Śvetaketu von einem König folgende vertrauliche Antwort auf seine diesbezüglich Frage, über die er nichts von seinem Vater erfahren hat: „Weil […] diese Lehre vordem und bis auf dich nicht bei den Brahmanen in Umlauf ist, darum eben ist in allen Welten das Regiment bei dem Kriegerstand [Kshatriya] geblieben.“ (*Chāndogya Upanishad* 5.3.7)[130] Was diejenigen anbelangt, die in der Lage sind, dieser Welt den Rücken zu kehren und den Pfad einzuschlagen, der zu den Göttern führt, erweist sich dieses geheime Wissen als gar nicht so anders als die Lehren der Brahmanas. Doch diejenigen, die auf Opfergaben und Opfer vertrauen und sich „erfreulich“ verhalten, „für die ist Aussicht, daß sie in einen erfreulichen Mutterschoß eingehen, einen Brahmanenschoß oder Kshatriyaschoß oder Vaiśyaschoß“ – diejenigen aber, die sich „stinkend“ verhalten, „für die ist Aussicht, daß sie in einen stinkenden Mutterschoß eingehen, einen Hundeschoß, oder Schweineschoß, oder in einen Caṇḍālaschoß“. Es gibt jedoch noch eine andere Möglichkeit: denn „auf keinem dieser beiden Wege befindlich sind jene winzigen, immerfort wiederkehrenden Wesen, bei denen es heißt: ‚werde geboren oder stirb‘. Dieses ist der dritte Ort.“ (*Chāndogya Upanishad*, 5.10.7–8)[131]

Kenneth Post schlachtet die Tatsache, dass die Kshatriya und nicht die Brahmanen die Wahrheit über das Karma und die Wiedergeburt kennen,

---

[129] Olivelle, *Upaniṣads*, lvi.

[130] Deussen, *Upanishaden*, 196.

[131] Ebd., 199. Eine etwas andere Version dieses Dialogs kommt in der *Bṛihadāraṇyaka Upanishad* 6.2 vor, Deussen, *Upanishaden*, 614–618. „Erfreulich“ und „stinkend“ scheinen eher ein dem Status der Kaste angemessenes Verhalten zu beschreiben, als sich auf universelle ethische Normen zu beziehen.

ziemlich aus, ja er behauptet sogar, es könne keine vedische politische Philosophie geben, weil die Wahrheit der Varna-bezogenen Wiedergeburt eine schlichte Tatsache sei und aus der Lehre der Identität von *brahman* und *ātman* herausfalle, sodass die eine bestimmte soziale Verhaltensweise verlangenden und untersagenden Vorstellungen von Karma und Wiedergeburt für Herrscher stärker von Belang sind als für Brahmanen.[132] Es scheint aber so zu sein, als hätten die Brahmanen ihre eigenen Gründe, sich mit diesen Fragen zu beschäftigen. Der große brahmanische Weise Yājñavalkya teilt jemandem, der ihn gefragt hat, was nach dem Tod geschehe, heimlich eine Kurzfassung eben jener Lehre mit, die lautet:

> „‚Faß mich, Ārtābhāga, mein Teurer, an der Hand; darüber müssen wir beiden unter uns allein uns verständigen, nicht hier in der Versammlung.' – Da gingen die beiden hinaus und beredeten sich; und was sie sprachen, das war *Werk* [*karma*], und was sie priesen, das war *Werk*. – Fürwahr, gut wird einer durch gutes Werk, böse durch böses." (*Bṛihadāraṇyaka Upanishad* 3.2.13)[133]

Wie sich herausstellt, ist Yājñavalkya das erste Beispiel für einen Entsagenden *(samnyāsin)*, der der Welt den Rücken kehrt, um das Ziel der religiösen Befreiung sowohl vom *karma* als auch von der Wiedergeburt zu verfolgen.[134] Als er gebeten wird, *brahman*, das Ich, das allem innewohnt, zu definieren, antwortet Yājñavalkya:

> „‚Diejenige, welche den Hunger und den Durst, das Wehe und den Wahn, das Alter und den Tod überschreitet. – Wahrlich, nachdem sie dieser Seele sich bewußt geworden, stehen die Brahmanen ab vom Verlangen nach Kindern und Verlangen nach Besitz und Verlangen nach der Welt und wandern umher als Bettler; denn das Verlangen nach Kindern ist Verlangen nach Besitz, und das Verlangen

[132] Kenneth H. Post, „Spiritual Foundations of Caste", in: Sivaraman, *Hindu Spirituality*, 101.

[133] Deussen, *Upanishaden*, 534.

[134] Bei Witzel findet sich eine interessante Erörterung zu Yājñavalkya als „einem der wenigen *lebendigen* Menschen in den ältesten Schichten der indischen Literatur" [Kursivierung im Original], wobei er Vasiṣṭha und den Buddha als die beiden anderen ansieht. Vasiṣṭha tritt kurz, aber eindringlich, im *Rigveda*, Buch 7, in Erscheinung, ist jedoch die einzige auffallende Figur dieser Art, bis in der spätvedischen Zeit Yājñavalkya die Bühne betritt. Weil Yājñavalkya im Grunde genommen den achsenzeitlichen Übergang in den Upanishaden verkörpert und achsenzeitliche Übergänge häufig auffällige Individuen hervorbringen, während archaische Gesellschaften zwar häufig lebhafte Götter, aber weitgehend über den Status anstatt über die Persönlichkeit definierte Individuen hervorbringen, bestätigt seine bloße Existenz die achsenzeitliche Wende, wie es selbstverständlich auch der Buddha tut. Siehe Michael Witzel, „Yājñavalkya as Ritualist and Philosopher, and His Personal Language", in: *Patimāna: Essays in Iranian, Indo-European, and Indian Studies in Honor of Hanns-Peter Schmidt*, hrsg. v. Siamak Adhami, Costa Mesa, Calif.: Mazda, 2003, 104–105.

> nach Besitz ist Verlangen nach Welt; denn alle beide sind eitel Verlangen. – Darum, nachdem der Brahmane von sich abgetan die Gelehrtheit; so verharre er in Kindlichkeit; nachdem er abgetan die Kindlichkeit und die Gelehrtheit, so wird er ein Schweiger *(Muni)*; nachdem er abgetan das Nichtschweigen und das Schweigen, so wird er ein Brāhmaṇa. – Worin lebt dieser Brāhmaṇa? – Darin, worin er lebet, wie es eben kommt. – Was von ihm verschieden, das ist leidvoll.'" (*Bṛihadāraṇyaka Upanishad* 3.5.1)[135]

Entsagung ist eine Möglichkeit, ganz aus dem vedischen Varna-System auszusteigen, wie es der große Entsagende Buddha tun wird, aber für Yājñavalkya scheint sie unauflöslich an die Rolle des Brahmanen gebunden zu sein. Wir werden uns damit beschäftigen müssen, wie Varna mit der relativ geringen Ethisierung in der vedischen Tradition zusammenhängt.

Als Yājñavalkya beschloss, seinen Haushalt zu verlassen, um das Leben eines der Welt entsagenden Bettlers zu führen, besprach er mit seinen beiden Ehefrauen, wie sie zu einer Einigung gelangen könnten. Eine der beiden, Maitreyī, hatte an philosophischen Diskussionen teilgenommen und bat vor Yājñavalkyas Abreise um Belehrung. Auf eine für sie verwirrende Weise versucht er, ihr die grundlegende Beschaffenheit eines Ichs ohne jede Dualität zu erklären, eines Ichs, das vollständig ist, ohne etwas erkennen zu müssen: „wo hingegen einem alles zum eigenen Selbste [*ātman*] geworden ist, wie sollte er da irgendwen sehen? [...] Durch welchen er dieses alles erkennt, wie sollte er den erkennen?" Und er endet:

> „‚Er, der Ātman, ist nicht so und ist nicht so; er ist ungreifbar, denn er wird nicht gegriffen, unzerstörbar, denn er wird nicht zerstört, unhaftbar, denn es haftet nichts an ihm, er ist nicht gebunden, er wankt nicht, er leidet keinen Schaden. – Wie sollte einer doch den Erkenner erkennen? – Nun weißt du die Lehre, o Maitreyī; dieses, fürwahr, reichet hin zur Unsterblichkeit.' –
>
> Also sprach Yājñavalkya und zog von dannen." (*Bṛihadāraṇyaka Upanishad* 4.5.15)[136]

Durch diese wirkmächtige Äußerung einer Auffassung, der möglicherweise im Westen die negative Theologie entspricht, legt Yājñavalkya vom kognitiven achsenzeitlichen Durchbruch in der vedischen Religion Zeugnis ab. Jetzt müssen wir uns mit jenen Aspekten der vedischen Tradition befassen, die eine achsenzeitliche Ethisierung verhindert zu haben scheinen.

Nachdem er die Lehre, dass „diese Welt [...] am Anfang Brahman" war (*Bṛihadāraṇyaka Upanishad* 1.4.10, siehe oben), übermittelt hat, heißt es im Text – unter Verwendung der Doppelbedeutung des Wortes *brahman* als absoluter Wirklichkeit und als dem, was wir der Einfachheit

---

[135] Deussen, *Upanishaden*, 537–538.

[136] Ebd., 592.

halber „Brahmane“ genannt haben, obwohl es auf Sanskrit in beiden Fällen *brahman* heißt – weiter, dass *brahman* sich noch nicht voll entfaltet und darum „über sich hinaus als ein edler Gestaltetes das *Kshatram* [Fürstentum, die zweite Kaste]“ geschaffen habe. Und der Text fährt fort:

> „Darum gibt es nichts Höheres als das Kshatram. Darum verehrt der Brahmane den Kshatriya in Unterwürfigkeit bei der Königsweihe; dem Kshatram eben zollt er diese Ehre. – Aber eben dieses Brahmanen ist der Mutterschoß des Kshatram. Darum, wenn auch der König die höchste Stelle inne hat, so nimmt er doch am Ende seine Zuflucht zum Brahman als zu seinem Mutterschoße“. (*Bṛihadāraṇyaka Upanishad* 1.4.11)[137]

Es lässt sich kaum eine Stelle finden, an der das Bündnis zwischen Brahmanen und Kshatriyas *(brahmakṣatra)* besser zum Ausdruck kommt. Im Text heißt es dann weiter, dass *brahman*, um seine Entfaltung voranzutreiben, noch den Stand der Vaiśyas und der Śūdras erschuf. Hier haben wir wieder den Gedanken, dass die brahmanische Varna die anderen „einbezieht“ – sie gehen aus ihrem „Mutterschoß“ hervor. Doch dann endet der Abschnitt folgendermaßen:

> „Er [*brahman*] war noch nicht entfaltet; da schuf er über sich hinaus als ein edler Gestaltetes das Recht *(dharma)*. Dieses ist Herrscher des Herrschers, was das Recht ist. Darum gibt es nichts Höheres als das Recht. [...] Darum, wenn einer die Wahrheit spricht, so sagt man, er spricht recht; und wenn einer recht spricht, so sagt man, er spricht die Wahrheit; denn beides ist eines und dasselbige.“ (*Bṛihadāraṇyaka Upanishad* 1.4.14)[138]

Für die vedische Tradition ist *dharma* in seiner Sphäre genauso zentral wie *brahman* und *ātman* in ihren Sphären, doch seine Bedeutungsvielfalt ist komplex. Entgegen dem Anschein, den das Zitat gerade eben erwecken könnte, ist Dharma nämlich eines nicht: Er ist kein allgemeines Gesetz.

Meine Überlegungen zur Etymologie und Entwicklung des Begriffs stützen sich stark auf Wilhelm Halbfass' meisterliche Auseinandersetzung mit dem *dharma*.[139] Es lohnt sich, den Leser an einen von Halbfass' wesentlichen Punkten zu erinnern: dass nämlich das Textmaterial, das uns aus dem frühen Indien vorliegt, ideologisch ist und nicht deskriptiv und dass es von einer bestimmten sozialen Gruppe, den Brahmanen, stammt und zweifellos deren Interessen zum Ausdruck bringt. Andere Gruppen dürften ständig anderer Meinung gewesen sein, aber bis Buddhismus und Jainismus die Bühne betraten, wissen wir nicht, worin diese Meinungsver-

---

[137] Ebd., 492–493.

[138] Ebd., 493.

[139] Halbfass, *Indien und Europa*, Kap. 17: „Dharma im Selbstverständnis des traditionellen und des modernen Hinduismus“, 358–402.

schiedenheiten bestanden. Und wenn die Kshatriyas anderer Meinung waren, wie es wahrscheinlich bei vielen von ihnen der Fall war, hielten sie es für opportun, mit den Brahmanen zu kooperieren, anstatt es mit ihnen aufzunehmen.

Dharma ist ein Begriff, der dem oben erörterten *rita* ähnelt, aber nicht mit ihm identisch ist. Als er den Gedanken entwickelt, dass *rita* so etwas bedeutet wie eine „aktive Kraft zur Wahrheit", macht Michael Witzel darauf aufmerksam, dass dieser Begriff in den westlichen Sprachen keine Entsprechung hat und möglicherweise dem gleichfalls unübersetzbaren altägyptischen Begriff *ma'at* ähnelt (siehe Kapitel 5).[140] Nach der Typologie, auf der die Argumentation dieses Buches beruht, heißt das, dass *rita*, wie *ma'at,* ein archaischer und kein achsenzeitlicher Begriff ist, auch wenn es verlockend ist, ihm achsenzeitliche Implikationen zuzuschreiben. Der Begriff *dharma*, der im *Rigveda* neben dem Begriff *rita* anzutreffen ist und diesen in späteren Texten weitgehend ersetzt, unterliegt demselben Missverständnis: Sein Fall liegt zwar anders als der von *rita*, es handelt sich aber nach wie vor um einen archaischen Begriff, der achsenzeitlich aussieht. Achsenzeitlich wird er im Buddhismus und ansatzweise an einigen wenigen Stellen der vedischen Tradition, doch wie ich zeigen werde, bleibt er im nachfolgenden indischen Verständnis archaisch.

Ein Schlüssel für die Unterscheidung der beiden Begriffe liegt darin, dass *rita* im RV immer im Singular steht, wohingegen *dharma* nicht nur im RV, sondern auch in den Brahmanas und sogar noch in späteren Texten wie dem *Mahābhārata* plural ist. Seine erste Verwendung im Singular findet sich in der *Chāndogya Upanishad* 2.23.1, was traditionell mit „Es gibt drei Zweige der [religiösen] Pflicht" übersetzt wird,[141] sodass er sogar im Singular auf einen Plural verweist. Der Begriff leitet sich aus der Wurzel *dhṛ* ab, die so viel bedeutet wie „tragen", „erhalten", „bewahren" (man beachte, dass *dharma*, wie *rita*, aktiv und nicht statisch ist), und seine frühen Verwendungen verweisen fast ausschließlich auf religiöse Rituale.[142] Die Verbindung zur Wurzel besteht in der Überzeugung, dass Rituale den Kosmos „erhalten" oder „bewahren", und *dharmas* sind die vielen Rituale, die dies auf verschiedenerlei Weisen tun, ihnen liegt keine Vorstellung von einem ob nun körperlichen oder ethischen Naturrecht zugrunde. Der vedischen Kosmogonie zufolge ist Unterteilung im Sinne von Auseinanderhalten, wie bei Himmel und Erde, außerordentlich wichtig, weshalb das rituelle Handeln des *dharma* mit Auseinanderhalten und mit Erhalten verbunden

140 Witzel, „How to Enter the Vedic Mind?", 12.
141 Deussen, *Upanishaden*, 145.
142 Halbfass, „Dharma", 363 und 368.

ist. Man tut gut daran, zum Text des RV 10.90 zurückzugehen, der damit endet, dass das urzeitliche Opfer, das den Kosmos erschuf, „die ersten [rituellen] Normen“, das heißt die ersten *dharmas* hervorbrachte, und nicht zu vergessen, dass in dieser Hymne nicht nur die Bestandteile der natürlichen Welt auseinandergehalten werden, sondern auch die vier Varnas.[143]

Doch selbst im *Rigveda* ist Ritual nicht die einzige Bedeutung von *dharma*: Er hat bereits den weiteren Sinn von ethischen und sozialen „Normen“, „Geboten“ und „Gesetzen“.[144] Und in der späteren Entwicklung der vedischen Tradition verliert er zwar nie seine enorme Bezugsvielfalt, erfährt aber eine spezielle Ausrichtung:

> „Für die ‚Orthodoxie‘ ist und bleibt der Dharma primär und wesentlich der *varṇāśramadharma*, die in zahllose Einzelbestimmungen aufgefächerte und keineswegs auf ein allgemeines Verhaltensprinzip zurückführbare ‚Ordnung der Kasten und Lebensstadien‘. Der *varṇāśramadharma* weist den einzelnen Kasten und Lebensstadien jeweils spezifische ‚Pflichten‘ *(svadharma)* und ‚Berechtigungen‘ *(adhikāra)* zu; er bindet sie an bestimmte Rollen und Lebensformen und schließt sie aus von den Lebensformen anderer; er regelt ihren Zugang zu den rituellen Vollzügen, zu den Quellen des heiligen Wissens, zu den Mitteln der Erlösung.“[145]

Überdies ist *dharma* keine „allgemeinen Gesetzlichkeit, die für die hinduistische Gesellschaft genauso gilt wie für andere Gesellschaften“, weil er für *mlecchas*, Ausländer, Nicht-*aryas* keinesfalls gilt. Ein Grund dafür ist unter anderem, dass er nur auf Sanskrit übermittelt werden kann, der „richtigen“ Sprache für „dharmagemäßes Verhalten“.[146] Deshalb scheint *dharma* sogar in der historischen Zeit eindeutig archaisch zu bleiben.

Dieses Verständnis von *dharma* ist von universalistischer Seite sogar innerhalb der hinduistischen Tradition nicht unangefochten stehen gelassen worden. Es gibt Stellen im *Mahābhārata*, an denen *ahimsā*, das „Nicht-Verletzen“ oder „Verschonen“ von Lebewesen, als „Zentrum und eigentlicher Inhalt des Dharma präsentiert wird“.[147] Später gehen *bhakti* (fromme)-Bewegungen in dieselbe Richtung. Eines der denkwürdigsten Beispiele für einen ethischen und universalistischen Begriff von *dharma* sind die Edikte des (buddhistischen) Kaisers Ashoka (drittes Jahrhundert v. u. Z.). Aber bis in die Neuzeit erlangten diese Tendenzen nie die Vorherrschaft. Man darf nicht vergessen, dass der heiligste Teil des *Mahābhārata*,

---

143 Halbfass, *Indien und Europa*, 362.
144 Ebd., 363.
145 Halbfass, „Dharma“, 368–369.
146 Halbfass, *Indien und Europa*, 367.
147 Halbfass, „Dharma“, 368.

die *Bhagavad Gītā*, nicht *ahimsā* lehrt, sondern *svadharma* – den der eigenen Kaste angemessenen *dharma*. Als Arjuna vor der Aufgabe zurückschreckt, gegen seine Verwandten zu kämpfen und sie womöglich zu töten, fordert sein Wagenlenker und Lehrer Krishna ihn auf, seine Pflicht als Kshatriya zu tun – das heißt als Krieger, für den Töten Teil seines *dharma* ist –, ohne sich um die Folgen zu kümmern, das heißt ohne die karmischen Konsequenzen seines Handelns zu tragen.[148]

Das liegt nicht daran, dass es keine Philosophie des *dharma* gäbe. Die Mīmāmsā-Schule der Philosophie hat große Mühen darauf verwandt, *dharma* als absolutes Gebot zu verfechten, als eine Reihe von Vorschriften, und gleichzeitig zu behaupten, der Inhalt dieser Vorschriften werde schlicht und einfach vom Veda vorgegeben und könne nicht aus rationalen Überlegungen abgeleitet werden. Rationale Überlegungen könnten sogar missliche Folgen haben: Die Vorstellung, das Wesen des *dharma* bestehe darin, Böses zu vermeiden und Gutes zu tun, könnte einen Schüler dazu verleiten, sexuelle Beziehungen zur Frau seines Lehrers aufzunehmen (eine der schwersten Verletzungen der vedischen Vorschriften), um ihr Vergnügen zu bereiten. Weit besser sei es, den Vorschriften in ihrer bestehenden Form zu gehorchen, ohne sie rational zu rechtfertigen.[149] Man könnte die Mīmāmsā-Schule (wegen ihrer ausgeklügelten Argumentationsweise) als achsenzeitliche Schule der Philosophie bezeichnen, die ein archaisches ethisches System gegen seine achsenzeitliche Rationalisierung verteidigt. Mīmāmsā ist bei weitem nicht die einzige Denkschule in der indischen Geschichte, aber sie ist zentral und einflussreich, und man kann kaum behaupten, dass irgendeine andere Position einen vergleichbaren Grad von Hegemonie erreicht hätte.[150]

Diese Erörterungsweise des *dharma* führt unweigerlich zum leidigen Kastenproblem. Aufgrund seiner pejorativen Implikationen habe ich im Großen und Ganzen versucht, die Verwendung des Begriffs „Kaste" zu vermeiden. Außerdem hat es sich teilweise eingebürgert, das Wort „Klasse" als Übersetzung für *varna* und „Kaste" nur für das Wort *jāti* zu verwenden, einen Begriff den ich bisher gar nicht benutzt habe.[151] Die vier Varnas sind in vielen verschiedenen Zusammenhängen erörtert worden. *Jāti* ist in jüngerer Zeit für die unzähligen vererbbaren, sich für gewöhnlich

[148] *Bhagavad Gītā: Der Gesang des Erhabenen*, hrsg. u. übers. v. Michael von Brück, Frankfurt: Verlag der Weltreligionen, 2007, 13–21.

[149] Halbfass, „Dharma", 376–377 und 380–381.

[150] Ebd., 333.

[151] Siehe z. B. A. L. Basham, *The Wonder That Was India*, New York: Grove, 1959, 148.

nach Berufen ausdifferenzierenden endogamen Gruppen verwendet worden, die normalerweise ebenfalls unter Bezugnahme auf ihre *varna* klassifiziert werden, obwohl *varna*-Zuweisungen häufig ungewiss und umstritten gewesen sind und sich möglicherweise gewandelt haben. Halbfass behauptet dagegen, dass die zwei Begriffe zwar nicht völlig identisch sind, sich aber in den frühen Texten in einem Grade überlappen, dass es sich fast um dasselbe handle – das heißt, *varna* wurde für das verwendet, was wir normalerweise für *jāti* halten, und umgekehrt. Da es zudem beide Male vererbbare endogame Gruppen sind, die aus derselben Klassifikationsweise erwachsen, sei das Varna-System „der Prototyp für wichtige Aspekte der ‚wirklichen' Kasten [jāti]", sodass auch „Kaste" für Varna verwendet werden könne.[152]

Zentral für meine Argumentation ist, dass Kasten in Indien nicht auf rationalen Argumenten beruhen. Über Arbeitsteilung kann man reden, und bis zu einem gewissen Grad hat es immer einen Zusammenhang zwischen Kaste und Beruf gegeben, aber keinen engen. Auf verarmte Brahmanen und Kshatriyas sowie wohlhabende Śūdras (die keineswegs „Gesinde" waren) stößt man überall in der indischen Geschichte. Die Klassifikation nach Varnas beruht auf religiösen Kompetenzen und wird schlicht und einfach vom Veda vorgegeben, angefangen mit RV 10.90; sie stützt sich genauso wenig auf rationale Argumente wie der Dharma, der sie definiert. Einfach gesagt, dürfen die Brahmanen den Veda studieren und lehren und Opferungen vornehmen [*perform*]; die Kshatriyas dürfen den Veda studieren und lehren; die Vaiśyas dürfen den Veda studieren; die Śūdras dürfen weder Opferungen vornehmen [*perform*] noch den Veda lehren, ja ihn noch nicht einmal studieren; selbstverständlich gilt das, was für die Śūdras gilt, auch für die außerhalb des Kastensystems Stehenden. Nicht einmal in der spätvedischen Zeit waren die Vorstellungen von Wiedergeburt, von *samsāra* und *karma,* schon voll entwickelt. Erst als sich diese so tief eingeprägt hatten, dass sie als selbstverständlich galten, konnte das Kastensystem als vollkommen gerecht, wenn auch rational nicht erklärbar angesehen werden, weil die Position, die man im gegenwärtigen Leben einnimmt, durch Handlungen in den vorherigen Leben bestimmt wird, auch wenn wir keine Ahnung haben, welche Handlungen das gewesen sind.

---

152 Halbfass, *Tradition and Reflection,* Kap. 10: „Homo Hierarchicus: The Conceptualization of the Varṇa System in Indian Thought", 352. Halbfass sagt zwar, er verteidige in diesem Kapitel nicht Dumonts berühmtes Buch *Gesellschaft in Indien*, dass er aber mit dem einverstanden sei, was Dumont „den zentralen Gedanken" seines Buchs genannt hat, nämlich „den Gedanken einer Trennung von Hierarchie und Macht" (350).

Klar ist auch, dass Kasten kein marginales Anliegen der Veden waren. Die Offenbarungstexte sind voller Vorstellungen, die sich auf die Kaste nicht bloß als soziale Klassifizierung, sondern als Möglichkeit beziehen, über alles im Universum Vorhandene nachzudenken. Brian K. Smith hat der Beschreibung der vielen Weisen, wie der Welt mit *varna* Sinn abgewonnen wurde, ein ganzes Buch gewidmet: *varna* wurde zur Klassifizierung der Götter, des Raums, der Zeit, der Flora, Fauna und des Schrifttums sowie der Gesellschaft herangezogen. Er fasst das folgendermaßen zusammen:

> „Insgesamt war das *varna*-System eine totalistische Ideologie, womit ich ein Gedankengebäude bzw. Kategoriensystem meine, das den Kosmos und seine Teile so erklärt, dass die Interessen und Anliegen derjenigen, die diese Erklärung vornehmen, festgeschrieben, gewahrt und vorangetrieben werden [...] Die ausschließliche Konzentration auf die soziale Geltung der *varna* kann uns daran hindern, ihre tatsächliche ideologische Überzeugungskraft als universalistisches Klassifikationssystem zu erfassen. Wir [haben] untersucht, wie *varna* zur Klassifizierung vieler Bereiche des Universums angewendet werden kann. Dass *varna* eine sehr viel größere Reichweite hat als die in sie eingebettete Sozialtheorie, sollte unsere Aufmerksamkeit allerdings nicht von dem schlagenden Beweis für soziale Ausdifferenzierung und Bevorzugung weglenken. Als facettenreiches allgemeines Klassifikationsschema bestand das Ziel des *varna*-Systems vor allen Dingen darin, eine ideale Form von hierarchischer Sozialstruktur rational zu verkörpern, indem es diese Form in den Bereich des Übernatürlichen, Metaphysischen, Natürlichen und Kanonischen projizierte.“[153]

Selbst wenn man von der grundsätzlichen Kritik durch Buddhisten und Jainas absieht, waren Kasten, genauso wie Dharma, in Indien nie etwas völlig Selbstverständliches. Nach orthodoxer Auffassung stand die Erlösung nur denjenigen offen, die über Kenntnisse des Veda verfügten, und Śūdras waren diese Kenntnisse verwehrt. Ihnen war nicht nur *moksha* (Erlösung) verwehrt, auch ihre Aussichten auf Wiedergeburt verringerten sich: Die Kenntnis der vedischen Vorschriften war für die Wiedergeburt in einem „erfreulichen Mutterschoß“, das heißt in einem zweimalgeborenen Mutterschoß, zwingend erforderlich.[154] Für diejenigen, die sich im Hinblick auf religiöse Kompetenz am unteren Ende befanden, war das also eine Art Teufelskreis: Wenn sie sich gut benahmen, konnten sie in einer

---

[153] Brian K. Smith, *Classifying the Universe: The Ancient Indian Varṇa System and the Origins of Caste,* New York: Oxford University Press, 1994, 82.

[154] Man könnte annehmen, dass die großen Philosophen späterer Jahrhunderte diese Ausgrenzung der Śūdras abgelehnt hätten, das ist aber nicht der Fall. Sowohl Shankara als auch Rāmānuja waren mit dem Ausschluss der Śūdras vom Studium der Veden einverstanden. Shankara billigte sogar die Regelung, dass die Ohren von Śūdras, die sich vedische Texte anhörten, mit geschmolzenem Metall gefüllt werden sollten. Halbfass, *Tradition and Reflection*, 380–381.

höherstehenden Gruppe wiedergeboren werden, doch ihr fehlendes Wissen darüber, wie man sich gut benahm, schmälerte diese Möglichkeit ernsthaft. Besonders im Rahmen der späteren *bhakti*-Bewegungen wurden teilweise große Bemühungen unternommen, die Lehren unter allen Menschen zu verbreiten, auch unter Śūdras und Parias. In diesen Fällen wurde nicht der immense Korpus der vedischen Vorschriften gelehrt, sondern Vertrauen auf die Gnade Gottes, Shiva, Vishnu, Krishna, oder der Göttin.

Trotz aller Widerstände und zeitlichen sowie örtlichen Abwandlungen hat die soziale Organisation in Indien sich bis in die jüngere Zeit auf das Kastensystem gestützt. Die konservative Mīmāmsā-Position ist vorherrschend geblieben. Deshalb würde ich die These vertreten, dass das Fundament von Ethik und Gesellschaft archaisch geblieben ist, obwohl die upanishadische Religion achsenzeitlich war und sich viele rationale Diskursformen (Sprachwissenschaft, Logik, Mathematik und so weiter) entwickelt haben. Diese Position ist mehr oder weniger vergleichbar mit der Position, die S. N. Eisenstadt und ich im Zusammenhang mit Japan entwickelt haben, als wir die These vertraten, dass die gesellschaftlichen Grundvoraussetzungen nicht-achsenzeitlich geblieben sind, obwohl achsenzeitliche Elemente in kultureller Hinsicht eine reiche Entwicklungsgeschichte aufwiesen.[155] Der Fall von Indien ist sogar noch bemerkenswerter, insofern dort einer der größten religiösen Durchbrüche erfolgte, die gesellschaftlichen Voraussetzungen aber nicht nachzogen, außer natürlich im extrem wichtigen, unten erörterten Fall des Buddhismus. Zudem stimmt es, dass jede achsenzeitliche Gesellschaft über das verfügt, was Eric Voegelin als archaische „Hypothek" bezeichnet hat.[156] Alle nach-achsenzeitlichen historischen Gesellschaften bestehen aus einer Mischung von achsenzeitlichen und nicht-achsenzeitlichen Elementen und wären möglicherweise anders nicht funktionsfähig gewesen. Deshalb muss man Indien als einen nicht ganz so einzigartigen Extremfall auf einer kontinuierlichen Skala betrachten. Und man sollte nicht vergessen, dass auch der Buddhismus, der in ethischer Hinsicht so viel achsenzeitlicher ist als die vedische, brahmanische, hinduistische Tradition, durch und durch ein Produkt der indischen Geschichte darstellt, obwohl er sich letzten Endes in Indien nicht gehalten hat.[157]

---

[155] S. N. Eisenstadt, *Japanese Civilization: A Comparative View*, Chicago: University of Chicago Press, 1996; und Robert N. Bellah, *Imagining Japan: The Japanese Tradition and Its Modern Interpretation*, Berkeley: University of California Press, 2003.

[156] Eric Voegelin, *Israel und die Offenbarung: Die Geburt der Geschichte*, Bd. 2 von *Ordnung und Geschichte*, München: Fink, 2005, 87.

[157] Alexander von Rospatt hat mich daran erinnert, dass der klassische indische Buddhismus in einem traditionell indischen Gebiet bis heute überlebt hat: in Nepal,

Ich bin mir darüber im Klaren, dass die Position, die ich einnehme, mich dem Vorwurf des Orientalismus aussetzt, weil ich die Kasten „essentialisiere“. Wenn ein solcher Vorwurf beinhaltet, dass ich alle „orientalischen“ Gesellschaften für inegalitär halte, trifft er offenkundig nicht zu: In Kapitel 8 wird der tiefe Egalitarismus der klassischen chinesischen Zivilisation beschrieben. Ich bin davon überzeugt, dass auch islamische Gesellschaften zutiefst egalitär sind. Natürlich spreche ich hier, wie im Fall von Indien, von der ideellen Ebene: In der Praxis ist seit den Jägern und Sammlern keine Gesellschaft besonders egalitär gewesen. Und selbst auf der ideellen Ebene waren weder chinesische noch islamische Gesellschaft im Hinblick auf die Geschlechterfrage egalitär.

In seinem Buch *Imagining India* hat Ronald Inden wahrscheinlich die besten Argumente gegen eine Essentialisierung der Kasten vorgelegt und inhaltlich ausbuchstabiert, was er unter Essentialisierung versteht. Er macht geltend, dass diejenigen, die Kasten als „Essenz“, also als Wesen der indischen Gesellschaften ansehen, den Indern „Agency“ im Sinne von Handlungsmacht und Veränderungsfähigkeit absprechen.[158] Anstatt Menschen als Akteure zu betrachten, die über ihr Schicksal selbst bestimmen, schreiben die Essentialisierer seiner Meinung nach nicht den Menschen, sondern Institutionen und/oder inneren Vorstellungen (Kultur?) Handlungsmacht zu. Doch wie andere, die sich am soziologischen Streit um Agency und Institutionen beteiligen, verrät er uns nichts über die Rolle, die Institutionen und Kultur spielen sollen, nachdem wir die menschliche Handlungsmacht anerkannt haben. Ich habe mich in diesem ganzen Kapitel mit ideologischen Fragen, einschließlich ideologischer sozialer Grundvoraussetzungen, beschäftigt, aber an keiner Stelle die Ansicht vertreten, dass Ideologie Handlungsmacht zukomme. Wenn, wie ich zu glauben geneigt bin, die Grundvoraussetzungen des Kastensystems sich in der indischen Gesellschaft sehr lange Zeit und trotz vieler bedeutender Veränderungen gehalten haben, dann liegt das sicherlich an der starken Handlungsmacht der das Kastensystem verteidigenden brahmanischen Intellektuellen und der Machthaber, die trotz aller Proteste und anderer Widerstandsformen alles in allem an ihren Ansichten festhielten. Weder Institutionen noch Ideen verfügen von sich aus über Handlungsmacht. Sie müssen unentwegt von menschlichen Akteuren „aufrechterhalten“ und „erhalten“ *(dhṛ)* werden. Und doch kommt keine Gesellschaft ohne sie aus. Wie in vielen anderen Fällen können wir Ideen / Institutionen und

---

allem voran im Kathmandutal. Nur dort ist der Sanskrit-Buddhismus heute noch anzutreffen, ich bin dankbar für diese und weitere Anregungen von ihm.

[158] Ronald B. Inden, *Imagining India*, Cambridge: Blackwell, 1990, 73–74.

Handlungsmacht nicht als Nullsummenspiel betrachten – es handelt sich immer um ein Sowohl-als-auch, nicht um ein Entweder-oder.

Im Hinblick auf die Geschichte der Unterdrückung hat Indien kein Monopol inne. Bisher hat jede menschliche Gesellschaft nennenswerte Anteile ihrer Bevölkerung unterdrückt – mit Ausnahme der Jäger und Sammler, aber selbst dort war es besser, ein erwachsener Mann als ein Kind oder eine Frau zu sein. In zwei demokratischen Musterbeispielen, nämlich im antiken Athen und im modernen Amerika, sind Demokratie und Sklaverei zumindest lange Zeit Hand in Hand gegangen, und wer vermöchte zu behaupten, dass die Vereinigten Staaten, was die Behandlung von Menschen sowohl im In- als auch im Ausland anbelangt, nicht zu den repressivsten Gesellschaften der Geschichte gehört haben? Kasten sind bloß die Form, die Unterdrückung in Indien annimmt.

Doch Inden geht noch einen Schritt weiter, und ich bin geneigt, diesen Schritt durchaus ernst zu nehmen. Er behauptet, dass Kasten und andere Vereinigungsformen sowohl in Dörfern als auch in Städten über eine Art „Untertanen-Bürgerschaft“ verfügten, das heißt die Oberhoheit des Herrschers zwar anerkannten, aber auch bestimmte „Rechte“ (wie Inden sagt) für sich beanspruchten, um beachtet und ernst genommen zu werden. So „entrechteten“ lokale Versammlungen lediglich die untersten Kasten, und solche Versammlungen konnten vor Gericht vorstellig werden.[159] All dies klingt in meinen Augen sehr vernünftig. Die für die indische Gesellschaft charakteristischen, unterschiedlichen Arten des Partikularismus, von denen die Kaste bloß eine, wenn auch die wichtigste ist, gewinnen so eine effektive politische Form.

Inden will zeigen, dass beim Aufbau des politischen Systems in Indien Vernunft und Willenskraft im Spiel waren. Als Beispiel zieht er das Rashtrakuta-Reich vom achten bis zum zehnten Jahrhundert u.Z. heran.[160] So weit ich sehe, ist das, was er beschreibt, letzten Endes trotzdem eine fragile und für Spaltungen anfällige Ansammlung partikularistischer Loyalitäten und – zum Beispiel für chinesische Verhältnisse – kein starker Staat. Seine Beschreibung bringt Romila Thapars Schlussfolgerung nicht ernsthaft ins Wanken:

> „Selbst wenn das Abstammungssystem [wie *jāti*- und *varna*-Loyalitäten es anschaulich machen] im Staat aufging, verlor es seine Identität nie ganz. Außer auf den oberen Ebenen blieb die Verwaltung ein lokales Anliegen, und dass es keine von der Person unabhängige Anwerbung für Ämter gab, bedeutete, dass Verwandtschaftsbande weiterhin galten. Gesetzesbücher griffen im Wesentlichen

[159] Ebd., 217ff.
[160] Ebd., 212–262.

> auf das Gewohnheitsrecht zurück und bezogen lokale Praktiken mit ein. Legitimität kam häufig durch Rituale zum Ausdruck, die an das Abstammungssystem gebunden waren, wie etwa die vedischen Opfer [...] Deshalb war der Staat weniger ein segmentiertes System, in dessen Zentrum sich die Macht konzentrierte, welche an den Rändern in rituelle Hegemonie überging, als vielmehr ein eigenständiges staatliches System, das nicht einheitlich und monolithisch war und das gesamte von ihm kontrollierte Staatsgebiet neu strukturierte, sondern in Bezug auf die Randgebiete eher über einen Flexibilitätsspielraum verfügte.“[161]

Dass „einheitliche und monolithische“ Staaten (wie die chinesischen, denen die legalistische Doktrin zugrunde lag) in Indien selten waren, ist in meinen Augen nicht unbedingt „schlecht“. Eine Mischung aus mehreren Elementen des indischen Musters dämmte die in den historischen Gesellschaften (nicht nur im „Orient“) so ins Auge stechenden despotischen Tendenzen ein. Dass an der Spitze der Gesellschaft im Bündnis von Brahmanen und Kshatriyas *(brahmakṣatra)* Macht und Autorität eine Aufteilung erfuhren und *dharma* „Herrscher des Herrschers“ war, bedeutete, dass willkürliche politische Macht – Despotismus – großen Einschränkungen unterlag. Das mag einen relativ schwachen Staat zur Folge gehabt haben – mit der Bedeutung des Ideals universeller Herrschaft in der indischen Tradition werden wir uns später beschäftigen müssen –, aber es bedeutete, dass die Menschen „vor Ort“, wenn man so sagen kann, über eine Vielzahl von Schutzmaßnahmen gegen Rationalisierungstendenzen verfügten, die ihre Lebensweise oder sogar ihre Existenz ernsthaft beeinträchtigt hätten. Thapar erwähnt die Bedeutung des Gewohnheitsrechts in Indien und wir sollten nicht vergessen, dass *dharma* im Prinzip auch das Gewohnheitsrecht einschloss, solange es nicht die vedischen Vorschriften verletzte, und wenn dies der Fall war, häufig auch in der Praxis. Es mag sein, dass Inden seine Begrifflichkeit überstrapaziert, wenn er von „Bürgerschaft“ und „Rechten“ spricht, aber er liegt nicht falsch, in jenen partikularistischen

161 Thapar, *From Lineage to State*, 171–172. S. N. Eisenstadt und Harriet Hartman, „Cultural Traditions, Conceptions of Sovereignty and State Formation in India and Europe“, in: van den Hoek, Kolff und Oort, *Ritual, State and History*, 493–506, diskutieren die indische Gesellschaft in einer Art und Weise, die Thapars Analyse stützt und erweitert. Sie schreiben: „Die indische Politik entwickelte insofern patrimoniale Züge, als die Herrscher sich hauptsächlich auf persönliche Loyalität verließen“ (499). Die Gesellschaft besteht aus ihrer Sicht aus recht komplexen Netzwerken von askriptiven und partikularistischen Gruppen, die keineswegs mit geografisch begrenzten, stammesbezogenen Zugehörigkeiten vergleichbar sind, sondern sich auf weite Gebiete ausdehnen konnten. Die Kastenzugehörigkeit war partikularistisch, hatte aber wegen ihrer Fähigkeit, lokale geografische Gegebenheiten zu überschreiten, dennoch einige funktionale Entsprechungen zu universalistischeren Zugehörigkeiten zu bieten.

Schutzmaßnahmen des Alltagslebens eine Art funktionaler Entsprechung zu solchen Vorstellungen in einem ganz anderen kulturellen Idiom zu sehen. Wie wir zu unserem Leidweisen aus dem 20. und 21. Jahrhundert wissen, sind starke Staaten, kurz gesagt, keineswegs ein ungetrübtes Gut, auch wenn „gescheiterte Staaten" noch schlimmer sein können. Im Fall des traditionellen Indiens reden wir von eingeschränkten, nicht von gescheiterten Staaten.

Bevor wir uns der Erörterung des Buddhismus zuwenden, mag ein kurzer vergleichender Blick auf Indien und China, insbesondere in Bezug auf das Ethos der dort jeweils herrschenden Klassen, lehrreich sein. In manchen Hinsichten lassen sich die Brahmanen durchaus mit den Konfuzianern vergleichen: Beide waren Hüter der normativen Ordnung, *dharma* im Fall von Indien, *li* im Fall von China, und es sei daran erinnert, dass beide Begriffe ursprünglich Opferritual bedeuteten, auch wenn sie so stark erweitert wurden, dass sie die normative Ordnung im Ganzen umfassten. Im Hinblick auf den Staat besteht nun aber zwischen beiden ein auffälliger Unterschied: Ein Konfuzianer verstand den Staat als potenzielle Verkörperung der idealen Sozialordnung und fühlte sich deshalb in erster Linie zu öffentlichen Ämtern berufen; für einen Brahmanen war die Sozialordnung in einem beträchtlichen Maße vom Staat unabhängig, auch wenn dieser sie als ideale Ordnung verteidigte, und er fühlte sich in erster Linie dazu berufen, Religionslehrer und Priester zu werden. Aufgrund dieses Unterschieds hielt man im Westen China für „säkular" und Indien für „religiös", obwohl der chinesische Idealstaat im selben Maße religiöse Werte verkörpern sollte wie die ideale indische Sozialordnung.

Es gibt jedoch noch einen anderen Punkt, der das zu rechtfertigen scheint, was ich als verzerrte westliche Wahrnehmung ansehe, nämlich die Art der Beziehung, in der die beiden Eliten zu den höchsten religiösen Geboten standen. Die traditionelle hinduistische Formulierung der drei „Lebensziele" – *dharma* (Pflicht), *artha* (Erfolg) und *kāma* (Vergnügen) – galt für alle Hausväter in den oberen Kasten. Wie Charles Malamoud gezeigt hat, ist es nicht leicht, diese drei Lebensziele auf die Varnas abzubilden. Die Brahmanen waren für das „Verkünden des *dharma*" verantwortlich, wie er es ausdrückt, die Kshatriyas für den „Schutz des *dharma*" und außerdem noch für „politischen *artha*", während die Vaiśas für „ökonomischen *artha*" verantwortlich sind. *Kāma* „im Sinne von (Verlangen nach) sinnlichem Vergnügen" ist allen Varnas gemeinsam, hat aber eine besonders starke Affinität zu den Kshatriyas, obwohl es für sie auch eine gefährliche Versuchung darstellt.[162] Obwohl China nicht über eine solche

162 Charles Malamoud, „Semantics and Rhetoric in the Hindu Hierarchy of the ‚Aims

Typologie verfügte, waren die Konfuzianer für die Vermittlung und Deutung von *li* verantwortlich. Die indische Typologie verkompliziert sich allerdings durch das Hinzukommen einer vierten Kategorie, *moksha* (Erlösung, Befreiung), und obwohl diese zu Beginn ebenfalls primär den Brahmanen zukam, bestand dadurch ein nicht geringes Spannungsverhältnis zwischen den *dharma*-Anforderungen und den *moksha*-Anforderungen, dass man für das ernsthafte Streben nach *moksha* das Leben eines Entsagenden führen musste, das mit dem Leben eines Hausvaters, dessen oberste Pflicht (wie in China) in der Fortsetzung der männlichen Erblinie bestand, nicht vereinbar war.[163] In der spätvedischen Zeit bestand Uneinigkeit darüber, ob für einen Brahmanen Hausvaterschaft oder Entsagung Priorität besaß. Wir werden dies unten ausführlicher erörtern, aber die im Gedanken des *varnāśramadharma* enthaltene Kompromisslösung bestand darin, dass es sich bei Hausvaterschaft und Entsagung um zwei aufeinanderfolgende „Lebensphasen" *(āśrama)* handelte, wobei die Phase der Entsagung im fortgeschrittenen Alter begann, nachdem man die Pflichten eines Hausvaters erfüllt hatte.

Wenn es im klassischen China einen Parallelbegriff zu *moksha* gibt, dann wäre das *dao* im daoistischen Sinne, das heißt in seiner Bedeutung von etwas, in dem man aufgeht, um „Erlösung" zu erlangen. Die konfuzianische Bedeutung von *dao* kam dagegen der Bedeutung von *dharma* sehr nahe, das heißt „dem Weg zu den Vorfahren". Doch obwohl Daoisten insofern als Entsagende gelten können, als sie wenig Interesse am Führen eines gewöhnlichen Lebens zeigten, verkörperten sie einen recht anderen Typus von Entsagendem als die Inder: unbekümmerter, ästhetischer, weniger ernsthaft, ja in einem gewissen Sinne sogar weniger „religiös". Eine weitere Parallele besteht jedoch darin, dass es sich bei Konfuzianern und Daoisten häufig um dieselben Personen handelte, was auf eine mit Indien vergleichbare Aufteilung des Berufenseins innerhalb der intellektuellen Elite hindeutet – abgesehen davon, dass man in China, wie es sprichwörtlich heißt, „im Amt Konfuzianer und im Privatleben Daoist" war. Interessant daran ist, dass Entsagende in der Achsenzeit in Indien und in China auftauchen, wenn auch mit ganz unterschiedlichem kulturellem Nachdruck. Im alten Israel und Griechenland sind sie nicht so auffällig, es gibt

of a Man'", in seinem Buch *Cooking the World: Ritual and Thought in Ancient India*, übers. v. David White, Delhi: Oxford University Press, 1996 [1989], 125 und 128. Malamoud übersetzt die Lebensziele mit „Ordnung *(dharma)*, Interesse *(artha)* und Verlangen *(kāma)*", 113.

163 Whillier, „Truth, Teaching, and Tradition", 53.

sie aber: die Nasiräer im alten Israel, die Kyniker im alten Griechenland, obwohl beide Gruppen zum Zeitpunkt des achsenzeitlichen Übergangs nicht so zentral gewesen zu sein scheinen wie die Entsagenden in China und Indien.

Buddhismus

Die Welt, die in den frühbuddhistischen Schriften sichtbar wird, ist ganz anders als die Welt der Upanishaden. Es ist eine Welt mit mächtigen Königreichen, Großstädten, ausgedehntem Handel und großem Reichtum. Es ist auch eine Welt, in der man sich an alle möglichen „Entsagenden" gewöhnt hat, die untereinander in heftige Auseinandersetzungen verstrickt sind. Wie wir im Zuge unseres Versuches, die kulturellen Entstehungsbedingungen der frühen Upanishaden zu verstehen, herausgefunden haben, fällt die Antwort auf die Frage nicht leicht, warum Entsagende in dieser späteren Zeit so großen Erfolg hatten. Außer Frage steht, dass die nordindische Gesellschaft vor allem im Ganges-Tal in der zweiten Hälfte des ersten Jahrtausends v. u. Z. einen rapiden Wandel durchlaufen hat, der mit erheblichem Bevölkerungszuwachs, zunehmendem Handel, Urbanisierung und stärkeren Staaten verbunden war. Auch die Tragweite eines weiteren Faktors lässt sich schwer einschätzen: Zu jener Zeit wurde das nordwestliche Indien in erheblichem Maße nicht von der Art von „Barbaren" bedrängt, mit der die Chinesen zeitweise fertig werden mussten, sondern von starken archaischen und achsenzeitlichen Staaten wie besonders dem persischen Achämenidenreich und dem hellenistischen Griechenland. Diese Bedrängnis brachte wahrscheinlich zumindest die indische Staatenbildung auf Touren.

„Entsagung" hat viele mögliche Bedeutungen, aber ihre einfachste Definition im Zusammenhang mit Indien war, dass jemand dem Leben eines „Hausvaters" zugunsten eines asketischen, gewöhnlich mit Wanderbettelei verbundenen Lebens entsagte. Im Fall des Buddhismus ist die Entscheidung für ein Leben als Entsagender als „Verlassen des Zuhauses" bezeichnet worden, doch scheint dies auch eine gute allgemeinere Definition für diese Rolle zu sein. In der *Bṛihadāraṇyaka Upanishad* wird zwar auf ziemlich dramatische Weise geschildert, wie der archetypische brahmanische Entsagende Yājñavalkya sein Zuhause verlässt und dabei eine seiner beiden Ehefrauen belehrt. Aber es besteht ein signifikanter terminologischer Unterschied zwischen brahmanischen und nicht-brahmanischen Entsagenden. Erstere werden als *samnyāsins* bezeichnet, letztere dagegen als *śramanas*. Obwohl auch brahmanische Entsagende gelegentlich *śramanas* genannt wurden, hießen Buddhisten und Jainas niemals *samnyāsins.*[164] Es entwickelte sich jedenfalls nach und nach eine strenge Unterscheidung zwischen *brāhmanas* (die ich in diesem Kapitel als Brahmanen bezeichne) und *śramanas* – den nicht-brahmanischen Entsagenden. In den Ashoka-Inschriften steht das Kompositum *śramana-brāhmana* für zwei religiöse Gruppen, die Respekt verdienen, aber etwa ein Jahrhundert später verwendet der Grammatiker Patañjali denselben Begriff als Beispiel für ein Kompositum, das aus völligen Gegensätzen besteht. In diesen terminologischen Fragen spiegeln sich möglicherweise Uneinigkeit innerhalb der brahmanischen Gemeinschaft und Streitigkeiten zwischen brahmanischen und nicht-brahmanischen Gruppen wider.

Für die Brahmanen ging es bei dieser Streitfrage um den jeweiligen Status von Hausvätern und Entsagenden, und endgültig wurde sie durch das *āśrama*-System von vier aufeinanderfolgenden Lebensphasen gelöst: Schülerschaft *(brahmacārya)*, Hausvaterschaft *(gṛhastha)*, Einsiedler- bzw. Waldbewohnertum *(vānaprastha)* und Entsagung *(samnyāsa)*. Auf dieses Verständnis von *āśrama* als vier aufeinander folgenden Lebensphasen bezieht sich der die hinduistische Zivilisation auf grundlegende Weise zum Ausdruck bringende Begriff *varnaśramadharma,* das heißt die Ordnung der vier Varnas und der vier Lebensphasen. Olivelle hat allerdings gezeigt, dass dies ein relativ spätes Verständnis des *āśrama*-Systems war, das sich möglicherweise erst in den ersten Jahrhunderten u. Z. herausbildete. Die früheste Beschreibung des *āśrama*-Systems in den aus dem dritten und zweiten Jahrhundert v. u. Z. stammenden Dharmasūtras sehen „eine freie Entscheidung zwischen den *āśramas* [vor], die als dauerhafte und lebenslange Berufung galten": Im Anschluss an seine Schülerschaft konnte man sich dazu entschließen, Hausvater zu werden, bis an sein Lebensende bei seinem Lehrer zu bleiben, Einsiedler zu werden oder der Welt zu entsagen.[165]

Die Tradition ging jedoch schon von der Unverzichtbarkeit des Hausvaterstands aus, bevor der Gedanke des *āśrama*-Systems überhaupt zum ersten Mal aufkam. Olivelle formuliert das folgendermaßen: „Nach der vedischen Ideologie besteht das idealtypische religiöse Leben im Leben eines verheirateten Hausvaters. Der normative Charakter dieses Lebens hängt mit zwei in theologischer Hinsicht zentralen religiösen Handlungen

[164] In *The Āśrama System* zitiert Olivelle eine Vielzahl von Stellen in den Epen, an denen „der Begriff *śramaṇa* für verschiedene brāhmanische Asketen verwendet wird", 15, Anm. 34.

[165] Patrick Olivelle, „The Renouncer Tradition", in: *The Blackwell Companion to Hinduism*, hrsg. v. Gavin Flood, Oxford: Blackwell, 2003, 277. Was eine ausführlichere Beschreibung anbelangt, siehe Olivelle, *The Āśrama System*; und Olivelle, *Dharmasūtras*.

zusammen: Opfergaben darbringen und Kinder zeugen. Dieser Ideologie zufolge war nur ein verheirateter Hausvater berechtigt und befähigt, sie zu vollziehen [*perform*].“[166] Das Spannungsverhältnis zwischen dem Ideal der Hausvaterschaft und dem Ideal der Entsagung wurde nie vollständig aufgelöst. Das sich später entwickelnde „klassische“ *āśrama*-System war ein Versuch, sie aufzulösen, indem die Rolle des Entsagenden erst spät im Leben, nachdem die Pflichten des Hausvaters erfüllt worden waren, für angebracht erklärt wurde. Das Argument lautete, der Hausvater sei für alle *āśramas* unentbehrlich: Ohne Opfergaben würden weder die Ahnen ernährt noch der Kosmos erhalten. Ohne Kinder hätten die *āśramas* in Zukunft keine Mitglieder mehr. Und ohne Hausväter gäbe es niemanden, der die Entsagenden verpflegen würde.[167]

Im Mittelalter rangen die Theologen weiterhin mit diesem Spannungsverhältnis. Der größte hinduistische Philosoph, Shankara, verteidigte die Legitimität der Rolle des Entsagenden mit dem Argument, dass die lebenslange rituelle Aktivität vorschreibenden Texte „sich nicht an losgelöst von der Welt lebende Menschen richteten, sondern an Menschen voller Verlangen, die sich den Himmel auf Erden herbeiwünschen“.[168] Anders als die meisten späteren Denker seiner Tradition glaubte Shankara allerdings auch, dass nur Brahmanen der Welt entsagen durften.[169]

Die Bedeutsamkeit der Rolle des Entsagenden, wie sie uns von Gelehrten wie Dumont and Thapar vor Augen geführt worden ist, liegt darin, dass sie es möglich gemacht hat, die gesamte Tradition und die sie verkörpernde Gesellschaft sozusagen von außen zu betrachten. In den Augen der Entsagenden war die traditionelle Gesellschaft unvollkommen, nicht die einzige mögliche Lebensweise, wie das obige Shankara-Zitat schon nahegelegt hat. Dumont versteht den Entsagenden als echtes Individuum, das in einer von Rollenzuschreibungen und partikularistischen Verhältnissen beherrschten Gesellschaft in der Lage war, Entscheidungen zu treffen. In dieser Hinsicht signalisiert die Rolle des Entsagenden einen achsenzeitlichen Wandel, wie wir bereits im Hinblick auf die frühen Upanishaden fest-

---

166 Olivelle, *The Āśrama System*, 36.

167 Olivelle zitiert aus Dharma-Texten, um zu zeigen, wie sehr die Hausväter-Phase hochgehalten wurde: „Alle Lebensphasen *(āśramas)* zehren von der Unterstützung durch den Hausvater“, und „So wie alle Flüsse, ob groß oder klein, einen Ruheort im Ozean finden, finden Menschen in allen Lebensphasen Schutz bei Hausvätern“, aus *Manusmṛti*; „es gibt nur ein Āśrama, denn die anderen zeugen keinen Nachwuchs“, aus dem *Baudhayana Dharmasūtra*. Siehe auch Patrick Olivelle, *The Origin and Early Development of Buddhist Monachism*, Colombo: Gunasena, 1974, 5.

168 Olivelle, *The Āśrama System*, 242.

169 Ebd., 227.

gestellt haben. Obwohl zwischen der zentralen, „weltlichen" Rolle des Hausvaters und dem Entsagenden ein Spannungsverhältnis besteht, wird die weltliche Grundordnung als solche dagegen in der brahmanischen Tradition nicht in Frage gestellt – das heißt: Der Entsagende kann den Dharma zwar überschreiten, aber er weist ihn nicht zurück. In gewissem Sinne tun das auch die śramanischen Entsagenden, einschließlich der Buddhisten nicht, aber sie akzeptieren ihn auch nicht. Sie greifen die bestehende Ordnung nicht an, aber in nicht unwichtigen Hinsichten ignorieren sie sie und versuchen sie, eine Gesellschaft auf anderen Grundlagen aufzubauen. Romila Thapar behauptet, dass „die organisierten Gruppen von Entsagenden in der nachvedischen Zeit die Gesellschaft, der sie angehörten, weder verneinten noch radikal zu verändern suchten; vielmehr versuchten sie, eine Parallelgesellschaft zu errichten."[170] Sie meint, dass die Entsagenden zwar über kein explizites soziales Programm verfügt hätten, aber dass zwischen den Entsagenden und der weltlichen Gesellschaft „in Gestalt eines sozialen Wandlungsprozesses eine Osmose" stattgefunden habe.[171]

Es lohnt sich, kurz innezuhalten und darüber nachzudenken, dass sich in den buddhistischen Texten im Vergleich zu den Upanishaden auch eine geografische Veränderung andeutet. Die frühvedischen Texte legten ihr Augenmerk auf Kurukshetra im östlichen Punjab und oberen Ganges-Tal; die Upanishaden lassen manche Diskussionen in Videha und Kosala im mittleren Ganges-Tal stattfinden. Magadha im unteren Ganges-Tal lag den frühen Texten zufolge außerhalb der Grenzen der orthodoxen brahmanischen Kultur; doch zur Zeit der buddhistischen Texte hatte die Sanskritisierung im Zuge ihrer kontinuierlichen Ausweitung nach Osten und Süden Magadha erreicht. Es gab dort zwar offenkundig viele Brahmanen, aber die Sanskritisierung erfolgte dennoch relativ spät, sodass es womöglich nicht überraschend ist, dass nicht-orthodoxe, *śramanische* Sekten be-

---

170 Romila Thapar, „Renunciation: The Making of a Counter-Culture?", in: dies., *Ancient Indian Social History: Some Interpretations*, Bashir Bagh: Orient Longman, 1978 [1976], 63. Dies ist einer von vier Aufsätzen, die besonders hilfreich sind, wenn man die Rolle der Entsagenden in der Geschichte Indiens verstehen will. Die anderen sind Louis Dumont, „World Renunciation in Indian Religions", in: ders., *Religion/Politics and History in India: Collected Papers in Indian Sociology*, Den Haag: Mouton, 1970 [1960]; Jan Heesterman, „Brahmin, Ritual, and Renouncer", in: ders., *The Inner Conflict of Tradition: Essays in Indian Ritual, Kingship, and Society*, Chicago: University of Chicago Press, 1985 [1964], 26–44; und Charles Malamoud, „Village and Forest in the Ideology of Brahmanic India", in: *Cooking the World*, 74–91. Heesterman und Malamoud beschäftigen sich eingehend mit der Frühzeit; Thapar und Dumont beschäftigen sich mit der indischen Geschichte im Ganzen.

171 Thapar, „Renunciation", 63.

reitstanden, um die brahmanische Vormachtstellung in diesem wichtigen und expandierenden Königreich in Frage zu stellen. Sowohl buddhistische als auch jainistische Texte berichten von einer Vielzahl solcher Sekten, die alle über einen Gründer oder Anführer und über eine Doktrin verfügten, die Anhänger anzog. Abgesehen von Buddhisten und Jainas – wobei selbst die jainistischen Texte relativ späten Datums sind, obwohl möglicherweise frühes Material in sie eingearbeitet wurde – hat keine dieser Gruppen überlebt, weshalb wir sie nur aus Texten kennen, die ihnen nicht mit Sympathie begegneten und sie wahrscheinlich unfair behandelten. Möglicherweise überrascht es, dass es unter diesen Gruppen Materialisten, die nicht an Götter oder andere Welten glaubten, und Nihilisten gab, die den Tod als endgültig betrachteten und nicht an ein Leben nach dem Tode glaubten. Es ist nicht ganz leicht zu verstehen, wie asketische Lehrer, *śramanas,* Menschen für diese Überzeugungen gewinnen konnten, aber vielleicht war die Leugnung aller bestehenden religiösen Überzeugungen für manche Menschen eine Entlastung. Da es, wie die buddhistischen Texte ausführlich berichten, zwischen diesen Gruppen ständig zu Auseinandersetzungen und Streitigkeiten kam, ist die Situation mit dem Zeitalter der Sophisten im alten Griechenland verglichen worden, wo zwischen Denkern, die extrem heterogene Lehrmeinungen vertraten, Uneinigkeit bestand.

Wir müssen uns hier auf die am besten dokumentierte und historisch bedeutendste *śramana*-Gruppe beschränken: auf die Buddhisten. Die Frühgeschichte des Buddhismus ist nicht abgesicherter als alle anderen Aspekte der frühindischen Religion, weshalb ich einen Idealtypus konstruieren werde, und zwar auf der Grundlage von Texten, die möglicherweise aus verschiedenen Zeiten stammen und eher das wiedergeben, was die spätere Tradition für Buddhas Lehren hielt, als das, was wir mit Sicherheit über seine tatsächliche Lehre wissen können.

Bestimmte Dinge stehen halbwegs fest: (1) Zentrale Sichtweisen, die im Rahmen der brahmanischen Tradition entwickelt worden waren, setzte Buddha stillschweigend voraus, und (2) Buddha verwandelte die Tradition, die er vorfand, auf eine Weise, die den achsenzeitlichen Übergang in Indien vollendete. Mit Richard Gombrich gesprochen, „stellte [Buddha] die brahmanische Ideologie auf den Kopf und ethisierte er das Universum. Ich wüsste nicht, wie man die Bedeutung von Buddhas Ethisierung der Welt übertreiben könnte, die ich als einen Wendepunkt in der Zivilisationsgeschichte betrachte."[172] Unsere Aufgabe besteht nun in dem Ver-

---

[172] Richard Gombrich, *How Buddhism Began: The Conditioned Genesis of the Early Teachings,* London: Athlone, 1996, 51.

such, sowohl die Kontinuitätslinien als auch den radikalen Wandel zu verstehen.

Ein radikaler Wandel, der in gewissem Sinne allen anderen Veränderungen vorausgeht, dem wir aber im Rahmen dieses Kapitels nicht angemessen nachgehen können, ist eine doppelte Umkehrung der grundlegenden soteriologischen Gleichung der Upanishaden: *ātman* (Ich) ist gleich *brahman* (äußerste Wirklichkeit). Buddha bestritt, dass *ātman* oder *brahman* über essentielle Wirklichkeit verfügen, und setzte deshalb die upanishadische Gleichung 1 = 1 auf die buddhistische Gleichung 0 = 0 herunter.[173] Die *anattā*-Doktrin, das heißt die Lehre vom Nicht-Ich, findet in der Aufforderung Ausdruck, nichts als Ich anzusehen: „Dies ist nicht meins, dies bin nicht Ich, dies bin ich nicht selbst."[174] Auf dieser Prämisse beruhen sogar die Vier Edlen Wahrheiten.

Andererseits ging Buddha Streitereien über die äußerste Wirklichkeit von Ich und Welt aus dem Weg, und wenn Mönche sich mit solchen Fragen wie „Gibt es ein Ich (oder nicht)?" oder „Ist die Welt ewig oder nicht?" an ihn wandten, antwortete er, wie Steven Collins zusammenfasst, mit dem Gleichnis „eines von einem Pfeil getroffenen Mannes, der den Namen, die Familie, die Hautfarbe und so weiter des Mannes nicht herausfinden will, der den Pfeil abgeschossen hat, solange der Pfeil noch in ihm steckt. Gleichermaßen sollte ein vom Pfeil des Leidens getroffener Mann darauf aus sein, diesen loszuwerden, bevor er Fragen über das Wesen des Universums stellt, das diesen Zustand verursacht hat."[175] Sowohl Gombrich als auch Collins betonen, dass Buddha in diesem Sinne mehr Physiker als Metaphysiker war und dass seine Lehre letzten Endes eher praktisch und therapeutisch ist als didaktisch, auch wenn den buddhistischen Suttas keineswegs jede Didaktik fehlt.

Wenn man ausbuchstabieren möchte, was der Buddhismus mit dem Brahmanismus und fast allen anderen religiösen Traditionen Indiens teilt, ist weiterhin fraglich, wie viel Überliefertes der frühe Buddhismus übernommen und wie viel er selbst zur Entstehung dieser Art von Denken beigetragen hat. Gleichwohl lassen sich drei zentrale buddhistische Gedanken in der einen oder anderen Form auf die ältere Tradition zurückführen: (1) *samsāra* – „der Kreislauf der Wiedergeburt", der häufig als Reinkarna-

---

173 Gombrich, *How Buddhism Began*, 33.

174 Siehe Steven Collins, *Selfless Persons: Imagery and Thought in Theravāda Buddhism*, Cambridge: Cambridge University Press, 1982, 125; Collins präsentiert in diesem Buch die umfassendste in englischer Sprache verfügbare Darstellung der *anattā*-Doktrin.

175 Ebd., 136–137, bezogen auf *Majjhima Nikāya* 63.5.

tion bezeichnet wird, das heißt die Vorstellung, dass Menschen und andere Lebewesen eine Reihe von Leben durchlaufen, die in dieser und anderen Welten unterschiedliche Formen annehmen können; (2) *karma* – „Handeln", „moralische Vergeltung", also der Glaube, dass Handlungen in diesem und in zukünftigen Leben Glück oder Leid zur Folge haben und dass Glück oder Leid in diesem Leben durch Handlungen in vorherigen Leben verursacht worden sein könnten; und (3) *moksha* – „Erlösung", „Befreiung" (die im Buddhismus gewöhnlich *nirvana* genannt wird, auf Pali *nibbāna*), also der Zustand der Erlösung aus dem *samsāra*-Kreislauf als höchstes religiöses Ziel, die aber nach allgemeiner Auffassung nur den Entsagenden möglich ist.[176]

In allen diesen Fällen haben die Buddhisten eine eigene Interpretation der betreffenden Begriffe entwickelt, die sich häufig wesentlich von den Interpretationen des Brahmanismus oder Jainismus unterschied, wie wir unten erörtern werden. Doch für eine Beschreibung der buddhistischen Position ist es sicherlich nicht verkehrt, mit den Vier Edlen Wahrheiten zu beginnen, von denen angenommen wird, dass sie in Buddhas erster Predigt erläutert wurden und der nachfolgenden buddhistischen Lehre als Grundlage dienten. Diese Vier Edlen Wahrheiten sind bekannt, einen kurzen Kommentar haben sie aber möglicherweise trotzdem verdient. Die Erste Edle Wahrheit lautet, dass alles Leben Leiden ist *(dukkha)*. Die Zweite Edle Wahrheit lautet, dass die Ursache von Leid bzw. Unzufriedenheit Begehren *(tanha)*, Verlangen oder Anhänglichkeit ist. Die Dritte Edle Wahrheit lautet, dass die Unzufriedenheit endet, wenn das Verlangen, Begehren oder die Anhänglichkeit endet, und die Vierte Edle Wahrheit ist die Art und Weise, wie sich dieses Ende erreichen lässt, nämlich durch den „Edlen Achtfachen Pfad". Der Pfad kann sehr anspruchsvoll sein, aber die ersten Schritte, welche die Vorschriften für Laienanhänger bilden, kann jeder ma-

---

[176] Meine Beschreibung dieser drei fundamentalen Kategorien ist eine Verdichtung von Collins' Darstellung derselben in *Selfless Persons*, 29. Ein neueres Buch von Johannes Bronkhorst, *Greater Magadha: Studies in the Culture of Early India*, Leiden: Brill, 2007, bietet eine radikal andere Sichtweise auf die Ursprünge dieser drei Vorstellungen und legt nahe, ihr Ursprung liege nicht in der vedischen Tradition, sondern in der ganz anderen Kultur „Groß-Magadhas", die außerhalb des vedischen Einflussgebiets entstand und erst allmählich in die vedische Tradition aufgenommen wurde. Ich bin außerstande, dieses Argument einzuschätzen, das anderen von mir benutzten Quellen zuwiderläuft. Die Spezialisten werden über diese Streitpunkte entscheiden müssen, allerdings habe ich aus der Forschung über die hebräischen Schriften gelernt, dass Debatten über die zeitliche Abfolge endlos weitergehen können, wenn es abgesehen von Texten nur wenige oder gar keine Grundlagen für deren Datierung vor oder nach anderen Texten gibt.

chen. Diese grundlegenden Lehren des Buddhismus liegen der jetzt folgenden Erörterung zugrunde.

Auch wenn in der Ersten Edlen Wahrheit „Leiden“ als Übersetzung für *dukkha* herangezogen werden kann und traditionell auch wurde, haben Buddhismusforscher darauf aufmerksam gemacht, dass diese Übersetzung missverständlich ist: Wenn wir aus der Ersten Edlen Wahrheit schließen, dass der Buddhismus eine pessimistische, düstere oder gefühlskalte Lehre sei, begehen wir einen Fehler. Als Übersetzungsalternative wird häufig „Unvollkommenheit“ vorgeschlagen. Die Vorstellung, dass das Leben *dukkha* ist, bedeutet nicht, die Menschen seien auf Dauer unglücklich. Gewöhnliches Leiden ist alltäglicher körperlicher oder seelischer Schmerz im Gegensatz zu gewöhnlicher Glückseligkeit oder Indifferenz. Tiefere Bedeutung liegt nicht in dem Anspruch, erklären zu können, wie Menschen auf Dauer empfinden, sondern eher darin, wie sich bei nachdenklichen, ernsthaften Menschen das Gefühl eines „Leidens durch Wandel“ einstellen kann. Damit ist das Gefühl gemeint, dass alle Dinge vergänglich sind und einem Wandel unterliegen; jeder glückliche Augenblick wird ein Ende finden. Noch grundlegender ist damit die Anerkennung der Schutzlosigkeit und Zerbrechlichkeit des Lebens selbst gemeint, wie sie dem jungen Siddharta vor Augen stand, als er mit ansah, was er nicht hatte sehen sollen: Krankheit, Betagtheit und Tod. Ein solches Wissen kann in Verbindung mit dem Wissen, dass man unaufhörlich wiedergeboren werden wird und wieder und wieder und wieder *dukkha* durchmachen wird, bei empfindlichen Menschen zum Wunsch nach einer Alternative führen. Das Nirvana (*nibbāna* auf Pali), mit dem Buddha als ultimativer Alternative aufwartet, ist schwer definierbar, unbeschreiblich, aber definitiv dem *samsāra*-Kreislauf sich unaufhörlich wiederholender, unvollkommener Leben zutiefst vorzuziehen.[177]

Doch Buddha predigte nicht nur zu potenziellen religiösen Virtuosen, sondern zu Laien und Laiinnen. Er bot nicht nur eine Erlösungsmöglichkeit aus dem *samsāra*-Kreislauf an, sondern kümmerte sich auch um diejenigen, die nicht für die anspruchsvolle Aufgabe bereit waren, jene Art von Erlösung zu erlangen. Für sie beschrieb er eine Lebensform, die in Zukunft zu positiven Leben und nach vielen Wiedergeburten schließlich ins Nirvana führen würde. Diese Möglichkeit ist von manchen als Kompromiss im Vergleich zum „wahren“ Buddhismus bzw. als Niedergang gegenüber dessen reiner Frühform verstanden worden, aber es gibt viele Gründe anzunehmen, dass es sich um nichts Derartiges handelt. Es mag zwar den

[177] Sehr zu Dank verpflichtet bin ich Collins, *Selfless Persons,* bes. 191–193, für seine erhellende Erörterung von *dukkha*.

einen Pfad geben, aber auf diesem Weg gibt es verschiedene Strecken und verschiedene Leben, und das Befolgen von Buddhas Lehre kann für sie alle hilfreich sein. Vielleicht kann ich Anleihen bei einem neueren Buch von Charles Taylor, *Ein säkulares Zeitalter*, machen, um die Vielzahl der bestehenden Möglichkeiten anzudeuten.

Für diejenigen, die eine religiöse Verwirklichung erlangt haben, die über die Alltagswelt hinausgeht und ihnen „mehr" gibt als die gewöhnlichen Befriedigungen des Lebens, schlägt Taylor den Begriff „Fülle" im Sinne von Erfüllung vor. Er bildet ein Paar mit der Vorstellung der „Leere" bzw. des „Ausgestoßensei[ns]", das heißt dem Gefühl, das Leben sei dunkel, kalt und sinnlos. Es sind häufig religiös Eingeweihte, die eine solche Leere am intensivsten empfinden, welche im christlichen Abendland zuweilen als „dunkle Nacht der Seele" bezeichnet wird und möglicherweise den Anstoß zu einer Suche nach Religiosität bildet, die mit so etwas wie Erfüllung oder zumindest mit ihrem kurzen Erhaschen endet. Doch an dieser Stelle am nützlichsten für uns ist Taylors Erinnerung daran, dass es einen „mittleren Zustand" zwischen Fülle und Leere gibt, den manche Menschen gerne als „alles" betrachten, was man erreichen kann. Über diesen mittleren Zustand (wir müssen uns vorsehen, dass wir ihn nicht mit der gängigen Charakterisierung des Buddhismus als mittleren Weg zwischen dem Streben nach sinnlichem Vergnügen und Selbstkasteiung verwechseln) schreibt er:

> „Das ist ein Zustand, in dem man eine Möglichkeit gefunden hat, den Formen der Verneinung, des Ausgestoßenseins und der Leere zu entkommen, ohne jedoch die Fülle erreicht zu haben. Wir finden uns mit der mittleren Position ab, und das gelingt oft durch eine feste, ja routinemäßige Ordnung des Lebens, in deren Rahmen wir Dinge tun, die eine gewisse Bedeutung für uns haben, die beispielsweise zu unserem normalen Glück beitragen, die in der einen oder anderen Hinsicht befriedigend sind oder zu dem beitragen, was wir für das Gute halten. Häufig sind, wenn das Szenario besonders gut abläuft, alle drei Bedingungen erfüllt, so daß man etwa bemüht ist, glücklich mit Ehepartner und Kindern zusammenzuleben, während man einer als befriedigend empfundenen Tätigkeit nachgeht, die überdies einen offenkundigen Beitrag zum Wohlergehen der Menschen darstellt."[178]

Ich meine, dass jene Menschen, die zumindest manchmal die Erfahrung eines Gefühls der Leere, der Dunkelheit, Kälte oder Sinnlosigkeit des Lebens machen, am ehesten den schweren religiösen Pfad in Richtung Nirvana als der ultimativen Erfüllung, die Buddha anbietet, einschlagen. Doch

---

[178] Charles Taylor, *Ein säkulares Zeitalter*, übers. v. Joachim Schulte, Frankfurt: Suhrkamp, 2009 [2007], 21.

auch den Menschen im mittleren Zustand, die bei Louis Dumont „Menschen in der Welt" heißen, hat Buddha viel zu bieten: eine nicht auf dem brahmanischen Dharma mit seinem radikalen Partikularismus, sondern auf Dharma in einem neuen Sinne beruhende Lebensform, wie Buddha sie lehrt und die zu einem erheblichen Teil in einer innerweltlichen, ethischen Lebensweise besteht. All dies soll schlicht und einfach erklären, dass „alles Leben ist *dukkha*" nicht bedeutet, dass Buddhisten das Alltagsleben für völlig erbärmlich halten, sondern dass diejenigen, die ernsthaft über das Leben nachdenken, möglicherweise feststellen, dass es trotz vieler lohnender Dinge letztendlich unbefriedigend ist, und dass diejenigen, die gegenwärtig noch nicht über das Alltagsleben hinausblicken, noch viel von Buddha lernen können.

Ich möchte auf die Worte von Gombrich, einem führenden Gelehrten auf dem Gebiet des frühen Buddhismus, zurückkommen, dass Buddha „die brahmanische Ideologie auf den Kopf gestellt" habe, und versuchen, besser zu verstehen, was er damit meint. Am elementarsten ist womöglich, dass Buddha die Erblichkeit des Brahmanenstandes und der vier *varnas* insgesamt ablehnte. Brahmanen kommen relativ häufig in den buddhistischen Schriften vor, oftmals bei Auseinandersetzungen mit Buddha, die mit der Bekehrung der Brahmanen enden. Sie werden häufig wenig schmeichelhaft geschildert: Zu Beginn der Gespräche wirken sie ungehobelt, arrogant und wütend darüber, dass Buddha andere Brahmanen bekehrt hat, aber sie werden nicht gehässig behandelt.[179] Eher als mit Bitterkeit und Ablehnung wird ihnen allenfalls mit Spott und Humor begegnet. Doch angefangen mit dem Brahmanenstatus wird die brahmanische Ideologie tatsächlich über den Haufen geworfen. Steven Collins hat das folgendermaßen formuliert:

> „Als einfaches Beispiel lässt sich hier die Verwendungsweise des Wortes *brāhmana*, also ‚brahmanisch', in den buddhistischen Texten heranziehen. Während einem im brahmanischen Denken der soziale Tatbestand, als Brahmane geboren worden zu sein, in religiöser Hinsicht (und im Grunde genommen auch in allen anderen Hinsichten) den höchsten Status verleiht, hat im Buddhismus der Mensch den höchsten Status, der bis zum Äußersten die buddhistischen Vorschriften praktiziert, und deshalb ist er der (‚wahre' oder ‚wirkliche') ‚Brahmane'. Das heißt, dass der religiöse Inhalt im Einzelnen sich zwar ändert, ja sich sogar

[179] In der Einleitung zu seiner Übersetzung des *Digha Nikaya* sagt Maurice Walshe, dass die Behandlung der Brahmanen in den buddhistischen Texten „nachdrücklich an das Bild der Pharisäer im Neuen Testament erinnert, wenngleich das so entstandene Bild in beiden Fällen, gelinde gesagt, einseitig ist". *The Long Discourses of the Buddha: A Translation of the Dīgha Nikāya*, übers. v. Maurice Walshe, Boston: Wisdom, 1995 [1987], 22.

umkehrt (von der Betonung des Sozialen bei den Brahmanen zur Betonung des Ethischen bei den Buddhisten), die formale Gesamtstruktur – in diesem Fall das ‚Brahmane-Sein' als höchster Wert – aber dieselbe bleibt."[180]

Was man als „sanfte Ablehnung" des Brahmanismus durch die Buddhisten bezeichnen könnte, haben viele brahmanische Autoren gleichwohl als tödliche Bedrohung angesehen: Die Buddhisten lehnten die gesamte vedische Tradition, die Autorität aller überlieferten Texte und eben jene ewigen Texte ab, auf die der Brahmanismus und der für ihn unentbehrliche Dharma sich stützten. Außerdem lehnte die buddhistische, Gewaltlosigkeit predigende *ahimsā*-Doktrin Opfer, ja die Tötung aller Lebewesen ab. Ansatzweise findet die Vorstellung von *ahimsā* sich in vedischen Texten, sie gilt aber nur vereinzelt und zielt nicht auf die Abschaffung der in den Texten vorgeschriebenen Opferungen ab.[181] Wir hatten festgestellt, dass die brahmanischen Entsagenden *(samnyāsins)* Opfer ebenfalls ablehnten. Sie verinnerlichten sie, sodass sie in Gedanken und Worten, nicht aber in Taten Ausdruck fanden, aber von den Hausvätern, die das eigentliche Fundament der brahmanischen Ordnung bildeten, wurden Opfer weiterhin verlangt. Die völlige Ablehnung von Opfern musste zwangsläufig wie eine massive Bedrohung der brahmanischen Vorherrschaft wirken.

Einen ähnlichen Punkt führt Gombrich im Hinblick auf die – je nach Lage der Dinge drei oder fünf – rituellen Feuer an, die für brahmanische Rituale zentral sind. Wie gesagt, gaben die *samnyāsins* beim Verlassen der Welt das Feuer preis. Dies ist einer der Gründe, warum sie betteln müssen: Sie dürfen nicht einmal ein Herdfeuer entfachen, um sich etwas zu kochen. Doch das Feuer und der Feuergott Agni haben im normativen Brahmanismus ihre Heiligkeit nie ganz verloren, obwohl sie für die spätere Tradition marginal waren. Auch hier radikalisiert Buddha wieder die Position des brahmanischen Entsagenden, indem er das Feuer an sich zum Symbol für „das Feuer der Leidenschaft, des Hasses und des Irrglaubens" macht, das ausbrennen muss, bevor die Erlösung erlangt werden kann.[182]

Um eine Ahnung von der spöttischen, aber nicht verständnislosen Weise zu vermitteln, wie die Brahmanen in den buddhistischen Suttas behandelt werden, möchte ich kurz eine Geschichte über einen wohlhabenden

---

180 Collins, *Selfless Persons*, 32–33.

181 Diese Lehre teilten sie mit und übernahmen sie möglicherweise sogar von den Jaina, die sie in einem Maße ausweiteten, wie es der Buddhismus normalerweise nicht tat.

182 Gombrich, *How Buddhism Began*, 68–69. Gombrich merkt an, dass die mahāyānische Tradition dieser Grundidee „in einer der berühmtesten Passagen der gesamten mahāyānischen Literatur, der Allegorie des [die Welt symbolisierenden] brennenden Hauses im *Lotus Sūtra* (Kapitel 3)" Ausdruck verlieh (69).

und einflussreichen Brahmanen erzählen, nämlich über Sonadanda.[183] Buddha und einige seiner Anhänger waren in Campā eingetroffen, wo Sonadanda in großem Komfort lebte. Der nicht mehr junge, gebildete, gut aussehende Sonadanda, der sowohl auf väterlicher als auch auf mütterlicher Seite über einen sieben Generationen umfassenden untadeligen Stammbaum verfügte und von vielen als Lehrer angesehen wurde, beschließt, Buddha wegen seines hohen Ansehens einen Besuch abzustatten. Seine brahmanischen Freunde tadeln ihn, weil sie der Meinung sind, dass Buddha, da er jünger ist, eher ihn besuchen müsse, als dass er Buddha einen Besuch abstatten solle, und dass sein Ansehen darunter leiden würde, wenn er den ersten Schritt zu einem Besuch mache. Mit dem Argument, dass Buddha vollständig erleuchtet sei, überzeugt Sonadanda nun aber seine Freunde, dass es richtig sei, wenn er Buddha einen Besuch abstattet. Auf dem Weg fängt er jedoch an, sich Gedanken darüber zu machen, dass Buddha, wenn er ihm eine Frage stellen würde, sagen könnte, dies sei keine passende Frage, oder dass er, wenn Buddha ihm eine Frage stellen würde, die Antwort nicht wissen könnte, oder dass er, wenn er still dasäße, schlecht aussähe und seine Freunde ihn verachten würden. Er überlegt: „[…] wen aber diese Schaar erst verurtheilen mag, dessen Ansehn auch mag von ihm weichen: wessen Ansehn aber erst gewichen ist, von dem wird auch der Wohlstand bald weichen: durch Ansehn erlangt haben wir ja unseren Wohlstand."[184]

Sonadanda hofft, dass Buddha ihm eine Frage aus einem Gebiet stellen wird, auf dem er sich auskennt, nämlich über die drei Veden, und das tut Buddha, der sein Unbehagen spürt, tatsächlich: „Wieviel doch, Priester, der Eigenschaften, sagen die Priester, muss ein Priester erworben haben, auf dass er mit Recht ‚Ich bin ein Priester' von sich aussagen kann und nicht etwa lügenhaft gesprochen habe?" Sonadanda ist begeistert und antwortet, dass es fünf solcher Eigenschaften gäbe: Ein Brahmane ist seit sieben Generationen von guter Herkunft, er ist ein in den Mantras bewanderter Gelehrter, sieht gut aus, ist tugendhaft und weise.

Buddha erwidert: „Darf man aber wohl, Priester, von diesen fünf Eigenschaften eine ausnehmen und den mit vier Eigenschaften Begabten noch Priester heißen, auf dass er mit Recht ‚Ich bin Priester' von sich aussagen kann und nicht etwa lügenhaft gesprochen habe?" Sonadanda antwortet: „Man darf es, o Gotamo. Wir wollen eben, o Gotamo, von diesen

---

183 *Soṇadaṇḍa*, in: *Die Reden Gotamo Buddhos, aus der längeren Sammlung Dīghanikāyo des Pāli-Kanons*, übers. v. Karl Eugen Neumann, Bd. 1, München: Piper, 1907.

184 Ebd., 145.

fünf Eigenschaften die Schönheit ausnehmen: was wird es auch auf Schönheit ankommen?" Daraufhin entgegnet Buddha, ob man nicht noch eine weitere Eigenschaft weglassen könnte, sodass lediglich drei ausreichen würden. Sonadanda antwortet: „Man darf es, o Gotamo. Wir wollen eben, o Gotamo, von diesen vier Eigenschaften die Sprüche ausnehmen: was wird es auch auf Sprüche ankommen?" Und abermals fragt Buddha, ob noch eine weitere Eigenschaft weggelassen werden könnte, sodass nur zwei Eigenschaften erforderlich wären, und Sonadanda antwortet: „Man darf es, o Gotamo. Wir wollen eben, o Gotamo, von diesen drei Eigenschaften die Geburt ausnehmen: was wird es auch auf Geburt ankommen?" An dieser Stelle regen Sonadandas brahmanische Freunde sich fürchterlich auf und sagen ihm, er würde zu viel preisgeben und Buddhas Position einnehmen, nicht die eines Brahmanen. Sonadanda sagt, sie sollen den Mund halten, und antwortet Buddha ein weiteres Mal, dass die wesentlichen Eigenschaften eines Brahmanen Tugend und Weisheit seien. Als Buddha fragt, ob eine der beiden verzichtbar sei, antwortet Sonadanda: „Das wohl nicht, o Gotamo: von Tugend umflossen ist ja, o Gotamo, die Weisheit, von Weisheit umflossen die Tugend; wo Tugend ist, da ist Weisheit: wo Weisheit ist, da ist Tugend. Dem Tüchtigen kommt Weisheit zu, dem Weisen kommt Tugend zu".[185] Allen ist klar, dass Sonadanda grundlegende Bestandteile des brahmanischen Glaubens aufgegeben hat und faktisch zu Buddhas Lehre konvertiert ist, das heißt zum Dharma im neuen Sinne von Ethik und Weisheit und nicht *dharma* im alten Sinne von Kastenpflichten.

Sonadanda bittet Buddha allerdings auch darum, ihm zu vergeben, wenn er sich in der Öffentlichkeit nicht entsprechend zu ihm bekenne, denn wenn er dies täte, „so würde mich deswegen meine Umgebung verurtheilen. Wen aber diese Leute erst verurtheilen, dessen Ansehn auch mag von ihm weichen: wessen Ansehn aber erst gewichen ist, von dem wird auch der Wohlstand bald weichen".[186] Dem Kommentar zufolge wird Sonadanda „nur in begrenztem Maße als Konvertit dargestellt".[187] Wie der reiche Jüngling im Neuen Testament ist Sonadanda nicht bereit, sein privilegiertes Leben aufzugeben, obwohl er Buddhas Lehren beigepflichtet hat. Viele andere in den Suttas beschriebene Brahmanen werden wirkliche Anhänger von Buddha und erlangen Erleuchtung. Doch die Geschichte über die kurze Begegnung eines Brahmanen mit Buddha vermittelt ein Gespür

185 Ebd., 147–152.
186 Ebd., 158.
187 Walshe, *The Long Discourses,* 550, Anm. 169.

für den Tenor der Argumentation in den Suttas und die skeptische, aber nicht verständnislose Weise, wie Buddha seine Gesprächspartner behandelt haben soll. Wichtiger für uns ist, dass diese Geschichte durch die Verringerung der für die Anerkennung als Brahmane traditionell erforderlichen fünf Eigenschaften auf die buddhistischen zwei ein Beispiel für die radikale Ethisierung darstellt, mit der Buddhas Lehre verbunden ist.

Vom Standpunkt der achsenzeitlichen Ethisierung aus war die grundlegendste Neuerung des Buddhismus (auch wenn sie von anderen nichtbrahmanischen Entsagungssekten geteilt wurde) möglicherweise die ethische Notwendigkeit, die Befreiungslehre – Dharma im buddhistischen Sinne – allen Menschen zugänglich zu machen, und zwar unabhängig von ihrem Status oder ihrer ethnischen Zugehörigkeit. Obeyesekere weist auf einen Moment der Zuspitzung in einer der Suttas hin, als Buddha sich seiner Rolle als Lehrer für alle bewusst wird.[188]

Nach einer langen und beschwerlichen Suche nach Erleuchtung hat Buddha endlich Nibbāna erlangt. Er denkt: „Gefunden habe ich dieses Tiefe, das schwer einzusehen, schwer zu verstehen ist, das Friedreiche, das Erhabene, das alles Denken übersteigt, das Geheimnisvolle, das allein der Weise fassen kann." Er zieht in Betracht, dass er in einer Generation lebt, die sich an ihrer Weltzugewandtheit erfreut und wohl kaum auf das anspricht, was er zu lehren hat. Ihm kommen ein paar Verse in den Sinn, die seine Auffassung zusammenfassen:

> „Wozu der Welt verkündigen,
> Was ich erlangt mit schwerer Müh'?
> Denn wer von Gier und Haß erfüllt,
> Kann doch die Wahrheit nicht verstehen.
> Was schwierig, tief, geheimnisvoll,
> Gemeinem Sinn verborgen ist,
> Mag schauen nicht, wen Gier ergötzt
> Und Erdennebels Nacht umhüllt".

Doch da taucht plötzlich der Brahma Sahámpati auf und spricht ihn an:[189]

---

[188] Obeyesekere, *Imagining Karma*, 114.

[189] Wenngleich *Brahman* im Singular, entweder als der höchste Gott oder als das Absolute, sich nicht in den Suttas findet, gehören Brahma, im Plural, zu den vielen Gottheiten, die weiterhin von Buddhisten anerkannt wurden. Dass ein Brahma von Buddha verlangt, er möge die lebenslange beschwerliche Aufgabe als Lehrmeister der Welt übernehmen, ist eine der Ironien, an denen die Suttas Vergnügen finden. Es zählt nicht zu den geringsten Ironien, dass die vedische Orthodoxie die Lehre von der befreienden Wahrheit auf nur wenige beschränkte, während hier der Brahma Buddha anhält, sie allen zugänglich zu machen.

„Als ständest du hoch oben auf dem Berge
Und schautest nieder auf das Volk ringsum,
So steig hinauf, Weitblickender und Weiser,
Auf das aus Wahrheit hoch getürmte Schloß
Und blicke auf die sorgenvollen Menschen,
Die vom Verfall bedrohten, sorgenlos!
Erhebe dich, du sieggekrönter Held,
Und geh als kund'ger Führer durch die Welt!
Du solltest, Herr, die Lehre jetzt verkünden.
Verstehnde Hörer werden sich dann finden."

Buddha hörte sich Sahámpatis inständige Bitte an und „aus Mitleid mit den Wesen" entschließt er sich, die Aufgabe, seine Lehre allen zugänglich zu machen, in Angriff zu nehmen.[190]

Obeyesekere macht darauf aufmerksam, dass Buddha Jahre später, an der Schwelle zum Tod, seine Absicht bekräftigt, als Māra, „die Personifikation der Übel der Welt", ihm mitteilt, es sei an der Zeit zu sterben: „Nicht eher werde ich, Böser, zur Erlöschung eingehn, solange Mönche [und Nonnen] bei mir nicht Jünger geworden sind, augenfällige, auserprobte, mit freiem Antlitz, in Sicherheit geborgen, vielerfahren, Hüter der Lehre [Dhamma], der Lehre lehrgemäß nachfolgend auf dem geraden Pfade vorschreiten werden und der Lehre gemäß wandelnd die eigene Meisterschaft erworben haben und [...] gut erfaßbar die Lehre aufweisen werden."[191] Erst als er an den Punkt kommt, wo er sieht, dass er all dies erreicht hat und der Dhamma jetzt allen zugänglich ist, Mönchen und Laien, unabhängig von ihrem Status, ist er bereit zu sterben.

In den Suttas wird häufig geschildert, dass Buddha sich mit einer großen Zahl von Mönchen umgibt, und oftmals sind einzelne Mönche seine Gesprächspartner. Doch Buddha spricht genauso oft mit Laien, nicht selten sogar Königen, die mit Fragen zu ihm kommen oder bei ihm Rat suchen. Einsame Entsagende werden, häufig voller Bewunderung, erwähnt, aber am häufigsten wird das aktive soziale Leben gezeigt, das Buddha sowohl unter seinen Mönchen als auch in der Gesellschaft insgesamt führt. Es wird vorgeführt, wie er seine mönchischen Anhänger die richtige Verhaltensweise auf ihrer Suche nach dem Nirvana lehrt, aber genauso häufig wird dargelegt, wie er Laien die richtige Lebensweise lehrt –

---

[190] *Buddhas Reden. Majjhimanikaya: Die Sammlung der mittleren Texte des buddhistischen Pali-Kanons.* In kritischer, kommentierter Neuübertragung von Kurt Schmidt, Berlin: Kristkeitz Verlag, 1978, 88–89.

[191] Obeyesekere, *Imagining Karma,* 114–115. Der zitierte Abschnitt stammt aus Neumann, *Die Reden Gotamo Buddhos*, Bd. 2, 16. Rede, 255. Eine weitere englische Übersetzung findet sich in Walshe, *Long Discourses*, 246–247.

sodass sie die Fallstricke vermeiden, die durch schlechtes Handeln in diesem und zukünftigen Leben entstehen können, und stattdessen jetzt ein gutes und später ein noch besseren Leben führen, was schlussendlich das Erreichen des Nirvanas möglich macht, auch wenn dies kein unmittelbares Anliegen der Laien darstellt.

Obwohl der Buddhismus das erste vollentwickelte Mönchssystem in der Religionsgeschichte hervorgebracht hat, das nur mit der späteren Entwicklung eines christlichen Mönchstums vergleichbar ist, darf man ihn also nicht einfach als Mönchsreligion betrachten. Zu großen Teilen ist er auch eine Religion für Laien, die verglichen mit den Mönchen nicht als abweichlerische „Volksbuddhisten“ gelten. Sie sind zwar weiter vom Ziel entfernt als die Mönche, in der Gemeinschaft aber gleichwertige Partner, und auf ihre Weise sind die Mönche genauso auf die Laien angewiesen wie die Laien auf die Mönche.[192] Den Kern dieser tiefen wechselseitigen Abhängigkeit hat Ilana Silber beschrieben:

> „Dass die *Vinaya*-Disziplin ihnen verwehrte, für die eigene Verpflegung und Unterkunft zu sorgen, versetzte die Mönche in einen Zustand der Abhängigkeit vom Laienstand und verhinderte folglich, dass sie sich von der Gesellschaft abkapselten. Diese Abhängigkeit ist wechselseitig, da auf Seiten der Laien der Sangha in dem Sinne als ‚verdienstvoller Bereich‘ galt, dass die materielle Versorgung und Unterstützung der Mönche durch Geschenke *(dana)* für die Laien die wirkungsvollste (wenn nicht die einzige) Methode darstellte, Verdienste einzuheimsen.“[193]

Silber hebt hervor, dass dieser Austausch nicht als magischer Belohnungskauf betrachtet werden sollte, weil die großzügige Absicht des Schenkenden für die Wirksamkeit des Geschenks wesentlich ist. Die Laien sind auf die Mönche auch als Hüter der kanonischen Texte angewiesen, die Buddhas Dharma predigen und weil sie Gewaltlosigkeit gelobt haben, ihrerseits auf die Laien angewiesen sind, damit diese die Ordnung unter den Mönchen aufrechterhalten, ja sogar erkennen, wer ein legitimer Mönch ist und wer ein eigennütziger Schmarotzer. Kurz gesagt, haben Buddha und die buddhistischen Mönche zwar „ihr Zuhause verlassen“ und unterliegen sie nicht mehr den familiären, ökonomischen und politischen Verpflich-

---

[192] Eine hervorragende Auseinandersetzung mit dem Verhältnis des buddhistischen Mönchstums zum Laienstand hat Ilana Friedrich Silber vorgelegt: *Virtuosity, Charisma, and Social Order: A Comparative Sociological Study of Monasticism in Theravada Buddhism and Medieval Catholicism*, New York: Cambridge University Press, 1995. In diesem Buch stellt Silber den Buddhismus und das Christentum als die einzigen Religionen heraus, in denen sich wahres Mönchstum ausbildete.

[193] Ebd., 67.

tungen der Hausväter, aber weil das Leben im Sangha weitergeht, sind sie weiterhin stark in die Gesellschaft eingebunden.

Obwohl die Entscheidung, „das Zuhause zu verlassen", einen scharfen Gegensatz zwischen buddhistischen Mönchen und Laien markierte, überlappen sich die von den buddhistischen Laien übernommenen Pflichten an manchen Stellen mit den Pflichten, welche die Mönchsnovizen übernehmen. Gombrich stellt die Fünf Silas, die fünf Vorschriften für den Laienstand, in einen größeren Zusammenhang:

> „Die positiven Werte der Freundlichkeit und Selbstlosigkeit charakterisieren den Buddhismus besser als die ethischen Vorschriften für die Laienanhänger, die negativ formuliert sind. Obwohl sie gewöhnlich ‚Vorschriften' heißen, sind sie tatsächlich Verpflichtungen, die in der ersten Person ausgedrückt sind. Es sind fünf: nicht töten, stehlen, unkeusch sein (was nach der jeweiligen Situation definiert wird) oder Rauschmittel nehmen, da sie zur Nachlässigkeit führen und daher die ersten vier Verpflichtungen brechen. [...] Positiv formuliert ist die erste Pflicht des Buddhisten, freigebig zu sein, und das primäre – wenn auch keineswegs einzige – Objekt seiner Freigebigkeit soll der Sangha sein. Freigebigkeit, das Einhalten der ethischen Verpflichtungen, die Bildung des Geistes: diese drei bestimmen den buddhistischen Pfad zu einer guten Wiedergeburt und letztlich die Befreiung von jeder Wiedergeburt."[194]

Danach beschreibt Gombrich noch einige zusätzliche Regeln, zu deren Befolgung an bestimmten Tagen zu Beginn des jeweiligen Viertels des Mondmonats der Laienstand angehalten wurde: „Eine Nacht und einen Tag übten sie völlige Keuschheit, aßen nach dem Mittag keine feste Speise, schmückten sich nicht, besuchten keine Unterhaltungen und benutzten keine luxuriösen Betten."[195] Zusammen mit den Fünf Silas sind dies dieselben Pflichten, die der Mönchsnovize hat, wobei die Mönche zusätzlich noch auf die Verwendung von Geld verzichten müssen. Auch wenn es nicht alltäglich war, konnte ein Laie sich vornehmen, diese Vorschriften dauerhaft einzuhalten. Deshalb war die Trennungslinie zwischen Mönchen und Laien im Allgemeinen nicht so undurchlässig, wie man meinen könnte: Obwohl erwartet wurde, dass die Mönche sich mehr um das Erreichen des Nirvanas und die Laien sich eher um eine bessere Wiedergeburt kümmerten, freuten Letztere sich trotzdem auf das Erreichen des Nirvanas zu einem späteren Zeitpunkt.

Im Westen ist der Buddhismus lange (oftmals im impliziten oder expliziten Kontrast zum Christentum) als „rationale" Religion betrachtet wor-

---

194 Richard F. Gombrich, *Der Theravada-Buddhismus: Vom alten Indien bis zum modernen Sri Lanka,* übers. v. Friedrich Wilhelm, Stuttgart: Kohlhammer, 1997 [1988], 73.

195 Ebd., 84.

den, und die religiöse und ethische Lehre des Buddhismus findet häufig Ausdruck in systematischer propositionaler Form anhand von Prämissen, die Schlussfolgerungen nach sich ziehen. Aus diesem Grund fällt es leicht, den Buddhismus als achsenzeitliche Religion anzusehen, wenn man das Vorhandensein von „Theorie" für ein Kennzeichen von Achsenzeitlichkeit hält. Doch wie in den anderen achsenzeitlichen Beispielfällen ist die „logische" Seite der buddhistischen Lehre auf eine Weise mit vielen anderen Diskursformen verwoben – mit Symbolen und Narrativen –, die von ihren Bewunderern im Westen manchmal übersehen wird. Außerdem sind die buddhistischen Wahrheiten logisch im Hinblick darauf verständlich, was die Wörter bedeuten (das heißt semantisch), um aber „wirklich" verstanden zu werden, müssen sie die praktische Grundhaltung der Hörer sich selbst und der Welt gegenüber (im linguistischen Sinne, in pragmatischer Hinsicht) verändern.[196]

Deshalb unterstreicht Buddha sogar in seiner eher knapp gehaltenen ersten Predigt nach seiner Erweckung, der berühmten Rede im Gazellenhain bei Benares, die der Darlegung der Vier Edlen Wahrheiten gewidmet ist, nachdem er die Wahrheiten genannt hat, mehrfach, dass sie ihm endlich „vollkommen klar geworden" seien und er sie „entdeckt" habe, sodass Wissen und Vision in ihm aufstiegen: „Unerschütterlich ist die Befreiung meines Geistes; dies ist die letzte Geburt; nicht gibt es jetzt (noch) eine Wiedergeburt!" Außerdem wird geschildert, dass einer seiner Anhänger, der „ehrwürdige Koṇḍañña", während Buddhas Predigt von deren Wahrheit erleuchtet wurde: „Was immer auch eine zur Entstehung (führende) Gegebenheit hat, hat auch die zum Untergang (führende) Gegebenheit!"[197] Das Verstehen der Worte und ihrer logischen Verknüpfung ist mithin nur der erste Schritt; erst wenn die Lehre tief ins Bewusstsein eingedrungen ist, können sie einen Wandel bewirken.

Steven Collins hat darauf hingewiesen, dass systematisches Denken in den buddhistischen Lehren zwar stets wichtig gewesen ist, aber immer auch mit narrativem und symbolischem Denken Hand in Hand ging. Als er die Verflechtungen zwischen dieses drei Arten des Denkens zusammenfasst (auf die man in allen achsenzeitlichen Religionen trifft), behauptet

[196] Hierbei stützte ich mich auf Steven Collins' Erörterung in seinem Buch *Nirvana and Other Buddhist Felicities*, New York: Cambridge University Press, 1998, 282–285.

[197] *Die vier edlen Wahrheiten: Texte des ursprünglichen Buddhismus*, hrsg. und übers. v. Klaus Mylius, Leipzig: Reclam, 1983, 205–206. Die Rede im Gazellenhain von Benares findet sich dort im *Saṃyuttanikāya* LVI, 11.

Collins, dass die „Bildsprache die Brücke, die Vermittlung" zwischen Systematischem und Narrativem sei:

> „Die zwei verbreitetsten Bilder für das Nirvana in der entwickelten Tradition sind das Löschen von Feuer und die Stadt. Im systematischen Denken des Buddhismus sind die Gedanken statisch angeordnet und stehen in logischer, nicht in zeitlicher Beziehung zueinander. Die Narrative, ob nun im übergreifenden Haupttext oder in den Geschichten, die in den jeweiligen Texten erzählt werden, sind zwangsläufig zeitlich strukturiert. Die Bildsprache des Feuers ist in das Vokabular des systematischen Denkens eingebaut, in dem der Begriff Nirvana vorkommt; sie hat aber auch eine zeitliche Dimension, die in den Verben und Verbalbegriffen innerhalb des Bildes Gestalt annimmt, wenn etwa das Feuer *ausgeht* oder *gelöscht wird.* Diese zeitliche Dimension auf der mikrokosmischen Ebene entspricht der zeitlichen Dimension in den größerformatigen Erzählungen und Geschichten, in denen das narrative Denken sowohl die Zeit als auch das zeitlose Nirvana textualisiert. Deshalb ist das Bild nicht nur ein intrinsischer Bestandteil des buddhistischen Vokabulars (Anhänglichkeit-Schüren, Nirvana-Löschen); es enthält auch – in nuce oder, um eine südasiatische Metapher zu verwenden, in Keimform – die narrative Bewegung vom Leiden zu Auflösung und Schließung, in welcher der syntaktische Wert des Nirvanas besteht. Als Stadt kann das Nirvana das statische Objekt einer textuellen Vision sein; doch die Vorstellung der Stadt als Bestimmungsort einer Reise, als Endpunkt des Weges, die ebenfalls ein intrinsischer Bestandteil des systematischen Denkens im Buddhismus ist, stellt auch eine mikrokosmische Version des gesamten buddhistischen Hauptnarrativs dar. Der Weg zur Erlösung ist mithin sowohl bildlich als auch im Hauptnarrativ eine Reise durch die Zeit von der Stadt vergänglicher Körperlichkeit in die Stadt des zeitlosen, unsterblichen Nirvanas: in die Stadt ohne Angst, wie einer der ersten Texte, in dem das Bild verwendet wurde, sie genannt hat. Die Bilder setzen die Logik des Begriffs in Bewegung: Wo Bewegung ist, ist zeitliche Ausdehnung, und wo zeitliche Ausdehnung ist, ist Narrativität."[198]

Bloß zur Abrundung von Collins' eloquentem Versuch, das zentrale Anliegen buddhistischer Hingabe zu erfassen, können wir uns auch an ihn

---

198 Collins, *Nirvana*, 284. Zu Collins' Vorstellung vom Nirvana als, im linguistischen Sinne, ebenso syntaktisch wie semantisch und pragmatisch, siehe unten. Kenneth Burke hat einen Essay verfasst, der in die entgegengesetzte Richtung geht, aber auf das Gleiche hinausläuft: auf die Austauschbarkeit von systematischem und narrativem Denken, mit dem verbleibenden wesentlichen Unterschied, dass das eine zeitlos ist, während das andere notwendigerweise zeitlich ist. Für Burke können die ersten drei Kapitel der Genesis, die Geschichte vom Garten Eden, obgleich sie der Form nach Narrative sind, in „philosophischer", das heißt zeitloser propositionaler Form umformuliert werden, als logische Folgerungen, die sich zwangsläufig aus dem Postulat des Ordnungsgedankens ergeben. Siehe Burke, „The First Three Chapters of Genesis", in: ders., *The Rhetoric of Religion: Studies in Logology*, Boston: Beacon Press, 1961, 172–272.

wenden, wenn wir nach einer Erklärung suchen, wie das Wort „syntaktisch“ in das obige Zitat gelangt ist:

> „Sowohl der Begriff als auch die Bildsprache des Nirvanas enden mit Absicht in aporetischem Schweigen. Nirvana ist der Endpunkt (Schlusspunkt) der buddhistischen Geschichte, der Punkt, an dem die narrative Fantasie zwangsläufig erlischt. Doch dieses Erlöschen ist kein bloßes Abbrechen, sondern eher ein sinnvoller Abschluss. Nirvana ist ein Moment innerhalb einer diskursiven oder praktischen Dynamik, ein formales Schließungselement in der Struktur der buddhistischen Fantasie, Texte und Rituale. In diesem Sinne möchte ich behaupten, dass das Nirvana sowohl syntaktischen als auch einen semantischen Wert besitzt: Es ist der Endmoment, der das Ganze strukturiert.“[199]

Danach wendet Collins sein Argument einer paradigmatischen buddhistischen Befreiungsgeschichte auf die Geschichte von Buddha Gautama an. „Für jeden Einzelnen steht am Ausgang der geistigen Befreiungsgeschichte – eines Bildungsromans [i. O. dt.] von kosmischem Ausmaß – sowohl die Entdeckung der Wahrheit als auch eine Seinsveränderung [...] Wenn der oder die Heilige sich der Wahrheit bewusst wird, haben er oder sie nicht einfach irgendeine neue Erkenntnis erlangt; vielmehr zieht diese Erkenntnis unmittelbar einen neuen existentiellen Zustand oder eine neue existentielle Lage nach sich.“[200] Am zentralen Punkt des Schweigens, an dem die Idee des Nirvanas sich äußert und nichts, was sich sagen ließe, weiterzuhelfen scheint, haben die Buddhisten sich stets an Buddha gewandt – im Rahmen von etwas, das wir aufgrund der Assoziationen, die in den abrahamitischen Religionen mit diesem Begriff verbunden sind, nur zögerlich als Gottesdienst bezeichnen sollten, sondern eher als Instantiierung dessen, worum es in der ganzen Lehre geht. Buddha selbst hat es gesagt: „Wer die Lehre [Dhamma] sieht, der sieht mich; wer mich sieht, der sieht die Lehre!“[201]

Die bereits in den Vier Edlen Wahrheiten enthaltene zentrale buddhistische Lehre ist also der Weg vom Leiden ins Nirvana, der sowohl in systematischem als auch in narrativem Denken und sogar in Sinnbildern wie dem gelöschten Feuer Ausdruck findet. Soweit diese Lehre alle Herkunftsunterschiede vernachlässigt und verkündet, dass alle Menschen diesem

---

[199] Collins, *Nirvana*, 243.

[200] Ebd., 243–244. Meine ganze Erörterung der „Erkenntnis“, deren Erlangung für den Weg des Buddhismus eine solch zentrale Bedeutung hat, als nicht bloß kognitiv, sondern auch affektiv und verhaltensbezogen schöpft in weiten Teilen aus Collins' Buch. Eine Zusammenfassung seiner Erörterung der buddhistischen Erkenntnis als der Aneignung von Fertigkeiten statt bloßem Tatsachenwissen gibt Collins in *Nirvana*, 153.

[201] Ebd., 245. *Samyuttanikāya* 22/87, übers. v. Nyanaponika.

Weg gleichermaßen zu folgen vermögen, ist sie im Verhältnis zur frühindischen, sich stark auf Herkunft und Abstammung stützenden Gesellschaft revolutionär. Doch rief Buddha, wie Romila Thapar betont hat, nicht zum revolutionären Umsturz bestehender Institutionen auf; vielmehr hat er versucht, eine Parallelgesellschaft zu errichten, indem er eine alternative Lebensform anbot, die aufgrund ihrer Anziehungskraft Zulauf erhalten und nicht durch Eroberungen wachsen sollte. Zentral für die Errichtung einer solchen Parallelgesellschaft war die Schaffung des buddhistischen Mönchsordens, des Sangha.

Patrick Olivelle meint, dass Buddha sich zwar mit Anhängern umgab, die der Welt entsagt hatten, dass aber die Entwicklung des Sangha als „formaler Organisation" – die eher auf der Anerkennung von allgemeinen Regeln und Pflichten beruhte als auf partikularistischen Verbindungen, wie in den meisten anderen sozialen Organisationen der Zeit[202] – nur schrittweise erfolgte.[203] Zunächst war man lediglich aufgerufen, sein Zuhause zu verlassen, um als Bettelmönch umherzuwandern. In der Regenzeit war es von Vorteil, dass die Mönche sich ungefähr vier Monate lang zu provisorischen Gemeinschaften zusammenschlossen, um dann wieder getrennter Wege zu gehen. Nach und nach wurden diese Gemeinschaften zu einem Dauerzustand und verbreiteten sich buddhistische Klöster, häufig in der Nähe von Städten.

Im Vergleich zum christlichen Mönchstum war das buddhistische Mönchswesen deutlich weniger hierarchisch. Buddha weigerte sich, einen Nachfolger zu benennen, weil er meinte, der Dhamma sei alles, was die Mönche bräuchten, und selbst in den Klöstern war die Hierarchie minimal, obwohl die Entwicklung einer Reihe von ausgefeilten Ordensregeln, der *Vinaya*, einen Versuch darstellte, die Ordnung aufrechtzuerhalten. Jeder Mönch war angehalten, selbstständig dem Weg zu folgen, aber das Verhältnis zwischen Lehrer und Schüler war wichtig und führte in Bezug auf die Lehre zu Abstammungs- oder Erbfolgelinien; die Zerwürfnisse zwischen diesen Erbfolgelinien konnten zur strukturellen Basis von „sektiererischen" Abspaltungen werden. Der Sangha war in keiner Weise ein Modell für die Gesamtgesellschaft und hielt bewusst Abstand von ihr, doch der ein Stück weit amorphe Charakter des buddhistischen Mönchstums machte eine enge Beziehung zwischen Mönchen und laizistischen Schutzherrn, häufig Königen, hohen Beamten oder wohlhabenden Kaufleuten, erforderlich, wie wir gesehen haben. Wo der Versuch unternommen wur-

[202] Zu dieser Weber'schen Charakterisierung des Sangha, siehe Collins, *Nirvana*, 558.
[203] Patrick Olivelle, *The Origin*, Teil 2, „The Growth of Buddhist Cenobitical Life", 35–77.

de, so etwas wie eine Parallelgesellschaft im Verhältnis zur bestehenden Sozialordnung zu schaffen, bestand sie nicht allein aus Mönchen, sondern aus Mönchen und Laien zusammen.

Obwohl er zu einer der größten missionarischen Religionen überhaupt werden sollte, die sich über so gut wie ganz Südost- und Ostasien verbreitete, wurde der Buddhismus in Indien restlos und in gewissem Maße unverständlicherweise vom Hinduismus absorbiert.[204] In welchem Maße das Absorbierte die Absorbierenden verändert hat, ist eine Frage, die von Gelehrten untersucht und diskutiert werden sollte. Nicht bestreiten lässt sich, dass ein bestimmter Grad an ethischem Universalismus, von dem die brahmanische Tradition kaum eine Ahnung vermittelt, in den großen theistischen Bewegungen des späten Hinduismus unübersehbar ist.

Religion und Politik nach dem Buddhismus

Buddhas Lehren sind eindeutig postvedisch und sie bringen eine Gesellschaft und insbesondere ein politisches Gemeinwesen zum Ausdruck, das ebenfalls postvedisch ist, wenn man bedenkt, dass Indien in einem bestimmten Sinne nie „postvedisch" war. Eines der Zentren des frühen Buddhismus, Magadha, stellt ein neuartiges politisches System dar: größer, zentralisierter, mit einer etwas anderen Auffassung von Königtum und Herrschaft, als vorher maßgeblich war. In den buddhistischen Texten selbst finden sich viele Belege für bedeutende kulturelle, soziale und politische Veränderungen, es gibt aber noch weitere wichtige Texte, die wir, und sei es kurz, berücksichtigen müssen. Am wichtigsten sind wahrscheinlich die großen Epen, das *Rāmāyaṇa* und das *Mahābhārata* – die sich zwar stark von der *Ilias* und der *Odyssee* unterscheiden, aber gleichwohl eine epische Form aufweisen –, aber auch Texte wie das *Dharmaśāstra* von Manu und das *Arthaśāstra* von Kautalīya. Diese Texte lassen sich nicht genau datieren und enthalten möglicherweise Material aus verschiedenen Zeiten, doch in ihrer heute vorliegenden Form stammen sie aus den letzten Jahrhunderten v. u. Z. und den ersten Jahrhunderten u. Z.

Neben der Zunahme zentralisierter Monarchien müssen wir noch die Schaffung von etwas berücksichtigen, das sich nur als Reich bezeichnen lässt: die von Chandragupta Maurya in Magadha begründete Maurya-Dynastie (321–185 v. u. Z.), die ihre größte Ausdehnung erst unter ihrem berühmtesten Herrscher Ashoka (304–232 v. u. Z., reg. 273–232 v. u. Z.)

---

[204] Mit Ausnahme des Sanskrit-Buddhismus in Nepal, worauf oben hingewiesen wurde.

erreichte. Chandragupta begründete die Maurya-Dynastie fast genau 100 Jahre vor der Gründung der ersten kaiserlichen Dynastie in China durch Qin Shihuangdi, aber ihre jeweilige Zukunft sah ganz verschieden aus. Auf die Qin-Dynastie folgte, wenn auch mit erheblichen Pausen, mehr als 2000 Jahre lang, bis 1911, eine kaiserliche Dynastie nach der anderen, von denen die meisten über den größten Teil dessen herrschten, was wir heute China nennen. Nach dem Zusammenbruch der Maurya-Dynastie blieb Indien dagegen einen Großteil seiner nachfolgenden Geschichte über geteilt; kein Regime erreichte je wieder die Größe des Maurya-Reichs, und doch verfügte Indien über eine kulturelle Einheitlichkeit, die es sicherlich mit der von China aufnehmen konnte und für die politische Einheit offenbar keine Vorbedingung war.

Wie wir sehen werden, war Ashoka möglicherweise der innovativste Herrscher der indischen Geschichte, doch aus Gründen, mit denen wir uns unten befassen werden, geriet er außer in buddhistischen Texten fast vollständig in Vergessenheit. Seine umfangreichen, viel interessantes Material enthaltenen Inschriften, die das erste Beispiel für Schrifttum in Indien sind, verwendeten eine Schriftform und Sprachen, die sie schon kurz nach ihrer Erschaffung und bis in die Neuzeit unlesbar machten. Ashoka geriet nicht ganz so stark in Vergessenheit wie Echnaton, aber angesichts seiner historischen Bedeutung ist sein Fehlen im nachfolgenden historischen Gedächtnis bemerkenswert. Gleichwohl ist er spürbar in allen Texten präsent, die jener Zeit eine so kreative Rolle im religiösen und politischen Denken Indiens verleihen.

Beginnen müssen wir unseren Versuch, die Veränderungen in den Jahrhunderten vor dem und nach dem Beginn unserer Zeitrechnung zu verstehen, mit einem näheren Blick auf das Königreich Magadha. Seinen frühesten Erwähnungen zufolge lag es jenseits der Grenzen der vedischen Kultur und wurde es von Barbaren bewohnt, aber zur Zeit von Buddha hatte der immer weiter um sich greifende Sanskritisierungsprozess es, wie oben gesagt, erreicht, wahrscheinlich im fünften Jahrhundert v. u. Z. Unter der Herrschaft von Bimbisara und seinem Sohn Ajatasattu wurde Magadha zum tonangebenden Fürstentum im Ganges-Tal und entwickelte es ein politisches System, das sich signifikant von früheren Zeiten unterschied. Hauptsächlich aus buddhistischen und jainistischen Quellen gehen schemenhaft ein neuer Zentralisierungsgrad und das Emporkommen eines Königs mit erweiterten Machtbefugnissen hervor. In der ersten Hälfte des ersten Jahrtausends v. u. Z. hatten wir eine lange Übergangsphase von Häuptlingstümern zu obersten Häuptlingstümern und dann zu einem unbeständigen frühen Staat festgestellt. Wie wir gesehen haben, war der frühe Staat in hohem Maße auf ein komplexes Ritualsystem angewiesen, das auf das Herrscherhaus ausgerichtet war, aber auch die Beteiligung anderer Adelsgeschlechter gestattete und sich stark auf das Bündnis von Kshatriyas und Brahmanen stützte.

Irgendwann Mitte des ersten Jahrtausends v. u. Z. gelang es dem König, und zwar besonders deutlich in Magadha, mehr Macht auf sich selbst zu konzentrieren, weniger von lokalen Würdenträgern und mehr von Beamten abzuhängen, die dem Königsgeschlecht oder eng an es gebundenen Geschlechtern entstammten, und nicht mehr, wie in früheren Zeiten, Tribut, sondern etwas zu erheben, das Steuern genannt werden muss. Die großen Königsrituale wurden weiterhin vollzogen [*performed*], aber nicht mehr so häufig und fast ausschließlich allein innerhalb des Königsgeschlechts. Die Brahmanen waren wichtig und wurden respektiert, aber aufgrund aufstrebender Buddhisten, Jainas und anderer Gruppen konnten sie keinen exklusiven Zugang zum Heiligen mehr beanspruchen. Sowohl in buddhistischen als auch in jainistischen Texten wurden die Könige Bimbisara und Ajatasattu als religiöse Schutzherren bezeichnet, auch wenn in denselben Texten geschildert wird, dass sie auf brahmanische Ratgeber hörten und in keinem Sinne irgendeine Religion „errichtet" hätten. Das neuerdings expandierende Magadha war eindeutig weniger an alte Erwartungen gebunden und neigte auf den Gebieten des Politischen und Religiösen stärker zu Experimenten als frühere Regime. Es war die Keimzelle für vieles, was kommen sollte.[205]

Wahrscheinlich im fünften Jahrhundert v. u. Z. (alle Datierungen sind vorläufig) hatten Bimbisara und Ajatasattu den Herrschaftsbereich von Magadha so stark ausgeweitet, dass er das gesamte untere Ganges-Tal und die im Norden und Osten angrenzenden Gebiete umfasste. Die nachfolgende Nanda-Dynastie, die während eines Großteils des vierten Jahrhunderts v. u. Z. herrschte, erweiterte das Herrschaftsgebiet von Magadha noch einmal beträchtlich, sodass es die Westküste erreichte und sich mithin vom Golf von Bengalen bis zum Arabischen Meer erstreckte. Aber erst die nächste Dynastie, die Mauryas, schuf ein Reich, zu dem fast der ganze Subkontinent gehörte, darunter Teile von dem, was heute Pakistan und Afghanistan sind. Nur die Regionen ganz im Süden fehlten, aber selbst sie haben möglicherweise einer Art von Tributpflicht gegenüber den Mauryas zugestimmt. Der Begründer der Dynastie, Chandragupta Maurya, stürzte den letzten Vertreter der Nandas im Jahr 321 v. u. Z. Der Überlieferung

---

[205] Eine gute, kurze Zusammenfassung dieser geschichtlichen Entwicklungen gibt Hartmut Scharfe, *The State in Indian Tradition*, Leiden: Brill, 1989, Kap. 6: „A Synthetic View of the Development of the State in India".

zufolge war sein Berater Kautalīya[206] der führende Kopf hinter Chandraguptas Machtübernahme und wurde später sein oberster Minister. Kautalīya wird die Autorschaft des wichtigen Textes über Herrschaft mit dem Titel *Arthasastra* zugeschrieben. In der uns vorliegenden Form enthält der Text zweifellos späteres Material, obwohl ein Teil davon aus der Zeit der Mauryas und möglicherweise sogar von Chandraguptas oberstem Minister stammen könnte. Genau wie sein Sohn Bindusara, der mit Ausnahme des wichtigen Gebiets südlich von Magadha, Kalinga, den Eroberungszug abschloss, erweiterte Chandragupta das Hoheitsgebiet von Magadha. Bindusaras Sohn Ashoka folgte seinem Vater im Jahr 278 v. u. Z. (dies sind alles ungefähre Daten) nach einer Übergangszeit nach, in der er möglicherweise einen oder mehrere seiner Brüder tötete, um auf den Thron zu gelangen, und mit der Eroberung von Kalinga einige Jahre später brachte Ashoka das Reich geografisch zur Vollendung.

Dank der vielen, über das ganze Reich verstreuten Felsen- und Pfeilerinschriften, in denen er mit eigener Stimme spricht, wissen wir über Ashoka viel mehr als über alle anderen Herrscher vor ihm und lange Zeit nach ihm. Ashokas Inschriften sind die ältesten erhaltenen Beispiele für Schrifttum in Indien, und manche Gelehrte glauben, dass die früheste indische Schrift in Ashokas Kanzlei erfunden wurde. Wir sollten nicht vergessen, dass die Inder an der Nordwestgrenze schon lange in Kontakt mit Völkern gestanden hatten, die Schrift verwendeten: mit den Persern, die unter den Achämeniden einige indische Regionen im Nordwesten kontrollierten, und in jüngster Zeit mit den Griechen im vierten Jahrhundert v. u. Z. Alexander der Große war im Jahr 326 v. u. Z. im Indus-Tal einmarschiert, ihm folgten eine Reihe kleinerer griechischer Staaten nach, die Chandragupta Maurya eroberte, aber Alexanders Nachfolger in Syrien und Mesopotamien, Seleucus Nicator, marschierte 305 in Indien ein und machte Chandragupta die Kontrolle über Regionen streitig, die einst unter persischer Kontrolle und in jüngerer Zeit unter griechischer Herrschaft gestanden hatten. Seleucus' Bemühungen scheiterten, aber im Jahr 305 v. u. Z. schloss er ein Abkommen mit Chandragupta, durch das er als Gegenleistung für die Abtretung von Land 500 Kriegselefanten erhielt. Dass das Mauryareich als größtes Reich, das Indien je gesehen hatte, nach so kurzer Zeit

---

[206] Ich verwende die Schreibweise von Kautalīya, die Romila Thapar in ihrem wichtigen Buch *Aśoka and the Decline of the Mauryas*, überarbeitete Ausgabe mit neuem Nachwort, Delhi: Oxford University Press, 1997, vorzieht. Das neue Nachwort diskutiert die Forschung zwischen der ersten Ausgabe von 1961 und der Veröffentlichung der überarbeiteten Ausgabe. Andere Autoren bevorzugen die Schreibweise Kautilīya.

auf die Schaffung von Alexanders Reich folgte, das bis dahin das ausladendste Reich im Mittelmeerraum und Nahen Osten gewesen war, ist sicherlich genauso von Bedeutung wie die fortgesetzten diplomatischen Beziehungen zwischen den Mauryas und Alexanders hellenistischen Nachfolgestaaten. Die Erfindung der Schrift in Indien könnte ein Beispiel für das sein, was Anthropologen Stimulus-Diffusion nennen: Die Mauryas übernahmen kein fremdes Alphabet, sondern erfanden selber eines. Eine andere Erklärung, dass sich nämlich die indische Schrift aus dem schriftlichen Aramäisch entwickelt hat, das zu jener Zeit in Persien und Nordwestindien als eine Art Lingua franca fungierte, ist möglicherweise überzeugender.[207]

Wenn man sich ausschließlich an die verlässlichsten Quellen, nämlich Ashokas eigene Worte in seinen Inschriften hält, lassen sich mehrere Dinge sagen: dass er irgendwann ein Anhänger des Buddhismus wurde, dass seine Eroberung von Kalinga blutig war, weil sowohl viele Kämpfer als auch nicht am Kampf Beteiligte ihr Leben verloren, und mit großem Leid auf Seiten der Zivilbevölkerung einherging und dass er die Gewalttätigkeit seines Eroberungsfeldzugs bereute, in der Folgezeit dem Krieg abschwor und gelobte, gemäß dem *Dhamma* und nicht mit Hilfe von Gewalt zu regieren.[208] Die Edikte waren in Prakrit verfasst, der zu jener Zeit in Nordindien gebräuchlichen gesprochenen Sprache, das sich, genau wie die Sprache des frühbuddhistischen Kanons, Pali, mit dem es eng verwandt war, vom klassischen Sanskrit herleitete. Sowohl auf Prakrit als auch auf Pali war sanskritisch „dharma" zu „dhamma" geworden. Es wäre jedoch falsch, Ashokas *Dhamma* mit dem Dhamma von Buddha gleichzusetzen, wie es zu Beginn der Erforschung der Edikte manchmal geschehen ist. Obwohl Ashoka einige Edikte an seine buddhistischen Mitgläubigen richtete, lässt ihr Inhalt keinen Zweifel daran, dass sein eigener *Dhamma*, seine eigene Lehre, die durch die Edikte vermittelt werden sollte, sozusagen an keine Konfession gebunden war, sondern sich gleichermaßen an alle Gläubigen richtete und Werte vermitteln sollte, die alle damaligen Religionen teilten. Vor allem lehrte Ashoka gleichen Respekt für *śramanas* (buddhistische Mönche, aber auch Mönche aus anderen Sekten) und *brāhmana*s (Brah-

---

207 Romila Thapar, *Early India: From the Origins to AD 1300*, Berkeley: University of California Press, 2004, 162–163. Für Ashokas *Dhamma* werde ich Kursivschrift verwenden, um ihn vom buddhistischen Dhamma zu unterscheiden.

208 Meine Darstellung Ashokas und seiner Lehren stützt sich weitgehend auf Thapars Buch, *Aśoka*, einschließlich ihrer Übersetzungen der Edikte in Anhang 5. Zusätzlich zu dem Nachwort in diesem Buch, das die Forschung bis 1997 berücksichtigt, gibt ihre Betrachtung Ashokas in *Early India*, wenn auch verkürzt, ihre Auffassung zum Zeitpunkt der Veröffentlichung 2002 wieder.

manen), ja welcher Begriff an erster Stelle stand, schwankte sogar in den verschiedenen Edikten.

Ashokas *Dhamma* kann man als eine Form von politischer Propaganda betrachten, auch wenn er inhaltlich eine religiöse Handschrift trug. Mit Sicherheit hat Ashoka die politische Propaganda nicht erfunden; die Felsen-Inschriften der achämenidischen Herrscher könnten das Modell gewesen sein, auf das seine Inschriften zurückgingen. Aber der inhaltliche Unterschied ist beträchtlich: So beginnt zum Beispiel die Behistun-Inschrift des achämenidischen Großkönigs Dareios I. (549–486 v. u. Z.), in der die Verlautbarungen vieler vorheriger Herrscher nachklingen, mit den Worten: „Ich (bin) Dareios, der große König, König der Könige, König in Persien, König der Länder [...].“[209] Ashoka ist dagegen in Bezug auf seine Person relativ bescheiden und bezeichnet sich selbst meistens bloß (mit seinem persönlichen Namen) als „König Piyadassi, Liebling der Götter“. Danach schildert Dareios' lange Inschrift die schwierigen Umstände seiner Thronbesteigung und ausführlich die vielen Eroberungen sowie besonders die gewaltsame Unterdrückung einer großen Zahl von Aufständen und das schreckliche Schicksal der Rebellen – in der klaren Absicht, vor möglichen Rebellionsversuchen in der Zukunft zu warnen. Man kann sagen, die ganze Inschrift ist blutgetränkt und von Gewalt durchdrungen.

So gut wie die einzige Erwähnung von Krieg in Ashokas Inschriften ist die Äußerung seiner Reue für die Eroberung von Kalinga, die an vielen Stellen wiederholt wird, bezeichnenderweise aber nicht in Kalinga selbst, wo die Erinnerung an den Krieg bei den Einwohnern möglicherweise zu viele Narben hinterlassen hatte, als dass sie von Reue hören wollten. Ashokas Inschriften sind im gleichen Umfang dem Frieden gewidmet wie Dareios' Inschriften dem Krieg. Im sechsten großen Felsen-Edikt heißt es zum Beispiel:

> „Denn ich halte es für meine Pflicht, für das Wohl aller Menschen zu arbeiten. Die Voraussetzung hierfür aber ist angestrengte Arbeit und die rasche Erledigung aller Angelegenheiten. Es gibt aber keine höhere Aufgabe, als für das Wohl aller zu arbeiten. Wenn ich mich nun anstrenge, meiner Verpflichtung gegen die lebenden Wesen zu genügen, so geht mein Streben dahin, sie in dieser Welt glücklich zu machen und dafür zu sorgen, daß sie nach dem Tode in himmlische Welt gelangen. Dieses moralische Edikt wurde geschrieben, damit es lange Zeit Geltung behalte und damit meine Söhne, Enkel und Urenkel in diesem Sinne handeln mögen.“[210]

---

209 Rüdiger Schmitt, *Die altpersischen Inschriften der Achaimeniden. Editio minor mit deutscher Übersetzung*, Wiesbaden: Reichert Verlag, 2009, 36–37.

210 *Die Edikte des Kaisers Asoka: Vom Wachstum der inneren Werte*, übers. v. Wolfgang Schumacher, Konstanz: Curt Weller Verlag, 1948, 25–26.

Ashoka bringt seine Besorgnis um die Gesundheit und das Wohlergehen seiner Untertanen zum Ausdruck und beschreibt einige seiner guten Taten, wie etwa die Verbesserung der Wege durch das Pflanzen von Schatten spendenden Banyanbäumen und die Versorgung mit Brunnen und Raststätten alle neun Meilen, damit Menschen und Tiere sich laben können.[211] Doch er beharrt darauf, dass die größte Gabe, die er zu verschenken habe, der *Dhamma* selbst sei:

> „Es gibt keine Gabe, die sich vergleichen ließe mit der Gabe des moralischen Gesetzes [*Dhamma*], mit der Freundschaft aufgrund des moralischen Gesetzes, der Mitteilung des moralischen Gesetzes, mit dem Verbundensein des moralischen Gesetzes.
>
> Hierin aber liegt beschlossene Freundlichkeit gegen Diener und Sklaven, Gehorsam gegen Mutter und Vater, Freigebigkeit gegen Freunde, Bekannte, Verwandte, gegen Brahmanen und Büßer, sowie das Meiden des Tötens. [...] Wenn man so handelt, dann entwickeln sich aus dieser Gabe des moralischen Gesetzes Erfolge schon in dieser Welt und Verdienste ohne Ende für die nächste Welt."[212]

Obwohl Ashokas *Dhamma* dem Buddhismus unübersehbar viel verdankt, ist er als allgemeine Lehre gedacht, nicht bloß für eine Sekte. Eines von Ashokas Hauptanliegen ist religiöse Toleranz:

> „Aber äußeren Reichtum und Ansehen hält Devanampriya bei allen religiösen Vereinigungen nicht für so wichtig wie das Wachstum der inneren Werte. [...] Voraussetzung aber dafür ist die Zurückhaltung im Reden, auf daß man nicht bei unpassender Gelegenheit die eigene religiöse Vereinigung herausstreiche und über andere religiöse Vereinigungen abfällig urteile. [...] Bei passender Gelegenheit aber soll man auch den anderen religiösen Vereinigungen seine Achtung bezeugen. Wenn man sich so verhält, dann fördert man die eigene religiöse Vereinigung und benimmt sich richtig gegen die anderen religiösen Vereinigungen. Wer aber die eigene religiöse Vereinigung herausstreicht und über die anderen religiösen Vereinigungen abfällig urteilt [...] der fügt durch solches Verhalten der eigenen religiösen Vereinigung nur beträchtlichen Schaden zu.
>
> So ist denn nur das Zusammengehen gut, auf daß ein jeder der Sittenlehre des anderen Gehör und Aufmerksamkeit schenke."[213]

So wird zum Beispiel Gewaltlosigkeit, *ahimsa*, die ein unabdingbares Prinzip des Buddhismus darstellt, häufig von Ashoka gepriesen, allerdings in Form einer gemäßigten Gewaltlosigkeit, die Ausnahmen zulässt. Im Großen und Ganzen dürfen Tiere nicht zur Nahrungsbeschaffung getötet werden, aber in einigen wenigen Fällen ist das in Ordnung. Bei bestimmten Verbrechen wird weiterhin die Todesstrafe verhängt. Selbst was den Krieg

---

211 Aus dem 7. Pfeiler-Edikt Ashokas, übersetzt in ebd., 46–49.

212 Aus dem 11. Felsen-Edikt, übersetzt in ebd., 28–29.

213 Aus dem 12. Felsen-Edikt, übersetzt in ebd., 29–30.

angeht, werden Eroberungen zwar ausgeschlossen, aber die Bestrafung von lästigen Waldstämmen ist weiterhin möglich. Außerdem darf man nicht vergessen, dass Gewaltlosigkeit zunehmend zu einem universellen Wert wurde, der in extremer Form bei den Jainas anzutreffen war, vom im Entstehen begriffenen Hinduismus aber auch weitgehend bejaht wurde.

Ein zentrales Element von Ashokas *Dhamma*, das ihn, wenn auch nicht in konfessioneller Hinsicht, mit dem Buddhismus verbindet, ist seine Universalität. Es geht in ihm nirgends um *varna*, das heißt um Pflichten, die sich für jemandem aus dem Status seiner Herkunft ergeben. Brahmanen mussten genauso respektiert werden wie verschiedene Arten von Einsiedlermönchen, aber das zog keine spezifischen Kastenpflichten nach sich. Nicht-buddhistische Texte, die den Dharma abhandelten, enthielten ebenfalls allgemeine Vorschriften, die für jeden galten, aber sie legten zusätzlich großen Nachdruck auf die jeweiligen Pflichten der verschiedenen Kasten. Solche Lehren fehlen Ashokas *Dhamma* vollständig. Auch wenn man Ashokas *Dhamma* nicht säkular nennen kann – zukünftige Leben sind ihm ein ebenso großes Anliegen wie das gegenwärtige –, ist er überwiegend politisch; er bildete die Grundlage der Art von guter Gesellschaft, die Ashoka zu erschaffen versuchte und deren Schaffung ihm, soweit wir wissen, zumindest teilweise gelang. Nach Kalinga verlief seine lange Regierungszeit friedlich.

Ashokas Bemühungen, den *Dhamma* zu verbreiten, war nicht auf das Eingravieren von Vorschriften beschränkt. Er ernannte eine Reihe von offiziellen Würdenträgern, die *dhamma-mahāmattas* hießen und deren Aufgabe in der Verbreitung der Lehre nicht nur innerhalb des Reichs, sondern auch jenseits von dessen Grenzen bestand, wie bei den Missionen, zu denen sie bei den hellenistischen Monarchen entsandt wurden. In einer Gesellschaft, deren Literalisierung gerade erst begonnen hatte, konnten nur ganz wenige Einzelpersonen die Inschriften lesen, aber an den Standorten der Inschriften wurden Zusammenkünfte abgehalten, auf denen sie dem versammelten Volk vorgelesen wurden. Wie im Fall der meisten Formen der Predigt in der Geschichte der Menschheit ist zweifelhaft, wie viele Menschen ihren Inhalt verstanden bzw. ihm entsprechend gehandelt haben, doch der Einfluss von Ashokas *Dhamma* auf die nachfolgende indische Geschichte war größer, als sich präzise messen ließe.

Die Ernennung von *dhamma-mahāmattas* ist nur ein Beispiel für die vielen Ämter, die unter mauryanischer Herrschaft geschaffen wurden. Wir wissen allerdings nicht, auf welche Weise Einzelne für diese Ämter ausgewählt wurden und ob das für die chinesischen Bürokratie so wichtige Kriterium der Verdiensthaftigkeit wirklich institutionalisiert wurde, im Gegenteil: Es sieht so aus, als hätten die Mauryas wie andere indische

Herrscher vor und nach ihnen auf partikularistische Kriterien wie Verwandtschaft und Abstammung vertraut und vor allem in den Gebieten außerhalb des eigentlichen Großraums von Magadha die Verantwortung häufig an lokale Würdenträger delegiert. Von daher blieb Ashokas Reich trotz seiner Versuche, es durch sein *Dhamma* zu vereinigen, fragil und für Spaltungen anfällig. Die ihm nachfolgende Reihe von schwachen Herrschern erlebte das allmähliche Zerbröckeln imperialer Herrschaft, und der letzte von ihnen wurde schließlich im Jahr 185 v. u. Z. durch die Shunga-Dynastie gestürzt, die brahmanischer Abstammung gewesen sein soll und über Magadha und ein beträchtlich kleineres Reich herrschte als die Mauryas in ihrer Hochzeit. Es gibt Berichte, dass Buddhisten unter den Shungas verfolgt wurden, aber es scheint eher so gewesen zu sein, dass der Buddhismus von einem zunehmend orthodoxen brahmanischen Regime toleriert wurde.

Wenn wir versuchen wollen, das Verhältnis von Religion und Politik in Indien gegen Ende des ersten Jahrtausends v. u. Z. zu verstehen, müssen wir den Mauryas und insbesondere Ashoka Rechnung tragen, weil wir in diesen Fällen über Belege verfügen, die für andere politische Gemeinwesen jener Zeit größtenteils fehlen. Neben einigen archäologischen Zeugnissen liegen uns hauptsächlich literarische Belege vor, insbesondere Ashokas Inschriften. Unser einziges gesichertes Wissen über Ashokas politisches System ist aus den Inschriften selbst abgeleitet, bei denen es sich natürlich nicht um objektive Beschreibungen handelt. Aber es gibt einige Texte, von denen angenommen wird, dass sie aus der mauryanischen Zeit oder aus der Zeit kurz danach stammen und die ebenfalls erhellend sein könnten. Sheldon Pollock schreibt: „Es gibt kaum Fragen in der Geschichte Südasiens, die weniger zusammenhängend und weniger überzeugend beantwortet werden können als die nach der Beschaffenheit der politischen Macht und dem Charakter des Gemeinwesens." Und er stellt fest: „Abgesehen von Inschriften und formalen Texten ist aus keinem königlichen Archiv auch nur ein einziges Dokument für den Zeitraum erhalten, von dem ich hier spreche."[214] Was uns also mit den erhaltenen Inschriften und Texten vorliegt, sind politische Fantasievorstellungen, die Aufschluss darüber geben, wie die Dinge nach dem Willen der Verfasser dieser Texte gesehen werden sollten bzw. ihrer Meinung nach im Gegensatz zu ihrem tatsächlichen Zustand sein sollten. Doch Pollock behauptet meines Erachtens zu Recht, dass solche Vorstellungen uns – so lange wir sie nicht für buchstabengetreue Beschreibungen halten – immer noch eine ganze Menge da-

[214] Sheldon Pollock, *Kritische Philologie: Essays zu Literatur, Sprache und Macht in Indien und Europa*, Göttingen: Wallstein 2015 [2006], 21 und 23.

rüber verraten, was gebildete Inder über ihre Gesellschaft, deren Probleme und Bestrebungen dachten.[215]

Auch wenn wir bei dem Versuch, Antworten auf unsere Fragen zu finden, weitgehend auf Sprache beschränkt sind – auf erhaltene Texte aus jener Zeit –, sehen wir uns unmittelbar mit der Frage konfrontiert, um welche Sprache es sich dabei handelt. Ashokas Inschriften und die Inschriften von anderen Herrschern einige Jahrhunderte nach ihm „waren nicht in Sanskrit, sondern in verschiedenen mittelindischen, mitunter als prakritisch bezeichneten Dialekten verfasst. Sie waren zwar eng mit dem Sanskrit verwandt, doch in den Augen vormoderner indischer Denker unterschieden diese Dialekte sich vollständig von ihm."[216] Es sind aber eine Reihe von ausgesprochen wichtigen Texten auf Sanskrit überliefert, bei denen starke interne Gründe für die Annahme vorliegen, dass sie aus den Jahrhunderten kurz vor und nach dem Beginn unserer Zeitrechnung stammen. Die prakritischen Sprachen verkörpern wahrscheinlich die gesprochenen Sprachen jener Zeit, während Sanskrit die literarische Sprache der Elite war. Die Inschriften auf Prakrit sprachen jeden an, wohingegen Sanskrit die Sprache einer spezifischen Gruppe war. Einige prakritische Sprachen entwickelten sich zumindest zeitweilig zu literarischen Sprachen weiter, und Pali, eine Mischform aus mehreren prakritischen Sprachen, in der die frühbuddhistischen Schriften verfasst worden waren, lebte lange in Südindien und bis in die Gegenwart in Sri Lanka und Südostasien als primäre literarische Sprache des Theravada-Buddhismus weiter, bei der es sich bewusst *nicht* um Sanskrit handelt. Allerdings war es Sanskrit, das in den folgenden Jahrhunderten (spätestens Mitte des ersten Jahrtausends u.Z. begannen selbst die nordindischen Buddhisten auf Sanskrit zu schreiben) zur „kosmopolitischen Sprache" wurde, um Pollocks Ausdrucksweise zu verwenden, und einige der einflussreichsten Texte auf Sanskrit wurden bereits zur Zeit der Mauryas oder, was wahrscheinlicher ist, unmittelbar danach verfasst.

Wenn man zu verstehen versucht, warum Sanskrit in den erhaltenen Texten der fraglichen Zeit eine so zentrale Stellung einnimmt, kann man mit der Tatsache beginnen, dass Sanskrit die Sprache der Veden war und deshalb lange Zeit die Sprache der brahmanischen Überlieferung gewesen ist und dass die Texte auf Sanskrit zu jener Zeit weitgehend von Brahmanen geschrieben worden sind. Doch zwischen der Sprache der Veden und

---

[215] Ebd., 17–26.

[216] Sheldon Pollock, *The Language of the Gods in the World of Men: Sanskrit, Culture, and Power in Premodern India*, Berkeley: University of California Press, 2006, 60.

dem neuen literarischen Sanskrit der nach-mauryanischen Zeit besteht ein fundamentaler Unterschied: Erstere war oral, letzteres schriftlich. Schriftlichkeit machte etwas möglich, das in der mündlichen Überlieferung nur ansatzweise vorhanden war: kritisches Denken zweiter Ordnung, angefangen mit dem Zur-Sprache-Kommen von Sprache selbst in der neuen Wissenschaft der Grammatik.

Pāṇinis Grammatik *Aṣhṭādhyāyī* war ein wegweisender Text. Es handelt sich um eine wissenschaftliche Abhandlung über die Grammatik der Veden, die Teil einer Reihe von Hilfstexten zu den Veden war, die als *vedānga* bezeichnet und entwickelt wurden, um Schülern dabei zu helfen, mit einer Sprache zurechtzukommen, die sich immer weiter von der zeitgenössischen Redeweise entfernte. Als solche war sie ein Teil der natürlichen Fortführung der vedischen Tradition. Aber sie war auch die erste der später so genannten *śāstras*, das heißt jener systematischen Abhandlungen, die ein spezielles Thema betrafen, in diesem Fall die Grammatik. Pāṇinis Fähigkeit, auf rationale Weise über Sprache nachzudenken, macht sein Buch zu einem Meisterwerk seiner Art: Zur Zeit seiner Abfassung war es den linguistischen Überlegungen auf der ganzen Welt voraus, und als es im 19. Jahrhundert in westliche Sprachen übersetzt wurde, war es immer noch in der Lage, der Entwicklung der modernen Linguistik Impulse zu verleihen.

Pāṇini wird für gewöhnlich auf das vierte Jahrhundert v. u. Z. datiert – auf der Schwelle zur Literalität in Indien –, und es wird bis heute darüber gestritten, ob die *Aṣhṭādhyāyī* ursprünglich orale oder schriftliche Form hatte. Ich verfüge über kein Fachwissen in Bezug auf diesen Streit, aber in meinen Augen ist es wahrscheinlich, dass das Buch zwar Überlegungen über auswendig gelernte Rede anstellt, selbst aber eine schriftliche Form auswies, und dass Schriftlichkeit wesentlich für den reflexiven Charakter des Buches war, insofern sie Sprache kritisch reflektierte. Wir dürfen jedoch auch nicht vergessen, dass es in Pāṇinis Buch nicht um Sprache im Allgemeinen, sondern um vedisches Sanskrit im Besonderen ging und er fraglos von der Wahrhaftigkeit und Einzigartigkeit der Sprache überzeugt war, die er untersuchte und die sich von allen anderen Sprachen unterschied. Dies deutet auf ein Spannungsverhältnis zwischen Allgemeinem und Besonderem hin, das sich in der geistigen Tradition Indiens schon früh bemerkbar machte, und auf die besondere Beschaffenheit des Sanskrit als „herausragende Sprache der Literatur und des systematischen Denkens", lange nachdem seine ausschließlich rituelle Verwendung überwunden worden war.[217] Außerdem sei darauf hingewiesen, dass Buddhisten zumindest

[217] Ebd., 50.

viele Jahrhunderte lang kein Sanskrit benutzten. In einer Zeit, als niemand klassisches Sanskrit sprach, soll Buddha seine Schüler angewiesen haben, in allen Sprachen zu predigen, die von den Menschen verstanden wurden, weshalb die Entscheidung, Sanskrit nicht zu benutzen, bewusst war. Pali entwickelte sich aus einer oder mehreren gesprochenen Sprachen, wurde aber bald selbst zu einer Fachsprache, die mit an Sicherheit grenzender Wahrscheinlichkeit schon ziemlich früh schriftliche Form annahm, im Theravada-Kanon sowie im südlichen Buddhismus im Allgemeinen bis in die Gegenwart erhalten blieb und so selbst zur Sprache einer Elite wurde, die fast nur gebildete Mönche beherrschten. In dieser sprachlichen Spaltung kam die sich entwickelnde tiefe Spaltung der Kultur zwischen Buddhismus und dem zum Ausdruck, was später als Hinduismus bekannt werden sollte.

Es gibt etwas spätere *śāstras* als Pāṇinis *Aṣhṭādhyāyī*, die sich auf sich unmittelbarer auf unsere vorliegende Auseinandersetzung beziehende Weise mit dem Verhältnis von Religion und Politik befassen, doch bevor wir uns mit ihnen beschäftigen, sollten wir vielleicht kurz etwas darüber sagen, worauf sich der Ausdruck *śāstra* bezieht. Pollock übersetzt ihn an manchen Stellen mit „Wissenschaft" oder „systematischem Denken".[218] Er bezeichnet *śāstra* sogar als „Theorie", die er anders als die anderen Ausdrücke, die er für dafür verwendet, in Anführungszeichen setzt. Als er auf den Wildwuchs von *śāstras* in späteren Jahrhunderten zu sprechen kommt, geht er sogar so weit zu behaupten, dass „nichts im alten Indien der Theoriebildung entging". Er lässt jedoch keinen Zweifel daran, dass er mit „Theorie" in erster Linie „detaillierte Verzeichnisse und Taxonomien" meint.[219] Dementsprechend betont er den Empirismus des systematischen Denkens auf Sanskrit, die Überzeugung, dass „nichts außerhalb der Reichweite sanskritischer *śāstras* liegt, dass alles, wo auch immer und wie intim es auch sein mag [er spricht an dieser Stelle über das *Kāmasūtra*], wissbar ist und auch zum Gegenstand von Wissen geworden ist".[220] Verzeichnisse und Taxonomien, wie sie durch endlose Auflistungen in den *śāstras* zum Ausdruck kommen, sind eindeutig Anfang und Fundament wissenschaftlicher Theorie; aber systematisches Denken wird erst dann zu Theorie ohne Anführungszeichen, wenn es einen Allgemeinheitsgrad erreicht, der sich überprüfen lässt. Es ist interessant, dass die früheste *śāstra*, Pāṇinis *Aṣhṭādhyāyī*, in dieser Hinsicht am wissenschaftlichsten war.

---

[218] Ebd., 3 und 76.
[219] Ebd., 300.
[220] Ebd., 198.

Oben hatten wir die frühindische Vorstellung von drei (bzw. vier) Lebenszielen festgehalten – *dharma* (Pflicht), *artha* (Erfolg) und *kāma* (Vergnügen) sowie *moksha* (Erlösung, Befreiung) – und ihnen allen waren *śāstras* gewidmet, insbesondere das *Dharmaśāstra* von Manu, das *Arthaśāstra* von Kautalīya, das *Kāmasūtra* und die *moksha* betreffenden Yoga-Sutras, die allerdings alle Textgemische sind, die sich nur schwer datieren lassen. Das *Arthaśāstra* ist eine Abhandlung über Wirtschaft und Politik, die Romila Thapar verwendet hat, um in Anbetracht der Tatsache, dass es keine direkteren Daten gibt, dem Charakter der mauryanischen Herrschaft wenigstens etwas Sinn abzugewinnen.[221] Es zollt der Vorrangstellung des Dharma in Bezug auf die Herrschaft Anerkennung, ist aber in erster Linie den praktischen Anforderungen an Herrschaft ohne große Rücksichtnahme auf moralische oder religiöse Fragen gewidmet. Wendy Doniger schreibt: „Das *Artha-shastra* ist ein Kompendium mit Ratschlägen für einen König. Es gilt zwar oft als machiavellistisch, aber Kautilya lässt Machiavelli wie Mutter Teresa aussehen."[222] Wie die meisten *śāstras* besteht das *Arthaśāstra* weitgehend aus einer Auflistung von Regeln, die man als Deskriptionen lesen kann, die aber überwiegend Präskriptionen darstellen, weshalb sie uns nichts Genaues darüber verraten, wie die Dinge sich verhielten. Obwohl das *Arthaśāstra* an manchen Stellen einen großen Staat zu beschreiben scheint, beschreibt es an anderen Stellen anscheinend eine Gruppe kleiner Staaten, die im Streben nach Hegemonie zwischen Feinden und Verbündeten hin und her lavieren. Im Text, dessen Teile zu verschiedenen Zeiten von verschiedenen Verfassern geschrieben wurden, geht es zweifellos um beides, häufig ist allerdings nicht klar, inwiefern. Die starke Hervorhebung eines komplexen Agentensystems deutet auf prekäre Herrschaftsverhältnisse ohne tiefreichende Legitimation hin. Da sich das *Arthaśāstra* mit *artha* und nicht vorrangig mit *dharma* befasste, ist es im Hinblick auf das Verhältnis von Religion und Politik nicht sonderlich hilfreich.

Das *Dharmaśāstra* von Manu dagegen überlappt sich zwar teilweise mit dem *Arthaśāstra,* widmet dem Verhältnis von Religion und Politik aber viel mehr Aufmerksamkeit. Da es von und für Brahmanen geschrieben wurde, ist das *Dharmaśāstra* von Manu zuallererst eine Art Handbuch für angemessenes brahmanisches Verhalten, in zweiter Linie befasst es sich dann aber mit der Frage, in welcher Beziehung das Königtum zum Dharma,

---

221 Thapar, *Aśoka*, und zwar insbesondere ihr Anhang 1, „The Date of the *Arthaśāstra*", 218–225.

222 Wendy Doniger, *The Hindus: An Alternative History*, New York: Penguin, 2009, 202.

genauer gesagt zum Brahmanentum steht. Es knüpft an die ihm vorhergehenden *Dharmasūtras* an, die zu den *vedānga*, das heißt zu den Werken zählen, die als Hilfstexte zur Erklärung der rituellen und sprachlichen Komplexität der Veden herangezogen werden können. Wie wir am Fall von Pāṇinis Grammatik gesehen haben, handelte es sich dabei um systematisierende Werke, die in die Richtung der späteren *śāstras* gingen. Nach vorsichtiger Einschätzung ihres englischen Übersetzers Patrick Olivelle stammen die vier maßgeblichen *Dharmasūtras* aus der Zeit zwischen dem frühen dritten und dem späten zweiten Jahrhundert v. u. Z.; wenn diese Daten zutreffen, könnte es sich um schriftliche Texte gehandelt haben.[223] Jedenfalls bestehen sie weitgehend aus Auflistungen von rituellen Regeln und Verhaltensregeln für Brahmanen im Laufe des gesamten Lebenszyklus (viele dieser Regeln gelten auch für die anderen beiden zweimalgeborenen Kasten), nur sechs bis zwölf Prozent der Texte widmen sich der Staatskunst.[224] Manu entfaltet zwar dieselben Sachverhalte, wobei er Herrschaft sehr viel ausführlicher behandelt, sein Buch ist aber eine ordentlich strukturierte Abhandlung, die mit kosmologischen und religiösen Überlegungen anfängt und endet: Es ist mithin eine echte śāstra.

Das *Dharmaśāstra* von Manu ist ein äußerst bedeutendes Werk, dessen Einfluss sich bis in die Gegenwart fortsetzt, weil es drei Dinge versucht hat, die zentral für den Fortbestand der Tradition waren, aber schwer miteinander vereinbar sind: (1) die Kodifizierung und Verabsolutierung der vedischen Tradition, wie sie zu Zeiten des Verfassers verstanden wurde; (2) das Bekenntnis zu dem neuen Strang brahmanischer Spiritualität, für den die Upanishaden standen; und (3) eine Reaktion auf die Herausforderung des ethischen Universalismus in Gestalt des Buddhismus und von Ashokas *Dhamma*. In Bezug auf den letzten Punkt schreibt Olivelle: „Schon die Schaffung einer dem Gesetz *(dharma)* gewidmeten literarischen Gattung [deren Höhepunkt Manu darstellte] verdankte sich möglicherweise der Erhebung dieses Worts auf die Ebene imperialer Ideologie durch Ashoka."[225]

Dass das Buch nach Manu, dem ersten Menschen und/oder König in der indischen Mythologie, benannt wurde, macht seinen Anspruch auf mehr oder weniger kanonischen Status deutlich. Aber dieser Anspruch be-

223 Olivelle, *Dharmasūtras*, xxxiv.

224 Patrick Olivelle, *The Law Code of Manu*, New York: Oxford University Press, 2004, xix. Auch Wendy Doniger hat Manu übersetzt, in: *The Laws of Manu*, New York: Penguin, 1991. Beide Übersetzungen sind zu empfehlen: Olivelle übersetzt eine kritische Ausgabe des Texts und bietet eine nützliche Einleitung. Doniger übersetzt die traditionelle Version und bietet ebenfalls eine nützliche Einleitung.

225 Olivelle, *Law Code of Manu*, xliii.

ruht wiederum auf dem Status der Veden als nichterschaffene Schriften, auf denen zu beruhen das Buch von Manu Anspruch erhebt. Die vedischen Anweisungen mit all ihren rituellen und anderen Eigenheiten werden also nicht hinterfragt. Doch auch die Entsagungstradition der Upanishaden mit ihrer radikalen Ablehnung des im Zentrum der Veden stehenden Feueropfers wird bejaht. Im Grunde genommen wird sehr viel mehr Nachdruck auf Gewaltlosigkeit und das Nichttöten von Tieren als auf das vedische Opfer gelegt, das trotzdem nirgends verworfen wird. Manu greift auf eine Sprache zurück, die teilweise auch andere Religionen zweckdienlich fanden: „[...] daher ist im Opfer die Tötung keine Tötung“, die von den Veden abgesegnete Gewalt gegenüber beweglichen und unbeweglichen Wesen lässt sich mit anderen Worten Gewaltlosigkeit nennen (*Manusmṛti* 5.39, 44).[226] Doniger macht darauf aufmerksam, dass Manu das vedische Opfer zu einem historischen Zeitpunkt, als es „weitgehend irrelevant und in gewissem Maße peinlich“ geworden war, weiterhin verteidigen muss und dafür sogar die Worte der Kritiker des vedischen Opfers benutzt.[227]

Im Hinblick auf den ethischen Universalismus verfolgt Manu zwei Taktiken, die jeweils eigene Probleme aufwerfen. Erstens beschreibt Manu an mehreren Stellen das, was Doniger als allgemeinen Dharma im Gegensatz zum besonderen Dharma bezeichnet. Doniger stellt den besonderen, auf die Kaste zurückgehenden Dharma, *svadharma*, dem universellen Dharma gegenüber, der „zuweilen ewiger Dharma [*sanatana dharma*] oder gemeinsamer Dharma [*sadharana dharma*] genannt wurde“ und mit allgemeinen moralischen Geboten verbunden war, die für alle Klassen und Kasten gelten sollten.[228] Sie zitiert einen Vers: „Nichtverletzung von Lebewesen, Wahrheit, Zornlosigkeit, Reinheit und Beherrschung der Sinnesorgane – dies hat Manu die Summe des Dharma der vier Stände [*varnas*] benannt“ (10.63) und einen sich damit überschneidenden Vers, der dasselbe besagt (12.83–93), sowie einen etwas anderen Vers (6.93) (in dem die Gewaltlosigkeit fehlt) für die drei oberen (zweimalgeborenen) *varnas*.[229] Besonders aussagekräftig, weil sie ganz kurz vor dem Ende des Buches im Rahmen einer Erörterung des „höchsten Glücks“ erfolgt, ist möglicherweise die Auflistung unter 12.83: „Vedastudium, Askese, Wissen, Bezähmung der Sinnesorgane, Nichtverletzung von Lebewesen und Dienst am

---

[226] *Manusmṛti. Manus Gesetzbuch*, übers. und hrsg. v. Axel Michaels, Berlin: Verlag der Weltreligionen, 2010, 105. A.d.Ü.: *Manusmṛti* ist eine andere Bezeichnung für das zuvor *Dharmaśāstra* genannte Buch.

[227] Doniger, *The Laws of Manu*, xliii.

[228] Doniger, *The Hindus*, 209; siehe dagegen ihre Erörterung der Lebensziele in Kap. 8.

[229] Ebd., 210; Übers. der Textstelle: Michaels, *Manusmṛti*, 231.

Guru sind die besten Mittel für höchstes Glück."[230] Allerdings fährt Manu mit einer Einschränkung dieser ziemlich heterogen wirkenden Auflistung fort, der zufolge in ethischer Hinsicht nur Gewaltlosigkeit als universell gilt:

> „Man soll wissen, daß unter den sechs erwähnten Handlungen die im Veda vorgeschriebenen Handlungen die besten sind, um nach dem Tod und hier auf Erden höchstes Glück zu erlangen. All diese sind ausnahmslos in der Ausübung der im Veda vorgeschriebenen Handlungen enthalten, jede in rechter Ordnung mit einer besonderen Regel für das Ritual." (12.86–87)[231]

Aus dieser Art von Stelle zieht Doniger folgenden Schluss: „Die besondere Regel hat im Allgemeinen Vorrang vor der allgemeinen Regel; *sva-dharma* übertrumpft den allgemeinen Dharma."[232]

Eine andere Strategie, so etwas wie Universalismus sicherzustellen und gleichzeitig Partikularismus zu verteidigen, war Manus Darstellung des Brahmanen als vollkommenste und vollständigste Ausdrucksform menschlichen Gedeihens, als universellen Menschen. Die anderen *varnas* werden dann mit Hilfe einer Art von Subtraktionstheorie definiert: Sie seien wie die Brahmanen, ihnen fehlten aber einige von deren Eigenschaften, wie etwa die Kompetenz, Opfer zu vollziehen [*perform*], wobei am Ende die Śūdras (und natürlich die Kastenlosen) standen, die den Veda weder zu hören bekommen noch verstehen können. Wenn das brahmanische Ideal ein Vorbild für alle wäre, sodass sich jeder, der wie ein Brahmane handelt, als ein solcher betrachten ließe (ein Gedanke, den das buddhistische Schrifttum nahelegt), würde dies tatsächlich ethischen Universalismus implizieren. Doch Manu versichert immer wieder unnachgiebig, dass ein solcher Gedanke nicht in Frage komme. In seiner kosmologischen Einleitung hält er fest, was gewesen ist und immer sein wird:

> „Aber am Anfang maß der Schöpfer allen (Dingen) nur mit den Worten des Veda verschiedene Namen, Taten und Zustände zu. [...] Aber wenn man immer wieder und wieder neu geschaffen wird, nimmt jeder für sich selbst die Taten an, unter die der Herr die Lebewesen zunächst jochte. Was immer er bei der Schöpfung (zuerst) jedem gab – Gewalttätigkeit oder Gewaltlosigkeit, Freundlichkeit oder Grausamkeit, Ordnung [*dharma*] oder Unordnung [*adharma*], Wahrheit oder Unwahrheit –, das drang von selbst in dieses (Lebewesen) ein. So wie die Jahreszeiten bei ihrem Wechsel von selbst ihre Merkmale annehmen, so nehmen verkörperte Wesen jedes für sich von selbst die (zugewiesenen) Taten an." (1.21, 28–30)[233]

---

230 Michaels, *Manusmṛti*, 272.

231 Ebd., 273.

232 Doniger, *The Hindus*, 211.

233 Michaels, *Manusmṛti*, 11. Dies klingt auffallend wie die doppelte Prädestination im Calvinismus, wenn man einen solch entlegenen Vergleich überhaupt ziehen kann.

Doniger zitiert A. K. Ramanujan, der zu Manus „außergewöhnlichem Mangel an Universalität" Stellung bezieht, insofern dieser den *dharma* so „kontextsensibel" mache, dass die Hinzufügung aller Stände, Klassen und Lebensphasen zu jeder einzelnen ethischen Anweisung bedeute, dass „jede Hinzufügung in Wirklichkeit etwas vom universellen Gesetz in Abzug bringt. Von dem absoluten oder gemeinsamen *(sādhārana) dharma*, von dem der Text, wenn überhaupt als einem letzten und nicht ersten Rückhalt spricht, ist nicht mehr viel übrig."[234]

Wenn das *Manusmṛti* bloß eine Sammlung besonderer Anweisungen ist, wie können wir es dann als *śāstra*, das heißt als ein Werk des „systematischen Denkens" oder der „Wissenschaft" betrachten? Anders als die *Dharmasūtras* sammelt Manu nicht einfach besondere Anweisungen. Vielmehr schreibt er in vollem Bewusstsein des Universalitätsproblems und versucht er, den Partikularismus sozusagen theoretisch zu verteidigen – universelle Argumente für die Verteidigung des Partikularismus zu benutzen.[235] Nur an wenigen Stellen weist seine geistige Konstruktion Spannungen auf. Gegen Ende von Kapitel 6, in dem es um die dritte und vierte Lebensphase (eines Brahmanen) geht, um den Walderemiten und den Wanderasketen, die dem ultimativen Lebensziel näher zu stehen scheinen als die früheren Phasen, beteuert er die Überlegenheit des Hausvaters:

> „Vedastudent, Haushalter, Waldbewohner und Entsager – diese vier verschiedenen Lebensstufen entspringen dem Haushalter. Aber all diese, wenn in der richtigen Reihenfolge und nach den Lehrbüchern befolgt, führen den Brahmanen, der wie erklärt handelt, zum höchsten Zustand. Doch unter all diesen ist der Haushalter nach den Vorschriften des Veda und der Überlieferung der beste; denn er stützt die anderen drei. Wie alle großen und kleinen Flüsse im Ozean zusammenfließen, so fließen alle Lebensstufen im Haushalter zusammen." (6.87–90)[236]

Doch Kapitel 6 endet damit, dass der Brahmane, der „alle Rituale aufgegeben, alle Fehler der Taten beseitigt [...] hat", durch „Weltentsagung das Böse [löscht] und [...] den höchsten Zustand [erlangt]". (6.95–96)[237]

Noch bemerkenswerter ist eine Stelle ganz am Ende des Buches, die für sich allein zu stehen scheint, im Kopf des Lesers aber mehr als eine Frage aufwirft:

---

234 Doniger, *The Laws of Manu*, xlvi.

235 Auf diese Weise veranschaulicht Manu eine Möglichkeit, die unter ganz anderen Umständen häufig ein Merkmal des japanischen Denkens war. Siehe die Einleitung zu Bellah, *Imagining Japan*.

236 Michaels, *Manusmṛti*, 126.

237 Ebd., 126–127.

> „Wer die Vedalehrbücher kennt, verdient es, Armeeführer und König zu sein oder Führerschaft bei Strafen und Herrschaft über alle Welten zu haben. Wie ein Feuer, das kräftig auflodert, selbst grüne Bäume verbrennt, so verbrennt ein Vedakenner die aus den Taten stammenden Makel. Wer die wahre Bedeutung der Vedalehrbücher weiß, wird, obgleich er sich noch in dieser Welt befindet, passend gemacht für die Verbindung mit dem *brahman*, ganz gleich, auf welcher Lebensstufe er sich befindet.“ (12.100–102)[238]

Aus dem unmittelbar darauf folgenden Passus und Ausführungen wie denen am Ende von Kapitel 6 wird deutlich, dass die Kenntnis des Veda sehr viel mehr umfasst, als ihn zu hören, sie ist vielmehr mit asketischen und yogischen Praktiken verbunden, die Manu zufolge der Veda nach sich zieht. Diese Art von Wissen und Praxis kennzeichnet das Entsagungsideal der vierten Lebensphase und geht mit einer universellen Erfahrung einher, die über das Ritual und andere partikularistische Pflichten hinausgeht. Dies ist der Grund, warum Manu trotz seiner Auffassung, dass diese Phase das höchste Glück sei, in Kapitel 6 weiter daran festhält, dass die Hausvater-Phase die beste ist. Doch an der obigen Stelle ist das Entsagungsideal untrennbar mit der Vorstellung von Herrschaft, ja sogar Weltherrschaft verbunden; dazu gibt es Entsprechungen in einigen buddhistischen Lehren, was in den Epen sehr viel deutlicher herausgearbeitet wird. Es ist bemerkenswert, dass man bei Manu darauf stößt. Doch was sollen wir davon halten, dass jemand, der den Veda wahrhaft kennt, unabhängig davon, „auf welcher Lebensstufe er sich befindet“, noch in dieser Welt wie ein Brahmane werden kann? Wie ein Brahmane zu werden, entspricht der buddhistischen Vorstellung vom Erreichen des Nirvanas in diesem Leben. Dieser offenkundig universalistische Anspruch muss eine Einschränkung erfahren, weil *śūdras* und die unter ihnen Stehenden den Veda nicht kennen können, aber einen Moment lang scheinen wir in diesem höchst partikularistischen Buch, das in der gesamten Folgezeit den eigentlichen Maßstab für hinduistischen Partikularismus abgab, einen Blick aufs Universelle zu erhaschen.[239]

Olivelle vertritt die Meinung, dass das *Manusmṛti* möglicherweise in der Zeit des Durcheinanders und der Ungewissheit nach dem Sturz der Mauryas in dem Bemühen geschrieben wurde, die brahmanische Vorrangigkeit zu verteidigen, oder noch allgemeiner in dem Bemühen, das brahmanische Gesellschaftsverständnis in Reaktion auf die substanziellen Herausforderungen zu bekräftigen, vor die asketische Sekten, besonders der

---

238 Ebd., 274.

239 Wie es scheint hat Manu den Standpunkt der universellen Ethik verstanden und ihn bewusst abgelehnt. Stattdessen entschied er sich für moralische/politische Regression, was unglückliche Folgen mit sich brachte, solange sein Text einflussreich war.

Buddhismus, und vor allem die Lehre von Ashoka es gestellt hatten.[240] Er glaubt, dass das *Mahābhārata* (und meines Erachtens auch das *Rāmāyaṇa*) annähernd zur selben Zeit und am selben Ort entstanden ist wie das *Manusmṛti* und mit der erneuten Bekräftigung des traditionellen Dharma auch dasselbe Anliegen verfolgt habe. Doch obwohl sich beide Epen an zentraler Stelle mit dem Dharma beschäftigen, gehen sowohl das *Mahābhārata* als auch das *Rāmāyaṇa* weit über die einfachen Frömmeleien von Manu hinaus: Sie befassen sich mit der tiefen Spannung zwischen dem Dharma als Gerechtigkeit und der großen Zahl der mit dem Status verbundenen partikularen Pflichten, die Dharma in der brahmanischen Tradition besagt. Ihr Ringen mit dieser Spannung führt nicht zu deren Auflösung, aber es erweitert den Horizont der gesamten nachfolgenden indischen Kultur, als deren prägende Texte sie möglicherweise bezeichnet werden können. Beide Epen sind ungeheuer umfangreich – das *Mahābhārata* soll sieben bis acht Mal so lang sein wie *Ilias* und *Odyssee* zusammen – und enorm komplex sowohl in narrativer Hinsicht als auch im Hinblick auf ethische Überlegungen. Ich kann in diesem Rahmen lediglich andeuten, warum sie nicht nur für die indische Vorstellungswelt, sondern für die menschliche Vorstellungskraft im Allgemeinen so prägende Texte sind.

Das *Rāmāyaṇa* ist kürzer und narrativ übersichtlicher strukturiert als sein Partnerepos.[241] In beiden Epen spitzt sich die Spannung zwischen allgemeinem und besonderem Dharma zu auf die Frage der ethischen Verantwortung des Königs bzw. der Kshatriya-Kaste für die unvermeidliche Gewaltsamkeit von Herrschaft in einer Welt, in der Gewalt moralisch unzulässig ist. Wie wir gesehen haben, war dies das Problem, das Ashoka am meisten umtrieb; und Sheldon Pollock, der zu den scharfsinnigsten Kommentatoren der Epen gehört, nimmt diesen Vergleich ausdrücklich vor. Pollock, dessen Kommentare zu den Epen ich als äußerst hilfreich empfunden habe, beschreibt Rāma, die zentrale Figur des *Rāmāyaṇa*, der schließlich König nicht nur seiner Heimatstadt Ayodhyā, sondern der ganzen Welt wird, als jemanden, der die politischen und religiösen, die kshatriyanischen und brahmanischen Ideale dadurch vereinbar macht, dass er den Dharma nicht nur ein weiteres Mal beteuert, sondern neu definiert:

---

240 Olivelle, *Law Code of Manu*, xli-xlv.

241 Die englische Standardübersetzung des *Rāmāyaṇa* ist *The Rāmāyaṇa of Vālmīki: An Epic of Ancient India*, Bd. 1: *Bālarāmāyaṇa*, übers. v. Robert P. Goldman, Princeton: Princeton University Press, 1984. A. d. Ü: Sechs weitere Bände wurden bis zum Jahr 2017 veröffentlicht, von denen jeder ein Buch des Epos enthält. Eine vollständige Übersetzung ins Deutsche unternimmt Dirk E. Büchner: *Rāmāyaṇa*, Zürich: Govinda-Verlag, Band 1–4, 2012–2017, drei weitere Bände sind in Vorbereitung.

> „Rāma löst den Widerspruch [zwischen dem brahmanischen und dem kshatriyanischen Ideal] durch eine Neudefinition des *dharma*, der ihm in seiner Eigenschaft als Kshatriya obliegt. Durch die Hinzunahme einer hierarchischen Komponente, die nicht von seiner zeitweiligen Berufung zur Askese herrührt, sondern durch sie noch veredelt wird, erweitert sich sein Kodex zu bloßer ‚Gerechtigkeit'. Daraus ergeben sich Kreuzungspunkte mit dem brahmanischen *dharma*, mit der ihn legitimierenden Ethik der Gewaltlosigkeit und mit der brahmanischen Spiritualität, die so absorbiert werden können. Auf diese Weise schafft der Kshatriya seine eigene Legitimation und das ‚volle Potenzial' der Königsherrschaft als Integrationskraft kann endlich aktiviert werden. Von nun an ist es möglich, dass politische und geistige Sphäre an einer Stelle konvergieren: im König."[242]

Danach hält Pollock die auffälligen Parallelen zwischen Rāmas Lehren und Ashokas Lehren fest:

> „Die Ähnlichkeit zwischen den Inschriften [von Ashoka] und dem *Ayodhyākānda* [Buch 2 des *Rāmāyaṇa*] sind wiederum verblüffend. Auch für Ashoka ‚ist die einzige wahre Eroberung die Eroberung durch *dharma*': durch ‚Mitgefühl, Großzügigkeit, Wahrhaftigkeit und Ehrlichkeit', durch ‚Ehrfurcht für Brahmanen und Entsagende'. Auch Ruhm ist nur wünschenswert, weil Ashoka das Ziel verfolgt, ‚die Menschen womöglich [dazu zu bewegen], dem *dharma* [auf Ashokas Prakrit *Dhamma*] zu gehorchen und den Pflichten, die er mit sich bringt, zu entsprechen'. Vergleichbar damit verwandelt sich das ‚Schlachtgetrommel' in *dharma*-Getrommel und wird ‚das dauerhafte Wohl der ganzen Welt' zum grundlegenden Anliegen."[243]

In seiner Einleitung zum *Ayodhyākānda* äußert Pollock 1986 die Vermutung, das *Rāmāyaṇa* habe Ashoka beeinflusst, ja sogar, „dass das *Rāmāyaṇa* durchaus als Prototyp" für „die Lebensgeschichte von Buddha gedient haben könnte".[244] Aber in seinem Buch *The Language of the Gods in the World of Men* schreibt er im Jahr 2006: „Trotz seiner Monumentalität (was der gemeinsame Nenner aller unserer Manuskripte ist) haben sich keine überzeugenden Belege für eine vor-ashokische Datierung des *Rāmāyaṇa* gefunden, ganz zu schweigen für eine Datierung vor Buddha (ca. 400 v. u. Z.)."[245] Wenn wir also, was immer das in diesem Fall auch heißen mag, von Beeinflussung sprechen können, dann hätten der Buddhismus und Ashoka das *Rāmāyaṇa* beeinflusst, nicht umgekehrt.

Im Endeffekt hält Pollock die Kreativität des *Rāmāyaṇa* für zwiespältig. Rāma „bejaht hierarchische Unterordnung explizit" – was im Laufe

---

242 *The Rāmāyaṇa of Vālmīki: An Epic of Ancient India*, Bd. 2, *Ayodhyākāṇḍa*, übers. v. Sheldon I. Pollock, Princeton: Princeton University Press, 1986, 70.

243 Ebd., Anm. 12 und 70–71. Pollock zitiert die Inschriften von Ashoka, die Passagen im *Ayodhyākāṇḍa* entsprechen.

244 Ebd., 70.

245 Pollock, *Language of the Gods*, 81.

der Jahrhunderte vielen am *Rāmāyaṇa* aufgefallen ist –, doch dem scheint das „geistige Bekenntnis, das seine utopische Herrschaft möglich macht, implizit entgegenzustehen".[246] Das „Goldene Zeitalter" von Frieden und Wohlstand, das mit seiner Herrschaft angebrochen sein soll, scheint der Zeit von Ashoka viel stärker zu ähneln als der von Manu. Der ethische Universalismus, der mit dem Buddhismus und den Edikten von Ashoka aufgekommen war, ging also nicht unter, sondern lebte in einem Spannungsverhältnis zum brahmanischen Partikularismus in der nachfolgenden indischen Geschichte fort. Zusammen mit dem Buddhismus, der ihn so deutlich beeinflusst hatte, stellte Ashokas *Dhamma* nämlich in Gestalt des ethischen Universalismus eine beständige achsenzeitliche Herausforderung für das archaische Erbe des brahmanischen Partikularismus dar, sodass die spätere indische Zivilisation möglicherweise in stärkerem Maße als die meisten anderen nachachsenzeitlichen Zivilisationen in einem unbeständigen Kompromiss aus achsenzeitlichen und archaischen Kultursträngen bestand.

In dem Sinne, dass es einen glücklichen Ausgang nimmt, ist das *Rāmāyaṇa* eine Komödie, wohingegen das *Mahābhārata* trotz des angehängten glücklichen Endes eine Tragödie ist, die so eindeutig in einer heillosen Katastrophe endet, dass Exemplare des *Rāmāyaṇa* oftmals zu Hause aufbewahrt wurden, wohingegen Exemplare des *Mahābhārata* als zu unheilschwanger für den Hausgebrauch galten.[247] Dies zeigt uns nun aber, dass der glückliche Ausgangs des *Rāmāyaṇa* es sich vielleicht zu leicht macht, wohingegen sich im *Mahābhārata* vor unseren Augen die Kluft zwischen ethischer Praxis und unvermeidlicher Gewalt, zwischen religiösen Idealen und politischer Wirklichkeit öffnet und so die Spannungen nicht nur innerhalb der indischen Gesellschaft, sondern in allen mensch-

---

[246] Pollock, *Rāmāyaṇa*, Bd. 2, 72.

[247] Die Vorstellung, dass das *Rāmāyaṇa* eine Komödie ist, könnte eine Einschränkung erfahren, wenn man ernsthaft die zweitwichtigste Figur des Epos betrachtet, Rāmas Frau Sītā, deren Kummer und letztendliches Schicksal sowie deren Behandlung durch Rāma tatsächlich problematisch sind. Die englische Standardübersetzung des *Mahābhārata* ist bei Chicago University Press erschienen: *The Mahābhārata*. Bd. 1, Buch 1, *The Book of Beginning*, übers. und hrsg. v. J. A. B. van Buitenen, wurde 1973 veröffentlicht. Drei weitere Bände sind in der Folge erschienen: Band 2, der die Bücher 2 und 3 enthält; Band 3, der die Bücher 4 und 5 enthält; und Band 7, der Buch 11 sowie Teil 1 von Buch 12 enthält. Insgesamt gibt es achtzehn Bücher. A. d. Ü.: Eine deutsche Teilübersetzung aus dem Sanskrit ist *Mahābhārata: Die Große Erzählung von den Bhāratas*, hrsg. u. übers. v. Georg von Simson, Berlin: Verlag der Weltreligionen, 2011. Unter Berücksichtigung verschiedener englischer Übersetzungen haben Undine Weltsch und Jens Grünewald eine vollständige deutsche Übersetzung erstellt und im Internet unter www.pushpak.de veröffentlicht.

lichen Gesellschaften offenbart. Und wiederum ist Pollocks Kommentierung hilfreich: „Was immer das ‚Mahābhārata' sein mag, ist es auch und vor allem ein Werk der politischen Theorie – die einzige überaus wichtige literarische Reflexion über das Problem des Politischen in der südasiatischen Geschichte und in mancher Hinsicht die tiefsinnigste Betrachtung des gesamten Altertums der ausweglosen Wirklichkeit des politischen Lebens."[248]

Wenn es, wie Pollock anmerkt, „vom *Rāmāyaṇa* zu Recht heißt, es habe eine unverfälschte Sprache gefunden, um über die Welt zu sprechen", kann man das *Mahābhārata* als eine Art Enzyklopädie im Sinne einer umfangreichen Sammlung von Geschichten und Lehren betrachten, in der die ganze Welt vertreten ist, doch genau wie das *Rāmāyaṇa* hat es einen narrativen Kern:

> „Bekanntlich feiert das [*Mahābhārata*] seinen eigenen Enzyklopädismus, insofern es gleich zu Anfang erklärt, dass ‚sich im *Mahābhārata* alles findet, was es auf der Welt gibt, und was darin nicht vorkommt, gibt es nicht'. Trotzdem verliert der Text im Verlauf von Zehntausenden von Versen kein einziges Mal den narrativen Kern – den Kampf von zwei Gruppen von Vettern ersten Grades um die Herrschaft in der Hauptstadt des Kuru-Reichs, Hastināpura – bzw. die zentrale Problematik aus den Augen, auf der er so beharrlich insistiert, nämlich die Antinomie politischer Macht:
>
> Der Mensch ist Sklave der Macht, aber die Macht ist niemandes Sklave (Mbh. 6.41.36). Das Machtdilemma – besonders drastisch gesagt, die Notwendigkeit, für den Erhalt zu zerstören bzw. für das Leben zu töten – tritt besonders scharf hervor, wenn diejenigen, die man töten muss, die eigenen Verwandten sind. Aus diesem Grund ist das *Mahābhārata* weltweit das erschütterndste aller vormodernen politischen Narrative: In der *Ilias* geht es, wie im *Rāmāyaṇa*, um einen Krieg fern der Heimat, in der *Odyssee* um Heimkehr aus dem Krieg und in der *Aeneis* um eine Heimatsuche. Im *Mahābhārata* geht es um einen Krieg, der in der Heimat ausgefochten wird, und wie in allen solchen Kriegen können dabei beide Seiten nur verlieren."[249]

Obwohl Pollock sicherlich recht hat, dass es im *Mahābhārata* um die Antinomie der Macht geht, entsteht diese Antinomie vor allem im Zusammenhang mit dem Dharma: Wann und inwiefern ist Macht mit dem Dharma vereinbar und wann und inwiefern nicht? Beide Epen befassen sich an zentraler Stelle mit Macht und Dharma, wenn auch auf ziemlich unterschiedliche Weise. Da er niemals wankt, ist der Held des *Rāmāyaṇa*, Rāma, die unambivalente, ja nachgerade eindimensionale Verkörperung

[248] Pollock, *Kritische Philologie*, 35–36.
[249] Pollock, *Language of the Gods*, 225.

des Dharmas.[250] Am Tag bevor er den Thron besteigt, wird er infolge einer Palastintrige auf Wunsch seines Vaters, des Königs, verbannt und muss sich in den Wald zurückziehen. Er akzeptiert die ungerechte Entscheidung seines Vaters und nutzt die Gelegenheit, sich wie ein Entsagender zu verhalten, auch wenn er auf deren dringliche Bitte seine Frau mitnimmt. Als sein Bruder ihm vorwirft, nicht wie ein echter Kshatriya zu handeln, antwortet Rāma: „Deshalb ist deine Haltung eines kriegerischen Kshatriyas [*kśatradharma*] hier nicht angebracht. [...] Stehe auf der Seite der Gerechtigkeit [*dharma*] und zügele deine Grobheit." Als später jemand anders etwas Ähnliches nahelegt, weist Rāma „den Kshatriya-Kodex [*ksātram dharmam*]" erneut zurück: „Wisse, dass ich der Regentschaft entsage, denn mit ihr gehen Recht und Unrecht Hand in Hand [*adharmam dharnasamhitam*]. Auch, wenn sie in gewisser Weise rechtmäßig ist, so ist sie doch nur ein Ansporn für grausame, hinterlistige und unehrenhafte Männer."[251] Wie wir gesehen haben, heißt Dharma für Rāma allgemeines Dharma, Gerechtigkeit als solche, und konsequenterweise lehnt er Gewalt gegenüber Menschen im gesamten Epos ab. Pollocks Behauptung, Rāma sei seinem Wesen nach ein „idealer König", stützt sich auf die Annahme, dass ideale Charaktere „imaginäre Lösungen für Probleme sind, die keine realen Lösungen zulassen".[252] Doch damit Rāma nicht zu ideal wirkt oder einem der Welt entsagenden Buddhisten zu nahekommt, darf er seiner Kshatriya-Aggression gegenüber manchen Tieren (was in Anbetracht der Gewaltlosigkeitsethik gegenüber Tieren problematisch ist) und vor allem gegenüber den Rāksasas freien Lauf lassen, also gegenüber jenen Dämonen oder Ungeheuern, die für menschliche Sünden stehen können, aber keine Menschen sind. Der große Krieg gegen die Rāksasas ist denn auch der dramatische Höhepunkt des *Rāmāyaṇa*, aber zumindest oberflächlich betrachtet untergräbt er Rāmas Abkehr vom Krieg nicht, auch wenn sich im weiteren Verlauf der Geschichte öfter mal und allzu leicht Menschengruppen mit den Rāksasas gleichsetzen ließen.[253]

Im *Mahābhārata* gibt es indes keine idealen Charaktere wie Rāma, ganz im Gegenteil: Alle zentralen Figuren, die fünf Söhne von König Pānda, die Pāndavas, haben je eigene Schwächen, ganz besonders der

---

[250] Pollock, *Rāmāyaṇa*, Bd. 2, 48–52.

[251] Ebd., 67–68. Die Verszählung der englischen und deutschen Übersetzungen weichen voneinander ab. Die beiden zitierten Stellen sind bei Goldman/Pollock unter 2.18.36 und 2.101.20, bei Büchner unter 2.21.41 und 2.109.20 zu finden. Siehe *Rāmāyaṇa*, übers. v. Dirk E. Büchner, 129–130 und 409.

[252] Pollock, *Rāmāyaṇa*, Bd. 2, 51.

[253] Zu diesem Aspekt siehe Sheldon Pollock, „*Rāmāyaṇa* and Political Imagination in India", *Journal of Asian Studies* 52, Nr. 2, 1993, 261–297.

älteste Bruder Yudhishthira, dessen Vater der Gott Dharma ist (weil sein menschlicher Vater, Pāndu, ihn nicht zeugen konnte)[254] und der deshalb in einem wichtigen Sinne den Dharma selbst verkörpert, sodass er als König Dharma bezeichnet wird. Das gesamte Epos schildert nun aber Yudhishthiras Erziehung in Sachen Dharma, die kein Ende zu nehmen scheint. Wie alle Leser der *Bhagavad Gītā* wissen, schwankt der nächstjüngere Bruder, Arjuna, der das Kshatriya-Ideal verkörpert, in einem entscheidenden Moment, weil er nicht weiß, worin seine Pflicht wirklich besteht.

Das allgemeine Problem, in welchem Verhältnis Dharma und Macht stehen, rückt mit dem Gegensatz zwischen der Pflicht des Kriegers, für eine gerechte Sache zu kämpfen und wenn nötig zu töten, und dem ethischen Gebot der Gewaltlosigkeit, und zwar insbesondere der Gewaltlosigkeit gegenüber Verwandten und Lehrern ins Blickfeld. Arjunas Wagenlenker Krishna, Arjunas Freund, aber auch Avatar des großen Gottes Vishnu, streitet kurz vor Beginn der großen Schlacht gegen die Kauravas[255] mit Arjuna, um Arjunas plötzlichen Unwillen zu zerstreuen, überhaupt zu kämpfen. Krishnas Argumentation bildet den Kern der *Bhagavad Gītā* und ich muss sie hier nicht wiederholen, sondern lediglich erwähnen, dass Arjuna erst als Krishna sein wahres Ich in all seiner blendenden Pracht offenbart, endlich erkennt, dass seine höchste Pflicht in der Erfüllung seiner Kastenpflicht, *svadharma*, besteht. Von der Sorge um deren Folgen wird er dadurch befreit, dass er sich klarmacht, dass letzten Endes alles in Gottes Hand liegt und ohnehin niemand endgültig umgebracht wird, weil die Sieger in diesem Leben triumphieren und ihre getöteten Gegner im Himmel wiedergeboren werden. Dies war nicht Rāmas Auffassung, was Romila Thapar folgendermaßen ausdrückt: „Wäre Buddha der Wagenlenker gewesen, hätte die Botschaft anders gelautet."[256] Jedenfalls wird der Streit nicht durch die *Bhagavad Gītā* in Buch 6 des *Mahābhārata* beigelegt, sondern setzt Yudhishthira in späteren Büchern weiter zu.

Die Bücher 6 bis 9 schildern den großen Krieg und enden mit dem endgültigen Triumph der Pāndavas nach der fast vollständigen Vernichtung ihrer Rivalen, der Kauravas. In Buch 10, dem *Sauptikaparvan* bzw. „Der nächtliche Überfall", wird jedoch beschrieben, wie drei überlebende Anführer der Kauravas sich nachts in das Pāndava-Lager schleichen und

---

[254] Eine Erklärung dieser doppelten Elternschaft bei den Pāndavas würde weit mehr Raum einnehmen, als mir zur Verfügung steht, sie ist ein Beispiel für die Komplexität der Handlung, die sich nicht kurz und bündig schildern lässt und das gesamte Epos prägt.

[255] Den Vettern ersten Grades der Pāndavas.

[256] Thapar, *Early India*, 178.

alle Kinder und Enkelkinder der Pāndavas töten. Die fünf Brüder selbst hat Krishna vom Ort des Geschehens weggelockt, weshalb sie überleben.[257] Nach dem nahezu ausnahmslosen Abschlachten auf beiden Seiten äußert Yudhishthira den Wunsch, die ihm jetzt von Rechts wegen zustehende Königskrone abzulehnen und sich in den Wald zurückzuziehen, weil er sich nicht vorstellen kann, noch mehr Gewalttaten zu begehen, als ohnehin schon geschehen sind. Arjuna fällt die Aufgabe zu, Gründe dafür vorzubringen, warum dies falsch wäre und er den Thron besteigen müsse, da das Land nun endlich einen gerechten Herrscher brauche. In diesem entscheidenden Moment macht Arjuna einen Schritt über das Argument des *svadharma*, des je „eigenen" Dharmas hinaus, womit in der Praxis das durch die eigene Kaste vererbte Dharma gemeint ist und das im Fall der Kshatriyas im Töten besteht. Sie seien nicht allein: Arjuna macht geltend, dass wir alle töten, und wartet mit einer ziemlichen Liste auf:

> „Ich sehe in dieser Welt niemanden, der sein Leben fristet, ohne dabei irgend jemand anderen zu verletzen. Tiere leben von Tieren, der Stärkere vom Schwächeren. Der Mungo frißt Mäuse, die Katze frißt den Mungo, der Hund frißt die Katze und der Hund wird wiederum vom jagenden Leoparden verschlungen. [...] Die kraftvollen und kämpferischen unter den Göttern werden von den Menschen viel mehr verehrt. Rudra, Skanda, Shakra, Agni und Varuna sind Kämpfer. Kala *(Zeit)*, Mrityu *(Tod)*, Vayu, Kuvera, Surya, die Vasus, Maruts, Sadhyas und Viswadevas, oh Bharata, sind ebenfalls Kämpfer. [...] Man sollte nicht denken, daß man ohne zu töten [*ahimsa*] leben kann. [...] Die besten Asketen [*tapasas*] könnten ihr Leben nicht fristen, ohne irgendwelche Geschöpfe zu töten." (*Mahābhārata* 12.15)[258]

Obwohl Yudhishthira gesagt hatte, er sei entschlossen, niemandem Schaden zuzufügen, und damit den Wert der Unverletzbarkeit *(ānrśamsya)* bekräftigt, lässt er sich davon überzeugen, dass es seine Pflicht ist, König zu werden, und er ordnet das Abhalten eines Pferdeopfers *(aśvamedha)* an, das zu den großen Opferritualen königlicher Herrschaft gehört. Alf Hiltebeitel hält Gewaltlosigkeit *(ahimśa)* und Unverletzbarkeit *(ānrśamsya)* für die beiden zentralen Werte des *Mahābhārata*, das sie beide mehr als einmal

---

257 Eine englische Übersetzung von Buch 10 findet sich in W. J. Johnson (Übers.), *The Sauptikaparvan of the Mahābhārata: The Massacre at Night*, New York: Oxford University Press, 1998. In seiner interessanten Einleitung hebt Johnson die kosmologische Ebene des Begriffs Dharma hervor, welche nur eine von mehreren solcher Ebenen ist, die in dem umfangreichen Epos behandelt werden. Ich bin auf der ethischen/politischen Ebene verblieben, die Auswirkungen auf andere Bedeutungsebenen hat, aber für meine kurze Betrachtung komplex genug ist.

258 Doniger, *The Hindus*, 266 und 270. Deutsche Übersetzung von Weltsch und Grünewald.

„höchsten Dharma" nennt. Wie Hiltebeitel festgestellt hat, wird in dem Epos jedoch 54 Mal etwas als „höchster Dharma" bezeichnet, darunter werden Unverletzbarkeit mit acht Malen und Gewaltlosigkeit mit vier Malen am häufigsten genannt (obwohl Wahrheit mit fünf Malen Gewaltlosigkeit leicht übertrifft). Genau genommen wird eine sehr breite Palette von Tugenden und spirituellen Praktiken als höchster Dharma bezeichnet, was Hiltebeitel dazu veranlasst, den „höchsten Dharma" im *Mahābhārata* folgendermaßen zu definieren: „Der höchste Dharma besteht anscheinend darin, den höchsten Dharma für jedwede Einzelsituation zu kennen, in der man sich befindet, und diese Situation in eine Ontologie einzuordnen, die in Bezug auf die Annährung an ‚das Höchste' und seine Formulierung eine so gut wie unendliche Zahl von Variationen und Aufschubmöglichkeiten zulässt."[259]

Das mag alles stimmen und hat der Tradition sicherlich gute Dienste geleistet, doch das *Mahābhārata* selbst hinterlässt bei uns einige Zweifel daran, in welchem Maße es Yudhishthira gerecht wird. Das große Pferdeopfer ist zwar anscheinend zu einem erfolgreichen Abschluss gebracht worden, wenn auch nicht ohne einen Zwischenfall, bei dem Arjunas Sohn seinen Vater „tötete", der dann allerdings erfolgreich wiederbelebt wurde.[260] „Doch", kommentiert Doniger, „der Erfolg des Opfers wird durch eine Geschichte untergraben, die gleich nach seinem Ende und der Abfahrt der Gäste erzählt wird. Ein Mungo kam darin aus seinem Loch und erklärte mit menschlicher Stimme: ‚dieses Opfer ist nicht einmal einer Portion aus gemahlener Gerste ebenbürtig, welche einst ein großzügiger Brahmane auf Kurukshetra weggab, während der das Unccha Gelübde befolgte (sich vom Ährenlesen allein zu ernähren)'."[261] Darin bringt der Mungo die typische Auffassung des Entsagenden zum Ausdruck, dass ein Opfer im Vergleich zu einem einfachen Akt der Nächstenliebe ein Nichts ist. Und das große Rājasūya-Opfer am Anfang des *Mahābhārata*, das Yudhishthiras Herrschaft als *cakravartin*, als „Herrscher, der das Rad [des Gesetzes] in

[259] Alf Hiltebeitel, *Rethinking the Mahābhārata: A Reader's Guide to the Education of the Dharma King*, Chicago: University of Chicago Press, 2001, 208. Siehe seine allgemeine Erörterung dieser Fragen, 202–214.

[260] Es würde zu weit führen, diesen Vorfall im Einzelnen zu erörtern, doch Gananath Obeyesekere merkt in *The Work of Culture*, Chicago: University of Chicago Press, 1990, 80–81, an, dass dies das einzige hinduistische Beispiel für den klassischen Freud'schen Ödipuskomplex ist, und ein höchst mehrdeutiges zumal, wohingegen es in der buddhistischen Literatur zahlreiche Beispiele für den klassischen Ödipuskomplex gibt. Siehe die Gesamterörterung des hinduistischen Falls, 75–88.

[261] Doniger, *The Hindus*, 274–275. Übersetzung aus Buch 14, Kapitel 90 des Mahābhārata von Weltsch und Grünewald.

Bewegung setzt", symbolisiert, hatte in der Tat insofern verheerende Auswirkungen, als es zu der fatalen Glücksspiel-Episode führte, von der die Verwerfungen mit den Kauravas und alle folgenden Katastrophen herrühren.[262] Auch in diesem Fall zeichnet sich eines der großen vedischen Rituale wieder durch sehr zweifelhafte Auswirkungen aus.

Am Ende der Geschichte haben, wie Pollock es ausdrückt, obwohl die „politische Macht der Pāndavas bestätigt wurde, sowohl der Krieg als auch das neue, niederträchtigere Kali-Zeitalter, das nach ihm anbrach, ihre Kraft und Entschlossenheit aufgezehrt", sodass Yudhishthira erklären kann: „Schande über unsere Herrschaft! Schande über unseren Heldenmut! Schande über die Kshatriya Pflichten! Obwohl wir leben, sind wir doch in Wahrheit tot."[263] Eine Lesart des Epos, der zufolge es in erster Linie den „Verfall sozialer Werte" behandelt, fasst Pollock mit einem Zitat eines Denkers aus dem neunten Jahrhundert zusammen, der glaubt, dass „der Gesamtzweck [des *Mahābhārata*] im Hervorbringen von Verzweiflung am sozialen Leben besteht". Und Pollock fährt fort, dies sei „eine Interpretation des Epos nicht als soziale Fülle, sondern als sozialer Abgrund, von Macht nicht in ihrer Vollendung, sondern als von nun an unvollendbar, sie ist, wie Vyāsa [der vermeintliche Autor] sagt, ‚niemandes Sklave'."[264] Letztendlich lässt das *Mahābhārata* uns im Dunkeln darüber, was genau sein zentraler Begriff *dharma* bedeutet. Anscheinend weiß das nur Gott und „ist das *Mahābhārata* ein Streit mit Gott", wie Hiltebeitel es ausdrückt.[265]

---

262 Pollock bezeichnet das Rāyasūya als „Weihe [des Yudhishthira] zum *cakravrtin*" (*Language of the Gods*, 226), dem universellen Herrscher. Der Begriff scheint im späteren Hinduismus weggefallen zu sein, obgleich er für den Theravada-Buddhismus weiterhin wichtig war. Pollock ist insbesondere an der Eroberung der vier Himmelsrichtungen durch Yudhishthiras vier Brüder in Vorbereitung seiner Weihe interessiert sowie an der Tatsache, dass die Beschreibung der Eroberung geografisch die der indischen Kultur bekannte Welt angibt. Die Beschreibung der Welt erfolgt im *Mahābhārata* dreimal und trug dazu bei, die politische Geografie der darauf folgenden indischen Zivilisation zu definieren, auch die politische Redewendung geht darauf zurück, dass ein wahrhaft guter König über die ganze Welt herrscht (z. B. Rāma oder der Herrscher, der gegen Ende des weiter oben behandelten *Manusmṛti* beschrieben wird), unabhängig von der Größe seines tatsächlichen Königreichs. Hierin lebt Ashokas Beispiel dauerhaft fort. Siehe Pollock, *Language of the Gods*, 226–237.

263 Ebd., 227. In Pollocks Kapitelzählung unter *Mahābhārata*, 15.46.8; bei Weltsch und Grünewald, deren Übersetzung zitiert wird, ist die Stelle in Buch 15, Kap. 38 zu finden.

264 Ebd., 554.

265 Hiltebeitel, *Rethinking the Mahābhārata*, 214.

Um unsere Auseinandersetzung mit dem Epos als einer Bewältigungsweise zentraler ethischer und religiöser Probleme in der indischen Tradition zum Abschluss zu bringen, möchte ich kurz auf das *Vessantara Jātaka* zu sprechen kommen, das als „buddhistisches Epos" bezeichnet worden ist.[266] Die Jākatas erzählen von Buddhas vorherigen Geburten, ihre Entstehungszeiten sind unterschiedlich, wenn nicht unbekannt, obwohl sie insgesamt eindeutig späteren Datums sind als die Suttas und viele von ihnen wahrscheinlich tatsächlich aus derselben Zeit vor und nach dem Beginn unserer Zeitrechnung stammen wie die hinduistischen Epen.[267] In der Einleitung zu Margaret Cones englischer Übersetzung hat Richard Gombrich die Bedeutsamkeit des *Vessantara Jātaka* unterstrichen:

> „Die selbstlose Großzügigkeit von Vessantara, der alles hergegeben hat, sogar seine Kinder und seine Frau, ist die berühmteste Geschichte der buddhistischen Welt. Sie ist in allen buddhistischen Sprachen, in formvollendeter Literatur und in der Volksfrömmigkeit wiederholt worden; sie ist in der Kunst aller buddhistischen Länder vertreten; sie bildet das Thema unzähliger Predigten, Dramen, Tänze und Zeremonien. In den Ländern des Theraveda-Buddhismus, in Ceylon und in Südostasien, hört sie immer noch jedes Kind; selbst die Lebensgeschichte von Buddha ist nicht bekannter."[268]

Auch wenn es nicht annähernd so lang ist wie die hinduistischen Epen ist das *Vessantara Jātaka* insofern ein Epos, als es die Taten und Leiden eines großen Helden schildert. Außerdem ist seine längste und literarisch anspruchsvollste Version straff organisiert und gut geschrieben. Im Hinblick auf sein Vermögen, jahrhundertelang gegenüber einem breiten, sowohl gebildetem als auch volkstümlichen Publikum zentrale Belange der religiösen Tradition auf fesselnde und einflussreiche Weise zum Ausdruck zu bringen, kommt es den hinduistischen Epen gleich.

Collins zeigt, dass das *Vessantara Jātaka* dem *Rāmāyaṇa* insofern geistig sehr viel näher steht als dem *Mahābhārata*, als Vessantara, wie Rāma, ein tugendhafter Prinz ohne Tadel ist, den sein Vater für die Regentschaft

---

[266] Margaret Cone und Richard F. Gombrich, *The Perfect Generosity of Prince Vessantara: A Buddhist Epic*, Oxford: Clarendon Press, 1977. Eine kürzlich veröffentlichte Sammlung von Jātaka-Geschichten findet sich in *The Jātakas: Birth Stories of the Bodhisatta*, übers. v. Sarah Shaw, New Delhi: Penguin, 2006, worin das interessante *Temiya Jātaka* enthalten ist, das Parallelen zum *Vessantara Jātaka* aufweist.

[267] Obgleich es unmöglich ist, den umfangreichsten Text auf Pali exakt zu datieren, auf den die anderen Versionen zurückzugehen scheinen, wissen wir, dass die Geschichte bis ins zweite und erste Jahrhundert v. u. Z. zurückreicht, da Episoden daraus auf Reliefschnitzereien aus dieser Zeit im nördlichen Indien zu finden sind. Cone und Gombrich, *Vessantara*, xxxv.

[268] Ebd., xv.

ausgewählt hat, der aber dann in den Wald verbannt wird, wo er als Entsagender lebt, bis er am Ende als „idealer König“ die Herrschaft übernimmt. Wegen seiner extremen Großzügigkeit gerät Vessantara in Konflikt mit der Öffentlichkeit, besonders als er den Staatselefanten weggibt, der über Zauberkräfte verfügt und Regen machen kann, nachdem ein Brahmane aus einem anderen, an einer Trockenperiode leidenden Land ihn darum gebeten hatte. Dies veranlasst das Volk zu der Forderung, Vessantara zu verbannen. Seine Frau, seine beiden Kinder und er ziehen sich in den Wald zurück, was in vielen Hinsichten idyllisch ist, bis ein missmutiger Brahmane erscheint, die Herausgabe von Vessantras Kindern verlangt und der stets großzügige Vessantara sehr zum Leidwesen seiner Frau einwilligt. Daraufhin erscheint der König der Götter, Indra, verkleidet bei Vessantara und bittet ihn um seine Frau, um dem bösen Brahmanen zuvorzukommen, auch noch nach ihr zu fragen. Danach offenbart Indra sein wahres Ich und gibt Vessantaras Frau zurück, die jetzt niemandem mehr überlassen werden darf, weil ein zurückgegebenes Geschenk unantastbar ist. Der Kummer der Frau über den Verlust ihrer Kinder verleiht der Erzählung viel von ihrem Pathos. Diese Geschehnisse machen deutlich, dass ein Leben in vollkommener Entsagung, das vollkommene Großzügigkeit voraussetzt, auf der Ebene normaler menschlicher Beziehungen extrem schmerzhaft ist. Wozu es im *Vessantara Jātaka* nicht kommt, ist ein Krieg gegen den angriffslustigen Brahmanen, weshalb in diesem Punkt keine Parallele zum *Rāmāyaṇa* besteht. Vessantara ist gegenüber niemandem zu Gewalt imstande, nicht einmal gegenüber einem wahren Dämon, wie ihn der Brahmane in seiner ungebremsten Bösartigkeit zweifellos verkörpert. Trotzdem kommt das Gebaren des Brahmanen ans Licht und Vessantara findet nicht nur wieder mit seiner Familie zusammen, sondern wird danach zum vollkommenen König, der bis ans Ende seiner Tage glücklich herrscht. (Der böse Brahmane erhält im Übrigen auch noch Lösegeld für die Kinder und zieht in einen Palast, doch frisst er sich unverzüglich zu Tode und führt dadurch seine eigene Bestrafung herbei.) Collins Gesamtdeutung der Geschichte lautet folgendermaßen:

> „Es handelt sich unter anderem um eine schmerzlich aufrichtige Konfrontation mit den Schwierigkeiten der Entsagung, die zeigt, dass tatsächliche menschliche Güter letztendlich bei der asketischen Suche nach höchster Glückseligkeit aufgegeben werden müssen; und es handelt sich um den subtilsten und erfolgreichsten Versuch in der Literatur auf Pali, asketische Werte in eine gewöhnliche, produktive und reproduktive Gesellschaft einsickern zu lassen. Zwangsläufig erhaschen wir am Ende der Geschichte nur einen kurzen Blick auf eine solche Gesellschaft, da eine bündige narrative Beschreibung über die [einer solchen Gesellschaft innewohnenden] Widersprüche und Paradoxien stolpern würde – so

> wie die sagenumwobene *Rāma-rājya*, die Utopie, die auf Rāmas Sieg über Rāvana und seine Weihe zum König folgt, bloß neun Verse am Ende von Buch 6 des *Rāmāyaṇa* einnimmt.“[269]

Collins weist darauf hin, dass die absolute Verpflichtung der Buddhisten zur Gewaltlosigkeit ohne den Relativismus des *Mahābhārata* auf der einen oder das Zulassen von Gewalt gegenüber nichtmenschlichen Lebewesen im *Rāmāyaṇa* auf der anderen Seite im *Vessantara Jātaka* zwar gut zum Ausdruck kommt, aber keinen so einfachen Gegensatz zu den hinduistischen Epen darstellt, wie es scheinen könnte. Er meint, Dhamma nehme in den buddhistischen Gesellschaften in der Praxis zwei Formen an: „Form 1 beruht auf dem Prinzip der Wechselseitigkeit; diese verlangt und rechtfertigt Gewalt, wenn sie in Gestalt der Bestrafung von Verbrechen und aus Selbstverteidigung Schlechtes mit Schlechtem vergilt, und Form 2, die Werte, darunter auch die Gewaltlosigkeit, absolut versteht.“[270] Die Kraft des *Vessantara Jātaka* liegt darin, dass es das Vorhandensein beider Formen und ihrer jeweiligen Kosten anerkennt. Dass die Buddhisten es immer als eine fröhliche Geschichte und nicht als Tragödie betrachtet haben, hat viel damit zu tun, dass es über sich selbst hinausweist: „Es war oftmals unter dem einfachen Namen *Mahājātaka*, die ‚Große Geburtsgeschichte‘, bekannt und erzählt die Ereignisse während der aufeinanderfolgenden, vorherigen Menschengeburten, aus denen Gotama Buddha wurde, als er die Tugend der Gabe perfektioniert hatte; danach wurde er vor einer letzten und endgültigen Geburt zum Siddhattha Gotama als Gott im Tusita-Himmel wiedergeboren.“[271] Die Geschichte läuft also auf Buddha und sein Nirvana zu.

Es lohnt sich, darüber nachzudenken, dass die drei Epen, die wir erörtert haben, die Fragen der Gewalt und ihrer Übel, eines guten Königs und einer guten Gesellschaft weitaus expliziter aufwerfen als die *Ilias*, die *Odyssee* oder die *Aeneis*. Das liegt zum Teil daran, dass die griechischen Epen zu einer Zeit entstanden sind, als die Kriegergesellschaften, die sie schildern, erst kurz zurücklagen (und Vergils lateinisches Epos nimmt sich die griechischen Epen zu gründlich zum Vorbild, als dass es die Form

---

[269] Collins, *Nirvana*, 501. Im Zusammenhang mit seiner Erörterung des buddhistischen utopischen Denkens zitiert Collins in diesem Buch den ungemein interessanten Aufsatz von Northrop Frye, „Varieties of Literary Utopias“, in: ders., *The Stubborn Structure: Essays on Criticism and Society*, Ithaca: Cornell University Press, 1970, 109–134. (Dieser Aufsatz erschien ursprünglich in *Daedalus* 99, Nr. 2, 1965, 323–347.) Frye entwirft eine wirksame Verteidigung literarischer Utopien gegen deren zeitgenössische Gegner.

[270] Collins, *Nirvana*, 522.

[271] Ebd., 333.

durchbrechen könnte), wohingegen die entsprechenden indischen Kriegergesellschaften nur noch in ferner Erinnerung waren, als unsere Versionen der Epen verfasst wurden. Am beeindruckendsten an den indischen Epen ist ihr narratives Vermögen, Einsichten aus dem systematischen Denken zu übernehmen und deren Komplexität und innere Widersprüchlichkeit unerschrocken vor Augen zu führen. Ohne ihre narrative Tiefe würden wir nur über ein verkürztes Bild davon verfügen, wie sich die Tradition in der nachfolgenden Geschichte niedergeschlagen hat.

Kapitel 10

Schluss

In einem seiner Fragmente sagt Pascal etwas, das auch für dieses Buch gilt: „Das letzte, was man findet, wenn man ein Werk schreibt, ist, daß man weiß, was man an den Anfang stellen muß."[1] Nachdem ich die Kapitel 1 bis 9 geschrieben hatte und während ich Kapitel 2, „Religion und Evolution", vollständig umschrieb, habe ich entdeckt, wie wichtig das Spielen von Säugetieren ist und auf welche außergewöhnliche Weise das Spielen von Tieren den Hintergrund für die Entwicklung von Spiel, Ritual und Kultur unter Menschen bildet.[2] So fließt das zuletzt entdeckte Spiel ziemlich früh in dieses Buch ein, wird dann aber während des ganzen Marsches von den Stammesreligionen zu den achsenzeitlichen Religionen weitgehend außer Acht gelassen. Dabei war das Spiel die ganze Zeit über kurz unter der Oberfläche präsent, ich habe nur nicht ausdrücklich darauf hingewiesen. Da ich mir nicht vorstellen kann, das ganze Buch umzuschrei-

---

[1] Blaise Pascal, *Gedanken,* übers. v. Ulrich Kunzmann, Berlin: Suhrkamp, 2012 [1670], 102. Es gibt eine weitere Stelle bei Pascal, die für dieses Buch relevant ist: „*Da man nicht allseitig sein und alles erfahren kann, was man über alles wissen könnte, muß man ein wenig von allem wissen, denn es ist weitaus schöner, etwas von allem zu wissen, als alles von einer Sache zu wissen.*" Kursivierung im Original, ebd., 43. Hier spricht sich Pascal gegen Überspezialisierung aus, doch selbst wenn ich versucht hätte, seiner Devise zu folgen, so war doch alles, was ich erreichen konnte, etwas über viele Dinge zu wissen, nicht einmal im entferntesten etwas über alles. Pascal äußert sich sarkastisch über Philosophen, die behaupten, alles über alles zu wissen.

[2] Wie in Kapitel 2 angedeutet, habe ich Gordon Burghardt für seine Arbeit über das Spielen von Tieren und Johan Huizinga für seine Arbeit über das Spiel als Grundlage menschlicher Kultur viel zu verdanken. Vielleicht sind ein paar Worte angebracht, warum Kapitel 2 das einzige größere Kapitel ist, das nach der Fertigstellung der anderen umgeschrieben wurde (ich habe im Herbst 2009 ein neues Vorwort geschrieben, das ein ganz zu Beginn geschriebenes Vorwort ersetzte, als ich noch kein angemessenes Gefühl dafür hatte, wohin dieses Buch führen würde). Obgleich es stimmt, dass das Verständnis der biologischen Evolution sich in den etwa zehn Jahren, seit der erste Entwurf fertiggestellt wurde, dramatisch geändert hat, trifft dies in einem geringeren Maße auch auf die Inhalte der anderen größeren Kapitel zu und hätte allein keine Neufassung gerechtfertigt. Der hauptsächliche Grund ist, dass ich, obgleich ich zwar immer noch glaube, dass Religion in jedwedem verständlichen Sinne unserer eigenen Spezies nicht vorangeht und deshalb im Paläolithikum entstand, inzwischen aber eingesehen hatte, dass der tiefe Hintergrund, der diesen Ursprung möglich machte, ebenfalls von so großer Bedeutung war, dass er einer ausführlichen Erörterung bedurfte.

ben, nachdem ich 13 Jahre lang daran gearbeitet habe, um dem Spiel die ihm gebührende Aufmerksamkeit zukommen zu lassen, möchte ich in diesem Schlusskapitel kurz versuchen, diese Unzulänglichkeit wieder wettzumachen, indem ich die Bedeutsamkeit des Spiels und jene Dinge erörtere, die im menschlichen Leben eine Gefahr für das Spiel darstellen.

Schiller

Zu Beginn werde ich mich auf eine wichtige klassische Auseinandersetzung mit dem Spiel beziehen, die ich in Kapitel 2 nicht berücksichtigt habe, nämlich Friedrich Schillers *Über die ästhetische Erziehung des Menschen.*[3] Schiller greift eine kurze Analogie bei Kant auf, der festgestellt hatte, dass sich die Kunst zum Handwerk so verhält wie das Spiel zur Arbeit,[4] aber die Auffassung von Spiel, die er entwickelt, geht weit über alles hinaus, was bei Kant steht. Schon Schiller stellt Mutmaßungen über das Wesen des tierischen Spiels an – das Gordon Burghardt in seinem bemerkenswerten Buch *The Genesis of Animal Play* so brillant analysiert hat –, dass nämlich das Spiel im Verhältnis zu den Zwängen des Überlebenskampfes ein Reich der Freiheit darstellt: Es stellt sich nur im Rahmen von etwas ein, das Burghardt „zwangloses Umfeld" nennt.[5] Schiller drückt das folgendermaßen aus:

> „Zwar hat die Natur auch schon dem Vernunftlosen über die Nothdurft gegeben, und in das dunkle thierische Leben einen Schimmer von Freyheit gestreut. Wenn den Löwen kein Hunger nagt, und kein Raubthier zum Kampf herausfordert, so erschafft sich die müßige Stärke selbst einen Gegenstand; mit muthvollem Gebrüll erfüllt er die hallende Wüste, und in zwecklosem Aufwand genießt sich die üppige Kraft. [...] Das Thier *arbeitet*, wenn ein Mangel die Triebfeder seiner Thätigkeit ist, und es *spielt*, wenn der Reichthum der Kraft diese Triebfeder ist, wenn das überflüssige Leben sich selbst zur Thätigkeit stachelt."

---

[3] Friedrich Schiller, *Über die ästhetische Erziehung des Menschen*, hrsg. v. Klaus L. Berghahn, Stuttgart: Reclam, 2000 [1801].

[4] Immanuel Kant, *Kritik der Urteilskraft,* hrsg. v. Wilhelm Weischedel, Frankfurt: Suhrkamp, 1981 [1790], § 43, 237–238.

[5] Gordon M. Burghardt, *The Genesis of Animal Play: Testing the Limits,* Cambridge, Mass.: MIT Press, 2005, 77–78. Bei erneuter Überprüfung stellte ich fest, dass Burghardt sich in seinem Buch nicht bloß auf Schiller bezieht, sondern auf S. 28 seines Buches sogar eine Textstelle zitiert, die sich teilweise mit dem folgenden Zitat überschneidet – ein Verweis, dem nachzugehen ich bei meiner ersten Lektüre versäumt habe. Mehr als jeder andere hat Burghardt mir die Augen für die enorme Bedeutung des tierischen Spiels für die Evolutionsgeschichte geöffnet.

Dem „Zwang des Bedürfnisses oder dem *physischen Ernste*" stellt Schiller „den Zwang des Ueberflusses oder das *physische Spiel*" gegenüber, allerdings weist er darauf hin, dass das menschliche Spiel zwar ebenfalls im physischen Spiel seinen Ausgang nähme, mit dem ästhetischen Spiel aber eine Stufe erreichen könne, auf der die vollen geistigen und kulturellen Fähigkeiten des Menschen zur freien Entfaltung kommen.[6] Schiller war ein großer Dichter, philosophisch aber ein Amateur, weshalb einige seiner Schlussfolgerungen nicht leicht nachzuvollziehen sind. Anscheinend vertritt er die These, dass eine Reihe von Dichotomien das menschliche Leben zerklüften, die das Spiel überwindet: Materie und Form, Sinnlichkeit und Verstand, Gegebenheit und Notwendigkeit und so weiter. Er lehnt die Reduktion des Spiels aufs „bloße Spiel" ab, wenn er schreibt: „Aber was heißt denn ein *bloßes* Spiel, nachdem wir wissen, dass unter allen Zuständen des Menschen gerade das Spiel und *nur* das Spiel es ist, was ihn vollständig macht, und seine doppelte Natur auf einmal entfaltet?" Und dieser Gedankengang findet seinen Höhepunkt in einer bemerkenswerten Behauptung: „Denn, um es endlich auf einmal herauszusagen, der Mensch spielt nur, wo er in voller Bedeutung des Worts Mensch ist, und *er ist nur da ganz Mensch, wo er spielt.*"[7]

Ein anderer Aspekt unter den vielen interessanten Dingen, die Schiller sagt, hat mit dem Verhältnis von Spiel und Zeit zu tun:

> „Der sinnliche Trieb will, dass Veränderung sey, daß die Zeit einen Inhalt habe; der Formtrieb will, daß die Zeit aufgehoben, daß keine Veränderung sey. Derjenige Trieb also, in welchem beyde verbunden wirken, (es sey mir einstweilen, bis ich diese Benennung gerechtfertigt haben werde, vergönnt, ihn *Spieltrieb* zu nennen) der Spieltrieb also würde dahin gerichtet seyn, die *Zeit in der Zeit* aufzuheben, Werden mit absolutem Seyn, Veränderung mit Identität zu vereinbaren."[8]

An dieser Stelle scheint Schiller zu sagen, dass das „Herausfallen aus der Zeit", das Lévi-Strauss als charakteristisch für Musik und Mythos ansah, wie wir in Kapitel 1 festgestellt haben, möglicherweise ursprünglich ein Wesenszug des Spiels ist.[9] Die „Aufhebung der Zeit in der Zeit" scheint

---

[6] Schiller, *Ästhetische Erziehung*, Sieben und zwanzigster Brief [sic], 115–116. Kursivierung im Original. Möglicherweise macht sich bei Schiller die Unterscheidung zwischen der Erkenntnis des Seins (S-Erkennen) und dem Erkennen des Defizits (D-Erkennen) bemerkbar, die wir in Kapitel 1 bei Abraham Maslow angetroffen haben. Abraham Maslow, *Psychologie des Seins: Ein Entwurf*, übers. v. Paul Kruntorad, München: Kindler Verlag, 1981 [1962], 83–86.

[7] Schiller, *Ästhetische Erziehung*, Fünfzehnter Brief, 61–63, Kursivierung im Original.

[8] Ebd., Vierzehnter Brief, 56–57, Kursivierung im Original.

[9] Claude Lévi-Strauss, *Mythologica I: Das Rohe und das Gekochte*, übers. v. Eva

das zu sein, was in einem zwanglosen Umfeld geschieht, das heißt in einer Lebensform, die nicht dem Überlebenskampf unterworfen ist, und das Spiel reicht als erste solche Form in der biologischen Zeit weit zurück.

Meiner Meinung nach ist Schiller für den Schritt von der Beschreibung des Spielens von Tieren in Kapitel 2 zur Beschreibung der Stammesrituale in Kapitel 3 hilfreich. In allen drei Beispielen für Stammesrituale wird deutlich, dass sie in einem zwanglosen Umfeld stattfinden und dass erhebliche Anstrengungen unternommen werden müssen, um solch ein Umfeld zu erschaffen. Bei den Kalapalo sind für ein wichtiges Ritual Wochen, wenn nicht Monate Vorbereitungszeit erforderlich. Ein Teil davon wird mit Proben und dem Aufbau der Requisiten verbracht, die bei der Darbietung [*performance*] des Rituals verwendet werden, es kommt aber auch zu verstärkten ökonomischen Bemühungen, um die zusätzlichen Lebensmittel bereitstellen zu können, die bei einem wichtigen Ritual unter den Teilnehmern und Besuchern verteilt werden. Mitten in einem Ritual auf Nahrungssuche gehen zu müssen, würde seinen Zauber sicherlich zerstören. Es scheint sogar so zu sein, dass die Möglichkeit, nennenswerte Lebensmittelvorräte anzulegen, eine Voraussetzung für Rituale ist, in die mehr Menschen eingebunden sind als die unmittelbaren Gruppenmitglieder, damit sie überhaupt abgehalten werden können. Ähnliche Vorbereitungen lassen sich bei den australischen Aborigines und bei den Navajo beobachten. Man kann sich außerdem vorstellen, dass ein Ritual in vorstaatlichen Zeiten besser zu einem Zeitpunkt und an einem Ort abgehalten wird, der vor Angriffen von außen relativ sicher ist. Deshalb erfordern menschliche Rituale Arbeit an der Vorbereitung eines zwanglosen Umfelds; tierisches Spiel setzt voraus, dass die Spielenden satt und sicher sind, spezielle bzw. ausgedehnte Vorbereitungen sind dagegen nicht erforderlich. Dass Spiel und Arbeit beim Menschen nicht nur Gegensätze, sondern in vielen Hinsichten miteinander verflochten sind, ist eine Einsicht, mit der wir uns unten ausführlicher beschäftigen werden müssen.

Die Schilderungen der eigentlichen Stammesrituale fördern gewöhnlich Merkmale zu Tage, die sich als spielerisch bezeichnen lassen: Solche Rituale nehmen zu weiten Teilen die Gestalt von Gesängen, Tänzen, Festmählern und allgemeiner Ausgelassenheit an, sie haben aber auch einen starken Bestandteil von So-tun-als-ob-Spielen, die ernsthafte Bedeutung haben können. Dazu lässt sich eine einschlägige Schilderung eines Rituals bei den Kalapalo anführen:

Moldenhauer, Frankfurt: Suhrkamp, 1971 [1964], 31, wo er sagt, „alles geht so vor sich, als hätten Musik und Mythologie die Zeit nur deshalb nötig, um sie zu verleugnen“.

„Die musikalische Darbietung [*performance*] wird mit den mächtigen Wesen in Verbindung gebracht und bietet eine Möglichkeit, mit ihnen zu kommunizieren, auch wenn sie nicht direkt an sie gerichtet ist. [...] Die Kommunikation erfolgt sozusagen nicht dadurch, dass den mächtigen Wesen etwas *vorgesungen* wird, sondern dadurch, dass sie durch den Gesang *zum Leben erweckt* werden. Mit Hilfe der Darbietung entstehen in den Köpfen der Darbietenden hochkonzentrierte geistige Bilder der mächtigen Wesen. [...] Infolgedessen verschmilzt das, was besungen wird, mit dem Ich; genauso wie im Mythos mächtige Wesen an der menschlichen Rede beteiligt sind, haben die Menschen beim Ritual an der Musikalität der *itseke* [mächtigen Wesen] teil. Dadurch erlangen sie vorübergehend einen Teil von deren transformativer Kraft. Beim öffentlichen Ritual ist das die Macht der Gemeinschaft."[10]

Auch was das Gefühl von moralischer Gleichheit anbelangt, welches das Ritual erzeugt und von dem wir bereits gesehen hatten, dass es in den egalitären Spielregeln unter Tieren angelegt war, können wir auf Ellen Bassos Beschreibung zurückgreifen: „Ökonomisch bedeutet das, dass jeder sich beteiligen muss, aber unabhängig von seinem Beitrag auch etwas erhält. Der grundlegendste Wert im Leben der Kalapalo, *Ifutisu* (der Vorstellungen wie Großzügigkeit, Bescheidenheit, Anpassungsfähigkeit und Gelassenheit angesichts sozialer Schwierigkeiten sowie Respekt für andere umfasst), wird über den familiären Bereich hinaus auf alle Mitglieder der Gemeinschaft ausgeweitet."[11]

Das Spielen von Tieren findet zwar in einer Gesellschaft statt, die nach einer mehr oder weniger strengen Dominanzhierarchie organisiert ist, aber die Gesellschaften der Jäger und Sammler und einige der Gartenbau betreibenden Gesellschaften, die in Kapitel 3 beschrieben wurden, sind relativ egalitär. Es stellt sich unweigerlich die Frage, ob in solchen Gesellschaften der in Spiel und Ritual endemische Egalitarismus in irgendeiner Form außerhalb des rituellen Kontextes verallgemeinert worden ist. Möglicherweise lässt sich der Egalitarismus der Jäger und Sammler vollständig auf ökonomischer Basis erklären, wie teilweise auch versucht worden ist, ein kultureller Schub aus dem Bereich des Spiels und Rituals könnte aber auch eine Rolle gespielt haben. In Kapitel 4 habe ich behauptet, die unablässige Beteuerung der Gleichheit im rituellen Kontext hätte möglicherweise dazu beigetragen, dass solche Gesellschaften mit der allgegenwärtigen Bedrohung durch herrschsüchtige Emporkömmlinge fertig geworden sind.

---

10 Ellen B. Basso, *A Musical View of the Universe: Kalapalo Myth and Ritual Performances*, Philadelphia: University of Pennsylvania Press, 1985, 253, Kursivierung im Original.

11 Ebd., 256–257.

Spiel, Ritual und der frühe Staat

Was passiert, wenn im Zuge der Ausbreitung des Ackerbaus, von dörflichen Ansiedlungen und von Bevölkerungszuwachs Dominanzhierarchien wiederkehren – zunächst in Maßen, aber dann – im frühen Staat – mit voller Wucht? Wir haben eine rituelle Gabelung festgestellt: Einige Rituale sind der Herrschaftselite vorbehalten und finden außerhalb des Blickfelds oder entfernt von der übrigen Bevölkerung statt, während in der nicht zur Elite zählenden Bevölkerung verschiedene Gemeinschaftsrituale weiterbestehen. Auf Tikopia – einem Beispiel für ein „traditionelles" polynesisches Häuptlingstum, in dem der Häuptling über wenige Zwangsbefugnisse verfügte und nach wie vor als Oberhaupt einer erweiterten, die gesamte Gruppe umfassenden Abstammungslinie galt, aber mit einer Ehrerbietung behandelt wurde, die den Jägern und Sammlern unbekannt war – kamen Ansätze von etwas zum Vorschein, das man Anbetung nennen kann. Den mächtigen Wesen, die jetzt als Götter bezeichnet werden können, da die Bitte um ihren Schutz und ihre Hilfe einen zentralen Bestandteil des Rituals ausmacht, das nur Häuptlinge vollziehen [*perform*] dürfen, bringt nur der Häuptling allein Opfergaben dar, die in diesem Fall aus Speis und Trank bestehen. Doch nachdem die gemeinen Untertanen diese heiligen Rituale aus der Ferne beobachtet haben, deren Worte geheim sind und so leise gesprochen werden, dass sie sie nicht hören können, findet ein Fest für alle statt, zu dem Gesänge, Tänze und Gelage gehören und das an die Gemeinschaftsrituale der Stammesgesellschaften erinnert.

Sogar auf Hawaii, das ein früher Staat war bzw. zum Zeitpunkt seiner Entdeckung durch den Westen ganz kurz davor stand, einer zu werden, wechselten die Rituale im Jahresverlauf. In der Jahreszeit, die dem Kriegsgott Kū gehörte, fanden die Rituale in von Mauern umgebenen Tempeln statt, die das gemeine Volk nicht betreten durfte. Darin nahmen Priester Opferungen vor, darunter bezeichnenderweise Menschenopfer, um die Macht und das Ansehen der obersten Häuptlinge zu vergrößern, die im Begriff waren, Könige zu werden. Doch den Rest des Jahres über, in der Makahiki-Saison, vor allem zu Beginn des neuen Jahres gewann eine ganz andere Art von Ritual die Oberhand. Bezeichnenderweise wurden in diesem Zeitraum die Tore des Tempels von Kū geschlossen. Wie wir in Kapitel 4 gesehen haben, arbeitete niemand in den vier Tagen und Nächten, die auf den *hi'uwai*-Ritus folgten. Menschen aller Klassen widmen sich dem Schlemmen, Spotten, obszönen und satirischen Gesängen und vor allem dem Tanz. Gelächter überwindet jedes *kapu* [Tabu], und sexuelle Annäherungsversuche beim Tanzen dürfen nicht zurückgewiesen werden. Valeri schreibt, dass „diese fabelhaft koordinierten Tänze eine mustergültige

Kameradschaft“ entstehen lassen, in der sich die Gesellschaft neu konstituiert. All dies geschieht in einer Atmosphäre „hierarchischer Undifferenziertheit“.[12] Zumindest vorübergehend kam der alte Egalitarismus wieder zum Vorschein.

Sogar in streng hierarchischen Gesellschaften findet man auf der ganzen Welt Umkehrrituale – zu denen die Verletzung gewöhnlicher Regeln gehört, zum Beispiel von Regeln, welche die Geschlechtsidentität betreffen, aber auch von Regeln wie der Respektierung von Höherstehenden. Diese Rituale sind gemeinhin als ein „Dampfablassen“ interpretiert worden, das letzten Endes den Status quo bekräftigt, doch in gewissem Grade könnten sie auch die Äußerung wirklicher Empfindungen gestatten, und sei es unter sorgfältig kontrollierten Bedingungen. In diesen Ritualen ist das spielerische Element besonders sichtbar.

In den totalitären Gesellschaften der Neuzeit, in denen die heiligsten Rituale im Zentralkomitee oder auf Parteitagen stattfinden, bekräftigen große öffentliche Rituale, an denen mitunter Hunderttausende Menschen beteiligt sind und die in alle Teile des Landes übertragen werden, die Solidarität aller mit der nunmehr ziemlich unnahbaren Führung. Und in demokratischen Gesellschaften, deren Führung „transparent“ sein soll, auch wenn dies nur selten uneingeschränkt der Fall ist, werden regelmäßig große öffentliche Rituale abgehalten, wie etwa die Amtseinführung eines neu gewählten Präsidenten. Doch unabhängig davon, wie viel von der öffentlichen Beteiligung an Ritualen in den in Klassen unterteilten staatlichen Gesellschaften weiterlebt, untermauern die zentralen Mythen und Ideologien die Legitimität der jeweils herrschenden Gruppe, wenn auch seit der Achsenzeit nicht mehr unangefochten.

Wir haben festgestellt, dass die offizielle Ideologie zwar gewöhnlich die erdrückende Dominanz des Herrschers unterstreicht, wie im Fall der Behistun-Inschriften des achämenidisch-persischen Großkönigs Dareios' I., sie aber normalerweise auch so etwas wie Fürsorge zum Ausdruck bringt. Die häufig vorkommende Bezugnahme auf den Herrscher als Vater oder Hirten des Volkes ist zwar harmloser als die Symbolisierung skrupelloser Macht, aber sie unterstreicht ebenfalls die Tatsache, dass Herrscher Erwachsene sind und die Beherrschten Kinder. In archaischen Gesellschaften und in unterschiedlichem Grad sogar in achsenzeitlichen Gesellschaften ist der Herrscher auf andere Weise auf das Göttliche bezogen als das gewöhnliche Volk, sodass die religiöse oder ideologische Sanktionierung des bestehenden Regimes die bestehenden Machtstrukturen untermauert.

---

[12] Valerio Valeri, *Kingship and Sacrifice: Ritual and Society in Ancient Hawaii*, Chicago: University of Chicago Press, 1985, 218–219.

Es gibt aber noch eine andere Eigenschaft von in Klassen unterteilten staatlichen Gesellschaften, die eine Verbindung zum Spiel aufweisen: In den meisten monarchischen frühen Staaten, und zwar bei vielen dieser Staaten während der gesamten historischen Zeit, bedeutet es harte Arbeit, wenn man König werden will, weil Brüder, Vettern und mächtige Provinzgouverneure auch schon ein Auge auf den Thron geworfen haben. Und hat man die Königsherrschaft endlich erlangt, ist häufig für ihre Aufrechterhaltung harte Arbeit erforderlich. Und doch genießen die zur Elite gehörenden Klassen – die wir Aristokratie nennen können, die erweiterte Familie aus Verwandten oder engen Verbündeten des Monarchen – in diesen Gesellschaften einen einzigartig hohen Status. Auf Hawaii wurden sie quasi als göttlich betrachtet, wie wir gesehen haben. Naturgemäß mussten sie im gewöhnlichen Sinne des Wortes nur wenige Arbeiten verrichten, weil sie von vorne bis hinten von sozial niedriger Stehenden bedient wurden. Was sie kennzeichnet, ist, dass sie spielen. Sie jagen und nehmen an militärischen Übungen teil, die ernste Folgen haben können, wenn sie im Krieg zum Einsatz kommen, bis dahin aber oftmals spielerische Wettkämpfe sind. Sie lernen, in vollendeter Eleganz zu tanzen und zu singen. Manchmal schreiben sie Poesie oder stellen Barden dafür ein, sodass sie epischen Liedern lauschen oder lyrische Gedichte mit ihren Geliebten austauschen. Solche Aristokraten sind nicht nur im alten Griechenland anzutreffen, wo sie uns aus den homerischen Dichtungen am vertrautesten sind, sondern auch im alten China, Japan, Indien, Afrika und Polynesien.[13]

Ein weiteres Merkmal des Spiels, das sich besonders unter Aristokraten entwickelt hat, ist das Auftreten von Wettkämpfen, *agon*, wenn man das griechische Wort verwenden möchte, das im Spiel und Ritual von Stämmen vorhanden sein kann, dort aber nicht besonders hervorsticht. Rousseau war der Ansicht, dass es sogar in einfachen Gesellschaften wie denjenigen, die ich als stammesförmig bezeichnet habe, bereits ein kompetitives Element gab, das aber nicht im Vordergrund stand.[14] Doch in den

---

[13] Zum aristokratischen Spiel in den Gesellschaften von frühen Staaten, siehe insbesondere Eli Sagan, *Tyrannei und Herrschaft: Die Wurzeln von Individualismus, Despotismus und modernem Staat, Hawaii – Tahiti – Buganda,* übers. v. Hans-Joachim Maass, Reinbek: Rowohlt, 1987 [1985], insbesondere 194–212.

[14] Über diese Situation schrieb Rousseau: „Man gewöhnte sich daran, sich vor den Hütten oder um einen großen Baum zu versammeln. Der Gesang und der Tanz, wahre Kinder der Liebe und der Muße, wurden das Vergnügen, oder vielmehr die Beschäftigung der müßigen und zusammengekommenen Männer und Frauen. Jeder begann, die anderen zu beachten und selbst beachtet werden zu wollen, und die öffentliche Wertschätzung hatte einen Wert. Derjenige, der am besten sang oder tanzte, der Schönste, der Stärkste, der Gewandteste oder der Eloquenteste wurde zum Geachtets-

aristokratischen Gesellschaften waren sportliche Wettkämpfe weitverbreitet, was möglicherweise auf die militärische Schulung zurückging. Dazu gehörten Wettrennen, Ringen und viele andere „Sportarten“ – die bis heute überdauert haben. Es könnte sein, dass kompetitive Spiele, bei denen Mannschaften antreten, denselben Ursprung haben. Solchen Entwicklungen in den aristokratischen Klassen begegnen wir in vielen Gesellschaften, eindeutig in Polynesien zum Beispiel, aber der Fall, der jemandem mit der abendländischen Geschichte Vertrauten als erstes in den Sinn kommt, ist wiederum Griechenland. Dort waren agonistische Sportarten und Spiele weit entwickelt, und zwar häufig im Zusammenhang mit Ritualen – man denke etwa an die von Achill anlässlich des Begräbnisses von Patroklos organisierten Spiele in der *Ilias* –, aber das offenkundigste Beispiel, weil es in einigermaßen anderer Form bis heute fortbesteht, sind die Olympischen Spiele als nur eine von mehreren panhellenischen Sportveranstaltungen. Erstaunlich und ganz anders als bei unseren heutigen Olympischen Spielen ist, dass sie im Rahmen eines großen, Zeus gewidmeten Festes stattfanden, von dem die Spiele nur ein Teil waren.

Worauf ich in Bezug auf das Aufkommen eines agonistischen und kompetitiven Spiels hinauswill, ist, dass es zwar weiterhin in einem zwanglosen Umfeld stattfand – während der Spiele wurde ein Waffenstillstand zwischen allen sich bekriegenden griechischen Städten ausgerufen, sodass die Athleten sich frei von Ängsten versammeln konnten und insbesondere die Verlierer zwar besiegt, aber nicht getötet wurden –, dass durch die Wettbewerbe aber ein Element des Überlebenskampfes in die Spielsituation selbst einging. Die Standardmaxime lautete zwar immer, dass „unabhängig davon, wer gewinnt oder verliert, dabei sein alles ist“, und diese Maxime hat eindeutig mehr als nur geringen Einfluss gehabt, aber den Griechen war sehr daran gelegen zu gewinnen. Es war edel, sich im Wettstreit zu messen, aber göttlich zu gewinnen. Möglicherweise hat keine Gesellschaft bis zum modernen Amerika mehr Wert darauf gelegt zu gewinnen. Doch wenn Gewinnen zu einer Obsession wird, kann das Spiel etwas Negatives bekommen, so etwas wie eine Sucht werden, und in einer grundsätzlich egalitären Arena kann es, wie Rousseau angenommen hat, Ungleichheit hervortreten lassen.[15]

---

ten; und das war der erste Schritt hin zur Ungleichheit und gleichzeitig zum Laster.“ Jean-Jacques Rousseau, *Diskurs über die Ungleichheit / Discours sur l'inégalité*, übers. v. Heinrich Meier, Paderborn: Schöningh, 4. Aufl. 1997 [1755], 189.

[15] Zur negativen Seite des Spiels, einschließlich des Spiels als einer Sucht (Glücksspiel wäre ein Beispiel), siehe Gordon Burghardt, *Genesis of Animal Play*, 385–393.

Entsagung und die Legitimationskrise des frühen Staates

Doch in unserem Fall nimmt Spielen noch eine andere Bedeutung an: Während einige arbeiten, spielen andere.[16] Das heißt nicht, dass diejenigen, die arbeiten, gar nicht spielen, sondern dass Spielen für sie zeitliche und qualitative Grenzen hat, weil schon das Verdienen ihres Lebensunterhalts so schwer auf ihnen lastet. In diesem Fall mögen die Spieler gleichberechtigt sein, aber das Spiel ist in der Gesamtgesellschaft nicht gleichmäßig verteilt. Es hat zwar viele ideologische Versprechungen gegeben, dass „Freizeit" [*leisure*] in der Neuzeit demokratisiert werden würde – Freizeit ist ein Wort, das eng mit dem Spiel zusammenhängt –, aber heutzutage haben nicht einmal die „feinen Leute" [*leisure classes*] viel freie Zeit, und den Übrigen stehen im Wesentlichen gerade einmal ein paar Stunden Fernsehen pro Tag zur Verfügung.

Wir haben jedoch sogar in einem frühen Staat wie Hawaii das Aufkommen von Figuren beobachtet, die man als moralische Emporkömmlinge bezeichnen kann: prophetenhafte Gestalten, die auf große eigene Gefahr den bestehenden Machtstrukturen einen moralischen Maßstab entgegenhielten, dem diese Machtstrukturen eindeutig nicht gerecht wurden. In der Achsenzeit – Mitte des ersten Jahrtausends v. u. Z. – waren solche Infragestellungen der herrschenden kulturellen Ordnung nicht mehr zu übersehen. Es gehört zur Definition des Achsenzeitalters, dass zu dieser Zeit erstmals eine universelle egalitaristische Ethik in Erscheinung trat. Was sollen wir heute über diese folgenschwere Zeit denken?

An dieser Stelle möchte ich Jürgens Habermas' Aufsatz „Zur Rekonstruktion des Historischen Materialismus" zum Ausgangspunkt nehmen. Als vom Übergang von den über Verwandtschaftsbeziehungen organisierten Stammesgesellschaften zum Aufkommen des frühen Staates die Rede ist, schreibt er:

> „Die soziale Integration, die über Verwandtschaftsbeziehungen vollzogen [...] wird, gehört, entwicklungslogisch betrachtet, einer niedrigeren Stufe an als die soziale Integration, die über Herrschaftsbeziehungen vollzogen [...] wird. Trotz dieses Fortschritts muß zugleich die in politischen Klassengesellschaften *notwendig* praktizierte Ausbeutung und Unterdrückung im Vergleich zu den unerheblicheren sozialen Ungleichheiten, die das Verwandtschaftssystem *zuläßt*, als ein

---

[16] Obgleich Menschen ihr ganzes Leben lang spielen können, ist das Spiel vor allem für die Kindheit charakteristisch. Auf die Folgen des „einige arbeiten, andere spielen" in Brasilien weist David F. Lancy, *The Anthropology of Childhood: Cherubs, Chattel, Changelings*, Cambridge: Cambridge University Press, 2008, eindringlich hin: „in Brasilien ist Kindheit ein Privileg der Reichen und praktisch nicht existent für die Armen" (1).

> Rückschritt gewertet werden. Weil das so ist, können Klassengesellschaften den Legitimationsbedarf, den sie selbst erzeugen, strukturell nicht befriedigen."[17]

Es stimmt, dass der frühe Staat und das mit ihm einhergehende Klassensystem lange vor dem Achsenzeitalter in den von mir so genannten archaischen Gesellschaften entstanden und im Volk einen Grad an Unzufriedenheit erzeugten, der sich in den Texten feststellen lässt, über die wir aus dieser Zeit verfügen, aber zu der Legitimationskrise, von der Habermas spricht, kommt es mit besonderer Schärfe vor allem im Achsenzeitalter, als im Vergleich zu den archaischen Gesellschaften soziale Herrschaftsmechanismen stark zunahmen und kohärente Unmutsbezeugungen erstmals möglich wurden. Man würde es sich mit Sicherheit zu einfach machen, wenn man die Übergänge in die Achsenzeit als Formen des Klassenkampfes interpretiert, aber es lässt sich nicht leugnen, dass sie alle mit Gesellschaftskritik und einer scharfen Verurteilung der bestehenden sozialen und politischen Bedingungen verbunden waren.

In Antwortversuchen auf die Frage, woher diese Kritik kam, ist von „Intellektuellen" die Rede gewesen, auch wenn nicht recht deutlich wird, was dieser Begriff in Bezug auf das erste Jahrtausend v. u. Z. bedeuten soll. Die Klasse der Schriftgelehrten und Priester kommt einem in den Sinn, aber man kann davon ausgehen, dass die meisten von ihnen zu sehr in das bestehende Machtsystem eingebunden waren, um dezidiert kritisch zu sein. Auch wenn die Art von Staat, die es zu jener Zeit gab, sich über Verwandtschaftsbeziehungen hinwegzusetzen versuchte und damit in einigen wichtigen Hinsichten auch Erfolg hatte, erfreuten verschiedene Arten von partikularistischen und herkunftsbedingten Vereinigungen sich weiter Verbreitung. Es ist nicht leicht, sich in solchen Gesellschaften einen sozialen Raum für Kritik vorzustellen. In diesem Zusammenhang müssen wir uns mit der Rolle von „Entsagung" befassen, um einen Begriff aufzugreifen, der am häufigsten in Bezug auf das alte Indien benutzt wird.

Entsagung hat es bereits im spätvedischen Indien gegeben; der erste Entsagende, von dem wir eine Schilderung besitzen, ist möglicherweise Yājñavalkya, der erstmals in der *Bṛihadāraṇyaka Upanishad* auftritt. Der Entsagende entsagt der Rolle des Hausvaters und all den sozialen und politischen Verstrickungen, die damit einhergehen. Der Buddhismus sah eine radikale Form von Entsagung vor: Als erstes muss die betreffende Person ihr „Zuhause verlassen", danach bleibt sie auf Dauer obdach- oder auch

[17] Jürgen Habermas, „Zur Rekonstruktion des Historischen Materialismus", in: ders., *Zur Rekonstruktion des Historischen Materialismus*, Frankfurt: Suhrkamp, 3. Aufl. 1982, 179–180, Kursivierung im Original.

heimatlos. Da ein Entsagender „an keinem Ort“ zu Hause ist, kann er, und manchmal auch sie, sozusagen von außen auf die etablierte Gesellschaft blicken. In gewisser Hinsicht fällt es nicht schwer, die hebräischen Propheten als Entsagende [*renouncer*] zu betrachten, obwohl ich sie auch als „Brandmarker“ [*denouncer*] bezeichnet habe. Auch sie standen außerhalb der Machtzentren, als sie versuchten, ungeachtet der Konsequenzen die Gebote Gottes zu befolgen. Noch als Gegner der Macht waren sie zwar machtorientierter als die buddhistischen Ordensbrüder, aber wie sich herausstellen wird, standen auch die buddhistischen Mönche der weltlichen Macht radikal kritisch gegenüber. Es fällt leicht, in den Daoisten, die in China zur Zeit der Streitenden Reiche auftauchen, Entsagende zu sehen und auch sie äußern, wenn auch eher spöttische als ethische Kritik an der Macht. In gewissem Sinne waren aber vor allem die größten Konfuzianer, die nie ein Amt bekleideten – bzw. nur kurz lediglich ein niederes Amt – und es prinzipiell ablehnten, einem unethischen Herrn zu dienen, Entsagende, die von außen Kritik an der Macht übten. Und abschließend werde ich die These vertreten, dass auch Sokrates und Platon auf je unterschiedliche Weise Entsagende waren: Sie lebten in einer Stadt, aus der sie nicht kamen und kritisierten sie mithin von außen.[18]

Trotz aller Unterschiede, was in den verschiedenen achsenzeitlichen Kulturen in den meisten Fällen lediglich im weiten Sinne als Entsagung bezeichnet werden kann, war das Einzige, was diese Art von Entsagenden teilten, dass sie Lehrer waren und Schulen oder Orden begründeten und so mit mehr oder – häufig – weniger Sicherheit auf institutioneller Ebene eine kritische Tradition ins Leben riefen. Im Endeffekt übten sie ihre Macht in dem Maße aus, wie sie die Ausbildung der Elite beeinflussten oder sogar steuerten, was viele von ihnen letzten Endes auf einigermaßen paradoxe Weise taten.[19] Und ihr Überleben hing unweigerlich davon ab, wie viel sie für ihre Dienste verlangten oder ihnen freiwillig überlassen wurde.

---

[18] Vielleicht wäre es am besten, nur Platon als Entsagenden zu bezeichnen. Andrea Nightingale knüpft an Simon Goldhill an, der Sokrates einen „Künstler [*performer*] im Exil“ genannt hat, weil er seine Weisheit nicht auf der Volksversammlung oder bei anderen politischen Zusammenkünften zur Schau stellte (bis auf eine wichtige Ausnahme). Sie meint, dass Sokrates im Austausch mit seinen Mitbürgern der Stadt eng verbunden blieb. Siehe Andrea Nightingale, *Spectacles of Truth in Classical Greek Philosophy:* Theoria *in Its Cultural Context*, Cambridge: Cambridge University Press, 2004, 73, Anm. 2. Können wir Sokrates einen „Dissidenten“ nennen, der, wie Václav Havel, seine Stadt kritisierte, aber sich um jeden Preis weigerte, sie zu verlassen? Glücklicherweise musste Havel lediglich vier Jahre im Gefängnis verbringen.

[19] Wie bei vielen Legitimationskämpfen konnte sicherlich auch hier, was als kritische Tradition begann, zu einer legitimierenden Tradition werden.

Durch den Verweis auf die Bedeutung von Entsagung kehren wir in gewissem Sinne zu unserer ursprünglichen Frage zurück. Wie erlangten die Entsagenden die Unterstützung, die ihnen trotz ihrer Außenseiterposition zu überleben erlaubte? Es liegt auf der Hand, dass ein gewisser Grad an Unbehagen über den Zustand der Welt sogar innerhalb der Elite relativ weit verbreitet gewesen sein muss, damit die Unterstützung gewährleistet war, ohne die Entsagende einfach in der Wildnis verschwunden wären. Doch die soziologische Grundlage für die Entsagungskultur bildete die Schaffung einer Art von zwanglosem Umfeld, in dem die Anhänger der neuen Virtuosen des Geistes, wie Weber sie genannt hätte, sich zu Gruppen versammelten, die religiöser Praxis gewidmet waren. In gewissem Sinne entsagten die Entsagenden der „Arbeit" und gingen stattdessen dem „Spiel" nach, oftmals einer sehr ernsthaften Art von Spiel, die gleichwohl fröhliche Momente hatte. Gemeinsame Rituale standen fast überall im Zentrum ihrer Praxis, aber beinahe alle übernahmen auch Verantwortung für die Ausbildung außenstehender Sympathisanten. Traditionen überlebten und entwickelten sich nur dann weiter, wenn es ihnen gelang, von den politischen Gruppen der Elite toleriert, ja sogar respektiert zu werden, auch wenn diese ihnen zuweilen feindlich gegenüberstanden. Ein Großteil der Geschichte solcher im Achsenzeitalter aufkommender Gruppen geht auf ihr komplexes und ambivalentes Verhältnis zur politischen Macht zurück.

Wenn Habermas, wie ich meine, recht hat, dass die Legitimationskrise des achsenzeitlichen Staates auf der Unstimmigkeit zwischen entwicklungslogischem Fortschritt und moralisch-praktischem Rückschritt beruht, möchte ich die Reaktion auf diese Legitimationskrise anhand der utopischen Entwürfe einer guten Gesellschaft illustrieren, die von den verschiedenen Arten von Entsagenden als Kritik an der bestehenden Ordnung vorgebracht wurden. Diese utopischen Entwürfe nahmen in den vier Beispielfällen ganz unterschiedliche Formen an, aber sie übten alle harsche Kritik an den bestehenden soziopolitischen Bedingungen. Ein Kritikpunkt waren die harten Arbeitsbedingungen, zudem hatten fast alle achsenzeitlichen Utopien etwas ausgesprochen Spielerisches an sich.

Utopien der Achsenzeit

Im alten Israel äußerten die Propheten scharfe Kritik am Verhalten fremder Staaten, aber auch an den Bedingungen in den Königreichen Israel und Juda. Laut Amos treten die Reichen und die Herrscher „den Kopf des Geringen in den Staub" und beugen „das Recht der Schwachen" (Amos 2,7).

Dagegen sehnen die Propheten den Tag des Herrn herbei, an dem über die Erde gerichtet wird und „das Recht ströme wie Wasser, / die Gerechtigkeit wie ein nie versiegender Bach“ (Amos 5,24). Die Propheten ermahnen Herrscher und Volk gleichermaßen, ihr Leben zu ändern, freudig sehen sie dagegen einem göttlichen Eingreifen entgegen, das endlich für Ordnung sorgen wird.

Wie viele Konfuzianer vor und nach ihm beklagte im alten China zum Beispiel Mengzi den traurigen Zustand der Gesellschaft, die Korruptheit der Herrscher und die Unterdrückung der Bauern, und er schlug eine alternative Regierungsform vor: Herrschen durch moralische Beispielhaftigkeit in Übereinstimmung mit der normativen Ordnung, *li*, und nicht durch Strafen. Mit Ausnahme der vagen Vorstellung, dass der Himmel auf lange Sicht ein zu unverschämtes Verhalten bestrafen würde, war die Hoffnung der Konfuzianer auf einen ethischen Herrscher, der die konfuzianischen Gebote befolgen würde, nicht mit dem Gedanken göttlichen Eingreifens verbunden, aber auf ihre Weise war sie genauso utopisch wie die Hoffnung der Propheten im alten Israel.

Im *Gorgias* und im ersten Buch der *Politeia* kritisiert Platon ein politisches Gemeinwesen, in dem die Starken den Schwachen ungestraft schaden können. In seinen Augen war der Despotismus immer die schlechteste Regierungsform. In der *Politeia* malte er das Bild einer guten Gesellschaft im Gegensatz zu der von ihm kritisierten, aber er war sich darüber im Klaren, dass es sich um einen „Staat in Worten“ oder einen „Staat im Himmel“ handelte, der wahrscheinlich auf dieser Welt nicht verwirklicht werden würde.

Das hinduistische Epos *Rāmāyaṇa* kann als Kritik an der bestehenden Gesellschaft verstanden werden, die ein anderes Ideal von Königsherrschaft vorschlägt. Der frühbuddhistische Kanon beschreibt eine ideale Gesellschaft, die sich in einem solchen Maße von der bestehenden Realität unterscheidet, dass es sich vielleicht um die radikalste Utopie von allen und um die drastischste Kritik an der gegebenen Gesellschaft handelt.

In allen achsenzeitlichen Beispielfällen vermengt sich das, was ich als Gesellschaftskritik bezeichne, mit Religionskritik, und im Zuge der Kritik nehmen Form und Inhalt der achsenzeitlichen Symbolik Gestalt an. Ich werde den griechischen Fall als Beispiel heranziehen, weil der griechische Begriff „theoria“ die Quelle unseres Begriffs „Theorie“ gewesen ist, den ich im Anschluss an Merlin Donald als symptomatisch für den achsenzeitlichen Übergang betrachte. In Kapitel 7 habe ich behauptet, dass Platon den Übergang in die Achsenzeit vollendete: Von daher überrascht es nicht, dass es Platon war, der den traditionellen Begriff für Ritual, *theoria*, in philosophische *theoria* verwandelte, die, wie ich zu zeigen versuchen werde, nicht dasselbe ist wie das, was wir unter Theorie verstehen, aber dessen direkte Vorläuferin. Zudem ist in Ansätzen bei Platons Schüler Aristoteles der Übergang zu dem erkennbar, was wir unter diesem Begriff verstehen.

Ohne das bemerkenswerte Buch *Spectacles of Truth in Classical Greek Philosophy:* Theoria *in Its Cultural Context* von Andrea Nightingale, auf das ich ausgiebig zurückgreifen werde, wäre meine Auseinandersetzung mit Theorie bei Platon nicht möglich gewesen. Nightingale beschreibt *theoria* vor Platon als „eine altehrwürdige, durch eine Reise ins Ausland gekennzeichnete kulturelle Praxis, um dort einem Ereignis oder Schauspiel beizuwohnen". Sie nahm verschiedene Formen an, aber die Form, die Platon im Höhlengleichnis in den Büchern 5–7 der *Politeia* im umfassendsten Sinne als Analogie zur philosophischen *theoria* auffasste, war die bürgerschaftliche Form des *theoros* (Zuschauers, Beobachters), der als offizieller Vertreter seiner Stadt zu einem religiösen Fest in einer anderen Stadt geschickt wurde, das er sich ansah und über das er seinen Mitbürgern nach seiner Rückkehr vollumfänglich berichten sollte. Nightingale hält fest, dass *theoria* in diesem Sinne ihrem Wesen nach „international", panhellenisch, war und dass auch Athen viele *theoroi* aus anderen Städten anlockte, die sich seine großen Feste, die Panathenäen und die Stadt-Dionysien, ansahen.[20] Sie merkt an, dass Platon die *Politeia* seinerseits mit Beispielen traditioneller *theoria* anfangen und enden lässt. Zu Beginn des Dialogs begibt sich Sokrates nach Piräus, den Hafen von Athen, um dem Fest der thrakischen Göttin Bendis beizuwohnen, was nahelegt, dass das Fest „internationaler" ist, als die kurze Strecke nach Piräus vermuten lassen würde, vor allem in Anbetracht von Sokrates' Bemerkung, dass die thrakische Prozession genauso schön sei wie die athenische, die einen panhellenischen Standpunkt zum Ausdruck bringt. Und die *Politeia* endet mit dem Mythos von Er, der sich als höchst bemerkenswerte *theoria* erweist, weil der in der Schlacht getötete Er, der gerade eingeäschert werden sollte, wieder aufwachte und seinen Landsleuten von einer Reise berichtete, die er ins Land der Toten unternommen habe, und von dem Fest, das er dort besuchte.[21]

Nightingale schreibt, dass Platon Sokrates in den Büchern 5–7 der *Politeia* erstmals schildern lässt, was er unter „Philosophie" verstände. Dieser Begriff verwirrte seine Gesprächspartner, die ihn nur in seinem bisherigen Sinn als umfassende intellektuelle Kultivierung kannten, der jetzt aber im Rahmen der neuen Bedeutung von „‚*theoria*' als ureigene Tätigkeit des wahren Philosophen" verstanden werden soll.[22] Der traditionelle *theoros*

---

20 Nightingale, *Spectacles*, 40–41.
21 Ebd., 74–77.
22 Ebd., 78.

war ein Liebhaber von Schauspielen, vor allem von religiösen Ritualen und Festen, wohingegen der philosophische *theoros* „das Schauspiel der Wahrheit liebt“.[23] Platon legt großen Nachdruck auf das Schauen [*vision*], die Wahrheit wird eher gesehen als gehört. Außerdem handelt es sich um eine besondere Art des Schauens, nämlich um ein Schauen mit dem „Auge der Seele“. Diese Art des Schauens ist nur nach einer langwierigen philosophischen Ausbildung möglich, die auf sie vorbereitet, endet aber mit der „Betrachtung [*theoria*] der Zeit und des Seins in ihrer Gesamtheit“ (*Politeia* 486a).

Wenn man diese Art des Schauens aus indischer oder chinesischer Perspektive betrachtet, könnte man auf die Vorstellung verfallen, dass es durch irgendeine, möglicherweise mit Atemkontrolle verbundene Form von Meditation erreichbar sei. Obwohl im *Symposion* zwei Mal geschildert wird, dass Sokrates sich in einer Art von Trancezustand befindet, weist nach Platons Meinung die Meditation nicht den Weg zum philosophischen Schauen. Die Ausbildung, die mit dem „Schauen der Wirklichkeit“ bzw. der „Seinsschau“ endet, beginnt mit Zählen und Rechnen; so kann „die Vernunft nicht umhin auch ihrerseits Großes und Kleines ins Auge zu fassen, nicht vermischt, sondern getrennt voneinander, im Gegensatz zu dem Gesicht“ (524c).[24] Es folgen Geometrie und Astronomie, die beide mit dem „Schauen“ höherer Wahrheiten einhergehen. Mit Astronomie meint Platon weniger das Betrachten der Sterne als vielmehr „die Bewegungen [...] nach der wahren Zahl und nach durchgängig wahren Figuren“, d.h. die mathematischen Prinzipien, die man „schaut“, wenn man sie „mit seiner Vernunft und nicht mit seinen Augen“ betrachtet (529b–c). Zum Schluss kommt die „Dialektik“, die Sokrates nirgends geradeheraus definiert, sondern mit Hilfe von Metaphern beschreibt, wenn er von der „Kunst der Dialektik“ (532b) spricht, „vermittelst des reinen Denkens [...] dem wahren Wesen eines jeden Dinges beizukommen“.[25] Dafür ist es nicht nötig, unserem Erkenntnisorgan „diese Sehkraft [*vision*] erst einzupflanzen“ (518d), sondern man muss den Blick [*vision*] in eine neue Richtung wenden, „von dem Werdenden zu dem Seienden“[26] (521d).

Im entscheidenden Moment greift Platon also auf Narrativität zurück: Nightingale spricht vom Höhlengleichnis als einer Analogie – aber es handelt sich nicht bloß um eine Allegorie, die in propositionale Sprache über

---

23 Ebd., 98.

24 Ebd., 80. Die deutschen Übersetzungen aus der *Politeia* stammen von Otto Apelt, in: *Platon: Sämtliche Dialoge,* Bd. 5, Hamburg: Meiner, 1993 [1923].

25 Nightingale, *Spectacles*, 81.

26 Ebd., 80.

setzbar ist, sondern um eine Art Mythos, der Wahrheit auf seine eigene Weise zum Ausdruck bringt und den ich eher als Parabel bezeichnen würde. Wenn er ein Argument anbringen will, verwendet auch Buddha Geschichten, die in der Sekundärliteratur häufig als „Gleichnisse" bezeichnet werden, so wie in der berühmten Parabel von den blinden Männern und dem Elefanten. Anscheinend musste Narrativität noch in dem Moment, als das Denken sich vom Mythos zur Theorie entwickelte, als Geburtshelferin fungieren.

Ich kann die Schönheit und Komplexität des Höhlengleichnisses hier nicht wiedergeben, sondern lediglich die Aspekte ansprechen, die meine Argumentation betreffen. Die Parabel beginnt mit einer Person, die „zu Hause" ist, auch wenn es sich beim Zuhause in der *Politeia* eher um die *polis* als um den *oikos*, Haushalt, handelt. Das Zuhause erweist sich jedoch als dunkle Höhle, faktisch als ein Gefängnis, in dem man gefesselt und deshalb gezwungen ist, die Schatten zu betrachten, die Menschen (Ideologen?) hinter einem als Bilder an die Wand werfen, indem sie verschiedene Gegenstände vor ein Feuer halten. Immerhin ist man an diese Schattenbilder gewöhnt, sodass die Situation, in der man aus seinen Fesseln befreit wird und, wie Platon schreibt, „genötigt würde plötzlich aufzustehen, den Hals umzuwenden, sich in Bewegung zu setzen und nach dem Lichte empor zu blicken" (515c), einen verwirren und in einen Zustand der *aporia*, tiefer Unsicherheit, ins Gegenteil von *poria*, Sicherheit, versetzen wird. Dann werde man, wie Nightingale es ausdrückt, „eine Art existenzielles und epistemisches Niemandsland" betreten haben, weil man die alten vertrauten Schatten nicht mehr erkennen und auch im blendenden Licht an der Oberfläche noch nichts sehen könnte, sodass man in Versuchung geriete, vor der ganzen Reise zurückzuschrecken und in das alte vertraute Gefängnis zurückzukehren.[27]

Doch der angehende Philosoph schreckt nicht zurück, ja gewöhnt sich sogar bis zu einem gewissen Grad an den Zustand der Unsicherheit, *aporia*, den Nightingale „(unter anderem) als Obdach- bzw. Heimatlosigkeit" beschreibt. Und dann beschreibt sie die grundsätzliche Ähnlichkeit des neuen Zustands mit der Situation eines Entsagenden in anderen Kulturen:

> „Zusätzlich zum Zustand der *aporia* führt das Verlassen seines Zuhauses beim Philosophen zu einem dauerhaften Zustand der *atopia* [kein Ort, nirgends]. Denn jemand, der sich von der Gesellschaft gelöst und sich auf die Reise der philosophischen *theoria* begeben hat, wird in der Welt niemals vollständig „zu Hause" sein. *Theoria* entwurzelt die Seele, versetzt sie in eine metaphysische Region, in der sie nicht wirklich verweilen kann und aus der sie zwangsläufig zurückkehren

[27] Ebd., 105–106.

> muss. Als *theoros* muss der platonische Philosoph auf die Reise gehen, um die (in mehreren Abstufungen volle) Wahrheit zu ‚schauen' und die menschliche Welt darüber zu unterrichten, was er gesehen hat."[28]

In einer guten Stadt wird er ein öffentliches [*civic*] Amt erhalten und man erwartet von ihm, dass er seinen Dienst verrichtet, auch wenn er seine Zeit lieber mit innerer Einkehr verbringen würde, doch sogar im Amt ist er weiterhin eine Art Fremder in seiner eigenen Stadt. Wenn er aber in eine schlechte Stadt zurückkehrt, wird sein Bericht, was er gesehen hat, als töricht und widersinnig verspottet werden: Man wird ihn misshandeln, vielleicht sogar töten. Nightingale fasst zusammen: „Wenn er in die menschliche Welt zurückkehrt, ist er ein *atopos*, nicht vollständig zu Hause: Er ist seiner eigenen Art fremd geworden."[29]

Wir müssen nach wie vor so gut es geht verstehen, was philosophische *theoria* eigentlich ist; der rituelle *theoros* sieht das Fest, aber was sieht bzw. schaut der philosophische *theoros*? An dieser Stelle müssen wir dem karikaturhaften, klassischen Verständnis von Theorie entgegentreten, das annimmt, der Philosoph sei ein unbeteiligter Zuschauer, der aus der Entfernung ein Objekt betrachtet, das sich von ihm als Subjekt unterscheidet, wie eine Art zu früh kommender Descartes. Um zu verstehen, was der Philosoph sieht – das heißt die „Formen", *eide,* und vor allem die „Form des Guten", *agathon*, die Wahrheit und Wirklichkeit an sich zu sein scheint –, ist Platon keine Hilfe, weil er innerhalb des Mythos verbleibt, wo er über sie spricht. Innerhalb des Mythos vergleicht Platon die Form des Guten mit der Quelle allen Lichts, mit so etwas wie der Sonne für das Auge der Seele. Doch wenn wir mit unserem physischen Auge sehr lange in die Sonne blicken, erblinden wir, wohingegen die Seele, die die Form des Guten anblickt, alle Dinge in ihrer wirklichen Form sieht.

Nightingale zeigt, dass die Formen keine Abstraktionen sind, sondern sich dem Auge der Seele als ontologische Präsenzen, „Wesen" oder „Substanzen" darstellen. Zudem erfolgt die Schau der Formen nicht teilnahmslos, sondern verlangt Partizipation, denn ein Teil von uns, unser *nous* – dessen Übersetzung mit „rationale Seele" unzureichend ist – ähnelt den Formen. Die Schau ist genuin interaktiv: Sie wird uns, wie Nightingale es ausdrückt, „als Gabe gewährt".[30] Außerdem ist sie keineswegs kühl und abgeklärt: Die Schau ist affektiv und emotional, sie ist mit großer Freude und großem Glück verbunden und sie ist erotisch, ja sogar sexuell. Die Seele, sagt Platon, hat „sich dem wahrhaft Seienden genähert und sich

[28] Ebd., 106.
[29] Ebd., 106–107.
[30] Ebd., 111.

ihm beigesellt und so Vernunft und Wahrheit gezeugt" (490b). Darüber hinaus verwandelt einen die Erfahrung der Schau von Grund auf; man wird dadurch zu einer anderen Person.[31] Man könnte sagen, die Seele würde „erleuchtet" im Sinne von aufgeklärt, doch wenn man, wie bei der Übersetzung von *nirvana* oder *moksha,* das Vokabular des 18. Jahrhunderts vermeiden möchte, sollte man vom „Erwachen" der Seele oder von ihrer „Befreiung" sprechen, denn ist die verwandelte Seele nicht aus dem Höhlengefängnis befreit worden, um Teil der wirklichen Wirklichkeit zu werden?

In der Folge schildert Platon die gute Stadt, in die der philosophische *theoros* zurückkehrt, der Glück hat. Die gute Stadt im Einzelnen zu erörtern, würde zu weit führen, aber ich möchte eine Reihe ihrer Aspekte ansprechen. Wie gesagt, wird die gute Stadt von in philosophischer Hinsicht Befreiten regiert, auch wenn sie lieber etwas anderes machen würden. Doch warum übernehmen sie dann politische Verantwortung? Nightingales Auseinandersetzung mit diesem Problem ist interessant:

> „*Falls* es eine ideale Stadt gibt – und es ist keineswegs klar, dass Platon an ihre Möglichkeit geglaubt hat –, dann kann und muss sie von Philosophen regiert werden. Ausschließlich in diesem Fall muss der Philosoph (sozusagen) ein Doppelleben führen: Er praktiziert Philosophie und dient als Herrscher. Um sich für eine solche Position zu eignen, muss jemand theoretische Weisheit und praktische Tugend besitzen; hinzu kommt, dass er nicht herrschen und kein politisches Leben führen möchte (347c–d, 521a–b). Eine Person, die herrschen möchte, ist qua Definition kein wahrer Philosoph und eignet sich deshalb nicht als Herrscher. Der Philosoph in der idealen Stadt wird sich indes trotz seiner Abneigung dagegen zum Herrschen bereit erklären. Da er eine ‚gerechte' Person ist, der etwas Gerechtes zugemutet wird, wird der Philosoph das Herrscheramt ‚nur als eine ganz unerläßliche Pflicht übernehmen' (520d–e)."[32]

Dies ist umso merkwürdiger, als der Philosoph, wie Nightingale anmerkt, ein Fremder in seiner eigenen Stadt bleibt, ein „nicht käuflicher Söldner", der unterstützt, aber nicht bezahlt wird, nichts besitzen und weder Gold noch Silber anrühren darf. Vielen Gelehrten hat diese Situation Kopfzerbrechen bereitet, aber Nightingale weist unter Rückgriff auf die Arbeit von Christopher Gill darauf hin, dass sie einfach weil sie „‚gerechte Männer sind, denen Gerechtes zugemutet wird', sich bereitwillig bei ihrer Stadt für die Ausbildung und Erziehung revanchieren, die ihnen gewährt wurde".[33] Es sei daran erinnert, dass die Pflicht des rituellen *theoros* darin

[31] Ebd., 110–116.
[32] Ebd., 134, Kursivierung im Original.
[33] Ebd., 135.

bestanden hatte, zu seinen Mitbürgern zurückzukehren und ihnen von dem zu berichten, was er gesehen hat.

Die Herrscher bzw. „Wächter“, wie sie häufig genannt werden, bestehen aus einer Gruppe von Asketen, man hat sie mit einem Mönchsorden verglichen. Sie sind nicht nur zu einem Leben in Armut verpflichtet (sie leben von dem, was die Stadt ihnen überlässt, verfügen über keinen eigenen Besitz und können in gewissem Sinne als Bettler betrachtet werden), ihr Sexualleben ist zudem so reguliert, dass sie, obwohl sie Kinder haben, kein Familienleben und keinen eigenen Haushalt kennen: Die Kinder werden gemeinschaftlich aufgezogen. Sie verkörpern die Tugend der Weisheit, aber sie stehen einer Stadt vor, die durch die Tugenden der Gerechtigkeit und Mäßigung gekennzeichnet ist und in der es bezeichnenderweise keine Sklaven gibt. Die ideale Stadt ist keine Demokratie, und ich bin mir sicher, dass wir nicht in ihr leben wollten, ja sogar Platon mag seine Zweifel gehabt haben. Jedenfalls gibt es keine Beispiele, dass es die ideale Stadt je gegeben hätte.

In den Büchern 8 und 9 der *Politeia* schildert Platon den beständigen Niedergang eines ersten mythischen Regimes, das eine Version seiner idealen Stadt darstellt. Der Niedergang setzt ein, weil einige der Wächter vom rechten Weg abkommen, insofern sie nach persönlicher Bereicherung streben, obwohl dies zum ersten Mal die Versklavung von Mitbürgern mit sich bringt. So entsteht die Timokratie, die Herrschaft der Angesehenen, deren reales Beispiel Sparta darstellt. Doch ungebremstes Verlangen führt in eine weitere Abwärtsspirale, zunächst zu Oligarchie, dann zu Demokratie. Obwohl Platons Argumentation ihn zu der Behauptung zwingt, dass Demokratie abgesehen von der Tyrannis die schlechteste Regierungsform ist, meint er auch, sie sei die freieste Regierungsform, und ihre Freiheit macht die Demokratie zur einzigen Regierungsform, in der Philosophie möglich ist. Im Rahmen der kunterbunten Vielfalt demokratischer Lebensformen kann man zumindest solange ein philosophisches Leben führen, bis die fehlende demokratische Selbstkontrolle zur Tyrannis als der schlechtestmöglichen Regierungsform führt. Außerhalb der strengen Niedergangslogik scheint Platon mehr Sympathien für die Demokratie zu hegen, als er zugibt. Im großartigsten der wenigen Dialoge, in denen jemand anders die Rolle von Sokrates übernimmt, in den *Gesetzen*, ist die zentrale Figur jedenfalls ein Athener, kein Spartaner, das heißt niemand, der aus einer Stadt käme, die nach dem Niedergangsschema besser dastehen würde als Athen. In Sparta gab es allerdings ohnehin keine Philosophen und davon abgesehen wäre kein Spartaner je in der Lage gewesen, so viel zu reden wie der Athener in den *Gesetzen*.

Platon hielt den Städten seiner Zeit ein Ideal entgegen. Dieses ist häufig als aristokratisches Ideal bezeichnet worden, aber Aristokraten haben im Großen und Ganzen die Oligarchie bevorzugt, die Platon verachtete. Nightingale behauptet, dass Platon aristokratische Ideale gegen die Aristokraten verwendete, die in seinen Augen keine „wirklichen" Aristokraten waren, genauso wie Buddha die Brahmanen dafür kritisierte, dass sie keinen „wirklichen" Brahmanen waren.

Das führt uns zum Buddhismus als einem Fall, in dem religiöse Reformen und politische Kritik ebenfalls Hand in Hand gingen. Bevor ich mich Buddha selbst zuwende, habe ich Platon etwas buddhistischer dargestellt, als es üblich ist. Zwischen den beiden bestehen interessante Parallelen: Die jüngsten Revisionen der Lebensdaten von Buddha versetzen ihn ins vierte Jahrhundert v. u. Z., was aus Buddha und Platon mögliche Zeitgenossen macht. Eine auffällige Parallele ist der Grad, in dem beide ihr jeweiliges traditionelles Erbe verworfen und den Versuch unternommen haben, es durch eine vollkommen neue Tradition zu ersetzen. In Kapitel 7 habe ich geschrieben, Platon habe einen riesigen Textkorpus verfasst, der die gesamte, ihm vorausgehende poetische und dramatische Überlieferung sowie die Weisheitstradition ersetzen sollte. Zum Glück ist es ihm nicht gelungen, alle Altvorderen auszuschalten, aber eine neue Tradition hat er begründet, wie Alfred North Whiteheads berühmtes Bonmot anzeigt (dass die philosophische Tradition Europas aus einer Reihe von Fußnoten zu Platon bestehe). Auf ähnliche Weise verwarf auch Buddha die gesamte vedische Tradition vom *Rigveda* bis zu den Upanishaden und hinterließ uns an ihrer statt eine Sammlung von Predigten und Dialogen, den buddhistischen Kanon, der um ein Vielfaches umfangreicher ist als Platons gesammelte Werke. Wir können relativ sicher sein, dass nicht alles, was ihm zugeschrieben wird, von Buddha selbst stammt, sondern nachfolgende Generationen die Tradition in seinem Namen ergänzt haben. Es ist nicht unwahrscheinlich, dass der platonische Korpus vergleichbare neuere Schichten aufweist. Doch was uns hier interessiert, ist der Grad, in dem es beiden Männern gelungen ist, etwas ganz Neues in Gang zu bringen.

Natürlich verdankte Buddha, wie Platon, seinen Vorgängern viel und ist ohne sie undenkbar. Doch schon Richard Gombrich hat darauf hingewiesen, dass diejenigen, die den Buddhismus einfach als spätere Schule des Brahmanismus betrachten, und diejenigen, die ihn für eine völlig neue Auffassung halten, sich gleichermaßen im Irrtum befinden: Der Buddhismus ist eine so radikale Neuformulierung des Brahmanismus, dass mit ihm eine neue, enorm einflussreiche Tradition begann, obwohl er sich in Indien nicht gehalten hat. Man könnte beide Männer auf die eine oder andere Art und Weise als Visionäre ansehen; auch als große Rationalisten, argumentativ versierte, ausgezeichnete Dialogiker; und beide waren zuallererst

Lehrer, und zwar – obwohl wir diese Seite von Platon aufgrund der ziemlich künstlichen Unterscheidung, die wir zwischen Philosophie und Religion vornehmen bzw. in vormoderne Zeiten zurückprojizieren, häufig übersehen – waren sie beide Erlösungslehrer.

Die buddhistische Version des Mythos von der Höhle besteht in einem nicht unerheblichen Sinne in der gesamten, kunstvoll ausgearbeiteten Lebensgeschichte von Buddha, wie die Tradition sie überliefert hat. Genauso wie der Philosoph gezwungen war, seinen *oikos* und seine *polis* zu verlassen, musste auch Buddha seinen *oikos* und seine *polis* verlassen bzw. sein Königreich, dessen Regierung ihm zugefallen wäre. Doch angesichts von Krankheit, Betagtheit und Tod wollte Buddha diese Höhle verlassen und verbrachte leidvolle und entbehrungsreiche Jahre bei diesem Versuch. Am Ende fand er jedoch einen Mittelweg zwischen weltlichem Sinnengenuss und der strengen Enthaltsamkeit der Entsagenden, die ihm vorangegangen waren: Auf diesem Weg würde gleichmütige Meditation ihn zu der Wahrheit und Befreiung führen, nach der er suchte.

Erst als er unter dem Bodhibaum meditierte, wurde ihm bekanntlich die Wahrheit in einer Vision zuteil und erlangte er Befreiung vom Samsara-Rad, dem unendlichen Kreislauf von Geburt und Wiedergeburt. Als er kurze Zeit später überlegte, was er als Nächstes tun solle, kam er beinahe zu dem Schluss, dass es zwecklos sei zu versuchen, eine Welt voller Gier und Hass das zu lehren, was er erfahren hatte. Doch genau in diesem Moment sprach ihn die Gottheit Sahámpati an, die ihn beschwor, trotzdem in die Welt zurückzukehren, wie wir in Kapitel 9 gesehen haben:

> „Und blicke auf die sorgenvollen Menschen,
> Die vom Verfall bedrohten, sorgenlos!
> Erhebe dich, du sieggekrönter Held,
> Und geh als kund'ger Führer durch die Welt!
> Du solltest, Herr, die Lehre jetzt verkünden.
> Verstehnde Hörer werden sich dann finden."

Aus Mitleid mit allen fühlenden Wesen nahm Buddha deshalb 45 Jahre unablässiges Wanderpredigen auf sich, um sicherzustellen, dass der Welt die Wahrheit nicht verlorenging, die er gesehen hatte.[34]

[34] Zu den Visionen Buddhas in seiner „meditativen Trance" am Abend seines „Erwachens", siehe Gananath Obeyesekere, *Imagining Karma*, Berkeley: University of California Press, 2002, 158. Zu den Worten des Brahman, siehe „Das Heilige Ziel", Dritter Teil, Sechste Rede, in: *Die Reden Gautamo Buddhos*, Bd. 1, *Aus der mittleren Sammlung Majjhimanikāyo des Pāli-Kanons*, übers. v. Karl Eugen Neumann, Zürich und Wien: Artemis Verlag und Paul Zsolnay Verlag, 1959, 189–191.

Wie aus vielen Texten ersichtlich ist, wussten die Anhänger von Buddha, genau wie Platons Anhänger, viel über die Legitimationskrise der achsenzeitlichen Gesellschaft. Im Anschluss an Steven Collins können wir eine der Jātaka-Geschichten (Geschichten über Buddhas frühere Leben, die zu den bekanntesten Gattungen des buddhistischen Kanons gehören) als besonders anschauliches Beispiel heranziehen. Die Geschichte ist lang und faszinierend, ich kann sie hier nur ganz kurz zusammenfassen.[35] „Ehedem führte zu Benares ein König namens Kāsi in Gerechtigkeit *(dhammena)* die Herrschaft. Er hatte sechzehntausend Frauen; von diesen aber bekam keine einzige weder einen Sohn noch eine Tochter."[36] Der König der Götter, Indra, hatte Mitleid mit ihm und sandte den zukünftigen Buddha, den Kāsis Hauptkönigin als Sohn gebar. Das Kind erhielt den Namen Temiya und sein Vater war hocherfreut über ihn. Als er einen Monat alt war, wurde er herausgeputzt und zu seinem Vater gebracht, dem er so gefiel, dass er in auf seinen Schoß setzte, während er Hof hielt. In diesem Moment wurden vier Verbrecher hereingeführt und der König verurteilte einen von ihnen zu einer Gefängnisstrafe, zwei zu Peitschen- bzw. Schwerthieben und einen dazu, gepfählt zu werden. Temiya regte sich fürchterlich auf und machte sich Sorgen, dass sein Vater wegen seiner schrecklichen Taten in die Hölle kommen würde. Am nächsten Tag erinnerte Temiya sich an seine früheren Geburten, auch daran, dass er in der Vergangenheit König eben dieser Stadt gewesen war und infolge seines Handelns danach 80.000 Jahre in einer besonders schrecklichen Hölle zugebracht hatte, in der er die ganze Zeit unter unerträglichen Schmerzen auf einem heißen Rost schmoren musste. Er beschloss, dass dies nicht noch einmal geschehen würde, weshalb er vorgab, lahm, taub und stumm zu sein, damit er dem König nicht auf den Thron folgen konnte.

Weil er schön und sein Körper formvollendet war, konnten die Leute seine Gebrechen kaum glauben, doch als zukünftiger Buddha war er in der Lage, allen Versuchungen zu widerstehen, sich selbst zu verraten – ob in Gestalt lauter Geräusche, furchterregender Schlangen oder schöner Mädchen. Als er 16 Jahre alt war, machten die Wahrsager dem König weis, dass er dem Königshaus Unglück bringen würde und getötet werden müsse. Seine Mutter flehte ihn an, sich zu retten, indem er zu erkennen gab, dass er ohne Gebrechen war, aber er weigerte sich, weil er wusste, was sein Schicksal sein würde, wenn er dem König auf den Thron folgte. In seinem

[35] Es handelt sich um die bekannte „Erzählung von dem Stummen Krüppel", übersetzt in *Jatakam: aus dem Pali zum ersten Male vollständig ins Deutsche übersetzt von Julius Dutoit*, Bd. 6, Leipzig: Radelli & Hille 1916, 1–41.
[36] Ebd., 1–2.

Streitwagen wurde Temiya zum Friedhof geschickt, wo er getötet werden sollte, doch die Götter sorgten dafür, dass der Wagenlenker ihn stattdessen in den Wald brachte. Hier offenbarte Temiya sein wahres Ich und gab zu erkennen, dass er stark und gesund war. Der Wagenlenker bot ihm an, ihn zurück in die Stadt zu fahren, sodass er seinen Anspruch auf die Thronfolge geltend machen könne, aber Temiya erläuterte ihm das entsetzliche Schicksal in der Hölle, das ihn erwartete, wenn er dies tat, und verkündete seine Absicht, stattdessen der Welt zu entsagen. Als der Wagenlenker dies vernahm, „dachte er bei sich: ‚Dieser Prinz hat diese große königliche Pracht wie einen Speichelklumpen von sich geworfen und ist, ohne seinen Vorsatz zu brechen, in den Wald hinausgegangen, um ein Weltflüchtling zu werden. Was brauche ich dieses schlechte Leben? Auch ich will mit ihm die Welt verlassen.‘“[37] Doch Temiya befahl ihm, in die Stadt zurückzukehren und seinen Eltern zu erzählen, was geschehen war.

Als Temiyas Eltern die Neuigkeiten hörten, eilten sie in den Wald, in dem er sich befand. Sein neues Ich überwältigte sie so sehr, dass sie von nun an ebenfalls der Welt entsagten. Bald war die ganze Stadt hinaus in den Wald gekommen, und alle ihre Einwohner wurden Entsagende. Da sie keine Verwendung mehr dafür hatten, ließen sie Gold und Schmuck in den Straßen der Stadt zurück. Als ein König in der Nachbarschaft kurz darauf hörte, was geschehen war, beschloss er, Benares zu annektieren und sich Gold und Schmuck anzueignen, doch als er die Stadt erreicht hatte, verspürte er den überwältigenden Drang, den asketischen Prinzen und seine Eltern aufzusuchen. Als er sie gefunden hatte, wurden auch er und seine ihm folgenden Untertanen Entsagende. Ein weiterer König folgte seinem Beispiel, und bald war klar, dass Temiya doch ein *cakravartin*, ein universeller Herrscher war, auch wenn seine Herrschaft in Entsagung bestand.

Collins fasst dies folgendermaßen zusammen: „Obwohl die Erzählstimme im ersten Satz versichert, Temiyas Vater sei ein gerechter Herrscher gewesen bzw. habe ‚in Gerechtigkeit (dhammena)‘ regiert, kann man sich nur schwer eine explizitere Verurteilung von Königsherrschaft vorstellen.“[38] Collins macht darauf aufmerksam, dass *dhamma* hier in zwei verschiedenen Bedeutungen verwendet wird: als weltlicher, vom Königtum verkörperter *dhamma* und als *buddhadhamma*, der durch die Königsherrschaft drastisch verletzt werde. Das Königreich von Temiyas Vater stände für das, was ein großer Historiker der Spätantike, Peter Brown, als „milde Zwangsmittel“ beschrieben habe, „die berechenbarer, doch kaum weniger

[37] Ebd., 25.

[38] Steven Collins, *Nirvana and Other Buddhist Felicities: Utopias of the Pali Imaginaire*, New York: Cambridge University Press, 1998, 233–234.

rigoros eingesetzt wurden und Gewähr für eine stabile Sozialordnung boten".[39] Selbst wenn sie nicht geschlagen werden oder hungern, was in Wirklichkeit häufig der Fall ist, sind in einer Klassengesellschaft diejenigen, die dienen und nie selbst bedient werden, immer den Launen derjenigen ausgesetzt, denen sie dienen; sie haben keine Kontrolle über ihr eigenes Leben. So unwahrscheinlich es ist, dass Platon sich je die Verwirklichung seiner idealen Stadt ausgemalt hat, so deutlich geht aus dieser buddhistischen Geschichte hervor, dass sich Temiyas universelles Reich der Entsagenden in dieser Welt nicht verwirklichen lässt: Dafür dürfte es nicht nur keine Gewalt, sondern auch keinen Sex geben. Trotzdem stellt es wie alle großen achsenzeitlichen Utopien eine Messlatte dafür dar, wie wenig das Leben in dieser Welt dem gerecht wird, was es sein sollte.

Achsenzeitliche Utopien und Spiel

Es mag nicht leicht sein, das Denken der großen achsenzeitlichen Denker mit dem Reich des Spiels in Verbindung zu bringen, eine Erwägung ist es aber wert. Wie wir gegen Ende von Kapitel 2 festgestellt haben, nahm Platon das Spiel insofern sehr ernst, als es eine Weise darstellt, wie Menschen und Götter interagieren. Seiner Auffassung nach stellt die Freiheit des Spiels die Verbindung zu einem Reich her, das nicht der Notwendigkeit gehorcht. Das Höhlengleichnis hat etwas Spielerisches, weil es mit einer Befreiung vom Ausgangspunkt – dem Leben in der Höhle – als einem Reich des Zwangs verbunden ist, in dem die Bewohner angekettet sind. Als die Hauptfigur von ihren Ketten befreit wird, sich umdreht, die Höhle verlässt und sich im Sonnenschein unter freiem Himmel wiederfindet, empfindet sie zunächst Angst. Sie ist frei und weiß nicht, was sie mit dieser Freiheit anfangen soll – die Zeit, in der sie, wenn überhaupt, eine Welt des Spiels erlebt hat, liegt lange zurück. Deshalb macht sie beinahe Anstalten, in die Höhle zurückzukehren. Stattdessen steigt sie aber im Zuge einer freudigen, überwältigenden Erfahrung von Sein und Sinn zu einer Schau [*vision*] der Form des Guten auf. Ist das so weit von einem Spiel im besten Sinne entfernt? Gibt der Höhepunkt von Platons zentralem Narrativ nicht etwas Spielerisches zu erkennen? Und zeichnet sich, obwohl Buddha zumindest

[39] Ebd., 417. Das Zitat stammt aus Peter Brown, *Autorität und Heiligkeit: Aspekte der Christianisierung des Römischen Reiches*, übers. v. Diether Eibach, Stuttgart: Reclam, 1998 [1995], 78. Es sei angemerkt, dass die „milde[n] Zwangsmittel", von denen Brown spricht, von einem Reich eingesetzt wurden, das „christlich" geworden war, und genau dies taten auch die „buddhistischen" Reiche.

in den Texten, die ich gelesen habe, nicht vom Spiel spricht, der Höhepunkt von Temiyas Geschichte nicht durch eine wunderbare, spielerische Stimmung aus? Wirkt es nicht wie eine Art von Spiel, wenn ihre Freude Temiyas Eltern, den König und die Königin von Benares, so überwältigt, dass auch sie der Welt entsagen, und wenn dieser fröhliche Wandel dann auch noch die Bürger von Benares und aller benachbarten Königreiche mitreißt? Hatten wir nicht gesehen, dass Spielen nur in einem zwanglosen Umfeld möglich ist, in dem die Zwänge des Überlebenskampfes vorübergehend wegfallen, und findet sich dies nicht in diesen beiden großen Narrativen wieder?

Es wäre sogar möglich, die Analogie noch einen Schritt weiter zu treiben. Sind nicht alle Utopien eine Art So-tun-als-ob-Spiel, bei dem man sich eine Welt ausmalen kann, die selber ein zwangloses Umfeld ist, in dem der Druck des Alltagslebens nachgelassen hat? Wenn eine Welt entsagender Buddhisten vorstellbar ist, wäre dies eine Welt schierer Freude, die weltliches Leid und weltliches Verlangen hinter sich gelassen hat und in der es keine irgendwie gearteten inneren oder äußeren Zwänge mehr gibt. Eine wunderbare Beschreibung von etwas erstaunlich Ähnlichem findet sich im Deuterojesaja. Auf eine ziemlich blutrünstige Schilderung dessen, was Sündern widerfahren wird, folgt ein Bild vom Ende der Zeiten, das tatsächlich einem zwanglosen Umfeld entspricht:

> „Ja, siehe, ich erschaffe einen neuen Himmel / und eine neue Erde.
> Man wird nicht mehr an das Frühere denken, /
> es kommt niemand mehr in den Sinn.
> Vielmehr jubelt und jauchzt ohne Ende / über das, was ich erschaffe!
> Denn siehe, ich erschaffe Jerusalem zum Jauchzen / und sein Volk zum Jubel.
> Ich werde über Jerusalem jubeln / und frohlocken über mein Volk.
> Nicht mehr hört man dort lautes Weinen / und Klagegeschrei.
> [...]
> Sie werden Häuser bauen / und selbst darin wohnen,
> sie werden Weinberge pflanzen und selbst deren Früchte genießen.
> Sie werden nicht bauen, / damit ein anderer wohnt,
> nicht pflanzen, / damit ein anderer isst,
> sondern wie die Tage eines Baumes / sind die Tage meines Volkes
> und das Werk ihrer Hände / werden meine Auserwählten selber verbrauchen.
> [...]
> Wolf und Lamm weiden zusammen / und der Löwe frisst Stroh wie das Rind,
> doch der Schlange Nahrung ist der Staub.
> Man tut nichts Böses / und begeht kein Verbrechen auf meinem ganzen heiligen Berg, spricht der HERR."
> (Jesaja 65,17–19, 21–22, 25)

Hier haben wir eine Welt absoluter Gewaltlosigkeit, aber auch sozialer Gerechtigkeit vor uns: Die Reichen und Mächtigen werden den Armen nicht die Häuser oder Ernten wegnehmen, sondern das gewöhnliche Volk soll das Werk seiner Hände selber genießen. In Anbetracht des Speiseplans des Löwen scheint dies sogar eine Utopie für Vegetarier zu sein, und die Schlange wird nicht getötet, wenn sie auch weiterhin mit dem Fluch schlechter Nahrung belegt ist. Vor allem handelt es sich aber um eine jauchzende Welt, in der kein lautes Weinen und Klagegeschrei mehr zu hören sein wird. Damit ist die Legitimationskrise des Achsenzeitalters gelöst, wenn auch erst am Ende der Zeiten.

Platons *Politeia* (und stärker noch die in den *Gesetzen* beschriebene Stadt) ist „realistischer“ als die Utopie von Buddha – das Leben in der realen Polis hatte Platon zu fest im Griff, als dass es anders hätte sein können. Ihr Grundgedanke ist eine Gesellschaft, die auf pädagogischem Spiel und moralischer Beispielhaftigkeit beruht, aber Hierarchie und Zwang halten dadurch Einzug, dass einige sich als unempfänglich für diese Art von Lehre erweisen. Deshalb lässt sich zumindest am Anfang, bevor die Bevölkerung das ethische Leben im Sinne von Sittlichkeit vollständig verinnerlicht hat, sogar Gewalt nicht vermeiden. Das Markenzeichen des konfuzianischen Utopismus war Tugendherrschaft durch Rituale und Beispielhaftigkeit, die am Ende die Herrschaft durch Krieg und Strafen ersetzen sollte, auch wenn die Konfuzianer, wie Platon, einsahen, dass man möglicherweise nur nach und nach auf Strafen würde verzichten können.

Rituale sind für alle diese Beispiele zentral. In der Utopie von Buddha nähmen sie die Form von Meditation an.[40] In der konfuzianischen Utopie käme vor allem das Ritual, *li*, zum Ausdruck, allerdings in einer Form, die über die alte Form von Ritual hinausgeht, weil sie die gesamte Menschheit umfassen würde. Bei Platon könnte man die Schau des Guten an sich als eine Art von Ritual betrachten, und Platons Denken hat in vielen Dialogen rituelle Aspekte. Und sogar am Ende der Zeiten ist vorstellbar, dass die Ritualvorschriften der Thora nach wie vor bindend wären. Doch wenn wir alle diese Utopien mit realistischen Augen betrachten, wie ihre Urheber es im Allgemeinen taten, wird deutlich, dass sie niemals funktionieren würden. Wir leben in einer Welt, in der weiterhin der Überlebenskampf dominiert und nicht im Begriff ist, sich vollständig in ein zwangloses Umfeld zu verwandeln.

---

[40] Ich weiß, dass manche nicht der Ansicht sind, Meditation sei rituell und dass Buddha die vedischen Rituale als wenig hilfreich abgelehnt hat. Doch meiner Ansicht nach ist selbst private Meditation rituell, und gemeinschaftliche Meditation erst recht. Jeder, der einmal in einem Dojo gewesen ist, versteht das.

Sich überlappende Bereiche

Doch das Vorhandensein eines zwanglosen Umfelds bleibt nicht ohne Einfluss auf die Welt des Überlebenskampfes. Im Leben und ganz offensichtlich in der menschlichen Kultur gibt es keine unüberwindbaren Grenzen und keine Bereiche ohne Überlappungen. Das Spiel kann in die Alltagswelt eingesogen und Teil des Überlebenskampfes werden. Ich habe oben den Zusammenhang zwischen Spiel und praktischen Kampfübungen in aristokratischen Gesellschaften erwähnt. Im modernen Militärwesen gibt es so etwas wie „Kriegsspiele", und der Begriff ist durchaus vielsagend. Es gibt Führer von Nationalstaaten, die sich in Fantasiespiele verstricken, was passieren würde, wenn sie, zum Beispiel, im Irak einmarschierten – Spielfantasien, die sich als immun gegen alle Ratschläge in Bezug auf das erweisen, was wirklich passieren würde.[41] Und wo hört das Spiel auf und beginnt die Arbeit in der Welt des in einem Großteil der modernen Welt so allgegenwärtigen Profisports? Immerhin werden die Spieler manchmal zu exorbitanten Gehältern angeworben, obwohl wir auch diejenigen nicht vergessen sollten, die weniger verdienen, sie arbeiten nur wenige Jahre und einige erleiden „bei der Arbeit" Verletzungen, die ihre Karriere gefährden. Andererseits kann, wie in Kapitel 1 erwähnt, sogar im Profisport die Teilnahme an einem Spiel zu einem Zweck an sich werden: Wenn ein Spieler oder eine Spielerin „in seinem oder ihrem Element" ist, kann er oder sie ganz in der Sache aufgehen, die er oder sie tut.

Doch so wie das Spiel in die Alltagswelt eingesogen werden kann, vermag auch Arbeit im Sinne der Überwindung von Unzulänglichkeiten in manchen Fällen die Form eines Spiels anzunehmen. Auch die mit dem Spiel verknüpfte Kunst ist mit so etwas wie Arbeit verbunden. In seiner Schiller zu seinen komplexen Überlegungen anregenden Beschreibung von Kunst als einem Spiel hat Kant festgestellt, dass Kunst auch Arbeit mit sich bringt. Er sagt, der Geist der Kunst müsse zwar frei sein, aber es sei immer auch etwas „Zwangsmäßiges" erforderlich, ohne das die Kunst „gar keinen Körper haben und gänzlich verdunsten würde", und als Beispiel führt er „die Sprachrichtigkeit und de[n] Sprachreichtum, imgleichen die Prosodie und das Silbenmaß" in der Dichtkunst an.[42] Es besteht kein Zweifel, dass Praxis im Sinne von Einüben, wie wir es während der Vorbereitung der großen Rituale bei den Kalapalo festgestellt haben, häufig sehr harte

---

[41] Siehe Burghardt, *Genesis of Animal Play*, 393, zum „Krieg als ultimativer Form des Spiels" für viele Führer der Welt.

[42] Kant, *Kritik der Urteilskraft*, § 43, 238.

Arbeit ist, wie jeder Tänzer und Musiker weiß, und diese Art von Arbeit macht die Freiheit der Kunst, ihr spielerisches Element, erst möglich.

Doch meines Erachtens müssen wir diesen Beispielen noch einen Schritt weiter nachgehen und uns die Frage stellen, wann gewöhnliche Arbeit (das heißt nicht die Arbeit, die eine professionelle Form des Spiels ist, oder die Arbeit, die unvermeidlich ein Teil von Kunst ist) zum Spiel werden oder einen spielerischen Aspekt haben kann. Zu diesem Zweck möchte ich kurz innehalten und an Burghardts Buch *Genesis of Animal Play* erinnern. Burghardt hält fest, dass die primäre Funktion des Spiels zwar im Ausdruck der schieren Freude am Spielen an sich besteht, dass es aber das Spiel zerstört, wenn die Spieler sich nicht an die Regeln halten, denen das Spiel gehorcht. Diese Regeln sind zumindest ansatzweise ethisch, weil sie die Gleichheit zwischen den Spielern sicherstellen, die wir heute meinen, wenn wir von „Fairplay“ oder „gleichen Ausgangsbedingungen“ sprechen. Doch Burghardt zufolge kann das Spiel auch sekundäre und tertiäre Funktionen innehaben. In seinem Buch *Die Kreativität des Handelns*, das eine ganze Menge über die vielen verschiedenen Formen des Spiels zu sagen hat, ruft Hans Joas einige der Hinsichten in Erinnerung, in denen das Spiel die sekundäre Funktion besitzt, Kinder aus ihrer frühen Verquickung von Subjektivität und Objektivität herauszureißen und zu einer zunehmend differenzierten Weltsicht zu verhelfen. Er führt das interessante Werk des Psychoanalytikers Donald Winnicott über kindliche Übergangsobjekte an, also Dinge wie zum Beispiel Schmusedecken, die Züge von Selbstsein und von Andersheit verbinden, aber die Erkundung der Welt erlauben, ohne dass die von der Mutter gewährte Sicherheit verloren geht.[43] George Herbert Mead, einer der großen Autoren, die über das Spiel geschrieben haben, insbesondere über die Rolle des Spiels für die ethische Entwicklung des Kindes, hat die Fähigkeit von Kindern analysiert, sich beim Spielen einer Mannschaftssportart nicht nur in ihre eigene, sondern in jede Position des Spiels hineinzuversetzen und damit „die Rolle eines anderen zu übernehmen“, was für das menschliche Selbstverständnis eine entscheidende Fähigkeit ist.[44] Joas zitiert noch einen weiteren großen amerikanischen Pragmatisten neben Mead, John Dewey, der geschrieben hat: „Arbeit und Spiel sind gleich frei und gleichmäßig von innen her motiviert,

[43] Hans Joas, *Die Kreativität des Handelns,* Frankfurt: Suhrkamp, 1992, 240–244; Joas zitiert Donald W. Winnicott, *Vom Spiel zur Kreativität,* übers. v. Michael Ermann, Stuttgart: Klett-Cotta, 1979 [1974].

[44] George Herbert Mead, *Geist, Identität und Gesellschaft, aus der Sicht des Sozialbehaviorismus*, hrsg. v. Charles W. Morris, übers. v. Ulf Pacher, Frankfurt: Suhrkamp, 1973 [1934].

abgesehen von falschen wirtschaftlichen Zuständen, die die Tendenz haben, das Spiel zu einer müßigen Anregung für die Wohlhabenden, die Arbeit zu widerwärtiger Beschwerlichkeit für die Armen werden zu lassen."[45] Das war von Dewey durchaus gesellschaftskritisch gemeint, denn er wusste ganz genau, dass das, was er „falsche wirtschaftliche Zustände" nannte, in seiner eigenen Gesellschaft und in historischen Gesellschaften im Allgemeinen die Norm waren. Wie im Achsenzeitalter hat die Überlappung der Bereiche ethische Implikationen.

In seinem Buch *Kunst als Erfahrung* hat Dewey sein Verständnis des Verhältnisses von Spiel und Arbeit weiterentwickelt. Er betont, das Spiel von Kindern sei zuerst genauso zweckfrei wie das Spiel von Katzenjungen, erst wenn das Spiel komplexer werde, bekomme es eine Absicht und eine Zielsetzung. Als Beispiel nennt er ein Kind, das mit Bauklötzen spielt und damit ein Haus oder einen Turm baut. Dabei beinhaltet das Spiel die Ausführung einer vorgefassten Idee. „Spiel als Ereignis ist noch unmittelbar. Aber sein Inhalt besteht in einer Vermittlung vorhandener Materialien mit Vorstellungen, die aus vergangener Erfahrung gezogen werden. [...] Dieser Übergang bewirkt eine Verwandlung des Spiels ins Werk, ein vorbereitetes Werk wird nicht mit Mühe oder Arbeit identifiziert. Denn jede Tätigkeit wird zum Werk, wenn sie durch die Vollendung eines bestimmten materiellen Ergebnisses gelenkt wird, und sie ist Arbeit nur dann, wenn die Tätigkeiten mühevoll sind, unternommen als *reine* Mittel, um ein Ergebnis zu erzielen. Das Produkt einer künstlerischen Tätigkeit wird bezeichnenderweise Kunst*werk* genannt."[46] Und er fährt fort: „Spiel bleibt als ein freiheitliches Verhalten gegenüber Unterordnung zu einem durch äußere Notwendigkeit auferlegten Zweck der Arbeit entgegengesetzt; aber es wird Arbeit, indem Tätigkeit der *Produktion* eines objektiven Ergebnisses untergeordnet wird."[47] Vielleicht drängt es Dewey auf gute amerikanische Art zu schnell über Spiel oder Arbeit als Selbstzweck hinaus in das Reich der Produktion, doch mit Sicherheit wirft er ein Problem auf, das in anderen theoretischen Traditionen als entfremdete Arbeit bezeichnet wird, und er eröffnet die Möglichkeit, dass keine Form der Arbeit entfremdet sein muss, was möglicherweise eine weitere die Alltagswelt unter Druck setzende utopische Vorstellung ist.

---

[45] John Dewey, *Demokratie und Erziehung: Eine Einleitung in die philosophische Pädagogik*, hrsg. v. Jürgen Oelkers, übers. v. Erich Hylla, Weinheim: Beltz, 1993 [1916], 273.
[46] John Dewey, *Kunst als Erfahrung*, übers. v. Christa Velten, Gerhard vom Hofe u. Dieter Sulzer, Frankfurt: Suhrkamp, 1980 [1934], 326.
[47] Ebd., 326–327.

Angemerkt sei noch, dass der Psychologe Mihaly Csikszentmihalyi in seiner Studie über den von ihm so genannten Flow – den er als eine Art optimales Erlebnis des vollen Sicheinlassens auf die Welt und volle Verwirklichung des eigenen Potenzials definiert, wie wir in Kapitel 1 festgestellt haben – herausgefunden hat, dass entgegen der Erwartung und in einem gewissen Grade manchmal entgegen der Überzeugung der Betroffenen viele Amerikaner bei der Arbeit einen Flow erleben.[48] Die Soziologin Arlie Hochschild hat sich sogar beunruhigt darüber gezeigt, dass einige der Menschen, die sie untersucht hat, bei der Arbeit zufriedener sind als zu Hause, obwohl sie ihr Augenmerk stärker auf den Zeitdruck legt als auf die intrinsische Befriedigung durch Arbeit.[49] Vielleicht hat diese möglicherweise zunehmende intrinsische Befriedigung durch Arbeit damit zu tun, dass aufgrund des Wandels der modernen Ökonomie weniger Berufe mit schwerer körperlicher Arbeit verbunden sind, auch wenn Schreibtischtätigkeiten in weiten Kreisen häufig als sinnlos gelten. Wir können halbwegs sicher sein, dass noch ein weiter Weg vor uns liegt, bevor unserer aller Berufe so beschaffen sind wie Spiel, Kunst oder Flow.

Theoria und Bewusstseinsformen

Der Flow reicht bis in die Anfänge zurück, weil er sich im Spiel von Tieren, im Ritual, in der Kunst und in intrinsisch sinnvoller Arbeit findet, es gibt aber noch eine weitere, damit verwandte, wenn auch andersartige Erfahrung, die mindestens genauso alt ist. Die Psychologin Alison Gopnik hat dem Flow, den sie gleichsetzt mit etwas, das sie „Scheinwerfer-Bewusstsein" nennt und über das wir verfügen, „wenn unsere Aufmerksamkeit völlig von einem Sachverhalt oder einer Tätigkeit in Anspruch genommen wird und wir uns darin verlieren", interessanterweise etwas gegenübergestellt, das sie als „Leuchten-Bewusstsein" bezeichnet. Mit dem Flow ist verbunden, dass die Konzentration in eine einzige Richtung geht, deshalb die Metapher vom Scheinwerfer: „Im *Flow* erfreuen wir uns einer besonders angenehmen Art der Unbewusstheit. Wenn wir in einer Aufgabe vollkommen aufgehen, gerät uns die Außenwelt aus dem Blick und wir ma-

---

[48] Mihaly Csikszentmihalyi, *Flow: Das Geheimnis des Glücks*, übers. v. Annette Charpentier, Stuttgart: Klett-Cotta, 1992 [1990], Kap. 7.

[49] Arlie Russell Hochschild, *Keine Zeit: Wenn die Firma zum Zuhause wird und zu Hause nur Arbeit wartet*, übers. v. Hella Beister, Opladen: Leske und Budrich, 2002 [1997].

chen uns die einzelnen Handlungen, die wir ausführen müssen, gar nicht mehr bewusst. Es scheint einfach zu passieren."[50]

Leuchten-Bewusstsein, das sich nach Gopniks Auffassung gewöhnlich bei Kleinkindern beobachten lässt und von Erwachsenen normalerweise nur mit Hilfe gewisser Meditationsformen erreicht werden kann, ist nicht in eine bestimmte Richtung orientiert, sondern offen für die ganze, nicht näher ausdifferenzierte Welt.[51] „Leuchten-Bewusstsein führt zu einem ganz anderen Glücksgefühl. Das Empfinden, die Wahrnehmung des eigenen Ich eingebüßt zu haben, ist zwar ähnlich, aber hier verlieren wir uns, indem wir Teil der Welt werden."[52] Sowohl Scheinwerfer- als auch Leuchten-Bewusstsein scheinen ein Teil des von Maslow so genannten S-Erkennens zu sein, das in Kapitel 1 beschrieben wurde, weil sich keines der beiden auf Defizite, Maslows D-Erkennen, richtet. Es besteht jedoch ein bedeutender Unterschied: Der Flow ist aktiv, das Leuchten-Bewusstsein reaktiv im Sinne von empfänglich. Diese modernen psychologischen Kategorien sollten wir im Kopf haben, wenn wir uns jetzt der Frage der *theoria* und der Theorie im Achsenzeitalter zuwenden.

Theoria wird treffend mit „Kontemplation" übersetzt, wobei es sich um einen Zustand handelt, der weder aktiv noch passiv ist, denn er ist offen für die gesamte Wirklichkeit und empfänglich für das in dieser Erfahrung von Offenheit Gegebene. Dies scheint Gopniks Gedanken eines Leuchten-Bewusstseins, das alles beleuchtet, und ihrer Vorstellung zu äh-

---

[50] Alison Gopnik, *Kleine Philosophen: Was wir von unseren Kindern über Liebe, Wahrheit und den Sinn des Lebens lernen können,* übers. v. Hainer Kober, Berlin: Ullstein, 2010 [2009], 54–55.

[51] Gopnik merkt an, dass Flow etwas ist, das nur bei Erwachsenen vorkommt, wohingegen Leuchten-Bewusstsein für Kleinkinder grundlegend ist, von Erwachsenen aber nur unter bestimmten Umständen erreicht werden kann. Als Beispiel nennt sie die Meditation des „offenen Gewahrseins" bei Zen-Mönchen, die bewusst versuchen, Scheinwerfer-Bewusstsein zu vermeiden, um für die ganze nicht näher ausdifferenzierte Welt offen zu sein. Gopnik, *Kleine Philosophen*, 52–54. Interessanterweise hat Pierre Hadot ähnliche Praktiken bei den antiken griechischen Philosophen beschrieben, die versucht haben, sich ausschließlich auf den gegenwärtigen Augenblick zu konzentrieren, ohne sich dabei um Vergangenheit oder Zukunft zu kümmern. Diese Praxis war sowohl bei den Stoikern als auch bei den Epikureern verbreitet, die sich davon abgesehen in fast jeder Hinsicht voneinander unterschieden. Er merkt an, dass für diese Denker „[d]er Augenblick [...] den einzigen Berührungspunkt mit der Wirklichkeit dar[stellt], aber er bietet uns die Gesamtheit der Wirklichkeit", und er zitiert Seneca, der diesen Moment beschreibe, wenn er sagt: „Seneca zufolge ‚taucht der Weise in die Totalität der Welt ein'." Pierre Hadot, *Philosophie als Lebensform: Geistige Übungen in der Antike*, übers. v. Ilsetraut Hadot u. Christiane Marsch, Berlin: Verlag Mathias Gatza, 1991, 115–116.

[52] Gopnik, *Kleine Philosophen*, 55.

neln, dass wir in diesem Zustand „Teil der Welt werden". Das Leuchten-Bewusstsein ähnelt dem Einswerdungsereignis, das als erste Stufe religiöser Erfahrung in Kapitel 1 beschrieben wurde. Sowohl die Schau [*vision*] der Idee des Guten in Platons *Politeia* als auch Buddha Befreiungserfahrung unter dem Bodhibaum scheinen diesen Wesenszug zu besitzen. Entsprechungen im alten China sind im Daoismus leicht zu finden, im Konfuzianismus aber weniger offensichtlich, obwohl der Gedanke eines Ursprungszustands des Ochsenbergs in Mengzis gleichnamiger Parabel eine solche Vision enthält. Und in den hebräischen Schriften gibt es mehr als genug Visionen. Ein gutes Beispiel ist Jesajas große Vision, Kapitel 6, dass der Jerusalemer Tempel mit dem ganzen Kosmos identisch ist, aber auch die oben zitierte Vision der Endzeit in Jesaja 65 wäre ein Beispiel.

Theoria-Erlebnisse, wenn es gestattet ist, Platons Ausdruck dafür zu verwenden – für gewöhnlich handelt es sich um visuelle Erlebnisse, *theoria* ist eine Art Sehen, kann aber auch mit Hören verbunden sein, wie es häufig im alten Israel der Fall war –, verschaffen einen so tiefen Einblick in die Wirklichkeit, dass die ganze empirische Welt in Frage steht. Solche Erlebnisse können privater Natur bleiben, aber wenn sie im Mittelpunkt nachfolgender Überlegungen stehen, können sie zu einer radikalen Hinterfragung führen, wie sich die Dinge verhalten, das heißt, die Welt wird im Lichte einer allumfassenden Wahrheit relativiert.

In seinem Buch *Muße und Kult* bietet Josef Pieper einen lateinischen Begriffsgegensatz aus der mittelalterlichen Scholastik auf, der dem betreffenden Gegensatz nahezukommen scheint: *intellectus* als „gewahrenden Schaublick" und *ratio* als „diskursives Denken".[53] Die griechischen Begriffe, die dieser sehr viel späteren Unterscheidung zugrunde liegen, sind nicht leicht zu bestimmen: In manchen Verwendungsweisen könnte *nous* hinter *intellectus* stehen und *logos* hinter *ratio*, aber sowohl *nous* als auch *logos* haben mehrere verschiedene Bedeutungen. In jedem Fall denken Donald und, im Anschluss an ihn, ich, wenn wir „Theorie" zur Charakterisierung einer neuen kulturellen Fähigkeit im Achsenzeitalter verwenden, in erster Linie an Theorie bzw. Vernunft im aktiven Sinne, nicht an *theoria* als Kontemplation. Ich würde jedoch behaupten, dass zwischen den beiden Begriffsbedeutungen ein Zusammenhang besteht. Wenn Gopnik recht hat, dass das, was sie als Leuchten-Bewusstsein bezeichnet, für alle kleinen Kin-

[53] Josef Pieper, *Muße und Kult*, München: Kösel-Verlag, 2007 [1948], 60. Da Muße, so wie Pieper den Begriff gebraucht, exemplarisch für ein zwangloses Umfeld ist, überlappt ihre Bedeutung sich offenkundig mit der des Spiels. Tatsächlich könnte man Piepers ganzes Buch als Betrachtung über das Spiel lesen, und zwar in dem Sinne, in dem es in diesem abschließenden Kapitel erörtert wurde.

der (und möglicherweise auch für viele Tiere) kennzeichnend ist, lässt sich kaum behaupten, dass es eine Neuheit der Achsenzeit darstellt.[54] Es ist aber etwas, das Erwachsenen nicht leicht fällt, die möglicherweise daran „arbeiten" müssen, es zu erlangen. Und im kulturellen Kontext der Achsenzeit kann es für intellektuell und spirituell entsprechend eingestellte Erwachsene eine Bedeutsamkeit angenommen haben, die vorher nicht mit solchen Erfahrungen verbunden war. Worauf ich hinaus will, ist, dass *theoria* als Kontemplation Theorie im aktiven, mit Gopniks Scheinwerfer-Bewusstsein verwandten, aber nicht völlig mit ihm identischen Sinne möglich machen könnte.

Bei Gopnik steht die Beziehung zwischen Scheinwerfer-Bewusstsein und Flow im Vordergrund: Eine Aufgabe schlägt uns in ihren Bann, reißt uns mit, und manchmal sind wir uns dessen nicht einmal bewusst, doch wenn ich von aktiver Vernunft spreche, möchte ich die bewusste Seite des Scheinwerfer-Bewusstseins hervorheben. Wissenschaftler und Gelehrte, die einer anspruchsvollen geistigen Tätigkeit nachgehen, erleben oftmals einen Flow, wenn bei ihrer Arbeit alles gut läuft. Es kommt aber vor, dass nicht alles gut läuft, dass Fakten auftauchen, die nicht den Erwartungen entsprechen, und Widersprüche in Argumentationen auftreten, die bis dahin schlüssig gewirkt hatten. Dann findet der Flow unweigerlich ein Ende und man ist gezwungen, darüber nachzudenken, was da gerade vor sich geht. In diesem Fall, würde ich behaupten, setzt das „Denken zweiter Ordnung", das Nachdenken über das Denken ein, mit dem wir versuchen, uns über unsere Probleme klarzuwerden und eine Möglichkeit zu finden, mit ihnen fertigzuwerden. An dieser Stelle kommt die ursprünglich sowohl mit dem Leuchten-Bewusstsein als auch mit dem Flow zusammenhängende „Theorie" als aktive Vernunft zu ihrem Recht, weil sie mit einer höheren Abstraktionsebene und mit Untersuchungsmethoden verbunden ist, die zur Problemlösung erforderlich sein könnten. Davon nehmen Wissenschaft, kognitive Spekulation und die Universalisierung der Ethik ihren Ausgang, die ansatzweise alle im Achsenzeitalter erstmals in Erscheinung traten, wenn auch stets in Verbindung mit verkörperter Praxis, Geschichten, mimetischer und mythischer Kultur.

Als man über die Erfahrung radikaler Wahrheit – die eine Gegebenheit ist, keine Errungenschaft, darin besteht die ursprüngliche Bedeutung von *theoria* in der Philosophie – nachgedacht hat, nachdem die Erfahrung selbst vorüber war, könnte sich das Tor zu diesem neuartigen Denken über

---

[54] Es könnte sein, dass es mit dem episodischen Bewusstsein – so wie Donald den Ausdruck verwendet – verwandt ist, das ich in Kapitel 3 mit dem Bewusstsein einer Einswerdung in Verbindung gebracht habe.

die Welt und besonders über die Gesellschaft geöffnet haben, die jetzt insofern eine „Demystifizierung" erfuhr, als die Schatten in der Höhle sich als Täuschung erwiesen – nicht als Wirklichkeit, sondern als manipuliertes Simulakrum der Wirklichkeit. Diese neue Art von Theorie in der achsenzeitlichen Religion hatte in der Hauptsache zwei Folgen, die sich in den vier achsenzeitlichen Beispielfällen auf unterschiedliche Weise niederschlugen. Eine Folge war, dass es die Person, die *theoria* als „Wahrheitsschau" erlebt hatte, danach drängte, sich eine Art von Gesellschaft vorzustellen, in der jene Wahrheit die Alltagswelt zu verwandeln vermöchte. Weil der Wandel der Gesamtgesellschaft sich als unausführbare Utopie erwies, bestand die zweite Folge eines Denkens, das auf einer aus einem echten *theoria*-Erlebnis hervorgehenden Vision des Guten beruhte, darin, in ihrer Reichweite begrenzte, innerweltliche Utopiearten in Erwägung zu ziehen: Formen von Gruppenorganisation, die der Vision Schutz bieten und ein zwangloses Umfeld zumindest für ihre Anhänger schaffen würden. Beide Reaktionsweisen auf das *theoria*-Erlebnis schlugen sich in den nachfolgenden Jahrtausenden bis in die Gegenwart hinein weiter nieder, obwohl wir auf diese späteren Entwicklungen hier nicht näher eingehen müssen. Beide Projekte sind utopisch, aber beim ersten handelt es sich um eine große, nachgerade fantastische Utopie, wohingegen das zweite eine bescheidenere, ja sogar praktisch zu nennende Utopie darstellt.

Zwei Arten von Theorie in zwei Arten von Utopie

Wie schon gesagt, orientierte sich Platons große Utopie am Modell der Polis, allerdings einer ganz neuen Art von Polis. Nach der Schau des Guten im Höhlengleichnis, die *theoria* im klassischen Sinne ist, wendet Platon sich Theorie im aktiven Sinne einer Denkweise über die Welt zu, die herauszufinden versucht, was in ihr anders sein könnte. Aktive Theorie bzw. Vernunft verlangt, dass Platon über die praktischen Gegebenheiten der Alltagswelt, über die Welt des Überlebenskampfes nachdenkt. Um den Bürgern, die anders als er keine Transzendenzerfahrung gemacht hatten, vor Augen zu führen, dass die Stadt, die er vorschlug, gut war, erfand er die „edle Lüge", welche die verschiedenen Stände in der Stadt davon überzeugen sollte, ihre soziale Stellung als „natürlich" hinzunehmen. Und in den *Gesetzen* rechtfertigt Platon Strafen, darunter sogar die Todesstrafe, für diejenigen, deren Seelen sich durch die ihnen zuteilgewordene, aufgeklärte „musikalische" Erziehung nicht gebessert hätten, obwohl solche Strafen mit der Zeit nicht mehr erforderlich sein würden. Konfuzianer nahmen eine ähnliche Haltung ein, wenn sie einräumten, dass die tugendhafte Stadt unter einem moralischen König harte Strafen nicht sofort abschaffen könne, auch wenn dies das Ziel sei. Entsagende sehen die Welt dann aber mit anderen Augen: So wie es Platon über diejenigen sagt, die in die Höhle zurückgekehrt sind, betrachten sie die Schatten als das, was sie sind, nicht so naiv wie diejenigen, die nie fort waren. Die ideologische Illusion ist weg, könnte man sagen. Sie betrachten die Dinge aus einem gewissen Abstand, sozusagen objektiv.

Sobald freie Sicht [*vision*], die ich als aktive Theorie bezeichne, möglich geworden ist, kann Theorie nun aber eine weitere Wendung nehmen: Sie kann den moralischen Standpunkt ganz aufgeben und einfach nur das betrachten, was nützlich ist, was die mächtigen Ausbeuter noch mächtiger und noch ausbeuterischer macht. Man denke nur an die Legalisten in China und an Kautalīyas *Arthaśāstra* in Indien. Obwohl die hebräischen Propheten die eigennützigen Machenschaften der Reichen und Mächtigen bemerkten und verurteilten, findet sich in der Bibel kein Beispiel, dass jemand prinzipiell für ein solches Verhalten eingetreten wäre. Soweit ich sehe, gibt es eventuell mit Ausnahme einiger Sophisten, von deren Schriften nur Fragmente überliefert sind, in Griechenland niemanden, der Han Fei oder Kautalīya ähneln würde.

Aristoteles war kein Amoralist, sondern einer der größten Moraltheoretiker, den es je gegeben hat. Doch lässt sich bei Aristoteles die Möglichkeit eines Risses zwischen Wissen und Ethik beobachten, der, nachdem er in vollem Umfang erkannt worden war, in der späteren Geschichte enorme Folgen haben sollte und sich schon in Platons „edler Lüge" abgezeichnet hatte, wie wir gesehen haben. Pierre Hadot vertritt die Ansicht, dass Platons Schule ihrem großen Interesse an Mathematik und Dialektik zum Trotz im Wesentlichen ein politisches Ziel verfolgt habe: dass im Prinzip Philosophen Herrscher werden sollten. Die Schule von Aristoteles ist dagegen eigens für Philosophen gedacht, die nicht aktiv am städtischen Leben teilnehmen, sozusagen eine Schule für Entsagende.[55] Doch durch eine so eindeutige Abgrenzung des philosophischen Lebens vom politischen Leben setzt Aristoteles die Verknüpfung von Weisheit *(sophia)* und moralischem Urteilsvermögen *(phronesis)* auf Spiel, an die er eindeutig selbst noch glaubte. Die meisten seiner erhaltenen Schriften sind schulinterne Vorlesungsnotizen, in denen er sich zu Aspekten des philosophischen Lebens äußert, während die *Ethik* und die *Politik* für ein größeres Publikum ak-

---

[55] Pierre Hadot, *Wege zur Weisheit. Oder: Was lehrt uns die antike Philosophie?*, übers. v. Heiko Pollmeier, Frankfurt: Eichborn, 1999 [1995], 98. Meine Erörterung von Aristoteles greift stark auf vieles zurück, was Hadot in diesem Buch im Kapitel über Aristoteles schreibt, 97–112.

tiver Bürger bestimmt waren. Die beiden Gebiete sind nicht direkt miteinander verknüpft, ihre Verbindung besteht darin, dass sie beide auf Formen des guten Lebens ausgerichtet sind: das eine auf Erkenntnis um ihrer selbst willen, das andere auf die Schaffung einer guten Stadt.

Obwohl die höchste Form von *theoria* in der Kontemplation des Göttlichen besteht und der Philosoph dadurch, wenn auch nur kurz und nicht vollständig, tatsächlich am Göttlichen teilhat, umfasst *theoria* auch die Suche nach der Erkenntnis aller Dinge, auch der vergänglichen. Pierre Hadot behauptet nun aber, dass Aristoteles' gewaltiges Forschungsprojekt nicht ganz das ist, als was es modernen Gemütern erscheint: „Das Leben des Geistes besteht also für Aristoteles unbestreitbar zu einem großen Teil im Beobachten, im Erforschen und im Nachdenken über die Beobachtungen. Diese Tätigkeit erfolgt aber in einer gewissen Geisteshaltung, die man als eine beinahe religiöse Leidenschaft für die Wirklichkeit definieren könnte, für die Wirklichkeit in all ihren Aspekten, ob niedrig oder erhaben, weil sich in allem eine Spur des Göttlichen findet."[56] Und er fährt mit einem Aristoteles-Zitat fort, dass „in allem Natürlichen [...] etwas Wunderbares enthalten" sei.[57] Das klingt, als komme *theoria* in ihrer höchsten Form dem nahe, was Gopnik „Leuchten-Bewusstsein" nennt – der Erfassung der Wirklichkeit als ganzer –, in ihren niederen Formen aber zu verschiedenen Arten des „Scheinwerfer-Bewusstseins" werde, die sich in dem Bemühen, sie und ihre Ursachen zu verstehen, auf jeden noch so bescheidenen Aspekt der Wirklichkeit richten.

So verläuft ein bei Aristoteles sichtbarer möglicher Riss zwischen seiner Metaphysik, in der er den letzten Ursprung alles Wissens beschreibt, und den vielen spezifischen Forschungsfeldern, mit deren Begründung er so viel zu tun hatte. Doch ein zweiter möglicher Riss verläuft zwischen *theoria*, Kontemplation auf all ihren verschiedenen Ebenen, als dem bestmöglichen menschlichen Leben und dem Leben der Stadt, der Politik und der Ethik. Glaubt man seinen Worten, ist *theoria* nutzlos. Sie ist in sich gut, hat aber keine Folgen für die Welt.

Doch vielleicht verstehen wir nicht, worauf Aristoteles hinauswill, wenn wir fragen, wofür das theoretische Leben gut ist. Wenn es die bestmögliche, in sich gute Art von Leben ist, stellt sich die Frage, welche Art von Person und welche Art von Gesellschaft ein solches Leben möglich machen könnten. *Ethik* und *Politik* beschreiben die Bedingungen, unter denen einem theoretischen Leben nachgegangen werden kann. Doch an-

---

[56] Hadot, *Wege zur Weisheit*, 102.

[57] Aristoteles, *Über die Teile der Lebewesen*, hrsg. v. Hellmut Flashar, übers. v. Wolfgang Kullmann, Darmstadt: wbg, 2007, 30, 645a15.

ders als Platons *Politeia* ist Aristoteles' *Politik* keine Utopie, sondern eine empirische und analytische Beschreibung der tatsächlichen griechischen Gesellschaft, die ethische Urteile über Besseres und Schlechteres enthält, als Analyse der zweitbesten Art von Leben, deren eigentlicher Wert in der Ermöglichung der besten Art von Leben besteht, aber objektiv und distanziert vorgeht. Aristoteles war der Begründer der Soziologie, dem Durkheim Anerkennung zollte, als er auf seiner ersten Professur an der Universität von Bordeaux dessen *Politik* zum grundlegenden Lehrbuch für seine Studenten bestimmte. Mit all dem will ich nahelegen, dass die Unterscheidung zwischen zwei Arten von *theoria* – reiner Kontemplation und verschiedener Forschungsfelder – und zwei Arten von Sittlichkeit – intellektueller und praktischer – separate Entwicklungen möglich machte, die auf lange Sicht zu autonomen Wissenschaften und utilitaristischer Ethik führen würden, nachdem die Einheit des aristotelischen Denkens zerbrochen war.

Im Grunde genommen war Aristoteles ein Fremder in seiner Stadt, wenn man Athen seine Stadt nennen kann, denn er war kein Bürger. Er musste seine Schule, das Lykeion, in einem öffentlichen Gebäude eröffnen, weil er als Auswärtiger in Athen keinen Grund und Boden besitzen durfte und deshalb kein Land für seine Schule kaufen konnte. Und als es alles andere als gut für ihn aussah, hatte er, anders als Sokrates, keine Bedenken, rechtzeitig zu verschwinden, sodass Athen dasselbe Verbrechen nicht ein zweites Mal beging. Er war Lehrer, und zwar einer der großartigsten Lehrer, den es jemals gegeben hat, und doch war einer seiner (nicht besonders begabten) Schüler der größte Eroberer der Antike, Alexander. Im Großen und Ganzen verwendete Aristoteles das Wort *theoria* in Platons Sinne, doch ab und zu benutzte er es auch für „Untersuchung“ oder „Erkundung“, das heißt im Sinne der Erforschung aller in der natürlichen Welt und in der Kultur vorkommenden Dinge, um herauszufinden, wie sie funktionieren und wozu sie dienen.

Anfänge von Wissenschaftlichkeit, eines kritischen Blicks auf die Welt, von Erkenntnis um der Erkenntnis willen, finden sich in allen achsenzeitlichen Beispielfällen, auch wenn kreative Denker zum Beispiel in Israel, wie im Fall von Philon (20 v.u.Z.–50 u.Z.) oder Flavius Josephus (37–ca. 100 u.Z.) häufig auf Griechisch schrieben und tief vom griechischen Denken beeinflusst worden waren, das jahrhundertelang den größten Teil des Nahen Ostens dominierte. Talcott Parsons hat in Bezug auf das alte Israel und das alte Griechenland von „Saatbett“-Gesellschaften gesprochen, weil ihr Erbe in der nachfolgenden Geschichte weiterkeimte, obwohl sie ihre politische Selbstständigkeit verloren hatten.[58] Im Grunde genom-

[58] Talcott Parsons, *Gesellschaften: Evolutionäre und komparative Perspektiven*,

men waren alle achsenzeitlichen Gesellschaften Saatbett-Gesellschaften, und eines der Dinge, die wir in Erwägung ziehen müssten, wenn wir diese Metapher weiterverfolgen, ist, dass sie sich auf vielfältige Weisen gegenseitig befruchteten. Genauso wie jüdische und griechische Traditionen sich wechselseitig durchdrangen, hatte der Buddhismus große Durchschlagskraft in China und die indische Mathematik großen Einfluss im Westen. Die achsenzeitlichen Übergänge als solche verliefen möglicherweise nicht einfach parallel zueinander, obwohl ihre Verbindungen untereinander schwer zu ermitteln sind, aber in der nachfolgenden Geschichte nahmen sie alle tiefen Einfluss aufeinander.

Worauf ich hinaus will, ist, dass die Achsenzeit uns „Theorie" in zwei verschiedenen Bedeutungen hinterließ und sich keine von beiden seither als unproblematisch erwiesen hat. Die großen utopischen Visionen haben zu einigen der nobelsten Errungenschaften der Menschheit Anlass gegeben, sie haben aber auch einige der schlimmsten menschlichen Taten hervorgebracht. Theorie im Sinne von freiem Wissen, von Forschungen, um etwas mit oder ohne moralische Bewertung zu verstehen, hat zu einer ganz eigenen Art von erstaunlichen Errungenschaften geführt, den Menschen aber auch die Macht verliehen, ihre Umwelt und sich selbst zu zerstören. Beide Arten von Theorie haben die im Achsenzeitalter erstmals bewusst wahrgenommene Klassengesellschaft kritisiert, aber auch gerechtfertigt. Sie haben die intellektuellen Werkzeuge für Reformbemühungen und Unterdrückungsversuche bereitgestellt. Doch die Legitimationskrise der Achsenzeit ist bis heute ungelöst geblieben. Damit eine solche Lösung überhaupt vorstellbar wird, muss man sich Gedanken darüber machen, welche Art von Wandel staatliche Gesellschaften vollziehen und welche Art von kosmopolitischen Institutionen ihnen Grenzen setzen und sie teilweise ersetzen könnten.

Wie sich durch meine Erwähnung von Aristoteles' teilweise nach dem Vorbild von Platons Akademie gegründeten Lykeion schon angedeutet hat, bestand die zweite Folge der achsenzeitlichen Durchbrüche in der Schaffung von Institutionen, welche die Traditionen am Leben erhalten und deren Anhänger vor der Welt um sie herum schützen sollten. Inmitten der „milden Zwangsmittel" der etablierten Gesellschaftsordnung und mitunter der gar nicht so milden Zwangsmittel in Zeiten politischen Aufruhrs stellten sie ein zwangloses Umfeld zur Verfügung. In Indien führte die vererbbare Kaste des Brahmanentums die Tradition bzw. wesentliche Teile von ihr weiter, auch wenn die Anhänger von Vishnu oder Shiva später ihre

übers. v. Nils Thomas Lindquist, Frankfurt: Suhrkamp, 1975 [1966], Kap. 6, 149–167.

eigenen Vereinigungen gründeten. Die Buddhisten schufen eine neue Art von Institution, den Mönchsorden, der die Entstehung des christlichen Mönchstums im Westen einige Jahrhunderte später durchaus beeinflusst haben könnte. Erziehungs- und Bildungseinrichtungen waren in allen Fällen wichtig, und wir sprechen von „Schulen", die verschiedene Traditionen, insbesondere in der griechischen und römischen Antike, weiterführten, zum Beispiel die Stoiker und die Epikureer, und in China die Konfuzianer, Mohisten und Daoisten, obwohl die Daoisten später möglicherweise unter dem Einfluss des Buddhismus religiöse Institutionen schufen, die etwas anderes als Schulen waren.[59]

Aufgrund seiner späteren Geschichte in der Diaspora und nicht als Reich ist Israel ein besonders interessanter Fall. In gewissem Sinne kam das Judentum einer verwirklichten Utopie am nächsten, wenn auch unter den schwierigsten Bedingungen. Als oftmals verfolgter Minderheit war selbstständige politische Macht den Juden verwehrt, obwohl sie sowohl in christlichen als auch in muslimischen Gesellschaften oftmals über maßgebliche Verbindungen zu den Machthabern verfügten. Im günstigsten Fall waren die Juden nun aber in der Lage, unter dem Schutz der herrschenden Mächte sich selbst verwaltende Gemeinschaften zu schaffen; diese Gemeinschaften verfügten nicht über staatliche Macht, insbesondere nicht über militärische Macht, hatten aber ihre eigenen Rechtsprechungsorgane, um die Ordnung innerhalb der Gemeinschaft aufrechtzuerhalten. Die schärfste Sanktion war wohl der Ausschluss aus der Gemeinschaft, weil die Anwendung von Gewalt der umliegenden politischen Macht überlassen blieb, aber Ausschluss war durchaus eine schwere Sanktion.[60] Wenn ich diese Gemeinschaften mit achsenzeitlichen Utopien vergleiche, weil in

[59] Das Wort „Schule", das im Laufe der Geschichte überwiegend Erziehungs- bzw. Bildungseinrichtungen bezeichnete, hat die sekundäre Bedeutung von Lehrtraditionen angenommen, obgleich in der Platonischen Akademie und in Aristoteles' Lykeion beide Bedeutungen zusammenkamen. Josef Pieper erinnert uns jedoch in *Muße und Kult*, Kap. 4, daran, dass die ursprüngliche Bedeutung von Schule, das heißt von *skole* im Griechischen oder *scola* im Lateinischen, Muße ist. Muße deutet darauf hin, dass Bildung in einem zwanglosen Umfeld stattfindet, dass ihr ein spielerisches Element innewohnt. In unserer Gesellschaft ist „Schule" zum Ort des intensiven und manchmal gnadenlosen Wettbewerbs geworden, weshalb wir es womöglich schwierig finden, sie als „Muße" zu betrachten. Allerdings ging in den meisten historischen Gesellschaften nur eine kleine Minderheit zur „Schule"; die anderen gingen arbeiten, sobald sie dazu körperlich in der Lage waren. Demnach ergab Bildung als Muße Sinn. Selbst wenn sie demokratisiert ist, ergibt es immer noch Sinn, dass Bildung in einer Atmosphäre der Muße stattfinden sollte, wenn ihr wahrer Zweck, das menschliche Gedeihen, ihr Ergebnis sein soll.

[60] Wahrscheinlich ist Spinoza von allen, die aus der Synagoge ausgeschlossen wurden,

ihnen das Leben durch die Thora gelenkt wurde, so problematisch ihre Beziehungen zur Außenwelt auch gewesen sein mögen, möchte ich damit sagen, dass sie insofern Ähnlichkeiten mit buddhistischen und christlichen Mönchsgemeinschaften aufwiesen, als religiöses Leben und Alltagsleben auch in diesen Gemeinschaften stärker miteinander identifiziert wurden als in den meisten anderen historischen Gesellschaften. Möglicherweise ist es als Ironie zu betrachten, dass sich infolge der umfassenden jüdischen Emanzipation in der Neuzeit bei der Gründung des Staates Israel die unvordenkliche Hoffnung auf eine Rückkehr ins gelobte Land mit modernem Nationalismus verbinden ließ. Dieser Staat ist nicht utopischer als andere moderne Nationen, ja steht im Grunde genommen all jenen Spannungen zwischen ethischen Idealen und praktischen Erfordernissen gegenüber, die in staatlichen Organisationen endemisch sind.

Dem großen Netzwerk religiöser Institutionen nachzuspüren, die in späteren Jahrhunderten aus den achsenzeitlichen Traditionen erwuchsen – die christliche Kirche, die islamische Umma, der buddhistische Sangha und die mit ihnen verbundenen Bildungs- und Erziehungseinrichtungen, darunter die islamischen Madrasas und die christlichen Universitäten, die ihr relativ zwangloses Umfeld für große kulturelle Kreativität nutzten –, würde uns weit über die Aufgabenstellung dieses Buches hinausführen. Aber auf die eine oder andere Weise haben sie alle innerhalb ihrer nicht immer ganz zwanglosen Grenzen den Gedanken religiöser Utopie am Leben erhalten.

Und noch einmal: Metanarrative

Ich möchte jetzt auf ein Problem zurückkommen, das ich im Vorwort aufgeworfen habe: Wie kann man, wie ich es getan habe, ein Metanarrativ, und sei es ein evolutionäres Metanarrativ, in Angriff nehmen, wenn solche Narrative in der Vergangenheit meistens zur Rechtfertigung der Gewinner und zur Verunglimpfung der Verlierer in einer als Daseinskampf verstandenen Geschichte benutzt worden sind? In seinem Buch *Rassismus, Imperialismus und die Idee menschlicher Entwicklung* hat Thomas McCarthy vor kurzem diese Art von Problemen auf scharfsinnige Weise angesprochen und trotz größter Schwierigkeiten den Wert, ja sogar die Unumgänglichkeit dessen bekräftigt, was er im Anschluss an Kant Univer-

---

der bekannteste. Er überlebte nur deshalb, weil er Unterstützer in der nicht-jüdischen Bürgerschaft hatte.

salgeschichte nennt.[61] Die folgende Erwiderung auf ihn trägt hoffentlich zur Verdeutlichung meines Standpunkts bei. Die meisten Versuche auf diesem Gebiet, die weitgehend aus Europa und Amerika stammen, weisen drei große Schwächen auf:

Erstens besteht – sogar bei Kant als dem universalistischstem Philosophen der Neuzeit – die starke Tendenz, sich mit der Menschheit in Gestalt einer radikalen Dichotomie zu befassen: wir (Europa, später Europa plus Amerika) gegen sie, und zwar nicht nur in kultureller Hinsicht, sondern leider, sogar bei Kant, nach Rassen getrennt.[62] Die weiße Rasse gilt als höherwertig, ja sogar biologisch höherwertig, als alle anderen Rassen, obwohl in manchen Fällen die Möglichkeit besteht, den anderen Rassen die Lernfähigkeit zuzugestehen, den abendländischen Menschen ähnlicher zu werden. Selbst wenn der Unterschied zwischen menschlichen Gruppen eher kulturell als rassisch verstanden wird, werden sie weiterhin primär auf dichotomische Weise kategorisiert: Zivilisation gegen Barbarei. Wo Unterscheidungen zwischen weniger Zivilisierten getroffen wurden, waren die Unterschiede zwischen ihnen lediglich minimal: „Orientalen" mögen den primitiven Völkern überlegen sein, fallen aber trotzdem unter dieselbe statische und vor allem despotische kulturelle Kategorie: den orientalischen Despotismus. Man muss gar nicht weiter zurückzugehen als bis zu Edward Saids Buch *Orientalismus*, um zu erkennen, dass eine solche Dichotomie noch bis vor kurzem im westlichen Denken vorherrschend war.[63]

Zweitens kann diese grundlegende Dichotomie zeitlich, manchmal auch in Bezug auf die Evolution, als Unterschied zwischen Früher und Später formuliert werden, wobei die Späteren, sprich: wir, uns von den anderen durch einen höheren Fortschrittsgrad unterscheiden. Mit Europa bzw. Euro-Amerika an der Spitze lassen sich alle bestehenden Gesellschaften in Fortschrittsstadien einstufen. Imperialismus wurde dadurch gerechtfertigt, dass er Bildung und nach einer (der Länge nach) angemessenen Zeit der Bevormundung derjenigen, die nicht über sie verfügten, Freiheit mit sich brachte. Und wiederum ist man enttäuscht, dass kein Geringerer als John Stuart Mill, der wie sein Vater James den größten Teil seines Erwachsenenlebens bei der East India Company arbeitete, in seiner großartigen Abhandlung *Über die Freiheit* solche Ansichten auf eloquente Weise zum

[61] Thomas McCarthy, *Rassismus, Imperialismus und die Idee menschlicher Entwicklung*, übers. v. Michael Müller, Berlin: Suhrkamp, 2015 [2009].

[62] Siehe McCarthy, *Rassismus*, Kap. 2, „‚Rasse' und ‚Entwicklung' bei Kant", 76–119.

[63] Edward W. Said, *Orientalismus*, übers. v. Hans Günter Holl, Frankfurt: Fischer, 2009 [1978].

Ausdruck gebracht hat. Freiheit, heißt es dort, sei „nur auf Menschen mit völlig ausgereiften Fähigkeiten anzuwenden“, wohingegen „Despotismus [...] eine legitime Regierungsform [ist], wo man es mit Barbaren zu tun hat, vorausgesetzt, daß ihre Vervollkommnung das Ziel ist und die Mittel dadurch gerechtfertigt werden, daß man den Zweck wirklich erreicht“. Die britische Herrschaft in Indien war laut Mill die Herrschaft von „guten Despoten“, denn schließlich habe „[d]er größere Teil der Welt [...] keine Geschichte im eigentlichen Sinne, da die Tyrannei der Gewohnheit vollständig ist. Im ganzen Osten ist dies der Fall“.[64]

Drittens lassen sich Schrecken der Vergangenheit oder Gegenwart als notwendige Voraussetzungen einer besseren (demokratischen? sozialistischen?) Zukunft rechtfertigen. McCarthy hält fest, dass Walter Benjamin die Unerträglichkeit des Gedankens, „daß die zahllosen Opfer der Geschichte nur Wegmarken der Entwicklung sein sollen“, besonders eloquent formuliert hat.[65] McCarthy hebt hervor, dass sowohl Kant als auch Mill mehrfach wiederholen, dass kein Akt, der die Würde, von der Existenz ganz zu schweigen, eines anderen Menschen antaste, jemals moralisch gerechtfertigt sei. Und dennoch fanden beide, wie zahllose andere, die moralphilosophisch nicht so bewandert waren, Mittel und Wege, das Nichtrechtfertigbare zu rechtfertigen. Dieser Teil unseres (abendländischen) Erbes schreit nach Ansicht von McCarthy nicht nur nach einer Entschuldigung, sondern nach einer Entschädigung für diejenigen, die heute noch an den Folgen dessen leiden, was wir ihnen angetan haben.[66]

Im Lichte der Tatsache, dass die menschlichen Fähigkeiten im Laufe der Geschichte dramatisch gewachsen sind und dass wir nolens volens mittlerweile alle moderne Menschen sind, auch wenn unsere kulturellen Unterschiede in der Praxis immer bestehen bleiben werden, glaubt McCarthy jedoch trotz dieser vernichtenden Vorwürfe gegen die meisten existierenden Metanarrative weiterhin an die Unverzichtbarkeit und Unverwüstlichkeit der Idee eines Fortschritts durch Wandel als solcher. Zudem habe „es sich als gefährlich erwiesen [...], dieses Feld denen zu überlassen, die es mißbrauchen wollen“.[67] Und für die Art von Metanarrativ, die wir weiterhin unbedingt brauchen, gibt McCarthy uns ein Rezept an die Hand:

---

[64] John Stuart Mill, *Über die Freiheit*, hrsg. v. Manfred Schlenke, übers. v. Bruno Lemke, Stuttgart: Reclam, 1988 [1859], 17 und 97. Siehe McCarthy, *Rassismus*, 280, 285 und 286.
[65] McCarthy, *Rassismus*, 255.
[66] Siehe insbesondere ebd., letztes Kapitel, 378–400.
[67] Ebd., 397.

„In mancher Hinsicht kam Kants Verständnis eines großen Metanarrativs – einer allgemeinen Geschichte in weltbürgerlicher Absicht – als Gegenstand weder theoretischen Wissens noch praktischer Vernunft, sondern einer ‚reflektierenden Urteilskraft', der Sache viel näher. Aus seiner Sicht müssen solche Metanarrative bekannte empirische Daten und Kausalzusammenhänge zwar berücksichtigen und sich mit ihnen vereinbaren lassen, gehen aber im Bemühen um eine einheitliche Geschichtsdarstellung stets über das Bekannte hinaus. Und dies läßt sich am besten von einem an der Praxis orientierten Standpunkt aus erreichen: Große Metanarrative vermitteln uns eine Vorstellung von humaneren Zukünften, auf die wir hoffen dürfen, allerdings nur, wenn wir bereit sind, uns aktiv für ihre Verwirklichung einzusetzen."[68]

Wie ich jetzt zu zeigen versuchen möchte, habe ich mich in diesem Buch in verschiedenen Hinsichten bemüht, McCarthys Maßstäben gerecht zu werden: In meinem Buch gibt es keine Dichotomien. Obwohl es unvermeidlicherweise aus der partikularen Perspektive der Gegenwart geschrieben wurde, hört sein Narrativ vor 2000 Jahren auf. Es beschäftigt sich nicht mit Kulturkämpfen (außer beiläufig in Kapitel 2 mit dem Kulturkampf zwischen einigen Arten von Religion und einigen Arten von Wissenschaft) oder dem „Clash of Civilizations" – Christentum und Islam werden zum Beispiel in diesem Buch nicht einmal erörtert, weil sie außerhalb von dessen zeitlichem Rahmen liegen. Auch die Moderne behandle ich nicht, obwohl möglicherweise viele ihrer Züge implizit vorausgesetzt werden. Das liegt nicht daran, dass ich über diese Themen nichts zu sagen hätte – ich hoffe, noch mehr über sie sagen zu können –, sondern lediglich daran, dass es in diesem Buch nicht um „Modernisierung" geht. Wenn „wir" uns Abendländer meint und Israel und Griechenland „unsere" Vorgänger sind, habe ich sie mit Sicherheit nicht bevorzugt behandelt. Sie bekommen weniger Raum als China und Indien. Ich habe mich bemüht, alle vier achsenzeitlichen Beispielfälle mit gleichem Respekt und gleicher Wertschätzung für ihre bemerkenswerten Errungenschaften zu behandeln. Und wo für Mill der „ganze Osten" keine Geschichte hat, habe ich gerade versucht zu zeigen, über was für eine lebendige und dramatische Geschichte China und Indien sowie ihre Vorgänger auf der ganzen – natürlichen und kulturellen – Welt verfügt haben.

Was die Homogenisierung des „Anderen" anbelangt, so habe ich sie insgesamt zu vermeiden versucht. Ich habe große innere Diversität sogar in

---

[68] Ebd., 370. McCarthy hat ein ungemein originelles Buch geschrieben, das eine extrem wertvolle Quelle für das Nachdenken über unsere gegenwärtigen Probleme darstellt. Allerdings verdankt er nicht nur Kant viel, dem gegenüber er durchaus kritisch ist. Auch von Jürgen Habermas' Diskursethik hat er einiges übernommen, wie er selbst einräumt.

zwei meiner Stammesgesellschaften, bei den australischen Aborigines und bei den Navajo, und ganz gewiss in den archaischen und achsenzeitlichen Gesellschaften aufgezeigt, in denen tiefe innere Spannungen der Entstehung neuer Einsichten und kreativer Neuerungen Auftrieb gegeben haben. Auch die Vergangenheit habe ich – wiederum in biologischer oder in kultureller Hinsicht – nicht triumphalistisch behandelt. Im ganzen Kapitel 2 habe ich zu zeigen versucht, dass der Unterschied zwischen „höher“ und „niedriger“ stets relativ ist, dass man die Bakterien zum Beispiel als erfolgreichste Lebensform von allen betrachten kann und dass kein Anlass besteht, sich über die Dinosaurier lustig zu machen. Ich habe der Achsenzeit, deren Hauptfiguren bis heute im Leben aller gebildeten Menschen präsent sind, zwar am meisten Platz eingeräumt, die vorachsenzeitlichen Kulturen aber nicht herabgesetzt, sondern ihren je eigenen inneren Wert und ihre jeweilige Bedeutung zu zeigen versucht.

Und schließlich habe ich durchaus eine (freilich nur vier Milliarden minus 2000 Jahre lange) Universalgeschichte in Angriff genommen, die Thomas McCarthys Kriterien der Art von Geschichte genügt, die wir brauchen. Ich habe mich nicht davon abschrecken lassen, dass die natürliche Selektion der Hauptmechanismus der biologischen und kulturellen Evolution ist, sondern habe mich mit der Herausbildung eines „zwanglosen Umfelds“ beim Spielen von Tieren und in der menschlichen Kultur beschäftigt, in dem der Überlebenskampf oder die natürliche Selektion nicht voll zum Zuge gekommen sind, sodass ethische Maßstäbe und freie Kreativität entstehen konnten – Formen, die in vielen Fällen tatsächlich selegiert wurden, da sie für das Überleben wertvoll waren, obwohl sie in Zusammenhängen entstanden sind, in denen das Gute der Praxis selbst innewohnte und keinem äußeren Zweck diente. Und ich habe auch nicht behauptet, dass alles zu etwas gut war, oder geleugnet, dass die Geschichte voller Gräuel ist. Ich habe gezeigt, dass die guten Menschen häufig auf der Verliererseite stehen und die bösen oftmals triumphieren.

Die praktische Absicht

Was die „praktische Absicht“ dieses Buches anbelangt, die McCarthy als einzige Rechtfertigung für eine Universalgeschichte gelten lässt, so habe ich zu zeigen versucht, dass die Evolution des Lebens und der Kultur keinerlei Anlass zu Triumphalismus bietet. Ich bin überzeugt, dass wir von Evolution sprechen müssen, die das einzige Metanarrativ ist, über das wir verfügen und das gebildete Menschen aller Kulturen teilen, das aber in gewisser Weise genauso die Gefahren wie die Erfolgsaussichten zeigt, die in der

Evolution liegen, und das sich nicht scheut, zwischen Gut und Böse zu unterscheiden.

Deshalb möchte ich mich jetzt einem bestürzenden Beispiel dafür zuwenden, was die Tiefenhistorie uns über die moralische Situation der Menschen heute und über die Veränderungen, die wir anstreben müssen, vor Augen zu führen vermag. Den fossilen Zeugnissen der letzten 540 Millionen Jahre zufolge hat es mindestens fünf große Massensterben gegeben – die als Ereignisse definiert werden, in deren Folge mindestens 50 Prozent aller Tierarten aussterben. Das letzte große Massensterben an der Kreide-Tertiär-Grenze vor 65 Millionen Jahren ist am bekanntesten, da zu diesem Zeitpunkt alle Dinosaurier mit Ausnahme der Vögel ausgestorben sind. Das größte Massensterben fand an der Perm-Trias-Grenze vor 245 Millionen Jahren statt, als ungefähr 96 Prozent aller Meeresbewohner und schätzungsweise 70 oder mehr Prozent der Landbewohner, einschließlich vieler Wirbeltiere, Insekten und Pflanzen ausstarben. Wegen seiner enormen Folgen für die Evolution wird es das „Große Sterben" genannt.

Wie manchen von uns bekannt ist und uns allen bekannt sein sollte, befinden wir uns genau in diesem Moment mitten in einem sechsten großen Massensterben – im Grunde genommen befinden wir uns schon seit geraumer Zeit darin. Der Paläontologe Niles Eldredge beschreibt dieses Ereignis als etwas, das „mit den fünf großen Massensterben der geologischen Vergangenheit zu konkurrieren droht".[69] Er betont, dass alle bisherigen Massensterben physische Ursachen gehabt haben, darunter Zusammenstöße mit außerirdischen Objekten, große Vulkanausbrüche oder dramatische Veränderungen der Plattentektonik, dieses aber eine andere Ursache habe: „Es ist das erste dokumentierte globale Massensterben, das eher eine biotische als eine physische Ursache hat."[70] Und diese Ursache sind wir.

Eldredge behauptet, dieses Massensterben habe vor mindesten 100.000 Jahren begonnen, als die Menschen Jagdtechniken entwickelten, die ihnen erlaubten, Wildarten zu überjagen, zu denen auch die Megafauna in Gestalt etwa von Mammuts und Mastodonten gehörte, wenn auch nicht ausschließlich. Solch massenhaftes Aussterben trat jedes Mal auf, wenn Menschen neue Territorien in Besitz nahmen – wie vor etwa 40.000 Jahren in Australien und vor etwa 12.500 Jahren in den Amerikas.

---

[69] Niles Eldredge, „The Sixth Extinction", 1, siehe PDF auf www.biologicaldiversity.org/programs/population_and_sustainability/extinction/pdfs/Eldridge-6th-extinction.pdf [Der Link funktioniert nur mit dem falsch geschriebenen Nachnamen am Ende der Adresse. A. d. Ü., 21. April 2020]

[70] Ebd., 2.

Als die Menschen vor sehr viel kürzerer Zeit in Polynesien ankamen, rotteten sie alle großen Landvogelarten aus.[71]

Doch die Folgen der vor etwa 10.000 Jahren einsetzenden menschlichen Landwirtschaft für die Umwelt waren noch viel schlimmer. Laut Eldredge „stellt die Landwirtschaft in den gesamten 3,5 Milliarden Jahren der Geschichte des Lebens den tiefgreifendsten ökologischen Wandel überhaupt dar." Dies lag daran, dass die Menschen nicht mehr auf andere, im Naturzustand belassene Arten angewiesen waren, sondern sie nach ihren eigenen Bedürfnissen manipulieren konnten, was wiederum eine menschliche Überbevölkerung über jede natürliche ökologische Tragfähigkeit hinaus möglich machte. Die Entwicklung der Landwirtschaft war „im Wesentlichen eine Kriegserklärung an die Ökosysteme – der Grund und Boden wurde in Land zur Erzeugung von ein oder zwei Nutzpflanzen umgewandelt und andere einheimische Pflanzenarten wurden von nun an als unerwünschtes ‚Unkraut' eingestuft – und bis auf wenige domestizierte Arten galten jetzt alle Tiere als Schädlinge."[72] Der enorme Bevölkerungszuwachs, der mittlerweile die sechs Milliarden-Marke erreicht hat und logarithmisch weiter zunimmt, ist an einem Punkt angekommen, an dem die Bodenerosion an vielen Orten massiv ist, das Wasser knapp wird, die Meere verunreinigt sind, der Fischbestand sich erschöpft und der Klimawandel zu einer raschen globalen Erwärmung geführt hat. Eldredge beschließt seinen Aufsatz mit folgender Frage: „Weltweit haben lediglich zehn Prozent der Arten das dritte Massensterben überlebt. Wie viele werden es diesmal sein?"[73]

Natürlich könnte es durchaus sein, dass wir uns gegenseitig mit Atomwaffen in die Luft sprengen, bevor wir schrittweise alle Lebewesen, einschließlich unserer eigenen Art, ausrotten. Massive Ungleichheiten zwischen reichen und armen Nationen und das Schwinden der Energie- und Wasservorräte könnten einen solch fatalen Konflikt auslösen. Im Vorwort habe ich darauf hingewiesen, dass unser Adaptationsgrad sich so stark erhöht hat, dass wir Schwierigkeiten haben, uns an unsere Adaptationen anzupassen. Dies alles sollte deutlich machen, dass ich zwar an die Evolution im Sinne zunehmender Fähigkeiten und an weit in die biologische Zeit zurückreichende Evolutionsstufen glaube, die auf solche neuen Fähigkeiten zurückgehen, dass ich aber nie behauptet habe, dass mehr besser sei, dass wir die Krone der Schöpfung seien oder es irgendeine Gewissheit gäbe, dass wir nicht eher früher als später unserem eigenen Leben sowie

---

[71] Ebd., 3–4.
[72] Ebd., 4–5.
[73] Ebd., 5.

dem der meisten anderen Arten ein Ende setzen und die Erde den Bakterien überlassen, die nach den Worten von Stephen Jay Gould, die ich in Kapitel 2 zitiert habe, „die Organismen [sind], die nach allen evolutionären Standardkriterien [...] am Anfang, heute und wahrscheinlich immerdar (bis der Sonne der Brennstoff ausgeht) die vorherrschenden Geschöpfe auf der Erde waren, sind und sein werden".[74] Wenn es in einer Arbeit wie dieser, in der es um den ganz großen Bogen der biologischen und kulturellen Evolution geht, eine vorrangige praktische Absicht gibt, dann besteht sie darin, dass es höchste Zeit und deshalb für die Menschheit unerlässlich ist, sich darüber klar zu werden, was geschieht, und die zwangsläufig dramatischen Schritte zu unternehmen, die eindeutig nötig sind, aber gegenwärtig genauso eindeutig von den Mächtigen dieser Welt ignoriert werden.

Doch ich möchte abschließend noch eine andere praktische Absicht meiner Arbeit ansprechen, die nicht so apokalyptisch ist wie unsere ökologische Krise und trotzdem große Bedeutung hat. Dabei handelt es sich um die uns offenstehende Möglichkeit, unsere tiefreichendsten kulturellen Differenzen, zu denen auch unsere religiösen Differenzen gehören, auf eine völlig andere Weise zu verstehen, als die meisten Menschen es bisher getan haben. Ethnozentrismus gibt es überall, weshalb es uns nicht überraschen sollte, dass wir auch bei unseren Vorfahren auf ihn stoßen.

So groß die Hauptfiguren der Achsenzeit auch gewesen sind und so universalistisch ihre Ethik der Tendenz nach war, dürfen wir nicht vergessen, dass sie alle ihre eigene Lehre als einzige oder höchste Wahrheit betrachtet haben, sogar so jemand wie Buddha, der seine Konkurrenten nie bloßstellte, sondern lediglich leicht verspottete. Ob Platon, Konfuzius oder Deuterojesaja: Sie alle dachten, dass sie, und zwar sie allein die endgültige Wahrheit gefunden hätten. Wir können dies als unvermeidlichen Bestandteil einer so lange zurückliegenden Welt auffassen.

Doch für ein Buch, in dem es um religiöse Evolution geht, ist es von schmerzlicher Relevanz, wenn man bedenkt, dass selbst die vortrefflichsten Denker der Neuzeit normalerweise davon ausgegangen sind, dass das Christentum allen anderen Religionen überlegen sei. Für Kant und Hegel als den möglicherweise einflussreichsten modernen Philosophen war nicht nur das Christentum höherwertig, sondern vor allem das protestantische Christentum, und diese Ansicht war bis vor kurzem weit verbreitet.

Es ist ein peinigender Gedanke, dass es für Max Weber nicht bloß das protestantische Christentum war, sondern das, was er „asketischen Protestantismus" nannte. Damit meinte er in erster Linie den Calvinismus,

---

[74] Stephen Jay Gould, *The Structure of Evolutionary Theory*, Cambridge, Mass.: Harvard University Press, 2002, 898.

der besonders, aber keineswegs ausschließlich, in der ökonomischen Sphäre den Maßstab für Rationalisierungsanreize vorgab und an dem alle Religionen sich messen lassen mussten – die angefangen mit dem Katholizismus, aber dann bis hin zu den chinesischen und indischen Religionen mehr oder weniger zu wünschen übrig ließen. Es stimmt zwar, dass Weber den asketischen Protestantismus nicht wirklich mochte, den er als „Weltherrschaft der Unbrüderlichkeit“ bezeichnete und der sich nicht mit den Persönlichkeiten vereinbaren ließ, die seiner Ansicht nach Religion im besten Sinne repräsentierten: Jesus von Nazareth, Franz von Assisi und Buddha. Und doch hat der asketische Protestantismus die Rationalisierung des gesamten menschlichen Lebens am stärksten gefördert, was für Weber kein über jeden Zweifel erhabener Vorgang war (das „eiserne Gehäuse“), aber doch ein Vorgang, den er für unvermeidbar und insgesamt für das Bestmögliche hielt.[75]

Doch im 20. Jahrhundert kam erstmals eine neue Sichtweise auf, die alle Religionen aus sich selbst heraus zu verstehen und wertzuschätzen erlaubte und nicht den Ehrgeiz hatte, einer von ihnen, entweder weil sie die beste oder weil sie historisch gesehen die fortschrittlichste war, die Spitzenposition zuzuweisen. Dabei denke ich nicht an erster Linie an ein „New Age“-Bewusstsein, das verkündete, „alle Religionen sind verschiedene Wege zum selben Gott“, auch wenn das Auftreten solcher Meinungen für eine neue kulturelle Situation sprach. Weber hat sich über die kulturelle Elite seiner Zeit lustig gemacht, weil sie „sich in ihrer Seele sozusagen mit garantiert echten, alten Sachen ausmöblieren, und sich dabei dann noch daran erinnern, daß dazu auch die Religion gehört hat“. Und in der Tat war viel von dem, was vor sich ging, albern, besonders die unvermeidliche Tendenz, das, was man suchte, in die anderen Religionen hineinzulesen, anstatt den Versuch zu unternehmen, sie aus sich selbst heraus zu verstehen. Ich denke dabei auch nicht primär an den interreligiösen Dialog, so wichtig er sein mag, der unser jeweiliges Existenzrecht und das Recht anerkennt, uns zu verteidigen, wenn wir verfolgt werden, obwohl wir weiterhin glauben mögen, dass unsere eigene Religion die beste ist – auch wenn ein solcher Dialog mit Sicherheit einen großen Fortschritt gegenüber früheren Bestrebungen darstellt.

Woran ich denke, ist die mittlerweile wachsende Zahl seriöser Religionsgelehrter, die akzeptieren können, dass religiöser Pluralismus unser

---

[75] Eine ausführlichere Erörterung von Webers Ansichten über Religion findet sich in Robert N. Bellah, „Max Weber and World-Denying Love“, in: *The Robert Bellah Reader*, hrsg. v. Robert N. Bellah und Steven M. Tipton, Durham, N.C.: Duke University Press, 2007, 123–149.

Schicksal ist, ohne die Überlegenheit einer Tradition behaupten zu müssen. Einen großen Schritt vorwärts in dieser Hinsicht hat Mitte des 20. Jahrhunderts Karl Jaspers Buch *Vom Ursprung und Ziel der Geschichte* gemacht, in dem Jaspers den Ausdruck „Achsenzeit" für mehrere große Traditionen verwendete, die im ersten Jahrtausend v. u. Z. aufkamen, wobei er die christliche Vorstellung von Jesus Christus als „Achse" der Weltgeschichte herausgriff und sie soweit verallgemeinerte, dass sie die anderen großen Traditionen dieser Frühzeit mit einschloss.[76]

Die Person, von der ich am meisten über die Akzeptanz anderer Religionen gelernt habe, ist Wilfred Cantwell Smith, und das gilt sowohl für seine Lehre als auch für seine Persönlichkeit. Zum Ausdruck kam dies in seiner lebenslangen Beschäftigung mit Muslimen. Auf seine ganz eigene idiosynkratische Weise war Smith davon überzeugt, dass alle Religionen historisch miteinander zusammenhängen, dass einem aber keine Würdigung der enormen Vielfalt sowohl innerhalb der Traditionen, die wir unterscheiden, als auch zwischen ihnen gelingen kann, wenn man sie in einer Reihe von „ismen" „essentialisiert". Deshalb besteht unsere Aufgabe bis hin zum einzelnen Gläubigen, der noch nicht einmal innerhalb der eigenen Konfession vollständig mit anderen Gläubigen übereinstimmt, darin, dass wir versuchen, solche anderen Gläubigen in Bezug auf das zu verstehen, was sie mit uns teilen und was sie nicht mit uns teilen, vor allem aber gemäß ihrer eigenen Auffassung, nicht unserer. In dem Buch, in dem er seine Position am umfassendsten ausbuchstabiert, *Toward a World Theology*, versteht Smith den Begriff „Gott" als grundlegenden Bezugspunkt für alle Religionen, ohne die damit verbundenen Schwierigkeiten zu verkennen. Doch seine Verwendung des Wortes „Gott" in diesem Zusammenhang ist nicht in einem ausschließlichen Sinne christlich und verlangt nicht, dass man an Jesus oder die Dreifaltigkeit glaubt, obwohl Smith sich selbst als Christen bezeichnete. Smith möchte die gesamte menschliche Religiosität in seine Perspektive einbeziehen, ohne eine Tradition oder irgendeine Art von Tradition zu bevorzugen.[77]

Auch Charles Taylors Arbeit über den Multikulturalismus hat mich beeinflusst, vor allem aber seine in manchen Fällen lediglich beiläufige Behandlung anderer Religionen in *Ein säkulares Zeitalter*, in dem er sie

---

[76] Karl Jaspers, *Vom Ursprung und Ziel der Geschichte*, München: Piper, 1949. Eine neue, überaus nützliche Interpretation des Achsenzeitalters und seiner Bedeutung für die Moderne bietet Steven G. Smith, *Appeal and Attitude: Prospects for Ultimate Meaning*, Bloomington: Indiana University Press, 2005.

[77] Wilfred Cantwell Smith, *Toward a World Theology*, Philadelphia: Westminster, 1981.

durchgängig in ihrem Selbstverständnis ernst nimmt.[78] Herbert Fingarette hat die Position, die ich zu beschreiben versuche, besonders gut ausbuchstabiert:

> „Es ist das spezielle Schicksal des modernen Menschen, dass er die ‚Wahl' zwischen verschiedenen geistigen Visionen hat. Das Paradox besteht darin, dass zwar jede von ihnen für uneingeschränkte Geltung ein uneingeschränktes Bekenntnis verlangt, wir aber heute einen Rahmen herstellen können, der uns erkennen lässt, dass keine von ihnen Ausschließlichkeit beanspruchen kann. Deshalb müssen wir lernen, naiv und doch undogmatisch zu sein. Das heißt, wir müssen die Vision so nehmen, wie sie ist, und naiv auf ihre Realität vertrauen. Und doch müssen wir uns eine Offenheit für Erfahrungen der Art bewahren, dass die dunklen Schatten tief im Inneren einer Vision stumme, hartnäckige Boten sind, die nur darauf warten, uns zu einem neuen Lichtschein und zu einer neuen Vision zu führen [...]
>
> Wir dürfen nicht außer Acht lassen, dass in der gerade vorgenommenen Analyse das Bekenntnis zu einer bestimmten Glaubensrichtung schwerer wiegt als die Allgemeingültigkeit der Bildsprache. Man mag ein einfühlsamer und erfahrener Reisender sein, der sich an vielen Orten wohl fühlt, aber man muss ein Zuhause haben. Wir können trotzdem mit denen, die wir besuchen, eng vertraut sein, und während wir in einigen Gegenden nur Reisende und Gäste sein mögen, sind unsere Gastgeber dort wirklich zu Hause. Ein Zuhause ist immer das Zuhause von jemandem; aber ein generelles, absolutes Zuhause gibt es nicht."[79]

Möglicherweise verunsichert diese letzte Behauptung, dass es kein generelles, absolutes Zuhause gibt, viele gläubige Menschen am meisten und wird den Ruf laut werden lassen, dass Fingarette, aber auch die anderen Autoren, die ich erwähnt habe, dem Relativismus das Wort redeten. Doch der Relativismusvorwurf ist in allen diesen Fällen wirklich unangemessen. Urteile über Besseres oder Schlechteres können mit Blick auf alle Religionen gefällt werden, aber die Wahrscheinlichkeit, dass sie zutreffen, ist größer, wenn man ernsthaft versucht hat, sie aus sich selbst heraus zu verstehen.

Ich bin keineswegs der Überzeugung, dass eine solche Einstellung gegenüber den Menschheitsreligionen besonders weit verbreitet ist, aber immerhin haben grobe Vorurteile keinen guten Ruf und sind viele Menschen in der Lage, die Überzeugung, dass ihre eigene Religion die beste ist, mit der Überzeugung zu vereinbaren, dass Erlösung auch den Anhängern anderer Religionen offensteht. Und auch unter religiösen Intellektuellen, die immer noch weithin der Überzeugung sind, dass man überzeugende Gründe anführen kann, warum die eigene religiöse oder philosophische Position

---

[78] Charles Taylor, *Ein säkulares Zeitalter*, übers. v. Joachim Schulte, Frankfurt: Suhrkamp, 2009 [2007].

[79] Herbert Fingarette, *The Self in Transformation: Psychoanalysis, Philosophy, and the Life of the Spirit*, New York: Basic Books, 1963, 236–237. Lässt sich bei Fingarette eine besondere Art von Entsagung erkennen?

besser ist als alle anderen, ist die Sichtweise, die ich vorschlage, nicht unbedingt weit verbreitet.

Es gibt zwei miteinander zusammenhängende Gründe, warum der Gedanke einer besten Position meiner Meinung von vornherein zum Scheitern verurteilt ist. Einer lautet, dass die vielfältigen Differenzen in dem „Streit", der gewonnen oder verloren werden muss, sich auf der Ebene von Theorie bewegen, wie ich sie in diesem Kapitel verstanden habe. Die Beschäftigung mit den Theorien anderer Menschen bedeutet aber, dass man sie aus der Gemengelage herauslöst, von der historische Theorien immer ein Teil sind, vor allem dass man ihre Verbindung zu verkörperten Praktiken und Geschichten, Donalds mimetischen und mythischen Kulturformen, kappt, die durch theoretische Neuerungen neu organisiert, aber nicht aufgegeben werden.

Wenn man diesen Fehler begangen hat, ist es nahezu unvermeidlich, dass man auch den nächsten begeht und die Theorien von anderen so behandelt, als hielten sie Antworten auf Fragen unserer eigenen theoretischen Tradition bereit. Neben vielen anderen wichtigen Dingen habe ich von Wilfred Smith gelernt, dass die Religionen sich weniger darin unterscheiden, dass sie unterschiedliche Antworten auf dieselben Fragen geben, sondern darin, dass sie andere Fragen stellen. Doch wenn wir meinen, dass die anderen Traditionen unsere Fragen beantworten, führt dies in einem einfachen logischen Zirkel unweigerlich dazu, dass jene Traditionen die betreffenden Fragen nicht so gut beantworten wie unsere eigene, die immerhin darauf ausgelegt war, diese Art von Fragen zu beantworten.

Deshalb spricht die Feststellung, dass universale Kategorien zwar für die einzelnen Traditionen wichtig sein mögen, aber zwangsläufig mit Partikularitäten verbunden sind, die ihre jeweiligen Schwerpunkte verändern, nicht für Relativismus. Thomas McCarthy hat das gut zum Ausdruck gebracht: „Konzeptuell entscheidend ist: *Aufgrund ihrer beider Natur* kann das Universelle nicht ohne das Partikulare real sein, ebensowenig das Formale ohne das Substanzielle, das Abstrakte ohne das Konkrete, Strukturen ohne Inhalt."[80] Und daraus folgt: „Aus unserem gegenwärtigen Blickwinkel ist klar, daß die unverminderbare Diversität hermeneutischer Standpunkte und praktischer Orientierungen, die dem Unterfangen einer Interpretation zugrunde liegen, wie gut informiert sie auch immer sein mögen, typischerweise in einem ‚Streit der Interpretationen' resultieren müssen und daher ein Gespräch über Differenzen [hinweg] unabdingbar machen."[81]

---

80 McCarthy, *Rassismus*, 367–368, Kursivierung im Original.
81 Ebd., 310–311.

Die letzte Lektion dieses Kapitels und dieses Buches mit Blick auf unsere gegenwärtige Situation in einer Welt ganz verschiedener Traditionen lautet also, dass eine Theorie, die sich aus ihrem kulturellen Kontext gelöst hat, möglicherweise eine Überlegenheit unterstellt, die zu vernichtenden Fehleinschätzungen führen kann. In allen achsenzeitlichen Beispielfällen hat der theoretische Durchbruch zur Möglichkeit einer universellen Ethik, zur Bekräftigung grundsätzlicher menschlicher Gleichheit und zur notwendigen Respektierung aller Menschen, sogar aller fühlenden Wesen geführt. Und doch gingen diese Beteuerungen in allen Fällen auf lebendige Gemeinschaften zurück, deren religiöse Praktiken definierten, wer sie waren und welche Geschichten für ihre Identität wesentlich waren. Insbesondere wenn wir darunter das moderne Abendland verstehen, ist die Unterstellung, dass „wir" über universelle Wahrheiten verfügen, die auf Offenbarung, Philosophie oder Wissenschaft beruhen und die wir anderen aufzwingen können, die ideologische Seite von Rassismus, Imperialismus und Kolonialismus. Wenn wir einsehen würden, dass wir mit unseren Theorien, keine Frage, aber auch mit unseren Praktiken und Geschichten, alle im gleichen Boot sitzen, auch wenn wir in wechselseitigen Diskussionen mit bleibenden Differenzen zu kämpfen haben, könnte die Verwirklichung von Kants Traum einer weltweiten Zivilgesellschaft, die endlich in der Lage wäre, die Gewalttätigkeit zwischen staatlich organisierten Gesellschaften und der Umwelt gegenüber einzudämmen, etwas wahrscheinlicher werden.

Dank

Ich möchte meiner Frau Melanie danken, die alles, was ich jemals geschrieben habe, als Erste gelesen und korrigiert hat. Dazu gehört natürlich auch dieses Buch, mit dem sie kurz vor ihrem Tod fertig wurde. Außerdem möchte ich den Koautoren von *Habits of the Heart* – Richard Madsen, William Sullivan, Ann Swidler und Steven Tipton – dafür danken, dass sie das vorliegende Buch Jahr für Jahr auf unseren Treffen Kapitel um Kapitel gelesen und kommentiert haben. Bei diesem Buch sowie über viele Jahre bei meiner gesamten Arbeit hat William Sullivan mir besonders geholfen, ebenso wie Eli Sagan: Auch wenn ich nicht immer genau das gemacht habe, was sie vorschlugen, haben die lebhaften Diskussionen mit ihnen meine Arbeit in vielen Hinsichten bereichert. Aber es haben noch andere alle oder einige Kapitel gelesen und mir dadurch geholfen: Renée Fox, Hans Joas, Shmuel Eisenstadt, Steven Smith, Arvind Rajagopal, Harlan Stelmach, Yang Xiao, John Maguire, Samuel Porter, Mohammed Nafissi, Matteo Bortolini, Wade Kenny und möglicherweise weitere Personen, die ich übersehen habe. Ihnen alle schulde ich besondere Dankbarkeit.

Ohne den Sachverstand der Gelehrten in den vielen Fachgebieten, um die es in diesem Buch geht, hätte ich es nicht schreiben können. Im manchen Fällen hat ihre detaillierte Kritik an den Entwürfen einzelner Kapitel mir weitergeholfen, die durch ihre Hilfe viel besser geworden sind. Ich habe sie namentlich in den jeweiligen Kapiteln erwähnt. Unter denen, die das Buch im Ganzen tiefgreifend beeinflusst haben, seien Merlin Donald wegen seiner Theorie der kulturellen Evolution und Gordon Burghardt wegen seiner Arbeit über das Spielen von Tieren und dessen evolutionäre Bedeutung gesondert erwähnt.

Auch zwei außergewöhnlichen Lektoren habe ich zu danken, ohne die dieses Buch nie abgeschlossen worden wäre: Douglas Mitchell von der University of Chicago Press, der schon an das Buch glaubte, als es noch als Traum in meinem Kopf herumspukte, und Lindsay Waters von Harvard University Press, der dem Buch bis zur Fertigstellung seiner Endfassung zur Seite stand.

Ich möchte auch der John Templeton-Stiftung danken, die meine Arbeit an diesem Buch seit 2004 unterstützt hat. Ihre großzügigen Zuwendungen halfen mir in vielen Hinsichten und sie verhinderten, dass ein langer Vorgang sich noch länger hinzog. Von ihren Mitarbeitern bin ich Paul Wason und Drew Rick-Miller besonders dankbar. Danken möchte ich der

Stiftung auch für ihre Finanzierung einer Tagung, die im Jahr 2008 unter der Leitung von Hans Joas am Max-Weber-Kolleg der Universität Erfurt über „Die Achsenzeit und ihre Folgen“ stattfand und zu deren Vorbereitung die Teilnehmer die vier Kapitel über die Achsenzeit aus diesem Buch erhielten. Ich danke dem Research-Committee der University of California, Berkeley, das dieses Projekt von Anfang an mit kleineren Forschungsstipendien gefördert hat. Ergänzt durch die vortrefflichen Bestände der Bibliothek der Graduate Theological Union habe ich mich massiv auf die wunderbare Bibliothek der University of California, Berkeley, gestützt. Es kam nur sehr selten vor, dass keine dieser beiden Bibliotheken mich mit dem versorgen konnte, was ich brauchte.

Diesen Dank schulde ich den Lebenden, aber möglicherweise ist meine Dankesschuld gegenüber den Toten noch größer. Émile Durkheim und Max Weber verdanke ich eine Menge. Im Fall von Durkheim wird das deutlicher werden, weil ich ihm in meinem Verständnis des Berufenseins zum Soziologen und Intellektuellen näherstehe. Jedoch kommt in fast jeder Zeile eine versteckte Schuld gegenüber Weber zum Ausdruck, dessen Werk mir als Vorbild sehr viel näher war als das von Durkheim. Ich habe mich dazu entschieden, nicht jeden Gedanken gesondert zu erwähnen, den ich von Weber übernommen habe, und auch nicht die sehr viel selteneren Fälle, in denen ich nicht seiner Meinung bin; denn dies würde im Grunde genommen ein eigenes Buch erforderlich machen. So sehr ich Weber bewundere: Seinen Kulturpessimismus teile ich nicht, auch wenn ich ihn respektiere und er mir häufig verlockend erscheint. Mit der Vorstellung, dass wir uns um die Begründer unserer Fächer nicht kümmern sollten, bin ich nicht einverstanden (mich haben die vielen Biologen beeindruckt, die ohne Unterlass an Charles Darwin erinnern), ich stimme vielmehr Clifford Geertz zu, der an mehreren Stellen behauptet hat, dass wir als Sozialwissenschaftler von den Historikern, Philosophen, Theologen und Naturwissenschaftlern noch viel lernen müssen und dass uns das bloße Hinzufügen von Fußnoten zu den Begründern unseres Faches nicht recht weiterbringt.

Drei große Lehrer muss ich noch erwähnen, deren Unterricht ich noch von Angesicht zu Angesicht erlebt habe, die aber nicht mehr unter uns weilen: Talcott Parsons, Wilfred Smith und Paul Tillich. Weil er sie lebte und praktizierte, gab Parsons die große soziologische Tradition an mich weiter. Wilfred Smith brachte mir bei, dass die Religion jeder Person, Gruppe oder Tradition einzigartig ist und sich mit allgemeinen Begriffen wie „Christentum“ oder „Konfuzianismus“, ja sogar bis hin zum Begriff „Religion“ selbst niemals angemessen erfassen lässt, während er mir paradoxerweise gleichzeitig vermittelte, dass die Religion eins ist, weil alle Äußerungsformen von Religion auf irgendeine Weise historisch miteinander zusammenhängen. Und Tillich lehrte mich, die „Tiefendimension“ in jeder kulturellen Ausdrucksform zu erkennen und im Christentum nicht den „Glauben an das Unglaubliche“ zu sehen, obwohl ich zu jener Zeit der Meinung war, dass dem so sei. Ich könnte meine Freunde Clifford Geertz, Kenneth Burke, Edward Shils und etliche andere nennen, die Teil meines Lebens waren und von denen ich viel gelernt habe. Bücher haben mich immer fasziniert und überrascht, zumindest viele von ihnen, aber erst der Geist meiner Lehrer schulte mich zu hören, was die Autoren zu sagen hatten, und sie nicht bloß als stumm in den Seiten begraben zu betrachten.

Es mag selbstverständlich sein, aber ich möchte trotzdem erwähnen, wie viel ich den Freunden in der Geschichte verdanke, von denen Mengzi spricht, nicht zuletzt Mengzi selbst, aber auch all jenen, welche die großen Traditionen schufen, mit denen ich mich in den letzten Kapiteln dieses Buches befasse, sowie den Rezitatoren der Mythen und den Ritualtänzern in den Stammes- und in den archaischen Traditionen, die anonym bleiben müssen, doch die bei diesem Vorhaben nicht bloß meine Beispiele, sondern auch meine Lehrer gewesen sind.

* * *

Dank des Herausgebers

Der Übersetzerin Christine Pries danke ich sehr für ihre sorgfältige und souveräne Übersetzung dieses materialreichen und anspruchsvollen Buches. Von Verlagsseite haben ihr bei der Übersetzung der Fußnoten sowie beim Aufspüren von Zitaten Sarah Ballhorn, Alisa Charté, Rabea Scheitz, Elanur Sengel und Jaron Müller zugearbeitet. Katja Breidenbach und Sofie Zagler haben im Zuge der Schlussredaktion besonders schwierige Recherchen übernommen. Elias Bronner hat das deutsche Register erstellt. Für die Koordination und das Lektorat danke ich Lukas Trabert, und für das Korrekturlesen meiner Einführung danke ich meinem Mitarbeiter Christian Scherer.

Ausführliches Inhaltsverzeichnis

Personenregister

Sachregister